主编 阎纯德 吴志良
北京语言大学
列国汉学史书系
Sinological History Series

美国汉学家卫三畏研究（上册）

黄涛 著

语言资源高精尖创新中心支持项目

学苑出版社

图书在版编目（CIP）数据

美国汉学家卫三畏研究 / 黄涛著. — 北京：学苑出版社，2018.11
（列国汉学史书系 / 阎纯德，吴志良主编）
ISBN 978-7-5077-5591-6

Ⅰ.①美… Ⅱ.①黄… Ⅲ.①卫三畏(Samuel Wells Williams 1812–1884) – 人物研究 Ⅳ.①B979.9

中国版本图书馆CIP数据核字(2018)第260958号

责任编辑：杨 雷　张敏娜
出版发行：学苑出版社
社　　址：北京市丰台区南方庄2号院1号楼
邮政编码：100079
网　　址：www.book001.com
电子信箱：xueyuanpress@163.com
联系电话：010-67601101（销售部）　67603091（总编室）
经　　销：新华书店
印　刷　厂：北京建宏印刷有限公司
开本尺寸：710×1000　1/16
字　　数：800千字
印　　张：51
印　　数：1500册
版　　次：2018年11月第1版
印　　次：2018年11月第1次印刷
定　　价：150.00元（上下册）

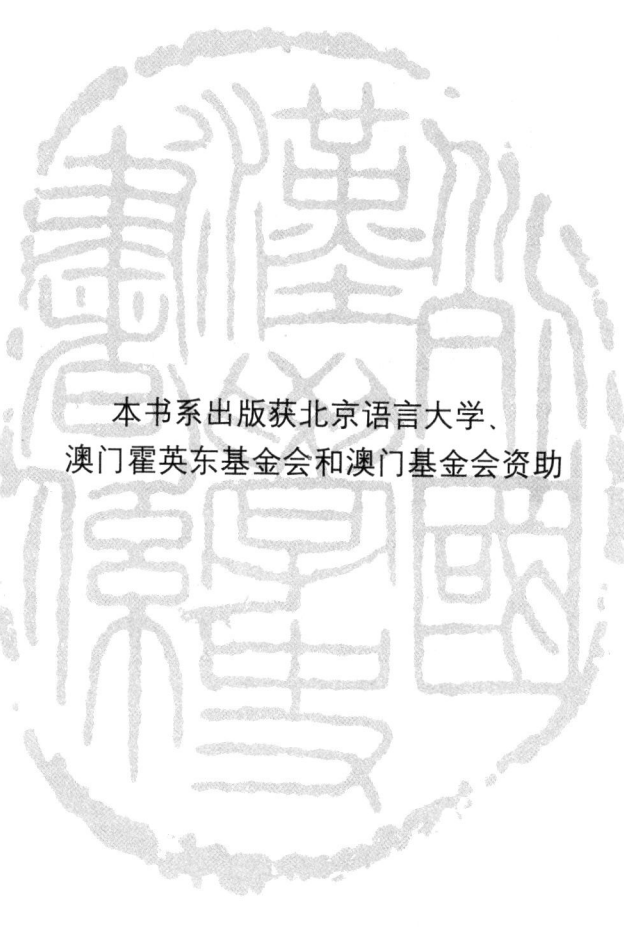
本书系出版获北京语言大学、澳门霍英东基金会和澳门基金会资助

 北京语言大学列国汉学史书系
编辑委员会

顾　　问：季羡林　李学勤　汤一介　李宇明　倪海东
主　　任：崔希亮
副 主 任：韩经太　曹志耘
主　　编：阎纯德　吴志良
编　　委：王晓平　乐黛云　安平秋　许光华　刘顺利
　　　　　吴志良　张国刚　严绍璗　李明滨　李海绩
　　　　　陈开科　侯且岸　柴剑虹　钱林森　耿　昇
　　　　　阎纯德　阎国栋　熊文华

序 一

经过近30年多位学者的辛劳努力,现在我们可以说,国际汉学研究确实已经成长为一门具有特色的学科了。

"汉学"一词本义是对中国语言、历史、文化等的研究,而在国内习惯上专指外国人的这种研究,所以特称"国际汉学",也有时作"世界汉学""国际中国学",以区别于中国人自己的研究。至于"国际汉学研究",则是对国际汉学的研究。中外都有学者从事国际汉学研究,但我们在这里讲的,是中国学术界的国际汉学研究。

自从改革开放以来,国际汉学研究改变了禁区的地位,逐渐开拓和发展。其进程我想不妨划分为三个阶段:一开始仅限于对国际汉学界状况的了解和介绍,中心工作是编纂有关的工具书,这是第一个阶段。到了20世纪90年代,出现国际汉学研究的专门机构,大量翻译和评述汉学论著,应作为第二个阶段。在这两个阶段里,学者们为深入研究国际汉学打好了基础,准备了条件。新世纪到来之后,进入全面系统地研究国际汉学的可能性应该说业已具备。

今后国际汉学研究应当如何发展,有待大家磋商讨论。以我个人的浅见,历史的研究与现实的考察应当并重。国际汉学研究不是和现实脱离的,认识国际汉学的现状,与外国汉学家交流沟通,对于我国学术文化的发展以至于多方面的工作都是必要的。我曾经提议,编写一部中等规模的《当代国际汉学手册》,使我们的学者便于使用;如果有条件的话,还要组织出版《国际汉学年鉴》。这样,大家在接触外国汉学界时,不会感到隔膜,阅读外国汉学作品,也就更容易体味了。必须指出的是,国际汉学有着长久的历史,因此现实和历史是分不开的,不了解各国汉学的历史传统,终究无法认识汉学的现状。

我们已经有了不少国际汉学史的著作及论文。实际上,公推为中国最早的汉学史专书,是1949年出版的莫东寅《汉学发达史》,尽管是通史体裁，也包含了分国的篇章。这本书最近已有经过校勘的新版，大家容易看到，尽管只是概述性的，却使读者能够看到各国汉学互相间的关系。由此可见，有组织、有系统地考察各国汉学的演进和成果，将之放在国际汉学整体的背景中来考察，实在是更为理想的。

这正是我在这里向大家推荐阎纯德教授、吴志良博士主编的这套"列国汉学史书系"的原因。

阎纯德教授在北京语言大学主持汉学研究所工作多年，是我在这方面的同行和老友，曾给我以许多帮助。他为推进国际汉学研究，可谓不遗余力，所做出的重要贡献是学术界周知的。在他的引导之下，《中国文化研究》季刊成为这一学科的园地，随之又主编了《汉学研究》，列为《中国文化研究汉学书系》，有非常广泛的影响。其锲而不舍的精神，我一直敬服无地。特别要说的是，阎纯德教授这几年为了编著这套"列国汉学史书系"所投入的心血精力，可称出人意想。

在《汉学研究》第八集的《卷前絮语》中，阎纯德教授慨叹："《汉学研究》很像同人刊物，究其原因，是从事这个领域研究的学者太少，尤其是专门的研究者更是少之又少，所以每一集多是读者相熟的面孔。"现在看"列国汉学史书系"，作者已形成不小的专业队伍，这是学科进步的表现，更不必说这套书涉及的范围比以前大为扩充了。希望"列国汉学史书系"的问世成为国际汉学研究这个学科在新世纪蓬勃发展的一个界标。让我们在此对阎纯德教授、这套书的各位作者，还有出版社各位所做出的劳绩表示感谢。

李学勤

2007年4月8日

于清华大学国际汉学研究所

序 二
汉学历史和学术形态

汉学历史和学术形态历史是既抽象又具体的存在,是浩瀚无边的过去、现在和未来。历史会让我们兴奋,也会使我们悲哀,有时会令人觉得它又仿佛是一个梦。但是,当我们梦醒而理智的时候,便会发现——自然史、时间史、太阳史、地球史、人类社会史,一切的一切,不管是曾经存在过的恐龙,还是至今还在生生不息的蚂蚁社群,天上的,地下的,看得见的,看不见的,一切都有自己的历史。一切都有过发生,一切都还在发展,一切都还会灭亡。

任何事物的发生都有一个有形或无形的孕育过程,"汉学"(Sinology)也是这样,其孕育和成长,就是中国文化与异质文化相互交媾浸淫的历史。这个历史,始于公元1世纪前后汉代所开通的丝绸之路,接下来是七八世纪的大唐帝国、十四五世纪的明代、清末的鸦片战争和"五四"新文化运动,这种文化的碰撞和交流之潮时起时伏直到今天,还会发展到永远。这是历史,是汉学的昨天、今天和未来,是其孕育、发生和成长的过程显现出的文化精神。但是,昨天有远有近,我们可以循蛛丝马迹地探讨找回其真;而今天,只是一个过渡,一俟走过,便成为昨天的陈迹。写作汉学史是一件艰难的劳作,尤其对象是遥远的昨天,尤其是"遗失"在异国他乡的昨天,更非一件易事。时至今日,朦胧面纱下的汉学还不为一些学人所认识,因此有必要取下面纱,让人们看个究竟。

从20世纪70年代中期之后,尤其90年代以降,"汉学"(Sinology)便逐渐成为学术界耳熟能详的学术名词。中国大陆重提"汉学"(Sinology)至今,汉学就像隐藏在深山里的小溪,经过30年的艰辛跋涉之后,才终于形成一条奔腾的水流,并成为中国文化水系不可或缺的组成部分。这个变化是时代和历史变迁带来的结果,也是文化自己发展的规律。

那么，究竟什么是汉学（Sinology）呢？首先，这里的汉学非指汉代研究经学注重名物、训诂——后世称"研究经、史、名物、训诂考据之学"的"汉学"，而是指外国人研究中国历史、语言、哲学、文学、艺术、宗教、考古及社会、经济、法律、科技等人文和社会科学领域的那种学问，这起码已是200多年来世界上的习惯学术称谓。李学勤教授多次说："汉学，英语是Sinology，意思是对中国历史文化和语言文学等方面的研究。在国内学术界，'汉学'一词主要是指外国人对中国历史文化等的研究。有的学者主张把它改译为'中国学'，不过'汉学'沿用已久，在国外普遍流行，谈外国人这方面的研究，用'汉学'比较方便。"① Sinology一词来自外国，它不是汉代的"汉"，也不是汉族的"汉"，不指一代一族，其词根sino源于秦朝的"秦"（Sin），所指是中国。

在历史长河里，汉学由胚胎逐渐发育成长。当汉学走过少年时代，在西学东渐和中学西传互示友情后，中学开始影响西方而成为人类文明史上的伟大事件。中世纪以来，欧洲视中国为"修明政治之邦"，对中国充满了好奇与好感，当"中国热"蜂起欧洲，19世纪初期法国便成为西方汉学的中心，巴黎成为"汉学之都"。戴密微（Paul Demiéville）曾说汉学的先驱是葡萄牙、西班牙和意大利。但是，汉学作为学术研究和一种文化形态，举大旗的则是法国人。1814年12月11日，雷慕沙（Jean Pierre Abel Rémusat）在法兰西学院首开"汉语和鞑靼——满语语言与文学讲座"，开启了西方真正的汉学时代。但指代汉学的"Sinologie"（英文"Sinology"）一词则出现在18世纪末，应该早于雷慕沙主持第一个汉学讲座的时间，更不会晚于1838年。从此之后，"Sinology"便成为主导汉学世界的图腾、约定俗成的学术"域名"。在世界文化史和汉学史上，外国人把研究中国的学问称为"汉学"，研究中国学问的造诣深厚的学者称为"汉学家"。因此，我认为，我们不必要标新立异。根据西方大部分汉学家的习惯看法，"Sinology"发展到如今，这一历史已久的学术概念有着最广阔的内涵，绝不是什么"汉族文化之学"，更不是什么汉代独有的"汉学"，它涵盖中国的一切学问，既有以儒释道为核心的传统文化，也包含"敦煌学""满学""西夏学""突厥学"以及"藏学"和"蒙古学"等领域。但是一直以来，人们对汉学的理解和解释相

---

① 李学勤《国际汉学漫步·序》，河北教育出版社1997年版。

左,因此便有了"中国学""海外汉学""海外中国学""域外汉学""国际汉学""世界汉学""国际中国文化"等不同的叫法;如果咬文嚼字,推演下来,一定还会有"国内汉学""国内中国学",甚至"北京汉学""河南汉学"等。由于汉学的发展、演进,以法国为首的"传统汉学"和以美国为首的"现代汉学",到了20世纪中叶之后,研究内容、理念和方法,已经出现相互兼容并包状态,就是说Sinology可以准确地包含Chinese Studies的内容和理念;从历史上看,尽管Sinology和Chinese Studies所负载的传统和内容有所不同,但现在可以互为表达、"雌雄同体"同一个学术概念了。话再说回来,对于这样一个负载着深刻而丰富历史内涵的学术"域名",我以为还是叫它Sinology最好,因为,Sinology不仅承继了汉学的传统,而且也容纳了Chinese Studies较为广阔的内容。另外,中国人对中国文化的研究应该称为国学,而外国学者研究中国文化的那种学问则称为汉学。汉学是国学的有血有灵魂的"影子",而汉学不是国学,是介于中学与西学两者之间,本质上更接近西学的一种文化形态。说它与国学同根而生,说它们是一条藤上的两个瓜,都不为过,然而瓜的形象与味道却不相同,一个是"东瓜",一个是"西瓜"。我认为这样认识汉学,既符合中国文化的学术规范,又符合世界上的历史认同与学术发展实际。

汉学的历史是中国文化与异质文化交流的历史,是外国学者阅读、认识、理解、研究、阐释中国文明的结晶。汉学作为外国人认识中国及其文化的桥梁,是中国文化和外国文化撞击后派生出来的学问,实际上也是中国文化另一种形式的自然延伸。但是,汉学不是纯粹的中国文化,它与中国文化有着密不可分的血缘关系,既是中外文化的"混血儿",又是可以照见"中国文化"的镜子,是可以攻玉的"他山之石"。"'Sinology'是一门在国际文化中涉及双边或多边文化关系的近代边缘性的学术,它以'中国文化'作为研究的'客体',以研究者各自的'本土文化语境'作为观察'客体'的基点,在'跨文化'的层面上各自表述其研究的结果,它具有'泛比较文化研究'的性质。"①以上两种表述虽有不同,但学理一致,基本可以厘清我们对于Sinology(汉学)的基本学术定位。

法国汉学家马伯乐(Henri Maspero)说过:"中国是欧洲以外仅有的这

---

① 严绍璗《我对Sinology的理解和思考》,载《世界汉学》2006年第4期。

样的一个国家:自远古起,其古老的本土文化传统一直流传至今。"法国哲学家弗朗索瓦·于连(François Jullien)也说:"中国文明是在与欧洲没有实际的借鉴或影响关系之下独自发展的、时间最长的文明……中国是从外部审视我们的思想——由此使之脱离传统成见——的理想形象。"①他在《为什么我们西方人研究哲学不能绕过中国》中提出:"我们选择出发,也就是选择离开,以创造远景思维的空间。人们这样穿越中国也是为了更好地阅读希腊。"为了获得一个"外在的视点",他才从遥远的视点出发,并借此视点去"解放"自己。这便是一个未曾断流、在世界上仅存的几种古老文化之一的中国文明的意义。中国文明是一道奔流不息的活水,活水流出去,以自己生命的光辉影响世界;流出的"活水"吸纳异国文化的智慧之后,形成既有中国文化的因子,又有外国文化思维的一种文化,这就是"汉学"。也就是说,汉学是以中国文化为原料,经过另一种文化精神的智慧加工而形成的一种文化。从某种意义上说,汉学既是外国化了的中国文化,又是中国化了的外国文化;抑或说是一种亦中亦西、不中不西有着独立个性的文化。汉学作为一门独立的具有跨文化性质的学科,是外国文化对中国文化借鉴的结果。汉学对外国人来说是他们的"中学",对中国人来说又是西学,它的思想和理论体系仍属"西学"。

汉学研究是指对外国汉学家及其对中国文化研究成果的再研究,是中国学者对外国学者研究中国文化的反馈,也是对外国文化借鉴的一个方面。凡是对历史或异质文化进行研究,都有一个价值判断和公正褒贬的问题。因此,对于外国汉学家对于我们中国文化的研究,必得有我们自己的判断,然后做出公正的褒贬。我们说汉学是可以攻玉的"他山之石",但是这句箴言并非只是适用于中国人,对外国人也是一样。汉学也像外国的本体文化一样,对我们来说有借鉴作用,对西方来说有启迪作用——西方学者以汉学为媒介来了解中国,汲取中国文化的精华,完善自己的文明。人类由于文化背景差异和文化语境的不同,思维方向和方式也会不同,因而就会得出不同的结论,讲出不同的道理。"西方学者接受近现代科学方法的训练,又由于他们置身局外,在庐山以外看庐山,有些问题国内学者司空

---

① [法]弗朗索瓦·于连(François Jullien)《迂回与进入》,香港:生活·读书·新知三联书店1998年版。

见惯,习而不察,外国学者往往探骊得珠。如语言学、民俗学、考古学、人类学、社会学诸多领域,时时迸发出耀眼的火花。"①汉学的学术价值往往不被国人重视,并利用汉学家对于中国文化的一些误读贬低汉学的价值。其实,这并不公平,有些汉学家对于中国文化确实有其独到的见解,能发中国人未发之音。法国汉学家马伯乐(Henri Maspero)对中国上古文化和上古宗教的研究就有独到的贡献,被称对中国宗教研究有"先河"之功。他研究中国宗教的宗教社会学的方法,促进和推动了中国学者采用宗教社会学来研究中国宗教,被称为"中国宗教社会学研究的真正创始人"。瑞典汉学家高本汉(Bernhard Karlgren),终生的最高成就是根据研究古代韵书、韵图和现代汉语方言、日朝越诸语言中汉语借词译音构拟汉语中古音和根据中古音和《诗经》用韵、谐声字构拟古音,写出了著名的学术专著《中国音韵学研究》《汉语中古音与古音概要》《古汉语字典重订本》《中日汉字形声论》《论汉语》《诗经注释》《尚书注释》和《汉朝以前文献中的假借字》等,他对汉语音韵训诂的研究是不少中国学者所不及的,并深刻影响了对于中国音韵训诂的研究。20世纪著名的日本学者津田左右吉关于中国文化的研究著述甚丰,他认为中国文化是一种"人事本位文化",其核心是"帝王文化",其他认识上尽管有偏颇,但也有其独异性和深刻之处。这就是"他山之石"的意义和价值。当然,不可否认,汉学家对于中国文化的误读或歪曲也是常见的,诸如瑞典考古学家安特生(John Gunnar Andersson)于1921年10月对河南仰韶文化遗址发掘之后,便说中国彩陶制作技术源于西方,并在他的《甘肃考古记》和《黄土儿女》著作中反复强调他的这一错误观点。这一观点亦为"西方文化东移造成中国文化之说"提供了说辞。日本学者石田幹之助也推波助澜,闭门造车地推测出西方文化东渐的路线;甚至连我们的国学大师章太炎、刘师培也被"忽悠"得认可了"中国文化西来说"。② 美国现代汉学(中国学)的奠基人费正清对中国历史尤其近代史的研究独具风采,为美国人民认识中国搭建了一座桥梁;但他在研究上的所谓"冲击—回应"模式,却近乎荒谬,认为是西方给中国带来了文明,是西

---

① 季羡林《汉学研究·序》第七集,中华书局2003年版。
② 《章太炎全集·〈訄书·序〉·〈种姓篇〉》,上海古籍出版社1985年版;刘师培《刘申叔先生遗书·〈思念祖国〉·〈华夏篇〉·〈国土原始论〉》。

方的侵略拯救了中国。综上所述,对于汉学成果的研究,只有冷静、公正、客观、全面,才能在沙中淘得真金,拥抱"他山之石"。

在中国,汉学的接受与命运,诚实地说,在20世纪80年代初期之前,基本上是无视它的学术价值,更没人把它看作是中国文化的延伸。此外,由于民族心理上的历史"障碍",我们还曾视汉学为洪水猛兽,甚至觉得它是仇视中国、侮辱中国的一个境外的文化"孽种"。这种"观点",虽嫌偏颇,但也不是空穴来风。因为自19世纪"鸦片战争"前后,直至20世纪40年代,偌大的中国曾经惨遭蹂躏,整个历史写满了炮火压迫和宗教怀柔,其间也不乏为列强殖民政策服务的传教士、"旅行家"和"学者"深入中国腹地,以旅行、探险、考古之名而实行搜集社会情报、盗窃和骗取中国大批文物。

人类思想的飞翔,是受社会和历史禁锢的,山高水远的阻隔也使得人类互相寻找的岁月特别漫长。交流是人类文化选择的自然形态,汉学就发生在这种物质交流和文化交流之中。

公元前后,中国人被称为赛里斯(Seres),中国叫赛里加(Serice),这是陆路交往关于中国最初的叫法,时间较早;另一种叫法,把中国人称为秦尼(Sinai),中国叫秦(Sin),这是海路交往关于中国的叫法,时间较晚。由商人输往西方的中国丝绸绢绘是当时帝王贵族倾慕的奢侈珍品,Seres 和 Serice 两字系由阿尔泰语所转化,是希腊罗马称谓中国绢绘的 Serikon、Sericum 两字简化而来。西方人当时称中国为"秦"(Sin),称中国人为"秦尼"(Sinai),则是源于秦朝。①

人类在互相寻找的初级阶段,中国和西方试探性的商业交往还很原始,那时的人类,不同的国家、民族和族群处于相对落后和封闭的状态,人类各个角落的不同文化还处于相对不自觉或是相对蒙昧的历史时期。在人类最早的沟通中,中国人走在最前边。公元前139年,张骞奉汉武帝之命,越过葱岭,亲历大宛、康居、大月氏、大夏、乌孙、安息等地,直达地中海东岸,先后两次出使中亚各国,历时十多年,开创了古代和中世纪贯通欧亚非的陆路"丝绸之路",为人类交往开创了先河,也为汉学的萌发洒下最初的雨露。

---

① 莫东寅《汉学发达史》,北平文化出版社中华民国三十八年(1949年)版,第3页。

序 二

在文化史上,以孔孟儒家学说为核心的中国文化最先影响朝鲜半岛,然后才是日本和越南等周边国家。这些周边国家与中国的关系复杂,甚至被说成同种同文,因此可以说它们的文化与中国文化有着很深的"血缘"关系。公元522年,中国佛教渡海东传日本,从那时开始,中国典籍便大量传入日本,但这只是一种"输入",只是日本创建自己文化的借鉴,并没有形成对于中国文化的深层研究。及至唐代,由于文化上承接了汉朝的开放潮流,那时与异质文化的交流相对更加频繁,商贸往来和文化沟通有了发展,西方和中国周边国家或地域的人士通过陆路和水路进入中国腹地,长安、洛阳、扬州、广州、泉州等城市,都是中外贸易和文化交汇的重要都会,尤其是长安,更是当时世界最大的商业文化之都;而扬州等城市,由于东南沿海经济崛起、人口增多、手工业发达、农田水利的改善,为海外贸易发展创造了条件,再由于唐代中期"安史之乱"切断了陆路"丝绸之路"的缘故,曾称为"鲤城""温陵""刺桐城"的泉州,便成为联结亚洲、欧洲和非洲的海上丝绸之路的"东方第一大港",是那时以丝绸、金银、铜器、铁器、瓷器为主的国际贸易之都。通过频繁的往来和交流,外国人对中国文化的认识越来越多、越来越深,汉学也便在这种交流中不知不觉慢慢衍生。

但是,源远流长的汉学,人们习惯地认为其洪流和网络在西方,西方是汉学的形象代表。这一看法一是源自近代以来西方强势文化和中国人的崇洋心理;二是西方汉学的某些特征也确实有别于朝鲜半岛、日本和越南的汉学。其实,如果我们从世界汉学历史发展的角度看,日本、朝鲜半岛和越南的汉学要早于西方的汉学,比如日本在十四五世纪已经初步形成了汉学,而那时西方的传教士还没有进入中国。因此,对于汉学的研究,无论是西方还是东方(朝鲜半岛、日本和越南),我们都不能顾此失彼,要以同样的关注和努力探讨其历史。当然,汉学的历史藏在文献里,而隐性源头却在文献之外。

文化往往伴随经济流动,其交流也会在不自觉或无意识状态下发生。到了明代初年,郑和率舰队出使西洋,前后七次,历经28年,到过30多个国家,最远抵达非洲东岸和红海口,真正拓展了海上"丝绸之路"。

在公元八九世纪至十六七八世纪期间,关于中国,多见于西方商人、外交使节、旅行家、探险家、传教士、文化人所写的游记、日记、札记、通信、报告之中,这些文字包含着重要的汉学资源,因此有人把这些文献称为"旅游汉学"。这些来源于文艺复兴,因为思潮的开放影响了欧洲人的思想和生活,他们或通商,或传教,或猎奇,但了解和研究中国文化却是一致的,于是汉学便在葡萄牙、西班牙、意大利、法国、荷兰、英国、德国、俄罗斯等主要的西方国家逐步发展起来。

这类游记和著作较早的有约在公元851年成书的描述大唐帝国繁荣富强的阿拉伯佚名作者的《中国与印度游记》,吕布昌基斯的《远东游记》(1254),意大利的雅各·德安克纳的《光明城》,贝尔西奥的《中华王国的风俗与法律》(1554),《利玛窦中国札记》,亚历山大·德·罗德的《在中国的数次旅行》(1666),南怀仁的《中国皇帝出游西鞑靼行记》(1684),费尔南·门德斯·托平的《游记》,李明的《关于中国现状的新回忆录》(1696)和《中华帝国全志》(《中国通志》)等,以及罗明坚、金尼阁、汤若望、卫匡国等名士的著作,还有大量名不见经传的传教士、商人、旅行家、探险家的各种记述,都成为日后汉学兴旺发达的必然因素。这类著作主要涉及中国的物质文明,较多描述、介绍中国的山川、城池、气候以及生活起居、饮食、服饰、音乐、舞蹈,也涉及一些中国的观念文化。这些"旅游汉学"著作中,影响最大的是《马可·波罗行纪》(《东方见闻录》)。马可·波罗(Marco Polo)于1275年随父亲和叔父来中国,觐见过元世祖忽必烈,1295年回国后出版了这本书,它以美丽的语言和无穷的魅力翔实地记述了中国元朝的财富、人口、政治、物产、文化、社会与生活,第一次向西方细腻地展示了"唯一的文明国家"——"神秘中国"——的方方面面。

这些包罗万象的文献,不仅记录了不同时代的中国,还以自己的文化视角开始了中西文化最初的碰撞。作为文献,这些游记、日记、札记、通信和报告,有赞美,有误读,也有批评,但因为其中包含大量中国物质文化及政治、经济、历史、地理、宗教、科举等多方面的文化记载,而成为汉学的重要组成部分,在学术史上有重要价值。

汉学的发生、发展与经济、政治、交通以及资讯分不开。有学者把汉学的历史分为"萌芽""初创""成熟""发展""繁荣"几个时期,也有的分为"游记汉学时期""传教士汉学时期"和"专业汉学时期"三个阶段。但汉学的真正形成是在明末兴起的"西学东渐"和"中学西传"的互动之中。

从16世纪到十八九世纪,在数以千计的散布在中国各地的传教士中,有不少人成为名载史册的汉学先驱,他们为汉学的发展做出了重大贡献。

自1540年罗耀拉(S.Ignatins de Loyola)、圣方济各·沙勿略(Francisco Xavier)等人来华,开始了以意大利、西班牙传教士为主的第一时期的耶稣会的传教活动。接着,意大利的范礼安(Alexandre Valignani)、罗明坚(Michel Ruggieri)等著名传教士来华。1583年,即明朝万历十一年,罗明坚将利玛窦神甫(Matteo Ricci)带到中国,从此,耶稣会士在中国的宗教活动无论是对于西方还是东方,都开始了一个新的历史时期。西班牙的胡安·冈萨雷斯·德·门多萨(Juan Gonzalez de Mendoza)的《中华大帝国史》于1588年问世,这部世界汉学史上的第一部汉学著作,名副其实地对中国的政治、历史、地理、文字、教育、科学、军事、矿产、物产、衣食住行、风俗习惯等做了百科全书式的介绍,具有相当的学术价值,以七种文字印行,风靡欧洲。以利玛窦为核心的耶稣会士的历史意义在于他们开始了对中国文化的全面"开垦",不仅著书立说,还把《大学》《中庸》《论语》《孟子》等中国文化经典译成西文,不仅开西学东渐之先河,也推动了中学西传,使中国文化对西方科学与哲学产生重要影响,因此这位思想家当仁不让地被视为西方汉学的鼻祖。与其先后到达中国的著名的传教士都著书立说、传播中国文化,对推动西学东渐和中学西传做出了贡献。在世界汉学史上,除了以上提及的,还有许多汉学家的名字十分响亮,诸如曾德照、柏应理、卫匡国、殷铎泽、南怀仁、汤若望、龙华民、金尼阁、罗如望、熊三拔、李明、张诚、白晋、马若瑟、宋君荣、钱德明、翟理斯、安特生、雷慕沙、儒莲、德理文、安东尼·巴赞、蒙田、冯秉正、尼·雅、比丘林、巴拉第·卡法罗夫、瓦西里耶夫、沙畹、伯希和、马伯乐、葛兰言、斯文·赫定、马礼逊、斯坦因、理雅各、翟理斯、李约瑟、韦利、霍克斯、卫礼贤、福兰阁、孔拉迪、高本汉、卫三畏、费正清、戴密微、石泰安、谢和耐、欧文等。他们和东方日本、朝鲜半岛的富有建树的汉学家以及当今散布在各国的汉学家,对中国文化的独特理解,铸造成汉学史上的思想学术之碑,开垦了汉学成长的沃土。

"西方的汉学是由法国人创立的。"但是,在欧洲全面研究中国文明的问题上,"法国的先驱是葡萄牙、西班牙和意大利"。① 戴密微把以上三个国家誉为汉学的先锋,"他们于16世纪末叶,为法国的汉学家开辟了道路,

---

① 戴密微《法国汉学研究史》,载《法国当代中国学》(耿昇译),中国社会科学出版社1998年版。

而法国的汉学家稍后又在汉学中取代了他们",真正建立起作为学术的汉学传统。就传统汉学而言,法国是汉学家最多的国家之一,有许多汉学界的学术巨擘,不断为汉学的崇高而添砖加瓦。

中外文化交流的结果不仅意味着中国文化"外化"的传播,也意味着异质文化对中国文化"内化"的接受。汉学家作为中外文化交流的桥梁和使者,在异质文化的交流中,也是人类和谐与进步的推动者。

汉学诞生在与异质文化碰撞、交流和相互浸淫之中。这个结果无异于一枚果子的成熟,只有"风调雨顺"才生长得好。和谐、宽容、理解与尊重,是异质文化彼此借鉴的保证。作为文化形态的汉学,其成长和生存离不开良好的国际语境。就中国而言,历史上凡是开放的时代,文化交流多,汉学就发展;反之,汉学就停滞,这似乎成为一种规律。

作为学术公器的汉学,文化上有其自己的成长过程。汉学是发展的,这一植根于中国文化土壤、生存于异国他乡的文化,同样深受不同时代语境的极大影响。这里所说的语境,既包括中国的历史演变,也包括异国和世界的历史变化。也就是说,不同的历史时期,不同的社会、政治、经济、文化背景,在很大程度上左右着汉学的发展方向和内容;换句话说,汉学的形成和发展,不仅受制于中国历史的更迭,也受制于他者社会的变化。这就是以历史悠久的中国文化为研究对象的汉学发展的基本轨迹。

汉学作为一种学术形态,总体上可以分为"传统汉学"和"现代汉学"。传统汉学以法国为中心,而现代汉学兴显于美国,20世纪中期以来,在西方其他国家葆有传统汉学的同时,现代汉学也很繁荣。随着中国与世界政治关系的变化,随着中国文化与世界文化交流的拓展,现代汉学有了显著的发展。

虽然20世纪的后50多年,中国文化与世界各国文化接触开始多了起来,但就整体而言,1949年后约有30多年是一个相对"闭关锁国"的时期。公正地讲,这道意识形态的"长城"也并非就是中国的政策,是那时期以美国为首的国家在政治、经济、军事、文化上对我国全面封锁的结果。这个时期的"汉学"涂满了政治色彩,以法国为代表的汉学较多地保持着传统汉学的学术精神,而美国的"中国学"却成了充满政治意识的现代汉学的代表。美国的"中国学"所关心的不是中国文化,更不是中国的传统文化,而是中国的政治、经济、军事、教育和社会生活各个层面的问题。这种政治特征,是那个时期美国汉学的基础,这一特征也影响了其他国家汉学的研究方向和内容。

由于中国与世界的隔离,由于西方与中国少有交流,因此汉学家不了解中国最新的文化进展(比如新的考古发现),致使汉学处于断炊或"无米之炊"的状态,没有中国文化的支持,西方汉学要想取得研究上的突破也很困难。陌生感和神秘感困扰着汉学家,这不仅是文化的尴尬,也是汉学家的难堪。

人类文化包含了物质文化和观念文化等。物质文化表现在衣食住行生活方面,是一种看得见、摸得着又极易变化的"具象"文化,如饮食、服饰、住房、音乐、舞蹈等;观念文化是一个民族的核心,表现在人的价值观、道德观、家庭观、宗教观等诸多方面,以及关于自由、平等、民主的理解,观念文化是一个民族的思维经过高度抽象后形成的思想、观念和精神,它通过文化灵魂——哲学、文学、语言、宗教、历史等来表达。① 观念文化,一俟进入外国汉学家的研究视野,他们的研究也就进入了对中国文化核心的深层研究。

汉学家从对中国物质文化到观念文化的研究,其领域越来越广越来越深。现在,汉学不仅包括对中国的哲学、文学、宗教、历史领域的研究,还包括社会学、政治学和自然科学。Sinology(汉学)和 Chinese Studies(中国学),它们已经发展到可以"异名共体"的地步。

时至今日,传统汉学和现代汉学这两种汉学形态不仅同时存在着、共荣着,而且还互相浸透着。

19 世纪末至 20 世纪初,美国汉学悄然嬗变为中国学,并以自己独有的个性特点和极强的生命力出现在世人面前。美国汉学始自 1830 年东方学会(American Oriental Society)的建立,这个学会虽然代表了欧洲那种对东方学文学的兴趣,但这个学会"从一开始就有一种与众不同的使命感"——"为美国国家利益服务,为美国对东方的扩张政策服务"。② 这个特点也与"美国海外传教工作理事会"向中国派出基督教传教士的宗旨相

---

① 任继愈《汉学发展前景无限》,载《中华读书报》2001 年 9 月 19 日。
② 侯且岸《费正清与中国学》,载李学勤主编《国际汉学漫步》(上),河北教育出版社 1997 年版。

一致。可见,美国汉学一开始就和美国的国际战略和对华政策联系在一起。卫三畏(Samuel Wells Williams)1848 年出版的百科全书式的《中国总论:中华帝国的地理、政府、教育、社会、生活、艺术、宗教及其居民观》就带有较为浓厚的社会科学特点,与欧洲具有人文科学特征的汉学颇有差异,但它依然属于 Sinology 的范畴。

美国从南北战争后的统一中走向强大,加入强国之列。八国联军对中国的侵略行径,是列强联合的第一次尝试。从那时起,承担着相当"政治"角色的传教士进入中国。真正美国式的"汉学"——中国学,就从那时开始,而奠基人和开拓者是之后的费正清(John King Fairbank)。作为美国首席中国问题专家的费正清,他的中国学研究不仅影响了美国,也对其他国家的汉学研究或中国学研究有强烈的影响。

在西方,费正清的魅力在于,没有谁能像他那样以更清晰、更富于洞察力的笔触来表述中国。"在使美国人了解中国,了解中国的传统、中国纷扰不安的近代史,以及中国神秘莫测的现状等方面,谁的贡献也没有像他那样大。"费正清等一批知名的美国中国学家都参与过战时情报工作,在战后作为美国政府的智囊而直接为制定对华政策服务。费正清的研究虽然充满了实用和功利色彩,立场和观点也有偏见,但这并不妨碍他在历史上作为一个贡献巨大的汉学家和中国人民的朋友的光辉。美国学者从事研究的根本出发点是"使命感""学术个性"和"反唯理智论倾向","蔑视学问,更为强调实用性知识","更为明显同自己以外的社会,即政治家、实业家及其实践家始终保持紧密的联系"。[①] 这就是美国中国学家的基本心态,他们讲究功利和实用,不理会学术上的理智倾向,这与法国汉学家的学术心态、学术个性与学术传统几乎大相径庭。

传统汉学(Sinology)和现代汉学(Chinese Studies)的差异在于前者是以文献研究和古典研究为中心,它们包括哲学、宗教、历史、文学、语言等;而以美国为中心的现代汉学(中国学)则以现实为中心,以实用为原则,其兴趣根本不在那些负载着古典文化资源的"古典文献",而重视正在演进、发展着的信息资源。但是,汉学发展到 21 世纪,其研究内容和方式已经出现了融通这两种形态的特点。这种状况既出现在欧洲的汉学世界,也出现

---

① [美]赖肖尔《近代日本新观》,生活·读书·新知三联书店 1992 年版。

在美国的中国学研究之中,可以说世界各国汉学家的研究中,都兼有以上两种汉学形态。

汉学(Sinology)对中国研究者来说,被尘封得太久,所以它的空白很多,浩如烟海的资源还有待于深入开掘。这种开掘,不仅可以收获汉学,还可以无意中发现被历史"放逐"和"遗失"在异国他乡的中国文化。编撰"列国汉学史书系"的目的和宗旨,不仅是为了梳理已有的汉学资源,在世界范围内追踪中国文化的外传历史状况、经验及影响,同时探究汉学的产生、成长、发展与繁荣,还要尽可能厘清这块"他山之石"对于中国文化的作用。当然,"列国汉学史书系"还期望对推动中国文化与世界文化的交流有所裨益。

"列国汉学史书系"作为一个文化工程,其撰写的难度非一般学术著作所能比拟。严绍璗教授谈到Sinology的研究者的学识素养时提出四个"必须":①必须具有本国的文化素养(尤其是相关的历史、哲学素养);②必须具有特定对象国的文化素养(同样包括历史、哲学素养);③必须具有关于文化史学的基本学理素养(特别是关于"文化本体"理论的修养);④必须具有两种以上语文的素养(很好的中文素养和对象国的语文素养)。这几点确实都是汉学研究者必须具备的文化和语文素养,否则很难进入汉学研究的学术境界。

写作"列国汉学史"艰难,而出版可谓难上加难。人间的事好像天上的云、地上的风,飘忽不定没有根,铁板钉钉是没有的,因为钉子可以用"权力"拔出来,一切承诺和协议,都可以化为乌有。虽然"列国汉学史书系"一直受到经济的困扰,但它终没有自毙于摇篮之中,冬天之后是春天,接着便是收获的季节。这套富有创意和价值的书系,将对中外文化交流和汉学的发展及其比较研究产生深远影响。

有人认为"汉学史中国人写不了",当然这是一个很奇怪的"立论"。日本人石田干之助写了《欧人的中国研究》(1932)、莫东寅写了《汉学发达史》(1949),接下来又有严绍璗的《日本中国学史》(1991),张国刚的《德国的汉学研究》(1994),张静河的《瑞典汉学史》(1995),何寅、许光华主编的《国外汉学史》(2002),刘正的《图说汉学史》(2005)和李庆的《日本汉学史》(2005)相继面世。在人类的文化长廊里,无论是中国还是外国,各种史书琳琅满目,这其中有外国人写中国的各类历史,也有中国人写外国的各类历史。历史,是往事,是记录,是选择,并有相对独立的评论和褒贬。但是,事实上任何一部历史都不是最后的历史,历史随着时光的流逝而演进,修史很难一步到位,它需要一代代学者"积跬步"才能"至千里",只有"积土成山,积水成渊",方能"风雨兴""蛟龙生"。学问之事非一夕之功,非得有前赴后继者敢于赴汤蹈火"流血牺牲",才会达至光明顶峰。

开拓者也许会在某个时候将自己的真诚劳作化为欢乐,因为在以后的岁月里,定会有人踏着自己的肩膀或是踩着自己的鼻子和头顶攀上高峰,以鸟瞰美丽风光。21世纪是经济的大空间,对汉学来说也是一个"大空间"。但是,要探索这个"大空间",需要有个和谐的"太空站",需要大家联袂共建;当然世界上需要多元文化和谐相处的历史语境,共同创造彼此接近、认识、理解、尊重、沟通、借鉴与融合的机会,这个机会,就是汉学研究发展的机会。

时间在行走,历史在行走。人类创造过历史,书写过历史,但是没有最后的历史。汉学有历史,而且还正在创造新的历史,汉学及其研究将以自己的品格和个性在人类文化的世界里放出异彩。

阎纯德
2006年12月5日
于北京半亩春

自 序

人生最宝贵的东西是时间！

时间也是最好的评价指标！

将人生划分为几个连续的进程，每个进程中的我都与先前之我，既心脉相连，又截然不同。大学之前，体质才情皆差强人意，唯有一颗不甘人后的心顽强地搏动在自己的精神世界里。大学期间，大志无言地静默在书山之旁，饱尝文化大餐，心智渐起，信心渐加，加上阅历增多，其能亦强，而出世未深，其忧亦多。苍茫大地，我去何方，彷徨之至，终得贵人相指，成就此生方向。时者命也，命者时也，如此行进，恍然而立之年已到。再次寒窗苦读，妻女勤勉相助，千年之初得成心愿。我的道路与文字相伴，我的人生与学术相关。

物极必反的一次非常机遇，笔者有幸在 2004 年得以攻读中外关系史博士学位，并有幸成为林金水教授主持的清史课题"清代各国驻华使领表"的重要成员之一。因为学业、博士论文、课题等诸多压力，只能将传教士卫三畏研究的兴趣深藏心底。3 年后抛帽谢师，成为一名高校教师，将学术嫁接到自己的后半生中。卫三畏研究和费正清研究被提上自己的学术日程，因为两位汉学家是美国汉学的巅峰性历史人物。作为沉潜学问的最初研究对象，卫三畏和费正清两个相关的研究，寄托着与耶鲁大学和哈佛大学某种文化交流的设想，成了一种不可废弃的精神自励。这个过程相当漫长，也不会很顺利，但必须抱有希望，因为千容在成长，她将是我的未来助手和最有默契的学问合作者。挤出时间，秘而不宣地进行资料收集和知识储备。书稿既成八载，仍旧缩存低阁，寻找良机面世。

我在资料收集上，有一个等待的过程。由复旦大学周振鹤教授主编的基督教传教士传记丛书之一《卫三畏生平及书信》于 2004 年出版，次年我才得见此书。2005 年底，复旦大学陈俱教授翻译的卫三畏著作《中国总论》出版，又在次年才收集到。这两本重要的资料，当时都只能暂时束之高阁，直到2008年春才开始研读，并根据书中提到的线索收集相关的资料，先在福州各书店购买书籍，同时通过上海、厦门等地同学、朋友帮忙购书或复印资料。2009年春，我前往北京中国社会科学院书店和其他书店，购买了一批书籍，涉及基督教、中外关系、晚清史、社会学、外交学、西方汉学等范畴。此外，福建师大图书馆中的相关资料也借出来进行选择性地复印。同时，通过网站，搜集下载了一些相关的研究论文和硕博论文。2009年4月顾钧博士的《卫三畏与美国早期汉学》出版，同样进入了我的资料收集。在理论知识和史料知识的储备上，同样不很轻松。

卫三畏是传教士、外交官和汉学家三位一体之美国人。基督教知识不可不知一点，外交知识不可少懂一点，西方汉学知识不可遗漏一点，还有其他学科的知识不能一点不懂，因为卫三畏研究实际上是一个跨学科的研究课题。对卫三畏汉学成果的解析以及卫三畏在美国早期汉学史上的地位分析，是一个很复杂的课题，牵涉面和着力点都很多。也许，就像卫三畏一样，他对晚清中国的研究不算很深刻，但也没有出现明显的错误。那么，我们研究100多年前的卫三畏，首先应该考虑到不要将对他的研究变成一本糊涂账，而去做一些实际而渐深的学术探讨，毕竟美国早期来华传教士的研究，在中国学术界尚处在起步阶段，不要受到西方已然存在的研究结论和中国以前的一刀切结论的束缚，而应该客观而切实地做一些基础性的研究，为近代中美关系史、西方汉学史的纵深研究发掘和整合一些重要资料。

当然，对于卫三畏的资料收集自是不能全部的，而且多数藏于美国耶鲁大学的卫三畏资料的原始档案中，著者更难目睹真容，多引自其他先生的学术成果，这里谨表谢意。勉力而成的拙著《美国汉学家卫三畏研究》也是对今后有机会和时间前往耶鲁学府查阅卫三畏档案资料预留下一份期待，这份期待将是对这个过程中所留下的遗憾的一种补偿，并为今后修订拙著提供更全面而准确的资讯。实际上，我在2008年秋是曾有机会前去耶鲁的，当时林金水教授的"使领表"课题组成员从法国返回福州后，得蒙岳峰师兄提议，金水教授推荐我前往耶鲁访学，无奈自愧英语能力较低，只得遗憾放弃，等待下次良机。

《美国汉学家卫三畏研究》围绕卫三畏的三种社会身份——传教士印刷工、传教士外交官、汉学家——的延伸顺序和相关过程中的历史事件，深入阐释卫三畏与晚清中国所发生的各种关系及其历史价值或意义,揭示这些阶段中的中美关系史上的因果关系,从而挖掘出近代中美关系的传统因子与文化异同,突出中美文化交流的历史底蕴和现实意义。在导论部分,主要阐述三点,即:中国与美洲早期交往和中美早期相互认识、美国的政治意识形态和早期对华外交政策、卫三畏及其相关领域研究现状与学术意义。接着分四章内容,着重论述卫三畏在近代中国、美国的四大活动:一、卫三畏赴华铺架中美文化交流的桥梁。记述了卫三畏来华前中美交往的历史背景,涉及中美早期贸易经济关系的发展、美国早期对华外交权益的诉求、宗教热情和美国教士来华潮流。接着论述了卫三畏到华后起初在《中国丛报》工作中的传教和初步中国研究的文化活动,阐述了《中国丛报》历史概况和《中国丛报》对卫三畏中国研究的影响,进而揭示了卫三畏中国观的形成、内容和一般评价。二、卫三畏来华的宗教任务是让耶稣进入中国。这是卫三畏在华活动的最潜在的中美关系要素,促使他利用办报、传教和从事外交官等手段来实现这种文化目标。本章分三节内容,详述了卫三畏来华前的对基督教的认识和来华后的印刷传教的宗教心理,着重阐述了卫三畏基督入华的世俗努力,包括他的儒耶合一的传教策略和通过政治外交来使耶稣入华获得中国承认的条约规范。更突出了卫三畏的上帝之爱人的世俗实践,主要表现在他在华谴责鸦片与鸦片战争、在美关注中国与中国人民的高尚胸怀。三、卫三畏以传教士外交官身份参与中美近代活动,成为中美关系史上一段特殊外交形态的历史经历。本章主要论述卫三畏与早期美国远东外交,涉及见习顾盛(Cabeb Cushing,1800—1879)谈判望厦条约、参与美国叩关日本之行、思考中立外交与太平天国等一系列外交言行与见解。接着重点讨论了卫三畏的职业外交官生涯,论述他从事职业外交官的主客观原因和重要外交活动,揭示了这种特殊外交官生涯对他的中国观和其间其后的美国汉学研究的自我影响。更重要的是阐释传教士卫三畏在近代中美外交关系史上的特殊意义,以三个角度来论证:卫三畏与近代中美条约外交、卫三畏与北京使馆体制建立、传教士介入对华外交的影响,从而说明了传教士外交在中美关系史上的特殊阶段性作用。四、卫三畏最为留名青史的贡献,是在美国汉学领域里的开拓性成绩,而且实际上推动了近代以降的中美文化交流的历史进程,并以皇皇巨著《中国总论》奠基在西方汉学界的历史地位。本章重点介绍和评价了卫三畏的汉学成果,包括他的汉语研究和巨著《中国总论》;接着突出卫三畏与美国汉学奠基的关系,论及卫三畏与耶鲁汉学讲座,以及美国早期汉学的诞生;最后阐述了卫三畏在中西文化交流上的历史作用,表现在"中学西渐"和"西学东渐"两个方面。通过对上述四大活动的详尽论述,客观评论了卫三畏办报传播基督教、从事职业外交官等活动在中美政治关系上的作用,特别是在美国早期汉学和中美文化交流史上的突出贡献,揭示了集传教士、外交官、汉学家于一身的卫三畏的全部活动在中美关系中的时代性特征和历史价值。

《美国汉学家卫三畏研究》以马克思主义历史唯物主义理论为指导原则,坚持逻辑和历史相一致、学术理论分析与学术史分析相结合的原则,通过具体的文献分析、个案研究、比较研究等方法,在特定的社会历史发展过程中系统考察卫三畏生平活动。既要将他在传教士、外交官、汉学家三种身份下的历史作为进行较为深入地发掘,又要有针对性地阐释由他而动的中美关系变化,既能使卫三畏的生平轮廓明晰,还能针砭中美关系在近代以来的是非得失。显然,卫三畏研究是一项综合性研究,具有很强的跨学科性质,既是历史学、文化学和政治学的大学科交融,也是典型的专门史、文化交流史和人物史的个案研究,历史文献法、比较法、归纳法、演绎法、定性与定量分析等都是常用的研究方法,多样性突出。作为一种学术对话,卫三畏研究将有助于增进不同文化间的学习与沟通,因为文明共享是人类社会发展的根本源泉。卫三畏研究涉及基督教精神、西方政治理念与制度、中国传统文化、中国社会形态与史学思想渊源等中西差异,以及他在传教、外交官活动、汉学研究诸方面,甚至涉及他在中美关系上的影响问题,都需要跨学科研究和客观而正确的结论。笔者本着相对宽容的学术视界和实事求是的政治态度,抛弃简单地将基督教视为帝国主义侵华的工具、将外国传教士一概作为帝国主义侵略急先锋的做法,从历史事实的原则和人类文化交流的主旨层面来对传教士进行细节性的纵深研究,不仅有利于探究基督教对近代中国社会产生的特殊的历史作用,而且有利于当前中国在继承传统文化和创造现代文明的社会主义建设过程中能与西方文明进行友好而双赢的交流,使人类文化在更高水平上造福世人。

对海外汉学(或称中国学)的研究,从 20 世纪 80 年代以来已经成为中国学术界一个普遍关注的领域。江苏人民出版社的"海外中国研究"、郑州大象出版社的"国际汉学书系"、商务印书馆的"海外汉学丛书"、中华书局的"世界汉学丛书"、学苑出版社的"列国汉学史书系"等译著和研究成果已有几百部,加上国内学术界对域外汉学研究的论文和专著相继发表和出版,如《国外汉学史》(何寅、许光华)、《传教士与法国汉学》(阎宗临)、《美国中国学史研究:海外中国学探讨的理论和实践》(朱政惠)等,都极大地推动了域外汉学研究的发展,也使中国学术界对中国文化所具有的世界历史性意义的认识愈来愈深。研究域外汉学,不仅是研究西方文化,也是研究西方文化话语下的中国文化,两者在统一的研究下相得益彰,因此,域外汉学的研究是一项整体的、比较性的、世界文化范畴内的中西文化交流史研究。就汉学的阶段性而言,美国汉学同样经历了"游记汉学""传教士汉学""专业(学院式)汉学"三大阶段。拙著选择卫三畏个案研究,原本就是从汉学史的学科视角来定调的。在深入研读相关资料,并发现美国历史上的众多的汉学家(或称中国学家)时,我愈加感到卫三畏、费正清等人的历史传承关系和学术贡献。卫三畏是最早来华的美国新教传教士之一,在华生活了43年(1833—1876),是当时在中国生活时间最长的西方人,曾亲见或亲历了两次鸦片战争、太平天国运动和外国公使进驻北京等重大政治与社会变迁,对中国了解应该较其他人广泛而深入;卫三畏从美国最早的汉学刊物《中国丛报》的印刷工作开始,后任编辑,并开展以此为依托的汉学研究,不仅以基督教文化来审视中国文化和社会,而且以汉学代表作《中国总论》《汉英韵府》奠定了美国早期汉学的基础;晚年退休后成为美国耶鲁大学第一位汉学教授,也是美国历史上最早的汉学教授,见证了美国汉学从业余走向专业的历史,是美国业余汉学和专业汉学相结合的历史人物。

《中国总论》不仅是美国早期汉学的奠基之作,也是卫三畏中国观的载体,其中不乏他对中美关系的考量和展望。以基督教文化为参考系,以中西文化比较为研究方法,《中国总论》充分再现了晚清中国的政治、文化和社会的变迁过程,具有明确的历史性和现实性的特点。这样的特点使美国汉学一开始就与欧洲传统汉学有了很大的差别,奠定了美国自己的真正意义上的中国问题研究的特色与风格。同时,《中国总论》也反映出了卫三畏汉学研究的自身特色和撰写模式。早期传教士的中国研究,尽管在内容、方法和取材上形成了自己的特点,但由于其中国研究的主要出发点是为传教和母国利益服务的,所以有关中国的介绍也会不时因总体旨趣的变化而变换对象,导致中国研究的层面虽很宽泛,但多显示出零落散漫、系统性不强。但是,卫三畏的《中国总论》是作为学术著作来撰写的,在布局上显得较为细密,注重中国研究的完整性和系统性。卫三畏按照严格的分类标准,将所涉及的有关中国问题做系统分类,后将分类系统中的某个大问题分化为几个方面,再将次一级的类别再分类,如此层层展开进行详细叙述。这种逐层分类的叙述方法,使大问题的叙述得以纲举目张,具体问题的叙述又能围绕主题深入讨论。很明显,这样的逐层依次展开的系统化叙事方法,可使大的类别既可从横向展开,又可在纵向上延伸,最大限度地容纳各种信息,因此既便于读者了解有关中国大的方面的概要(堪称"百科全书式"),也可从中获得具体问题的相关知识(恰如"专题研究")。《中国总论》将中国研究置于"物质""制度""文化""精神"和"现实"等五大范畴中。其中,"文化"范畴包括"中国语言文字结构""中国经典文献""中国雅文学""中国人的建筑、服装与饮食""中国人的社会生活""中国工艺"和"中国科学"等七大方面。在"中国工艺"方面,将之具体分为"农作物种植""经济作物种植""手工业"等几个次级类别,再将次级类别逐一细分,如"手工业",就被细分为"冶炼""陶瓷""漆器""丝织""棉纺""毛纺""茶叶制造""雕刻""草编"等。又向下再细分,如"茶叶制造"又被分为"茶树栽培"和"炒茶工艺",而"茶树栽培"和"炒茶工艺"下则分出若干程序。上面所述,即为《中国总论》的最重要的编纂特点。其次,《中国总论》除了内容广博外,还有其活泼丰富的语言风格,书中保留着演讲语言的风格,口语化使其书的语言生动活泼而且通畅易懂,但同时不失严谨,在具体叙述过程中,卫三畏对于事件一类的介绍往往娓娓道来,绘声绘色,给人活灵活现的如临其境的感觉。口语化的运用使比较枯燥的叙述对象变得形象、生动而准确,而清晰简洁的语言也能生动地表达比较繁杂的叙述对象。从这个意义上来讲,《中国总论》不仅成为西方大众的中国入门读物,也是中国研究的学术性著作,可谓老少皆宜,雅俗共赏,读研并举。最后,《中国总论》还有一个编纂特点,就是除了每一章有明确标题外,再也没有任何下一级的标题,如第一节、第一点或一、(一)等标识,只有段落的区分。如"第一章　全国区划与特征",修订版英文本有48页,中译本有33页,可谓洋洋洒洒,一气呵成,让人一口气读完而后快。这种《中国总论》的章节段落很长的写作模式,也是本书的写作方式的模仿形式之一,以期求得某种学术研究的继承。

本书以卫三畏作为研究对象,主要是因为卫三畏在华时间很长,集传教士、外交官、汉学家于一身,是早期中美关系史和中外文化交流史研究的一个典型个案。有鉴于国内学术界对包括卫三畏在内的美国早期来华新教传教士的个案研究仍然缺乏深入而系统的探讨,本成果旨在以海内外既有的传教士研究成果为基础,进行一项力求有所突破的学术尝试。首先,在科学而务实的史学理论指导下,在坚实而丰富的史料基础上,先做一些基础性的建设工作,以便获得对早期来华传教士在中国历史和中外文化交流发展史上曾起的作用和现实意义的正确认识和深入研究。其次,深入发掘传教士有关中美关系和中西文化交流的文化产品,从中窥探到他们对于人类文明共识的认识和品位。最后,以卫三畏为例,笔者认为:卫三畏在生命存续的72年(1812—1884)间,在华生活了43年,超过之半,使他收获了另一个情感归宿:中国是他的第二故乡。一生拥有两个故乡的人,无疑是幸福的,也是以一种文化视角审视另一种文化的良机和最好"共识"。诚然,卫三畏用他一生孜孜不倦的观察和笔耕,用他那些流传后世的汉学学术著述向世人呈现出一位西方人对于中国及其文明的朴素而真诚的观念。尽管在19世纪,晚清中国显然落后于西方世界,但并不妨碍卫三畏对中国进行客观的研究和公允的评价,而且不厌其烦地向美国民众和西方人士传递中西关系的历史真谛:和平而非战争,共处而非争斗,学习而非偏见,进步而非倒退。卫三畏就是这样的独具慧眼看中国的学贯中西的文化人!正是在这种面向未来的意义上,笔者突出了卫三畏的积极历史贡献和对中美关系的良好展望:既不过多地责备传教士和列强对华的历史过错,也不过多地责怪晚清的失败或落拓,而是站在人类文明的进步角度看待近代以降中西人士之间的政治、文化交往,从中发掘有利于世界人民共享的文明元素。

目 录

导论 ·· (1)

第一章 来中国铺架桥梁 ·· (49)
第一节 卫三畏来华前中美交往 ·· (50)
一、中美早期贸易经济关系的发展 ···································· (50)
二、美国早期对华外交权益的诉求 ···································· (71)
三、宗教热情和美国传教士来华潮流 ································· (85)
第二节 卫三畏与《中国丛报》 ······································· (116)
一、《中国丛报》的历史概况 ·· (116)
二、卫三畏在《中国丛报》上的作为 ································ (133)
三、《中国丛报》对卫三畏中国研究的影响 ······················· (146)
第三节 卫三畏的中国观 ·· (160)
一、卫三畏中国观的形成 ·· (162)
二、卫三畏中国观的内容 ·· (173)
三、对卫三畏中国观的评价 ··· (197)

第二章 让耶稣进入中国 ··· (219)
第一节 基督注定卫三畏与华有缘 ··································· (220)
一、卫三畏来华前对基督教的认识 ··································· (221)
二、卫三畏来华后的印刷传教活动 ··································· (239)
第二节 卫三畏基督入华的世俗努力 ································ (255)
一、卫三畏儒耶合一的传教策略 ······································ (255)
二、卫三畏政治外交与耶稣入华 ······································ (275)
第三节 卫三畏践行上帝之爱人 ······································· (299)
一、在华谴责鸦片与鸦片战争 ··· (300)

二、在美关注中国与中国人民 ……………………………（350）

第三章　北京外交经历 …………………………………（379）

第一节　卫三畏与早期美国远东外交 ……………………（380）
　　一、见习顾盛谈判望厦条约 …………………………（381）
　　二、参与美国叩关日本之行 …………………………（403）
　　三、思考中立外交与太平天国 ………………………（424）

第二节　卫三畏的职业外交官生涯 ………………………（440）
　　一、卫三畏从事职业外交官的原因 …………………（441）
　　二、卫三畏职业外交官的重要活动 …………………（460）
　　三、卫三畏外交官活动的自我影响 …………………（499）

第三节　卫三畏与近代中美外交关系 ……………………（514）
　　一、卫三畏与近代中美条约外交 ……………………（515）
　　二、卫三畏与北京使馆体制建立 ……………………（538）
　　三、传教士介入对华外交的影响 ……………………（553）

第四章　耶鲁汉学旗帜 …………………………………（571）

第一节　卫三畏的汉学成果概述 …………………………（572）
　　一、卫三畏的汉语研究 ………………………………（575）
　　二、卫三畏与《中国总论》 …………………………（605）

第二节　卫三畏与美国汉学的奠基 ………………………（668）
　　一、卫三畏与美国早期汉学 …………………………（668）
　　二、卫三畏与耶鲁汉学讲座 …………………………（682）

参考文献 ……………………………………………………（716）

附录 …………………………………………………………（751）
　　附录一：卫三畏年谱 …………………………………（751）
　　附录二：卫三畏的主要著作一览 ……………………（767）
　　附录三：卫三畏发表在《中国丛报》上文章的分类和标题 …（770）

后记（致谢） ………………………………………………（781）

导 论

"晚明以来到达中国的西洋人主要有三种:一是传教士,二是商人,三是外交官。但从晚明到清朝中期,能深入内地,能深入宫廷与民众之中的人只有传教士,甚至在乾隆年间严禁传教的情况下,依然有许多传教士秘密进入内地。而商人历来只能活动于澳门与广州,有时再加上其他一些沿海港口,至于外交官则只有使团性质的短暂停留。晚清以后,商人和外交官的活动显著加强,但传教士来华的活动则更加公开也更加深入,其影响程度依然远在外交官与商人之上。与此同时,传教士中的佼佼者或者知名度较高者,其主要功绩或在历史上的重要表现并不在于传教的成绩方面,而在于他们在中西文化交流史上的特殊贡献,或在中外关系史方面所起的作用(这种作用有好有坏)。他们在中国登堂入室,不仅影响一般人的普通生活,甚至还参与了中国的政治生活,干预了中国的外交活动。其中不少人或者留下重要著作,或者介绍中国文化于西方,或者引进西方科学技术于中国。有的甚至成了汉学研究的先驱或真正意义上的汉学家。"①

早期来华的美国人卫三畏(Samuel Wells Williams,1812—1884),就是上述所提及的基督教新教传教士之一,但他后来也成为一位外交官和汉学家。卫三畏集传教士、外交官和汉学家于一身,是早期中美关系史和中外文化交流史的一个缩影,也是深入研究基督教在华传播史、中美早期政治外交史和中国文化西传欧美史的一份重要历史资料。同时,上述所言非常精练地概括了早期传教士在华活动的发展形态和社会影响,其中不乏积极而深远的政治作用和文化贡献,也为国内对于早期来华传教士的研究奠定

---

① 周振鹤《基督教传教士传记丛书》序言,[美]卫斐列著,顾钧、江莉译《卫三畏生平及书信:一位美国来华传教士的心路历程》第1页,广西师范大学出版社,2004年。

了一种史实诠释的理论基调:"这些传教士不但是开路先锋,而且本身具有很好的素养与研究成果。在中西文化交流史方面,我们不能无视传教士的功绩和影响。……中华人民共和国成立以来,我们在学术上对传教士并没有进行认真的研究,在'文化大革命'以前,所有传教士都被视为文化侵略者,还被看成是帝国主义的直接帮凶。近些年来,又出现另一种倾向,似乎所有传教士都是完美无缺,都是中外关系与之外文化交流的积极推动者。实际上,这样两种倾向都是缺乏历史理性,也是没有事实根据的。"①

为了正确认识和深入研究早期来华传教士在中国历史和中外文化交流发展史上的曾起的作用和现实意义,必须有一种平静而平和的心态,在科学而务实的史学理论指导下,在坚实而丰富的史料基础上,先做一些基础性的建设工作,诸如对已有的引进的传教士译作资料进行初步研究;开展国际合作,促进国外传教士资料的整理、翻译与出版(当然这是一个大难题);对国内现有的来华传教士资料的整理与出版,组织历史阶段性的研究作为推动整体研究的准备环节。本著将传教士卫三畏及其在华活动作为来华传教士一个典型的个案研究,旨在为这样的基础性研究工作添一块砖加一片瓦。

由于世界的多极化和中国当代史的原因,我国大陆学术界对包括卫三畏在内的美国早期来华新教传教士的个案研究仍然缺乏深入而系统的探讨,而在海内外学者的既有研究成果中,由于中西文化的思维定式、学科领域与语言的限制、政治与意识形态的局限,学术缺憾在所难免。本人仍愿不揣寡闻,骑虎而上,甘为方家垫石;自古"失败为成功之母"。铢积寸累而酝酿五载,锱铢必较而袒露胸怀。

这篇导论主要阐释卫三畏来华前的当时世界发展态势和迄今的卫三畏及相关研究的学术背景。这两个方面很重要,前者有利于理解卫三畏来华传教和在华政治活动的心路发展,以及卫三畏离华后传播中国文化的心理动力,后者有利于本著在前人研究成果的基础上向前一步,实现我的不惑人生阶段置身学术之域的生活平淡之境界。

一、中国与美洲早期交往和中美早期相互认识

新航路开辟后,欧洲的殖民活动迅速推向非洲、亚洲和美洲,先前各洲

---

① 《卫三畏生平及书信:一位美国来华传教士的心路历程》第3页。

相互隔绝的状态不复存在,全球联成一体、休戚与共了。但是,早在新大陆被发现之前,中国与美洲的交往已经见诸文字了。从考古学角度看,有人认为中国与美洲的关系可以推溯到3万年前或更早些。① 据文字记载,中国和美洲的往来最早始于中美洲,在16世纪中期前,中国移民就曾经他国越过太平洋抵达墨西哥,早于英国1620年朝圣者乘坐"五月花"号越过大西洋抵达北美建立马萨诸塞殖民地。一般认为,新大陆土著居民不是横跨太平洋移民的,可能是从中国北部向北进入西伯利亚,越过白令吉亚地区(今白令海峡一带)到达美洲,然后折向南方,最终到达中美洲的。这些原居民,在被西班牙殖民者征服的16世纪二三十年代之前,已经在那里先后建立起灿烂的古代帝国文明,如玛雅文明、印加文明和阿兹台克文明等。在哥伦布发现新大陆之前,土地广袤与资源丰饶的北美大陆上稀稀落落地分布着近百万的土著人。1492年,哥伦布到达西印度群岛时,误认这些土著人为印度人,故此后史书上皆称之为印第安人。这个伟大的历史事件,在明末的欧洲来华传教士的著作中被提及,如1601年意大利耶稣会士利玛窦的《万国图志》和1623年艾儒略的《职方外纪》,正是他们最早用中国文字向中国介绍美洲。② 从对印第安人古代文明遗址考古发掘的研究成果来看,也发现了许多类似中国古代文明的实物,以及器物上所表示的类似的文字、艺术图案和纪年法等。1991年10月美国首都华盛顿市的国家地理学会的权威性学术杂志《国家地理》(*National Geographic Magazine*,1897年创刊,或称《多国地理》)第180卷第4号上,刊出了1491年前哥伦布时期的美洲"印第安"文化专号(1491 *America Before Columbus*),内有研究"印第安"论文六篇,研究宝石鱼论文二篇,共一百页。③ 该专号所列举的美国西部太平洋沿岸和与墨西哥北部接壤地区生活的"印第安"人,是距今3000—2000年前的移民,在其文化中均以海贝为货币,这不能不使我们与殷商人的货币也为海贝联系起来。在殷人甲骨文徽号文字中,专有贝氏徽,以舟载人,人肩贝朋,他们当是在殷末和周代逃出来的殷人,才沿用殷人货币和社会制度及生产技术等。④ 这也就是著名的"殷人东渡说"(即

---

① [美]丹尼斯·斯坦福《对新大陆文化起源的考察》,载《交流》1983年第4期,第25页。
② 杨令侠《中国与美洲的早期交往》,载《历史教学》1988年第8期,第22页。
③ 韶华等《中华祖先拓展美洲》第3页,黑龙江人民出版社,1992年。
④ 《中华祖先拓展美洲》第7页。

认为3000多年前殷人东渡的去处就是美洲)。① 然而这种印第安人文明与古代中国文明的某些相似,在目前考古进程中,还是缺乏直接和可靠的证据链,并不能排除几种文明独立发展和并存的可能性,有待进一步的考古和研究,但有一点可以肯定,中国与美洲的交往源远流长。最能体现早期中国与美洲交往关系的实物证据是瓷器,19世纪40年代考古队在今加利福尼亚州北德尼克海湾附近一座古印第安人墓穴中发现70多件珍贵瓷器,这些瓷器很可能来自1595年一艘载有大量瓷器驶近中美洲墨西哥海岸时遭遇风暴沉没的中国大帆船。②

  从中美洲开始的中国与美洲的往来,向北开始与北美洲的交往,也为200多年后的新生的美国与中国交往的发展开辟了商贸通道。自1519年麦哲伦从东向西横跨大西洋和太平洋的环球航行,到1583年将菲律宾群岛归属"新西班牙省"管辖为止,西班牙王国得以在太平洋上建立起自己的殖民体系,并统治太平洋贸易长达200多年。西班牙在北美、中美洲地区建立的"新西班牙省",包括今天美国西南部、墨西哥、巴拿马以北地区和一部分加勒比地区,墨西哥城是"新西班牙省"的首府。西班牙的大帆船顺时针随着水流和风向往返于墨西哥菲律宾之间及周边地区,而这种大帆船大都是仿照古代中国帆船建造的,船尾有三四层甲板,通常重1500余吨。由于大帆船绝大部分是在菲律宾首府马尼拉由中国工匠设计和建造的,船上部分水手也是中国人,因此马尼拉大帆船有时也被称为"中国船"。③ 据史料记载,中国早在1517年就有人来到北美这块土地上,他们最先在加利福尼亚北部从事造船活动。1781年和1785年,洛杉矶和北美大西洋沿岸的巴尔的摩也有中国船工和船员在那里活动。虽然这些人还不能算是美国的移民,也不是中美关系的真正开始,但是个别的非连续性的民间联系已见端倪。④ 中美之间的商业贸易往来也正是从民间交往开始的。随着交往和移居等活动的开展,到16世纪中期,中国移民(最早是商人和水手)就是乘坐大帆船经他国越过太平洋抵达墨西哥了,中国移民中还有医生、木匠、裁缝、织工、银匠、铁匠、船工等。墨西哥的阿卡普尔科

---

  ① 房仲甫《殷人航渡美洲再探》,载《世界历史》1983年第3期,第4页。
  ② 张平《海底沉船中的瑰宝》,载《外国史知识》1984年第1期,第7页。
  ③ [美]桑迪·莱登《中国的黄金:中国人在蒙特里海湾地区》(英文版)第17页,卡皮托拉出版社,1985年。
  ④ 邓蜀生《美国与移民:历史、现实、未来》第208页,重庆出版社,1990年。

港一时曾被称为"中国城",在墨西哥的中国移民和菲律宾移民都被称为"秦诺人",而从阿卡普尔科港到首府墨西哥城的道路曾被称为"中国路"。①

哥伦布发现新航路的壮举,初衷是为了到达中国和印度,开辟一条绕过中亚陆路的通往东方的航线。他持西班牙国王致中国君主的信件,冒险做一次跨越大西洋的远航。但他既不知道其路途比想象的要遥远得多,也不知道在西欧与东方之间还横隔着一个大陆。当他踏上北美大陆时,还误以为到达中国或印度。与哥伦布一样,西班牙、法国、英国、荷兰和葡萄牙等西欧诸国的许多探险家接踵来到北美,却很少有人对这块新大陆予以重视,而是要穿越或绕过这个不需要的大陆,开辟一条通往东方的最近的航线。他们相信存在一条西北航线。② 当然,西欧航海探险家们的这种执着的动机是经济利益,当时欧洲商业资本的发展促使各国追求开辟与东方贸易的新途径。在这段不断发现的历史过程中,美洲逐步呈现于世。美洲大陆之发生重大变化,始于欧洲殖民者登上这块大陆之后;就美国历史而论,始于17世纪初,这块地"富"民"贫"的土地由此而发生惊人的变化。③ 从17世纪初起,一批批欧洲白人为了追求更大的经济利益和宗教信仰自由,不远千里来到这个人烟稀少的新大陆,他们一方面依靠自己的智慧和坚定的信念成家立业,建立起一块又一块的殖民地,另一方面他们凭借武力的优势把原来的主人向西部荒凉的地方驱赶。新大陆上的共同生活给他们提供了各种文化融合并形成新的文化的机会。虽然这些殖民地处在大英帝国的统治之下,但那里的人们越来越认为自己是"美利坚人"。一个新的民族逐渐产生了。④

独立战争前,北美殖民地不仅受到英国的压迫,而且是欧洲外交的附庸,"美洲早已卷入欧洲战争,从一开始,它就是竞争国之间的一只足球"⑤。为了避免被卷入西欧强国在全球各地的殖民战争,尤其1756—

---

① [美]斯坦·斯提纳《扶桑:建设美国的中国人》(英文版)第81—83页,纽约,1979年。
② [美]赖德烈(Kenneth Scott Latourette)著,陈郁译《早期中美关系史(1784—1844)》第6页,商务印书馆,1963年。
③ 罗荣渠《美国历史通论》(罗荣渠文集之五)第12页,商务印书馆,2009年。
④ 熊志勇《百年中美关系》第22页,杨闯、周启朋主编《百年中外关系系列丛书》之一,世界知识出版社,2006年。
⑤ [美]小阿瑟·A.伊克奇《思想、理想与美国外交》(英文版)第7页,莫拉迪斯出版公司,1966年。

1763年英法七年战争,北美十三州必须摆脱英国的统治,实行独立自主的外交,"北美的真正利益在于避开欧洲纷争,如果它从属于大不列颠,被当作英国政治天平上的一个小小的筹码,它就永远摆脱不了那些纷争",而为了避免欧洲战争和发展贸易,应该实行中立,"中立作为护舰队,要比军舰更为安全"。① 在《独立宣言》的指导下,经过八年的独立战争,1783年9月,美国赢得了民族革命的彻底胜利。作为在反对英国殖民统治斗争中诞生的国家,美国从一开始就具有反殖民主义与孤立主义的传统,因此独立后的美国,在外交方面主要采取了政治中立、文化开放和发展对外贸易的政策。这种政策在相当一段时期内,成为美国早期革命外交的指导思想,广为流传,深入人心。此外,美国独立革命的成功、与众不同的政治体制(三权分立)、新兴大国不甘人后的心理惯性等,都对美国国民的民族思想和性格养成影响巨大。历史已经证明,美利坚民族凭借其民主和创新精神,在其后的一个半世纪的时间里就建立起世界上最强大的国家,他们当然以此为自豪,并要竭力维护它。②

从"中国皇后"号首航中国的1784年,到《望厦条约》签订的1844年,可以视为早期中美贸易60年。虽然双方贸易额在两国对外贸易中所占比重不大,但这60年来的两国变化却大不一样,它既反映了美国资本主义飞速发展的一个侧面,也反映了大清封建王朝急剧腐朽变弱的一个侧面。在相互贸易的过程中,美国的主动性和中国的保守性越来越泾渭分明。美国年轻的资产阶级的进取精神和晚清老态的天朝上国的故步自封,在有限却不断扩大的接触过程中,逐渐形成中美两国的前沿人物各自勾画着对彼此认识的最初印象。美国的早期中国观,就在对华贸易的大潮中逐渐成形,极大地影响了大多数美国人对华的认识。早期来华的美国传教士们同样不能绝缘于这样的影响。

美国的早期中国观出现在中美第一个条约——也是第一个不平等条约——《望厦条约》签订之前,主要成型于19世纪30年代美国第一批新教传教士来华,传教士们在与中国社会直接接触之后产生了以文字为主的思想结晶(如《中国丛报》《中国总论》等),并将他们眼中的中国和中国人

---

① [美]潘恩《潘恩选集》第24页,商务印书馆,1982年。
② 熊志勇《百年中美关系》第26页,杨闯、周启明主编《百年中外关系系列丛书》之一,世界知识出版社,2006年。

向西方世界做了"亲身经历"的介绍,才使美国人的"中国观"有了明确的概念。因此,美国的早期中国观本身是处在萌芽、变化的发展序列之中,并不系统和成熟,而且"中国观"是对"中国"这个考察对象的一种直观理解,或者说是一种文化上的诠释。但作为一种观念,它被观察者赋予了自身对"中国"这个客体的精神和理念,深深打上了异国文化和意识的烙印,所以这样的"中国观"既含有符合"中国"这一观察客体的某些内容,同时也不可避免地带着因观察者个人的局限,乃至于偏见所带来的对"中国"的曲解。要研究包括卫三畏在内的美国早期来华传教士,以及他们与晚清中国的遭遇,就应该关注美国的早期中国观在本土的兴起,更要向前地探索以这种早期"中国观"为思想基础的在华传教士将之不断补充与矫正的过程。

以龙为国家象征的中国,和以鹰为国家象征的美国,两国的早期交往,是历史悠久的东方古文明与发展中的最新资本主义文明之间的接触。随着两国贸易的开展和扩大,两国人民都产生了了解对方的共同愿望,所不同的是,美国人了解中国的愿望和行动更为主动。美国的主动性表现在,迈出国门的美国商人、外交官员和传教士亲临其境探视中国。① 因此,美国的早期中国观主要是由以下几个来源综合而成的,即美国建国前输入美国殖民地的中国商品所映射的最初美好印象、美国早期来华商人的中国直观感觉、英美单方面驻华外交官的中国描述。当然,早期来华的新教传教士对华认识所起的作用更是不容忽视的。

首先,建国之前的美国与中国没有直接往来,建国之初的美国对中国几乎没有什么认识,"美国人对中国的了解,几乎是从零开始的"。在地理概念上,美国人是把亚洲看作一个整体,称它为东印度,这里包括中国。② 殖民地时期,美国图书馆中关于中国的书籍收藏量很少,主要由于中美交通条件和英国航海条例的限制,他们只能通过西欧得到有关中国的知识,这就使得所获得的信息有很大的局限性。北美知识界尤其美国建国先辈们从欧洲人那里了解到的零碎而差异的中国形象,是"在他们生涯的后期才偶然遇到中国这个题目的,并发现它是新的未加研究过的问题",亚历山大·哈密尔顿、约翰·亚当斯、托马斯·杰弗逊和本杰明·富兰克林

---

① 梁碧莹《龙和鹰:中美交往的历史考察》第86页,广东人民出版社,2004年。
② [美]泰勒·丹涅特著,姚曾廙译《美国人在东亚》第2页,商务印书馆,1959年。

都对中国问题有过评论,但误解多多,如约翰·亚当斯在大陆会议争论联邦条例时称"中国并不比我们任一殖民地大,为何那样人口繁盛",又说关于中国的事,他是从本杰明·拉什大夫那里听到的。① 而开国总统华盛顿甚至长期相信中国人是白种人,直到1785年一个记者纠正了他的这一错误观念。② 开国元勋对中国知之甚少,何况普通的美国民众。然而,无知未必不是羡慕的起点。移民大国的美国在殖民地时期和独立后都与欧洲国家存在着文化渊源关系,欧洲对中国的一些认识几乎绝对地影响着早期美国人对中国的看法。欧洲的重农主义和浪漫主义两股思潮,不仅促进了欧洲人中国观的形成,也间接地影响了美国人,使"美国人对中国的了解,几乎是从零开始的"的认识向前发展,一开始就对中国和中国人充满着敬意:"中国人的勤劳和智慧在一切有关生活便利方面是显著的,欧洲比较近代的几种艺术的源流,却已消失在蒙昧的时代之中。"(美国总统杰斐逊语)"如果我们能够幸运地将中国人的勤劳、他们的生活艺术和勤劳持家的优点介绍进来,那么美国的人口会有一天变得像中国一样人口众多。"(美国思想家、政治家和发明家本杰明·富兰克林语)③特别是浪漫主义思潮在美国的兴起,出现于美国的中国工艺品、中国式建筑和各种有关中国的展出,成为早期美国人认识中国的一个桥梁,扩大了美国人对中国的表象化了解。据美国学者研究,当时进入美国的中国工艺品有瓷器、涂釉工艺品、油画、水彩画、纺织品、刺绣、银器、木雕、镏金器物、楼阁匠工艺品、刺有中国植物图案的刺绣、带有装饰图案的扇子、白色红色象牙象棋等,那些描绘在石头、贝壳、五金、牛角、象牙、镜子、黏土、木材、纸张上的中国人物、风景、植物、动物、历史和神话景观,进入了美国家庭。④ 而一种"东方园林"式的"洛可可"艺术风格的建筑取代欧洲古典的"巴洛克"建筑风格,更

---

① Stuart Creighton Miller, *The Unwelcome Immigrant*, *The American Image of the Chinese*, *1785-1882*[[美]斯图尔特·克籁顿·米勒《不受欢迎的移民:中国人在美国人中的形象(1785—1882)》], Berkeley and Los Angeles University of California Press, 1969, pp. 13,58.

② [美]欧内斯特·美等编,齐文颖等译《中美关系史论——兼论美国与亚洲其他国家的关系》第22页,中国社会科学出版社,1991年。

③ [美]赖德烈(Kenneth Scott Latourette)著,陈郁译《早期中美关系史(1784—1844)》第119—120页,商务印书馆,1963年。

④ Jonathan Goldstein, *Cantonese Artifacts*, *Chinoiserie and Early American Idealization of China*, See Jonathan Goldstein Jerry Israel and Hilary Conroy ed., *America views of China*: *American images of China then and now*, Bethlehem, Lehigh university press, 1991, pp. 44-45.

直观地让美国人感受到遥远中国的生活气息。"(洛可可)来源于中国人在园林设计方面的精思妙想。……欧洲国家当时不惜重金建造园林,英国、法国和德国进入了所谓的'园林时代',……这些园林融合了不少欧洲人所信奉的中国法则。"①在对华贸易中致富的美国商人归国后也建造类似的园林,最著名的有范罢览(Van Braama)②的"中国退隐园"、顾新(John Perkins Cushing)的"贝尔蒙特园林"和费城的"菲尔马特园"。简言之,在中美贸易直航前,"'精妙'与'高雅'二词,几乎总是固定不变地,与如此众多的博物馆收藏品中、遍布我们周围的中国艺术品相联系着";"完美的'雅致'感觉则与精美的中国瓷器相联系,在中国主题出现于装饰和时装之处,相同的词语和评价就不断反复出现"。③多么充满着诗意的东方情调的中国形象!这样的中国形象,是来自与中国的间接贸易活动所产生的连带效应之一,是殖民地时期的美国人对古老中国的一种神往。

其次,"中国皇后"号商船于1784年抵达广州,揭开了早期中美直接贸易的序幕,也开启了美国的对华政治外交视线。美国独立战争前后,曾关注过中国,但实际上他们对中国文明知之甚少,只是在中美两国直接通商关系建立后,美国人才逐渐通过来华商人了解中国情况。美国商人在来华经商后,通过身临其境的直接感受,不仅更改了早期依附于英国的美国商界的对华认识,更直接地影响了美国本土的中国观,成为早期美国中国观演变的一个重要环节。1815年以后,中美贸易逐渐集中到少数富有的商户或代理商手中,广州的美国洋行日益增加,1828年纽约商人设立的同孚洋行(Olyphant & Co.)即为其中的佼佼者,老板奥立芬是美国新教在华传教事业的重要赞助者之一。与奥立芬一样对华抱有尊敬和平等心态的美商还有威廉·亨特(William Hunter)、伊拉斯莫·杜里特(Erasmus Doolittle)和山茂召等,他们与中国行商建立过深厚的友谊,如山茂召、亨特等都曾受邀到行商之家做客,有的美商回国后还和行商保持书信往来,行

---

① [美]史景迁著,廖世奇、彭小樵译《文化类同与文化作用》第45页,北京大学出版社,1989年。

② 1794年,荷兰德胜(Isaac Titsing)来华使团特使受到乾隆帝接见,曾在广州从事贸易活动,晚年移居美国,著有《北京之行:1794年和1795年荷兰东印度公司驻中华帝国朝廷纪实》(*Journey to Peking:An Authentic Account of the Embassy of the Dutch East-India Company of the Emperor of China in the years of 1794 and 1795*)一书。

③ [美]哈罗德·伊萨克斯著,于殿利、陆日宇译《美国的中国形象》第118页,时事出版社,1999年。

商在书信中还为美商提供商业信息。①

这些友善的美商在回国后将在华见闻常常整理成书,如亨特的《广州番鬼录》和《旧中国杂记》、杜里特的《广州画像》和山茂召的日记,商人们有关中国的报道也经常被当时美国的报纸杂志引用,广为流布。这些介绍都成为早期美国人了解和进一步认识中国的重要途径,影响极大。然而,从总体上来说,鸦片战争前来华的美商对中国的认识可谓由开始的钦慕,到褒贬不一,而后越来越偏见,根本原因是他们贸易利益越来越受到晚清闭关的伤害。"由于(西方人)越来越多地把这种对世界的新看法(重商主义)等同于思想上的启蒙,而中国却仍然在恼人地限制贸易,坚持君主专制,显然顽固抵制任何变化,因此在许多西方人看来,中国就像个过时的社会,注定要在一潭死水般的野蛮状态中衰弱下去,直到一个生气勃勃,其活动遍及世界各国而又把各国加以世界主义化的西方,给它注入新的活力,使它脱胎换骨。"②与少数对华友好的态度相反,更多美商的言论却是充满着对中国与中国人的嘲弄、蔑视和偏见。美商初来中国,中国对外贸易口岸仅限广州一地,对于外国人、外国船和对外贸易的管理有种种章程加以限制,并且不时增订。到1832年侨居广州的美国人约有20人,属于7家公司,1838年人数达到44人,属于9家公司。③ 这种有限制的海外贸易,加速了一些美商对华态度的转变,不满与诽谤之言由此而生,主要表现在嘲笑中国人的饮食、服装和风俗习惯,批评政府专制、政治腐败和经贸限制,攻击科技落后、外交自大和文化堕落。无可否认,美商的某些言论开始含有从近代西方文明的视角审视封建中国的意蕴,其中不乏积极的警示意义。更重要的是,由于经常出入海关,美商有机会观察到晚清的海防和军事,"中国军队不宜作战,如同万里长城一样,是不会进攻而只得接受挨打的懦弱产物"④。所以,一些美商和一些传教士充当了后来英美侵华的先锋和帮凶。美商中国观的丑化走向,除贸易利益受阻外,还与当时正兴起的西方中心主义作

---

① Stuart Creighton Miller, *The Unwelcome Immigrant*, *The American Image of the Chinese*, *1785-1882*[[美]斯图尔特·克籁顿·米勒《不受欢迎的移民:中国人在美国人中的形象(1785—1882)》], Berkeley and Los Angeles University of California Press, 1969, p. 22.

② [美]柯文著,林同奇译《在中国发现历史》第57页,中华书局,2002年。

③ [美]马士著,张汇文等译《中华帝国对外关系史》(第一卷)第82页,上海书店出版社,2000年。

④ Erasmus Doolittle, *Sketches by a Traveler*, Boston, 1830, p. 262.

崇有关。从18世纪后期起,工业革命不仅大大发展了物质文明,更推动了一场席卷欧洲的思想变革运动。"在经济领域中,对重商主义的种种限制引起强烈反抗,倡导自由贸易与放任主义原则的潮流不断高涨;在政治领域中,对专制主义反感日益加深;从更广泛的意义上说,欧洲人在生活的各个领域都把他们自己和进步,生气勃勃的运动,以及变化的可贵价值,结下了不解之缘。"①经济实力的雄厚与军事力量的强大,牢固地奠定了欧洲的霸权地位,对东方的殖民侵略变成了最后的征服,世界将在欧洲的脚下。这样的西方"文明"直接熏陶了来华贸易的美商,在西方优越论和西方文化中心主义的支配下,很自然地将与近代西方文明迥异的东方中国看成"文明"的对立面。在他们看来,中国历史不仅停滞,"我们不必深究,因为这种历史本身既然没有表现出有何进展,只会阻碍我们历史的进步"(黑格尔语),而且大清帝国下的一切,几乎都代表了落后、堕落和邪恶,大清子民的性格、习惯与风俗也代表了庸俗、反常和邪恶,以致渐次上升到对中华文化的贱视和人种论、民族性的优劣评判上。② 简言之,到鸦片战争前,美商在对直接观察中国的基础上,认识扩展到社会习俗、政治制度、民族文化等层面,其中国观由原先的一味赞美朝着褒贬互现、"贬"渐多于"褒"的方向演变。这种演变成为美国中国观发展的一般趋势,成为鸦片战争后的美国中国观的基础。

最后,也是很重要的一点,英美单方面的来华外交官的中国描述,进一步将中国的"灰色"印象增强化和扩大化了。英美两国古往今来的联系既有传统的宗主国与殖民地之间的关系,也有不少美国早期的领袖人物曾在英国生活和工作经历的结果。但是英美两国共同使用的英语语言和盎格鲁—撒克逊文化,无疑为早期美国人自身观念的形成、为他们早期中国观的形成,做了良好的铺垫,起到了很大的作用。至关重要的一个原因是美国建国之初的领袖人物多是盎格鲁—撒克逊人的后裔,原宗主国人见多识广,他们所撰写并留下的记录和思考、肯定和否定,包括对中国的观察,都同时开始对这个美国新国家的人们产生深刻的影响。③ 1792—1795年,马嘎尔尼(George McCartney)勋爵受英国国王乔治三世的派遣率领使团来

---

① [美]柯文著,林同奇译《在中国发现历史》第57页,中华书局,2002年。
② 柳岳武《近世西方视角下的大清王朝》,载《东南学术》2006年第6期,第150页。
③ 姜源《英国人著述中的中国及对美国早期中国观形成影响》,载《浙江社会科学》2005年第2期,第160页。

华,受到乾隆的接见,但有关商业贸易方面的谈判未果。1815年,阿美士德(Amherst)勋爵率领英国使团再次来华,目的是想完成马氏未竟之业,但由于觐见礼节矛盾被逐出北京,无功而返。1832年,美国总统杰克逊派遣新汉姆什尔船长、商人兼特使伊德蒙德·罗伯特(Edmund Robert)出使泰国及东南亚一些小国,罗伯特在出使过程中来到中国,并在广州和澳门一带居住。这些使团成员归国后,将来华见闻或游记整理出书,包括安德森的《英使来华纪实》、斯当东的《英使谒见乾隆纪实》、巴罗的《中国行记》、埃里斯的《近期英使来华日记》、艾比尔的《中国内地游历纪实》、德庇时的《中国人》、里昂德的《乘坐英王"阿里克斯"号在中国沿海航行纪实》、罗伯特的《出使东方宫廷纪实》和罗森博格的《环球航海记》等。其中英人所作较多,而由于美英历史上的渊源关系,"德庇时的著作和斯当东、巴罗的著作一样影响了美国学术界,而且在大西洋两岸印了10多次,对早期美国中国观产生过很大影响"①。在这些外交官的著作中,我们还是可以偶见17、18世纪兴起于欧洲的"中国热"②的余波,③但是,正是这些身临其境的来华外交人员的主观感受,破坏了自明末以来罗马耶稣会士所持有的中国偏向仁慈的专制主义的中性观点,特别是马嘎尔尼使团成员的曝光中国众多"邪恶"的书籍,已然"证明"了中国正在蜕变为"半蛮夷"状态,"中华帝国已经是一艘老朽欲碎的一等战船。在过去150年的时间里,正是幸运地依赖于能干机警的指挥官,才使其继续漂浮;仅仅依仗其巨大的躯壳外表,吓唬邻邦……她也许还不会完全沉没;还会像受到重创的船体一样在水中漂浮,然后被冲刷上岸,变得支离破碎;永无在陈旧的底板上重建的任何可

---

① Stuart Creighton Miller, *The Unwelcome Immigrant*, *The American Image of the Chinese*, *1785-1882*([美]斯图尔特·克籁顿·米勒《不受欢迎的移民:中国人在美国人中的形象(1785—1882)》),Berkeley and Los Angeles University of California Press,1969, p. 39.

② 有关"中国热"可参见卜正民、格力高利·布鲁主编,古伟瀛等译《中国与历史资本主义》第73—74页,新星出版社,2005年。

③ 如马嘎尔尼认为中国有一种欧洲人所无法企及的平静和庄严(Stuart Creighton Miller, *The Unwelcome Immigrant*, p. 42.);范罢览指出,世界上哪有没有腐败的地方啊。我根据这些习俗的另一面来判断,中国人按照他们的生活方式生活的很愉快,如果这是事实的话,那么他们还有什么更需要的呢?为什么他们要去发明很多东西呢?(Van Braama, *Journey to Peking:An Authentic Account of the Embassy of the Dutch East-India Company*, Phila,1818, pp. 244,261);安德森认为,中国"街道干净整洁、人民健康高雅而又真诚可信。只有广州是个例外,因为西方人把恶习传给了那里的中国人"(Aeneas Anderson, *A Narrative of the British Embassy to China in 1792,1793 and 1794*, London,1795, p. 133),等。

能"①。此后,包括美国在内的西方,对于中国的曲解、蔑视和贬低已经俯拾皆是,罗森博格的《环球航海记》中有一段话具有典型的代表性,概括了当时来华美国外交官对中国的负面认识:"他们(中国人)是那种残害自己亲生婴儿的人,一个罪恶屡见不鲜的国度。……在那里,商人欺诈他们的同胞也欺骗外国人;他们的语言知识非常缺乏科学性;他们的文字和语言也只是停留在原始阶段;那里生活的人们没有道德准则而且很不诚实,因为正义被暗地里的行贿所遮蔽;倍受他们推崇的孔子的思想并不值得细读,他的作品只是体现他生活的那个混乱的时代;整个国家从皇帝到胥吏,都生活在互相吞噬的人际关系链中。"②而这些外交官游记对中国的曲解内容,也不可避免地出现在美国学校的教科书中,譬如,美国建国之初的地理教科书在对中国的介绍时更多带有负面形象的描述。根据统计,1820年以前,所抽样的49种地理教科书对中国的描述多带有很不欣赏的形象塑造,在36位作者中,21为对中国持严厉的批评态度,有8位持欣赏态度,另外7位模棱两可,没有明确表态。③ 而作为外交官构成的一部分,主要管理侨民及贸易的领事,其对华认识也很重要。1786年,美国政府委派山茂召为驻广州领事,首任领事事实上只是美商在广州的代理人,替到华的美商销购货物收取佣金。1808—1814年美国没有派驻广州领事,一直到1824年,美国派驻中国的领事全是由商人兼任,领事馆也没有中文翻译。从中美开始贸易到1828年为止的45年间,在华美国人中无一人通中国语言。美国领事没有任何薪水、津贴和办公经费,职权极其有限,对于本国侨民没有司法审判权。美国政府在1844年前从未对派驻广州的领事发出过任何训令,任其自便。确切地说,一直到1845年,中美早期交往的60年间,美国没有真正的外交官派驻中国。④ 由于上述的局限,这时期商人出身的领事对华认识更多地充满着不解和偏见。与美商不同的是,外交官描述中国的重点在于政治、社会制度、国民特性以及民族文化方面,而且比商

---

① Robbins, Helen Macartney, *Our First Ambassador to China*. London: J. Murray, 1908, pp. 394-396.

② W. S. W. Ruschenberger, *A Voyage round the World*, Philadelphia: Carey, Lea and Blanchard, 1838, p. 398.

③ Stuart Creighton Miller, *The Unwelcome Immigrant*, *The American Image of the Chinese*, *1785-1882*([美]斯图尔特·克籁顿·米勒《不受欢迎的移民:中国人在美国人中的形象(1785—1882)》),Berkeley and Los Angeles University of California Press, 1969, p. 92.

④ 孔陈焱《卫三畏与美国早期汉学的发端》第12页,浙江大学人文学院2006届博士论文。

人更注意理论层面的分析和总结。简言之,在外交官的笔下,专制黑暗、虚伪堕落等负面词语是中国形象的代名词,在外交官的心中,中国是十足落后的。他们对中国的贱视、厌恶和炫耀武力的心态,越发膨胀,"要制服中国人这种自大的特性,只有加农炮和拳头才能打倒中国人的自信"。① 这是一个危险的信号,但终究变成了事实,鸦片战争就是那段"落后就要挨打"的历史见证。

传教士是主要自元代以来西方入华的一个特殊群体,天主教耶稣会士和新教传教士是其中两支影响深远的中国形象的制造者。美国学者伊罗生(Harold R. Isaacs)在20世纪50年代调查了美国的中国形象,发现这种形象的主要来源是传教士,"他们留在好几代人心目中的印记是最显著、最长久、最深刻的,从19世纪一直延续到现在"②。来华传教士获得了近距离长时间观察中国的机会,从传播基督教福音和西方文化使命的角度出发,写下了大量有关中国社会和中国人的报道和书籍,所显现出来的中国形象对近代西方的中华帝国观的形成起到了至关重要的作用。除了欧洲中世纪黑暗和基督教内部分化等西方因素外,《马可波罗游记》对东方富庶的煽情、中国元明清社会稳定以及康乾盛世的出现,都吸引着耶稣会士来华,"西方世界在16世纪中叶,曾由罗马天主教会派出传教士到中国去,这就成为西方文化的代表。它曾希望能激进地转变东方文化的本质,但结果却大为出乎意料。当时中国的确有人转奉基督教,但是受到文化影响较大的一方,不是中国人,反而是西方世界本身"。③ 耶稣会士笔下的那个遥远神秘、开明温和、文质彬彬、富有智慧和道德的中国形象,导致西方出现了颇令中国人自豪的18世纪遍及欧洲的"中国热"。当然,他们所称誉的帝国物产丰富、百姓勤劳、官员廉洁、皇帝英明、司法优越、文化发达、工艺先进等,既有真实的部分,更多的有浮夸的成分,这种肤浅的认识除了他们过多地关注了盛世帝国的表面繁荣和帝国对于基督教的"开明"政策外,还在于他们对中国传统文化的了解单薄和缺乏深入而准确的理解。随着清帝雍正关闭了西方在华传教的大门,他们开始更多地从帝国的阴暗面来

---

① John F. Davies,*The Chinese*([英]德庇时《中国》),London,1814,p. 237.
② Harold R. Isaacs,*Scratches on Our Minds:American Images of China and India*,New York:The John Day Company,1958,p. 68.
③ [俄]Barbara Widenor Maggs 著,李约翰译《十八世纪俄国文学中的中国》第85页,成文出版社,1977年。

审视或诽谤中国,而这样开始的偏见,是从西方文化中心主义出发的,而这种文化中心主义并不只是中国特有的"华夷之别",也存在于世界的其他民族之中,"历史的迷人的歌声诱使北京的天子自欺欺人地认为他是天下唯一大写着的文明的代表。这种迷人之声,在公元1500年对中国皇帝的翻版——莫斯科的独裁者,也产生了同样的作用"①。随着西欧资本主义的日益发达,尤其在船坚炮利的炫耀下,西方越来越自信是天下文明的唯一继承者,开始对以中国为代表的东方进行丑化。尤其是身在中国的传教士们的越来越多的丑化言论,传到西方后,更加强了西方社会对中华帝国的偏见,甚至文艺复兴的代表人物伏尔泰在盛赞"中国热"之后,也不免流露出一丝不屑:"在辽阔的中华帝国,有一个文化修养高深的民族,他们以神性反对神圣品质。啊,你们从你们的半球,把拯救的火炬传给了,东方这些虚假的圣贤。难道在我们西方伪君子中,会有更多的正义、更多的正直和更少的流弊吗?"②在遭遇传教不公和渐入渐深的摩擦后,多从主观认识而来的一些贬低之词自然会涉及当时中国社会的重要方面,如政治腐败、闭关锁国、经济限制、外交自大、司法不公、文化堕落等。随着康乾盛世的过去,大清帝国在闭关和禁教的国策下每况愈下,中国和西方的大分流开始了,"欧洲的核心地区和世界其他一些地方的核心地区之间的经济命运的大分流在18世纪相当晚的时候才出现"③,以至于到了"19世纪初,当欧洲现代化尚处在第一阶段时,18世纪那些中华帝国仰慕者们的乐观情绪就已经烟消云散了"④。代之而起的是充满着无知和偏见的嘲讽,如同19世纪初美国的"超验主义者"爱默生(Ralph Waldo Emerson,1803—1882)在1824年所言:"中华帝国享有的纯粹是木乃伊的声名,将世界上最丑陋的特征小心翼翼地保留了三四千年之久。我没有这种天赋能在这个非凡民族的古老呆板的生活方式中看到任何意义,他们不是其他民族所能使用的工具。即便是悲惨的非洲还能说'我砍了木头,汲了水来促进其他地方的财富和文明',但在中国,可尊敬的乏味!古老的白痴!它在各民族的集会

---

① [英]汤因比《文明经受着考验》第64页,浙江人民出版社,1988年。
② [法]伏尔泰《宗教狂热颂》,转引自柳岳武《近世西方视角下的大清王朝》,载《东南学术》2006年第6期,第148页。
③ [美]彭慕兰著,史建云译《大分流》(中文版序言)第1页,江苏人民出版社,2003年。
④ [美]吉尔伯特·罗兹曼主编《中国的现代化》第2页,江苏人民出版社,1988年。

上只能说——'我出茶叶'。"①中国和西方的差距越来越大,自然会使西方人对中国的评价越来越差,对中国人越来越缺乏应有的尊重,不仅为了平衡经济贸易的逆差,商人无耻地偷运鸦片到华销售,"1804 年第一批从地中海直接载运鸦片的船只到了中国"②,而且新一轮的基督教入华传教浪潮不断兴起,视华人为异教徒,以传布福音而归化之,"19 世纪时,商人们来中国谋求利益,外交官和军人来到中国则谋求特权和让步。外国人中唯有基督教传教士到中国来不是为了获得利益,而是要给予利益,不是为了追求自己的利益,而至少在表面上是为了中国人的利益效劳"③。1807 年西方第一位新教传教士来华传教,他是英国伦敦传教会的马礼逊先生。经由纽约到达中国广东。由于东印度公司的阻挠,他没有能够直接绕过非洲经印度洋来华,而是绕道美国,在美国受到欢迎,美国铸币主管官员还为他取到国务卿詹姆斯·麦迪逊写给美驻广东领事的介绍信。但是,人为强力地传播福音教义的言行,就已经表明基督教是一个带有征服性、扩张性的宗教,这个特征与以征服"落后"地区和扩张"文明"为核心的帝国主义精神在近代达到了完美的契合。所以,传播基督教文明和西方文化的任务就顺理成章地落在传教士身上,在他们看来,中国如此贫弱正是中国文化落后造成的,用基督文明来改造中国文化,是中国改变落后、取得进步的唯一途径。④ 可以这样说,在鸦片战争前来华的传教士们更多的是带着西方优越感、基督教使命和集体性话语的偏见,向西方杜撰了一个中国自大僵化、贫穷衰弱、愚昧迷信、道德沦丧的神话,而"这些简单化的观点后隐藏着一个假说:即没有基督教就根本不会有任何真正的发展,中国不可能有所发展进步,因为她是一个盲人,缺少上帝的引导"⑤。这样的神话更是符合了西方进行殖民扩张和殖民统治的需要,在客观上为西方侵略和殖民中国提

---

① William H. Gilman et al. eds., *The Journals and Miscellaneous Notebooks of Ralph Waldo Emerson*, Harvard University Press, 1961, Vol.2, p. 229. 爱默生是美国思想家、文学家、诗人,是确立美国文化精神的代表人物,被美国前总统林肯称之为"美国的孔子""美国文明之父"。1821 年毕业于哈佛大学,游历欧洲,曾任超验主义刊物《日晷》的主编,著有《论文集》《代表人物》《英国人的特性》《诗集》《五日节及其他诗》等。关于爱默生和儒家思想的详细讨论,可参见钱满素《爱默生和中国》(生活·读书·新知三联书店,1996 年)一书。

② M. Hunt, *The Making of a Special Relationship*([美]迈克尔·韩德《特殊关系的缔造》),哥伦比亚大学出版社,1983,p. 7.

③ [美]费正清主编《剑桥中国晚清史 1880—1911》(上卷)第 559 页,中国社会科学出版社,1985 年。

④ 张群芳《近代来华传教士笔下的中国形象》,载《乐山师范学院学报》2004 年第 6 期,第 91 页。

⑤ [英]雷蒙·道森著,常绍民、明毅译《中国变色龙》第 99 页,时事出版社、海南出版社,1999 年。

供了新的借口。特别是19世纪前期,经过工业革命的洗礼,以英国为代表的西方各国羽翼已丰,它们要凭借强大的经济实力和先进科技手段,疯狂向外扩张。为了配合对华的军事侵略,西方文化中心主义者大力宣扬西方优越论和中国停滞论,在他们眼中,大清帝国下的一切几乎都代表了落后、堕落和邪恶,而大清子民的性格、习惯和风俗也都免不了庸俗、反常和丑恶。1840年鸦片战争无可避免地爆发了,大清落败,中国人的国际地位急遽下降,"一次急剧的感情突变发生了,中国在英国军队面前的彻底崩溃,以及不愿接受西方的干预和西方的观点,使得她从被尊敬和钦佩的地位,滑到被蔑视的地位"①。从此后一直到清亡,西方心目中的中国已非昔日那个富裕、强大和道德高尚的帝国,而是野蛮、愚昧和无知的国度,西方的优越感和对华的鄙视感在他们蚕食中国的过程中不断强化。中国和西方从先前"华夷秩序"的不平等,转到西方对华的绝对不平等,军事失败导致西方人对清帝国制度的贬抑,制度的贬抑进一步引发对清帝国文化甚至对中华文明的贱视,最终深究到人论、民族性的优劣上,无休止的偏激的评价链接,导致了对一个民族国家最核心价值的误判,即对民族文化和种族基因的践踏。这样不断下滑的中国观,同样在美国来华新教传教士身上发生,如裨治文②、伯驾③,当然也有例外,1833年来华的美国新教传教士卫三畏,更多的是对中国和中国人充满着学习和赞美的情怀,如他盛赞帝国人民的勤劳和友善:"……没有看到一支枪、一把刀或其他武器;人们的手中拿的是勾刀、刺棒、犁和其他耕地的工具,今年的收成特别好,农民们没

---

① [美]哈罗德·伊萨克斯著,于殿利、陆日宇译《美国的中国形象》第129页,时事出版社,1999年。
② 裨治文是美国第一个来华(新教)传教士,1830年来华,曾在广州创办《中国丛报》。1836年《中国丛报》上刊载的《与中国订约:一个巨大的迫切要求》一篇文章鼓吹武力迫使清政府开放门户时说:如果我们低声下气地向对方哀求,我们必将一无所获;如果我们希望同中国缔结一项条约,就必须手持刺刀强迫它这样做,必须用大炮来为我们讲话。而裨治文在为该文写的编者按中说:"我们完全同意该文的观点,我们应该学会怎样对付一个傲慢、愚昧和专横的政府。"见《中国丛报》(*Chinese Repository*),1841年10月第569页、1836年2月第441页、1839年6月第70页。
③ 伯驾是美国第一个来华传教医生,1834年来华,曾创办广州眼科医局,1839年致信林则徐:"最好能预见战争的害处,撇开'强硬的语言'(这就是骄矜与傲慢),采取和平的解决办法。英国已经准备提出她认为公正的要求,倘若不肯欣然答应的话,随之而来的将是流血。"没有得到回音后,他写信给美国亲属说:"我已经施加了我一点小小的影响,让中国能预见和避免这次不幸,但是他们太骄傲,不肯屈从,而且是深深地陷入无知之中,对已经被他们从兽穴里弄醒的狮子(英国)的力量,仍然毫无感觉。"见[美]B.史蒂文斯、F.马克威尔《伯驾传》(或《伯驾的生平、书信和日记》)第170、234页,波士顿,1896年;特拉华州威尔明顿市,1972年。

有任何怨言。"①当然,不管在"华夷秩序"还是在西方中心主义下的中国观,都是偏颇的。"'西方'实际上并不存在;只有论及'神秘莫测'的'东方'时才有'西方'的存在。然而'东方'和'西方'的历史存在只不过是'西方人'凭空想象出来的事物。欧洲中心论和其他一些中心论使人们难以看清,甚至难以探索各'地区'与世界(体系)整体相关联的情况。"②其实,原因也很简单,是人,就很难深谙过去的历史,很难悟透当前的改变,雾里看花、一叶障目在所难免,所要做的是去较为客观和真实地认识历史、较为正确地追求人类整体利益的实现,全球化只有在全人类的共同努力下才会造福全人类。

鸦片战争前大清国人对新生美国的认识,更显示出单薄、惊奇而不屑的矛盾心态。与早期美国人认识中国的主动性相反,中国对世界和美国的认识就要被动得多。囿于千百年来中国视外国为"蛮貊夷狄"的传统,更囿于长期奉行闭关锁国的对外政策,中国人不热衷于了解世界,也就不想去探索丰富多彩的西方文化。直到近代国门在西方船坚炮利下被迫开放,中国人为排除外患才去了解外夷,开始了放眼看世界的历程:"美国是通过它派遣来中国的商人、传教士、外交官员来探视中国,而中国则只是通过走不出户的秀才们从洋人的书籍中摘取零星材料去认识美国的。"③清王朝秉承中国悠久历史形成的华夷有别的观念,视外来人多为前来朝贡之人,尤其看重外来者是否遵循中国礼仪、顺从儒家教化。大清帝国在康乾盛世后逐步把前来贸易的西方人局限在广州城外的黄埔港。到19世纪初,随着前来贸易的国家增多,民间对不同国家人员的区别常常观其外貌特征和国旗颜色,官方则以是否在华循规蹈矩来判断,"恭顺"国家之人便受到优待。乾隆五十二年(1784)第一艘美国商船"中国皇后"号驶抵广州,从而架起了太平洋两岸最古老和最年轻的两大国之间联系的桥梁,由此肇端,中美两国开始了彼此相互认识和了解的漫漫历程,但中美早期的相互认识和文化交流,是在不平衡的状态下进行的。近代前夜,大清官民被动地接触来华美国人,他们对美国及其人民的认识构成了中国人最早的美国观。

---

① 《卫三畏生平及书信》第236页。
② [美]安德列·冈德·弗兰克、巴里·K.吉尔斯主编,郝名玮译《世界体系500年还是5000年?》第15页,社会科学文献出版社,2004年。
③ 罗荣渠《美国与西方资产阶级新文化输入中国》,周一良主编《中外文化交流史》第637页,河南人民出版社,1987年。

接待来华西方人的这批中国人首先是中国海员和商人。初次来华的美国商人"彬彬有礼",与当时英国商人的趾高气扬、傲慢无礼形成鲜明的对比,首先受到了中国商人的热烈欢迎,不论是为他们举行接风宴的大行商,还是与他们讨价还价后又称赞他们性情温和的小商人,对初次来华贸易的美国人均报善意。根据美国国旗是非常特别的星条旗,广东商人和普通百姓最初称美国为"花旗国",后来逐渐知道美国全称为"美利坚合众国",但中国人仍按音译或意译而称之为"米利坚"国、"美理哥"国、"合省国"等,有时简称"米国",不过在书写时在国名上加上"口"旁,以示蔑视,诚为"天朝上国"心理作祟。当然,初次来华的美国商人的"彬彬有礼",是有原因的,他们大部分都资本微薄,新生不久的美国政府也"很少注意它的在亚洲做生意的公民们的活动和利益"①,其商业活动差不多多处于听之任之的状态,组织不如英商那样严密,没有像东印度公司那样强有力的机构,因此美国商人的行为普遍比较谨慎,对大清法令和中国习俗一般都能遵守,受到中国商人和官员的好评。无可否认,中国人最初对美国人的友好态度多少带有自我想象的因素,在"中国皇后"号商船总管山茂召的日记中这样写道:"到此为止,我敢说这个人的评语是使我满意的。可是为公道计,我还不得不加上他的结语:'人们初来中国,都是非常好的君子人,都像你一样。我想你多来广州两三趟,你也变得跟英国人一模一样了。'"②与山茂召对话的这位广州商人的言语中隐隐地表露出对外国人的怯怯心理,暗示出他们在与欧美人贸易时所处的不利地位,反衬出像英国商人一样的美国商人的自豪感和优越地位。嘉道之际,美国对华贸易发展迅速,18世纪80年代后期美国对华贸易平均每年不过5万两,而在19世纪30年代初已超过500万两,在不到50年时间里贸易额增长100倍以上,逐渐取代荷兰、法国等在广州贸易中的地位,仅次于英国。③ 在这段时期内,中国人对美国的认识没有明显的进步,以至于清代官员和一般国人在对待来华美国人方面缺乏应有的防患于未然的理性认识。时任两广总督的蒋攸铦(1766—1830)在1817年还因为美国商船遭受海盗抢劫杀人而予以抚恤,而且这位

---

① [美]塞缪尔·弗拉格·比米斯(Samuel Flagg Bemis)著,叶笃义译《美国外交史》第142页,商务印书馆,1985年。

② Josiah Quincy, *The Joumals of Major Samuel Shaw, The First American Consul at Canton*(乔赛亚·昆西《山茂召日记》), Boston: Wm.Crosby and H. P. Nicholas, 1847, p. 200.

③ 严中平《中国近代经济史统计资料选辑》第5页,科学出版社,1955年。

总督所给予的抚恤并未把该船夹带鸦片这个事实看得很重,尽管事后该总督奏陈朝廷,受到军机处关于不查禁鸦片的严厉指责。① 而有文字记录的相关文献中,中国人最早著书谈及美国的,是由谢清高口述,杨炳南笔录的《海录》一书。谢清高,广东嘉应人,18 岁时"从贾人走海南,遇风覆其舟,拯于番舶,遂随贩焉。每岁遍历海中诸国,所至辄习其言语,记其岛屿扼塞、风俗物产,十四年而后返粤"。谢清高"遍历海中诸国"的时间大约为 1782—1796 年,后因双目失明,才被迫结束海上生涯,"流寓澳门,为通译以自给"。1820 年春,杨炳南在澳门遇见谢清高,"与倾谈西南洋事甚悉",觉得其所讲述的海外见闻很有价值,遂将其记录整理成书。②《海录》于 1842 年才得以刊行,丧失了它的修改机会和一定程度上的社会意义,但它极少篇幅的对美国的介绍,其意义并非囿于它让中国人了解到世界上还有一个新建立不久的国家,其风俗与英国相似,更在于对当时美国先进"火轮"的介绍和中美风俗相异的强调比较,使中国人看到了不同于华夏而又具有先进器物的新国家,开始了国人对这个新国家不断的认识过程。③ 道光初年,梁廷枏编著的《广东通志》《粤海关志》和叶钟进著的《英吉利国夷情记略》等书中,对于美国的一鳞半爪的知识,尚不足以让中国人能够清楚而完整地了解美国,其中的不确之言和传闻之误更是不能视为真实美国的认识基础。鸦片战争前的中英冲突,引起了一批先进中国人对域外世界的关注,对美国的认识水平也有了一个飞跃。林则徐不仅是被后世史家誉为近代中国"开眼看世界的第一人"④,同时"也是开创了解和介绍美国之风气的第一人"⑤。肩负禁烟使命的林则徐刚到广东时,对美国知之甚少,但他组织搜集和编译外国资料,比较有影响的有《澳门新闻纸》《澳门月报》《洋事杂录》《华事夷言》《各国律例》《四洲志》。其中,《四洲志》曾被梁启超誉为中国"新地志之嚆矢"⑥,它是林则徐在其幕僚移译英国人慕瑞《世

---

① 故宫博物院编辑《清代外交史料(嘉庆朝)》第 684—685、687—688 页,成文出版社,1968 年。
② 黄长义《近代前夜中国人的美国观》,载《中南民族大学学报(社科版)》2002 年 9 月第 5 期,第 59 页。
③ 姜源、李慧宇《早期中国人眼中的美国》,载《求索》2005 年第 1 期,第 194 页。
④ 范文澜《中国近代史》(上册)第 21 页,人民出版社,1955 年。
⑤ 陈胜《鸦片战争前后中国人对美国的了解和介绍》,载《中山大学学报》1980 年第 1 期,第 2 页。
⑥ 梁启超《中国近三百年学术史》第 323 页,中国书店,1985 年。

界地理大全》所载的世界四大洲30多个国家和地区情况的基础上刊行的一部史地书籍,也是中国人首次比较确切而具体系统地介绍美国的书籍。《四洲志》把美国(United States)音译为"育奈士迭国",占全书篇幅的1/4,2万多字,除详细介绍美国方方面面外,还穿插有林则徐的见解和政治倾向,如他把美国联邦制度与中国的封建郡县制度对比,肯定这种国体的合理性:"传闻大吕宋开垦南弥利坚之初,野则荒芜,弥望无人;山则深林,莫知矿处;壤则启辟,始破天荒。数百年来,育奈士迭遽成富强之国。足见国家之勃起,全由部民之勤奋。故虽不立国王,仅设总领,而国政操之舆论,所言必施行,有害必上闻,事简政速,令行禁止,与贤辟所治无异。此又变封建、郡县官家之局,而自成世界者。"这种认识在大清举国上下夜郎自大、唯我独尊的社会氛围中,确属凤毛麟角。表面上看,林则徐敢于面向世界,接触和承认新事物,而不是故步自封,盲目排外。① 但从总体上看,中国人对美国的早期认识是中国商人有史以来在"重农抑商"民风下形成的贸易谦卑之态,和中国朝廷与官员一直尊奉的"怀柔远人""体恤弱民"治天下的心理共同作用的结果,很容易在对美国和其他欧洲国家来华人士的差异的肤浅认识之中,乐于美国人的友善而憎恶英国人的霸道,因而是存在着误区和想象的。早期来华美国人给中国人的最初好印象,延误了中国人对不断走向强大而有野心的美国人和美国政府的正确而及时的判断,以至于鸦片战争后美国强迫清政府签订的《望厦条约》成为强加给"中国国际关系的基础"的"典型条约",②正如专使顾盛在《望厦条约》签订后给美国国务院所写的报告中就说:"美国及其他国家,必须感谢英国,因为它订立的南京条约,开放了中国门户。但现在,英国及其他国家也须感谢美国,因为我们将这个门户开得更宽阔了。"③至此,作为中美关系史上一个里程碑式的《望厦条约》"已将美国对外关系,放置在一个崭新的立脚点上,万分有利于美国商务以及其他利益之发展"④。实际上,早期美国来华时的亲善和恭顺,只是一种出于自身商务利益的假象,美英之间虽有矛盾,但也没有

---

① 林则徐著,张曼评注《四洲志》(罗炳良主编的影响中国近代史名著之一)第7页,华夏出版社,2002年。
② [美]泰勒·丹涅特著,姚曾廙译《美国人在东亚》第142页,商务印书馆,1962年。
③ 胡绳《从鸦片战争到五四运动》(上册)第64页,人民出版社,1997年。
④ 卿汝楫《美国侵华史》(第一卷)第81页,生活·读书·新知三联书店,1952年(1962年重印)。

中国人想象的那样大,而美英在打开中国门户这一点上则是利益共同的,尽管美国朝野有舆论反对英国的鸦片贸易和武力迫使中国通商的做法,但在不可知的中英未来之际,"在这种愤怒之中还夹杂着和这种愤怒很不调和的热情,希望这个开放和开放可能提供的机会。美国人一方面对这种手段表示悲痛,而到底还是欢天喜地的"①。到清政府败局已定,美国人隐藏在恭顺之下的野心很快就暴露无遗,美国"可耻地可是非常有利可图地扮演成这样一个角色,老老实实尾随英国战舰之后来到中国,凭借英国的军事胜利,大获其利"②。总之,鸦片战争之前和稍后,中国人对美国的了解,更多的是依靠"西人之书"和国人不成熟的"剪辑"之书介绍的有关美国的知识,因此,中国人对美国的认识是狭窄的、表面的和肤浅的,对美国充满着溢美之词,特别是看不到中美商务和外交关系上美英侵华的共同本质,这种认识上的局限性最终导致了丧权辱国条约的签订和中国主权的严重破坏。

二、美国的政治意识形态和早期对华外交政策

15世纪末开始的地理大发现,开辟新航路之后,欧洲一些国家先后侵入北美大陆。从17世纪初起,到1733年为止,英国在北美大西洋沿岸共建立了13块殖民地。在此期间,英属北美殖民地上的居民大多数来自英国,源源不断到来的移民还有西班牙人、荷兰人、英格兰人、苏格兰人、爱尔兰人、法兰西人、德意志人、瑞典人、瑞士人和犹太人等,他们之中除少数是地主贵族和特权商人外,绝大多数是普通劳动人民。这些人来到北美的目的各不相同,有躲避宗教迫害的,有寻找政治避难的,有追求信仰自由的,有怀抱发财梦想的,也有热心探险生活的。但这些越来越多的欧洲移民,却给原居民印第安人带来了历史性的巨大灾难。北美在欧洲人到来前,印第安人大约有200多个部落,人口有85万—100万,他们对初期来美洲的欧洲移民是非常友善的,以礼相待,向其传授生产技术,并提供各种生活帮助。然而,欧洲移民凭借武器和物质装备上的优势,大肆驱赶或屠杀印第

---

① [美]赖德烈(Kenneth Scott Latourette)著,陈郁译《早期中美关系史(1784—1844)》第120—121页,商务印书馆,1963年。
② [美]泰勒·丹涅特著,姚曾廙译《美国人在东亚》第141页,商务印书馆,1962年。

安人,霸占他们的家园和土地,开始欧洲白人的殖民统治。由于处于原始社会经济阶段,落后的印第安人根本无法对抗优势的殖民者,北美大陆上的绝大部分印第安人被驱赶到了阿巴拉契亚山脉以西的荒远地区。最初的这种历史形态,就影响了此后美国的民族构成。

与此同时,地大物博的北美大陆,既是美国殖民地时期的历史发展的一个客观和潜在的物质力量,也是立国之后的美国为稳固它的民主政治和促进社会经济发展的一个瓶颈式的阻碍因素。人是一切资源中最宝贵的资源,在当时的美国,"人口少是真正的贫穷"①。北美殖民地的人口增长方式与其他任何一个国家或地区都不相同,它不是主要依靠人类自身的生产功能,而主要是从未间断的外来移民所带来的日益庞大的人口规模。除少数印第安人留居原地外,到 1700 年,北美大陆大西洋沿岸稀疏地分布着大约 28 万欧洲移民,而同期的英国不列颠诸岛约有 925 万人口,法国约有 2200 万人口。但到 1770 年,北美大陆人口达到 205 万,1775 年,又增加到 260 万,增长速度相当快。根据 1790 年的美国第一次人口普查材料,居民大多数是来自欧洲的移民,其中来自英国的占 71%,来自欧洲大陆各国的占 8%,还有来自非洲的移民,占 21%。② 独立后的美国迅速走上资本主义工业化道路,它的富饶的自由的土地,向西部的不断扩张,工农业的急剧发展,又为吸引和养活大量外来移民提供充分的物质条件,出现了人类历史上空前的移民运动。到 19 世纪 20 年代,美国人口增加到 960 万,其中西部人口的增长大于东部。从 1845 年到 1914 年是美国特殊的人口规律的"大移民时代",蒸汽轮船把大西洋上的航行缩短到 10 天左右,而且出现了专门运人的客轮。第一个高潮出现在美国内战以前,每年输入近 10 万人。到 19 世纪 80 年代,进入第二个高潮,经常每年移入 50 万人上下。新的移民主要来自东南欧,斯拉夫人、犹太人、地中海人首次成为美国人口中的重要成员。第一次世界大战前 10 年,移民达到最高峰,每年的移民超过 100 万人。亚洲的中国人、日本人、印度人和土耳其人等作为契约劳工在 19 世纪中叶开始输入美国,亚洲移民的总数远逊于欧洲移民,只有 95 万人左右(1820—1920)。20 世纪 60 年代通过新移民法后,美国再次出现新的移民

---

① [英]配第《赋税论》,转引自《剩余价值论》,载《马克思恩格斯全集》(第 26 卷第 1 册)第 379 页。

② 王恩涌《文化地理学导论:人·地·文化》第 162 页,高等教育出版社,1989 年。

高潮,第三世界落后地区的人流至今仍源源不断地流入美国。在短短的几百年时间中,从旧大陆的各色民族的移民及其后裔就完全征服和改变了人烟稀少的北美大陆,使之变成了一个有 2.36 亿人口的大国(1984年)。① 可见,移民在美国经济发展和社会进步上所起的作用是有目共睹的,"移民们终于在美国经济中找到自己的位置,每个后来的新居民从下面把先来者推上更高一层。而经济也感觉得到移民为迅速发展的工业提供劳力所起的作用。……大移民运动不仅仅是人的移植,同时是才能、技术、文化传统的移植。移民人数的增长不仅增加了更多生产者,而且也增加了更多消费者。……由于移民收入的起点很低,他们的生活水平不断稳步增进,从而国内市场就不是按算术级数增长,而是按几何级数增长了"②。

从本质上来说,美国是一个由外来移民组成的国家。这样的移民特性,决定了美国的特殊的民族特征,"确切地说,正是移民对美国生活与制度所起的影响,以及美国的环境特别是早期的边疆与近期的工业一体化对不断变化中的混成人口所起的作用,构成美国历史的两大主题"③。外来的许多民族在美国的新土地上经历着复杂而持久的民族融合过程,造就了人类历史上一个崭新的美利坚民族,正如在 1765 年召开的九个殖民地代表大会上,南卡罗莱纳的克里斯托夫·加兹登所说:"我们应当站在天赋权利这个广阔的共同立场上……这个大陆不应当有人称为新英格兰人、纽约人等,我们所有的人都是美利坚人。"④但欧洲白人移民的决定性力量,使美利坚的民族特性既有与欧洲分庭抗礼的叛逆,"正是欧洲移民,使北美能够进行大规模的农业生产,这种农业生产的竞争震撼着欧洲大小土地所有制的根基。此外,这种移民还使美国能够以巨大的力量和规模开发其丰富的工业资源,以至于很快就会摧毁西欧特别是英国迄今为止的工业垄断地位。这两种情况,对美国本身也起着革命的作用"⑤。又具有明显的欧化,尤其英国文化的色彩,"其他非英籍移民,来自北欧各国,人数不多,他们的

---

① 罗荣渠《美国历史通论》(罗荣渠文集之五)第 13—16 页,商务印书馆,2009 年。
② [美]马克斯·勒纳《美国的文明:现今美国的生活和思想》(英文版)第 88 页,1957 年。
③ [美]阿瑟·M·施莱辛格《美国历史的新观点》(英文版)第 2 页,1935 年;转引自罗荣渠《美国历史通论》第 19 页,商务印书馆,2009 年。
④ 罗荣渠《美国历史通论》(罗荣渠文集之五)第 24 页,商务印书馆,2009 年。
⑤ 《共产党宣言》(1882 年俄文版序言),《马克思恩格斯选集》(第 1 卷)第 253 页,人民出版社,1995 年。

文化与英国的文化近似,因此,他们很快就适应了英国式的生活"①。从而形成了美国特有的民族个性,主要有自由主义、个人主义、功利主义、爱国主义和种族优越感。由这些民族个性上升而成的国家意识形态和政治决策,在此后美国国内的社会发展和对外政策形成与实施等方面产生了巨大的世界性影响。

美国的政治意识形态的精髓是美国例外论和自由主义。意识形态一词是18世纪末法国哲学家德斯蒂·德特拉西(Destutt de Tracy,1754—1836)创造的,即 ideology,从字面上讲,就是思想的科学,这门学科早期所关注的题目实际上是某些带有启蒙主义特征的题目的自然延伸,例如如何通过系统的和科学的分析来理解人类控制世界的能力。② 而在马克思主义学说中,意识形态最初是作为一个中性词、一个科学术语的,"意识在任何时候都只能是被意识到了的存在,而人们的存在就是他们的实际生活过程。如果在全部意识形态中人们和他们的关系就像在照相机中一样是倒现着的,那么这种现象也是从人们生活的历史过程中产生的,正如物像在视网膜上的倒影是直接从人们生活的物理过程中产生的一样","我们的出发点是从事实际活动的人,而且从他们的现实生活过程中我们还可以揭示这一生活过程在意识形态上的反射和回升的发展。甚至人们头脑模糊的东西也是他们的可以通过经验来确定的、与物质前提相联系的物质生活过程的必然升华物"③。但其后,意识形态作为贬义概念而出现,它是一种狭隘的、带有阶级偏见的资产阶级观点,是一个为统治权力辩护的工具。因此,在政治学上来讲,意识形态一般被理解为一套在许多问题上与信仰相互关联的思想,"一套内部一致的主张,它们对人类行为提出能做什么和不能做什么的要求。所有的意识形态都对下述问题有意义:什么在道德上是好的和(因此)什么是坏的;社会资源应如何进行分配;如何恰当地安置权力"④。意识形态通常以"主义"来冠名它的倾向,如保守主义、自由主

---

① [美]安娜·哈利斯·莱夫著,邹笃钦译《美国民族百衲图》第5页,商务印书馆,1995年。
② Joel Krieger, editor in Chief, *The Oxford Companion to Politics of the World*, Second Edition, New York: Oxford University, 2001, p.381.
③ 马克思 恩格斯《德意志意识形态》,《马克思恩格斯选集》(第一卷)第30页,人民出版社,1972年。
④ 梅尔文·欣尼奇(Melvin J. Hinich)和迈克尔·C·芒格(Michael C. Munge), *Ideology and the Theory of Political Choice*, Ann Arbor: University of Michigan Press, 1994, p.11.

义、法西斯主义、共产主义等。尽管意识形态在学术界是个争议很大的概念,但多数人的看法是一致的,即意识形态是任何内部相对一致的、激励社会或政治行动的思想或信仰体系,它是社会研究和政治分析的不可缺少的一部分,政治制度、社会和政治运动以及权力与政权之间的关系总是以复杂的方式与思想、信仰和各种象征形式交织在一起。① 美国有史以来形成的与众不同的特殊命运和使命观是:上帝选择了美利坚民族,把它安置在北美这片新大陆上,并赋予了它特殊的使命,在这里建立一个自由和民主的样板,还由此肩负着上帝所委托的把自由民主的价值观念和民主制度推广到世界各个角落的使命。这就是美国意识形态"美国例外论"的核心内容,正如迈克尔·亨特在其著《意识形态与美国外交政策》(*Ideology and American Foreign Policy*,1987)中指出的:"美国的意识形态把美国国内的自由命运和在国外的使命感,以及相信美国是进步的代理人的观念结合在了一起。"② 美国例外论不仅成为美国19世纪中期开始的大陆扩张和19世纪末海外扩张的历史辩护词,而且在当前既能为它的孤立主义外交政策、又能为干涉主义外交政策进行国际辩护。而自由主义依托美国例外论的国内外论调,为美国的既得利益和未来利益服务,它的基本信条是信奉民主和个人自由,确信政府的存在以保护个人权利作为首要目的。这样的自由主义是古典自由主义,是相对于保守主义、社会主义和罗斯福新政后的修正的自由主义而存在的,它是美国立国的基础,也是维系美利坚民族的纽带。

事实已经证明,在200多年的历史进程中,美国和美国人在国际舞台上的所作所为,让世界人民产生了既敬慕又谴恨的矛盾心理。这样的情况自然与美国外交政策密切相关,而外交政策又与意识形态紧密关联。作为美国两个最重要的意识形态,美国例外论要求美国人把自己的价值观念和

---

① 周琪《意识形态与美国外交》(导论)第7页,上海人民出版社,2006年。
② [美]迈克尔·亨特著,褚律元译《意识形态与美国外交政策》,世界知识出版社,1999年。该著被认为是第一本从历史视角来研究美国意识形态的杰出著作。其他著作如恩里科·奥吉利(Enrico Augelli)和克雷格·墨菲(Craig Murphy)在《美国寻求在第三世界国家的优势:一种葛兰西主义的分析》(*America's Quest for Supremacy in the Third World: A Gramsian Analysis*,1987)认为,最普遍流行的干预外交事务的信念是美国的独特命运和特殊使命;塞缪尔·亨廷顿(Samuel Huntington)也认为美国特殊使命的思想是美国民族主义的核心。对美国特殊命运的表述,几乎可以从20世纪以来所有美国总统的重要演讲中看到。参见周琪主编《意识形态与美国外交》(导论)第13页,上海人民出版社,2006年。

政治制度推广到全世界,而他们所要推广的就是以古典自由主义为标志的价值观念和建立在此基础上的民主政治制度。这样的内在关系,经常使得美国的国内政策和外交政策之间呈现出一个无法消失的矛盾:在国内讲民主,在国际上争霸权。所以,从考察美国自身而言,美国例外论是理解美国人的自我形象、民族主义、政治文化和外交政策的关键。许多美国历史学家认为,美国例外论是美国外交政策的根源,美国在同世界打交道时所有做得好的方面都可以追溯到这一理想主义的根源,所有坏的方面都可以追溯到美国人假仁假义的态度中所包含的自高自大和伪善。① 从美国与世界关系的意义上来讲,美国例外论和自由主义也是双刃剑,在理论和实践上都有为美国利益服务的根本作用。至于美国达到这一目标所采取的手段,美国外交史学家莱丹有一个很好的总结:"美国政策的目的始终在于为美国人民和美国商务取得最惠国待遇……在我们努力保持与中国有利的通商关系中,我们时常利用别国的压迫政策,而不替他们的行动承担道德责任,有时候我们同这些国家合作,有时候我们采取一些孤立的政策。"②因此,我们在审视美国例外论和自由主义时,必须谨慎它的伪善,避免更大的利益丧失和社会不安全。对于美国的这种"伪善",美国中国学家费正清有一段精辟的解说:"在我们所宣扬的有关中国的理想同我们在该国所遵循的实践之间,常常透露出一种奇怪的距离。……例如在政治上,照我们革命传统,我们良心上反对殖民主义,疑心欧洲的阴谋,我们在早期也有假仁假义地不沾染帝国主义,甚至有时避免权力政治。可是由于同时又要求了最惠国待遇,我们立即享受治外法权的一切半殖民地的果实。""这容许我们享受到了一种过分的好处:即经常谴责英国的帝国主义而又同时泰然地分沾它的利益。"③从中美关系史上来看,美国的这种"伪善"政策曾迷惑了不少中国人的眼睛。对美国人"恭顺""友好"的错觉和夸大,首先使林则徐开始考虑将其作为中国对外关系的平衡力量,结果是中国被迫签订了《望厦条约》。第二次鸦片战争期间,曾国藩等又重新主张利用美国人对付英法。此后,李鸿章、黄遵宪等把美国纳入他们关于东亚权力均衡的构想之中,指望美国帮助解决琉球危机、朝鲜危机、中法战

---

① 周琪《意识形态与美国外交》第121页,上海人民出版社,2006年。
② [美]莱丹·J. H. 著,王造时译《美国外交政策史(1788—1924)》第452页,商务印书馆,1936年。
③ [美]费正清《美国与中国》第261页,商务印书馆,1979年。

争、甲午中日战争。民国初年,袁世凯、徐世昌等指望从美国得到资金和技术。清政府、民国初年政府和中国士大夫阶层的一次次愿望均没有实现。这个在历史上反复出现的怪现象,是研究中美关系史时应该特别加以注意的。①

在美利坚民族的思想意识深处,意识形态作为一种持久的因素,成为一种美国人不自觉的内心信念。在美国不到四百年的民族历史中,与它的移民拓殖、地理上的相对隔离环境以及独特的多元文化相对应,美国形成了自己认识世界的思想工具、判断是非的价值标准体系和民族生生不息持续发展的基本信念。"忽视了意识形态,想重新调整美国外交政策可能遗漏关键性的一步。……只有试图对美国如何进入国际政治的密林,或者对政策制定者的行为进行深入的探讨,意识形态都占据着显著地位。"②在以美国例外论和自由主义为主的意识形态下,美国精神得以奠基、形成和发展。美国作为一个由欧洲新教移民及其后裔所建立起来的新兴资产阶级共和国,从文化渊源上直接承袭了近代欧洲文明,新教的价值观无疑成为美国产生的动力,也是美国以后政治、经济和社会生活的主导力量。宗教作为影响美国内外政策诸因素中唯一具备无形(宗教价值观)和有形(宗教团体)两种力量的因素,成为美国意识形态的基础,而美国有95%的人信仰上帝,其中86%为基督徒,基督教徒中,60%为新教徒,28%为天主教徒,10%为东正教徒,其余信仰犹太教或伊斯兰教,在成年人中,70%的人从属某个教堂。基督教占绝对的优势,其主体又是新教。③ 这些就有力地说明了美国精神之一的清教徒精神。清教徒是北美早期移民的主流,他们中的许多人带着对基督信仰的执着和对自由的渴望来到北美新大陆,在他们的意识中,他们是上帝的选民,而美国是上帝选择的一个特殊国度,对人类的发展和命运承担一种特殊的责任。当美利坚合众国作为一个主权实体开始外部联系时,上帝选民的使命感和美国优越的价值观,成为美国人与世界其他地区的人们区别开来的主要标志之一,在美国人看来,"美国民主制把世界从专制者的压迫下解放出来的使命正是基督教注定把世界从

---

① 张小路《从林则徐联美抗英主张看鸦片战争时期中美关系》,载《社会科学战线》1992年第4期,第189页。
② [美]迈克尔·亨特著,褚律元译《意识形态与美国外交政策》第5页,世界知识出版社,1999年。
③ 董秀丽《美国外交的文化阐释》第97页,知识产权出版社,2007年。

撒旦统治下拯救出来的世俗表达"①。清教徒精神从立国至今始终规范着美国的政治文化和社会文化,也支配着美国的对外政策,使"推广美国民主模式"成为其恒久不变的传统的外交目标,用美国的是非标准和价值观念评判其他国家的行为和文化传统、把其他国家是否接受美国的价值观作为衡量该国文明进步与否的标志,成为美国对外关系史上的一个显著特征。而与清教徒精神并行不悖的移民精神和商业精神,同样使美国和美国人在国内社会与政治活动和对外扩张与干涉活动中大获其利,现实功利主义和强权外交思想逐渐遍及世界的每个角落,毋庸置疑地成为多元文化并存的世界局势动荡的一个重要原因。立国不久,美国新教传教士赴华传教,就是美国精神使然。

毋庸置疑,外交政策与意识形态的关系是紧密而复杂的。在冷战以前,绝大多数学者更多地用经济或政治利益来解释外交政策的形成和作用,而在冷战过程和结束后,人们开始更多地正视意识形态对外交政策的影响。"意识形态之所以重要,是因为它们构成了决策者处理具体问题的框架,关心(外交政策)的公众理解这些问题的框架。"②但意识形态对于外交政策的最终形成与实践结果也有一定的限制作用,"意识形态对外交政策的影响体现在它能够渗透到对于国家利益的界定中,但它并不能以非常具体的方式来决定对外政策的内容"③。所以它的作用主要表现在两大方面,即必须有大众意识形态使外交政策决策者所起的作用合法化,意识形态必须帮助决策者成为独立的行动者;意识形态可以作为政策的指导,外交决策者本身的意识形态帮助他们理解世界。不过使决策者作用合法化的意识形态不可能在社会中的任何集团中都是一致的,外交政策决策者被常识和矛盾的公众意识形态合法化,而且外交决策者所遵循的意识形态也不一定直接反映大众的矛盾的意识。④ 同时,外交政策决策者将民族意识

---

① Ralph H. Cabriel: *The Course of American Democratic Thought*: *An Intellectual History Since 1815*, New York,1940,p. 37.

② Michael H. Hunt, *Ideology and U. S. Foreign Policy*([美]迈克尔·亨特《意识形态与美国外交政策》), New Haven and London:Yale University Press,1987,p. 16.

③ Arthur M. Schlesinger, Jr.(小阿瑟·施莱辛格), "Ideology and Foreign Policy:The American Experience", in George Schwab, ed., *Ideology and Foreign Policy*, *A Global Perspective*, New York and London:Cyrco Press, Inc., Publisher,1978,p. 125.

④ Walter Carlsnaes, *Ideology and Foreign Policy*:*Problems of Comparative Conceptualization*, Oxford and New York:Blackwell,1987,p. 58.

形态与自身偏重的意识形态结合来进行合法化的国家外交政策的过程,是一个渐行渐熟的发展,美国历史上的不同时期外交政策无不彰显着美利坚民族的意识形态,美国文化中的天赋使命和例外论、孤立主义、自由主义和种族优越感等意识形态总体使早期的美国外交政策的历史大致出现四个主义的时期,即汉密尔顿主义、威尔逊主义、杰斐逊主义和杰克逊主义时期。①

在不同的历史时期,以相应的意识形态背景为出发点,美国国内民众对外部世界的意识和外交决策者的世界观直接或间接地影响着美国人对其国家利益的界定和对外政策的决策。中美交往史无时不在明显地体现出美国的对华政策与其意识形态的互动关系。立国之初的美利坚合众国,以"中国皇后"号来华为契机,开始中美的直接交往,而此后的半个世纪内,美国对于中国的兴趣完全建立在商业贸易的基础之上。② 这个时期,正是汉密尔顿主义外交政策盛行时期,美国商人在华经商尚能遵守清政府的规定,服从管理,是美国对于中国的"尊重时代"。③ 但这种"尊重"多来源于美国人对华的不了解和一些认真而规矩的商人。到鸦片战争之前,美国方面有一些来华商人充当名义上的领事等官职,负责美国商人与中国官府和中国商人的商务等活动,但中美之间没有任何实质上的官方往来,除了清政府的闭关政策外,主要是美国忙于应付欧洲列强的纷争,特别是英

---

① "汉密尔顿主义"一直把促进美国商业利益、维护和推动对美国有利的贸易环境当作美国对外关系的重点;"威尔逊主义"从本质上说是美国人高昂的宗教热情与民主信仰的结合,以美国的利益需要其他国家接受美国的基本价值观来处理内外关系;"杰斐逊主义"的核心是维护美国的民主,对外采用成本最低手段来捍卫美国利益和自由,要避免战争,反对在国外承担过多责任;"杰克逊主义"使美国人更加具有军事化倾向,美国一直综合运用意志和手段,尤其是庞大的军事力量迫使他国屈服于美国的要求,是美国优越的荣誉观和黩武的爱国观相互作用的产物和外交逻辑。[美]沃尔特·拉塞尔·米德(Walter Russell Mead)著,曹化银译《美国外交政策及其如何影响了世界》(Special Providence, American Foreign Policy and How It Changed the World, 2001),中信出版社、辽宁教育出版社,2003年。参见周琪主编《意识形态与美国外交》第90—114页,上海人民出版社,2006年。

② Warren I. Cohen(沃伦·科恩), Americas Response to China, A History of Sino-American Relations, third Edition, New York: Columbia University Press, 1990, p. 2.

③ 沃伦·科恩(Warren I. Cohen,汉名孔华润)把美国人对中国的态度分为几个阶段:1784—1841年为"尊重时代",1841—1900年为"蔑视时代",1900—1950年为"家长式统治时代",1950—1971年为"恐惧时代",1971年之后为"尊敬时代"。参见Warren I. Cohen, American Perceptions of China, in Michael Oksenberg and Robert B. Oxnam, eds., Dragon and Eagle, United States-China Relations: Past and Future, New York: Basic Books, Inc., Publisher, 1973, p. 55.

国参与的纷争,同时它又在北美大陆进行领土扩张,无暇顾及对华的官方关系。随着美国国内政治的逐步稳定,来华经商和福音传教两股潮流使越来越多的美国人来到中国土地上,耳闻目睹大清王朝的社会万象,带着美国种族优越感和自由主义思想的绝大多数的美国商人和传教士,他们内心的和传递回美国的信息,对中国总体印象更多的是负面的。清政府官员是腐败和专横的,中国的风俗习惯是野蛮和落后的,一句话就是美国人对中国的文化和价值观并不认同。① 所以,在鸦片战争一触即发之际,时驻澳门的美国领事在谈及中英关系的同时,就建议华盛顿"美国应该采取干涉政策,或与英国联盟,一致行动,或乘机作军事的示威,使美国能够提出有利于己的要求,凡英国所获得的利益,美国必须同等享受"②。同时,以裨治文、卫三畏、伯驾等代表的赴华传教士在华活动,特别是一些在华美商的不法言行——"美国人的任务应是教导中国人接受西方的生活方式,帮助他们获得永远幸福的方法和事业……中国可以从炮舰所强加的文明中获益。"③——使美国意识形态下的威尔逊主义和杰克逊主义对华政策不断渗入,不和谐因素越来越增多,两国官方关系走向对立的倾向愈重。1842年《望厦条约》的签订,是中美早期相对友好的关系发生重大转折的标志性事件,也是美国对华政策由象征性同情到趁火打劫、进而侵华的历史性转变。而纵观中美交往以来的历史,可以发现,美国意识形态因素对中美关系的作用是非常明显的,它在很大程度上左右着美国国内看待中国的视角,并进而影响对华政策的大方向和美国对中国关系的内容,正如美国中国问题专家费正清指出的:"我们的中国问题基本上是一个价值观念问题,它牵涉到我们的感情。"④

总的来说,早期中美关系多发生在两国人民之间,商贸关系的总体状态是良好的,美国在华的官方交往和宗教活动居次要地位,只是,中美两国综合国力的降升变化和文化之间固有的差异,使早期中美关系平静的表面之下蕴藏着不可逆转的不平等关系的历史变数。

---

① Warren I. Cohen, "American Perceptions of China, 1789-1911", in Carola McGiffert, ed., *China in the American Political Imagination*, Washington, D. C. : The CSIS Press, 2003, p. 26.
② 卿汝楫《美国侵华史》(第一卷)第54页,生活·读书·新知三联书店,1952年。
③ Warren I. Cohen, *Americas Response to China, A History of Sino-American Relations*, third Edition, New York: Columbia University Press, 1990, p. 26.
④ [美]费正清著,孙瑞芹等译《美国与中国》(第三版)第5页,商务印书馆,1971年。

三、卫三畏及其相关领域研究现状与学术意义

中美关系是当今中国最大的学术热点和难点问题之一。一个后起的而今为世界唯一超级大国的美国,一个古老的而今正在和平崛起的最大发展中国家的东方大国的中国,两国关系的腾挪跌宕,无不牵引起国际局势的神经。理解和打造符合世界和平和发展潮流的中美关系,不仅是所有主权国家的对外政策方向和内容的考量因素之一,也是中国史学界和国际问题学者的重要研究对象。因此,研究中美关系史,不仅仅是学术研究的需要,它还具有显著的现实意义。而早期中美关系史,连接着现在和未来的中美关系史的脉络,影响着中美关系发展的进程。从中美交往的历史来看,美国一直是强势的一方,主动的一方,而中国是弱势的一方,被动的一方,但中国本身潜在的开放、吸纳和和平创新的民族精神,使得在遭受百年屈辱后,仍然能在旧中国的历史废墟上建立人民共和国,而延续五千年的中华文明,是人类文明的奇迹。尽管半个多世纪来的新中国,在思想意识、经济实力、军事技术等许多方面不可能完全摆脱旧的历史因素影响,国家的管理体制、法律制度有待完善,社会公共机构和保障制度有待健全,但中国的现在和未来的发展绝对不可能像历史上新老殖民主义和霸权主义国家那样依靠侵略、控制和掠夺别国的资源来完成,只能争取在一个和谐世界里走一条"和平崛起"之路,而迄今世界上几乎没有一个大国是靠自身和平发展崛起的,中国的发展之路无疑面临着众多的难题。要解决这些难题,获得更好更快的发展,就必须向世界更加的开放,而开放也会带来一些次要的问题,如经济全球化与贸易摩擦、维护国家主权与统一、意识形态与外交政策等方面均受到来自美国的挑战。建立什么样的中美关系才能最大限度地为中国崛起和发展开辟康庄大道呢?这是摆在中国人面前一个不得不去解决的理论和实践问题。首先,从中美关系史上考察,美国的对华政策在过去、现在、未来很长时期内,都是在交往与防范之间摆动,摆动的幅度又随着美国不同政府所奉行意识形态和遵循国际政治理念的不同而增减,但都不可能超出中美关系的本质给予的规定性,即中美关系是非敌非友,且充满矛盾的关系,未来中美关系是相互合作和相互竞争的两种趋势都会增长的关系,谁也离不开谁,谁也不愿意放弃自己的根本利益和原则。其次,随着中国向世界性经济大国目标的迈进和国际和平维护力量

的不断壮大,美国对华对抗政策的着力点越来越少,而与华相互依存的需求递增,美国将逐步接受中国的影响力(软实力)在亚太地区和世界扩大的现实,更多地倾向与中国合作,以寻求其国家利益最大化。简言之,尽管中美两国之间在历史上、文化上、政治体制和经济结构上有着巨大的差别,但中美两国人民有着许多共同点,中美两个国家也有着许多相似的需求。基于这样的历史状态和对未来的审视,研究中美关系就成为一种学术和思想的训练,更是一项复杂而重要的时务,它旨在解析中美200余年交往过程中出现的是非曲直,最大限度地求同存异,争取双赢,共同为人类和平与进步做出贡献。

中美关系史的研究对象,在时间跨度上应起于北美殖民地时期,甚至更早的土著民时期(但限于史料缺乏而无法准确界定),而北美十三块殖民地立国后到《望厦条约》签订前属于早期中美关系史的黄金阶段,从大致鸦片战争起到1949年的百年间为近代中美关系史时期,从新中国成立迄今为现当代中美关系史时期(又以1978年改革开放为分界线)。在内容上看,改革开放前许多中美关系史的研究成果都是研究政治关系的,或者以研究政治关系为主的,其他方面涉及很少,从跨学科角度而言,这样的研究不免视野狭窄、结论武断,不利于学术进步。但是,我们必须看到,虽限于历史和意识的局限,中美关系研究还是取得不断的进步的。从1949年到1978年这30年间,中国学术界共出版了173部各类专著、译著和小册子,516篇论文和文章,内容遍及各个历史时期,也在政治、外交、军事、经济、社会、文化、人物等领域有所涉猎,其中不乏一些非学术性的,或出于政治宣传目的的文章,这些成果有一个共同特点就是揭露和遣责美国对华侵略的历史罪恶。1979年以后,随着改革开放的展开和国内政治空气的宽松,特别是中美两国正常外交关系的缔结,中美关系史的研究成为中外关系史研究中最热门的题材,到1992年的10多年时间中,出版著作249本,论文3220篇。2000年发表的一项美国问题研究的统计显示,占全部篇目12.4%的文章,即568篇,是直接论述中美关系的,其中包括中美经济关系69篇、中美外交关系244篇、华文文化和作家113篇、美籍华人历史传记46篇、中美关系人物14篇、中国移民5篇、朝鲜战争50篇、中国美国研究4篇、美国汉学研究8篇、中美文化6篇、中美图书和教育9篇等,其中大部分文章都可以纳入中美关系史的研究范围。① 上述研究成果的取得,与我

---

① 熊志勇《百年中美关系》(绪论)第3—5页,世界知识出版社,2006年。

国中美关系史专业研究队伍的形成与壮大、研究领域的拓展、研究方法的更新和国内外中美关系史料开发等因素密切相关,特别是存于北京的中国第一历史档案馆的有关清代史料,存于南京的中国第二历史档案馆的民国史料,以及移存于台湾的台北故宫博物馆和"中央研究院"的档案。同时,美国国家档案馆外交分部和一些高校图书馆的已开放的收藏,也保存着数量可观的中美关系史料,凡此种种都有利于中美关系史研究的开展。除档案、传记、回忆录、传记、汇编、报刊等第一手资料外,许多研究专著也是很好的第二手资料的来源,特别是由硕士博士论文为基础而形成的著作。就国内中美关系史研究著作而言,从 20 世纪 80 年代迄今,已是成果斐然。在此略举:《帝国主义侵华史·第一卷》(丁名楠、余绳武,科学出版社,1958 年)、《传教士与近代中国》(顾长声,上海人民出版社,1983 年)、《美国与台湾关系史》(李强,厦门大学出版社,1984 年)、《中美关系二百年》(李长久、施鲁佳,新华出版社,1984 年)、《近代中外关系》(刘培华,北京大学出版社 1986 年)、《欧战时期的美国对华政策》(王尔敏,台湾学生书局,1988 年)、《简明中美关系史》(蒋相泽、吴机鹏,中山大学出版社,1989 年,2001 年再版)、《中美关系史上沉重一页》(袁明、哈丁,北京大学出版社,1989 年)、《中美关系第一页:1844 年〈望厦条约〉签订的前前后后》(乔明顺,社会科学文献出版社,1991 年)、《美国外交政策史》(杨生茂,人民出版社,1991 年)、《最惠国待遇与中美关系》(武桂馥,中共中央党校出版社,1992 年)、《美国在华领事裁判权百年史》(吴梦雪,社会科学文献出版社,1992 年)、《中西文明的碰撞》(张国刚,广东人民出版社,1996 年)、《中国人的美国观》(杨玉圣,复旦大学出版社,1996 年)、《中美早期外交史》(李定一,北京大学出版社,1997 年)、《美国对华政策与台湾问题》(苏格,世界知识出版社,1998 年)、《何处是"美利坚帝国"的边界——1946 年以来美国对华战略策略史》(张海涛,人民出版社,2000 年)、《后冷战时期的中美关系——外交政策比较研究》(杨洁勉,上海人民出版社,2000 年)、《中国和美国:对手还是伙伴》(刘学成、李继东,经济科学出版社,2001 年)、《中美经济关系研究》(仇华飞,人民出版社,2002 年)、《影响白宫对华政策的"中国通"》(金光宏,时事出版社,2003 年)、《中美关系史(上中下)》(陶文钊,上海人民出版社,2004 年)、《龙与鹰:中美交往的历史考察》(梁碧莹,广东人民出版社,2004 年)、《中美战略关系新论》(傅梦孜主编,时事出版社,2005 年)、《早期中美关系研究(1784—1844)》(仇华飞,人民出版社,

2005年)、《美国历史通论》(罗荣渠,商务印书馆,2009年再版)等。

然而,从客观上讲,20世纪上半叶,美国史学界对早期中美关系的研究无论在广度还是深度上,都要超过中国史学界,因为在1949年以前中国几乎没有出版过一部真正关于早期中美关系史的著作。而美国学者的中美关系史研究成果被翻译出版的就有很多,其中,赖德烈著的《早期中美关系史,1784—1844》(英文版,耶鲁大学出版社,1917年。陈郁译,商务印书馆,1963年)是美国历史学界第一部具有代表性的学术作品。① 这种从早期中美关系史角度的著作,还有泰勒·丹涅特(Tyler Dennett)的《美国人在东亚》(*American in Eastern Asia*,美国纽约麦克米伦公司,1941年。姚曾廙译,商务印书馆,1959年)一书,这是一部展现早期美国与东亚国家,尤其是同中国关系的重要著作,它强调了美国东亚政策的整体性,说明美国早期对华政策是美国远东政策的一部分,美国对中国政治、经济、文化扩张也是美国远东扩张政策的一部分。丹涅特是美国的历史学家和教育家,曾任美国威廉学院院长,著有关于近代亚洲问题的著作多种,《美国人在东亚——19世纪美国对中国、日本和朝鲜政策的批判的研究》是他的主要代表作。赖德烈的《早期中美关系史》和丹涅特的《美国人在东亚》两书,在对概念的认识和档案材料的运用上都受到美国传教士、外交官和早期汉学家卫三畏所著的《中国总论》(*The Middle Kingdom*,1848年,1883年修订再版,2卷本)的影响。有从外交角度的研究著作,如美国律师出身的来华外交官科士达(John W. Foster)著的《美国百年外交史 1776—1876》(*A Century of American Diplomacy, 1776—1876*,1900年)、《美国的东方外交》(*American Diplomacy in the Orient*,1903年)等书,对研究早期中美关系具有

---

① 赖德烈(Kenneth Scott Latourette),1909年获耶鲁大学博士学位,1909—1910年任美国学生海外布道自愿运动旅行秘书,1910—1917年曾为长沙雅礼学校教员,返美国后历任丹尼森大学、耶鲁大学历史学教授。主要从事基督教传教史和中美关系史的研究,著有《中美早期关系史,1784—1844》《基督教在华传教史》《中国人:他们的历史和文化》(2卷,1946年第3版)、《基督教扩张史》(共7卷,其中第6卷论述中国,1937—1945年间出版)和《中国对外贸易》(1951年再订版)等。其中《中美早期关系史 1784—1844》(*The History of Early Relations between the United States and China: 1784—1844*)是美国专门研究订约前中美关系史的第一本著作,1917由耶鲁大学出版社正式出版。该著原为赖德烈关于中美早期商业贸易的博士论文,导师是耶鲁大学教授卫斐列(Frederick Wells Williams,1857—1928,是传教士、汉学家、外交官卫廉仕,即卫三畏之子)。该书利用了当时可以利用的主要西文资料,书中所附的书目还包括了19世纪发表的资料,成为20世纪美国论述中美早期贸易的一部优秀著作。赖德烈因此也成为研究中美关系史的汉学家之一。见孙越生、陈书梅主编《美国中国学手册》(增订本)第246页,中国社会科学出版社,1993年。

一定的参考价值。其中在《美国的东方外交》中,科士达认为鸦片战争前中国与西方的紧张关系"是欧洲国家的挑衅态度和暴力行为导致中国人关闭与外国人通商的大门"①。《美国外交史》(比米斯,商务印书馆,1985年)和《美国外交政策》(托马斯·帕特森,中国社会科学出版社,1989年)等也是有关美国外交史方面的重要译著。又如马士(荷西·巴卢·莫尔斯,Hosea Ballou Morse,或译摩尔斯,1855—1934)所著的《中华帝国对外关系史》(The International Relations of the Chinese Empire)是一部非常有价值的中国大事编年史。书中引用了大量中国海关档案,一向被"中外资产阶级学者奉为圭臬之作",全书共3卷,1910年出版第1卷,其余两卷1918年出版。该书虽不属于中美关系史专题著作,但其中的第1卷(1834—1860年冲突时期)对鸦片战争之前中外关系进行了非常详细的背景描述,把中国与西方国家的交往过程置于中国中心的理论框架中,突出中国放眼看世界的历史进程。② 有从商业贸易和经济关系角度的研究著作,如杜勒斯(Foster Rhea Dulles)的《旧中国贸易》(The Old China Trade, Boston and New York: Houghton Mifflin Co., 1930)、乔纳森·戈尔茨坦(Jonathan Goldstein)的《费城对华贸易1682—1846》(Philadelphia and the China Trade 1682—1846: Commercial Cultural and Attitudinal Effects, the Pennsylvania State University Press, 1978)、佛朗西斯·卡彭特(Francis Ross Carpenter)的《旧中国贸易: 1784—1843 美国人在广州》(The Old China Trade: American in Canton 1784—1843, New York: Coward, McCann & Geoghegan, 1976)、杰克·唐斯(Jacques M. Downs)的《繁荣的美国商行: 广州美国商业社团和1784—1844 美国对华政策的形成》(The Golden Ghetto, The American Commercial Community at Canton and the Shaping of American China Policy, 1784—1844, Bethlehem: Lehigh University Press, 1997)、美国乔治·华盛顿

---

① John W. Foster, *American Diplomacy in the Orient*, New York: Houghton Mifflin and Co., 1903, p. 25.

② 马士,原籍美国,后入英国国籍。出生于加拿大的新科舍,哈佛大学毕业,1874 年考入中国海关,在英国人赫德控制下的中国海关工作多年,掌握许多机密档案,著书《中华帝国对外关系史》,此外还撰写有关中国与中国近代史的论文和著作《中华帝国之商业与行政管理》(一译《中朝制度考》, *The Trade and Administration of the Chinese Empire*, 1908)、《中国之行会》(*The Gilds of China*, 1909)、《东印度公司在华贸易编年(1635—1834)》(*Chronicles of the East India Company in China*, 1635-1834, 1926-1929);《在太平天国时代》(*In the Days of the Taipings*, 1927)、《远东国际关系史》(*Far Eastern International Relations*, Co authored with Harley Farnsworth MacNair, 1928)等。

大学的南希·爱伦·戴维斯(Nancy Ellen Davis)的博士论文《美国对华贸易 1784—1844:专供中产阶级的产品》(The American China Trade, 1784—1844: Products for the Middle Class, University Microfilms International, 1987)、查尔斯·斯蒂勒(Charles C. Steele)的博士论文《1820 年前美国对华鸦片贸易》(American Trade in Opium to China, Prior to 1820, Pacific Historical Review, Doc.1940.)等。其他相关书籍还有《二十世纪的美国与中国》(迈克尔·谢勒著,徐泽荣译,生活·读书·新知三联书店,1985 年)、《美国对中国的反应》(孔华润著,张静尔等译,复旦大学出版社,1989 年)、《一种特殊关系的形成》(韩德著,项立岭译,复旦大学出版社,1993 年)、《风云变幻之中美关系》(罗伯特·S.罗斯著,丛凤辉等译,中央编译出版社,1998 年)、《美国与中国》(费正清著,张理京译,世界知识出版社,2000 年)、《朝鲜:我们第一次战败》(贝文·亚历山大著,郭维敬等译,中国社会科学出版社,2003 年)、《霸权还是生存》(诺姆·乔姆斯基,上海译文出版社,2006 年)等。

　　中美关系发轫于 1784 年美船"中国皇后"号抵达广州。这无疑是商人的创举。"商人对于以前一切都停滞不变,可以说由于世袭而停滞不变的社会来说,是一个革命要素。……现在商人来到了这个世界,他应当是这个世界发生变革的起点。"①这条美国对华贸易航线的开辟,不仅打破了英国垄断大西洋贸易给美国商业的限制,而且高额利润像滚雪球一样,为美国产业革命的发展积累越来越多的资本,1789 年 7 月 4 日美国颁布了第一个关税法案,给予美国商船从中国和印度进口的货物税收优惠。早期中美关系主要是平等和互利的贸易关系,却给了美国人急切了解中国的愿望,这种美好的愿望最初成为推动中美文化交流的原动力。美国方面的主动性和迫切性,有力地推动了对华贸易的发展,更将商务因素逐步扩大到历史、政治、地理各方面。美国新教传教士来华,就是在这样的商贸活动中发生的,中美关系进入一种文化层面的交流。也就是说,商人的拓荒精神和对华贸易的商业利润为美国的传教事业开拓了道路,而传教事业又为中美两国的文化交流提供了前提和基础,美国传教士成为中美文化交流的前驱。因此,研究早期中美关系史,就不得不研究美商的先锋作用和传教士来华及其福音传教的文化意义。

---

　　① 马克思《资本论》第 3 卷,《马克思恩格斯全集》(第 25 卷)第 1019 页,人民出版社,1975 年。

马礼逊(Robert Morrison,1792—1834)是英国基督教新教传教士,1807年受伦敦传教会派遣赴华,是中国第一位新教传教士,这也被视为新教入华的开始。① 1月31日马礼逊从英国格拉维森港启程,取道美国去中国。4月20日他到达纽约,随后访问了费城,受到美国基督教会的欢迎,并得到一封国会议员麦德逊给美国驻广州领事卡灵顿的信,"要求在美国利益许可的情况下,给予这个英国人尽可能细微的帮助"②。5月12日,在乘坐的"三叉戟"号商船从纽约启程前,曾多次来华的美商奥立芬问他:"您真的相信您能改变伟大的中华帝国的偶像崇拜吗?"马礼逊回答说:"不,先生。但我期望上帝能。"③ 9月7日,马礼逊到达广州,"上帝之手终于把我引到任命我工作的地方"④。如果把利玛窦看作是第一次中西文化交流的开创者,那么第二次中西文化交流的开拓者当属马礼逊,而且由马礼逊入华导致的这次中西文化交流的层次更深,影响更久远。⑤ 在马礼逊的邀请和影响下,1830年2月裨治文(Elijah Coleman Bridgman,1801—1861)和雅裨理(David Abeel,1804—1846)到达广州,开启了美国新教传教士来华的序幕。此后,美国传教士卫三畏、伯驾等人相继来华。美国传教士来华,使中美交流在商贸、宗教、文化、政治、体制、种族等诸方面和诸层次尽可能地展开,不仅使两国关系变得更为复杂,也潜在地影响着中国的近代化进程。然而,遗憾的是,在此后的一百多年的民族解放斗争和意识形态斗争过程中,美国传教士在华活动的历史陈迹没有得到很好的留存,这对当前的来华传教士研究和中美关系研究都是一个损失。不过,随着全球化的开始和演进,不仅可以带来民族国家之间的交往的普遍性,也会使各国人民之间的交往跨越民族国家的局限性而出现自由化和多样性。任何带有偏见和傲慢的人类曾经的交流史,都可以进入研究学术的殿堂,成为人类共同的

---

① 关于基督新教入华时间,龙基成主张应以17世纪荷兰新教传教士在台湾土著人中传道为始(见《基督教新教在中国的最早传播——17世纪的荷兰传教士与台湾:平埔族》,载《文史知识》1990年第2期)。但大多数学者认为新教入华以马礼逊为开始,国内学者顾长声等人均持此说,美国学者保罗·科恩也认为"不算17世纪中叶荷兰新教徒在台湾传教的失败在内",主张马礼逊为新教来华第一人(见费正清主编《剑桥中国晚清史》(上卷)第604页,中国社会科学出版社,1993年)。

② Mrs.Eliza A. Morrison Complied, *Memoirs of the Life and Labours of Robert Morrison*(马礼逊夫人辑《马礼逊回忆录》),2 Vols,London,1839,Vol.I, p. 131.

③ *Memoirs of the Life and Labours of Robert Morrison*, p. 136.

④ *Memoirs of the Life and Labours of Robert Morrison*, p. 154.

⑤ 谭树林《马礼逊与中西文化交流》第4页,中国美术学院出版社,2004年。

精神文明建设的生动内容和推进人类整体文明的精神力量。基督教在华传教史就是其中不可回避的学术主题之一,对它的深入而正确的研究必将有助于我们认识过去、正视现在、把握未来,使造福人类的先进文化不断发挥其自身的积极力量。

目前,国内外学者对于来华新教传教士的研究遇到很大的困难。首先是史料收集和整理上的不容易,除受战争和意识形态等不利影响而消失或散落之外,分藏各国的史料由于语言翻译上的困难,特别是对两种以上语言能娴熟的学者寥寥,只得各自封存。从1807年到1950年间,包括美国在内的来华新教传教士的准确人数并没有确定下来,没有一个完整的传记很好地记述他们来华的语言学习、宣传布道的详细情况,以及他们在华就文化、教育、医学等方面所写著作的详细资料。而且在华教会机构所记载的大都是外文资料,并且由于年代久远而破旧不堪,或者流散海外难以收集。美国学者更多地从本国所藏教会档案和传教士资料出发,尽管对传教士和教会本身的研究很细致,但缺乏中国方面资料的佐证。中国学者不仅缺少美国教会档案等原始资料,更多地遭遇语言翻译上的尴尬。史料整理工作是来华传教士研究的一项重大工程。其次,面对涉及庞大而复杂的来华传教士研究内容,专业研究队伍也是差强人意,难以形成全面和团队合作的研究局面。来华的新教传教士初到中国时,往往受到清朝官员比禁止鸦片更为严厉的禁教的阻碍,不仅使他们传教事业的绩效甚微,也使他们改变着与中国交往的内容和方式。随着对中国文化传统了解的增加,他们的身份增多,甚至有的人集传教士、外交官和学者于一身,走上一条双向的道路,既把中国介绍给西方,也把西方介绍到中国,既改变中国人对外部世界的看法,也希望西方人和中国人在基督信仰方面有更多的共同点,结果中外双方都受到影响,使得单一传教内容扩展到中外交流的许多方面。由于对中国社会和文化研究的不足,对来华传教士活动的研究更是各自为战,举步维艰,美国学术界的研究主要关注基督教传教史和早期中美关系史,对新教传教士在华开办的各项事业还局限于片段或局部的介绍,对新教传教士在中外关系演变过程中思想和活动的认识还停留在一般水平上,对新教传教士的文化活动和学术思想方面还处在发展过程和具体细节的陈述层次上。而国内学者的研究不如意的地方更多,不仅缺乏个案研究,容易出现语焉不详和浅尝辄止的现象,而且对一些表面事实背后的内在联系缺少深入的研究,甚至容易出现以讹传讹的研究怪圈。最后也是很重要的,是中外学者受到这个领域中的意识形态或思维定式的影响,常常不得不做避重就轻的边缘研究,使学术研究难以深入,也反过来影响了史料发掘和合作活动。从来华传教士本身而言,由于在华面临众多的传教困难,他们对晚清社会理解的偏见愈深,不能准确阐释当时中国与西方的文化关系的原因和实质,使得他们对于中国的认识材料就时时流露着不真实的记录,对于后人的研究自然有着不利的影响。而晚清的中国文人一般很少提及传教士的活动,在华教会机构对此的记载主要是外文写就的内部资料,无法为中国人掌握、理解和研究。直到改革开放前,中国人对于这个课题还是相当敏感的,由于难以把握研究的理论和方法,故而简单认为,晚清以来入华的传教士是随着西方船坚炮利进入中国土地的,他们从事的活动不免带上了侵略的色彩,对他们的学术研究很容易采取一种回避或否定的态度。西方学者对中文资料的利用相对薄弱,无疑会影响研究成果的可信度,而且他们研究这段历史所持的原则和方法,也有不少值得商榷的地方。

  随着中国改革开放的深入,对传教士在华活动的研究逐渐在学术界展开,出现了新的研究热潮,也陆续出版了一些有价值的研究成果,包括资料汇编、翻译成果、单篇论文等。就国内情况而言,出版了一些以传教士为研究对象的学术专著,如熊月之的《西学东渐与晚清社会》(上海人民出版社,1994年)、王立新的《美国传教士与晚清中国现代化》(天津人民出版社,1997年)、吴义雄的《在宗教与世俗之间——基督教新教传教士在华南的早期活动研究》(广东教育出版社,2000年)、苏精的《马礼逊与中文印刷出版》(台湾学生书局,2000年)、顾长声的《传教士与近代中国》(上海人民出版社,2004年)、《从马礼逊到司徒雷登:来华新教传教士评传》(上海书店出版社,2005年)、顾卫民的《基督教与近代中国社会》(上海人民出版社,1996年)、李志刚的《基督教早期在华传教史》(台北:商务印书馆,1985年,1998年再版)和《基督教与近代中国文化论文集》(台北:宇宙光传播中心出版社1993年)等。这些著作在运用中西史料的基础上立论中肯,评述客观,在整体阐释和个案研究等方面开拓新路,为后来者的研究奠定了基础。在美国学术界,对来华传教士的研究也是成果不菲,如美国纽约城市大学历史学教授慕瑞·鲁宾斯坦(Murray A. Rubinstein)著的《英美在华传教事业的起源1807—1840》(*The Origins of the Anglo-American Missionary Enterprise in China*, *1807—1840*),是关于早期外国传教士在华活动的重要论著,其中第六章着重叙述美国来华传教士裨治文、卫三畏和伯驾等人的来华经历。还有季斐理(D. MAC Gillivary)的《新教差会在华百年史,1807—1907》(*A Century of Protestant Missions 1807—1907, Being the Centenary Conference Histortial Volume*, Shanghai, 1907)、赖德烈的《中国基督教差会史》(K. S. Latourette, *A History of Christian Missions in China*, London, 1929)、乔治·丹东(George H. Danton)的《美国与中国的文化接触:早期中美文化交往 1784—1844》(*The Culture Contacts of the United States and China: The Earliest Sino-American Culture Contacts, 1784—1844*, New York: Columbia University Press, 1931)、丹涅特(T. Dennet)的《美国人在东亚——19世纪美国对中国、日本和朝鲜政策的批判的研究》(*Americans in Eastern Asia. A Critical study of the Policy of the United States with reference to China, Japan and Korea in the 19th Century*, New York, 1941)、白纳德和费正清(Suzanne W. Barnett and J. K. Fairbank)的《基督教在中国:早期新教传教士著述》(*Christianity in China: Early Protestant Missionary Writtings*, Cambridge: Harvard University Press, 1985)等。此外,还有复旦大学教授周振鹤先生主编的"基督教传教士传记丛书",由广西师范大学出版社出版的翻译著作有《卫三畏生平及书信》(卫斐列著,顾钧、江莉译,2004年)、《千禧年的感召——美国第一位来华新教传教士裨治文传》(雷孜智著,尹文涓译,2008年)、《伯驾与中国的开放》(爱德华·V.吉利克著,董少华译,2008年)、《马礼逊回忆录》(马礼逊夫人编,顾长声译,2004年)、《花甲记忆》(丁韪良著,沈弘等译,2004年)、《李提摩太在中国》(苏慧廉著,关志远等译,2007年)等。凡此种种成果,都会为传教士在华活动及其与中国关系的进一步研究提供新的学术视角和史料来源,也有利于中美学术界更加相互认识、理解合作,推动基督教在华传教史、中美文化交流史和中美关系史的研究的发展。

对于较早来华的传教士美国人卫三畏的研究,不仅是传教士研究的一个重要内容和个案典型,也是早期中美关系和中美文化交流研究的一个重要组成部分。卫三畏是早期来华美国新教传教士,从1833年10月26日抵达广州,直到1876年辞去驻华使馆职务返美,在华生涯近43年。起初协助美国第一位新教传教士裨治文负责《中国丛报》编辑、印刷和发行工作,1856年起出任美国驻广州领事馆秘书,走上长达20余年的外交生涯,历任美国驻华使馆秘书、翻译,曾9次代理公使职务,参与了近代中外关系的许多重大活动。同时,他一生都致力于研究和介绍中国文化,写作了为数甚多的汉学著作。回美后的1878年受聘担任耶鲁学院①第一任汉学讲座教授,曾任著名的美国东方学研究权威机构美国东方学会会长。国外关于卫三畏研究的主要论著是其子卫斐列编的《卫三畏博士的生平和书信:传教士、外交官、汉学家》(The Life and Letters of Samuel Wells Williams, LL. D. ; Missionary, Diplomatist, Sinologue)一书。② 该书于1972年分别在纽约、伦敦出版,简称《卫三畏札记》。③ 此书之后,除出版了短篇的卫三畏小传外,西方学者对于卫三畏专题研究没有论著出现,只是在一些出版物中常常提及卫三畏的汉学著作《中国总论》等书,却没有专著系统地研究过卫三畏的汉学历程;只是在一些西文著作中大谈卫三畏的传教活动和外交活动,却没有专著系统地研究过卫三畏的与中国关系的全部历程。对卫三畏的研究多是零碎和分散的,依附中美关系史研究的宏观需要。美国学者马丁(Martin R. Ring)曾研究美国退还庚款兴学问题,并对卫三畏最早的美国退款兴学计划予以高度赞许,认为"对20世纪中美关系产生重大影响的庚款兴学无疑应该归功于卫三畏和他早期的退款兴学计划"④。1979年秋,美国的 Sino-Am Studies 杂志发表了纽约城市大学巴鲁克学院历史学教授慕瑞·鲁宾斯坦的论文《卫廉士(卫三畏)和中国》(Samuel Wells Williams and Middle Kingdom)。⑤ 此后,慕瑞·鲁宾斯坦又于1996年出版了专著《英美在华传教事业的起源,1807—1840》,该书是关于早期英美传

---

① 1887年起更名为耶鲁大学。
② 卫斐列(Frederick Wells Williams,弗雷特利克·卫廉士,又名卫福德 1857—1928),传教士、汉学家、外交官卫廉士(卫三畏)之子。出生于中国澳门。早年随其父来北京。1867年离华回美。1879年耶鲁学院毕业,后任该校图书馆助理。1893—1925年历任耶鲁大学远东史讲师、副教授、教授,耶鲁大学远东史专家。除协助其父修订《中国总论》外,还于1888年著《传教士、外交官、中国学家卫廉士传记和信札》(Life and Letters of Samuel Wells Williams, Missionary, Diplomatist, Sinologue),1912年著《蒲安臣与中国第一次赴外国的使团》(Anson Burlingame and the First Chinese Mission to Foreign Powers)。见孙越生、陈书梅主编《美国中国学手册》(增订本)第489页,中国社会科学出版社,1993年。
③ 谭树林《马礼逊与中西文化交流》第331页,中国美术学院出版社,2004年。
④ Martin R. Ring Anson Burlingame, S. Wells Williams and China, 1861-1870(《卫三畏与中国,1861—1870》), Tulane University, Ph.D., 1972, p. 57.
⑤ 慕瑞·鲁宾斯坦(Murray Aaron Rubinstein,1942-)出生于美国纽约。1964年纽约市立学院学士。1967年圣约翰大学硕士,1976年纽约大学历史学博士。1970年起巴鲁克学院历史和宗教助理教授。1975—1978年默西学院客座教授。1979—1980年国际通讯机构富布赖特高级讲师。1979—1980年台湾辅仁大学客座教授、台北"中央研究院"副研究员、驻台湾美国文化机构讲师。研究中国史,传教史,代表作为《英美在华传教事业的起源1807—1840》。孙越生、李明德主编《世界中国学家名录》第400页,社会科学文献出版社,1994年。

教士在华活动的重要论著,详细论述了鸦片战争前英国伦敦会和美国美部会传教士在中国广州和澳门附近地区的传教活动,其中第六章主要叙述了美国在华传教士的情况,尽管卫三畏是他排在裨治文之后介绍的第二位重要的传教士,但限于主题的时间在鸦片战争前,除对卫三畏在美国国内的家世和来华经历的记载甚详外,其他的如传教与政治、研究中国文化和汉学成就等方面用墨不多,基本上也没有突破卫斐列的《卫三畏生平和书信》框架思路和史料内容。① 但这种最初的学术尝试为后来的研究提供了一种经验模式和突破契机。中国学者关注到卫三畏,最早要数鲁迅。据顾钧教授的研究,鲁迅在其文章《华盖集续篇·马上支日记》中提到"威廉士的著作《中国》",指的就应该是卫三畏的《中国总论》。鲁迅提到这本书,是因为日本作者安冈秀夫在讨论中国菜时引用了该书有关中国人"好色"的结论。有理由推论,《中国总论》这本书曾被翻译成日文,鲁迅可能读过日文本,但没有看过英文原作。检索全书,我们发现卫三畏指责中国人"好色"的那段话出现在下卷(p.50)中:"这个沉溺于感官享受的民族寻求的许多食物,都是因为它们具有刺激性欲的性质,而且大多数从国外买进的用做食物的产品也是为了这种性质。"②法国学者考狄(Henri Cordier)曾在《西人论中国书目》中将《中国总论》放在第一部"中国总说"的第一类"综合著作"中。这是放入这一类别中的第一部美国著作,而该著的作者卫三畏又是美国第一位汉学家,该著也是卫三畏汉学研究的代表作,因此,将《中国总论》看作美国汉学兴起的标志是符合历史事实的。真正把这部著作当作汉学著作来研究始于莫东寅的《汉学发达史》。《汉学发达史》最初为1943年莫东寅先生所作,1949年1月由北平文化出版社印行,1989年由上海书店出版竖排影印本。该书给美国汉学的篇幅有限,粗略地介绍卫三畏和他的《中国总论》,并将《中国总论》列为美国汉学的开篇之作:"……有卫三畏(Samuel Wells Williams,1812—1884)者,纽约人,本神学者,于1833年(清道光十三年)由公理会派来华布教,曾编刊《中国宝库》(*The China Repository*)。乃由教会援助,于1832年(清道光十二年)创刊《广东》之月刊杂志,1851年(清咸丰元年)停刊。1857年(清咸丰七年)至

---

① Murray Aaron Rubinstein, *The Origins of the Anglo-American Missionary Enterprise in China, 1807-1840*, London: the Scarecrow Press Inc., 1996, pp. 247-256.

② 顾钧《卫三畏与〈中国总论〉》,载台湾《汉学研究通讯》2002年第3期,第16页。

1876年(清光绪二年)为美国驻华使馆秘书,晋至代理公使。归国后授中国语文于耶鲁学院,著《华语字典》及《读本》等。其《中国总览》(The Middle Kingdom,1848)一书,凡两巨册二十六章,叙述中国地理、历史、人民、政治、文学、社会、艺术等概况,后由其子为复刊,流传甚广,为美人中国研究之见端。"①短短几行论述,也有一些错误,书中已有中文书名,而不是《中国总览》的"览"字,而且《中国总论》有两个版本,1848年出版的只有23卷,1883年第二版才扩充到26卷。

随着思想解放和中国近代史研究的深入,隐含在《中国总论》中的许多历史现实问题越来越受到众多研究者的关注,中国学者不仅发现它的史料价值,也开始进行与之相关的学术研究,从传教、外交、文化等角度来评判卫三畏现象和中美交流的历史与现实意义。张星烺教授②在编注《中西交通史料汇编》第一册时就收录了出自卫三畏的1883年版《中国总论》第21章的两封教皇与蒙古大汗的通信。③ 杨森富的《中国基督教史》(台北:商务印书馆,1978年)、李志刚的《基督教早期在华传教史》(台北:商务印书馆,1985年)、李定一的《中美早期外交史》(北京大学出版社,1997年)、吴义雄的《在宗教与世俗之间——基督教新教传教士在华南沿海的早期活动研究》(广东教育出版社,2000年)、雷雨田主编的《近代来粤传教士评传》(百家出版社,2004年)等从传教和外交的角度,都涉及对卫三畏及其在华文化活动的研究。此外,单篇的专题研究论文也相继发表,如王树槐先生集中探讨过卫三畏与《中国丛报》的关系。④ 国内学者更多地摆脱过去来华传教士政治反动的意识形态评判角度,开始比较客观公正、实事求是地全面介绍卫三畏的生平事迹和他在华的政治文化活动,如谭树林博士的论文《卫三畏与中美文化交流》⑤,基于卫斐列的传记资料,在国内首次

---

① 莫东寅《汉学发达史》(海外汉学研究丛书)第104页,大象出版社,2006年。
② 张星烺(1888—1951),字亮尘,江苏泗阳人,曾任北京大学、辅仁大学、清华大学、北京师范大学、燕京大学等校教授。
③ 张星烺《中西交通史料汇编》第182—184页,中华书局,1977年。
④ 王树槐,美国夏威夷大学文学硕士,曾任台湾"中央研究院"近代史研究员,主研中国近代社会经济史和史学方法论,著有《外人与戊戌变法》《咸同云南回民事变》《庚子赔款》《中国现代化的区域研究:江苏省,1860—1916》等书,还有《卫三畏与中华丛刊》《基督教教育会及其出版事业》《不平等条约对中国经济的影响》《王船山的重农思想》《康有为对女性及婚姻的态度》等60余篇。其中,《卫三畏与〈中华丛刊〉》发表在《现代学苑》1964年第1卷第7期上,后收集在林治平主编的《近代中国与基督教论文集》(台北:宇宙光传播中心出版社,1981年)第170—191页。
⑤ 载《齐鲁学刊》1998年第6期,第114—118页。

从文化交流的角度比较全面地介绍卫三畏的文化活动,肯定他向西方介绍中国传统文化的历史作用,以及他在汉学研究领域的贡献,被尊为美国"汉学之父"。仇华飞博士的论文《论美国早期汉学研究》专门论述了卫三畏的《中国总论》一书的学术价值:"(《中国总论》)被认为是体现美国汉学一开始就与美国专业化的历史研究有着重要区别的典型。它体现了美国早期汉学研究的另外两个特点:第一,把汉学研究作为'一种纯粹的文化'来进行'综合的研究',这一特点到20世纪40年代后受到特别关注;第二,早期美国汉学还不得不受到欧洲学院派和学者型的汉学影响……《中国总论》'更体现在卫三畏晚期从业余中国学家转变成职业中国学家的亲身经历之中'。"①此后,仇华飞博士的另一篇论文《早期美国来华传教士与汉学研究》(收录在上海古籍出版社2006年出版的《海外中国学评论》第1辑中)中涉及的卫三畏相关部分与上篇论文基本相同。在卫三畏研究方面用力更勤、成果更多的要数顾钧②博士,他不仅倡议对卫三畏和《中国总论》进行系统的研究,还首先发表论文《卫三畏与〈中国总论〉》③指出《中国总论》是19世纪最重要的汉学著作之一,中国学者对这一著作的关注和研究则到了20世纪,但直到今天,国内学术界对卫三畏其人其作的认识还基本停留在50多年前《汉学发达史》的水平上,没有什么突破。同时,顾钧和江莉合作翻译了卫斐列的卫三畏传记,书名改为《卫三畏生平及书信——一位美国来华传教士的心路历程》,汇集在周振鹤教授主编的"基督教传教士传记丛书"中,2004年由广西师范大学出版社出版。该书的翻译质量从总体上来说是相当不错的,它不仅完整地提供了卫三畏的生平史料,为后研者阅读和体会卫三畏史实的整体框架裨益良多,而且对其中的一些问题的修正和删节有利于表明译者的史学见解,对客观理解当时中美关系态势和卫三畏的"他者眼光"有重要的借鉴意义。从2004年开始,顾钧博士又为《卫三畏与美国早期汉学》的写作进行资料的收集和知识的准备,其中的大部分章节是2007年至2008年他在美国耶鲁大学访学时完成的。该

---

① 仇华飞《论美国早期汉学研究》,载《史学月刊》2000年第1期,第100页。
② 顾钧,2001年毕业于北京大学比较文学与比较文化研究所,获文学博士学位;后访学于英国伦敦大学、美国耶鲁大学。现为北京外国语大学海外汉学研究中心教授。著有《卫三畏与美国早期汉学》(外语教学与研究出版社,2009年)以及论文《绛帐遥相设:卫三畏与戈鲲化的交往》(载《中华读书报》2009年11月2日)等30余篇,译有《沉默之子:论当代小说》(生活·读书·新知三联书店,2003年),另有编著及古籍校注等数种。
③ 载台湾《汉学研究通讯》2002年第3期,第16页。

著在 2009 年 4 月由外语教学与研究出版社出版,共 162 页,它从"中学西传"角度展开域外汉学研究,客观地再现了卫三畏"美国汉学第一人"的历史形象。该著在"新材料"和"新问题"上都做得较为出色,并在前人研究的基础上有所突破:一是利用前人没有或没有充分利用的卫三畏家族档案(Samuel Wells Williams Family Papers)和其他英文资料;二是在全面占有资料的基础上进行全面的考察,力图把卫三畏以及整个早期美国汉学更为清晰地展现在读者面前。① 与此同时,另一项巨大的翻译工程也告捷,2005 年 12 月上海古籍出版社出版了历时数载翻译成功的卫三畏 1883 年修订版的《中国总论》,该两卷的皇皇巨著(共 1133 页)的译者是陈俱先生,校译者是他的叔父、复旦大学教授陈绛先生。从翻译的角度来说,质量堪称上乘,从学术的角度来说,译者的注释达到研究的深度,这些都充分体现了中国学者的认真学术态度,也反映出卫三畏研究在中国学术界得到越来越多重视的结果。毋庸讳言,尽管《中国总论》常被学术界提及和引用,但本身仍然需要进行系统和完整的研究,同时由于对《中国总论》研究的不足,又造成了对卫三畏其他汉学成果有意或无意的忽视。卫三畏在华 43 年和回美后,出版的著作还有汉语初级教材的《拾级大成》(*Easy Lessons in Chinese*,1842),介绍中国地理书籍的《中国地志》(*Chinese Topography*,1844),贸易指南的《中国商务指南》(*The Chinese Commercial Guide*,1844),英汉字典的《英华韵府历阶》(*An English and Chinese Vocabulary*,1844),汉英字典的《英华分韵撮要》(*A Tonic Dictionary of the Chinese Language in the Canton Dialect*,1856)、《汉英韵府》(*A Syllable Dictionary of the Chinese Language*,1871、1874),大事记的《英华合历》(*The Anglo-Chinese Calendar for the Year 1849—1859*)、《我们同中华帝国的关系》(*Our Relations with Chinese Empire*,1877)等。因此,从文化交流的意义上来说,卫三畏汉学成就的研究空间很大,而且从中美文化比较研究上也有重要的历史借鉴作用。

从推动学术进步的意义上来说,国人的两部译作《卫三畏生平及书信》和《中国总论》是中国人在来华基督教传教士研究领域的重大学术成果,将会有力地引起国际学术界对于传教士的关注程度,也将会使卫三畏及其相关研究在中国形成新的学术热潮。同时,与传教士相关的中国学研

---

① 张西平《卫三畏:美国汉学第一人》,载《中华读书报》2009 年 4 月 1 日。

究成果也不断出现,一些硕博论文,如崔丽芳的《被俯视的异邦——19世纪美国传教士著作中的中国形象研究》(南开大学,2005年)、孔陈焱的《卫三畏与美国早期汉学的发端》(浙江大学,2006年)、马少甫的《美国早期传教士中国观和中国学研究——以裨治文为中心的考察》(华东师范大学,2007年)等,都将早期传教士和域外汉学的研究推进一步。

正是在前人学术成果铺垫的基础上,本人勉力著就《美国汉学家卫三畏研究》一书,希冀自己的粗糙的学术努力能够为卫三畏研究多一点新鲜的成分,也想使拙著成为自己的历史学研究(侧重中美关系研究)之途中的学术代表作。选取卫三畏作为研究对象,主要是因为卫三畏在华时间很长,集传教士、外交官、汉学家于一身,是早期中美关系史和中外文化交流史研究的一个典型个案。本着相对宽容的学术视界和实事求是的政治态度,抛弃简单地将基督教视为帝国主义侵华的工具、将外国传教士一概作为帝国主义侵略的急先锋的做法,从历史事实的原则和人类文化交流的主旨层面来对传教士进行细节性的纵深研究,不仅有利于探究基督教在近代中国社会的作用,具有特殊的历史意义,"对晚清中国基督教新教的探讨,必须注重对传教士的活动和工作加以考究,洞悉他们与中国社会的关系,才能了解基督教在近代中国各方面所发挥的影响和贡献"①,而且有利于当前中国在继承传统文化和创造现代文明的社会主义建设过程中能与西方文明进行友好而双赢的交流,使人类文化在更高的水平上造福世人。卫三畏的多重身份和众多活动,不仅具有比较明晰的阶段性,也有内在的关联性,贯穿到早期新教在华传教史、鸦片战争前后西方人对华的认知过程史、早期中美关系史以及中西文化交流史等研究领域中,其丰富的史料和多种的角度,使学术研究所涉及的论题可以不断深化,而且兼及其他,推动整合性和专题史的研究。在这样的认识基础上,拙著意欲将卫三畏的办报传教、文化交流(汉学研究)和外交活动三个论题有序而有机地结合起来,来探讨卫三畏与晚清中国的关系,即从"卫三畏眼光"来审视他在华看到和想到的中国形象,以及他离华在美所念想到的中国形象。这两个部分组成的框架,展开四章的论述,前三章是卫三畏在华的活动事迹和他对中国的认识,后一章是卫三畏在美国的职业汉学家道路和他对中美两国关系的

---

① 李志刚《百年烟云,沧海一粟:近代中国基督教文化掠影·自序》,今日中国出版社,1997年。

贡献。简单地说,卫三畏对中国的感情是有爱有恨的矛盾心理。一个在华生活43年(1833—1876)的美国人,是当时在华时间最长的西方人,他既是当时中国社会的旁观者,也是当时中国历史的参与者,费正清曾说卫三畏是一个天才的业余历史学家,①你能说他一点都不爱中国吗?但他毕竟不是中国人,让他绝对地爱中国是不可想象的,他来华至少有两个目的,传教以"救"中国和研究中国以利其国,却自觉不自觉地将中国带向了美国和其他地方,客观上有利于中国走向世界,也有利于世界走进中国。但是,从总体上而言,卫三畏不像一些对中国抱有成见和偏见的狂热传教士,而是比较客观地看待中外的差异,比较中肯地给予意见:"修订版以同一的目标,坚持初版序言中所述的观点——为中国人民及其文明洗刷掉古怪的、模糊不清的可笑形象,这种印象是如此通常地由外国作家加给他们的。我致力于展示他们民族性格中更美好的品质,迄今为止他们没有机会学习那些现在他们正在迅速领会的东西。……他们将会变得适应于自己着手处理问题,并且和外国文明以多种活动形式结合起来。"②卫三畏那样的平静而平和的心态,是于双方均有益的好事。

---

① John K. Fairbank([美]费正清),"Assignment for the '70's", *American Historical Review*, Vol.74, No.3, Feb.1969, p.864.

② [美]卫三畏著,陈俱译《中国总论》(1883年修订版序)第4页,上海古籍出版社,2005年。

第一章
来中国铺架桥梁

新生的美国必然走向远东之中国,引导了年轻的卫三畏义无反顾地随着基督福音布道于东方土地的潮流,来到晚清的中国,一住就是43年(1833—1876),超其生命之半,是当时在华时间最久的西方人。在华期间,卫三畏学习汉语、传播福音、编辑丛报、研究中国、涉足外交、沟通中美、潜心汉学,成绩斐然,集传教士、外交官和汉学家于一身,不仅成为晚清中国社会的旁观者,也是当时中国历史的参与者。如此经历,无疑是一座联通中美关系的桥梁,而铺架这座桥梁的过程,正是卫三畏本人对中华民族和中国人民逐步了解、逐渐认识进而成为一名中国通的过程,而且他对中国传统文化和晚清中国现实的研究,成就了他作为美国汉学第一人的历史地位。这些又进一步促进了近代西方人对中国文化和文明的理解。

本章分为三节,第一节论述卫三畏来华前的美国对华情况,包括美国对华的商贸关系、外交诉求和传教热情三个方面,以此作为卫三畏来华的背景和原因。第二节和第三节是本章的重点:第二节阐述卫三畏来华后刊行《中国丛报》的一系列活动,再现他的铺设第一座桥梁的历史和作用;第三节阐述卫三畏来华后所逐渐形成的中国观,他的中国观是他架设的另一座桥梁的重要内容。第一座桥梁是中学西传的文化桥梁,重在铺,是继续前人的工作,第二座桥梁是沟通中西的理解桥梁,重在架,是创造和改变的巨大工程。第一座桥梁是物质的、客观的和史料价值重大的历史性成果,第二座桥梁是精神的、主观的和人文思想深远的人类文化财富。卫三畏的沟通东西文化的历史功绩由此彪炳史册。

第一节 卫三畏来华前中美交往

当中华民族最后一个封建王朝清朝已经建成之时,地球上还不存在美国这个民族国家。随着西欧资本主义的兴起和新航路的开辟,从17世纪初开始,一批批欧洲白人为追求更大的经济利益和宗教信仰自由,远渡重洋来到北美这块人烟稀疏的新大陆。这群白人驱赶了这块大陆上的土著民印第安人,依靠自己的智慧和坚定的信念成家立业,建立起一块块殖民地。新大陆上的共同生活给他们提供了各种文化融合并形成新的文化的机会。一个新的民族,美利坚民族形成,并不断壮大。美利坚民族开始向它们的英国殖民统治挑战,反对不合理的税收制度和贸易限制,要求在宗主国英国议会中有自己的代表权。特别是在1756—1763年英法七年战争后,战胜的英国不仅没有减轻对北美殖民地的剥削,反而增加了对殖民地的税收,重新限制殖民地的对外贸易,这样的统治促进了北美殖民地人民的民族觉醒,出现了要求脱离英国而独立的革命呼声。1775年春,莱克星顿与康科德的战斗标志着北美革命的开始。1776年7月4日,英属北美十三个殖民地代表齐集费城召开了第二次大陆会议,通过了《独立宣言》,正式宣布建立美利坚合众国,一个新的国家终于诞生了。美国也是美洲出现的第一个资产阶级共和国。后来,7月4日被定为美国国庆日。每年的独立日这一天,全美大小教堂钟声齐鸣,而头一个敲响的是费城的自由钟。从被马克思称为"第一个人权宣言"的《独立宣言》的颁布,到被许多西方法学家称赞为"象征着自由、正义、平等"的1787年美国宪法的颁行,美国的独立、中立和贸易的外交原则,美国人的生命、自由和幸福的追求权利,美国政治决策的民主化和反专制的三权分立政体,保证了美国在国际上的生存权利,也为新生美国的快速发展创造了重要的历史条件。在此后的半个世纪中,美国不仅在美洲大陆进行了基督福音传播和大陆领土扩张,并将触角伸向了亚洲,远东的中国很快被纳入它的视野,从此揭开了中美关系的历史篇章。

一、中美早期贸易经济关系的发展

中美关系肇始于经济关系的展开,而经济关系的开始又起自民间贸易的兴起。我们知道,在明清政府始终对海洋和海外贸易缺乏应有的认识下,在明代严行海禁和后来虽然开禁或部分开禁而仍多限制掣肘下,在清康熙时开海、乾隆时又收缩为一口通商的情形下,中国民间海外贸易势力始终得不到正常的发展,民间海上力量也就难以与有着国家强大支持的西方殖民航海势力相竞争了。而尽管处于英国统治下的北美殖民地,却有几位北美人在英国遍及海外的政府或民间贸易网络中经历着与中国民间的贸易活动。"中国皇后"号首航广州以前,土生的美国人到过中国的仅有雷雅德和戈尔两人。1776年7月,曾在英国海军服役的美国水手、海军下士雷雅德和戈尔在伦敦参加了英国探险家詹姆斯·库克(James Cook)船长于1781年率领的舰船进行的最后一次环球航行,在经过太平洋沿岸时,来自美国康涅狄克州的约翰·雷雅德(John Ledyard)目睹广州及东南亚市场上水獭皮生意红火。① 1782年,雷雅德返美后发表了《库克船长最后一次太平洋航行日志》,成为当时美国商人广为流传的读物。他还到各地游说,告诉乡亲父老,在美洲西北海岸以6便士买的一张毛皮在广州居然可以卖到100美元;中国茶叶、生丝出口价格便宜,给贸易商人带来巨大好处。他竭力鼓吹美国人对华贸易,以毛皮换取中国的茶和丝。② 虽然中国和北美洲之间尚没有直接航线,但是北美人们通过英国东印度公司和荷兰走私而来的茶叶、瓷器、辗转运来的丝绸和棉布,间接了解了亚洲、了解了中国。中国人曾将殖民地时期美国的对华贸易说成是茶叶贸易,足见茶叶是美国对华贸易产生之本,中国茶叶很早之前就在北美各地享有盛誉。1689年美国港口城市波士顿设立中国茶叶的定点市场,到18世纪60年代,美国每年进口茶叶已达120万磅。"中国皇后"号从广州装载回程的货物,仅茶叶一项就占货物总额的92.10%,此后茶叶输入占美国从广州进口的全部中国货物的比例逐年上升,增长势头一直保持到鸦片战争前后。而中国瓷器运往美国的意义远远超过其作为商品的价值,通过这些瓷器,使美国人民了解到中国的博物学、地理特征、农艺、陶瓷制造技术、冶金工艺、建筑学、书法和神话,以及其他无以计数的文化特征,正如乔纳森·戈尔茨坦所言:"就像随着首次直接的开拓性航运而来的商业信件所传递的形象

---

① Foster Rhea Dulls, *American in the Pacific: A Century of Expansion*, Houghton Mifflin Company, New York, 1932, p. 12.
② 梁碧莹《龙和鹰:中美交往的历史考察》第3页,广东人民出版社,2004年。

一样,通过普通的手工艺品传播而来的中国形象是积极的。"①可见,独立革命之前的对华贸易,使殖民地美国开阔了眼界,增强了海外贸易的能力,更激发了冲破英国殖民统治而追求独立远东贸易的理想追求。在北美人们反对英国殖民统治的初期,革命宣传家潘恩就认为,脱离英国独立后与欧洲的关系是展开贸易、建立和平和友谊。这种中立和贸易的思想成为美国早期革命外交的指导思想之一,在当时广为流传,深入人心。②

　　1783年9月《巴黎和约》签订,美国脱离英国,真正获得独立。但独立后的美国,百业待兴,不仅要解决面临的一大堆经济困难,确立今后发展的基本方针,以摆脱殖民地的依赖地位,探索经济繁荣的独立发展道路,而且还要确定一个新兴的独立国家的外交原则和基本政策。总统乔治·华盛顿(George Washington,1732—1799)领导的美国第一届政府(1789—1793)是在没有政党的条件下诞生的,可称为举国一致的联邦政府,但这个政府的两个主要成员汉密尔顿与杰斐逊之间却很不一致。亚历山大·汉密尔顿(Alexander Hamilton,1757—1804)是美国的开国元勋之一,也是美国宪法的起草人之一,是财经专家和美国第一任财政部部长。托马斯·杰斐逊(Thomas Jefferson,1743—1826),第三任美国总统(1801—1809),共和党创始人,时为美国的国务卿,也是美国历史上的政治家、思想家、教育家和科学家。他们之间几乎从一开始就存在着严重的政治分歧,这种分歧逐步形成为两条不同的政治路线,结果是导致了举国分歧,从而构成了分裂为两个对立的政党(联邦党和共和党)的思想基础。③ 但从本质上来说,汉密尔顿和杰斐逊的分歧,反映了美国建国初期的两种对立的相互矛盾的力量,它们表现为工业利益与农业利益之争、北部与南部之争、联邦权与州权之争、大政府主义与小政府主义之争、政府组织力量与个人自由之争。两人都是围绕着美国发展的两条路线的斗争,相辅相成,对美国历史的发展起了促进的作用,他们都是胜利者,是美国发展的两股力量,正如热衷于西方民主主义的当代美国哲学家伯特兰·罗素(Bertrand Arthur William Russell,1872—1970)所言:"杰斐逊使美国变成民主政治的故乡,汉密尔顿使美国变成百万富翁的故乡。政治上的胜利属于杰斐逊,经济上的胜利属

---

① Jonathan Goldstein,*Philadelphia and the China Trade 1682-1846*([美]乔纳森·戈尔茨坦《费城和中国贸易 1682—1846》),Pennsylvania University Press,1978,p. 40.
② 李庆余《美国外交史:从独立战争到 2004 年》第 3—4 页,山东画报出版社,2008 年。
③ 罗荣渠《美国历史通论》(罗荣渠文集之五)第 87 页,商务印书馆,2009 年。

于汉密尔顿。"①其中,就经济和贸易问题,汉密尔顿和杰斐逊之间展开了美国历史上有名的贸易与外交大辩论。当时美国90%的出口来自英国,而且一半以上是用英国船只装运的,50%的美国出口是输往英国的,因此,亲英派的汉密尔顿认为对英贸易的减少,岁收将枯竭,国家的信贷将丧失殆尽,故竭力主张美国加入由英国主导的全球经济体系。②而亲法派的杰斐逊与麦迪逊等人认为美国的繁荣不应该建立在对英国的依赖上,而应该努力同众多的欧洲大陆国家签订有利的贸易条约,摆脱对英国的依赖,迫使英国尊重美国的独立和主权。但事实表明,任何一边倒的外交与贸易政策,不论是亲英还是亲法,都不符合新生美国的国家利益,唯一的选择是中立。1791年10月,美英开始建立正式的外交关系。1793年4月22日华盛顿总统发表"中立宣言",宣称友好与公平地对待欧洲各国。次年,美国国会通过了第一个"中立法"。1794年11月19日,美英两国签订了《杰伊条约》,这是一项友好贸易与航海的条约,对维护诞生不久的美国的独立和主权是有利的,标志着美国"国家主权成熟的里程碑"。③1796年连任两届总统的华盛顿在其"告别演说"中又提到"中立原则","在扩大我们贸易关系时,美国应该尽量少同外国发生政治上的牵连,我们正确的政策是避免同外部世界任何地方建立永久的政治同盟。……而面对外国势力暗藏的阴谋诡计,一个自由民族必须经常保持警惕"④。1800年,杰斐逊在其美国第三任总统的就任演说中也重申:"我们都是联邦党人,我们都是共和党人……同所有地方贸易,但不同任何人结盟。"⑤凡此种种与美国自由贸易有关的国策和外交活动,充分表现出新生美国致力于发展海外贸易的决心和迫切愿望,也是美国致力于摆脱卷入欧洲大国争霸的危险而欲求建立和平、民主和安全的北美强国的内在要求。这就在事后追认并强化了1784年"中国皇后"号商船远航中国进行贸易活动的合法性和必要性,进一步

---

① [英]罗素著,陈瘦石译《自由与组织》第276页,商务印书馆,1936年。
② [美]沃尔特·拉塞尔·米德著,曹化银译《美国外交政策及其如何影响了世界》第110—118页,中信出版社,2003年。
③ [美]托马斯·帕特森等著,李庆余译《美国外交政策》(上)第57页,中国社会科学出版社,1989年。
④ 《华盛顿告别演说》,载赵一凡编、蒲隆等译《美国的历史文献》第35页,生活·读书·新知三联书店,1989年。
⑤ [美]彼得森编,刘祚昌译《杰斐逊集》(上册)第528页,生活·读书·新知三联书店,1993年。

激发了美国人对于东方中国的神往和兴趣。

中国在亚洲大陆,美国在北美大陆,可算得是地球上相隔最远的国家了。在没有现代化交通工具的年代里,两国来往实在不是件很容易的事情。立国之初的美国,打破了阻碍中美直接贸易的政治障碍,路途遥远和对中国的模糊了解,并没有降低具有"冒险精神"的美国商人强烈的与华通商的愿望。刚独立的美国,所辖的是东部几个州,出海口都在大西洋沿岸。从大西洋沿岸港口来亚洲,必须绕过南美洲南端的合恩角再横渡太平洋,或先横渡大西洋,绕过非洲南端的好望角再横渡印度洋。这样的长途航海,在当时技术条件下是很冒险的。尽管如此,美国商人还是在寻求与欧洲和周边国家发展贸易出路时,也把振兴民族经济、发展海外贸易的希望寄托在与中国的通航上。筹划这样的中国之行,其实早在美国独立战争之前就已经开始了。原因主要有几点:首先,推动对华贸易计划的酝酿是来自对中国的一些模糊认识和主观崇拜,即"中国神秘论"。一些美国出版的书籍中把中国描述成"具有古代文明的另一世界,与美国人的普通生活相隔之远几如地球与火星一般",从而对中国产生"敬畏甚至忌妒之心"。① 在1771年,费城的一份杂志介绍北美农业已成功地引进中国的稻米、高粱和豌豆,并预言美国终将有一天会成为像中国那样人口兴旺的国家。② 一些知名人物也对中国及中国人民给予赞美,希望美国在相当的时期具有像中国那样的财富、勤劳和智慧,如本杰明·富兰克林(Benjamin Franklin,1706—1790)曾说中华民族是世界上历史最悠久、经验最丰富,也是最聪明的民族,表示喜欢阅读有关中国的书籍,希望自己年轻些很愿意访问中国。③ 富兰克林是18世纪美国最伟大的科学家、发明家、文学家和音乐家,是独立战争的老战士和美国建国元勋,著名的政治家,也是美国第一位驻法大使。后来任美国总统的杰斐逊也撰文称赞"中国人的勤劳和智慧在一切有关生活便利方面是显著的,欧洲比较近代的几种艺术的源流,却已消失在蒙昧的时代之中"④。曾任美国国务卿的汉密尔顿在美国独立

---

① [美]赖德烈著,陈郁译《早期中美关系史(1784—1844)》第119页,商务印书馆,1963年。
② Jonathan Goldstein, *Philadelphia and the China Trade 1682-1846*([美]乔纳森·戈尔茨坦《费城和中国贸易 1682—1846》),Pennsylvania University Press,1978,p. 20.
③ 保尔·莱斯特·福特《全才富兰克林》(*The Many-sided Franklin*,英文版)第8页,纽约:百年出版公司,1921年。
④ *Hunt's Merchant Magazine*, Vol.2, p. 82.

战争期间的 1777 年 5 月在他的炮兵连发饷簿上写下有关中国运河、长城的笔记。① 杰斐逊在任驻法大使期间,曾随英国探险家库克在太平洋探险航行的雷雅德向其报告北美西北部海岸与中国之间的毛皮贸易如何获利甚丰,引起了他对美国西北方向的那块遥远地区的兴趣,而 1785 年詹姆斯·麦迪逊(James Madison,1751—1836,美国杰出的政治哲学家,是美国宪法的奠基人,被称为美国"宪法之父",美国第四任总统,任期有 1809—1813、1813—1817)写信给在巴黎的他,请求购买一本蒙斯·阿米洛特写的《中国游记》(即法国耶稣会士阿米奥神父,中国名字为钱德明,书名为《北京传教士关于中国历史、科学、艺术、风俗习惯录》)。② 美国的领袖人物如此崇尚中国,一般商人和知识分子的热情决不逊之。1783 年 11 月,大陆会议最高财政监督罗伯特·莫里斯写信给美国邦联政府外交部部长约翰·杰伊说他要派一些船到中国去,以鼓励其他人大胆寻求贸易的发展,12 月 18 日大陆会议就收到了两位公民菲力浦·摩尔和约瑟夫·沃德的信,请求批准保护他们的船只驶往中国,摩尔还提出任命驻华领事的建议。③ 所以,美国真正独立后的第 2 年,就有了公私两重性质的"中国皇后"号商船驶向中国,开启了中美贸易的直航。其次,北美殖民地时期积累了一些远航的物质条件。长期以来,西印度的贸易、渔业以及与葡萄牙和地中海各地的通商曾经是北美殖民地的重要生活来源,而北美犬牙交错的海岸和河流、丛林密布中盛产的橡木和松木为造船业发展提供了优越的自然条件,波士顿成为当时造船业的中心。1770 年,英属北美殖民地建造的船只有三四百艘,1774 年,船舶载货总吨数已达 21 万吨,英国船约有 1/3 是北美殖民地建造的。④ 最后,也是很重要的,美国独立前后出现一批既具有一定航海知识,又有丰富实践经验和富有冒险精神的航海人员和商人,其中有在战争期间在海上劫掠英船而致富的海上冒险家。独立后沿海的造船业更加发达起来,海上贸易的发展引起越来越多的美国人对远航的兴趣,不少未成年人都随船出洋。

① H·C·斯里特《亚历山大·汉密尔顿文件集》(第 1 卷,英文版)第 384 页,哥伦比亚大学出版社,1972 年。
② [美]塞缪尔·F·比米斯(Samuel Flagg Bemis)著,叶笃义译《美国外交史》(第 2 分册)第 64 页,商务印书馆,1987 年。
③ 吴梦雪《美国在华领事裁判权百年史》第 8 页,社会科学文献出版社,1992 年。
④ 黄绍湘《美国早期发展史 1492—1823》第 128 页,人民出版社,1957 年。

而与这种来华贸易的美国人跃跃欲试的情态相反,当时的中国在大清王朝的专制统治下,仍然维系着强大的以"中华帝国"为中心的"天下一统格局"的华夷体系。经济上自给自足;政治上儒家文化根深蒂固,中国是"天下唯一的文明国家"。① 在"中国皇后"号来广州之际,正值清政府严格管制对外通商贸易之时,虽然来到广州从事贸易的外国商船很多,但主要来自欧洲国家,也有来自东南亚国家的商船,每年有数以百计的船只进入广州黄埔港。同时,中国民间商船不被允许前往欧美通商,却有不少船只前去东南亚各国与当地商人贸易。这样的中外贸易,在清政府眼中,就是"朝贡制度"。1798年10月,乾隆帝仍致信英国国王:"天朝抚有四海,惟励精图治,办理政务。奇珍异宝并不重要。尔国王此次贡进各物,念其诚心远献,特谕该管衙门收纳。其实天朝德威远被,万国来王,种种贵重之物,梯航毕集,无所不有,尔之正使所亲见,然从不贵奇巧,并无更需尔国制办物件。"②表明了清政府无意参与国际贸易的初衷。这种初衷一直延续到第一次鸦片战争后五口通商之时。清朝统治者对与外国通商如此冷漠,主要是从政治安全和长久封建统治观出发,一方面是清政府同样重农轻商,坚持以中央帝国自居,推行闭关锁国政策,不愿发展对外贸易,更主要的一方面是防范外敌以通商为名,对中国进行侵略活动,尤其防备外敌与反清势力相勾结,正如马克思所言:"推动这个新的王朝实行这种政策的更主要的原因,是它害怕外国人会支持很多的中国人在17世纪的大约前半个世纪里,即在中国人被鞑靼征服以后所怀抱的不满情绪。由于这种原因,外国人才被禁止同中国人有任何来往,要来往只有通过离北京和产茶区很远的一个城市广州。"③中国封建自给经济没有与外国通商的内在要求,清政府便视允许外商来华为对外夷的恩泽与安抚,而要制止国内反对者与外国的联合,政府官员不能与外商往来交际,就要对外商采取控制措施,这慢慢地形成了不得不借助于以官制商、以商制夷的制度。十三行实际上是沿用明代的海关设置,是广州的最初海关制度,形成于1685年(康熙二十四年);自1757年以来,广州一直是中国唯一的通商口岸,到1842

---

① [美]费正清主编《剑桥中国晚清史》(下)第210页,中国社会科学出版社,1985年。
② 梁廷枏《粤海关志》第33卷,第7页,转引自姚贤镐编《中国近代对外贸易史资料》(1840—1895,第一册)第174页,中华书局,1962年。
③ 马克思《中国革命与欧洲革命》,《马克思恩格斯全集》(第9卷)115页,人民出版社,1982年。

年五口通商之前。仅限于广州一口的对外贸易,所执行的"公行贸易体制是在中国的朝贡贸易与欧洲重商主义之间一个暂时的折中办法"。① "公行"即人们常说的广州十三行,十三行在贸易上是"中外商人之间的中介;在外交上又是中国政府同夷商之间的中介"。② 虽说是十三行,但最初时行商只有几家,直到1837年(道光十七年)才是真正意义上的十三行。按照清律规定,来广州贸易的外国商人只能住留在由行商出租和照管的夷馆之内。行商是拥有对外贸易特许权的官商,数量历来不等,如道光二年(1822)计有11家,其后多家因为经营不善等原因倒闭,至道光九年(1829)只剩下6家,而到道光十六年(1836)又增至11家。"公行"最多时达26家,最少时仅有4家,1837年广州的十三行分别为:怡和、广利、同孚、东兴、天宝、中和、顺泰、仁和、同顺、孚泰、东昌、兴泰等商行。③ 1837年,行商数量正好是十三家,成为人们对广州公行的习惯上的一种称呼。此年的十三家行商的行主分别是伍绍荣(Woo Shaouyung,称浩官)、卢继光(Loo Kekwang,称茂官)、潘绍光(Pwan Shaoukwang,称启官)、谢有仁(Seay Yewin,称鳌官)、梁丞禧(Leang Chingche,称经官)、潘文涛(Pwan Wantaou,称明官)、马佐良(Ma Tsoleang,称秀官)、潘文海(Pwan Wanhae,称海官)、吴天垣(Wu Tienyuen,称爽官)、易元昌(Yih Yuenchang,称昆官)、罗福泰(Lo Futae)、荣有光(Yung Yewkwang)、严其昌(Yen Khechang)。其中,伍浩官是行商们的首领。对应于十三行,由行商租赁给外国商人办公居住的会馆被称为十三夷馆,整个建筑位于广州城外西南方的珠江岸边,其中又分英、美、法、荷等馆。乾隆以前,外商经常有不入住夷馆而自行租赁民房的现象,但后来规定愈严,夷馆成为他们唯一的合法居留场所,而且外国商船抵达广州后,必须在十三行中选择一位行商作为"保商",保商的责任之一就是保证外国船只和人员在华期间遵守中国政府的法令。曾为卫三畏入华提供担保的是经官梁经国(梁丞禧的父亲),广东番禺人,1761年出生,1808年创办天宝行,1837年去世。卫三畏从未与此担保人谋面过,可能是没有机会,最主要的是毫无生意可做,道不同。这样的公行制度自是日益腐败,严重地阻碍了近代中国对外贸易的发展。第一次鸦片战争后,

---

① [美]费正清著,张理京译《美国与中国》第149页,世界知识出版社,2000年。
② 陈旭麓《近代中国社会的新陈代谢》第35页,上海人民出版社,1992年。
③ 姚薇元《鸦片战争史实考》第24页,人民出版社,1984年。

十三行独揽对外贸易的制度虽然从法律上废除,但行商并未就此歇业,仍有不少外国人继续居住在夷馆之内,美国传教士裨治文、卫三畏等人就长期居住其中。1856年第二次鸦片战争之初,中英冲突加剧,殃及夷馆,几乎全部被焚毁,十三行制度就此终结。牵一发而动全身,奉行闭关自守对外政策的清政府,对世界各地发生的变化几乎一无所知,以致鸦片战争的炮声才开始让它的"天朝"之梦初醒。

"中国皇后"号并非是美国第一艘前往中国的商船,只是它是第一艘成功到达中国的商船,因而意义重大。1783年12月下旬,美国曾有一次半途而废的对华贸易。当时,波士顿商人西尔斯曾派出一艘55吨级的单桅帆船"智慧女神"号(又称"哈莱特"号)满载人参从波士顿结关出口,前往中国,准备换取中国商品。但第二年途经好望角时,人参等货物被英国的东印度公司得知全部收购,并向英国商人购买了一船茶叶便回航了。由于英国人企图独占中国茶叶市场,担心美国人的到来会与他们竞争,东印度公司派船在公海直接与"哈莱特"号进行货物交易,这样,"哈莱特"号对莫测的中国市场产生了动摇,他们"宁愿以一磅人参换取两磅茶叶和英国做成了一笔易货交易,失去了首航中国的机会"。① 使美国商人感到惋惜的是,他们"失掉了第一次在广州升上美国国旗的荣誉"。② 同样,西尔斯很遗憾地没能成为中美直接贸易的先驱人物。③ 此外,美国康涅狄格州的商人也有出航中国的计划,只是因为没有足够的资金而作罢。④

"中国皇后"号商船是由费城富商罗伯特·摩里斯和丹涅尔·派克为首的一批纽约商人共同装备派遣的,这是由一条战时私掠船改装而成的木制帆船,船型美观,船壳黑色,中等型号,总长104.2英尺(约32米),宽28.4英尺(约8.6米),吃水深16英尺(约4.9米),装载吨位为360吨,其建造成本、装备、货载及出海开支等全部投资共计12万美元。⑤ 船载的货

---

① Jonathan Goldstein, *Philadelphia and the China Trade, 1682-1846: Commercial Cultural and Attitudinal Effects*([美]乔纳森·戈尔茨坦《费城和中国贸易 1682—1846》),the Pennsylvania State University Press,1978,p. 27.

② Samuel Eliot Morison, *The Maritime History of Massachusetts, 1783-1860*, Boston and New York,1925,p. 44. 中文见李定一《中美早期外交史》第6页,北京大学出版社,1997年。

③ 齐文颖《美国"中国皇后"号来华问题研究》,载《环球时报》2005年10月10日,第23版。

④ 项立岭《中美关系史全编》第3页,华东师范大学出版社,2002年。

⑤ Foster Rhea Dulles, *China and America: The Story of their Relation since 1784*, Princeton University Press,1946,p. 2.

第一章　来中国铺架桥梁

物有棉花361担,铅476担,胡椒26担,羽纱1270匹,皮货2600件,人参473担(40多吨)。① 全船一行43人,由纽约人约翰·格林(John Green,1736—1796)担任船长。船长时年48岁,海军出身,海军上尉,曾在美国独立战争期间奉命指挥过武装缉私船,富有航海经验。船货管理员是29岁的波士顿陆军少校山茂召(Samuel Shaw,1754—1794)。山茂召出生于波士顿,受过良好教育,参加过美国独立战争,曾先后担任过联邦军队的副官、上尉、炮兵少校,最后担任诺克斯(General Knox)将军的侍从武官,卓著勋功。随"中国皇后"号赴华前,他于1783年11月、1784年1月分别收到了华盛顿将军和诺克斯将军寄给他的表彰信,对他在独立战争中的表现大加赞赏,称他为一位智慧、勇敢、杰出的指挥员。② 山茂召此行的职务相当于商务总管(Supercargo,货长),就是在鸦片战争前被广州十三行惯称的"大班"(有时还按其职位高低,分别称为大班、二班、三班),负责外国商船中的一切商务活动,是为此后领事的前身。独立战争时期与山茂召有患难之交的托马斯·兰德尔(Thomas Randall)出任总管助手。随船出发的还有副船长彼得·霍奇金森,医生罗伯特·约翰逊以及水手、木匠和两名小船员,其中一名是格林船长的孩子小约翰·格林(1766—1831)。1784年1月30日,美国国会发给航海证书,证书上加盖美利坚合众国国印,请予商贸方便:"我美利坚合众国议会告知阁下,'中国皇后'号船长约翰·格林是美利坚合众国公民,他所指挥的这艘船也属于美利坚合众国公民之财产,我们希望看到船长先生从事的合法事务取得成功。我们请诸位在约翰·格林和他的船只及货物抵达贵地时,给予友好的接待,并以合适的礼仪对待他,允许他经过或再次经过时只缴纳正常的款项就能通过和经常往返港口、通道和区域以处理其事务。他将会注意到自己的言行举止。对于你们提供的各种方便,我们将感激不尽。"③ 船主摩里斯和船长格林选择华盛顿生日(52岁诞辰)作为起航的日子,选择这个日子起程具有一定的象征意义。对美国商人来说,这次远航中国是一次勇敢与智慧的考验,具有

---

① H. B. Morse, *The Chronicles of the East India Company Trading to China, 1635-1834*, Oxford, 1926, p. 95.

② Josiah Quincy, *The Journals of Major Samuel Shaw, the First American Consul at Canton*, Boston: WM. Crosby and H. P. Nichols, 1847, pp. 110-111。

③ Philip C. F. Smith, *The Empress of China*(菲利普·史密斯《中国皇后号》), Philadelphia, 1984, p. 70.

冒险精神的年轻美国船员们相信:"如果独立后美国人能在世界各地参与商业竞争,不再受大英帝国的控制,再冒险也值得干。"①1784 年 2 月 22 日,"中国皇后"号离开纽约,穿越大西洋,3 月 21 日顺利到达非洲的佛得角群岛,在岛上短暂停留,补充淡水和稍做检修。之后再往南航行,绕道好望角,于 7 月 18 日在巽他海峡(Sunda Straits)与两艘法国舰船相遇。法国舰船司令奥德林(Monsieur D. Ordelin)和水手们热情欢迎美国商船,与他们一起前往广州,做了免费的护航,给"中国皇后"号全体人员极大的物质和精神上的帮助,为它的首航中国的成功提供了积极的保障。然后,美法船队沿东北方向跨过印度洋,在离纽约后 5 个月,他们望见爪哇岛。8 月 25 日,抵达澳门,28 日,船抵广州的黄埔港。船至黄埔,当即鸣礼炮 13 响(代表的是美国 13 州之数)。这是美国商船赴华的第一次历史性的成功航行,历时 6 个月零 6 天。美国商人在广州的商业活动达 3 个月之久,由于这次试探性的对华贸易大获成功,全船上下各人都在不同程度上得到好处,以致乐而忘返。② 在他们出售完带来的货物后,又满意地通过行商办齐了回程的货物,计有红茶 2460 担,绿茶 562 担,棉布 864 匹,瓷器 962 担,丝织品 690 匹,肉挂 21 担。12 月 28 日,"中国皇后"号启程回美,次年 5 月 12 日到达纽约,亦以 13 响礼炮结束了这次航程[行程 26689 英里(1 英里=1609.344 米)]。这一创举历时 15 个月,总投资额为 12 万美元,获纯利 30727 美元,约为投资额的 25%。③

正是这艘"中国皇后"号商船 1784 年抵达广州,揭开了中美关系发展的序幕,开创了中美之间新的、直接经贸和文化关系的先河。从此,中美之间无论是商业交往还是文化交流,不同时期都表现出各种不同的特点。从商业贸易的经济联系角度上来看,"中国皇后"号首航中国的成功,首先是打通了太平洋两岸"最古老的与最年轻的"两个国家的商途,也是美国海外航运史上的一件大事,为刚刚取得独立的美国经济发展注入了强烈的兴奋剂。纽约《独立杂志》(Independent Journal)称赞这次远航是"远见卓识、

---

① Charles R. Kitts, *The United States Odyssey in China: 1784-1990*, University Press of America Inc., 1991, p. 1.

② Josiah Quincy, *The Journals of Major Samuel Shaw, The First American Consul at Canton*(乔赛亚·昆西《美国驻广州第一任领事山茂召少校日记》), Taipei, 1968, p. 200.

③ *The Journals of Major Samuel Shaw, The First American Consul at Canton*, p. 218.

功勋卓著的行动,取得极其丰硕的成果"。① 纽约等地的报纸长篇报道了"中国皇后"号首航广州后,轰动了当时的美国社会。"中国皇后"号远航中国以冒险成功被载入史册,它不仅开启了早期中美商业交往的历史,而且它使美国国旗成功地飘扬在遥远的东方,是美国海外贸易发展史上的一个重要事件,为美国开辟远东市场起着"先锋作用"。② 美国国会对全体船员给予"崇高的荣誉",还予以通报表扬,对这个与中国直接贸易的第一次努力所获得的成功特别满意,称"这次商业冒险对整个国家有着重要意义"。③ "中国皇后"号满载而归,燃起了美国东部沿海商人开拓东方市场、追求利润的强烈愿望,在美国政府对外采取贸易保护、对内推行贸易自由的经济发展战略下,美国向远东地区发展沿海贸易的行动促成了美国历史上第一次"中国热"。这种"中国热"的形成,起源于至少两个方面的对华认识。一是,首批美国商人在广州受到了中国商人的友好接待,给想到中国从事商业贸易活动的美国人巨大的心理安慰,在殖民地时代遭受英国贸易限制之苦,使得美国人冀盼在广州的贸易一帆风顺,营造中美商人之间良好的人际关系,正如后来成为首任美国驻广州领事的山茂召在日记中写道:"虽然这是第一艘到中国的美国船,但中国人对我们却非常宽厚。最初他们不能分辨我们与英国人的区别,视我们为'新人'。当我们将美国地图向他们展示时,他们对我国拥有如此大的、可供他们帝国销售的市场,感到十分高兴。"④二是,"中国皇后"号成功的中国之行向美国商人传递一个明显的信息,即发展中美直接贸易是有利可图的,"与中国开展平等互利的贸易,而不是'凌驾于人'的贸易是有广阔前景的"⑤。同时,首航中国的成功对于处于经济困境中的美国来说,也不能不算是一件惊天大事:"对每个爱自己国家的人和那些与贸易有密切联系的人来说,我们如此愉快地打开了同地球极东那地区的交往,这必定是一个值得欢欣的征兆。"⑥参加首次与中国直接贸易的人都获得巨大利益。摩里斯一跃成为美国邦联政府

---

① Foster Rhea Dulles, *China and America: The Story of their Relations since 1784*, Princeton University Press, 1946, p. 3.
② *The Journals of Major Samuel Shaw, The First American Consul at Canton*, p. 4.
③ *The Journals of Major Samuel Shaw, The First American Consul at Canton*, p. 5.
④ *The Journals of Major Samuel Shaw, The First American Consul at Canton*, Taipei, 1968, p. 183.
⑤ *The Journals of Major Samuel Shaw, The First American Consul at Canton*, p. 200.
⑥ J. W. Foster, *American Diplomacy in the Orient*(科士达《美国远东外交》), Boston & N. Y., 1904, p. 28.

第一任财政部部长;船长格林则成为后来与中国通商的著名顾问,专门为有关商人出谋划策;而商务代理人山茂召更是声名鹊起,后被美国政府委任为中国驻广州首任领事。而那些急求海外贸易的商人都仿佛听到了福音,波士顿商人竟发行每股 300 美元的大额对华贸易股票。纽约、费城等多个东海岸主要商埠的商人纷纷出动,开展对中国的贸易活动。纽约也一跃成为早期贸易的投资和贸易中心。频繁的中美贸易产生了美国历史上首批百万富翁。① 从这个角度上来说,"中国皇后"号的历史意义不仅为新生的美国经济发展提供了新的战略目标,即发展对华贸易,而且为美国社会灌输了一种精神,这种精神象征着美利坚合众国独立后依靠自己的力量走向世界的决心,"美国商人在开辟通往亚洲航线中表现出来了勤劳勇敢、具有崇高的理想和充满活力的坚忍不拔精神"。② 在这样的发财梦想和展现美国精神的双重意义的"中国热"的鼓励下,几十吨、一百吨、三百吨的木制帆船,在通往广州的航线上络绎于途,以至"在美国每一条小河上的每一个小村庄,连只可乘坐 5 人的帆船都在准备出发到中国装茶",而从 1784 年到 1790 年,来华贸易的美国船只共计有 28 艘,包括"试验"号、"土耳其皇帝"号、第一艘绕道澳大利亚南端直抵中国的"同盟"号、第一艘环球航行的"哥伦比亚"号和"华盛顿夫人"号、"爱林诺娜"号、"希望"号等商船。③ 其中,1785 年就有 5 艘商船,三艘是从纽约出港的,即"希望"号、当年返航的(此为第二次出航)"中国皇后"号、"试验"号,一艘商船"广州"号从费城出航,一艘商船"土耳其皇帝"号从撒冷出发赴华的。1790 年到广州贸易的有记录的美国商船就有"华盛顿将军"号、"亚细亚"号、"广州"号、"詹民"号、"艾里奥诺拉"号、"马萨诸塞"号、"阿斯特利亚"号,实际总数当然远远超过这些。④ 据统计,1786 年到 1833 年,美国来华的船只就有 1104 艘,几乎达到英国来华总船数的 44%,而超过其他欧洲国家来华船只总数。⑤ 在"中国皇后"号来华之前,美商是通过英国东印度公司的斡旋而借助波士顿港(Boston Harbour)同中国发生茶叶贸易的关系。由于美

---

① 齐文颖《美国"中国皇后"号来华问题研究》,载《环球时报》2005 年 10 月 10 日,第 23 版。
② Rev. Karl Friedrich August Gutzlaff, *History of China*, p. 266. See also John W. Foster, *American Diplomacy in the Orient*, Boston & New York: Houghton Mifflin, 1926, p. 29.
③ 梁碧莹《龙和鹰:中美交往的历史考察》第 16—17 页,广东人民出版社,2004 年。
④ 项立岭《中美关系史全编》第 5 页,华东师范大学出版社,2002 年。
⑤ 齐文颖《美国"中国皇后"号来华问题研究》,载《环球时报》2005 年 10 月 10 日,第 23 版。

国商人和海员所固有的冒险性,由于美国商人不受特权垄断组织的限制,以及由于在大约25年之间美国人在西方国家中所处的唯一中立地位,因此,美国贸易飞跃地进展,很快就在广州商业界中占到了第二位(18世纪90年代以后,美国对华贸易已赶上荷兰、丹麦、法国等国而跃居第二位,仅次于对华贸易有百年历史的英国)。① 美国东海岸的一些重要港口,也在对华贸易中得到发展,费城曾在一段时期占据对华贸易额的首位,塞勒姆和波士顿以船主多而著名,纽约成为各地对华贸易的投资和交易中心。到1790年时,全美国进口货物中,来自中国的占1/7。②

美国人如此热情而冒险不远万里赴华贸易,与独立后的美国经济上没有完全独立有关。美国工商业无法与英法等欧洲国家抗衡,不能生产很多主要商品,生活品多来源于国际贸易,所以向海外发展贸易是许多美国人,尤其是商人的唯一出路,"最初到亚洲去的美国人是因为他们不得不去——任何地方他们都不得不去"。③ 因为独立后的生存和发展是摆在美国人面前的主要任务,而向海外扩张是发展美国经济的一个重要支柱,"当美国人从英国那里获得签订独立的条约的墨迹未干,年轻的共和国商人们就开始走遍全球各地寻求商机"。④而这种"不得不去",却让美国人的东方"冒险"取得了既是意想不到又是预料之中的成果,到1793年,美国商船载运的吨位,超过除英国外的世界任何其他国家。它们所经营的对外贸易的价值仅次于英国;而且按人口比例计算,美国是当时世界上第一个商业国家。从1795年到1801年间,美国商船每年的平均纯收入超过3200万美元。⑤ 在中国市场上的"大显身手"让美国商人难以舍弃,也让东方中国具有了使外人发财的魔力,"在这个年轻共和国(指独立后的美国)早年的国

---

① [美]马士著,张汇文等译《中华帝国对外关系史》(一)第62页,上海书店出版社,2005年。
② Foster Rhea Dulles, *The Old China Trade*, Houghton Mifflin Company(杜勒斯《旧中国贸易》),Boston and New York,1930,p. 211.
③ [美]泰勒·丹涅特著,姚曾廙译《美国人在东亚——十九世纪美国对中国、日本和朝鲜政策的批判的研究》第4页,商务印书馆,1959年。
④ Foster Rhea Dulles, *The Old China Trade*, Houghton Mifflin Company(杜勒斯《旧中国贸易》),Boston and New York,1930,p. 1.
⑤ [美]阿果·莱本诺《美国的殖民政策》第141页,转引自仇华飞《早期中美关系研究(1784—1844)》第71页,人民出版社,2005年。

外市场中,中国拥有一种魔力,只有很少的其他市场具有这种魔力"①。正是在早期对华贸易上,刺激了美国国内原始资本的积累,促进了经济发展和西进运动。在立国后奉行的自由贸易政策下,中美直接贸易一经开始,就能以较快的速度发展,以致下自普通百姓上自总统,都对对华贸易抱有强烈的兴趣。一位新闻记者曾写信给当时的议员、后任第四任总统的麦迪逊,认为对华贸易大有前途,并建议所有美船自东亚运回美国的货物一律免税,"……此间大多数美国商人都认为这种贸易可以凭着美国优于欧洲方面的条件,继续进行下去,并且认为我们不但可以供应我们本身的需要,而且还可以向西印度群岛大量走私。我诚心愿意见到我国商人从事这种业务。如果凡是用(美国)船从印度直接输入我国的货物,一律豁免关税,想必收效良佳"②。1789 年就任美国第一任总统的华盛顿,在其任内要求美国政府对从事中美贸易的商人实行保护和优惠政策,"对华贸易商享有1789 年颁布的航海法和每年公布的税则法的保护;禁止非美国船载运茶叶进口,茶叶关税可延期两年缴纳,如复出口可以退税;对茶叶以外的货物给予美国进口商以 12.5%的优惠"③。美国政府这种鼓励远东贸易的政策,也反映出独立后美国自身认识的充分。美商到中国贸易,起步较晚,经验不足,业务不甚熟练。最初到广州的美国人经常被"广州地方人称为'新人'"。④"新人"涉足欧洲各国早已角逐的广州市场,创业艰难可以想见,为了遵循尽可能避免政治纠葛以扩充贸易的基本政策,美国政府的作用"维持在最低限度",美国商人就在很大程度上"要依靠本身的努力"。⑤ 事实是,美国人最终在对华贸易中获得了成功。因此,可以这样说,早期美国对华贸易,虽给中国带来一定的经济效益,但对美国经济的发展影响更大,"早期对华贸易提供了一个资本积累的手段,使大笔资金在几

---

① Kenneth S. Latourette, *The United States Moves Across the Pacific: the A. B. C. 's of the American Problem in the Western Pacific and the Far East*([美]赖德烈《论美国横跨太平洋》), New York, London: Harper & Brother,1946.中国科学院近代史研究所编译《外国资产阶级怎样看待中国历史的》(第一卷)第 20 页,商务印书馆,1961 年。

② [美]泰勒·丹涅特著,姚曾廙译《美国人在东亚——十九世纪美国对中国、日本和朝鲜政策的批判的研究》第 6 页,商务印书馆,1959 年。

③ 梁碧莹《龙和鹰:中美交往的历史考察》第 18 页,广东人民出版社,2004 年。

④ *Chinese Repository*(《中国丛报》),Vol.5,Sept.1836,p. 220.

⑤ [美]孔华润著,张静尔译《美国对中国的反应》第 2 页,复旦大学出版社,1989 年。

年之内得以积累起来,供迅速发展中的各州的迫切需要之用"。① 随着早期中美贸易的发展,美国商人赚取大量财富,美国政府获得大量税收,这些收入被很快转化为商业资本和工业资本,对美国国内经济的壮大和美国资本主义的发展都产生了积极的历史作用。

"中国皇后"号商船来华,开辟了中美直接通商的历史。因此,中美史学界通常将这艘美国商船抵达广州,到1844年中美两国政府签订第一个不平等条约《望厦条约》这60年交往的过程,称为早期中美关系,也有一些美国学者将这段时期称为"约前时代"(pre-treaty-days)中美关系。早期的中美关系基本上是平等的商业贸易关系,是两国人民之间相互友善、双方获利的民间贸易关系。"中国皇后"号商船来华贸易的良好开局,促进了中美两国人民的相互了解和交流,中国人不仅第一次知道了美国是区别于英国人的新民族,美国人被广州居民热情地称呼为"花旗国人",而且给来自远方的美国商人留下了深刻的印象,"中国行商在所有交易中,是笃守信用、忠实可靠的,他们遵守合约,慷慨大方"。② 山茂召更是对中国商人的宽厚、礼待充满感激之情,"公行里的商人是一些值得尊敬的人,他们彬彬有礼而又开朗,他们富有才智,计算精确,交易守时,并有良好的品德"。③ 当美国商人涉足广州口岸时,比葡萄牙晚268年,比西班牙晚209年,比荷兰晚180年,比英国晚147年,比法国晚124年,比俄国晚217年。④ 这种迟到的贸易,使得来粤的美国商人不像英国等国商人那样傲气和霸气,从而赢得了中国当局的信任,被认为"循分守法"。⑤ 到鸦片战争前,只有一件与贸易活动有关的政治事件,即1821年发生的美国水手德兰诺瓦在广州击毙中国民妇案件(美船"急庇仑"号的德兰诺瓦处死案),尽管美国人有自己的看法,最终还是服从了中国法律处死的判决,与稍后的英国水兵在杀死几名中国人后逍遥法外的"英国皇家'土巴资'号船事

---

① [美]泰勒·丹涅特著,姚曾廙译《美国人在东亚——十九世纪美国对中国、日本和朝鲜政策的批判的研究》第83页,商务印书馆,1959年。
② [美]威廉·C·亨特著,冯树铁译,骆幼玲、章文钦校《广州"番鬼"录》第29页,广东人民出版社,1993年。
③ The Journals of Major Samuel Shaw, The First American Consul at Canton, Taipei, 1968, p. 350.
④ 侯厚培《五口通商以前我国国际贸易之概况》,载《清华学报》第4卷第1期;转引自梁碧莹《龙和鹰:中美交往的历史考察》第20页,广东人民出版社,2004年。
⑤ 文庆等编《筹办夷务始末》(道光朝)(第6卷)第2808页,中华书局,1964年。

件",形成了鲜明的对比。① 而受到优待的美国商人也是抱着与华贸易平等的心态,不断改善两国间的贸易条件。首先利用商船吨位小、人员少的特点发挥快捷而减少开支的航运方法,"其后来舶甚多,几与英吉利埒,其舶较他国差小,随时可至,非如他国必八九月始抵口也"。② 更到19世纪30年代后,美国人制造了装备完善而速度快的飞剪船,大大缩短航海时间,赢得了速度和利润。其次,通过辗转贩运各国货物来华以扩大利润,并发掘人参等本国特产以发展贸易优势。还有中美商人之间建立的友谊,也为美国对华贸易创造了有利的条件。随着早期中美贸易的发展,美国少数富有的商户或代理商逐步排挤了其他小商人,取得对华贸易的垄断权。在1815年以后,广州的美国洋行日益增加,中美贸易基本上都是通过这些驻在广州的洋行来进行的,如1828年纽约商人设立的同孚洋行(Olyphant & Co.)就是其中的佼佼者,老板为奥立芬先生。在广州的十三洋行中,也有出淤泥而不染的,其中,轻利而持守真理的美国商人奥立芬(D. W. C. Olyphant,？—1851),是洋行中唯一不贩卖鸦片的,是虔诚的基督徒,上帝的仆人,中国的友人,他曾帮助筹措裨治文来华的旅费,并帮助创立《中国丛报》。③ 这些举足轻重的美国垄断商人获利甚巨,成为百万富翁,其中有的兼营国内企业,有的投资本国工商业,对美国的经济发展有着重要的促进作用,如1844年充任来华签订《望厦条约》的美国专使顾盛,就是其中的一位大商人。他1803年来华,在广州经商30余年,来时两袖清风,去时家财万贯,积累60万美元的资产,而他去世后,240万美元财产中约有30万美元投资在制造业的证券上,其他大部分财产是其他形式的国内资产。④

早期平等互利的对华贸易关系,也是新生的美国谋求对外开放与世界贸易的一部分。中美贸易的数量和商品内容的增多、交易支付手段的变化以及贸易公司组织在广州的集中,都说明美国对华贸易的国际竞争力增强了。商业关系的发展引起了美国政府的注意,并采取了一些具体措施。

---

① [美]马士著,张汇文等译《中华帝国对外关系史》(第一卷)第117—113页,上海书店出版社,2005年。

② 梁廷枏《粤海关志》(卷24)第19页,粤东省城龙藏街业文堂承刊,台北:文海出版社,1975年。

③ 海佑《第一有远见的中国人:林则徐》,载《翼报》第40期,2007年11月。

④ [美]吉尔伯特·C·菲特、吉姆·E·里斯著,司徒淳、方秉铸译《美国经济史》第267页,辽宁人民出版社,1981年。

1819年11月,美国派巡洋舰"国会"号访问澳门,停泊在伶仃洋海面上,这是到中国海面上的第一艘美国军舰。按照清政府的海关规定,外国军舰是不准到中国海面的,由于美国商人在华表现良好,所以清政府做了例外处理,把它看作商船的护船舰,只要求它在商船驶出后"不得在沿海停留"。"国会"号虽两次离开了,几个月后又返回,一直逗留到1821年初。1832年初美国又派出"泼托马克"号巡洋舰访问广州,11月再派出"孔雀"号和"拳师"号两艘军舰到达广州,稍后又有美国船"芬胜纳"号抵广州,1836年"孔雀"号再来广州,这些访问战舰都没有得到清政府地方当局的接待而被迫回航,致使美国政府在推进对华贸易方面没有取得效果,但可看出,到鸦片战争前,美国商人和代表美国政府的军舰都是服从中国当局的法律和命令的,两国之间的贸易互利正常进行着。尽管早期60年的中美贸易中,两国商人之间也会出现不少问题,如税收、贸易顺逆差、走私鸦片等,但主流仍然是平等互利的贸易关系。到《望厦条约》签订,两国以法律形式固定美国在华贸易等方面的权利,不仅为美国对华经济扩张奠定了政治外交基础,而且证明了中国市场的潜力对美国经济发展的吸引力,中美商贸关系将进一步扩大。然而,中美早期的正常贸易关系的发展,却使两国向着不同的方向转化。依然闭关自守的清政府仍希望使贸易限制在原来的规模上,不愿做任何改变,更令人不齿的是,晚清中国从贸易中获得的利润没有转化为工业资本,小农经济模式始终占据主导地位,严重阻碍了近代中国资本主义经济的发展,况且这些商业利润又是大量地被封建王朝的诸多机构及其官僚、富商们所占有,不是投向兼并土地进行封建剥削,就是在奢侈生活中挥霍掉,加剧了统治阶级的昏庸无能。而作为一个新兴发展的资本主义国家,美国政府从建国一开始就注重发展经济,重视对远东和中国贸易,又迅速将对外商业活动中的利润转化为发展经济的资本,转入工业,最终摆脱了受英国控制的地位,成为西方国家中问鼎世界的资本主义列强之一,不仅国力大增,更为向太平洋扩张奠定了物质基础。正如晚清资产阶级维新政治家和诗人黄遵宪所言:"立国赖民强,自弃实天孽;不见美利坚,终能脱羁绁!"①

然而,更加不幸的是,早期平等互利的中美民间贸易在不久以后也发

---

① 黄遵宪《越南篇甲申》,吴振清等编校《黄遵宪集》(上)第343页,天津人民出版社,2003年。

生了性质上的转变。美国独立后第二年"中国皇后"号抵达广州,开启了中美关系的新纪元,这是两个独立的平等互惠的国家关系的开始。但是欧美国家和晚清中国毕竟是不同社会性质的民族国家,在不同的起跑线上,前者处在资本主义的青春期,而后者却步入封建主义的垂暮期,这就决定了中国和美国的不同前途:"18 世纪中国和西方存在多方面的差距,这决定了两者文明的不同性质,一个是资本主义的青春,一个是封建主义的垂暮,也决定了两个社会的不同前途。18 世纪以后,西欧出现了持续、高速的经济和社会发展,而中国则由于多国侵略与内部动荡而一蹶不振,陷于贫困、落后和长期危机之中。"① 这样的分道是人类历史的必然,只是主动或被动的区别。美国著名中国问题专家费正清(John King Fairbank, 1907—1991)认为,美国在亚洲发现了中国,最后引起了美国的贪婪心,"我们在那里发现的,不是能让我们随意开垦的土地和自然资源,而是古老的中国。这个新的陌生的人类社会引起了我们的好奇心,终于也引起了我们同贪婪一样多的同情。我们开始对中国采取了在国内业已养成的态度。这就是锐意扩张、冒险进取和孜孜谋利的态度。在这种态度的支配下,个人主义、进步、发达、改善一切等思想成为人生的规律。在上海的美国商人侈谈通商对人类的好处,传教士则大讲其怎样把异教徒从罪孽状态中拯救出来。美国向中国的扩张不仅是经济的、宗教的或民族主义的,而且是所有这些扩张性质的总和"。②《望厦条约》签订就是平等和贪婪的一个分界线,而条约的本身就"破坏了中国的独立和主权,是美国外交史上极不光彩的一页"。③ 从此开始,到 20 世纪初,美国的确都与西方列强一道不断地从中国摄取各种特权,强加到中国的不平等条约使美国不仅在政治上对中国进行控制,经济上也获得大量的利益,这是历史事实,不容置疑。而在早期中美贸易的后期,美国人在华就开始抛弃平等贸易的做法,开始加入可耻的鸦片走私活动中。由于中国一直处于出超地位,美国商船又不得不载运大量西班牙银元进入广州。但到 1830 年左右开始,英美间贸易增加以及鸦片走私兴盛,美国现银输入比例大为减少,1831—1840 年美国输华的现银较此前 10 年间减少 80%。④ 这就说明美国对华贸易的出超愿望,将

---

① 戴逸《十八世纪的中国和世界》,载《语冰集》第 13 页,广西人民出版社,1999 年。
② [美]费正清著,张理京译《美国与中国》(第四版)第 293 页,世界知识出版社,2002 年。
③ 杨生茂《美国外交政策史(1775—1989)》第 116 页,人民出版社,1991 年。
④ 李定一《中美早期外交史》第 40 页,北京大学出版社,1997 年。

成为美国扩大对华贸易的心理动力。尽管到19世纪40年代初美国在对华贸易中仅次于英国,中美贸易在美国整个对外贸易中尚没有占据重要地位(一般仅占2%),但对华贸易对于美国历史产生的影响远远超过贸易数字所显示的利润意义。有利可图是一般商人的精神追求,而新兴的民族国家美国所内在的不甘人后的冒险精神,使他们在1812年第二次美英战争之后,开始了更大规模的海外贸易活动,"俄勒冈地方的毛皮将销往中国,在归途中茶叶、丝绸与香料可运到圣路易斯,它将变成新世界的威尼斯。繁荣的经济将在哥伦比亚河口出现"。① 从北美西部的太平洋沿岸直接驶往亚洲,比绕道非洲南端的大西洋航线要有利得多,因此,打通大陆直至太平洋沿岸的"西进运动"成为美国大陆领土扩张的必然趋势。1791年,美国"希望"号商船在夏威夷岛上发现了檀香木,并装运到广州出卖。19世纪初,美国就开始向夏威夷移民,到1830年夏威夷便成了加利福尼亚和广州之间的"贸易基地"。此外,随着欧美工业革命的兴起,美国资本主义经济,如纺织业得到了很大的发展,中国成为美国纺织品的巨大市场,1825年销往广州的棉纺织品为16万美元,1830年达到30万美元,1844年突破了百万美元。同时,美国中西部的农场主们也期望着他们的农产品能在中国市场上有一席之地。特别是熟悉了中国商业贸易的在华美商越来越不满意广州一口通商的局限,指望清政府开放更多的通商口岸。迎合各阶层的商业利润的追逐要求,美国资产阶级在成长过程中,逐步抛弃了中立和平等的对华贸易立场。为抵消对华贸易中的逆差和赚取更大的商业利润,绝大多数美商无耻地参与了欧洲或独自从事罪恶的鸦片走私活动。

起初,英国商人几乎包办了鸦片走私。当时产量最多的印度鸦片为英国东印度公司所垄断,美商不能染指。美国鸦片贩子便跑遍全球搜罗鸦片,终于找到了产量和质量都不如印度的土耳其鸦片。美商就将这些产量有限、质量低劣、价格最贱的土耳其鸦片贩运到中国的澳门和广州等地销售,"1804年第一批从地中海直接载运鸦片的船只到了中国",②三年后,奥古斯塔·伍德沃德(Augusta Woodward)在写给麦迪逊总统的信中,要求

---

① [美]托马斯·帕特森等著,李庆余译《美国外交政策》(上册)第110页,中国社会科学出版社,1989年。
② [美]迈克尔·韩德著,项立岭、林勇军译《中美特殊关系的形成——1914年前的美国与中国》第7页,复旦大学出版社,1993年。

美国政府同中国建立关系,"以期获得目前一时尚难预测的利益"。① 从1805年开始,一直到1834年英国东印度公司对华贸易垄断权废除时为止,土耳其鸦片输往中国基本上为美国商人所垄断,据英国东印度公司委员会1817年10月的一份函件中记载,1816年运到黄埔的土耳其鸦片有500担,"我们相信土耳其鸦片从未输入澳门,而是由美国人或其他人等运来黄埔。就美国人从事这项贸易来说,它显然供应了他们一笔有利的资金汇款,以进行他们在此地的出口贸易"。② 从1817年开始,美国商人又贩运波斯鸦片,波斯鸦片成本低,获利比土耳其鸦片高出达1/4。除直接运销鸦片外,美商还经常地主要为英国商人代客销售和运输,从印度向中国运输和销售鸦片,在代销中获得佣金、红利和极高的运费。由于鸦片贸易比合法贸易容易经营,并有望获得肯定的高额利润,因此在鸦片战争前几乎所有在华的美国商人都参与了鸦片走私。虽然遭到清政府的多次查禁,英美鸦片贩子仍改进各种方式进行冒险走私。鸦片走私的据点几易其地,先在澳门或广州的黄埔港,又移到珠江口外的伶仃洋,停泊在洋面上的"趸船",就是活动的鸦片仓库。美国商人的鸦片走私规模越来越大,1827—1830年间,鸦片贸易已经占到美国对华贸易总额的九分之一。③ 如此的贸易利润,除极少数人(如奥立芬等)外,在华的美商大都趋之若鹜,"鸦片被试着沿东部海岸进行贩卖,获得极大成功,以至于几乎没有其他东西可以值得贩卖的了"。④ 到1840年之前,美商在广州承揽代销、或美国船贩运到华的鸦片,数量与每年走私到中国的鸦片总数相比,比例虽然不过十分之一左右,⑤但美国鸦片贩子从罪恶的鸦片贸易中获得丰硕的利润和暴利。尽管相对于英国输华鸦片总数的比例较小,但美、英两国商人时常勾结贩卖鸦片,甚至有美商用他们性能优良的飞剪船帮助英国人代运代销鸦

---

① [美]罗伯特·拉特兰《詹姆斯·麦迪逊文集——总统卷》(第1卷,英文版)第247页,弗吉尼亚,1985年。

② [美]马士著,区宗华译《东印度公司对华贸易编年史1635—1834》(第3卷)第320—321页,中山大学出版社,1991年。

③ H. B. Morse, The Chronicles of the East India Company Trading to China, 1635-1834, Vol. IV, Oxford University Press, 1926, p. 384.

④ Samuel Wells Williams, *The Middle Kingdom*(卫三畏《中国总论》), Vol. I, New York & Landon: Wiley and Putnam, 1848, p. 395.

⑤ [美]泰勒·丹涅特著,姚曾廙译《美国人在东亚——十九世纪美国对中国、日本和朝鲜政策的批判的研究》第103页,商务印书馆,1959年。

片,以此获利甚丰,从而导致鸦片流毒蔓延,加上一些大清官员腐败,严重干扰了中国政府的禁烟措施。19世纪20年代前,中美贸易一般都是美国入超,但1821年后中国入超日益严重,1821年至1830年,中国入超为1721多万美元,1831年至1840年增加到4847多万美元;美国输华的硬币,后10年反比前10年减少80%。① 可见,美国扭转对华贸易逆差主要是靠走私鸦片的利润来获得的,从而解决了他们长期以来无法解决的贸易平衡问题。这种影响已经超过鸦片本身的危害,而危及中美两国的正常关系了。

更严重的是,随着美国国力的增加和海外扩张野心的膨胀,美国政府顺从一些无视中国法律和国际关系准则的不法商人的"压力",追随英国的侵华政策,在1840—1842年鸦片战争中向广州当局和清政府提出了美国的最惠国待遇和治外法权等不合理要求,直到1844年《望厦条约》的签订,早期中美之间的平等互利关系至此走向终结。

二、美国早期对华外交权益的诉求

从独立革命的胜利,到1815年欧洲拿破仑战争结束与维也纳会议召开,美国才逐步摆脱了欧洲外交的困境。早在殖民地时期,13个殖民地就多次卷入英国和其他欧洲列强之间的战争。为了争夺海外殖民地和海上霸权,英国将北美大陆带入了四次欧洲列强间的战争,即奥格斯堡同盟战争(1687—1697)、西班牙王位继承战争(1701—1713)、奥地利王位继承战争(1740—1748)和英法七年战争(1756—1763)。立国之初,美国虽然确立了不与任何欧洲强国结盟的设想,但很难凭借实力维护自己的利益,所面临的外部形势仍不乐观,如果处理不当,欧洲的战火有可能烧到北美大陆,当时美国的北面是英属殖民地加拿大,西班牙还占据圣路易斯安那和佛罗里达,法国占领着加勒比海周边地区。

但是,谋事在人。就地理位置而言,美国远离欧洲,与欧洲之间隔着广阔的大西洋,这为立国之初的美国推行中立的外交政策提供了得天独厚的条件,同时,现实主义的考虑也促使美国高层选择了和平中立的国策。华

---

① 乔明顺《1840年以前中美关系述略》,载《中美关系史论文集》(第2辑)第7页,重庆出版社,1988年。

盛顿在任期间的最大功绩是为美国大船的前进掌握了正确的航向:他坚定地支持建立一个强有力的行政部门,支持汉密尔顿的财政方案,并毅然坚持和平中立的对外政策,以巩固和稳定年轻的国家。华盛顿以坚定不移的勇气领导了这个国家度过了一个最困难的时期,避免了因法国大革命而引起的内部分裂和外部战争。① 1796 年,华盛顿总统在引退的《告别演说词》中重申:希望美国人民珍视刚刚建立起来的美利坚合众国,尊重宪法和法律,强调这个新兴国家应当维护自己独特的优势,避免订立任何长期的结盟,尤其是不要介入欧洲的冲突,因为那种结盟将会限制美国对外贸易中在利益方面的选择,将美国拖入与之距离遥远的冲突之中,"我们要对所有国家遵守信约,主持正义,同所有国家一起促进和平与和睦。……如果我们能够成为一个总是遵奉崇高的正义和仁爱精神的民族,为人类树立高尚而崭新的典范,那我们便不愧为一个自由的、开明的,而且会在不久的将来变得伟大的国家",因此,"我们处理外国事务的重要原则是,在与它们发展商务关系时,尽量避免涉及政治。我们必须忠实履行已订立的条约,但条约以此为限,不再增加"。始自首任总统华盛顿的外交中立政策和不介入欧洲事务的原则,不仅成为新生美国确立对外政策的基本方针,而且长期以来被奉为美国外交政策的圭臬,极为深远地影响了美国未来的外交行为。19 世纪初,法国拿破仑上台,欧洲战事更趋激烈,交战国双方实施了更加严密的海上封锁。随着英国在海上缉拿美国商船行动的升级,美国的中立地位无法得到保障。1807 年,美国几乎被拖入拿破仑战争,为此当时的杰弗逊总统再次确认了华盛顿反对卷入欧洲纷争的中立政策,直到1815 年维也纳会议的召开。②

其实,1776—1815 年间实行的以中立为主的外交政策,是与美国的国力尚弱密切相关的。中立主义的现实态度只是立国之后的美国对当时所处的外部环境所做出的一种必然反应。与欧洲列强相比,美国实力相当弱小,一旦介入欧洲战事,将会给新兴的国家带来不可预知的风险和危害。但是,在美国的立国信念中,有一种强烈的民族优越感,这种优越感来源于美国人所信奉的清教思想,它与自由主义的意识形态掺杂在一起,使美国人不仅在地理上,而且更在意识上把北美视为与欧洲完全不同的新大陆,

---

① 罗荣渠《美国历史通论》(罗荣渠文集之五)第 84 页,商务印书馆,2009 年。
② 周琪《意识形态与美国外交》第 176 页,上海人民出版社,2006 年。

由此也就有了新世界和旧世界之分。在早期逃离欧洲来到美国的移民看来,欧洲的政治充满了暴政、腐败和堕落,而新大陆则代表了自由、平等和光明。① 正如美国公理会神学家、牧师乔纳森·爱德华兹所言:"上帝已经给予了旧世界罪孽深重的人们以机会,但他们失败了。欧洲是如此罪孽深重,以至于上帝适时地打开了新世界之门,以便为他的杰作有一个更为适宜的安置。"②同样,当时美国的革命宣传家和激进的自由主义者托马斯·潘恩(Thomas Paine,1737—1809)在其《常识》一书中不仅有力论证了北美殖民地从大英帝国独立出来的必要性,美国的独立是一个新世界的开端,而且为《独立宣言》奠定了美国立国的理论基础,即美国将新世界与旧世界区分开来,并被赋予重新改造整个世界的使命。所以,在立国之初,美国的立国之父们是期望通过美国的民主实验来改造整个世界的,而当前,要挽救颓废的欧洲世界,是可以通过完善自己,而不是对外干预、直接介入其他国家的事务来完成,"它(美国)不会到海外去寻找和消灭恶魔"③[美国第二任总统约翰·昆西·亚当斯(John Quincy Adams,1735—1826)语],但是,"(美国)注定要成为全新的和珍贵的典范,并改变全球人类的状况"④(美国第三任总统杰斐逊语)。

19世纪的美国取得了较快发展,国力不断增强,工业发展令人瞩目,在世界经济中所占地位逐渐上升。1820年,美国的工业总产值占全世界的6%。1860年,工业总产值所占比例增加到15%,达18.85亿美元,居世界第四位,仅次于英法德三国。到19世纪下半叶,美国已经完成了工业化。⑤ 随着自身实力的增长,美国也同欧洲列强一样走上了扩张领土的道路。19世纪可谓美国领土扩张的世纪,也引发了美国历史上有名的移民潮。据统计,从1820年到1880年,共有11637834人迁移到了美国。从来源看,他们来自不同地区,其中9805505人来自欧洲,占移民总数的80%以

---

① 《意识形态与美国外交》第177页。
② Loren Baritz,*City on a Hill*,*A History of Ideas and Myths in America*,New York,London and Sydney:John Wiley & Sons,Inc.,1964,p. 64.
③ Arthur M. Schlesinger,Jr.,*The Cycle of American History*,Boston:Houghton Mifflin Company,1986,p. 53.
④ Loren Baritz,*City on a Hill*,*A History of Ideas and Myths in America*,New York,London and Sydney:John Wiley & Sons,Inc.,1964,p. 98.
⑤ 顾学稼等《美国史纲要》第132页,四川大学出版社,1992年。

上,而来自亚洲的则有 281665 人。① 这样,美国逐渐摆脱介入欧洲事务的中立主义的胜利,到了 19 世纪 20 年代,"门罗主义"将这种中立政策推进一步,即美国不轻易介入欧洲争端的同时,也不允许欧洲干预美洲的事务。1823 年 10 月 2 日,美国的资产阶级民主派和第 5 任总统詹姆斯·门罗(James Monroe,1758—1831)致国会的国情咨文中明确提出了"门罗宣言",它用"美洲体系原则""互不干涉原则"和"非殖民原则",宣告"美洲是美洲人的美洲",而在实质上是排斥欧洲列强在美洲的殖民扩张,为美国未来的扩张预留下空间。世界历史已经证明,拿破仑战争后,欧洲正统主义秩序的恢复和拉美各共和国的建立,使欧美两个地区形成了鲜明的对比:欧洲是典型的君主制体系,而美洲则是以共和制为主体的体系。② 这样的体系对立,激发了美国新世界对旧世界代表之英国的抗斥心理,"我们是它们(指拉丁美洲)伟大的榜样,它们经常把我们当作拥有同样出身的兄弟一般谈及。……在关于西班牙美洲殖民地独立的问题上,美国有着最大的兴趣"③。门罗宣言不仅成为此后美国对拉丁美洲政策的政治基础,而且为美国的大陆扩张提供了合法性的理论保证。随着国力的不断增长,美国政府根据现实的需要,又不断赋予门罗主义以新的含义,包括海外扩张和殖民活动的框架。

其实,早在 19 世纪初,美国的大陆扩张就已经悄然进行了。所谓大陆扩张,是指美国远远超出独立时的疆界,把它的疆界从北美大陆东端推进到大陆两端的领土扩张运动。在殖民地时代,英属北美的 13 块殖民地的疆域只限于大西洋沿岸的一个狭长条地带,面积不足 40 万平方英里。革命胜利后,阿巴拉契亚山脉以西的广大土地转归美国所有,西部边界延伸到密西西比河,而南北两端的疆界没有变动,但面积增至近 90 万平方英里,这相对于当时英、法、德、意、西五国疆域的总和,成为美国历史上向西扩张的序幕。在 19 世纪上半叶,美国先后有五次向西部扩张的大浪潮,即 1803 年,从法国拿破仑政府手中以 1500 万美元购买而获得 82.8 万平方英里领土的路易斯安那地区(平均每英亩仅为 3 美分);1810—1819 年,先占领了西班牙属地西佛罗里达,后以 500 万美元购买了东佛罗里达;到 1845

---

① 邓蜀生《美国历史与美国人》第 191 页,人民出版社,1993 年。
② 杨生茂《美国外交政策史,1775—1989》第 76 页,人民出版社,1991 年。
③ Dexter Perkins, *A History of the Monroe Doctrine*, Boston and Toronto: Little, Brown and Company, 1963, p. 3.

年,终于将墨西哥的得克萨斯并入美国版图,成为联邦的第28个州;1818—1846年,从英属加拿大获得俄勒冈地区;1846—1848年,入侵墨西哥,并战胜墨西哥,占领了新墨西哥和加利福尼亚大片地区。到19世纪50年代初,美国在北美大陆上连成一片的领土扩张宣告结束。在近半个世纪中,美国从一个民族国家变成了一个新帝国,这在世界历史上确实是罕见的现象。

美国大陆版图不断的扩大,工业革命带来的国力日益增强,反过来加强了美国"天定命运"等意识形态的说服力。"天定命运"起源于清教思想和"天赋人权"自由观,成为美国最初的扩张主义外交活动的新论调:"上帝曾把我们的先辈当作旧世界的选民,引导他们离开故土,把他们安置在一片到处充满圣洁的所需物质和舒适条件的土地上。在我国的幼年时期,上帝曾以他的神意保佑我们,当我们逐步走向成熟时,他又赋予我们智慧和力量。"①在美国人看来,落后的民族是不能自治的,因此需要美国人来帮助治理和改造他们,美国的对外扩张便是美利坚这个优等民族对于落后民族的拯救,通过这种方式可以改造整个世界,"(美国)把人民、民主、政府为民谋取幸福的责任与西进之路是通往幸福、自由和独立之道路的梦想全部联结在一起"②。可见,美国人不仅视大陆扩张是上帝的意旨、美国的责任,更将其后的海外扩张视为当然之举,是美国人改造世界、贡献人类的壮举。实际上,美国在大陆扩张的同时,或者说大陆扩张的必然结果之一,海外扩张已在微弱地进行中了,虽然没有国家或政府名义的直接海外行动,但美国的商人和新教传教士已经先行一步了。随着大陆疆域向太平洋沿岸的延伸,泛舟太平洋而至东方的视野已经打开,以"中国皇后"号商船来到广州为契机,中美的直接贸易关系开始了,并由此开始了中美之间的文化交流。1807年,英国新教传教士马礼逊借道纽约到达广州,也极大地引发了美国人走出国门远赴华夏的愿望。只不过,鸦片战争前,这种愿望是充满着平等、友善的贸易关系和文化交流的心态。从19世纪40年代开始,美国的工业革命迅猛发展,国内统一市场逐步形成,社会生产力进一步解放,但从经济角度而言,此时期的美国对欧洲的依附性还很强,"美国

---

① 《第三任总统第二次就职演说》,转引自常冬为编《美国档案——影响一个国家命运的文字》第171页,中国城市出版社,1998年。
② [美]詹姆斯·罗伯逊《美国的记忆》,转引自常冬为编《美国档案——影响一个国家命运的文字》第36页。

的经济发展本身就是欧洲特别是英国大工业的产物,目前(1866年)的美国,仍然应当看作是欧洲的殖民地"①。而到 90 年代后,美国完成了工业化进程,其经济实力超过了欧洲列强,跃居世界首位。科技进步,带动生产力的大幅度提高、经济的飞速增长和国力的增强,使得美国急需寻找海外商品和资本市场,获取更多的原材料。同时,19 世纪末经济危机的出现和欧洲正在形成的两大军事集团,冲击了维也纳秩序并逐渐使之瓦解,都迫使美国更加紧迫地采取行动获取新的、更多的海外市场。此外,酝酿其间的美国"海权学说"也为美国的海外扩张起了推波助澜的作用。"海权学说"是由美国海军官员、历史学家阿尔弗雷德·塞耶·马汉(Alfred Thayer Mahan)提出的。在美国海军服役期间曾深入研究海军史,先后著有《海权对历史的影响,1660—1783》(1890)、《海权对法国革命和帝国的影响,1793—1812》(1892)和《美国在海权上的利益:现在和未来》(1897)等,认为美国要取得和其他国家平起平坐的地位,必须扩大其过时的商业船队,在海外获取海军基地,建造一支强大的海军,并在海外开拓市场。马汉的海权论对世界各国的海权和海上防务政策具有深远的影响,对美国摆脱孤立主义的传统政策更是意义重大。1898 年,美国在美西战争中的胜利标志着美国开始了对外政策的新方向,美国正式走出美洲,走上世界舞台,开始参与世界事务。20 世纪初的西奥多·罗斯福政府更加积极参与海外事务,美国的海外扩张进入新的历史时期。② 可知,中美早期的友好贸易关系和平等文化交流的模式是不可能长久地延续下去的,它必然会随着中美两国的综合国力和国际地位的变化而变化,正如斯大林在《论辩证唯物主义与历史唯物主义》一书中首次明确提出的观点:"一切以时间、地点、条件为转移的。"③这是斯大林对马克思主义唯物辩证法关于联系和发展观点的这个基本命题的丰富和发展,有助于引导人们运用辩证法去观察现实的社会生活,正确认识到世界上一切事物和现象是不存在什么不可动摇的、绝对的东西,随着时间的推移和空间的变迁,事物及其现象的特征也会发生改变。美国的发展史就非常经典地证明了这个论点的正确性。

鸦片战争前,美国对华外交祈求的内容和步骤正是上述原理的历史再

---

① 《马克思恩格斯全集》(第 23 卷)第 495 页,人民出版社,1972 年。
② 周琪《意识形态与美国外交》第 199、204 页,上海人民出版社,2006 年。
③ 陈荷清《一切以条件、地点和时间为转移:学习斯大林哲学思想笔记》,载《哲学研究》1979 年第 12 期,第 2 页。

现。自1784年"中国皇后"号来华之后,中国就逐渐进入了美国的外交视野,扩大对华贸易成为当时美国政府与晚清中国发展早期外交关系的一项主要任务,于是,美国单方面的派遣驻华领事的外交活动开始了。1786年1月,"中国皇后"号商务总管山茂召被任命为美驻广州领事。山茂召,这位战争时期的军官,和平时期的商人,他以极好的天资、一流的博识和对穷人的捐助,赢得了无数朋友的尊敬和社会各界的高度评价。[①] 他在美国驻华首任领事职位上,一任就是5年。1790年3月28日,山茂召登上"马萨诸塞"号,开始了第3次航行广州。1793年2月是山茂召第4次东方之旅。11月2日,山茂召一行从孟买到达了广州,途中染上肝病。1794年3月17日乘坐"华盛顿"号回美国。病情恶化使他终于客死返航途中,终年39岁零6个月。然而,这位驻华的首任领事,事实上只是美国商人在广州的代理人,替到中国的美商销购货物、收取佣金,没有任何法律意义上的外交权利,即没有国际法上两国外交人员那样的政治权力。就中国方面而言,美国领事和其他国家的领事一样,清政府都不承认其外交官的身份,他们只能以美商首领的资格与行商周旋,而且还无权从美商处搜集商务情报。从美国方面来说,邦联政府的法律规定,任何领事都无与所在国政府交涉的权力,山茂召被委以领事,实际上是酬偿他在独立战争中曾任少校的一个荣誉职,当时的美国外交秘书约翰·杰伊在给他的委任信中就明确地说过:这个职务既无薪金,又无津贴,只不过是对他信任和尊重的象征。所以,从1808年到1814年,美国没有领事派驻广州,而到1824年为止,美国派驻广州的领事全是由商人兼任,这些商人不领薪金,每年的办公费不超过500元,不太像样的领事馆中也少有中文翻译人员,在华的美国人当中通中国语言的人极少,更是忙于经商而不能去搜集有关情报,很少向美国国务院汇报贸易情况。到1840年,美国驻广州的领事先后更换了6个,而国务院也从未向广州领事下达任何训令,任其自便。[②] 因此,确切地说,早期中美交往60年(1784—1844)间,美国派往中国的商人领事从来没有起到过外交官的作用,而且美国方面就没有向中国派驻过真正的外交官。这样的邦交情形,主要与美国的国内外政治、经济状况密切相关。当时美国

[①] 黄丹彤《"中国皇后"扬帆中美贸易处女航》,《广州日报》2003年8月14日。
[②] 乔明顺《中美关系第一页:1844〈望厦条约〉签订的前前后后》第15页,社会科学文献出版社,1991年。

尚缺乏向东方发展的海军力量,并与英国有若干纠纷亟待解决,而且又瞩目于大陆扩张,因此对远东及中国问题便漠然处之,没有致力于突破清政府的闭关政策,同中国建立正式的外交关系。而中国是个少与欧美国家有外交关系和接触的文明古国,到了晚清,它高度的文化和无求于外国的自然经济,使它历来对外以"天朝""上国"自居,视外国为"藩邦",称外人为"外夷",从来不承认外国和自己有平等的外交关系,所以一贯否认外国驻广州领事的外交官地位,不和他们发生直接关系。马士(荷西·巴卢·莫尔斯,Hosea Ballou Morse,或译摩尔斯,1855—1934)在其著《中华帝国对外关系史》中记载:"美国商人初到中国时,清政府对外贸易口岸仅限于广州一地,对外国人、外国船和对外贸易的管理有种种章程加以限制,并且不时增订,如兵船须停江外,不得进入虎门;外国妇女不得带入商馆;不得携带武器进入商馆;行商不得向外国人欠债;外商不得雇佣中国仆役;外国人不得乘轿;外国人不得在江中划船;洋商不得呈递禀帖,如有陈述须经由行商转呈;洋人必须有行商作保,并由行商约束其行为;在规定季节以后,外国人不得逗留广州,必须回国或往澳门居住,等等。"①而外商们集居的广州十三个商馆,虽然为外国来宾、帝国客人备有华丽的设备,但是它们实际上成了镀金的鸟笼。② 种种外贸的限制,使得入华外商的人数有限,1832年侨居广州外国人有165人,1838年有307人,其中1832年英国有88人,属于10家公司,1838年有158人,属于31家公司,而1832年美国人约有20人,属于7家公司,1838年人数有44人,属于9家公司,其他国家的人就更少。③ 美侨在华的规模不大和来华相对较迟,使得美商在华行为比较良好。美商按照国际法惯例,力求得到中国政府的保护,1805年,美国领事和其他美国商人曾向广东巡抚递交的文件,明显地表达了对中国政府权威性的承认:"美国公民观光广州,从事正常买卖,已历多年,自从交往以来,深知检点,恪遵帝国法律、习惯以及国际公法;因其经商老实,举止和顺,是以在贵国臣民和美国公民之间,和谐、信任和善意谅解得以保持,因而商业

---

① [美]马士著,张汇文等译《中华帝国对外关系史》第一卷(第四章《广州商馆和公行》之"限制外商自由的章程")第76页,上海书店出版社,2005年。
② 《中华帝国对外关系史》第一卷(第四章《广州商馆和公行》之"广州商馆的生活")第78页。
③ 《中华帝国对外关系史》第一卷(第四章《广州商馆和公行》之"广州商馆的生活")第79页。

规模日益扩充,发展日益迅速,双方彼此获益,互有体面。……根据全体文明国家自古以来的成法和旧例,凡在一个主权独立帝国的领土和辖境以内的友好外国人,其身体和财产一律托庇于该政府的特殊保护之下,倘使该外国人等或其所隶国家的旗帜受到任何暴行或侮辱,理应视为对暴行所在地政府的冒渎行为。"①而这份文件所包含的内容也成为早期中美外交的一般准则。除了将自己与不受中国人喜欢的英国人区分开来,又能够投"中国官吏对金钱的喜好"之所好,在广州的美商就显得比其他国家的商人更加"恪守"中国规章,所以在 1817 年,美商赢得两广总督蒋攸铦(1766—1830)"最为恭顺"的评语。"今米利坚国奥地夷船所带烟坭未敢进口,自因例禁甚严。然其停泊外洋,谓非心存希冀,仍图来粤销售。殊难深信,特检查粤海关夷船号簿,从无澳地名目,是初次来粤。未悉例禁一节尚属确鉴。且近来,贸易夷船除英吉利之外,凡吕宋、贺兰、瑞国等船或一年来二三支,或间岁不来。惟米利坚货船较多,亦最为恭顺。该夷并无国主,止有头人,系部落中公举。数人拈阄,轮充四年一换。贸易事务仍听个人自行出本经营,亦非头人主持差派。此次奥地携带鸦片致,被戕多命,虽取祸有由,第究系初次来广,不谙例禁;而被枪赃银,尚未全行起获。重洋远涉,人财两空。原情亦稍堪怜悯,是以臣仍量加赏恤。并将天朝法度森严此案。李奉广等非应捕官人,又讹抢银两,严拿抵赏。若该夷竟敢夹带鸦片入口,被官人搜捕,即有杀伤,亦不究抵,尚当治该夷等违禁之罪。即奥地一船既兴贩鸦片,此后亦永不准再来。饬令通事传齐奥地并该国在奥贸易夷人,严切晓谕。俾各自感畏,以仰副圣主怀柔外夷,德威兼施之,至意其奥地船支现已放洋回国。合并附片陈明。谨奏,嘉庆二十二年六月初六日。"②这份奏折,可以看作是中国对美国国家介绍的早期重要文献之一。两广总督蒋攸铦不仅对美国奥地商船遭受海盗抢劫杀人给予抚恤,而且没有严查该商船夹带鸦片的事件,足显当时来华经商的美商在中国人心目中的美好印象,尽管蒋攸铦后来受到军机处的严厉指责③,但没有人会去深究美商的不良活动。美商鉴于当时美国政府无力保护他们在海外的利益,只好遵循中国相关的律令,以免被中止贸易或被逐出,他们多数在澳

---

① [美]泰勒·丹涅特著,姚曾廙译《美国人在东亚——十九世纪美国对中国、日本和朝鲜政策的批判的研究》第 73 页,商务印书馆,1959 年。
② 故宫博物院辑《清代外交史料(嘉庆朝)》(全)第 685 页,台北:成文出版社,1968 年。
③ 《清代外交史料(嘉庆朝)》(全)第 688 页。

门逗留,清政府颁布的对广州夷商的管制条例与他们关系不大。但是,这些"恭顺"行为,并非是美国商人素质较佳的表现,更多的是在等待机会。美商无时无刻不在做着冲破入华限制的努力,因为对华贸易总是有利可图的。1790年,中国出口到美的商品总值占美国进口货总值的1/7;1792年,美国对华贸易额已经超过荷兰、法国和丹麦等国,仅次于英国;而到了1803年,美国对华贸易的总值超过了欧洲大陆诸国的总和;到19世纪上半期,美国对华贸易额仅次于对英国、法国和古巴的贸易,居第四位。据统计,到达广州的美国商船,1790年为14艘,1805年增为34艘,1810年为37艘,以后每年来华的船只多少不等,在1815—1839年间少则18艘,多则229艘。① 其间,美国航运资本家的对华贸易不仅是靠输出美国商品,而更重要的是靠用欧亚等洲某些特产与中国特产进行交换,进行一定的垄断贸易,攫取相当高的垄断利润,如后来成为大银行家的美商斯蒂芬·吉拉德在1813年从广州运回一船茶、丝和土布,就净赚了六七十万。② 而且,"资本主义生产离开对外贸易是根本不行的"③,特别是对于从事航运和外贸的新兴美国的资本家来说,摆脱英法等国的经济封锁和海外贸易限制,与中国直接通商是最好的解决方法。费城和纽约的商业资本家开启了直接与华贸易的滥觞。以宾夕法尼亚州的首富罗伯特·莫瑞斯为首的巨商大贾,购买了360吨位的"中国皇后"号,聘请山茂召少校为商务总管,载运新英格兰所产的40吨人参、毛皮、羽纱和铅等商品,于1784年2月22日自纽约启碇,绕过非洲好望角,于8月28日驶抵广州。首航中国的成功,为美国资本家展示了赢利的方向,而对华贸易的不断扩大,为美国的资本原始积累起到了重要的作用。随着商业资本和工业资本的不断增大,美国的金融财阀也大量涌现出来,在商业资本家集中的马萨诸塞州,形成了波士顿财团,到19世纪40年代,这个财团曾控制了全国20%的纱锭,马州30%的铁路,39%的保险资金和40%的银行资本。它不仅操纵着马州的政治与

---

① 乔明顺《中美关系第一页:1844年〈望厦条约〉签订的前前后后》第3页,社会科学文献出版社,1991年。

② Gustvae Myers, *History of the Great American Fortunes*(哥思塔瓦斯·迈尔斯《美国大财阀史》),New York,1936,p.77.

③ 马克思《资本论》第2卷,《马克思恩格斯全集》(第24卷)第528页,人民出版社,1975年。

经济,而且对联邦政府也有一定的影响。①

由于晚清的对外贸易秉承1792年乾隆皇帝致英王乔治三世函中所述"天朝物产丰盈,无所不有,原不籍外夷货物以通有无"②的原则,在早期的中美贸易上,美国经常处于入超的地位,如美国输出到这个商品的总值1795年为1023242元,1840年为1009966元,而这两个年份美国自华输入的商品总值则分别为1144163元和6640829元。③ 这种情况不久有了转变。自1827年英国东印度公司允许美商贩卖印度鸦片起,特别是1833年这个公司对华贸易的垄断权被取消以后,大多数美商便把贩卖鸦片和为英商运输印度鸦片,作为对华贸易的主要内容了,这样,美国对华贸易的逆差则从鸦片走私中得到弥补,却给中华民族带来了无穷的灾祸。

美国国内经济的壮大,内在地鼓励着政治与外交政策的调整,而建立正式外交关系是推动中美贸易更大发展的重要保证。但1840年前,驻华领事的权限很小和无所作为,以及美国政府一直以来对华外交的漠视,引起了美商的责难。1815年,广州的美商以丹尼尔·斯坦斯伯格为首,为加强广州领事的作用,曾联名致函总统麦迪逊,申述广州领事没有和中国政府进行交涉的权力,也不能维护美侨的权益,要求委任专任领事,每年付薪金3000元,并购置领事馆一所。但意见书到了华盛顿后被搁置,始终没有答复。④ 这也许是美国人对华外交权益诉求的初因。

鸦片战争前,清廷对禁烟辩论和其后钦差大臣林则徐赴粤禁烟,给了美国对华外交权益诉求更好的机会。从18世纪开始,清政府便诏令禁烟,但外国鸦片贩子与一些清廷文武官员勾结起来违禁走私,使鸦片进口有增无减,造成了中国白银外流,国库日虚,官场腐败,军纪不整,民不聊生,鸦片加速了清王朝统治的危机。1839年6月,历时23天的虎门销烟,在林则徐的指挥下,向全世界宣告了中华民族决不屈服于侵略的决心。虎门销烟,是人类历史上旷古未有的壮举,是抗击外来侵略的一场伟大胜利。禁烟打击了美国的

---

① 乔明顺《中美关系第一页:1844年〈望厦条约〉签订的前前后后》第9页,社会科学文献出版社,1991年。

② 梁廷枏《粤海关志》(卷33)第7页,粤东省城龙藏街业文堂承刊,台北:文海出版社,1975年。

③ J. W. Caruthers, *American Pacific Ocean Trade*(J. W. 卡罗瑟斯《美国太平洋贸易》), New York, 1973, p. 90.

④ 乔明顺《中美关系第一页:1844年〈望厦条约〉签订的前前后后》第15页,社会科学文献出版社,1991年。

鸦片贩子,使他们原形毕露了。美商上书美国国会,要求政府派使来华,与清政府交涉,置美国人和对华贸易于有利地位,特别是反对林则徐收缴鸦片和拒绝具结的美国领事士那,也因自己处于无权代表政府的地位,更是急切请求国务卿委派公使来华,以解决美商所面临的种种困难。所有这些喧嚣尘上的与华外交话语,集中体现在广州美商的集体请愿书和美商巨头之一的吉迪恩·奈(Gideon Nye)呈给国会的信中。请愿书和信的内容,成为美国近代对华外交诉求的内容,构成了美国19世纪前半期对华政策的框架。

1834年12月9日,广州64位英商曾经上书英王威廉四世,要求授权给一位有适当官阶、思虑周到和富于外交经验的全权公使,偕同一支适度的、但有充分规模的武装力量,直接北上去与中国清政府交涉,一旦有事,用这一支武装力量便可以轻而易举地封闭中国全部沿海贸易,"不但不至于惹起很严重的战事,反而是能够避免这样一次冲突危机的最稳妥办法",同时要求中国开辟广州以外更多通商口岸,而且"凡是人所公知曾经同广州贸易有过关系的人,都不应该派为英国的使节,因为这种做法已经受到中国当局方面的轻侮和伤害,这位使节应拒绝和任何非帝国内阁特派的人员交接"。这份上书,遭到了当时英商总监督的德庇时[Sir John Francis Davis,曾为第二任香港总督(1844—1848)]的沉默政策的阻碍,他认为"它(这份上书)是一件浅薄和未考虑成熟的呈文"①,与英国国内新政策的制定者相对立。5年后,英国政府开始了它对华新政策的推行——鸦片战争,"贸易既不再是一批商人的垄断利益,现在已经成为女王陛下政府直接保护和监督之下的事,因此本政府认为它本身有责任保证女王陛下臣民的船舶和人身,得享受适当的保护,而免于损害或凌辱,如同在世界所有各地的情形一样"②。这份英商上书的内容和精神,为美商请求美国政府扩张在华权益方面提供了样本。

1839年5月25日,广州美商联名向国会呈递申请书,请求政府遣使来华,改进所谓与华关系,要求派遣适当的舰队到中国保护美国人的生命和财产,希望美国联合英、法、荷等国或其中任何一国,迫使中国和美国建立"安全""公正"的商业关系,并派遣商务代表来华谈判商约:准许外国使节

---

① [美]马士著,张汇文等译《中华帝国对外关系史》(第一卷)第166页,上海书店出版社,2005年。

② 《中华帝国对外关系史》(第一卷)第177页。

驻扎北京,享有正常的外交权力;公布固定的税则;设立关栈,并制定转口规章;外商能够到广州之外的另一港口或更多港口通商;中国赔偿外商在这次停止合法贸易时遭受的损失,并保证今后不再有类似事件发生;在中国法律未曾颁布或未被外国人承认之前,如华人被外国人侵害,罪犯所受的惩处,不应重于英美法律的规定,而侵害者未被准确证实有罪时,中国政府不得惩处。① 这份申请书,还得到了当时颇有影响的对华美商吉迪恩·奈的支持,吉迪恩·奈也致信国会,详陈美国派大使驻北京的时机已经到来,希望政府即日采取行动。② 但当时中美之间通信不便,广州美商的申请书于1840年1月9日才径由马萨诸塞州的众议员博特·劳伦斯转交国会,国会便开始了对中国问题的讨论。国会认为,美国与中国的直接谈判商约的条件还不成熟,但可派遣舰队停泊中国海面保护美国贸易,舰队司令既不与清政府谈判,也避免卷入中英纠纷之中,特别不可与英国结盟,必须保持自己独立的对华外交,"我们的唯一目的是把我们的贸易置于与其他国家平等的基础之上,我们不能受到蔑视。我们的政策不是在英国的掩护下或者通过与它合作的方式进行活动,而是根据本国利益和我们的政策原则,而采取独立行动"。这种对华外交政策是符合当时美国的实际国情的。到19世纪40年代,美国尚没有完成工业革命,它还致力于大陆西部的开拓,没有积极向海外发展的要求,也不具备海外扩张的实力,更不愿卷入欧洲的纠纷,和英国发生瓜葛。所以,在中国问题上,它不计划在英国的带动下,对中国发动攻势,但也不甘心自己的贸易受到歧视,希望与别的国家处于平等地位,实现利益均沾。③

历史已经证明,美商的申请书和信函,涉及中美的政治、经济、外交、司法等关系的诸多方面,成为19世纪前半期美国对华诉求的重要内容,而扬言组织联合舰队,对中国进行的威胁、恫吓,是美国具备强大海军力量以前所惯用的侵华手段,却有力地促成了各项诉求的逐步得逞。借助英国在鸦片战争中胜利的余威,美国对华政策迅速转变。1842年12月,美国第10任总统约翰·泰勒(John Tyler,1790—1862。总统任期1841—1845)在其国情咨文中宣布,美国对华政策是要从中国获得同英国在华利益"平等"

---

① 乔明顺《中美关系第一页:1844年〈望厦条约〉签订的前前后后》第26页,社会科学文献出版社,1991年。
② 《中美关系第一页:1844年〈望厦条约〉签订的前前后后》第27页。
③ 《中美关系第一页:1844年〈望厦条约〉签订的前前后后》第30—31页。

地位,随后派遣参议院外交委员会委员卡莱布·顾盛为来华签约专使。1844年《望厦条约》签订,该条约以中英《南京条约》为蓝本,共34款,主要规定美国可以在广州、厦门、福州、宁波、上海等五个口岸通商,故又称《中美五口贸易章程》,但条约不仅使美国在通商方面取得了最惠国待遇,还为美国争得了"关税协议"与"领事裁判权"这两个特权。《望厦条约》是中美第一个不平等条约,是比中英《南京条约》更细致更完备的不平等条约,连美国学者也认为这个条约是侵略性的条约,"美国在望厦条约中第一次显现了帝国主义的色彩"①。可见,中美两国正式的外交关系是以美国对中国的侵略与强加不平等条约开始的。而公使入驻北京等外交诉求,也最终在1858年中美《天津条约》中得以实现。

  无可讳言,美国早期对华外交权利的诉求和海外扩张,与美国基督教海外传播的历史潮流密不可分的。正是在基督新教"天定命运"使命观的自我激励下,美国人的扩张主义和宗教热情都被进一步地激发了。大陆与海外的扩张,同新教的传播同步而生,进一步强化了美国人尤其是清教徒们的美国例外论和"天定命运"的宗教意识,使基督教新教深入人心,深入到美国的公众生活之中。美国人相信自己就是上帝的独特选民,肩负着上帝在美国建立民主体制和将基督福音传播到全世界去的神圣使命,"传播基督教义是美国的责任,而且每当这一想法来临前,总有一种神奇的力量抓住我。作为上帝最伟大的使者,美国在此关键时期,正在从事上帝赋予我们的使命"。② 随着独立战争及立国后国家的不断发展,"天定命运"理论表面化为美国人持有的一种在道德上和意识形态上高人一等的姿态,承担起教化次等民族的崇高事业。这就为美国的对外扩张披上了"神圣"的外衣,以至于鸦片战争前美国国内有尾随英国在华扩张的主张时,其基督教领袖阿伯特(Abbott)也直言不讳地辩称:"有人认为我们无权进入未开化民族的土地,并且干涉他们的生活,也有人认为他们已经习惯了那种野蛮的生活,并且有权保持他们现有的生活方式。我不承认一个野蛮的民族在当今世界上有保留自己领地的权利,我愿意重申我的观点:野蛮不能享受被文明尊重的权利,文明人虽然应该尊重野蛮人很多权利,但对他们保

---

① 王东、闫知航《让历史昭示未来——中美关系史纲》第9页,东方出版中心,2006年。
② 杨生茂、刘绪贻《美国内战与镀金时代》第323页,人民出版社,1990年。

持野蛮生活的权利,则没有尊重的必要。"①19世纪美国的对外扩张史,就是美国人的上述宗教民族主义心态的最明确的展现。它将建设新世界与新社会的世俗的民族主义理想和基督救赎人类的宗教信仰结合在一起,构成了美国独特的国家文化,对人类文明的发展产生了巨大的世界性影响。

三、宗教热情和美国传教士来华潮流

随着美国对华贸易的不断发展,中美之间不仅发生了事实上的外交关系,而且还促进了宗教和文化上的关系。从美国早期的对华贸易中可以看出,美国开展对华关系是出于商业利润,而不是领土扩张和殖民剥削,它主要是为了打破英国垄断大西洋贸易给美国商业造成危害而采取的开辟东方贸易的举措之一。美国是当时中国茶叶、棉布等商品的市场,美国及西方国家的对华贸易客观上刺激了中国东南沿海的茶叶、生丝和丝绸业的发展。撇开美国的商业资产阶级唯利是图的本性,却不能忽视在资本主义条件下开展国际贸易的历史作用。美国对华贸易,不仅开启了中美关系的第一页,而且显示了中美两种制度、两种文明和两个民族精神的差异。在早期中美关系的形成中,美国始终是主动的一方,美国的主动性和创造力,与晚清中国的保守性和被动性形成了鲜明的对比。这种对比,固然是由两国在宗教和文化方面的内在规定性所表现的,其中美国的宗教信仰之虔诚和"基督教征服中国"之狂热,发挥着潜移默化的甚至是决定性的作用。

众所周知,美国的历史和文明是从殖民地开始的。自由的土地、外来的移民,这两种基本要素的紧密结合,在北美殖民地上诞生了延续至今的清教主义和自由主义的两大思潮,成为美利坚民族和美国人意识形态的主流。其中,美国例外论在很大程度上是"美国本身的清教本源"的结果。② 清教或清教主义(Puritanism)是欧洲基督教宗教改革时代后期,在英国出现的一支新教教派。早在11世纪时,基督教发生了第一次大分裂,罗马天主教统治西欧,东正教统治东欧。到16世纪时,罗马天主教内部又发生了宗教改革运动(The Reformation)。主张改革的各教派脱离罗马天

---

① 周琪《"美国例外论"与美国外交政策传统》,载《中国社会科学》2000年第6期,第30页。
② Thomas B. Byer, *A City upon a Hill, American Literature and the Ideology of Exceptionalism*, in Dale Carter, ed., *Marks of Distinction, American Exceptionalism Revisited*, Aarthurs, Denmark: Aarhus University Press, 2001, p.52.

主教廷而创立新教。新教主要有六大支:一是路德宗(Lutheran Church),又称信义宗,是对以马丁·路德的宗教思想为依据的各教会的统称,先出现于德国,后来主要传布于德国北部和北欧各国,18世纪随着德国移民传入美国,鸦片战争后传入中国。二是加尔文宗(Calvinists),又称长老宗、归正宗,是以加尔文的宗教思想为依据的各教会的统称,先产生于瑞士,后来逐渐传布到荷兰、法国、英国、东南欧国家和北美等地,鸦片战争后传入中国。三是安立甘宗(Anglican Communion),亦称圣公宗,先产生于英国,成为英国国教,逐步传到北美、亚洲、非洲和大洋洲各国,19世纪后传入中国,1949年以前一直是中国基督教(新教)的重要宗派。四是卫斯理宗(Wesleyans),又称循道宗,是以该宗创始人英国约翰·卫斯理宗教思想为依据的各教会统称,先产生于英国,分布于英、美、加拿大等国,鸦片战争后传入中国,称美以美会或监理会。五是公理宗(Congregationalists),先产生于英国,17世纪传入北美,在英语国家影响较大,19世纪初传入中国。六是浸礼宗(Baptists),17世纪初产生于英国和流亡于荷兰的英国人当中,在英国和美国的影响较大,鸦片战争后传入中国,从美国南方传来中国的教会称作浸信会。其中,最初在英国,天主教徒把新教徒统称为清教徒,后来,新教内部又把激进派称为清教徒。① 而在中国史学界,通常认为"传入英国的加尔文教成为清教,信仰加尔文教的英国人成为清教徒"②。

这场宗教改革运动是西欧资产阶级在宗教外衣掩饰下发动的反对封建统治和罗马教会的一场资产阶级性质的政治改革。一般认为宗教改革始于1517年马丁·路德提出九十五条论纲,结束于1648年的威斯特法伦和约。宗教改革是一种基督教神学解放运动,也是一种思想解放运动,同时伴随着尖锐的政治斗争,它打击了天主教会的神权统治,有利于民族国家的资本主义经济的发展。但这场宗教改革也不很彻底。英国国王亨利八世(1509—1547)原是反对马丁路德和基督新教的,后为要与王后凯瑟琳(Catherine)离婚而受拒于罗马皇帝,因此在1534年与更正教合并并共同通过"最高治权法案"(Act of Supremacy),宣布创立英国国教(Anglican Church),又称圣公会,与罗马旧教的教义仪式并无二致,只是英国国王代

---

① [英]L. J. 特林泰鲁德《伊丽莎白时代的清教——新教思想丛书》(英文版)第9页,纽约、牛津,1971年。
② 王荣堂《世界近代史》(上)(高等学校文科教材)第27页,吉林人民出版社,1984年。

替罗马教皇成为政教权威而已。英国国教的旧教色彩浓厚,引起了教会内部部分虔诚信徒的不满,从16世纪60年代开始,教会内部部分虔诚信徒要求清除国教中的天主教残余因素。这些人就被称为清教徒。"清教徒"(Puritans)源于拉丁文Purus,意为"清洁"。他们的主张被称为"清教",在教义上主要受加尔文宗的影响。要求在信仰上只以新约圣经为准则,而非以教会或所谓传统制度作为信徒应当遵奉的权威,特别强调教会必须是具备圣经所示条件的真宗教和圣洁无疵的真教会。清教是一个广泛的、不确定的名称,包括许多不同集团和派别,但它们有一个共同特征,即提出了和英国国教不同的新的教义、仪式和组织原则。16世纪末,清教各集团中形成了两个主要派别,温和派(长老派,Presbyterian)和激进派(独立派,Independents)。前者代表资产阶级和新贵族上层的利益,主张建立一个隶属于国家的长老制教会组织,代表人物为T.卡特赖特;后者代表中等资产阶级和新贵族的利益,认为每个教区应独立自主,反对国家教会的原则,代表人物为R.布朗。清教运动受到了欲要恢复旧教的英国国王查理一世的镇压而转入低潮,但在斯图亚特王朝时期再次兴起。清教徒不仅在宗教会议和教会活动中批判主教制政府,还在议会内外积极进行反对专制王权的宣传鼓动工作,为英国资产阶级革命作了充分的思想和舆论准备。英国资产阶级革命的领袖均为清教徒。1640—1649年爆发内战,史称"清教徒改革",长老派曾控制政权,但极力与国王妥协。1649年共和国成立后,以奥利弗·克伦威尔(Oliver Cromwell,1599—1658)为首的独立派掌握政权,转向镇压平等派和掘土派的激进运动。17世纪后半期,清教已分裂成许多宗派,作为一个政治团体的清教基本上已不存在。1688年"光荣革命"后,议会通过《宽容法》,允许不信奉国教的新教徒建立自己的教会,但对清教徒担任公职仍有所限制,到1828年政权才对清教徒完全开放。清教徒因反对英国王室的宗教专制和经济压榨,屡遭镇压迫害,于是一部分逃往北美避难。在斯图亚特王朝复辟时期,又有许多清教徒被迫泛海到达美洲。尽管如此,包括清教在内的新教思想为欧洲新兴的资产阶级提供了精神武器,在新教流行的地区,资本主义的发展都比天主教流行的地区更早,英属北美殖民地也不例外。从实质上讲,英国在北美的拓殖活动并非完全是封建主义式的,商业资本主义式的经济也在形成,而且越发成为主要方式。英属北美殖民地的建立过程与英国国内资本主义的成长壮大几乎是同步进行的,这就使得美国立国之后的资本主义发展非常迅速,"移民始祖们在北美大陆沿岸搭起来的这一狭长的历史舞台,它不是一些孤立的、闭关自守的殖民地,而是通过海上联系把整个大西洋世界连成一体:东北地区与欧洲相连,东南地区与非洲西海岸接通,南部与西印度群岛往来频繁,从而构成了近代欧洲资本主义兴起时代的最早的世界贸易区。这样,北美殖民地人民事实上很早就卷入了大西洋贸易体系,参与了大西洋上的贸易。……商业公司的企业精神、富裕的冒险家的野心、宗教自由追求者的梦想,三者结合在一起,构成早期北美殖民地的拓殖精神"①。

近代西方基督教会在经历宗教改革后出现了很大变化,"一方面是基督教的理性化、社会化及与自然科学的调和,另一方面是基督教与殖民主义的结合和旨在重整基督教的福音复兴(或称灵性复兴)运动的兴起"②。作为基督教派别之一的新教是西方近代化的促进因素之一,其本身也构成了近代西方文化的一部分。新教不仅对英属北美殖民地的建立起过重要作用,更对17世纪以后英国、北美殖民地(以至美国)的政治、经济、思想、文化、宗教等各方面也产生了深远影响。欧洲人移殖到北美大陆之后,欧洲文化和美洲新环境的结合,在物质生产方式、社会政治、思想宗教意识等方面都会有别于欧洲。从意识形态的角度上来讲,美洲的发现和被征服的历史运动就是一个带有强烈的宗教色彩的运动。逃避宗教迫害是早期北美移民运动的主要原因之一。随着移民源源不断地移入,几乎所有的基督教教派都先后传到了北美,同时也将在欧洲闹得不可开交的宗教争端搬到了北美大陆。但对殖民地人民的思想和文化生活影响最大的还是清教。清教的反对国教、高利贷的精神,克勤克俭的精神,崇尚实践的进取精神,在自由劳动基础上的禁欲主义,追求知识,重视教育等,不仅符合新兴市民阶级的要求,而且在北美大陆的新环境中找到了自己滋长的最合适的土壤,成为向上奋斗的小商人、自耕农、企业家在新环境中与大自然搏斗的有力的精神武器。1620年,102名清教徒组成的移民队伍在清教改革家威廉·布雷福德(William Bradford)的率领下,经荷兰乘坐著名的"五月花"号船抵达北美,在普利茅斯建立了第一块殖民地。他们是英国第一批新大陆的清教徒移民,是未来150年后美国大多数居民的祖先。他们在旅途中集体签署了著名的《五月花公约》,共同约定要在所到之地点建立自治的

---

① 罗荣渠《美国历史通论》(罗荣渠文集之五)第30页,商务印书馆,2009年。
② 王立新《美国传教士与晚清中国现代化》第1页,天津人民出版社,1997年。

政治实体,"建立适合殖民地公共利益的公正而平等的法律和条令规章"。《五月花公约》成为《独立宣言》的蓝图。而西方著名的感恩节也正是这批清教徒为感谢当初慷慨解囊的印第安人才专门设立的。1630年,在因信仰而被剥夺公职的约翰·温思罗普(John Winthrop)率领下,一支由1500人组成的大规模移民团体在今天的马萨诸塞安营扎寨,建立了严格按照清教戒律衡量人们行为的社会。清教徒在(新英格兰地区)马萨诸塞海湾建立了自己最早的基地,想在美洲创建"圣徒的圣城"。这个清教徒的独立王国实质上是政教合一的自治政权,这个殖民地也变成了所有英属北美殖民地中最具有政教自由的地方,移民增加很快,商业兴旺,首府费城一直是殖民地中思想进步开明的中心城市。① 据不完全统计,自1630年至1640年间,逃往国外的清教徒约6万人,其中相当一部分人不畏艰险,漂洋过海,移居仍是一片荒凉的北美大陆,陆续在新英格兰等地建立殖民地。随着时间的推移,到1775年独立战争爆发时,13个殖民地的260多万居民中,至少有75%的人是在清教家庭中长大的。② 清教徒由于人数众多,受教育程度高,具有宗教凝聚力,对殖民地的发展产生了巨大影响,并逐步成为美国主流文化族群。也是从此开始,白人清教徒一直是构成美国文化、思想和宗教信仰的主体,在美国他们被称为 WASPs,即白种(White)、盎格鲁—撒克逊人(Anglo-Saxon)、清教徒(Protestant)。

清教主义向新教徒们和北美殖民地居民灌输了"山巅之城"的美国例外论:"作为清教徒,他们富有特殊的精神和政治使命,当他们改造自己时,他们也将在新世界建造一个向欧洲所有国家提供样板的教堂和社会。新世界是上帝为堕落的人性提供的最后的和最佳的机会。……美国人和美国是特殊的和例外的,因为他们负有拯救世界的责任,同时,美国和美国人必须维持对这一例外命运的精神、政治和道德上的高度责任,必须向世人显示美国是一座山巅之城。"③而清教徒们津津乐道的关于人类堕落的理论、关于罪恶的理论、关于人类得救的理论、上帝选民论、天定命运论、宗教皈依论等,使他们在最初的北美殖民地上,关注更多的不是这些新教神学本身,而是神学在日常生活中的应用,尤其是在社会上的实践,他们所关心的是如何在北美社会实

---

① 罗荣渠《美国历史通论》(罗荣渠文集之五)第42页,商务印书馆,2009年。
② Reichley A. J., *Religion in American public life*, Washington D. C. : Brookings Institution Press, 1985, p. 53.
③ Deborah L. Madsen, *American Exceptionalism*, Edinburgh: Edinburgh University Press, 1998, p. 9.

践在英国教堂中被解释为真理的东西,如何把它们付诸实施。① 这就导致了清教主义的例外论的更加自由化、世俗化的演进:"因此站在上帝和我们之间的是事业。为了这一事业我们同上帝达成了契约……现在如果上帝愉快地倾听我们的声音,并把我们和平地带领到我们所期待的和平的地方,那他就批准了这一契约,也批准了对我们的委任状,并将期待严格执行包含在契约中的条款。"②北美殖民地的移民多为清教徒,从一开始就按照新教理论建立起自治性质的政体,只要是清教徒,都享有选举权,对公共事务拥有发言权,还逐渐有每年定期选举殖民地的官员,甚至起草殖民地基本法的权利。相对于西班牙属美洲殖民地而言,这里的清教徒在政治、经济和宗教上都享有较大的自由和自治权利,正如经济学鼻祖亚当·斯密(Adam Smith,1723—1790)在其 1776 年出版的名著《国富论》中所言:"英属殖民地的人民……在一切方面,他们的自由,都和他们国内同胞的自由相等,而且同样有人民代表议会来保证这自由,人民代表议会,独享有权利课税以维持殖民地政府……在现今的变乱开始之前,殖民地议会不仅有立法权,而且有一部分的行政权。在康涅狄格及罗得岛,总督亦由议会选举。在其他殖民地上,议会规定的赋税,由议会直接派员出去征收,征税员对议会直接负责。所以,人民在英属殖民地,就比在母国更为平等了。他们更有民主共和精神,其政府,尤其是新英格兰那三个政府,一向更有民主共和精神。"③

然而,对于英属北美殖民地命运的宗教性看法,是困扰着清教徒的一个难题。清教主义的有些教义和清规戒律成为以追逐高额利润为本质的资本主义的道德束缚,但它也包含着符合北美资本主义发展需求的精神。随着自然神论在北美的传播,清教开始与理性主义相结合,其中本杰明·富兰克林作为伟大的清教道德哲学家、卓越成就的科学家和勤俭致富的商人,三位一体,从他的身上可以看到清教精神和资本主义精神是并行而不悖的。④ 但是这样的发展态势,受到了宗主国英国的殖民剥削和阻碍。1607 年 5 月,三只小船把第一批英格兰移民运抵弗吉尼亚詹姆斯河口附

---

① [美]丹尼尔·布尔斯廷《美国人:开拓历程》第 5 页,生活·读书·新知三联书店,1993 年。
② Thomas B. Byer, *A City upon a Hill*, *American Literature and the Ideology of Exceptionalism*, Aarthurs, Denmark: Aarhus University Press, 2001, p. 52.
③ [英]亚当·斯密著,郭大力、王亚南译《国民财富的性质和原因的研究》(下卷)第 156 页,商务印书馆,1979 年。
④ 罗荣渠《美国历史通论》(罗荣渠文集之五)第 43 页,商务印书馆,2009 年。

近地区,在那里建立起第一个居民地,这是英国建立北美殖民地的纪元。此后历时100多年的时间,经过几次大的殖民浪潮,英国沿北美东海岸先后建立了13块殖民地(第一块殖民地是弗吉尼亚,1732年建立最后一块殖民地佐治亚)。这种海外殖民活动,是一种赤裸裸的掠夺,对土地、人口和资源的掠夺,对英王而言是坐享其成而不承担任何风险的赚钱买卖。只要得到英王的批准,取得特许状的个人和团体,就能合法地到北美从事殖民活动,并只要把从新发现地区获取的金银的1/5奉献给英王,就可以取得在新土地上分配土地、开矿、铸钱、组织殖民地防务、司法管辖等特权。英国资产阶级革命后,加强了对北美殖民地的控制,在管理方式上将大多数殖民地逐步改为英王直辖的王室殖民地。到18世纪中期,英国王室任命殖民地的总督、任命经总督推荐的参事会成员,但殖民地的议会却是民选的。参事会和议会后来演变成美国议会的上下两院(参议院和众议院)制度。虽然相对于西属美洲殖民地而言,英属殖民地从一开始在政治、经济和宗教上都享有较大的自由和自治权利,但这些权利还是有限的,限于英国王室的权力框架之内。最初的北美殖民地只是一些人口不多的居民点,也并非所有的成年居民都有选举权,只有拥有土地和一定财产的纳税人才有政治权利,广大的妇女、贫民、白人契约佣工、黑人和印第安人都被剥夺了政治权利,自然形成了一个少数人的统治阶级,南部的种植园主,宾夕法尼亚教友会的商人和地主,纽约的业主、富商和船主,新英格兰的传教士、律师和商人等,组成所谓的"天生的贵族"。在北美殖民地,没有赐封的世袭贵族,但事实上仍是一种贵族政治而非真正的平民政治,更确切地说,是包含着许多民主因素的贵族政治。[①] 而英国对殖民地的经济政策是以当时风行的重商主义理论为基础,在对外贸易、航运业和殖民地的垄断基础上,强迫殖民地生产宗主国所需要的各种原料和从事转运贸易的商品,并购买宗主国输出的各种商品,把殖民地完全变成宗主国资本主义的附庸。这些经济政策使得北美殖民地出现了两种截然不同的资本主义生产类型:一种是南部的种植园商品经济,一种是北部的商业资本主义经济。两种经济模式,虽然带给了英国资本主义在全球范围的迅猛发展,也给北美殖民地的经济成长带来了明显的商业成分和潜在的发展趋势,特别是殖民地内部贸易和殖民地之间贸易的发展,成为北美殖民地资本主义的基

---

① 《美国历史通论》(罗荣渠文集之五)第34页。

石。但是北美殖民地的更大发展,对宗主国是一个威胁,也是不可容忍的,特别是英国利益不仅在于其在大西洋贸易垄断体系的巩固,也在于其海上霸权地位的稳固,处于法国和西班牙两大殖民势力挟持形势下的英国的13块北美殖民地对英国具有举足轻重的战略地位。17世纪末以来,英法在北美大陆争夺霸权的战争,终于以1756—1763年7年战争中英国的胜利而结束,英国不仅将法国逐出北美大陆,取得加拿大等地,还随后从西班牙手中夺取了佛罗里达。这样的殖民战争,为北美殖民地与宗主国英国的决裂提供了历史性契机。1775—1783年的美国革命是一场北美殖民地人民反对宗主国英国殖民统治的独立战争,也是世界近代史上的第一次殖民地独立战争。美国革命的基本原因是经济的,是英国加强宗主国的商业资本主义与日益成长的北美殖民地商业资本主义之间的矛盾激化的产物。但革命的表现形式却是政治的,是北美殖民地新兴的商业资产阶级和种植园主为主体的殖民地人民为争取政治权利和民主制度的斗争,进而演变成脱离宗主国而成为独立的主权国家的斗争,"我们认为这些真理是不言而喻的:所有的人生而平等,造物主赋予他们若干不可剥夺的权利,其中包括生命权、自由权和对幸福的追求的权利。为了保障这些权利,人们才在他们之间建立政府,而政府的正当权利是来自被统治者的同意;任何形式的政府,当它对于这些目的有损害时,人民就有权利改变或废除它,以建立一个新的政府,而新政府所依据的原则和用以组织取权利的方式,必须使人民认为这样才最可能获得其安全和幸福"。1776年的《独立宣言》(*Declaration of Independence*)是美国的第一部自由宪章,是富于革命性的,迄今对美国人民都具有特殊的意义。美国人每年在7月4日独立日的无数个集会上吟诵它,世世代代的在校儿童背诵它,各政党成员都引用它,法官在裁决中经常取证于它。经过8年的艰苦斗争,1783年9月3日英国与北美签订《巴黎和约》,美国赢得了独立。美国的独立战争是反对近代英国新兴资产阶级殖民压迫的带有资产阶级革命性质的殖民地独立战争,也具有鲜明的民族解放的性质,它不仅"给欧洲中产阶级敲响了警钟"[①]——法国大革命在某种意义上也是用美国革命的思想,于1789年从砸开巴士底狱的大门而开始的——而且给世界其他殖民地国家的独立战争树立了

[①] 马克思《资本论》(第一版)序言,载《马克思恩格斯全集》第23卷第1页,人民出版社,1975年。

光辉的榜样,加速了殖民体系的瓦解。

美国立国,其实也是美洲第一个基督教国家的立国。这证明了基督教信仰的历史价值和长久影响。虽然19世纪时基督教不是美国的国教,但基督教是被大多数美国人所信仰的,是能够把各教派统一起来的宗教。① 基督教在美国可谓源远流长,北美殖民地的第一批定居者就是基督教新教徒;在美国独立战争期间,基督教更是为北美人民反抗英国的殖民统治、争取美利坚民族的自由与独立提供了道义上的支持:"革命在上帝看来是天经地义的。"②作为新兴的基督教民族国家,上帝已然成为美国人的信仰和美利坚民族的价值尺度。1789年美国第一任总统华盛顿在其就职演说中就指出:"上帝统摄宇宙万物,主宰各国的治国大政,其神圣援助将可以弥补人类的所有缺失。"到1945年,即使最强调世俗权利的罗斯福总统在第四次就职演说中也把上帝置于美国事业的首位:"全能上帝……赋予我们的国家一直信仰,在一个苦难深重的世界里,这种信仰已成为各国人民的希望。"美国基督新教徒更是把一切都归于上帝。③ 而美国革命的过程和胜利,也就是清教主义在北美殖民地的世俗化过程和胜利。清教主义必须进一步自由化和世俗化,才能在新大陆上掌握更多的群众,才能为美国立国之后的发展提供更大的精神和物质力量。我们知道,宗教是社会文化价值观的重要源泉之一,它对人类生活的意义具有深远的心理导向作用,正如举世闻名的德裔美国科学家、现代物理学的开创者和奠基人爱因斯坦(Albert Einstein,1879—1955)所言:"仅凭知识和技巧并不能给人类的生活带来幸福和尊严。人类完全有理由把高尚的道德标准和价值的赞颂置于客观真理的发现者之上。在我看来,释迦牟尼、摩西和耶稣对人类所做的贡献远远超过那些才智之士所取得的一切成果。如果人类要保持自己的尊严,要维护生存的安全以及生活的乐趣,那就应该竭尽全力地保卫这些圣人所给予我们的一切,并使之发扬光大。"④在美国的殖民地时期,"清教徒的政治观念和道德观念在美国国民特征的发展过程中一直是

---

① 董小川《美国政教分离制度的历史思考》,载《历史研究》1998年第4期。
② 杨虹《美国宗教文化的多样性探析》,载《云南民族学院学报》(哲社科版)2001年第1期。
③ 董小川《上帝——体悟美国文化的钥匙》,载《东北师大学报》(哲社科版)2001年第5期,第53页。
④ 孙雄《当代基督教与科学关系的新变化》,载《世界宗教文化》1995年第2期,第15页。

一个强大的力量"①。作为美国文化的一个独特源头,清教主义深刻地影响了美国社会,奠定了美国文化的基石,铸就了美利坚民族的灵魂,"没有对美国清教思想的了解,就不可能理解美国社会"②。和天主教一样,清教的终极关怀是彼世。但在对待现世的看法上,两者却截然不同。天主教推崇"出世"修行的灵魂拯救方式,清教的主张则带有明显的"入世"特征。它主张信徒在追求永恒的彼世时不必也无法回避现世,不但视现世为通向彼世的重要桥梁,而且强调现世在教徒个人救赎过程中的功能与作用,突出以现世的实践追求彼世的理想的教义。对于信奉新教的清教徒来说,在另一个世界的拯救在很大程度上取决于个人改变现世世界的成功程度。从信仰的角度看,这种价值取向的转向使清教徒摆脱了传统信条的束缚,把他们从支撑自己的神圣理想与世俗物质世界之间的矛盾中解放出来,从而将关注的焦点从天上转移到人间,从务虚的精神活动向务实的现实生活转变。③ 因此,清教主义的核心思想之一的美国例外论,就在不断的世俗化过程中与广大的殖民地民众的宗教与文化结合起来,形成了以清教徒为主体的美国人民的宗教行为规范要素,对促进北美殖民地社会的世俗化进程,勾勒出美国国家未来追求的目标产生了积极的影响。革命宣传家潘恩在其小册子《常识》中号召大众支持美国的独立:"美国人有没有对其母国欠了感情债? 没有,因为'这个新世界曾经成为欧洲各地受迫害的酷爱公民自由与宗教自由的人士的庇护所。他们逃到这里来,并不是要离开母亲的抚慰,而是要避开吃人怪兽的虐待'。我们'有各种机会和各方面的鼓励来建立世界上最高尚、最纯净的整体。我们有能力开始重新建设世界'。"④

  美国的独立和资本主义的迅速发展,又反过来为美国例外论的使命观提供了历史的佐证和发展的动力。独立后的美国民主制度为欧洲提供了一个政治典范,使欧洲人看到了一种理想的新政府形式和一种不同的生活

---

① [美]查尔斯·爱德华·梅里亚姆著,朱曾汶译《美国政治学说史》第3页,商务印书馆,1988年。
② Bass H. J., George A. B., Emma J. L.: *Our American heritage*, Morristown: Silver Burdett Company, 1978, p.40.
③ 闵丽《论基督新教伦理的思想实质》,载《四川大学学报》(哲学社会科学版)2007年第4期,第89页。
④ [美]托马斯·潘恩著,马清槐等译《潘恩选集》第22、57页,商务印书馆,1989年。

观念的实现,"美国的独立如果不曾伴随着一场对政府的原则和实践的革命,而单从它偏离英国这一点来考虑,那就是微不足道了。美国不仅为自己,而且也为全世界赢得了立足点,并且将目光射向自己所获得的利益的范围之外"①。这样,远渡重洋来到北美的清教知识分子祖先所期待的完善的基督教会和宽容的宗教信仰自由,却在他们后裔知识分子的革命性斗争中变成了世俗的政治体制,特别是民主体制的完善。一个独立的、崭新的美国,将宗教和政治如此紧密结合,成为美国最重要的独特性之一,"在法国,我看到宗教精神与自由精神几乎总是背道而驰的;而在美国,我却发现两者是紧密结合,共同统治着国家"②。正是这样的特殊的政治实践和基督教的使命感,形成了美国人独特的自我意识:美国人是上帝的特殊选民,特殊选民必定有特殊的使命。本杰明·富兰克林(Benjamin Franklin)在论述清教徒和美国的使命时,认为美国将继续受到其他国家的评判,美国对于这些国家来说仍然是一个典型、指南和尺度。美国人是人的不可剥夺的权利的保护者,这体现在美国宪法中。美国不仅是国家的典范,而且将是世界的保护者,控制着其他国家的行为,代表了拯救世界的最后的和最佳的机会。③ 在富兰克林看来,美国人接受了进入蛮荒之地的使命,在那里建造一座宏伟的和被纯化的教堂,聚集在那里的是上帝所选择的看得见的圣人,他们等待着光荣时刻的来临。美国的使命就是建立一个世俗的国家,这个国家里没有欧洲的腐败政治和世袭制度的社会结构。事实也是这样,独立后的美国是一个不受欧洲历史阻碍,不背负复杂的阶级制度和遗产结构负担的新国家,"旧世界的一切政府如此根深蒂固,暴政与世俗如此制服人心,以致无从在亚洲、非洲或欧洲着手改革人类的政治条件。对自由的迫害遍及全球;理想被视为叛逆;而屈服于恐惧的心灵已经使得人们不敢思考"④。与欧洲相比,美国不仅有更多的自由和更完善的民主,而且美国人相信,在美国的领土上没有出现暴君、卖国贼的危险,也不会有其他时代有过的使自由人受害的、无意义的战争。⑤ 对此,美国人也自诩独

---

① 《潘恩选集》第226页。
② [法]托克维尔著,董果良译《论美国的民主》(上卷)第32页,商务印书馆,1988年。
③ Deborah L. Madsen, *American Exceptionalism*, Edinburgh: Edinburgh University Press, 1998, p. 37.
④ [美]托马斯·潘恩著,马清槐等译《潘恩选集》第225页,商务印书馆,1989年。
⑤ [美]迈克尔·H.亨特著,褚律元译《意识形态与美国外交政策》第35页,世界知识出版社,1999年。

立革命是人类历史上最伟大的政治事件,美国将会成为全球的民主斗士和政治价值的保护人。这样的政治话语曾在美国国会大厅里、在公众集会上回响过无数遍:"世界上被压迫的民族照我们的方式去做,方能享受我们所享受的自由与快乐。"①

我们知道,美国是西方发达国家中最宗教化的国家,"山巅之城"是美利坚民族认同的核心。基督新教的拓殖精神和美国的民主思想结合起来,在美国历史上曾发生过四次"大觉醒运动"(The Great Awakening),分别是第一次大觉醒运动(1730—1740)、第二次大觉醒运动(1800—1830)、第三次大觉醒运动(1880—1900)、第四次大觉醒运动(1960—1970)。大觉醒运动亦被视为美国的宗教复兴,延续基督新教精神的宗教改革。其中,前两次发生在美国独立之前和之后,对美国的思想、观念以至社会生活曾产生重大影响,亦确定了美国的宗教传统文化。自"五月花"号客轮载着英国的第一批清教徒移民到达北美开始,深受加尔文主义影响的"被选民族"的思想和"拯救灵魂"的使命感就随着北美大陆的开发得到了进一步的加强。但是,新教在北美殖民地时期的发展并非一帆风顺。伴随着北美殖民地的社会进步以及新的世界观与认识论的逐渐形成,本质为加尔文主义的清教思想体系不断面临危机:"'第一次大觉醒'开始于18世纪30年代,历时半个世纪,席卷了13个殖民地。当时随着持有各种信仰的新移民源源不断地涌向北美各地,新的城镇不断出现,北美大陆的经济和商业得到了迅速的发展,加之欧洲兴起的启蒙运动提倡的理性主义和各种科学和哲学理论也传到这里,这些都导致民众宗教热情的衰落。新教的正统性受到怀疑,北美面临着'第一次重要的跨殖民地的心灵和精神危机'。"②为了确保新教的宗教统治地位,一些宗教保守分子和虔诚之士发起了一场旨在反对形式主义、强调心灵皈依的第一次宗教大觉醒运动。第一次宗教大觉醒运动是北美殖民地的新教复兴运动,以奋兴传道方式来激发信徒的宗教情感。由于该运动强调宗教感情和个人对上帝的爱,大大促进了宗教生活的自由化、个人化和民主化,着重强调个人的悔改重生,倡导严格的道德和敬虔的生活,所以被认为是17—18世纪初德国虔敬派和英国福音奋兴派在北美的回音。发起人为到北美传道的荷兰归正教会牧师富瑞林怀森。

---

① 《潘恩选集》第107页。
② 孙有中《殊途同归:"启蒙"与"大觉醒"》,载《美国研究》1997年第4期,第113页。

1740年9月,英国圣公会牧师乔治·怀特菲尔德(George Whitefield)的巡游布道活动拉开了这次宗教运动的序幕,作为美国清教传统核心的虔敬主义也随之兴起,并为曾经塑造了新英格兰公理会信徒精神生活的加尔文派信仰注入了新的推动力。大觉醒运动背后的情感能量在大规模的宗教奋兴运动中被点燃,如野火般蔓延于北美殖民地的城镇和村庄之间。① 促成这次运动发生和发展的关键人物之一和主要领导人是公理会牧师、神学家乔纳森·爱德华兹(Jonathan Edwards,1703—1758)。爱德华兹毕业于耶鲁学院,任南安普敦教会牧师,后深入蛮荒向印第安人宣教。晚年出任新泽西大学(即普林斯顿大学)校长。爱德华兹提出的诸如"上帝主权、人类自由意志、罪恶、宗教皈依、真实德性、救赎历史和千禧年论"等教义思想无疑是美国新教理论的源泉。在第一次大觉醒运动中,新教牧师巡回布道,打通了各殖民地之间的藩篱,促进了宗教向边区的发展和宗教宽容精神。这场复兴横扫北美殖民地,有利于思想统一、文化沟通和民族融合,不仅为此后美国的独立战争奠定了基础,而且把信徒们的注意力导向通过信仰体验获得精神救赎的重要性,它还在许多人心中激起了向他人传播这一神圣体验的愿望,"在大觉醒运动之后的那段时间里,人们不再局限于探求救赎问题——他们不仅要做主的荣耀的接受者,还要努力做它的传播者"②。第一次大觉醒运动中广大民众所表现出来的高涨的宗教热情,使美国的基督教徒相信他们注定要在为实现"后千禧年"(Postmillennialist)的宏图而奋斗的这个伟大的事业中扮演非同凡响的角色,而上帝将要通过他最年轻、最精练的子民国(美国)来拯救世界。③ 特别是对经历了独立革命和战争胜利洗礼的美国人民而言,爱德华兹关于新大陆人民独特使命的观念变得更加可信和鼓舞人心了。而爱德华兹最有名的弟子塞缪尔·霍普金斯(Samuel Hopkins,1721—1803)更将基督福音精神和美国传播福音使命变成一个全面的行动构架,成为美国第二次新教大觉醒运动的重要推动者。霍普金斯认为:"新约预言,基督教的精神必将传播到地球的每一个角落,

---

① [美]雷孜智著,尹文涓译《千禧年的感召——美国第一位来华新教传教士裨治文传》第14页,广西师范大学出版社,2008年。
② 埃德温·高斯塔德《大觉醒运动》(Edwin Scott Gaustad, *The Great Awakening*),转引自《爱德华兹选集四卷本》(*The Works of President Edwards in Four Volumes*),New York,1843,p. 105.
③ William R. Hutchison, *Errand to the World:American Protestant Thought and Foreign Missions*(威廉·哈奇森《世界的使命:美国新教思想与海外传教》),Chicago:University of Chicago Press,1987,p. 41.

届时所有的民族都将成为耶稣的子民,耶稣及其信徒将成为地球的主宰,所有的民族都信仰基督,遵从基督。"①并将未来世界描绘成一个和谐友爱的新纪元:"那时,世界将充满和平、仁爱和诚挚的友谊,一切战争及纷争都将停止,取而代之的是友爱与仁慈。人类终将克服本性中那些导致一切纷争的自私自利的欲求,转而追求宁和、温良而宽宏的无私仁爱和神圣智慧。……全世界的人们将联合成一个大家庭,本着最完美最恒久的信念,互助互爱,互惠互利。"②而且,他坚信人类知识的拓展,不仅会为物质繁荣和精神复兴奠定坚实的基础,更会因为知识爆炸给世界带来最令人向往的好处,即"所有与《圣经》显而易见的真理相冲突的错误"都将得到最终解决,从而全人类终将在宗教理解上达成共识:"理性和知识的高度发展,人们届时将能更好地认识上帝所启示的伟大真理和信条,认识到那些真理和信条之间的联系、它们的完美和重要之处,它们必将被所有的人认识及信奉。人们将在共同的信仰和共同的认识之下联合起来,将世界共同构建成一个幸福、友爱的基督徒大联盟,人们彼此真心相爱、坦诚相待。"③从这些观点出发,霍普金斯将他的基督使命发展成为一种神学理念,即"无私的仁爱"(disinterested benevolence)。"无私的仁爱"被视为霍普金斯所推崇的"调和的加尔文主义"的精髓,它代表了美国宗教思想的重大转折,为第二次大觉醒运动奠定了基调:"霍普金斯逐步将'上帝的荣耀'的观念发展为'无私的仁爱',在'无私的仁爱'中,他糅合了人类作为上帝的助手的概念。……敬慕上帝的荣耀和无私地爱上帝,均要求世人绝对地服从上帝的意愿;蒙上帝悦纳和服从上帝的最好方式是为他服务,从而创造最高的利益,而为个人带来最少的荣誉和好处——这就是参与和支持传教事业。"④其实,这是一种比较激进的福音主义。第二次大觉醒运动发生在世纪之交,注重"拯救灵魂",认为"进入基督徒生活的正常方式是一种有意识的,并

---

① Samuel Hopkins, *Treatise on the Millennium*, ([美]塞缪尔·霍普金斯《论千禧年》) Boston: Isaiah Thomas and Ebenezer T. Andrews, 1793; Repr., New York: Arno Press, 1972, p. 25.
② *Treatise on the Millennium*, pp. 59-60.
③ *Treatise on the Millennium*, p. 65.
④ R. Pierce Beaver, *Missionary Motivation Through Three Centuries*(皮尔斯·比弗《传教思想在近三世纪中的发展》),转引自 Jerald C. Brauer, ed., *Reinterpretation in American Church History*(《美国教会史的再度诠释》),Chicago: The University of Chicago Press, 1968, p. 121.

常常是感情上的皈依"。① 这样,就使得基督教新教具有很强的传播性,使传教士具有了很强的传播欲望,信仰基督的人们视基督教为西方进步的源泉和重要部分,往往把传播福音作为自己人生在世的使命,在所谓上帝的召唤下,要到世界各地与不信教的世人分享上帝的恩惠。这种思想成为19世纪美国新教海外传教运动发生和发展的重要推动力。

霍普金斯派(后来人们对霍普金斯追随者的统称)在基督新教信众中展示了前所未有的美国的民族使命观,获得重生的信众更加深信上帝赋予他们选民身份的特别恩典,更加热衷于表达他们的宗教使命和热忱。为使新教向域外传播获得充足的国内舆论力量的支持,霍普金斯派一步步地将福音海外传播的伟大事业日程化。1799年,麻省传教会(Massachusetts Missionary Society)建立,又于1803年赞助创办了《麻省传教杂志》(Massachusetts Missionary Magazine)。1808年,《麻省传教杂志》与哈佛神学院保守派宗教领袖耶迪蒂·摩尔斯创办于1805年的《教士报》(Panoplist)合并,更名为《教士与传教报》(Panoplist and Missionary Magazine)。1820年又更名为《教士先驱报》(Missionary Herald),并成为美部会机关报刊。《教士先驱报》对海外传教士,特别是在中国传教的美国传教士寄回来的各种信函、资料、刊物等进行精心挑选,选出题材新颖,内容符合刊登主旨的文章和报道转载。该刊每月出版一期,每期大约40页,以便更广泛地传播与传教运动相关的信条和理念,最终目的是为了实现基督一统天下,包括实现中华大地基督教化。《教士先驱报》是当时最具影响的宗教杂志之一,同时也是海外传教运动最有力的推动者。美国第一位来华新教传教士裨治文曾经是该报的读者,这对他投身海外传教影响很大,"我清楚地记得,大概在25年前,我慈祥的老祖父经常让我给他念《教士报》……如果我没有记错的话,是《教士报》上一些关于海外传教的事迹最先引起了我对这一事业的兴趣。毫无疑问,还有很多的人同样也由于受到它的影响,将自己或是子女,或是财物,连同祷告一起奉献给了海外传教事业"。② 19世纪初,一些虔诚的新教传教士顺应福音复兴第二次大觉醒,开始把目光从美国投向海外世界,希望建立一个基督的大帝国。当时,美

---

① [美]威利斯顿·沃尔克著,孙善玲等译《基督教会史》第638页,中国社会科学出版社,1991年。
② 裨治文《裨治文致美部会的信》,广州,1836年9月7日,美部会档案(Papers of the American Board of Commissioners for Foreign Missions),卷256。

国国内出现了两股洪流,一是持续了一个世纪的大陆扩张的"西进运动",一是"大海东进",即美国人发现大西洋沿岸地区比西部的不毛之地更充满诱惑,于是,1800年以后,美国商人、炮舰外交家和传教士在地中海、近东甚至南亚日趋活跃。① 为配合海外传教运动,美国国内新教各教派纷纷成立差会。1806年,一个被称为草堆祈祷会(Haystack Prayer Meeting)的新福音传教团体诞生了,一群马萨诸塞州威廉姆斯学院的学生在一次例行的祈祷集会时,从偶然的暴雷中感悟到上帝的意旨,而发誓要把他们的一生献给海外传教事业。② 1808年9月,耶迪蒂·摩尔斯和列奥纳多·伍兹争取到足够的经济资助,在波士顿创立了一所正统的、用以取代哈佛神学院的安多弗神学院(Andover Theological Seminary)。安多弗神学院致力于培养渊博和虔诚的牧师,免去了主要来自新英格兰中部乡下地区的贫困但虔诚的青年人的学费与食宿费,成为美国第一批海外传教士的培训基地和信息中心。该学院学生组织了一个名为"传教探求社"(Society of Inquiry on the Subject of Missions)的秘密学习小组。1810年6月27日,四名"传教探求社"学生(阿多尼拉姆·贾德森、塞缪尔·诺特、塞缪尔·米尔斯、塞缪尔·纽厄尔)带着一份简短的希望献身海外传教的请愿书参加了美国基督教公理会代表大会。③ 代表大会即以这项议题为基础,起草了成立一个新的传教差会的计划。这个传教差会就是美国海外传教部总会(American Board of Commissioners for Foreign Missions, ABCFM,或译美国海外宣教委员会),简称美部会,是美国国内最早的基督教差会组织,也是美国第一个海外传教差会。美部会一经成立,那些热心海外传教事业的人士立即开始在各地区寻求组织支持,并募集必要的经济援助。与此同时,在美国最先响应到海外传教号召的,是来自新英格兰中部的农场和乡镇的许多年轻人,而东部沿海城市,如波士顿和马萨诸塞州东部地区,处在一神教派的势力范围内,响应者寥寥。这些年轻人认为到海外去传教是一项崇高而且前景诱人的冒险事业,他们也就成为最早的一批域外传教士。"海外传教士

---

① 陶文钊编选,林海等译《费正清集》第219页,天津人民出版社,1992年。

② Catherine L. Albanese, *America Religions and Religion*, Wadsworth Publishing Company, 1992, p. 182.

③ Clifton Jackson Phillips, *Protestant America and the Pagan World: the First Half Century of the American Board of Commissioners for Foreign Missions, 1810-1860*(克利夫顿·菲利普斯《新教美国和异教世界:美国海外传教部总会的前五十年,1810—1860》), Cambridge: Harvard University Press, 1969, p. 21.

的志愿者来自美国的福音运动中心(福音主义的根据地),他们大多来自新英格兰中西部的小镇和村庄以及纽约州北部偏远地区。这片早期的边疆地区经历过强烈的福音奋兴,这股宗教狂热促使人们不仅要将教堂修到西部的'精神荒原',还要修到海外的异教地区。"①

美部会作为《传教士先驱报》的发行者,在通讯交流方面发挥着重要作用,由于美部会是全美第一个组织和指导美国传教士进行海外宣教的,所以,在美国,"美部会被认为是一个官方的宗教事业团体"②。1812年,美部会就得到了马萨诸塞州的法律认可,纽约州、新泽西州和宾夕法尼亚州都派委员加入该会,该成员主要来自公理会、长老会以及其他经过革新的教会组织。这样,美部会在实质上就成为一个派系联合和国家级的组织。美部会成立后不久,就开始规划建立海外传教站的各种具体计划。1812年1月,美部会在撒来姆(Salem)镇的塞缪尔·伍斯特基督堂(Samuel Worcester's Tabernacle Church)举行一个盛大仪式,按立戈登·霍尔、卢瑟·赖斯、塞缪尔·纽厄尔、塞缪尔·诺特和阿多尼拉姆·贾德森5人为美部会首批传教士,从新英格兰出发,准备在缅甸建立一座美国自己的传教站。但受到1812年美英战争的影响,被阻于缅甸境外的五位传教士在得到美部会关于他们自行决定去留的准许后,赖斯和贾德森加入了浸理会,而霍尔、诺特和纽厄尔3人历尽艰难到达印度的孟买,成功地建立了美部会的第一个传教站。随后,美部会又在锡兰(1815)、夏威夷群岛(1819)、西土耳其和士麦那(1819)、巴勒斯坦(1821)、马耳他(1822)和叙利亚(1823)等建立了传教站。③ 在每个传教站,传教士们纷纷开办学校,创办报刊,一面争取让异教徒皈依基督,一面将美国的文明成果传授给"野蛮的"文化。在第二次大觉醒运动中,被唤醒的宗教责任感激励着一批人,使他们觉得有义务将他们伟大的新生共和国诞生的喜讯传遍世界每一个角落。这种美国早期的对外宗教和文化扩张,标志着美国的民族与宗教个性的形成进入了一个新阶段,"美国新教早期传教运动中的民族主义冲动和宗教冲动从根本上说是密不可分的,二者均是假设的成分多于理论的成分,但二者相互依存,互为前提又互为证明,彼此既不可替代也不能消减。

---

① *Protestant America and the Pagan World: the First Half Century of the American Board of Commissioners for Foreign Missions*, 1810-1860, p. 30.
② Perry Miller, *The Life of the Mind in America*, New York, 1965, p. 2.
③ *The Life of the Mind in America*, p. 34.

倘若二者缺一,美国海外传教运动的火焰则早已熄灭"。① 在第二次大觉醒运动兴起后,美部会组织发展迅速,特别是年轻人的加入,在短短20年时间,它就成为新教传教势力最大的差会组织之一。在卫三畏到达中国的1833年,美部会已经建立了30个海外传教站点,所属传教士及其当地助手达到200人。② 继美部会之后,长老会(Presbyterian Church)、美以美会(Methodist Church)、圣公会(Protestant Episcopal Church)的海外传教机构于1817年至1820年相继成立。同时为了培养传教士,各类教育机构也纷纷成立,比较著名的如公理会建立的安多弗神学院(1808)、长老会建立的普林斯顿神学院(1812)、浸信会建立的汉密尔顿神学院,另外美国两大名校哈佛、耶鲁也于1819年和1822年建立了神学院。到1860年,这类学校已经达到50家。③ 从18世纪末开始,西方基督教的海外传教活动延绵一个多世纪,以英国为首、以美国后来居上的海外传教,使1800—1914年间被称为基督教传播的"伟大世纪"(The Great Century),这段时期里,基督教以前所未有的规模和速度传遍了世界的几乎每一个角落,传教士成为这个世纪的骄子。美国基督教传播史专家赖德烈教授在其7卷本的《基督教扩张史》中,曾用第4卷至第6卷来描述这一"伟大世纪",具体到中国,他认为1842年前是准备时期,1842年至1895年是逐步发展时期,1895年以后为迅猛发展时期。④

在美国第二次大觉醒运动初期,当许多大胆而虔诚的美国新教福音主义传教士充满着海外传教热情和紧锣密鼓地运筹之际,可与美国称兄道弟的大西洋对面的欧洲新成立的传教差会已经开始向海外输送传教士了,"在大不列颠乃至整个欧洲大陆,新的曙光就要来临。1792年英格兰基特宁的特别浸礼会(Particular Baptists)教徒组织了一个传教差会,并派遣了传教士威廉·凯里(William Carey)前往印度。三年后,英国独立派和长老

---

① William R. Hutchison, *Errand to the World: American Protestant Throught and Foreign Missions*(威廉·哈奇森《世界的使命:美国新教思想与海外传教》),Chicago: University of Chicago Press, 1987, p. 45.

② "Table of Stations, Missionaries, Churches, and Schools", *Missionary Herald*(《教士先驱报》),Vol. 30, No. 1, Jan. 1834, p. 8.

③ Williston Walker, *A History of the Christian Church*, fourth edition, New York: Charles Scribner's Sons, 1985, pp. 611-614, 652-660.

④ Kenneth Scott Latourette, *A History of the Expansion of Christianity*, New York and London: Harper & Brothers, 1937-1945, p. 261.

会以及部分安立甘会信徒组建了伦敦传教会(London Missionary Society)。同样,英国圣公会也在18世纪结束之前组建了圣公会传教差会。传教运动在苏格兰和荷兰也同样兴起。各传教差会纷纷制订行动计划,并派传教士到各个非基督教国家去,以实现将福音遍传天下的愿望。新教传教士甚至没有忽略亚洲、非洲和南太平洋诸岛。在一部分人眼中,十二门徒之后最伟大的时代来临了。"①早在18世纪初,天主教由于禁止中国信徒参加儒家传统仪式而失去了康熙皇帝的支持,从此中国就禁止外国人在中国传教。而"通常被认为是对蛮夷的恩惠政策,是对蛮夷示以怀柔的必要手段,别无其他意义"②的大清国的"朝贡体制"限制了近代中国走向世界的步伐,极大地延缓了中华悠久文明泽被他国的机会,导致了晚清闭关锁国的对外政策的施行。到19世纪初,广州是对正式外交体系外的外国商人开放的唯一商贸口岸,却阻止不了新教传教士差会来华传教的宗教狂热,因为西方人是带着完全不同的国际关系观念和对他们自己的宗教与政治主张的无上优越感要到中国来的。可以想见,中西方之间的宗教、文化甚至是政治上的冲突是不可避免的,但对于西方日益膨胀的宗教扩张主义而言,人口众多的中华帝国的传教事业具有诱人的前景,是不容忽视的一片福音传播的广阔领域,这就是英国伦敦传教会在1807年1月将马礼逊按立为到中国的第一位新教传教士的原因。③ 马礼逊启程赴华,因为不能搭乘英国东印度公司的船只直接到中国,只得取道美国纽约,搭乘美国的"三叉戟"号轮船于9月7日到达广州。马礼逊的美国之行受到了美国一批福音派教徒的支持,而且在到达广州后得到美国驻广州领事卡林顿(Mr. Carrington)关照,在美国商行暂住。马礼逊比较熟练地掌握了汉语后,英国东印度公司放弃了早先对他的抵制,并且聘请他为公司的翻译,这样马

---

① Oliver Wendell Elsbree, *The Rise of the Missionary Spirit in America* 1790-1815(奥利弗·埃尔斯布里《美国传教精神的兴起》), Williamsport, PA: The Williamsport Printing and Binding Co., 1928, p. 47.

② John K. Fairbank, *Trade and Diplomacy on the China Coast: the Opening of the Treaty Ports 1842-1854*([美]费正清《1842—1854年中国沿海贸易与外交》), Cambridge: Harvard University Press, 1953, p. 33.

③ Alexander Wylie, *Memorials of Protestant Missionaries to the Chinese: Giving a List of Their Publications, and Obituary Notices of the Deceased with Copious Indexes*(伟烈亚力《来华新教传教士纪念集》), Shanghai: American Presbyterian Mission Press, 1867; repr., Taipei: Ch'eng-wen Publishing Company, 1967, p. 12.

礼逊就获得了在广州长期居住的权利。① 马礼逊在广州期间,同几位美国商人关系密切,这些美商都是虔诚的新教徒,都对马礼逊在华传教活动予以多方支持,而且美部会的咨询委员会也任命马礼逊为美部会驻广州站通讯员,马礼逊在《教士先驱报》上发表文章呼吁美国政府和新教徒关注中国的传教事业。1827年11月,纽约商人奥立芬和其他几人在广州马礼逊的住所集会,并拟定了一份请愿书,请求美国教会立即派遣两名传教士到中国来:一名协助马礼逊工作,为在中国人中传教做准备;另一名为黄埔港口的英国海员和商人布道。奥立芬自1820年第一次作为纽约商人托马斯·史密斯(Thomas H. Smith)的商行代理被派驻中国以来,就和马礼逊建立亲密的友谊,1827年,史密斯商行倒闭后,奥立芬就成立了自己的公司"同孚行"(Olyphant & Company),该商行一直以不参与鸦片贸易和热心地在广州的海员和商人中弘扬基督教而闻名。② 在这份请愿书中,除马礼逊强调他们请求的紧迫性和神圣性外,更为重要的是,奥立芬承诺:任何接受挑战的传教士可以免费搭乘他公司的轮船来中国,还将在广州为他们提供临时的食宿。这就促使美部会将在华开拓传教阵地的事业提到议事日程上,并希望引起新英格兰教会对来华传教的关注。从此,美部会就在机关报《教士先驱报》上刊登新教海外传教的动态消息,还选登1813年来华协助马礼逊的伦敦会传教士米怜(William Milne)所著《新教在华传教早期十年史》(A Retrospect of the First Ten Years of the Protestant Mission to China, 1820)中的文章。这些宣传资料,成为裨治文(Elijah Coleman Bridgman)坚定基督教信仰和确定赴华传教的重要的精神动因。1801年4月22日,裨治文出生于美国马萨诸塞州中部的新英格兰贝切尔城小镇上,母亲是位虔诚的基督信徒。在母亲的教导下,11岁的小裨治文"光荣皈依"了基督,正式加入了贝切尔城的公理会教会。1822年,裨治文被阿默斯特专科学院录取,在四年时间里,他如鱼得水,在各种正式和非正式的证道活动中都表现得非常活跃。1826年秋,裨治文升入安多弗神学院。在学习期间,裨治文始终对波士顿周边地区频频爆发的宗教奋兴运动抱有浓厚的兴趣,享受

---

① Murray A. Rubinstein, *The Origins of the Anglo-American Missionary Enterprise, 1807-1840*[慕瑞·鲁宾斯坦(汉名:张格物)《英美在华传教事业的起源:1807—1840》], London: The Scarecrow Press, Inc., 1996, p. 69.

② Kenneth Scott Latourette, *The History of Early Relations between the United States and China, 1784-1844*(赖德烈《中美早期关系史:1784—1844》), New Haven: Yale University Press, 1917, p. 69.

着"主的圣灵的沐浴","我希望、我愿意做一名基督徒,基督徒具有耶稣基督的精神。那么,什么才是耶稣基督的精神、怎样才算具有耶稣基督的精神呢?毫无疑问,具有基督的精神就是要感基督所感,为基督所为,思如基督,行如基督。那么,基督又是如何感、如何为、如何行的呢?他为罪人洒泪——虽然他们是他的敌人;他总是四处行善——却从不为自己着想;他是神圣的、无邪的、纯洁的、远离恶人的;最后,他为我们而死,为你、为我、为世人。跟随基督,这是我必定要选择的道路"。① 起初,裨治文没有正式考虑过到中国去传教,但到1829年9月23日,美部会的助理秘书大卫·格林(David Greene)拜访了他在安多弗的住所,裨治文的观点发生了转变,"他(格林先生)谈到咨询委员会长久以来想派遣一名传教士到中国去的急切愿望和派遣传教士去的原因,还谈到目前将此计划付诸实践的急迫性,以及纽约的奥立芬先生为差会提供的慷慨赞助,最后他们希望是由我来承担这一使命。……但我从来没有考虑过自己去中国服务,因为我认为到中国去传教是一项非常重要的使命,对传教士有着非同寻常的要求。……如果他们找不到其他合适的人选,而且经过慎重考虑他们仍觉得我适合承担这一使命,那么我也会欣然接受差会的安排。"②第二天,裨治文在波士顿与美部会的格林、希尔和耶利米·伊瓦茨等人商谈后,便接受了美部会选他赴华协助马礼逊传教的邀请。26日,他和另一位传教士雅裨理(David Abeel,1804—1846,荷兰归正教会牧师)一同参加了奥立芬与其他传教赞助人主持的任职面试,"正如我所预料的一样,他们建议我立即开展美部会的这项工作;会议同时建议雅裨理先生为美国海员之友会工作一年,随后与美部会商议,看他们是否愿意接受他的服务"③。10月8日,裨治文拜访了美部会咨询委员会的通讯秘书伊瓦茨,得到了咨询委员会的书面指示:"你将是向这个异教民族传播福音的第一人,你的布道也许是他们所接受的关于基督教信条的唯一解释,你的言行举止是他们所能见到的基督徒实际生活的唯一范例。……将福音传播给他们、引导他们走向净化和

---

① 裨治文致卢克丽霞,安多弗,1829年1月24日,贝尔切城历史学会裨治文档案,转引自[美]雷孜智著,尹文涓译《千禧年的感召——美国第一位来华新教传教士裨治文传》第36页,广西师范大学出版社,2008年。

② 裨治文日记,1829年9月23日,Eliza J. Gillett Bridgman, *The Life and Labors of Elijah Coleman Bridgman*(裨治文的妻子伊丽莎·布里奇曼《裨治文的生平和事业》), New York: Anson D. F. Randolph, 1864, p. 11.

③ 裨治文日记,1829年9月26日, *The Life and Labors of Elijah Coleman Bridgman*, p. 14.

救赎之途的工作,是得以加速还是延迟,甚或是停顿数年,全取决于你是积极、明智、忠诚,还是恰恰相反。……这一点不容置疑:基督的福音总有一天会传遍中华帝国,它的万千子民必将皈依基督。以这个希望鼓励自己吧,在心中点燃神圣的激情,发挥你灵魂的每一份光和热,不辞辛劳、坚持不懈。很快,你这个基督的战士就会在这个成就中建立自己的功劳。"① 14日午后,裨治文和雅裨理乘坐奥立芬的"罗马"号商船离开纽约码头,驶向中国。次年2月25日,裨治文一行到达广州城外的外国商馆区。

卫三畏是继裨治文和雅裨理之后来华的美国第二批传教士,他的赴华不仅是美国政治和新教海外传播的大势所趋,还与他虔诚的基督教信仰和其特殊的个人品质密切有关。卫三畏的福音价值观在赴华前的美国生活中就已经形成并逐渐成熟,"他开始用心中永恒的上帝规范自己每天的言行举止,他看待上帝就像苏格拉底看待他的守护神一样"②。在个人品质方面,卫三畏有着很强的自我控制能力,加上长期离家独立生活和与同伴之间的交往,使得他逐渐改掉了自己性格中的缺点,由一个粗野的少年成为一个善良和蔼的人。这样有利于卫三畏接近中国的人民,在传播基督教的同时也能对中国情况有较深入的了解。其次,卫三畏性格中坚韧、独立、喜欢冒险的特点使他能够克服种种困难和自身的恐惧心理,从而胜任在中国传教工作这一艰苦工作的重要因素。卫三畏的这些特点应该说和美国人的国民性格有关,从历史上看,美国是一个移民国家,初到美洲的欧洲移民大多数是为了逃避本国的宗教和政治迫害而来到这块土地的。加上美洲土地辽阔、生活艰苦,人们长期分散居住,互不信任,以及受到伏尔泰、卢梭等人启蒙主义思想的影响,美国人在很长时间里过着高度分散、弱肉强食、乐于冒险、崇拜英雄的生活,逐渐形成了不迷信权威、对自己负责、追求最大自由的历史性格。同时美国人有着根深蒂固的自我依赖和自我独立的观念,这在心理上就要求人们养成独立思考、自我做主的良好习惯。因此,正是在美国现代文明的熏陶下,卫三畏作为一名传教士,怀着对基督教的虔诚信仰和传播上帝福音的强烈愿望来到了中国。③ 此后,围绕着《中

---

① Eliza J. Gillett Bridgman, *The Life and Labors of Elijah Coleman Bridgman*(伊丽莎·布里奇曼《裨治文的生平和事业》), New York: Anson D. F. Randolph, 1864, pp. 20-21.
② 《卫三畏生平及书信》第4—5页。
③ 王安《美国现代文明的熏陶:浅析卫三畏观察中国的出发点》,载《考试周刊》2008年第48期,第233—234页。

国丛报》影响力的在美扩张,慕名前来中国的传教士逐渐增多,逐渐形成了美国对华传教的新局面。

在阐述新教传教士来华潮流之前,有必要简略回顾一下基督教入华发展史。基督教是世界三大宗教之一,在历史上,基督教分化为天主教、东正教和新教(中国称为耶稣教或基督教)三大教派。基督教传入中国最早的确切记载是唐太宗贞观九年(635),大秦国(指波斯,而非古罗马)有大德阿罗本带来经书到长安,由历史名相房玄龄迎接,获唐太宗李世民接见。此时进入中国的是古代叙利亚教会主教聂斯托留派,来华后被称为景教。据明代出土的《大秦景教流行中国碑》记载,教士阿罗本于贞观九年来华,开始传教。"贞观十二年秋七月诏曰:道无常名,圣无常体,随方设教,密济群生。大秦国大德阿罗本,远将圣像,来献上京,详其教旨,玄妙无为,观其元宗,生成立要,词无繁说,理有忘筌,济物利人,宜行天下,所司即于京师义宁坊造大秦寺一所,度僧二十一人。"高宗时期,景教开始在外地建立寺院。会昌五年(845),唐武宗以"异俗""西方之教"为罪名下令灭佛,同在禁毁之列的还有景教。元朝开始,由于大量色目人来到中国,使中国的景教信徒回升。元朝的景教徒称为"也里可温"(arkagun),享受免兵役和免税的特权。根据后来在泉州出土大量景教文物,可知福建泉州是当时中国南方景教的中心。元明时期,天主教的势力较大。清代顺治、康熙时期,主要是天主教传播,道光以后主要是新教传播。新教是16世纪欧洲宗教改革中脱离天主教而成立的新教派。新教是基督教入华传播的第四次。虽然新教传入中国远比天主教和东正教为晚,但它无论在人数、地域和影响等方面都超过之前的三次。起初传教效果不佳,但从鸦片战争之后,基督教的传教活动亦被作为特权列入条约,传教士遂以此为护身符进入内地,来华传教士人数亦随之剧增,1858年仅有81人,1889年增至1296人,其中英国传教士占56.5%,美国人占39.5%,代表41个差会。而据1922年出版的英文版《中华归主》的统计,从1900年到1920年的20年间,全国的新教徒已至36.6万多人,差会达130个,有外国传教士6204名,教堂1万多座;到1937年,教徒增至65万人。天主教会也有相应的发展,1900年时天主教徒为74万人,1920年增加到190多万;到1936年,达280万人。① 然而,从义和团运动后,传教活动出现了一些新的趋向,主要表现为

---

① 楼宇烈、张志刚主编《中外宗教交流史》第427页,湖南教育出版社,1998年。

兴办医院、学校和其他文化慈善事业。1900年前，教会所办医院仅百余处，且大多为设在教堂里的诊疗所。1900年后，新建扩建了大批医院、诊所，至1937年，仅属英美教会系统的就有300余处。1900年前的教会学校有1100余所，主要为小学，中学占10%，没有大学，只在一些中学里添设大学班。1900年后，教会学校特别是大学急剧发展，最早建校的有苏州东吴大学(1900)，还有上海圣约翰大学(1905)、杭州之江大学(1910)、成都华西协合大学(1910)、武昌华中大学(1910)、南京金陵大学(1911)、福州华南女子文理学院(1914)、长沙湘雅医学专门学校(1914)、南京金陵女子文理学院(1915)、上海沪江大学(1915)、广州岭南大学(1916)、福州协和大学(1916)、北京燕京大学(1919)等。因此，到国共合作的中国大革命前夕，"基督教在全国一千零七十三县中，没有占据的只有一百二十六县，其余都树了基督教旗帜"①。

鸦片战争以前，早期中美关系主要特征和中美交流主要渠道有两个方面：一是通商，二是传教。在"中国皇后"号1784年来华后，过了整整45年，美国第一批新教传教士赴华。虽然新教传入中国远比天主教和东正教为晚，始于19世纪初期，但真正对中国社会产生深刻影响的还是近代以来的基督教新教传教士。自传教士来华后，整个19世纪，美国人民和中国人民的接触中，新教传教士始终充当主角。1807年到华的英国伦敦会传教士马礼逊是基督教新教传入中国的第一人，而裨治文是美国新教传入中国的第一人。这个重要的历史事件，开创了基督教新教在华发展的新时代。这种新时代，同样是在阵痛和收获中前行的。从历史上看，最初的三次基督教输华是将基督教作为一种西方文化输入中国的，稍有规模，历经几百年的时间，但结果却收效甚微，得不到中国民众的普遍信从，原因主要是中华民族的传统文化根深蒂固，且遭遇到在中国已居统治或主导地位的佛教、道教的顽强抵制，一直未能打开在中国的局面，以至西方基督教会一度中止了基督文化在中国的传播。从19世纪初开始，西方基督教会发动了第四次对华传教运动。这次新教传入虽较顺利，但也非那么公开和张扬。马礼逊在广州暂以东印度公司雇员身份，从事传教译经等活动，裨治文在广州以《中国丛报》英文刊为传教手段，至1840年，在华传教士仅20人，代表4个差会，30余年中所收信徒不满百人。但是，由于闭塞自大、贫穷落

---

① 刘心勇《非基督教运动述评》，载《复旦学报》(社科版)1989年第2期，第74页。

后和军备废弛,在西方船坚炮利面前,清政府终于在鸦片战争中败北,禁闭百年的大门终于被打开,各种不平等条约为西方传教士来华传教大开方便之门。此后,各国基督教传教士活跃在中国的外交、政治、文化、教育、科技、慈善事业等各个领域。在这个过程中,一些传教士还充当了殖民主义和帝国主义侵略的先锋和谋士,把新教的"世界主义"作为殖民统治和破坏民族独立运动的思想武器。由于东西方巨大的文化差异、观念与行动上的误解与冲突以及现实利益等因素,中国社会对之进行了比较普遍的激烈抵制,教案频发,以致"耶教之入我国数百年矣,而上流人士从之者稀"①。尽管在中国近代史上留下了种种抹不掉的罪恶劣迹,但新教传教士的历史进步作用同样会被关注,如同西方史学家指出,那时外国人到中国来,商人是为了谋求经济利益,外交官和军人则谋求特权和让步,"唯有传教士不是为了获取利益,而是要给予利益,不是为了追求自己的利益,而至少在表面上是为中国人的利益效劳"②。譬如在近代政治方面,"基督教传教士在最初唤醒中国人使之感到需要变法这一方面,曾起过重要作用;此外,他们还帮助形成了改革派自己的方法、思想甚至世界观"③。在教育方面,所有这些教会学校的设立,为介绍西方先进的科技文化和人文学术,引进西方新式教育体制,造就一代新式人才,无疑起了开先河的作用,其对几千年的旧式封建教育,形成巨大的冲击力,客观上加快了中国现代化的进程,"这几十年来,教会在中国设立了很多优良的大学和中学,它们对于近代的学术实在有很多的贡献和影响"④。而中美19世纪中叶开始建立的外交关系,也是与当时基督教在华的传播活动有着极为密切的联系。大凡两国外交关系的建立,都以双方互派外交大使为标志。中美早期外交关系建立伊始,曾经历过美国遣使来华修约,迫使晚清中国打开外交门户,单方面接受美国外交使节,到晚清中国承认中美外交现实,并遣使驻美这样两个阶段。其中,美国传教士裨治文、卫三畏、伯驾等人在这个过程中都发挥着重要的历史作用。

---

① 梁启超《保教非所以尊孔论》,载杨天宏《基督教与近代中国》第27页,四川人民出版社,1994年。
② [美]费正清主编,中国社会科学院历史研究所编译室译《剑桥中国晚清史》(上卷)第584页,中国社会科学出版社,1985年。
③ 《剑桥中国晚清史》(上卷)第633页。
④ 胡适《谈谈大学》,载《胡适作品集25·胡适演讲集(二)》第220页,台北:远流出版公司,1986年。

美国早期传教士的来华,与美国商人有着重要的关系。这批传教士活动在鸦片战争前后,正是美国的"西进运动"和"海外东进"时期,西进运动虽然有经济开拓的成分,但主要是领土扩张运动,海外东进也是一种海上势力的扩张行为,都是殖民主义扩张。传教士在这样的背景下来到中国,就无法避免与商人、外交官员、军事势力和殖民分子之间的交往。传教士除了自身从事宗教活动外,也在间接或直接地为商人、官员等阶层的利益服务。特别是传教士初到中国,就得到了商界的慷慨支持,美国商人奥立芬给予传教士诸多优惠。裨治文来华后,奥立芬为他准备一个房间,配备一名仆人,后来裨治文又创办《中国丛报》,一切开办费和房屋设施都有他承担,如果亏本也由他补偿。传教士亦与商人紧密合作,互补互促,相得益彰。传教士不断呼吁本国差会派遣传教士来华,进入每一个可以通商的口岸;而美国商界和在华商人也不讳言他们与传教士的密切关系:"我们的商旗是紧跟着十字架的旗号的,谁打击那高举十字架的手,必然损伤我们商旗的利益。"①不过,有一点必须指出,尽管传教士和商人、外交官员和殖民分子或多或少,或深或浅的有关系,但传教士毕竟是文化人,他们在华是以文化活动为主。传教士与外交官、商人虽有共同利益,在扩大美国在华利益和影响力方面也是精诚合作的。不同的是,传教士来华的直接目的并不是获取物质利益和谋求政治上的控制权,而是为了用基督教文化取代中国传统文化。因此应从文化活动的角度重视传教士来华的意义,而不能简单地将传教士与商人、外交官和殖民分子并列而进行一概而论。

与这些来华传教士有关的基督教差会组织,是早期传教士来华的主要推动力量之一。传教士马礼逊是英国伦敦会派往中国的第一个传教士,也是基督教新教来华的开始,马礼逊于1807年9月到达广州。1827年,荷兰传教会派往中国的第一个传教士是德籍传教士郭实腊(Karl Friedrich August Gutzlaff,1803—1851)。1830年2月25日,裨治文到达广州,是第一位来华的美国新教传教士。裨治文是美国差会美部会于1829年派遣赴华的。1810年成立的美部会,是美国第一个基督教海外传教机构。美部会的成立受到了第二次大觉醒运动的影响,得到公理会、长老会(1812—1870)、美国归正会(1826—1857)等教派的支持。后来公理会以外的教派

---

① 董丛林《龙与上帝:基督教与中国传统文化》第138页,生活·读书·新知三联书店,1992年。

陆续退出,美部会也就习惯上被称为公理会。其实,早在英国资产阶级革命前,公理会(Congregational Church)就是基督新教的宗派之一。在教会组织体制上主张各个堂会独立,会众实行自治(即公理制)。公理会的信仰比较自由化,强调个人信仰自由,尊重个人理解上的差异。当时的英国女王伊丽莎白一世迫害非国教派别,勃朗被处死,不少公理会成员逃亡荷兰。1620 年,102 名流亡者乘坐"五月花"号帆船抵达北美新英格兰地区。其后,新英格兰地区建立了6个以公理会为官方宗教的殖民地,分别是在马萨诸塞(Massachusetts)、康涅狄格(Connecticut)、新罕布什尔(New Hampshire)、佛蒙特(Vermont)、缅因(Mane)、罗得岛(Rhode Island)。1829 年10月14日,裨治文(Elijah Coleman Bridgman,1801—1861)从纽约出发前往中国,由此拉开了长达一个多世纪的美国对华传教活动的序幕。1830 年2月25日,裨治文到达广州,使美部会成为紧随英国伦敦会(The London Missionary Society)和荷兰传教会(The Netherlands Missionary Society)之后,第三个进入中国的更正教(新教)差会,也是第一个进入中国的美国差会。根据《中国丛报》的统计,从1807年至1851年的40多年间,当时世界各地建立起来的基督教差会组织有42个,这些组织向世界各地派遣传教士,其中,欧美各国共有18个基督教差会向中国和东南亚地区派遣传教士。

来华基督新教差会组织名录表

序号	传教组织中、英文名称	开始派遣传教士时间
1	英国伦敦会　The London Missionary Society	1807
2	荷兰布道会　The Netherlands Missionary Society, at Amsterdam	1827
3	美国美部会(公理会)　The American Board of Commissioners for Foreign Missions	1829
4	美国浸礼会真神堂　The American Baptist Missionary Union	1834
5	美国圣公会　The Board of Foreign Missions of the Protestant Episcopal Church in the United States	1835
6	英国安立甘会　The Church Missionary Society	1837
7	美国长老会　The Board of Foreign Missions of the Presbyterian Church of the United States	1837

续表

序号	传教组织中、英文名称	开始派遣传教士时间
8	英国浸礼会 The (English) General Baptist Missionary Society	1845
9	瑞士巴色会 The Evangelical Missionary Society at Basle	1846
10	德国礼贤会 The Rhenish Missionary Society	1846
11	美国南浸信传道会 The Board of Foreign Missions of Southern Baptist Convention in the United States	1846
12	美国安息日浸礼会 The Seven-day Baptist Missionary Society of U. S. A	1847
13	美以美教会 The Methodist Missionary Society of U. S. A	1847
14	英国长老会 The Foreign Mission Scheme of the Presbyterian Church in England	1847
15	美国监理会 The Missionary Society of the Methodist Episcopal Church, South	1848
16	瑞典隆德传教会 The Missionary Society at Lund	1849
17	德国卡塞勒会 The Cassel Missionary Society	1850
18	柏林对华传道会 The Berlin Missionary for China	1851

［资料来源:"List of Protestant Missionaries to the Chinese", *Chinese Repository*(《中国丛报》), Vol. 20, pp. 513-514,转见仇华飞《早期中美关系研究(1784—1844)》第 428 页,人民出版社,2005 年。其中"来华"包括传教士在东南亚一带的华人居住地区传教。］

自马礼逊来华后,特别是在《南京条约》《望厦条约》签订后,欧美各国的新教传教士陆续来华。据《中国丛报》上的记载,1807—1843 年间,来华的英美等新教传教士共 64 人,其中美国传教士 35 人。而到 1851 年底,来华的基督教传教士人数达 150 名之多,其中有 88 名美国人,47 名英国人,其余来自欧洲其他国家。① 又据马士的统计,在 1855 年来上海的 30 名传教士中,就有美国人 21 名,英国人 9 名;来厦门的有美国传教士 10 人,英国传教士 4 人;来广州的有美国传教士 7 人,英国传教士 4 人。② 可见,在来华传教士潮流上,美国是后来居上的,而且越来越表现出在华影响的强

---

① *Chinese Repository*(《中国丛报》), Vol. 10, p. 520; Vol. 12, p. 233; Vol. 20, pp. 514-517.
② ［美］马士著,张汇文等译《中华帝国对外关系史》(第 1 卷)第 400、404、412 页,生活·读书·新知三联书店,1957 年。

势。但是有一点必须强调,来华传教士竭力在中国未开放和条约开放的通商口岸,使用各种手段开展传教活动,但效果甚微,原因不外乎有两条:基督教宗教信仰与中国传统思想的异质文明之间的不可调和的差异性;传教士主要在炮舰和条约的庇护下强行传播耶稣信仰,而不是像先前佛教和伊斯兰教那样传入并潜移默化地渗入中国文化之中。因此,在19世纪末教案和文化冲突很多,加剧了中外关系的对峙和矛盾。

美国差会派遣的早期(1830—1844)来华传教士简表

传教士姓名	差会名称	到华时间	在华传教地点
裨治文(Elijah Coleman Bridgman)	美部会(公理会)	1830	广州、上海
雅裨理(David Abeel)	美部会(公理会)	1830	广州、厦门
特雷西(Ira Tracy)	美部会(公理会)	1833	广州
卫三畏(Samuel Wells Williams)	美部会(公理会)	1833	广州、澳门
约翰逊(Stephen Johnson)	美部会(公理会)	1833	福州
伯驾(Peter Parker)	美部会(公理会)	1834	广州
史蒂芬(史蒂文斯,Edwin Stevens)	美部会(公理会)	1835	广州
邻为仁(William Dean)	美国浸礼会真神堂	1835	香港
骆亨利(骆武,Henry Lockwood)	美国圣公会	1835	广州
韩法兰(汉森,Francis R. Hanson)	美国圣公会	1835	广州
叔未士(J. Lewis Shuck)	美国南浸信会	1835	澳门、香港、广州
罗孝全(I. J. Roberts)	美国南浸信会	1836	澳门、香港、广州
罗啻(Elihu Doty)	美部会(公理会)	1836	厦门
文惠廉(W. J. Boone)	美国圣公会	1837	厦门、上海
波乃耶(鲍尔,Dyer Ball)	美部会(公理会)	1838	广州
卜尔蒙(波罗满 William J. Pohlman)	美部会(公理会)	1838	厦门
高德(Josiah Goddard)	美国浸礼会真神堂	1839	宁波
弼来门(弼,Lyman B. Peet)	美部会(公理会)	1839	福州
德威(戴弗,William B. Diver)	美部会(公理会)	1839	澳门
马赖德(Thomas L. McBryde)	美国北长老会	1840	厦门、澳门
合文(James C. Hepburn)	美国北长老会	1841	厦门

续表

传教士姓名	差会名称	到华时间	在华传教地点
娄理华(Walter M. Lowrie)	美国北长老会	1842	澳门、宁波
玛高温(Daniel J. Macgowan)	美国浸礼会真神堂	1843	宁波
神雅各(James G. Bridgman)	美部会(公理会)	1844	香港、广州
科理(Richard Cole)	美国北长老会	1844	澳门、宁波、香港
麦嘉缔(Davie B. McCartee)	美国北长老会	1844	宁波
韦理哲(Robert Q. Way)	美国北长老会	1844	宁波
地凡(T. T. Devan)	美国浸礼会真神堂	1844	香港、广州
劳埃德(John Lloyd)	美国北长老会	1844	厦门
哈巴安德(Andrew P. Happer)	美国北长老会	1844	澳门、广州
克陛存(M. S. Culbertson)	美国北长老会	1844	宁波
罗密士(A. Ward Loomis)	美国北长老会	1844	宁波
休·勃朗(Hugh A. Brown)	美国北长老会	1845	厦门

[资料来源:梁碧莹《龙与鹰:中美交往的历史考察》第159—161页,广东人民出版社,2004年;仇华飞《早期中美关系研究(1784—1844)》第428—435页,人民出版社,2005年。]

在早期中美经济交流中,两国的文化交流也随之发展。由于早期贸易是美国人主动到中国进行的,早期文化交流活动也是通过美国人的西学东传来实现的。中美之间最早的文化交流起自何时很难考证,虽然1798年有《荷属东印度公司朝觐中国皇帝使者记事实录》这本美国出版的第一本关于中国的书。该书的作者万·布拉姆·霍克格斯特原是荷属东印度公司的职员,1796年退居美国,在费城自建的"中国退隐园"中著就此书。尽管该书介绍的内容多为猎奇性的,但它还是使美国人有机会了解中国的一般情形。1803年,费城又出版了巴罗斯的《中国旅行记》。然而,可称得上真正的中美文化交流活动的,主要仍是来由华新教传教士来进行的。这批来华传教士的文化素质普遍较高,"大部分美国传教士毕业于自己教派的大学或神学院"①。有统计资料证明,1855年前来华的110位美国传教士

---

① [美]杰西·卢兹著,曾钜生译《中国教会大学史》第53页,浙江教育出版社,1987年。

中绝大部分受过高等教育,其中获得博士学位的就有23人,约占总数21%。① 虽然早期中美之间的文化联系和文化交流的规模和成果都是极小的,但是,美国新教传教士来华传教和相关活动,成为早期中美文化交流的重要渠道和社会力量。这些年轻气盛的美国传教士,受所谓"传教冲动"的驱使,自觉不自觉地成为福音的传播者。为了表示对万能的造物主上帝的虔诚,他们远涉重洋来到中国。他们坚信"上帝的智慧必将产生无法抗拒的力量",决心使"中华归主"。② 从1830年初裨治文来华到1847年底,美国共派出63名传教士来华,较其他各国来华传教士总和的1.5倍还多。③ 美国的基督教传教事业比它在华的贸易发展要快,后来居上,跃居各国之首。这些美国传教士把来华传教视为向异教徒传播西方宗教文明的重要途径。受到清政府禁教的限制,先期来华传教士的活动多在广州、澳门一代的沿海乡村,无法进入中国社会的政治上层,不得不通过出版书籍、建立教育与医疗机构等,致力于将传教与了解中国、认识中国联系起来,同时向中国传播西方文明,使中美两国人民之间有相互了解的机会,还将他们对中华文明的认识介绍回国内,促进了美国人对华的了解。当然,我们还应该指出,独立后的美国实行"教堂与国家政体分离、政治与宗教分离"④的制度,传教士不管以什么身份来华,都代表差会组织,不代表政府。因此,在第一次鸦片战争前后,美国传教士在宣传西方宗教文明时,曾大肆为本国的扩张政策辩护,裨治文、伯驾等人甚至充当美国政府的谈判代表,站在维护本国利益的立场上,损害中国的国家利益,迫使中国与美国签订不平等的《望厦条约》,从此一些传教士就肩负起为美国资产阶级"长远利益"服务的使命,他们的"联四海为一家"的在华活动,"正是资本主义浪潮力图把非资本主义国家卷入世界经济漩涡这个趋向的反映"。⑤ 对此,是要予以坚决反对的。同样,将传教士传播的西学一概定性为"以奴化思想为核心的帝国主义文化",也与历史实际不符;传教士也全都是"文化帝国

---

① [美]卫三畏著,史其志译《派往中国的全部传教士名单》,载北京太平天国历史研究会编《太平天国史译丛》(第2辑)第131—144页,中华书局,1983年。
② Chinese Repository(《中国丛报》), May 1844, Vol.13, p. 651.
③ 美国传教士来华人数统计及比例参阅《中国丛报》第20卷附表"来华外国传教士情况表",Chinese Repository, 1851, Vol.20, p. 517.
④ Chinese Repository(《中国丛报》), 1838, Vol.7, p. 13.
⑤ 忻剑飞《世界的中国观:近二千年来世界对中国的认识史纲》第298页,学林出版社,1991年。

主义者"和"帝国主义侵略的急先锋"。到 20 世纪末叶,中国学术界渐次形成一种共识:"对传教士在中国的活动,无论做出绝对肯定或者绝对否定的评价,都是片面的、极端的。"①这就为研究者们运用相对宽容和求实的态度审视来华传教士问题,确定了"文化侵略"以外的全部视角,有助于全方面地研究传教士及其他们在中国研究和中外关系等方面的历史过程。撇开传教士参与政治活动的不光彩角色,从长远意义上讲,美国传教士来华传教的积极作用是双向的,为早期中美政治、经济文化的联系奠定了重要的基础。卫三畏就是其中的一位佼佼者,他是随着美国新教传教士来华的历史潮流,走向中国这块陌生的土地的,并在这块古老而神奇的土地上演绎了他颇具传奇色彩的在华近 43 年的生涯。卫三畏这位传教士、外交官和汉学家三位一体的美国人,不仅是中美早期关系桥梁的重要铺架者之一,也是一座有利于我们理解近代中美关系的文化桥梁。

第二节 卫三畏与《中国丛报》

1833 年 10 月抵达广州的卫三畏,立即接管了《中国丛报》全部印刷和发行事务。1834 年秋,卫三畏搬进了新建成的位于奥立芬商馆后面的美部会广州印刷所,专门负责印刷出版各种传教书籍、传单和与宗教有关的各种出版物。② 不久,他又参与《中国丛报》的编辑工作,其后出任过主编,并最终决定该刊的停刊和承担所载文章的索引编纂工作。可以这样说,有了卫三畏,才有《中国丛报》在华刊行 20 年使命的完美结束,而这个 20 年使命的成果恰恰成为卫三畏中国观形成的重要时期,为卫三畏最终集传教士、外交官和汉学家于一身打下了坚实的基础。反过来,也可以说,《中国丛报》对卫三畏的事业成长和思想发展产生过巨大的影响。一句话,卫三畏在《中国丛报》上印刷、发行和编辑等工作,将裨治文首创《中国丛报》这座桥梁铺设得更加具有影响,成为他来华后构筑中西关系和中美文化交流之间的重要纽带。

一、《中国丛报》的历史概况

《中国丛报》(Chinese Repository)是由美国传教士裨治文于 1832 年 5

---

① 齐小新《口述历史分析:中国近代史上的美国传教士》第 6 页,北京大学出版社,2003 年。
② 雷雨田《近代来粤传教士评传》第 238 页,百家出版社,2004 年。

月在广州创办的一份英文月刊。Chinese Repository 原无中文译名,旧译之名很多,如戈公振先生译为《中国文库》(见其著《中国报学史》第 82 页)、陈恭禄先生亦译为《中国文库》(见其著《近代中国史史料评论》一文,载《武汉大学文哲季刊》第 3 卷第 3 期第 546 页)、梁嘉彬先生译为《中华见闻录》(见其著《广东十三洋行考》第 2 页)、王治心先生译为《中国的仓库》(见其著《中国基督教史》第 158 页)、郭廷以先生译为《西儒耳目资》(见其著《中国近代史事日志》上册第 46 页)、李定一先生译为《华事汇报》(见其著《中美外交史》第一册第 57 页)、黄嘉谟先生译为《中华丛报》(见其著《甲午战前之台湾煤务》第 252 页)、王树槐先生译为《中华丛刊》、日本人译为《支那丛报》(见昭和十六年丸善株式会社影印之 Chinese Repository)。① 至于《中国丛报》旧译为《澳门月报》,疑点很多。戈公振先生在其著《中国报学史》中认为魏源《海国图志》所载的《夷情备采》《大率》译自当时澳门所发行的六种葡文报纸,并说《澳门月报》似即 Chronica de Macao 之载文。实际上《澳门月报》亦非 Chronica de Macao,而很可能是 Chinese Repository 的中文译名,但证据不足,因为《夷情备采》分上下两卷,上卷为"澳门月报",下卷包括"华事夷言录要""贸易通志""滑达尔各国律例",后者原书已注明为"伯驾译书",一小部分为袁德辉译书,并非译自葡文报纸,其他两文译自何处则难以确定。唯林则徐所雇之四位译员,据裨治文云,均通英文,并未提及其中任何一人通葡文。林则徐于 1839 年到粤,其译报自在抵粤之后,而 Chronica de Macao 已于三年前停刊。至于《澳门月报》是否即为《中华丛刊》尚难确定,因为部分译文系东拼西凑而成,不易在原刊上找出。② 现在,绝大多数学者习惯将 Chinese Repository 译作《中国丛报》了。

《中国丛报》为 24 开本的月刊,每期有 500 多页。其具体出版情况,目前所见中国报刊史、新闻史、出版史的许多论著中,多语焉不详或甚多错误。几乎所有论著均说《中国丛报》每月 1 期,每年 1 卷,从不间断。一般情况下,月刊是每月 1 期,出至 12 期合订为 1 卷。而发行 20 年的《中国丛报》的事实并非如此,而且比较复杂。它开始时并不是每年 1 卷,而是跨年

---

① 王树槐《卫三畏与〈中华丛刊〉》,载林治平主编《近代中国与基督教论文集》第 186 页,台北:宇宙光传播中心出版社,1990 年。

② 《卫三畏与〈中华丛刊〉》,载林治平主编《近代中国与基督教论文集》第 172、187 页。

度的,也并非每卷都是12期。中山大学梁碧莹教授对《中国丛报》出版情况介绍比较接近原刊实际情况。① 更具体情况应该是:1832年5月创刊为第1期,直至1833年4月为第12期,这样第一卷(1832年5月至1833年4月)、第二卷(1833年5月至1834年4月),依次到1840年4月,共8卷。第九卷只有8期,即1840年5月至12月。从1841年即第十卷开始,每月1期,每年1卷,直到1850年第十九卷。1851年即第二十卷,该年实际上只出版8期,1月至7月每月出版1期,从8月至12月合出1期。②

从出版情况来看,《中国丛报》创刊和停刊时间也可以明晰了。我们知道,《中国丛报》创办者是美国传教士裨治文,但"《中国丛报》是在马礼逊的倡议下创办的"③。而实际上,最先具有发行《中国丛报》想法的是罗伯特·马礼逊(Robert Morrison)及其助手米怜(William Milne)。马礼逊是1807年英国伦敦布道会派往中国的传教士,也是第一位来华的新教传教士,揭开了西方基督教在中国传教事业的序幕。④ 马礼逊等外国人来华时,清政府仍然厉行禁教政策,这使得他们在广州、澳门的传教活动难以开展。1815年,马礼逊与米怜认真讨论了当时中国的传教状况后,决定在马六甲建立一个对华传教的根据地,计划用教育和文字作为传教的主要方式。8月,他们创刊发行了《察世俗每月统记传》,这是近代最早的一份中文月刊报纸,被誉为"中国近代杂志的第一种""中国近代报业的开山鼻祖"。⑤ 1817年5月,马礼逊与米怜又在马六甲创办了一份英文季刊《印支搜闻》(*The Indo-Chinese Gleaner*)。1818年,在马六甲开办英华书院(The Anglo-Chinese College),《察世俗每月统记传》即由附设于该院的印刷所出版。1822年,因为米怜的不幸去世,《察世俗每月统记传》和《印支搜闻》都被迫停刊。⑥ 1827年11月29日,在英华书院于1826年9月创办的英文半月刊《马六甲评论与中国新闻》(*The Malacca Observer and Chinese*

---

① 梁碧莹《龙和鹰:中美交往的历史考察》第210页,广东人民出版社,2004年。
② 谭树林《〈中国丛报〉考释》,载《历史档案》2008年第3期,第87页。
③ Samuel Wells Williams, *The Middle Kingdom*(卫三畏《中国总论》), New York, 1871, Vol.2, p. 344.
④ Ernest H. Hayes, *Robert Morrison: China's Pioneer*, Wallington: The Religious Education Press, 1948, p. 3.
⑤ [新]王慷鼎《新加坡华文报刊史论集》第9页,新加坡新社,1987年。
⑥ Brain Harrison, *Waiting for China: The Anglo-Chinese College at Malacca, 1818-1843, and Early Nineteenth-Century Missions*, Hong Kong University Press, 1979, p. 67.

Chronicle)上,马礼逊著文刊登出"未来工作的计划",计划发行一份英文季刊,拟定名《印中丛报》(The Indo-Chinese Repository),由英华书院资助出版发行,主要拟刊登一些有关中国历史、文学、哲学、政治、风俗等方面的知识,以求增进西方人对华了解,另外刊登中国邻邦如暹罗、科钦、日本等国礼仪、风俗方面的知识,附登时事新闻等。① 鉴于当时在广州的传教士只有他自己,力量有限,故马礼逊拟将刊行《印中丛报》的理想在马六甲实现。选择在马六甲,首先是因为它是英国的势力范围,伦敦会传教士在那里已经打下了工作的基础,此外马六甲当地有不少华侨,与广州的往来也十分便捷,有利于收集和传递有关中国的信息。② 遗憾的是,《印中丛报》的计划后来并未实现,这就成了马礼逊的一个心病。不久,事情有了转机。马礼逊初来中国前,曾绕道美国纽约,受到了与英国东印度公司"既不愿意为基督教传教士提供免费船位,也不愿看到传教士在他们管辖的范围内活动"③的截然不同的欢迎。到华后,马礼逊始终没有忘记美国政界、教会和商人对他事业的支持和帮助,曾多次吁请美国教会派遣传教士来华,还同一些热情支持传教的美国商人保持密切关系。1827 年 11 月,马礼逊与美国纽约商人、广州同孚洋行经理奥立芬等一起向美国国内差会再次呼吁美国教会派遣传教士来华,这与美国美部会(The American Board of Commissioners for Foreign Society)等组织的想法不谋而合。④ 1829 年 9 月 23 日,裨治文接受美部会差遣,与"美国海员之友会"(The American Seaman's Friend Society)派出的传教士雅裨理(David Abeel)一起前往中国广州。次年 2 月,裨治文一行抵达广州,在奥立芬的安排下,他们住在黄埔港的美国商行内。马礼逊不仅帮助裨治文熟悉广州情况,很快成为密友,而且把发行《印中丛报》的希望寄托在裨治文身上。早在裨治文被派遣赴华前,美部会给他的指示中将学汉语、传福音等四项工作作为必须完成的任务,此外也提出了一点希望:"在你的工作和环境允许下,向我们报告这

---

① *Chinese Repository*(《中国丛报》),Vol.5,pp. 149-150.
② [新]卓南生《中国近代报业发展史,1815—1874》(增订版)第 15—16 页,中国社会科学出版社,2002 年。
③ *Chinese Repository* (《印中丛报》),May 1844, Vol. 13, p. 652. 或见 Lindsay Ride, *Robert Morrison：The Scholar and the Man*, Hong Kong University Press, 1957, p. 4.
④ Lindsay Ride, *Robert Morrison：The Scholar and the Man*, Hong Kong University Press, 1957, p. 12.

个民族的性格、习俗、礼仪——特别是他们的宗教如何影响了这些方面。"①很显然,当时美国国内的人士对于中国方面的情况是了解很少的。裨治文来华后,更加深切地感觉到西方人关于中国知识的贫乏,中西之间的交流基本上还停留在物质层面,思想道德层面的交流更少。虽然明清之际的天主教传教士有不少关于中国的报道和文章,但在裨治文看来,它们不仅龙鱼混杂,有不少相互矛盾的地方,而且毕竟是多年前的信息了,因此,裨治文希望对中国进行重新而全面的报道,提供更新的和"不带任何偏见"的信息。② 为了实现其传播基督教福音、了解中国的理想,裨治文决心"立意传道,方旷览诸俗,以验生平所学之是,兼以予所见所闻者,播之异土"③。到华之时,他就想在广州或澳门建立一个教会出版社,其目的之一就是要出版一份定期刊物,作为收集有关中国的各种情报、然后传给西方教会支持者的工具。1830年5月,他甚至把在孟买的美国传教团印刷所新近才开始出版的数册《东方基督教旁观者》(Oriental Christian Spectator)寄给美部会,也借此希望美部会相信这些类似的出版物对于自己在华的传教团也是适合的。④ 创办一份英文期刊,就成为裨治文来华后极力筹备的一项重要实务。这种想法得到了马礼逊的同意和支持,因为这本身也是完成自己未竟事业的大好机会。这样,马礼逊和裨治文的传教思路就不谋而合了,他们随后联名向美部会请求赠送一套印刷机器。⑤ 此时恰好有人赠送给纽约布利克街长老会一套机器与铅字,在奥立芬劝说下,长老会将之转赠美部会,美部会同意将这套设备提供给广州布道会使用。印刷机器于1831年12月运抵广州,而铅字则迟在1832年4月运到。⑥ 1832年5月,《中国丛报》在广州创刊,聘请裨治文为主编,由"广州基督教联合会"(The Christian Union at Canton)负担第一年的费用,⑦奥立芬则免费提供一处楼

---

① *Report of the American Board of Commissioners for Foreign Missions*, Boston, 1829, p. 96.
② Elijah Coleman Bridgman, "*Introduction*", The Chinese Repository, Vol.1, 1832, pp. 1-5.
③ 裨治文《大美联邦志略》(Elijah Coleman Bridgman, *Brief History of the United States of America*), 咸丰十一年(1861)刊, 序言。
④ 谭树林《〈中国丛报〉考释》, 载《历史档案》2008年第3期, 第85页。
⑤ Murray A. Rubinstein, *The Origins of the Anglo-American Missionary Enterprise in China*, 1807-1840, The Scarecrow Press, Inc. Lanham, Md., & Landon, 1996, p. 292.
⑥ Chinese Repository(《中国丛报》), Vol.18, p. 435.
⑦ Kenneth Scott Latourette, *A History of Christian in China*, London, 1929, p. 221.

房,供《中国丛报》编辑、印刷之用,并允诺承担出版发行方面的亏损。① 裨治文在该刊创刊当天的日记中明确记述:"今天开始编辑《中国丛报》,愿它从开始时以及在前进的过程中,全部地成为上帝的工作;愿它所有的印页都充满真理,将能促进上帝的荣耀,和他所造人类的幸福。"② 由上可知,《中国丛报》创刊时间是在1832年5月的。至于它的停刊时间,有的学者主张是1851年12月,有的认为在1851年8月。③ 而著者认为谭树林先生的考释可信度高,即《中国丛报》应该在1851年12月停刊的。鸦片战争后的五口通商,使广州在中国的对外贸易上的霸主地位逐渐下降,也就使得"该报(指《中国丛报》)的许多支持者都迁到别的沿海城市或者去了欧洲",不仅导致了发行量减少,从最多时的1000余册到最后一年只有300人订阅,而且稿源也减少,"除了极少数文章是由以前的支持者们撰写的之外,大部分稿件都出自卫三畏之手,甚至有一期从头至尾都是卫三畏的手笔",以至于1851年8月至12月合出一期。《中国丛报》创刊之初,以售报收入,尚能自给自足,1844年后开始亏损,每年亏损三四百美元,特别是在最后一年中,由于亏损严重,令时任主编的卫三畏不得不最后下定决心将之停刊了。1851年12月25日,卫三畏在广州写给W. F. 威廉斯牧师的信中明确提道:"我最近已经停办《中国丛报》了。等我将《丛报》的索引出版后,我就会开始考虑开办一份新的中文报纸或别的什么刊物。"而卫三畏所说的"最近",不可能是三四个月前的8月,卫三畏是个极其勤奋的人,时间对他来说,不是多了而是不够用,"《中国丛报》在发行20年之后停刊,这在卫三畏的生平事业中是一件大事。自从卫三畏到广州后,他为这份报纸的编辑和出版付出了很多心血。在他旅居中国的日子里,他一直都在为此而忙碌"④。

---

① Frederick Wells Williams, *The Life and Letters of Samuel Wells Williams, Missionary, Diplomatist, Sinologue*, New York, 1889, p. 78.
② Eliza Coleman Bridgman edited, *The Life and Labors of Elijah Coleman Bridgman*. 转引自顾长声《从马礼逊到司徒雷登:来华新教传教士评传》第27页,上海人民出版社,1985年。
③ 此说最早见于李志刚《美国第一位来华传教士裨治文牧师与中美早期关系》(载李志刚《基督教与近代中国文化论文集》(二)第30页,台北:宇宙光传播中心出版社,1993年),还有仇华飞《论美国早期汉学》(载《史学月刊》2000年第1期),高焕《美国第一位来华的新教传教士:裨治文》(载《岭南文史》2003年第4期)等。见谭树林《〈中国丛报〉考释》,载《历史档案》2008年第3期,第89页,注(19)。
④ 《卫三畏生平及书信》第95、103、104页。

一般认为《中国丛报》主编只有裨治文和卫三畏二人,其实是曾经三易其人。裨治文、裨雅各(James Granger Bridgman)、卫三畏是真正的主编。作为《中国丛报》的创刊者,裨治文担任主编的时间最长,其间有间断,不同时期有不同的事务。从《中国丛报》创刊到它出版至第2卷第6期,即1832年5月到1833年10月,裨治文对《中国丛报》负全责,不仅负责编辑,而且还要负责它的全部印刷与发行事务。这个初创时期,裨治文得到了史蒂芬(Edwin Stevens,? —1837)的协助。史蒂芬为美国传教士,1832年从耶鲁神学院毕业被按立为牧师,旋即被派往中国,作为雅裨理的继任为美国海员之友会牧师,10月他抵达广州。在华期间,他恪守教职,除为驻广州和黄埔的美国海员讲道外,还分别与德国传教士郭实腊和英国传教士麦都思(Walter Medhurst,1796—1857)乘船到沿海散发中文布道小册子,据说梁发(马礼逊的第一个中国新教信徒)撰写的《劝世良言》就是经他之手传给洪秀全的。① 但史蒂芬给裨治文刊行《中国丛报》的协助不很大,因为史蒂芬不仅定期讲道、学习中文,还要努力成为一名美部会传教士(1835年被按立)。② 史蒂芬曾为《中国丛报》提供了几篇有重要意义的稿件,分别发表在第一至第五卷上。③ 在期刊印刷方面,仍然缺乏人手,所以裨治文多次书信国内美部会,请求派遣印刷工。1833年2月,裨治文再致信美部会通讯秘书安德森(Rufus Anderson),请求速派"一位献身于宗教的、虔诚的、受过良好教育的印刷工"来华协助他的出版工作。④ 卫三畏的到来,真正满足了裨治文的求贤若渴的心愿,而美部会在派出卫三畏赴广州负责传教团印刷事务后,也训示裨治文,命令他停止在《中国丛报》的工作,这样他就可以有更多的时间从事其他工作。⑤ 事实上,卫三畏一接触《中国丛报》后,就对它产生了重要而积极的作用。从1833年10月抵达广

---

① Gerald H. Anderson Edited, *Biographical Dictionary of Christian Missions*, New York, 1998, p. 640.

② Murray A. Rubinstein, *The Origins of the Anglo-American Missionary Enterprise in China, 1807-1840*, The Scarecrow Press, Inc. Lanham, Md., & Landon, 1996, p. 295.

③ Alexander Wylie(伟烈亚力), *Memorials of Protestant Missionaries to the Chinese*, Taipei, 1967, p. 85.

④ Michael C. Lazich, *Elijah Coleman Bridgman (1801-1861), America's First Missionary to China*, The Edwin Mellen Press, 2000, p. 91.

⑤ Murray A. Rubinstein, *The Origins of the Anglo-American Missionary Enterprise in China, 1807-1840*, The Scarecrow Press, Inc. Lanham, Md., & Landon, 1996, p. 301.

州到1844年10月返美探亲的11年时间里,卫三畏履行的也完全是《中国丛报》主编的职责,正如美国学者迈克尔·C.拉齐希所言卫三畏与裨治文一道成为《中国丛报》的联合主编。① 1844年10月离开广州后,《中国丛报》的一切事务又落在裨治文身上,直到1847年6月。因为美部会推举裨治文主持修订《圣经》的中文翻译,裨治文旋往上海定居。裨治文走后,《中国丛报》就由他的本家堂弟裨雅各担任主编。裨雅各是1844年抵达香港,次年8月到广州,初为助理传教士,1846年5月31日在广州被按立为美部会传教士。② 1848年9月,卫三畏探亲结束,从美国返回了广州,《中国丛报》改由卫三畏主编,直到该刊停刊。③

由于《中国丛报》每期多不注明出版地点,每卷前面所注的出版地又太过笼统,如第13卷(1844年全年)注明出版地为香港,第14卷(1845年全年)注明出版地为广州。而实际情况不尽如此。首先,《中国丛报》创刊地点为广州,出版一段时间后曾迁往澳门出版。据卫三畏之子卫斐列的记载,律劳卑事件④后,美国传教士感到在广州印刷中文材料不安全,传教团决定于1835年12月将卫三畏和他的印刷所迁往澳门,因为澳门属于葡萄牙当局管辖,在那里卫三畏可以不受干扰地开展工作,而且还可以借用东印度公司印刷所的中文字模。⑤ 而《中国丛报》却记载,在1839年春迁往澳门出版。⑥ 其他说法,有1839年5月、1839年8月等,而且施白蒂在《澳

---

① Michael C. Lazich, *Elijah Coleman Bridgman (1801-1861), America's First Missionary to China*, The Edwin Mellen Press, 2000, p. 92.

② *Chinese Repository*(《中国丛报》), Vol.1, p. 328.

③ Frederick Wells Williams, *The Life and Letters of Samuel Wells Williams, Missionary, Diplomatist, Sinologue*, New York, 1889, p. 163. 或见 Alexander Wylie(伟烈亚力), *Memorials of Protestant Missionaries to the Chinese*, Taipei, 1967, p. 71. 或 [美]卫斐列著,顾钧、江莉译《卫三畏生平及书信》第92页,广西师范大学出版社,2004年。

④ 1833年,英国废除东印度公司垄断权,而委任驻广州商务监督。英国外交大臣巴麦尊勋爵提名苏格兰贵族、海军军官和养羊业主威廉·约翰·律劳卑担任此职。律劳卑于1834年7月25日到广州以后就发出一封公函。广州贸易章程一直禁止中国官员和外国人直接交往。公函立刻遭到两广总督卢坤的拒绝,命令他立刻返回澳门。律劳卑拒不返澳,于是卢坤中断了贸易。在律劳卑逗留广州期间,总督命令封闭商馆,断绝供应。接着律劳卑违背巴麦尊的命令,指挥两艘军舰一直打入珠江,同时派军舰去印度接兵。与此同时,卢坤封锁了珠江,集合68只战船,并经道光帝敕准用武力对付。律劳卑虽因患疟而身体虚弱,但仍顶住封港令和封锁达17日之久。当他最后失去他本国商人的支持时便改弦易辙,黯然回到澳门,10月11日病死于澳门。

⑤ 《卫三畏生平及书信》第34页。

⑥ *Chinese Repository*(《中国丛报》), Vol.13, p. 559.

门编年史》中坚称,《中国丛报》第 1 卷第 11、12 期曾作为特刊在澳门印刷过。① 但不管怎么说,澳门无疑也是《中国丛报》印刷发行的一个地点。其次,迁往澳门的《中国丛报》虽然避开清政府的阻挠,但作为葡萄牙租借地的澳门却是罗马天主教的势力范围,新教传教士在此也只能暂时栖身。鸦片战争后,与澳门毗邻的香港被割让给英国,新教传教士便把香港作为开展其传教事业的首选之地。在征得美部会同意后,1842 年 7 月,裨治文前往香港,开始修建一个传教会所,到 1844 年 10 月 19 日,裨治文才将《中国丛报》印刷所由澳门迁往香港。② 最后,作为英国殖民地的香港,也不利于美部会的传教活动,加上 1845 年清政府允准传教士在各通商口岸自由传教后,香港的传教优势逐渐降低,裨治文等传教团决定把传教站从香港迁往广州,打算以后集中精力在广州进行发展。③ 于是在 1845 年 7 月,《中国丛报》迁回广州,直到 1851 年 12 月停刊,未再迁移。④ 可见,《中国丛报》曾历广州、澳门、香港、广州四地的辗转,在这三个地方,以广州的时间最长。这样的移动是与当时鸦片战争前后中国社会的变迁和基督教在华传播形势及传教中心的改变同步进行的。

《中国丛报》发行 20 多个国家与地区,以中国、欧美和东南亚国家的读者为主要对象,因为这些地区多是英语系区域,是英美商人和传教士相对集中的活动地区,读者多为商人、传教士和希望了解中国的有关人士。《中国丛报》第一卷和第二卷每期各印刷了 400 册,很快销售一空,故第三卷发行时增印一倍,达 800 册,从第 4 卷起每卷都增印到 1000 册。这是个不小的数量,因为当时西方著名的刊物,如《北美评论》(*North American Review*)和《西敏寺评论》(*Westminster Review*)的印刷量大约在 3000 册左右。《中国丛报》的读者对象主要是在中国、美国和欧洲的西方人士,采取了销售和赠送相结合的发行方式。开始时每卷定价 6 元,第三卷时改售 3 元,如在 1836 年,《中国丛报》在中国的发行量是 200 册,美国 154 册,英国 40 册。⑤ 平均起来,实际销售大概是每期约售出 400 多册,所得收入维持印

---

① [葡]施白蒂著,姚京明译《澳门编年史》(19 世纪)第 110 页,澳门基金会,1998 年。
② *Chinese Repository*(《中国丛报》),Vol.13,p.559.
③ 吴义雄《在宗教与世俗之间:基督教新教传教士在华南沿海的早期活动研究》第 144 页,广东教育出版社,2002 年。
④ *Chinese Repository*(《中国丛报》),Vol.14,p.352.
⑤ *Chinese Repository*(《中国丛报》),Vol.5,p.160.

刷所和编辑部的日常费用。另外赠送 100 册左右,赠送对象主要有英、美等西方国家对应的汉学期刊和传教杂志等单位,如上面提及的杂志社和美部会会刊《传教先驱》等,这些期刊也转载来自丛报上的文章,从而使西方国家中许多没有看到丛报原版上文章的人也同样能够了解有关中国的情况。而剩下的所有期刊皆库存于《中国丛报》印刷所。1856 年,"亚罗号事件"发生后,中国人民反对西方侵略的斗争日益高涨,广州居民曾将外国商馆全部焚毁,卫三畏所办的印刷所器材和印成的书籍,也被烧毁,其中约有 6500 多册的《中国丛报》,只有马礼逊《英华字典修正本》和卫三畏《商业指南》两书,因事前数小时运到船上而幸免于难。总计印刷所损失 1.4 万元。① 中美《天津条约》签订时,美方要求赔偿 2 万元,中国如数赔偿。② 《中国丛报》销售地区较广,以中国为主,东南亚次之,欧美再次之,以 1835 年 515 份《中国丛报》的销往地区为例窥见一斑:

1835 年《中国丛报》发行概况

地区	份数	地区	份数	地区	份数
中国	200	夏威夷	13	地角市(Cape Town)	4
美国	154	孟买	11	缅甸	3
英国	40	马六甲(Malacca,满剌加)	6	雪梨和新南威尔(Sydney and New South Wales)	6
巴达维亚	21	槟榔屿(Penang)	6	孟加拉、尼泊尔	7
新加坡	18	汉堡(Hambury)	5	锡兰(Ceylon)	2
马来亚	15	暹罗(Siam)	4	其他	13

[资料来源:《中国丛报》(*Chinese Repository*),Vol.5(1836),p.172.]

《中国丛报》稿源问题,也是透视《中国丛报》细节的重要方面,更关乎该刊的内容和主旨。从编辑人数来看,《中国丛报》不是一个人的成果,而是一个作者群的产物,身为编辑之人,同样也是撰稿人。而其他的撰稿人,不是该刊的发起者、赞助者,就是热心者、支持者和写稿人。根据卫三畏编

---

① *The Panoplist and Missionary Herald*(《教士与传教报》),Vol.53(1857),p.164.
② Frederick Wells Williams, *The Life and Letters of Samuel Wells Williams, Missionary, Diplomatist, Sinologue*, New York,1889,p.242.

撰的《中国丛报》总索引,撰稿人主要有裨治文、卫三畏、马礼逊、马儒翰(J. R. Morrison,马礼逊之子)、郭实腊等五人,他们发表于上的文章数分别是 350 篇、114 篇、91 篇、85 篇、51 篇。其中,马礼逊的文章多是重新刊发的,因为马礼逊于 1834 年 8 月逝世,为《中国丛报》撰文不过两年之久,近百篇文章是他以前在各报上所发表之文,重刊多为纪念。① 郭实腊一生出版的德文、英文、中文、日文、马来文著作有 85 种之多,另外还有一部英汉字典的手稿。② 郭实腊也是《中国丛报》的积极投稿者,文章数量仅次于裨治文、卫三畏和马礼逊父子,是丛报的五大台柱之一。这位"著作等身"的汉学家的代表作是 1838 年在伦敦出版的《中国的开放》(China Opened),而在《中国的开放》出版之前,全面介绍中国的英文著作只有一部,为英国伦敦会传教士德庇时的《中国人:中华帝国及其居民概况》(The Chinese: A General Description of the Empire of China and Its Inhabitants,1836)。这两部英文著作都是此后卫三畏写作《中国总论》时的重要参考和超越的目标。之前,卫三畏曾在《中国丛报》第 8 卷第 2 期上对郭实腊的《开放的中国》予以及时而客观的评论,"菜的原料很好,但没有做得可口",对一些"草率的推测、随意的表述"深表遗憾,还认为要"鉴别哪些是玉,哪些是石"却绝非易事,这样的书不应该出自郭实腊之手,也不是人们对他这样一位汉学家所寄予的期望。③ 除了五大台柱式的撰稿人之外,《中国丛报》的其他撰稿人还有 W. A. Macy、W. C. Milne、I. Hedde、G. Smith、S. Johnson、R. Collinson、C. Shaw、W. M. Lowrie、E. Stevens、J. G. Bridgman 等。所有稿件主要有四个来源:一是已出版的有关中国之西文书籍,《中国丛报》摘要转载,或为评论,共达 130 种之多;二是个人游历所见所闻;三是华人口述,《中国丛报》据以报道;四是中文书籍,此为素材的最大来源,《中国丛报》将之译成英文,撮要介绍,共达 88 种之多,此外则就某一问题研究,引证中西文书不少。④ 这些撰稿人大多态度认真,考证翔实。但个人持论是否公允,有待深入研究后谋定。《中国丛报》在华发行 20 年间共刊载论说、书

---

① Chinese Repository(《中国丛报》),1849,Vol.18,p. 435.
② Alexander Wylie(伟烈亚力),*Memorials of Protestant Missionaries to the Chinese*,Shanghai: American Presbyterian Mission Press,1867,pp. 56-66.
③ Samuel Wells Williams,"Review of China Opened",*The Chinese Repository*,Vol.8,pp. 84-98.
④ *The Panoplist and Missionary Herald*(《教士与传教报》),Vol.31(1835),p. 16;或见 *Chinese Repository*(《中国丛报》),Vol.21.(1851),pp.xi-liv(General Index 总索引)。

评、报道、时事和宗教消息五大项的文章1378篇,按照内容可细分30大类:

《中国丛报》刊载文章分类表

类别	篇数	类别	篇数	类别	篇数
(1)地理	63	(11)船运	56	(21)南洋群岛	36
(2)中国政府与政治	81	(12)鸦片	55	(22)其他亚洲诸国	18
(3)财经与海陆军	17	(13)广州、洋行等	36	(23)异教	43
(4)中国人民	47	(14)中国对外关系	34	(24)传教活动	103
(5)中国历史	33	(15)中英关系	38	(25)医药传教	48
(6)自然史	35	(16)中英战争	74	(26)修改圣经	40
(7)艺术、科学与工艺	57	(17)香港	22	(27)学会	31
(8)游记	57	(18)中美关系	21	(28)宗教	29
(9)语言、文学等	124	(19)日本、韩国等	24	(29)传记评论	38
(10)商业与贸易	60	(20)交趾支那半岛	21	(30)其他	37

将上表的30类内容再粗分归类,可以发现:第1至第9可归之为中国国情类,计514篇;第10至第18为中外关系类,计396篇;第19至第23为外国类,计142篇;第24至第29为宗教类,计289篇。与中国有关的文章约占90%,重点在中国国情方面,是为名副其实的《中国丛报》。① 在丛报创刊号上,作为主编的裨治文发表署名文章,明确指出《中国丛报》出版的宗旨:"认识中国、了解中国,向海外报道中国各方面情况以及她所发生的变化,变化给中国带来的影响。"还概括刊物需要研究四大问题,即研究中国自然经济与地理位置的情况;研究中国商业发展情况,特别是中外通商贸易情况;研究中国社会发展情况,如中国的政治、经济、军事、文化、历史和法律等;研究中国宗教事业发展状况。② 这些与中国密切关联的研究文章,使《中国丛报》主旨非常明晰,就是让西方认识中国和了解中国,同时

---

① *Chinese Repository*(《中国丛报》),Vol.21(1851),pp.xi-liv(General Index 总索引),转引自王树槐《卫三畏与〈中华丛刊〉》,载林治平主编《近代中国与基督教论文集》第178—180页,台北:宇宙光传播中心出版社,1990年。

② *Chinese Repository*(《中国丛报》),Vol.1(1832),pp.1-5.

让中国人接受基督教文明,进而接受西方政治制度与思想意识形态,构建一种理想化的"平等"中外关系。但从本质上来说,这些似乎比较公正的理想,是有一个前提和基础的,就是中国必须开放。理论上是对所有国家,而真正目的却是发展美国在华利益,维护美国的最大利益。因此,从《中国丛报》的办刊主旨和它的文章性质,我们可以看出《中国丛报》具有两大特点:一是丛报中虽然有一些涉及亚洲其他国家的内容,但有关中国的内容占90%,是整份刊物的绝对主体;二是丛报虽然是传教士所办,投稿者也主要是传教士,但宗教内容并不是主要的,重点是对中国国情的介绍。由此可以这样说,《中国丛报》是一份真正的汉学刊物,《中国丛报》不仅是"当时唯一的汉学杂志",而且其刊载的关于中国的研究论文"在今天看来仍有参考价值"。①

作为一份颇具影响力的中国研究丛报,《中国丛报》仅仅维持了20年时间,个中原因自是众说纷纭。但通过深入考察,《中国丛报》停刊原因不外乎多种因素的综合作用,包括西方对华了解日深、当时在华报业竞争加剧和编辑裨治文与卫三畏精力不足等。首先是鸦片战争后东西方社会交往的变迁决定了任何一份外报的存亡,这表现在以下几点:一是西人在华活动限制减少,了解中国更加方便,加上外国人来华人数剧增,他们不再依赖一份像《中国丛报》这样的报纸向他们"转述"中国,而可以通过自己的观察向西方直接讲述自己的认识,导致《中国丛报》向西方介绍中国的功能相对削弱;二是西方商人、学者对《中国丛报》的关注度降低,传教作为"开化"手段显得太过缓慢而失去了魅力;三是这一时期西方人无暇关注中国,欧洲人在浪漫主义思潮下逐渐从东方转回,关注各自民族历史和特征的文化研究而渐渐失去对中国的兴趣,美国这一时期也因南北矛盾激化而对中国兴趣不大。其次,《中国丛报》自身面临危机也日渐严重,报业间的竞争加剧。鸦片战争后中国的媒体环境发生了剧变,许多相继来华的商人、传教士等纷纷创办报纸或杂志。在1832年《中国丛报》创办时中国仅有5家报刊和2份英文报纸,而到1851年它停刊时已经有13家报刊和5份英文报纸,尤其是适应性很大的商业报刊的出现,使得偏重学术性的《中国丛报》"不合时宜"。报业环境的激烈竞争还导致了《中国丛报》运营后

---

① Laurence G. Thompson, "American Sinology 1830-1920: A Bibliographical Survey", *Tsing Hua Journal of Chinese Studies*, Vol. 2, No. 2, 1961, pp. 246-247.

期的经济困难,报纸发行量锐减引起资金不足,资助人奥立芬去世使得再没有人慷慨给予丛报补贴;加上稿源渐渐减少,中国印刷工素质较差使得报纸刊行也受到阻碍。最后,《中国丛报》编辑裨治文和卫三畏个人活动内容改变也是关系密切,他们精力有限,最终放弃丛报工作,主要是鸦片战争后他们参与了美国对华的外交活动,卫三畏还从事翻译和中国研究,更是无法保证足够的精力和时间来维持《中国丛报》的继续出版。①

《中国丛报》不是西方人在华创办的第一种英文刊物,在其发刊之前,已有4种英文刊物,但只有《广东纪录》(*The Canton Register*,后改名 *The Hong Kong Register*)存在较久,堪与之竞争,而1841—1851年间新增报刊5种,其中4种比《中国丛报》存在更久。② 但作为美国人第一份在华的英文刊物,《中国丛报》维持20年之久,销路遍及全球,是一种非常成功而有影响力的杂志,在中外报业史上,自有其重要的历史地位。这样的历史地位,至少可以用两个方面的意义来表达:史料价值和文化交流作用。

史料价值方面:《中国丛报》刊行20年间致力于"提供有关中国及邻近地区的最可靠的和最有价值的资料"③,"这个著名的刊物,受到世界所有有关学者的重视,成为研究当时(1832—1851)中国历史珍贵资料之一"④。《中国丛报》中保存的丰富史料,被其后的中外学者多加引证,实现了它停刊时卫三畏与裨治文的预言:"深信他们的辛劳会得到公平的评价,他们的作品会获得适当的地位。"⑤卫三畏还说过:"其中包含着当时中外关系的历史。"⑥美国宗教史学家赖德烈认为"这是有关中国知识的矿藏",

---

① 陆亨《〈中国丛报〉的停刊原因初探》,载《国际新闻界》2007年第6期,第76—79页。
② Samuel Couling, *The Encyclopaedia Sinica*, Shanghai, 1917, p.459;或见《中国丛报》(*Chinese Repository*), Vol.20(1851), Editorial Notice。*The Canton Register* 应该译为《广州纪事报》,旧称《澳门杂录》,1827年11月8日在广州创刊,是西方人在中国境内出版的第一份英文报纸,从第二期开始,马礼逊就为该报撰稿。在中国境内的第一份中文期刊是由普鲁士传教士郭实腊于1833年7月25日在广州创刊的《东西洋考每月统记传》(*Estern Western Monthly Magazine*),而第一份中文期刊则是英国新教传教士马礼逊和米怜于1815年在马六甲创办的《察世俗每月统记传》(*Chinese Monthly Magazine*)。
③ Rosewell S. Britton, *The Chinese Periodical Press 1800-1912*, Shanghai, 1933, p.28.
④ 李定一《中美外交史》(第一册)第58页,台北:力行书局,1960年。
⑤ *Chinese Repository*(《中国丛报》), Vol.21(1851), Editorial Notice。
⑥ Samuel Wells Williams, *The Middle Kingdom*(卫三畏《中国总论》), New York, 1871, Vol.2, p.333.

"这是当时中国对外关系最好的史料",是研究当时中国的"不可缺少的史料"。① 上海圣约翰大学历史教授宓亨利(Harley Fransworth MacNair,1891—1947)②在其所著的《中国近代史选读》(Modern Chinese History Selected Reading)的第一章到第六章,共选录了139篇史料,其中就有23篇选自《中国丛报》。③ 此外,《中国丛报》很注意报道关于中国的时事和对外关系,记载了鸦片战争的全过程。迄今有关鸦片战争档案解档虽然很多,但《中国丛报》有些记载不仅可补充档案之不足,而且作者多处身局外,常有档案中不易见到的史料,日本丸善株式会社因见该刊的史料价值极高,故于1941—1943年间予以影印再版,所以美国学者丹涅特就曾说过"这是一部非常有价值的档案补编"④。

文化交流方面:《中国丛报》存续的20年间,对中国来说,是经由闭关锁国到丧权辱国的时期;对外国人来说,是经由被封闭到享特权的时期;对于海外传教士来说,更是一个从吃闭门羹到全面开放的时期;对中国近代媒体来说,是一个从少到多的丰富发展的历程。⑤《中国丛报》的历史意义正是在特定的东西方交往的历史背景和编辑人员与受众之间的互动过程中得到最明确的阐释,无疑具有很强烈的东西文化交流的时代性和深远影响。毋庸置疑,《中国丛报》编辑们长期卓有成效的工作,使之成为当时影响巨大的英文报刊,该刊以欧美各国政府、商业团体和在华外侨为阅读对象,目的就是"在外国人中传播关于中国的信息,它的法律、习俗、历史和时事,以及有关对中国人传教的教会信息"⑥。因此,丛报就成为当时外国人

---

① Kenneth Scott Latourette, *A History of Christian Missions in China*, p. 265; *The History of Early Relations between the United States and China*, New Haven: Yale University Press, 1917, pp. 40, 180.

② 宓亨利是美国著名的研究外交史的学者。1912年来华,曾在上海圣约翰大学任教并为《密勒氏评论报》的特约编辑。1926年返美后从事教学和写作,任华盛顿州立大学、芝加哥大学教授。他曾与马士合著《远东国际关系史》(*Far Eastern International Relations*, 1931);此外他个人还著有《中国近代史选读》(*Modern Chinese History Selecfed Readings*, 1923)和《华侨志》(*The Chinese Abroad, Their Position and Protection*, 1924),后者叙述中国人移居美国的历史过程以及美国的排华运动,在当时影响颇大,30年代已有中译本。

③ Kenneth Scott Latourette, *The History of Early Relations between the United States and China*, New Haven: Yale University Press, 1917, p. 180.

④ Tyler Dennett, *Americans in Eastern Asia*, New York: Macmillan and Company, 1922, p. 685.

⑤ 陆亨《〈中国丛报〉的停刊原因初探》,载《国际新闻界》2007年第6期,第76页。

⑥ [美]赖德烈《早期中美关系史》第186页,商务印书馆,1963年。*Chinese Repository*(《中国丛报》), 1832, Vol. 1, pp. 1—5(裨治文的创刊词)。

了解中国的主要情报来源,也成为中外文化交流的重要桥梁。正如戈公振先生所言:"外报之目的,为传教与通商而宣传,其为一己之便利,夫待可言。当时教士与吏,深入内地,调查风土人情,刺探机密,以供其国人之参考。故彼等之言,足以左右外人舆论,与其政府之外交政策,而彼等直接间接与报纸均有关系。"[1]更主要的是,《中国丛报》介绍中国政治、经济、社会和文化,宣传中华文明,是美国汉学的肇始载体,"(美国)来华传教之父"的裨治文也因《中国丛报》而被誉为"研究中国学的开山鼻祖"。[2] 与欧洲早期汉学研究相比,美国的汉学研究的开先河者也是传教士,但他们起步很晚,直到19世纪30年代,基督教新教传教士才进入中国,尝试汉学研究。然而,如果说欧洲的汉学研究的兴起还多少包含有对于中国文化的向往,那么美国的汉学研究的兴起就完全是出于对美国自身的战略利益的考虑。在欧洲,从事汉学研究的人一般不研究现实问题,这种状况同重视研究现实问题、强调研究的实用性的美国学术传统显然是不合拍的,这又使得美国的汉学研究与欧洲的汉学研究呈现出迥然不同的特征。[3] 这种注重研究中国政治、经济和社会等问题的美国汉学,一开始就使中美之间的文化交流发展起来。古老中国的传统文化,是《中国丛报》向西方传播的主要内容,有力地促进了东方文明的西传,而开放进取的新兴美国和闭关落伍的晚清帝国之间的时代差距,又使得西方基督教文化的优越性成为《中国丛报》大肆颂扬的重要内容。这样,两种完全异质的文化在《中国丛报》中交汇、互动,极大地改变着中美两国人民的思想意识和社会态度。从"中学西渐"的角度而言,《中国丛报》各类文章共1378篇,其中有关中国国情的文章有514篇,这些文章将中国的大量信息,从最高统治者的皇帝到各级官吏,从统治阶级法典到秘密社会教规,从孔孟之道、儒家学术到三字经、歇后语,从古典名著到民间传说,都作了报道或评论,起到了"开文学之路,除两地之坑堑"[4]的作用,有助于西方世界了解中国,"《中国丛报》不仅关注当时中国社会的实际问题,又以大量篇幅甚至是连篇累牍地发表研

---

[1] 戈公振《中国报学史》第109页,生活·读书·新知三联书店,1955年。
[2] Susan Reed Stifler, "An Early American Sinologue: Elijah Coleman Bridgman", *The American Graduate's Quarterly*, Feb. and May, 1935, pp. 1-11.
[3] 侯且岸《费正清与中国学》,载李学勤主编《国际汉学漫步》(上卷)第2页,河北教育出版社,1997年。
[4] 姚莹《康輶纪行》(第12卷)第22页,江苏广陵古籍刻印社,1995年。

究中国古典文学名著、经典诗歌、散文的文章,还涉足于中国古代历史、文化、文学、哲学、艺术和宗教等领域,以及对中国各个封建朝代不同人物的描述,是近代西方汉学研究的又一典型。因此,《中国丛报》对中国问题的研究同早期欧洲汉学家们研究中国历史文化的方法有许多惊人的相似之处。正因为如此,《中国丛报》成为当时西方人研究中国的不可或缺的资料来源"①。在"中学西渐"这种的文化交流之中,卫三畏获得殊荣。在《中国丛报》停刊26年后的1877年,卫三畏最后一次离开上海时,传教士对他说:"你身为编辑、著作家、辞典编辑者,你广博而精密的学识,慷慨而辛勤地传授于人,使我们和所有学习中国历史和中国语文的学生们,永远感激不尽。"②从"西学东渐"的角度来看,《中国丛报》是美国传教士进行对华输出基督教文化的重要基地。丛报虽然反对鸦片贸易,却有不少支持英国侵华的言论,并对西方国家对中国的文化侵略歌功颂德,这是与丛报创刊时的宗旨相违背的。美国传教士想让中国人早点了解基督教教义,接受基督教文化,成为上帝的信徒,主观动机不是恶意,而其后利用军事威吓、政治欺骗的不平等条约的伎俩,来达到推行基督教教化的目的,成为帝国主义侵华的文化帮凶,无疑与"上帝之爱世人"是格格不入的,都是应该受到批判的。作为新教传教士,《中国丛报》编辑裨治文、卫三畏等人都标榜自己有崇尚"异教徒也是上帝支配的大家庭中的兄弟"的博爱之心,从博爱之心出发而创办的在华最早的英文月刊《中国丛报》,它的主旨是既想让西方人了解中国,为西方和美国学者研究汉学提供便利;又想让中国人早点接受基督教文化,接受基督教教义,成为上帝的信徒。从这个角度上看,《中国丛报》在推动基督教教化运动的同时对传播汉学起到它独有的连带作用。③ 总之,《中国丛报》肩负着双重使命:"中学西渐"和"西学东渐",尽管后者是主要方面,"通过美国传教士的宣传,在早期美国普通人眼里,中国是一块土地美丽富饶,但是精神文化落后的地方。这里的'精神文化'落后,是相对于体现基督教教义的精神文化而言的。这样就激发了美

---

① 戴丽华《〈中国丛报〉与早期中美文化交流初探》,载《老区建设》2009年第14期,第43页。

② Frederick Wells Williams, *The Life and Letters of Samuel Wells Williams, Missionary, Diplomatist, Sinologue*, New York: G. P. Putnam's Sons, 1889, p. 419.

③ 仇华飞《论美国早期汉学研究》,载《史学月刊》2000年第1期,第98页。

国年轻人来中国传教的使命感"①。当然,从文化的民族性角度上看,基督教文化对于中国人来说,也是一种文化的滋养,有利于中国人面向世界,学习西学,自然有利于中国文化的兼收并蓄与发扬光大。将两种文化的求同存异放在同一水平线上,美国中国学研究和中国人研究美国汉学,就成为中美两国人民一项共同而合作的文化工程。近两个世纪前的《中国丛报》从不同角度对中国社会、政治、历史和文化,甚至对中国人的心理特征、行为举止等进行概述,形成了近代美国汉学研究的独有风格,开创了美国早期汉学的先河,对现代美国中国学研究产生了深远的影响。

二、卫三畏在《中国丛报》上的作为

卫三畏的祖先是北美大陆早期的英格兰移民。1637年,罗伯特·威廉斯家族开始定居罗克斯伯里(现为波士顿近郊),艰苦地开拓着一个农庄,成为当地最早的移民和清教徒领袖。从其小儿子斯蒂芬开始的五六代人都一直生活在祖先的农场上。他们都是敬神、正直的男男女女,始终维持着这个家族的荣誉和尊严,然而没有一个人成名成家。1790年,罗伯特·威廉斯家族迁居纽约州的新哈特福德,1800年,卫三畏的父亲威廉在纽约中部城市伊萨卡(Utica)加入苏厄德(Asahel Seward)的印刷公司,不久以后就成为公司的合伙人。1812年9月22日,罗伯特·威廉斯家族的第七代人中的老大卫三畏出生在伊萨卡,取名为塞缪尔·韦尔斯·威廉斯(Samuel Wells Williams)。② 卫三畏的父亲威廉是个典型的美国早期清教移民后裔,一个不知疲倦的基督教兄弟会成员,他继承了祖先的虔诚、节俭、勤劳,有热忱的爱国心与使命感,对于公益事业非常热心。威廉先后有两任妻子,生育15个子女,卫三畏是长子,而且是子承父业的最大期望对象。在卫三畏10多岁时,父亲已经成为纽约州中部颇有名气的印刷商,经常承担美部会和其他宗教团体的印刷业务,这也是美部会委托他寻找印刷工的原因。卫三畏来华前的心智发展和赴华决定,都深受父亲的影响。童

---

① 戴丽华《〈中国丛报〉与早期中美文化交流初探》,载《老区建设》2009年第14期,第43页。

② 《卫三畏生平及书信》第1—2页。

年时代,卫三畏曾在伊萨卡的一所主日学校学习,培养了虔诚的宗教感情,学到了热爱自然和对上帝的敬畏,15 岁时被送到埃利·伯查德牧师的学校学习。在上大学之前,卫三畏就显示了对阅读和学习的强烈兴趣,具备极强的阅读能力和持久记忆力,不仅读完父亲的藏书,还阅读过夏威夷传教士写的书籍。由于父亲投资失败,家庭拮据,加上 1831 年秋母亲病逝,卫三畏中学毕业后,只得放弃到康涅狄格州纽黑文的耶鲁学院,而进入纽约州特洛伊镇上的一所技校,创建于 1824 年的伦塞勒工艺学院(Rensselaer Institute),也就是现在非常著名的纽约特洛伊科技学院(Troy Polytechnic Institute, N. Y.)。在这所技校里,卫三畏得到了植物与矿物学教授伊顿教授的指导,树立了成为一名博物学家的志愿。在第一个学期的那些冬天的晚上,卫三畏忙着为植物学课本撰写有关植物起源的部分,比起上逻辑和代数课来,分配给他的这个工作更适合他的口味,也正是在这本教科书上,他的名字第一次变成了铅字。① 然而,人的命运常常会因为一些偶然的事情而改变。1832 年春季,父亲的一封来信彻底改变了卫三畏此后的人生轨迹。信中提出要他照管传教会在中国的一个印刷所的计划。卫三畏曾经在父亲的印刷所中有过见识,但没有引起兴趣,此时的计划,对印刷技术还是所知甚少的卫三畏而言,可谓突如其来,让他陷入深思。当时,英美商人为拓展与中国的贸易,亟须了解有关中国的各种情况。而传教士东来,恰巧成为联络的纽带。随着美国新教传教士裨治文等人的来华,纽约布立克街的长老会教堂赠送给在中国广州刚刚建立的美部会传教团一台印刷机和一套英文铅字,他们认为印刷品对于改造异教徒的工作是大有助益的。当长老会教堂要求卫三畏的父亲威廉寻找一个能够前往中国管理传教团印刷所的年轻人时,他立刻推荐了自己的长子卫三畏。对父亲而言,他相信卫三畏对于传教工作并不陌生,而且对上帝和他的事业的热爱是所有事情中最重要的,把福音传给异教徒是为主效力的最好方法。面对父亲的来信,一向孝顺的卫三畏在这个重大的人生抉择时,没有花费太多的时间进行反复思量,经过一夜的思考和祈祷后,卫三畏于 1832 年 4 月 23 日给父亲回信,表示愿意前往,但必须具备印刷技术。"如果阻挠我去的因素能够满意地被排除,我就去。这就是说,在十月份课程结束

---

① Frederick Wells Williams, *The Life and Letters of Samuel Wells Williams, Missionary, Diplomatist, Sinologue*, New York: G. P. Putnam's Sons, 1889, pp. 32-33.

以后,是否可能让我好好地学一下印刷方面的业务,以便能胜任这项工作?……如果我能够完全学会我现在还是一无所知的那门印刷技艺,我愿意去,而且非常荣幸自己能够这样为耶稣的事业效力。……如果我真的能去中国,这将改变我的一生。"①卫三畏做出如此迅速的决定并非出于幻想,在最初的传教工作中有某些冒险的成分,更主要的是传到美国人耳朵里的关于远东地区的浪漫故事,特别是几个世纪的封闭而形成的有着特殊风俗、未开垦的土地、不被人所知的文学、和奇妙的工艺品的中国,成为世界上最让人好奇的国家,也是冒险和开拓的理想之地。"一旦做出承担这项工作的决定,我就丝毫没有怀疑过最终的胜利,或者后悔做这件事。感谢上帝!"②

接受计划的卫三畏,很快从技校毕业,被美部会选中后,随即在父亲的印刷所经过了6个月的学习与训练,掌握了书籍制作的各个环节。但是,此时在21岁的卫三畏的心目中,中国遥远而模糊。卫三畏来华并非个人行动,甚至也不全是个人意愿,主要是海外传教差会的派遣。"许多人问我,我去中国是否是自觉自愿的。关于这个,我在离家之后想了想,我不能肯定(当我想到和看到我将要离开的一切时)我是否说过后悔的话。如果说过,它们都留在美国了,留在了1833年6月15日。"③然而,卫三畏毕竟来华了,而且一住就是43年之久,人生有几个43年?可见,卫三畏的来华是义无反顾的。1833年6月15日,卫三畏与同行的特雷西牧师一起在纽约搭乘"马礼逊"号商船前来广州。"马礼逊"号是自1820年就来华经营进出口贸易的美商奥立芬为表示对首位来华新教传教士马礼逊的尊敬而命名的一艘商船。奥立芬是一位敬虔的纽约公理会基督徒,他投资成立的同孚洋行是广州唯一一家拒绝从事鸦片贩卖的美国公司,他因此赢得"顽石"(Zions Corner)和"圣人"(Holy Man)的绰号,他在广州的公司被称为"锡安角"(Zion's Corner)。④ 奥立芬长年呼吁美国海外宣教委员会(即美部会)差派传教士到中国,牧养旅华美商、向寄居地的(中国)民众传福音,并负责承担每位传教士的旅费和第一年的生活费,并将自己租借

---

① 《卫三畏生平及书信》第5—7页。
② 《卫三畏生平及书信》第7页。
③ 《卫三畏生平及书信》第14页。
④ 李定一《中美早期外交史》第46页,北京大学出版社,1997年。锡安是耶路撒冷的山名,以色列人的王宫和圣殿建筑于此,大卫王也安葬于此,锡安角的意思是"真正的基督徒的地方"。

广州城外"夷馆"(Factory)里的房间,免费供给来广州的传教士居住使用,达十余年之久。他的公司船只为往返中国的传教士及家属提供了51人次的免费航程。① 美国第一位来华新教传教士裨治文就是乘坐奥立芬的"罗马人"号商船赴华的,而且奥立芬提供他在广州的全部生活费,甚至还为他专门雇有仆人。② 卫三畏一行东渡的旅费也同样是这位基督徒商人资助的。10月25日,卫三畏和特雷西到达广州,亦被奥立芬安排在美商夷馆中。1851年,奥立芬回美途中不幸病逝,令卫三畏深感悲痛。后来,卫三畏为了感激奥立芬先生,曾将其1852年6月22日出生的第三个孩子(儿子)取名为奥立芬(Olyphant),以致谢意。③ 同样,《中国丛报》创刊和前期发行,也离不开奥立芬的协助,除承诺负担销售亏损和成功游说纽约长老会赠送印刷器材给美部会广州传教团外,还免费拨给一栋楼房作为编辑、印刷之用。1832年5月,《中国丛报》成功创刊,由于印刷量极大,需要有熟练印刷技艺的印刷工,这就成为卫三畏作为从事印刷工作的传教士的来华契机。

卫三畏抵达广州时,《中国丛报》已经出至第2卷第6期,这一年半时间是由裨治文负全责的。《中国丛报》创刊,以马礼逊、裨治文和奥立芬三人功劳最大,但卫三畏对于该刊的贡献,不低于裨治文。④ 这种"不低于"更多的是从《中国丛报》的发展角度而言的,由卫三畏的工作量和成绩所决定的。

卫三畏一到广州后,就立即接管了《中国丛报》全部印刷与发行事务,不久又参与了该刊的编辑工作,直到1844年10月回美探亲。这11年间,卫三畏履行的几乎就是《中国丛报》主编的职责,或说是与裨治文一起成为联合主编。1848年9月,卫三畏从美国返回广州后,又任主编,直至丛报停刊。《中国丛报》存续20年间,卫三畏在任14年多,与裨治文在任15年(1832—1847)不相上下。卫三畏也是《中国丛报》的重要撰稿人,其发表文章114篇,次于裨治文(350篇)而位居第二。1834年2月的《中国人

---

① Frederick Wells Williams, *The Life and Letters of Samuel Wells Williams, Missionary, Diplomatist, Sinologue*, New York: G. P. Putnam's Sons, 1889, p. 39, 78.

② Eliza G. Bridgman, *The Life and Labors of Elijah Coleman Bridgman*, New York, 1864, p. 38.

③ Frederick Wells Williams, *The Life and Letters of Samuel Wells Williams, Missionary, Diplomatist, Sinologue*, New York: G. P. Putnam's Sons, 1889, p. 182.

④ 王树槐《卫三畏与〈中国丛报〉》,载《近代中国与基督教论文集》第174页,台北:宇宙光传播中心出版社,1990年。

的度量衡》《广州贸易中进出口的货物种类》两篇文章,是卫三畏到达中国广州还不到半年的时间内写作发表的。此后,卫三畏就不断给丛报投稿,除第15卷、16卷(1846—1847)没有他的文章外(正在美国休假,在演讲和写作《中国总论》),其他各卷都有他的文章或作品,特别是最后4卷(1848—1851),他的文章尤为密集。因为裨治文去上海参加《圣经》中文版的修订,卫三畏不仅接替了他的主编职位,也接替了他的主笔工作,以至于"大部分稿件都出自卫三畏之手,甚至有一期从头至尾都是卫三畏的手笔",有力延续了《中国丛报》的影响力。此外,卫三畏的丛报印刷之辛劳与功劳更是不容忽视的。初到广州的卫三畏,暂住在美国商馆"广顺行"。① 当时在华外国人都被集中在广州城外的十三行所属夷馆区中,面积大约15英亩,住着大约300名外商,组成了一个小社会。沿河排列、一家挨着一家的十三行夷馆,一般多为三层楼房,至少是二层的,比较宽敞。② 虽然商行表面看上去不错,但这些建筑里面的住宿条件却相当糟糕,既不够宽敞,也不够通风。③ 商行的大多数地方都被东印度公司占据。但就大多数人来说,他们不得不住在既不舒适也不利于健康的地方。商行后面一些底层的房间不但潮湿,而且发出恶臭味,在一年中的某些季节简直无法让人居住,所以夏天很多外国人结伴前往澳门度假,以避免在这里染上瘟疫。④《中国丛报》的印刷所就设在美国夷馆(American Factory)的后排房屋中,也就是卫三畏的工作地点,由于露天部分地面上铺了石头,天气湿冷,从12月到来年4月都须生火。而且受到清政府禁教的限制,外出有被抢劫的危险,与中国人接触极少,活动范围有限。这样的生活和工作环境,是需要极好的忍耐力和冷静心态的。在广州的印刷所只有一间房子,1836年,《中国丛报》迁往澳门后,印刷所有所改善,租有独楼一座,共

---

① Samuel Couling,*Encyclopaedia Sinica*(Shanghai,1917)第171页称美国夷馆为"宝顺行";梁嘉彬《广东十三行考》(广东人民出版社,1999年,第349页)中将之译为"广顺行";顾钧等译《卫三畏生平及书信》第21页按照原文音译为"广源行"(Kwang-yuen Factory)。这些不同的正误,尚待考证。

② *Chinese Repository*(《中国丛报》),1832,Vol.1,p.212.

③ 关于夷馆内部情况的具体描述,参见史景迁(Jonathan D. Spence)的《上帝的儿子:洪秀全的太平天国》(*God's Chinese Son:The Taiping Heavenly Kingdom of Hong Xiuquan*,New York:W. W. Norton & Company,1996)一书的第一章"城墙"(Walls)。

④ Williams C. Hunter,*The Fan Kwae at Canton Before Treaty Days*,London,1882,p.24;[美]卫斐列著,顾钧、江莉译《卫三畏生平及书信》第18页,广西师范大学出版社,2004年。

12间,每间约两丈见方。该楼建在山坡上,一边为两层,另一边为三层,印刷室就设在中间。雇有门房1人,买办1人,厨子1人,男佣1人,印刷工1人,共5名,另有小孩4人,是卫三畏收养的学生。不久印刷工增至5人,内有华人3名,葡萄牙人2名。后来又有一名被救的日本船员加入,协助印刷事务。为此,卫三畏需要学中文、葡文和日文,而日语学习,成为卫三畏1853年随从美国准将佩里(Matthew C. Perry,1794—1858)打开日本门户任翻译的基础。① 英国东印度公司为了印刷马礼逊的《英华字典》,1815年在其澳门办事处设立了一个印刷所,最初的印刷所只有英文铅字,中文部分则因需要而铸刻,英国印刷工人汤姆斯与中国工人经过几年努力,用传统的雕刻方法,铸刻了第一副汉文铅字。中文铅字数量逐渐增加,有大小两型,大型的有4.6万字,小型的有2.2万字,另有草楷铅字数百个。② 在澳门期间,卫三畏就借用东印度公司的全部中文字模,后由英国当局在1842年将之赠送给了卫三畏。卫三畏回美探亲的途中,于1844年11月经过伦敦时,购买了一套满文字模。到美国后,又募款购买了一套全新的中文字模,但定制的铅字1859年才完工,尚未交货,《中国丛报》已停刊。③ 这些为数甚巨的中文铅字模,占去印刷室大半空间,卫三畏不仅用之出版《中国丛报》,而且排印其他中英文书籍。④ 从1833年抵达广州到1856年离开美部会,印刷一直是卫三畏最重要的工作,他也是这一时期美部会派往中国的唯一印刷工。从接手印刷《中国丛报》开始,各种印刷任务接踵而至。据统计,卫三畏主持广州和澳门的印刷所25年间,书籍印刷品共计约3.8万册,还多次承接了印刷各种小册子的业务(数量无法精确统计),出版物和其他业务盈利超过1.2万美元,其中卫三畏自己编辑、著述的书籍有十余种。

---

① Frederick Wells Williams, *The Life and Letters of Samuel Wells Williams, Missionary, Diplomatist, Sinologue*, New York: G. P. Putnam's Sons, 1889, pp. 65, 81-82, 86, 110;《记述参赞三畏在中华事》,载《万国公报》卷九(1877—1878),第218页。
② *Chinese Repository*(《中国丛报》),1834, Vol.3, p. 43.
③ *Chinese Repository*, p. 148.
④ Frederick Wells Williams, *The Life and Letters of Samuel Wells Williams, Missionary, Diplomatist, Sinologue*, New York: G. P. Putnam's Sons, 1889, pp. 110, 244.

卫三畏的印刷成果(1833—1856)

印刷时间	书籍名称及其他
1833—1851	《中国丛报》20卷(其中第20卷附有总索引。总索引卷也可列为第21卷),8开本,2.3万册(含1—5卷的重印册数)
1837	麦都思的《福建方言字典》(A Dictionary of the Hokkëen Dialect),4开本,300册
	裨治文编的《拾级大成》(Easy Lessons in Chinese)
1841	裨治文和卫三畏的《广东方言中文读本》(Chinese Chrestomathy in the Canton Dialect),4开本,800册 (注:此即卫三畏将裨治文《拾级大成》增补一倍再版的)
1842	《拾级大成》(Easy Lessons in Chinese:or progressive exercises to facilitate the study of that language,especially adapted to the Canton dialect。或译《华语初阶》),8开本,700册
1844	《中国地志》(Chinese Topography, Being An Alphabetical List of the Provinces, Departments and Districts in the Chinese Empire with Their Latitudes and Longitueds),8开本,200册
	《英华韵府历阶》(Ying Hwa Yun-fu Lih-Kiai,An English And Chinese Vocabulary,In The Court Dialect。或译《英汉对照词汇表》),8开本,800册
	《中国商务指南》(The Chinese Commercial Guide)第2版,8开本,800册(《中国商务指南》第1版是马儒翰的著作与版权,此版本是以马儒翰本的第2版形式出现,由卫三畏出版,仍署名马儒翰)
1845	《中国与英美法三国条约》(Treaties between China,Great Britain,the United States and France),8开本,100册
1846	《英华韵府历阶》(The English And Chinese Vocabulary),再版
1847	裨雅各译的《马若瑟〈汉语札记〉》(Translation of Premare's Notitia Linguae Sinicae),8开本,600册
1848	《中国商务指南》(The Chinese Commercial Guide)第3版,8开本,800册
1849—1856	《英华合历》(The Anglo-Chinese Calendar for The Year 1849—1856,或译《华番通书》),8开本,8册,共2000册 (注:1832—1856年的《英华合历》,每年一本,1832年马礼逊编第一本,1841—1848年裨治文续编8本,1849—1856年卫三畏续编8本)
1849	密迪乐的《英译满文资料》(Translations from the Manchu)(木版印刷),8开本

续表

印刷时间	书籍名称及其他
1854	博尼的《广东话词汇和口语习惯用法》(Vocabulary, with Colloquial Phrases in the Canton Dialect), 8开本, 800册
1856	若特尔的《英国、印度、中国货币汇率换算法》(Calculations of Exchanges between England, India and China), 8开本, 300册
	《英华分韵撮要》(Ying Wá Fan Wan Tsut Iú: A Tonic Dictionary of the Chinese Language in the Canton Dialect。或译《华英韵府，按广东音编排》), 8开本, 800册
	《中国商务指南》(The Chinese Commercial Guide) 第4版, 8开本, 1000册。（注：《中国商务指南》第5版, Hong Kong: A. Shortrede & Co., 1863）

[资料来源：Frederick Wells Williams（卫斐列），*The Life and Letters of Samuel Wells Williams, LL. D.*：*Missionary, Diplomatist, Sinologue*, Reprint edition published in 1972 by Scholarly Resources, Inc. Wilmington, Delaware, pp. 244-245。王树槐《卫三畏与〈中华丛刊〉》，载林治平主编《近代中国与基督教论文集》第178—180页，台北：宇宙光传播中心出版社，1990年。[美]卫斐列著，顾钧、江莉译《卫三畏生平及书信》第155页，广西师范大学出版社，2004年。]

当然，这么多的印刷品不可能都是卫三畏一个人完成的，他根据印刷业务的需要经常雇用各类帮工。由于中英冲突的加剧，美国传教团印刷所曾在1835—1845年间搬移至澳门，卫三畏也随之移居澳门，继续掌管印刷所的工作。1839年1月26日，卫三畏写信给父亲，较为详细地记述了他的印刷所的有趣情况和印刷所工人的工作状况："我在澳门忙于学习日文和中文，同时还在印刷一篇有关如何学习中文的论文，估计得花12个月的时间才能印完，这样说并没有什么道理，最主要的理由是他必须在那时完成。我的印刷所有多么古怪是你想象不出来的，我确信它很奇特。首先我们这里有中文铅字，它们被安放在屋子四周的架子上，正面朝上，因为只有将铅字一个个看过去才能找到其中需要的那一个。我们还有60盒大号铅字——大小相当于四个12点活字，共2.5万多个，几乎没有两个是相同的。小号铅字一盒一盒地放在架子上，共20盒，其中的间隔用18点铅字填充。所有的铅字都是背面朝下的。中文铅字占了半个房间的面积，关于它就说这么多。我们这里还有笨重的英文印刷机，是用钢铁制造的，有三个排字架。但是办公室里最奇特的部分还得说我的三位工人。一位葡语排字工,他对英语一无所知,也几乎不认识一个汉字,却为有这两种文字的书排字,我和他用葡语能够勉强交流;另一位中国小伙子既不懂葡语也不懂英语,他负责排汉字,活干得很好;最后是一位日本人,他不懂英文、葡文、中文(几乎不懂),所以从架子上取铅字时常犯错误。当他们三个人干活时,我必须用他们各自的语言与他们交流,并且指导他们去印一本本他们丝毫不知道其内容的书。尽管如此,我想印刷错误仍然可以控制在可以忍受的范围之内。我们彼此之间努力进行交流的情形常常使我忍俊不禁,但我们之间能讲的话很少,而且还说不好,所以我的印刷所比以前在三层60号时要安静得多。"①所谓的"以前的三层60号"应该是之前卫三畏在广州工作的传教团印刷所在美国夷馆中的位置。

　　这个辗转于广州和澳门的美国来华传教团的印刷所一共存在了25年,从1832年裨治文等来华传教士在广州筹办《中国丛报》之际,就开始创建这个印刷所。卫三畏对它是深有感情的,因为,这个印刷所不仅凝聚着他印刷工作的每一份劳动和成果,也寄托着他对耶稣基督的忠诚和信仰。卫三畏不是一个严格意义上的新教传教士,但他却一如既往、忠心耿耿地履行着传教士的天职,"我是在征得美部会同意之后才离开的,很多人都知道,我在中国从事传教工作已经24年了,我要给这些认识我的人一个交代,让他们知道我离开的缘由"②。这是在1856年12月印刷所毁于英国军队炮轰广州后,卫三畏致美部会秘书安德森牧师的信中的几句话,明显地表达了他之于印刷所被毁的痛惜之情,也表达了对传教事业的忠诚之心。对于印刷所里的每一件物品,卫三畏都是视为珍宝,特别是他的那副好不容易得到的中文铅字。在印刷所遭受损失的统计后,卫三畏起草了给索赔委员会的文件,其中,有一段关于被毁的活字和印刷所的介绍很有价值,因为这段文字就记录了世界上第一套中文铅字的情况:"这套活字是应东印度公司的要求于1814年开始制作的。从1835年开始由我掌管使用。当时共有两套,一套字体较大,装在60个字盘中;另一套字体较小,装在16个字盘中。此外,还有几百个手写体和草体的铅字。所有这些铅字都是由工匠们用铅块或锡块手工制作而成的。他们先把字写在金属块光滑的一端,然后用凿子雕凿出来。字体较大的一套每个活字1英寸见方,在制成

---

① 《卫三畏生平及书信》第56页。
② 《卫三畏生平及书信》第156页。

时包括了所有的汉字,共计约4.6万个,其中有一些是重复的,但是在长期的使用中遗失了很多。字体较小的一套使用率很高,共有2.2万个不同的汉字。由于一些常用字有好几个备用活字,所以这套活字的总数达到了7万多个。在我使用的21年中,我不断地对这两套活字进行增补,字体较小的一套的增补量尤其多。到最后,这两套活字的总数都比最初有所增加。如果不把制作活字所需的金属原料费计算在内,每个活字的制作费用约为5分到6分。可见,这些活字是有史以来最昂贵的印刷活字。1842年,亨利·波廷格爵士代表英国当局将这些活字正式赠予了我。"①对中文活字的喜爱,加之印刷中文的书籍对他的中国研究有潜在促进作用,因此,这些总是激起他在中国传教和开展文化研究事业的热情和信心。1859年春,卫三畏从香港北上上海,迎接即将到达上海的新任美国驻华公使华若翰(John Elliott Ward,1814—1902),途中停靠宁波。就在宁波,他意外地发现了他梦寐以求的东西。在给思鲁普·马丁夫人的信中,卫三畏兴奋地写道:"我在宁波一家住了两个星期了。在这里我意外地找到了一套中文活字。我的兴奋真是难以表述。我第一次就中文活字的问题给柏林方面写信是在1845年7月我在马耳他接受检疫的时候,现在我找到的这套活字已制作完成,只待使用了。这些年来,我做了许多次演讲向人们介绍中国。我之所以这样做就是为了筹集足够的资金,完成由你开创的事业。我做这些演讲时发现,如果有一本可信度较高的书来介绍中国,那么美国人对这个国家会更了解一些,这也是促使我写书、出书的原因之一。有付出总有收获,现在我们已经有了一套4000个汉字的活字,足够用来印刷一般的汉语书籍了。难道我们不能肯定地说,我们的努力还将得到更多的回报吗?"②

卫三畏在《中国丛报》的编辑与印刷工作,以及在丛报印刷所里刊印的书册,对于包括美国在内西方国家的对华传教事业和当时的中西文化交流都产生了积极的影响,也为后人研究鸦片战争和近代中外关系史保存和提供了极为珍贵的史料,而来华的西方人对中国社会生活方方面面的观察报告,对当前西方对中国传统文化的认识与理解更有现实的价值。正如卫三畏在《中国丛报》总目录卷的序言中所评价的:"有关当时中国与东亚方

---

① 《卫三畏生平及书信》第154页。
② 《卫三畏生平及书信》第196—197页。

第一章　来中国铺架桥梁

面事实与意见的记录,这是一部有用的文献。"而卫三畏撰写并发表于《中国丛报》上的文章,也是西方人对华认识的主要组成部分,是有用的文献,对之研究同样有益于理解中西文化交流的历史与现实意义。卫三畏到广州接管《中国丛报》印刷工作的几个月后,他就开始为《中国丛报》撰写文稿,之后一直没有中断,直到丛报停刊。先前几年只写一些关于中国自然史方面的文章,这是卫三畏从青少年时代学习的伴随终生的兴趣,却成为他的中国研究的肇始。随着中文水平的提高,以及自身英文写作能力的增强,特别是得到裨治文的指导,逐步养成了平实持重的写作风格。在华期间的勤学苦练,为卫三畏后来成为一位文笔精练的作家奠定了坚实的基础,其功底深厚在他多次编写精炼而准确的辞典方面显示了出来,受到众多学者的称誉。

卫三畏最早发表在《中国丛报》上的两篇文章,是 1834 年 2 月第 2 卷上的《中国人的度量衡》和《广州贸易中进出口的货物种类》。有些文章是连载的,如《图解中国的人和事》《中国人关于自然力量和作用的流行观念》《中国学者用以阐明人类道德行为的一些轶事》《澳门总督阿马拉被暗杀,以及相关文件》等。王树槐先生认为卫三畏发表在《中国丛报》上的文章有 114 篇(参见附录三)。按照《中国丛报》总目录索引 30 项分类的原则,卫三畏的 114 篇文章涉及其中的 20 个主题:

卫三畏在每个主题上发表的文章篇数

主题	篇数	主题	篇数
(1)地理	17	(14)中国对外关系	3
(2)中国政府与政治	3	(16)中英战争	1
(4)中国人民	14	(18)中美关系	2
(6)自然史	17	(19)日本、韩国等	6
(7)艺术、科学与工艺	11	(23)异教	2
(8)游记	2	(24)传教活动	4
(9)语言、文学等	13	(25)医药传教	1
(10)贸易与商业	3	(26)修改圣经	4
(12)鸦片	2	(28)宗教	1
(13)广州、洋行等	5	(29)传记评论	3

卫三畏的114篇文章不涉及的主题有(3)财经与海陆军、(5)中国历史、(11)船运、(15)中英关系、(17)香港、(20)交趾支那半岛、(21)南洋群岛、(22)其他亚洲诸国、(27)学会、(30)其他等这10个领域。其实,卫三畏并非没有涉及中国历史研究,它是融合在文学、工艺、地理等专题之中,特别表现在他的中国古典文化典籍译介和对当时所见的中国传统工艺知识的考察研究上,因为自《中国丛报》停刊后,卫三畏在中国历史方面的研究大有发展,回美后,撰写出版了《中国总论》《中国历史》《我们同中华帝国的关系》等一系列著作,而这些研究成果,是与卫三畏在《中国丛报》上的努力是不可分割的,可以说是一种继承和发展。卫三畏的114篇文章占《中国丛报》总数(1378篇)的9%,仅次于创刊人和主编裨治文。从上表可以看出他的文章多是关于中国地理和自然史方面,其次是关于语言、文学,工艺和中国人民方面。事实上,卫三畏发表在《中国丛报》上的论文主题涉及中国的各个方面,已经发表在《中国丛报》上的论文成为他1848年出版《中国总论》和1883年出版修订版《中国总论》的重要基础。

此外,《中国丛报》除第1卷、第12卷和第15、16卷没有卫三畏的文章外,其他各卷均有,每卷上多则24篇,少则1篇。

卷数	篇数	卷数	篇数	卷数	篇数	卷数	篇数
第2卷	2	第6卷	6	第10卷	2	第17卷	3
第3卷	7	第7卷	11	第11卷	6	第18卷	24
第4卷	2	第8卷	6	第13卷	5	第19卷	12
第5卷	2	第9卷	4	第14卷	1	第20卷	21

《中国丛报》第2卷第6期之前,卫三畏尚未来华。1834—1844年间,卫三畏在《中国丛报》上共发表文章54篇。1844年10月出发回美探亲,直到1848年秋回到广州,未在丛报上发表文章。1848年后,3年多时间内在17—20卷上发表文章60篇。可见,1848年10月,卫三畏结束休假携妻子回到广州,重新全面负责印刷所的事务,并接替裨治文和裨雅各主编和出版《中国丛报》后,撰文数量明显增多,最后三卷几乎变成了他的专刊。这从另一个方面也说明,《中国丛报》的历史使命即将光荣结束。鸦片战

争后,五口通商取代广州一口开放后,来华新教传教士的活动从广州向北方的其他口岸发展,随着中西交往中心的逐渐北移,上海已经变成新的传教中心。①《中国丛报》的许多支持者在五口通商后大都迁居,稿源锐减,加上丛报学术性增强,订阅减少,开始资不抵债。同时,由于当时英文报刊增多,竞争日益激烈。② 1849 年 9 月 12 日,卫三畏在给其弟的信中表示:"我一直在考虑停办《中国丛报》,腾出时间和精力来办一本中文杂志。我相信,即使《丛报》的确有存在的必要,另一份杂志也应该立即创办。现在这里的商人们对这个的情况不再像从前那样关注了,《丛报》也处于负债运行的状况,这也是我觉得应该停办的理由之一。"③ 为了支撑《中国丛报》的运行,卫三畏常常编辑出版一些有关中外商贸关系的书籍,用出售得到的一点微薄收入来补贴丛报的开支。但各项事务的繁忙,使卫三畏对于《中国丛报》越来越力不从心。1850 年 6 月 22 日,他在致詹姆斯·达纳教授的信中也说:"我很快就可以从繁忙的编辑工作中抽身了,因为几个月之内,《中国丛报》就将停刊。它在读者中受到的冷遇让我们觉得劳而无功。在过去的三四年中,它所带来的亏损都由我们其他业务的赢利来填补。但是现在,我们要开始许多新的工作,这需要投入较多的精力,我们已没有时间来精心料理《中国丛报》了。"④ 此外,卫三畏也已进入美国对华的外交领域,曾于 1844 出任顾盛专使团的翻译人员,后于 1856 年出任美国驻广州领事馆秘书,使得他没有太多时间与精力来维系《中国丛报》了。

从 1851 年 12 月《中国丛报》停刊,到 1856 年间,卫三畏仍然利用其印刷所出版其他书籍,如《中国商务指南》第 4 版、《英华合历》(1849—1856) 8 册、《华英韵府》等。更重要的是,"对于一个研究中国情况的学者来说,全套《丛报》是一笔极大的财富。因为它记录了当时的重大事件,提供了宝贵的资料。这样一套杂志现在的售价已达 150 至 200 美元。之所以如此昂贵,是因为 1856 年 6500 册《丛报》毁于火灾。《丛报》一共印刷出版了 2.1 万册,即平

---

① 吴义雄《在宗教与世俗之间:基督教新教传教士在华南沿海的早期活动研究》第 187 页,广东教育出版社,2000 年。
② Samuel Couling, *The Encyclopaedia Sinica*, Oxford University Press, 1983, p.459.
③ 《卫三畏生平及书信》第 98 页。
④ 《卫三畏生平及书信》第 100 页。

均每年的合订本是 1000 册,全部用中国当地的纸张印刷"①。

对之付出许多心血的卫三畏,对 20 卷的《中国丛报》自然视为珍宝,此后他就以极大的耐心和力求精确性为它编制了总目录和分类索引,每年度的合订本后都附了一份。总目录将全部文章的题目分类列出,并注明了文章的作者。这份 168 页的总目录,使得以后的研究者不再需要花费大量时间,就可以轻易通过人名、日期或事件等线索在丛报中很快找到所要的资料文章。这份总目录的艰苦编撰,和他在丛报上的作为一样,使得卫三畏名声远播而流布,"它(总目录)具有巨大的价值,这个学者型编辑的名字将被用到它的汉学家和学生们长久而光荣地记住"②。

三、《中国丛报》对卫三畏中国研究的影响

1833 年 10 月,卫三畏抵达广州,是作为一个贸易商的身份报告给行商们的,由他们担保遵守中国法律。卫三畏的到来,受到了《中国丛报》的创办人裨治文的热烈欢迎。卫三畏与特雷西一起被介绍给马礼逊、马儒翰父子,加上裨治文和史蒂芬,六人组成了一个传教小团体。卫三畏一般与裨治文、史蒂芬和特雷西住在一起,"我们四个人住在同一个屋子里,同一张桌子吃饭,站在同一个讲坛上,我们紧密团结,关系融洽"③。特别是裨治文良好的修养和渊博的知识,给初到广州的卫三畏留下了深刻的印象。裨治文曾在美国安多弗神学院受过严格的宗教训练,来华前已被按立为牧师,在来华途中开始学习中文,来华后在马礼逊和中国老师等人帮助下刻苦学习,三年就很好地掌握了中文,于是他开始用中文主持日常的宗教仪式,翻译和写作可被中国人接受的小册子,另外还在其他方面帮助福音的传播。裨治文对热切盼望来华协助自己在《中国丛报》工作的同胞卫三畏充满着感激和爱护,就如同他刚到广州时受到马礼逊的关怀一样,在生活、学习、思想和工作各方面均对卫三畏给予充分的鼓励和支持,也使卫三畏感到家庭般的温暖。对卫三畏来说,有这么一位前辈是非常荣幸的,他们脾气相似、兴趣相仿,所以在中国共事的多年当中一直保持着亲密的友谊。

---

① 《卫三畏生平及书信》第 104 页。
② "Illustrated with Photographs, Samuel Wells Williams, L. L. D.", *The Far East*, New Series, Vol.1, December 1876, p. 142.
③ 《卫三畏生平及书信》第 21、43 页。

第一章　来中国铺架桥梁

裨治文的年纪以及他所受的良好教育使他一开始有点像是年轻的印刷工的老师,他的建议显然都是好意的,并且往往带来好的结果。他告诉卫三畏不能一心只想着学习语言,因为他的首要任务是印刷,另外还需要经常并准确地观察他们周围的奇怪的中国人;他还要卫三畏避免受到中国文明中光怪陆离成分的诱惑,要锻炼自己每天在不友善和怀疑的目光下生活的能力。这些初步的教导,使卫三畏感到裨治文既是他的同事和上级,也是他的老师。"如果第一年来到这里时遇到的是一个古怪和冲动的人,我将会是一副什么样子。我可能已经离开这个国家了。我为裨治文的榜样和影响感谢上帝!"①1861 年 10 月,当得知在上海传教的裨治文(1801—1861)逝世的噩耗后,在香港的卫三畏深感悲痛和凄凉,多次致信裨治文夫人,深切怀念与这位兄长相处的快乐和共同事业的精神互勉:"你的丈夫脱离了这个尘世的辛劳和焦虑,得到了休息,但在我却是一个亲爱的兄长的永远离去——他比任何人都与我亲近,多年来我们一起愉快地工作、商量问题、分享快乐。你知道我们的交往——真诚而自由的交往。从我 1833 年到达广州的那天起直到今天——让人悲伤的一天——我得知他去世的消息,我们之间的友谊从来没有中断过。28 年来,他友好的行为、友善的建议、及时的指导,以及耐心的帮助是我不能一一叙述的。现在我已经无法看到他了,我会不断回想起他的所作所为,它们会擦亮我的记忆,尽管也会增加我的痛苦。对于他来说,他看到了许多美好的事物,他起初那些模糊的光荣梦想如今已变成了最美的现实,他眼前的救世主的形象是多么完美!"②卫三畏对裨治文的尊敬,除上述的个人交往感情外,还与这位被美国学界称为"来华传教之父""研究中国学的开山鼻祖"③的裨治文的传教忠诚和工作成果有关。在所有来华基督教传教士中间,裨治文是最富有组织才能的,他先后在广州发起和成立 4 个基督教团体,"广州基督教会""中华益智会""马礼逊教育会""医学传教会",与创办的《中国丛报》一起为福音在华传播发挥了重要作用,同时他把《中国丛报》作为研究中国的主要工具,在其上发表大量研究中国的文章,是美国最早从事中国研究、向西方世界传播中华文明的人,为增强中美两国人民相互了解做出了许多有

---

① 《卫三畏生平及书信》第 22 页。
② 《卫三畏生平及书信》第 225 页。
③ Susan Reed Stifler, "An Early American Sinologue: Elijah Coleman Bridgman", *The American Graduate's Quartly*, Feb. and May, 1935, pp. 1-11.

益的工作。

出身印刷世家的卫三畏一到任后,就接管《中国丛报》全部印刷事务,几个月后便开始为丛报写稿,此后一直没有中断,而且把印刷出版作为自己在华传教的主要内容。事实上,刚到广州时,卫三畏急切想做传教之事,对印刷《中国丛报》的意义一开始并不很有把握。1834 年 2 月他给其父的一封信中,明显流露出这样的不确定性:"《丛报》是最艰苦的工作,但是否是最有益于传教的工作还有待观察。如果它能让基督教世界了解到传教的重要性,那么我们的工作就没有白费。教导那些赞助这项伟大工作的人们,应该不是一个不切实际的目标,因此请传阅送往伊萨卡的《丛报》,让你手上的 3 份起到 30 份的作用。"① 随着在华时间的延长,在工作中得到裨治文等人的帮助,卫三畏对《中国丛报》价值的认识越来越深刻,不仅乐意承担全部印刷与发行事务,而且不久成为裨治文的合作编辑,裨治文因传教工作需要前往上海后,他还接任主编,一直到丛报停刊为止。这些足以说明卫三畏对于《中国丛报》的投入、感情和相互影响了。

卫三畏撰写发表在《中国丛报》上的 114 篇文章,显然成为对认识卫三畏中国研究的一种视角和分析内容。前已有述,这 114 篇论文涵盖了卫三畏对中国研究的各个方面,是卫三畏对中国认识的重要成果,也是他努力向西方传播中国文化的主要内容。从 1843 年在《中国丛报》上发表《中国人的度量衡》《广州的进出口贸易》两文起,卫三畏就开始了他的中国研究的生涯。汉学(美国早期中国研究)成为他毕生追求的重大事业之一,即使后来担任外交官期间,也不会因为事务繁忙而间断中国研究。《中国丛报》成为他的中国观传播的早期重要渠道之一,没有《中国丛报》,卫三畏的中国研究和中国认识都不可能成为西方世界了解中国、认识东方的一个媒介。这里,仅就卫三畏在中国语言和中国历史的研究方面的文化成果,从个案的角度来说明《中国丛报》及其主旨对卫三畏中国研究的意义。

对近代来华西方人而言,学习与研究中国语言文字,掌握与中国人交流的工具,是他们开展对华事业的前提与基础。无论是外商、传教士还是外交官,对于中文的了解和掌握都是一种自身的急务,但在近代,西

---

① 《卫三畏生平及书信》第 25 页。

人对此研究相当不足,除了清朝限制外人学习中文的政策外,亦有当时来华西人有志于此者甚为稀少,"或是认为它太难学了,或是认为不值得将它作为自己思考和学习的对象"①。但到19世纪三四十年代,来华的新教传教士文化素质较高,马礼逊父子、郭实腊、裨治文、卫三畏、伯驾、特雷西等都比较通晓中文,作为一个学术研究的群体,他们开始了中国语文研究,不仅出版研究专著、编纂词典等工具书,还发表大量论文,进行学术研讨的一个主要阵地就是1832—1851年在广州、澳门和香港三地刊行的《中国丛报》。其中,卫三畏发表在《中国丛报》上关于中国语言文学的论文有13篇,即:

1.《为学习英语的中国人编的词汇表》(卷6,第276页)

2.《关于汉字表音系统的评论和改进意见》(卷7,第490页)

3.《采茶歌谣的译文》(卷8,第195页)

4.《中国三种方言发音对照表》(卷11,第28页)

5.《罗伯聃的伊索寓言被戴尔和斯特罗那译成了汕头和潮州口语》(卷13,第98页)

6.《毕奥关于中国公共教育历史和文学团体的评论》(卷18,第57页)

7.《巴赞的〈中国戏剧选〉(法文本)》(卷18,第113页)

8.《关于中国语言学特性、翻译和游记的外国著作清单》(卷18,第402、657页)

9.《密迪乐的满语翻译,以及对这种语言的评论》(卷18,第607、617页)

10.《徐继畬的〈瀛环志略〉》(卷20,第169页)

11.《马高温的中国哲学年鉴,以及对电报的评论》(卷20,第284页)

12.《〈榕园全集〉和一个所谓的伪作》(卷20,第340页)

13.《关于汉语罗马字化的评论》(卷20,第472页)

卫三畏的这些中文的研究成果,仍是处于初步阶段,其作品与那些在欧洲尚属凤毛麟角的专业汉学家们的著作相比差距很大,但这方面的探讨对西方人在中国语言文学上的深入研究具有一定的开拓和启发作用。首先,卫三畏参与这个作者群的编纂工作,对当时所见的中外有关中国文字

---

① Elijah Coleman Bridgman, "The Chinese Language", *Chinese Repository*(《中国丛报》), Vol.3, p.3.

的作品和文献进行考察研究,裨治文对《尔雅》《说文解字》《四库全书总目》中有关文字学的部分都在《中国丛报》上作了程度不等的探索和介绍,卫三畏整理的《中国研究书目》402 种当中,包含了不少历代西人的汉语研究专著、词典等作品。① 此外,卫三畏除了赞同裨治文等人有关中国汉字的独特性、中文有自己语法体系等观点外,还在便利于西方人学习中文的汉字注音系统方面做出了自己的贡献。马礼逊编纂的《华英字典》第二部分,按照音序排列了 12,680 个汉字,开创了近代西人系统的汉字注音工作。到鸦片战争前,已经出现了多种汉字拼音系统,包括葡萄牙人、法国人和英国人编纂的词典所采用的汉字拼音系统,这些各自不同的拼音系统,使那些初学中文的西方人尤其感到不便。② 在卫三畏看来,当时英国人在印度已经发明的一套用罗马字母进行注音的方案行之有效,并对探索在中国进行同样工作的学者产生了一定的影响。他们在思考,是根据这套方案来设计汉字拼音,还是独立地建构一套拼音系统。③ 卫三畏从语音学的角度,认为中国方言众多,各方言区(如闽南和广州地区)在发音上存在很多差异,因此建立一套"简洁"而普适的拼音系统是具有极大难度的,但他仍倾向于在印度语拼音系统之外,根据汉语的特点单独建立拼音系统。1839年,卫三畏提出了一个修正性方案,主张汉语拼音元音为 12 个(同样分短元音与长元音),二合元音为 12 个,辅音和复合辅音,同意马儒翰的 10 个简单辅音和 6 个复合辅音之方案。④ 1842 年,卫三畏制订公布了一个新的汉字拼音方案,列出了新版的 411 个汉字字音(从亚 á 到用 yung)。在这份表中,卫三畏将他的方案作为第一栏,第二栏是马礼逊《华英字典》中的方案,第三至第五栏分别是裨治文的广州拼音方案(出自《广东方言中文读本》一书,1841 年)、麦都思的闽南话拼音方案(出自《福建方言字典》一书,1837 年)和卫三畏自己的闽南话拼音方案。卫三畏宣称自己的目的是

---

① Samuel Wells Williams, "Works on China", *The Chinese Repository*, Vol. 18, pp. 402-444, 657-661.

② Samuel Wells Williams, "Remarks on the System of Chinese Orthography Proposed in the Repository", *The Chinese Repository*, Vol.7, p. 491.

③ Samuel Wells Williams, "Remarks on the System of Chinese Orthography Proposed in the Repository", *The Chinese Repository*, Vol.7, p. 492.

④ Samuel Wells Williams, "Remarks on the System of Chinese Orthography Proposed in the Repository", *The Chinese Repository*, Vol.7, pp. 492-497.

制订一种"对所有发言都适用的拼音系统"①。但必须指出,包括卫三畏在内的在华传教士,在《中国丛报》上发表有关中国语言文字的论文,只是丛报的一个很小的内容,毕竟丛报是一份综合性英文月刊,而非研究语言学的专门学术刊物。发表在《中国丛报》上的中国语言文字的研讨文章,缺乏系统性,有些则较为浅陋,作者中不少人在中国语言文字研究方面著有专书,他们在该刊发表的文章只是阐述了他们的部分观点或见解。尽管如此,《中国丛报》的相关研究,在近代西方知识界建构关于中国语言文字的知识系统方面,还是具有相当的意义,它所讨论的问题,是近代以来中国语言文字研究领域长期的关注所在,而它所取得的一些学术进展,对后世的研究者也不无启示。②

根据卫三畏编纂的《中国丛报》总目录,我们没有发现他的有关中国历史方面的论文。其实,中国历史之说法亦有广义和狭义之分,卫三畏的中国历史研究是融合在文学、工艺、地理等专题之中的,特别表现在他对中国古典文化典籍译介和对当时所见的中国传统工艺知识的考察研究上。

卫三畏发表在《中国丛报》译介中国历史文化典籍一览表

书名	卷/期/页	说明
《二十四孝》	6/3/130—142	翻译全部故事
《春园采茶词》	8/4/195—204	30首全译,有简要介绍
《女学》	9/8/537—559	评介内容,并加按语,讨论中国道德学说
《相国寺公孙合汗衫》	18/3/113—155	全译,加按语,介绍元杂剧
《家礼帖式集成》	18/7/363—384	对该书内容进行撮述
《瀛环志略》	20/4/169—194	对该书内容全面评介
《榕园全集》	20/6/340—344	对该书内容简要评介

[资料来源:吴义雄《〈中国丛报〉与中国历史研究》,载《中山大学学报》(社科版)2008年第1期,第89—90页。]

---

① Samuel Wells Williams, "New Orthography Adapted for Representing the Sounds of Chinese Characters", *The Chinese Repository*, Vol.11, pp. 28-44.
② 吴义雄《〈中国丛报〉与中国语言文字研究》,载《社会科学研究》2008年第4期,第143—144页。

卫三畏发表在《中国丛报》有关中国传统工艺论文一览表

文章名	卷/期/页	说明
《中国的度量衡》	2/10/444—446	介绍金衡,商业重量单位,长度、面积、湿度度量单位和方法;与英制的比较。
《中国金属活字》	3/11/528—533	讨论关于中文活字印刷问题
《中国的风箱》	4/1/37—39	风箱制造工艺
《中国农具介绍》	5/11/485—494	介绍中国的犁、耙、铁锹、水车等农具
《中国人关于自然现象的观念》	10/1/49—51	列举 28 种中国人对自然界力量的称呼
《中国人关于时间与季节观念》	11/8/434—437	结合 16 句民谚进行说明
《夏布之生产》	18/3/209—216	介绍 N. Rondot 之著作
《中国的麻》	18/10/554—558	介绍印度中国农业与园艺协会文章
《中国的金属活字模》	19/5/247—253	介绍中国古籍中的相关记载
《广州的宝塔》	19/10/535—543	根据相关文献,叙述广州及周边宝塔名称、建筑时间及其他相关情况
《商代中国的花瓶》	20/7/489—490	介绍英人 P. P. Thomas 之书

[资料来源:吴义雄《〈中国丛报〉与中国历史研究》,载《中山大学学报》(社科版)2008 年第 1 期,第 91 页。]

在此,我们从卫三畏的评介《瀛环志略》中可以看出他的中国历史研究的观念与方法。继魏源的《海国图志》问世后不久,徐继畬的《瀛环志略》就出版了,而《中国丛报》对这两本巨著的评价却迥然不同。时任香港英国殖民政府中文秘书的郭实腊于 1847 年在丛报上发表了他的关于《海国图志》专题评论文章,除错把作者误认为林则徐并大加指责外,还对《海国图志》的主旨误解甚多,他认为它"可以看作一部外国事务文摘,涉及政治、历史、统计数字、宗教等,是一部在中国文化史上罕有其匹的编纂物","伟大宗旨是讨论夷人的战略才能和优越之处,以及可供采纳以打败他们之武器",却将魏源的"师夷长技以制夷"的中心思想理解为好战姿态,说"我们宁愿要一部关于维持和平的作品"。① 而《中国丛报》上发表的卫三畏评论徐继畬《瀛环志略》的书评,长达 26 页,不仅翻译了徐继畬的自序,摘译了认为值得注意的一些段落,对全书内容进行逐卷的评介,而且从整

---

① Charles Gutzlaff,"HaiKwoh Tu Chi", *The Chinese Repository*, Vol.16, p. 419.

体上对该书做出了肯定的评价,对作者多予赞扬之词:"这本书已经被恰当地称为'在正确的道路上迈出的第一步',而且我们希望它将是中国学者类似著作的序曲,这样的作品将告诉中央帝国的显贵和文人,地球上其他国家的位置、资源和产品","我们必须认为,徐继畬阁下正是在其所受带有偏见的教育的背景下,从如此黑暗的愚昧状态脱颖而出,希望通过考察中外著作,尝试探索出自己的道路,以对他的四海之外的国家形成清楚的了解","徐继畬不像其他中国学者那样,在处理资料时以猎奇志异为目的,而是为了求得真知谨慎选择","他在提到每个外国的人名时,都使用尊敬的称呼,而不加以蔑视或贬低,这样就会提高和纠正他的国人关于远方各国的观念"。① 必须指出,《中国丛报》上刊载的评论文章,无论是郭实腊的还是卫三畏的,都无一例外地表现出了西方的价值观和政治利益,《海国图志》充满着"西洋人谈西洋"的内容,成为在中国知识界建立关于整个世界的知识体系的早期阶段成果,显然具有关键性的历史意义,却不被郭实腊为代表的西方人发现,而《瀛环志略》受到热评,除作者对当时接触的外国人具备明显的友善态度外,就是书中没有对基督教采取一概贬斥的态度,而加以"尊敬",从而获得包括卫三畏在内的传教士或认同基督教文化的中外人士的好感。"它(《瀛环志略》)是他(徐继畬)的研究工作,及其率真和学识的一座丰碑;可以将其看作与英国的战争带来的刺激所产生的第一个果实。我们认为它将极大地摧毁傲慢心态,驱散中国统治者和学究们的愚昧无知,证明他们所属的并非地球上的唯一一个国家。"②

卫三畏在从事《中国丛报》印刷发行和参与编辑的服务期间,还勉力进行著书和印行传教小册子等其他工作,可以说是对裨治文首创《中国丛报》事业的发展,因为有些工作的成果是在印刷和编辑丛报的过程中受到启发后的产物,有些著述曾在丛报印刷所印刷发行,或者发表在丛报之上。其中,卫三畏的有关中国研究的著述主要分为两类:一类属于字典编纂,主要有《拾阶大成》(1842)、《英华韵府历阶》(1844)、《英华分韵撮要》(1856)、《汉英韵府》(1871、1874),特别是 1874 年再版《汉英韵府》,被国外的中国研究者看作 19 世纪一件值得大书特书的事件,参透其优点的人

---

① Samuel Wells Williams, "The Ying Hwan Chi-Lioh", *The Chinese Repository*, Vol.20, pp. 169, 170, 173, 179.

② *Chinese Repository*, p. 192.

给予了高度赞扬,批评者尽管对汉语语言学许多有争议的难点与暧昧之处提出了与作者不同的见解,但仍然是以褒奖为主。字典的真正价值在于"它的条分缕析、高质量的定义与释义,以及我们认为是检验字典编写者水平的言简意赅。几乎谁都能用冗长的意译传达出一句中文短语的主旨,而编者却仅用几个英文单词便做出了确切的翻译,这是耐心、细致的工作的结果——有时甚至付出了努力也做不到这一点"。当时著名的《纽约观察家》报上刊出美国公理会传教士白汉理(柏亨利,Henry Blodget)的一篇评价说:"这本字典就整体来说,是关于中国与中国风俗的知识宝库,是许多年来新教与天主教传教士们工作的集大成。它的作者是现今在中国年纪最长的西方人,回首往昔,尤其是忆及编写字典这11年的艰辛(字典中的每一个字都是他亲笔书写的,尽管他要同时处理繁重的公务,一人经常身兼公使、秘书、翻译及商务总监等职),他完全可以对自己的成果感到满意,并感谢上帝让他坚持到底。这一崭新的贡献在中国与西方各国的交流中将起到良好的作用,而仅以稍高于初始定价1/3的价格卖给那些对它着迷的读者,又表明了他对传教事业恒久的挚爱。"①此外,他还参与裨治文主编的《广东方言中文读本》。另一类是介绍中国情况的著作,如《华番通志》(*Treaties between China and the Great Britain, the United States, and France*,1842)、《中国地志》(1844)、《中国商务指南》(1844)、《中国总论》(*The Middle Kingdom*,1848、1883)等。

卫三畏中国研究的最大成果,应该是两版《中国总论》了。《中国总论》全称为《中国总论:中华帝国的地理、政府、教育、社会生活、艺术、宗教、及其居民概观》(*The Middle Kingdom; A Survey of the Geography, Government, Education, Social Life, Arts, Religion, & History of the Chinese Empire and Its Inhabitants*)。对此书名,学界译法甚多,如《中国总览》《中国》《中国概述》《中华帝国》等。而原英文书的封面有一幅绘画,画的是一个牌坊,牌坊题额所刻四字即为"中国总论",依据此词,定书名为《中国总论》甚为妥当,亦为著者卫三畏的心声。1845年10月15日,探亲回美的卫三畏在绕道欧洲的一年航海后,终于到达纽约。几乎没有等到亲朋好友来向他表示祝贺,卫三畏就投入到对他具有重要意义的工作中,他计划从德国柏林购买一套更好的中文金属活字,加上添置新设备,需

---

① 《卫三畏生平及书信》第272—273页。

要六七千美元。这项耗资巨大的计划,却没能得到美部会的支持。在游说和友谊的条件下,纽约长老会外国传教团委员会秘书沃尔特·娄里牧师给予了支持,提供了一半的购买经费,卫三畏家乡的马丁夫人也为此募集了 600 美元,但缺口仍然很大。返美后的卫三畏发现,随着鸦片战争中国门户被打开,许多美国人对中国产生了浓厚的兴趣,尤其在与中国开展贸易的前景方面充满着热情,在中国生活了 10 多年的卫三畏受到了广泛的欢迎。于是,卫三畏开始在尤蒂卡、克利夫兰、布法罗、纽约等城市和乡村做一些有关中国的演讲来募款。卫三畏的演讲获得了极大的成功,不少当地的教堂或公共集会场所都邀请他去演讲。从 1845 年到 1846 年间,卫三畏一共做了 100 多场演讲。演讲的主题有中国的社会生活、组织制度和习惯风俗等。为了应对美国听众的需求和疑问,卫三畏在连续的演讲过程中不断搜集与整理了不少资料。1846 年秋,卫三畏决定把演讲内容付诸文字,编纂成书。为了专心写作,他居住在纽约的堂哥德怀特·威廉斯的家中。在此期间,卫三畏除了偶尔外出发表一些演讲外,一直在专心著述,直到作品完成。① 1847 年 11 月,演讲稿终于定稿,起名《中国总论》。

在汇集和整理演讲稿的一年多时间里,卫三畏还成功地实现了他的爱情归宿。34 岁的卫三畏在勤勉写作的同时,也乐于参加社交活动。他消息灵通,十分健谈,常被邀请去教堂、主日学校、科学协会、教育机构,甚至是各种私人集会。卫三畏在纽约演讲期间曾加入美国民族学会,后参加了自 1842 年成立的美国东方学会和美国人种学会。在这些场合中,卫三畏显示了与人建立并发展友情的高超技巧,对他来说,友谊是一种神圣而又令人愉悦的关系,是心灵与心灵、智慧与智慧的交流与碰撞,它的影响将持续人的一生。在所收获的友情中,有一份与众不同。萨拉·沃尔沃斯是纽约首席法官的侄女,1846 年冬天,她与家人一起来纽约小住,一次,她被卫三畏的堂哥邀请到家里参加宴会,卫三畏得以与她相识了。不过他们在纽约相处的时间并不长。次年春天,卫三畏在普拉兹堡演讲期间登门拜访了她。11 月 25 日感恩节这一天,这对新人在普拉兹堡举行了婚礼。后来的事实证明,萨拉对于卫三畏的影响是旁人无法替代的,她的贤淑丰富和滋润着卫三畏的精神生活,同时聪慧敏锐、心灵手巧的她又把家里打点得让

---

① 《卫三畏生平及书信》第 82 页。

他十分称心,这一切都使她成为对卫三畏的事业帮助最大的人。① 而在婚前的两周,卫三畏的演讲稿《中国总论》校样本也排印出来,可谓双喜临门。

《中国总论》的出版过程非常坎坷,当时,几乎所有纽约的出版商都拒绝接受它,最终得到了美国民族学会理事巴特利特和广州的美商奈伊的援助。巴特利特说服威利和帕特南公司(Wiley and Putnam)印刷出版,而奈伊则慷慨地表示愿意承担出版此书有可能受到的一切损失。如果没有奈伊的实质性承诺,出版商是不敢冒此风险的。对此,卫三畏甚是感激,以致《中国总论》第一版的扉页上写有"献给中国广州的吉迪恩·奈伊,以此表达作者的尊敬和友谊"之语。然而,《中国总论》一经出版,好评如潮,反响强烈,几个月内就开始了第二次印刷,甚至不久就出现了盗版的英文本。到第二版之前的30多年间,《中国总论》一直保持了数量虽然不多但却平稳的销量。② 1858年前,《中国总论》已经有了德语译本。③《中国总论》的大部分还被翻译成西班牙文出版。④ 从《中国总论》一书引起的反响可以看出当时美国人对中国的兴趣。在此书问世以前,还没有一部作品能提供关于中国的确切可靠的信息,除了曾任英国驻华商务总监的德庇时的《中国人》以外,还没有一部详尽地描述中国的作品可以供外国人参考查阅。在《中国总论》的序言中,卫三畏曾说他力图使自己的作品介于百科全书和入门书之间,要给人提供一部可供参考的资料,而不是一本消遣性的读物。即使在出版近30年后,远东的外国人还评价说:"它仍然在其完整性和准确性方面具有指导价值。它包含了有关中国的几乎所有主题,迄今为止仍没有一本书籍能超过它。因此,它仍然是每一个学生和汉学家的标准参考书"⑤。随着《中国总论》问世而来的溢美之词,的确给卫三畏带来了莫大的快乐,也带来了很大的荣誉,经诺特博士提议,1848年夏,纽约州的联合学院授予卫三畏法学博士的荣誉学位。获得这一荣誉在当时并不容易,因此受到了人们的极大关注。从此以后,卫三畏的名字后增加了 L. L.

---

① 《卫三畏生平及书信》第86页。
② 《卫三畏生平及书信》第92页。
③ 《卫三畏生平及书信》第185页。
④ 《卫三畏生平及书信》第297页。
⑤ "Illustrated with Photographs, Samuel Wells Williams, L. L. D. ", *The Far East*, New Series, Vol.1, Dec.1876, pp. 140-142.

D.(法学博士头衔),在各种场合,熟人和朋友们都乐于以此来称呼卫三畏,却不知他对这一头衔的反感,对于生性谦和而低调的传教士来说,过多的被关注成为卫三畏的一种让人苦恼的沉重负担。①

《中国总论》命名为 The Middle Kingdom 这个名称,是卫三畏基于下列两个方面的考虑。其一是符合中国人自称的习惯,"中国是他们称呼自己国家的最常用名称";其二是卫三畏认为"中国人介于文明与野蛮之间——中国在现存的制度和文学方面,是最文明的异教国家"②。第二点正是卫三畏中国观的内隐之语,因为他出版《中国总论》的目的之一就是"用真实的叙述还中国一个公道"③。这个"公道"就是中国不是野蛮之国,也不是文明之国,而是介于两者之间,与文明西方之国差距很大。这种观点持续他的一生都没有改变,即使1868年蒲安臣使团出使西方签约诸国这一历史性的外交举动,也没有促使卫三畏认为晚清中国已经跨入了文明国家的行列,而是仍认为其必须需要上帝的拯救:"尽管从远处看,中国有许多让别国感兴趣的地方,但细察之后很快便会发现,中国实际上是一个异教和半文明的国家,许多我们永远无法赞同的事情发生在这里,对此我们必须抱有极大的宽容态度。中国正试图理解自己在世界上所拥有的权利,并试图维护和扩大这些权利,同时给予别国它所必须给予的特权。中国所接受的教训是惨痛的,它通往开明政治的道路是漫长和困难重重的,像美国南方各州的黑奴一样,中国发现自己虽然可以得到某种平等的待遇,但更多的确是不公。我们很清楚,只有传教团才能帮助中国在国际上提高地位并赢得应有的尊重。"④1883年10月,新版《中国总论》面世,正好作为几天后卫三畏到达广州50周年庆祝会的礼物。4个月后,卫三畏平静地辞世。新版《中国总论》的书名与第一版比较稍有改动,英文书名为 The Middle Kingdom;A Survey of the Geography,Government,Literature,Social Life,Arts,and History of the Chinese Empire and Its Inhabitants,译成中文为《中国总论:概览中华帝国及其居民的地理、政府、文学、社会生活、艺术和历史等》。两版都分成上下两卷,初版内容长达1200多页,新版更长达1600多页,分别为23章和26章,主题大致包括:帝国区划及特征、东西

---

① 《卫三畏生平及书信》第91页。
② [美]卫三畏著,陈俱译《中国总论》(初版序)第3页,上海古籍出版社,2005年。
③ 《卫三畏生平及书信》第91页。
④ 《卫三畏生平及书信》第257页。

部各省地理情况、藩属地域地理情况、人口与数据统计、中国的自然史、中国法律和政府设计、法律的执行、教育与科举考试、汉语的结构、中国经典文献、中国人的雅文学、中国人的建筑、服装与饮食、中国人的社会生活、中国人的工艺、中国人的科学、中国的历史与编年、中国人的宗教、中国的基督教传教活动、中国的商业、中国的对外交往、中英第一次第二次战争、太平天国起义、中国近事等。可以说是非常全面而及时地介绍了中国的政治、经济、文化、社会状况及其相关的历史,此为《中国总论》的一大特点;第二个特点是关注现实和当代问题,书中有五六章的内容,涉及鸦片战争前后中国社会的一系列重大变化和重大事件,并且为了深入探讨问题,还对某些重大事件进行了历史追溯。

任何人的学术成果都不是偶然的,都是在前人的学术积累的基础上前进的。《中国总论》也不例外,它实际上是早期美国的中国研究的集大成之作,集中了前人对中国问题研究的思想、方法和成果。《中国总论》出版,是当时美国的中国研究的必然趋势,是学术和现实问题研究的必然产物。皇皇巨著《中国总论》汇集着丰富的资料,其来源主要有卫三畏来华后勤奋阅读的大量中国典籍、人际交往与实地考察得来的记录素材,《中国丛报》上的文章和其本人的撰述、英法美等西方国家有关中国研究的著作成果等。卫三畏融合了他的前辈们对中国研究的丰富成果,使《中国总论》成为美国公民所写的、最早以学者的眼光来看待中国的研究著作,同时也正是由于这部代表着当时最高水平的中国研究专著,使卫三畏本人无可争议地成为美国第一位伟大的汉学家。①

《中国丛报》作为《中国总论》的主要来源之一,正如当代美国中国学专家费正清所言:"(《中国总论》)这部书还利用了在广州和澳门出版的《中国丛报》月刊(编者为裨治文和卫三畏,从 1832 年办到 1851 年)。"②而且 1848 年版的《中国总论》的引用量比 1883 年版更多。《中国丛报》可说是美国人在华创办最早的研究中国的杂志,其上发表的大量有关中国的研究论文、旅行记、翻译作品、时事新闻等,都是两版《中国总论》重要素材,而卫三畏本人的很多考察报告和研究成果也都发表在丛报上。统计《中国

---

① Kenneth Scott Latourette(赖德烈),"Far Eastern Studies in the United States:Retrospect and Prospect", *The Far Eastern Quarterly*,Vol.15,No.1,Nov.,1955,p.3.

② [美]费正清《剑桥中国晚清史》(上卷)第 666 页,中国社会科学出版社,1985 年。

丛报》总目录分类中卫三畏发表的文章,他所写的关于中国地理的文章有17篇,关于中国自然史的文章17篇,有关中国人社会生活和风俗习惯的17篇,关于中国语言、文学等的13篇,关于中国工艺技术的11篇,有关在广州发生的相关事件情况的9篇,谈到中美关系的2篇,关于传教工作的6篇,关于商业贸易的3篇,关于鸦片毒害的2篇,等等,这些文章都为他写作《中国总论》相关部分内容做了基础性铺垫。从《中国总论》的引文注释中,我们可以更清楚地看到《中国丛报》的影子,以第14章"中国人的社会生活"为例,1848年版《中国总论》全章共有资料来源引文注释11处,直接引自《中国丛报》的就有6处,比率超过54%,说明在初版时卫三畏拥有的资料有限,不得不将自己发表在丛报上的文章大量移植到著作中。例如,介绍孔子的生平事迹的内容就大幅度转载自《中国丛报》第10卷相关的文章,而《三字经》《百家姓》《千字文》的英文翻译也都来自丛报。显然,还有很多未加注释的转述内容,其信息来源也是丛报的,例如,卫三畏1844年出版的《中国地志》一书,曾经汇集了发表在《中国丛报》上有关中国分省区域地理的内容,这些内容又直接被大量移植到1848年版《中国总论》之中。这种情况在1883年新版《中国总论》中有所变化,由于30多年来中国社会的变迁和中外关系的变化,学术环境的改善和中国研究成果的积累,加上卫三畏自身修养的提高,不少论述被改写,不仅去掉很多第一次鸦片战争前后的不确切记载和不当记述,还加入了大量新资料,使新版更加具有时代气息。但是,仍有大量来自《中国丛报》的有效资料被保存下来,且在1847年后发表在丛报上的新资料又被补充进去,同时卫三畏于1848年从美国返回广州后成为《中国丛报》实际主编者,3年之内在丛报上发表文章数量超过60篇,约占他在丛报上所有发表文章数量的53%,这些中国研究的成果自然都进入了新版《中国总论》里。总之,《中国丛报》是卫三畏的两版《中国总论》的重要资料来源,1848年初版的写作大量引用它,1883年新版仍保留大量来自丛报上的内容,只是在原先的基础上加以修订。

《中国丛报》是美国传教士来华后创办的一份影响极大的英文期刊,是20年间新教传教士向海外宣传中国的重要阵地,同时也是西方的中国研究的海外平台之一。裨治文、卫三畏就是这个舞台上的主要角色,开创了早期美国的中国研究迥然有别于欧洲的新轨道,它将中国传统文化研究及当时中国政治、经济、社会问题研究,同美国社会发展及其民族利益结合起来,拓展了中国研究的领域和内容,形成了近现代美国中国研究的独特风格,"美国的东方学从一开始就拥有一种与众不同的使命感"①。这样的使命感,在卫三畏身上非常明显,他不仅有《中国丛报》上出色的工作,使这份传教士月刊在裨治文贡献的基础上蜚声中外,而且他更将《中国丛报》的中国研究精神发扬光大,不遗余力地打造精品《中国总论》,使之成为美国的中国研究史上的里程碑式的奠基之作,成为真正意义上的美国早期汉学的开始。

第三节 卫三畏的中国观

"中国观"是指对"中国"这个考察对象的一种理解,或者是一种诠释,成为一种观念。它是由观察的主体赋予了中国客体以精神和理念,从而使"中国观"已经不尽符合"中国"这个原始客体,而打上了观察者本人的主观烙印,因为外国人对中国的认识犹如万花筒般五光十色,这种认识可以因人而异、因时而异、因事而异。从历史辩证法的观念来看,"中国观"既含有符合"中国"这一观察客体的某些内容,同时也不可避免地带有观察者个人或群体的局限,乃至于偏见所带来的对"中国"的曲解,包括卫三畏在内的来华外国人,对中国的认识和所形成的"中国观",都有着这样的历史辩证,遑论从未来华的外国人了。国外中国观,从本质上来讲,是一种文化上的互识现象,即一种文化对另一种文化的体察和认知。认识中国是有许多视角的,其中,从中国历史文化去认识中国是一个重要视角。早期的美国人就是通过在广州贸易期间,从中国历史文化和现实状况来认识中国、介绍中国,进而形成他们所谓正确的"中国观"的。从19世纪30年代开始,美国新教传教士来华,传教士与中国接触之后,产生了美国人自己的以文字为载体的思想结晶,他们将他们眼中或笔下的中国和中国人向西方人介绍,美国"中国观"由是开始了传播的过程,而且随着世界资本主义经济一体化进程而呈现萌芽、变化、发展的序列。对早期美国"中国观"进行比较深入的探究,会有助于认识美国"中国观"的发展史,也有助于理解当前中美关系发展的不确定因素和积极方向。卫三畏是一位在华生活40余

---

① John K. Fairbank, "Assignment for the 70's", *American Historical Review*, Vol. 74, No. 3, Feb. 1969, p. 866.

年的美国传教士,他的中国观具有典型性,而当时在华的外国人中有许多是来华贸易的商人,他们中的大多数人很少关心中国的社会和道德状况,因为按照精明和谨慎的原则不宜讨论那些不能带来钱财的问题。① 卫三畏出于传教士身份传播上帝福音的需要,会自觉地关注中国社会。作为美国早期来华传教士之一,卫三畏的"中国观"既受新教传教士所处时代及其特定身份的制约,同时也是在美国早期"中国观"的基础上向前发展的历史产物,这样的中国观也深深影响了美国人对中国的基本看法,引起了美国民众对中国的持续而深入的关注,"紧跟商人之后,是第一批到达中国海岸的美国传教士。随后,越来越多的传教士前往中国,在19世纪30年代最早开始时仅为三三两两的形式,接着是数十人,然后是数以百计,最终发展为数以千计。这种迁移使中国成为美国传教事业莫大的、独一无二的舞台。传教业以及参与此业的善男信女们,为美国人对中国看法的情感基础打下了永久的、决定性的烙印。从19世纪到现在,他们在几代美国人的心目中留下了痕迹,这种痕迹通常是最明显可见的、异常持久的,并具有极强和广泛的影响力。正是由于美国在中国的传教努力,而不是其他任何事情,才使中国在美国公众中占据着独一无二的地位,才使中国在美国人的良知中有着特殊要求的权利"②。因此,抱着历史客观、和平友好和文化交流的精神,对卫三畏的"中国观"做些历史性的梳理,对其成因和特点做出较客观分析,突出他的相对公正的"中国观",是有利于厘清在他之前的西方人"中国观"不实之言、成见、偏见甚至诬陷之词,也有助于消解长期以来中国人对美国人中国观"仇视"的误解,抱着"它山之石可以攻玉"的文化交流原则,是裨益于世界文化发展的。本书认为,集传教士、外交官和汉学家于一身的美国人卫三畏的"中国观"是他架设在中美关系上的又一座桥梁,如同他在《中国丛报》上的努力一样,对于中美两国人民之间的文化交流、心灵理解和友谊巩固等方面产生过积极的历史作用,也延续着它被借鉴和被接纳的现实意义。

---

① 马克思《英人在华的残暴行动》,载《马克思恩格斯选集》(第一卷)第705页,人民出版社,1995年。
② [美]哈罗德·伊罗生著,于殿利、陆日宇译《美国的中国形象》第39—40页,中华书局,2006年。

一、卫三畏中国观的形成

卫三畏的中国观是美国传教士中国观的典型体现,对包括美国在内的西方传教士而言,最一致的中国观是:他们心目中的中国是一个等待福音播撒光明种子的异教荒原,只有基督教信仰的传播方能帮助异教中国人摆脱"黑暗的渊薮"。卫三畏首先就是一名美国的传教士印刷工,来华之前的中国观显然不是自身感受的结果,而是西方中国观的延续或某些与基督教文化歧异的预设内容,换言之,卫三畏中国观的产生与西方中国观有着很深的渊源关系。美国中国观就本源于欧洲中国观,这是1842年鸦片战争结束之前,西方中国观的一般状态。这种相互隔绝而来的中国认识,制约了欧洲人中国观的更新。自欧洲初识中国以来,中国就一直被欧洲放在它的对立面,以便时不时地鉴照自己或反思自己,而欧洲的"中国热"实乃欧洲旧的社会制度体系衰落瓦解和欧洲人全球扩张造成的"欧洲人"意识上升的结果,是文化本位主义的一种隐蔽而生动的体现。欧洲人的中国观实际上是欧洲人在特定环境下的文化意识、思想意识和民族意识的折射,至于中国的本来面目并非大多数欧洲人所关注的内容,欧洲人对中国人的眼光总是沾染着一定的时代需求或个人需求,具有功利主义色彩。[1] 正所谓透过"非我"这面镜子,现出来的却往往是自我的形象。[2] 欧洲的中国观尚且如此,美国的中国观也就难逃西方中心的窠臼,"最初来华的美国传教士的活动范围仅限于广州一地,没有机会深入中国内地,也没有机会近距离地接触最广大的中国民众。这一时期美国来华传教士眼中'中国形象'的信息来源主要有两方面:一方面是欧洲传教士,尤其是曾经深入中国内地的耶稣会士的著作;而另一方面则是他们本人在广州一地与中国人的有限的接触"[3]。

当然,卫三畏的中国观是一个发展的过程,这是近代来华外国人的中国观从形成到成熟的一般规律。只是这种发展有着不同的变化逻辑:有厌

---

[1] 张国刚,吴莉苇《启蒙时代欧洲的中国观:一个历史的巡礼与反思》第7页,上海古籍出版社,2006年。
[2] 张隆溪《中西文化研究十论》第29页,复旦大学出版社,2005年。
[3] 姚斌《早期美国来华传教士笔下的"中国形象"》,载《湖南文理学院学报》2008年第3期,第79页。

恶感的,且出现一直得到强化或不断得到减少的过程;有好感的,且有一直得到强化或不断减弱的过程;也有平静的不带任何政治意识或区域色彩的无褒无贬的过程。实际上,中国观是一个动态的评价过程,因为一个民族国家和她的人民的活动总是处在不断的变化发展的过程中,一成不变的观念只会是一段时空下的主观认识,与客观的性质自会有差距,但也总是在尽可能地接近真实。卫三畏是在比较、甄别的文化研究过程中构建了自己的中国观,又在此后的在华生活中不断充实他的中国观,并以"中央之国"来界定中国文明的历史和现实形象,既有偏见,亦有超越当时认识中国的水平。卫三畏研究中国的目的是为了了解中国的实际情况,这在当时具有进步意义,而了解中国是为了传播上帝的福音。因此研究卫三畏的中国观,不仅可使我们领略不同于本土意识的中国观,更有助于借此反省和完善自身的民族性格,增强自我意识,更好地进行自我定位。卫三畏在华生活40余年的这段时间,是中国开始由传统向现代转变的重要时期,他显然是中国现代化的参与者和见证人,他的中国观无疑反映了中国现代化的内在祈求。现代化绝不仅仅是一个经济概念,对包括卫三畏在内的西方人中国观的研究,应该提高到对外开放和文化交流的高度来认识。①

  卫三畏的中国观的形成更是一个逐步完整、逐渐完善的发展过程,这个过程有半个世纪之久,可以简要地分成几个阶段。第一阶段是从在《中国丛报》工作时起,到1844年10月离开广州回美探亲,是卫三畏中国观的萌芽时期;第二阶段是在美探亲、演讲和1848年《中国总论》出版,是卫三畏中国观的初步形成时期;第三阶段是返回广州主编《中国丛报》、1856年后涉足外交领域,是卫三畏中国观的充实时期;第四阶段是1876年辞职回美、出任耶鲁汉学教授到1883年出版《中国总论》修订版,是卫三畏中国观的成熟时期。四个阶段是前后连贯、不断推进,卫三畏中国观也是不断摆脱狭隘而逐步提升的,内容更加客观、善意、热爱,"中国,如今已经成为他的第二故乡",而卫三畏在1883年版《中国总论》前言中更是对"他的第二故乡"充满希望:"我努力展示他们国民性中较好的方面,迄今为止他们还没有机会学习许多东西,而这些是他们现在可以很快掌握的。把中国人理所当然地归为野蛮民族的时代已经一去不复返了。一个念头刺激着我一

---

① 忻剑飞《世界的中国观——近二千年来世界对中国的认识史纲》第15页,学林出版社,1991年。

生从事这一工作,它就是这样一种希望:传教事业能够发展。在这个事业的成功中蕴藏着中国作为一个民族的拯救,既在道德方面,也在政治方面。"①

卫三畏从被选中来华从事印刷工作时起,中国观就有了最初的、模糊的构架。1832年底,卫三畏在其父的印刷所里开始为期6个月的印刷技术学习。印刷工作相当单调,但卫三畏心中有远大理想,他要在这个时期里尽可能学会印刷和包装的所有技艺,为向远东中国传播福音做好准备。在充满疑惑和希望的等待中,卫三畏敏感地搜集着有关中国的点滴信息,这些最初的、微小的了解主要来自一些访问过远东的商人和一些从中国返回的西方传教士们的口述或文字记载,"弗雷泽先生向我谈了不少关于中国的事情(他在广州生活了一年),包括在那里生活的危险、诱惑、享乐、贫困和艰难,我非常感谢他告诉我种种细节"。此时,在卫三畏的心目中,中国遥远而模糊,神奇而诱惑。"中国的问题主要是长期形成的走私的习惯败坏了道德,以及社会关系的松散,而这是因为缺少妇女的参与。对于后者,弗雷泽先生说,待一段时间就会明显感觉到,因为所有你能交往的人都是些品行不端的男人。我和当地人的接触是不是会比他更多呢?我想情况会是这样。如果是这样的话,诱惑就将在一定程度上被消除。要抵挡所有的危险需要上帝的恩赐,需要他每天、每小时给予的帮助——那种人间没有的精神的帮助。到目前为止,我要去中国这件事让我将信将疑,随着时间的临近,这件事不断闪现在我眼前,它的真实性有时几乎让我心惊肉跳。换一个角度看这件事,向世界宣讲福音,考虑这个即将要做的工作和人口众多的中国,这些足以使我想到这样一个事实,把犁的人只能向一个方向看……"②上面的文字是卫三畏赴华前两个月给其父亲和继母凯瑟琳·亨廷顿的回信的部分内容,信中表达了他对于父母的爱和即将远赴中国的一点担忧;其实,对于一个都是只有20岁出头的小男人来说,万里之

---

① [美]卫斐列著,顾钧、江莉译《卫三畏生平及书信》第261、310页,广西师范大学出版社,2004年。而在卫三畏,陈俱译《中国总论》(上海古籍出版社,2005年)的修订版序中,这段文字是这样翻译的:"为中国人民及其文明洗刷掉古怪的、模糊不清的可笑印象,这种印象是如此通常地由外国作家加给他们的。我致力于展示他们民族性格中更美好的品质,迄今为止他们没有机会学习那些现在他们正在迅速领会的东西。这一'花团锦簇之乡'的人民被列为不文明的国度,这样的日子已迅速消逝。在更早些及稍晚的年代里,心中出现的希望激励着我,传教事业可能得到发扬。在这一事业取得成功的基础上,中国作为一个民族,在道义和政治两方面,将会得到拯救。"

② 《卫三畏生平及书信》第12—13页。

第一章 来中国铺架桥梁

遥的中国不仅仅是一个神奇的诱惑,更多的是紧张,甚至是恐惧,所听到的一切和美部会的一再催促,加重了这样的感觉:危险,危险,要靠上帝的帮助!在波士顿美部会办公室接受最后的指示时,卫三畏得知,那位胸怀宽广的商人奥立芬先生将为他和同行的传教士特雷西牧师提供旅费,乘坐"马礼逊"号商船赴华。在纽约等待的日子里,纽约慷慨的基督徒们给予他们的招待又让他颇感不安,仿佛会是一去不复返的。这样的感觉一直延续到1833年6月15日,在赴华的"马礼逊"号商船上,卫三畏写下给父母的信:"亲爱的父母亲:这是我离开美国前的最后一封信,当我写这封信的时候,蓝色、宽阔的海洋就在眼前。现在我逐渐看清了自己的道路和即将工作的领域,我相信是救世主派我去那里的。我知道他不会抛弃我,而且会在艰苦的长途旅行中给我力量。……在奥立芬家的最后一晚我们举行了最后的祈祷。当我在上帝面前跪下时,我的思绪飘回了家,和那里的人对话,我希望在天堂再次看到他们,如果不能更早的话。现在,当我向故土投去最后一眼时,我知道,我的心中充满了上帝给予我的热忱,这比任何保佑都好。……再见,长时间无法再见面了,但希望再次见面时是在天堂,如果不是在人间的话。"①这些话语真有点像是诀别!

带着诚惶诚恐的心情,卫三畏乘坐的"马礼逊"号船于1833年9月22日抵达印度洋。这天正好是卫三畏21岁的生日,"在东海上,我们的传教士印刷工从他的箱子里拿出一瓶酒,放在船长的桌子上,目的是为了纪念枯燥的海上生活中的一个特殊日子。那瓶酒的味道纯正,对所有的人有益无害。这瓶酒是1812年一个父亲特地储存起来,要在他的长子21岁生日那天饮用的。没有一个算命的人将这个孩子的未来与印度洋、'马礼逊'号船,以及在广州备受限制的生活联系在一起"②。1833年10月25日下午,"马礼逊"号停靠在位于广州以南12英里处的黄埔港。卫三畏和特雷西被船上的小艇送到了广州,并在由行商经官(Kingqua)照管的商行上岸,被安排住在美商夷馆广源行中。也就是从到达广州及其后的所见所闻开始,卫三畏的中国观开始明晰起来,也开始矛盾起来。卫三畏不仅是近代中国历史的一位旁观者,也是其中的一个参与者和书写者。随后40年在

---

① 《卫三畏生平及书信》第14—15页。
② 《纪念卫三畏》,载《奥奈达历史学会学报》(Oneida History Society Transactions),1885—1886。转引自[美]卫斐列著、顾钧、江莉译《卫三畏生平及书信》第12—13页,广西师范大学出版社,2004年。

华生活,不断增多了他的中国观的内容,也逐渐修改着他的中国观的核心内容和实质。

  初到广州,卫三畏充满了好奇,也显示了无奈。在《中国回忆》的文章中,卫三畏描述了他所住的广州商馆的情况:"从横向来看,每行的房屋沿河一字排开,一家挨着一家;从纵向来看,每行都从河边一直延伸到与河平行的第一条街道,纵深达 550—600 英尺。院落套院落,在现有的纵深范围内尽可能将房屋安排得错落有致。去后面的房屋是通过前面房屋的地下室,房屋与房屋的间距是 30—60 英尺或者更多。这些房屋的上层用格子格开,有些建筑两层,其余三层。原先的商行在 1822 年的大火中被完全烧毁,由行商自行出资重建,其中大部分也归他们所有。"①新建夷馆的主要资产属于伍浩官和潘正官,而所谓的"与河平行的第一条街道"就是"十三行街",为东西向,夷馆全部在街道以南,街道两头有关卡,这样加上南面的河道(即珠江)就使夷馆成为一个封闭的区域,外国人在一般情况下是不能随便离开这一区域的。十三夷馆从西往东,依次坐落为:Danish Factory, Spanish Factory, French Factory, Mingqua's Factory, American Factory, Paoushun Factory, Imperial Factory, Swedish Factory, Old English Factory, Chowchow (Miscellaneous) Factory, New English (E. I. C.) Factory, Dutch Factory, Creek Factory。② 因此,这些商行建筑就像囚笼一样,限制了外商和传教士的社会活动和精神生活。自从 1664 年东印度公司尝试与中国进行有限的贸易以来,外国人在华地位和他们的生活状态几乎没有什么变化,他们组成了一个小社会,住在广州城外的一小块地区,他们与中国人的关系基本上处于自然状态。商行的建筑大约 15 英亩,不同国籍的约 300 名外国人在此居住并于中国人交易。大清政府对外交往的行商制度已经维持了两个世纪,对每一个"胆敢"来到中国领土上的"野蛮人",使这些"野蛮人"画地为牢、没有安全感、行动受限制、不准带家眷、贸易受制于行商监管、在学习中文和传播基督教方面屡设障碍。这种体制,在卫三畏到达后,没有丝毫改变:"东印度公司的员工曾试图将围墙向外延伸,将河岸冲积形成只在水位较低时露出水面的土地纳入花园范围,这么做之后不久

---

  ① Samuel Wells Williams, "Recollections of China prior to 1840", *Journal of the North China Branch of the Royal Asiatic Society*, New Series, No.8, Shanghai, 1874, p. 3.
  ② *Chinese Repository*(《中国丛报》), Vol.14, p. 347.

的一天早晨,广东巡抚突然出现在商行门口,并铲除了新增加的土地而恢复原状。……那位官员感觉自己有效地制止了外国的扩张,得意洋洋地回城了。而在那些日子里最大的困难是找不到合适的人教我们中文……马礼逊博士的一位老师常常带着毒药,这样如果一旦发现有人向官府告发,他就可以自杀以免受折磨,因为当时这样的指控对一个中国人来说是最严重和最危险的。……所以我们住在商行里是非常愉快的。所有的外国人都住在一起,可能是因为住得近的原因,我们之间的交往让人非常愉快。很难明白,为什么我们待了那么长时间却对那里的人民了解如此之少,而他们对我们的了解也是如此之少。"①可见,中国人与在华外国人的隔绝状态,使得互相了解缺乏机会,由此而引起了隔膜、误解、猜疑、藐视,甚至厌恶或仇视的情绪。这些向负面认识的强化过程,自然不利于中外关系的正常发展,不利于大清国和她的人民走向近代化,"无疑,如果不诉诸武力,这一体制还将继续维持下去,1841年对这些带有藐视性的政策的反抗最终酿成了战争,而在那场战争之前,无论是就民情还是文明而言,中国还没有走出中世纪"②。

  随着在华印刷工作的开展,卫三畏对中国古典文化开始了潜心研究,加上有机会走入中国民间,使得他的视野和心境逐渐打开,一些子虚乌有的臆想开始消失,一些真实的中国影像开始进入他的考察之列。正如鸦片战争前,卫三畏在给美部会秘书安德森博士的一封信中说道:"我到达(广州)的时候,不少人认为,传教团派往中国主要是针对外国人而不是当地的中国人,后者可能会因此受到影响,但要视机会而定。……这项工作在我看来从来都是有希望的,虽然开始成绩很小,但我一点也不沮丧。现在我有时想想,觉得那时只能是这样。……但我回顾那些日子时,我发现那一系列政治事件确实给这个国家(大清王朝)带来了好处,使它逐渐了解了自身的权利和地位,并且放松了长期以来对外国人的限制。我从不怀疑上帝会把重大的事情交给这么大的一个国家去做。"③这种海外生活的平静心态和追求未知领域的求真精神,成为卫三畏在华40多年工作的内在动

---

  ① 上海《亚洲文会学报》(*Journal of North China Branch of the Royal Asiatic Society*)1874年第8期。[美]卫斐列著,顾钧、江莉译《卫三畏生平及书信》第16、19—20页,广西师范大学出版社,2004年。
  ② 《卫三畏生平及书信》第18页。
  ③ 《卫三畏生平及书信》第21页。

力,从而使得他比其他西方传教士在中国认识、中国研究方面的成果更显著,特别是他的中国观中关于"还中国一个公道"的公允之语和中国研究的代表作《中国总论》,在中西交往史上具有振聋发聩的世界性影响和积极的历史意义。从接管《中国丛报》印刷发行工作开始,到辞去传教士之职进入外交界,从辞去美国驻华代理公使回美出任耶鲁学院汉学教授,到安详地离开这个世界为止,卫三畏都是认真、亲自、求实地研究着中国,客观、辩证、逻辑地认识着中国,也执着、完整、谦逊地宣传着中国。这种精神,是无私的、高尚的、国际的。建立在这种精神之上而形成的中国观,必将有更多的真实与善意、更多的合作与交流、更多的理解与和谐。

在这个不断提升认识的过程中,卫三畏通过1848年和1883年两版《中国总论》将其中国观推向极致。蕴藏在《中国总论》中的中国观,毋庸置疑地成为诠释他的中国认识和中国研究的最好的证据,"我在中国居住了43年的经历,和这一国家的开放逐步迈向顶点的历程是同步进行的。……修订版以同一的目标,坚持出版序言中所述的观点——为中国人民及其文明洗刷掉古怪的、模糊不清的可笑印象"①,"要用真实的叙述还中国一个公道"②。

在此,仅从《中国总论》论述中选出几个主题,来看卫三畏中国观形成的真实叙述之功。首先,早在18世纪末英使马嘎尔尼来华之际,中国的专制政体就成了西方批判的对象,认为中国专制政府"暴虐、压榨和不公正"、中国专制制度"钳制着人民的思想,是各种罪恶的源头"等。卫三畏对此做出回应,他从历史的角度,分析中国专制制度存在的合理性以及维护这一制度的有效措施。他指出中国专制制度能够长期延续,"证明了它适应于人民的习惯和条件,也证明了它的治理一般来说还是可以的","中国的官员并不专门以欺诈、暴虐为能事",中国的行政管理"并没有因庞大的人口以其生命、财产、给养在极大程度上系于其上"。③ 中国专制制度持久存在的原因也是值得思索的,它既不是靠一支常备军进行强制,也不是靠国家宗教和机器使人顺从。④ 而是中国意识形态划一性、政治制度以及社会的连带责任等所起到的强化作用,主要表现在地理上的孤立、以孔子

---

① [美]卫三畏著,陈俱译《中国总论》(修订版序)第3—4页,上海古籍出版社,2005年。
② 《卫三畏生平及书信》第91页。
③ 《中国总论》第270页。
④ 《中国总论》第269页。

学说为政治基础、对一切阶级实行严格监督和互相承担责任的制度、文化优越感,以及政治教育和官员考试制度等,其中的行省管理制度,是在权力平衡之下维护着中央集权,"是中国统治者设计出来的一套令人佩服的制度"①。其次,美国早期来华商人、英美外交官和新教传教士对中国社会道德的指责颇多、颇刻薄,"欺瞒、诈骗和放荡淫逸普遍到令人骇人听闻的程度。撒谎不被当作罪行","无知、愚昧、冷漠、精神上的束缚和奴性、美德缺乏是中国人的道德特性"。② 对此,卫三畏认为这样的评价明显带有简单化色彩,结论也是偏颇的,因为实际上许多民族社会道德负面表现出这样的共性,并非只有中国社会有腐败堕落的道德表现,他指出,在这些负面现象存在的同时,中国人也有些较好的品质"令人惊奇的发展","他们遵行和平与良好的秩序,使生命财产得到高度的安全;社会各阶级以显然和谐的方式联系在一起",而且这些负面道德可通过高度扩展道德教育、普遍重视财产的合法权益、对官职的平等竞争这些因素,"消除了暴力夺取有权有势的职位的主要诱因,辛勤能得到衣、食、住的合理回报,以均等来鼓励坚持不懈的努力"③。再次,针对西方人关于中国人生活习惯的"食物和服饰"奇异之说,卫三畏认为这种偏见的原因,在于看待服装时的不同审美情趣,如果习惯于亚洲人的衡量标准,人们反而会觉得欧洲人的服饰不顺眼,中国人的饮食特点是花样多、卫生、煮得好,只不过不适合欧洲人的口味罢了。而中国人在衣、食、住等基本满足后,有着自己的风俗与娱乐习惯,不存在西方国家的格斗运动,也不存在以神裁法或格斗来判决疑难问题,中国人普遍不喜欢诉诸武力,相对的厌恶好斗行为,是中国人和平性格的表现。④ 最后,卫三畏也能客观地看待中国古代科技和工艺生产,"现代欧洲一些最卓越的发明(诸如指南针、瓷器、火药、印刷术)源于这一民族,他们在好几个世纪之前就知之行之",而且中国的工艺技术超群,"金银加工、镂刻、压凸纹、雕刻的工艺几乎无与伦比,制成卡片盒、茶壶、梳等;而珠宝加工也令人赞叹,精美的金银丝工艺展示了中国人的工艺天才"。⑤《中国

---

① 《中国总论》第 304、323 页。
② 吴义雄《在宗教与世俗之间:基督教新教传教士在华南沿海的早期活动研究》第 465 页,广东教育出版社,2000 年。
③ 《中国总论》第 581 页。
④ 《中国总论》第 528、541、554 页。
⑤ 《中国总论》第 596 页。

总论》上的这几个重要主题,所揭示的卫三畏的中国观,从实质上来看,已然与其之前的西方人的中国认识有着重大区别,有利于消除"通常由外国作家强加给他们(中国人)的(可笑印象)"①。

正是秉承这样的真实叙述的思想,卫三畏将其43年在华的见闻与分析思考,以及两次回美后的反思,进行着辩证而客观且有逻辑的整理,所出版的两版《中国总论》巨著,在发展中西关系,促进中西文化交流,尤其在建设中美人民之间友谊等方面,具有积极的划时代意义。而这种真实叙述的思想,必须通过一定的写作方法才能表现出来,比较法就是卫三畏中国观形成的主要途径,尤其是将基督教文化作为预设的参照物和最终标准,对中国传统文化核心的儒家思想进行比附,既力图寻找两者的共同点,又发现中国文明需要基督拯救的契机,开启了西方来华传教士关于用西方文化改造中国的传统而走向没落的文化的端倪。这样的比附主要表现在以下几个方面:

第一,将儒家"法先王之制"比附近代西方民主政治。当时,新教传教士大多将在华传教受阻归因于中国人民的文化对抗心理,并认为这一对抗心理和儒家思想中的"崇古"思想密切关联,因为"崇古"导致了中国人向往先王时代而漠视基督教。为了传教,他们否认中国传统文化,将崇古思想看作阻滞中国文明发展的根源。但在卫三畏看来,儒家思想中"法先王"的崇古思想,是先王政治实践中产生的经验总结,并为后来中国社会的发展奠定了政治理论基础,客观上维护了中华民族文化的悠久传承,使得"中国成为在纯粹专制政府理论下坚持民主习惯的唯一异教徒国家","这一政府尊重臣民权利,将他们置于法律保护之下,有法令和法庭,在公众心目中君主维持他的同时承认在上的神灵会责罚他"②。从传教"耶儒相合"的策略来看,卫三畏对儒家思想的认识是有利的,但不能不指出,他这里的善意比较,是一种牵强的比附,因为中国的宗法社会下的"民本"思想和近代西方的"民主"政治是大不相同的,中国专制政府内是极少有民主的权利意识的,直到晚清时,中国传统社会中的主要矛盾是人民群众与专制政府的不可调和的对抗,中央集权的不断扩大,君主专制达到顶峰,严重阻碍民主思想的萌发与成长。卫三畏将先王之制与民主政治相比附,实际意图

---

① 《中国总论》(修订版序)第4页。
② 《中国总论》第715页。

是想在承认儒家文化价值的前提下,凸显西方文化和中国传统文化之间的相似性,以此说明儒家思想和基督教教义没有本质不同,消弭中国人民对基督教文化的抵触心理。

第二,将中华民族传统美德比附《圣经》摩西十诫第五诫。卫三畏批评了当时对中国社会道德的简单化评价的倾向,并从道德法则和道德实践两个方面比较客观地分析了中国道德的实际情况,认为中国传统文化中的"敬重亲长"是中国人民"长期以来就是遵从上帝律法的良好的了不起的标记,他们只是将其铭刻在心,而不是用手写下来"①。其实,卫三畏认识到尊老爱幼是东西方也是全人类的道德要求,但认为中国传统文化是在遵从上帝的旨意,即认为中国文化实际上也是由基督教衍生出来的,就显得更加附会。中国文化与基督教教义在本质上没有冲突,因为它们是中西民族在各自独立发展的过程中成长起来的两种文化模式,一定有着人类共性的相似点,但仍然是并列、并行的文化形态,不存在谁从属谁。

第三,将中国社会习俗的婚姻风俗比附《圣经》有关家庭的教义。卫三畏认为中国的婚俗非常完美,包办婚姻强迫青年人履行父母定下的婚约,使青年在最易于放荡之时有了保障,在引诱最强烈之时结婚了事;而女性不能参与社会事务,也是消除了罪恶的主要起因。② 这样的理解,多从其较小的积极意义上来夸大的。其实,我们知道,包办婚姻、歧视女性是父权制残余的表现,这种道德规范严重背离了人性的基本要求,是传统社会的毒素之一。卫三畏将中国的包办婚姻与《圣经》摩西十诫的第十诫"不可贪念人的房屋;也不可贪念人的妻子、仆婢、牛驴,并他一切所有的"条规进行比附,也是不妥的,这同样是为了用基督教教义来诠释中国传统文化的某些细节。

最后,将中国政治制度之一的科举制与西方平等自由等人权观念相比附。卫三畏非常认可中国专制制度的合理性,并认为科举制对于维护这种政体的悠久与延续是功不可没的,"可以恰当断言,这样的考试比其他任何单一的原因在维持中国政府的稳定并说明其连续性之上做出了更大的贡献"③。因为科举制"对每个人的最高才干和精力开放,但它对世袭权力完

---

① 《中国总论》第717页。
② 《中国总论》第553—554页。
③ 《中国总论》第392页。

全中立。因为世袭权利或早或迟会成为既得利益的寡头统治集团或占有土地的封建贵族。然而,科举考试制度以及经典及其注释所教导的政治权利义务作为绝对的力量,使中国免于再次分裂成许多王国"①。在此基础上,卫三畏又将科举制抬到了更高的境地,"这一制度将一切人置于平等的基础之上,据我们所知,人类本质还没有这样的平等"②;并对之寄予厚望,"这也适合于中国人的天赋,他们对自己的成就相当满意。无疑将其精炼提纯会有很大好处,如果人民大众脱离目前的蒙昧状态,不要很久,他们在知识上的提高就会全盘革命化。这将实现重要而有益的结局,尽管有其缺陷,将使政治制度得到永久化和加强,人民获得更进一步的平等,地方官员成为更有生气的实体,比他们通过其他途径所能达到的更可靠,这是没有疑义的"③。诚然,科举制度曾在中国历史上起到过一定的积极作用,但无论如何是不可能等同于近代的平等自由权利的。科举制度虽然扩大了社会群体对于政治的参与度,但参与选拔的对象还是有限制的,科举取士只能招揽一些符合中央集权统治需要的所谓人才,与人类平等自由的理想相距甚远。因此,卫三畏的这样比附也是不恰当的,只是一种传教调和策略的文化诠释。

　　无论是真实叙述的思想,还是儒耶文化比附的论证,卫三畏的善意和辩证都是显而易见的,使他的中国观的形成具有了逐步完整、逐步提升和逐步和平的逻辑化的演变过程。这个过程有利于消弭中国人民对于基督教文化的对抗和误解,学会吸收和运用其中的西方文化精华,有利于消弭西方世界对于中国文化和现实社会的仇视和诋毁,学会发现和采纳其中的东方文明的精髓,这样的近代中西文化的交流,就在相互和平、相互宽容的交往进程中,实现东西方的双赢。作为一个新教传教士,卫三畏非常清楚中西文明各自有不同的发展轨迹,是在不同环境下成长起来的文明系统,中国儒家文化既阻碍基督教传播,又不可以轻易取代。但来华传教本身的最终目的就是要用基督教文化改造中国文化,因此,如何在不触动儒家文化价值的前提下又用基督教文化来改造之,就成为所有来华传教士,甚至是关心中西关系的人士,都不得不去思考与实践的问题。卫三畏采用了用

---

① 《中国总论》第390页。
② 《中国总论》第390页。
③ 《中国总论》第391页。

基督教教义比附儒家思想和中国文化的简单化手法,是想从中国文化中寻找和基督教义的相同之处,而以基督教教义为其价值基准,来说明中国文化的价值只是体现在与基督教文化相同的地方,最终揭示基督教改造中国及其文化的必要性、可能性和紧迫性。然而,自从东西方交往开始,中西文化依旧各自发展,其间不乏交流,但不曾发生取代的可能和现实,因为,任何一种文化显然并适合其他文化的某些方面,但终究不能充当另一种文化的价值的判断标准。

如果撇开基督教文明改造中国文化的终极目标,卫三畏中国观形成的理论与方法,对于消除对中国的负面宣传的做法和蔑视诋毁的心理都会有巨大的治疗或辅疗作用,因为人类之间需要的是尊重和共存,而不是仇视和灭亡,正如基督教宣传的"上帝爱世人"。

二、卫三畏中国观的内容

卫三畏在华二十年外交和耶鲁学院任教的经历,以及在中国研究上取得的以《中国总论》为代表的汉学成果,丰富和夯实了他的中国观。卫三畏的中国观有当时来华西方人对华认识的共同点,但更多的是它所具有的不同点,或者说是客观而进步的中国认识,从中可以发现19世纪中国社会的真实的历史面貌。因此,展示卫三畏中国观的内容,是回溯探究近代中美关系的途径,也是中西关系研究的主要内容之一。

《中国总论》是把中国作为一个整体文明来研究的,在逐项分析的基础上加以综合,呈现出多学科研究的性质,被视为美国最早的汉学著作。[①] 该书不仅是卫三畏中国研究的代表作,更是他的中国观的重要载体。英文版《中国总论》两版都在千页以上,实为皇皇巨著,特别是修订版(第二版)上下两卷几近1600页,迄今为止曾多次印刷,粗略统计,1895年、1899年、1900年、1904年、1913年、1966年由不同的出版商重印,2001年由Simon Publications出版社重印,日本的景文文化社2000年也重印过一次。从史料价值的角度,新版《中国总论》被学术界经常引用。1895年出版的澳大利亚记者莫理循的《中国风情》(*An Australian in China: Being the Narrative of a Quiet Journey across China to British Burma*)便引用了《中

---

① 侯且岸《当代美国的"显学":美国现代中国学研究》第11页,人民出版社,1995年。

国总论》第一卷中关于鸦片的论述。① 1901年,曾任职上海南洋大学历史教授的英国人列文华兹写作第二次鸦片战争的专著时,所列的第一本中国历史参考书就是《中国总论》,并引用该书中关于中国概况的内容。② 美国中美早期关系史专家、耶鲁大学教授赖德烈先生不仅其著《中美早期关系史1784—1844年》中大量引用《中国总论》相关史料,而且对1883年版的《中国总论》给予中肯的评价:"尽管它已经陈旧,但仍不失为一本了解中国的标准参考书。因其涉猎领域广泛而不够专深,但内容很好,尤其在传教、外交史等方面。许多内容作者都是亲身参与者。"③可见《中国总论》的影响之巨。诚然,要探究卫三畏中国观的重要内容,必须深入研究新版《中国总论》。卫三畏力图将《中国总论》介于百科全书和入门书之间,学术性和趣味性并存,主题众多,内容丰富,涉及中国的各个方面,就其目录而言,"简直像一条在大法官法庭打官司的律师费清单"④。晚年在耶鲁学院教授汉学的经历,加强了他对中国认知的完整性和准确性,1883年版《中国总论》在修订和增补后,不仅内容增加了三章,涉及两版相隔的30年间中国所发生的历史事件,而且保留了两版内容在分析时的观念性差异,这种差异无疑具有比较研究的意义。《中国总论》修订经历了几年缓慢而坚持不懈的工作,1882年3月终于完成修订稿并安排出版,在此前后,卫三畏得到了毕业于耶鲁学院的其子卫斐列(Frederick Wells Williams,1857—1928)的帮助,"我的儿子卫斐列本来就已审阅过稿本,这时承担了出版的全部责任。我更加相信他能够完成编辑的职责,因为他已经熟悉中国的全部情况以及最具权威的书籍。这一工作做得很好,特别是最后三章,经过他认真修改,并专门研究了最近中国政治历史,从而更为完善。编索引是他的工作。他又仔细审阅全书,尤其是有关地理和文学各章,对此我深为感激"⑤。可见《中国总论》的可信度之高。百余年之后,在中国,1883年

---

① [英]莫理循著,张皓译《中国风情》第46页,国际文化出版公司,1998年。
② Charles S. Leavenworth, *The Arrow War with China*, Sampson Low, Marston & Co., London, 1901, p. 222.
③ Kenneth Scott Latourette, *The History of Early Relations between The United States and China 1784-1844*, New Haven: Yale University Press, 1917, p. 199.
④ Frederick Wells Williams, *The Life and Letters of Samuel Wells Williams*, L. L. D. : *Missionary, Diplomatist, Sinologue*, Reprint edition published in 1972 by Scholarly Resources, Inc. Wilmington, Delaware, p. 158.
⑤ [美]卫三畏著,陈俱译《中国总论》(修订版序)第3页,上海古籍出版社,2005年。

修订的《中国总论》英文版终于有了最好的中译本。2005年底的中文版本,是由著名学者陈俱先生翻译,并经复旦大学陈绛先生校阅,由上海古籍出版社出版。该译本的翻译质量极高,翻译本身事实上已经构成了对《中国总论》的初步研究,"翻译这部书,得到众多的鼎力相助",可以说是一个集体工作的产品。以这个中译本为基础,大有裨益于管窥卫三畏的中国观。

从中译本来审视《中国总论》的内容,可以发现它的叙述有逻辑性的排列顺序,曾被费正清《晚清剑桥史》誉为"百科全书式的著作",被明恩溥《中国人的素质》中文版译注称为"过去一直是外国人研究中国的必备之书",中国学者张宏生认为"(该著)试图把中国文明作为一个整体去研究,也是美国最早的汉学研究著作"。著者(卫三畏)自称最初是向美国人介绍中国情况的演讲稿,而从章目可以看出,他定下的演说和写作计划决非零星片断的东西,而是涵盖一切,想把他所认识的中国一股脑儿地表现出来,因而内容包罗万象,一应俱全,大概著者将所能想到的全列上去了。① 《中国总论》中译本共有26章,涉及中国文明的物质(第1—6章)、制度(第7—9章)、文化(第10—16章)、精神(第17—18章)和现实(第19—26章)等五大方面的内容,而且也是一个递进的过程,首先是物质层面,然后进入到制度层面,再进入文化层面,达到精神层面,这四个层面的排列遵循归纳法的写作原则,由表及里,由浅入深,最后根据演绎法,利用前四个层面所确立的理论或观念,用于叙述新近发生在中国的重要历史事件,力图提出一个解决中国现实问题的范式,这是第五个层面的内容。五个层面相互依存,相互佐证,贯穿着实地调研法、统计分析法、比较法等人文社会科学的研究方法,具有极强的针对性和实用性。由此,卫三畏的中国观也就是由这样的五大方面组成,它是一个整体,最终结论是中国需要基督拯救。

(一)在中国文明的物质方面,《中国总论》第1章到第6章主要客观陈述中国地理状况,包括概述中华帝国区划及特征、介绍东部西部各省的地理情况、介绍藩属地域的地理情况,包含满洲、蒙古、伊犁和西藏,涉及中国人口与数据统计以及关于中国的博物志。在第一章的开篇,卫三畏归纳了中华帝国的特征:"现今统治中国的皇朝,拥有亚洲大陆的一部分,地理

---

① 《中国总论》(译后记)第1135页。

学家一般称之为中华帝国。在任何年代或世界上任何地方,都可以说这个国家是由统一的力量所治理的领土最为宽广的国度之一。……国土上生产一切必需品,为住民提供给养,使他们过得舒适、欢愉,他们几乎没有必要依靠别的地区和国家来满足自己的需要。这个国家的文明完全是在自己的组织和制度之下发展起来的;其政府的形成,不必模仿或参照别的国家;其文学也无须借鉴他国学者的才华和研究成果;其语言的音符、结构以及年代久远,都是独一无二的。中国人民以其勤劳、热爱和平以及人数众多、习俗独特而著称。"其后,具体叙述了中国的国土位置、面积、行政区划、山脉、矿产、河流、海岸、省界、城市、建筑、民族、人口、体质特征、气候、物产、神话故事、博物等。在陈述中,卫三畏不仅列出一系列数据来解说,而且常常进行中西类比,以帮助西方人的理解。其中,对中国人口和数据统计,是卫三畏个人研究的一项成果,具有开创性的文化意义。中国给外国人的最初印象是人口众多,但到底有多少人,一直没有确切的统计数据。卫三畏研究中国人口的资料主要来自中国文献和西方学者的研究成果,包括马端临的《文献通考》,清代吴乘权主编的《纲鉴易知录》《大清会典》《一统志》和裨优、麦都思和马礼逊等人的研究报告,新版《中国总论》中还补充了华西里耶夫的研究结果和1881年中国海关报告资料。根据所列出的从明代洪武二十六年(1393)到清代光绪七年(1881)的"中国历代人口调查统计表"和1710—1882年八次"十八省面积、人口密度、人口数、财政收入对照表",卫三畏计算出中国人口状况:从1711—1753年人口增长了74222602人,每年增加1764824人,42年间的年增长率略高于6%;1753—1792年人口增长了104636882人,每年增加2682997人,39年间的年增长率为2.5%;1792—1812年人口增长了54126679人,每年增加2706333人,20年间的年增长率不及1%。以同一比率计算,目前(1847年中国)人口可能超过4.5亿人。① 对于自己中国人口数据的统计成果,卫三畏显得很自信,在1848年版《中国总论》序言中说过:"关于人口的最大估计数,有理由相信是或然的与可能的,其证据经过一定调查,是最可信的。"在1883年版《中国总论》修订版序言中也写道:"人口调查章保持原样,未做更动,因为在全国进行有条有理的调查之前,有关人口的重要性问题只好暂且搁置。值得注意的是,自从初次出版以来,本章对中国人口所做的估计——

---

① 《中国总论》第192页。

甚至更大得多的数字,已经得到普遍认可。"实际上,《中国总论》中关于中国的基本数据经常被以后的学者作为权威资料加以引用,其中中国人口数据更成为中外人士引述的证据。1881 年 John J. Lalor 主编的百科全书沿用了这个数字,在中国的条目中,编辑者说:"根据卫三畏博士的研究,整个帝国可能有四亿五千万个灵魂,人类的三分之一。卫三畏博士在华近 40 年,在他《中国总论》书中这一章花了很多时间,比任何人都多。他的计算是基于 1812 年的官方资料,而非出于某种需要或仅仅出于西方人的观察。"①而在 1900 年清政府被八国联军打败后,签订《辛丑条约》时约定"庚子赔款"数为四亿五千万两,很可能使大清国人联想到这是帝国主义列强根据当时认为的中国人口数字四亿五千万进行勒索,意在对全体中国人的集体惩罚。这也可能导致了近代中国人开始自认有着四亿五千万同胞,并在民族危亡关头被用来激励国人团结自强。到抗日战争时期,毛泽东也曾引用这一数字,1937 年 8 月 25 日在为中共中央宣传部起草的《为动员一切力量争取抗战胜利而斗争》提纲中,毛泽东就说过:"只要四亿五千万同胞一起努力,最后的胜利是属于中华民族的!"②

卫三畏在阐述中国地理环境时,也透露出孤立地域特征下的中国的闭关政策取向。事实上,人类各文明之间都是从隔绝走向接触和融合的。在 15 世纪末以前,中国对西方不了解的同时,西方人也同样不了解中国,因为在前近代世界本来就是隔绝的,"各人类社会均处于不同程度的彼此隔离的状态之中"③。继地理大发现之后,在经济利益的驱动下,西方国家纷纷开始了海外探险的活动,走上了殖民扩张和瓜分世界的道路,而反观这时中国,从郑和下西洋之后,中国开始背对海洋,走向了全面收缩的道路。明清两朝的海禁政策使中国丧失了主动了解世界的机会,逐渐落伍于时代潮流。所以,从那以后的整个世界格局看,中国所处的地理位置就意味着将中国人和其他亚洲人分割开来,在免受外敌侵犯的同时也无法与中亚、印度的人们进行商业往来。东面海洋也限制了海洋强国的远洋奔袭。在

---

① John J. Lalor, ed., Cyclopédia of Political Science, Political Economy, and the Political History of the United States by the Best American and European Writers, New York: Maynard, Merrill, and Co., 1881, Article: China.

② 毛泽东《为动员一切力量争取抗战胜利而斗争》,载《毛泽东选集》(第二卷)第 357 页,毛泽东选集出版委员会,1952 年。

③ [美]斯塔夫里阿诺斯《全球通史:1500 年以前的世界》第 55 页,上海社会科学院出版社,1999 年。

西方国家装备轮船的海军出现以前,没有足够强大的力量能对中国构成海面上的威胁。但卫三畏感受到了,西方海上的军事力量将会打破中国封闭的状态,英国成为侵华的先锋并非历史的偶然。鸦片战争时期,英国海军为当时的世界之最,拥有各类舰船400余艘。与中国的水师相比,英国的舰船具有排水量大、航速快、机动性强、火力猛的特点。① 近代中国在由鸦片战争开启的历次侵华战争中的败迹,都证明了中国海上力量的薄弱,具有悠久的古代文明的中国未曾受到其他文明国家挑战的历史结束了。

简言之,在物质层面上,卫三畏中国观的主要内容是:中国有广袤的土地、丰富的物产和令人瞠目的人口数量。但他疑惑的是,"中国人无疑是世界上最自负的民族之一,不管有多大的虚荣心,他们却从来没有想起自己的人口占全世界的百分之二十五或三十,也没有想利用这一点来提高在外国人或本国人心目中的地位"②。其实,这个问题很简单,中国人是热爱和平的民族。但对当时的外国人来说,这是不可思议的事。卫三畏在物质层面上对中国的阐述,可以说开创了美国中国研究的区域性研究的序幕,尽管叙述中常常夹杂着个人情感的褒贬,却留下了当时中国宝贵的史料和最初的人文思想,有助于澄清西方人心中很多模糊的中国印象,也有助于后人的再研究。

(二)在中国文明的制度方面,《中国总论》着力阐述晚清现行的法律制度、皇帝制度和科举制度,力图说明中国长期延续的制度与中国人民的生活习惯和社会条件之间的关系。卫三畏认为孤立的地理环境对中国文明而言是一把双刃剑:一方面使中国人无法与别的民族进行广泛的接触和交流,致使中华文明在相当长的历史时期内没有实际上的改变;另一方面却使中国人在没有任何外来提示或影响的情况下设计出自己的组织结构和制度。③ 毫无疑问,卫三畏在此明确承认了中华文明是具有独创性的,是有着独立起源的文明,也就打破了当时西方人对中华文明的独立性的质疑,因为"在19世纪,人们很难相信中国人不是从某一公认的古老文明的中心获得文明的"④。具有独创性的中华文明的人文精神的突出表现,就

---

① 茅海建《天朝的崩溃:鸦片战争再研究》第39页,生活·读书·新知三联书店,2005年。
② [美]卫三畏著,陈俱译《中国总论》第193页,上海古籍出版社,2005年。
③ 《中国总论》第713—714页。
④ [英]雷蒙·道森著,常绍明、明毅译《中国变色龙——对于欧洲中国文明观的分析》第199—200页,中华书局,2006年。

是长期专制政体的社会制度。卫三畏在论及中国法律与政府设计时,明确指出中国专制政体的延续与稳定和人民状态的适应性,"这个非基督教国家,其政府在这样大的程度上基于执政者个人品质而更改,人民这样倾向于将机构和个人混而为一,其中缘故,或者是人们对这些机构的性质不完全了解,或者由于需要和习惯,人民轻易地被有计谋、有力量的人所领导和左右;中国政体的长期延续,证明了它适应于人民的习惯和条件,也证明了它的治理一般来说还是可以的"①。晚清政体的特点,一样是延续下来的儒家政治伦理下的宗法制度。儒家学说被统治者采纳,"越来越多地体现在法律之中,使之成为政治制度的根基,……使中国制度具有一种特色和持久性","整个制度是现存的最纯粹的专制制度之一"。卫三畏从西方近代法理角度出发,认为中国专制制度下的文明"是亚洲的而非欧洲的,是异教的而非基督教的",但它是有缺陷的,因为专制制度是"建立在错误原则的基础之上。这些制度可以说有稳定的因素,但没有改进的因素",整个制度就"像一张大网笼罩在整个社会的表面上,每个人在他自己的网眼中都是孤立的,可是又和他周围所有的人在责任上联系在一起",这样"人民大众对政府(也就是对官员和政府行为)充满了极大的恐惧;只有敬而远之才能得到安全"。而维持稳定的因素,主要是政府"对一切阶级实行严格监督和互相承担责任的制度",还有科举考试为核心的教育体制。② 在卫三畏看来,科举制是维持中国稳定的重要原因,科举教育的目的就是培养有统治才能的人进入政府来帮助巩固政权,"在中国政治中,没有什么比对皇帝的无限尊敬更值得注意的了,而每个人可以反抗税收不公,杀死或赶走暴虐的官吏。受教育的人形成了这个国家的唯一特权阶级;有了第一级学位,就是自己进入士绅阶级之列,被认为苦读付出的一切代价得到足够的补偿。总而言之,可以恰当地断言,这样的考试比其他任何单一的原因在维护中国政府的稳定并说明其连续性之上已经做出更大的贡献"。③ 但是,中国人对教育和道德修养重在崇古和顺从,是"奴隶式的顺从于金科玉律",而不是"注入新原则与新信息",这扭曲了中国学人的智力,造成了孤立与自负,最后"一旦遇到更有技巧或更强大的对手,就陷于无助的地

---

① [美]卫三畏著,陈俱译《中国总论》第269页,上海古籍出版社,2005年。
② 《中国总论》第270—271页。
③ 《中国总论》第392页。

位",“中国人似乎已经穷尽了缺乏神圣启示的知识所能达到的人类政府的大目标。他们迄今得到的是自己的伟大真理、报偿、希望以及对善行的刺激。在希尼之地(借指中国),新与旧之间斗争的历程与结局将形成人类历史的突出篇章"。① 而在制度与法律的执行力上,卫三畏分析大清官员的政治生存状态,指出法律条文经常自相矛盾,法律与执行力严重脱节,"其实,命令的写作者和老百姓都知道,大多数命令不过比废纸略胜一筹。命令一公布,写作者的责任就完成了,效果非其所知。服从的通常导向就是按私利行事;对上瞒骗,对人民压迫,就是官员的行动法则;他们发布的命令显示了虚弱无知,更显著地表现出虚伪和自欺。大多数善意的官员也意识到他们的全部努力会被衙门里俸薪不足、肆无忌惮的衙役、雇员所抵消;此类因素使他们的干劲受挫"②,由此引起的官员腐败现象层出不穷。但卫三畏却对这种腐败现象不是危言耸听地无限夸大,只认为这是中国制度的一种客观想象,并不决定政权生死,因为"这个国家就像一辆沉重、破败的大车在艰难地蹒跚前行,每时每刻都可能垮掉,碰得粉碎,但仍在摇摇晃晃地走着,只不过因为原先的结构还好。这辆古老的车上有着庞大的人口,若要改造,势必严重地影响到这一部分或那一部分;一旦翻了车,就无法恢复到原来的样子。鼓舞人心的希望在于,中国政府和人民的聪明智慧,他们的语言、制度、勤劳和热爱和平,都会形成强大而稳健的力量,使不可能再长期延迟的变革得以实现;当中国在彻底改造它的政治、社会、宗教制度时,仍将保持统一和勤奋"③。因此,卫三畏以宽容的笔调对这些自私与公道沦丧的大清官吏予以一定的同情,"尽管存在着官员凌辱罪犯的现象,不能认为他们全是暴君;当起义发生,许多人丧失了生命,但不能认为社会处处瓦解;中国人容易倾向于虚伪,因而难以确定实情,但不能说每句话都是谎言;自私是他们行动的主要动机,然而,博爱、仁慈、孝顺、钟爱之情,用钱买不到的殷勤礼节仍然在他们中间存在着。虽然有各种形式的骇人听闻的大量罪恶,也混杂着若干足以补偿欠缺的品格;在中国,和其他地方一样,善和恶混在一起。……就像在我们的国家(美国),每天报纸送进我们眼帘的是关于罪恶和暴行的记述,这些不是社会一般状态的标志,我

---

① 《中国总论》第394、396页。
② 《中国总论》第328—329页。
③ 《中国总论》第357页。

们很容易忘记这一点;在中国也一样,虽然情况大大不如,我们还是要注意到同样的说法也是适用的"①。而且赞扬了官员群体中那些品质优秀的人,"虽然有种种压迫人民、暴虐行为、贪污受贿、弄虚作假的严重指控,或多或少地影响官员声望,但不能说他们之中没有品质优秀的人。数千人致力于公平治理,洗雪无辜,惩办罪犯,以他们的全部学识和权力为主上尽责,为人民办好事",其中他对钦差大臣林则徐、广东巡抚朱桂桢等人的评价就很高。② 卫三畏对中国制度的理解,尤其是对法律及其执行力的研究,的确达到了当时西方人认识的新高度,因此在 1848 年夏,纽约州的联合学院授予卫三畏法学博士的荣誉学位。从此以后,卫三畏的名字后增加了 L. L. D. (法学博士头衔)。卫三畏的中国法律研究成果曾被英国汉学家庄士敦(R. F. Johnston)在其著《紫禁城的黄昏》(*Twilight in the Forbidden City*)中引用,并盛赞了卫三畏对于中国皇帝权威的分析。③

简言之,在制度层面上,卫三畏中国观的主要内容是:中国制度内在的稳定性和相互牵制的主从关系,保证了中华民族的持久性,其中的积极因素是值得西方学习的,尽管这些制度本身和相互关系上仍有断裂,仍存在因制度弊端引发的腐败堕落现象,且有时也相当严重。其实卫三畏的目的是要为他的基督教教义开辟在华播散的制度空间,居高临下地宣传基督教融入中华民族的可能性与现实性。

(三)在中国文明的文化方面,卫三畏铺叙最多,综合了他自己和当时西方学者汉学研究的精华。欧洲汉学着力于中国传统文化,如中国语言、文学和历史等,美国早期汉学主要致力于与当时美国利益有关的中国政治、经济和社会等问题。《中国总论》将欧美汉学研究成果有机结合在一起,形成了卫三畏在中国文化层面上的中国观。《中国总论》中有七章的内容具体论述了卫三畏对中国文化的认识和理解,包括中国语言文字,中

---

① 《中国总论》第 357—358 页。
② 《中国总论》第 321—322 页。
③ R. F. Johnston, *Twilight in the Forbidden City*, Victor Gollancz Ltd., London, 1934, p. 92. 庄士敦(雷金纳德·弗莱明·约翰斯顿, Reginald Fleming Johnston, 1874-1938),英国汉学家,曾任清朝末代皇帝溥仪的英文教师(1919—1925,中国帝王史上唯一一位有"帝师"头衔的外国人),回国后任伦敦大学东方学院首席汉学终身教授。曾撰写了大量有关中国问题的论著,如《佛教徒在中国》《威海卫狮龙共存》《儒教与近代中国》等。但令其声名大振的是 1934 年出版的著名回忆录《紫禁城的黄昏》。关于卫三畏对中国皇帝权威的研究,参见卫三畏著,陈俱译《中国总论》第 277—288 页。

国经典文献,中国雅文学,中国人的建筑、服装与饮食,中国人的社会生活,中国工艺,中国科学等。由于东西方差异,语言文字是西方人了解中国文化的主要障碍。来华后,以自己的毅力和天赋,卫三畏很快就熟悉了中国语言,并进行了长期的学术研究,取得了可观的成果。《拾级大成》《英华分韵撮要》《汉英韵府》等著作充分表现了卫三畏在中国语言方面的作为和能力,为世界各国人民学习中文提供了很不错的工具书。卫三畏不仅论述了中国文字的起源、构造、发音与注音、字形变化、书写工具、印刷技术、官话与方言的区别、汉语语法、文体、汉语学习方法等,而且还指出了某些西方人在汉语语音方面采用西方字母文字解析汉字的弊病,主张从中国人语言习惯上来理解中文,"尽管有严重缺点,中文也拥有惊人的美。……马礼逊博士注意到,'中文佳作以一种生动的闪光冲击人心,有一种力量,有一种美,都是拼音文字所做不到的'。和其他语言文字相比,中文更适宜于作为全球的交往媒介,实际上已经比其他语言文字有更大的扩展"。因此,卫三畏乐观地鼓励美国人学习和学好汉语,"学希腊文、拉丁文、英文,或任何定型的文字,也都是艰辛的功课,除开记忆那么多生字的枯燥劳动之外,中文并不比别的文字难学。要说得明白,写得清晰,读得自由自在,不是像有些人设想的那么艰巨无比,当然,达到这样的程度也不是轻而易举的事。再者,字典、手册、翻译,现在随处可见,而且在不断增加,实际上减轻了学习的辛劳","中国语言文字的知识是取得(中国)人民信任的护照,外国人一旦学会了,当地人就会卸下偏见和歧视"。① 在解读以儒家为中心的中国文化经典时,卫三畏指出:"中国书籍塑造并坚定了民族性格,从而表现出单调的一致性。……如果这些文献的唯一特征在于数量和著名,现有的研究已经足够了;但是,继续进行研究将进一步揭示出'精彩的修辞和诗意,如画的文字之美使其生色,保存了想象力的全部光辉'。"②接着,卫三畏以《四库全书总目》为纲要,按照经、史、子、集四个部分逐一进行较详细地介绍。在经部的部分,他又着重对四书五经进行阐述。例如,他对《易经》的理解是:"任何事物与一切事物可以从这样虚拟的基础上演绎出来,但是中国人以最严肃的态度来讨论,致力于从这一奇妙的体系中寻求隐蔽的意义和宇宙进化理论。……像《易经》这样的著作的持续影响,说明了

---

① [美]卫三畏著,陈俱译《中国总论》第430—432页,上海古籍出版社,2005年。
② 《中国总论》第434页。

对于法则和方法的民族偏爱,同样也说明了对实验研究和从博物学研究来推论事实采取漠不关心的态度。……然而,这一经典披着离奇的外衣,有着许多实际智慧的不可思议的努力,使我们留意到可以赞成理雅各博士的结语:'在漫长的历史进程中,在中国如此反复灌输的教训,不会不起良好的作用'。"①在对《四书》的论说中,卫三畏认为《大学》的道理可以归结为四个要点"修身、齐家、治国、平天下";《中庸》之道在于培养"君子之德",即"君子无入而不自得。在上位,不陵下;在下位,不援上。正己而不求于人则无怨,上不怨天,下不尤人。故君子居易而俟命"。而《论语》《孟子》,不仅对孔子和孟子的生平事迹介绍详细,而且对孔子哲学和孟子仁政思想极为推崇,在他看来,孔子哲学的首要特征是对上级和家族的从属关系,对人类的正直态度,对所有人都应尊重的看不见的力量采取不相干的态度,人们凭自己的良知来看待今生世界,使君王对更高级的法庭只负有部分的义务。孔子说的"君子"就是这样站在异教道德家的理想人物中间,这般描绘的形象对后世产生了不可估量的影响,证明了他所定的标准多么崇高,从此以后,民族意识同这样的标准取得一致。孔子的学说适应了他的时代,甚至具有突出的务实品格,超过了西方哲学家,他并不汲汲于描绘高不可攀的美德,而教导如何进行生活中的平等交往。假如孔子的著作传到后代,他在世界高层知识界中的地位一定更高。而对孟子的评价更高,"他表现出思想的独创性,目标的坚定性,观点的广泛性,在许多方面还超过孔子,因此必须看作亚洲国家所产生的最伟大人物之一",并欣赏孟子的"坚持臣民有权反对不公道的统治者"的仁政思想,认为孟子提出的君民义务与权利对等的"这个论断比任何西方著作家都早;他所教导的关于开明政府的某些原则,在《圣经》出现之前",还对孟子的人性论说予以认同,"他自己的性格,同通常描述的亚洲人尤其是中国人中的奴性和卑怯大异其趣;他似乎做好了为了信仰而牺牲一切的准备:'生,亦我所欲也;义,亦我所欲也。二者不可得兼,舍生而取义者也。生,亦我所欲,所欲有甚于生者;死,亦我所恶,所恶者有甚于死者','君子所性,虽大行不加焉,岁穷居不损失焉'"。② 可见,卫三畏对于儒家思想的研究,完全具有学术眼光的敏锐,见地相当深刻而准确,同时也反映出他的汉学水平已经达到了当时

---

① 《中国总论》第 439 页。
② 《中国总论》第 463—466 页。

的新高度,是在雷慕沙、马礼逊、威妥玛、麦都思、理雅各等人汉学成果的基础上有所突破,例如卫三畏对"礼"的解释,就是它"不仅包含外在行为,而且包括一切真实的道德规范和教养所依据的正确原则。国家宗教、家庭治理、社会规范,全都建立在'礼',也就是事物的真实关系之上"①。这种透彻"礼"的本质的解释,超过了前人,此后被美国传教士汉学家明恩溥(Arthur Henderson Smith,1845-1932)在其著《中国人的素质》(Chinese Characteristics,1894)中直接加以引用过。② 在史部、子部和集部的理解上,卫三畏主要从文学的角度着手,将之统称为"雅文学",足见他对中国文化的尊重和欣赏。"雅文学"指的是纯文学作品,被西方人高度评价为中华民族取之不尽的宝藏。中国古代文学研究是西方汉学长期以来的重要内容,学术积淀也颇为深厚,在开篇时就讲明他在这部分大量参考借鉴雷慕沙、儒莲、斯当东、马礼逊、马儒翰等人的研究,尤其在1883年版《中国总论》中又大量加入理雅各、包迪埃、德庇时等人较新的研究成果。在此,他论述的文献包括司马迁《史记》、司马光《资治通鉴》、李焘《续资治通鉴长编》、朱熹《资治通鉴纲目》、陈寿《三国志》、刘向《列女传》、马端临《文献通考》、徐光启《农政全书》、蒲松龄《聊斋志异》以及《圣谕广训》《永乐大典》《今古奇观》等。卫三畏站在文学的角度来看待中国文化书籍《文献通考》,是极有代表性的。他很早就注意到宋末元初史学家马端临(1254—1323)的《文献通考》,并认为是研究元代以前中国典章制度的重要参考书。他结合欧洲汉学家对其人其书的研究,对之予以很高的评价:"有关(中国元代之前)制度,可读马端临的《文献通考》(1275),全书348章。这是最广泛、最深刻的著作,探讨了关于(中国)政府的每一事项,涉及近40个世纪的各个皇朝。雷慕沙甚至这样说,'这一卓越著作本身就是一个图书馆,如果中国文献没有别的著作,只为了读这一部书就值得学中文了'。……尽管这部书中没有引用罗马、希腊经典作家的作品,编撰者对其他国家关于同一主题的内容毫无所知,使他不可能做到更加完整;一旦西方的知识宝库为这一民族所掌握,他们的学者一定会产生出像这部书一样的著作,还有像司马迁的《史记》以及其他同样好的东西,他们一定不乏勤奋和精力

---

① 《中国总论》第449页。
② [美]明恩溥著,秦悦译《中国人的素质》第150页,学林出版社,1999年。

将这样的研究进行下去。"①1880年回美以后,还在《美国东方学会学报》上发表了以马端临《文献通考》为基础的考证文章《扶桑考》,引起了美国学界的较大反响。而陈寿的《三国志》和罗贯中的《三国演义》经常被卫三畏混为一谈,其实,他在书中介绍的是《三国演义》,对此理应宽容对待。②卫三畏对中国文学的评价有三点,即首先承认这是"人类辛勤工作的了不起的不朽功业";其次是它们在教导读者学到有用知识方面没有实质意义,对以科举为目的的人尤其如此,以《圣经》为基础的神学几乎一片空白,对中国以外的世界一无所知;最后也是最重要的,因为"人民的性格主要由古代书籍塑造而成,这样的相互影响趋向于抑制(尽管还不是毁灭)追求真理的独立研究",所以需要从外部"引进新的科学、宗教、描述性的地理和历史,可以做到和其他国家有所比较,无论如何会带来好处的"。③关于中国人的建筑、服装与饮食的描述,特别是对中国人的衣食住行的生活描写,提供了很多社会生活史的研究资料。卫三畏指出,用西方名词指称东方国家的对应物往往并不能真正达意,因此他的描述就充满细节、细致入微,显示出他的观察能力,以及很强的文字驾驭才能,这从他对中国塔的描述中可见一斑,涉及塔的西文翻译、形式与功能、建造目的与作用等。④在谈及中国人服装时,卫三畏记载了他所见到的中国妇女的缠足,并用三幅图片来说明,一幅是缠足后的扭曲骨形,一幅是缠足女鞋的式样,一幅是缠足妇女的双脚,揭示这种恶习的源头和残忍性,"流行如此残忍的习惯,其秘密在于喜爱安逸和赞美","只有等到基督教原则传播才会废止"。⑤而对中国人饮食的描述是卫三畏津津乐道的事情,因为这与西方人的习惯差异很大。他发现中国人的饮食结构偏重于植物性,也多吃水产品,食盐为政府专卖,但他批评了中国人耽于声色,"按他们的猜想寻求多种有催欲作用的食品,多数从海外输入的独特产品就是属于这类性质的",如燕窝、海参、鱼翅、动物特殊部位等,"大宴席上见到的一道道菜,大部分就是这类稀奇东西,也都设想具有强身的作用"。⑥这种西方人眼中

---

① [美]卫三畏著,陈俱译《中国总论》第474页,上海古籍出版社,2005年。
② 《中国总论》第471页。
③ 《中国总论》第499页。
④ 《中国总论》第518—520页。
⑤ 《中国总论》第535—536页。
⑥ [美]卫三畏著,陈俱译《中国总论》第542—543页,上海古籍出版社,2005年。

的中国人饮食习惯的说法后来居然被日本人安冈秀夫引用来批评中国人好色,令鲁迅先生甚为不满,也顺便批评了"威廉士的《中国》",指的就是卫三畏的《中国总论》。① 恐怕鲁迅先生并未读到《中国总论》,他在思考国民性问题时一再提及美国传教士明恩溥《中国人的素质》这本书,其《阿Q正传》就直接受到《中国人的素质》一书的影响。② 而明恩溥此书多处直接引用《中国总论》,可见卫三畏对中国人的评论间接地影响到中国人对近代国民性的批判理论。其实卫三畏这样的评论,在对"中国人的社会生活"方面更加激进,"上章在一定程度上展示了中国人在生活舒适与雅致方面达到的成就。然而这些方面作为检验文明的标准,所具有的相对性使之难于定下明确界限。……得出的结论却是他们住得并不舒适,生活方式并不文明,个人也不清洁。但我们转而讨论他们的社会生活时,不应忽视情趣的差异;如果孤立地看某些方面觉得不能令人满意,也许,略为进一步探讨就会发现这是一个体系的组成部分,需要整个地进行重建,才会变得平安幸福"。③ 卫三畏是从社会学角度,研究了中国人的社会风俗和民情,内容有婚姻家庭、社交礼仪、节日庆典、娱乐活动等,描写也是非常细致,栩栩如生地再现了晚清的风土人情,他对中国赌博的描写,引起过后人的注意,被一些心理学家作为研究资料使用。④ 在中国工艺方面,卫三畏指出,农业是中国国家稳定、政府收入的保障,瓷器等工艺品远销海外,茶叶生产和西传史是中国人的世界性贡献,茶叶贸易与美国的波士顿倾茶事件紧密有关。⑤ 在生动描写各行各业的手艺人之后,卫三畏也看到了中国手工生产阻碍了机器利用的前景。由于人口众多和人民生计的需要,在缺乏关于基本原理的科学知识的情况下,中国工艺已陷入静止状态。他把原因追溯到制度与文化的根源上:"尽管中国人不乏发明,但模仿是他们思想上的显著特点;这种心理使他们满足于过得去的状态。……缺乏互相信任,财产不安全,异教教义不重视知识,都说明了他们对事物的改进持冷漠态度的原因。……作为相互平衡和促进的力量,教育的方式和教材也是阻碍成长

---

① 顾钧《卫三畏与〈中国总论〉》,载台湾《汉学研究通讯》2002 年第 3 期(总 83 期),第 16 页。

② 张梦阳《鲁迅与史密斯的〈中国人气质〉》,载《鲁迅研究年刊》1980 年 2 月。

③ 《中国总论》第 545 页。

④ Clemens J. France, "The Gambling Impulse", *The American Journal of Psychology*, Vol. 13, No. 3, Jul. 1902, p. 365.

⑤ 《中国总论》第 614 页。

的因素。只有等到曾在欧洲兴起的宗教自由与讨论也在中国出现,人们在改善道德与良好政府的同时,也开始改进科学与工艺;发展文明的崇高而宽广的原则寻得进入中国社会和心灵的道路,这样,在选择足以保证来生幸福的原则并付诸行动的同时,就有理由期望得到迅速的进步,创造今生幸福。"①在中国的科学领域,卫三畏除研究过度量衡和贸易货币等外,其他内容都是很少研究或理解不算充分。他主要介绍了中国迄今的数学、天文、历法、地理、计时法、度量衡单位、货币体系、银行信贷、行会组织、军事武器、兵书、声乐乐器、杂耍、绘画雕刻、物理力学、医药、疾病治疗等学科门类。由于几乎全部采用当时西方汉学家的专门研究内容和观点,难免在见解和结论上有些偏颇,"总的来说,中国人的各个学科的学问都是不科学的;尽管他们收集了大量事实,发明了许多工艺,有些进入高度精美的水平,然而,他们从来没有按照特意设计的道路来追寻一项单一目标,求得正确的理解,也没有对已经占有的信息进行恰当的分类整理"②。但在讨论中国军事文化后,他极力赞赏中国人的和平性格,"他们在真正的文明中的进步不能以战争的胜败来恰当地衡量,尽管有人说任何民族的文明有两个最好的一般标准,即:摧毁其他民族的较高技艺,和尊敬妇女的程度。如果只按这两条来评判,中国在各民族中的位置摆在老后,实际上它目前在人数、产业和财富上的进步应当主要归功于它的和平性格和政策。……中华帝国因其和平政策成为受敬慕的突出范例"③。对于半封建中国的科学不尽(西方)人意的现状,卫三畏认为是中国人的科学素质所致,"除了总体而言中国人在天资和想象力方面较欧洲人处于劣势而外,他们语言文字最为单调贫乏,也成为一个障碍,其文献充满着令人生厌的重复和无法使人满意的理论",因此必须得到西方人的直接帮助,"在这种状态下,科学,不论数学、物理、博物,在最近几个世纪内没有多少进步,现在一切学科都在期待着来自海外的新动力"。④ "每个对中国人怀有良好愿望的人都会诚挚地期望,人类中这一庞大的群体将会皈依基督教,通过和平地传播良好秩序和自由的真理原则,从目前软弱无知的状态中提到新的高度。"⑤

---

① 《中国总论》第626页。
② 《中国总论》第672页。
③ 《中国总论》第645页。
④ 《中国总论》第628页。
⑤ 《中国总论》第646页。

简言之,在中国文化层面上,卫三畏中国观的主要内容是:中国的语言文字奇妙而深奥,经典文献丰富而珍贵,中国人的个体生活舒适而雅致,社会生活相对隔离而平静安全,中国的工艺和科学有发展但不先进,总体上远不及欧美文化之优越。正如他在《中国人的社会生活》一章的结论中所言:"总的来说,中国人表现为奇特的混合体:如果有些东西可以赞扬,也有更多的应予责备;如果说他们有某些显眼的罪恶,他们比大多数异教国家有更多的美德。虚饰的仁慈与内在的猜疑,礼仪上的客气与实际上的粗鲁,部分的创造力与低下的模仿,勤劳与浪费,谄媚与自立,还有其他黑暗与光明并存的品质,奇异地结合在一起。试图用法律制约和普及教育来补救性格上的缺点,他们无疑抓住了正确方法;他们的不足表明了这两者多么不灵,要等到福音来帮助统治者和被统治者来提高全民族的道德观念。"①而最后的"福音"之助才是卫三畏对中国文化评判的根本目的。

(四)在中国文明的精神方面,卫三畏谈到中国古史及编年和中国宗教两大类,而前者是他评介的重点。卫三畏强烈反对西方人简单地否定中国古代历史的做法,要承认中国历史的悠久和编年记录的仔细公正,认为中国历史也是人类早期历史的重要史料,研究它有利于中外双方互相有更公正的评价,即使早期的中国历史与神话交织在一起,中国近代以来的历史仍然是可信的,"每个国家的早期记述,其基础都是先于实际记录和保存下来的真实记录,因此必然是模糊而可疑的。对其他古代人民是正确的东西,同样可以应用于中国人:民族虚荣心和热爱奇迹,影响了他们所有的人,对奇迹的爱好标志着个人以及民族的婴孩时期,一旦被追求真实的精神所取代,就成了许多故事的材料"②。中西对照是卫三畏叙述中国历史的主要方法,这样可以帮助西方人理解,如他将汉朝与罗马帝国放在一起,称赞东西两大帝国的并世强盛;将李世民与印度皇帝阿克巴、罗马皇帝马可·奥利略、法兰克国王查理曼大帝相媲美;批评了秦始皇的野蛮而愚蠢的焚书坑儒的行为;纠正了对于武则天的不公评价,认为是"本国史家和民间传说给她抹黑"③。卫三畏对唐代甚多赞叹,认为宋代皇帝们比唐代差得远,因在学术上取得了巨大成就,而使宋代成为中国伟大朝代之一;元朝

---

① 《中国总论》第583页。
② 《中国总论》第675页。
③ 《中国总论》第700页。

忽必烈曾经疏浚大运河有利民生,但国家制度上没有改进,而是沿用以前朝代的组织结构和法律体系;对明清两朝的解说显然趋于保守,他认为不应将康熙拔得过高,不可与西方著名国王相提并论,只是比中国和亚洲的其他帝王稍胜一筹,而雍正帝严行禁教是为篡位掩饰,乾隆帝耗尽国家资源,大兴土木,且馈赠使团以加强西方人的中国凌驾于一切国家之上的印象,嘉庆帝性格放荡而且迷信……但相对于明朝,对清朝前期是嘉许有余的,"以以前本国历史家的不完整的资料来判断,与当前外国人的观察作比较,可以有把握地说,这一数量庞大的民众在满人治理之下要比在明代皇帝之下为好;政府的治理更有生气,任命官员时宫廷中裙带风与阴谋诡计较少,在地方当局敲诈勒索、匪帮横行或法律诉讼之余生命财产尚较为安全;总之,满人统治能够很好地发展国家的产业和资源,人民的满足与忠诚就是最好的证明"①。对中国封建社会频繁的改朝换代,卫三畏也有自己的见解:"中国的历次革命,从来没有建立在原则之上;不过是主子的变换,伴随着或多或少的生命的毁灭,对于臣民的权利和统治者的权力并没有更好的理解,也没有认识到人对于造物主应尽的崇高义务,显而易见的是,如果有这样的认识就可以推导出自由宗教和政治制度的主旨来。"②显然,卫三畏对中国历史与编年的评判,完全基于他信仰的基督教教义。虽然与那些以西方文化为中心、用西方话语来贬抑东方文化精神的近代西方学者有很大区别,但这样的中外历史的比附方法,尤其用基督教理论贯穿全章的解释中国历史,并不显得比他同时代的人更为高明。然而我们还是必须看到,卫三畏对于历史理解的史识功底,附录的两幅表格《明清两代帝王与西方主要帝王年代对照表》《中国朝代纪年表》足以证明他对中国历史及编年(法)的深刻体悟和有效使用,是有助于中国历史文化的西传的。有关中国历史的内容,后来由他的儿子卫斐列改编为《中国历史》(*A History of China*),以单行本出版。关于中国宗教,这是卫三畏特别用心、用力的一个内容,既是对全书关注的中国文明持续原因的一种终极解释,也是统领全书主旨的一个关于基督信仰的定论。卫三畏及其《中国总论》的灵魂就是基督教文明至上,从单纯的宗教信仰来阐述,也是为了证明基督教这个宗教本身就是优越于世界上其他任何宗教的,异教之国之人都必须或早或迟

---

① 《中国总论》第709页。
② 《中国总论》第704页。

地进入基督教文明的光辉之下。因此,卫三畏首先定调,说中国宗教与世界上其他异教相比,与基督教教义更近,"中国宗教有两个否定性的特征,这是和其他大多数异教国家的信仰不相同的。中国宗教不存在用人当作祭品,也不存在罪恶的神化。……另一点更突出的特征是中国人的偶像崇拜不存在肉体方面的神化,像许多其他异教国家那样,以宗教的名义、掩护、鼓励放荡的仪式和狂欢,窒碍崇拜者的思想,污染他们的心灵。……中国人的这些特有品质,还可以加上他们对父母和长辈的关心以及一般地说他们的和平勤劳。……中国人民和中华帝国长期以来就是(即使是部分地)遵从上帝律法取得良好效果的了不起标记,他们只是将其铭刻在心中,而不是用手写下来"①。其次,指出中国人真正的宗教是祖先崇拜,认为祖先崇拜是维持中国封建制度永久性的关键,其中的祭祖属于偶像崇拜,是迷信的、有罪的,但祭祖的习俗是有利于加强家庭感情,要排除也是非常困难的。在分析中国人的丧葬习俗、风水术和祭祖礼仪后,卫三畏认为中国没有西方意义上的宗教。尽管国家祭祀活动表达了皇权是天地的代理人,但儒佛道三教并存于中国,可以在每一人身上存在并相互作用,"这三教并不相互干扰,一个人可以到佛教的庙里参拜,也可以参加道教节日,同时接受孔子的全部教义,在国务场合礼拜孔子。……中国没有通常意义上的'宗教'一词,'教'字的意义是'教导'或'教义',适用于所有具有信条、信念或仪式的派别和会社;祖先崇拜从来不称为'教',因为每个人在家里都要遵行,就像服从双亲一样;这是义务,不是'教'"②。

  同时,他又比较了三教之间的优劣,认为国家宗教和儒教包含着无神论和对宗教的冷漠,但对教导人民起到良好的作用。而儒教和佛教相比,前者要胜一筹,"孔子及其学派的教导并不完美,如按神示的标准来衡量则是错误的,只要人们得不到更好的东西,就永远不能从自私的无神论和愚蠢的迷信解脱出来;佛教的奇谈怪论既不合乎道理,也不谴责罪恶,他们独身禁欲而无所事事,无益于社会。如果说前者不好,后者就更坏",因此,"和尚和道士给予人们的只是迷信的恐惧,他们说的道理是靠不住的,所以不能俘获所有的人;按照经籍教导而提出的道理只是与在上的神占卜、祈求有关,而且到此为止",佛教和道教能够在中国存在,只是因为"这两种

---

① 《中国总论》第716—717页。
② 《中国总论》第717页。

宗教只要没有干扰政府,是会得到容许的"①。卫三畏对中国道教的奠基人、哲学家老子及其《道德经》还是持保留意见的,"老子的著作变得极有趣味。然而中国人对这些伟大的著作一无所知,看待这一哲学系统宁可当作聪明人的幻想,而不认为是务实的思想家的教导"②,而道教此后趋向巫术,并吸收模仿佛教,陷入了迷信之渊,所以相对而言,儒家对中国人的影响更显得积极一些。

　　卫三畏还谈到了伊斯兰教在华的传播,指出清政府与穆斯林的冲突斗争是主权之争,与宗教无关。各种教派在中国传布与并存,是一种特别现象,因为"中国不同教派互相容忍,主要出于冷漠,因为能够激发进取心的因素太少,不值得去争吵。政府不允许任何教派涉嫌以其影响进行干预,没有一个教派得到国家庇护,也没有一个教派有行使迫害他人的权力,人们很快就对小摩擦和无益的抨击感到厌倦"③。至于与崇祖有关的溺婴现象,卫三畏以亲身观察给予中国人同情,认为是早期来华外国人道听途说、以偏概全在西方社会造成的对中国人的恶劣印象,中国溺婴现象却有存在,但没有想象那样严重,主要是因为贫穷,受过教育的人、中国政府和社会舆论都是反对这种行为的,而且西方社会也有类似的杀婴现象。统言之,卫三畏对中国宗教的总认识是"中国人之间,宗教的一般情况已老化;皇帝崇拜的庄严仪式,孔子的教义,佛教的礼拜,道教的巫术,已经不能起抚慰和引导的作用。但是,畏惧邪恶魂灵和崇拜祖先,这两个信念依然强烈,足以吸引所有阶层,束缚他们的能力;两种宗教能够左右人心,在于僧人道士和丧葬仪式连接在一起。两者尽其最大的可能控制老百姓,但是都不可能给他们的信徒以现实的幸福和未来的欢乐。儒家教义冷淡无味,不能满足充满深情和极度痛苦的人,也不能探究内心世界;道家的先验论和佛家的奇想则更不如。一切阶级都成为虚幻的恐惧和迷信的俘获物,躲进无知与谬误的迷雾之中,唯有真正宗教与知识之光(指的是基督教)才能将其驱散"④。

　　简言之,在中国历史和宗教层面上,卫三畏中国观的主要内容是:中国古史有着自身发展的轨迹,史学也相对发达,而中国宗教教派林立却主次

---

① 《中国总论》第726页。
② 《中国总论》第728页。
③ 《中国总论》第743页。
④ 《中国总论》第767页。

分明,维持中国历史的延续,但只是相对于其他异教国家而言是一种接近基督教文明的史学与宗教。不过,卫三畏用自己的中国古史研究向西方人传递了这样的信息:"中国文明西来说"是错误的。裨治文来华后曾强调要认识中国及其文化,就必须以了解中国历史为前提,但他把中国古史与圣经史观的冲突政治化,努力在为伏羲之前的中国古史的"寻找"或"编造"关于"中国文明西来说"的证据。这样研究的影响是相当恶劣的,20世纪初辛亥之士为反清需要一度举起此说,20多年后瑞典人安特生利用近代考古学,力图使中国人的源头再次"返回"西方。最终随着中国现代考古学的发展,"中国文明西来说"被连根拔掉,无复再生。在《中国总论》中,卫三畏虽然用挪亚、大洪水、巴别塔、亚伯拉罕、出埃及记等《圣经》内容比附伏羲到三代的中国古史,但一直表示出这样的比附是非常牵强的,"伏羲一出现,中国的纯神话的历史就结束了。……贯穿中国历史的全过程是孤立的,几乎不可能和其他国家的历史事件编排在一起。……中国的早期记载同当今的特点过于合拍,令人难以完全相信;但他们所表现的或然性和自然法则为希腊早期历史记载所无。作为历史,没有人为其可信度而争论,但它们胜于阿拉伯《天方夜谭》。……所有这些都可以推测并指明这是局部洪水,都可以证实中国历史上没有《圣经》上说的大洪水的痕迹"①。

(五)在中国文明的现实方面,卫三畏的关注程度和批评力度都比之前要强烈得多。这种倾向同样可归结到他的宗教观,即中国需要基督教。这部分有六章的篇幅,内容包括中国基督教会、中国商业、中国外交、两次鸦片战争、太平天国叛乱和中国近事(如洋务运动、教案、外交往来)等,并不时提出自己对于当时中国困局的具体建议,充满着对中国进步的希望。首先,卫三畏谈到基督教在华传教史,从唐代聂斯托利派传入中国时,直到卫三畏自己生活的年代。他完整转载西方学者《大秦景教流行中国碑》的译文,表明基督教与中国关系悠久,而对13世纪传入中国的天主教耶稣会士先行者表达足够的尊敬,对他们将西方科技传入中国的成就和所取得的汉学贡献也大加赞赏,却对他们自"礼仪之争"后的传教事业评价不高,认为利玛窦是歪曲教义的始作俑者,反对耶稣会士合儒的传教策略,"在天主教的追随者中可能有真正的皈依者;但是,自从利玛窦在南京站稳以来的

---

① 《中国总论》第679—683页。

300 年间,这样一大批基督徒在人口众多的中国人中间创造出哪些令人称赞的效果呢?没有,绝对没有能引人注意的效果"①。天主教在华传教效果甚微的原因,在卫三畏看来就是传教方式有误,"如果说宁愿丧失一切就是虔诚的证明,那么他们之中有许多人无愧于自己的称号。但是除非同偶像崇拜和迷信实行彻底决裂,除非废除忏悔,废止对圣母玛利亚的崇拜以及佩戴十字架和念珠,废止对仪式和补赎的依赖,将全部《圣经》和《十诫》交给皈依者,简而言之,只有由信仰所证明的大道理取代了由行为所证明的种种常规,广大的中国天主教徒才能比受洗礼的异教徒高超得多"②。这显然是基督新教的主张和传教方法,它强调平信徒皆祭司,因信称义,突破天主教会垄断《圣经》的解释权,让教徒直接学习圣经。这也是包括卫三畏在内的新教传教士积极翻译《圣经》成中文或日文的原因。为此卫三畏还勉力编写基督新教在华传教简史,主要涉及圣经翻译、编纂字典、东南亚华侨中的外方传教计划、创办英华书院、传教士创办的报纸杂志、医药传教、教育传教、条约与传教事业、地方教会的建立、God 译名之争、有关传教条约的签订等重大事件,论述了马礼逊、梁阿发、郭实腊、裨治文、伯驾等主要人物的事迹,并对马礼逊推崇备至,将他和利玛窦并称为新教和天主教在中国的两位奠基人。同时,卫三畏也看到了在华传教的不利因素,"人们对于基督教教义的无知,政府因外国侵略而恐惧自身的稳定,吸食鸦片和贵金属外流所产生的严重后果,以及由于无耻的外国人和被激怒的本地人在交往中产生的麻烦常常导致骚乱和政府当局的干预,这些都将引起我们所担忧的结局",但他仍然满怀着希望,坚信新教在中国必将大有作为,这是由中国人的特性和中国官员的政治与宗教的特点决定的,"向中国介绍福音的结果,和其他地方的情况大体一样,凡是和人心的邪恶如此对立的事物,总会激起个人和公众的反对。存在着一些希望的根据是当国家首脑看到大众的情绪和意愿时,帝国政府没有进行太多的有系统的反对。希望的主要理由在于中国奉行基督教时不会出现像宗教改革那样的剧烈动乱,这可以从(中国)人民的性格中看到,他们不残暴,不会为了意见而拼命,这些意见是相当数量的受人尊敬而有知识的人们所主张。事实上政府官员都是从人民群体中涌出,加上中国没有僧侣集团的阻碍,这些官员选择

---

① 《中国总论》第 805 页。
② 《中国总论》第 806 页。

信奉基督教不会受到政府的压制。……中国人的一般性格是漠视宗教的,他们关心得多的是金钱和权力,而不是哪一种宗教仪式。……使我们能够希望真理的酵素将渗透到社会大众之中,使之革新、纯化、增强,而不必削弱、瓦解或破坏政府"①。卫三畏在《中国总论》中保存了大量新教早期在华传教活动的研究史料,使他成为近代最早进行中国基督教史研究的著名学者,他对中国早期基督教传教史的叙述被美国学术界长期引用为标准说法。② 在叙述中国外贸时,卫三畏谴责了他一直深恶痛绝的鸦片和鸦片贸易的罪恶(新版《中国总论》1883 年 10 月面世)……卫三畏没有掩饰自己对报纸上评论的兴趣,一有书评便要人读给他听。英语报刊的评论总体来说都是褒奖,这让他很高兴,虽然这些评论很少放过对他的"鸦片偏执"的指责,因为他坚持认为英国实行的鸦片政策是现今中国苦难的最终根源,③而且客观地赞扬了中国人的商业精神,"中国人是卓越的商业民族,他们的商人很机智、有条理、有远见、有事业心,在小笔交易上遵守商务忠实方面不会顾忌多端,而在大生意方面表现出尽义务的本色,经常由此带来广泛的商务"④。这些评论是卫三畏在广州目睹中外贸易的经历和在《中国商务指南》研究基础上的客观反映,表明了卫三畏重视发展各国间良好而正常的商贸关系的愿望,是符合近代西方自由贸易的商业资本主义的发展要求的。接着,《中国总论》用较大的篇幅详细地叙述了与商业交往密切关联的中外政治交往以及发生的一系列国家之间的不愉快武力冲突。同样客观的,卫三畏批评了中外在处理国家间关系时的不良做法。他认为晚清政府的朝贡体系原则,要承担引发中英武力冲突不可避免的责任,"中国人对于调节西方强国关系的国际交往准则毫无所知,把他们之间在中国水域的敌对行为都看成是针对自己而进行的干预。……真正的失败应归咎于皇帝及其高级官员对其真正地位全然误解,出于他们的无知、骄傲、孤立、虚伪,这些因素加在一起使他们一直保持这种状态,直到用不可抗拒的武力才使之开放,情况才能改善"⑤。而对挑起鸦片战争的西方

---

① [美]卫三畏著,陈俱译《中国总论》第 833 页,上海古籍出版社,2005 年。
② Norman J. Padelford, "Alien Religious Property in China", *The American Journal of International Law*, Vol. 26, No. 2, Apr., 1932, pp. 296-297.
③ 《卫三畏生平及书信》第 311 页。
④ 《中国总论》第 859 页。
⑤ 《中国总论》第 908—909 页。

列强对中国的侵略行径更予以谴责,"这是一次鸦片战争,显然是非正义的战争。再者,这是一场不道德的争夺:真正发动战争的是大不列颠这样的首屈一指的基督教强国,强加于异教国家之上,他们正致力于扫除如此为害人民的罪恶,结果付诸东流。中国人正是以这样的眼光看待这一战争的;正直的史家也将永远这样看待这场得到公认的鸦片战争"①。但在《南京条约》等一系列条约之下,中国门户被迫开放,卫三畏却试图减轻西方侵华的罪行,托说是上帝的旨意,"如果英国说出这些话(中国闭关锁国、傲慢愚蠢之类)作为诉诸武力的理由,它发动的这次战争的性质就显得更好些。但是,这是'各民族领导者'(指上帝)的特权,从恶中推导出善,利用人们的愤怒、贪婪、野心来为他自己的目的服务,推进他自己的计划,尽管人们的意图远非如此"②。这实际上多少反映出卫三畏的矛盾心理,也是一种从基督宗教观出发的牵强附会之说。其后的三章内容,是卫三畏之子卫斐列协助编著而成的,是1883年版《中国总论》的新增内容,主要谈到太平天国、第二次鸦片战争和洋务运动等中国政治与历史事件。书中指出了太平天国失败的原因,"作为一场革命,理应包括按基督教原则重组中国,明确规定统治者和人民各自的权利和义务,这在占领南京后的一年内已完全失败了。这一运动的任何一个领导人都没有发展自己的能力去创建持久而适宜的管理制度,没有一个人学到成立临时政府来治理已占领地区的必要经验,也没有这样的机智使居民能长久信任他们"③。也谴责了第二次鸦片战争中四方列强的非正义,"唯一的异教大国不得不受条约的约束,这一条约是由一小撮人盘踞在京城入口处用强力向皇帝取得的。正如一个英国官员精辟地写道,两个强权掐住中国的喉咙,另两个站在一旁怂恿,也能分沾赃物"④。同时也为这种武力辩解,"由于他们反常的闭关自守,愚蠢地拒绝学会捍卫自己权利的机会。自然,他们不愿意学习不懂的东西,要打破他们以骄傲为强大的屏障,除了使用武力之外别无选择。……对这五个大国(英法俄中美)来说,现在正是最紧迫的时刻,打开消除如此无知的道路,代之以更好的理解"⑤。并且认为在第二次鸦片战争后,中国

---

① 《中国总论》第949页。
② 《中国总论》第995页。
③ 《中国总论》第1013页。
④ [美]卫三畏著,陈俱译《中国总论》第1051页,上海古籍出版社,2005年。
⑤ 《中国总论》第1048页。

的闭关自守终于结束,开始了基督教引领中国走向进步的历史进程,"允许自由信仰基督教,外国公使驻在北京,自由到各地旅行,这三条大道过去封锁起来,阻碍中国的福利和进步,现在靠条约打通了,通过这些,中国就将取得历史上从未有过的更真实的进步"①。第二次鸦片战争后的15年,正是卫三畏在华活动的最后时光,加上他在中国政治变革的中心北京,以及从事着外交工作,这些记录无疑成为研究这一阶段中国社会变迁的第一手历史资料。简言之,在中国社会的现实层面上,卫三畏中国观的主要内容是:在华传播基督教大有希望;与中国贸易有利可图但须遵章守法;虽然谴责鸦片战争等西方侵华罪行,却认为是在执行上帝的意志;中国在武力面前完全开放门户,成为世界大家庭一部分,是基督教的胜利也是中国的新生。到此之时,卫三畏撰写《中国总论》的主旨昭然于世,就是中国发展必须有基督教的参与与引导,而且正在适当的地位上迅速前进。

综上所述可知,卫三畏非常关注中华文明,认为中国这样一个大国应当在全人类中占有令人瞩目的地位,具有独特的文化价值,是近代以来现存制度和文学方面最文明的异教国家,中国人的历史在某些方面比其他任何民族的编年史都显得更为仔细和公正。② 虽然中国人比较难以接受西方文明,但中国也是务实的民族,积极学习真理,正在摆脱半野蛮状态而走向进步。更重要的是,卫三畏并不主张中国全盘西化,而是希望中华文明中好的因素能够保留下来并获得新生。③ 因此,卫三畏的中国观是一个多结构、多层次、多内容、相互依赖又相互制约的中国认识,"我的意图是,通过对他们的政府及其行为准则、文学和科举考试的梗概、社会、实业、宗教状况,进行朴实无华的描述,就像讲述其他国家一样,将他们放在适当的位置,这将有助于修正或补充这些观点于万一,我的目标就不致落空"④。概括起来,就是中国是一个半文明半野蛮的东方大国,文明处于停滞和堕落中。中国社会存在严重缺陷,这与中国人的性格相适应,以自身力量已经无法挽救,必须由西方近代文明国家来帮助它突破障碍而获得进步。中国不仅需要西方的科学技术,也需要西方的制度与精神,最重要的是让基督

---

① 《中国总论》第1054页。
② Samuel Wells Williams, Frederick W. Williams, *A History of China*, New York: C. Scribner's Sons, 1897, p. 1.
③ 《中国总论》第394、1108、1110页。
④ 《中国总论》(初版序)第3页。

教进入中国,向中国人传播基督福音,以从根本上改造中国国民精神。这实质上就是西方中心主义和基督教文明至上论的必然结论,充分代表了包括早期来华新教传教士在内的西方人对中国及其文明的基本看法。

三、对卫三畏中国观的评价

卫三畏的中国观是西方早期传教士自然流露的中国观,是早期中西关系在文化交流方面的一种文化记忆。他是一名虔诚的基督徒,当然希望中国人能够皈依基督教,依靠上帝来拯救中国,而通过战争开放中国给基督教则是天经地义的手段:"基督教天生带有强烈的对外征服的冲动。基督徒认为,前往每一块荒凉野蛮之地传布上帝的福音是他们的神圣使命,每个民族的历史最终将统一于上帝的永恒,为实现这一伟大目标任何手段都是可以考虑的。"①传教士无处不到,使得美国人对近代早期中国的了解,几乎全部来源于来华传教士,传教士在华活动是中美关系史的重要组成部分。正如美国学者伊萨克所言:"在中国人于几个世纪留在美国人心目中的印象方面,传教士比商人或外交官起的作用要多的多。"②中国学者也认为:"传教士在晚清西学东渐中,担当了相当重要的角色,大部分时间里是主角。"③从这一角度而言,研究美国传教士的中国观,实为了解早期中美关系的一把钥匙。我们知道,1784年美国商船"中国皇后"号经过长达半年的航行抵达中国广州港,拉开了中美两国正式交往的序幕。史学界通常将"中国皇后"号首航中国到1844年中美《望厦条约》签订之间的时段称之为"中美关系早期"。早期来华的美国人主要有三种类型:商人、外交官和传教士,而传教士的影响往往在前两者之上,这是因为美国是一个崇奉新教教义的国家。马克斯·韦伯所认为,正是新教教义所暗含的那种对神圣天职的尊崇和强烈的传教冲动导致了资本主义精神的产生。早期来华的新教传教士除了受到18世纪上半叶以来的基督教福音主义第二次大觉醒运动的影响之外,同时也受到中国悠久的传统文明和神秘色彩的召唤。美国对华传教工作最初是根据英国新教传教士马礼逊和美国纽约商人、广

---

① [英]李提摩太(Timothy Richard)《亲历晚清四十五年:李提摩太在华回忆录》第374页(注1),天津人民出版社,2005年。
② 顾钧《卫三畏与〈中国总论〉》,载台湾《汉学研究通讯》2002年第3期,第12页。
③ 熊月之《西学东渐与晚清社会》第22页,上海人民出版社,1995年。

州同孚洋行经理奥立芬的建议于 1829 年开始的。美国最早派往中国的两位传教士是 1830 年乘坐"罗曼"号商船来华的美部会(又称公理会)传教士裨治文和海员之友会传教士雅裨理。① 显然,裨治文和雅裨理承续了西方世界因对华闭关政策不满而来的贬斥中国的论调,在他们的言论中自觉表达了灰暗的中国形象。作为传教士,他们来华目的都是为了"传播福音",这与两百余年前的利玛窦一样,不断强调中国亟须福音拯救的现实困境。因此,他们受到了当时西方列强殖民扩张的"时代精神"的影响,从而将中国的一切与西方相异的地方性现象都打入另册,排除在"文明世界"以外。其实,任何"形象制造者"都受到来自多方面的影响与制约,异国现实自不必说,即使是在想象的世界中,他们同样受着时代精神与个人期待视野的双重约制,这就意味着,异国形象的塑造背后交织着复杂的偶然性与必然性。把中国描绘成一个黑暗无知的国度,成为"西方宗教拯救中国"论的前提。唯其如此,基督教的光明福音才大有用武之地,可以成全中国跻身世界民族之林的未来。② 卫三畏是紧跟裨治文和雅裨理的脚步来到中国的,无疑受到他们中国观的影响,加上锢居广州一隅所感受的中国闭关和排外的情况,卫三畏在他 1833 年来华后寄出的第一封家书中,写下了他对中国的第一印象:中国是一个庞大的异教国家,偶像崇拜盛行,由于缺乏基督教信仰,正不断走向堕落。要想引导中国这个"智慧民族"走向光明的前景,则必须要用西方的基督教信仰改造中国的国民性;尽管这一改造的过程由于中国政府的干涉和中国民众的"偏见"而困难重重,但是通过"热情的基督教徒的努力,福音终将传遍这个异教的国家,这里的人们终将得到灵魂的拯救"③。正是带着这样的传教预设,卫三畏将他在广州的所见所闻都与传教工作挂钩,为福音播华预设中国堕落的基调。1838 年,他从澳门致书美国家人的一封信中,深刻表达了他对于"天朝臣民"的不屑心态:"就这样我们与天朝的臣民逐渐熟悉起来,但我们发现很难在他们的习俗和性格中找到与天朝的盛名一致的东西。"④正有着"拯救"动机,

---

① 姚斌《早期美国来华传教士笔下的"中国形象"》,载《湖南文理学院学报》2008 年第 3 期,第 77 页。
② 姚斌《早期美国来华传教士笔下的"中国形象"》,载《湖南文理学院学报》2008 年第 3 期,第 78 页。
③ 《卫三畏生平及书信》第 23 页。
④ 《卫三畏生平及书信》第 55 页。

卫三畏确立了一项毕生为之努力的事业:将"一线基督教的光明和福音"带给中国"异教徒",能给中国人带来灵魂的拯救!

因此,从中美关系发展史和早期西方来华传教史的角度看,卫三畏的中国观处于承上启下的历史地位,是当时架设在中外理解之途上的一座桥梁。① 从卫三畏在华三种身份(传教士、外交官、汉学家)的活动总体上观察,可认为他的中国观有三大任务:首先要从中国历史的视角,清理早期传教士中国认识中的简单化倾向,清除对中国误解、贬低甚或仇视的话语霸权;其次要从中国文化和文化交流的视角,肯定中国传统文化的价值和中国文明的国际影响与现实意义;最后要从世界近代化的视角,在承认儒家文化的前提下,用西方(基督)文化改造中国文化。"基督教文明至上论"就是卫三畏中国观的核心和归宿,是贯穿在集传教士、外交官和汉学家于一身的卫三畏一生的不可推卸的神圣使命。

(一)"还中国一个公道"

自工业革命以来,将西方近代文明作为判别文明的唯一标准,用两极对立的简单化思维看问题是普遍流行的认识非基督教国家的思维模式。从这一模式出发,西方和中国成了非此即彼的截然两端。如果西方是文明的化身,中国便是野蛮的象征。16世纪以来,西方人通过天主教传教士(耶稣会士)们的眼睛看中国,他们曾经发现一个具有高度文明、爱好和平和优良道德传统的民族。但从18世纪开始,西方人的中国观发生了变化。18世纪的欧洲正处于"启蒙时代",欧洲政治上的民主、经济上的强大、海上霸权的建立,使得欧洲国家更加重视商业贸易和经济发展。社会与思想界多从商业贸易,即经济的角度,去理解和认识中国,这样便走上了否定中国的道路。孟德斯鸠重新研究了传教士留下的资料,认为亚洲自由从来没有增加过,中国一直是专制国家,与他本人推崇的英国民主制根本不同。和孟德斯鸠比较,伏尔泰对中国的赞扬是不少的,但1760年以后,伏尔泰开始相信与赞赏英国的议会民主政治,于是他对中国就说出了这样的话:"我们不必被中国的成就迷住心窍,以致竟承认其帝国体制真乃世界有史以来最好的。"②"那些如此赞美过的事,现在看来是如此不值得,人们应该

---

① 吴义雄《在宗教与世俗之间:基督教新教传教士在华南沿海的早期活动研究》第468—479页,广东教育出版社,2000年。
② [美]斯塔夫里阿诺斯著,吴象婴、梁赤民译《全球通史:1500年以后的世界》第66页,上海社会科学院出版社,1992年。

结束对这个民族智慧及贤明的过分偏见。"①百科全书主编狄德罗、意大利哲学家维柯、德国哲学家赫尔德等都认为中国人僵化、闭关自守,没有真正的历史进展,只有一种静止不变的文明。19世纪欧洲最显著的特征是开始于18世纪的工业革命在这个世纪里逐渐完成并取得了巨大的经济效益。经济实力的雄厚与军事力量的强大,牢固地奠定了欧洲的霸权地位,对东方的殖民侵略变成了最后的征服。印度成为大英帝国的一部分,中国、土耳其半殖民地化了,东方其他国家与地区大多沦为印度一样的命运。世界在欧洲的脚下,他们当然要认为这是由于他们文明的优越所带来的。黑格尔说对中国历史"我们不必深究,因为这种历史本身既然没有表现出有何进展,只会阻碍我们历史的进步"。19世纪的"近代史学之父"兰克直言"印度和中国根本就没有历史,只有自然史"。② 经过鸦片战争,东西之间的武力交锋,中国的神话最终被打破,呈现在西方人面前的是一个政治腐败、经济落后、人民愚昧的国度。包括马克思在内,西方学者普遍认为中国的制度和文明处于停滞阶段。

1784—1844年,中美两国交往60年,美国对华贸易密切,传教事业已经展开,但两国之间互相的了解仍然非常有限。中国政府固然妄自尊大,美国政府也稀里糊涂。来华贸易的商人和水手对这个情况仍然无法了解,这里面有中国政府限制的原因,有语言不通的原因,更有知识的原因。美商向国内政府的报告限于商务,其他涉及极少。美国国内民众对于中国的知识就更加缺乏。1848年,卫三畏的《中国总论》出版前,美国人还没有出版过一本有关中国历史文化的书籍,只有少数人从欧洲一些有关中国的书籍中了解到信息。这些少得可怜的信息让西方人"马上自以为是地、无知地、几乎毫无新意地"认为"(中国人)是欧洲人的模仿者,而他们的社会状况、艺术和政府不过是基督教世界同一事物的滑稽表演","中国给自己的城镇所作的命名,上帝给中国人的相貌所留下的特征,他们所选择的服装与风尚,他们的机械器皿、宗教节日、社会习俗,简而言之,几乎中国及其人民的每一方面,无不成为嘲笑的对象或讽刺的主题","中国人成为令人厌烦、稀奇古怪、不文明的'猪眼'人,嘲笑他们而不必冒任何风险;'庇护

---

① 忻剑飞《世界的中国观:二千年来世界对中国的认识史纲》第201页,学林出版社,1996年。
② 陈立柱《西方中心主义的初步反省》,载《史学理论研究》2005年第2期。

万类的种族'、'拖着长尾巴的天民',自负、无知,几乎不可救药"。① 可见,美国公众对中国的概念还是停留在好奇和狂想之中。特别是鸦片战争之后,中国门户被迫开放,中西关系发生了急剧的逆转。美国传教士纷纷来华,这些传教士和外交官们撰写了大量报道和书籍,以狭隘的基督教标准审视中国社会,把中国描述成堕落、黑暗、濒临毁灭的异教国家,致使中国形象遽然变色,也使西方对中国的看法更加从尊敬和服从转向了蔑视和拒斥:"在美国等地出版的流行小说中,华人总是被丑化的对象,或者是男盗女娼、走私贩毒,或者是苦工流氓。更有甚者,则是将华人视为'黄祸',即向西方世界传播贫穷。"②在美国人眼里,中国开始"被西方视为劣等民族、失败者和臣民、西方利益的牺牲者、轻视和怜悯的对象,最后成为美国人眼中的被保护人"③。因此,这一时期传教士中国观的主题是:中国是一个停滞、堕落、野蛮及走向死亡的异教国家,需要西方文明和基督教拯救,西方应承担起拯救中国的责任。在此,有必要考察裨治文、雅裨理和伯驾等美国人的中国观。前二人是美国第一批来华传教士,后一人比卫三畏稍迟来华,但三人的中国观都是极尽诋毁中国之能事,是当时以西方文明为标准的两极模式的代表人物。

裨治文不满当时西方对中国浅尝辄止的认识现状,主张通过实地考察的形式了解中国。无论是游历行省、讲述国境、接触居民,还是土地占有、耕田肥瘠,无不需要通过实地考察的方法掌握。这种认识中国的理念,比起那些仅靠道听途说便落笔为文的所谓汉学家来说,确实高明了许多,还具有相当基础的客观性。但是这种"客观化"的认识也只能存在于一定程度内。他从基督教唯一准绳出发,将异教国家的原本存在的黑暗面放大为社会道德的普遍特征,就给西方已经存在的灰色中国形象更加上了几分黑色。他从宗教立场上简单化中国的宗教和社会道德,认为中国人不仅偶像崇拜,而且道德意识完全沦丧,无人知晓真理和正义;④从西方近代化的角度来审视中国传统文化,认为中国传统文化造成了中国和中国人妄自尊大、盲目排外、崇古薄今、重人伦而反对科技发明等维护心理,结果"中国人把心灵封锁在自己过去的世界里",因此上帝为了造福人类进行的变革、碰

---

① [美]卫三畏著,陈俱译《中国总论》(初版序)第2—3页,上海古籍出版社,2005年。
② 沙莲香《外国人看中国100年》第213页,山西教育出版社,1999年。
③ [美]欧内斯特·梅等编《美中关系史论》第35—36页,中国社会科学出版社,1991年。
④ Chinese Repository(《中国丛报》),Vol.1,p.528.

撞和交流在这里从未发生过,"他们是一个没有生存权利的种族:属于远古时代、从无数世纪前的坟茔中挖掘出来的居民"。① 虽然,裨治文认为中国文明停滞不前,不乏一定的合理性,但认为中国是一个没有生存权的种族,就是一种基督教独尊的宗教沙文主义的反映。他以非此即彼的两极化的简单方式,从西方文明的发展模式出发,否认中国文明自身发展的独特性,忽视以儒家思想为核心的中国传统文化的思想价值和实用价值,同样是一种否定人类文明多元化的狭隘文化心理,与近世中国的全盘西化或盲目排外并无实质的不同。雅裨理(David Abeel,1804—1846)在 1830—1834 年和 1839—1844 年两度来华,先后在广州和厦门传教。他是最早较为集中介绍中国的美国传教士,著有《留居中国及其邻国日记:1829—1833》(*Journal of Residence in China and the Neighboring Countries from 1829 to 1833*)。该著因对"中国形成了一个明快简捷的理解",对早期美国中国观产生了一定的影响。② 雅裨理来华前,西方连篇累牍的对中国的负面性认识已经屡见不鲜,西方中心观甚嚣尘上。雅裨理深受西方文明熏陶,也在西方中心观左右下,将关注重心放在中国的宗教、道德和文化层面上,却得出了中国是一个"充满罪恶的异教徒国度"的结论:中国的佛教和道教反复灌输来世的回报和惩罚,佛教散布各种避免肉欲和懒散行为,道教教义则宣扬多种对肉体摧残的方法,儒家孔子也声称不语怪、力、乱神,对于灵魂不朽和末世的惩罚也说得很少,因此,中国没有宗教,他们对最重要的、唯一可以提高人们道德素质的真理(即指基督教教义)一无所知。③ 而中国的社会道德"存在着非常严重的各式各样的罪恶。可以写一整本书"④,如中国政府专制,法律残酷,诸如戏剧音乐等文化活动低级幼稚,人们生活居住条件简陋等。在雅裨理的眼中,当时中国就是一个道德堕落、文化落后的异教徒国家,这是由基督教文明至上价值观和扩大来华传教的现实目的所决定的,"必须派遣传教士到中华帝国,进入每一处可以进得去的地方,包括沿海每一个可以通商的市场。海岸必须被侵入,海港必须进去。这是因为过去是、现在仍然是受着大无畏商业精神所驱使。每一条道路必

---

① *Chinese Repository*(《中国丛报》),Vol.7,p. 6.
② Rev.G. R. ,*Williamson Memoir of Rev.David Abeel*,New York,1848,p. 269.
③ David Abeel,*Journal of Residence in China and the Neighboring Countries from 1829 to 1833*,London,1834,pp. 22-25.
④ *Journal of Residence in China and the Neighboring Countries from 1829 to 1833*,p. 97.

须被搜寻出来,每一个可以据守的阵地必须被占领"①。这种对中国形象的负面描述,实际上是汇集同时代和前人对中国的批评,采用脸谱化、简单化的方法,放大了中国社会本有的黑暗面而无视中国文明对于自身和人类进步的积极方面,实际上并无多大的现实借鉴的意义。伯驾(Peter Parker, 1804—1888),美国传教士、医生兼外交官。他毕业于美国耶鲁学院。1834年10月,受美国基督教差会美部会的派遣来广州,成为基督教派到中国的第一个传教医生。"中华医药传教会"在广州成立,东印度公司哥利支医生任会长,伯驾任副会长,大鸦片商颠地、查顿等人都是终身董事,同年4月,由哥利支、伯驾和裨治文三人联名签署一份该会的"宣言",声称他们将努力"有助于推倒偏见和长期以来所抱的民族情绪的隔墙,并以此来教育中国人:他们所歧视的人们是有能力和愿意成为他们的恩人的"。而公然供认他们的目的是:第一,将医学科学"移植于中国可能产生有益(于他们)的效果";第二,是"将可以从这个方法搜集情报,这将对传教士和商人都有极高的价值"。② 伯驾是美国早期那些主张利用鸦片战争的有利时机派遣海军到中国进行示威,乘机取得侵华权益的鼓吹者之一,而且是美国传教士中最积极的突出代表。在鸦片战争期间,伯驾特地回国活动。1843年夏顾盛专使团来华,在1844年7月签订中美《望厦条约》的过程中,伯驾不仅作为顾盛的译员之一,而且为顾盛当谋士,出了不少主意,成为顾盛使华的重要助手。他于1844年起参加当时还设在广州的美国驻华使馆中工作,1845—1855年任美国驻华使馆头等参赞,其间三次代理公使职务,1855—1857年正式出任美国驻华公使。在第二次鸦片战争前他与英法俄各国联合向清政府提出"修约"要求,竭力扩大对华侵略权益,第二次鸦片战争期间英法联军侵华时,他又主张美国出兵侵占我国领土台湾岛。1857年8月伯驾卸任回国。就一个美国人而言,伯驾在华23年,完成了由传教医生到美国来华公使的"升华",然而在中国人眼中,尽管其所干的也并非全是坏事,却实实在在地实现了由"一片诚心"行医施药的医生,到"素称狡黠"难以"掩人耻笑"的侵略者之堕落。③ 伯驾作为一个美国来华传教士的个例,是教与政结合之典型,走过了从"福音的婢女"到"政治的婢女"的

---

① *Journal of Residence in China and the Neighboring Countries from 1829 to 1833*, p. 124.
② 顾长声《传教士与近代中国》第44页,上海人民出版社,1995年。
③ 李浩《从"福音的婢女"到政治的婢女:美国早期来华传教医生伯驾评介》,载《江西社会科学》2003年第7期,第78页。

全过程,使中国人看清了西方早期对华之传教主要是为了实现西方在华政治、经济利益服务的本质。① 与裨治文、雅裨理和伯驾的中国认识的灰色基调一致的,还有 1864 年来华的女传教士荷丽塔·舒克富人(Jehu Lewis Shuck),她抨击中国人"自高自大、自以为是、盲目无主见、无耻放荡、欺诈不信神、见钱不要命"②。更有甚者,美国监理会传教士林乐知提出了中国人的 8 大恶习,传教士明恩溥在所著《中国人的特性》一书中列举了中国人 26 种劣性,其中 18 种代表中国人的丑陋形象,如思维紊乱、麻木不仁、有私无公、因循守旧、缺乏信用、好吃、好名利、安于寄生、缺乏同情心等。

随着清政府禁教政策的逐渐解除和传教活动的进一步展开,西方人对中国和中国人的了解增多,一些传教士对两极模式产生了质疑。裨治文在反思早期在华传教活动时,开始认识到这种模式的局限性,觉得无法获得有关中国的真实情况。他虽然主张全面介绍中国,但又陷入简单否定的怪圈,在中国观上走向更加负面的境地。由于裨治文的中国研究总体上还不够系统,中国观还受到欧洲人士的影响,不可能有更客观而公允的中国认识,但对卫三畏来说却是一种新意,他在裨治文全面介绍中国的思想指导下,对中国研究更加细致、公正和深入。卫三畏的《中国总论》可以说是早期来华传教士的代表作品,不仅中国研究的方法和范围得以明确,而且中国观也相对成熟。蕴藏于《中国总论》中的卫三畏中国观,不仅支配了卫三畏中国研究的内容和方向,也有利于当时西方人重新认识和反思对华的态度,是架设在中美人民之间的一座精神桥梁,有益于中美文化的交流。

《中国总论》的出发点,正如卫三畏自己所言,是要"用真实的叙述还中国一个公道"③。卫三畏极力反对那种在简单化的认识模式下看待中国,及由此得出的对中国的蔑视和偏见。在两版《中国总论》的序言中,他都一致地谈到自己编纂《中国总论》的目的,就是要为中国人及其文明"洗刷掉如此经常强加在他们身上的那些奇特的、几乎无可名状的可笑印象"。对中国文明的这份同情和理解,加之多年的在华生活和深入观察,卫三畏力图通过《中国总论》来纠正当时西方世界流行的对中国的蔑视和诋毁,

---

① 李浩《从"福音的婢女"到政治的婢女:美国早期来华传教医生伯驾评介》,载《江西社会科学》2003 年第 7 期,第 75 页。
② 左芙蓉《文化冲突与融合:美国传教士对中国文化的态度转变》,载《基督宗教研究》(第九辑)第 348 页,宗教文化出版社,2006 年。
③ 《卫三畏生平及书信》第 91 页。

并提出了自己的新见解。如,他认为中国专制制度有存在的合理性,认为中国社会道德的"堕落"与"罪恶"是夸大其词和简单化的,认为中国人生活习惯是出于亚洲人的衡量标准的,认为中国古代科技与工艺对西方有巨大贡献,认为中国人具有和平性格,不是诉诸武力的肇事者,等。一句话,卫三畏始终认为中国文明是人类文明中的"庞大的一部分","是人类最聪明、最有价值的心灵连续许多年代辛劳的结果。这是在特殊的文明中发展起来的,它所吸取的养分完全不同于西方圣人和哲学家的著作,研究其中优缺点也许会增加好奇心,可以获得将中国文献同亚洲其他国家甚至欧洲国家进行比较的标准"。① 这些积极的阐述就使他与其他许多传教士的灰色中国观有着明显而本质的区别。正是这样与其他西方人不同的中国认识,而且对中国表达了不少公正和赞誉之词,令对华抱有巨大偏见的美国人对卫三畏及其《中国总论》"敬而远之",致使1847年《中国总论》的出版历经坎坷——大多数纽约出版商谢绝为之出版,最终得到一家在广州的美国商行的资助,才得以在美国出版。这起码说明了在华的一些美国人理解卫三畏及其《中国总论》中真实而客观的评论,"还中国一个公道"必然有"星星之火,可以燎原"之势,将在美国人民心中逐步形成正确而公允的对华认识,卫三畏被授予法学博士荣誉学位便是一证。历时30多年后,中华民族在经受众多帝国主义侵略,依然顽强生存于东方,印证了卫三畏所说的中国文明具有内在发展的巨大力量,所以,新版《中国总论》于1883年再版,很快不断重印,"这一花团锦簇之乡的人民被列为不文明的国度,这样的日子已迅速消逝"。

当然,卫三畏"还中国一个公道"并非是他心目中的中国之世界地位至高无上,而是相对于其他异教国家而言,自然不能与基督教国家相提并论。在传教士们看来,只有基督教国家才是文明国家,中国的位置就在野蛮民族与近代文明——即西方资本主义文明之间的中间地带。"半文明、半开化的状态"似乎可以代表传教士们的基本中国观,即早期新教传教士对中国的基本看法概括为卫三畏曾说过的"半文明的国家或有缺陷的文明的国家"。② 事实上,"半文明、半开化"的中国观并未脱去灰色的认识,它

---

① [美]卫三畏著,陈俱译《中国总论》第402页,上海古籍出版社,2005年。
② 吴义雄《在宗教与世俗之间:基督教新教传教士在华南沿海的早期活动研究》第479页,广东教育出版社,2000年。

是晚清中国在西方人眼中的负面国际形象。这种中国观的形成有着复杂的多方面原因。美国人对中国的蔑视基本上与中国殖民地化程度成正比,在世纪之交达到顶峰。因此,近代中国落后事实成为这种观念或"偏见"的决定性因素,因而富国强兵成为中国人的历史教训。尽管如此,卫三畏的中国观主旨显然超越了西方的偏见,从各种比较的论述中,我们可以发现同为美国人的卫三畏,他看待中国时是那么平和、冷静和宽容。这样的鲜明对比,从历史过程、文化发展和人类文化多元化的角度看,卫三畏的中国观是那么进步、安全和充满上帝之爱。

(二)中国文化具有独特的价值

在《中国总论》第一章的结尾,卫三畏指出:"对于这个占着世界上这么大的部分的地方及其人民,在地理、政治、风格、文学和文明方面做充分的记述,需要许多熟悉他们的语言、制度的观察家进行共同的努力。……中国人的勤劳,使他们在世界上所有国家中获得崇高的地位。……他们发展一切行业的技艺,无论是农业的或是制造业的技艺,以维持最大量人口的衣食、教育,使人类生色增辉,并把他们团结在一个统治制度之下。"因此,无论是以前的中国还是现在的中国,在人类发展的进程中必须有她的地位,这是由她的独特发展道路所决定的:"由于自然疆域而与其他民族隔绝,他们的文明是在独特的影响之下发展起来的,必须将它和欧洲文明相比较,而不是以欧洲文明来评判,这两个人类种族的差异也许达到可能的最大程度,但似乎也有一致的共同本性和需求。现代欧洲一些最卓越发明(诸如指南针、瓷器、火药、印刷术)源于这一民族,他们在好几个世纪之前知之行之;他们的人数可能超过3亿,有着统一的风俗习惯、文字和国家组织;他们的城市和都会可以和任何时代的中心城市相匹敌,他们的城镇和街道不断遍及地面,而且建在水面上:这样一个国家应当在人类历史上占有令人注目的地位;研究他们的特点和状况,这是每一位对人类表示良好祝愿的人都会接受的。"① 这种对中国独特发展的研究结论,无疑是先见的、先进的,对中国这个"第二故乡"的客观认识和深刻体验,从而也使他有别于其他来华的西人,充分表现出卫三畏的世界性观点和宽阔的人文胸襟。

卫三畏满怀深情地肯定中国在世界上应有的地位,基本上出自他对于

---

① 《在宗教与世俗之间:基督教新教传教士在华南沿海的早期活动研究》第30—31页。

中国文化的认识高度和研究深度。对中国文化和中国文明的态度，卫三畏是他同时代西方人中最为客观和冷静的学者之一。自来华后，卫三畏就开始直接亲身体验中国生活，而且长期地感受和思考中国社会百态和文化源流。长期在西方人总体歧视的背景下进行研究工作，他亲身经历和长期思考的结果便是凝聚在《中国总论》中的中国认识的基本理论：中西方文明之间存在着很大的差异，不能完全笼统地把中国列入野蛮文明国度的范畴。中国文化中不仅有大量悠久、丰富的可取之处，而且还有些已成为人类共同的财富，按照卫三畏的言下之意，就是差点超过《圣经》所代表的人类的全部方面，如，他对中国古老和伟大文明表示钦佩，赞扬中国人所具有的勤劳节俭的传统，认为中国人在生产方面，在家庭生活的艺术和群众的舒适方面，比曾经存在的任何异教或伊斯兰教国家，或比有些自称基督教的国家达到更高的地位，还对中国儒家经典推崇备至，"孔子的著作同希腊和罗马哲人的训言相比，它的总旨趣是良好的，在应用到它所处的社会和它优越的实用性，则超过了西方的哲人"，而"四书五经的实质与其他著作相比，不仅在文学上兴味隽永，文字上引人入胜，而且还对千百万人的思想施加了深远的影响。由此看来，这些书所造成的影响，除了《圣经》之外，是任何别种书都无法与之比拟的"。①

卫三畏对中国文化的研究是从学习中文开始的，他不仅重视中文学习，认为"语言本身就是介绍新真谛的最方便的手段之一"②，还努力帮助外国人学习中文，编著了不少中文字典和书籍，如《拾级大成》《汉英韵府》和《英华分韵撮要》等，内含着关于中国方方面面的资料，"是有关中国和中国事务的宝藏"③。《中国总论》可以看作卫三畏中文学习的最高成果，更是他的中国研究的标志性成就。这部皇皇巨著在经过 1847 年和 1883 年两次学理化的精炼后，无论在广度还是深度上，都全面地超过了此前盛名的门多萨的《中华大帝国史》、杜赫德的《中华帝国全志》和德庇时的《中华帝国及其居民概论》等，其中，卫三畏关于中国文化的研究，受到了美国方面的高度评价："你的有关中国人性格、风俗的知识和中国人及中国政府

---

① Samuel Wells Williams, *The Middle Kingdom*（《中国总论》）, New York, 1888, Vol. 1, pp. 663-664.

② *The Middle Kingdom*, p. 370.

③ Frederick Wells Williams, *The Life and Letters of Samuel Wells Williams, L. L. D. , Missionary, Diplomatist, Sinologue*, New York and London, 1972, p. 459.

各方面匮乏与丰足情况的介绍,你熟练的中文,还有你对基督教事业和人类文明发展所做的贡献,使你留下足以自豪的记录,你的无与伦比的中文字典和各种有关中国的著作,足使你在科学和文学界占有崇高的地位。"①

《中国总论》是美国第一部关于中国的百科全书,也是美国第一部汉学著作。在之以前,美国人都是靠阅读欧洲人的著述来了解中国的。18世纪末、19世纪初欧洲先后有四个使团出使中国,产生了一系列著作。但这些早期来华商人和外交官对于中国的描述往往过于简单和肤浅,虽然一度产生很大影响,却不能使美国人全面而准确地了解中国。自1830年后,随着美国新教传教士来华,这个情况开始改变。美国学者伊萨克斯指出:"在中国人于几个世纪留在美国人心目中的印象方面,传教士比商人或外交官起的作用要多得多。"②卫三畏就是在这一批来华传教士中脱颖而出的美国第一位汉学家,其代表作《中国总论》极大地满足了美国人对中国了解的渴望,也一定程度上改变了美国人对中国及其文明的轻蔑心理。与美部会派到中国的裨治文、伯驾等传教士不同,卫三畏不是严格意义上的传教士,他没有接受过神学教育,也没有被授予过神职(从未按立为牧师、授予教职)。③ 在美部会的正式文件中,他的身份一直是印刷工。入华之际,美部会给他的任务有二:一是管理英文印刷所,帮助准备传教团发行的英文资料;二是准备中文资料、初步布道小册子和圣经课程,并在训示中暗示卫三畏必须学习中文。④ 但他在中国的活动,与一般传教士并无不同,事实上他在许多场合也被称为传教士。与其他传教士不同的是,卫三畏对中国的历史文化有特别的爱好,这种爱好便是《中国总论》得以问世的内在动力之一。此后卫三畏又担任过耶鲁学院中文教授、美国东方学会会长,一时享有"中国通"的美誉,都表明他在美国汉学研究领域的贡献之大和地位之高。同时,也足以说明他对中国历史与文化的研究之深刻和理解之精准,《中国总论》就是建立在作者对中国全面而深入了解的基础上,它

---

① *The Life and Letters of Samuel Wells Williams*, L. L. D., *Missionary, Diplomatist, Sinologue*, p. 412.
② [英]哈罗德·伊萨克斯著,于殿利等译《美国的中国形象》第172页,时事出版社,1999年。
③ 李志刚《基督教早期在华传教史》第361页,台北:商务印书馆,1985年。
④ *Letter of Instructions for Ira Tracy and Samuel Wells Williams*, ABC2.01, Vol. 2. Qouted from Murray A. Rubinstein, *The Origins of the Anglo-American Missionary Enterprise in China*, 1807-1840, The Scarecrow Press, Inc. Lanham, Md., & London, 1996, p. 300.

几乎涵盖了中国社会与历史文化的所有重要方面,将其书名定为"总论",是很贴切的。《中国总论》对中国古代的文化成就做了大量真实的叙述,并且在一定程度上给予了积极的评价。卫三畏对中国古代思想文化核心的孔子学说的评价是:"孔子哲学的最大特点是对尊长的服从,以及温和正直地和同辈人交往。他的哲学要求人们在现实世界中,而不是从一个看不见的神灵那里寻找约束力,而君主也只需要在非常有限的范围内服从一个更高的裁判。……就是与希腊和罗马圣人的学说相比,他的作品也毫不逊色,并在两个方面大大超出:一是其哲学被广泛应用于他所生活的社会,二是其哲学突出的实用性质。"①这个解释抓住了"礼"和"仁"为核心的孔子思想的精髓,这种准确而精辟的论述,非有对中国文化有深刻理解的人不可得的。孔子学说的实践理性色彩也十分明显,其最大特点,"不是用某种神秘的狂热而是用冷静的、现实的、合理的态度来解说和对待事物和传统,它是一种理性精神或理性态度"②。此外,卫三畏还注意到孔子学说对中华民族的文化心理结构产生了深刻而持久的影响力,而这种影响力在其他民族文化中是很难找到的。这种影响力渗透到中国人生活的方方面面,在文学、史学、艺术、社会生活、科技工艺等领域都直接或间接地显示了出来。

从学术价值上来说,《中国总论》对中国文化独特价值的见解,充分反映了卫三畏作为一位汉学家的研究水平。美国汉学起步晚,自然受到欧洲汉学的影响,卫三畏及其《中国总论》也多借鉴儒莲、理雅各等欧洲汉学家的中国文化研究成果,这样的研究方法既符合学术规范又避免了重复劳动,同时也使美国汉学成为真正意义上的"国际汉学"。因此,从一开始,美国汉学就站在很高的起点上,《中国总论》成为当时西方人汉学研究的集大成者,就是因为卫三畏不仅站在巨人的肩膀上,而且他也的确比前人看得更远,在19世纪后半期,《中国总论》被认为"在一代人中独树一帜,并且成为研究中国的学者们的标准参考书,甚至被一些英中教育机构采用为教科书。大部分章节已被译为德文与西班牙文"③。这种潜在的国际性影响,也使美国汉学在短短半个多世纪之后,就进入了它的现代形态——以费正清为代表的中国学研究的新高度。此外,《中国总论》完全是一个

---

① Samuel Wells Williams, *The Middle Kingdom*, New York & London: Wiley and Putnam, 1848, Vol. 1, p. 530.
② 李泽厚《中国思想史论》(上)第34页,安徽文艺出版社,1991年。
③ 《卫三畏生平及书信》第296—297页。

精通中文的人，根据个人在华亲身见闻而创作的，明显带有强烈的个人色彩，而且是一种穷尽式的研究，尽量穷尽本课题所有的资料，是不折不扣的全面研究，或者说是将中国研究作为"一种纯粹文化"来进行"综合的研究"的著作，"颇像今日一门区域研究课程的教学大纲"，卫三畏也是当时"美国最有影响的史学家"。①《中国总论》无疑是美国的中国研究史上一块坚硬的基石，使当时美国人对大洋彼岸的文明古国有了全面和深入的认识，促进了中美文化的会通。

历史已经证明，卫三畏及其《中国总论》对中国文化价值肯定是具有先见之明的。传教士这个特殊群体，在一个特定历史时期与中国接触后，做出了对西方以外的、非基督教文化的感知，建构起一种异国形象，这本身就是一种创造，是"自我"和"他者"相融合的自觉意识表达。这个感知的底版是中国本身，而产生的形象却反映了传教士的文化心理、动机和抱负。他们对中国和中国模式产生曲解和误解是自然的、不可避免的，但他们的评述在揭示一种现象时必然产生另一种现象，有助于被考察者理性地观照自身的优缺。更重要的是，只要摒除意识形态和各种成见，抛弃关于中国被歪曲的、漫画般的印象，用真正客观和科学的态度来全面研究和认识中国，就会发现中国文明的新陈代谢将推动中国向前发展。早在1885年，美国传教士何天爵就曾指出："中国人身上有缺点和不足的地方，有一些怪癖，更有许多闪光的品质和令人钦佩的性格特征。在岁月的流动中，他们被年轻一代牢牢的继承下去，变化非常缓慢。"他还预言，"中国有着光明的前途，中国必将在世界历史中发挥举足轻重的作用。"并警示人们："如果谁不深知这一点，谁就不算真正的了解中国。"②今天看来，他的预言正在被中国的现代化建设成就所证实。因此，卫三畏的"还中国一个公道"无疑起到了积极的舆论导向作用，从全面审读他的中国观的角度来看，卫三畏也看到了中国的东方不败，而晚清只是中国现代化的一项预备，颇有"置之死地而后生"的悲壮色彩。

（三）中国需要基督拯救

卫三畏对中国文化独特价值的论证，并不是为了说明它的完美无缺，

---

① ［美］费正清《七十年代的任务》，载陶文钊编选《费正清集》第441页，天津人民出版社，1992年。

② ［美］何天爵著，张程程、唐琳娜译《中国人本色》第219页，中国言实出版社，2006年。

而是为了给西方文明找到在中国文化发展进程中的适当位置,"我们不想将中国描写得比它实际的要糟,也不想大谈特谈它的优点而使人感觉它不需要福音","很容易把中国早期的历史捧上了天,就像法国作者所做的那样,但贬低他们也同样是不正确的,而这是现在普遍流行的做法"。① 因此,尽管中国的语言文字奇妙而深奥、经典文献丰富而珍贵、中国人的个体生活舒适而雅致、社会生活相对隔离而平静安全、中国的工艺和科学有发展,但从总体上来说,这些远不及欧美文化的优越。中国之所以值得用基督教来拯救,就是因为它曾拥有灿烂的古代文明,而它近代的衰落正是因为缺乏基督教。说的温和点,就是中国需要基督教教义,并不意味着要摧毁中国传统文明,而是要进一步完善它,使它更具有价值。② 正因为如此,《中国总论》一出版便在西方引起了强烈的反响,"很难再找到一本像《中国总论》这样的书,为了异族的幸福,以那样的语言,展示了一个辉煌、可敬的文明和它具有的广泛而深远的影响力。……这些篇章所刻画出的诚实和博爱,将告诉未来的读者,它的作者热爱并研究这个民族,让后代记住作者对他们抱有的希望。"③"抱有的希望"就是贯穿《中国总论》的主旨和卫三畏始终不移的信念:基督教拯救中国! 无论在广州编辑印刷《中国丛报》,置身中美外交还是从事中国研究,卫三畏时时刻刻站在基督教传教士的立场,从西方文化本体观出发,将"基督教文明至上论"应用到所有方面,既作为预设前提或基础,也作为结论或解决方法。

《中国总论》开宗明义地宣扬基督教观念,并以此为预设前提和评判标准,而且一直贯穿到该著的结束。在《中国总论》第一章的开篇,卫三畏就明确指出:研究中国的终极目的是传播福音,"考察研究这样的人们和如此广阔的国家,一定能使我们得到教益,而且十分引人入胜;如果导向正确,能够以更坚定的信念来对待《圣经》上的箴言和律令,使每个国家在这尘世上都能在其个人、社会和政治关系上得到最高度的发展,到了另一个世界能够享受幸福。我们期望,在世界史上的今天,比起以往有更多的人渴望了解别人的状况和需求,这并不完全出于他们自己的爱好,并非对自

---

① Samuel Wells Williams, *The Middle Kingdom*, New York & London: Wiley and Putnam, 1848, Vol. 2, p. 99, 193.
② Samuel Wells Williams, *The Middle Kingdom*, Vol.I, New York, 1882, p. 836.
③ Frederick Wells Williams, *The Life and Letters of Samuel Wells Williams, L. L. D. , Missionary, Diplomatist, Sinologue*, New York and London, 1972, p. 399.

己的高超知识和优越条件感到庆幸,而是为了使他们的同类也能受益,也能自由地分享他们所得到的恩赐。希冀这样做的人将会发现,世界上所有种族中只有为数不多的几支能够和包含在中华帝国之内的各族相媲美,值得人们尽最大的努力去进行研究。至于说到我们的神圣宗教,用纯净、崇高、有益身心的教义去发展和促进他们的社会进步的理论,从这一角度来看中华各族的重要性,可以说全球无出其右了"①。将中国放在基督教的视野中来研究,其中就已经包含了西方优越论的预设前提,西方中心主义俨然成为卫三畏中国研究的指导思想了,因此,在介绍中国的物质与制度方面有一定的客观因素的同时,卫三畏对中国文化、中国精神和中国现实的评判上自然很难做到不偏不倚,偏颇自不能避免。但从总体上而言,卫三畏的评判是公允的,批评也是比较善意地劝谏,认为"1000 年以前他们是世界上最文明的国家"②,现在发展缓慢或者是停滞不前了,要使之再文明起来,就需要基督教的参与或拯救。在《中国总论》第一章的结尾,卫三畏依然没有忘怀基督教的普世意义,不论中国是多么的文明,也不能无视在华传教的重要性和美好前景:"著作家往往习惯于低估《圣经》对现代文明的影响,但是当我们对欧洲文明和亚洲文明做一比较,这一因素就会作为前者优越性的主要原因而引人注目。……基督教本质上是人民的宗教,当它被种种形式所遮掩,被压缩成教士清规,它的活力消失了;这就是它在亚洲衰落的一个原因。……上帝对各民族的性质有个计划:这个民族显示出一种突出的特征,另一个民族却在另一个特征上表现出色,而在前一个特征上则居下风。因此,埃及人是杰出的教士民族,献身于科学和奥秘信仰;希腊人发展了想象能力,在艺术方面超过任何人;罗马人喜爱战争,崇尚武力与法律;巴比伦人和波斯人宏大优美,思考周详;阿拉伯人性情愉快,富于想象力;突厥人不易激动,虔诚,不动感情;印度人爱好沉思,擅长宗教与形而上学的思考;中国人勤劳,和平,喜文学,持无神论,颇为自负。欧洲各民族信仰同一宗教,经常交流,互相同化,胜于上述任何其他民族。……我们相信,中国人在生命财产安全、国内生活艺术、大众福利等方面,较之迄今为止存在的异教徒与伊斯兰国家,都居于较高的地位,在文学智力上也有更高的水平,甚至比自称为基督教徒的国家,如阿比西尼亚,也高

---

① [美]卫三畏著,陈俱译《中国总论》第 1—2 页,上海古籍出版社,2005 年。
② 《中国总论》第 31 页。

第一章　来中国铺架桥梁

出一等。不过,也许他们已经竭尽所能,无须福音之助,达到自己的最高点;在不远的将来,基督教的引进,以及伴随的影响,将改变他们的政治社会制度。在人类中如此强而有力的集体能够取得这一革命的兴起和进步,将成为19世纪世界史中最引人入胜的部分,将解决是否可能提高一个民族而不在中间步骤上出现瓦解和重建的问题。"①

其实,这种传教士的情怀,同样是可以理解的。卫三畏毕竟是在近代西方文明环境中成长起来的新教传教士,很本能地看到所谓的异教国家与其钟爱的基督教祖国的差异,使得他在看待中国的问题上,无法超越近代西方新教文明的价值观,只不过,卫三畏这位被在华外国人称为"贤明的长者"②,从近代化的视角出发,对中国文化和政治制度的观察和批评是比较冷静和客观的。因此,不免也会有一些草率或武断的批评,如对中国城市和卫生的批评("异教徒却满足于生活在这破烂和肮脏之中")、对中国人的国民性的批评("无视法律、生活堕落、妓院盛行、无视事实、撒谎、无法无天")、对中国语言文字的批评("最大缺点在于表示时间采取含糊态度")等。③ 无论是整体或个别的褒扬,还是全面或局部的贬抑,目的都是一个,就是中国需要基督教拯救。就在《中国总论》初版即将出版之际,卫三畏在纽约写给即将成为自己妻子的沃尔沃斯小姐的信中坦言道:"我相信促使我出一本关于中国的书的动机是正确的。我的动机之一就是想使我的教友们更多地关注中国的命运。我想向人们表明:我们应该向中国人宣讲我们的(基督教)教义。现在中国的政治日趋混乱,鸦片和国民道德的沦丧正使整个民族日趋堕落。只有福音能够拯救他们。也许造成他们对任何事情都麻木不仁、无动于衷的原因很多,但蒙昧无知是其中最根本的一条。驱走了蒙昧无知,就能在很大程度上挽救这个民族于消沉和堕落。……对我来说,能够参与造福于人的伟大事业是我最大的快乐。"④《中国总论》出版后,书中对中国的客观描写遭到了当时一些人的不屑甚至嘲笑,被认为这样郑重其事地谈论中国是一件很荒谬的事情,卫三畏对此非常气愤,但他无法改变所有人的错误观点,只能利用此书尽力打消人

---

① [美]卫三畏著,陈俱译《中国总论》第31—32页,上海古籍出版社,2005年。
② Frederick Wells Williams, *The Life and Letters of Samuel Wells Williams, L. L. D. , Missionary, Diplomatist, Sinologue*, New York and London, 1972, p. 48.
③ 《中国总论》第370、582、630页。
④ 《卫三畏生平及书信》第86页。

们对中国的嘲弄和偏见。对美国人的两大疑惑(为何中国人的思维方式和行为方式如此独特;中国人又是如何使他们这种独特的方式世代相传、经久不变的。)的圆满而理性的回答,是他"还中国一个公道"的目的之一,而卫三畏最主要的目的是:他希望以此书来推动在华传教事业,希望让人们更多地了解中国,使在华传教事业争取更多的同情和支持,"如果我的介绍能使人产生一种要把我们的文明和宗教带给中国人的冲动,或是能激励那些正在从事这项事业的人做出更大努力,那我的付出可谓得到了超额的回报"①。在卫三畏看来,中国要想从半文明步入文明社会,唯有发展基督教才是最适当的手段,"没有基督教就根本不会有任何真正的发展,中国不可能有所发展进步,因为她是一个盲人,缺少了上帝的引导"②。"中国人不仅需要标志西方文明的技术,而且还需要耶稣基督的教义。"③让基督教进入中国,就成为卫三畏在华活动的最高任务,更确切地说是他毕生的唯一使命,"对卫三畏来说,只要一个人心中有基督教的事业,'不管他是希腊人还是犹太人、切包皮的还是没有切包皮的、野蛮的还是文明的、奴役的还是自由的,都是基督徒',他都十分欢迎和愿意帮助,并且一生都是如此"④。因此,在第二章,笔者将从基督认识和世俗努力两大方面,重点解读卫三畏如何促进耶稣进入并拯救中国的活动。

有必要指出,卫三畏所坚定的"基督教拯救中国"的模式是"孔子加耶稣"的思维模式。卫三畏对以儒家思想为代表的中国文化不吝赞美之辞,除了反映一种历史主义的观点外,更主要的动机就是在研究中华历史文明时,试图为西方文明在华传播找到适当的位置,因而在论及中西文化冲突时多半采取折中的方法,努力强调宗教在中国历史文化中的作用。因此,卫三畏站在基督教文明至上论的传教士立场上,希望建构出"孔子加耶稣"的传教路径。"孔子加耶稣"的思想是1830年以后,由于以耶代孔的传教方针受到阻碍,西方传教士所着力提倡的一种在华的文化策略。当时在华的西方新教传教士,如马礼逊、理雅各、慕维廉、李提摩太、林乐知、丁韪良、李佳白和花之安等人,通过对中国社会、文化、礼仪和风俗的深入了

---

① 《卫三畏生平及书信》第91页。
② [英]雷蒙・道森著,常绍召、明毅译《中国变色龙》第99页,时事出版社,1999年。
③ [美]费正清《70年代的任务》("Assignment for the 70's"), The American Historical Review, 1969, No. 3, pp. 865,866.
④ 《卫三畏生平及书信》第43页。

解和研究,最后选定儒学作为同盟者,提出了"孔子加耶稣"的传教战略。① 不过今人在讨论这一传教思想的发展过程时,往往对卫三畏有所忽略,应该予以弥补。②

当然,卫三畏从偏颇的宗教观和西方道德价值取向来分析中国社会,提出所谓的中国出路问题,完全是一种脱离中国实际的主观愿望。易言之,"卫三畏的中国观本身就带有很突出的矛盾性,他对中国的批评中有一类从近代化的视角出发,对中国文化和政治制度比较冷静和客观,另一方面他有偏颇之处。文化背景和传教士身份使得他在看待中国很多问题上,无法超越近代西方新教文明的价值观。他的中国观中的矛盾性,或者说是两重性,实质上是其在华传教策略在中国认识上的反映。这事实上也是美国初期对华外交的一个特点,即以传教士充当其中的重要角色"③。也就是说,卫三畏的中国观除了更大部分地遵循客观之外,还有简单化的内容,明显地带有西方中心主义色彩,有些地方是错误甚至是歪曲的,他的书信和书籍在当时的欧美国家广为流传,无疑造成了一定的负面影响。事实上,近代中国社会最为迫切的问题,是抵御外侮和民族独立,并在此基础上谋求政治民主、经济发展和社会近代化。如果仅将中国专制政治和缺乏基督教信仰作为中国文明出路的唯一障碍,显然是为福音张目,因为东西列强对中国的侵略、剥削和压迫才是最大的障碍,这与福音"善待"他国的宗旨是不相容的。卫三畏或许是没有意识到这一点,也或许是有意地否定这一点,因而应该在对他的中国观的审视中增加对他的福音唯一性和西方优越论的针砭。更何况,人类大家庭的文明是多元的,只有不同特色和风格的文明,没有孰是孰非、孰高孰低的问题。因此,对待卫三畏的中国观,必须辩证、理性和清醒,认识到传教士们对中国的批评"无疑就像一面镜子,使那个时代的中国人从中窥见了自身的丑陋,具有警醒奋起的效用"④。即使在今天,我们仍能从这面镜子中反省自身,看到一些平时我们没有注意到的东西,启发我们民族的反省和改造。鲁迅曾经痛切地批评国人"总不肯研究自己",总不肯听取别人对自己的意见,总爱在瞒和骗的大泽中自欺欺人、安于现状,并且深刻指出:"多有不自满的人的种族,永远前进,永

---

① 顾卫民《基督教与近代中国社会》第267页,上海人民出版社,1996年。
② 张宏生《卫三畏与美国汉学的起源》,载《中华文史论丛》2004年第80辑,第68页。
③ 杜兰兰《一个美国驻华公使的"中国观"》,载《黑龙江史志》2010年第14期,第47页。
④ 顾卫民《基督教与近代中国社会》第298页,上海人民出版社,1996年。

远有希望。多有只知责人不知反省的人的种族,祸哉!祸哉!"正如鲁迅在看过美国传教士明恩溥《中国人的素质》一书后所警示的那样:"看了这些,而自省、分析、明白哪几点说的对,变革、挣扎、自做功夫,却不求别人的原谅和称赞,来证明究竟是怎样的中国人。"①通过了解西方人对中华民族的看法,可以使我们理性地研究和剖析自己,客观地了解我们本民族的长处和不足,最终达到提高民族素质的目的。因此,从人类文明不断推进的视阈来看,卫三畏"一家之言"的中国观无疑也是一笔内容丰富、愈久弥香的历史文化资源。从中西文化传播的角度来看,卫三畏的《中国总论》是从异质文化背景出发观察记录中国,确有中国人自己习焉不察的独到之处,如,当时中国底层社会的记述,来自作者的亲身见闻,而一些近事如鸦片战争,一直是中外学者有价值的引证资料。② 所以,可以这样说,卫三畏和他的《中国总论》及其中国观的的不足是次要的,贡献是主要的,毕竟瑕不掩瑜。我们"判断历史的功绩,不是根据历史活动家没有提供现代所要求的东西,而是根据他们比他们的前辈提供了新的东西"③。卫三畏"提供新的东西",就是他真实的观察和叙述。而我们所要做的,是对其中的谬误持"博雅君子,谅无哂之"的胸怀,④而发扬光大它的积极成果。如果我们能够以宽阔的胸怀和气度,以良好的学术心态来冷静地思考卫三畏这位异邦的"贤明的长者"的批评,将会有助于我们更好地进行自我定位,是谓"知人者智,知己者明"(老子语),也可"知己知彼,百战不殆"(孙武语)。

从总体上来说,卫三畏对中国古代文明持有较高的评价,而对19世纪的中国现实社会则给予痛切的批判。他喜欢详细地描述中国的自然事物,醉心于比较和剖析中西制度、文化、精神方面的深层次的内容,其分析提出的理论直接与现实问题发生互动,大致符合跨入近代之初的中国社会的基本情况。因此,他的研究表现出强烈的实用主义精神和西方价值观倾向。《中国总论》出版和再版,对美国人的中国认识上产生了积极的导向作用。传教士明恩溥的《中国人的素质》一书几乎结束了西方人对中国人性格的

---

① 鲁迅《鲁迅全集》(第六卷)第626页,人民文学出版社,1981年。
② Yen-Yu, Huang, " Viceroy Yeh Ming-Ch'en and The Canton Episode (1856-1861): 4. The Canton Episode", *Harvard Journal of Asiatic Studies*, Vol. 6, No. 1, Mar., 1941, pp. 97-98.
③ 列宁《评经济浪漫主义》,《列宁全集》(第二卷)(1895—1897)第154页,人民出版社,1984年。
④ 梁启超《西学书目表》,载《时务报》第8册,1896年,序例。

讨论,该书无论在概念的分析还是内容的征引上,都深得《中国总论》的精要,其中对中国国民性的分析可以说是卫三畏中国观分析内容的直接延续,其论证过程和得出的观点都与卫三畏非常类似,如第十九章讨论"礼"的翻译和"孝"的理解,第二十六章对孔子的评价和无神论的解释等。汉学家马森(Mary Gertrude Mason)在1938年出版的《西方的中华帝国观》(*Western Concepts of China and the People*)一书中主要研究的是1840—1876年这36年间西方著作中的中国观,他说:"但是迟至1875年,美国的学院和大学中的汉语研究并没有取得真正的进展。"他选择1876年这个断限也许是无意的,却是非常有眼光的。卫三畏结束在中国长达43年的生活回到美国正是在1876年,同时他也结束作为传教士、外交官及汉学家的传奇生涯,于1877年就任耶鲁学院第一位中国语言及文学讲座教授,成为美国首位汉学教授,从此美国的汉学有了实质性的发展,并且创造出独立于欧洲汉学的传统。①《西方的中华帝国观》直接引用《中国总论》的地方达64处。在进行文献回顾时,马森对《中国总论》评价甚高:"也许有关中国问题的最重要的一本作品是卫三畏的《中国总论》,它在西方广为传阅并受到好评……这部描写中国人生活方方面面的著作,是对这一时期普通作品中所涉及的问题的范围和种类的最好说明,卫三畏用如此清晰、系统、博学的方式为读者呈现了他的资料,以至于他的著作在今天的有关中国问题的美国文献中仍占有令人尊敬的地位。"②马森还盛赞卫三畏对中国宗教做了准确和相对公正的研讨。③ 而且,卫三畏的中国观在中美交往史和美国汉学史上也产生了难以磨灭的影响。1900年的一次六年级学生关于中国知识的普及教育课程中,《中国总论》被列为回答一系列有关中国问题的首选参考书。④ 即使在晚清灭亡之后,《中国总论》仍然受到美国人民的青睐,"长期以来,这是一部从传教士立场出发的关于中国的标准百科全书,现在仍然不可或缺"⑤。美国汉学家斯图尔特·克籍顿·米勒(Stuart

---

① 卞东波《美国汉学的开山之作:读卫三畏〈中国总论〉中译本》,载《博览群书》2006年第4期,第32页。
② [美]马森著,杨德山等译《西方的中华帝国观》第38—39页,时事出版社,1999年。
③ 《西方的中华帝国观》第286页。
④ B. Foster, "Sixth Grade", *The Course of Study*, Vol. 1, No. 2, Oct., 1900, p. 169.
⑤ Ernest De Witt. Burton and Alonzo Ketcham Parker, "A Professional Reading Course on the Expansion of Christianity in the Twentieth Century", *The Biblical World*, Vol. 41, No. 3, Mar., 1913, p. 192.

Creighton Miller)在 1969 年出版的《不受欢迎的移民：中国人在美国人中的形象(1785—1882)》(*The Unwelcome Immigrant, The American Image of the Chinese, 1785—1882*)中，曾把卫三畏的中国观作为近代来华新教传教士对中国的典型看法进行研究，认为"《中国总论》更好地反映了他们（中国人）的民族性格，从而消除了外国作家简单嘲笑中国人而产生的印象"。① 迄今，《中国总论》中的有关对中国自然史、中国古史、中国风土民情、中国文化交流和中华民族性格的研究成果，不仅成为西方汉学家竞相引用的学科发展史的基础之一，也成为研究中西交往和东西方文化交流的宝贵史料。

总之，卫三畏是一位 19 世纪传教士，在华生活 43 年，骨子里依旧是美国式的，他对其所同时代的中国的认识内容显然是与他所处时代的思想水平相适应的。"如何对待异域文化，首先有个出发点的问题。不管哪个民族或哪个个人，在空间上无疑都会取自己所处的位置作为视野的出发点。在这个意义上说，以'我'为中心，或以'我'为本的倾向就自然而然地成为一种主要倾向。"②卫三畏当然不能例外。在他心目中，中国虽然有自己独创的文明，发展水平也较高，但是中国文明已经达到了自身的顶点，无法有新的发展，中国必须向西方学习，皈依于基督教。③ 显然，在他心目中，西方人对中国的看法比中国人对西方的看法要正确的多。④ 而这正是"西方中心主义"的论调。"西方中心主义"认为新兴的西方文明凌驾于世界一切其他文明之上，而把古典东方诸文明视为停滞与落后，并终究会接受西方文明的"教化"而被纳入西方世界。⑤ 因此，在综合考察，并以中西文化交流为归宿来审视卫三畏的中国观和他的汉学研究成果的时候，我们有理由相信，这些作为西方中国观载体的文化产品不仅能够使时人和后人更加清楚地看到中国的物质制度形态、领会到中国文化与中国人民精神的状态、理解到中国现实与历史发展的关系，而且更加有助于有效地树立起世界民族多元化发展道路的文明意识，在互相借鉴、求同存异和共同发展中，实现各民族的根本利益和人类共同的和平福祉。

---

① James M. McCutcheon, "Review: The Unwelcome Immigrant", *The Journal of American History*, Vol.57, No. 1, Jun., 1970, p. 123.
② 钱林森等《文化：中西对话中的差异与共存》第 115 页，南京大学出版社，1999 年。
③ ［美］卫三畏著，陈俱译《中国总论》第 32、713 页，上海古籍出版社，2005 年。
④ 《中国总论》第 505—506 页。
⑤ 罗荣渠《现代化新论：世界与中国的现代化进程》（增订版）第 414 页，商务印书馆，2004 年。

第二章
让耶稣进入中国

中国宗教界所称的基督教,在国际学术界上称之为新教,亦即抗议宗,也称基督新教,以区别于天主教和东正教。1807年,随着英国伦敦会传教士马礼逊入华,基督新教正式传入中国,中国民间称"耶稣教",迄今已有200年的历史了。但基督新教在华史并没有得到很好的研究,多是由于中外研究者的文化心理差异和政治意识隔膜,国际学术界对在华新教传教士及其相关的中西关系的研究相当薄弱,这是必须改变的。正如美国汉学家费正清指出:"19世纪中国与西方的关系中,新教传教士仍然是研究最少,但却是那时最有研究价值的角色。当时,来华的商人和外交人员出于他们职业的原因一般都不得不与异国、异文化的人们合作,即使不合作也至少是维持交往的关系。但受召而来的新教传教士们在思想和姿态方面却更有积极的个性,常常与中国的既有秩序发生冲突。当然,寻求利益的商人和希望开放中国的外交人员也有这样的特点,但只有传教士跨越两种文明,直接谋求与普通的人们接触。即使不是唯一的,他们也是连通中国乡村和美国小镇的主要人物。他们谋求改变中国人的思想和心灵。他们洞察中国人的生活,在所有来华入侵者中他们涉足本地生活最深。同时,为了得到家乡赞助者们的支持,他们是所有来华外国人中向西方公众介绍中国情况最多的人。虽然这些内容是有选择性的。由于他们的双重角色,在历史上一些人眼里他们是救世主或恩人,而在另一些人眼中他们是文化帝国主义者。"[①]费正清先生的言论也就为我们研究来华传教士预留下了某些理论与方法上的基调。

[①] Suzanne Wilson Barnett, John K. Fairbank, eds., *Christianity in China: Early Protestant Missionary Writtings*, Harvard University Press, 1985, p.2.

综观中国近代史和基督教在华传播史,可以发现,任何一位新教传教士来华的传教目标都是让耶稣进入中国。无论他们的中国观是褒奖还是诋毁,无论他们传教成就是多少还是有无,传教士们都坚信历史悠久的中国文明里,还是缺乏了基督耶稣的精神。美国新教传教士卫三畏同样不能例外,而且终其一生都在为着这个目标不懈奋斗:"毫不足怪的是,我确信汉人的子孙有着伟大的未来;但是,唯有纯粹基督教的发展才是适当的手段,足以拯救在这一进步中的各个冲突因素免于互相摧残。……圣灵的降临今后可以预期,为了降临而应做的准备工作已一直以较过去快得多的速度进行,并且具备日益增进的便利条件以促使其最后的完成。神的允诺将实现以赛亚的预言,这一预言在孔子之前的年代就已做出;上帝的人民将从希尼之地①来到,加入阳光下每一部落的赞美大合唱"②。

卫三畏在少年时代作过入教宣誓,加入了家乡伊萨卡的第一教会(长老会),却一生没有受洗,更未接受牧师之职,不是严格意义上的新教传教士,但他对于宗教的认识和在传布宗教思想的实践上都不逊色于当时一般的来华传教士,甚至在某些方面远远超出,特别是他从一位传教士印刷工到传教士外交官的转变,及其在外交生涯中宗教成就大于政治工作,都让人信服卫三畏虔诚的基督宗教意识和为上帝服务的不悔行为。本章将阐释卫三畏如何促进耶稣入华并欲"拯救"中国的思想和实践活动。

第一节 基督注定卫三畏与华有缘

卫三畏(1812—1884),一个平凡的美国人,其短短的 72 年生涯,就有 43 年是在中国度过(其间虽有四次回美,但并没有也不会割断这个连续的过程),这是一种精神,也是一种奉献,动力之一就是基督教的救赎伦理。从抱有成为一位博物学家的梦想,到接受基督信徒的父亲的推荐赴华担任印刷工,再到中国近 20 年的传教活动,及其后 20 多年政治外交过程中的宗教活动,无不反映了卫三畏与基督教的几乎与生俱来的情缘。可以这样说,卫三畏从来到这个世界上,耳濡目染的基督感受,以及信奉基督的虔诚

---

① 希尼之地(The Land of Sinim),译为"秦国"或"中土",著者以为即指中国,见《圣经·以赛亚书》第 49 章。
② [美]卫三畏著,陈俱译《中国总论》(1883 年修订版序)第 4—5 页,上海古籍出版社,2005 年。

和为上帝服务的无悔,伴随着他的一生。这种坚定不移的基督信仰,决定了卫三畏与中国及其文化之间的不解之缘。他诚心将中国视为自己的第二故乡,并对中国寄予极大的希望:"我确信汉人的子孙有着伟大的未来。……无论如何,这个国家已经度过被动时期,这是肯定无疑的。……这一花团锦簇之乡的人民被列入不文明的国度,这样的日子已迅速消逝。"①

一、卫三畏来华前的基督认识

西方世界的兴起是近代以来人们一个长盛不衰的讨论话题,究其原因,学术界主要有三种解释:有西方经济制度合理化之说,有英国清教与清教徒的科学成就推动之说,有财富积累和创造动力产生资本主义之说。② 但无论从什么角度来说,基督教文化的历史和现实作用都是其中不可忽视的影响因素。新教作为基督教的一个重要组成部分,从思想、精神和政治意识等方面改变了西方世界的面貌。伴随并适应欧洲资本主义的兴起而产生的基督教新教(Protestantism,简称新教)在英国资产阶级革命中发挥着决定性作用,开启了世界近代史的先河,也影响了此后蔓延到整个资本主义世界的宗教形态和意识形态。当今社会,举凡信奉耶稣基督为上帝和救主之教义,且不属于天主教、东正教系统的基督教各派别,均属新教的范围。新教尽管宗派众多,没有统一的领导机构,但其基本神学信仰与天主教、东正教一致,都信奉《新旧约全书》即《圣经》,不过新教所承认的《新旧约全书》较天主教与东正教少7卷,只承认39卷的希伯来本的,而天主教与东正教则承认46卷的希腊文译本。新教反对教皇的绝对权威,主张人人皆有解释《圣经》的权利,而对《圣经》的不同理解与阐释,就产生了各不相同的派别,主要有路德宗(信义宗)、加尔文宗(长老宗)、安立甘派(圣公宗)、公理宗、卫斯理宗(循道宗)、浸礼会等。这些派别在教义上基本相同,但对教义的解释和崇拜仪式上各有侧重和差异,经济上也各自为政。随着15世纪以来欧洲印刷技术的进步,英文版《圣经》在英国被普遍地阅读,同时,伴随着资本积累和财富获得,英国资本主义不断向外扩

---

① [美]卫三畏著,陈俱译《中国总论》(修订版序)第4页,上海古籍出版社,2005年。
② 张佳生《基督教伦理与西方世界的兴起》,载《南华大学学报》(社科版)2008年第1期,第21页。

张,带动了新教思想的外传,包括它的殖民地北美大陆。在一百多年的英国殖民统治下,北美移民不仅接受了来自欧洲的科技文化,也使基督新教成了这块新大陆上的精神信仰,并保留有为数众多的新教派别。美国基督教的宗教团体多元化的这一历史特点,说明美国不是像英国等国那样有统一国教的国家。对美国人来说,新教派别的多元化,却是自由和民主的精神底蕴,在上帝面前,信仰之人可获得良心的无限自由,也意味着各个教派之间的平等。早在独立战争前一年(1775),一份调查估测了殖民地美国的基督教团体:公理会教徒57.5万人,英国国教徒50万人,长老会教徒41万人,荷兰改革派教徒41万人,德国教会教徒20万人,教友派信徒4万人,浸信会教徒2.5万人,罗马天主教徒2.5万人,卫理公会教徒0.5万人,犹太教派教徒0.2万人。① 这种几乎从来就有的状况,伴随着美国新社会的产生而延续至今,令美国人习以为常,"必须记住美国教会与欧洲的不同,其教会之众多并非随某一国教的崩溃而来,而几乎是一种从来就有的状况,且与新社会同时发生。于是在美国,宗教多元主义不仅是历史和政治现实,在美国人的脑海中它还是事务的最初状态,是美国生活方式的主要方面,因而其本身也就成了宗教信仰的一部分。换句话说,美国人认为宗教团体的多元性是一种正确的理所当然的状况"②。在这样的多元化宗教状态下,美国人的自由精神得到张扬,"关于给予所有人宗教自由这一问题,在这些教会中有多种意见,但有一点所有教会几乎是一致的:即各教会均要求得到自身的自由。到这时已经变得很清楚要获得自身自由的唯一途径就是给予所有其他人自由"③。这种状况也就使得美国在外的传教群体之间形成了既相互牵制又相互依赖的互动关系,殊途同归地为着基督教的福音事业和美国社会的整体利益做出更好更多的贡献。卫三畏来华后,不仅与本国传教士裨治文等人,还与马儒翰、郭实腊等英德传教士共事,开创了在华基督新教传播的新时期。同时,美国宗教团体多元化,加强了教义的分歧或差异,也辩证地补充了教义的内涵,可以使那些有灵性的信仰者择要而用,有力地推动了美国宗教的行动主义。不同的教会团体,

---

① [美]史蒂文·苏本、玛格瑞特·伍著,蔡彦敏、徐卉译《美国民事诉讼的真谛》第5页,法律出版社,2002年。
② [美]艾伦·赫茨克著,徐以骅等译《在华盛顿代表上帝》第24页,上海人民出版社,2003年。
③ [美]西德尼·米德《生动的实验》第35页,纽约:哈珀与罗出版公司,1963年。

作为一种信仰共同体、一种直接和上帝对话的组织形态,天然地孕育了自由和平等的精神品格,而且可以提供强大的政治参与力量,使不同教派的公民将字面上的权利转化为现实的利益,将利益的理想转化为获得利益的行动。在社会面临道德危机之日,恰是宗教教派活跃之时,教会在普通公民与政治国家之间搭起了一座桥,实现了两者良好的沟通。因此,信仰的自由与平等,就与国家民族利益和个人权利利益共存一体了。美国标榜的"政教分离",只是一种文字上的存在,在宗教和世俗上都不可能截然分离的,特别是在实践中,信仰自由与其他权利交织在一起,信仰自由对公民权利举足轻重。信仰的平等,进而是权利的平等,是信仰的自由,进而是自由权利的应有之义。在美国,信仰自由落实之际,恰是相关权利实现之时。只有权利而无信仰,权利就像浮萍,缺乏内在力量。① 这也是美国社会发展史上的重要特点之一。

考察美国的建国史和发展史,可以发现,基督教新教的影响已经超出了人们的日常生活,延伸到美国人生活的方方面面:被尊为美国民主基石的《五月花号公约》是要以上帝的名义在新大陆继续清教实验,来完成上帝在欧洲不易实现的事业;美国立国前的《独立宣言》四次提到上帝,上帝成为美利坚民族的共同信仰与价值取向;美国宪法修正案《权利法案》第一条就是宗教自由条款;美国历届总统除肯尼迪信仰天主教外,其他都是基督徒,各种演说中往往充满着圣经预言;在美国法庭上,证人发誓要手扶《圣经》,法庭布置及法官袍也都渲染教会般的神圣气氛;美国钱币上赫然印注"In God We Trust"(我们信仰上帝),这在全世界是绝无仅有之事。所有现象,无不证明美国就是一个基督教民族国家。享誉全球的美国总统罗斯福在1945年第四次就职演说中仍旧强调上帝之于美国的意义,"万能的上帝已经多方赐福给我们的国家。他给了我国人民坚强的意志和有力的臂膀,用这些去为自由和真理英勇地奋斗。它给了我国信念,这种信念已经成为痛苦世界中所有人民的希望"②。这种对上帝的宗教信仰,又因为美国的独立和立国后在美洲大陆的辉煌成就,增强了美国人的民族自豪感和种族优越感,从而使一些有影响力的美国人在看待世界的时候,常以"上帝之子"的居高临下和一种领袖权威的强势心理,俯视其他民族的人民,俨

---

① 杜红波《基督教对美国宪政文明的影响》,载《政治与法律》2008年第3期,第76页。
② 武军等编译《美国总统就职演说全编》第272页,中国文史出版社,2009年。

然是非基督教的异教国家的救世主或恩人,"美国不仅是国家的典范,而且将是世界的保护者,控制着其他国家的行为,代表了拯救世界的最后的和最佳的机会"①。可见,美国向外扩张,以及传播基督教,都是上帝的主旨,是不可逆转的神圣使命。卫三畏等新教传教士来华布道,就是这样的使命使然。

当然,还有一点更须指出,对西方世界的兴起曾起到过重要历史推动作用的还有基督教伦理。西方世界兴起离不开传统的基督教,基督教伦理中存在有利于资本主义兴起的合理内核,如著名的德国政治经济学家和社会学家马克斯·韦伯(Max Weber,1864—1920)认为资本主义的兴起是因为新教经济伦理在于个人积累,他们不断的财富积累是因为新教的天职观。创造和积累财富的动力就产生了资本主义。② 基督教伦理思想根植于基督教信仰,它是由上帝爱的属性与信徒对爱的实践的观念而产生的。基督教伦理强调爱,这种爱首先是上帝对人类的爱,其次是信徒对上帝的爱,然后是信徒之间以"爱邻舍"和"爱人如己",作为对上帝爱的具体实践。③ 他们之间不是孤立存在,而是互为一体,不可分开。上帝的品格是基督教伦理道德的模范和基础。基督教所信仰的耶稣,他是完全的神,也是完全的人,全能与品格并重,所以基督徒不独相信耶稣的全能,也注重他的品格。耶稣作为上帝的儿子,在世界上的整个行为就是基督教爱的示范。基督教伦理有以下突出特点:一是以《圣经》为基础,《圣经》是上帝所默示的,是基督教信仰的最高权威,④由此而产生的伦理思想理所当然地有相同的权威性;二是以上帝与人关系为先,人在处理好横向的人与人之间的关系之前,先要处理好纵向的人与上帝之间的关系,如果人与上帝之间的关系处理不好,那人与人之间的关系根本就没有保证,如果前者处理好了,就有了行善的内在动力,后者就能处理得好,基督教的爱是从上帝(神学)开始的;⑤三是基督教相信上帝是真理的本体,上帝不仅有慈爱、圣洁、信实、怜悯、公义、善良的属性,是伦理道德的典范,同时上帝也要求跟

---

① Deborah L. Madsen, *American Exceptionalism*, Edinburgh: Edinburgh University Press, 1998, p. 37.
② [德]马克斯·韦伯《新教伦理与资本主义精神》第38页,生活·读书·新知三联书店,1993年。
③ 参见《新约圣经》太 22:36—40;可 12:28—31。
④ 参见《新约圣经》提后 3:16。
⑤ 参见《新约圣经》约一 4:7—8。

随他的人效法这种美德,旧约上帝所颁布的"十条诫命"和新约耶稣所讲的"登山宝训",都充分说明了这一点;四是基督教伦理不是外在的律法的命令,而是内心做善事的一种渴望,"基督教伦理既然以爱为中心,所以基督教的伦理是积极的。基督教伦理的特性,不是给我们或多或少的教条,基督教伦理的特性只有一条诫命。这一条诫命包括了一切伦理所要求的内容,并且它是无限制的,它的要求是无止境的","爱打破一切人为的偏见和一切人为的隔阂,种族的隔阂,宗教的隔阂,政治的隔阂,社会的隔阂"。① 基督教伦理包括救助伦理、婚姻伦理和经济伦理等。其中,救助伦理的影响巨大。在西方基督教国家中,救助对象主要是在资本主义发展过程中的穷人。我们知道,基督教兴起于小亚细亚,它是在罗马帝国统治时期巴勒斯坦地区的人们为摆脱罗马统治者经济压榨和人生苦难而推崇的一种宗教,其核心目的是摆脱受压榨时的苦难心境,等待某天的解放。在基督徒之间,彼此的安慰和帮助是必不可少的。因此,基督教最根本的精神就是爱,一种无私的关怀他人的积极行动。要成为上帝之子,就得救济和帮助穷人,"基督在哪儿?只在基督的穷人中间"②。17世纪,英国开始进入工业革命的前夜,成为西方资本主义兴起的滥觞,也推动了基督教救助伦理的传播和实践。英国由落后的封建国家过渡为欧洲资本主义强国,这与英国社会的积极救助和《济贫法》贯彻与完善密切相关。英国基督教人文主义者的代表托马斯·莫尔在《乌托邦》中除声讨自私的农场主制造"羊吃人"社会灾难外,还建议人们帮助穷人,如要求抽济贫税等。③ 这些思想被英国政府所采纳并成为法律,同时也成为清教思想的重要组成部分,正如清教的主要代表人物威廉·珀尔斯所言:"上帝的意愿是穷人有权分享每个人物资的一部分,故此,如果他们没有流浪、乞讨和呼喊就不被救济,那是上帝的耻辱。"④起源于欧洲的基督教新教,在其理论建构中保留了这种救助思想,只是救助对象有所扩大,将全世界的异教徒国家及其人民都纳入救助的范畴。这就使基督教信徒们很容易将对外传播福音看成是救助或拯救堕落灵魂的上帝爱世人的行动之一。新教传教士致力海外

---

① [瑞典]奥连著,潘主闻译《基督教的伦理概念》第8、12页,道声出版社,1999年。
② Diana Wood, *Medieval Economic Thought*, Cambridge: Cambridge University Press, 2002, p. 44.
③ [英]托马斯·莫尔著,戴镏龄译《乌托邦》第27页,商务印书馆,1997年。
④ Margo Todd, *Christian Humanism and Puritan Social Order*, Cambridge: Cambridge University Press, 1987, p. 160.

传播福音,自诩无私奉献,也成为传播基督教的教士动力和信徒接受的心理动因。18 世纪 90 年代,福音复兴运动分别从新英格兰和南方的肯塔基再次兴起,并逐渐扩大到立国不久后的美国其他地区,被称为"第二次大觉醒运动",一直延续到 19 世纪 30 年代。经过这场宗教运动,19 世纪的美国宗教进入了一个相对成熟的阶段,大规模群众式的宗教复兴已逐渐为正常稳定的教会生活取代。① 美国各教派在国内取得一定稳固的地位,为新教向国外扩张准备了国内基础条件。在这场大觉醒运动中,基督复临论对美国海外传教运动影响深远。复临论宣称:耶稣基督不久将再次复临人间,建立理想的千年王国,信徒将获得永生,罪人将受到审判和惩罚,唯有立即皈依基督才有出路。信徒必须在人间弘扬基督教精神,引导人们信奉上帝,以逐渐改造这个罪恶的世界。拯救异教徒的传教就成为越来越迫切的任务。1829 年 10 月 14 日,28 岁的裨治文受到美部会派遣赴华,由此拉开了长达一个多世纪的美国对华传教运动的序幕。在给裨治文的训示信中,美部会坚信这位传教士将点燃美国在华传教的星星之火:"终有一天,福音将在中华帝国获得胜利,它那众多的人民将归向基督。要牢记你的首要任务,是在中国人中间推广福音。"②这种福音传播几乎不带任何功利色彩,只是将美国基督教思想传播到中国,以求实现上帝之福祉,算得上一种高尚的精神追求和文明的福音理想。正如美国汉学家、历史学家保罗·科恩(Paul A. Cohen,中文名柯文)所言:"19 世纪时,商人们来到中国谋求利益。外交官和军人来到中国则谋求特权和让步。外国人中唯有基督教传教士来到中国不是为了获得利益,而是要给予利益;不是为了追求自己的利益,而至少在表面上是为了中国人利益效劳。"③

　　上述有关基督教发展简况和美国基督教的历史特点,成为卫三畏基督宗教观的重要的社会认识基础。而美国早期发展状况与基督教信仰的潜在关系,构成了卫三畏基督宗教观的重要时代背景。卫三畏出生在基督色彩浓厚的新生美国,血液里就先天地具备了这样的信仰基因。包括美国在内的基督教信仰圈,曾在历史上有过四次对华宣教的现象,但前三次均受

---

① 刘澎《当代美国宗教》第 64 页,社会科学文献出版社,2001 年。
② 钱满素《爱默生和中国——对个人主义的反思》第 49 页,生活·读书·新知三联书店,1996 年。
③ [美]费正清《剑桥中国晚清史,1800—1911 年》(上卷)第 559 页,中国社会科学出版社,1985 年。

到不同程度的挫折,对中国社会并未造成重大影响。19世纪初叶,随着西方各国工业革命的开展和海外殖民活动的加强,出现了新教传教士赴华传教运动,其规模之大,影响之深,远超前三次运动。这次运动肇始于英国,以1807年马礼逊牧师到达广州为标志,而美国则是后来居上,美国新教传教士在这场运动中扮演了主角,对此后中美关系的演变产生了重大影响。我们知道,殖民地时期的美国和建国后的美国都是基督教信仰盛行的地区或国度,这里的人民主要是欧洲的移民,无疑是以基督新教作为主要信仰。美国新教对华传布的发生与发展,与美国国内政治、经济和宗教热情关系密切。首先,美国移民的宗教热情与美国政治的水乳交融,决定了美国新教传教士具有强烈的宗教热忱和对外传教福音的使命感。基督教产生之初,宗教和政治密切相合,全世界传布福音与政治扩张几乎同步进行,在其后的近2000年时间里,传教士对"野蛮民族"的"讨伐"便屡见史册。17世纪初叶,美国"移民始祖"将基督教的扩张传统带入了北美这块蛮荒之地,此后历经西部拓疆和独立运动的洗礼,新生美国更加培育了以新教文化为主体的美国社会格局,雨后春笋的基督教会将基督传教士坚韧不拔的意志和"拯救灵魂"的福音使命感发扬光大。新教传教士认为,他们是奉上帝的召唤来到尘世的,北美大陆的发现和开拓是上帝的旨意,而且"美国的未来不仅有其自身的未来,而是人类的未来、世界的未来,甚至是宇宙的未来"①,"世界是他们的责任,他们有按其清教理想改变世界的义务"②。因此,把他们尊奉的自由和文明推向荒野、推向世界就成了他们的"神圣的使命"。在美国第一位赴华传教士裨治文离美前夕,其所属的海外传教机构美部会(公理会)在给他的信指示:"除了别的工作外,要牢记你的首要任务,是在中国人中间推广福音。……当前拦住去路的障碍必然扫除,准备工作必须完成。我们仍然认为,不一定需要很长的时间,福音的影响就将在中国觉察到,虽则我们并不企求奇迹的出现,可是上帝的旨意会迅速打开一个宽敞而有效的大门。"③同样,卫三畏也是受美部会派遣来华,充当裨治文的助手,起初主要负责《中国丛报》刊行工作,以此作为福音传教的

---

① M·亨利《力量的陶醉:有关意识形态的公民宗教的分析》(英文版)第47页,霍兰,1979年。
② [德]M·韦伯《经济与社会》(英文版)第542页,纽约,1968年。
③ Eliza J. Gillett Bridgman, *The Life and Labors of Elijah Coleman Bridgman*(伊丽莎·布里奇曼《裨治文的生平与事业》),New York:Anson D. F. Randolph,1864,pp. 20-27.

主要内容。其次,早期中美贸易的迅速发展,促使了美国对华传教士事业的兴起,并为美国传教士在华早期传教活动奠定了坚实的物质基础。早在殖民地时期,北美人民是通过英国东印度公司与中国发生商业交往,对遥远的中国市场并不太陌生,就在独立革命后的第二年,即1784年的2月22日,由费城和纽约的一些商人共同投资的"中国皇后"号商船从纽约港启碇赴华,揭开了中美直接贸易的序幕。这次首航中国的成功,成为当时北美耸人听闻的头条新闻,甚至有一家纽约的报纸要求纽约全城的教堂敲起钟来"一起向上帝感恩"①,而整个新英格兰地区都沉浸在对华贸易的梦幻之中,因为这次首航被认为是美国贸易史上的第一个重要里程碑,②它不仅开始了中美两国人民的直接贸易往来,为刚刚摆脱殖民枷锁的美国提供了急需的海外市场,也为美国向远东的扩张迈出了奠基性的一步,包括对华传教事业。在"中国皇后"号返航的当年,就有5艘商船驶往广州,此后每年都有美国船只驶赴广州,且不断增多,不到10年内,美国对华贸易额已经超过欧洲大陆各国,仅居英国之下,1830年的总值已超过欧洲大陆各国对华贸易额的总和。③ 但是,矛盾也由此而来,美国商界对华自由贸易并未得到美国政府的强有力的支持。当时美国对外扩张的重点在北美大陆和拉美地区,一时还未采取积极行动来促进对华贸易的增长,直到1830年,中美贸易40年多来,在广州还没有一个美国人能够使用中文,贸易交涉等事宜皆依赖英国人或当地中国人。这样孤立无援的贸易状态,引起了赴华美商的不满,他们经常吁请美国政府为他们培养中文翻译人才,并派遣医生常驻广州,也要求在广州建立有效的而非名义上的领事制度。这样紧迫的呼吁,没有得到美国政府的直接回应,却得到了美国基督教会的积极反应。美商和教会日益结合,后者是前者发展的需要,而前者为后者的发生和活动提供了重要基础,以致可以这样说,没有美商的无私捐助,美国传教士很难顺利到达中国,遑论美国对华传教事业的开展了。1876年,卫三畏最后一次离开中国时,谈到了传教团从美国最杰出的商人奥立芬先生那里得到的巨大帮助:"美国的对华传教工作是根据奥立芬先生的建议于1829年开始的。他支持鼓励这项事业,尽管当时它的费用惊人、前途黯

---

① [美]S·霍华德《纽约与中国贸易》(英文版)第18页,纽约,1984年。
② [美]J·戴维斯《美国外交公文:美国与中国》(第一辑,第一卷,英文版)第14页,威尔巴顿,1973年。
③ 潘序伦《中美贸易》(英文版)第9页,纽约,1924年。

淡。他和他的合伙人为传教团在广州提供了一间房子,13年没有收一分钱房租。他所属的一家纽约的教会,在他的建议下于1832年送来了一整套印刷设备(用一位去世的牧师布鲁恩的名字命名)。当《中国丛报》创办的时候,他主动要求承当失败的风险,以避免美部会的资金遭受损失。为此他在广州建了一间办公室,这间办公室一直用了24年。他的公司的船只为往返中国的传教士及其家属提供了51人次的免费航程。所有这一切以及其他善事都是他乐意做的,只要它们有益于传教事业的发展。回忆他这样的人以及他们的德行是让人幸福的。"①具有良好道德和公正意识的美商对美国来华的年轻传教士的积极影响,由此可见一斑。最后,还须看到新教的世界性海外布道运动对于美国对华传教活动兴起的推动作用。近代基督教国家与非基督教国家发生交往时,传教士或者是与贸易商、探险家和军队结伴而行,或者是被指派到已由通商、探险和征服所指明的国家或地区去。19世纪以前,新教只在欧洲殖民地的沿海几个据点有其踪迹,在传教活动方面远远落后于天主教。17世纪上半叶,荷兰殖民者在侵占台湾时期,于1627—1664年间曾派遣37名新教传教士在此布道,但随着郑成功收复台湾,荷兰人在台湾的传教活动也随之终结。② 而且,这一时期的传教活动对中国大陆并未产生任何影响。基督新教迟迟未有东扩、未能在华普遍传布,主要原因在于外派差会在新教内部是个新鲜事物,"直到18世纪末叶,新教对海外传教事业尚无多大兴趣"③。而同时从西欧兴起的基督教"福音奋兴运动",开始从精神上推动新教的传教活动,"'福音奋兴运动'的最重要成果之一是近代新教传教事业的兴起"④。这种"福音奋兴运动"又与欧洲的海外殖民活动相互推进,新教传布活动由是蓬勃发展起来。18世纪末,随着工业革命的深入和资本主义的发展,英国加紧了殖民扩张步伐。为适应殖民扩张的需要,英国国内成立了不少国外传教的基督新教差会,其中有1792年成立的浸礼传教会、1795年成立的伦敦传教会、1796年成立的苏格兰传教会、1800年成立的基督传教会等。这些差会的相继成立,很快对美国产生了影响,"伦敦传教会于1795年成立之后,英国基督教徒的呼吁对于我们的教堂具有电流一般的影响。教会的出版物

---

① 《卫三畏生平及书信》第32页。
② 卓新平《中国基督教基础知识》第52页,宗教文化出版社,1999年。
③ 李定一《中美早期外交史》第44页,北京大学出版社,1997年。
④ 威利斯顿·沃克《基督教会史》第595页,中国社会科学出版社,1991年。

引起一种在我们现在的环境中难于体会的兴趣"①。美国国外传教会在19世纪初期也相继成立,主要有1810年成立的美国传教事务局(美部会,后改称公理会)、1814年成立的浸礼会、1820年成立的圣公会和美以美会等。其中,美部会成立后的第一个计划,就是准备和英国伦敦教会协同工作,商讨两个教会之间的关系,交换彼此间关于传教准备工作和管理工作的情报。但此时的美国教会配合着政府的西部拓殖活动,主要在西部边疆和印第安人中间进行布道,尚无派遣传教士赴华的意图。第一位新教传教士马礼逊赴华后,不仅为新教在华传播做了大量开创性的贡献(如翻译了《圣经》,编纂了《华英字典》,在南洋华侨社区建立宣教基地,与米怜在马六甲设立英华书院,并创办《察世俗每月统计传》等刊物),而且常常在美国传教会的刊物上发表有关对华传教的文章,并且一再敦请美国教会参加他们的事业,从而引起了美国各界的兴趣和反响,美部会的机关报《教士先驱报》曾于1828年10月载文说:"为什么不派人去帮助他,为什么美国的教会不应当派人去,这是没有充分理由的。"②1829年,美国海员教友会在其年度报告中也呼吁有关方面注意,每年有3000名美国或英国海员访问中国广州港口,并且决定一俟有合适人选就立刻派往广州。不久,美部会和海员教友会分别物色到了两位合适的赴华人选,28岁的裨治文和25岁的雅裨理。是年10月,这两个年轻的牧师乘坐"罗马"号商船从纽约出发,在4个多月的海上颠簸后,于1830年2月抵达广州,开始了近代美国对华的传教事业。卫三畏在3年后的赴华,正是美国国内政治经济发展和宗教热情,以及新教对华传布的历史性趋势下的必然结果,也是美国早期发展状况与基督教信仰之间共同作用下的时代性产物。

  卫三畏来华前自身对于基督的认识和言行活动,更是他义无反顾地来华传播福音的巨大心理动力,也成为他在华40多年的传教与外交活动的不容忽视的心理支持力。

  首先,卫三畏的家庭给了他最初的基督信仰的熏陶。卫三畏被派往中国之前没有接受过正规的神学教育,这是他和其他美国早期来华传教士的很大的不同点。裨治文、雅裨理和伯驾在派到中国之前,分别曾在安多弗神学院(Andover Seminary)、新布伦斯威克神学院(New Brunswick

---

① [美]赖德烈著,陈郁译《早期中美关系史(1784—1844)》第80页,商务印书馆,1963年。
② 《早期中美关系史(1784—1844)》第83页。

Theological Seminary)和耶鲁神学院学习,接受了正规的神学训练。卫三畏的神学训练主要来自家庭和幼年的教育。威廉斯家族有着深厚的宗教传统,曾经出过许多牧师,数量超过当时其他任何家族,"他们都是敬神、正直的男男女女,始终维持着这个家族的荣誉和尊严",而作为这个家族的第七代人中老大的卫三畏,自然从小感受着虔诚的基督徒家庭的宠爱。虔诚而仁慈的母亲由于体弱,无法照顾刚出生的小卫三畏,好几年时间他只得由母亲的姨妈达纳小姐照看,达纳小姐给予小卫三畏的关爱如同生母,令卫三畏一辈子都深切地感激她的抚育和教诲。卫三畏的快乐童年是在外婆家的农场中度过的。后来卫三畏在回忆其童年生活时,感慨写道:"在这儿(外婆家的农场)我度过了孩提时代最愉快的日子。……外婆家给我的印象异常深刻,无法抹去。确实,正是在那段无忧的日子里我的思想逐渐成型,在我周围的人和事当中,她(指外婆)最能吸引我的目光,也对我发挥了最积极的影响。"①而父亲威廉·威廉斯对他的影响更为巨大。威廉是个典型的美国早期清教移民后裔,继承了祖先的虔诚、节俭、勤劳,有热忱的爱国心、使命感,对于公益事业非常热心。虽然他不是牧师,却是一个不知疲倦的基督教长老会教徒。在卫三畏前往中国之前,父亲的影响至关重要,"对父亲的感情和对他品质的尊崇一直深藏在他的心中"②,对于父亲的爱,卫三畏总是用上帝的意志来体会着血缘亲情。就在《中国丛报》即将停刊前,他接到了继母告知其父病逝的来信。卫三畏在悲痛中回信再次表达了对父亲的敬重:"因为他终于摆脱了痛苦和黑暗的折磨,走向了快乐和光明;告别了死亡,走向了新生。我失去的是一个对我来说如此重要的亲人和朋友,这叫我又如何不悲痛呢!……我对父亲的记忆总是停留在很久很久以前,当我得知他去世的噩耗时,清晰地浮现在我脑海里的是他17年前的音容笑貌,而不是他几个月前的样子。……上帝给我们多少爱和智慧,就会同样给我们多少痛苦。我们应该在他安排我们所经历的一切事情中细心体会他的旨意。这样渐渐地我们就会明白他是如何让我们在种种磨砺中获得不朽的灵魂和永恒的快乐的。某一天当我们回首往事,回想上帝是如何引导我们一步步靠近他,回想在这一过程中我们对他的崇拜是如何逐渐增长的时候,我们该是多么快乐啊!上帝苦心为我们安排好了这一

---

① 《卫三畏生平及书信》第2页。
② 《卫三畏生平及书信》第12页。

切,只是为了让我们一点一滴地领悟天意,直到我们对此了然于心。让我们欣慰的是,虽然这些年来父亲已经完全退出了社交圈,人们却没有忘记他,有那么多的朋友去祭奠他。"①可以这样说,卫三畏青少年时代的基督信仰和赴华生活的道路就是由其父直接给他指引和铺就的。在六七岁时,卫三畏开始接受正式的学校教育,就是在其父亲组织建立的主日学校里。这所主日学校建立后便在社区内开始神圣的工作,很快工作越做越大,影响也越来越大,虔诚的父母们将他们的孩子送到这里,希望他们记住整部《圣经》,并认真研读经文。卫三畏在由父亲建立的这所学校里唱赞美诗,练习教义问答,并全文背诵《新约》;上中学后他则每个周日去教堂,并在周日晚上参加查经班。正是在主日学校里,卫三畏年轻的心灵找到了活动的空间,宗教情感越发稳定了,信仰也更加虔诚了。在该校建校50周年之际,在中国已经生活了33个年头的卫三畏深情回忆他在该校的学习概况:"最先想到的是,我和许多其他孩子站成一排进行教义问答,并唱沃茨的一首尔特赞美诗。……早晨的课程八点半开始,下午的课程则在礼拜仪式结束以后,加起来共四个小时。早晨老师在每个班级讲解课文并让学生背诵课文,下午学校的主管向所有的学生提问。孩子们比试着,看谁能够不假思索地回答问题和一字不差地背诵课文中的诗歌。为了能在下午的课上回答出问题,许多孩子把原先玩耍的时间也用来学习。这种问答练习使学生们对经文的字句和意思耳熟能详。有时候全校学生会在星期日的晚上到教室里集中考试,有些孩子因为回答正确而受到奖励,而有些则因为学习刻苦和遵守纪律而受到奖励。我记得有一次我意想不到地得到一本书,那是因为我记住了《新约》的全文。"②1827年秋,卫三畏被送到埃利·伯查德牧师创办的一所传统学校里继续学习。在这所学校里,卫三畏开始酝酿着自己从事传教士工作的信念。卫三畏学习认真,业余时间几乎总是在读书,不仅读父亲书店的书,还读宗教之书。卫三畏曾从伯查德牧师那里读到从夏威夷回来的一位博士贾德牧师写的宗教书,留下深刻的印象。卫三畏的生母索菲亚·韦尔斯(Sophia Wells)同样出身于清教徒家庭,虔诚、勤奋、节俭的品质从小就在她身上体现出来。她的皈依是在结婚一年刚生下卫三畏后,当时她得了一种严重的疾病,但正是在这个过程中她实现了

---

① 《卫三畏生平及书信》第102页。
② 《卫三畏生平及书信》第3页。

自我的觉醒,在丈夫的帮助下找到了一种稳固的精神生活,又将这种精神的影响施加到孩子们的心中,"在她身上,祈祷、榜样和实践是连在一起的。她不仅对自己的孩子和他们的伙伴好言相劝,也救助自家门口的乞食者。她不仅参加宗教集会,也出现在受难者的床前。她家的厨房装满了为饥饿的人准备的大量营养食品,我们知道,一旦需要她随时会奉献出爱心。这是个没有医院,没有为贫困的人提供保障、为无家可归和老年人提供住房和养老院的时代。穷人们学会了向这位真正的圣母求助,无论是药物、食品,还是对苦难的同情,甚至是御寒的棉衣和工作的机会,她都会无私地提供。她对主日学校充满了特别的兴趣和感情。这一方面是因为她的丈夫参与其事,另一方面则是她在塑造孩子灵魂的工作中感到了莫大的快乐。虽然身体很弱,她还是坚持在每个星期六的晚上为第二天全家人去主日学校做各种准备工作——并且是用很快的速度:将衣服叠放整齐、预习课文、整理好书本和《圣经》"①。对于温柔而贤德的生母,卫三畏同样深怀感动,特别是1831年秋生母的去世,似乎剥夺了卫三畏生活中最后的一点愉快和美丽,此后他的转变更大了,"那个圣洁的妇人的某种和蔼可亲好像进入了他的性格:小时候的毛病消失了,他的心胸更加宽阔,气质更加深沉,他开始用心中永恒的上帝规范自己每天的言行举止。他看待上帝像苏格拉底看待他的守护神一样,他的这一习惯一旦形成就一直保持着。那些认识他的人都能感觉到,从失去亲人的那一刻起,他从这件事情中深刻体验到的是一种更高形式的生命。此后他养成了时时回味这一体验的习惯,即使在最忙碌的时候也不例外,因为对他来说,这种体验中蕴藏着宗教的真正含义和他整个事业的动力"②。父母的言传身教无疑坚定了卫三畏的信仰。1831年2月,卫三畏在弟弟弗雷德里克·威廉斯(Frederic Williams)的陪同下做了入教宣誓,加入了家乡伊萨卡的第一长老会(First Presbyterian Church)。对于此时不足20岁的卫三畏来说,加入教会,不仅是家族基督信仰的影响,更是他对于基督教认识的重要步骤,"他感到有必要公开表明自己长期信仰的一个真理。他的这一行动受到上帝的祝福,具体表现为他在性格上的彻底改变。人们注意到,他能够比以前更好地控制

---

① Frederick Wells Williams, *The Life and Letters of Samuel Wells Williams, Missionary, Diplomatist, Sinologue*, New York:G. P. Putnam's Sons,1889,pp. 9-10.

② 《卫三畏生平及书信》第5页。

自己天生的急脾气"①。1833 年 3 月开始成为卫三畏继母的才女凯瑟琳·亨廷顿不仅是一位品质高贵和用情专一的妻子,也是一位无私的母亲,她把分散在各处、无人照顾的孩子们集中到自己身边,给予他们关心和爱护,直到她漫长和经历丰富的一生结束的那一天为止。由于即将远赴中国,卫三畏和继母分享亲密的家庭生活的机会比其他所有孩子都少,但他仍用爱心和孝心真诚而热情地完成了欢迎继母的艰难任务,他对家庭的忠诚使他能够接受比这更严厉的考验。②

  其次,离开家乡后的独立生活成为卫三畏走向成熟的基督教道路的重要精神力量。就在卫三畏投身上帝福音事业的思想准备过程中,父亲在印刷公司投资上的失误,造成出版事业的一蹶不振,引发了家庭生活的困境。母亲的逝世在信仰上坚定了卫三畏的上帝事业之志,也阻碍了他学业和个人发展。"父亲的收入不够送他上大学,卫三畏只好非常失望地看着自己的朋友达纳离去,当时他的失望程度可能还不如后来,多年后卫三畏后悔自己当年没有坚持要求上耶鲁(学院)并通过半工半读的方式完成学业。如果它能够预见自己后来的生活道路,他一定会毫不犹豫地在思维方式和语言表达方面多做一些准备工作。"③卫三畏青少年时代没能到耶鲁学院求学的遗憾,却换成了在 45 年后他到耶鲁学院工作的现实。在为母亲送葬后不久,卫三畏就收拾起衣物和珍藏的植物和石头标本,坐船沿着运河离开家乡前往特洛伊镇,在镇上的伦斯勒理工学院(Rensselaer polytechnic Institute,又译:仁斯利尔理工大学)求学。伦斯勒理工学院初创于 1824年,创办人是被称为"庄园主"的荷兰后裔斯蒂芬·万·伦斯勒(Stephen Van Rensselaer),他最初建立该校是为了提高他那面积广大而比较偏僻的农场里的工人的文化水平,但这所学校却让他的名字长久地留在了人们的心中。到 19 世纪初,伦斯勒理工学院成为该地区最好的学校,它精心培养出的成百上千的工程师在帮助和指导着美国的物质文明的发展。该校的第一位教师是阿莫斯·伊顿教授,他曾通过建立在特洛伊的"自然史学会"将他的自然科学知识传播给大众,并出版了一本关于植物学手册。正是伦斯勒理工学院和伊顿教授,使卫三畏的人生道路有了新的选择,学校

---

① 《卫三畏生平及书信》第 4 页。
② 《卫三畏生平及书信》第 12 页。
③ 《卫三畏生平及书信》第 5 页。

的生活培养了他独立学习的习惯,也加强了他原本就具有的自力更生的品格,而伊顿教授的影响使卫三畏在该校第一学期结束后,基本上下决心要做一个植物学家。他说:"如果我真的能去中国,这将改变我的一生,因为我原先想成为一个植物学家,这一点我应该早点告诉你。以前你在信中询问我的志向时,我还没有考虑成熟。因为可供选择的范围是很宽广的"①。其实,卫三畏很小时就有与自然界打交道的天赋和才情,"在巴黎山附近村子的家中,卫三畏接受了严格的早期教育。西摩(Horatio Seymour)、培根(Judge Bacon)、达纳(James D. Dana)、亨特(Justice Ward Hunt)都是他的同学,他们在那里受到了初步的教育。孩提时代,他就是一个异常喜欢追根究底的人,具有勤学的天性。他与最好的朋友达纳一起对奥奈达人(一支居住在美国纽约州、威斯康星州的印第安人)的村庄进行了彻底的探索,以寻找矿石和植物标本。这些方面的科学研究是他最初的职业倾向"②。虽然卫三畏后来没有最终实现成为一名植物学家的梦想,但他从学生时代就培养起来的对植物的喜好几乎伴随着此后的生活。在广州传教期间,卫三畏在随同美国海军准将佩里第二次叩关日本后返航途径琉球时,停留探查稀有植物,并制作标本,有一种植物"威廉铁线莲",就是以"这种植物的发现者、广州的卫三畏先生的名字命名的"。③ 在随同蒲安臣公使进驻北京后,在秘书兼翻译或者公使代理工作之余,卫三畏总是带着饱满的热情去寻找新的植物或者与别人一起收集和研究标本,曾发现四五个新物种,其中有一种是接骨木,被称为"威廉斯接骨木"。这种收集的热爱和成果,成为卫三畏《中国总论》中"中国博物志"一章写作中的必要素材。④ 对于卫三畏的植物学家的志向,父亲希望他去中国之前,是没有意识到的,"他的父亲虽然不反对完善的教育,但他更希望卫三畏子承父业。因为这个想法,所以放学后当其他孩子在玩的时候,他让卫三畏站柜台。……当他操作印刷机时,脑子里想的是在贝利课上学的拉丁文,而不是手上的工作"⑤。所以,一旦有了机会,卫三畏父亲仍是促成他子承父业,1832年春,

---

① 《卫三畏生平及书信》第7页。
② 贝利(James Muhlenberg Bailey)《卫三畏博士》,载《纽约美国地理协会杂志》(Journal of the American Geographical Society of New York),1884年第16卷,第186页。卫三畏曾是纽约美国地理协会的通讯会员,贝利是卫三畏逝世前后的该协会通讯秘书。
③ 《卫三畏生平及书信》第135页。
④ 《卫三畏生平及书信》第250页。
⑤ 《卫三畏生平及书信》第5页。

当纽约长老会教堂要求威廉寻找一位能够前往中国管理美国在华传教团印刷所的年轻人时,这位父亲立刻推荐了自己的长子卫三畏,因为他相信儿子对传教工作并不陌生,而且对印刷工作也有接触,故而很快写信到伦斯勒理工学院通知卫三畏,敦促肯定应诺。对于这个重大问题,卫三畏显得异常谨慎,在回复父亲的信中他比较冷静地阐释着自己的见解:"在这一切结束以后,如果我能够完全学会我现在还是一无所知的那门印刷技艺,我愿意去,而且非常荣幸自己能够这样为耶稣的事业效力。对印刷我一无所知,也非常担心学不好。我为什么这样说,你最清楚。如果给我的时间是15个月,那么实际上只有9个月的时间用来学习那门技术。时间够吗?"尽管有如此顾虑,卫三畏还是遵从父亲意愿,迅速承诺愿意前往中国。他说:"一旦做出承担这项工作的决定,我就丝毫没有怀疑过最终的胜利,或者后悔做这件事。感谢上帝!"①这个重大决定,对一个年仅20岁的大男孩来说,是相当不容易的。先完成学业并接受印刷业务培训的要求后来得到了美部会的同意,卫三畏此后走上了一条新的道路,他的人生不再属于熟悉的实验室和广阔的田野,而是一个陌生的、封闭的国家和一间狭小的印刷作坊。万里之遥和不能回国的情状,令人不寒而栗。欣然应诺是卫三畏在伦斯勒理工学院的独立生活过程中所做出的具有转折意义的人生决策,是具有坚韧意志和基督热忱的人才可以胜任的。卫三畏并没有一时的冲动,有的是一种基督的责任感。这种责任感伴随着他的一生。在卫三畏去世后,他所属的伊萨卡第一长老会为纪念而专门举行了追思布道会,巴士曼(R. L. Bachman)牧师在布道中回顾了卫三畏作为基督教徒的一生,特别盛赞了他大学时代赴华传教的人生选择:"……第二点值得我们注意的是他如何放弃自己的雄心和为了耶稣基督而克服种种困难。……在学院读书时,他收到了美部会提议他前往中国担任传教士印刷工的信函。他如果接受这一邀请,将不得不放弃人生的许多计划和志向。……但在考虑这个提议时,似乎只有一个问题等待他的决定——责任问题。他是否应该留在家乡从事自己喜欢而且也有能力做好的事情?或者他应该放弃自己的爱好,去一个遥远的国度宣扬耶稣基督爱的福音?对这些问题他没有长时间犹豫不决。母亲的祈祷将被应答。主日学校老师的教导将开花结果。24小时内他对这一重大问题做出了决定,他的决定不是为自己打算,

---

① 《卫三畏生平及书信》第6—7页。

而是为耶稣基督和中国。"①将远赴中国效力于耶稣基督的决定,也急速地改变了卫三畏的性格,他变得愈发成熟起来。"当年(1832)秋天他回到伊萨卡时,亲朋好友们都高兴地注意到了他的变化。以前他过人的智力有时会使他问一些别人回答不出的问题,他看上去颇为严厉的态度也让资质平平的人有些害怕。好在与陌生人和同辈交往中的这类摩擦不是由于恶意而产生的,所以交往一段时间后就会自然而然地消失。现在,苛刻和毫不留情已经让位给和蔼与同情,这使他赢得了所有人的友谊。他的善良和慷慨后来给很多人留下了深刻的印象,但他们绝不会误以为这是他天生的品质,他们知道,这使他和自己富于反抗的本性进行多次交锋后的结果,他是通过强大的自我控制才把自己从一个粗野的少年变成了一个'可爱和声名卓著的'男人的。"②可见,独立精神让卫三畏获得了主宰自己命运的心理动力,也使自己进入了上帝福音的传教士行列。1832年7月20日,卫三畏致信回复美部会秘书,明确了赴华的坚定志向:"我已经在上帝的指引下考虑了这个问题,就我对自己的了解来说,我知道我愿意去。离开那些从小就熟悉的环境去一个遥远的国家,我将面对很多不确定的因素和困难,但我也看到了事情的另一面,世界的四分之三处于异教和半偶像崇拜之中——我的天平倾向于这一面。虽然我想了很多,但'责任'二字始终清晰地印在我的脑海里。'你们走向全世界'是具有决定性的命令——必须认真考虑的命令。一个基督徒如果不用热情和真诚去为救世主服务的话,我看不起他。我不能像您要求的那么快做好准备的理由都在上面讲清楚了。我认为,如果能给我更长一点的准备时间,会更好一些,因为19岁对于这样的远行来说实在是太年轻了。这只是我个人的考虑,但这件事要由比我更成熟的人来决定的。这是我关于这个重大问题的所有看法。……也许我对这件事的考虑还不够真切,但它确实是我经常考虑的问题,我想,有圣灵的帮助,我一定可以看清自己的道路。"③

最后,赴华准备期间对于基督的认识,更加坚定了卫三畏来华传教的使命观。从1832年底到次年四月底,卫三畏在其父的印刷所中进行了6

---

① R. L. Bachman, *In Memoriam, A Sermon Delivered in the First Presbyterian Church, NY, upon the Life and Labors of Samuel Wells Williams, L. L. D.* , April 20, 1884, Utica, N. Y. : Press of Curtis & Childs, 1884, pp. 7-8.

② 《卫三畏生平及书信》第11页。

③ 《卫三畏生平及书信》第10页。

月的关于书籍制作各个环节的训练。赴华工作不同寻常的重要性,促使卫三畏在枯燥而重复的训练中进行着持续不断的努力,他随着排好的铅字从排字间来到印刷厂,从那儿随着印出的校样来到负责校对的地方,然后学习使用折叠机、缝纫机,熟悉装订的整个过程,从而彻底地完成训练。同时也做好了长途旅行的准备,收拾好了行李、书籍和植物标本等方面的资料。其间,卫三畏还接触了一些传教士,以便更多地了解远东及其中国的情况。他曾谈到:"弗雷泽先生向我谈了不少关于中国的事情(他在广州生活了一年),包括在那里生活的危险、诱惑、享乐、贫困和艰难,我非常感谢他告诉我种种细节。只要一个人有不达目的不罢休的精神,再依赖上帝的帮助,这些问题都不难克服。……要抵挡所有的危险需要上帝的恩赐,需要他每天、每小时给予的帮助——那种人间没有的精神的帮助。到目前为止,我要去中国这件事让我将信将疑,随着时间的临近,这件事不断闪现在我眼前,它的真实性有时几乎让我心惊肉跳。"①与波士顿美部会的联络也有重大进展,商人奥立芬先生将为他以及同行的传教士特雷西牧师提供旅费,而他们乘坐的"马礼逊"号商船将航行推迟到1833年6月中旬,这又使得了卫三畏得以在纽约停留一个多月,受到了纽约基督徒们的慷慨招待,更多地获得了有关中国的信息。6月15日,卫三畏一行登上了航向中国广州的"马礼逊"号,他写下了离开美国前最后一封给其父母亲的信,在信中深情抒发了对家乡的留念和遵从上帝意旨赴华宣教的殊荣:"当我写这封信的时候,蓝色、宽阔的海洋就在眼前。现在我逐渐看清了自己的道路和即将工作的领域,我相信是救世主派我去那里的。我知道他不会抛弃我,而且会在艰苦的长途旅行中给我力量。……在奥立芬家中的最后一晚我们举行了最后的祈祷。当我在上帝面前跪下时,我的思绪飘回了家,和那里的人对话,我希望在天堂再次看到他们,如果不能更早的话。现在,当我向故土投去最后一眼时,我知道我的心中充满了上帝给予我的热忱,这比任何保佑都好。让我信任他,让我继续做我的工作,此外我还想要什么呢?为我祈祷,为一个目标祈祷。……再见,长时间无法再见面了,但希望再次见面时是在天堂,如果不是在人间的话。"②这样的信件,就是今天读起来,仍然让人百味杂陈的,特别是天堂与人间的上帝保佑,令人感慨当时

---

① 《卫三畏生平及书信》第12页。
② 《卫三畏生平及书信》第14—15页。

中美之间的遥远与模糊而引起的恐慌心境。对时年20岁才出头的卫三畏来讲,恰似是一种恍世之隔的感觉,而对上帝的信仰和像奥立芬一样热忱的基督徒的帮助,极大地安抚着卫三畏的精神世界和宗教心理。至此,卫三畏从精神和信仰上将自己的人生与上帝的事业紧密地联系在一起了,义无反顾地奔向陌生的泱泱大国当时唯一对外开放的口岸——广州。

二、卫三畏来华后的印刷传教活动

1833年10月25日,卫三畏到达广州,受到了美国第一位来华传教士裨治文的热烈欢迎。从此开始,卫三畏加入了西方在华传教的阵营。裨治文很快将美部会的一切印刷机构和发行事务都交给卫三畏打理,第二年秋天,卫三畏搬进了新建成的位于奥立芬商馆后面的美部会广州印刷所,专门负责印刷出版各种传教书籍、传单和与宗教有关的各种出版物,包括《中国丛报》。由于清政府对传教活动的查禁,1835年12月,卫三畏将管理的印刷所迁往澳门,开始十年的澳门生活。在澳门,卫三畏不仅从事印刷工作,还经常跟随澳门的各国传教士去散发他所印的宣教品,逐渐地他也学会了向人们讲经布道,成为一个不拿薪水的兼职传教士。第二年,他还正式加入了由美部会传教士组成的"中国传道团",其成员都拥有同等表决权。后来裨治文等发往总部的信件文书中,不仅有各来华传教士的签名,大多时候也都会有卫三畏的签名,尤其是有关《中国丛报》的文书,更是不能少了卫三畏的认可。① 这位名义上无衔而实质上的传教士在中国40多年的生活,极大了影响了中美两国的关系,在近代中美关系史上占有重要的历史地位。但需要指出的是,在传教事业上,卫三畏虽不是开创者,也不是集大成者,却是来华传教士群体中的一位重要成员,他将在华的基督福音事业向前推进,有助于中美近代关系和中美文化交流的向前发展。从这个意义上来讲,在广州等地的美国在华传教团的印刷活动是卫三畏来华后的第一项传教任务,这项任务的不期成果,又将他带入了中美近代外交的历史进程中,而以深谙中国文化而成为享誉西方的著名汉学家。因此,在这里,主要先阐述卫三畏在华进行印刷出版方面的传教活动,也借此说明卫三畏对于中国文化的一些认识和他的基督宗教观。

---

① 雷雨田《近代来粤传教士评传》第238—239页,百家出版社,2004年。

卫三畏到华后从事的印刷出版工作,是当时西方新教在华福音传播的主要活动之一。近代中西文化交流史,从最初意义上说,是以西方传教士为主体的文化人士倡导、实践而书写成的,是西方科技文明与中国传统文化从相互冲突到相互影响的过程。始于第二次鸦片战争前夕的新教传教士对华福音传播,由中国外围向沿海地区渗透,建立传教基地,播扬西方文明,希冀建立基督的一统天下。但是,基督新教试图叩开中国大门进入内地传教的一厢情愿,一开始就遭到了清政府的严禁,因此,南洋(如马六甲)、澳门和广州首先成为传教士对华拓教的基地,逐步地向大陆渗入,虽然缓慢却最终遍及全国,尽管力量微弱成果微薄却给中国文化增添了外来文化元素。基督教对华传播是中西文化交流的一个重要内容,却几经周折。自"1692 年康熙保教令"准许天主教在中国人中传播后,该教在华蓬勃发展,人数剧增,到康熙四十九年(1710)约有教徒 30 万人。可是进入 18 世纪,一场旷日持久的"中国礼仪之争"导致雍正帝于雍正二年(1724)下令封闭教堂。嘉庆十年(1805),清政府颁布有关应该取缔洋人传教活动的奏牍后,又于嘉庆十六年(1811)正式公布谕令:"西洋人素奉天主,其本国之人自行传习原可置之不问。至若诳惑内地民人甚至私自立神甫等项名号,蔓延各省,实属大干法纪。而内地民人安心被其诱惑,递相传授,迷惘不解,岂不荒悖?……若不严定科条大加惩创,何以杜邪术而正人心?嗣后西洋人有私自刊刻经卷,倡立讲会,蛊惑多人及旗民人等向西洋人转为传习,并私立名号,煽惑及众确有实据为首者,意当定为绞决;其传教煽惑而无名号者,着定为绞;其仅止听从入教不知悔改者发往黑龙江,给索伦达呼尔为奴,旗人销去旗档。"谕令充分反映了清政府严厉禁教的决心。谕令虽为天主教而发,但也适用于 19 世纪初来华的基督新教,因为对于清政府来说,两者无甚太大区别。由此及相关的政治、经济文化背景,可见新教当时要想在中国境内进行传教活动,几乎是不可能的。① 因此,自西方第一位新教传教士马礼逊牧师来华前,"伦敦布道会从一开始就有意将英国具有影响力的马来半岛,作为对华传教活动准备阶段的据点和实验场所,且将华侨聚居、并已成为英国殖民地的槟榔屿作为首选"②。马礼逊来华

---

① 陈才俊《基督新教在南洋的对华拓教活动》,载《东南亚纵横》2003 年第 7 期,第 33—34 页。

② [新]卓南生《中国近代报业发展史(1815—1874)》(增订版)第 10 页,中国社会科学出版社,2002 年。

后不久,就不得不面临澳门的居留问题而决定暂离中国,他首先考虑的目的地就是槟榔屿,理由主要有三点:即槟城是英国在马来半岛最早获得的殖民地,政治因素稳定;当地有大量华侨居住,传教对象明确;地理位置靠近中国,方便对华传教。① 当马礼逊助手米怜来华时,英国殖民势力已席卷马六甲、爪哇和槟榔屿等华侨聚居之地。在考察三地后,米怜最终确定马六甲作为对华传教的新基地。米怜认为,马六甲虽比爪哇的华侨人口数目少,但距离中国较近,加之它位于交趾支那、暹罗与槟榔屿之间,方便与散居各群岛的华侨接触,而且它与印度、广州的往来十分方便,从语言学习环境考虑,马六甲不但适合于中文学习,亦方便学习马来语,有利于新教扩大对恒河以东广泛区域的传教活动。② 1813 年,马礼逊和米怜在认真研究当时对华传教形势后,向伦敦布道会总部提出了十项传教建议:(一)余等在中国之传教及印刷业,均受当局所限,即或个人居留尚属疑问,是以急需在中国邻近寻觅一属信基督教之欧洲政府统治之地区,设立华人宣教总部;(二)俟米怜牧师之抵马六甲,拟向当地政府领用或购置一地段,以为传教之基地;(三)拟尽速创办免费中文学校一所;(四)拟在马六甲创办中文月刊;(五)此总部之设立以为华人工作为主,至于其他事业,亦不摒弃;(六)此总部以联合中国、马来亚及印度以东之宣教工作为宗旨,其名称乃包括各方工作;(七)如获专人负责,则从事中文、马来文及英文之印刷业务;(八)拟出英文期刊,借以促进印度各传道会之合作,并促进基督教互助互爱之实践;(九)拟用华语举行礼拜仪式;(十)兹因马礼逊现致力于《华英字典》之编撰,未克分身于《圣经》之翻译,部分《旧约》之译事,由其他同工代劳,以迄完成。③ 这十项传教建议,被称为新教关于南洋传教工作的最早计划书,意义相当重大,它不仅揭开了新教在南洋对华拓教的序幕,也规范了对华传教的内容与模式,为新教对华的逐次渗入和发展奠定起"孔子加耶稣"传教策略的基石。这些策略的内容主要有建立印刷基地来出版发行中英文报刊和书籍、创建文化教育机构、医疗医药辅助传教等。其中,出版中英文报刊和书籍是以马礼逊等新教传教士在华传教的最主要的方式,又被称为"文字传教",即是通过掌握中国语言文字,出版书刊单

---

① 《中国近代报业发展史(1815—1874)》(增订版)第 15 页。
② 《中国近代报业发展史(1815—1874)》(增订版)第 15—16 页。
③ 李志刚《早期基督教士由澳迁港之事业及贡献》,载台湾《中国历史学会史学集刊》第 17 期。

张进行分发,使人在阅读中接受宗教信仰,有学者将这种传教方式称为"无声传教(Silent Evangelism)"①,美国学者白威淑珍(Suzanne Wilson Barnett)在评价早期新教传教士的中文出版物时,把它誉为"打制镀金的钩子"②。这种做法是新教传教士面临清政府的禁教政策和以儒家思想为核心的中国传统文化所形成的森严文化堡垒,所采取的无奈而必然的传教模式,而且成为一贯性的普遍做法,影响深远。马礼逊在《巴拿马和保罗的布道》演讲中认为,在传播基督福音上,《圣经》里认可多种方式,不能因为使用一种方式而轻视其他,把一种方式凌驾于另一种之上是错误的,因为它们在不同的时间、地点和情况下各有其用处;但如果进行任何比较,我仅知道文字将成为最有效的方式。③ 在考察了中国佛教翻译佛经以及儒家伦理以著书传播的状况后,马礼逊坚信书籍传教的重要作用,多次极力要求英国和美国的基督教会派遣能著述和印刷书籍的传教士来华,他还自费设立两个印刷所,澳门的英格兰印刷所即是其中之一。④ 卫三畏来华,是对马礼逊这种呼吁的一个回应。卫三畏不仅精通印刷业务,而且文化素质较高,胜任著述,对于文字传教也是心得深笃。卫三畏认为,语言知识是获取人们信任的敲门砖,当外国人学习中文时,中国人就会放弃对外国人存有的偏见和蔑视;而传教士掌握了中文,就可以向他们展示另一个世界的奥秘,使他们认识到遵守上帝箴言的义务,接受救世主赐予的恩惠,这些益处将足以回报为了帮助如此多的人皈依基督而学习中文的传教士所付出的辛劳,而且掌握部分的中文知识就能够使人做许多事。⑤ 据统计,马礼逊著述的中文著作达12种,加上英文著作,共计31种,还不包括他在各类杂志、期刊上发表的文章。米怜的中文著作达到21种,其《张远两友相论》几与利玛窦的《交友论》相媲美。郭实腊的中文著作则达61种,是早期来华新教传教士中中文著述最多的人。在马礼逊影响下,1842年前,新教传教士在美利坚、巴达维亚、新加坡等地共出版中文著作138种,其中有关宗教内容占绝大部分,达106种。这些书刊在传播基督教方面所起到的作

---

① 李志刚《基督教早期在华传教史》第268—269页,台北:商务印书馆,1985年。
② 林治平《基督教与中国本色化国际学术研讨会论文集》第257页,台北:宇宙光传播中心出版社,1990年。
③ 马礼逊《临别演讲录》(*A Parting Memorial*)第84—85页,伦敦,1826年。
④ 谭树林《马礼逊与中西文化交流》第150页,中国美术学院出版社,2004年。
⑤ Samuel Wells Williams, *The Middle Kingdom*(卫三畏《中国总论》)Vol.I, p.501.

第二章 让耶稣进入中国

用,尤为后来的传教士所重视,并加以继承与光大。① 此外,1815 年 8 月 5 日,世界最早的中文近代报刊《察世俗每月统记传》(Chinese Monthly Magazine)在马六甲问世,由米怜出任主编,该刊 1822 年停刊,共出版 7 卷 74 册,计 524 页。1817 年 5 月,米怜在美利坚又创办了英文季刊《印支搜闻》(Indo-Chinese Gleaner),主要译载来自中国及邻国的消息和印度支那各国的有关历史、哲学、文学的文章以及基督教传道等情况。该刊也是在 1822 年米怜逝世时停刊,共发行 3 卷 20 期。此后伦敦布道会又敦促米怜助手麦都思(Walter Henry Medurst,1796—1857)于 1823 年 7 月在爪哇巴达维亚创办中文月刊《特选撮要每月统记传》(A Monthly Record of Important Selections),是一种文摘式的杂志,内容主要有宗教、历史、各地新闻、文化、杂闻等,于 1826 年停刊,共出 4 卷。1828 年中文月刊《天下新闻》(Universal Magazine)在马六甲创刊,奇德(Samuel Kidd,1799—1843)任主编,该刊物以活版印刷的报纸形式出现,登载有关中国的新闻,还译介欧洲科学、历史、宗教、伦理等西学知识,于 1829 年停刊。为了配合中外文报刊与书籍的出版,新教传教士还建立了一些较有规模的印刷所,如在马六甲筹建英华书院的同时,就建有印刷所,米怜、麦都思等先后担任过该印刷所的负责人。

由于在南洋一带有效的传教活动和成就,新教传教士开始进驻澳门和广州,也以印刷出版宗教书籍和创办期刊为主的文字传教为主要的传教方式。澳门自 16 世纪以来一直是中西文化交流的重要桥梁,新教来华传教初期,传教士也将澳门作为重要的活动基地,马礼逊、裨治文、卫三畏等英美传教士都有在澳门长期居住和活动的经历,他们的许多有着深远影响的著作,也主要是在澳门撰写或出版的,其中包括马礼逊翻译的中文《圣经》和编著的《华英字典》,以及裨治文与卫三畏编辑出版的《中国丛报》。从文字传教的角度而言,新教传教士著述和期刊的内容主要涉及两个主旨,即向中国介绍西方文化和社会,向西方介绍中国文化和社会。但在特定的历史条件和中西文化差异的前提下,传教士的文字工作不可避免地带有偏见和各种局限,有些传教士所制造的舆论在近代西方国家侵华的过程中起到了相当恶劣的作用。然而,我们也要本着历史主义的观点,实事求是地看到,新教传教士在推动中西文化交流的进程、促进西方和中国的相互了

---

① 谭树林《马礼逊与中西文化交流》第 151—152 页,中国美术学院出版社,2004 年。

解等方面，他们的文字工作确实是中西关系发展史上难以磨灭的一笔重彩，值得深入研究。在此，从以下的早期来华新教传教士在澳门出版作品情况表中，我们可以看出，正是他们的努力，开启了对近代中国至关重要的一次西学东渐的历史潮流，同时也可知卫三畏来华从事印刷活动，是这样的文字传教工作的一个组成部分。

早期来华新教传教士在澳门出版作品情况表

作者	书名	出版时间	内容性质
马礼逊	《圣路加氏传福音书》	1812	中译《圣经》部分
马礼逊	A Dictionary of the Chinese Language	1815—1823	即《华英字典》
马礼逊	A View of China for Philological Purpose	1817	中国历史文化
马礼逊	A Sermon Preached on Board the American Ship Morrison	1823	布道文
马礼逊	《广东省土话字汇》	1828	中国语言文字
马礼逊	《英国文语凡例传》	不详	英国语言文字
马礼逊	《祈祷文赞神诗》	1833	宗教作品
马礼逊	《杂文编》	1833	宗教、社会知识
马礼逊 马儒翰	The Evangelist and Miscellanea Sinica	1833	期刊
梁 发	《祈祷文赞神诗》	1833	宗教作品
麦都思	Dictionary of the Hokkeen Dialect of the Chinese Language	1837	中国语言文字
裨治文	Chinese Chrestimathy in the Canton Dialect	1841	中英语言、中国社会政治文化
裨治文 卫三畏	《中国丛报》（Chinese Repository）	1840—1843	综合性人文、社会、宗教、时事期刊
卫三畏	《拾级大成》	1842	中国语言文化
卫三畏	《英华韵府历阶》	1844	中英语言文化
卫三畏 马儒翰	A Chinese Commercial Guide	1844	商业与中外关系
叔未士	Portfolio Chinese	1840	中国政治

续表

作者	书名	出版时间	内容性质
罗孝全	《字部辑解》	1840	中国语言文字
罗孝全	《真理之教》	1840	宗教作品
罗孝全	《问答俗话》	1840	宗教作品
罗孝全	《救世主耶稣新遗诏书》	1840	宗教作品
娄礼华	Specimen of the Chinese Type	1844	中国文字、印刷

[资料来源:本表主要依据英国传教士伟烈亚力的《来华新教传教士纪念集》(Memorials of Protestant Missionaries to the Chinese)一书相关资料。转引自吴义雄《基督教传教士在澳门的早期文化活动略论》,载《学术研究》2002年第6期,第47页。]

新教在广州的传播活动,较南洋和澳门对中国大陆的影响更为重大和深远。新教是适应近代资本主义发展的需要从天主教中分离出来的基督教新派别,并随着资本主义的全球扩张而走向世界。1807年,马礼逊到达广州,开始了基督教新教在广州的历史,也开始了它在中国的历史。作为当时中国唯一对外商贸开放的口岸,广州也是西方人觊觎中华的必经之地,由此开始了新教传教士长达1个半世纪的对华拓教运动。从1807年9月到1949年10月,基督教新教在中国的传播经历了四个重要时期,作为前沿哨所的广州更加表现出明显的阶段性特征。简单地分为:1807年9月马礼逊入华到1840年鸦片战争爆发是新教对华传播的探索期,1840年到1900年义和团运动是新教差会在华格局基本定型期,1901年到1937年7月抗日战争爆发是新教在华传播的快速发展期,1937年7月到1949年10月广州解放是新教在华发展的困难与短暂复员期。① 在对华传教的探索期里,共有8个欧美国家的新教差会向中国派出了传教士,最终在广州立足且有所作为的只有英国的伦敦会和美国的美部会。② 而到1949年10月为止,曾光顾过广州的新教差会的数量难有准确的统计,但最终能在广州立足并建立了教会的西方差会组织为21个,其中,来自美国的有12个(美国南浸信会、美国北长老会、美部会、基督同寅会、播道会、金巴仑长老

---

① 伍玉西《基督教新教在广州传播述论》,载《韩山师范学院学报》2005年第1期,第29—31页。

② 吴义雄《在宗教与世俗之间:基督教新教传教士在华南沿海的早期活动研究》第89页,广东教育出版社,2002年。

会、基督复临安息日会、华南水面传道会、神召会、基督会、远东宣教会、约老会),占差会总数的57%;英国有3个(伦敦会、圣公会、循道会),占总数的14%;德国有2个(信义会、礼贤会);加拿大有2个(加拿大长老会、救世军);新西兰1个(长老会);瑞士1个(崇真会)。① 由此可见,美国的在华教会实力最强,而且是后来居上的。这种趋势,是与美国国内的政治经济实力不断增强的状况密切相关的,也与广州的传教环境有利于美国传教士有关。来自美国的"福音"比来自英国等欧洲国家的似乎更受中国人欢迎。鸦片战争前从事鸦片贸易的大都是英国商人,英国又发动了鸦片战争,割占了香港。广州人民痛恨英国侵略者,自然使英国传教士在广州的传教更加困难。美国在两次鸦片战争中没有扮演侵略主角,美国传教士的文化活动(如传教士伯驾的医疗服务)又给广州民众留下了好印象,故而广州社会更能宽容美国传教士。从发展中国信徒的传教效果来看,鸦片战争前的英国比美国要好得多,马礼逊在入华7年后的1814年,有第一个中国教徒蔡高受洗入教,两年后梁发在马六甲受洗,成为第二个华人信徒。1834年,马礼逊在广州去世时,英国伦敦会的这个信徒总共有13人,而且这些人大都与梁发有关系。② 而美部会传教士裨治文、卫三畏、伯驾等人几乎全身心到文化、医药活动中,没有发展一个像样的中国信徒。裨治文到华后传教5年,无一信徒;另一位美国传教士夏克虽然传教一年后就收到了一位信徒,但这名信徒18个月后就叛离而去了;③布朗夫妇于1839年在澳门开办的马礼逊学校,尽管免交学杂费并供给全部食宿和必要的衣物,但入学者寥寥,首批学生只有6人。④ 这些传教局面,令首批来华的美国传教士之一的雅裨理悲叹道:"这黑暗的地域,这死寂的帝国,你沉寂的黑夜啊,何时才是尽头!"⑤此后来华的卫三畏,也在日记中写道:"传教团

---

① 《广州宗教志资料汇编》(第五册)第25页,广州宗教志编纂委员会,1995年。
② 吴义雄《在宗教与世俗之间:基督教新教传教士在华南沿海的早期活动研究》第45、62页,广东教育出版社,2002年。
③ 杰特《夏克夫人回忆录》(J. B. Jeter, *Memoir of Mrs. Shuck*)第103、121页,波士顿,1846年。
④ *Chinese Repository*(《中国丛报》)1836年2月,pp. 441-449;1839年6月,pp. 70-77;1841年10月,pp. 569-570.
⑤ C. T. Hemson, *Jr. Commissioneres and Commodores, The East India Squadron and American Diplomacy in China*(亨森《专使和海军准将,东印度舰队和美国在华外交官》),亚拉巴马,1982年,第4页。

的记录中直到1850年还没有皈依者。一个可怜的空白记录。"①在中国沿海其他地方辛勤工作的卫理会教徒10年后(1857年)才宣称他们有了第一个信徒,卫理公会—圣公会教堂(南方)在上海辛勤努力4年后才有了第一批信徒。而福州,在1860年前和别处一样是令人沮丧的,两个美国差会和一个英国差会在该城市头9年的工作报告中举不出一个信徒来,"这里的生活一片凄凉,除了上帝的仁慈之外,没有任何东西能使它变得可以容忍。"②。但这些在华的美国传教士们却在中美文化交流方面做出了杰出的贡献,他们创办的学校、医院、印刷所、中文期刊,以及向西方介绍中国的诸如《中国总论》一样的研究成果,都在中美关系史上留下了深深的历史印迹,不仅为鸦片战争前后部分先进的中国人了解与认识西方提供了必要的知识来源,同样,"19世纪的大部分期间,美国人是通过传教士的眼睛来观察亚洲的"③。若从广州的政治地位来看,没有广州的传教经历,美国传教士就难以有进入中美政治关系的快车道,又正是这样的快车道使裨治文、卫三畏和伯驾等美国传教士参与或直接介入美国对华政治关系的拓展活动。这些通晓中国语言的传教士,多半被任命为美国来华使团的秘书及翻译,甚至是驻华公使或代办,为美国制定对华政策,充当了侵华的工具,特别是《望厦条约》《天津条约》带给中国的严重危害,使中国人将之视为侵略中国的文化急先锋,这也是不可回避的历史事实。从广州的传教地位来看,能够成功居留广州的美国传教士当然是少数,他们是最深入中国内地的人,对中国国情进行了长期的调查,掌握了大量第一手资料,为后来的传教士提供参考,而且他们兴办学校教育、建立医院与慈善机构、创办报刊、开展汉学学术研究,并以此作为传教手段与内容,积累了一些传教经验,为新教在华的纵深传播打下了较为坚实的基础。

广州是新教最早的传入地,也是鸦片战争前西方基督教差会的传教重心,直到1842年后,由于上海等地的开埠通商,传教重心逐渐北移,广州的地位有所下降,但在不平等条约庇护下的大批来华传教士大都经过广州转往中国各地,广州一直是欧美新教差会开展对华传教的试验场和重要基地。裨治文从1830年来广州后,除因为林则徐禁烟运动和中英冲突愈烈

---

① 《卫三畏生平及书信》第35页。
② [美]费正清《传教士在中国和美国的事业》(英文版)第249—264页,马萨诸塞、坎布里奇,1974年。
③ [美]泰勒·丹涅特著,姚曾廙译《美国人在东亚》第474页,商务印书馆,1959年。

而短暂移居澳门、1847年因为翻译圣经而移居上海传教外,大部分时间都居留广州,他创办于1832年的英文月刊《中国丛报》,在20年存续期间,也绝大部分是在广州刊行的。为了保证《中国丛报》的顺利刊行,裨治文是需要一位助手的,帮助他管理丛报印刷发行事务。由于广州的传教地位和《中国丛报》发展的内在要求,熟悉印刷业务的传教士卫三畏应邀来到广州,开始了他具有人生转折意义的新生活,即印刷传教生涯。

卫三畏来华传教的具体任务是负责印刷工作,包括《中国丛报》的印刷。卫三畏主持美国对华传教团在广州和澳门的印刷所长达20多年,除了出版《中国丛报》20卷和总目录外,还印刷出版了英美传教士的传教著述作品,包括他自己编写的一些著作,累计印刷品约3.8万册。本书前章已有介绍,这里不再赘述。在印刷所的工作,充分显示了卫三畏高超的印刷技能,同时也使其逐步具备了学者的才智。卫三畏除了担任《中国丛报》的主要撰稿人和编辑外,还写作了一些书、词典和商务指南。其中最著名的是1848年出版的《中国总论》,这本书是美国人撰写的第一部介绍中国历史、文化的英文版书籍,它概括地叙述了中国政治、地理、人口、民情等状况,尽管书中有一些与史实有出入,甚至是错误的观点,但在当时仍具有较深刻的社会影响,曾被美国许多大学采用为中国史课本长达一个世纪之久,卫三畏同时也因为该书"确立了他作为中国问题权威的地位"[①]。《中国总论》虽然是在美国出版,但从印刷传教的角度而言,应该是卫三畏在华传教事业的最主要成果,是他的文字传教的成果,也是他力图"让耶稣进入中国"的宗教理想的一项实践成果。而与《中国总论》可以相提并论的卫三畏另一项文字传教成果的,是他历时11年完成的字典《汉英韵府》,1874年再版后,褒奖如潮。"字典的真正价值在于它的条分缕析、高质量的定义与释义,以及我们认为是检验字典编写者水平的言简意赅。……这本字典就整体来说,是关于中国与中国风俗的知识宝库,是许多年来新教与天主教传教士们工作的集大成。它的作者是现今在中国年纪最长的西方人,回首往昔,尤其是忆及编写字典这11年的艰辛(字典中的每个字都是他亲笔书写的,尽管它要同时处理繁重的公务,一人经常身兼公使、秘书、翻译及商务总监等职),他完全可以对自己的成果感到满意,并感谢上帝让他坚持

---

① [美]韩德著,项立岭等译《中美特殊关系的形成:1914年前的美国与中国》第30页,复旦大学出版社,1993年。

到底。这一崭新的贡献在中国与西方各国的交流中将起到良好的作用,而仅以稍高于初始定价三分之一的价格卖给那些对它着迷的读者,又表明了他对传教事业恒久的挚爱。"这最后的一句话,正是卫三畏对于基督入华的孜孜以求的感恩心境,正如在字典的前言中所言:"付出艰辛努力的动力源自这样一种愿望:协助那些在各个领域里讲真理,尤其是宗教与科学真理传授给大汉子民的人们,这些真理的获得与应用足以让中国人得到教化与品质的提升。怀抱这一追求在中国度过了40个年头后,我谦卑地感谢上帝,感谢他让我看到了中国所取得的进步,并祈求他护佑人们在这一方向上的努力。"①这里,有一点需要澄清,就是卫三畏初到广州,并没有深刻认识到从事印刷工作之于福音传教的意义。由于不清楚中国禁教环境的严厉性,不理解福音传教的诸多有效方式,他急切地想进行所谓纯粹的福音传教,对于印刷《中国丛报》这样单调事务有些心理上的无声抗拒。在到达广州4个月后的1834年2月,卫三畏致信其父亲,流露出一种担心和不满:"我们的家庭将安定下来,我们四个人,裨治文、史蒂芬、特雷西和我,每人都很忙。我们有那么多的事情要做,所以有时很难把每件事都做到位。但我一向遵循的准则——一次做一件事——还是让我做成了许多事。《中国丛报》是最艰苦的工作,但是否是最有益于传教的工作还有待观察。如果它能让基督教世界了解到传教的重要性,那么我们的工作就没有白费。教导那些赞助这项伟大工作的人们,应该不是一个不切实际的目标,因此请传阅送往伊萨卡的《丛报》,让你手上的3份起到30份的作用。"②随着《中国丛报》印刷发行的影响越来越大,特别是当时在华的文化素质较高的传教士将大量中国传统和现实的信息以文章形式在丛报上发表,使之成为西方人了解中国的主要情报来源,促使卫三畏越发体会到了《中国丛报》的文化价值和传教作用,工作热情大增,不仅承担了全部印刷和发行的工作,而且成为裨治文的合作编辑,此后还独力担任总编,直到丛报停刊。

除了印刷传教外,卫三畏也参与或自主进行一些福音传教活动。这些在印刷《中国丛报》主要工作之外的精神生活,充分满足了卫三畏强烈的传教意愿。早在抵达广州的一周后,卫三畏致信父亲,不仅告诉其所见新家的情绪,也阐明了自己努力传教以拯救清朝子民的心态:"我到这儿已经

---

① 《卫三畏生平及书信》第272—273页。
② 《卫三畏生平及书信》第25页。

一周了,在这么短的时间里已经看到无数偶像崇拜的情形,它们足以焕发我所有工作的热情。如果好好计算一下,这座城市(广州)的居民总数应该与整个纽约州大致相同,它在整个帝国有着巨大的影响——一个需要基督徒努力工作的城市。……在潮水平缓的时候在这些街上四处走走,你会看到触犯上帝尊严的种种令人厌恶的行为。上帝曾经要求'你们在我面前不能有其他神',但这些人却自行其是。一个热情的基督教徒不可能不被这个智慧民族的堕落程度而深深触动。每家商店、每个角落、每个门柱,实际上只要有房子的每个地方都烧着香,线香的数量是如此众多,以至在城市上空形成了一片云烟,这时在外面行走你几乎什么都看不见。我们难道不应该深深同情这群人,共同努力帮助他们吗?如果他们本人的偏见不作祟,他们的政府不干预的话,他们的改造工作并不难做。我的意思是说,他们的偏见在某种程度上也是政府制造的。"①随着语言能力和知识水平的提高,卫三畏传教的欲望与日俱增。除给来华的西方人传教外,卫三畏传教的对象首先是身边的中国仆人和传教士们收养的小孩。来华之初,为适应广州生活环境,传教士们常在河里划船,同时小心翼翼地向沿岸居民散发布道小册子和书籍。1835年11月23日,卫三畏陪同英国圣书公会代表李太郭(G. Tradescant Lay)先生登上广州港口的一些舢板船,到中国水手中间传播基督福音。这次传教活动刺激了卫三畏的工作热情,他说:"异教徒的迟钝和麻木是一直生活在基督教土地上的人们无法想象的,几乎没有什么事情比听到一个经过思考的问题更让我鼓舞的了,因为它说明问话人还活着,还有生命力。我愿意和他们辩论一整天,但是你找不到有足够思辨能力的人和你辩论,一个为他的信仰和习俗辩护的人。这句话当然应该受到一些限定,但这个事实却是存在的,那就是,从总体和主要的方面来说,他们做任何事情都是因为他们的祖先曾经这么做过。"②1836年,李太郭与卫三畏住在一起,他们在澳门附近进行几次短途旅行,一路上散发了大约150册传教书籍,并与中国人交流。这次传教活动再次激发起卫三畏的传教信心和福音胜利的希望:"我知道这是个小数目,但从接受这些书时中国人所表现出的礼貌和兴趣来看,更大规模的散发一定会收到更大的成

---

① 《卫三畏生平及书信》第23页。
② 《卫三畏生平及书信》第34页。

效。"①1843年和1844年,卫三畏还经常代替一位专职牧师在澳门的英国教堂主持礼拜仪式。②

值得大书的卫三畏直接的传教成果,是他对《圣经》的日文翻译。1836年6月25日,卫三畏认识了住在澳门的英国传教士郭实腊家中的华园等3位海难中遇救的日本水手。正是结识这些日本水手,卫三畏获得了多次赴日的机会,开阔了眼界,增长了经验,他从日语学习中获得了对于基督福音传教上的一项成果,即将《圣经》部分内容翻译成日文,"1838年冬天,在日本水手老师的帮助下,卫三畏将《马太福音》译成了日文,这个译本也就用作向这7个人宣讲基督教的教材。之后,卫三畏编了一个规模不大的日语词汇表,两年之后又将《创世纪》译成了日文",而且通过努力,卫三畏至少使其中的两个日本水手皈依了基督教。③ 关于《圣经》的中文翻译,这是自马礼逊来华布道后的一项文字传教的重要内容。从1807年开始,马礼逊就着手译经,1810年就译完了《使徒行传》付梓,随后又在1811年和1812年译完《路加福音》和《约翰福音》,至1813年全部《新约》译完,1814年出版。④ 其间,《旧约》是由米怜和马礼逊共同完成,有人把这个译本称为"马礼逊米怜译本"。1819年11月,《圣经》中文全译本译毕,1823年全部出版,取名为《神天圣书》,《旧约》称《旧遗诏书》,《新约》为《新遗诏书》。⑤ 尽管翻译难免有误,但马礼逊《圣经》中译本是中国第一部完整的中文译本,为以后新教徒的《圣经》中译奠定了基础。1835年,由麦都思、郭实腊、裨治文和马儒翰组成的四人小组,重新翻译《圣经》,他们以马礼逊译本为根据而加以修订,同年完成新约部分,后由麦都思做最后订正,于1837年名为《新遗诏书》,在巴达维亚以石版印行。此后十多年间,在华的新教教会都以这册为主要的圣经中译本,直到1847年裨治文到上海组织新的对圣经的中译为止,可见其影响之大。《旧约》于1838年完成,1840年印行,大部分为郭实腊所译。⑥ 卫三畏在之前的《圣经》日译的基础上,从1843年起与郭实腊合作,并在日本水手的协助下,完成了《创世纪》《马

---

① 《卫三畏生平及书信》第42页。
② 《卫三畏生平及书信》第66页。
③ 《卫三畏生平及书信》第37、49页。
④ 杨森富《中国基督教史》第376页,台北:商务印书馆,1984年。
⑤ 谭树林《马礼逊与中西文化交流》第117页,中国美术学院出版社,2004年。
⑥ 《马礼逊与中西文化交流》第138页。

太福音》《约翰福音》《约翰二书》《约翰三书》的日文翻译工作,这个成果同样堪比圣经中译本的时代意义,也是卫三畏心目中的福音惠普民众,也包括日本民众在内的基督情结的表现。他说:"我们真实的意图是要显示一下美国的实力,扬一扬国威。另外,我主基督也希望能通过我们把福音传到世界各地,把他的教诲传给日本民族,这个民族目前对我主基督的认识完全是歪曲的。我坚信,东亚各国的闭关锁国政策是与我主的旨意相悖的,他们把我主的慈悲完全拒之门外。我们应该采取强硬的措施迫使他们打开国门,使那里的人获得自由。朝鲜人、中国人、琉球人和日本人都应该认识到我主基督的存在,视他为唯一的神。我们有责任打破他们自我封闭的堡垒。"①

卫三畏在华前半期是以印刷工传教士身份从事着宣教工作,直接的使中国人皈依基督教的成就是不值一提的。但是,卫三畏对基督福音入华的完满未来一直充满着热情和信心。在他来华十多年后的鸦片战争前夕,是中外关系首次要兵刃相见且一决高低的危机时期。从异教的观点出发,卫三畏仍坚信上帝将要驾临解决中国前所未有的危机,认为"异教徒的思想是黑暗的,黑暗得无法向你描述,要松动这块毒草蔓生的蛮荒之地,需要长期耐心和坚韧地工作,即使这样也只能取得一般的成效。上帝会给我们足够的力量。如果在我们信奉基督教的美国还有顽固不化的罪人,那么异教徒的良心上有罪恶的烙印又有什么奇怪的呢?所以不要为祈祷的事迟迟无法实现而失望,我们相信,久旱必逢甘霖,让我们共同祈求'上帝增强我们的信仰'吧"②。在中国人虎门销烟后,卫三畏感到了上帝在帮助这个民族,更加相信基督入华的前景,认为"一个人不可能探测未来,这是一件很好的事情。如果我们能够这么做,那么对我来说,这国家(指中国)的前景将会使我们的心中充满恐惧、疑惑和悲伤,我们所有的精力将会耗尽,我们的希望将蒙上阴影,我们的信心将很可能丧失。3.6亿异教徒的热情不可能一下子释放出来,他们的灵魂不可能被同一样东西震动,他们只能一个个地得救。中国人之间的社交纽带对于一个健康的国家来说过于紧密。在形成他们的社会组织的过程中,上帝肯定发挥过作用,但他们不知道他的真理、他对世界的设计和他的凌驾一切的天国。最好能将所有的中国人

---

① 《卫三畏生平及书信》第 118 页。
② 《卫三畏生平及书信》第 55 页。

都交到他的手中——如果情况看上去有利时我们愿意这么做,但当我们想到黯淡的前景和不容乐观的结果时,我们觉得必须稍稍帮助他(指上帝)一下"①。卫三畏一直不是严格意义上的传教士,却没有妨碍他为上帝事业的服务和献身精神,而且在文字传教方面成就卓著,超越了直接布道的福音成果。这有可能与他一直不愿意接受教士圣职密切相关。卫三畏不接受圣职,自然有其道理。首先,卫三畏不像裨治文等人那样,是从正规的基督教神学校毕业,他对于基督认识完全出自内心的虔诚,而没有系统的教义训练,他来华的主要目的只是协助裨治文的传教工作,对传教士头衔没有太多的渴求,尽管来华后对基督传教很是热心,对中国及其人民的某些状况表示关切,却在中美文化的研究上独成一家,以致身兼传教士、外交官和汉学家三种身份。其次,新生美国是一个典型的西方基督教民族国家,美国人的内心总是憧憬着基督福音一统天下,但美国政府总是宣称政教分离,法律规定神职人员不能担任政府职务,传教士必须放弃正式的传教职务,才能担任政府职务。由于卫三畏精通中文和日文,在美国对华和对日的外交事务中多显身手,作用也越来越大,如果接受圣职将不便于从事政治和文化方面的活动。美国第一位来华医药传教士伯驾就是一个例子,在他接受驻华公使后,国内美部会就要求其中止传教士工作。最后一点,也是最主要的,就是卫三畏对于福音在华传教问题的看法是多元化的,他认为传教、研究和外交活动是相互依赖、相互促进的,只要基督能进入中国,身份与方式都是可应时选择的。就在《中国丛报》难以为继的几年内,卫三畏依然坚信上帝的事业不可偏废。他说:"我就是这样度过每一天的——或多或少地做一些有益的事情,也或多或少地受到打扰。我对现在的工作和职责很满意,但是我真诚地希望环境能够允许我更加全心全意地服务于上帝的事业,希望我能够给中国人更多的爱心和帮助,同时希望自己能够变得更加谦虚和谨慎。"②只要做上帝安排的事情,每个美国人都在为基督入华做出努力,也就无所谓有无圣职头衔了,"(美部会)安德森博士看来意欲停办所有的印刷机构、学校和医院,要这里的传教团把全部精力投入到布道中去。我们现在和国内进行着长篇累牍的通信,他们一开始就催促我赶快接受圣职——就像我在美国时一样。到底下一步应该如何

---

① 《卫三畏生平及书信》第62—63页。
② 《卫三畏生平及书信》第100页。

行动,现在还没有决定,在几个月之内恐怕也无法定下来。我觉得在中国这样一个贫穷的国度里,一些辅助性的方式,比如说开办宣讲和奉行基督教教义的学校、医院等,对于传教事业是相当重要的。……我并不否认这些学校、医院等机构占用了我们相当多的时间和精力。但是我想,目前我们还不能判断这样做是否不妥,或者有没有其他更好的方式。行善总是好的,我们所做的这一切就像溪流一样,最终都会汇入神圣事业的海洋之中。每一条溪流都会为自己的奉献而深感欣慰,不会去争论哪条溪流更直更深、哪条溪流的水更为纯净。我对于我所做的工作(印刷传教)似乎有一种与生俱来的使命感"①。

上述的在华传教活动和对华认识,进一步加强了卫三畏的基督入华的宗教意识。卫三畏曾在《中国丛报》上发表的宗教方面的论文只有两篇,即《皇天上帝的神话以及对他的崇拜》(卷18,102页)和《中国人的祖先崇拜和葬礼等》(卷18,363页),显然对于宗教的研究并非深入。但在1848年和1883年两版的汉学皇皇巨著《中国总论》中,卫三畏却对宗教有着深刻的理解。在《中国宗教》章节中,他认为宗教信仰对于中华民族持续力的作用巨大,因为中国宗教有两个否定性的特征,这是和其他大多数异教国家的信仰不相同的。"中国宗教不存在用人当作祭品,也不存在罪恶的神化。……另一点更突出的特征是中国人的偶像崇拜不存在肉体方面的神化,不像许多其他异教国家那样,以宗教的名义掩护、鼓励放荡的仪式和狂欢,窒碍崇拜者的思想,污染他们的心灵。……中国人的这些特有品质,还可以加上他们对父母和长辈的关心以及一般地说他们的和平勤劳。……中国人民和中华帝国长期以来就是(即使是部分地)遵从上帝律法取得良好效果的了不起标记,他们只是将其铭刻在心中,而不是用手写下来。"②尽管如此,卫三畏还是认为"中国人之间,宗教的一般情况已老化;皇帝崇拜的庄严仪式,孔子的教义,佛教的礼拜,道教的巫术,已经不能起抚慰和引导的作用。……一切阶级都成为虚幻的恐惧和迷信的俘获物,躲进无知与谬误的迷雾之中,唯有真正宗教与知识之光(指的是基督教)才能将其驱散"③。所以,他坚信"前景充满希望,教会在中国的努力不会停

---

① 《卫三畏生平及书信》第105页。
② [美]卫三畏著,陈俱译《中国总论》第716—717页,上海古籍出版社,2005年。
③ 《卫三畏生平及书信》第767页。

止,直到每个汉族的子女都受到《圣经》真理的教育。……教会工作将进行下去,直到政府经过改造,每个人的宗教自由和公民自由有了保障,中国跻身于世界上的基督教国家之中,得到同一信仰的人民给予殷勤的酬答"。①

可见,从根本上来说,卫三畏对于基督教和中国宗教的认识,是基于中国传统文化的大背景的,或者说,是为从整体上看待中国文化而服务的,而对中国文化的深入研究,又是基于基督文明高于儒家文明的这个假设前提的,目的就是为了说明儒家文化即使再先进,也没有超过基督文明,所以需要基督拯救或者儒耶合一来达到"文明开化"。

第二节 卫三畏基督入华的世俗努力

从理论上来探讨基督宗教的入华理由似乎并不缺乏充足的证据,西方基督徒在"天定命运"观指导下,自然会把他们心中的异教中国作为福音教化的国度。在整个近代史上,传教士的宗教热情几近狂热,达到声称"基督征服中国"的地步。早期来华的美国新教传教士也是以这样的宗教观作为来华的精神诉求,以期凭借"福音"实现他们所谓的"拯救中国"的使命。然而,"让耶稣进入中国"的美好愿望实现起来并不像传教士想象的那么简单,在世俗社会里,特别在近代中西交往极为不畅的历史条件下,几乎是不可能成功的实践。但那些虔诚的新教传教士坚忍不拔的意志,终于使基督在华的影响不断扩大,中西文化的交流也日渐频繁,特别是那些传教士外交官的锲而不舍的长期努力。卫三畏就是以这样的传教士外交官的身份,为耶稣入华做出了自己的成绩。这种世俗化的宗教努力,使得卫三畏在中美政治关系史上留下了重要的印迹。

一、卫三畏儒耶合一的传教策略

基督教对华传播史是一个多次反复、又重新开始的过程,在唐代、宋元和明清之际的三次入华,每次重新开始时都要从头做起,同时还借助一些其他的外力作用。基督教不同分支的在华力量也是不均衡的,唐代景教如

---

① 《卫三畏生平及书信》第844—845页。

昙花一现，宋元时期的天主教势力不大，而利玛窦于1582年在肇庆立足时到1736年雍正皇帝之死，长达150年间耶稣会士也是在合儒或补儒的策略下谦卑地传教。到19世纪以后，基督教在中国开始了第四次传教运动，这次运动能够稍微借助于以前几次对华传教打下的基础，并且以新教的势力为最大。1807年，英国伦敦传道会传教士马礼逊牧师抵达广州，以东印度公司雇员身份为掩护，从事译经传教等活动，此为基督教新教入华的开端。1830年，美国新教传教士裨治文牧师也到达广州，创办《中国丛报》作为文字传教的依托。此后，欧美传教士如郭实腊、麦都思、卫三畏、伯驾等人先后来华传教。1840年，第一次中英鸦片战争爆发，中国禁闭百年的大门终于被打开，各种不平等条约为西方传教士来华传教大开方便之门。随后，欧美各国基督教传教士活跃在晚清中国的外交、政治、文化、教育、科技和慈善事业等各个领域。这些来华传教士，虽然不同程度上与其他来华外国人有着千丝万缕的关系，但他们并不等同于那些谋求经济利益的商人、谋求特权与让步的外交官和军人，"唯有传教士不是为了获取利益，而是要给予利益，不是为了追求自己的利益，而至少在表面上是为了中国人的利益效劳"①。但新教传教士来华是为了传播基督教，企图用基督教文化征服和取代中国文化，为此他们会不择手段地借助可以达到传播基督福音的任何手段，包括参加西方资本主义国家为了政治经济利益而发动的侵华战争和不平等条约的签订。但传教士对此还不满足，因为这些都不是他们的最终的真正使命，他们的真正使命是要改变中国人的"异教"信仰，以及与信仰相关联的所有的道德、价值观和风俗习惯，即整个生活方式。他们的宗教热情几近疯狂，甚至达到了"基督征服中国"的地步，正如1877年传教士杨格非（Griffith John）所说的那样："我们来这里不是为了发展国家的资源，不是为了促进商业，也不仅仅是为了促进文明的发展。我们在这里是为了同黑暗势力进行斗争，拯救世人于罪恶之中，为基督征服中国。"②也就是说，只有用西方基督教文化彻底改造中国文化和社会，才能完成他们作为传教士的历史使命，"终有一天，福音将在中华帝国获得胜利，它那众多的人民将归向基督"③。

---

① ［美］费正清主编《剑桥中国晚清史》（上卷）第584页，中国社会科学出版社，1985年。
② ［美］杰西·卢茨著，曾钜生译《中国教会大学史》第10页，浙江教育出版社，1987年。
③ 裨治文夫人编《裨治文传》（Eliza J. Gillett Bridgman, ed., *The Life and Labors of Elijah Coleman Bridgman*）, New York, 1864, p. 22.

第二章　让耶稣进入中国

如今，我们深思19世纪以来在华传教士的"利益给予"，是多么得不同于来华的兴趣只在贸易利润的商人、关切只在政治利益和特权的政治家、外交官或军人。这在传教士看来的伟大的思想境界，我们难免还是觉得不可思议，但这确实是无法规避的历史事实。以基督精神和文化普惠全球是一种天大的幻想，人类本身就是文化多元性的结合体，只有相容从优而没有取代绝灭。传教士的基督福音精神和文化追求，也是一种胸怀世界的人文精神，它将随着历史岁月的演进，显露出它的不可抹杀的人类文明的光彩，开放交流是人类先进文明造福全人类的客观规律。传教士专注中国人的文化，希望用福音来进行全方位的文化批判，在客观上是有益于中国社会的进步的。

但是，基督教传教士的福音传布中国的意愿并非一帆风顺的，他们在华的传教努力并没有带来预期的理想效果，特别是他们从事的教育事业、兴办医院慈善事业、文化出版工作等，也是需要经过较长时间才能显示它们的影响力的。这种事与愿违的传教状况，是近代中国与西方世界之间存在的巨大差异所造成的。分析传教受阻的原因，有助于我们理解卫三畏来华后主张儒耶合一传教方式的思想认识和历史过程，也让我们能更好地理解中西文化交流方面遵循求同存异、和谐共存的历史经验和现实意义。

传教士面临传教的最主要障碍是晚清中国政治上的阻拦。自康熙、雍正以来，清王朝实行严厉的禁教政策，乾隆继位后，更是对传教士活动严加取缔，传教士只能在澳门一地公开活动。乾嘉道时期则在进行禁教的同时又实行了程度不同的禁海政策，"任何胆敢违犯中国朝廷禁令者必将面临严厉的制裁，对外国传教士尤其如此"[1]。因此，在清朝禁教和闭关自守期间，传教士赴华，只得乔装打扮，潜入内地，"昼则隐伏，夜则巡行"，有时"藏身舱内，数月不敢出，夏日溽暑，蒸热难堪"[2]，他们的传教士事业在中国无法获得必要的发展，他们狂热的宗教信仰在中国无法找到实践的突破。清政府禁教法令的根本，就是彻底禁止基督教在华传播，凡涉及传教士的一切都在禁止之列，首当其冲的是传教士本人在中国的居留问题，没有居留权，来华传教士人数就会越来越少，若贸然留在中国，一经查出即行遣返。并非只是针对传教士，最先来华的商人在当时唯一口岸广州所受到

---

[1] [美]康布斯《美国外交史》(英文版)第124页，纽约：Knopf出版社，1986年。
[2] 刘准《天主教传中国考》第372—373页，献县天主堂印行，1937年。

的限制更是有过之及而无不及,实际上,所有外国人在广州的处境都十分窘迫,处在所谓的自然状态下的小社会中:画地为牢、侮辱谩骂、没有安全感、行动受限制、不准带家属、行商的垄断和监管、在学习中文和传播基督教方面设置障碍——总之,中国政府就是这样对待每一个"胆敢"来到他们领土上的"野蛮人"的,作为一种体制,它已经维持了两个世纪。……1841年对这些带有蔑视性的政策的反抗最终酿成了(鸦片)战争,而在那场战争之前。无论是就民情还是文明而言,中国都还没有走出中世纪。① 为了合法居留中国,极少数传教士不得不隐瞒真实身份,而多以本国商馆雇员的身份暂留,且多从事动作很小的文字传教活动,如翻译圣经和研究中国文化,如马礼逊栖身东印度公司,作为商务翻译人员,卫三畏也是"被作为一个贸易商报告给行商的,并被安排住在广源行,这个商行的主人为我的遵纪守法提供了担保,虽然我们从来没有见过面"②。其次是禁止那些能够留在广州的传教士们学习中文,而中国人若有教授外夷华语的,一经发现即处死刑,以致因生活所迫或虔诚向耶稣而教授中文的中国文化人,常常与死相伴,"在那些日子里最大的困难是找不到合适的人教我们中文。我找到了一位文化教养颇为深厚的老师,为了防止被人告发,他采取了特别的预防措施:每次来时总是带着一只外国女人的鞋子并将它放在桌子上,这样如果一旦有他害怕或不认识的人进来,他就可以假装自己是一个给外国人做鞋的中国师傅。……马礼逊博士的一位老师常常带着毒药,这样如果一旦发现有人向官府告发,他就可以自杀以免受到折磨,因为当时这样的指控对一个中国人来说是最严重和最危险的"。而更严重的是,清政府严禁中国人与外国人交往,以致中国人都不敢用中文和外国人对话,"广州政府多年以来有效地阻挠了外国人的中文学习,那些可怜的人确实非常害怕与我们有一点点关系。为了避免被加上帮助我们学习中文的罪名,我记得经常有一些中国人明明听懂了我对他们说的中文,却坚持用英文来回答我"③。当然,传教士对中国语言的掌握能力也限制了与中国人沟通的进度和效果,卫三畏就认为学习中国语言是相当的困难:"在这一工作的进展过程中我将学到不少中文,但是我还有那么多其他的工作要

---

① 《卫三畏生平及书信》第17—18页。
② 《卫三畏生平及书信》第21页。
③ 《卫三畏生平及书信》第20页。

做,要想熟练掌握这门困难的语言几乎是不可能的,你只有不干其他任何事情,不停地说和写,甚至在梦里都想着它,你才能'摔打成为一个中国佬'——借用耶稣会士们的说法。……这是所有刚进中文门槛的人常遇到的困难,在这道门槛前面,许多只是有兴趣的人知难而退了。"①此外,中国政府设在广州十三行的外国商馆对于外国人自由的限制,使得传教士无法公开传教和接近中国民众,各项工作的开展都十分艰难和容易遭到失败,"在广州我们步行锻炼的空间是十分有限的,我们在河上可以乘船,到岸上则只能在城里走动,并要冒被抢劫的很大的风险。……当人们回顾当时的情况时,他们很难明白,为什么我们待了那么长时间却对那里的人民了解如此之少,而他们对我们的了解也是如此之少。广州迟在1858年才对外国人完全开放,一些传教士进城时发现,不少中国人从来没有见过一个外国人,他们也从来不知道布道的地方是开放的,更不相信外国人会说中国话"②。很明显,清政府禁教政策严重妨碍了传教士在华的福音事业。但事情并非一成不变的,长时间住在一起的来华传教士和商人,逐渐结成了鼓吹和实施"打开中国大门"的同盟,而一些有语言天赋的传教士在努力学习好中文的同时,恰好有条件介入对华政治的外交活动之中。为了要使基督教能够在华顺利传播,传教士们直接想到的是借助着本国对华的政治或军事行为的推动,如同中美《望厦条约》签订后,卫三畏致信美部会秘书安德森博士所言:"当我回顾那些日子时,我发现那一系列政治事件(如鸦片战争、《南京条约》签订等)确实给这个国家(中国)带来了好处,使它逐渐了解了自身的权利和地位,并且放松了长期以来对外国人的限制。我从不怀疑上帝会把重大的事情交给这么大的一个国家去做。"③所以,当回顾鸦片战争前后的那段历史时,我们也就能够理性地理解时人将近代来华传教士视为侵华的急先锋的情理了,"外国传教士来中国的主观动机,往往是出于传教热忱,但在政治上大概站在侵略者各自政府的一边,加上他们中有的还直接参与他们本国侵略中国的活动,理所当然地激起中国人民各种形式的反抗"④。

然而,从更深层次上来说,传教受阻的政治因素归根结底是由于中外

---

① 《卫三畏生平及书信》第35—36页。
② 《卫三畏生平及书信》第20—21页。
③ 《卫三畏生平及书信》第21页。
④ 顾裕禄《中国天主教的过去和现在》第56页,上海社会科学院出版社,1989年。

文化上的极大差异,就是说中国传统文化内容和思维方式,是来华传教士是在不容易理解的,完全异质的文化之间缺少沟通的元素,是各自形成又独立向前发展的两种文明。在西方近代以来喧嚣尘上的"基督征服中国"论调面前,一直生活在泱泱东方大国光环之下的晚清国人不以为然,他们以天朝上民的姿态自居,不认为需要学习外夷的文化,那是中国人认为痴人说梦般的"以夷变夏"伎俩。基督教信仰上帝,主张神创论;中国人认为"万物本乎天,人本乎祖"(《礼记·郊特性》)。基督教持原罪说,人的灵魂需要救赎;中国儒家知识分子宣扬"人之初,性本善"(《三字经》)、"子不语怪力乱神"(《论语·述而》)、"敬鬼神而远之"(《论语·雍也》)、"未知生,焉知死"(《论语·先进》)。基督教新教所宣扬的在上帝面前人人平等的主张与儒家思想所倡导的三纲五常格格不入。以儒家思想为主导的中国社会风俗也与西方大相径庭,传教士们普遍将中国人敬祖、祀神等民俗皆视为封建迷信和偶像崇拜,而中国民众则认为洋教不敬祖、不祀神是"夷狄"性如犬羊。传教士发现中国人的许多陋习,如一夫多妻、溺婴、缠足、酷刑、无所不在的专制主义等,都认为是野蛮民族的行径,而绝大多数中国人根深蒂固地认为世界上只有中国是值得称羡的,是最文明的国度,所有别的民族都是野蛮人。凡是这些文化理念上的冲突和社会实践上的习惯差异,多使在华传教士和中国人之间存在着心灵上的隔阂,"我们天天见面,但是……在我们之间缺少或者没有相互同情的表现。我们交往非常像两个愚昧无知的哑巴。相遇了……然后因互相对对方的心灵全然无知而在此分开"①。这种普遍存在的对西方人的戒备心理,使得传教士在华传教努力常常徒劳无功,"我们布道时聆听的人极少,看笑话的人占多数,几乎所有的人都是一副无动于衷的表情。在中国人眼里,我们和其他外国人并无二致。他们根本不明白,我们来到这里是想帮助他们,是想给他们带来福音,是为了一个伟大的目的"②。这样的文化差异所引起的传教障碍,又因为鸦片战争后西方列强依靠炮舰外交摄取权益而加剧了中国人对于传教的抵制。19世纪中后期兴起的反洋教运动,教案频发,直至义和团运动高潮,使传教和外交政治搅和在一起,更加复杂起来,民族矛盾的不断激

---

① [美]韩德著,项立岭译《一种特殊关系的形成:1914年前的美国与中国》第29页,复旦大学出版社,1993年。

② 《卫三畏生平及书信》第99页。

化,反过来更加妨碍了基督福音在华的传播事业。

人类智慧往往受到关键性个人的情绪的影响而减弱。美国新教传教士在无法容忍传教受阻的现实,几乎不约而同地想到了政治和战争手段的弱智行动,"百战百胜,非善之善者也;不战而屈人之兵,善之善者也。故上兵伐谋,其次伐交,其次伐兵,其下攻城"(《孙子兵法·谋攻篇》)。裨治文攻击中国对外的闭关制度"充满了邪恶",认为英国人有责任在法国和美国的帮助下采取"强有力的和坚决的措施"消灭这些邪恶。① 就在中英贸易矛盾激化,鸦片战争一触即发之际,对中国文化抱有强烈兴趣的卫三畏,也一度附和一些英美传教士,赞同西方列强政府使用威吓和武力手段迫使清政府开埠通商和允许传教活动,"我确信,对待中国人需要严厉的措施,以便把他们从无知、自负和偶像崇拜中拯救出来。何必谴责达到这一目的的手段,以至于忽视了上帝的事业通过这些方法得到的推进。这些方法中的错误,上帝自然会在他认为合适的时间来进行惩罚"②。传教士们希望利用西方武力打开中国的大门,在不平等条约的帮助下谋取传教方面的保护,而且积极参与对华外交活动,出谋划策,甚至亲自介入大握外交大权,出现了中西关系史上特有的传教士外交官现象。裨治文、伯驾等传教士不仅成为美国对华外交使团的秘书、翻译,甚至担任驻华公使,卫三畏还曾九次出任公使代办。传教士从事外交活动可以说是早期美国在亚洲外交上的特点,因为在当时,"除非以往是传教士的人外,极少数的美国官员对他们派驻国的语言、文化和历史等有任何正确的认识,他们在中国、日本和朝鲜等国的政治外交活动,多半不是依靠当地翻译人员,就是依靠本国传教士或其他国籍的外国人。来华专使或其他使节与中国政府间往来文件的翻译与谈判的传译工作,都是由传教士担任",他们名义上是译员,实际上无疑是担负起了公使或领事的职责。③

从 1830 年裨治文来华到 19 世纪 60 年代传教合法化为止,主要是清政府禁教政策,第一批美国传教士在华的传教活动被阻,这时期只能是为

---

① [美]韩德著,项立岭等译《中美特殊关系的形成:1914 年前的美国与中国》第 41 页,复旦大学出版社,1993 年。
② Frederick Wells Williams, *The Life and Letters of Samuel Wells Williams*, L. L. D. : *Missionary, Diplomatist, Sinologue*, Reprint edition published in 1972 by Scholarly Resources, Inc. Wilmington, Delaware, p. 325.
③ [美]泰勒·丹涅特著,姚曾廙译《美国人在东亚》第 471 页,商务印书馆,1960 年。

传教工作做准备。传教地点主要集中在广州、澳门和香港三地,传教手段是文字传教,多发展文化事业,使福音传教更多地表现为丰富多彩的文化活动,包括中文语言研究、教育、西书翻译出版、医疗、创办期刊和其他方面,突出的事件有通过出版物从事文化传播的裨治文和卫三畏;传播西方医学的伯驾和嘉约翰,传播西方教育的勃朗。美国中国学家费正清说过:"如果用受洗教民的数量来衡量,传教士们长期坚持不懈的努力是失败了,因为基督教比佛教、伊斯兰教在各自黄金时代所拥有的信徒都少,但是中国后来一直为之强调的注入普及文化、用白话文出版书刊、加强妇女教育、实现男女平等、改良农具等,'19世纪的传教士就曾是上述种种活动的倡导者'。"①可见,与传教速度相比,传教士在华传播西方知识的速度要快得多,效果也好得多。这些作为传播福音手段的文化活动却受到了中国人民的普遍欢迎,手段盖过了目的。这些留在中国的影响深刻的种种文化活动已经显露出在华传教士的儒耶合一传教策略的萌芽了。《望厦条约》《天津条约》签订后,传教士们在华传教工作自由获得了条约体系的充分保障,所有在华传教的政治障碍都已消除。但是传教士们所期待的传教成效一日登天的现实,却没有出现,因为他们遇到的不再是清政府的禁教,而是中国人的敌视和冷遇。部分在华美国传教士意识到,政治交涉与战争手段后的中国同样给福音传教留有种种困难,最主要的原因就是这种敌视和冷遇的背后所难以撼动的"异教徒"长久生活下的整个中国传统文化环境。因此,若不改变社会和文化的土壤,要想使中国人大量地皈依基督教,是永远不可能办成的事情。同时,一些在华传教士还认为:拯救灵魂和社会进步是不可分割的,实际上也无法分割,因为后者是前者必然的诱因。② 也就是说,传教士认为西化中国是第一步的工作,它是基督教化中国的先决条件。从此以后,很多在华传教士遂投身到协助中国西化改革的运动中,即被誉为"同治中兴"的洋务运动中。

  在中国传统文化妨碍福音传播的大背景下,卫三畏在印刷传教的同时致力于中国文化的研究。由于从小培养的阅读兴趣和功底,加上来华后不断成熟的中文素养,卫三畏在中国生活11年(1833—1844)后回美探亲时,不仅能够使用中文进行演讲,而且很快写作了《中国总论》,并形成了他清

---

① 陶文钊编选,林海等译《费正清集》第213页,天津人民出版社,1992年。
② [美]杰罗姆·B·格里德尔《知识分子与现代中国》第104页,南开大学出版社,2002年。

晰而坚定的基督福音在华传播的策略思想,即"儒耶合一"的传教策略。从历史上看,这样的策略并不是卫三畏的首创,而是从19世纪初开始来华传教的那一批传教士们共同提出的传教思想,只不过在当时条件下没有形成主流。卫三畏将这样的思想通过学理化的研究,深刻地剖析了它的合理性和必要性,将其中的优越一面发扬光大,以期应用于对华传播福音的上帝事业之中。

"儒耶合一"传教策略的历史形成,与基督教在华传播福音的历史进程密切相关的。基督教创立于巴勒斯坦,在罗马帝国发展起来。随着东西罗马的分裂,基督教会于1054年分为两个教派:以罗马主教为中心的一派自称"公教",中国译为"天主教";另一支以君士坦丁堡主教为首,自称"正教",中国译为"东正教"。新教脱胎于天主教,于1517年宗教改革后兴起,到了19世纪,共有130多个教会组织。东正教在中国流传不广,直到鸦片战争前,清廷在涉及宗教方面的唯一条约特例,就是中俄1727年签订的《恰克图条约》第五款,它规定北京的俄罗斯馆只允许由来京的俄国商人和使节居住,东正教传教士(文中称"喇嘛")则居住在中国办理俄事大臣协助下所盖的教堂(庙宇)中,"俄人照伊规矩礼拜念经,不得阻止"。① 这是雍正帝为了防止俄人向准噶尔提供援助,而对东正教在华活动执行了比天主教较为宽容的策略。实际上东正教在中国的势力一直不是很大,俄国的兴趣主要在于在华的政治利益,所以这个条约的宗教意义似乎不很明显。鸦片战争前,天主教和新教传教问题引起了中西对峙,如1805年清朝刑部曾下令,强迫被捕的信教旗人践踏十字架,放弃信仰。1830年,各省地方官吏上呈的奏折中,也有同样的记载。清政府对禁教令的三令五申,对信徒的严厉处置和压抑,不但和当时集权统治有关,更是一种自大心态下的盲目排外,与当时的禁海动机相同,包含一种"非我族类其心必异"的疑惧。② 而基督教在华传播受阻而借助武力打开晚清闭关大门后,天主教和新教传教士便在各条约口岸登陆,并把他们的触角伸向中国的内地,在近代中国最为动荡的历史中扮演着重要角色,一些人公开为侵略服务,因而不可避免地承担了骂名,引起了中国人民的反抗;一些人也为

---

① 王铁崖《中外旧约章汇编》(第一册)第9页,生活·读书·新知三联书店,1957年。
② 王雅丽《从条约来看晚清禁教政策的解冻》,载《湖北职业技术学院学报》2006年第1期,第45页。

中西文化的交流做出了贡献,在教育、医疗和慈善等方面有益于中国的近代化。但是,由于受到教义、历史背景和国内政治的多种因素的影响,天主教和新教的在华传教活动表现出很大的差异,特别表现在传教方式与手段上。从整体上来看,基督教自认为是唯一能够体现神的意志的,其他宗教以及无神论都属于"异端"。基督教从诞生之日起就为自己规定了感化天下非基督教徒,使之转化为基督徒的任务,而且形成了传统,可谓是"己之所欲,必施于人",在西方文化中已成为本然的东西。① 因此,西方传教士就有一种与生俱来的所谓的"天职感""使命感"。但天主教和新教的属性有所不同。在世界史上,新教的出现是欧洲资本主义发展的必然产物,马克思和恩格斯不止一次地指出:对于资本主义社会来说,新教是最适合的宗教形式,而罗马天主教原是同封建社会"相适应的,具有相应的封建教阶制的宗教"。② 而在被恩格斯称为"第一次资产阶级革命"的宗教改革运动中产生的新教,具有资产阶级民主化和共和化的特点,反映了新兴的资产阶级的政治经济利益。在西方资本主义上升时期,配合殖民列强的对外扩张和开拓海外市场的迫切需要,加上航海大发现及其科技与交通技术的日益成熟的保障,传教士们便漂洋过海来到中国,成为东西方交流的先行使者,而到19世纪上半期前,西方资本主义国家也极力为传教士进入中国铺平道路,正是为了使他们在十字架的阴影下,充当向中国进行政治、经济和文化侵略的工具,正如1830年美国第一位来华传教士裨治文所言:"我等在中国宣教之人与其说由于宗教的原因,毋宁说是由于政治的原因。"③ 在来自不同教会的天主教传教士中,法籍传教士始终占了最大多数,而美国作为当时最有活力的新兴资产阶级国家的代表,其新教传教士的在华传教活动具有典型的代表性。不可否认的事实是,天主教和新教的传教士都不同程度地从事过刺探情报的活动,他们亲自或利用"民人及习教游民,每每到处探听内地公事",然后报告给驻各口的该国领事。④ 美国新教传教士裨治文、伯驾和卫三畏等人都曾担任过本国政府驻华使节或助手,在胁迫

---

① 陈乐民《西方外交思想史》第 10 页,中国社会科学出版社,1995 年。
② 乔明顺《近代中国教案研究》第 403 页,四川省社会科学院出版社,1978 年。
③ 王子兴《中国基督教史研究》第 38 页,中国科学院历史研究所第三所藏,第三单元;《基督教人士的爱国运动》,载《人民日报》社论,1950 年 9 月 23 日。
④ 沈谓滨、杨勇刚《1844—1858 年外国传教士对中国内地的渗透》,载《近代中国教案研究》第 457 页,四川省社会科学院出版社,1978 年。

清政府签订《望厦条约》《天津条约》时起到过重要作用。但相比之下,他们在华活动的宗教和商业色彩还是主要的,对于政治欲望和外交参与,不像法国传教士那样肆无忌惮和赤裸裸:"只有政治因素和恐惧感才能使中国人做出表示,只有在枪口的威胁下,他们才肯让步","只要出动四到五艘军舰,就可以迫使中国人接受我们的要求"。① 此外,天主教侧重于农村,深入内地,教堂林立,常常与民争利,"侵民利,发民财者,大多数皆是天主教徒。(他们)广置田宅,经营藩息,川至云贵,其中办事之人,皆理财能手,佃田租屋,概凭大道生财"②。而新教在资本家的指使下,往往借助政治势力,联系社会上层,以培育买办知识分子,多在城市活动,"天主教行之最久,亦最远,内地乡落,无所不至;耶稣教(新教)则不过通商口岸耳"③。在通商口岸等城市中的新教团体只是名义上的团体组织,传教士实际上大多各自为政,从鼓吹个性解放的教义出发,着重对成人个别吸收,不搞带有封建人身依附性质的教民村落制。因此,在福音传播策略上,天主教显得较为强势和强制,对于儒教之类的"异端邪说"是不能容忍的,"要使所有国家都基督教化,其含义不仅指要争取信徒,更重要的是要使所有国家都成为基督教国家,消灭异端邪说"④。尽管天主教士也曾进行儒学化的传教尝试,其"合儒"或"补儒"之法,不仅引起了天主教内部不同派别的争执,后诉诸罗马教廷而遭到驳斥,康熙皇帝也龙颜大怒,将传教士驱逐,天主教在华传教活动也因"一朝被蛇咬"而畏缩不前,从而成为一个与世隔绝的、孤立的和外在于中国同胞的教会团体。英美新教传教士来华后,同样面临着一个成熟的、具有深厚文化积淀的儒家思想主导的封建社会,这个社会筑起了一道道有形和无形、政治和文化的屏障,致使新教传播活动困难重重,举步维艰。然而值得注意的一点是,从19世纪初开始进入中国广州和澳门的英美新教传教士的文化素质都是相当高的,对于基督教与儒家思想的本质冲突比天主教士们要认识深刻得多,故而在华传播福音的温和态度与妥协色彩较为浓厚些。他们认为:对于传统礼教观念深厚的中国人来说,基督教毕竟是一种异教,接受乃至信奉它需要一个相当漫长的过程,宣传上帝的福音单凭教义和教理是远远不够的,必须要有符合中国人

---

① 卫青心《法国对华传教政策》第655页,中国社会科学出版社,1991年。
② 张力,刘鉴唐《中国教案史》第375页,四川省社会科学院出版社,1987年。
③ 乔明顺《近代中国教案研究》第417页,四川省社会科学院出版社,1978年。
④ 董小川《儒家文化与美国基督教新教文化》第55页,商务印书馆,1999年。

思维习惯的传教策略。从第一位传教士马礼逊开始,来华的新教传教士们就不断探索和调整布道方法。"孔子加耶稣"传教思想,既是新教传教士对16和17世纪以利玛窦(Matteo Ricci,1552—1610)、曾德昭(Alvare de Semedo,1585—1658)和南怀仁(Ferdnard Verbiest,1623—1688)等为代表的耶稣会士的包容策略的继承与发扬,更是对中国文化深入研究后所做出的符合中国人民族心理的传教理念。

准确地说,"孔子加耶稣"的思维模式,几乎是整个19世纪的来华新教传教士的一项集体性传教成果的总结。主要的代表人物有马礼逊、米怜、裨治文、卫三畏、理雅各、慕维廉、李提摩太、林乐知、丁韪良、李佳白和花之安等传教士。他们通过对中国社会、文化、礼仪和风俗的深入了解和研究,最后选定儒学作为同盟者,提出了"孔子加耶稣"的传教战略。① 其中,理雅各(James Legge,1815—1897)是英国伦敦会传教士,基督教早期著名的来华传教士之一,同时还是一位杰出的汉学家。花之安(Ernst Faber,1839—1899)是德国传教士,汉学家,1865年代表礼贤会到香港,后在广东内地传教,1880年与礼贤会脱离关系,独立传教,1885年加入同善会,翌年赴上海,1898年德国占领青岛后,移居青岛,次年死于青岛。而美国传教士丁韪良(William Alexander Parsons Martin,1827—1916)对于"孔子加耶稣"传教模式的奠立,贡献极大。丁韪良,字冠西,美国印第安纳州人,基督教新教教会长老派传教士。他是清末在华外国人中首屈一指的"中国通",同时也是一位充满争议的历史人物。道光三十年(1850),他在长老派神学校毕业后,派来中国,在宁波传教,随后为美国政府提供太平天国情报,第二次鸦片战争时期任美国公使列维廉的翻译,并参与起草《中美天津条约》。同治元年(1862)一度回国,不久又来华,在北京建立教会。1865年为同文馆教习,1869—1894年为该馆总教习,并曾担任清政府国际法方面的顾问。光绪十一年(1885),得三品官衔。1898年又得二品官衔。1898—1900年,任京师大学堂总教习。丁韪良仇视义和团运动,主张列强划分势力范围,"以华制华"和由美国割据海南岛,以加强奴役中国。继返美国,寻复来华,协助湖广总督张之洞在武昌筹建大学堂,未成。随又去北京,除翻译有关基督教、自然科学、国际法方面书外,还著有《花甲忆记》《北京之围》《中国人对抗世界》《中国人之觉醒》等书,并曾第一次正式地、

---

① 顾卫民《基督教与近代中国社会》第267页,上海人民出版社,1996年。

全面地将国际法著作介绍到中国。① 丁韪良继承明清耶稣会士的传教思想理路,在策略上主张向儒家思想作暂时妥协。他认为传教士应该把中国传统文化看成必须重视的一股力量,并设法将其与基督教的优点相互协调,同时主张用西学和教育手段来争取儒教知识分子,以此改造儒学中与基督教信仰相背离部分,为实现中国基督教化创造有利的社会环境。这些一脉相承的传教思想,在新教传教士中得到实践上的配合和印证,传教士们还在福音教义的语言文字传播之外,努力从世俗生活的具体利益上来促成传教的目的,通过设立医院、开办学校、创办文化事业等中间媒介来吸引更多的中国人信奉基督教。新教传教士在华一个多世纪的艰辛努力,创办了不少有一定影响的文教、医疗以及慈善机构,作为基督教所标榜的"上帝爱人"的实践和传布基督教义、发展基督教徒的重要阵地。不平等条约给予西方传教士种种传教特权,天主教士变得毫无节制地干涉中国政治和地方司法,以致教案频发。著名汉学家马士在研究鸦片战争后中外关系时注意到,《黄埔条约》签订后若干年内,"针对法国保护下的天主教会的暴力行动却日益频繁和严重",马士断言,"可以毫不夸张地说,法兰西民族、法国人以及罗马天主教在中国受到憎恨。"这种憎恨的两次重要表现,是在中国近代史写下重重两笔的"马神甫事件"和"天津教案"。② 与之相比,新教教案的数目极少,而美国传教士所引起的比例最小。美国政府对其在华传教士的支持和"保护",不如英国之积极,更远不如法国之妄肆,因此不仅教案发生概率小,影响较轻微,牵涉较单纯,纯粹因美国教会而引起的暴行,最重要的只有1886年的重庆教案一次。③ 从现代中国人的历史心理而言,天主教对中国的整体影响则是相对消极的,在某种程度上阻碍了中国社会的进步,而新教传教士在西方文明和中华文明的交流方面的先锋作用和实际成效,留在中国人的历史记忆中。值得玩味的是,基督教传教士在中国"种瓜得豆"的传教结果和文化现象,是世界文化交流史上的特殊情形,既说明了中西文明的两种异质文明的并行发展的事实,无法互相取代或消灭,又表明了不同文化的传播必须有科学的传播机制和良好的接受机制,二者缺一不可。这样的条件必须随着人类的无限接近才有尽可能快

---

① 参见百度百科网 http://baike.baidu.com/view/176334.htm? fr=ala0_1。
② 沈谓滨、杨勇刚《1844—1858年外国传教士对中国内地的渗透》,载《近代中国教案研究》第459页,四川省社会科学院出版社,1978年。
③ 李定一《中美早期外交史》第477页,北京大学出版社,1997年。

的实现。基督教的文化东传,从根本上是为了改组中国的文化,使之成为上帝之子。天主教和新教传教士们在传教最终目标、传教漫长道路上一样表现出虔诚和执着,但他们的任何策略的变化,都没有帮助他们实现"耶稣进入中国"的宏伟目标,历史开了他们美好愿望和艰辛努力一个巨大的玩笑:在接受西方知识的同时,拒绝西方宗教,被证明不但是可行的,而且前者甚至可以变成用来反对后者的工具。①

在丁韪良之前,卫三畏对这种"孔子加耶稣"传教模式的坚定,主要源于他对中国传统文化的深入研究和深刻理解。卫三畏在华初期,由于鸦片贸易引起中国人普遍性的怨声载道,外国人,包括传教士都被看作是走私鸦片的洋鬼子,同时,基督教宣扬的是一种与中国传统儒家文化截然不同的思想体系,无法在历史悠久的中华大地获得普遍的认同,中国民众对传教士所宣传的福音普遍漠视甚至仇视让卫三畏非常伤心,但很快他意识到自己要改变的不是全体中国人的信仰,而是尽可能地热爱全人类并争取到更多人的爱。② 为了减少传教阻力,卫三畏认为要对中国长久以来的精神支柱儒家经典学说做出某些妥协,倾向于调和基督教教义和儒家学说,而肯定儒家学说的最终目的还是为了利用儒家经典来推广在华的传教事业。在他看来,"孔子加耶稣"思想,是在"以耶代儒"传教方针受阻后,首先由耶稣会士提出的一种在中国传教的文化策略,后经过新教传教士马礼逊和米怜等人在19世纪30年代后不断考证而走向成熟的传教模式。到了卫三畏这里,其实就是希望"儒耶合一",根本目的就是希望耶稣能够尽快尽好地惠普中国,使中国成为不折不扣的"上帝之子"。卫三畏在中文学习上逐渐有所成效后,便潜心研究起中国传统文化。在充分认识到儒家思想的重要性,甚至是决定性的作用之后,卫三畏对儒家经典不吝赞美之辞。除了从历史主义观点外,卫三畏主要采用中国儒家文化与基督教文化的比附方法,论证"孔子加耶稣"传教思想的可行性和必要性。他曾指出:"《四书》《五经》的实质,与其他著作相比,不仅在文学上兴味隽永,文字上引人入胜,而且还对千百万人的思想施加了无可比拟的影响。由此看来,这些

---

① 赵玉华、刘凌霄《清末天主教和新教在华传教活动的异同》,载《山东大学学报》(哲社科版)2003年第1期,第17页。

② 艾萍《卫三畏与美国早期中国学研究》,载《淮北煤炭师院学报》(哲社科版)2008年第4期,第55页。

书所显示的力量,除了《圣经》以外,是任何别种书都无法相匹敌的。"①这无疑体现了卫三畏站在传教士立场上的西方文化本体论,希望建构出"孔子加耶稣"的思维模式。遗憾的是,后人在研究"孔子加耶稣"传教思想史时,往往对卫三畏的"儒耶合一"的主张有所忽视,在此有必要予以补充。但是,"儒耶合一"思想并不能掩盖卫三畏的基督文化的本位主义。尽管他指出了儒家思想影响下的不少长处,仍然认为中华民族需要拯救,并且是需要基督拯救,"著作者往往习惯于低估《圣经》对现代文明的影响;但是当我们对欧洲文明和亚洲文明作一比较,这一因素就会作为前者优越性的主要原因而引人注意。现代文明不是奢侈品或文学作品,不是艺术或教士权术,不是战争精神,不是对钱财的热情,也不是手艺的展览和机器的应用,而是献给一个国家以永恒的伟大和繁荣。……基督教是一切文明的缩影,它包含着我们所寻求得到支持的每一论据,说明本质的每一规则。以前的宗教制度和奢华相表里,唯有基督教胸怀文明之境。它在欧洲十分兴隆,然而在亚洲却衰落了,最文明的国家是属于最纯净的基督教"②。基督教之于中国的拯救,一直到卫三畏逝世前的病重期间,仍然是其不变的信仰。在修订《中国总论》前言时,他拒绝出版商关于该书改进说一些言过其实的话,而坚持保留对他的第二故乡中国"耶稣入华"的一份期待和祝福中国人民的一份善意:"把中国人理所当然地归为野蛮民族的时代已经一去不复返了。一个念头刺激着我一生从事这一工作,它就是这样一种希望:传教事业能够发展。在这个事业的成功中蕴藏着中国作为一个民族的拯救,既在道德方面,也在政治方面。"③

在此,简略陈述卫三畏在中国文化上的研究心得,因为对中国传统文化的深入研究,是他坚定"儒耶合一"传教策略的历史与文化经验的心理基础。卫三畏研究中国文化首先从字典编写开始,而且在华期间又不断加以改进,成就很大,如1856年出版的《英华分韵撮要》,书中收录了7850个字,注重实用性,颇便使用;1874年再版的《汉英韵府》一度成为美国来华

---

① Samuel Wells Williams, *The Middle Kingdom*, Chapter XI, p.664.在陈俱译本《中国总论》第462页的译文是这样的:"就其内在本质上和别的著作比较而言,《四书五经》应当被看成是他们的古代文献中的珍宝,对如此众多的人们心中灌注了不可比拟的影响;从这一点来说,除了《圣经》以外,任何书籍都不会有这样的好处。"

② [美]卫三畏著,陈俱译《中国总论》第31页,上海古籍出版社,2005年。

③ 《卫三畏生平及书信》第310页。

外交人士的必备工具书,它篇幅较小,按照858个汉语音节注音来检索词目,甚为方便。而能集中体现卫三畏对中国文化研究成就的是他的皇皇巨著《中国总论》(1848年初版,1883年修订版)。《中国总论》是卫三畏全面研究中国的著作,更是美国汉学史上的开篇之作。此前,已有一些介绍中国的书籍,如门多萨的《中华大帝国史》、杜赫德的《中华帝国全志》和德庇时的《中华帝国及其居民概论》等。卫三畏这部书出版后,正是后来居上,无论在广度还是在深度上,都全面超过了此前的同类著作。卫三畏通过对中国历史的研究,充分认识到儒家思想在中国社会中的重要地位,认识到儒家思想对中国人的心理和行为的巨大影响,因而对孔子的学说予以高度重视,指出:"孔子哲学最大的特点是对尊长的服从,以及温和正直地和同辈人交往。他的哲学要求人们在现实世界中,而不是从一个看不见的神灵那里,寻找约束力,而君主也只需要在非常有限的范围内服从一个更高的裁判。……从子女对父母的责任、名誉和服从出发,他进而向人们灌输妻子对丈夫、臣民对君主、大臣对国王的责任,以及其他社会责任。孔子认为,政治的清白必须建立在个人正直的基础上,在他看来,所有进步的开始都蕴藏在'认识你自己'之中。毋庸置疑,在他的学说里,许多思想都是值得赞扬的。……就是与希腊和罗马先哲的学说相比,他的论述也毫不逊色,并在两个方面大大超出:一是其哲学被广泛应用于他所生活的社会,二是其哲学突出的实用性质。"这就决定了中国的社会构成,关键在于确立一种恰当的关系,使人们找准自己的位置,从而使得教化成而天下治。所谓"认识你自己",就是从修身做起,向内用功力量越大,就能通过认识自己,进而认识和掌握整个世界,"谓之节者,盖节之道在于人之一身,则言语、饮食、心意、思虑、出处、进退,以至嗜欲,皆有所节,使父子有礼,上下有等,男女有别,尊卑有序,长幼有伦,夫妇有制,内外有分,皆有所节。至于一国以及天下用度,礼乐刑政,赏罚号令,宫室旌旗,各当其分。如此之类,举而言之,是修身、齐家、治国、正天下,皆有所节,故谓之节。然其得亨者何?盖人之修身以至治天下,皆有所节,则所往之地,所为之事,无不获亨通也"。儒家的哲学又是一种实践哲学,注重在实际生活中的认知,注重实践层面的操作,而不把重点放在纯理性的思辨上。所有这些,都能看出,卫三畏对中国文化的理解是有其深度的。① 当然,我们应该看得出,卫三畏对中国

---

① 张宏生《卫三畏与美国汉学的起源》,载《中华文史论丛》2004年(第80辑),第64—65页。

文化理解的正确性较其他传教士为高。在修订版《中国总论》中仍然对中国文明给予了很高的评价：中国文明是人类最聪明、最有价值的心灵连续许多年代辛劳的结果，它的教育的透彻性，考试的纯正与有效，文学的精美，中国人的社会道德在许多方面可以为他们洗刷掉因此而得到的污名，中国文明在生命财产安全、国内生活艺术和大众福利方面较之迄今为止存在的异教徒与伊斯兰国家都居于较高的地位，等等。然而，在卫三畏看来，中国取得这样高的文明成就，还是不能与基督教文明相提并论的，因为中国的社会制度虽然有其合理性，却建立在错误原则的基础上，只有稳定的因素，但没有改进的因素，而中国文明是"亚洲的而非欧洲的，是异教徒的而非基督教的"，中国要想进入文明之列，唯有基督教的发展才是适当的手段，"当发展文明的崇高而宽广的原则（指基督教文化）寻得进入中国社会和心灵的道路，这样在选择足以保证来生幸福的原则并付诸行动的同时，就有理由期待得到迅速的进步，创造今生幸福"①。中国文化不能与西方基督文化相提并论的思想，一直贯穿在卫三畏整个汉学研究的学术活动中。退休回美后的卫三畏，曾著文讨论"God"的中文翻译问题。自1849年来华的新教传教士开始争论这一问题以来，译名之争一直困扰着美国人，1877年的上海传教大会虽然一致决定不再讨论译名问题，却不能阻止人们对这一话题的兴趣。卫三畏在华曾同意将"God"译为"神"，并不意味着中国人尊奉的儒家教义就是基督之上帝，而是一种温和的表达方式，是研究中国传统文化的权宜之方法，"我在小册子里对用'上帝'来翻译'God'做法确实态度比较温和。……我不愿贬低或者指责使用这一术语的人，尽管我相信他们这么做对纯粹的宗教事业相当有害。如果有人试图调和基督的教义和孔子的教义，或者试图展示祭天的礼仪可以被新教徒采纳，那么他将犯下重大的错误，我们的新酒不能和那些旧瓶子盛装的东西掺杂在一起——无论智者们如何对这种行为辩护"②。可见，卫三畏研究中国文化的动机的最终目的是要说明中国文明相较于基督教文明，是需要福音拯救的。一个来华传教士这样的研究工作，可谓是用心良苦。

与美部会总部要求的传教策略的不同，也促使卫三畏坚定"儒耶合一"的传教模式，而且即使在脱离美部会之后的20多年在华外交活动中依

---

① ［美］卫三畏著，陈俱译《中国总论》第626页，上海古籍出版社，2005年。
② 《卫三畏生平及书信》第295页。

然对这种模式进行不断反思。综观整个 19 世纪,由于传教方法的不同,美国来华新教传教士主要分成基要派和自由派。基要派(Fundamentalist)多采用直接布道的方式,即宣讲教义、巡回布道和散发宗教印刷品。这种方式既是《圣经》中主耶稣和使徒们所使用的方法,也是差会在派遣传教士来华时规定的主要任务,在基督教传教史上一直为传教士所采用。基要派传教士一般不看重甚至反对办学、办报等活动,因而有时被称为保守派、救灵派或传统派。与此同时,面对在华传教遇到的种种困难,部分传教士感到中国传统文化和基督教文化的不同是传教的最大障碍,因此要使中国福音化,必须用以基督教为核心的西方文化改造中国文化,即建立一个有利于基督教传播的社会文化环境,这样,"间接布道"形式在一部分传教士中逐渐兴起,如从事新闻出版、教育医疗和社会改革等活动。这类传教士一般被称为自由派(Liberal)。在华的基要派和自由派传教士在传教方法、传教对象以及对中国文化和风俗的态度等一系列传教政策问题上有很大差异,甚至截然对立,并发生过激烈的争论。① 自由派传教士的策略与晚清中国现代化有密切的关系,但在 19 世纪来华传教士中并不占主导地位,其传教政策在这个世纪末才逐渐得到重视。卫三畏来华之初与基要派传教士一样,积极参与直接布道工作,但 10 多年来成效甚微,逐渐认识到间接布道和改造中国社会的重要性。他主持的印刷所出版的书籍大都是文化方面的,还积极参与各种看来与布道没有直接关系的活动,如编写字典、研究中国文化、出版商务指南丛书等,而且令人不解的是,卫三畏始终不愿意按立为牧师之职。凡是这些导致了他与美部会总部的直接领导者秘书安德森博士之间发生了严重分歧,以致在 1851 年底因为主要得不到美部会总部的各种支持,训令关闭《中国丛报》印刷所,令卫三畏深感不安:"行善总是好的,我们所做的这一切就像溪流一样,最终都汇入神圣事业的海洋之中。……我想,如果失去这个印刷所,我会深感遗憾。我们一起来中国的一群人相处甚是融洽,我们已经深谙彼此的性格,因此总能互相协调,避免矛盾。"② 卫三畏与美部会的意见分歧,并不是第一次。其实,这种分歧是不可避免的,也是情理之中的,所谓"将在外,君令有所不受"。传教士来华布道的最大困难就是受中国官民不同程度的抵制,他们所处的环境、

---

① 王立新《美国传教士与晚清中国现代化》第 26—27 页,天津人民出版社,1997 年。
② 《卫三畏生平及书信》第 105 页。

地位及其可预见或不可预见的种种变化,都使他们对中国社会、政治、经济和历史文化的认识和理解有所改变和差异。在华传教士们通过信件、报告、书刊同美国国内的差会组织保持着广泛的联系,因此美部会能掌握在华传教士的动态和传教执行情况。美部会对派往中国的传教士花费过多时间和精力从事传播基督教以外的文化活动极为不满,认为他们主次颠倒。美部会不满《中国丛报》上大量刊登研究中国问题的文章,认为偏离差会办报的方向,还曾批评传教士伯驾用太多时间从事医疗活动,没有处理好"拯救灵魂"和"拯救肉体"的主次关系,伯驾为自己的行为进行了辩护:"病人不仅将听到,而且将感到从西方来的人是好人。这种影响将是无形的,但却是强有力的。因为在慈善事业中有着不可抗拒的、令人感动的东西。"①美国教会不理解这些传教的实际窘境,更不允许中国文化在基督文化中的影响,断绝了与伯驾的传教协约,伯驾最后转入了美国政府的对华外交活动,成为第一位传教士驻华公使。1856年12月底,卫三畏心爱的广州印刷所不幸被毁于英军炮轰广州之役。从此,卫三畏不得不脱离美部会,而踏入美国对华外交行列。尽管如此,卫三畏仍然眷念着他的传教士事业,相信儒耶合一的传教策略是促使"耶稣入华"的正确途径。在给美部会的一封辞职信中,卫三畏这样写道:"在整个事件中,我做出的每一个决定都是以传教事业为首要考虑因素的。众所周知,我不是一个牧师,我现在的职位也是世俗的、非神职的,它的性质和我过去所负责的印刷工作并无本质的不同。但是我必须声明,我是在征得美部会同意之后才离开的,很多人都知道,我在中国从事传教工作已经24年了。……现在我的工作与传教没有什么关系了。但我会一如既往、真诚地祝福我们的传教事业圆满成功。……经过七年的编写,我的词典终于问世了,我一直认为,这是我为传教事业所做的最有益的一件事,我认识的所有传教士也都这样认为。但是国内的人士似乎不这么想,这从他们谈及印刷所的来信中可以看出。不过,现在一切都过去了。发生了这么多事,但它们丝毫没有影响我对在华传教事业的一片热忱。"②甚至在从事美国对华外交工作八九年后,卫三畏还是坚持认为在华传教必须以间接布道为基础,"福音拯救中国"最重要的是要依靠中国人自己的努力,是一种合力下的产物,儒耶合一是

---

① *Chinese Repository*(《中国丛报》),Vol.12,p.188.
② 《卫三畏生平及书信》第156—157页。

不可替代的传教战略。1865年9月,正当蒲安臣公使已经回美、卫三畏代理驻华公使之后不久,他看到了美部会秘书安德森先生给美国传教士白汉理的一封信,感到有必要就扩大对华传教及其传教战略回复美部会,尽管他在踏上外交官生涯前已与美部会脱离了关系。在信中,卫三畏首先表达了对美部会扩大在华传教事业的支持,更重申美国在华的传教战略:"人们会认为,中国所有能够到达的地方只要开放,就会立即有传教士进入,但实际情况并非如此,这只是许多年前当这些地方还封闭时人们的真诚愿望。……当我回首往事,想到传播福音的事业在中国的逐步展开,想到在过去的20年里教会派到这块荒地上的使者是如此的不足,我开始意识到,光靠我们的力量将无法让福音在中国扎根,这项光荣的事业将需要当地人自己来实现。但是,为这样一个事业做任何事情都是一种特别的荣幸。我相信用不了多少时间,你就会找到人力和物力成千百倍地扩大和加快这一事业。"①

在蒲安臣和劳文罗斯两任公使卸职离华后,美国国内和中国的朋友们都极力劝说卫三畏接任驻华公使之职,但他在综合各种利害得失后,毅然坚守代理公使一职,并尽量借助这一职务的有利条件,为福音在华传播创造更好的前景。在卫三畏看来,被上帝选中来华布道是幸福的事情,而上帝使者的帮助才是中国得到拯救的有力途径,"尽管从远处看,中国有许多让别国感兴趣的地方,但细察之后很快便会发现,中国实际上是一个异教和半文明的国家,许多我们永远无法赞同的事情发生在这里,对此我们必须抱有极大的宽容态度。……中国所接受的教训是惨痛的,它通往开明政治的道路是漫长和困难重重的。……我们很清楚,只有传教团才能帮助中国在国际上提高地位并赢得应有的尊重"②。可见,传教任务是卫三畏一生工作的最重要的事情,无论先前中国的闭关落后需要拯救,还是中西"合作政策"后追求国际上平等地位,都离不开上帝的福音,而上帝福音带给中国人的恩惠,是需要外来基督教徒的辛苦布道,布道成功与否却又是与传教方式息息相关。卫三畏认为,缺少良好方法的间接布道和文字传教,如同普遍公认的直接布道一样,往往都是成效不佳,原因就在于工作方式的不正确:"工作方式不对往往是导致传教失败的原因,代价昂贵的经验对传

---

① 《卫三畏生平及书信》第247页。
② 《卫三畏生平及书信》第257页。

教士来说再好不过,因为他不能以别的方式获得,但由此造成的浪费与耽搁却对传教事业不利。举例来说,在广州时我们遇到一个来自卡罗莱纳州的虔诚的传教士,他热切地希望传播真理,为此他编写出版了一本自己也无法看懂的小册子,试想一下它的效果吧! 不过也许上帝就是采用这些不妥帖、欠完美的方式,以使我们窥见他无所不在的伟业。"①

不管怎样,传教工作都是卫三畏一辈子无法摆脱的生活主旨。在中国布道的进展如何,传教方式的有效性如何,基督教福音必须恩惠全球,这是卫三畏坚持不变的信仰。作为一个美国人,一位虔诚的基督传教士,从美国驻华使馆退休回美的卫三畏始终相信传教事业的光明前景:"中国的生活已经开始溶入无法辨识的过去,并被我周围的人和场景所淹没。……我也经常回顾自己过去的所作所为,回顾那43年的生活有时会让我想起一些被忽视、未完成和做错的事情。但我很快会想到问题的另一面,并会用这样的话来安慰自己:'如果主让我做某件事,他一定事先知道我所有的计划和希望,因为这也是他意图的一部分。'传教工作的重要性日益增大,这是我这个行将就木的人的看法,当我能够更全面地审视它的时候,我相信它会显得更加辉煌。"②这样的情怀,实际上就是一种乐观进取的基督精神,正如卫三畏本人对"God"和"Spirit"的中文翻译一样。在《汉英韵府》中,他除了将前者翻译为"神"外,更将"神"理解为"精神":"对他必须翻译的用语,卫三畏博士从来没有想到要隐瞒它的真实意思。……确实,卫三畏博士是坚持使用'神'这一译名的人中最杰出的一个。但在他伟大的字典中,他却证实'神'的一个意思是'精神'。"③

二、卫三畏政治外交与耶稣入华

从上面的文字中,我们能稍微感受到卫三畏走上对华外交之路,似乎是一种无奈的选择,其实也正是他实践"儒耶合一"传教策略的开始。作为一种福音传播的手段,外交活动给了卫三畏更大的工作能量,更好的为上帝服务的良机,正应了他在给美部会辞职信中的诺言:"我愿意为这一事

---

① 《卫三畏生平及书信》第255页。
② 《卫三畏生平及书信》第288页。
③ 《卫三畏生平及书信》第295页。

业(指福音传播)做任何事情,就像以前一样。我深信,上帝还将给中国更多的恩惠,我们应该帮助这个民族领悟上帝的教诲。"①所以,以下的文字旨在探究卫三畏的几次重要外交活动对于他所钟情的"耶稣入华"所起到的历史性作用,而少作政治道德和社会伦理角度上的评判。

在第二次大觉醒运动中,基督复临论对美国海外传教运动兴起产生了重大影响。复临论宣称:耶稣基督不久将再次复临人间,建立理想的千年王国,信徒将获得永生,罪人将受到审判和惩罚;唯有立即皈依基督才有出路。为了迎接千年王国的来临,信徒必须在人间弘扬基督精神,引导他人信奉上帝,以逐渐改造这个罪恶的世界。同时"海外的传教运动也是让宗教狂热一直能在美国持续下去的手段"②。美国各教派顺应这股潮流,将拯救异教徒的传教活动提上日程,纷纷在海外建立布道组织。1829年10月14日,28岁的裨治文受美部会派遣赴华,拉开了长达一个多世纪的美国对华传教运动的序幕。美国新教传教士来华,主要因为宗教的因素,这种精神上的追求,就是要把美国的基督教思想向中国传播,"终有一天,福音将在中华帝国获得胜利,它那众多的人民将归向基督。要牢记你的首要任务,是在中国人中间推广福音。"美部会给裨治文的批示信,充分说明了向中国传播美国基督教文明的福音,在传教士的赴华使命中占有相当大的分量。此外,美国传教士来华还要从世俗与政治的角度来考虑。当时美国经济正处在快速增长时期,西部的疆界也得到进一步拓展,美国政府极力希望向外进一步扩大影响。美国领土和势力的向外扩张,得到了美国教会的支持,其中"上帝选民论"主要是作为美国早期在美洲大陆建立和扩展具有天然合理性的宗教依据,而到了19世纪中期,美国需要像其他世界列强那样进行海外扩张时,"上帝选民论"便具有一种新的内涵并进而发展为一种"天定命运论"。1845年7月,《纽约危机》记者约翰·沙利文正式提出"天定命运"口号,鼓吹美国领土扩张是上帝委托的神圣的道德使命,美国不仅应该在美洲大陆扩张,而且应该向海外扩张,作为基督徒的美国人有责任遵照上帝的旨意拯救世界。③ 在美国教会和美国政治与新闻机构的反复鼓吹下,"上帝选民""美国伟大""传播基督教文明""拯救世人"

---

① 《卫三畏生平及书信》第157页。
② [美]P. C. 妮尔丝《美国传教士对美国对华政策之影响》,载李本京主编《美国基督教教会对东亚之影响》第9页,台北:正中书局,1991年。
③ 刘澎《当代美国宗教》第72页,社会科学文献出版社,2001年。

第二章 让耶稣进入中国

等一整套天定命运观念逐渐成为一种具有宗教性的美国意识,成为美国海外扩张的宗教依据。其后,随着美国内战的结束,美国又兴起了大规模的海外宣教运动,大批美国传教士被派往亚非拉各国进行活动,传教士与美国政治、军事、经济势力在世界各地的扩张性的相互配合,成为美国对外扩张的先锋和工具。这样,对于以传播福音为主要目的的美国传教士来说,世俗利益和政治因素对他们的影响均是不可忽视的。

传教士的国家属性,不可避免地使他们与其国家的根本利益密不可分,政治、经济和宗教关系就具体地将来华传教士与美国在华的发展联系在了一起。因此,美国传教士介入中美政治外交就是一种必然的趋势。美国传教士介入晚清中美政治外交的首要原因是想扩大在华的传教事业,在客观上也是顺应美国政府对华政治利益和中国西化改革的需要。

首先,对美国传教士来说,基督徒的使命就是提供中国变革所需要的新道德,从而将异教徒从万劫不复中拯救出来,并使一个被沉沦于罪恶之中的陌生民族永远皈依基督教。然而,从投入的时间、精力和金钱来衡量,美国传教士在华早期的直接传教的成功极少,就是间接布道活动,如教育事业、文化出版事业及慈善医疗事业等,虽然成为以后美国传教士在华布道的主要模式和内容,但当时也没有达到预期的效果,甚至受到了来自美国国内教会的压力,要将这些福音布道的补充活动作为直接福音布道的从属地位或甚至加以放弃。① 由于早期传教活动尚未全面展开,传教士还感受不到中国人的反教心理,面对中国人之于直接的福音传教或宗教礼拜活动的冷漠或看客心态,大多数美国传教士多认为"阻止在崇拜偶像的异教徒中间建立传教站的障碍只有一个,这个障碍是政治性的",即清政府的禁教政策,"如果他们的政府不干预的话,他们的改造工作并不难做。我的意思是说,他们的偏见在某种程度上也是政府制造的"②。基于这样的表象认识,一些传教士开始把注意力转向配合本国政府的政治外交方面,认为可以借助本国的政治外交手段,从上而下地让中国人接近并信奉耶稣。因此,从这个思路上来说,美国传教士"从事外交仅仅是19世纪30年代传教士在广州开始的为寻求更好地进入中国并改变其宗教信仰的方法所做的

---

① 菲利浦·D·柯廷《帝国主义》(英文版)第223页,纽约,1971年。
② 《卫三畏生平及书信》第23页。

探索的一种延伸"①。其实,从世界历史上看,基督教的扩张和西方列强的扩张是并行不悖的。传教士参与外交,对在华传教事业具有极大的便利。美国海军随军传教士牛顿曾盛赞传教士伯驾对《望厦条约》的影响力,"这使他对中国人有更大影响力,因为中国可能是世界上最重政治作用的民族",更重要的是,传教士可以利用其外交官的身份谋求更多的传教特权。②这些影响力在卫三畏身上都有深刻的体现,1876 年,卫三畏最后一次离华回美途经上海时,上海的美国新教传教士同仁致信赞扬他说:"您长期担任美国使馆秘书、翻译,9 次代理公使的职务,这些工作给了您许多重要的机遇,使您得以把知识、经验用于为中国人造福、为您自己的国家谋利,尤其是为基督教在中国的传播效力。对您工作中表现出的高度责任感,我们不胜钦佩。我们尤其铭记的是,在史无前例的 43 年服务期间,您在与中国人以及在华外国人的所有文字、外事与社会交往中,忠诚而一贯地保持了作为一个基督徒与传教士的本色。"③可见,利用外交官的特殊身份,为传教事业提供便利和保护,就成为在华传教士的普遍心理,而且,美国新教是支持美国对外扩张政策的民间团体,传教士大多甘愿在可以扩张传教利益的前提下为美国的国家利益服务。这就促使不少传教士宁愿放弃表面上的福音工作,而加入世俗的工作当中,"在这种态度下,有那么多传教士一步步从教堂走进使馆就没有什么奇怪了"④。

其次,美国对华政治的需要促使美国政府需要传教士的服务。也就是说,新生美国在早期对华事务中必须要文化素质较高和对中国较为了解的传教士的帮助。原因很简单,就是美国对中国缺乏了解。导致美国自1784 年开始中美直接交往后近 50 年间有关中国知识匮乏的主要原因有:美国建国伊始,谈不上学术文化研究,主要是通过欧洲的文学资料和传入的中国商品与家装艺术品来了解一点有关中国的情况,所谓的"中国热"实际上只是 18 世纪欧洲"中国热"余热在北美的延续,加上中美建交以前

---

① [美]韩德著,项立岭等译《中美特殊关系的形成:1914 年前的美国与中国》第 33 页,复旦大学出版社,1993 年。
② 《中美特殊关系的形成:1914 年前的美国与中国》第 264 页。
③ 《卫三畏生平及书信》第 285 页。
④ Jr.Arthur Schlesinger(小阿瑟施莱格),The Missionary Enterprise and Theories of Imperialism,in Fairbank,ed.,The Missionary Enterprise in China and America,Cambridge,Mass.:Harvard University Press,1974,p. 350.

第二章 让耶稣进入中国

两国的贸易和商务关系仅限于广州一带,来华人员不外乎商人和船员,他们的知识与兴趣限制了他们对中国的了解,更谈不上将中国历史、政治经济和社会文化等知识信息转介给美国大众;在独立后的半个世纪里,美国基于自身文化传统、地理历史背景和社会经济发展状况,除了对西欧事务略加重视外,还无暇顾及世界其他各地的情况,即使在第一次鸦片战争后有入华驻广州的使领团,第二次鸦片战争后有进驻北京的公使馆机构。此外,使领馆的人员的遴选,受到政治背景与党派人事关系的影响过大,包括公使在内的驻华外交人员更换频繁且任期短暂。从《望厦条约》签订到1857年伯驾去职,其间整整13年,美国有驻华委员在任的时间不到6年,其余一半以上的时间都由人代办,人均不到1年,实际上的主要负责人就是传教士伯驾,而且"美国驻华公使在《望厦条约》缔约后的10年内没有从华盛顿得到过具体指示,这一事实进一步证明美国政府对在中国发生的事情漠不关心"①。这样不利的情况,令当时的美国政府诚心选派中国问题专家出使中国,或以专家为使华外交人员的顾问,或以训练派赴中国使馆人员学习中国知识及中国语文,亦不可得,"在20世纪以前美国唯一的所谓汉学家不过卫三畏一人"②。此话是否言过其实,不作评论,但最明显的事实是,美国新教传教士在早期中美关系史上的历史作用是重大的。这些传教士以其对于中文"精通"和对中国事务的熟悉,首先成为美国对华政治制订和实施的最佳人选,却是不争的事实。他们有的成为美国驻华人员的秘书兼翻译,有的甚至当上了美国驻华公使、专使或代理公使。据不完全统计,进入美国驻华机构任职的美国传教士至少有下表所列的11位。

姓名	所属差会	来华时间	担任的外交职务	任职时间
裨治文	美部会	1830	顾盛使团翻译	1844
伯 驾	美部会	1834	使馆秘书、代理专使、专使	1844—1855
卫三畏	美部会	1833	使馆秘书兼翻译、9次代理公使	1857—1874
罗尔梯	美国浸礼促进会	1848	美国驻宁波领事	1861—1881
晏玛太	南浸礼传道会	1847	驻沪使馆翻译、副领事	1862—1864

---

① [美]孔华润著,张静尔译《美国对中国的反应》第13页,复旦大学出版社,1989年。
② 李定一《中美早期外交史》第154页,北京大学出版社,1997年。

续表

姓名	所属差会	来华时间	担任的外交职务	任职时间
麦嘉缔	美国长老会	1844	美国驻沪副领事	1871
何天爵	美部会	1869	使馆头等参赞、代理公使	1871—1882
丁家立	美部会	1882	驻天津副领事	1894—1896
卫 理	美以美会	1887	使馆参赞	1901—1908
李安德	美以美会	1871	驻天津副领事	不详
李佳白	美国长老会	1882	驻华使馆翻译	不详

（资料来源：中国社科院近代史研究所编《近代来华外国人名辞典》，中国社会科学出版社，1981年。至于卫三畏任美国驻华使馆的任职具体情况，可参见本书的附录。）

  传教士在美国驻华机构任职期间，对中美关系产生了重要影响。一般说来，美国与清政府之间的往来公文大部分由精通汉语的传教士来承担，实际与中国官员打交道的也是这些传教士。自顾盛使华到中美《天津条约》签订，传教士一直是对华外交的主要助手和顾问，伯驾和裨治文对《望厦条约》、卫三畏对《天津条约》，从条约草案到最后签订都发挥了重要作用，而从19世纪60年代开始到90年代美国对华"门户开放"政策之时，美国驻华使馆的对华外交格局没有太大的变化，卫三畏、何天爵、卫理等传教士无论是秘书、翻译还是代理公使，仍然是美国对华政策的主要参与者和决策者，何天爵曾是1880年《中美续修条约四款》和《续给附款》的起草者。传教士的外交工作得到了美国政府的赞赏，曾任1857—1858年驻华公使的列卫廉（William B. Reed）在给国务卿的信中这样评价道："传教士和那些与传教事业有关的人们的常识，对于我国的利益是非常重要的，没有他们充作翻译人员，公事就无法办理。我在这里尽责办事，若不是他们从旁协助，就一步也离不开，对于往来的文件，或条约规定，一个字也不能读、写或了解。有了他们，一切困难或障碍都没有了。"[①]进入20世纪后，美国对华的政治外交已趋成熟，驻华外交官日益专业化和职业化，传教士对华政策的影响变得越来越小了。

  最后一点，也是很重要的，就是晚清中国在西方船坚炮利下的救亡图存的内部需要。在历次反侵略战争中败北的刺激下，一部分开明的士大夫

---

① [美]泰勒·丹涅特著，姚曾廙译《美国人在东亚》第472页，商务印书馆，1959年。

开始关注外部世界的形势和变化,他们试图通过了解外部世界以达到"师夷长技以制夷",即抵抗西方侵略的目的,进而开始了"同治中兴"等以富国强兵为目标的西化改革,后又在洋务运动彻底失败和1895年甲午战争失利后的民族危机严重的时期展开了维新变法运动。在这半个世纪中,先进的中国人前赴后继,在"西学东渐"潮流中不断汲取外来文化精华以期改变中国落后挨打的被动局面。而来华西方传教士对西学在华的传播大致满足了中国社会变革对于西学需要的历程。第一次鸦片战争后,晚清的大门刚刚被打开,中西文化的接触最初表现在基督教的传入。传教士为了实现中国基督教化的目标,不但从事了文化传播,而且试图用西方基督教文化改造中国传统文化。这些举动又正好迎合了中国人对西学认识的需要和中国社会对西方文化进行有选择引进的需要。带着福音传播的初衷,传教士有意或无意地将神学及其相关的哲学理论传入中国,并且为了动摇传统中国"中心论"文化观和"华夷体系"世界观,传教士编写和翻译了一大批史地著作(最有影响的是裨治文介绍美国史地知识的《美理哥合省国志略》),介绍了西方的政治、历史、地理和文化等情况,以宣传西方的先进文明和科技。这是鸦片战争前夕若干中国士大夫获得一些有关西方知识的唯一来源。[①] 19世纪60年代后,洋务派把西方兵工技术视为挽救危机的良方,于是西方自然科学和技术知识成为传教士进入洋务机构的敲门砖,这一时期传教士不仅利用教会学校培养大量的洋务人才,而且在洋务机构中翻译了大批有关科学技术知识的书籍。80和90年代,社会改良和维新思潮次第兴起,改革中国政治、经济和教育制度成为社会变革的迫切需要,于是西政、西法借助传教士之手大量涌进,这一时期有的传教士不仅利用出版事业大力宣传西政和西法,而且还亲身鼓动和参与维新变法运动。世纪之交,中国知识分子在痛定思痛中认为政治改革失败的原因在于缺乏社会文化心理基础,必须改造国民性,变革精神和价值观念,而一贯标榜以改造中国人的精神和心灵为其使命的传教士似乎更有了用武之地,他们更加积极地宣传社会福音和宗教拯救的理论。然而面对着风起云涌的反清革命,传教士在政治和文化上日趋保守,逐渐失去了对中国政治的影响力,不得不回到福音布道的传统出发点上。

从上述分析可知,卫三畏进入外交界,是时代发展的一种趋势,更是美

---

① 李定一《中美早期外交史》第50—51页,北京大学出版社,1997年。

国对华政治外交的一个特点。传教士外交官的出现,极大地促进了美国对华关系的发展,特别在福音传播的宗教意义上,成为基督教在华传播史上的一个重要内容。从1857年出任美国驻华使馆的秘书兼翻译开始,直到1876年从代理公使职位上退休离华,卫三畏在华20年的外交生涯,不仅开创了中美外交关系的新局面,更重要的是他取得了自己所追求的"耶稣入华"在政治上的"成就":在中美《天津条约》中就是他把"传教宽容"的条款加进去的!从此,清政府解除了自"礼仪之争"以来长达100多年的禁教政策,基督教在华传播开始合法化和公开化了。尽管"自由传教"在华实施10多年之后,中国社会没有出现卫三畏所期待的福音普惠的大好气象,但在最后一次离开中国时,他显示出作为传教士的自豪心态:"在这个最后的时刻,我开始怀疑自己离开中国的决定是否正确。这好比连根拔起一棵大树移植到不适宜的土壤中,它的树液也许不会流动。唯有时间能判断这个决定是否明智。……不论我在中国做过的事情是好还是坏,都已留在了那片土地上。上帝会把它们作为他在中国传播声名、实践允诺的一部分。我在传教过程中与同伴们相处融洽、身体健康、工作愉快,为此我要虔诚地赞美造物主。"可见,此时此刻我们看到的是一个传教士,而不是一个学者或外交家离开他曾选择的这片土地。①

为了展示卫三畏在1858年政治外交意义上"传教宽容"的活动,需要对包括美国在内的西方国家在华获得传教权利的来龙去脉,做一些必要的历史陈述。前已有述,鸦片战争前福音在华传播困难重重,令传教士十分苦恼并充满着危险,仇视中国之心日重。来华商人受阻于广州十三行制度,一样远途劳顿而利润微薄。所谓的"同病相怜",使商人和传教士走到了一起。在面对商人罪恶的鸦片贸易时,在华传教士大都缄默不言,不愿置评。② 随着猖獗的鸦片贸易引发的中英冲突越来愈烈的时刻,很多美国传教士都一致认为应该对华采取强硬政策,以武力打开中国长期紧闭的大门。在他们看来,清政府长达百年之久的禁教措施是对福音的拒斥,而鸦片战争则是基督教徒与敌视基督之人的战争。所以在华的美国传教士满怀希望地注视中英之间关于鸦片贸易的纠纷,把中英战争看作是打破禁教政策,使福音进入中国的契机。美国第一位来华女传教士夏克夫人回忆

---

① 《卫三畏生平及书信》第286页。
② 楼宇烈、张志刚《中外宗教交流史》第385页,湖南教育出版社,1998年。

第二章 让耶稣进入中国

说:"中英之间的纠纷曾使我欣喜若狂,因为我相信英国人会被激怒,这样上帝就会以其力量打破阻止基督福音进入中国的障碍。"①另一位传教士则发出了赤裸裸的战争叫嚣:"战争是为福音打开一国门户的手段,铡刀是精神之剑的先导。"②而一时盛名的《中国丛报》也在有意无意地为中英纠纷升级做着的可有可无的鼓动,提出了一些侵华主张,如在1836年2月第4卷第10期中,发表了附有"编者按"的通讯文章《与中国缔约的迫切需要:达成实现有关目的之条约的可能性》,基本结论是:"我们不能通过辞谦语卑的禀帖而取得什么;如果我们要和中国订立一个条约,这个条约必须是在刺刀下,依照我们的命令写下来,并要在大炮的瞄准下,才发生效力的。"③战争爆发后,一些传教士还直接参与了英国的侵华行动。美国传教士雅裨理和文惠廉于1842年2月乘坐英国兵船抵达厦门鼓浪屿,由于他们都懂闽南语,因而对英军帮助很大。对此行径,雅裨理不无炫耀地说,多年来,他在中国受到约束,虽"舌焦唇敝",却徒劳无功;如今,在英军保护下,"如此完全自由"和"取得这么多利益",实在是"上帝的恩赐"。④就目前所接触到的史料而论,当时在华的绝大多数传教士都全然肯定英国对华的这场鸦片战争,认为整个战争之所以发生,完全是因为中国人愚昧无知、狂妄自大地抗拒福音所致,而英国侵略中国是在执行上帝的旨意。站在西方文化优越性的立场上,就连美国基督教领袖人物阿伯特也没有对英国这样赤裸裸的武力侵华而感到心有不安:"我否认一个野蛮民族有权在地球上保留任何领地。我愿意重申我的看法:野蛮没有被文明尊重的权利,文明人虽然必须尊重野蛮人很多的权利,但对他们保持野蛮的权利则不必尊重。"⑤对在鸦片战争中充当极不光彩的帮凶角色的传教士及其违犯基督教道德的行为,还是遭到了一些具有正义感和良知的在华传教士的谴责和批评,如美国长老会的传教医生嘉约翰(John Glasgow Kerr,1824—1901)就把传教士加入的侵华战争称为"整个基督教世界的耻辱",⑥而另一些美国

---

① John King Fairbank(费正清),ed.,*The Missionary Enterprise in China and America*,Cambridge,Mass.:Harvard University Press,1974,p.252.
② 雷雨田《上帝与美国人》第55页,上海人民出版社,1994年。
③ 楼宇烈、张志刚《中外宗教交流史》第386页,湖南教育出版社,1998年。
④ 《中国丛报》(*Chinese Repository*)第272页,1849年5月。
⑤ T·汉蒂《一个基督教的美国:新教的希望和历史现实》(英文版)第128页,纽约,1971年。
⑥ 王立新《美国传教士与晚清中国现代化》第71页,天津人民出版社,1997年。

传教士则认为"我们以后不得不花费很长的时间为自己洗刷污名"。① 在鸦片战争一触即发之际，传教士卫三畏也曾表示"对待中国人需要严厉的措施，以便把他们从无知、自负和偶像崇拜中拯救出来"。② 但他始终对于鸦片、鸦片贸易和鸦片战争持否定态度。在晚年《中国总论》修订版面世后，卫三畏仍然坚持他的一贯原则，"他没有掩饰自己对报纸上评论的兴趣，一有书评便要人读给他听。英语报刊的评论总体来说都是褒奖，这让他很高兴，虽然这些评论很少放过对他的'鸦片偏执'（他坚持认为英国实行的鸦片政策是现今中国苦难的最终根源）的指责"③。尽管如此，卫三畏无疑对当时的中外形势有着一种踌躇和矛盾的心态，但为了福音能够在华传布，在心理天平上，他的主要方面还是乐意看到英国人打开中国闭关大门后带给福音传播的良机，"中国人只有一个机会可以获得拯救，那就是彻底地在基督中重生，除此之外，别无他法"④。

对西方列强坚船利炮屈服的后果，就是《南京条约》等一系列不平等条约的签订。狂热的宗教激情和对利益的向往，使一些传教士违背他们的主"不以武力"传教的宗旨，极力鼓吹战争打开中国大门的逻辑，还在不平等条约的签订上协助本国政府官员。《南京条约》签订中，传教士马礼逊和郭实腊担任翻译，一切谈判由他们来往游说，所有的条约起草都由他们包办。尽管《南京条约》对鸦片贸易和传教自由只字不提，并不是说这些中国人禁忌很深的东西从此绝迹，而是不言自明的我行我素，双方心知肚明的，"对传教一事只字不提，英国人关心的只是通商，可是五口通商势必导致前来贸易的英国商人提出在商埠奉行宗教生活的权利"⑤。同时，商人和传教士都获得了严重损害中国主权的治外法权，传教自由也就顺理成章地成为必然之事了。鸦片战争前后，美国主要致力于西部拓展，尚无积极向海外扩张的要求，亦无向海外扩张的实力，而且英美之间的宿怨和因加拿大起义而引发的两国纠纷，使美国国内弥漫着强烈的反英气氛。所

---

① 《美国传教士与晚清中国现代化》第 264 页。
② [美]韩德著，项立岭等译《中美特殊关系的形成：1914 年前的美国与中国》第 38 页，复旦大学出版社，1993 年。
③ 《卫三畏生平及书信》第 311 页。
④ [法]P·W·费伊《鸦片战争时期法国天主教会在华的活动》，载复旦大学历史系编《中外关系史译丛》第 5 辑，第 231 页，上海译文出版社，1991 年。
⑤ [法]史式徽著，天主教上海教区史料译写组译《江南传教史》第 54 页，上海译文出版社，1983 年。

以,在中国问题上,美国既不愿意同英国采取共同行动,又不甘心自己在华贸易利益上受到歧视,一时消极地隔岸观火,伺机趁火打劫,以求最惠国待遇。《南京条约》签订的消息传到美国后,美国政府才意识到迫使中国政府签约的时机已经成熟,迅速遣使赴华。美国政府是最早利用新条约与中国确立交往关系的国家,为此泰勒总统派遣政治家兼学者顾盛(Caleb Cushing)带着一封致中国皇帝的信前往中国。作为使者,顾盛拥有协商两国之间条约的一切权力。顾盛于1844年2月抵达澳门并在那里待了6个月,其间他没有试图去首都递交国书,而是在一位前任葡萄牙总督的官邸里安营扎寨。① 顾盛在传教士裨治文、伯驾和卫三畏等人帮助下,在澳门的半年中,利用鸦片战争后清政府的惧外心理,不断以北上相威胁,并以威胁和教训的口吻对前来的中国官员说,拒绝接待使节,在国际社会看来是"一个有辱国体的举动,也是战争的正当理由"。他还故意说自己已经大受侮辱,美国的国家荣誉也已经受到损害,只是暂时"隐忍不发",希望能够得到"适当的补偿"。② 从6月18日开始,中美举行会谈,经过半个月的讨价还价,终于在7月3日双方在澳门附近的望厦村天后宫签订了《望厦条约》。除了割地和赔款外,《望厦条约》不仅获得了《南京条约》中规定的所有权益,而且还取得了《南京条约》上所没有,或者有但未明确的一些条款上所规定的利益,从而使中国的门户打开得更宽阔了,它"已将美国对华关系,放置在一个崭新的立脚点上,万分有利于美国商务以及其他利益之发展"③。而为《望厦条约》签订立下汗马功劳的传教士,顾盛予以高度的评价:"此次与中国的谈判,美国传教士特别是裨治文和伯驾所起的作用,若非不可缺少,那也是最重要的。他们通晓中国语言的能力,使他们能够担任使团的翻译;他们对中国和中国人的了解,使他们成为无法估价的顾问。"④使团在澳门期间还利用过卫三畏的印刷所和他的翻译作品,顾盛此后也致信感谢卫三畏,信的结尾这样说:"我请求您接受我对您未来的个人幸福和事业发展的最美好的祝愿。您尊敬和真诚的顾盛。除此之外我还想说,与您短暂的交往使我感到非常满意,对您为政府所做的工作以及从

---

① 《卫三畏生平及书信》第66页。
② [美]泰勒·丹涅特著,姚曾廙译《美国人在东亚》第134—135页,商务印书馆,1962年。
③ 卿汝楫《美国侵华史》第79、81页,人民出版社,1957年。
④ Bridgman, Eliza J. Gillett, *The Life and Labors of Elijah Coleman Bridgman*(裨治文《裨治文的生平与工作》), New York, 1864, pp. 20-27, 130-134.

更大的方面说为中国的宗教和文明事业所做的工作表示崇高的敬意。"①《望厦条约》中新增的条款,就有《南京条约》中没有涉及的文化方面,包括宗教问题,比较明显地反映了传教士的利益与要求。《望厦条约》是近代第一个真正把基督教在华问题载入条约的。关于传教问题的条款主要表现在两个方面:一是扩大了社会生活和思想文化方面的权利,二是对领事裁判权做的增广和更加明确的规定。《南京条约》中虽有社会生活权利方面的规定,但完全是出于对商业的需要,而思想文化方面的权利,则基本没有涉及。《望厦条约》却明显地扩大了这些方面的特权,如条约第17款规定:"合众国人在五港口贸易,或久居,或暂住,均准其租赁民房,或租地自行建楼,并设立医馆、礼拜堂及殡葬之处。"第18款又规定:"准合众国官民延请中国各方土民人等教习各方语言,并帮办文墨事件,不论所延请者系何等样人,中国地方官民等均不得稍有阻挠、陷害等事;并准其采买中国各项书籍。"这些规定的目的是显而易见地为传教士各种活动提供保护:传教士可以公开将西方的思想文化、生活习俗和宗教信仰引入中国,并且获得了在中国从事传教活动的合法基地,这对于清政府的禁教政策无疑是打开了缺口,成为后来法国要求天主教弛禁的先导,而且传教士可以通过聘请中国教师、仆役和采买中国书籍,同中国社会各阶层进行广泛的接触,与他们交往的中国人亦可以得到条约的保护而无所顾忌,这就为他们的文化渗透和传教活动提供了非常便利的条件。更重要的是,包括传教士在内的美国人在中国的违法犯罪行为也得到豁免,这是《望厦条约》对中国主权侵犯的铁证,西方人获得了在华的领事裁判权。《南京条约》虽然确定了民事和刑事案件中的领事裁判权,但含义并不明确,还不能满足传教士的要求。《望厦条约》进一步扩大了领事裁判权,做了更加明确的规定。条约第21款规定:"嗣后中国民人与合众国民人有争斗、诉讼、交涉事件,中国民人由中国地方官捉拿审讯,照中国例治罪;合众国民人由领事等官捉拿审讯,照本国例治罪。"第25款又规定:"合众国民人在中国各港口,自因财产涉讼,由本国领事等官审明办理。若合众国民人在中国与别国贸易之人,因事争论者,应听造查照各本国所立条约办理,中国官员均不得过问。"这些规定又显然是为在华违法的传教士逃避中国法律制裁提供的保护:在中国各通商口岸,美侨无论是犯有刑事罪还是民事罪;无论是美侨与

---

① 《卫三畏生平及书信》第66页。

中国人的诉讼,还是美侨之间,或美侨与他国外侨间的诉讼,中国官员均不得捉拿问罪,这样传教士就可以在不平等条约的保护之下,恣意妄为,肆无忌惮地从事各种非法的传教活动,而不受中国法律的约束了。① 简言之,《望厦条约》中虽然没有"允许传教士传教"的条款文字,但从上面的分析中,我们知道,传教士获得了他们意想不到的传教权利。正如在《望厦条约》签订中出力甚多的美国传教士伯驾情不自禁地宣布:"一个崭新的时代现在已经来临。"②1844年10月24日,法国也强迫清政府签订了《黄埔条约》,其中第22款规定:"佛兰西人,亦一体可以建造礼拜堂、医人院、周急院、学房、坟地各项,地方官会同领事官,酌议定佛兰西人宜居住宜建造之地","倘有中国人将佛兰西礼拜堂、坟地触犯毁坏,地方官照例严拘重惩"。③《黄埔条约》同样没有允许传教,但也并未严加禁止,而且增加了清政府保护天主教礼拜堂的义务,礼拜堂似乎也可作为向中国民众布道之地。此后,道光帝还准免查禁天主教,并发还天主堂旧址,"天主教既系劝人为善,与别项邪教迥不相同,业已准免查禁,所有康熙年间各省旧建之天主教堂,除已改为庙宇、民居者毋庸查办,其原有旧房屋尚存者,如勘明确实,准其给还该处奉教之人"④。

第一次鸦片战争后一系列不平等条约开启了清王朝的禁教门户,大批传教士纷纷东来中国。美国对传教士活动显得比其他国家更为重视,到1851年为止,到中国的各国传教士已有150名,其中就有88名是来自美国的。这批传教士来华后可以公开地活动,还在开放城市建筑了教堂,上海就集中了一大批美国传教士,如1847年从广州来到上海的裨治文、从厦门到上海的文惠廉、美国南浸信会传教士晏马太,以及后来成为汉学家的丁韪良和成为教育家和翻译家的林乐知等人。美国传教士的传教热情和活跃,不仅在五口通商口岸,也"常常环游四乡",甚至超出了五口的范围,到达浙江定海(舟山)等地,因而惹出许多违反中国规定而引起中国人民愤怒的案件来,1844—1845年间中美纠纷案件不多,却有半数与传教士有

---

① 何大进《美国赴华传教士与〈中美望厦条约〉》,载《广州大学学报》(综合版)2001年第7期,第24—25页。
② 余绳武《一八五八年以前美籍传教士在中国的侵略活动》,载列岛编《鸦片战争史论文专集》第202页,人民出版社,1990年。
③ 王铁崖《中外旧约章汇编》(第一册)第62页,生活·读书·新知三联书店,1957年。
④ 顾长声《传教士与近代中国》第55页,上海人民出版社,2004年。

关。尽管传教权益和环境都大大超越了从前,但传教士并没有获得他们希望得到的全部传教自由。由于中国人在鸦片战争败北后普遍涌起的仇外心理,加上条约执行的时间差,以及道光帝上谕的行政命令的现时性,都使得传教士在华传教活动仍然受到很多的限制。到第二次鸦片战争前,清政府对传教士的活动尚能加以一定的限制,形成了这一时期的限教政策。首先,清政府严禁传教士进入内地,包括传教活动。1846年,道光帝上谕严令"外国人概不准赴内地"①。而各级官员严格执行条约里的规定,只准传教士"于通商五口地方建堂礼拜,断不准越界传教","倘有违背条约、越界妄行,地方官经拿获即解送各国领事馆惩办"。②咸丰年间曾发生多起传教士潜入内地而被地方官驱逐押解至本国领事馆的事件,由清中央政府直接下令驱逐的传教士达13人次。③同时,政府对于民众信教进行了限制,中国信徒的活动大都自我收敛,其活动局限于诵经礼拜,不敢过分招摇。因此,到第二次鸦片战争前,传教士仅限于通商口岸传教,很少潜入内地,其活动也比较收敛。但这样的态势是不能长久地维持下去的。

  19世纪50年代,法王路易波拿巴统治的法兰西第二帝国在克里木战争结束后,就积极策划侵略中国的战争,主要目的是利用天主教以扩张在华殖民势力。1856年的"马神甫事件"和"亚罗号事件"成为法国和英国联合起来侵华的借口和导火线。而美俄两国也各怀目的地配合行动。第二次鸦片战争后签订的条约里包含着所谓"宗教宽容条款",传教士可在中国凭借不平等条约,依仗本国政府的武装和领事裁判权宣扬基督福音。卫三畏在中美《天津条约》签订中发挥了重大作用,将"宗教宽容"条款塞入其中,成为他的"耶稣进入中国"的世俗努力的主要成果。

  美国政府在顾盛使团完成《望厦条约》的签订任务后,就任命传教士伯驾医生继续担任驻华使节的中文秘书和翻译。1856年,《望厦条约》届满12年,美国政府正式任命伯驾为驻华委员,不久升格为驻华公使,要他负责与清政府的修约任务。时在美国的伯驾接受此项任命后,立即取道欧洲,先后在伦敦和巴黎会同英法外交大臣晤商合作事宜,了解英法政府的意图,后在香港又会晤英国驻华公使包令和法国驻华代办古西,研究修约

---

① 李刚己《教务纪略》第4页,上海书店,1986年。
② 文庆等编《筹办夷务始末》(道光朝)(第73卷),第2903页,中华书局,1964年。
③ 胡建华《论咸丰朝的限教政策》,载《近代史研究》1990年第1期,第21页。

等问题。在为时不到两年的公使任期里,这位以传教士起家的美国外交官力促美国侵华,没有完成和平修约任务,却非常突出地几次三番鼓动美国政府侵占中国台湾,以此作为"最后手段"。但他的呈函都没有得到批复。最后,在现届政府即将下台前国务院给伯驾发来了训令:"总统并不认为美国和中国的关系有采取你所说的'最后手段'的必要,即使有此必要,美国的陆海军,也必须要有国会的授权才能调动。你所说的'最后手段'实无异于战争,本政府的行政部门并无宣战之权。"美国新届政府上台后,伯驾随之失宠,另派列卫廉出任驻华公使,传教士伯驾要求美国政府占领台湾的阴谋也就没有实现。① 尽管如此,美国政府仍旧不放弃"鹬蚌相争渔翁得利"的趁火打劫的手法,伙同俄国跟随在英法联军的军舰之后。1858年4月底,英法俄美四国军舰、公使和相关人员齐集天津大沽口外。英法联军决定要对中国发动一次突然袭击,他们商定派美国传教士卫三畏和丁韪良去同直隶布政司钱炘和举行谈判,制造假象,出其不意地在20日向大沽炮台发动进攻。在武力威胁下,直隶总督开始屈服。5月3日,清政府派来的钦差大臣与美国使节在大沽炮台举行了第一次会谈。此后,直到6月18日中美《天津条约》签订前,卫三畏主要地站在传教士传教自由的利益角度,不顾国际法和正义对于英法侵略者的谴责,而认为"这四国的兵舰和公使汇集在中国京城附近,是我们对中国进行传教工作的一部分"②。正如他在5月13日的日记中所说:"在今天送来的《字林西报》(*North China Herald*)上,我们看到了一篇恶意攻击'入侵的中立者'的文章。该文胡编乱造,居心险恶,让人十分气愤。现在,四国怀有各自不同的目的与中国人谈判——俄国希望解决两国的边界问题,法国想维护和加强它在这里的基督教组织,英国想要扩大与中国的贸易,而对于我们美国人来说,只要是能扩大美国在华的势力和影响的事情,我们都要争取做到。不过,我们所做的一切最终都是为了达到一个目的,那就是实实在在地打开中国的大门。"③5月19日,列卫廉公使再次敦促签约问题,卫三畏和丁韪良上岸拜访了中国官员,并进行正式谈判,"在我们提出的条款中,有一些已经被接受,关于在华传播基督教和赔款的条款据说已送交钦差大臣们审议,而外

---

① [美]泰勒·丹涅特著,姚曾廙译《美国人在东亚》第241—251页,商务印书馆,1962年。
② 《卫三畏生平及书信》第170页。
③ 《卫三畏生平及书信》第167页。

国人进入北京的要求已被拒绝,其他条款还须双方进一步商议修改。会谈时气氛很热烈,也很友好,但是就在我们即将完成对条约的全面审议的时候,布拉德里先生进来打断我们,送来了列卫廉先生给我(卫三畏)的一封信"。正是这封信,使和平谈判签约变得更加火药味和严重了。信中说明天英法联军将攻占大沽炮台,并要求卫三畏对这一消息严格保密,切勿透露给任何人,包括丁韪良先生,要彬彬有礼地与中国代表中断会谈。对卫三畏来说,是不愿意看到兵刃相见,但没有办法,"从当时会谈的情况看,只要稍作努力我就可以说服中国人,让他们认识到抵抗是愚蠢和危险的。如果这封信晚到一个小时就好了。……接到列卫廉先生的命令,我只得既沮丧又悲哀地离开了"①。大沽炮台失陷的消息传到北京后,清政府立刻做出了反应,派出了桂良和花沙纳为钦差大臣,全权处理各项涉外事务。6月7日(星期一),美国公使首先拜访了两位新钦差,丁韪良任翻译,并将拟好的条约草稿交给中方,卫三畏受命从次日起与中方一位世袭官员常大人商谈有关条约的具体事宜。这次会谈十分成功,远较中英、中法和中俄之间的会谈为好,"由于美国使节坦诚和礼让的态度,中美双方在第一次会面时就达成了一项协议,而且双方都很满意。正如《中国总论》一书中所言:'两国政府代表在对对方的担心、意图和希望一无所知的情况下,在如此紧要的关头商议解决重大问题,并且互相达成了谅解,这在各国历史上是唯一的一次。'这种口气作者曾不止一次地使用"②。

就在卫三畏与中方代表磋商条约的具体款项时,俄国先入为主,抢先迫使清政府于1858年6月13日签订了中俄《天津条约》,其中第8款规定:"天主教原为行善,嗣后中国于安分传教之人,当一体矜恤保护,不可欺侮凌辱,亦不可于安分之人禁其传习,若俄国人由通商处所进内地传教者,领事馆与内地沿边地方官按照定额,查验执照,果系良民,即行画押放行,以便稽查。"③6月18日,美国与清政府签订了中美《天津条约》,其中第29款规定:"耶稣基督圣教,又名天主教,原为劝人行善,凡欲人施己者亦如是施于人。嗣后所有安分传教习教之人,当一体矜恤保护,不可欺侮凌辱。凡有遵照教规安分传习者,他人毋得骚扰。"④6月26日,英国与清政府签

---

① 《卫三畏生平及书信》第169页。
② 《卫三畏生平及书信》第173页。
③ 王铁崖《中外旧约章汇编》(第一册)第88页,生活·读书·新知三联书店,1957年。
④ 《中外旧约章汇编》(第一册)第95页。

订了中英《天津条约》,其中第 8 款规定:"耶稣圣教暨天主教,原系为善之道,待人如己。自后凡有传授习学者,一体保护。其安分无过,中国官毫不得刻待禁阻。"①6 月 27 日,法国与清政府签订中法《天津条约》,其中第 13 款规定:"天主教原以劝人行善为本,凡奉教之人,皆全获保佑身家,其会同礼拜诵经等事,概听其便。凡按第八款备有盖印执照安然入内地传教之人,地方官务必厚待保护。凡中国人愿信奉天主教而循规蹈矩者,毫无查禁,皆免惩治。向来所有或写,或刻奉禁天主教各明文,无论何处,概行宽免。"②这些条约关于传教条款的文字虽有差异,但本质相同,权利都是一体共沾的,故而"宗教宽容"以条约和法令形式固定下来,具有不可更改的强制性。将"传教宽容条款"塞进四国对华的《天津条约》中,始作俑者是俄国公使普提雅廷(Count E. V. Poutiatin)。卫三畏曾说道:"第一个提出对这个题目拟订一项条款的人是俄国公使。紧接着,在把由他起草的条文送与中国官员举行谈判时,中国方面表示同意准许传教士可在中国全境旅行,因这些人通常都会说中国话",而写《阿礼国传》的作者宓契也证实这一点:俄国开的头,美英法跟上,条款大体上全都相同。③ 普提雅廷是一位有着丰富侵略经验的沙俄外交官,他奉命来华,以欺骗手法迫使清政府先于其他三国签约《天津条约》,可谓"不辱使命":"(俄国)除了分沾英法所得的一切明显的利益以外,还得到了黑龙江沿岸地区,这个地区是它悄悄地占领的。"④在《天津条约》的保护下,在华各国传教士可以深入中国内地活动了。这个"喜讯"令许多在华传教士都异常兴奋,著名的在华传教士杨格非(Griffith John,1831—1912,又名杨笃信、杨约翰)在 1858 年 7 月 30 日致信英国伦敦会中写道:"这封信带给你的消息,一定会使整个基督教国家所有的差会朋友们深感兴趣。这个辽阔、古老的帝国,不管它的闭关政策,自负的傲慢,对一切外国的极度轻蔑,已经首次被迫打开它迄今不能渗入的地区,可以进行友好的交往和光荣的贸易了。……就这样,中国几乎出乎意料地对传教士、商人和学者开放了。这个国家事实上已经落入我们的手中,一切早已在中国的传教士和各国国内的差会,如果他们不去占领这

---

① 《中外旧约章汇编》(第一册)第 97 页。
② 《中外旧约章汇编》(第一册)第 107 页。
③ 顾长声《传教士与近代中国》第 64 页,上海人民出版社,2004 年。
④ 恩格斯《俄国在远东的成功》,《马克思恩格斯选集》(第 2 卷)第 39 页,人民出版社,1972 年。

块土地,不在十八个省的每一个中心取得永久立足的地方,那将是有罪的。"①其后,英法联军于 1860 年再度进犯北京,在将经营百年的、世界稀有的圆明园夷为废墟之后,还强迫清政府又签订了《北京条约》,进一步巩固了前期各个条约中的宗教条款,而且几乎使传教士在华权利远超中国国民待遇:"我确信,全体传教士将会接受这样的心情,即不仅要追求我们的条约权利,而且,如果需要,还要追求条约以外的权利。基督教来自上帝,整个中华帝国都在上帝统治的范围之内,我们奉命要对全中国传教,就应当容许我们在整个中国传教。所以,如果不被允许,我们有权可以'照会'中国容许。目前所签订的条约已经准许我们去,我们就可以去,而且可以正当地请求给予条约保护。如果条约过于限制我们,我们可以越过条约,而且必须要越过,如果上帝保佑给予开路并赐给我们力量去做的话。"②

卫三畏将他的"传教宽容"条款塞进中美《天津条约》,是在之前各项不平等条约的基础上进行全面扩大的,以求基督教得到毫无限制地在华传播的自由,如同佛教、道教一样的自由。在中美进行谈判的过程中,卫三畏努力促使双方在条约中添上了允许在中国传播基督教这一重要条款,这是卫三畏在第二次鸦片战争期间最大的成就,也是卫三畏在对华外交中取得的"耶稣入华"的最重要成果。这个"成果",对于卫三畏来说是得之不易的,耗费了许多心思和精力。至少有两段文字可见卫三畏的努力和这件事情的重要性。一是卫三畏当时的日记:就在签约的头天晚上,卫三畏一夜未眠,将全部条款重新梳理,琢磨着在只字不提外国传教士的情况下,如何把传教宽容条款加入新条约中去,次日一早他和丁韪良乘轿前往与钦差桂良签约,顺利地把传教内容写进条约中:"这一次我们是这样写的:'正如新教和罗马天主教教会所言,基督教教义引人向善,倡导互敬互爱。鉴于此,今后任何信仰和传播基督教教义者,若无滋事扰民的不良行为,不应因其信仰问题而遭受干涉和迫害。无论是美国公民还是皈依基督教的中国人,均享有参加宗教活动和宣扬基督教信仰的自由'。经过不懈的努力,我们终于在万分紧急的情况下在条约中为我们神圣的信仰争取到了它应得的权利,而且丝毫没有求助于英法俄三国的力量。中国人在这件事上百般刁难,将条款一改再改,就是想拖得我们失去耐心,自动放弃。而列卫廉先

---

① 汤普生《杨格非传》(英文版)第 79—82 页,伦敦,1908 年。
② *The Chinese Recorder*(《教务杂志》),1869 年 7 月,p. 51.

生对此又不是十分重视,宁愿将这一条款去掉,也不愿因为它而耽误了整个条约的签订。但是最后我们终于战胜了种种不利条件。对于这样的结果,我感到十分高兴。我明白,这个蒙昧民族中的许多人,上至官员下至百姓,都反对基督教在中国的传播。在条约中加入这样一条内容也不能改变他们这种想法。但是,无论如何,这毕竟是一个胜利。"①另一段文字出自卫三畏晚年回美担任耶鲁学院汉学教授后的1878年秋写的回忆录,再现了他当年谈判签约的某些情形,"1858年的条约中允许在华传播基督教的条款关系到了每个在华传教士的利益,本来我们应该在上海会议的报告中更详细地说明一下当时的情况,但是我们却忽视了,这让我感到很遗憾。允许基督教的传播并不是中国人提出来的,他们对宗教问题根本一无所知。最先在拟定条约时提出这方面要求的是俄国使节。……新拟的这一条和上次那条在内容上其实是一样的,但是这次他们(指中方签约代表)很干脆地就接受了,没有再提出任何修改意见。倒是(美国公使)列卫廉先生提出了一点建议,他将英文本中的'任何人'改成了'无论美国公民还是皈依基督教的中国人',因为列卫廉先生非常强调要在条约中的每处都提到美国公民,以维护美国公民的利益。至于条约中是否允许在中国传播基督教,他并不是十分在意。但是我最关注的正是这一点。感谢上帝,我终于在条约中争取到了这一权利。在这个问题上,我们可谓开风气之先,当时中外签订的其他条约中是没有的。我觉得我第二次拟的这一条比原先被中国人拒绝的那一条要好得多。后来中英条约中关于宗教问题的条款就是仿照我们的这一条制定的。如果当时我们的条约中没有这样的内容,那么后来的中英条约中也就不会有。而且,必须承认,如果中国政府当时认识到了允许在华传播基督教对他们意味着什么,他们是绝不会应允这一条款的。"②中美《天津条约》文本送达华盛顿时附录了公使列卫廉的一封信,此信的结尾特别指出,美国在争取在华利益的过程中,传教士们起到了关键的作用,并对传教条款予以肯定:"这一条款争取到了中国政府对基

---

① 《卫三畏生平及书信》第177—178页。
② 《卫三畏生平及书信》第176页。曾对卫三畏参与天津谈判的过程做过深入细致的研究,应该是陶德民教授,可参见他的论文《从卫三畏档案看1858年中美之间的基督教弛禁交涉》,载《或问》第9号,第57—65页,日本近代东西言语文化接触研究会,2005年。陶德民先生,1951年生于上海,现为日本关西大学文学部教授、文化交涉学教育研究中心主任、东亚文化交涉学会首任会长,著有《怀德堂朱子学的研究》(大阪大学出版部,1994年)、《日本汉学思想史论考》(关西大学出版部,1999年)、《明治的汉学家与中国》(关西大学出版部,2007年)等。

督教的完全认可以及基督教在华传播的充分自由,为所有信仰基督教的人——无论是美国人还是中国人——争取到了最大的权利。它受到了所有在华传教人士的一致拥护。"① 对于自己在出访日本和以美国使团秘书兼翻译身份协助美国来华公使列卫廉与清政府签订《天津条约》的有利于在华传教的结果,卫三畏也是颇为得意,特别对日本的门户开放以及基督在日本传播寄予极高的期望:"勃朗(Rev.Samuel R. Brown)先生已经从美国回来继续工作了。这次他带来了他的三个孩子,现在他们住在日本的神奈川。……自从1837年我们乘'马礼逊'号去日本之后,通向日本的道路就逐渐被打开了。回想这一过程,我不禁要感谢上帝。他的仁慈和恩惠正迅速地传向世界上的每一片土地。去年,我分别致函纽约的三个传教团体,敦促他们在日本建立传教站。现在他们的传教站都已经建立起来了,而且发展势头相当好。在开创这一新的传教事业方面,我想没有人能够取代勃朗、平文(Hepburn)和利金斯(Liggins)这三位先生。"② 这段给 W. F. 威廉斯牧师的信,让我们看到了一名传教士的虔诚态度,也看到了卫三畏对福音在中国传播情景的憧憬。1862年初,卫三畏陪同美国新任驻华公使蒲安臣前往北京。一路北上时,他仍然不忘怀他的基督信仰,除欣慰于宁波、上海等地传教事业的进展情况,更在天津购买了房子,作为美国传教团的传教场所。到达北京后,卫三畏首先开始的工作是美国驻京公使馆的筹建事务,同时,他非常关心传教事业在北京的发展,并为此做了大量的工作。曾与卫三畏一起进京的美国公理会传教士白汉理(Henry Blodget)博士有一段记录,从中可以发现卫三畏对传教事业的积极贡献:"当卫三畏先生来到他的新家时,人们将许多的注意力集中在他身上,首先,美国公使需要在京城有个安身之处,如果没有他的帮助将一筹莫展;传教团的事务需要他经常过问,甚至包括传教本身;他的写作任务并不能因此被免除,因为他的一本书正在香港等候出版;各类传教团体都希望在北京落户,并且都把他看作可靠的朋友和智囊。与卫三畏博士一同前往北京的有施约瑟牧师和包尔腾牧师,这两人后来都成为这个城市里受人尊敬和非常成功的传教士(后来,前者成为美国圣公会华北地区主教,后者是香港地区主教)。刚来时他们都借住在卫三畏先生为自己居家购置的一套房子里。对于我

---

① 《卫三畏生平及书信》第178页。
② 《卫三畏生平及书信》第220页。

来说,他与我以前在传教团里有过一些接触,他为我购买了土地和房舍作为传教团的场地,他在付完现金后又提出,如果总部得知这一交易后不愿意出钱,他愿意承担保留这块场地的风险。后来美国美以美会的传教士们在他买下的房子里安营扎寨,直到他们在这个城市里找到固定居所方才离开;妇女联合会传教团的传教士们在推进她们的计划和事业方面也得到了他同样多的帮助。经常和善意的帮助,以及审慎的建议说明他对传教工作始终不渝的热爱,以及对于他身边开展的传教工作的关切。"①其后,在他的代理驻华公使时期最长的那段时间,即蒲安臣公使回美的1865—1866年间,卫三畏仍然对美部会在华传教事业予以极大的支持,尽管在踏上外交官生涯前已与美部会脱离了关系。卫三畏看到了美部会秘书安德森先生给美国传教士白汉理的一封信,感到有必要就扩大对华传教回复美部会。在信中,卫三畏表达了他对开设九江传教站的支持:"亲爱的(安德森)先生:我读到了你给白汉理先生的信,你在信中谈到要扩大在北京的传教团,并建议在(中国)中部的九江建立美部会新的传教团,对此我感到非常高兴。感谢上帝帮助我度过了可怕的战争,既然现在叛乱已经结束,我希望传教工作能够得到新发展,也希望世界因为我们战胜了奴隶制而变得更加美好。……如果我的陈述能够鼓励你做出在中国开辟第四个传教点的决定,我认为没有比九江更理想的地点,但是我恳求你不要放弃广州,那里传教的人虽然少,但收获大。在那里,长期的劳而无功终于换来了丰硕的成果,不仅预示着当地人民的美好前景,也预示着教会将会获得的喜悦,在那里居住着中国人当中最有活力的一群人。"②在驻华使馆工作的最后几年内,卫三畏除本职秘书和偶有公使代理工作之外,更利用闲余时间编撰更实用的字典《汉英韵府》。这本历时11年艰辛而成的著作,是卫三畏在对华外交岗位上完成的一项汉学研究的成果,也是卫三畏致力于文字传教的一个标志性产品,可以看作是他对在华福音传播事业的一项贡献。1873年1月,卫三畏将在上海传教站华万印刷厂排印出的字典校样寄给在美国的妻子,并附信阐述了他编写字典与传教工作的关系:"通过随信寄去的校样,你该看得出字典问世的艰难。……如果仅是为了声名而编写这本字典,我想,我早就气馁而放弃这个野心了,我在每一页中看到的是它对

---

① 《卫三畏生平及书信》第231页。
② 《卫三畏生平及书信》第246—247页。

传播福音这一事业的帮助。……不知为什么,我感到60岁好像是人生中的一个转折,意识到年满60经常让我有一种尊严感,也使我眼前的目标显得更近了。"①

　　1876年6月,即将从驻北京的美国公使馆秘书、翻译及代办的职位上退休的卫三畏,已经深受失明危险之苦,希望美国政府另派他人出任驻华公使,便给美国国务卿汉密尔顿·费什发出了辞职信。费什的回信表达了对卫三畏的个人尊敬之意:"收到您辞去中国使馆秘书兼翻译一职的来信,我非常遗憾。您的辞呈将由官方正式认可,在批准你的辞呈时,我感到政府即将失去一个最可信任的官员。您的声名已给您担当的职位和服务的国家带来了荣耀。人们将满怀崇敬,永远牢记您高尚的人格。"而随后的美国国务院的正式解职通知除了其他赞美之词外,还提到了卫三畏最卓著的成就,这是"最最"让他感动与满意的(他在复信中坦陈),因为"我的政务不是经常能受到国务院的嘉许":"您对中国人的性格与习惯的熟悉,对该民族及其政府愿望与需求的了解,对汉语的精通,以及您对基督教与文明进步事业的贡献,都使您有充分的理由自豪。您无与伦比的中文字典与有关中国的诸多著作已为您赢得科学与文学领域内相应的崇高地位。更为重要的是,宗教界不会忘记,尤其多亏了您,我们与中国订立的条约中才得以加入自由传教这一条。"②在诸多对他的为基督服务的赞扬中,卫三畏对上海的新教传教士同仁的致信尤其感激,"尤其是上海的所有传教士都署上了自己的名字,我认为这是他们对我整个在华生活的承认,这对我特别重要,也非常出乎意料,直到出发前一刻我还对此一无所知。他们临别时对我的赞扬听起来就像升天之日的安魂弥撒,在这个最后时刻,我开始怀疑自己离开中国的决定是否正确。……不论我在中国做过的事情是好还是坏,都已留在了那片土地上。上帝会把它们作为他在中国传播声名、实践允诺的一部分"。因为上海同仁的这封信恰如其分地总结了卫三畏在中国的生活,其中有写道:"您昂扬的热情、耐心的工作与不懈的传教努力已经赢得了我们衷心的敬佩,为我们树立起充满教益与鼓励的榜样。……我们尤其铭记的是,在史无前例的43年服务期间,您在与中国人以及在华外国人的所有文字、外事与社会交往中,忠诚而一贯地保持了作为一个基督

---

①　《卫三畏生平及书信》第269页。
②　《卫三畏生平及书信》第280—281页。

徒与传教士的本色。"①

尽管卫三畏为包括美国在内的基督传教士"争取"了在华"自由传教"的完满条款,但他并没有无视和放任传教士在华的违法乱纪行为,而是由自己及他人地关注传教士在华传教的基督道德,希望传教士的文明传教活动带给更多中国人关于福音的知识与信仰。从他的对1870年"天津教案"的态度上,可以发现卫三畏的儒耶合一的和平传教观点。1862年,法国天主教神父卫儒梅通过法国驻津领事与三口通商大臣崇厚交涉,获得天津三岔河口北岸望海楼(1773年天津盐商集资修建的3层楼阁,有房152间,天津著名建筑,又称海河或河楼,当时已经荒废)旧址及其西侧崇禧观15亩土地。但最初几年只能隐蔽在东门附近的深宅大院中,开办仁慈堂养病院。1866年,法国神父谢福音(1820—1870)到天津传教,于1869年5月16日拆毁了望海楼和崇禧观旧址,年底建成天津第一座天主教堂:胜利之后堂(圣母得胜堂),俗称望海楼天主堂。法国驻天津领事馆则搬进了东面的望海楼行宫遗址。1870年四五月间,天津发生多起儿童失踪绑架的事件。6月初,天气炎热,疫病流行,育婴堂中有三四十名孤儿患病而死。于是民间开始传言怀疑外国修女以育婴堂为幌子,实则绑架杀死孩童作为药材之用。6月20日,一名被居民扭送官府的匪徒武兰珍口供中又牵连到教民王三及教堂。于是民情激愤,士绅集会,书院停课,反洋教情绪高涨。6月21日清晨,天津知县刘杰带人犯武兰珍去望海楼天主堂对质,发现该堂并无王三其人,也没有武兰珍所供的席棚栅栏,遍传堂中之人,该犯并不认识,无从指证。谢福音神父也已经与崇厚协商育婴堂善后处理办法。但当时已经有数千群众包围了教堂,教堂人员与围观的人群口角起来,引起抛砖互殴。法国驻天津领事丰大业(Henry Fontanier,1830—1870)要求总督崇厚派兵镇压,没有得到满意的结果,在前往教堂的路上,与知县刘杰相理论,怒而开枪,不幸打死了知县的仆人,民众激愤之下先杀死了丰大业及其秘书西门,之后又杀死了10名修女、2名神父、2名法国领事馆人员、2名法国侨民、3名俄国侨民和30多名中国信徒,焚毁了法国领事馆、望海楼天主堂、仁慈堂以及当地英美传教士开办的4座基督教堂。破坏行动持续了3小时。教案发生后,法、英、美、俄、普、比、西7国联衔向清政府提出"抗议",并调集军舰至大沽口进行威胁。清政府对外妥协,对内镇

---

① 《卫三畏生平及书信》第285—286页。

压,杀 16 人,流放 25 人,将天津知府张光藻、知县刘杰革职充军,派崇厚去法国"谢罪",并向各国赔款。在《中国总论》修订版的"中国近事"一章中,卫三畏不仅较客观而详细地陈述了事件发生的状况,并认为"爆发这一事件的原因几乎全是地方性的,发端于 1861 年,法国人占了天津一座庙宇作为领事馆,这里本是市民常来散步的地方;还有别的不得人心的事,使当地人对他们非常怨恨",而且指出处理这一事件的方式并非个案,而是一贯的不利于中国的做法:"极少考虑中国方面所处地位的巨大困难。……简而言之,整个暴乱的历史——其起因、发展、最高潮、结局及镇压——同协调中国与欧洲文明的许多严重障碍联系起来,就像已经发生的种种事件一样。"①对于天津事件的最后处理,卫三畏深表遗憾。他于 1870 年 11 月 24 日从北京写给 R. S. 威廉斯牧师的信中说:"天津事件已经解决(中国人这么认为),法方获得了 46 万两白银(合 65.7 万美元)的赔偿,其中 25 万两支付受害者家属,其余则用于被毁的建筑。我认为法国既已同意接受这笔款项,自会终止所有的挑衅行为。不过听说罗淑亚扬言,他已让法国政府自行决定是宣战还是议和。美国教堂获得了 4500 两白银的赔偿,英国也将会得到……法国在这个世界上多么令人讨厌!它永远学不会公正地对待别国,也从不肯埋头于自己的事务。法国人既无知又野蛮,还相当迷信。法国比其他任何(所谓的)基督教国家挑起了更多战争、事端,制造了更多专制与迫害。他们是一种奇异的混合物,我庆幸自己没有生为法国人——也不是中国人的一员。"②在"天津教案"的教训下,清政府对于传教士在华的传教有了较为明确的法律规定和司法程序,并于 1871 年 2 月将一份备忘录分送各国使团:"关于传教士问题,总署成员担心,除非努力处理有关各点,很有可能由此妨碍我方与各国政府之良好关系,为此起草若干规则。"规则包含八条,最后两条是关键:"传教士不得使用官印,不得给地方当局写官方文书,也不得自命官员,不按普通人身份行事。天主教传教士根据北京会议索取土地房屋的要求不合理,建议不再归还,买地建教堂应以教堂内当地人的姓名取得产权。"对于这份关于在华传教士的规定,卫三畏是同情和赞成,认为"这一政治文件是中国政府首次提出的表达了对基督教会这个难题进行认真讨论解决的愿望,因而令人瞩目;条约允许外国

---

① [美]卫三畏著,陈俱译《中国总论》第 1083—1087 页,上海古籍出版社,2005 年。
② 《卫三畏生平及书信》第 264 页。

教会代理人的半独立状态,就是难点所在。在华外国人的普遍意见是,这些好人应当有权利去做凡属条约没有禁止的任何事情,除非本国领事叫他们不要做。……所有责难都是针对天主教的,对于新教传教士中国地方官所知甚少,没有什么不满"。由于该文件的制定者(文祥、沈桂芬等钦差大臣)几乎没有察觉到他们所抓住的问题包含的严重意义,更没有体会到如何处理,除了美国公使镂斐迪(Frederick Ferdinand Low,1828—1894)于3月20日做出答复外,这个政治文件没有带来任何实际结果,但讨论遍及全国,表明了对整个事态的关注。①

还应当指出,传教士协助本国公使迫使清政府签订的《天津条约》《北京条约》,无论从政治正义上还是从宗教道义上,都是对中国和中国人民权益的公然侵犯。传教士在不平等条约的庇护下,开始公开在中国各地活动,由此产生的利益的冲突和民族感情的伤害,使19世纪后半期的反洋教斗争此起彼伏。清王朝本身虽然被迫解冻禁教政策,但"名为保护,实为防范",心有不甘地制定了许多限制措施,加上社会普遍的反抗,基督教的所谓条约规定的"充分自由"并没有带来它在中国社会传播的欣欣向荣的景象,而还是像先前一样遭到了中国人民的不满和抵制,成为中国人民争取民族独立的反侵略斗争的靶头之一,以致近代中国教案频繁发生。这样的冷冷清清的中华福音结果,对于一直期望着"上帝的人们将从希尼之地来到,加入阳光下每一部落的赞美大合唱"②的卫三畏来说,不只是一种劳而无获的失意;对整个基督教世界来说,中国的"洁身自好"对他们的"耶稣善意"搭台演出了一场场历史的讽刺剧。

第三节　卫三畏践行上帝之爱人

根据《圣经》记载:上帝是宇宙万有的创造者与维持者,是圣父、圣子、圣灵三位一体的独一真神。圣子是全能上帝的位格之一,是与上帝同在的道,万有都是借着他造的,又是为他造的。而耶稣基督就是道成了肉身的圣子,是上帝成为人的样式,是上帝荣耀所发出的光辉!上帝持续以他博大的爱、拣选的爱、立约的爱、舍己的爱、慈悲的爱、丰盛的爱……来爱我

---

① [美]卫三畏著,陈俱译《中国总论》第1088—1089页,上海古籍出版社,2005年。
② 《中国总论》(修订版序)第5页。

们,因为"上帝就是爱",正如圣经所说:"神爱世人,甚至将他独生子赐给他们,叫一切信他的,不至灭亡,反得永生。"(约翰福音 3:16)。而罪是全人类的问题,是普世性的现象,即使人类有上千种不同的语言、上百种不同的文字,却共同都有"罪"这个字,正如《圣经》所说:"世人都犯了罪,亏欠了上帝的荣耀。"(罗马书 3:23)。可见,在上帝之爱下的传教士们,必须虔诚地履行上帝爱世人的圣子之道,以期消弭人间的罪恶,"惟有基督在我们还做罪人的时候为我们死,上帝的爱就在此向我们显明了"(罗马书 5:8)。新教传教士秉承圣子之道,在世界各地进行着"上帝爱世人"的异教"救赎"的"伟大事业","凡接待他的,就是信他名的人,他就赐他的权柄,作神的儿女"(约翰福音 1:12)。他们前赴后继地布道,就是促使更多的世人皈依基督,成为上帝之子而得到永生,"若有人在基督里,他就是新造的人。旧事已过,都变成新的了"(哥林多后书 5:17)。卫三畏是来华新教传教士之一,就非常虔诚地执行圣子耶稣的"救赎"之道,几将毕生的心血投入到"上帝爱人"世俗实践中,集中表现在对中国和中国人民,同时也对美国人民和世界人民做出的维护正义和关注发展的人类进步事业上,正如 1858 年美国来华公使列卫廉(William Bradford Reed,1806—1876)所言:"他(卫三畏)对(基督教)信仰非常虔诚,时时刻刻都牢记着这样一个事实:上帝在注视着我们的一举一动,聆听着我们所说的每一句话。"①本节主要叙述卫三畏在鸦片问题和中国人国际地位等问题上的态度与做法,并从中管窥他的"上帝之爱人"的践行活动在促进中国社会进步和维护中国人民权益方面的历史贡献。

一、在华谴责鸦片与鸦片战争

鸦片,对熟悉中国近代史的人来说,这个词本身就包含着复杂的历史因素和痛苦的历史记忆。这段"痛苦的历史记忆"虽然已经过去 200 多年了,但中国人很难忘记晚清中国是在鸦片战争的屈辱中被拖进近代的,这是西方列强强迫中国进口鸦片的必然后果之一。这些记忆极大地影响了中国人对许多事物的看法,包括很难将鸦片视为一种普通商品,近代的鸦片贸易与其说是商业活动,不如说是一种有组织犯罪。故时人对禁烟的理

---

① 《卫三畏生平及书信》第 195 页。

第二章 让耶稣进入中国

解,多如李鸿章后来在1881年曾致函英国禁烟协会所说:"中国从道德的立场看待整个问题,英国则从财政的角度(来看待的)。"而虎门销烟给了英国出兵的借口,英国政府在商人游说下不远万里出兵击败了清王朝,而维多利亚女皇的师出有名:"我们为自由贸易的原则开战,不是为鸦片而战。"①对鸦片战争发生原因的解释,有学者认为:"鸦片战争以前,我们(指清朝)不肯给外国平等待遇(才走私鸦片);在以后,他们(指西方列强)不肯给我们平等待遇(鸦片贸易合法化)。"②对这些不一的诠释,正说明了鸦片问题的历史一直是一个棘手的课题。按照最朴素的辩证法思想,鸦片这个事物同样具有双重作用,在一定程度上正如马克思在《不列颠在印度统治的未来结果》中所形容英国在印度统治的结果一样。作为破坏,我们可以对比鸦片战争前后中国社会所发生的变化;作为建设,我们认为鸦片的影响在于使中国社会发生质的变化。因此,过分执着于鸦片的道德判断,也可能会遮蔽与鸦片相关联的更复杂而更多线条的历史现实。卜正民教授的《鸦片政权》的研究表明:在一百多年的东亚近代史上,可能没有哪种物品比鸦片更多地与诸多社会、政治、经济等因素纠结在一起了,因此它不失为理解那段历史的一个极好切入点。③ 从这个宽广的学术角度来说,鸦片问题对近代中西关系的影响是深刻而深远的。围绕着鸦片进行的商业活动使整个东亚、东南亚和南亚的资本得以集中起来,并重新分配势力,使中国沿海各省市(包括澳门、香港)由于外国贸易而逐渐兴起,引发了中国的经济、社会、文化、民众生活等方面的一系列深远的结构性后果,促进了中国的政治经济、社会文化的近代化变迁。

鸦片,俗名大烟、烟土,又名阿芙蓉、合浦融、阿片、亚荣等,是从罂粟汁液中提炼出来的。作为医药用品,鸦片有止痛收敛作用,公元11世纪时,在希腊的《药物论》一书中已有对鸦片的描述。16世纪时,我国著名的药物学家李时珍在其所著的《本草纲目》中也明确记载了鸦片作为药品的作

---

① 袁腾飞《历史是个什么玩意儿:袁腾飞说中国史》(下)第2页,花山文艺出版社,2009年。
② 蒋廷黻《中国近代史大纲》第9页,东方出版社,1996年。
③ [加]卜正民、若林正著,弘侠译《鸦片政权:中国、英国和日本,1839—1952年·中文本序》,黄山书社,2009年。卜正民,英国牛津大学邵氏汉学教授、加拿大不列颠哥伦比亚大学圣约翰学院院长。有著作十余种,其中已译为中文出版的有《纵乐的困惑:明代的商业与文化》《为权力祈祷:佛教与晚明中国士绅社会的形成》《中国与历史资本主义:汉学知识的系谱学》《民族的构建:亚洲精英及其民族身份认同》等。

用。① 然而,鸦片并不仅仅是像丝绸、茶叶和瓷器等一样"道德中立"的普通商品,它的毒害是一个显见的事实。它不仅是晚清中国在近代走向经济破产和政治衰败的一个重要原因,而且极大地损害了中国的国家主权和国际形象。殖民列强先是将鸦片走私输入中国,随后却又认为吸食鸦片是一种"中国传来的恶习",舶来品竟成了中国文化的负面象征,而晚清政府对鸦片控制不力又被列强视为中国人"人种"上的劣根性,这种观点深深地刺痛了许多中国人的心灵。对中国人来说,鸦片并非仅仅是个人恶习的一个社会问题,而是一个政府和国家建设的问题。在许多人心目中,鸦片和缠足、迷信等一样,是"旧中国"的象征,同为阻碍中国发展进步的桎梏。然而,事实证明,要根除鸦片远非易事,它牵一发而动全身,关系到一大堆固有习惯和既定利益。这个反对鸦片和鸦片输入中国的正义斗争,历时一个世纪,直到 1906 年 6 月,在国际国内反对鸦片力量的推动下,英国议会对鸦片贸易做出如下议案:"本议会坚信中印鸦片贸易在道义上是不能维护的,因此要求清政府采取必要步骤使之迅速结束。"②才终于扫除了中国禁烟的最大障碍,并最终促成在几年后终结了罪恶的鸦片贸易。

在这场严禁鸦片贸易的国际正义斗争的过程中,中外基督教传教士及士绅精英都卷入其中,并发挥了积极的历史作用。美国在华传教士大多直言不讳地指责以英国为首的鸦片贸易活动,卫三畏是其中重要的代表人物。卫三畏从他的传教士本色出发,不仅认为鸦片及其贸易的严重后果给中国人民甚至中西国家关系带来不可预见的伤害,而且提出了他的基督福音清除法,"中国人口数量之大,构成了迄今最大的使用同一语言、由同一个皇帝统治的人类群体……而基督教慈善家以最强烈的关心来思考这一问题,因为如果有分量的证明倾向于最高数字,那么他就感到自己的责任增加到令人痛苦的程度。由于鸦片贸易,他们的危险性更大大增加,这一贸易,就像地狱里的火河和忘川汇合在一起奔腾,所经之处,带来烈火和毁灭,剩下只是死一般的忘却一切的境地。让我们以这些事实来吁请一切自称为基督徒的人,为这一罪恶的毒品送来解毒药,在他们中间传播福音教义的知识,从而在他们面前指明了死亡,也指明了生命"③。

---

① 李时珍《本草纲目》第 1459 页,人民卫生出版社,1982 年。
② 李约翰《清帝逊位与列强(1908—1912)》第 335 页,中华书局,1982 年。
③ [美]卫三畏著,陈俱译《中国总论》第 205 页,上海古籍出版社,2005 年。

(一)来华一般美国人多对鸦片和鸦片贸易采取先抑后扬的态度

由"礼仪之争"引发的清政府禁教,到1757年变成了更加严厉的禁教和程度不同的禁海,严重阻碍了中西文化交流,阻断了中外正常而正当的贸易活动。英国对华贸易的逆差,使得不法的英商不顾国际贸易法则和正义道德而对华进行罪恶的鸦片走私活动,而且越发猖獗。其实,早在13世纪,阿拉伯人就将鸦片输入中国,但当时鸦片仅仅是作为药品,到1773年时,鸦片输入中国每年不超过200箱。① 鸦片走私以英国东印度公司为最。不列颠东印度公司(British East India Company),有时也被称为约翰公司(John Company),是一个股份公司。1600年12月31日,英王伊丽莎白一世授予该公司皇家特许证,给予它在印度贸易的特权。东印度公司因以鸦片贸易而臭名昭著。1773年,东印度公司开始在孟加拉垄断鸦片出口中国的贸易,就在其垄断对华贸易权3年后,鸦片输入中国成倍增长,1790年达到4000箱,比1773年增长20倍。② 尽管清政府开始禁烟,1799年进一步下禁烟令,1838年又以死刑禁鸦片走私时,东印度公司走私鸦片量却一直逐年增长。导致西方国家对华鸦片输入经久不衰的主要原因是鸦片走私能够获得极大的利润,而中国地方官员的纵容和包庇也起到了为虎作伥的作用,"不仅广州海关官员,甚至其他更高级官吏都从鸦片走私中获得好处"③。由于鸦片的激增,中英之间的贸易逐渐发生了变化,英国由贸易逆差变为贸易顺差。英国向中国走私鸦片,从中牟取了暴利,这已经成为历史的共识,此处无意再列举数据说明。在鸦片输华的走私或公开状态下,在华美国商人也有深陷其中的,在早期中美商贸关系上扮演着不光彩的角色。早期中美60年的通商关系,总体上讲是平稳地向前发展的,但两国间也时常出现如关税征收、贸易逆差和美商走私鸦片等问题,尤其是走私鸦片,成为影响早期中美贸易健康发展的一大障碍。早期美国在华建立的许多商行都从事过鸦片贸易,如普金斯商行贩卖印度鸦片,旗昌洋行和琼记商行既在印度担任波斯商人的代理,又作为独立的商家接受贮藏、贩

---

① John W. Foster, *American Diplomacy in the Orient*, Boston & New York: Houghton Mifflin, 1926, p.64.
② *American Diplomacy in the Orient*, p.65.
③ *Chinese Repository*(《中国丛报》), Vol.6, p.513.

运鸦片交易。① 美国商人最早向中国输入鸦片时间约在1804年前后,首先输入的是土耳其鸦片,此鸦片相比于英国东印度公司垄断的印度鸦片是量少质低价廉。此后,美商还输入过波斯鸦片,并代购代销过印度鸦片,以赚取佣金和运费。据估计,1807年前,美商运往中国的鸦片每年在105箱至150箱之间,价值5万到10万元。② 在欧洲拿破仑战争之后,美商输华鸦片数额急剧上升,1811—1820年,平均每年为473箱,1828—1833年间,平均每年1081箱,1839年林则徐下令广州外商交出的鸦片中,美商拥有鸦片1540箱。③ 另外,还有隐瞒未交的近1600箱。④ 据相关资料统计,从1818—1833年,英国对华输出鸦片价值为104302948美元,平均每年6518934美元;美国对华鸦片输出价值为4925997美元,平均每年达307875美元。⑤ 不法美商在广州大量的鸦片走私活动中获取了较高的利润,特别是旗昌洋行,贩卖鸦片的数量并不亚于他们的英国同行,美国的鸦片飞剪船,是臭名昭著的武装走私船,鸦片走私已成为美商对华贸易中利润"最优厚的一个项目"。⑥ 对此,美国历史学家杜勒斯也曾指出:"实际上,在19世纪二三十年代,鸦片贸易远比合法贸易容易盈利,除了贿赂那些无耻官员的钱以外,根本无须交纳关税,而且购买鸦片的费用往往是预先支付的,所以可望获得肯定的高额的利润。"⑦ 如此巨大的利润,自然让英美等国不法商人将这种秘密进行的罪恶贸易推向极致,"外国人无视中国的法律,将清政府的文告、禁令、警告和威胁统统看成是一纸空文"⑧。这样肆无忌惮的大量的鸦片走私,到第一次鸦片战争前,就已经改变了中

---

① Hao Yen-p'ing, *The Commercial Revolution in Nineteenth Century China*, *The Rise of Sino-Western Mercantile*, University of California Press, 1986, p. 31.

② Charles C. Stelle, "American Trade in Opium to China, Prior to 1820", *Pacific Historical Review*, Dec. 1940, Vol. 9, 4, p. 429.

③ 《批美国领事士那绥陈该国鸦片实系代英商销卖已交义律禀》,载《林则徐集》公牍第75页,中华书局,1963年。

④ 汪熙《中美关系史论丛》第113页,复旦大学出版社,1985年。

⑤ Foster Rhea Dulles, *The Old China Trade*, Boston and New York: Houghton Mifflin Company, 1930, p. 148.

⑥ 梁碧莹《第一次鸦片战争时期的美国对华政策》,载《中山大学学报》(社科版)1991年第1期,第109页。

⑦ Foster Rhea Dulles, *The Old China Trade*, Boston: Houghton Mifflin Company, 1930, pp. 148-149.

⑧ [美]亨特著,冯铁树译《广州"番鬼"录》第56页,广东人民出版社,1993年。

国的对外贸易结构,影响最大的就是中国的贸易地位由出超一变而为入超,结果造成大量白银外流。中国的民脂民膏,便以白银的形式源源不断地流向海外,对中国不能不发生严重影响。① 吸食鸦片之风,由达官贵人殃及绅商百姓及军队官兵,危害日重。清代经学家、史学家、诗人和改革家的魏源(1794—1857)曾说:"今则蔓延中国,横被海内,稿人形骸,患人心志,丧人身家,实生民以来未有之大患,其祸烈于洪水猛兽。"②可见,鸦片走私和泛滥,给中国社会带来了深重的灾难,并严重威胁着清王朝的统治,正如马克思所说的:"随着鸦片日益成为中国人的统治者,皇帝及其周围墨守成规的大官们也就日益丧失自己的权力。"③对此严峻形势,清廷一些地主阶级开明派开始呼吁严禁鸦片。1836 年,清政府高级官吏就解决国内鸦片泛滥问题进行了激烈的辩论,甚至考虑到将鸦片贸易合法化的可能性。以太常寺少卿许乃济为首的官员主张"鸦片烟例禁愈严,流弊愈大","应变通办理",提出取消药品输入的禁令,"乃用旧制度,准予夷商将鸦片照药料纳税",以达到鸦片走私的不禁而绝。但以内阁学士朱嶟等为首的官员则上奏批驳弛禁论,指出鸦片"削弱中原""毒害中华",必须严禁。④ 中国国内对于鸦片禁与不禁的争论,引起了在华的美国人的关注。

在清政府严厉的禁教政策下,鸦片战争前美国来华新教传教士的人数寥寥无几,仅在 1820 年由美部会正式聘请 1807 年已经来华的英国传教士马礼逊任差会通讯员。直到 1829 年 9 月,裨治文自神学院毕业后接受美部会差遣赴中国传教,成为美国来华传教士第一人。裨治文为了实现其传播基督教福音、了解中国的理想,决心"立意传道,方旷览诸俗,以验生平所学之是,兼以予所见所闻者,播之异土"⑤。在马礼逊的倡议和鼎力支持下,裨治文和欧美来华传教士一道于 1832 年 5 月创办《中国丛报》,裨治文被推选为该报主编,随后来华的卫三畏参加了编撰工作。该刊物对中国的政治制度、文化风俗、山川地理、军队装备、矿藏物产等进行详细调查和介

---

① 《黄爵滋列传》,载《清史稿》(第 38 卷)第 11588 页,中华书局,1977 年。
② 吴义雄《基督教道德与商业利益的较量:1830 年代来华传教士与英商关于鸦片贸易的辩论》,载《学术研究》2005 年第 12 期,第 99—106 页。
③ 马克思《中国革命和欧洲革命》,载《马克思恩格斯全集》(第 9 卷)第 110 页,人民出版社,1982 年。
④ 黄爵滋《黄爵滋奏疏许乃济奏议合刊》(齐思和主编)第 216—219 页,中华书局,1959 年。
⑤ Michael C. Lazich, *Elijah Coleman Bridgman (1801-1861): America's First Missionary to China*, Lewiston, N. Y.: Edwin Mellen Press, 2000, p. 89.

绍,也报道中外贸易、外国人在华活动和讨论对华政策等,并希望通过对上述问题的研究和介绍,帮助西方尽快地了解中国,让中国人接受基督教文明,接受西方的政治制度、思想意识形态,为建立其想象的"平等"中外关系打下基础,这也是裨治文等欧美来华传教士和商人资助创办《中国丛报》的指导思想。裨治文是最早关注中国鸦片贸易问题的西方传教士之一,开始也对鸦片及其流弊极为愤慨。起初,出于政治因素的考虑,以及其密友罗伯特·莫里森和许多其他在华新教传教士受雇于从事鸦片贸易的英国东印度公司,他比较谨慎地避免公开其观点,要求美部会不要轻易将他对于鸦片贸易观点的文章发表在国内《教士先驱报》(*Missionary Herald*)杂志上,以避免与英国当局发生不必要的冲突。随着在华根基日久渐深,裨治文便开始公开地抨击鸦片和鸦片贸易,1832年3月,裨治文在《传教士先驱》报上发表文章抨击鸦片贸易对中国的危害,将鸦片描述为"折磨中国社会最大的罪恶之源",并对中国毒品严重泛滥进行了深度描写。这是美国来华传教士首次公开地在西方杂志上评论在华鸦片贸易问题,也是第一次使美国公众震惊地了解西方商人在中国的鸦片走私活动。① 在《中国丛报》创办(1832年5月)之前,一些在华西方传教士就开始注意到鸦片危害中国的严重情形,他们中的一些人开始指斥鸦片贩卖违背道德原则。《中国丛报》创刊后就开始用中英文刊载各地传教士反对鸦片贸易的文章,记录了当时在华西方人关于鸦片问题的种种争论与观点。因此,在清廷鸦片严禁和弛禁辩论的背景下,裨治文等传教士也期望尽可能地促进鸦片贸易问题的公开讨论,并决定在《中国丛报》开辟一个研究和争辩鸦片贸易问题的专栏。《中国丛报》在1836—1837年间发表了裨治文和卫三畏的有关中国鸦片贸易历史和现状的文章达17篇之多,其中多数文章阐述了鸦片对中国道德、商业和政治生活所产生的罪恶影响。如在《罂粟之耕作》一文中,裨治文不仅评论了罂粟的耕作方法和加工程序,还描述了它在英国殖民地印度的耕作及传入中国的历史过程,借此警醒"博识的公众将显而易见地认识到鸦片贸易的罪恶,并期望终止这种贸易"。② 而《对华鸦片贸易史》《论当前鸦片贸易危机》等文章,是裨治文当时很有分量的谴责

---

① 汤清《中国基督教百年史》第107页,香港:道声出版社,1990年。
② Elijah Coleman Bridgman, "Cultivation of the Poppy", *Chinese Repository*, Vol. 5, Feb. 1837, p. 473.

性文章,强烈地抨击了从事鸦片贸易的英国及其鸦片贩子的道德罪恶,认为要"首先讨论重大的道德问题","鸦片吸食是由外国人播散于中国人之中的悲惨的灾害"。裨治文指出,造成鸦片危机的首要原因是英印政府"低下的道德状态",而且"孟加拉(英人)的道德水平也就是其祖国(指英国)的道德水平";鸦片贸易使英国这样一个"主要基督教国家",处于"与她的责任和荣誉不相称的地位",而中国的"异教徒政府在反抗一个基督教民族施加的道德沦丧的诱惑时所表现出来的原则性力量",则必将"发挥它的作用"。① 1837—1840年间,在广州的《中国丛报》也发表了多篇文章,作为西方国家了解在华鸦片贸易罪恶的主要窗口,它对早期美国国内反对鸦片贸易的舆论起到了重要的导向作用。有一点需要指出,裨治文和卫三畏等一些美国传教士对鸦片和鸦片贸易的严厉抨击,都在很大程度上因为他们的主要赞助人是坚定拒绝参与任何形式鸦片贸易的美国纽约商人、广州同孚商行经理奥立芬先生。奥立芬来华贸易遵守中国法律和国际贸易准则,在广州十三洋行中,是出淤泥而不染的人,是轻利而持守真理的人,是洋行中唯一不贩卖鸦片的,是虔诚的基督徒,是上帝的仆人和中国的友人,他曾帮助筹措裨治文、卫三畏等传教士来华的旅费,并资助创立了《中国丛报》,热情赞助美国在华的传教事业。早在1820年10月15日,奥立芬曾致信马礼逊表示:"我的目标是商业性的……但我确信我懂得一点上帝在基督里的爱,对于传他名的人所肩负的传教职责,我不是麻木不仁的。"②站在福音基督的立场上,奥立芬反对鸦片走私态度甚为坚决,他声称:"我之所以要谴责(鸦片贸易),是因为它犹如一座分隔基督教和世界四亿人民的坚硬堡垒,是那些商品市场的破坏者。没有这些商品市场,西方国家的制造者们就会失去生计。"③此外,奥立芬还和他的也反对鸦片贸易的外甥查理斯·金一起在1838年8月21日的《广州记事报》上再次谴责:"我们早就深深感到,作为商人的利益,作为侨民的自由,作为人类的同情心,作为基督教慈善家的最崇高、最纯洁的希望,全部被鸦片挫伤、破坏和堵塞掉了。"查理斯·金还曾和美国鸦片商多次展开争论,得罪了他们中

---

① Elijah Coleman Bridgman,"Sin Pun Keen Yen",*Chinese Repository*,Vol.7,Nov.1838,p.391.
② Eliza A. Morrison,*Memoirs of the Life and Labors of Robert Morrison*(马礼逊夫人编《马礼逊回忆录》),London,1839,Vol.II,p.87.
③ *Chinese Repository*(《中国丛报》),1837,Vol.5,p.418.

间许多人。① 正是奥立芬不断提倡并愿意提供经费,美国教会才考虑派遣传教士来华。鉴于奥立芬对传教事业精神上和物质上的支援,他在当时的美国国内被称为"美国对华传教之父"。② 1851 年 6 月 10 日,奥立芬在回美途中的开罗不幸病逝,《中国丛报》哀悼词说:"这使传教事业失去了一位最热心的支持者和最精明的顾问。"③ 在奥立芬的影响下,《中国丛报》多次刊文,仗义执言,反对贩卖鸦片的行动。道光皇帝深感鸦片输入将造成军队瓦解、财源枯竭的严重威胁,于 1836 年 10 月下令各省严禁鸦片,务期净尽根株,同时下诏敦促钦差林则徐速下广东主持禁烟运动。就在清政府禁烟运动开始之后不久,1837 年 3 月 24 日,部分美国在华商人集体向美国国会提交了一份请愿书。以奥立芬为首的在华美国商人在请愿书中宣称了他们反对鸦片贸易的坚定立场,表示"无论是从道德的和慈善的方面来考虑,还是仅仅从商业贸易的角度考虑,我们都非常希望看到鸦片贸易和鸦片吸食在中国的结束",同时也向美国政府告知在华美国商人同意与中国钦差林则徐具结保证书的决定,声明他们相信中国政府禁烟运动的决心,将会进一步禁绝鸦片贸易。美商的请愿书实际上包含了裨治文、卫三畏等美国在华传教士所长期追求的心愿,尽管他们意识到鸦片贸易问题可能会引起中英两国的矛盾激化,但仍然相信中国禁烟行动是迈向结束鸦片贸易的一大步。裨治文在给美部会的报告中也写道:"鸦片……正向走私者显示法律效力。我们相信鸦片走私者已受到致命的打击,英国、印度及基督教界现在必须清醒地意识到鸦片贸易的罪恶性。"其后,他又在《中国丛报》上发表类似的观点,认为"当西方国适时地觉察到这些他们长期以来所纵容的可怕罪恶时,他们不仅将终止以前的活动,也将像真正的基督教博爱主义者一样努力弥补其所造成的悲哀"④。

清政府统治阶级内部的旷日持久的鸦片禁弛的辩论,最终以林则徐为首的禁烟派的胜利告终。1838 年 9 月,林则徐向道光帝上书,痛陈鸦片之

---

① C. T. Henson, Jr., *Commissioners and Commodores. The East India Squadron and American Diplomacy in China*, Alabama University Press, 1982, pp. 22-23.
② 顾长声《从马礼逊到司徒雷登:来华新教传教士评传》第 21 页,上海书店出版社,2005 年。
③ *Chinese Repository*(《中国丛报》),Sep.1851,Vol.20,p. 511.
④ Charles C. Stelle,"American Opium Trade to China Prior to 1820",*Pacific Historical Review*,Vol.9,December 1940,p. 76.

害:"若犹泄泄视之,是使数十年之后,中原几无可御敌之兵,且无可以充饷之银,兴思及此,能无股栗。"①鉴于鸦片走私严重威胁清朝的统治,清廷不得不采取必要的禁烟措施。12 月,任命林则徐为钦差大臣,节制广东水师,驰往广州查禁鸦片。到达广州的林钦差果断行事,到次年 3 月 28 日共收缴鸦片 20283 箱。1839 年 6 月 3 日(即清宣宗道光十九年岁次己亥四月廿二),林则徐下令在虎门海滩当众销毁鸦片,至 6 月 25 日结束,共历时 23 天,销毁鸦片 19187 箱和 2119 袋,总重量 2376254 斤,其中少数鸦片运送京师作样本,然后销毁。虎门销烟成为打击毒品的历史事件。虎门销烟开始的 6 月 3 日,民国时被定为不放假的禁烟节,而销烟结束翌日,即 6 月 26 日,是国际禁毒日。就在虎门销烟的当天,由于销烟是公开参观的,加上是端午节前后,因此人们纷纷前往虎门浅滩。另外,不贩鸦片的外商、领事、外国记者、传教士等,都专程由澳门或其他地方前来参观,当中无一是英国人。带同家眷之不贩鸦片的同孚商行的美商查理斯·金(Charles W. King,奥立芬的外甥)、传教士裨治文、商船船长弁逊等十人也在参观之列,他们不信林则徐有办法把所有鸦片完整销毁,于是前来实地考证。林则徐干脆让他们进入池边,使外国观察员直接详看销烟方法,沿途讲解。待观看全部过程、反复考察后,皆心悦诚服,向林则徐脱帽致敬。事后,传教士裨治文在《中国丛报》对此又详细记录。此外,《澳门月报》《季度评论》《新加坡自由新闻》《广州纪时报》等外国人报纸皆大篇幅地连续报道虎门销烟,而且得到与鸦片贸易无关的外国人支持及肯定。到是年 9 月,所有英国人都退出广州后,美国来华传教士向美部会报告了他们在华的情况,并阐述了最近中国政府禁烟运动的重大意义,他们认为鸦片及其贸易"几乎是最大的罪恶,超过了奴隶制度",并指出正是由于这种"流动性毒害"导致了目前的中西外交危机,断言鸦片问题最令人不安的是"外国人、文明国家、甚至基督教教徒已经成为从事鸦片供应和销售的主要捐客的臭名昭著事实"②。鸦片战争前,美国对华政策在很大程度上受到了裨治文等美国传教士尤其是《中国丛报》的影响,正如早期中美关系的研究专家泰勒·丹涅特认为:《中国丛报》上谴责对华鸦片贸易的文章不仅是有正义

---

① 林则徐《钱票无甚关碍宜重禁吃烟以杜弊源片》,载《林文忠公政书》第 145 页,商务印书馆,1935 年。
② Elijah Coleman Bridgman,"Crisis in the Opium Traffic",*Chinese Repository*,Vol. 8,May 1839,p. 4.

感的在华传教士和有道德良知的美商的真实心声的表达,也是美国政府对于鸦片贸易政策的一个主要的情报来源,"在美国引起了对中国日益增长的博爱主义关注,他们对鸦片贸易的报道也是影响民众舆论的重要因素之一"①。历史证明,直到《望厦条约》签订前,美国政府曾公开地谴责在华鸦片走私,并禁止美国商人从事与鸦片贸易有关的任何商业活动,而美国在华的各方面势力也都比较一致地反对鸦片及其贸易活动,至少在表面上是反对的。这主要与美国政府一贯奉行实用主义的对外关系原则有关。从国家利益出发,美国政府对早期美商走私鸦片基本上采取了放任自由的态度,因为鸦片走私中获得大量的白银一定程度上可以缓解美国对华贸易的逆差,避免美国向中国大陆输入白银而造成白银匮乏的财政局面,也为美国早期资本主义发展提供必要的资本积累。因此一时在意或不在意的默认态度,纵容鸦片走私在华的泛滥。一旦清政府明令禁烟并中断中英贸易后,美国政府迅速权衡利弊,一改先前的默认,转而采取配合清政府的禁烟立场。这种实用主义使美国政府利大弊少:美国就是要利用中英矛盾,打着"和平""中立"的幌子,在中英战争中坐收渔利,进一步扩张中国市场,美国政府不愿因鸦片贸易而失去中国市场,美商更希望填补由于英国人退出广州后出现的贸易真空。"在1840年到1842年与1856年到1860年大不列颠和中国的战争使得一部分对中国的贸易落于美国之手。"②在因鸦片战争导致中英贸易大幅度下降时,美国对华贸易不仅没有减少,反而有所上升:中国从美国进口方面,1841年为1200816元,1842年为1444379元,1843年为2418858元,而中国对美出口方面,1841年为3095388元,1842年为4934645元,1843年为4385566元。③

曾在广州设立传教士医院的美国第一位传教士医生伯驾(Peter Parker,1804—1888),后成为美国第一位传教士外交官。他在给林则徐的一封信中说过:"我常常目睹鸦片造成的悲惨以致使我感到痛苦。为此我常问道,从哪里可以找到力量,来制止鸦片的泛滥呢?"因此,他对林则徐抵粤禁烟,表示了由衷的欣慰,认为这是"慈悲的上帝给予他的国家一位拯救者,来消除如此令人忧虑的罪恶",并说自己"每天向上帝倾诉最热忱的祈

---

① Tyler Dennett,*Americans in Eastern Asia*,New York:Macmillan and Company,1922,p. 102.
② [美]福克纳著,王琨译《美国经济史》(上卷)第303页,商务印书馆,1964年。
③ Kenneth Scott Latourette,*The History of Early Relations between the United States and China*,New Haven:Yale University Press,1917,p. 115.

祷,求上帝引导钦差大臣,能够胜任这项困难的事业"①。鸦片战争爆发后,伯驾返回美国,向美部会和美国公众传递有关中国鸦片贸易和鸦片战争的最新消息,还怀着"引起政府高级官员关注中美关系"的目的前往华盛顿,受到了美国总统马丁·范布伦(Martin Van Buren)和国务卿约翰·福塞思(John Forsyth)的接见,并被引见了颇有影响的丹尼尔·韦伯斯特(Daniel Webster)参议员,美国下一任国务卿。韦伯斯特对伯驾的观点极有兴趣,要求伯驾呈递一份详细报告。在这份报告中,伯驾建议美国政府介入中英冲突,调解双方矛盾,"中国政府只是期望通过一种'保留颜面'或'声誉'的合约方式来恢复中英商业贸易关系,同时又能达到终止鸦片贸易的目的"②。尽管这份建议没有得到及时采纳,却足以引起美国政府和公众对鸦片贸易的关注,而让美国政府介入了中英矛盾的调停,也使中美关系成为美国国内日益突出的焦点问题之一,美国政府开始密切关注这场战争对于美国在华利益的潜在影响。在不能预测孰胜孰败的战争进程中,美国政府多次强调了反对鸦片贸易的立场。1842年4月,美国海军准将劳伦斯·加尼率领美国东印度分遣舰队抵达中国海面,以保护美商利益,并阻止和惩罚美国人或其他国家利用美国国旗为掩护所从事的鸦片走私活动。当他在澳门海域发现一些美国商船的确从事着鸦片走私后,到广州就立即致函美国驻广州领事馆副领事,要求公开通告在华美商:"美国政府不支持任何悬挂美国国旗的美国商人在中国港口从事鸦片走私活动,因鸦片走私而引起的法律问题将不可能从美国政府获得任何支持或外交介入。"同时加尼还向广州总督耆英表示,他将调查美国商人所从事的鸦片走私活动,不允许美国商人或任何悬挂美国国旗的商船从事非法走私贸易。③ 由于加尼缺乏有效惩罚鸦片走私的法律手段,并不能遏制鸦片贸易,战争期间仍有许多美国在华商人,甚至美国驻广州领事馆领事保罗·福布斯(Paul S. Forbes)都涉及鸦片贸易活动。但令人欣慰的是,1844年顾盛使团来华后,在胁迫清政府签订《望厦条约》中,美国政府是明文规定

---

① Rev.George B. Stevens and W. F. Markwick, *The Life, Letters, and Journals of the Rev.and Hon. Pater Parker, M. D.* (B. 史蒂文斯、F. 马克威尔《伯驾传》), Boston and Chicago:Congregational Sunday School and Publishing Society, 1896, pp. 170-172.

② *The Life, Letters, and Journals of the Rev.and Hon.Pater Parker, M. D.*, p. 183.

③ Charles C. Stelle, "American Opium Trade to China Prior to 1820", *Pacific Historical Review*, Vol.9, December 1940, p. 8.

反对鸦片走私的。《望厦条约》第33款规定:"合众国民人凡有擅自向别处不开关之港口私行贸易及走私、漏税或携带鸦片及别项违禁货物至中国者,听中国地方官自行办理治罪,合众国官民不得稍有袒护,若别国船只冒合众国旗号做不法贸易者,合众国自应设法禁止。"①这种反鸦片立场,与英国政府是完全不同的。当然,也必须指出,美国反对鸦片走私的根本目的是为了维护在华贸易利益,并进一步扩大在华利益的。鉴于早期美国的经济、地理、军事及国际环境的局限,像英国那样的武力侵华是不可能的,因此,美国政府不赞成通过武力,"宁愿通过外交或利用最惠国条款来扩大本国侨民的利益和特权"②。所以,在鸦片战争前和过程中,美国采取两面手法,利用其"中立"地位,两面取利。美国政府一贯的"中立"做法也是美国逐渐成为世界强国的一种推手,对其伪善性应该要保持清醒的认识。进一步指出的是,无论是英国还是美国,对于中国的利益诉求,绝不是那么一点鸦片走私的利润。它们都渴望打开中国封闭的国门和改变中外"华夷"关系,美国商人并不满足接管英国人退出中国后的贸易空间,英国人也并不只是要坚持推销鸦片,他们想要的比这多得多。③

在鸦片战争前,裨治文等美国传教士当时还未能非常直接地抨击对鸦片贸易应该承担责任的一些西方商人或政府官员,因为一些鸦片走私商人,如英国商人威廉·加尔帝(William Jardine)、怡和洋行马地臣(James Matheson)及兰斯洛特·登特(Lancelot Dent)等都是裨治文及其同事所成立的慈善组织(如在华实用知识传播会、中华医务传教会、马礼逊教育会等)的主要赞助人。事实证明,尽管有裨治文、卫三畏等传教士和像奥立芬先生一样的商人,他们反对鸦片及鸦片贸易的努力,以及在《中国丛报》上的呼吁,都无法阻止鸦片贸易走私活动。英国在华公司通过英国政府高级官员轻易地压制了国内反鸦片贸易的舆论,挫败了推动英国政府单方面中止在华鸦片贸易的努力,而美国的一些公司(如拉塞尔公司)也逐渐地卷入了非法的鸦片贸易活动,并与英国联合,抵制反鸦片贸易的舆论和行动。因此,虎门销烟既成为一个时代的终结,又成为一个时代开始的最重大的

---

① 此为与鸦片有关的中译文,由传教士裨治文翻译,见 Chinese Repository(《中国丛报》),Vol.14,1845,pp. 580-581.
② [美]孔华润著,张静尔译《美国对中国的反应》第24页,复旦大学出版社,1989年。
③ 张小路《从林则徐联美抗英主张看鸦片战争时期中美关系》,载《社会科学战线》1992年第4期,第186页。

历史事件,中外关系走向了一个需要通过战争来解决问题的历史怪圈,这是中国人和英国人的悲哀,也是人类智慧局限的悲哀。

然而,鸦片战争改变了立场不坚定的来华美国人对鸦片问题的道德态度,在欢呼英国胜利的同时逐步转向鸦片贸易合法化的思想认识中。因为"道德"常常是可以被"利益"所扭曲的,这一点,已被近代西方列强一系列的侵华活动所证明。可以这样说,裨治文等美国在华传教士在鸦片战争前反对鸦片和鸦片贸易的原因很复杂的,但最根本的是从宗教道德的角度来看待的,他们认为日益猖獗的对华鸦片贸易和由此引发的不断恶化的中西关系,严重地阻碍了基督教事业在中国的传播和发展,"向中国人直接传教的大门仍然关闭着,中国人与外国人之间的关系成了一种贸易和敌视的奇怪混合。……当时大家都认为,在中国传播基督教的前景相当黯淡"①。如同传教士这样的鸦片观一样,一些美国商人也认识到鸦片贸易的消极影响,同孚洋行老板奥立芬曾说过:"我之所以要谴责鸦片贸易,是因为它犹如一座分隔基督教和世界上4亿人民的坚硬壁垒,是那些商品市场的破坏者。"②然而,无论传教士裨治文、还是美国驻华领事官员或唯利是图的商人,对于鸦片和鸦片贸易的态度,都不是一成不变的反对,而是根据他们各自所关注的既得利益和潜在利益而变化,如传教士多关心对华福音的有利传播,外交官关心美国在华的政治经济权益,商人关心贸易活动中的利润多寡。对传教士来说,这场不对称的战争将他们的福音传播引领到一个新的时代:"中国被彻底打败,英国的军事力量让中国人惊叹。由英国人和印度人组成的散兵游勇在两年的时间里击垮了中华帝国的全部防线,'这是一场由一小群拥有科学技术和纪律的人战胜一大群纪律涣散、愚昧无知和互不信任的人的战争,这样的例子在世界上很难找到第二个'。根据1842年8月签署的《南京条约》,中国同意割让香港,承认和接受外国代表,同意五口通商和建立公平和正常的税收制度。长期以来中国人的无知与骄傲一直顽固地阻碍着一种更高文明的传播,这一屏障由于该条约而被部分推倒,一个民间交往和官方接触的崭新时代开始了。现代中国的历史可以由以下两件事作为标志:在广州的行商的没落和外国人被允许在其他沿海城

---

① 《卫三畏生平及书信》第52页。
② Foster Rhea Dulles, *The Old China Trade*, Houghton Mifflin Company(杜勒斯《旧中国贸易》), Boston and New York, 1930, p. 93. 或 *Chinese Repository*(《中国丛报》), Vol. 6, Jan. 1837, p. 418. 何大进《略论早期美国赴华传教士的鸦片贸易观》,载《历史教学》1998年第4期,第6页。

市贸易和居住。各种各样的传教团体都认识到了向他们开放的巨大空间,于是纷纷派遣尽可能多的传教士来中国建立新的传教站点。现在外国妇女也被允许居住在中国了,而那些在东南亚岛屿上向中国人传教的传教士们也都大部分移师中国。'上帝最终与这个民族开始打交道了,他会与他们一起进入最后的审判,并会向他们展示仁慈'。"①因此,在《南京条约》《望厦条约》之后,美国传教士的鸦片贸易观开始发生了根本性的转变。虽然他们仍然关注着鸦片贸易对中国民众的致命性影响,但他们开始更多地强调因为鸦片走私而导致中国民众对在华西方人态度的消极影响;尽管他们深刻认识到鸦片战争后更加活跃的鸦片贸易成为基督教在华传播的主要障碍,但他们没有积极要求本国政府禁绝鸦片走私,反而开始考虑鸦片贸易合法化的途径。传教士为这种立场转变所寻找到的理论依据是:鸦片贸易合法化可以从根本上杜绝与现行中国禁烟体制相联系的腐败行为,也可以消除中国人对基督教的质疑和防范。②

　　向鸦片贸易合法化立场转变的过程是渐进和矛盾的。一时大开的中国国门大大激发了传教士的宗教热情,但没过多久,他们就面临着新的困境。1842年8月29日,中英《南京条约》签订,10月8日,中英《虎门条约》签订。这两个不平等条约虽然都未提及鸦片问题,但在事实上它是中英两国谈判的重要问题之一。《南京条约》谈判期间,英国全权代表璞鼎查(Henry Pottinger,1789—1856)正式提出鸦片贸易合法化的问题,清政府全权代表之一的耆英(1790—1858)在书面答复中说:"各国商船是否载运鸦片,中国无须过问。"实际上默认了鸦片走私。《虎门条约》签订前,英国政府仍旧要求将鸦片贸易合法化,但因不同意清政府提出的纳税条件而未达成协议。中英《南京条约》未将鸦片贸易合法化写进去,主要原因是清政府的强烈反对和英国国内日益高涨的反鸦片贸易舆论。紧随英国船坚炮利的余威,美国政府派出了以顾盛为首的签约团来到澳门,采取各种手段诱使清政府"和平"签约,以获取在华的最大利益。顾盛专使来华使美国在华传教士似乎看到了一丝希望,期望美国能够通过正式的条约形式来反对鸦片贸易。美部会一向以来都禁止其在东亚的传教士参与任何政治外

---

① 《卫三畏生平及书信》第64页。
② 甘开鹏《美国来华传教士与晚清鸦片贸易》,载《美国研究》2007年第3期,第111—112页。

交活动,但它的执行委员会却对顾盛代表团表现出不同寻常的关注。1843年6月,美部会秘书长鲁弗斯·安德森(Rufus Anderson)在给裨治文的信中提道:"据我们理解,美国代表团的外交目标与你们的使命存在着一致性,尽管不完全一样;我们相信,该代表团在很大程度上将有助于宗教教义在中国的传播,这也正是我们所期待的。"①美部会对其禁令做出的例外安排,与顾盛代表团来华的其中一个目的相同,即不支持在华的鸦片贸易。实际上,顾盛赴华前夕,美国国务卿韦伯斯特在给其训令中强调说:"要表白得清清楚楚:美国政府不但不支持它的公民做任何种类的走私,而且宁愿放弃对这类商人的一切管辖权,也不会出面袒护,使他们不承担他们本身非法行为的后果。"②因此,美部会允许美国在华传教士参与美国代表团在华期间的政治事务,并为其提供极为关键的咨询和翻译服务。这样,裨治文和伯驾就参与和协助顾盛进行的中美条约的谈判活动。由裨治文和伯驾商议而来的一个协议草案,其主要条款成为最终中美《望厦条约》的核心内容。《望厦条约》让来华美国人欢欣鼓舞:"几乎美国所提出的每一项要求,或是中国所始终做出让步的每一件事,最后都得到了保障。合约中的一款规定,允许外国人在广州、厦门、福州、宁波和上海五个通商口岸建立医院及礼拜堂,这是通过该条约所获得的重要硕果之一。从政治角度而言,华盛顿与北京的直接交往渠道的建立是一个伟大的时刻,通过该条约,重要的商业利益活得了保障……我确信,东西方这两个伟大的民族现在系在了一条友好的纽带上了。"③显然,《望厦条约》比《南京条约》有更进一步之处,即美国支持中国禁止鸦片贸易,而这个条款对美国传教士来说是至关重要的,是他们希望扫除的主要传教障碍之一。《南京条约》规避了有关鸦片贸易问题,而《望厦条约》的本文和附录《海关税则》中,都明确规定了鸦片为违禁品。条约第33款规定:任何美国公民"凡有擅自向别处不开关之港口私行贸易及走私漏税,或携带鸦片及别项违禁货物至中国者,听中国地方官自行办理治罪,合众国官民均不得稍有袒护;若别国船只

---

① [美] Michael C. Lazich(雷孜智),"American Missionaries and the Opium Trade in Nineteenth-Century China", *Journal of World History*, Vol.2, June 2006, pp. 198-220.
② 何大进《略论早期美国赴华传教士的鸦片贸易观》,载《历史教学》1998年第4期,第8页。
③ [美]爱德华·V. 吉利克著,董少新译《伯驾与中国的开放》第113页,广西师范大学出版社,2008年。

冒合众国旗号做不发法贸易者,合众国自应设法禁止"。这个禁止非法鸦片贸易的条款,却没有收到实际的效果。原因是多方面的。美国学者爱德华·V. 吉利克认为,过错在于美国国会而不在于《望厦条约》。顾盛可以并且已经谈判签订了一个好的条约,但是他却不能改变国会在拨款以支持其工作方面的失败。① 现代美国中国问题专家费正清在其所著的《中国沿海的贸易和外交》一书中也认为当时美国政府难辞其咎,"美国并没有有效地执行,该条款仍是一纸空文"②。其实,《望厦条约》本身的矛盾性,也使美国方面的禁烟承诺流于形式。《南京条约》第 9 款规定:"凡因与英国人有关,或在鸦片战争中与英国事被监禁者,亦全部释放。"而《望厦条约》则进一步扩大了美国在华领事裁判权范围:中国国民与美国国民发生诉讼事件,美国国民由美国领事等官员捉拿审讯,按照美国法律与惯例处理;美国国民在中国与别国国民发生争议,应听两造查照各本国所立条约办理,中国官员无权过问。这样,清廷对在华美国国民的违法逮捕、审讯定罪、惩治的司法权力全部丧失,这就导致了条约中有关禁止鸦片走私的条款成为空文。而清政府的腐朽和无能,既不敢再"禁烟",又不便宣布"弛烟",贪官污吏也纵容着鸦片走私活动,正如马克思所言:"浸透了天朝的整个官僚体系和破坏了宗法制度支柱的营私舞弊行为,同鸦片烟箱一起从停泊在黄埔的英国驳船上偷偷运进了天朝。"③鸦片走私活动实际上变成了一种公开的、畅通无阻的贸易行为了。据英国公布的《1849 年中国各口贸易报告》中所说:"目前中国每年鸦片消费量约为五万箱,……其中以上海为中心的北方(当时英国人称广州以北地方为北方)消费量占五分之二,以广州为主要市场的南方消费量占五分之三。"④

鸦片战争结束和各条约并没有终止罪恶的鸦片贸易。战争后,鸦片走私和在华泛滥的现实着实令在华美国传教士感到震惊和失望,特别是美国政府从未采取必要的、有效的措施来限制在华美国公民的鸦片走私活动,在《望厦条约》签订之后,鸦片走私有增无减,最终彻底破灭了传教士期望通过条约禁绝鸦片的幻想。五口通商开放,又使美国传教士看到了进一步

---

① 《伯驾与中国的开放》第 113 页。
② John King Fairbank, *Trade and Diplomacy on the China Coast: The Opening of the Treaty Ports*, 1842-1854, Stanford: Stanford University Press, 1953, p. 208.
③ 马克思《鸦片贸易史》,《马克思恩格斯选集》(第二卷)第 24 页,人民出版社,1995 年。
④ 姚贤镐《中国近代对外贸易史资料》第 420 页,中华书局,1962 年。

在华传教的希望,在一定程度上弥补了鸦片战争最终未能禁绝鸦片贸易所带来的严重挫折感。这样,美国传教士们对西方鸦片走私者的抨击逐渐减少,虽然没有放弃对于鸦片贸易的道德谴责,但将鸦片战争的不公正结果解释为上帝为中华民族的最终拯救所做出的不可避免、难以预测的安排。① 在无奈地默许鸦片走私的继续扩张的心理支配下,欲设想将鸦片贸易合法化作为寻找的一种解决鸦片危害的方法。这种转变也是传教士普遍受到中国民众的指摘与诋毁后的必然心理防卫之举。随着鸦片输入的增多,造成了中国白银大量外流,加上沉重的封建剥削,人民极端贫困,反过来又极大地增强了中国人对西方人的仇视与排外心理。这种心理发泄首当其冲地针对在五口传播福音的各国传教士,因为他们是深入内地的先锋,且常常与中国人见面。中国民众通常将西方鸦片走私和基督教传教士联系起来,认为西方传教士放纵鸦片在中国的泛滥,是鸦片走私的帮凶,特别是在新开放的条约口岸,被认为是借着基督教传教幌子从事一些非法贸易活动,并且信仰基督教的中国人也日益减少。美国传教士在各口岸的传教活动经常受到鸦片问题的困扰。莱曼·皮特(Lyman Peet)在日记中写道:"在我的传教中,人们谈论最多的莫过于鸦片问题,经常被中国人责问鸦片走私的深重罪恶问题。"威廉·艾奇逊(William Aitchison)也提到他在上海传教期间,鸦片是最经常受到质疑的话题,已成为基督教在华传播的最为可能的障碍。② 这种传教不利的状态,曾令卫三畏也感到基督教声誉受到的威胁,他于1851年在《中国丛报》上著文,试图解释在条约口岸传教效果甚微的原因,认为"基督教教徒在中国布教的挫折主要是由于上帝对在此传教事业的反对,也基于基督教声誉与鸦片走私联系在一起的缘由"③。为了消除中国人对基督教声誉的诋毁,绝大多数传教士开始从对中国民众遭受鸦片深重危害的人道主义关怀转向到对因鸦片走私而毁坏的西方人整体声誉的关注。后期的《中国丛报》在刊载鸦片贸易合法化观点时,虽然秉承"愿意重新考虑"的谨慎做法,但传教士所属国家的利益需

---

① Clifton Jackson Phillips, *Protestant America and the Pagan World: The First Half-Century of the American Board of Commissioners for Foreign Missions, 1810-1860*, Cambridge, Mass.: East Asian Research Center, Harvard University Press, 1969, p. 189.

② Ellsworth C. Carlson, *The Foochow Missionaries, 1847-1880*, Cambridge, Mass.: Harvard University Press, 1974, p. 70.

③ Samuel Wells Williams, "An Essay on the Opium Trade", *Chinese Repository*, Vol. 20, July 1851, p. 485.

求,使他们不知不觉地站靠在西方一边,"尽管我们不能,至少目前不能表达赞成鸦片贸易合法化的观点,更不能断言:如果鸦片贸易合法化,鸦片及其引起的罪恶将会消失的论点。但有一点是明确的,即整个鸦片问题……是值得进行深入地、各个方面的探讨,我们邀请读者们参与,将这个问题阐述清楚"①。自1847年以后,《中国丛报》刊发了几篇支持鸦片贸易合法化的文章,其中有一位商人匿名发表的文章,认为现存体制支持了大量海盗和走私者从事最为可怕的、凶残的贸易活动,……如果鸦片本身没有罪恶,那么这就将使从事走私鸦片的人蒙受羞耻;而鸦片战争后签订的条约未能促使鸦片贸易合法化使得在华商人被中国人看成是不受约束的流氓;"中国商人在与我们交往过程中,忽视了我们所有的良好行为,却时常谴责我们(鸦片走私)的主要过错"。② 到1856年第二次鸦片战争前夕,美国传教士的鸦片贸易观已经发生了根本性转变,并极大影响了1858年中美《天津条约》签订和此后美国政府鸦片贸易政策。

  1854年,英国为了攫取更多的殖民特权,并促使鸦片贸易合法化,便联合法、美两国向清政府提出了全面修约的交涉。在遭到拒绝后,就在1856年10月挑起了第二次鸦片战争。1858年,英法联军占领天津大沽炮台后,清政府被迫与俄、美、英、法四国先后签订了《天津条约》。与前任专使顾盛一样,此期的美国公使列卫廉也完全依赖于美国传教士卫三畏和丁韪良进行中美《天津条约》的谈判。在卫三畏等到达天津之前,裨治文作为临时顾问帮助处理一些政治事务,成为列卫廉"稳妥而又最重要的顾问",其后传教士卫三畏和丁韪良在整个条约谈判过程中也成绩卓著,"若没有他们的服务,我在中国将无法迈出一步来履行我的使命,无法阅读、书写或理解中方官方信笺或条约规定"③。然而,中美《天津条约》在鸦片贸易问题上却保持了沉默。列卫廉公使来华之前是坚决反对鸦片贸易的,并受美国政府指示要在新条约中重申反对鸦片贸易的立场。但是,当列卫廉到上海和北上天津的这段时间里,他发现多数外国在华居民,包括美国传

---

① "The Opium Trade: Remarks on the Character of the Traffic", *Chinese Repository*, Vol.16, April 1847, pp. 179-180.

② "The Opium Trade: Proposition of a Merchant to Legalize or Abolish the Traffic", *Chinese Repository*, Vol.16, January 1847, p. 40.

③ Tyler Dennett, *Americans in Eastern Asia*([美]泰勒·丹涅特《美国人在东亚》), New York: Macmillan and Company, 1922, p. 556.

教士都认为鸦片贸易合法化是消除鸦片走私、禁绝鸦片吸食的优先考虑途径之一，而恼火于中国人将基督教与鸦片走私联系起来的态度，美国传教士坚信将鸦片贸易合法化是缓解中国民众对西方人及基督教仇视的重要方式之一。列卫廉虽然认为要迫使清政府承认鸦片贸易合法化就必须采取武力威胁，但他不敢公开放弃反对鸦片立场而转向支持鸦片贸易，却从美国在华的根本利益出发，决定用一个更为详细的补充性商业协议来解决鸦片贸易合法化的问题。所以，在中美《天津条约》中，列卫廉和他的传教士顾问们在谈判过程中始终避免涉及鸦片贸易问题，不像先前的英国代表璞鼎查那样无耻声言："若将鸦片的入口使之合法化，使富户和官吏都可以参加合作，这样便可将走私的方便大加限制，下便人民，上裕国库，岂不甚好。"①也不像当时的英国公使包令那样在其所谓"变通"条约请折中提出"将鸦片土一项准其一律进口，报税公允"。② 由于清政府并未解除禁烟法令，鸦片贸易一直未获得法律上认可，仍属违禁性质，英国政府"以完纳关税把鸦片贸易置于合法化地位"的要求屡遭清政府的拒绝。③ 在《天津条约》签订后，为尽快结束战争，达成和议，在中方代表大学士桂良等即将赴沪谈判前，1858年8月27日，咸丰皇帝密令其在谈判中可以以全免洋货关税与鸦片弛禁为条件，换取罢议公使驻京等条款，"为一劳永逸之计"。④ 10月13日，英国全权特使额尔金在中英上海税则谈判中，正式提出了"鸦片贸易合法化"的要求，清政府接受了这一屈辱条款。同年11月8日，清政府在上海与英国签订了《通商章程善后条约·海关税则》，其中第5款规定："'鸦片'改名'洋药'，准其进口，每百斤缴纳进口税三十两。向来洋药……例皆不准通商，现定稍宽其禁，听商遵行纳税贸易。唯该商只准在口销卖，一经离口，即属中国货物……其如何征税，听凭中国办理，嗣后遇修改税则，仍不得按照别定货税。"⑤这就是中国近代史上臭名昭著的鸦片贸易合法化条约。同月，清政府又与法、美两国签订类似的条款。从此，鸦片贸易合法化了。鸦片贸易合法化为罪恶的鸦片大规模地向中国

---

① 利洛《缔约日记》（齐思和等主编）第219页，神州国光社，1964年。
② 齐思和《第二次鸦片战争》（《中国近代史资料丛刊》第三册）第43页，上海人民出版社，1979年。
③ 姚贤镐《中国近代对外贸易史资料》第681页，中华书局，1962年。
④ 贾祯等编《筹办夷务始末》（咸丰朝）第3卷，第1128页，中华书局，1979年。
⑤ 王铁崖《中外旧约章汇编》（第一册）第116—117页，生活·读书·新知三联书店，1982年。

输入铺平了道路,而中国人民也开始了长达半个世纪的取消"鸦片贸易合法化"的反侵略运动。

由上可知,包括传教士在内的大多数在华美国人,在第一次鸦片战争前曾抨击鸦片给中国民众所带来的罪恶,并通过《中国丛报》向美国政府和国内民众呼吁禁绝鸦片走私,但在《天津条约》前后,他们的鸦片贸易观向合法化转变,最终导致了美国对华鸦片贸易政策的改变及鸦片贸易在华的进一步扩大。

(二)卫三畏对鸦片和鸦片贸易的一贯反对态度

卫三畏从基督传教的人道主义出发,既反对鸦片这种毒品本身,也反对罪恶的鸦片贸易,承认鸦片和鸦片贸易给中国带来了深重灾难。自1833年10月来华后,目睹鸦片在华泛滥的现状,1839年5月17日,卫三畏在给美部会秘书安德森的一封信中不仅较全面地论述,更气愤不平地说:"这个国家的财富被吸干,换来的是死亡和灾祸;这种毒品如此有害,鼓吹它的人自己不愿用它,但他们(指外国鸦片贩子)却说鸦片对中国人无害。……鸦片贸易毁灭了数以千计的中国人的身体,使这个国家道德败坏……它对人民的戕害要远远超过我们能够描述的状态,但仅从我们所了解的情况来看,其程度也是很可怕的。"[1]鸦片贸易与吸食鸦片对中国人身心的危害,后来的美国传教士都有深刻的记载。1850年来华的丁韪良,在宁波传教期间曾对吸食鸦片的后果进行研究,并得出结论说:"抽鸦片烟对于中国人来说,是一个不折不扣的诅咒。……这种毒而诱人的鸦片会削弱人的力气,麻痹人的头脑,当然也会缩短人的寿命。虽然买鸦片的费用合计起来数目惊人,但跟吸食鸦片后肯定会随之而来的寿命和精力的丧失简直不能同日而语。"[2]在来华美国传教士中,对中国抽鸦片现象议论最多的当属在福州传教的美部会传教士卢公明(Justus Doolittle)。他在其英文著作《中国人的社会生活》(Social Life of the Chinese,1867)的第15章中指出,抽鸦片已流行为中国社会一种待客之道,甚至是人际关系中的一项主要内容。这一恶陋之俗给人带来诸如经济上的、身体上的、精神上的和社会道德上的等各种不良的后果,其集中体现为"犯法""不孝""破家""害身"

---

[1] Robert Erwin Johnson, *Far China Station:The U. S. Navy in Asian Waters 1800-1898*, Naval Institute Press,1979,p. 20.

[2] W. A. P. Martin, *A Cycle of Cathay,or China,South and North with Personal Reminiscences*. New York:Fleming H. Revell Co.,(3rd ed.),1900,pp. 85-86.

"坏俗""败灵魂"六大罪责。针对这一恶习,卢公明提出了自己的劝诫办法,要戒烟酒必须从杜绝心理的欲望出发,而只有信仰基督、皈依基督教,才能净化心灵,从思想上与鸦片绝缘。① 很显然,美国传教士对鸦片问题的关注和对鸦片贸易的谴责在很大程度上是从人类基本道德准则和基督教教义的角度出发的,与此同时,也看到了鸦片对传教事业的危害,如同卫三畏起草的给美部会 1840 年传教士年度报告中有写道:"我们在室内,在户外,在生活琐事中,在传教事业中,都遭遇到鸦片的影响。尽管我们做了非常清楚的规定,以将沉迷于这种嗜好的人排除在我们使用的仆役的行列之外,尽管我们已有的仆役也受到这种规定的约束,但甚至在我们的监督之下,他们的承诺和对被开除的恐惧也敌不过这种癖好的诱惑。我们之中有些人也遇到过这样尴尬的情况:我们所能找到的最好的教师因其影响而变得愚笨无能。"②

卫三畏是始终反对鸦片贸易的,其思想的坚定不移,贯穿在此后的生活过程之中。第一次鸦片战争前,卫三畏就曾尖锐地批评英国的鸦片贸易政策,指出,中国真诚地希望同各国进行除鸦片以外的一切贸易,但英国政府的贸易政策却表现出目光短浅,自私自利的特点,拒绝与那些对禁止鸦片流行已感到失望的人们合作。英国在异教徒眼里丧失了把道德标准置于商业利益之上的黄金时机,并将永远不能复得。③ 到晚年退休离华,回到美国并定居在纽黑文后,卫三畏仍旧关注鸦片对华贩卖的现象,常撰文谴责这种恶毒的行径。1881 年 2 月 9 日,他在日记中写道:"(我)为《公理会教友》写了一篇论文,批评与中国缔结的条约,总的来说,这是个无用的契约,一些条款无法执行。只要鸦片在中国合法,没有一部法律对中国人是有效的。"④就在他逝世的前一年,即 1883 年《中国总论》修订出版后,卫三畏仍旧对鸦片、鸦片贸易持否定态度,并认为英国实行的鸦片政策是中国苦难的最终根源。

对于鸦片及其对华贸易的危害,卫三畏感触尤深。早在出任美国驻华

---

① 林立强《美国传教士与晚清社会的鸦片问题》,载《福建师范大学学报》2004 年第 2 期,第 121—125 页。
② Samuel Wells Williams to R. Anderson,1840,ABCFM Papers,16. 3. 8,Vol.I a.转引自吴义雄《在宗教与世俗之间:基督教新教传教士在华南沿海的早期活动研究》第 239 页。
③ Samuel Wells Williams,*The Middle Kingdom*,New York,1882,revised,edition 2,p. 327.
④ 《卫三畏生平及书信》第 301 页。

使馆秘书兼翻译前,卫三畏曾在其参与编辑和印刷的《中国丛报》上,就发表有他对鸦片问题的两篇文章:《郭姓商人因经营鸦片被处决》①和《艾伦医师对鸦片贸易的评价》②。此后,在他的一些个人书信、商务书籍和他人著作涉及的片段中,也能发现卫三畏对于鸦片问题的谴责态度。但是,从根本态度上来看,卫三畏对于鸦片问题的总体论述,集中在他的两版《中国总论》的第 20 章"中国商业"、第 21 章"中国的对外交往"、第 22 章"第一次对英战争的起因"以及第 23 章"第一次英中战争的进程及其结果"之中。在第 19 章"基督教教会在中国人之中"也有提及"吸食鸦片和贵金属外流"。《中国总论》1883 年修订版比 1848 年第一版有所改进,不仅修正了前版的一些失误,删除部分繁复的记载,而且增补了自 1848 年后的中国发生的重大事件,如太平军叛乱、第二次英中战争和中国近事,即《中国总论》新增加的三章(第 24 章、第 25 章和第 26 章),大多为卫三畏担任外交官后的在华亲身经历和观察,内容集中反映了当时西方人的基本立场和态度。这三章内容还得力于卫三畏之子、曾接受其父在耶鲁学院汉学讲座教授之职的卫斐列的直接参与编写,加入了不少 19 世纪西方学术界对中国政治历史的看法。尽管有些具体内容有所改动,但卫三畏对鸦片问题这一主题的基本分析框架和观点、态度基本上没有变化。

在卫三畏 1833 年来华前,鸦片走私已在广州等沿海地区盛行了。美国自 1804 年从土耳其运来第一箱鸦片输入中国后,不少美商或独立或参与从事鸦片走私活动,从中得到厚利。从 1820 年时起,"鸦片运销已成为当时美国对华贸易中西班牙币的主要代替品。美商以运输鸦片所获之厚利,划拨而得'伦敦汇票',再以'伦敦汇票'作为其在中国购买付款之需。1831—1840 年间,美商运到中国的西班牙币较前十年平均减少百分之八十"③。正如当时一位美国鸦片贩子不无骄傲地宣称:"国内对于对华贸易曾经存有一种强烈的偏见,认为从中国方面取得货物,势非输出硬币不可。……可是过去三年我们没有装运一枚西班牙银元到中国。我们的基金是出自土耳其输出的鸦片。"④而且鸦片走私向内地渗透,在 1828—1838 年

---

① Chinese Repository(《中国丛报》),Vol.VI.,p. 607.
② Chinese Repository(《中国丛报》),Vol.XX.,p. 479.
③ J. S. Hoimans,*Foreign Commerce of the United States*,p. 181.转引自李定一《早期中美关系史》第 71 页,北京大学出版社,1997 年。
④ [美]泰勒·丹涅特著,姚曾廙译《美国人在东亚》第 18 页,商务印书馆,1962 年。

间,中国东南沿海到处都有趸船的踪迹,在中国北方一些港口如天津等地也有出现,且参与的美商人数亦越来越多,可以说"在华美商,咸视之为利薮,除一二美商外,莫不趋之若鹜",当时"最有名的旗昌洋行亦曾以自土耳其贩烟而获厚利"。① 而远在万里之外的美国政府对一些美商在华走私鸦片活动,基本上采取了漠视或听任的态度,一些政府官员也有参与,如美国第一个提出对华进行鸦片贸易的是"中国皇后"号管货员、美国第一任驻广州领事山茂召,他曾被誉为受过相当教育,充任军官、卓著勋功的美国人。② 由于鸦片贸易是走私活动,因此很难统计美国商人向中国输入鸦片的确切数字,但综合各方面的资料,仍可反映美国鸦片贸易的大体轮廓。据估计,1807 年前美国运往中国的鸦片每年在 105 箱至 150 箱之间,价值在 5 万至 10 万元之间;1811—1820 年,平均每年为 473 箱;1821—1827 年间,平均每年为 579 箱;1828—1833 年间,平均每年为 1081 箱。③ 对于大多数急功近利、唯利是图的美国商人来说,他们更为关心的是眼前利益而不是长远利益;是个人的商业利益而不是国家是否蒙受"耻辱",他们乐此不疲,很少有人与这项肮脏的贸易没有任何瓜葛。但从整个鸦片走私格局来看,在早期中美贸易中,美国商人输华鸦片无论是在输华鸦片总额中,还是在中美贸易总额中,所占的比例都是极为有限的。这是因为当时鸦片贸易的主要产地被东印度公司所控制,美国商人无法染指,只能将质低价贱、数量有限的土耳其鸦片运到中国。从 1818 年到 1833 年,美国商人输华总额为 9760 万元,其中鸦片为 492 万元,仅占输华总额的 5%。而在同一时期,美国对外贸易额的 90%以上依然来自于欧洲和美洲。④ 中美贸易在美国对外贸易总额中只占 4%强。⑤ 这样的利益格局无论是对美商在华贸易利润、美国政府的对华决策,还是对传教士的鸦片贸易观,都会产生很大影响的。根据李定一的分析,美国人在鸦片贸易合法化前后相对同情中国的原因有四:一是美商希望中国政府禁烟,以此打击最大的竞争对手英国,从

---

① 李定一《早期中美关系史》第 70—71 页,北京大学出版社,1997 年。
② 李守郡《浅谈美国早期对华鸦片贸易》,载《历史档案》1983 年第 2 期,第 105 页。
③ 汪熙、邹明德《鸦片战争前的中美贸易》,载《中美关系史论丛》第 113 页,复旦大学出版社,1985 年。
④ [美]吉尔伯特·C. 菲特、吉姆·E. 里斯著,司徒淳、方秉铸译《美国经济史》第 297 页,辽宁人民出版社,1981 年。
⑤ Ren J. Wattenberg, *The Statistical History of the United States, From Colonial Times to the Present*(J. 瓦登堡《殖民时代迄今之美国统计资料史》),New York,1976,p. 907.

而抓住发展中美贸易的良机;二是美国本国产品已经可以平衡中美贸易,而鸦片输入削弱了中国人的经济实力,不利于美国商品输入中国;三是美商缺乏本国政府强有力的政治支持,不希望与中国政府发生争执,导致贸易停止;四是道德上的因素,如一些传教士已经意识到鸦片走私引起中国人的反感,对传教士事业是很大的阻碍。① 应该肯定的是,就在美商咸视之为利薮,莫不趋之若鹜之时,却也有美商拒绝参与,其中就有纽约商人奥立芬的洋行。据说是"因奥氏笃信宗教的缘故,拒绝与鸦片走私发生关系,而被同侪讥称为'郇山区'(Zion's Corner)"。奥氏公司在纽约名为Talbot Olyphant and Company,即Olyphant and Company at Canton,该商行不贩鸦片的原因,还有一种解释,称其乃恐怕因贩鸦片之故,可能使中国政府停止贸易,遭受经济损失。② 从根本上来看,对这些不贩鸦片的美商而言,鸦片走私日益猖獗,会使中国对外贸易转向入超,现银大量外流,财源渐趋枯竭,中国社会购买力遭到严重破坏,正当而正常的中美贸易将不复存在,受损最大的是美国,正如马克思在分析这一问题时指出:"只要取消鸦片贸易,中国可以在它对英美贸易大致出超800万英镑这个数字的范围内逐渐地吸收更多的英美商品。"③鸦片战争前夕,赴华美商在给美国政府的呈文中声称:"不论我们以道德和慈善的眼光来看这个问题,或只是把它作为一个商业问题来看,我们都极愿见到中国的鸦片进口和消费得以完全终止。"④美国一家商人杂志在1841年1月号的社论中也指出:"虽然鸦片从印度输入中国已经为英国商务创造了有利条件,可是对于美国人并没有好处。一般的感觉是,鸦片贸易的根绝将会有助于美国的商业利益。"⑤可见,美国商界已经意识到了鸦片贸易对美国商业所造成的消极影响。如同来华贸易的同孚洋行老板奥立芬先生曾说:"我之所以要谴责鸦片贸易,是因为它犹如一座分隔基督教和世界上四亿人民的坚硬壁垒,是那些商品市场的破坏者。没有这些商品市场,西方国家的制造者们就会失却生计。"⑥同孚洋行另一位股东金查理也认为:"由于为了几箱鸦片,完全是一

---

① 李定一《中美早期外交史》第72—74页,北京大学出版社,1997年。
② 《中美早期外交史》第70—71页。
③ 马克思《英中条约》,《马克思恩格斯全集》第12卷,第605页,人民出版社,1982年。
④ 《美国众议院档案》(House Document)第40号,第26届国会第1次会议。
⑤ [美]泰勒·丹涅特著,姚曾廙译《美国人在东亚》第92页,商务印书馆,1962年。
⑥ 《中国丛报》(Chinese Repository),1837年1月,第418页。

些纯粹的眼前利益,而使我们的国家在此蒙受耻辱,恐怕还遭受损害。"①林则徐到广东查禁鸦片时,美国朝野包括在广州的美商在内,很多人都同情中国及其禁烟运动,指责以英国为主的从事鸦片走私的罪恶。而美国新教传教士远涉重洋,赴华传播福音,固然有其深刻的政治经济背景,并与早期中美贸易有着水乳交融的关系。他们来华传教主要是出于对上帝的信念和宗教热忱,目的是使中国全面向"基督"开放,因而始终具有传播福音以使"异教徒"皈依上帝的强烈使命感。但要使中国人皈依上帝,除了要以武力为后盾外,还必须具备两个前提:其一是启迪中国民智,让中国人民接触并了解西方基督教文化;其二是要努力博得中国人民的好感,使他们的宗教文化活动更容易被中国人民所接受。可是,肮脏的鸦片贸易与传教士的活动却大相径庭,它不但破坏了中国的社会经济,侵蚀了中国人民的肌体,而且引起了中国人民的普遍反感和愤怒,这对传教士的宗教文化活动显然产生了消极影响。与赴华贸易商不同,传教士主要关心的是美国的长远利益和传教利益,而不是鸦片贸易商的利益。他们企图输往中国的,是触及灵魂的"鸦片",而不是毒害肌体的鸦片。当前者的利益受到后者的损害时,他们无疑是选择前者并对后者采取否定的态度。② 因此,美国一些福音信仰坚定传教士赴华后,除与鸦片贩子划清界限外,还对鸦片贸易造成的悲惨后果进行了报道,并且大声疾呼反对鸦片毒害。他们的口诛笔伐,直接在《中国丛报》等刊物上登出,其中《中国丛报》上就有直接谈论到鸦片和鸦片贸易的危害的文章,达50多篇。③ 一些美商和美国传教士对鸦片的反对态度,自然也会影响到他国人,如德籍传教士郭实腊。1826年,郭实腊从神学院毕业后被按立牧师,由荷兰布道会信贤会派遣到东方荷属殖民地传教。1827年,到达爪哇,在日惹进行传教活动。在那里,郭实腊开始学习福建话,了解中国社会状况。1828年4月,郭实腊到达暹罗,在曼谷受到葡萄牙领事馆的接待,在华侨中进行传教活动,继续学习中国语言与文化。1829年,他脱离荷兰布道会,成为一个独立活动的普

---

① [美]J.高尔德斯坦(乔纳森·戈尔茨坦)《1682至1846年费城对华贸易》(J. Goldstein, *Philadelphia and the China Trade*, 1682-1846)第58页,宾夕法尼亚大学,1978年。
② 何大进《略论早期美国赴华传教士的鸦片贸易观》,载《历史教学》1998年第4期,第5页。
③ 详见《中国丛报》第20卷目录的主题分类中的"鸦片"类,其中包括了卫三畏的两篇文章。

鲁士传教士。1831年,他决心到中国沿海活动,穿起中国人的服装,改用中国人的姓名,自称"郭实腊"。他通过结识的一位来曼谷经商的福建商人关系,自带航海图与测绘仪,于6月3日登上一搜250吨的中国货船,先后经海南岛、厦门、台湾、定海、宁波、上海,最后到达天津。沿途了解中国民俗风情,散发《圣经》。在天津时,他在福建商人家中度过中秋节,希望进入北京城,但由于不会说北方话,在北京又没有熟人,只好作罢。10月17日,他离开天津南下,年底到达澳门。1832年2月,郭实腊应聘英国东印度公司,作为向导兼医生乘坐该公司"阿美士德"号船从澳门出发,沿途在厦门、台湾、福州、宁波、上海停靠,然后北上,经朝鲜、日本返回澳门,此次航行达7个月之久。到达上海时,郭实腊还要求会见上海道台,并在宝山、吴淞、崇明等地逗留,了解上海的商业和军事防守情况。1832年10月,郭实腊又从澳门出发,第三次北上沿中国海岸线航行,直到1833年4月底返回澳门。是年7月(道光十三年六月),郭实腊在中国广州创办中文月刊《东西洋考每月统记传》(*Eastern and Westerm Ocean's Monthly Investigation*),以"爱汉者"署名编纂该刊。该月刊发行时间延续5年多,现存39期。但在1835年前,郭实腊在传教过程中还是与鸦片贸易有染,而从1835年2月起,"他放弃了与鸦片贸易的联系,担任英国领事馆的译员,薪金800英镑,直到他1851年8月9日死去为止,终年48岁"①。尽管鸦片贸易获利甚丰,在华外国人的圈子内,还是将之视作十分不光彩的事情,特别是一些美国人的传教热情对于中国人本能上的同情,致使尾随英国之后胁迫清政府签订的不平等条约《望厦条约》中,由于充任翻译人员的是极力反对鸦片的传教士裨治文和伯驾,故而《望厦条约》中也有一条是禁止美国人在华从事鸦片贸易的,否则"听任中国地方官自行办理治罪"。② 而这个结果,与美国国会的反对鸦片贸易的情绪和意志相一致的。1840年3月16日,马萨诸塞州众议员顾盛就美国《先驱周报》所转载的有关"英美合作对华"的消息,向外交委员会主席弗兰西斯·皮肯斯提出质询。顾盛激动地说:"在广州那些差不多无人闻问的美国人,对于中华帝国的法律和权益一向都表示适当的尊重,同英国人在那里的横行不法相比,

---

① [美]卫三畏著,陈俱译《中国总论》第814页,上海古籍出版社,2005年。
② 梁为楫、郑则民《中国近代不平等条约选编与介绍》第38页,中国广播电视出版社,1993年。

益显得光明正大。……我国若与英国政府合作而存心助纣为虐,那是为神祇所不容。"对于顾盛的质询,皮肯斯回答说,据他所知,总统没有与英国合作的意图。皮肯斯还明确表示,他不会直接或间接地支持令人诅咒的鸦片贸易。①

下面,将主要从卫三畏《中国总论》中引用相关论述来解读他的反对鸦片观。《中国总论》第20章"中国商业"中,卫三畏将鸦片输入列为晚清中国对外贸易表的第一项商品,国内种植也越发普遍,并指出鸦片贸易的增长已经造成了严重的后果:"中国贸易表上引人注意的第一项就是鸦片输入,其增长以及严重后果有必要详加叙述。中国医生对于鸦片作为药品的应用知道得并不很久,《本草纲目》一书提到罂粟,有理由猜想是土生土长的。药品的名称'鸦片'是模仿外语 opium;称这种植物为'阿芙蓉',则源于阿拉伯语 Afyun 的音译,约于9世纪从阿拉伯国家引进到中国。还有许多名称,如大烟、黑货、黑土、洋药;关税表使用的是洋药一词。《本草纲目》编纂于200年前,提到这种植物及其浓缩汁,说这两者以前知道的不多;本书简略描述了提取方法,似乎可以说明这时刚开始用于医疗。其后的几十年间并没有从沿海输入,但是现在每一个省份和满洲全种罂粟,没有一个地方真正禁止种植。人们采集和炼制自用的罂粟汁,其方式就和印度一样;早在1830年我们发现有个(中国)官员注意到鸦片种植正在扩大,他认为这样一来'不但给善良人造成损害,而且大大妨碍了农业'。"②这位中国官员可能指当时江南道监察御史邵正笏,他在上书的奏折中陈述了鸦片贸易和国内种植的危害,奏请皇上降旨严禁内地奸民种卖鸦片。其实,从1729年起,清政府就开始颁布禁烟法令。同时,卫三畏还指出,中国人在200年前使用鸦片的量一定很少,因为他没有在1580年到19世纪初的天主教传教士的著作中见到。

在简要叙述鸦片在印度、土耳其和波斯等地种植与加工过程后,指出这是在地方政府统一管理和经营贩卖之下的官方行为,并且直接针对中国市场进行制造的,特别是英属印度殖民政府垄断鸦片生产贸易的收入如此大,而且如此重要,是关系到政府生死存亡的大事。进而,卫三畏追溯了鸦片贸易的历史。他指出从18世纪葡萄牙人贩卖鸦片到中国开始,鸦片贸

---

① 《美国国会议事录》(*Congressional Globe*)Ⅷ,1840年3月19日,第275页。
② [美]卫三畏著,陈俱译《中国总论》第849页,上海古籍出版社,2005年。

易起初操纵在葡萄牙人手中。英国人不久也开始从事鸦片贸易,有时以药品的名义输入。1800年,嘉庆皇帝下令禁止这种毒品进口,广州地方政府和海关也禁止任何船只装载鸦片进港,葡萄牙人也禁止鸦片运入澳门。在中国总督的公告和巡抚的文书中,都告诫外国人不得走私鸦片入华,否则将人神共愤,但鸦片贩子贿赂公行,也有一些地方官员收受贿赂,对鸦片走私置若罔闻,无视皇朝禁令。在林则徐禁烟期间,鸦片贸易的危害最小,"商人就在澳门和虎门之间的小岛伶仃设立一个浮动的船只接待站。到了夏季,船只纷纷转移到珠江口外的金星门、急水门、香港和其他锚地,较为安全地躲过台风,这种情况持续到1839年为止"①。虎门销烟一结束,中英矛盾一触即发之际,外国鸦片贩子开始又变得狂妄起来,走私活动不断公开化。随着1840—1842年战争逐步不利于中国的情况下,鸦片走私活动又在沿海发展起来,在《南京条约》签订后,走私活动又开始向内地渗透。

卫三畏比较详细地描述了鸦片吸食的过程和吸食者毒瘾发作时的痛苦丑态。他指出,当一个人成为这一习惯的受害者,就会体验到身心力量全面衰落,完全不顾一切后果,只想再吸才能过瘾。因此,使用这种毒品的恶果证明了应当更确切地称之为"毁灭性的物品",而不只是"奢侈性的物品",这是没有异议的,几乎找不到一个人坚决地为它说好话。② 为证明鸦片吸食的恶果,卫三畏不仅记录了不少外国人对鸦片危害中国人的看法,都承认鸦片的罪恶,"这种习惯对人们身体的毁灭性后果,特别表现在恍惚、善忘,所有脑力功能全面恶化,消瘦、虚弱,菜色面容,嘴唇眼皮青黑色,眼睛倦怠无神,食欲越来越差以至完全丧失";而且对中国人劝阻同胞吸毒的行为予以赞扬,他把中国学者对鸦片的批评记录在案:"一开始是为了精神爽快,防止疲乏,可是鸦片耗尽生机,妨碍正业,消磨血肉,挥霍财产,令人生厌,刺激淫荡,泄露秘密,违法乱纪,扼杀生机,毁灭生命。若与砒霜相比,我认为鸦片更毒十倍;一个人吞砒霜,无非出于丧失名誉,陷于不能自拔的境地。他已如此绝望,一剂就可毁了自己;然而,吸鸦片却从许多途径受到伤害。"如此记录,充分表达了卫三畏对鸦片及其毒性的社会危害性的正确认识,将其视为一种罪行:"吞鸦片常常作为自杀的一种手段,中国报

---

① 《中国总论》第853页。
② 《中国总论》第855页。

纸经常报道,医生在吞鸦片的人断气之前注射阿托品进行抢救,这样做的人那么多,可悲地表明中国人多么看轻生命。有时对吸鸦片和酗酒作比较,确认前者受害较少,但是,这两种可怕的罪行,终归使健康、财产、精神、事业和生命遭受损失。鸦片给予吸食者的,毫无益处可言,唯有伤害他的体力,搅浑他的心灵,破坏他的社会地位;缺少此物他会感到难受,最后他将因之死亡。"①在这段话之后,卫三畏在《中国总论》修订版中省略了一段话,却很能说明卫三畏对鸦片的毒性和鸦片贸易的社会罪恶具有非常清楚的认识,"鸦片在中国以外的地方制造,购买的每一分钱都流到海外,留下来的确是各种形式的贫穷、疾病和疯狂;感到的仅仅是那烟枪含在嘴中的瞬息快感。过去的50年来仅仅这一项,就有整整一亿美元从中国'溢出',而生产性资本的减少则达到这个数字的两倍。东印度公司专利将于1834年终止之前,虎门口外以及东南沿海的鸦片走私贸易呈现出正常的性质。广州收取费用默许走私,已是众所周知,省里最高人物分沾鸦片贸易的利润,并不引以为耻。沿着东边海岸试销,取得很大成功,几乎没有别的东西可卖"②。可见,卫三畏对鸦片和鸦片贸易的基本态度是充满着鄙视和谴责的。因此,他称赞那些从道德立场上禁吸鸦片的中国人为当地社会中的优秀分子,认为1858年后鸦片贸易合法化是打着商品的幌子从事着毒害中国人的可耻行径:"当地社会中的优秀分子从道德立场禁止吸鸦片。鸦片运进国内的方式已经不再使人感兴趣,无非当作历史事件。可以说,这是权力、恶习、技巧和金钱全部结合起来的可悲表演,终于不断削弱以至压倒了异教徒和无知的人们进行的微弱而散漫的抵抗,他们明知事态的进展足以使他们趋于毁灭。这样一场争斗的最后结果几乎不必置疑,1858年,海关允许鸦片纳税后输入,鸦片走私绝迹,成了一项特许的商业,本已十分微弱的道义上的反抗好像归于熄灭。"③

在谴责鸦片及其非法贸易和中国地方官员腐败现象的同时,卫三畏还是特别肯定了晚清政府的禁烟立场和虽然大都流于形式的禁烟措施。在《中国总论》第一版中的一段话中,卫三畏希望告诉美国民众,即使中国地方官员由于贪污腐败或软弱而无法贯彻朝廷的禁烟令,致使定期发布的禁

---

① 《中国总论》第858页。
② 《中国总论》第858页。
③ 《中国总论》第853页。

令毫无效力,实施的惩罚仅仅是一种恐吓,导致禁烟没有实际成效;但是中国的皇帝和大臣们禁烟的决心和发布的命令却不容置疑。① 在《中国总论》修订版的第 22 章"第一次对英战争的起因"中,卫三畏指出晚清政府一直在进行着禁烟的努力:"中国最高当局命令沿海官员制止这一贸易,但沿海官员及其下属的贪财受贿,使命令成为一纸空文;然而,并不能因此指责朝廷发布命令的诚意。没有一点证据可以表明,从 1800 年发布第一个敕令直至 1840 年鸦片战争爆发,北京朝廷取缔鸦片贸易并不真诚。可是,官方的走私,缉私船在干这一勾当,孤立无援的省级当局假装看不见,这几点理由还不够充分;更重要的是在英国或他处成功地贿赂了海关官员,更证明了财政部门的腐败。贸易'长在增长和赢利'的诱惑,对于蒙昧的异教的中国走私者是那么强烈,对于经常将毒品拿到手的基督徒商人和垄断者一模一样。英国商务监督公然捍卫这一为本国政府提供不止 200 万英镑收入的贸易,提出这样'正在增长和赢利'的买卖不应予以阻止,这样的态度比起声称'一旦接到命令,他便能够禁阻英国船只,从事这种买卖'要直率得多。"②面对他人对清政府禁烟不真诚的指责,卫三畏具体记载和分析了大量中国官员的禁烟主张,并给予高度评价,还批评了西方人,包括英国外交大臣巴麦尊(Henry John Temple Palmerston, 1784—1865)和印度的英国高级官员,诬蔑中国人禁烟努力不真诚是不公道的:"那些从未体会这次灾难的人声称,中国人制止鸦片贸易的努力是不真诚的,不过在道德上装模作样,表面上反对得最强烈的人一旦看到被制止,肯定比别人更加懊恼。可是,以这样的说法加予中国人是不公道的。巴麦尊勋爵在议会上就曾这样断言,驻印度的官员也多次重复过。凡是对中国人的举动做了无偏见的考察,或是在中国人中间生活过、知道他们真实感情的人,都会懂得上述论调是多么错误。最高级的政治家和虚弱的吸毒受害者一直赞同其后果恶劣的见解,双方的处境多么像被饥饿的蟒蛇缠住的可怜的羔羊。"③当因为收缴鸦片而激化中英冲突时,卫三畏虽然也相信英国驻华商务监督义律(Charles Elliot, 1801—1875)本人是反对鸦片贸易的,但主要肯定清政府禁烟的坚定意志:"没有人比义律更迫切地要求制止这项贸易,但他知道不

---

① Samuel Wells Williams, *The Middle Kingdom*, Vol.II, New York & London: Wiley and Putnam, 1848, p. 396.
② [美]卫三畏著,陈俱译《中国总论》第 928 页,上海古籍出版社,2005 年。
③ 《中国总论》第 932 页。

可能靠法律来制止,自然希望看到由于走私而产生的许多政治与商务上的罪行能够清除。真的,许多情况有利于采取这一途径;但是不应当不看到,而且不能不提及的事实是:道光皇帝及其顾问的持久声誉受到损害,他们正在困惑与虚弱之中;他不能容忍鸦片的原因在于这种毒品使人民受害。"①因此,当钦差大臣林则徐在虎门销烟成功后,卫三畏给予高度评价:"鸦片以最彻底的方式销毁了,……凡是在场观看的人们心中都不会留下任何疑问,他们察看这一行动的每一个过程,看到从英国人手中收到的总共 20291 箱(其中 8 箱是澳门送来的)全部销毁——这在世界历史上是独一无二的事例,一个异教的君主宁可毁掉这些伤害自己臣民的东西,而不是将其出售来塞满自己的腰包。和别的事件相比较,这一全部进程是人类历史上最值得注意的事件之一,给中国带来了极大的变化。"②

　　其实,从上面的引文中,还可以看出卫三畏对鸦片泛滥中国之原因的分析,尤其谴责了鸦片走私者和支持走私的政府部门。在《中国总论》第一版中,卫三畏严正指出:即使中国人自己图谋规避,或是官员不比人民有更强的道德原则,默许甚至参与违法等,但外国人故意违犯中国禁烟法律仍然是不可饶恕的。③在 1883 年《中国总论》修订版的"第一次对英战争的起因"中,卫三畏开宗明义地指出中英第一次鸦片战争的性质和由此带来的鸦片罪恶:"我们相信世界各国的事务是遵照'全能的主宰'的指示,以实现他的允诺,传播他的真理,那么,英国和中国这两个帝国之间的第一次战争,不但有着重大的历史重要性,而且其后果将不断地影响到千千万万的人们。这次战争是异乎寻常的,它的起因主要出于商业上的误解,在其进程中表现出强与弱之间,自觉的优越感与无知的自负之间的较量,值得注意;令人伤感的是,在战争终结时,强迫弱者一方为了鸦片在其境内的违法行为而付出代价,从而使这一软弱的政府借以保护臣民的些微道义力量陷于瘫痪;……但是,因销毁鸦片而被迫偿还达 600 万元,使英国的名誉留下耻辱烙印。"④在此章的最后,卫三畏还指出外国人在华不遵守中国禁烟令的原因,主要是他们的西方中心主义世界观和商业资本主义的利润最

---

① 《中国总论》第 935 页。
② 《中国总论》第 945 页。
③ Samuel Wells Williams, *The Middle Kingdom*, Vol.II, New York & London: Wiley and Putnam, 1848, p. 523.
④ [美]卫三畏著,陈俱译《中国总论》第 915 页,上海古籍出版社,2005 年。

大化性质:"基督教国家对于到他国海岸的本国人民所施行的权力,和对待国内臣民几乎一样,从来没有将这一权力让给非基督教国家,诸如土耳其、波斯或中国;主要因为不可能期望得到安全和公正。中国人对于来到他们港口的外国人,勉强容忍了上述做法;任何一方都没有订立条约来处理权力问题,外国人认为自己是旅居者和外侨,当地人并不承认外国人有这样的权利。他们有权利禁止某些物品进口,这是得到承认的;规定应纳的关税,也是可以允许的。但是西方国家的商人往往轻视诸如中国、暹罗等国的财务规章,如果这样做对个人权益和名声无损的话;这些国家的政府缺少权力,加以人民缺乏道德观念,法律不能得到完善的实施。凡是熟悉这些国家的人,对于法律、秩序、正义或礼仪被经常地、最明目张胆地违反,都不会感到惊讶,而且这类行为不论统治者或被统治者都是如此;然而外国人服从所在国法律的义务显然不能仅以所在国一部分人的服从程度来衡量。"①而在"第二次鸦片战争"一章中,卫三畏还严厉地指出1858年《天津条约》签订前后关于鸦片贸易条款谈判的龌龊行径,表达了他反对鸦片贸易合法化的思想:"此事的谈判,控制权理应在英国人手中,因为他们的贸易额多于各国的总和。他们以最自私的方式运用这一力量,像名副其实的鲗鱼紧紧吸附在虚弱而困惑的中华帝国身上,毫无歉意地不停地吸着它的资源。为了使关税成为条约的组成部分,在理论上他们每次违反条约都将变成战争借口,没有留下修订的余地,实际上也不可能修订,这四大强国不可能为了中国的权益再坐到一起来修订。还作了特殊规定,防止盐和军火装备的进口,鸦片贸易合法化,其税率很低,还低于茶、丝进入英国的税率,传遍全中国的不道德和走私的烙印从此被消除。中国人的懦弱无知,使他们备受其他国家强力和诡计的欺凌,而治外法权原则有其固定的错误,但更加非正义的是强迫他们实行这一毒品合法化,从而使人们的道德观念沦丧。走私鸦片的罪恶是不能容忍的,需要以重税来遏制,并加以耻辱的标记。"②1858年11月,清政府被迫与英、法、美三国签订了《通商章程善后条约》,标志着鸦片贸易的合法化。对于这个条约,当时已出任美国公使代办兼翻译的卫三畏既表现出同情中国人的无奈,又表达了不便指责西方人的调侃:"为了不准这种毒品通过海关进口,中国政府曾经进行了长期的抵

---

① 《中国总论》第947页。
② 《中国总论》第1051—1052页。

抗,现在却已让步;以南京条约而结束的鸦片战争终于胜利了。那些可尊敬的英国商人和政府自此以后再也不必为走私这项商品而感到耻辱了。"①而且,"我确信这是对这一令人困惑的问题的最好处置,对于这一荒唐罪恶的闹剧来说,合法化是更为可取的方式;鸦片公开的进口使我们也更为心安,再也不需要鸦片驳船和贿赂毒品巡视员了"。② 这实际上是包括卫三畏在内的美国来华传教士在将鸦片贸易合法化责任推给英国当局时所表现出来的一种矛盾心态,由于"在中国扩散鸦片所带来不道德和走私的标记已去掉",他们也同样"不必为走私这项商品而感到耻辱了"。因此为使他们的良心免受谴责,也可能是为了更有效地在中国传播福音,大多数美国传教士都没有坚守他们反对鸦片及其走私贸易的初衷,自觉不自觉地帮助了西方列强在华扩张他们从中渔利的罪恶的鸦片贸易。

从1858年鸦片贸易合法化开始,卫三畏一直关注着鸦片给中国带来的危害和对于基督福音在华事业的阻碍。在1883年《中国总论》修订版中,他增补了第二次鸦片战争后有关鸦片贸易合法化的条约的签订过程,以及鸦片贸易在中华帝国境内泛滥的情况,特别是提及了英国传教士和不法商人将鸦片贸易向中国内地和西南西北边疆地区输入状况,并对"马嘉理事件"引发的长达18个月的中英《烟台条约》谈判过程进行细节化的描述,借此谴责鸦片贸易对于中国的危害和国际关系的破坏:"在许多不可调和的证据中,涉及官员的,他们这样做的主要原因在于阻止英国贸易的扩展,这是最合理的解释。当我们想到中国西南地区的贫穷状态时,会提出一个问题:在产业和人口如此受破坏的地方,印度政府为什么致力于打开贸易? 想在整个中国西部找到更大的鸦片市场是个充足的理由,也许这样做已经付出太大的代价。"③在书中,卫三畏还从政治和商业的角度较为细致地记录了英国公使威妥玛(Thomas Francis Wade,1818—1895)和李鸿章谈判签订《烟台条约》的内容:云南事件以立即付出20万两白银得到解决,其中包括英国商人对中国政府的全部要求;还要在全国城镇张贴皇朝的布告;派一名使节就云南事件带信向维多利亚女王道歉;英国官员派驻大理

---

① 齐思和《第二次鸦片战争》(《中国近代史资料丛刊》第三册)第187页,上海人民出版社,1979年。

② Frederick Wells Williams, *The Life and Letters of Samuel Wells Williams*, New York & London: G. P. Putnam's Sons, 1889, p. 175.

③ [美]卫三畏著,陈俱译《中国总论》第1098页,上海古籍出版社,2005年。

或省内他处以"考察贸易状况"。其他事项有：在北京及各口岸，当地和外国官员的官方交往形式应当是完全平等的；对刑事案件的审判应该得到很好的管理，每一项这类案件都由被告一方的官员审理，原告一方的官员总是可以到场观察进行情况；扩大贸易，增设 4 各开放港口作为领事馆驻地，沿长江设 6 个卸货点，对鸦片、过境税、厘金也订了规则；最后，指派一个联合委员会以建立一些制度，使中国政府能够保护财政收入，又无损于香港的帆船贸易。卫三畏对《烟台条约》做了言简意赅的评论："在这种情况下，中国人为了马嘉理的生命付出沉重代价而没有抱怨权利，庇护香港走私者而削弱自己的商业，显然是不公正的，允诺处理这样的委员会是不可能达成正直的协议的。"①卫三畏揭露以政治手段推行鸦片贸易的目的，就是要向美国公众坦言鸦片作为毒品的可耻危害和利用鸦片贸易为借口的政治后果，呼吁一切基督福音精神的各国人士来支持和关心中国政府和人民的禁烟的决心和努力。所有这些活动，都反映了卫三畏反对罪恶鸦片的人道主义精神，是当时来华外国人当中积极反对鸦片贸易的代表人物之一。他的福音博爱的基督教精神，为中国人民半个世纪反对鸦片贸易合法化的斗争提供了某种精神上的鼓励，特别是包括卫三畏在内的美国在华传教士对于鸦片问题的报告，是"形成（美国）国内舆论的一个有力因素"，致使美国政府在附和英国战争侵华的同时，尽量与鸦片贸易划清界限。② 当然，我们还应该看出，由于美国政府真正的目的并不在于是否要禁止鸦片贸易，而是企图在这个非常敏感的问题上，显示出同英国的区别，以博得中国人民的好感，赢得更为有利的侵华地位。因此，美国并没有采取切实有效的措施，履行条约的义务。而清廷官吏又鉴于禁烟曾引起战端，对于鸦片走私大都采取不闻不问的态度，这就更助长了烟贩的气焰，使鸦片走私大为激增。然而，由于《望厦条约》中有禁止鸦片贸易的条款，美国政府和鸦片贸易的瓜葛，"从技术上讲，是干干净净的"③。而这却又真正地显示了美国比英国侵华手段的"高明"之处。

在此，有必要记述鸦片和鸦片贸易在晚清政府最后半世纪中得到遏制的历史过程，并借以说明鸦片必将禁绝在人类文明发展史上的历史必然

---

① 《中国总论》第 1099 页。
② ［美］泰勒·丹涅特著，姚曾廙译《美国人在东亚》第 141 页，商务印书馆，1962 年。
③ 《美国人在东亚》第 148 页。

性,以及包括卫三畏在内的近代来华先进传教士的反对鸦片的正确性和他们"上帝爱人"的基督情怀。对许多社会精英来说,反对鸦片的危害,同时具有民族主义感情和社会控制的双重意义,而中国的历任政府也在道义上肩负起根除这项耻辱和无能的标记(禁烟)的重任。成功的禁烟与现代卫生一样,都是展现一个"新中国"形象的手段:它们都力图以一个健康干净的身体形象取代鸦片战争以来的中国"东亚病夫"的隐喻。

我们知道,鸦片流毒泛滥是嘉庆、道光时期面临的严重社会问题。鸦片流毒在中国泛滥成灾,是西方新老殖民主义者为填充贪得无厌的欲壑而向中国偷运越来越多的鸦片造成的。16世纪中后期,葡萄牙人开始从他们占据的印度的卧亚和达曼将鸦片贩运到中国。踵其后尘者有西班牙、荷兰。西方殖民主义者还将吸食方法传入中国,为鸦片的大量输入创造了必要的条件。对鸦片毒流推波助澜的是殖民强国英国。18世纪70年代,当整个印度半岛沦为英国的殖民地时,英国为了改变中英贸易中所处的不利地位,遂把一个对华大量倾销鸦片的罪恶政策付诸实施。在英属印度,经过专家依据中国人的口味研制熬炼而成的鸦片,由东印度公司在国家市场上标价拍卖给投机商人,然后再由这些投机商人转卖给鸦片商人,由他们运往中国。英国向中国大量倾销鸦片的政策,使得鸦片的流入量成倍、成数十倍地增加。对中国的鸦片贸易,充实了英国和英属印度政府的国库,填满了鸦片商人的私囊。

当然,鸦片的泛滥成灾,不可避免地给中国社会造成严重危害。鸦片的大量输入造成白银的大量外流,使中国陷入严重的财政危机,阻滞了商业的发展,增加了劳动人民的负担;鸦片流毒严重摧残了中国人民的身心健康,破坏了中国的社会生产力和国防力量;鸦片的泛滥腐蚀了整个清皇朝,使其统治力量不断削弱。鸦片贸易的危害逐渐引起清政府的重视,从雍正七年(1729)开始禁烟。清廷制定了一个处罚条例,规定:对兴贩鸦片的人,"照收买违禁货物例,枷号一月,发近边充军";对私开烟馆的人,"照邪教惑众律,拟绞监候,为从杖一百,流三千里";对借鸦片走私而需索计赃的兵役等人,"照枉律治罪";对疏于纠察的各海口地方文武官员以及没有负起监察责任的各海关监督,"均交部严加议处"。然而,这个条例并没有认真执行,故而"开馆应拟绞律,律例早有明条,而历年未闻绞过一人,办过一案"。由于圣谕形同具文,鸦片的买卖、吸食自然是禁而不止。结果是"内地嗜食渐众,贩运者积岁而多"。有鉴于此,乾隆帝再颁禁令,由于"官吏奉行有名无实"，禁令还是一纸空文。严格说来，在雍正、乾隆两朝，鸦片在当时并没有成为真正的禁品。

鸦片是在嘉庆朝才真正成为禁品的。对于已逐渐成为社会公害的鸦片流毒，嘉庆帝主张严厉加以禁止。嘉庆十八年（1813）七月，清廷再次重申禁令。但当时窃据澳门的葡萄牙当局允许英船每年运鸦片5000箱入澳门。澳门一时成为输入中国内地鸦片的集散地。其后，外国商人于正当货物中夹带鸦片，于广州黄埔港夹带私售。面对鸦片流入日益增多的情况，道光帝即位后对禁烟更为重视。从道光元年（1821）至道光十九年（1839），是清代真正实行禁烟的时期。道光元年，清廷采取源流并治的方针，禁止鸦片从海口的输入和在内地的销售。这些措施并没有收到明显效果，鸦片的输入量仍然是与日俱增。从道光十二年（1832）开始，英国商船避开清廷规定的对外贸易口岸广州，擅自驶入福建、浙江、江苏、山东洋面，以"求市为名，实质图贩鸦片"，特别是到道光十四年（1834），英国议会废除了东印度公司对华贸易的垄断权，更使英国对华的鸦片贸易进入空前活跃时期。林则徐禁烟运动取得了重大胜利，却成为英国政府发起侵略战争的借口。结果两年的战争较量，腐朽没落的清王朝败于资本主义上升时期的英国，让中国百年蒙耻的《南京条约》开始将古老的中国带入了近代国际社会的行列，中国进入了半殖民地半封建社会。

第一次鸦片战争结束和各不平等条约的签订并没有终止罪恶的鸦片贸易，反而使鸦片贸易合法化成为《天津条约》《北京条约》的重要内容。

签订鸦片贸易合法化条约，本是清政府为平息战火采取的两害相权取其轻的权宜之策，饮鸩止渴的后果非一时半刻就能显现出来。鸦片贸易自1858年合法化后，给英属印度提供了5%—15%的财政收入。① 到19世纪70年代初，鸦片入华为英印政府提供的收入高达8045459英镑，约占英印政府财政收入的1/6。② 而中国却进入鸦片的弛禁时期，鸦片入口、种植、贩卖和吸食不再被视为非法，导致了国内烟毒问题更加严重。在洋烟大量输入的刺激下，土烟泛滥、烟毒肆虐的恶果日呈狂澜难挽之势，"种罂粟一亩所出，视农田数倍，工力又复减省，州县因之添设陋规，私收鸦片烟土税，

---

① ［美］费正清著，张理京译《美国与中国》（第四版）第155页，世界知识出版社，2002年。
② ［印］罗梅什·杜特著，陈洪进译《英属印度经济史》（下册）第490页，生活·读书·新知三联书店，1965年。

亦数倍于常赋,官民皆有所利,以至四处蔓延"①。土药产量猛增,大有替代洋药的趋势,有学者曾指出:"以中外合办的交易形式开始的鸦片买卖传到了内地。19世纪80年代以后,中国土产鸦片开始代替印度的(鸦片)产品,后者在1917年停止了进口。"②只是土药之危害较洋药为轻,"土烟之毒究比洋药为轻,而民财亦不外耗;傥将来洋商无利可图,洋药渐不来华,再增土药税厘益加厉禁,尚未为晚"③。然而,洋药和土药供应量的激增,在中国本土孕育催生了日益庞大的瘾君子阶层,曾因洋药大量输入而形成的吸食鸦片之风,在土药价格低廉的催化下,从上流社会向普通百姓蔓延,以致二三十年间,上至达官贵人,下至贩夫走卒,都成为鸦片的受害者,"(1882年)有45%的男子和2%的妇女——在市镇有70%的男子——吸食鸦片。据消息灵通的中国人说,有1/3的成年男子吸食鸦片"④。如此社会窘境,迫使清廷不得不重提禁烟旧话,意识到不管是从国计民生,还是从维护自己的统治来讲,烟毒都不可不禁。然而禁烟要取得成功,须得内外并行;禁内弛外,只会给洋烟的侵入提供更大空间。但已同意鸦片作为合法商品输入,则不敢轻言禁烟,以免再次影响中外外交大局。而以条约的形式规定鸦片贸易合法化,实质上是把本属中国内政的禁烟问题国际化,不可避免地给禁烟带来难度,清廷制定什么样的禁烟政策以及采取何种方式禁烟,均须考虑列强各国的反应。因此,清政府的禁烟政策摇摆在"禁"与"不禁"之间,因事关国际交涉,从1858年鸦片贸易合法化到1906年发布禁烟诏书,清政府实际上并没有采取过有效的禁烟措施。⑤但处于被动状态下的清政府,为了谋求烟毒问题的根本解决,还是与英法美等国开展了长期而艰难的谈判,尽管收效甚微。致参与多次交涉的恭亲王奕䜣也感慨说过:"昔日允为条约,今日行之为章程……即遇事竭力挽回,亦不过百分中之一二。"⑥1868年,中英进行修约谈判,奕䜣等"欲将鸦片准入

---

① 王亮、王彦威《清季外交史料》,载沈云龙《近代中国史料丛刊卷十》第2页,台北:文海出版社,1986年。
② [美]费正清著,张理京译《美国与中国》(第四版)第156页,世界知识出版社,2002年。
③ 席裕福、沈师徐《皇朝政典类纂》,载《近代中国史料丛刊卷96》第14页,台北:文海出版社,1986年。
④ 姚贤镐《中国近代对外贸易史资料》(第二册)第862页,中华书局,1962年。
⑤ [美]马士著,张汇文等译《中华帝国对外关系史》(第一卷)第625页,生活·读书·新知三联书店,1952年。
⑥ 蒋廷黻《近代中国外交史资料辑要》(中卷)第19页,商务印书馆,1934年。

中国之款作为废纸",与英方代表阿礼国谈判,也无果而终。① 1881年,清政府再次派出李鸿章的幕僚马建忠赴印度协商增加鸦片入口税及招商专卖事,希望通过增加烟税遏制洋烟输入的势头。② 而在禁烟国际化交涉过程中,最先与清政府达成协议的是美国。1880年,中美双方达成协议,"禁止美国公民经营鸦片贸易"。③ 美国政府的举动在表面上看是出于纯粹的道义,实质的原因是美国在华鸦片贸易的利益不大,其所占市场份额亦不多,鸦片贸易"完全操于英人手中",④而且根据1905年的统计结果,中国95%以上的进口药品都来自(英国殖民地)印度。⑤ 美国首先配合中国禁烟,根本目的是着眼于美国未来的在华利益,即希望一方面削弱英国在华势力,又有助于自己扩大对华贸易,更能借此获得中国的好感,在道德上树立良好的国际形象,实现其国际领袖的梦想。虽在1887年清政府实行鸦片税厘并征后,中美双方才正式换文批准,但对中方来说,美国首先对华不再输入鸦片,对中国的禁烟进程的确起到了极大的作用,引起了对华洋烟输入最大国——英国的重新考虑。1875年,郭嵩焘出任驻英公使,获悉英国设立有禁止鸦片的公会,立即与英国外交大臣沙里斯伯(Zond Salisbury)商谈鸦片税厘并征一事,提出每箱鸦片征收厘金60两,沙氏"坚执不允"。⑥ 但到1881年,曾纪泽奉旨经办鸦片税厘并征之事,历时四年,终于在1885年7月18日与英国外交大臣沙里斯伯订立了《烟台条约续增专条》,并与1876年签订《烟台条约》一起由英国政府一并在1886年5月批准,规定"自1887年2月1日起,进口洋药按照每百箱向(中国)海关完纳正税30两;并纳厘金,不过80两"。⑦ 鸦片税厘并征的成功,是清政府历时30年艰难谈判的结果,在控制烟毒输入方面迈出的重要一步。在曾纪泽有关禁烟逐年递减的思想下,加上国际上和英国国内反鸦片力量的不断壮大,英印政府对禁烟抵制力越来越弱,到1906年6月,英国议会做出了

---

① 丁凤麟、王欣之《薛福成选集》第444页,上海人民出版社,1987年。
② 侯家吉、吴其敬《中国近代经济思想史稿》第248页,黑龙江人民出版社,1983年。
③ [美]马士著,张汇文等译《中华帝国对外关系史》第二卷,第417页,生活·读书·新知三联书店,1952年。
④ 王绳祖《中英关系史论丛》第135页,人民出版社,1981年。
⑤ 《国外中国近代史研究》(第23辑)第16页,中国社会科学出版社,1994年。
⑥ 王亮、王彦威《清季外交史料》,见沈云龙主编《近代中国史料丛刊》(卷61)第7页,台北:文海出版社,1986年。
⑦ 王铁崖《中外旧约章汇编》(第一册)第471页,生活·读书·新知三联书店,1982年。

鸦片贸易的议案:"本议会坚信中印鸦片贸易在道义上是不能维护的,因此要求清政府采取必要步骤使之迅速结束。"才终于扫除了中国禁烟的最大障碍。至此,在鸦片非法输入中国百年之后,在鸦片贸易合法化50年之后,清政府才可以独立自主的姿态,再次掀起全国性的禁烟运动。

从近代中国禁烟进程的被动、曲折与艰难上,可见,清政府国力的衰弱和不平等的国际关系是主要原因。英国对华鸦片贸易合法化的政策之所以能顺利实施,帝国主义的扩张性与中国国势的贫弱,是其基本前提。第一次鸦片战争前,清政府不肯给外国以平等的待遇,源于自我封闭,昧于外交。两次鸦片战争的失败及其后的鸦片贸易合法化,使中国完全丧失了内政与外交的主动权,只能听任洋烟大量而长期地输入。即使后来想通过提高鸦片税厘来限制入口,也须经过艰苦谈判,始获寸功。中国近代洋烟的长期肆虐,正是处于半殖民地半封建社会的中国国际地位低下的反映。①

(三)卫三畏对鸦片战争既谴责又矛盾的态度

1840—1842年,中英鸦片战争是中国百年蒙耻的开始,也是中国开始进入近代史的开端。针对这场改变中外关系的不正义战争,卫三畏站在基督福音的人道主义和世界人类和平的文化交往的立场上,对战争本身的危害予以严厉批判,同时又站在西方中心主义的立场上,对这场由西方发起的对华战争所带来的基督福音在华传播的前景表达了前所未有的激动,而对中国门户开放所引起的列强侵略及其后果避而不语,在道义和强权之间,他选择了上帝的调解。这就成为卫三畏对鸦片战争的矛盾态度。

第一次鸦片战争硝烟欲来之际,人数不多的各国传教士一直留在澳门,以避免遭受可能爆发的战争的伤害,但美国和其他国家的船只还继续往来于澳门和广州之间,卫三畏虽然在澳门主持《中国丛报》印刷业务,时而也会前往广州。尽管没有直接介入中英冲突和战争进程,但作为少数在华的美国侨民,他可以密切地关注事态前后及其过程的整个发展,可以说是身处其中的观察者。对虎门销烟的详细记叙,就是他作为近距离观察中国社会的一个例证。由于参与编辑《中国丛报》的新闻追踪的必要,在广州沿途散发传教小册子的活动,都使卫三畏对于中英贸易上的冲突有着特别的敏感,他似乎预测到中英战争的不可避免性:"东印度公司的商业特权

---

① 付娟《论鸦片贸易合法化对中国近代禁烟的影响》,载《四川师范大学学报》2006年第6期,第135页。

于1834年终止,值得注意的是,这一机构靠着上帝的保佑,作为基督教世界在中国人中的主要代表,应继续保持下去;公司从其自身的特点和金钱利益出发,一般倾向于保持和平关系,而这一时期,每个其他重要的亚洲国家和岛屿,从阿拉伯到日本,和外来者之间都不时发生冲突、战争或被征服的现象。"①1834年,英国政府任命了贵族威廉·约翰·律劳卑,即律劳卑勋爵九世(William John Napier,9th Lord Napier,1786—1834)作为驻华首任商务监督,率领随从于7月15日到达澳门,却被两广总督卢坤派去的行商告知他必须留在澳门,等到官方批准后才能来广州。就两广总督而言,因为没有得到朝廷关于如何接待英国商务监督的指令,认为遵照旧章是最稳妥的办法。就是这样的一个新变化,让卫三畏感到,中英之间的误解将自此开始,对抗甚至战争都会随之而来。所以,卫三畏首先批评了英国政府的对华政策的不适宜,因为英国政府根本不了解中国人对英国的看法,而且律劳卑还屡屡强硬进入广州,激怒中国人,"律劳卑曾得到训令,应当亲自用书信向广州总督报告;……(英国)外交大臣巴麦尊的指示,说明英国政府做出委任的意图,也表明了(英国)政府对中国人对外交往的做法和他们对待英国当局的态度完全持着错误的观念"。②后来,律劳卑与两广总督的不协调交涉,使事态不断扩大,特别是律劳卑到达广州后强硬发布文告,宣称他来华后发生的一切事情,都要完全透过于总督,其拒收信件是"无知与固执","大英国商人愿意在互利原则下同全中国贸易;他们为了争取两国地位同等重要而进行不懈努力;总督将会发现,想在行商中实施愚蠢的决策,犹如让珠江断流一样"。对于这份文告,卫三畏认为律劳卑是在明知中英双方缺乏外交准则可循的情况下,贸然侵犯中国的外交惯例,会引起广州民众的极度激怒,并在这种激怒下有可能使所有在华外国人的安全与利益受到损害:"以往中国人和外国人之间的许多行为,基于不正确的观念,缺乏外交准则可循;但发布这一文告是不明智而且危险的。这不但置英国臣民的生命财产于危险之中,而且事关住在广州的所有外国人的安全与利益,律劳卑在文告中未予提及。幸而卢总督没有放纵极度激动的广州民众来发泄自己的愤怒,而是归咎行商允许这个商务监督进城,于是

---

① [美]卫三畏著,陈俱译《中国总论》第915页,上海古籍出版社,2005年。
② 《中国总论》第916页。

将有关的几个人关押起来。"①其后,卫三畏分析了中国的外交惯例,他援引两广总督上奏清政府的一份奏折,说明大班(商务负责人)和官员的差异,以及中国政府的外交程序:"该夷目(指律劳卑)不肯接纳行商,其后往城外致书于臣。信封上格式与通用相同,但所写'大英国'字样则至为荒谬。略加思索即可明白,事关国体主权至大。该夷目究竟有无官阶,无从查清。然彼即使系该国官员,亦不得与天朝疆吏行文。事关国家尊严,不得稍有游移。是以已令此处统领韩肇庆,遵行天朝规矩,不得与外夷书信往返;至于商务事宜,禀帖应经行商转呈,不许径送。鄙见以为,英夷贸易向由行商与大班经手,未有派夷目之先例。现突然派一官员,不符旧规。若该国已做出决定,理应禀帖陈明商务监督如何管理,再经奏闻,得谕旨后即当遵行。该夷目律劳卑从未上禀,遽至(广州)城外夷人商馆居住,意欲以官方文书与中华官吏相往返,实属无理至极。"对于这份奏折内容,卫三畏认为"总督致力于实施本国法律,这是无可厚非的;律劳卑则为了贯彻本国政府指示尽了最大努力。这些法律的正确性问题,包括使(中国)皇帝凌驾于英国人之上的问题,或是那些指示的可行性问题,只能由各自的首长去讨论解决。……当律劳卑信件被拒收,他应当向(英国)政府请示下一步的措施,是否企图解决对方的至高无上问题,可是他没有这样做,外交部也没有就自己派出人员遭到无礼待遇而提出抗议。"②所以,卫三畏指出,律劳卑在内的外国人初与中国交往必须牢记的一点是:"总督确信,他的皇帝对于所有派遣使团的外国居于至高无上的地位,他自己的官职使他有责任继续遵行国家对待外国人的法律,这一点我们必须牢记在心。"③当然,对于清王朝的至高无上的天朝上国观念,卫三畏认为具有儿童般的自相矛盾,因为"(中国人)认为,倘若允许官方书信往来,就等于放弃将英国国王作为附庸的看法,免除英王及其臣民对中国皇帝的效忠。这样做法不但允许他们作为平等的人进入疆界之内,无视法律和习惯,而且为他们抵制皇朝的权威、武装反抗皇朝的统治打开方便之门,最后进而摄取领土"。对此,卫三畏站在近代化的立场上,主要针对清王朝的皇帝及官员和他们的闭关国策予以同情的批评,"中国人有着如此错误而危险的观念,真是可

---

① 《中国总论》第 923 页。
② 《中国总论》第 919—920 页。
③ 《中国总论》第 921 页。

悯,也是很自然的,由此导致他们误解外国人的每一行动。自从葡萄牙人初次来到中国海岸以来,他们和欧洲人的全部交往,促使他们形成了外国人诡计多端、盛气凌人、贪得无厌、桀骜不驯的看法,为此必须采取一切方法以确保中国人自身安全。皇帝听说战船强行进入时的震怒,夹杂着极大的忧虑,'唯恐有其他船只停在附近,准备支援(律劳卑)'。他对北京接纳的外国使节的性质全然不知,对于开展平等交往的图谋可能更为惊恐,依他所见,这不过是武力占领他的领土的先兆"①。最后,卫三畏从不愿看到中英战争爆发的和平立场出发,认为如果中英双方有相互了解,且采取稳妥的外交方法,相信一场战争本是可以避免的:"毫无疑义,这就是北京统治者的感受;我们必须知道有哪些见解和忧虑在驱使他们,以便了解他们采取的举动。如果伦敦充分理解中国人眼中英国的地位,那么,律劳卑所进行的不对等的斗争可能避免,或者能够指导同中国政府的斗争。商务监督对中国人表达了友好交往的意图,但他接到的训令却是不适宜的,不是采取针对弱者和无知者一方所应有的方式,避免招致他们的惊恐,而是充分表明英国(而且通过英国来代表整个基督教世界)的真实立场和意愿,寻求与中国交往。只要北京朝廷方面仍然抱着皇帝统摄人类的想法,宣称凌驾于各国之上的地位,为了坚持这一假想而进行的斗争必然到来。不过这一虚假的观念的确在他们中间继续存在了约40年之久,直到1873年6月五国使节初次觐见同治皇帝,站在御座之前呈递国书之时才宣告结束。"②战争之前的中英冲突愈来愈烈,使在华的美国传教士进退两难,特别是在林则徐虎门销烟之后。卫三畏就此致信美部会,指出中英战争爆发的不可逆性,并严正英方的过错:林则徐的禁烟政策虽然过分,但鸦片贸易使中国的财富枯竭,成千上万的中国人身体遭到摧残。因此,卫三畏明确反对英国以鸦片贸易受阻为借口即将对华的战争。这种反对战争的立场,既有体现道德的一面,又有实用主义的一面,即鸦片毒害了中国人,战争又将祸害中国人,怎能让中国人去聆听传教士传播的上帝福音呢。

  然而,第一次鸦片战争还是爆发了。对于战争爆发的中方因素,卫三畏认为是鸦片贸易的不同利益方的相互作用的结果,"在英国政府采取行动之前,几任商务监督住在澳门,只留一个办事员在广州签发货单。……

---

① 《中国总论》第924页。
② 《中国总论》第924—925页。

如果没有统治者的许可,公开进入这个国家是不可能的;同人民交往也很有限,表明了中国人一般将外国人的身份同鸦片贸易联系在一起。紧靠海岸的居民要求扩大贸易,因为会给他们带来很大利益,而主要港口的官员则渴望分沾广州同僚的好处;但是,以国家利益为怀的人(中国有很多这样的人)认为对外贸易的扩展会带来鸦片吸食增多的十足的恶果。"[1]林则徐就是其中的以国家利益为怀的人。卫三畏对林则徐个人颇有赞许,夸奖其所有的文件都表达有力,说理中肯,和中国官方文件大不相同,但也毫不掩饰对林则徐的批评,认为他也暴露出由他的前任所误导的同样的傲慢无知,在说道必须交出鸦片的第一个理由时,他说不这样做就会遭到上天的谴责一类的在西方人看来属于迷信的观念:"我大皇帝威德同天,今要绝鸦片,是即天意要绝鸦片也。天之所厌,谁能违之:即如英国之人犯内地禁令者,前有大班喇咈占澳门,随即在澳身死;道光二十四年律劳卑闯道虎门,旋即忧惧而死;马里臣暗中播弄,是年亦死。此外,凡有不循法者,该夷回国而遭重遣,或未回复受冥诛。各国新闻纸中皆有记载。天朝之不可违如是,尔等可不凛惧乎?"[2]对于像林则徐这样在他看来也很无知的中国官员,卫三畏认为中国官员的不妥当做法对战争爆发也要承担一定责任:"我想说,在我见过的所有中国人当中,林(则徐)无疑是最英俊和最聪明的。他确实非常优秀,要是他能掌握更多的信息,或许他能更好地完成交给他的这份困难工作,但是无知以及伴随无知的高傲使他没有做到这一点。我只见过他一面,一个相当自负的人,他被赋予的大权使他采取了冒失的行动,而他最终自食其果。"[3]卫三畏对林则徐个人及其大清政府其他官员的分析,相对地比较符合当时中国的政情与国情。与闭关政策相联系的,清政府在处理中外关系时的指导思想是儒家传统的大一统世界主义及其华夷之辨和夷夏大防观念。面对国力强大、野心勃勃的西方资本主义列强的扩张,中国统治者及士大夫们仍然以历史上中国处理与周边一些落后、分散的部族和国家关系的方法行事,将中国和西方列强的关系看作是文明进步的华夏与野蛮落后的夷狄的关系,不屑以现实的眼光认真看待西方各国,更谈不上主动了解和学习别国先进的东西。林则徐虽然已经隐约地意

---

[1] 《中国总论》第927页。
[2] [美]卫三畏著,陈俱译《中国总论》第942—943页,上海古籍出版社,2005年。
[3] 《卫三畏生平及书信》第59页。

识到西方各国与以往的蛮夷不同,但大一统的世界主义观念在他身上仍是坚定不移的。华夷之辨的思想在对外政策中就体现为对夷的抚与剿,而这两种方法往往是交替使用的,相辅相成的,即所谓的恩威并施。对待西方列强,许以美国在华贸易特权之"扶"失去了力量,以夷制夷的"剿"也失去力量。鸦片战争前后的失利和失败,都集中归结到一点,就是晚清中国缺乏近代世界的观点。对此,在分析中国对于禁绝鸦片走私的冒进之后,卫三畏更是归咎于中国方面之于近代外交的愚昧无知:"对于一个大帝国的官员和政治家在无助的情况下如此忠诚地为国家服务,不得不予以某些同情,然而他们的无知又是多么可悲。他们虚妄地自认为凌驾于其上的这个国家是他们所约束不了的,他们却不肯承认对方官员的正式地位。他们想用法律和刑罚来制止鸦片贸易,就像企图同心协力来阻挡长江的急流一样。"①更重要的是,卫三畏指出英方的挑起战争的责任则更为重大,因为这是一场力量悬殊的以强凌弱的侵略战争:"这是一场由一小群拥有科学技术和纪律的人战胜一大群纪律涣散、愚昧无知和互不信任的人的战争,这样的例子在世界上很难找到第二个。"②但战争的正义却在中国人一方:"可以明显地看到,较量的双方如此不相称,——一方几乎一无所有,但正义却在这一方,另一方有着物质上和人力上有利条件的支持。"③因此,对这场战争的结果,卫三畏指出:"英国对中国的远征,与其说是打开中国的大门,倒不如说是从中国获得了极大的利益。"④而在情感上明显同情失败了的中国:"让我们公正地对待中国统治者,他们要求制止的一项贸易所产生的罪恶,他们了解和感受到的,远远对于我们,尤其是对于林(则徐),应给予应有的评价,尽管他的努力已如此显著地失败了。"⑤然而,这种情感上同情晚清中国的失败,并不能遏制资本主义和基督教文明的列强对于中国的利益索取。列宁曾指出:"资本主义如果不经常扩大其统治范围,如果不开发新的地方并把非资本主义的古老国家卷入世界经济的漩涡之中,它就不能存在与发展。"⑥鸦片战争前,英国对华的军事侵略乃是英国整个海

---

① 《中国总论》第937页。
② 《卫三畏生平及书信》第64页。
③ [美]卫三畏著,陈俱译《中国总论》第935页,上海古籍出版社,2005年。
④ Samuel Wells Williams, *The Middle Kingdom*, Vol. II, New York, 1882, p. 565.
⑤ [美]卫三畏著,陈俱译《中国总论》第949页,上海古籍出版社,2005年。
⑥ 列宁《俄国资本主义的发展》,载《列宁全集》(第3卷)第545页,人民出版社,1984年。

外殖民战争的一个组成部分,1838年侵略阿富汗的英阿战争,1843年占领印度半岛的信德公国;同年南非纳塔尔共和国被英国宣布为英国殖民地等,都是在对华鸦片战争前后发动的,很显然,1840—1842年的鸦片战争并不是孤立的一个世界性事件,也是转嫁自1825年以来英国第一次经济危机的必然结果,但是,鸦片战争是"不正义的、使英国永远背上耻辱的战争"①。

鸦片战争爆发后,美国舆论界一方面对战争有可能给美国提供的机会而兴奋不已;另一方面,对这场殖民侵略战争和鸦片贸易进行了一定程度的谴责。他们认为,向中国输送毒品,并因中国拒绝毒品而对中国开战,这种做法是"不义之举",是"违反独立的美国精神的"。1843年,美国《商人杂志和商业评论》发表的一篇评论指出:"鸦片战争是非正义、反基督教义的战争,它使英国蒙受耻辱。中国和与它有贸易关系的其他国家一样,也有权利决定自己的进口商品的品种。"②与美国国内这样反战舆论和谴责鸦片战争的主旨一样,卫三畏在他的巨著《中国总论》中更加客观而辩证地评价了第一次鸦片战争,基本上代表了他对不正义的鸦片战争的谴责思想和对于中国走向门户开放的基督情怀:

考察因这一项贸易而起的战争,宣战是为了取回英国商务监督所交之物的损失,因此,这是一次鸦片战争,显然是非正义的战争。再者,这是一场不道德的争夺,当我们考察两国的立场,不能隐瞒这一事实:真正发动战争的是大不列颠这样的首屈一指的基督教强国,强加于异教国家之上,他们正致力于扫除如此危害人民的罪恶,结果付诸东流。中国人正是以这样的眼光看待这一战争的;正直的史家也将永远这样看待这场得到公认的鸦片战争。

另一方面,每个对中国怀有好感的人都能感受到,战争不仅为了取回鸦片,而且有高得多的主旨;英国外交部如果真的这样想,他们应当很好地做出暗示。虽然已经答复钦差,无法找到杀死林维喜的凶手,他仍然一再追索,这不过是中国傲慢地凌驾于

---

① 刘春蕊《鸦片战争前英国对华政策述论》,载《青大师院学报》1996年第3期,第81—82页。
② The Merchants' Magazine and Commercial Review(《商人杂志和商业评论》),Ⅷ,1843,p. 205.

其他国家之上的一种形式。在他们和同属人类的交往之中,他们总是处于目中无人、施恩于人、蔑视他人的不当位置,令人别无选择,要么离开他们的海岸,要么屈辱地顺从,但这不是有起码的独立性格的人所能忍受的。和周边国家比较,他们的骄傲并非无理,皇帝、官员和人民全都相信自己的强大坚不可摧,自以为使人生畏,在学识、力量、财富、领土等方面都比他国高超得多。他们之中无人设想能够从外国学习或取得什么东西:"外夷"的健康和食物有赖于"内地"的大黄、茶叶和丝。的确,他们看到的是西方国家、知识和人民中的坏样本,但是对他们来说存在着学习真理的对等机会。接受《圣经》的宗教,各门有用的科学,各种机械工艺,这些都是西方所知,经过西方人向海外自由传播,可是对千百万中国人来说,全被目空一切的统治者所禁止;使他们仍然被迫作为低级迷信的奴隶,对科学常识毫无所知;基督教的仁慈博爱以及种种知识,都是能够而且愿意传授给他们的,可是他们被剥夺了这样的机会。天朝大国的假想,礼仪的强制施行,是比北京北面石砌长城更高的城墙将他们围困起来。似乎唯有武力才是这道屏障的有效摧毁者,从这一观念来看,为了迫使中国政府接受西方列强和她地位相等的看法,至少,使之对待别国子民同本国人民一样,也许可以说战争是必要的。在中国被迫放弃这一催无假想之前,对一些难点进行调整是没有多少希望的;这样的假想本身就是不合理、无根据而且愚蠢的,相信可以留待日后靠真实宗教、有利商业和正确知识的影响,稳妥地逐渐地改变。①

对于英国挑起的第一次鸦片战争的非正义和侵略的性质,卫三畏一直坚认,而且严厉谴责了战争过程中侵略者的非人道的暴行。但是,从上段文字中,我们也能很明显地看出,卫三畏除认为"也许可以说战争是必要的",还很赞许英国人武力打开中国门户的这一个战争结果的,认为这个结果将给基督教传教事业和近代国际商业贸易带来好处,"鸦片战争对于中国来说是灾难性的,但这一猛烈的撞击,将帝国统治者们从天朝十全十美、

---

① [美]卫三畏著,陈俱译《中国总论》第949—950页,上海古籍出版社,2005年。

江山万年永固的幻梦中唤醒"。① 这样的战后心态和窃喜,是几乎所有西方人的对中国败北的一种常态。马克思曾有一段论述,至今仍是对清王朝命运的最为经典的评判:"清王朝的声威一遇到不列颠的枪炮就扫地以尽,天朝帝国万世长存的迷信受到了致命的打击,野蛮的、闭关自守的、与文明世界隔绝的状态被打破,开始建立起联系","英国的大炮破坏了中国皇帝的权威,迫使天朝帝国与地上的世界接触。与外界完全隔绝曾是保存旧中国的首要条件,而当这种隔绝状态在英国的努力之下被暴力所打破的时候,接踵而来的必然是解体的过程,正如小心保存的密封棺木里的木乃伊一接触新鲜的空气便必然要解体一样"。② 让古老中国门户开放,也是当时几乎与中国有联系的美国人都具有的心愿,特别是新教传教士更加心急火燎。传教士在华,长期以来遭受清政府禁教和限教之苦,鸦片战争终于帮助他们打开了中国门户,这个结果的最低意义就如浸礼会杂志所宣称的那样"打开一条通道,即使不是进入中国的内地,至少也可进入帝国的一部分,这个顽固的堡垒终于动摇了"③。尽管有不少美国人出于道德考虑,反对走私鸦片,也抨击英国人用武力迫使中国改变其通商制度的行为,然而正如美国人自己承认的,"在这种愤怒之中还夹杂着一种和这种愤怒很不调和的热情,希望中国开放和开放可能提供的机会。美国人一方面对这种手段表示悲愤,而到底还是欢天喜地的"④。这就说明,虽然美国商人声称坚持通商贸易中的基本道德准则,不赞成英国人强行打开中国的大门,但他们更关心的是与其自身利益密切相关在华商业利润,与此相比,道德准则就会显得苍白无力。这样的人类道德让位于经济利益的做法,是可以从美英的种族渊源关系中找到基因的。独立后的美国虽然与原宗主国英国之间存在着矛盾,但在对华关系上不会超过中美之间的矛盾。因此,在中英对抗中,美国人会权衡利弊,调和国内各利益集团之间的关系,要求政府对华采取强硬态度,迫使清政府签订不平等条约,以确保美国在华利益。

---

① Edward D. Graham, *American Ideas of Special Relationship with China 1784-1900*, New York: Garland Publishing, Inc., 1988, p. 174.
② 马克思《中国革命和欧洲革命》(1853),转引自刘中民《"重陆轻海"的海防观与鸦片战争的败绩》,载《海洋世界》2009年第2期,第73页。
③ Edward D. Graham, *American Ideas of Special Relationship with China 1784-1900*, New York: Garland Publishing, Inc., 1988, p. 169.
④ [美]赖德烈著,陈郁译《早期中美关系史(1784—1844)》第121页,商务印书馆,1963年。

即使美国与清政府立场一致,也难以让清政府主动给予美国特别的权利,朝贡制度制约下的广州通商贸易是对所有来华经商者一视同仁的。可见,鸦片战争前后,美国和英国在华利益上已开始日趋一致了。

作为美国人中的一员,传教士卫三畏也难抛却这种常态化的既反对战争又乐意战争结果的矛盾心理。因为鸦片战争是不符合传教士的价值观念的,他们多半鼓吹和平,反对暴力和战争,何况战争有可能导致中国人更加的排外情绪,这是他们不愿看到的结果。只不过,作为传教士的卫三畏能够以上帝的事业之心来平抑心中的矛盾:把列强对华发动的鸦片战争诠释为上帝的伟大福音计划的一部分。就像南浸信会传教士叔未士在美国高呼那样"感谢上帝终于将中国大门打开"①。传教士们在华目睹耳闻中国社会的各种民间信仰以及民众对基督教的顽固排斥,很自然地就将中国当作是撒旦的首要堡垒与敌视基督的最大国度,而列强也就顺理成章地被当作了上帝用来打击魔鬼的火与剑了。卫三畏虽然不像裨治文等美国其他传教士那样狂热而仇恨地叫嚣要对华采取强硬手段,"时间已到,中国必须屈服。……战争是人类最高的主宰,利用英格兰来教训中国,使他谦卑。他不久还将利用英格兰向中国的千百万人民传播基督教文明"②。但苦于在华多年传教不利的境况,坚定不移的基督信仰使他相信中国发生的一切都是上帝的安排,上帝成为卫三畏调和他的基督教道义和西方殖民强权的中介手段和心灵安慰剂。因此,在基于所得的在华传教利益和西方文化沙文主义的立场上,卫三畏尽力要为因罪恶的鸦片贸易而起的中英鸦片战争找出合理化的证据:即上帝的鞭子、上帝的意志。在他看来,英国军队是将上帝之斧高悬于广州城前,只有战争才能够将中国开放给基督,中国人才能彻底在基督中重生:"我确信上帝的意志存在于所有发生的事情中,他在利用所有的力量实现他的计划,当这计划实现时,中国人将放弃闭关政策,并视外国人为他们的同胞","长期以来中国人的无知和骄傲一直顽固地阻碍着一种更高文明的传播,这一屏障由于该条约(指南京条约)而被部分推倒,一个民间交往和官方接触的崭新时代开始了。……上帝最终与这个民族开始打交道了,他会与他们一起进入最后的审判,并会向他们展示

---

① Edward D. Graham, *American Ideas of Special Relationship with China 1784-1900*, New York: Garland Publishing, Inc., 1988, p. 168.

② *Chinese Repository*(《中国丛报》), Vol.9, p. 229.

仁慈"。① 为了进一步论证鸦片战争合理化,卫三畏认为走私鸦片也是不得已的上帝的手笔:"鸦片走私的病毒在天子臣民中酿出恶果,催生新时代的诞生。"②要使中国进入新时代,战争就是上帝在行使他的特权,"这是'各民族领导者'(意指上帝)的特权,从恶中推导出善,利用人们的愤怒、贪婪、野心来为他自己的目的服务,推进他自己的计划,尽管人们的意图远非如此"。③ 而这个"恶"和作"恶"过程所产生的消极影响,在卫三畏看来,也将由上帝来消解,正如在第二次鸦片战争中英法联军攻占天津大沽炮台后,卫三畏写道:"我认为,只有用一些强硬的措施才能把中国人从无知、自大、蒙昧中解救出来。如果能达到拯救的目的,为什么要苛责拯救的手段呢?我们不应该忘记这样一个事实:上帝在推行他的事业时也许会采取一些不尽人意的手段,但上帝自会在适当的时候消除这些手段所带来的不良后果。"④这样的上帝"庇护",什么罪恶都变得不会严重起来,难怪卫三畏在评价第一次鸦片战争带给中国危害方面就轻描淡写了,英国只需承担索取鸦片赔款的过错:"战争结果形成了重大开端,双方在承担义务的基础上,东西两半球之间,胜利一方没有傲慢的要求,战败一方也没有屈辱的让步。这是中国的民族生命的转折点,但是,因销毁鸦片而被强迫偿还达600万元,使英国的名誉留下耻辱的烙印。"⑤

尽管站在基督传教利益的立场上,避重就轻地只强调中国门户开放对福音传播中国的美好前景,但卫三畏还是反对通过战争手段来达到这个目的的。就在他出任美国使团秘书兼翻译后参与英、法、美、俄四国在天津谈判期间,坚决否定战争行为。他在日记中写道:"从另一个角度来看这一事件,武力是必要的,因为除非我们采取威胁、恐吓的态度,否则中国人是不会答应我们的任何要求的。只有害怕才能刺激他们的判断力。异教已经使中国人变得如此胆小、自私和残酷,要想让他们做出理智的决定,就必须以武力为后盾。所以有时候我想,如果我们美国人加入联军的军事行动,那么我们一定会受到更多的尊敬。但是我也意识到,我们没有充足的理由

---

① 《卫三畏生平及书信》第60、64页。
② 《中国总论》第927页。
③ 《中国总论》第995页。
④ 《卫三畏生平及书信》第220页。
⑤ 《中国总论》第915页。

发动战争;如果诉诸武力,那是不正义的,也不会给我们美国人带来更多的尊重。"①所以,在一度兴奋于传教解禁之后,卫三畏还是表露出他的隐隐的忧虑,即鸦片战争后的中西关系并非就有利于福音在华传播,上帝的事业是很难在列强的政治利益下得到新的发展,而罪恶的鸦片贸易也将合法地泛滥的:"这次英军的整个远征在我看来是不正义的,因为它与鸦片贸易之间有密切的联系,但是我们很少能够找到无可指责的同类行为。有这么一种说法,'好事是从坏事中来的,一切都会向好的方向发展',这只是人们不积极朝好的方向努力的借口。就我来说,我很难确定这个事件对传教事业的促进作用能否达到我们想象的一半。英国已经承担起了鸦片贸易,但那会引向好的结果吗?它在这里的军事胜利将有助于其扩大这项罪恶的贸易,而教会在这里的扩散只能是其扩展的万分之一。"②而这种对于战后鸦片贸易会继续泛滥的担忧,早在鸦片战争爆发前,卫三畏就有了明确的预见。1839年5月18日,卫三畏给美部会的一封信中写道:"所有的西方人都被看作是毒害中国人的罪人,传教士与毒贩联系在一起,怎能让中国人去留意西方人传播的上帝福音呢?"③但有一点可以肯定,第一次鸦片战争后,晚清中国走向近代化的历史趋势是不可避免的,卫三畏表示了极高的评价:"英中战争就其起因而言是鸦片战争,是极端非正义的——甚至英国官员和作家都不试图掩盖缴获鸦片是诉诸武力的真正缘由,而义律上校被监禁和其他行动不过是借口——然而,就人们洞察力所能预见,这次战争对这一政府(指清政府)仍是有益的冲击,这个政府过去如此傲慢地拒绝和其他国家平等交往,也不解释自己的行为,禁止臣民同各国人自由来往。"④

二、在美关注中国与中国人民

在华20年的外交生涯结束后,卫三畏于1876年10月25日离开北京

---

① 《卫三畏生平及书信》第174页。
② 《卫三畏生平及书信》第63页。
③ Murray A. Rubinstein, *The Origins of the Anglo-American Missionary Enterprise in China, 1807-1840*[慕瑞·鲁宾斯坦(汉名:张格物)《英美在华传教事业的起源(1807—1840)》], The Scarecrow Press,Inc.Lanham,Md.,& London,1996,p.345.
④ [美]卫三畏著,陈俱译《中国总论》第994页,上海古籍出版社,2005年。

返美。卫三畏将康涅狄格州的纽黑文(New Haven)作为他的定居地,有利于在大学城幽静环境中首先恢复他有些糟糕的健康状况。1877年2月,卫三畏被聘为耶鲁学院的汉学教授,一直到1884年逝世。在最后七八年的宝贵时光里,卫三畏除了主要从事教学和研究工作外,还时常关注曾为他第二故乡的中国的各种情况。因为,43年在华的生活和此后在故乡的生活,都让卫三畏始终以上帝的意愿来考量着自己的一切行为,这两个区域和时段的经历是卫三畏人生宝贵的精神财富,构成了他不可或缺的贯通中西的活水源头。回到美国后的卫三畏,依然以上帝的爱人之心,继续关注着中国社会及其传教事业的发展和中国人民的福祉,就像他关心美国黑人兄弟的福利一样。就在回到美国后不久,卫三畏致信他的还在中国上海传教的朋友J.托马斯牧师,深情地表达了他的热爱中国和关心中国人民的心意,同时表达了他将遵从上帝安排做好耶鲁汉学教授之职责:"就像一片逐渐淡化的景致,中国的生活已经开始溶入无法辨识的过去,并被我周围的人和场景所淹没。那里的生活与其说失去了它的独特性,不如说失去了它所包含的责任,那里正在发生的事我已不再有兴趣,我觉得从此以后,我的责任不应在那儿,而应在这儿。就像许多人一样,我也经常回顾自己过去的所作所为,回顾那43年的生活有时会让我想起一些被忽视、未完成和做错的事情。但我很快会想到问题的另一面,并会用这样的话来安慰自己:'如果主让我做某件事,他一定事先知道我所有的计划和希望,因为这也是他意图的一部分。'传教工作的重要性日益增大,这是我这个行将就木的人的看法,当我能够更全面地审视它的时候,我相信它会显得更加辉煌。……回美国已经两个月了,我怀着极大的兴趣看到选举下届总统时我国人民的审慎。……我为黑人感到高兴,海耶在选举团的一票多数确保他们不会成为贫穷白人的泄愤对象,后者不能忍受他们有选举权,并为他们投票给共和党而憎恨他们。…这场对我们政府形式的考验比你凭报纸想象的情况要严峻得多,对于符合最高国家利益的政策(除了政党),各个地方有头脑的人的看法是很不相同的。我终于找到了自己的位置,并逐渐意识到这一位置意味着什么,我会学习怎样尽可能地做好现在的工作。我的期望不高。"①

晚年的卫三畏身体是每况愈下的,就像他所言:"'老年人的生命就像

---

① 《卫三畏生平及书信》第288—289页。

风中的残烛,极易熄灭',最近它经常出现在我的脑海中,我看到自己衰老的临近与孩子们的迅速成长,他们驱赶着我离开这个世界,就像许多年前我驱赶别人一样。"①但他却以巨大的精神力量关注着中国社会的变化,从文化交流和人民生活等方面给予中国尽可能的道义精神上的支持和物质文化上的帮助。基于他在耶鲁学院的威望和美国社会的地位,卫三畏尽力地做着上帝安排他的既平凡而伟大的事情,即中国人的世界地位和权利,就像耶鲁学院要设立中文教授席位给予卫三畏的精神振奋:"在得知你是年前的计划终于实现,古老的中华民族及其语言在耶鲁得到承认,你一定很欣慰。如果这一职位能有可观的薪酬,我想以后的年月会证明这块新辟的田地将结出丰硕的成果。"②在卫三畏看来,维护中国的国际地位和权利就是上帝之爱人的一个重要方面。在美国安度晚年的卫三畏,在这个方面的作为主要有三件事:反对排华浪潮、救济中国灾民和呼吁对华兴学。

(一)反对排华浪潮是卫三畏退休回美后最投入做的一件维护在美华人权益的事情,它的重要性关乎中美两国关系的正常发展。

"回国后首先引起他关注的事情是太平洋沿岸各地对于中国人的敌视与虐待。为了改变东部各州的冷漠态度,他立刻着手唤起公众对这一不光彩事件的注意。他对自己的信念无比坚定,经常不遗余力地批判残酷、非基督教的迫害。"在卫三畏看来,排华风波是美国一项不可饶恕的罪恶:"加州和内华达州反对中国人的意图在国会中表现出来,一打最具党派性的议案被提了出来。来自亚拉巴马州的雪莱先生建议把12.5万名中国人圈在美国一个无人的区域,'离白人居住区越远越好',在那儿分配给他们每人40亩田地,不许擅自离开,除了传教士之外任何美国人不允许进入这一封闭区(7800平方英里)的'外边界',否则处以取消特许经营权和不少于5年的监禁,且不能假释。我们终于发现什么是不可饶恕的罪恶——至少对美国人来说。这提案是几个相似提案中的一个,每个都是驱逐中国人的不光彩的行径。在18个月当中只有600个中国人移民到美国,然而按照这些恐华分子的思路,你会认为,美国的每一个中国人都有贝阿德的能量、参孙的气力、阿提拉的暴躁。"③

---

① 《卫三畏生平及书信》第289页。
② 《卫三畏生平及书信》第290页。
③ 《卫三畏生平及书信》第291页。

关于美国近代的排华浪潮,是有一个渐进的历史过程的。它起源于19世纪70年代开始的资本主义经济危机,终止与第二次世界大战期间的1943年12月,引起过清政府和中华民国的对美交涉,情况相当复杂。与美国商人、传教士和外交官来华人员相对应的,前往美国的不是这些职业之人,而是受尽磨难与屈辱,且为美国经济与社会发展做出贡献的华工。1846年,美国的西进运动完成,国土东濒大西洋,西临太平洋。两年后,在加利福尼亚的沙加缅度附近发现金矿,西部很快繁荣起来。而这种繁荣,与大批来此华工的劳动密切相关。华人是在加利福尼亚的淘金热中开始大量进入美国的。他们中的大多数来自在太平天国运动后陷入贫困的华南,远渡重洋到达美国,找寻着他们的财富。起初,那里有着充足的表层金,所以华人受到了热情的欢迎和接纳。特别是在广东、福建沿海一带,美国西部的金矿公司派人在五口通商口岸招收华工。第一批华人淘金者是1848年初到达加利福尼亚的两男一女,两名男性随淘金大军进山做了矿工,那名中国妇女在由香港返美的美国传教士家当佣工。1849年,有54名中国劳工到那里。1850年,加利福尼亚变为美国的一个州,大量的华工被吸纳进去。到1851年,已有2.5万华工在金矿从事各种劳动,至1868年,在美华工激增到9万多人。金矿所在地三藩市又称旧金山,就与中国工人有关,据说中国劳工到达时,望着那里的山冈低声叫"金山"。到1876年,在美16万华工中就有14万住在加利福尼亚州,其中三藩市有三四万人。因为与当地美国人语言不通,华人就聚居在一起,逐渐形成了"唐人街",又因无依靠,清政府又没有派驻使节,所以华工以同乡为基础组织会馆,整个三藩市出现了6个会馆(三邑、阳和、四邑或同州、宁阳、人和、合和),会馆的任务是照料同乡:"华人到埠时,各馆派人赴码头接引至馆,签名挂号,不取资。俟其人得资回国时,报明会馆,查无欠债等事,由馆代购船票后,始酌取会馆经费洋钱五圆或十圆不等。若年老贫病而归者,不取资,且代捐签船费,其不愿入馆者,听其自便,然亦甚少。"①这些去美的华工,属于自由移民,初期多在金矿服务。华人在淘金热中所受的痛苦是巨大的,不仅多在金量少或废旧坑里淘金,而且金淘得超过白人就会遭到白人驱逐,更严重的是,华人矿工每人每月要交4美元执照费,每天交30美分水费、

---

① 李圭《环游地球新录》第109页,湖南人民出版社,1980年。

25 美分矿权费，一年就要交约 250 美元的税款。① 当容易获取的金的储量缩小，淘金竞争加剧的时候，美国本土主义者团体开始声称，加利福尼亚的金子是美国人的，而后开始对外籍淘金者进行肉体侵害。这场淘金热持续了 10 年多，华人足迹遍及加利福尼亚各地，在如此恶劣的条件和不公平的际遇下，华人不仅以辛勤劳动养活自己，也对美国的经济发展做出了贡献。华人们在被强行驱逐出金矿之后，有的迁入了城市，主要是旧金山，从事薪酬劳动和仆役，有的转入开采煤矿、铜矿、银矿等行业，或去筑路或到农场做工。19 世纪 40—80 年代，在美国的华工约有 30 万人，在美华人与美国人民在共同劳动、互相学习中，结下了民族友谊，在中美文化交流史上留下了一些美好的篇章。华工勤劳、温和、乐观、精干，他们的辛勤劳动为美国资本主义经济的发展做出了巨大的贡献。1876 年 7 月，美国国会众参两院组成联合委员会，共同调查中国人入境问题，最后报告书肯定了华工大大地增进了太平洋沿岸的物质繁荣："加利福尼亚和太平洋沿岸的资源，曾经由于得到中国人的廉价劳动力，而获得比没有这一因素更为迅速的发展。就物质繁荣而论，太平洋沿岸毫无疑问是最大的受惠者，因为有了中国劳工而大获其利……太平洋方面的资源由于利用中国人的劳力，而正在令人满意地得到开发和发展。"② 尽管如此，美国的反华工浪潮连绵不断。反华工煽动起于 1852 年，特别是 1854 年经济危机爆发后，对华人的憎恶加剧，甚至在人身加害后得不到司法公正："五年以来，华人之为人谋杀者，不下数百，皆我亡命之徒所为。盖谋杀华人之事，无日靡有，而罪人斯得，明正典刑者，最多不过两三次，犹有反对白人为华人抵偿者。"③ 由于美国经济的持续衰败，针对华人的憎恨被加州州长约翰·彼格勒（John Bigler）政治化，他将美国的不幸归咎于华人苦力和 1864—1869 年间签约建造中央太平洋铁路（Central Pacific Railroad）的华人劳工。横贯北美大陆的太平洋大铁路在 1869 年建筑高潮时，一万名筑路工人中有 9000 个华人，他们在极为艰苦的条件下开路。可以说，这条标志 19 世纪美国最重要建设成就的铁路，是以华工的汗水凝聚而成的，"我们建造的这条铁路能及早完成，在很大程度上要归功于贫穷而受鄙视的被称为中国人的劳动阶级——

---

① 邓蜀生《时代悲欢"美国梦"：美国的移民历程及种族矛盾（1607—2000）》第 199 页，中国社会科学出版社，2001 年。
② 陈翰笙《华工出国史料》（第 3 辑）第 239—240 页，中华书局，1981 年。
③ 刘大年《美国侵华史》第 65 页，人民出版社，1954 年。

归功于他们所表现的忠诚和勤奋"①。1871年,美国再次爆发经济危机,白人对华人的仇视再次发生,曾给美国带来利益的华人移民在19世纪70年代也就成了替罪羊。他们被认为带有不道德和不卫生的生活习惯,通过压低工资进行不正当的商业竞争,他们也是群体暴力的受害者。早在1868年,美国政府通过了《柏林盖姆条约》,就对中国移民有所限制,1880年又对《柏林盖姆条约》进行修订,而1882年就正式出台了《排华法案》,它是美国于1882年5月6日签署的一项法案,允许美国暂停入境移民,法案拒所有华人劳工于美国之外10年。1882年的法案本是临时性通过的,可是到了1902年却成了永久性的。1884年的修正案更强化了允许先前到来的入境移民离开美国和回国的规定,同时阐明,该法适用于一切华人而无论他们的国籍为何。1892年,该法案由《基瑞法案》(Geary Act)延长10年,到1902年更被取消了时限,长期以来是《美国法典》的一部分。即便是今天,虽然它所有的部分都被废除已久,但是其第8篇第7章题名为"排除华人"(Exclusion of Chinese),它是第8篇(外国人和国籍)的15章里完全针对一个特定国籍或族群的唯一的章节。从1910年到1940年,设于今天在旧金山湾的天使岛国家公园(Angel Island State Park)的天使岛移民站(Angel Island Immigration Station)是数以10万计的华人移民的处理站,在那里达到30%的华人移民被遣返中国。第二次世界大战期间,中美两国成为反法西斯同盟国,排华法案成为中美关系的障碍。经F. D. 罗斯福总统的提议,美国国会1943年12月17日废除所有排华法案,但是移民限额被严格控制在105名之内。然而大规模的华人移民并没有随之到来,直至1965年10月3日的美国国会《入境移民与国籍服务法案》(Immigration and Nationality Services Act of 1965)的通过。该法案是针对大量华人因中国的内部动荡和有机会得到铁路建设工作而迁入美国西部所做出的反应。它是在美国通过的第一部针对特定族群的移民法。同时,它调整东西方移民限额的比例,确立先来先办理的原则,并规定每个国家一年向美国移民不得超过2万名。至此,中国人才得到形式上与别国相同的待遇。1952年,这些法令合并成现行的《麦卡伦—沃尔特法》。针对19世纪70年代在美国兴起的排华浪潮,清政府自1876年起曾不断对美国迫害华侨提出抗

---

① 亚历山大·萨克斯顿《十九世纪华工在美筑路的功绩和牺牲》,载《太平洋历史评论》(Pacific Historical Review),1966年5月号。

议。对此,美国政府或以不能干预地方事务来推脱责任,或干脆不予置理。处于列强压迫之下的清政府,明知美国排华后果严重,却又不敢采取报复措施,反而步步退让,于1884年与美国签订新的条约,10年内禁止华工赴美。这一条约标志着清政府承认美国排华法案的合法性,使美国政府更加感到中国软弱可欺,排华益发肆无忌惮。1904年4月27日,美国国会通过将所有排华法案无限期延长的议案,激起中国人民极大愤慨,于1905年爆发了抵制美货运动,迫使美国政府下令放宽教师、学生、商人和旅游者的入境限制,但华工仍严禁如旧。

就在准备取道上海返回美国之前,卫三畏已经耳闻美国方面的"禁止中国人移民美国"的草案,并表示强烈的反感和温和的抗议:"也就是这一年(指1876年),受蛊惑家与空旷沙地演说家们的影响,美国国会草草通过了第一个耻辱而轻率的草案:禁止中国人移民美国,从而违背了条约明确规定的权利。这消息对居住在中国的美国人自然是极大的耻辱,但较之于面对中国人,他们感到在其他外国人面前更为丢脸。……这儿的中国人毫不介意去年六月国会通过的那项可笑决议,也毫不知晓禁止他们去'美丽的国度'——汉语中美国被如此称呼——的后果。如果我们的立法者知道,在政纲、决议、社论与法案中把这个民族称作'蒙古人'会使自己显得多么怪异,他们就应该中止这一做法,因为这只表明了他们的乖戾与无知。称中国人为蒙古人与把葡萄牙人称作伊比利亚人、把英国人称作凯尔特人一样。汉族和蒙古族几乎没有什么共同点,历史上也不源于同一祖先,在语言、习俗、文明与政治体制方面像地球上其他任何两个民族一样截然不同。这两个种族的人我们在北京见过很多,我们完全有理由为立法者与演说家仅为讨好太平洋沿岸几千个心存不满的爱尔兰人而做出的无知妄举感到愤怒。他们的做法不仅是愚蠢的,也是罪恶的。"卫三畏这种坦率的驳论,旨在想改变被蒙蔽的美国人对中国人的偏见,这种愿望也许比其他理由更能说服他离开中国。他预见到自己仍能发挥作用:返回美国,为将要移居到这个好客国度的被诬蔑的中国人仗义执言。机缘真是凑巧,最后一次离开北京(1876年10月25日)距他第一次来华(1933年10月25日到广州)恰好43年整。① 回美后,卫三畏自视为"这个苦难和被诬陷的民族的代表",深切地关注着美国政府对于中国移民的态度变化。为了更直接

---

① 《卫三畏生平及书信》第282页。

地抑制已席卷国会的偏见狂潮,卫三畏向总统海斯(Rutherford B. Hays,全译名为拉瑟福德·B. 海斯,1822—1893,共和党人,第19任、第23届总统,在位时间为1877—1881年)送交了由他起草、耶鲁学院全体员工签名的请愿书,呼吁总统否决中国移民法案。这份于1879年2月19日送交总统的请愿书,论证严密,表述准确,突出地再现了卫三畏所有正式文章和纪实文章的写作特点。该请愿书不仅列举了十几个理由来说服总统应当否决这个议案,因为这个排华议案既无用又荒唐、有失体面,而且指出这个议案对于在华美国人的影响,因为这将引起中国政府对于美国人入境的报复性限制。摘取主要内容如下:

> 如果这个议案成为法案,一些必须考虑的后果将会出现。目前我们享受的自治的特权依赖于1858年条约的规定。中国政府从来没有表示过要取消西方国家强加其签署的条约,虽然众所周知,中国当局为自己的无能感到恼火,它还是给予西方列强在其国土上的完全的司法权。所以,如果我们的政府首先改变条约的规定,便为条约的另一方提供了必要的榜样和论据,使之可以根据国际法的规定,正当地取消治外法权。这将把我们住在中国的同胞排除在美国法律的保护以外,使领事无法干预和保护他们,也就等于把他们交给了那些既无知又怀有偏见的中国官员。
>
> 我们不准备援引其他理由,比如美国人一再声明向所有国家的人开放我们的海岸。我们也不准备讨论众所周知的供求法则,它影响着劳动和工资之间的关系,并已经限制了劳工的输入。我们也不准备提及法案可能会给太平洋沿岸国家之间不断增长的贸易和交往带来的消极影响,因为在某种程度上,这些您必定都很清楚。但是作为结论,我们恳请您从一个国家的荣耀和良好的信誉出发,从当事两国相应的权利、知识和文明出发,在各种情况下优先考虑美国的同时,对这一问题进行最审慎的斟酌。①

卫三畏的这段言辞将其恳切的爱(美)国之心昭然于上,"在各种情况下优先考虑美国",这本是无可厚非的问题,因为他就是一个美国人。但他

---

① 《卫三畏生平及书信》第292—293页。

看到了其他民族的权利和感情,成为他的胸襟宽广的人格表现,他爱美国,也爱中国,毕竟他有一半以上的生活经历在中国! 为了更大规模地宣扬他的反对排华法案的主张,卫三畏又发表了他此期最有力的杰作,关于"中国移民"的论文。该论文于 1879 年 9 月在萨拉托加的社会科学学会上宣读,后来由斯克雷伯勒公司以不到 50 页的小册子的形式出版。论文叙述了中国移民的起因、性质、前景,移民的行为与权利,以及对他们待遇的说明,从而得出了对这一问题的明智看法。卫三畏通过谨慎的判断和鞭辟入里的分析,在列举中国对世界文明贡献、提醒人们关注排华提案的同时,深刻地批判了这种排华做法的错误:"当加州的法庭想用立法来反对中国人时,它将中国人等同于印度人的简单态度是颇为古怪的。生理学家查尔斯·匹克林将中国人和印度人归为蒙古族的成员,但加州的最高法院却认为'印度族包括汉族和蒙古族'。这样在概念错误的同时,它还支持了一种错误的观点。它把现存最古老国度的臣民和一个从未超越部落关系的种族相提并论;把这样一个民族——它的文学早于《诗篇》和《出埃及记》,并且是用一种如果法官本人肯于学习就不会叫作印度语的语言写就,而它的读者超过了其他任何民族的作品——与最高的写作成就仅是一些图画和牛皮上的符号的人群混为一谈;把勤奋、谨慎、技艺、学识、发明等所有品质和全部保障人类生命和财产安全的物品等同于猎人和游牧民族的本能和习惯。它诋毁了一个教会我们如何制作瓷器、丝绸、火药,给予我们指南针,展示给我们茶叶的用处,启迪我们采用考试选拔官员的制度的民族;把它和一个轻视劳动,没有艺术、学校、贸易的种族归为同类,后者的一部分现在还混迹于加州人中间,满足于以挖草根过活。"① 由于这份论文宣读的对象是特别针对知识分子群体,对多数读者来说,这种学术理智性的平和呼吁难以很快地给关心或不关心排华事件的美国人留下深刻的印象,但其中表达的正确观点会慢慢引起波澜。正是在越来越大规模的反对排华的呼声之下,海斯总统最终否决了国会的排华议案:"海斯总统对这一议案的否决,把美国从立法的不理性和不必要的耻辱中拯救出来,1880 年前往中国的一个代表团跟中方协商修订了条约,从而用合理的方式结束了对中国移民美国的限制。"②

---

① 《卫三畏生平及书信》第 291—292 页。
② 《卫三畏生平及书信》第 293 页。

必要指出的是,卫三畏的这段反对排华法案的努力与成就,只是漫长的反对美国排华浪潮过程中的一个成功的缩影,但它代表了中美关系正确的发展方向,是美国先进分子的远见卓识,应当成为中美关系走向公正和和平的一次历史见证。当然,卫三畏参与请求废止中国移民法案的成功,与清政府的保护在美华侨的外交努力也是不可分的。在美华工问题引起清政府的不得不关注,这是代表清政府的"蒲安臣使团"和美国签订《中美续增条约》中的义务和权利。1875年底,清政府任命陈兰彬为首任驻美公使,容闳为副使。陈兰彬在1878年10月28日率领34名随员抵达华盛顿履职,立即设立领事以保护侨民。11月,清政府驻旧金山领事馆正式设立,陈树棠为总领事,一位曾经帮助过华人解决纠纷的当地美国公民傅列秘为领事。这批中国使节到美后,为维护华工利益做了卓越的努力,并力促美国政府废除当年的排华法案:"去年(1879年)彼国开议,又欲苛待华人,经副使臣容闳牒外部,言与约不符,始将此例停止。是华人在彼得有保护者,惟恃《续增条约》之力居多。今遣使来华,恐有删改,请派员商议。"①

还有一些"上帝之爱人"的仁慈在卫三畏的生活中出现,有一种事情却是与上述允许中国人移民美国的做法相反的观点,就是卫三畏坚决反对贩卖中国劳工到美洲的无耻行径。反对限制中国人移居美国和严责贩卖中国人口的思想,对卫三畏而言是由来已久的。在来华主持《中国丛报》印刷的同时,卫三畏常随其他一些传教士在广州一带散发福音小册子,包括发给前往美国的中国移民。1851年12月25日,在一份给W. F. 威廉斯牧师的信中,卫三畏非常赞许了中国移民的勤劳品质和纪律操守:"我们现在正忙于给大批的移民分发小册子,安排轮船。移居加州的中国人已经达到约10000人,其中大部分是广东人。移民秘鲁的也已有2000人。一项为修筑横穿巴拿马地峡铁路而输送劳工的计划已经开始启动,因为据说爱尔兰劳工适应不了巴拿马的气候。一艘艘轮船满载着中国劳工开往巴拿马和卡亚俄,还有大批移民自己掏钱乘船去旧金山,费用是每人60美元。移民中没有女性。……但这些可怜的劳工并没有成为移民,只要想想他们去干的活儿就能明白这一点。不过对中国人来说,这仍是一条特殊的移民途径。只要有活儿可干,有钱可挣,哪怕收入再微薄,他们也愿意去。我听

---

① 赵尔巽《清史稿》卷一五六、志第一三一(邦交志四·美利坚条)第4585页,中华书局,1977年。

说在所有的移民当中,中国人是最听话的。他们性情温和、工作勤奋、服从管理。他们绝少打架,他们虽然也赌博,但是和那些经常光顾赌场的赌棍们相比,他们的赌博只是小小的、斯文的游戏。我希望这些前往美国的成千上万的中国人能带给中国一些好处。"① 这种认识一直伴随在他的在华外交过程中。与中国移民美洲并行的是罪恶的华人"苦力贸易"。19 世纪上半期,欧美主要资本主义国家经济的迅速发展及其海外殖民地的开发,迫切需要大量的廉价劳动力,中国农村大批破产农民和城镇游民便成为西方资本主义国家最理想的劳动力来源和掠夺对象。被掠夺出海的华工被运往拉丁美洲、加勒比海和太平洋各岛,从事奴隶劳动。这些被掠骗出国的华工被称为"苦力"(Coolie)。Coolie 一词源于印度泰米尔语,指从事体力劳动的人,取其音译,中国文献称为"猪仔"。这种把人当作商品交易的行为则被称为"苦力贸易"(Coolie Trade)。许多苦力华工还没有出国便遭到厄运而丧生,据香港《每日行情报》记载,1871 年在澳门街上就发现 348 具被"苦力贸易代理人所抛弃的'未出国者'的尸体"。② 苦力上船后,所受的摧残更是难以言状,他们像囚犯一样关在船舱下层,缺水缺吃缺空气缺空间,而且旅途漫长,苦力船从中国到美国加利福尼亚州需要 75—100 天,到檀香山 56—75 天,到古巴 147—168 天,到秘鲁 120 天。③ 在漫长旅途中,各种死亡随时而至。由于非人的折磨,苦力到达目的地就大批死亡。仅 1847—1873 年,4 艘开往美国的苦力船统计,装进船的苦力华工人数 2523 人,海上死亡达 1620 人,海上死亡率达 64%多。苦力在旅途中的受难,连当时美国驻华的一些官员也不得不承认:"这些船只的做法同非洲奴隶贸易相比,也毫不逊色。"④ 一些美国人也参与了这场持续很久的掳掠人口的"苦力贸易"活动,美国运载中国苦力集中在中国南方沿海,如厦门、汕头、广州、澳门、香港等地。据统计,从 1852 年至 1875 年的 23 年中,入美华工达 20 万人以上,其中绝大部分是到加利福尼亚,在入美华工中约有

---

① 《卫三畏生平及书信》第 103 页。
② 《澳门近事》1872 年 8 月,转引自丁韪良《中西闻见录选编》第 26 页,台北:文海出版社,1987 年。
③ [美]马士著,张汇文等译《中华帝国对外关系史》(第 2 卷)第 183 页,商务印书馆,1963 年。
④ Jules Davids, ed., *American Diplomatic and Public Papers*, *The United States and China 1842-1860*(戴维斯主编《美国外交公文:美国和中国 1842—1860》), Series 1, Wilmington, 1973, Vol. 17, pp. 89-96.

80%是苦力华工。① 对这种极不人道的"苦力贸易",卫三畏义正词严地给予抨击。1859年,卫三畏撰写了一本小册子,这本小册子是卫三畏唯一的一本以中文写就的,就与贩卖中国人口有关。小册子题为《对卖身异国者的警言》,内容是揭露葡萄牙人欺骗中国劳工签订卖身契文的种种卑劣手段,"这本小册子印刷了6次,每册加上封面卖一美分,两个星期内卖出了6000册。那些人贩子对中国劳工的虐待可谓骇人听闻。在澳门,没有一个中国人敢到葡萄牙人家中或船上去干活,唯恐遭到绑架后被偷偷卖掉。1858年被掳往国外的中国劳工有1万多人,今年从这里被掳走的已达5000人。葡萄牙人非常残忍,但他们手下的那些中国人贩子更比他们残忍十倍"②。对于起源于澳门的苦力买卖,卫三畏一直予以关注,且义正辞严地谴责这种罕见的不道德的贸易:"这项买卖的总部设在澳门,1860年之前,几乎成了那里的唯一买卖。这个殖民地人口有7万多,不及5000人穿西装。交通运输和工业靠中国人,他们什么都干。雇佣中国人作为契约劳工去古巴、秘鲁和别的地方,这一行当一开始,要找想到海外碰运气的人并不困难。……这一买卖的诱惑力如此之大,说是10年内大大地供不应求。罕见这种不讲道德的贸易,活动一点不受限制,既没有主管当局,也没有道义上的监督,将苦力船载满的代理人的行为更是坏透了。各个阶级的当地人,有读书人、旅行者、劳工、小贩、手艺人,在城镇乡村被绑架送到澳门,事后的详情没人知道,因为受难者不可能传出自己的声音。……澳门的葡萄牙当局不愿彻底调查事实真相,直到1873年派到古巴的委员会回来之后,写出的报告揭露了这一买卖固有的无法规避的恶果和错误,最后(1875年),经英国政府敦促,他们封闭了巴腊坑,这一买卖就此结束。历时25年,运走苦力约50万人。"③"苦力贸易"既是过去"黑奴贸易"的继续,也是一种新的更"隐蔽的苦力奴隶制",一些目睹苦力贸易惨状的在华美国外交官员都不得不承认它是一种"不道德的行为",如美国第一任传教士驻华公使伯驾来华后,就给美国驻中国通商口岸领事的通知中说:"回顾中国苦力贩运的历史,在过去几十年中,就美国或者其他国籍船只载运情况而言,充满着违法、不道德,使人憎恶的不人道暴行,同以往年代的非

---

① P. C. Campbell, *The Chinese Coolie Emigration*(坎贝尔《中国的苦力移民》),London,1923,p. 33.
② 《卫三畏生平及书信》第221页。
③ [美]卫三畏著,陈俱译《中国总论》第1055—1056页,上海古籍出版社,2005年。

洲奴隶贸易极为相似,有些还超过了'大西洋中段航道'的恐怖。特此知照所有美国公民放弃这一不正当、不道德的交易。"①继任的美国公使列卫廉于1858年致函澳门美国领事劳莱,也谴责这种非法贸易,"对承运(苦力)的美国船来说,是对中国法律的破坏;对美国的托运商来说,则是对条约的破坏。这一点现在已用不着评判了"②。后来时任美国驻华使馆秘书和代办的卫三畏也多次致函各口岸领事,要求制止非法苦力贸易,"美国船只载运强迫劳动的中国苦力是非法的"③。不仅如此,卫三畏更是付诸行动。1860年2月,在准备回美国探亲之前,卫三畏在澳门停留期间,中止了一件贩卖中国人口的恶性事件:"在澳门的最后几个星期里还在一桩特殊的事件中给予了中国人很大的帮助。当时人们发现,美国参与了贩卖劳工以及绑架劳工运往秘鲁等罪恶活动。卫三畏得知自己同胞的这一恶劣行径之后,既震惊又愤怒。他通过自己的影响力协助截获了一艘满载着强行掳来的劳工的船只,并主持审问了300多人。这些人最后都获得了自由,并被送回了家。"④然而,美国政府却对驻华官员的反对苦力贸易,尤其美国船只贩运苦力的立场不予重视,它对"苦力贸易"的谴责,主要集中在谴责别国的苦力贩运活动,把主要责任推到这些国家身上,对此,时任驻华公使代办的卫三畏也只能承认:"美国船只现仍经常装运苦力,而美国驻华特命全权公使却无能为力加以阻止。"⑤对于华人劳工被贩卖海外,卫三畏也不留情面地指责清政府的一些不作为。虽然自1848年澳门兴起苦力买卖以来,到1873年由三名外国人和两名中国人组成委员会前往古巴调查后,这种买卖不可能进行下去了,但是针对中国苦力在秘鲁的情况,清政府只是在条约上阻止了西班牙人和秘鲁人允许苦力贸易的请求,"秘鲁派出使节加西亚到北京谈判签订条约,想得到雇佣劳工的权利,但这位先生没有捞到什么。在这种情况下,中国人表现出能够更自由地同外国人交往,改进谈判中的论据,以维护自己的权益",而没有实际行动杜绝的这一非法活动,"秘鲁的中国劳工悲惨状况已得到充分证明,自从1868年以来,他们

---

① Jules Davids, ed., *American Diplomatic and Public Papers*, *The United States and China 1842-1860*(戴维斯主编《美国外交公文:美国和中国 1842—1860》), Series 1, Wilmington, 1973, Vol. 17, p. 16.
② *American Diplomatic and Public Papers*, *The United States and China* 1842-1860, pp. 61-62.
③ *American Diplomatic and Public Papers*, *The United States and China* 1842-1860, p. 68.
④ 《卫三畏生平及书信》第221页。
⑤ 梁碧莹《龙与鹰:中美交往的历史考察》第242页,广东人民出版社,2004年。

向家乡政府呼吁解救,曾经向总署提出,但不能得到有效的帮助"。①

(二)救济中国灾民,也是卫三畏晚年在美的一项重要善举。

如果说在反对排华法案、关心中国劳工问题是他的在华外交的政治使命的一种延续,那么救济中国灾民就是卫三畏的一项纯粹的基督教善意和人道主义精神的反映。"1878年中国北方的大饥荒引起了卫三畏深切的同情,发生其他灾难他也会有同样的反应。为了救灾他全力以赴,不管是公开声明,还是私下的请求,只要能引发周围人的同情,他都会热心而不懈地去做。他对受灾地区的熟悉,他和在现场组织各种救灾行动的各差会传教士的私交都使他成为散布信息和在美国筹款的得力合作者。"②

1878年的中国北方大饥荒,从山西、陕西连续四年少雨就开始露出某些迹象,而且迅速扩大,造成了大量人口在饥馑和瘟疫中锐减:"关于这次严重灾难中的死亡数,留下的只有含糊的数字。……'死亡总人数据称有950万到1300万',支持这一报告的证据,和其他编制的资料相比,表明这是可信的。任何国家历史上所记载的灾荒死亡率都不能与之相比拟。"③这种惨状,在《中国总论》修订版最后一章"中国近事"中有着简略的描述:"来访者常常遇到一个大家庭只剩下孑遗,听他惨痛地详述苦难和死亡,足以使最冷漠的心灵震撼。他还会说道最近因无力走到邻村而倒下去的死者,一群懒洋洋的狼蹲在旁边,吞咽一顿,被可怕的饱餐弄得昏昏沉沉。路上还会遇见的是,阒无人声的房子,里面几个死尸般的人体,这就是原来的房主人;另一处见到残破的房屋,表明木料已经拆下卖掉,换取一星半点食物。饥荒严重到了极点,各处出现人吃人现象,但大多数情况下一发现就会立即加以惩办,这里不必多加描述了。人们遭受这般苦难而能够出乎意料地忍受,使救济工作相对容易,但是绝望使他们麻木,既不激动也不暴烈,往往使他们不能从热病或瘟疫中康复,甚至有许多人回乡之后仍然身体虚弱。"④对于中国的灾荒,卫三畏不仅与在华传教士保持紧密联系,随时得到真实的报道,同时在国内一些媒体等方面奔走呼吁和筹集灾款。这对于60多岁的老人来说,除了演讲和教学外,还向媒体著文呼吁援助中国灾民,确实是不容易的。在他与当时正在中国北方从事救灾工作的

---

① [美]卫三畏著,陈俱译《中国总论》第1093页,上海古籍出版社,2005年。
② 《卫三畏生平及书信》第293页。
③ [美]卫三畏著,陈俱译《中国总论》第1107页,上海古籍出版社,2005年。
④ 《中国总论》第1106页。

美国公理会传教士白汉理博士(柏亨利,Henry Blodget,1825—1903)的通信中,可见卫三畏在这个方面的工作和努力:"我已经收到了你的两封信,也看到了陕西受灾乡村的名单,摆在大卫面前供其选择的瘟疫、战争、饥荒等灾难,以饥荒最为可怕,他所经历的痛苦肯定莫大于此;对饥荒这种缓慢而逐步加深的灾难,你现在一定有了更好的认识,这是任何描述都无法给予的。我已经竭尽所能让这里的人们了解你那里事态的可怕,并附上我做的宣传材料——其中省略了大量的细节。我不知道自己在芝加哥、墨比尔、伊萨卡、阿美士德、纽约、纽黑文、哥伦布等报纸上的呼吁会有怎样的结果,但它们不会一点儿救灾的钱款都募集不到。来自中国的报纸描述了不少灾难场景:母亲埋葬呻吟的孩子,人们吃掉已死或将死的亲戚,以及各种各样的匮乏、痛苦与死亡。这些场景一直缠绕着我,使我想象不出中国北部的人民还能以什么样的方式生存,除了像幽灵一样游荡在烧毁房子的灰烬里,或是从寺院的废墟中搜寻木材架起火葬的柴堆。我已经写信给同孚洋行,让他们寄 100 美元给你,帮你救助一些苦难的人,在上帝降甘霖到大地,使他的造物恢复生机与活力之前,你知道怎样把钱派到最大的用场。有关那 22 个村庄的笼统信息——无数人死去、逃荒、病倒——不太容易给人留下印象,请提供一些更典型与个别的例子,因为这会让人们更好地了解援助的急迫,也更能激发他们挽救生命的热情。拯救陕西的灾民看来已不大可能,因为他们离我们太远,但是济南、德州等城市及其周边地区的饥馑可以而且应该得到救助。如果你们将主要的精力集中于发放食品,也许会更加有效。"①自从得到 1876 年开始的中国北方大规模饥荒的消息后,卫三畏投入了募捐活动中,上至美国参众两院,下至身边的普通民众,都在他的动员范围之内。他还写了大量的呼吁信,刊登在芝加哥、纽约、哥伦比亚等地的报纸上,在给家乡的《尤蒂卡先驱报》主编的呼吁信中,卫三畏写道:"您可能已经听说了在中国发生的大饥荒以及可怕的苦难和死亡……我希望您能将我附上的有关这次饥荒的材料刊登在您的报纸上,希望慈善之士伸出援助之手,拯救这些中国饥民,对此我将不胜感激。"②为了得到

---

① 《卫三畏生平及书信》第 293—294 页。
② "Samuel Wells Williams to the Utica Herald, 9 May 1878", Samuel Wells Williams Family Papers, Series 2, Box 13. 英国传教士李提摩太(Timothy Richard)对新教传教士在赈灾工作中的作用有详细的回忆,参见其所著《在华四十五年》一书第四章《1876—77 年山东赈灾》和第五章《1877—1881 年山西赈灾》。转引自顾钧《卫三畏与美国早期汉学》第 136 页,外语教学与研究出版社,2009 年。

更多的救灾募款,卫三畏还和其他人试图劝说美国国会返还1859年赔款余额的一部分(这是总数已经达到了60万美元),以解救中国的饥荒地区,但是国会议员们对中国人的偏见太深了,哈姆林参议员表示反对这个法案,声称饥民们在拿到钱之前就已全都饿死了。① 此外,在同情和设法救济中国灾民的同时,卫三畏还警醒有关中国部门关注未来的灾害:"西藏、蒙古高原的底部区域,温度湿度变化很大,将来就像过去一样,除非认真注意森林和灌溉系统对气候的影响,在一定程度上减轻骇人灾害的发生,这样的大旱难免要作祟的。"②

对于在华美国传教士的救灾行为,卫三畏予以很高的支持和评价。这种评价主要表现在两个方面:一是肯定在华美国传教士更早的救灾活动,以及在此次救援中的工作方法,充分展现了在华传教士的友善之举和基督教人道主义的精神,"早在1877年夏季,这两省(指山西与陕西)和山东的各派传教士就号召组织救灾。翌年初春,设在上海的中心委员会及设在芝罘以及天津的代理处——所有新教和天主教的传教士——以极大努力进行指导有方的工作,赢得直隶总督李鸿章的热心合作和他省当权者以及士绅的积极支持。……在灾区工作几个星期后,人们发现,在发放工作机构中只有最严格的坚持不懈才能平息敌意。村中长老提供贫困户的名册,代表若干金额的票证分发到社区的各户手中。南方粮食很多,但运输和储藏的手段成了救灾工作的主要任务。谷物一运到饥荒地点,立刻凭票证一点一点地分发出去,必须注意的是,由于中国人保持面子的性格,对这些挨饿大众不能勉强以任何形式留下记录"③。面对着如此贫困荒凉的灾情,传教士不会因为赈灾的快感一面而略感轻松,更由于不懈的工作,逐渐赢得了灾民的信任,善意、喜爱和感激之情终于取代旧时的不信任。这种向好的方向发展的人际关系,在卫三畏看来,是有利于中美关系的良性发展的。他认为传教士的善举会有助于改善西方人,尤其美国人在中国人心目中的形象:"生活在西方制度居支配地位下的人们,仅仅从灾难的描写,很难理解到为了消除冷漠无知的中国人对来自其他国家人们的猜疑需要有多大的影响力。基督教世界的同情和仁慈,因这次可怕的天灾引发而来,和两

---

① 《卫三畏生平及书信》第294页。
② [美]卫三畏著,陈俱译《中国总论》第1107页,上海古籍出版社,2005年。
③ 《中国总论》第1105—1106页。

次战争以及半世纪的贸易、外交、社会交往相比,可以说是更有效地改善了城里外国人的讨厌形象。"①

上述的两件善举,是卫三畏回美国后做的诸多沟通中美人民感情的事情之一。在离开北京回美时,卫三畏曾想把修订《中国总论》作为退休后的重要事务,不想却在眼前的好事上花费很多的精力和时间,对此他并不嫌怨,因为他是一位尽职尽责的传教士,他要在上帝的旗帜下,架起东方大国中国和西方强国美国的沟通纽带,就像他回复"伊萨卡50周年筹委会"邀请函时所言:"我不能告诉你们关于伊萨卡的任何事情,我只能说一些关于我的收养地(指中国)的情况——高兴地说一说她在过去的50年中取得的进步;我相信在以后的50年中,上帝的智慧和力量将向古老的汉民族展示更伟大的东西。"②

(三)呼吁对华兴学,是卫三畏力促发展中美文化交流、又欲利用办学扩大美国在华影响而勉力做的一项举措。

作为一位长期在华生活的传教士,卫三畏以"上帝之爱人"的基督信仰和改善中国教育状况的知识分子的文化敏感,力图在美国各界游说以期赢得利用清政府赔款余额在华兴办学校的支持,这是美国最早的退款兴学计划。由于它是一项过早呼吁的兴学计划,超越了美国政府的日常外交进程,虽得到总统亚伯拉罕·林肯(Abraham Lincoln,1809—1865,政治家,第16任美国总统,任期1861—1865,是首位美国共和党员总统,与乔治·华盛顿、富兰克林·罗斯福公认为美国历史上最伟大的三位总统,也是历史上首位遇刺身亡的总统)的同意,后因国会的否决而被迫流产,以至于直到20世纪初,才有美国传教士再次提出对华兴学的主张。从这种历史意义上来讲,卫三畏倡议在华退款办学正是20世纪初美国退还庚款余额在华兴办清华学堂的先声。

20世纪初美国向中国退还庚款余额,用于在中国广设学堂和资助中国学生赴美留学,史称"庚款兴学"。"庚款兴学"是中美关系史和中国留学史上令人瞩目的大事,这方面的研究颇多,但是对于美国最早的退款兴学计划和它的倡议者则鲜有人知。美国学者马丁(Martin R. Ring)认为:"对20世纪中美关系产生重大影响的庚款兴学无疑应该归功于卫三畏和

---

① 《中国总论》第1105页。
② 《卫三畏生平及书信》第308页。

他早期的退款兴学计划。"① 呼吁退款在华兴学,是卫三畏踏上美国对华外交道路上的一项重大事件,也是他回美休假期间致力而为的中美文化交流的建设性倡议。这次返回美国,是卫三畏在华工作期间的第三次回国。卫三畏曾有五次回美,即 1844 年 11 月至 1848 年 9 月 1 日在美探亲和结婚,1849 年短暂回美,1860 年 2 月至 1861 年 6 月在美休假,1875 年春至 1876 年春在美休养,1876 年 10 月退休回美。② 卫三畏第三次回到美国休假,正值美国国内内战(1861 年 4 月 15 日至 1865 年 4 月)的前夕。对于复杂而不太平的国内形势,卫三畏显得很镇定而有主见,"长期在海外的经历使他养成了看问题从大处着眼的习惯,但是远离自己的祖国并没有丝毫减少他真诚炽热的爱国之心。他认为,没有比容忍奴隶制这种丑行更有害于我们的政治体制;除了战争没有别的办法可以消灭这一罪恶。……'降临在我们曾经统一的国家头上的既是惩罚也是拯救——惩罚我们的骄傲和对既得恩惠的遗忘,对上帝权威的冒犯,对此只有他能够给予惩罚,就像他惩罚尼布甲尼撒的自我赞美;也只有他能够把这个国家从奴隶制的破坏和错误中拯救出来。我基本上能够确信,奴隶制从此会一蹶不振'"③。对于即将爆发的内战,卫三畏站在反对南方奴隶制的立场上,"他对战争的兴趣和身处异国的状况使他在整个战争期间支付了代他从军的那个人的所有费用。他也为自己在这个危机的时刻没留在国内的正当性进行过严正的辩护"。尽管卫三畏决定离开美国回到他的中国岗位上,但他坚信美国北方的自由政府将取得内战的胜利:"离开祖国时,我只希望自己仍然能够为中国无知的老百姓做一点好事。我愿意在这里的战争中发挥作用,但是我的工作在中国。我很高兴看到上个月一个代表自由的政府已开始抵抗;我相信胜利会加强开国元勋们建立的政府。上帝的手会指引和托待着他自己的约柜向目标前进,因为他从原因就能看到结果。"④ 而且他一直念念不忘国内爆

---

① Martin R. Ring Anson Burlingame, *S. Wells Williams and China*, *1861-1870*(《卫三畏与中国,1861—1870》),Tulane University,ph.D. ,1972,p. 57.
② [美]卫斐列著,顾钧、江莉译《卫三畏生平及书信》第 69、92—94、222、278、283 页,广西师范大学出版社,2004 年。只是《卫三畏生平及书信》中对第几次回美国的界说模糊难以弄清,而且卫三畏在中国期间还曾多次日本之行,这样算来他就不止五次离开中国了。因为是从中国出发到日本的,可不计日本之行时离华的次数,只在狭义上计算他从东方中国回到美国的次数。可参见本书附录"卫三畏年谱"。
③ 《卫三畏生平及书信》第 222 页。
④ 《卫三畏生平及书信》第 223 页。

发的内战,就在1863年初卫三畏从澳门搬家到北京,途经广州时给伯驾博士的信中,他还衷心地希望着林肯政府对南方奴隶制的彻底胜利,"我们急于想知道国会将如何行动,是支持还是反对(林肯)总统和他的政策。在我们的国家,一方必须征服另一方。如果南方在这场斗争中取胜,我们北方就必须接受永远受奴役的前景。这是一场为自由体制进行的斗争,除非奴隶制现在就灭亡,否则它将以物质或精神的形式弥漫在整个这片土地上。"① 到北京安家后,特别在太平天国失败后,卫三畏似乎从中看到了自己国内那场战争的美好结局,他以上帝的名义期待着联邦政府的最后胜利:"当我得知这些消息(指太平天国失败)的时候,可能同样重要甚至更为重要的事件(指美国内战转折点葛底斯堡大捷后的政府军事的节节胜利)已经发生了。我们看到的是多么痛苦、伟大和重要的一幕啊!上帝的惩罚和仁慈是无所不在的,它们也存在于我们的国家,使我们的国人学会正义和热爱和平。确实,我们比以往任何时候都明白'正义中的可怕因素'。"② 历史已经证明了卫三畏的政治目光和自由信念的正确性。美国内战是美国历史上第二次资产阶级革命,它的胜利不仅恢复和巩固了联邦统一,摧毁了奴隶制,解放了生产力,为美国资本主义发展扫除了内部障碍,而且对欧洲革命、各国工人运动和黑人运动也产生了积极影响。1861年6月,卫三畏携夫人和最小的女儿最后一次在纽约乘船远赴中国,开始了他在北京筹建美国公使馆的重任。

就是在1860年春至1861年6月在美国休假期间,卫三畏先后在1860年和1861年分别向美国国务卿刘易斯·卡斯(Lewis Cass,1782—1866,美国第22任国务卿,任期1857—1860)和总统詹姆斯·布坎南(James Buchanan,1791—1868,民主党人,美国第15任总统,任期1857—1861)提出退款兴学的建议,均未被采纳。后来,回到中国北京后,卫三畏又通过驻华公使蒲安臣(Anson Burlingame,1820—1870)向国务卿西沃德(William Henry Seward,1801—1872)提出这个建议,后虽然得到林肯总统和西沃德的支持,却因国会反对而作罢。对卫三畏本人来说,这件事也许是他最感失败的,故而很少在他的日记中提及,同样,在他的儿子卫斐列所著的《卫三畏生平及书信》中也几乎没有只言片语,应该是个遗憾,可能他们都不太

---

① 《卫三畏生平及书信》第233页。
② 《卫三畏生平及书信》第244页。

第二章 让耶稣进入中国

理解中国一个古谚:失败是成功之母。

为了比较清楚地展示卫三畏的这项退款兴学计划,有必要回顾包含着这个事件的历史过程。从1855年起,卫三畏脱离美部会进入对华外交的领域。1856—1860年,英法两国挑起了第二次鸦片战争,整个战争过程更加暴露了清政府的腐朽没落,一个个不平等条约的签订进一步加深了中国半殖民地化。1858年,天津大沽口失陷后,清政府被迫先后与俄、美、英、法四国签订了《天津条约》。是年6月和11月,卫三畏以美国驻华(广州)使馆头等参赞兼中文翻译的身份参与了中美天津谈判和上海谈判。赔款问题是上海谈判的重要内容之一,它起源于《望厦条约》签订后,美侨利用条约中有中国地方官有保护境内美国商民生命及财产不受伤害的责任等内容,对其在华财产意外损失向中国政府提出了索赔要求。中美《天津条约》签订后,根据美国驻华公使列卫廉提议,美国政府宣布索赔委员会由两个美国人组成,一个是美国驻宁波领事查理·布莱德雷,一个是在中国海关工作的奥力味·罗伯茨。该委员会负责收集和整理美侨在华损失的情况,共有49宗案件,索赔总额为48万多元。① 最先提出索赔要求的是第一位来香港的传教士、美国浸礼会牧师罗孝全(Issachar Jacob Roberts,1802—1871)。1847年5月23日,罗孝全在广州东石角的教堂和住所失窃,向两江总督提出赔偿要求,美国领事为了扩大在华特权始终支持这项申诉,到1858年其损失的本息共计2800美元。此后,美侨向中国政府提出了各种各样的索赔,其中索赔数目最大的要数1856年12月英国发动广州亚罗战争(Arrow War)期间美商的广州商馆遭受的火灾损失赔偿,包括卫三畏在广州的印刷所和全部未能运走的书籍和印刷设备。当时火灾情况据西方人记载是:1856年12月14日午后,炮火从商馆后面中国房屋废墟中的几处地方发出,当时虽力加抢救,可是除英国行中的一幢房屋而外,商馆里的全部建筑物都在15日午后五时左右变成了一堆灰烬。② 事后西方舆论一口咬定是两广总督叶名琛为报复而故意派人纵火,要求中国方面赔偿损失,而中国史料记载推测纵火者应该是愤怒的广州民众。中国政府一直拒绝美方的此项赔偿要求,认为这是美国商民船货的意外损失,责任在于英

---

① 卿汝楫《美国侵华史》(第一卷)第203—206页,人民出版社,1957年。
② [美]马士著,张汇文等译《中华帝国对外关系史》(第一卷)第488页,上海书店出版社,2000年。

国炮击广州引起的,但又基于"以夷制夷"策略而欲拉拢美国,表示由于美国未助英国,可酌赔偿美商之损失,以示优渥。① 然而,综观第二次鸦片战争期间美国向中国索赔的起源、交涉和解决过程,美国都是这一勒索性索赔的总策划者:它把本应由英国政府承担的赔偿责任强加给中国,并炮制出一个所谓中立国的国际法声明以为其索赔提供"理论依据",更为巧妙的是,它把原应通过法律途径解决的问题诉诸政治方式,并在最适当的时候以最委婉的方式达到了索赔目的。中美两国政府间的第一次大规模的赔偿问题,不仅在法律上缺乏条约依据,而且索赔金额明显带有勒索性质。② 1858 年 11 月 8 日,中美就赔偿问题在上海举行谈判,并很快签订了《赔偿美商民损失专约》,规定中国赔偿美国 50 万两银,合 735288 美元,以清结历年至今在华美侨向中国提出的各种赔偿:"拟于咸丰九年正月初一起,由广东、福州、上海三港海关,将该银五十万两分别立单,颁给美国使臣所定应收之人领取;其三港该派之额数,现拟定:广东三十万两,上海十万两,福州十万两,以上款项于中国征美国出入口货税、船钞,以五分之一扣抵,言明作为清结历年至今中国赔偿美国各口商民之数。"③ 由于身在美国使团中的地位和在天津谈判与上海谈判中的作用,卫三畏在该赔偿美商损失条约签订之后,被委任来全权负责赔款的处理工作。从 1859 年底到 1860 年 2 月离开澳门回美前,卫三畏在进一步调查核实后,根据理赔程序,计算出所有赔款仅须付出 489694.78 美元,"中国方面已经支付了给美国公民的赔款。我们正在办理将这笔赔款分发给美国公民的各项事宜。下个月(1860 年 1 月)我们将要发出第一笔钱,一旦有了第一次的范例和参考,以后的事情就好办了。所以我想在第一笔钱发出后离开中国"④。在付出第一笔赔款后,卫三畏将此后的账目审查和分发钱款的工作,指派给使团的两名人员专门负责和经办。由于美国索赔的 73 万多美元数额远远超出了美国商民的实际损失,还剩余 20 多万美元。对这笔余款的处置,卫三畏首先想到的是应该把它退还给中国,但中国表示不愿再谈此

---

① 贾桢等编《筹办夷务始末》(咸丰朝,第 23 卷)第 10—13 页,中华书局,1964 年。
② 刘劲松《第二次鸦片战争时期中美赔偿问题论略》,载《历史档案》2007 年第 2 期,第 74—78 页。
③ 王铁崖《中外旧约章汇编》第一册,第 142 页,生活・读书・新知三联书店,1957 年。
④ 《卫三畏生平及书信》第 220 页。

事。① 清政府的这种不愿提及的痛苦心态,应该是可以理解的,这也许是中国人特有的民族心理,给出的就不再收回,无论此事本身是非对错。于是,卫三畏便设想用这笔钱在中国创办一所西方式的学校。这种想法起源于他准备离开中国返回美国探亲前,酝酿于回国旅途之中,成熟于在华盛顿、纽约、伊萨卡以及其他地方与老朋友见面和发表演说,以及他在已经与之脱离关系的波士顿美部会总部所受到的热烈欢迎。卫三畏想在中国创办高等学校的想法,很可能与他来华前因为家境衰落而上不起耶鲁学院的失落有关:"父亲的收入不够送韦尔斯(卫三畏)上大学,他只好非常失望地看着自己的朋友达纳离去,但是他的失望程度可能还不如后来,多年后韦尔斯后悔自己当年没有坚持要求上耶鲁并通过半工半读的方式完成学业。如果他能够预见自己后来的生活道路,他一定会毫不犹豫地在思维方法和语言表达方面多做一些准备工作。"②也可能与他的基督教信仰有关,认为通过学校教育可以改善年轻一代中国人的文明素养:"提高和教化异教徒的唯一方法就是向他们传播福音书的全部教义和用各种仁慈的行为向他们展示这些教义。……为什么在没有任何帮助的情况下中国人的教育能够如此有效和如此长久,远胜于查拉、塞内加、苏格拉底、朗吉弩斯的国家,然而在真理成为这个社会的基础之前,在一个人如果犯了错误便会被同胞蔑视,如果撒谎就会被瞧不起这些事实没有改变之前,中国人还是远远地落后于基督教国家的人们。他们不可能在文明方面取得进步,除非他们首先成为诚实可靠的人。"③更可能与他的在华外交经历有关,认为在学校里可培养适合美国对华外交和语言人才,进而扩大美国在华的影响:"我们比中国人自己更清楚他们需要这样一所学校,用西方的语言、科学和道德伦理来训练年轻人",同时,"在一个我们拥有治外法权的国家,如果希望我们的才智能够胜任美国领事法庭对美国人和中国人之间的所有案件做出裁决,那么就要求具备一定的双方语言知识。在中国建立一所学校可以为政府提供人选"。④

① Martin R. Ring Anson Burlingame, *Samuel Wells Williams and China*, *1861-1870*(《卫三畏与中国,1861—1870》),Tulane University,Ph.D. ,1972,p. 55.
② 《卫三畏生平及书信》第 5 页。
③ 《卫三畏生平及书信》第 239—240 页。
④ 金卫婷《卫三畏与美国早期的对华退款兴学计划》,载《西昌学院学报》(社科版)2007 年第 1 期,第 84 页。

回到美国休假期间,在面对国内南方暴乱的不太平现状,卫三畏思考的是他在中国的事业:"离开祖国时,我只希望自己仍然能够为中国无知的老百姓做一点好事。我愿意在这里的战争中发挥作用,但是我的工作在中国。"①在支付了代他从军的那个人的所有费用后,卫三畏要努力做的一件为中国人的好事,就是让中国政府多给美商赔款发挥作用。1860年11月,卫三畏致信美国国务卿卡斯,建议将上述商务赔偿的余额作为在华建立一所高等学校的资金,校名初定为美华学院(American-Chinese College in China),学校聘请合格的教师,指导中国学生学习西方各国的语言和科学,将他们培养成对于他们的同胞和政府有用的人才;并招收美国学生,使之接受中国语文及中国知识训练,作为今后驻华的领事及外交官或从事在华经商等人之用。卫三畏预计这笔余款可以建筑一所能够容纳50个学生的学校和维持2个外国教师的工资。1861年春,就在布坎南总统离任前夕,卫三畏特地拜访了华盛顿,再次提出该项建议,但没有任何结果,因为布坎南总统的解释是:"这笔钱的所有权属于中国政府,擅自挪用有碍公平,即使是用于某种中国人也许特别感兴趣的慈善活动。"②1861年9月,回到北京后的卫三畏仍念念不忘他的这项退款兴学计划。林肯总统上台后,他又通过美国驻华公使蒲安臣向国务卿西沃德提出了退款办学的建议,认为中国缺乏对西方社会的了解,以此余款在北京设立一所学校,对中国的好处将更甚于美国,建议强调目前各国正采取措施来帮助中华帝国的重要政治家们使帝国走上新的发展道路,美国人应该继续对此施加更大的影响,在北京建立一所美国学校将对帝国政府维持和平与各省贸易产生持久的卓越的影响。办学计划虽然得到了林肯总统和西沃德国务卿的支持,却因为都是美国正处在内战的关键时刻,国会无暇外顾而予以反对。提案被一拖再拖,遗憾的是,直到1876年退休返回美国时,甚至到1884年去世,卫三畏的这个愿望都没有实现。1885年,美国国会通过一案,将此款连本带息退还中国,中国驻美公使郑藻如(1824—1894)在收到453400美元后,特地代表中国政府向美国政府表示感谢。③ 如果要探究卫三畏退款兴学计划最终流产的原因,当然很复杂的。从整体上来讲,整个19世纪,美国在华

---

① 《卫三畏生平及书信》第223页。

② Martin R. Ring Anson Burlingame, *Samuel Wells Williams and China, 1861-1870*(《卫三畏与中国,1861—1870》),Tulane University, Ph.D., 1972, pp. 55-57.

③ [美]泰勒·丹涅特著,姚曾廙译《美国人在东亚》第282页,商务印书馆,1959年。

利益获得只占据它的全球利益的一小部分,而且它的自身壮大正处于积累状态。对美国政府而言,中美关系主要建立在商务贸易上,并尽可能地以最小的代价或不付出代价分享到其他列强的在华特权,而避免直接地卷入中国事务,因为中国只是美国的未来发展需要的商业潜在市场和政治外交的舞台,特别是八国联军镇压义和团运动后,从20世纪初,美国的对华关系开始走上它的整体外交战略的重要位置上。而从个体原因上分析,美国内战前夕和期间,布坎南总统忙于竞选,林肯总统上台后贯注于内战,而国务卿西沃德致力于应付欧洲外交,对华外交处于边缘的位置而极易被忽视,中美之间的贸易额也在锐减,致使美国政府的对华关系只追求保存现有的既得利益,不再图谋更多的权益,因此否决在华办学也就在情理之中了。1885年,赔款余额归还中国后,已经逝世的卫三畏的办学理想就无人再提了。

从历史"假如"的角度上来说,如果卫三畏的退款兴学计划在那时被付诸实施的话,美国在华办学和大学教育将会提前,而且将会使中国学生到美国留学之潮提前到来(1872年容闳奉命率学生30人赴美留学,任学生监督,兼任驻美副使,长期驻美,史称"中国幼童留美运动(1872—1881)"。先前勃朗夫妇带容闳等马礼逊学校几个学生赴美就读,不属于清朝官方认可的留学行为),中美政治外交和文化交流将会是另一番情形,就像20世纪初美国政府计划"退还庚款兴学"前,美国伊利诺大学校长詹姆士(Edmund J. James)给美国总统西奥多·罗斯福(Theodore Roosevelt, Jr., 1858—1919)的一份备忘录中所言:"在东方最近的发展表明,中国和美国已经注定要在社会、精神和商业方面发生愈来愈紧密的关系。……哪一个国家能够成功地教育这一代中国青年,哪一个国家便将由于付出而在精神上、知识上和商业的影响上获得最大可能的报偿。如果美国在35年前就成就了这件事(有一度看来似乎是有可能),把中国学生的留学潮引向美国,并不断扩大这股潮流,那么,我们今天通过对中国领袖们知识上、精神上的支配,就该在各方面精心的安排上最得心应手地控制中国的发展了。"①晚清以来,美国人以教会的名义,在中国兴办了一大批大学,其中著

---

① [美]明恩溥《今日之中国与美国》,转引自复旦大学历史系中国近代史教研组编《中国近代对外关系史资料选辑》(上卷,第二分册)第255—256页,上海人民出版社,1977年。顾长声《传教士与近代中国》第316页,上海人民出版社,2004年。

名的约有十余所(按照大学前身的最早时间起算),即齐鲁大学(1865年)、圣约翰大学(1878年)、东吴大学(1881年)、岭南大学(1888年)、华西大学(1905年)、协和医科大学(1906年)、金陵大学(1907年)、之江大学(1911年)、湘雅医学院(1914年)、沪江大学(1915年)、燕京大学(1919年)。这些大学统称为美办教会大学,都是正正规规、声名远扬的名校。如果卫三畏建议的"美华学院"能够成为现实,它将无疑成为美国在近代中国发展高等教育的嚆矢。不管怎样,卫三畏退款兴学思想的意义在于它提前为美国设计了教育蓝图和通过文化渗透发展在华影响力的独特途径,这种"用中国人的钱按照美国方式教育中国优秀学生的强烈愿望"被保留下来,"最终形成了归还庚子赔款余额的条款"。①

在此陈述一下"庚款兴学"的简况。在华美国传教士历来将"办学"作为"打开中国人心灵"的有力手段。从澳门的马礼逊学校开始,到19世纪末,美国在华创办了许多教会学校,到20世纪初教会学校的高等教育也全面展开。在华办教育和发展传教事业一样,都是自鸦片战争以来美国对华关系的精神活动,是美国对华政策的一贯特征,即"美帝国主义比较其他帝国主义国家,在很长的时期内,更加注重精神侵略方面的活动,由宗教事业而推广到'慈善'事业和文化事业"。②义和团运动的冲击,令西方人不得不承认中华民族蕴藏着无限的生机,不会任人宰割。美国传教士丁韪良率先提出了"以华治华"主张,被帝国主义者认为是唯一可以根治中国人反帝斗争的办法。美国政府调整对华政策,进一步强调"门户开放",在"保全"中国的幌子下,对华施加经济和文化思想上影响,于是在华兴办高等教育成为"退款办学"的主要内容。正如美国伊利诺伊大学校长詹姆士在1906年给西奥多·罗斯福总统的一份备忘录中写道:"中国正临近一场革命。……哪一个国家能够做到教育这一代青年中国人,哪一个国家就能由于这一方面所付出的努力而在精神、知识及商业上获得最大可能的报偿。……商业追随道德和精神上的优势,这比它追随于军旗之后更加难以避开。"③1900年,美国参加

---

① [美]韩德著,项立岭等译《中美特殊关系的形成:1914年前的美国与中国》第416页,复旦大学出版社,1993年。
② 毛泽东《"友谊",还是侵略?》,载《毛泽东选集》(合订本)第1395页,人民出版社,1967年。
③ Arthur H. Smith, *China and America Today*([美]明恩溥《今日美国与中国》), Edinburgh. Oliphant, Anderson & Ferrier, 1907, pp. 214-218.Or see *A Study of Conditions and Relations*, New York: Harper and Brothers, 1948, p. 214.

八国联军侵略中国,胁迫清政府签订《辛丑条约》,从庚子赔款中分得白银3293.9万两(合2444万美元)。中国对美庚子赔款原定在39年中(1902—1940)分期偿还,年息4厘(本息共计5355余万美元)。这个数目大大超过了美国实际上的损失数。1904年,美国总统西奥多·罗斯福自认为美国向中国索取赔款"实属过多",清政府驻美大臣梁诚向国务卿海约翰(John Milton Hay,1838—1905)交涉赔款核减之事,海约翰允为代谋。1906年3月6日,在华有40年传教经历的公理会传教士明恩溥(Arthur Henderson Smith,1845—1932)专程回美,进谒罗斯福总统。他建议总统将庚子赔款退还一部分,专门开办和津贴在中国的学校:"随着每年大批的中国学生从美国各大学毕业,美国将最终赢得一批既熟悉美国又与美国精神相一致的朋友和伙伴。没有任何其他方式能如此有效地把中国与美国在经济上政治上联系在一起。"①1906年,美国伊里诺伊大学校长詹姆士也上书罗斯福总统,建议在庚子赔款的2444万美元中拨出1100万美元,"退给"中国,用于兴办教育:"如果美国在30年前已经做到把中国学生的潮流引向这一个国家来,并能使这个潮流继续扩大,那么,我们现在一定能够使用最圆满巧妙的方法,控制中国的发展……这就是说:从认识与精神上支配中国领袖的发展。"②罗斯福总统在权衡来自詹姆士、明恩溥以及支持退还庚款的对华友好人士的建议,给国会提出了一个咨文,内称:"我国宜实力援助中国厉行教育,使此巨数之国民能以渐融洽于近世之境地。援助之法,宜招导学生来美,入我国大学及其他高等学社,使修业成器,伟然成才,谅我国教育界必能体此美意,同力合德,赞助国家成斯盛举。"③1908年5月25日,美国国会通过了罗斯福总统的咨文,最终采纳了这个退还庚款兴学的建议。国会议决退还庚款10785286美元,办法是从1909年起至1940年止,每年收取本利539588.76美元,余数逐年退还。民间赔款多收的1175835美元先于1904年退还。后因第一次世界大战爆发,美国第一次退还庚款暂时停止。直到1924年5月,美国国会参众两院又通过决议,将中国自1917年10月在第一次世界大战中参战后暂停支付的庚子赔款,截至1940年12月每年本利539588.76美元(共12545437美元)退还中国,款项

---

① 杨生茂《美国外交政策史》第254—255页,人民出版社,1989年。
② 郭黛姮等《一代宗师梁思成》第2页,中国建筑工业出版社,2006年。
③ 明恩溥《今日之中国与美国》,转自顾长声《传教士与近代中国》第317页,上海人民出版社,2004年。

仍逐年用于文教事业。9月,中美组织混合中华教育文化基金董事会接受、保管并使用这项退款。这是美国第二次退还庚款。① 美国第一次退还庚款始于1908年,是年7月11日,美国驻华公使柔克义(William W. Rockhill,1854—1914)向清政府发出正式声明,建议退还庚款作为遣送留学生赴美之用,并要在北京开设一所预备学校,由美国派员监督庚款用途和培养学生标准。12月28日,罗斯福总统签字同意美国政府索赔之款由原来的24440778.81美元减为10785286.12美元(其中包括众议院在讨论过程中要求增加的200万美元用以支付迄今尚未得到赔偿的私人损失的备用款额)。它与原定中国付给美国款额之间的差额退还给中国。② 退款事宜从1909年1月1日开始办理,并设立游美学务处和游美肄业馆。7月10日,清政府颁布《遣派游美学生办法大纲》,中国政府派遣赴美留学生计划正式启动。8月,游美学务处在史家胡同招考了第一批学生,从630名考生中,录取了47人,于10月份赴美。这便是"庚款兴学"的由来。9月,清政府拨给清华园作为校址,开始兴建校舍,1910年12月将游美肄业馆定名为"清华学堂"。"高等科"以美国大学及专门学堂为标准,实际上是一所留美预备学校。中等科和高等科学制各四年;高等科三四年级相当于美国大学的一二年级;毕业生可直接插班到美国大学念三年级。1912年10月,更名为"清华学校"(留美预备学校),聘请了许多外国教师,英语是常用的语言,除国学课外,其他课多用英语讲课。1925年,设立大学部,开始招收四年制大学生,并开设国学研究院。1928年,更名为国立清华大学,有文、法、理3个学院,16个系。目前,清华大学是中华人民共和国教育部直属高等学校,名列211工程、985工程,与北京大学、复旦大学、浙江大学、南京大学、中国科大、上海交通大学等校一同被公认为中国大陆最出色的高等学府,尤其常和北大并称。

中美两国就"庚款兴学"达成一致,是因为这不仅仅符合中国的利益,而且更加符合美国的利益。因为,美国把退还的庚款用于文教事业,既是为了输出美国的价值观,也是为了谋求美国的实业利益。在中国当时是一个弱国而美国拥有更大优势和主动权的情势之下,这种一致更多地体现出

---

① 王树槐《庚子赔款》(第四章第一节)第287—293页,台湾"中央研究院"近代史研究所,1974年。
② W. W. Willowghby, *Foreign Rights and Interests in China*, Baltimore, John Hopkins Press, 1927, Vol. II, p. 1013.

美国政府的利益和价值取向。当时中国财政紧张,而美国政府肯放弃部分赔款,用于中国的教育事业,对中国政府来说当然是一件有利的好事。而对于美国来说,退还部分庚款不仅可以缓解一度紧张的中美关系,重新赢得中国人民的好感,而更为重要的是退还庚款是有条件的,即须用于中国的教育事业,"退还的庚款用于兴办清华学校和资助学生留美,不得挪作他用"。这恰与美国的长期对华目标相吻合,即要在中国通过此种"文化投资",培植一批亲美力量,为其谋取最大的经济和政治利。正如1909年11月15日的一份领事报告中写道,中国学生来美后"将学习美国的制度,结交美国朋友,回国后便会在中国外交中亲近美国。……退还庚款是山姆大叔历来所做的事情中最有利可图的。他们将形成一支强有力的亲美力量,任何一个政府或欧洲的贸易团体都不能与之匹敌"①。这就体现出了美国"退款兴学"行动的对华政策的实质。当然也必须承认,退款办学在客观上起到了增强中国人才培养、促进中美两国人民了解和文化交流的作用,而其中的"庚款留美"在中国近百年来教育史上是一次影响深远的留学活动,庚款留美后学成归国的留学生们对中国的教育、科学及工程技术等领域以及传播现代政治民主观念上都起到了十分重要的作用,从而对中国的现代化产生了积极的影响。

---

① Michael Hunt,"The America Remission of the Boxer Indemnity:Reappraisal",*The Journal of Asian Studies*,Vol. 31,No. 3,May 1972,pp. 557-558.

主编 阎纯德 吴志良

北京语言大学
列国汉学史书系
Sinological History Series

美国汉学家卫三畏研究（下册）

黄涛 著

语言资源高精尖创新中心支持项目

学苑出版社

第三章
北京外交经历

由早期中美人民之间的相互关系上升到中美两国政治、外交关系的发展，传教士外交官的历史作用不容忽视。像裨治文、卫三畏、伯驾等在华传教士，他们深入民间，深切体察中国国情民意，为了实现"拯救灵魂"而使中国人"改变信仰"的传教目的，他们在"慈善事业、学校、医药和外科手术等统统是促进传教的辅助手段"①之外，加入到美国政府对华的外交领域，成为传教士外交官，改变和加速了早期中美外交的方向和进程。这种传教士外交官的双重作用，成为美国早期对华外交的一个重要特点，"从事外交仅仅是19世纪30年代传教士在广州开始的为寻求更好的进入中国并改变其宗教信仰的方法所做的探索的一种延伸"②。利用外交官的特殊身份可以为传教事业提供便利与保护，美国政府也需要新教这个民间团体为其对华扩张政策服务，就使得"有那么多传教士一步步从教堂走进使馆就没有什么奇怪了"③。进入20世纪后，美国驻华外交官日趋专业化和职业化，传教士外交官对华政策的影响才渐渐退出历史舞台。

卫三畏作为美国对华外交的一名传教士外交官，其外交活动和历史影响在中美早期关系史上是值得记述的。美国史学家泰勒·丹涅特指出："美国人虽然在美国国内颇重视政教的完全分离，可是在中国，议定《望厦条约》时却有裨治文、伯驾和卫三畏，参加外交工作并升任到最高官阶的则

---

① *Foreign Relations of the United States*, 1888, p. 221. 或见 C. Denby, *China and Her People*, Vol. 1, New York, pp. 212, 215.

② [美]韩德著，项立岭等译《中美特殊关系的形成：1914年前的美国与中国》第33页，复旦大学出版社，1993年。

③ Arghur Schlesinger, Jr., *The Missionary Enterprise and Theories of Imperialism*, in Fairbank, ed., *The Middionary Enterprise in China and American*, p. 350.

有伯驾。在大沽(天津条约初步谈判在大沽进行)和天津有卫三畏和丁韪良。"①伯驾是1855年被任命的美国第一个传教士出身的驻华公使,而在此稍前,卫三畏就走上了美国对华外交的道路。1855—1876年间,卫三畏一直是美国驻华公使馆秘书兼翻译,还曾9次代理美国驻华公使。同时,卫三畏还勤于研究和介绍中国传统文化,被誉为"一位审慎的观察家,也是各外国使馆中最习知中国情形的一位人士"②。20年的外交经历占据卫三畏在华生涯之近半,对中美早期关系的影响尤为深远,正如史学家李定一所言:在早期中美关系史上产生影响的传教士,"最重要的除伯驾及裨治文外,影响美国外交甚远的,应推卫三畏"③。

19世纪美国驻华使团的居住地并非北京一处,在广州、澳门、上海、天津等都有停留,这些地点都是美国赴华使团与清政府谈判签约的使馆暂住之地,因为清政府在条约规定外国公使驻京前,是不允许外国使团滞留北京的。直到在《天津条约》《北京条约》的基础上,外国公使进驻北京逐渐成为现实之后,美国驻华公使馆才在使团秘书卫三畏的努力下在北京稳定下来,中美外交进入到严格意义上的近代国际外交的范畴,清政府随后也向美国等西方国家派驻了使节。卫三畏为美国北京公使馆的建设有所贡献,对近代美国驻华使馆体制的形成也功不可没。

因为卫三畏的外交活动主要是在北京地区,故以"北京"代指晚清中国,来突出卫三畏及其对华外交活动在近代中美外交关系史上的重要地位。本章主要在叙述卫三畏以传教士身份参与的对华外交活动和职业外交官的重要活动的基础上,着重论述他对于近代中美外交的形成和发展所起到的客观影响,进而分析美国在华的传教士外交官对发展近代对华外交事业的历史意义。

第一节 卫三畏与早期美国远东外交

美国传教士来华后,一直在福音传教方面举步维艰,困难重重,究其根本原因在于中国悠久而积淀深厚的传统文化,及其在这种文化背景下的闭

---

① [美]泰勒·丹涅特著,姚曾廙译《美国人在东亚》第478页,商务印书馆,1959年。
② 《美国人在东亚》第288页。
③ 李定一《中美早期外交史》第156页,北京大学出版社,1997年。

关锁国政策。晚清的封闭、愚昧和自我优越的心理状态,构成了一道道抵御西方文化渗入的天然屏障,即使是"上帝的福音"也无法迅速打开中国的"门户"。对于在华传教士来说,要改变这种令人沮丧的局面,使中国皈依基督,前提就是要迫使清政府签订条约,结束其禁教和闭关政策。当和平手段无法达到这个目的时,传教士们便心照不宣地选择了战争和以武力为后盾的外交。自1840年鸦片战争爆发后,美国一些传教士就"弃教"进入美国远东外交的世俗服务中,并在美国对华的一系列签约活动中发挥了重要作用。在1844年到1856年中国政局动荡的这段时期,卫三畏得到以传教士身份领略一些美国远东外交上重大事件的极佳机会。他曾经目睹了顾盛专使来华签约,参与了美国对日签约和考量太平天国运动等重大事件,这些成为他踏上职业外交官之路前的外交演习。这种心路的过程,无疑具有重要的理论与实践指导意义,非常有助于卫三畏此后在美国对华外交中的实践活动。

一、见习顾盛谈判望厦条约

美国在脱离英国殖民统治而独立后,内忧外困迫使其开辟了遥远的对华贸易。新独立的美国,"他们尤其穷得可怜","事实上,在革命结束的时候,最大多数的人民是穷困的。——穷困,失望,不满意。那些人,参加美国独立战争而且获致胜利的人,回到家里,贫穷不堪,饥病交迫,大多数身无分文,无以为生"。① 而战败的英国更"俨然以敌国和大国的姿态,制定若干航海条例,对美国的对外贸易严加限制。特别是英国政府不允许美国船只驶入英属西印度群岛,只许其他国家的商船载运美国的烟草、食粮和造船器材到这些岛屿等规定,严重打击了新英格兰的航运业、渔业和奴隶贸易,致使新英格兰经济陷于绝蹶境地。与法国和西班牙建立的平等互惠贸易关系也在战后不复存在,法国和西班牙将美国船只排斥于它们的殖民地或本国港口之外。至于美国在殖民地时期所建立的地中海贸易,也因海盗的骚扰,难以顺利进行"②。为解决经济问题,美国必须寻找新的贸易出

---

① 卿如楫《美国侵华史》(第一卷)第21、23页,人民出版社,1957年。
② 乔明顺《中美关系第一页:1844年〈望厦条约〉签订的前前后后》第1—2页,社会科学文献出版社,1991年。

路。1784年2月22日,美国商船"中国皇后"号,挂着簇新的星条旗,驶离纽约港,"穿过大西洋,绕过好望角,航行到印度尼西亚巽他海峡时与两艘法国军舰相遇,并随行于8月28日抵达广州黄埔港,揭开了中美关系的序幕"①。"中国皇后"号在行程13,000英里后,安全抵达广州港。它首航中国的成功,不仅"为美国资本家展示了赢利的航向",以致此后"波士顿、普罗维登斯、纽约和费城的资本家争先恐后驶往广州",对华贸易迅速地发展起来。1790年,中国出口到美的商品总值占美国进口货总值的七分之一。1792年,美国对华贸易额已超过荷兰、法国、丹麦等国,仅居于英国之下。1803年,美国对华贸易的总值,超过了欧洲大陆诸国对华贸易的总和。19世纪上半期,美国对华贸易额仅次于对英、法、古巴的贸易,居第四位。② 更重要的是它打开了东方大国中国和西方新兴美国的通道,正如"中国皇后"号商务总管山茂召给美国政府的报告中所言:"我们有幸打通同地球极东部地区的联系,这必定是一个令人欣喜的信息。"③因为这种通道非常有利于美商在广州的立足,为以后不断来华的包括传教士在内的美国人提供各种帮助,扩大美国在华的影响力。

贸易关系的顺利发展,中国越来越成为美国外贸的重要市场,对华贸易的结构也多元化起来,必然引起美国人对商业利润的非理性追逐。最初,美国对华贸易均需随船运大批西班牙银币到广州,并力求寻找可以运销中国的货物,以期减少现金输华的情况。人参、皮毛、檀香木等商品,不能弥补对华贸易的差额,而且来源也日渐枯竭,美商的眼光必须转到其他可资牟利的贸易上,在这种情况下,"鸦片自然成为目标之一"④。因此,从19世纪初开始,为获得更多的商业利润,美国一些商人也开始了对中国的鸦片贸易。1805年,"有三艘美船自土耳其之司迈纳(Smyrna)运出鸦片一百二十四箱",贩卖到了中国。⑤ 从此,中美早期的正常贸易关系便"由于鸦片贸易的兴起而发生了质的变化。鸦片贸易不仅使中国的对外贸易从

---

① 李长久、施鲁佳《中美关系二百年》第3页,新华出版社,1984年。
② 乔明顺《中美关系第一页:1844年〈望厦条约〉签订的前前后后》第3页,社会科学文献出版社,1991年。
③ 李长久、施鲁佳《中美关系二百年》第3页,新华出版社,1984年。
④ 李定一《中美早期外交史》第69页,北京大学出版社,1997年。
⑤ Tyler Dennett(泰勒·丹涅特), *Americans in Eastern Asia*, New York: The Macmillan Company, 1922, p.115.

出超变为入超,而且根本改变了这一国际贸易的性质"①。逐渐地,美国对华贸易的逆差从鸦片走私中得到弥补。虽然鸦片走私是通过贿赂,在中国官员默许下进行的,是冒有不小的风险,但利润率大大超过一般的贸易,有时高达100%以上,从而为非法美商开辟了广阔的财源,却给中国带来了无穷的灾祸。19世纪30年代末开始的禁烟运动,是清政府维护国家民族尊严、保护合法国际贸易的正当举动,却成为以英国为首的西方国家发动第一次鸦片战争的借口。而美国政府也趁机追随英国来华胁迫战败的清政府签约,以保护中美正常贸易的幌子,暗中怂恿鸦片贸易的发展。这种国际关系的改变,导致了1844年顾盛专使来华谈判,并签订《中美五口通商章程》,即《望厦条约》。

不可否认的一个事实,新生的美国的确是做生意的民族,这可能与它由商业资本向工业资本转化前的社会性质有关。对华贸易对于美国资本的原始积累起着重要作用。从事商业的资本家主要集中在马萨诸塞州,资本家形成的波士顿财团不仅操纵了马州的政治和经济,而且对联邦政府也有一定的影响。恩格斯曾深刻地指出:"美国人早就向欧洲世界证明,资产阶级共和国就是资本主义生意人的共和国。"②在美国,政治也是一种生意,而生意又支配着政治。联邦政府看到对华贸易对商业资本和工业资本的作用,以及对美国航运业的发展和开辟更多的中国市场,所以在关税上对对华贸易多予以优惠待遇。对华贸易之初,美国政府就制定了一份税则:"美船由广州输茶入口,每磅只抽六分至二毫不等。美船由欧洲输茶入口,则每磅抽税八分至二毫六分不等。若外国船舶运茶入美,每磅抽税一毫五分至四毫五分不等。除茶叶外,其他货品,由外船输入者,皆值百抽一二·五的税则,由美船运入者,减低一半。"③1789年,美国颁布的关税法又重新规定:美国船舶直接从东方输入的茶,每磅征税6—20分,从欧洲运入的则征8—26分;而外国船运来的同种商品,交15—45分。茶是中国输美的主要商品,以上的规定显然把对华贸易置于保护之下。到19世纪30年代后,对华贸易继续实行优待政策,这样既增加了美商的贸易利润,又削弱了他国商人对华贸易的竞争力,有利于美国发展对华关系。这种专注做生

---

① 汪熙《中美关系史论丛》第16页,复旦大学出版社,1985年。
② 恩格斯《致弗·阿·左尔格》1892年12月31日,载《马克思恩格斯全集》(第38卷)第561页,人民出版社,1972年。
③ 卿如楫《美国侵华史》(第一卷)第29页,人民出版社,1957年。

意的对华关系,制约了美国在针对中国禁烟运动的强烈对抗和武力征服的情形发生,使得来华的顾盛专使秉承和平谈判,以条约形式争取到与英国在《南京条约》中所有权利,可谓技高于英国"其下攻城"上的"其次伐交"。同时,上述美国的关税法内容,也成为谈判签订《望厦条约》中有关通商规则的重要历史依据。

顾盛专使来华,还需要一个前提,即美国政府在对华贸易之外是否需要发展中美正式外交关系。无可否认,建立中美两国之间的正式外交关系,是推动美国对华贸易的重要保证。第一次鸦片战争前,中美之间已有了频繁的贸易,尽管有鸦片走私的不和谐因素存在,但和清政府还没有建立外交关系。这固然伏根于清政府坚守闭关政策,拒绝和外国政府发生联系,但立国之后的美国尚且缺乏向东方发展的海军力量,并与英国有若干纠纷亟待解决,而且又瞩目于北美洲西部的领土扩张,从而美国联邦政府对遥远中国的问题便漠然处之,没有致力于突破清政府的闭关政策,同中国建立外交关系。虽然在"中国皇后"号直航中国成功后,1786年,美国开始单方面向广州派驻领事,但这阶段的驻华领事都没有与中国政府交涉的权力,既无薪金,也无津贴,不过是个荣誉职。到1840年,美国驻广州的领事更换了6人,他们都是由商人兼任。由于清政府从来不承认任何国家派遣来华领事的外交官身份,美国领事只能以美商首领的资格与广州行商周旋,因此他们既不能定期向美国国务院汇报任何与贸易有关的情报,而且在第一次鸦片战争前美国国务院也从未向广州领事下达任何政府训令。中美之间长期没有外交关系和美国政府对华问题的忽视,引起了在华美商的不满和责难。其间有广州的美商曾联名致函美国总统麦迪逊(James Madison,1751—1836),申述加强广州领事的作用,要求委任专任领事,购置领事馆等事项,但意见书到达华盛顿后便被搁置而始终没有回音。1821年发生的特拉诺瓦事件,广州知府和南海、番禺知县等会同审理,按清例判处特拉诺瓦绞刑。特拉诺瓦一案的判处使美商非常惊恐,他们荒谬地认为这是由于美国领事没有外交权和得不到美国政府的支持而处于不利地位所造成的冤案,因此要求同中国建立所谓平等的外交关系。尽管还没有法律意义上的外交关系,但随着美国对华贸易的发展,中美之间不仅发生了事实上的外交关系,而且还发生了一定的宗教和文化的联系。这种文化上的关系与贸易关系一样,也在随后的日子里,要求美国政府应该与中国发生超越于领事权利的使节关系。美国新教传教士能够披着基督神圣的外衣,深入到社会的各个角落,了解各种情况,为本国的经济、政治利益提供各种情报和资料。随着美国对华贸易的发展和需要,传教士来华活动便成为一种内在的需要了。1807年,美国国务卿麦迪逊和部分对华商人支持英国伦敦传教会的马礼逊首先来到广州。1830年,美国海外布道会(美部会)也派遣裨治文和雅裨理来华传播福音。在华美商对传教士前来中国布道予以大力的财政支持,使得此后美国传教士陆续来华。传教士在华除学习中文和传教外,还从事出版、译书、医务和教育等工作。这些工作将中国的政治和经济、历史和文化、民风和宗教等信息向在华美国人和美国政府及民众传播,成为美国社会了解中国的重要情报渠道。因此,从国家政治关系的角度,这些来华传教士实际上成为美国政府发展与华外交关系的最重要的一支力量,正如第一位美国来华新教传教士裨治文所言:"我等在中国宣教之人,与其说是由于宗教的原因,毋宁说是由于政治的原因。"①美国传教士在华传教方面的成果是微不足道的,在清政府严禁基督教流传及基督教教义与中国传统礼教格格不入的情境下,到1839年,领洗者不到100人,而且主要是给外商服役或经营贸易的所谓下层人士。② 而最终促成美国政府下决心派遣使节来华谋求外交关系的传教士,就是伯驾。彼得·伯驾(Peter Parker,1804—1888)生于马萨诸塞州,1831年毕业于耶鲁大学,1834年被美部会派遣来广州,成为基督教第一个来华传教医生。1835年11月4日,他在广州新豆栏街7号的丰泰洋行内租屋开设"广州眼科医局"(Canton Ophthalimic Hospital),又称"新豆栏医局"。这是中国第一所新式教会医院,西医自此正式传入中国。而这位医务传教士却对政治具有浓厚的兴趣。就在第一次鸦片战争爆发后的年底,伯驾回到美国后,到处发表演说。1841年1月,他拜见了即将离任的美国总统范布伦和即将就任的新国务卿韦伯斯特,报告了中国的时局,要求美国政府把握中英战争的时机,立即派遣一位全权使节赴华,强迫清政府签订条约。回华前,他又拜谒了美国新任总统泰勒(John Tyler,1790—1862,美国第10任总统)和国务卿韦伯斯特,再次强调了美国政府应该立即派遣专使前往中国订约。伯驾的鼓动到底还是发挥了重要的推动作用,在1844年顾盛使团

---

① 王子兴《中国基督教史研究》第三单元第38页,中国科学院历史研究所第三所藏;或《基督教人士的爱国运动》,《人民日报》社论,1950年9月23日。

② W. H. Medhurst, *China*: *Its State and Prospects*, *with Especial Reference to the Spread of the Gospel*(麦都思《中国的现状与展望,附福音传播情况》),London,1842,p. 362.

中,他与裨治文一起充当中文秘书,发挥了重要作用,特别是《望厦条约》中有关领事裁判权和美国人在华社会生活与思想文化活动的条款,集中反映了传教士的利益和要求,因而有美国学者认为,以上两项条款"是为特别优待伯驾而加入的"①。美国政府根据当时的国际形势,汇合各方意见,终于决定了第一次鸦片战争期间的对华政策,即尽量避免与中国发生正面冲突,同时利用英国侵华之机,谋取自身的利益。随着鸦片战争对英国有利局面的出现,引起了美国社会对中国问题的关注。联邦政府在当时仇英的气氛下,尽力避免被卷入中英战争,但站在美国利益的立场上,仍派遣海军准将劳伦斯·加尼(Lawrence Kearny, 1789—1868)率领美国东印度舰队前往中国海域,负责"保护美侨生命财产与防禁美船或他国船只悬挂美国国旗走私鸦片"。这个舰队由旗舰"星座"号和炮舰"波士顿"号所组成,于1844年3月22日抵达澳门。然而实际上根本"无侨可保",且禁止鸦片走私也是不可能的。中英《南京条约》签订后,刺激了加尼向中国索取特权的欲望,他超越了其职权的范围,俨然以美国全权公使的姿态,于10月8日致函两广总督祁贡(1777—1844),要求美国人享受最惠国待遇。年底,祁贡上报加尼要求的奏折到达北京,清廷断然拒绝。但直到1843年春,清政府和广东地方当局都在西方船坚炮利的威胁下,决定对西方各国一视同仁,同样赋予最惠国待遇。1843年5月,美国国会两院通过了总统泰勒的建议,决定派国会外交委员会委员顾盛为专使赴华,并给予顾盛几个训令,如"在这个帝国同英国之间的战争所造成的后果中,包括四个重要港口对英国商业的开放,就是厦门、宁波、上海和福州";"目前由你所担任的我们派往中国的使团的主要任务,就是使美国的船只和货物,在同英国商人所享有的同样有利条件下,进入这些港口";"应以断然的辞句和坚定的态度表示,如果任何国家的人民从帝国获得的特权或商业便利较美国人民所获得的为大时,美国政府认为不可能继续同皇帝保持友好关系,并予以尊重"。② 同时,美国政府正式向清政府提出了威胁口吻的外交照会:"英国在中国的特权是以条约的形式庄严地得到认可的,而美国在华利益则凭皇帝的恩准。即使美国商人愿安于现状,华盛顿却有人不同意。美国曾为了

---

① G. B. Stevens and W. F. Markwicd, *The Life, Letters, and Journals of the Rev. and Hon. Pater Parker, M. D.* (史蒂文斯、马克威尔《伯驾传》), Boston, 1896, pp. 170-172, 175, 234.

② 李长久、施鲁佳《中美关系二百年》第10—12页,新华出版社,1984年。

从大不列颠获得独立进行过一场战斗,高傲的美利坚合众国应该有自己的条约。"①1844年2月,顾盛使团到达澳门,开始了与清政府近半年的签约谈判,到7月3日,中美《望厦条约》终于在美国的胁迫下正式签字。

当然,顾盛使团来华,也与顾盛本人的努力有关。顾盛(Caleb Cushing,1800—1879)出生于美国马萨诸塞州埃塞克斯县的新柏里港。其父约翰·纽马奇是当地的航运资本家,在美国独立以前就远航英国、印度从事外贸活动,独立后,随着美国海外贸易的发展,又将贸易扩展到北欧诸国,攫取了巨额财富。顾盛自小受到家庭和亲朋的影响,养成了关心资本家的利益和向外扩张的心理。从13岁时,顾盛考入唯一神教派主办的哈佛学院,博览群书,打下了坚实的文科基础和写作能力,为他今后登上政治舞台准备了条件。1817年,升入哈佛学院法律专修科,毕业后从事律师工作。1820年,哈佛学院延请他为数学和哲学教师,同时攻读硕士学位。1824年,他被选为马萨诸塞州议会代表。此后,他的政治活动并非一帆风顺,直到1835年,才在韦伯斯特等的支持下作为辉格党的候选人,击败了奥斯古德,当选为联邦众议院议员。成为众议员是顾盛登上政治舞台的起点,进入众议院后被分配为外交委员会委员,从而使他的"天命决定论"的扩张主义倾向越加明显。他在1839年国庆演讲会上宣称:"我认为根据天命所定,美国负有增加这个大陆的人口和提高其文化、文明的责任。美国稳步而快速的发展,将给这个新世界增添文明和基督教的幸福,我预感到美国定有无穷的力量去完成这些天赋的使命。"②所以可见,对中国的扩张也是他的天命观的一个组成部分。顾盛对中国是抱有反感的,其原因首先在于他家乡的商人和在华商人之于中国的诋毁,使他自幼就视中国为愚昧落后的东方大国,其次是他在包括哈佛学院学习期间没有获得有关中国的正确认识,因为那时的中学史地教科书大多极力贬低中国人的道德品质,歪曲中国的形象,就是盛名学府的哈佛图书馆也缺乏较为深刻论述中国的图书。因此,从其出身、教育和政治环境来看,顾盛无疑是一个富于侵略性的资产阶级政客,他出使中国并胁迫清政府签订中美历史上第一个不平等条约,就是一个不用疑惑的结果了。要达到这个目的,顾盛全力支持总统

---

① [美]孔华润(Warren I. Cohen)著,张静尔译《美国对中国的反应:中美关系的历史剖析》第10页,复旦大学出版社,1989年。
② 顾盛《美国的财富增长和领土扩充,1839年7月4日于麻省斯普林菲尔德的演讲稿》,转引自乔明顺《中美关系第一页:1844年〈望厦条约〉签订的前前后后》第61页。

泰勒,成为众议院中诨名为泰勒的"警卫小分队"的一个成员。泰勒总统为了酬谢顾盛的拥护,也曾竭尽心机地委他重任,财政部长沃尔特·福沃特辞职后,1843 年 3 月 2 日,泰勒曾经三次提名顾盛继任这一高职,都遭到参议院的否决。① 早在 1842 年 12 月 27 日,顾盛致函泰勒总统,说明派使节到华的客观条件已经成熟,可以名义上派遣非正式的使节团,以期获得甚至比英国在《南京条约》中更多的权益。泰勒总统在顾盛的推动下,采取了行动,于 31 日向众议院提出咨文,建议向中国派遣外交公使。这篇出于国务卿韦伯斯特之手的咨文,是以顾盛的信为蓝本,直接体现了顾盛的遣使订约的观点,既把得到英国所获得的权益作为向中国提出要求的基准,又把与清政府直接谈判作为第二步行动。1843 年 1 月 24 日,众议院外交委员会主席亚当斯向众议院提交了一个向中国派遣代表的报告和"720 号议案",其中,"720 号议案"是按照"1790 年 7 月 1 日法案"的规定,要求国会拨款 4 万元,作为派代表赴华订立"平等互惠商约"的经费,费用分配为:9000 元为公使的年俸,9000 元为公使的办公和生活费用,代办和秘书的薪金为 4500 元和 1350 元,其余为使节团的经费。2 月 21 日,众议院表决,以 96 票对 59 票,通过了附有亚当斯修改意见的"720 号议案"。3 月 3 日,参议院讨论后,总统在这个议案上签字,"720 号议案"正式成为美国的一项法令。遣使来华即将施行,但公使人选一时难以定下来,直到 5 月 8 日,总统泰勒在国会休会期间,任命顾盛为"赴华全权公使"。② 顾盛使节团于 1843 年 7 月 31 日自华盛顿启碇赴华,直到顾盛一行已在澳门同清政府周旋谈判几个月后,美国参议院才于 1844 年 6 月 17 日通过了顾盛使团的任命书。顾盛来华在美国国内是意见纷呈的,但也不乏赞许之声,认为他是最合适的人选。

以签约专使的身份来华后,顾盛立即同两广总督程矞采交涉,要求到北京向皇帝呈递国书,希望与中国订立"永远和好条约"。他的要求被拒绝后,就用炮舰相威胁。1844 年 7 月 3 日,他同清朝钦差大臣耆英在澳门附近的望厦村签订了《中美五口通商章程》,即《望厦条约》。这个被清帝国政府称为《望厦条约》、被美国政府称为《顾盛条约》的章程,除获得了英国在《南京条约》及其附约中的一切特权外,还为美国人增设了更多的重

---

① 《中美关系第一页:1844 年〈望厦条约〉签订的前前后后》第 62—63 页。
② 《中美关系第一页:1844 年〈望厦条约〉签订的前前后后》第 51—56 页。

要权利,范围进一步扩大的治外法权,通商口岸的关税权,以及在此建立教堂、医院的权利。对于该条约的签订,顾盛本人自鸣得意:"美国及其他国家,必须感谢英国,因为它订立了《南京条约》,开放了中国门户。但现在,英国和其他国家,也须感谢美国,因为,我们将这门户开放得更宽阔了。"①美国总统泰勒也说过:"《望厦条约》已将美国对华关系,放置在一个崭新的立脚点上,万分有利于美国商务以及其他利益之发展。"②《望厦条约》成了此后清政府和法国以及其他国家订立不平等条约的范本,如同美国史学家丹涅特就把《望厦条约》看作是一个典型条约,因为它比《南京条约》"要高明得多;而且如此的高明,以致它立即变成为几个星期之后议定的法国条约取法的典型,也变成为1847年3月29日签订的对挪威和瑞典条约的蓝本"。③ 当然,从遣使来华到《望厦条约》签订后,我们可以发现美国政府早期对华政策的变化轨迹,清楚看出美国国家利益至上的对华外交原则,同时,这一过程也充分暴露出其在侵华的本质上,与英国是一致的,区别的只是采取方式的不同罢了。④

顾盛专使来华和谈判订约,对于卫三畏走上职业外交官道路具有开创之功,可谓是他目睹了美国对华开展外交活动的第一课,意义自是重大的。这些影响作用,主要表现在几个方面:

首先,顾盛使团来华的阵容与不达目的不罢休的作为,让卫三畏感到外交事业对其祖国利益的重大意义。美国政府派使来华的政策方针既已确定,组织使节团被提上日程。时国务卿之子弗莱彻尔·韦伯斯特为使团秘书,负责书写(英语)公文,保管档案。随同使节团赴华的舰队司令是福克斯赫尔·A. 帕克。随使节团医生一职由顾盛邀请伊莱沙·凯恩充任。顾盛还选了乔治·R. 韦斯特为秘书,韦斯特时为华盛顿《国家情报者报》的副主编和美国研究院的主要组织者之一。此外,顾盛还在国务卿韦伯斯特的允许下接纳了一些青年作为自费随员,他们的职责也是做秘书工作,也借机到国外旅游观光,包括约翰·R. 彼得斯、约翰·H. 奥唐奈、罗伯特·L. 麦金托什和斯坦尼斯拉斯·亨尼斯。美国政府调遣四艘军舰组成

---

① 卿如楫《美国侵华史》(第一卷)第79页,人民出版社,1957年。
② 《美国侵华史》(第一卷)第81页。
③ [美]泰勒·丹涅特著,姚曾廙译《美国人在东亚》第150页,商务印书馆,1959年。
④ 赵玉华《第一次鸦片战争期间美国的对华政策浅析》,载《四川师范学院学报》2000年第5期,第41页。

了所谓的随行舰队,声势浩大。旗舰是蒸汽机火轮护航巡洋舰"密苏里"号,其他三艘为双桅护航巡洋舰"布兰迪瓦恩"号、小帆船炮舰"圣·路易斯"号和方帆双桅舰"佩里"号。"密苏里"号是当时美国最大的两艘火轮军舰之一,装有28英尺的明轮和10英寸(1英寸≈2.5厘米)大炮一门,也是美国第一艘远渡大西洋的火轮。四艘军舰来华的计划,"圣·路易斯"号和"佩里"号从美国穿大西洋,绕好望角到孟买停泊。使节团乘"密苏里"号,由"布兰迪瓦恩"号护送,驶往直布罗陀,再改乘其他船只由地中海前往孟买,"密苏里"号和"布兰迪瓦恩"号则沿非洲西岸南下,也到孟买抛锚。一旦使节团和四艘军舰会合后,结对前往中国。在组织使团的同时,顾盛为了便于将来与中国政府谈判,还搜集了不少国际法和有关中国的材料,以期扩大和加深自己对中国的理解,他认为此次出使中国,除负有政治、经济使命外,还有宣传西方文化的重要任务。1843年7月31日,顾盛使团从华盛顿启碇,后横渡大西洋,穿过地中海,9月7日,改乘英国邮船"东方"号由地中海向东行驶,再相继渡红海、阿拉伯海、孟加拉湾,进马六甲海峡,最后入南海,1844年2月24日,乘"布兰迪瓦恩"号到达中国澳门。在208天的航行中,顾盛曾经先后在直布罗陀、马耳他、埃及、亚丁、印度等地,了解了英国和美国对于这些地区的侵略行径,也听到了一些有关中国的信息,从中领会到一些可用于与中国政府进行交涉的手法和将来所订条约的新内容。他在整个旅行途中,曾给国务卿写了30封信,共280页,其中不少篇幅汇报自己的观感和"收获"。其中一份给继韦伯斯特之后而为美国国务卿的厄普舒尔(Abel Paker Upshur,1790—1844)的信中,顾盛竟以西方国家的强盗逻辑为英国的殖民活动辩护:"在西方商业国家之间,彼此有法律的约束,互相承担义务。但阿拉伯、亚洲和非洲的国家的情况,就大大不同了。如果不采取诱导或强制的手段,迫使它们承认国际之间的'平等原则',逼使它们和基督教国家订立'公正的条约',建立'友好的关系',而对它们进行征服,也不能称为侵略。"这实际上就是为他此次来华胁迫清政府签约提供做贼心虚的心理安慰。其实,早在1843年6月17日,顾盛在庆祝邦克山纪念碑宴会上曾对泰勒总统表示:"我光荣地被任命为和平的使者,并被赋予把亚、欧、美大陆旧新世界的文明,在可能的情况下,结合在一起的任务。虽然过去东方古老的文明和学术启迪了整个文明世界,但现在的西方文明又返照着东方,我们现在已经成为我们教师的教师。先生!我将去中国。如果我可能在文化方面这样表现自己,三亿亚洲劳动者的大门将对美国开放。"寥寥数语,可以看出顾盛的狂妄和对中国的鄙视,他虽然自称为和平的文化使者,而实际上去完成侵略使命。① 为了实现他的中国将对美国开放的目的,在赴华途中和与清廷谈判中,顾盛确实发扬了他不达目的不罢休的毅力与勇气。在离开美国之前,顾盛就得到了时任美国国务卿韦伯斯特给他的训令。"韦伯斯特训令"转达了泰勒总统任命他为驻华专使兼特命全权公使的命令外,主要阐述了两个方面的内容:顾盛使团出使中国的目的和达到目的的方式方法。使华的目的是要为美国谋取在华商业利益,就像英国在华五口通商一样,获得与《南京条约》相似条约的权益,甚至可望到达北京觐见皇帝本人。顾盛使团打着和平的旗号,"使(中国)政府和人民充分相信:你的使命完全是平和的;你的此行并不怀有敌意和制造麻烦的目的;你是一个由美洲的最伟大的国家派到亚洲的最伟大的帝国为表示敬意与友善并建立友好的交往手段的和平使者",同时辅以恫吓手段,但慎用武力,"要在一切场合维护并坚持自己国家的平等与独立地位"。② "韦伯斯特训令"是美国对华关系的第一个外交文件,它的内容详尽、严密而周全。训令所阐述的原则成为早期美国对华关系的基础,美国对华政策初见端倪。这些原则有:商业利益原则,这是美国对华政策的基本原则,是中美关系的基础;不占领土原则,这是近代史上美国对华政策的一个特点;谋取更多特权的原则,这条原则的运用,扩大和加深了美国对华侵略。尽管后来美国对华政策有很大的改变,对华关系又融进了许多新内容,但"韦伯斯特训令"所阐述的原则却一直未改变。③ 带着"韦伯斯特训令"启程赴华的顾盛,于1843年11月15日到达印度孟买时,就听到清政府向西方国家开放五口的消息,而且,早在8月1日,清政府已在与美国东印度舰队司令加尼和代理广州领事咯京交涉后,正式准许美国在五口通商,并且减少了人参和铅的进口税。清政府所推行的对外"一视同仁"政策,使顾盛来华以前其使命在客观上已经完成。在这种情况下,顾盛再到华和清政府谈判通商事宜,就不免遭画蛇添

---

① 乔明顺《中美关系第一页:1844年〈望厦条约〉签订的前前后后》第77页,社会科学文献出版社,1991年。
② 阎广耀、方生《美国对华政策文件选编》第20—22页,人民出版社,1990年。
③ 刘吕红《试论"韦伯斯特训令"与〈望厦条约〉的关系》,载《贵州师范大学学报》(社科版)1995年第4期,第19—20页。

足之讥了。使节团业已将到中国国门之外,无论如何也不能返棹回国。① 于是,顾盛从"韦伯斯特训令"中找到了与清政府必须签约的理由。在"韦伯斯特训令"中,美国政府希望顾盛"成功缔结一个像英中两国之间已经缔结的那种条约。如果这项条约包括更完备和更正规的条款,它会引导中国的交往朝着接受管理欧洲和美洲国家的国际关系原则更前进一步"②。这实际上暗示着一种超越《南京条约》之上的权益诉求。按照当时国际惯例,一个国家向另一个国家遣派使节,必须经过协商,征得派往国的同意才能进行,否则不能派使前往。而美国政府事先不经过与中国政府进行任何磋商,便擅自遣使来华要求订立条约,是典型的强权行径。美国有这样遣使的突然举动,就在于中国在第一次鸦片战争中败北。当顾盛使团遽然在澳门登陆后,清政府欲阻止谈判也就难以奏效了。自1844年2月开始,顾盛使团首先以"进京""面见皇帝"来恐吓清政府,后来声明除钦差大臣外,不与其他官吏谈判,不承认代署两广总督程矞采为交涉对手,甚至以战争相威胁。道光二十四年(1844)4月9日,程矞采的《阻止美使顾盛晋京折》到达北京,奏称美国来使欲来天津朝觐,并议通商章程,"其意在仿照英夷,并欲驾出其上"。虚骄的清政府终究经不起顾盛的恫吓,只好指派与英国签订《南京条约》的耆英为钦差大臣,到广东与顾盛交涉。5月31日,耆英以两广总督和钦差大臣的双重身份到达广州,代替程矞采担负起与顾盛谈判的任务。耆英认为自己的主要任务是阻止顾盛前往北京觐见皇帝,而顾盛的目的已是要在《南京条约》之外为美国谋求更多的权益,多利用清政府惧怕外使进京心理,不时以要求北上觐见相威胁,企图迫使耆英做出种种让步。从是年2月底到7月初,在四个多月的谈判中,顾盛使团竭尽全力使出各种手段,终于迫使清政府同意签约。7月3日下午四时,耆英和顾盛分别在所议定的4份中文和4份英文《五口通商章程:海关税则》上签了字。同时,顾盛将美国总统的国书交给了耆英,请其转呈清帝道光。这份国书的目的就是订立到五口贸易的商约。国书译文不妨抄录如下:

  诚以为中华之辐辏,如甘徕我国之梯航,所最要者,浮梁万

---

① 《中美关系第一页:1844年〈望厦条约〉签订的前前后后》第81—82页。
② 阎广耀、方生《美国对华政策文件选编》第22页,人民出版社,1990年。

里,端因选茗而来,抱布千缗,特为贸丝而至,无非以有易无,计偿酬直。惟是欲立市廛之政,须详贸易之径,两国商人,方不致各乖宪典。孤于遣大臣加勒顾盛时,已畀以便宜之权,令按公平之义,同参条约,调处经商,翼能两国有益皆均,无利不遍。至于殚货殖之精,尽人逐末,溥乾元之美,迁地为良。若得准我国商民,不独在于广东、兼在厦门、宁波、上海、福州等处贸易,我国商民,断不藐视典章,孤也断不肯偏袒庇纵。孤临轩遣使,赴阙陈书,谨致太平之意,兼通和好之诚,遥度宸衷,必不致因此稍有不怿矣。惟祈万几偶暇,特简下颁,派一大臣,会商条约,条分缕析,调剂商贾之宜,法立弊除,共享平安之福。①

因为《望厦条约》是在澳门附近的望厦村签订的,故又称为中美《望厦条约》。7月28日,耆英上奏的《望厦条约》到达朝廷,经过军机处的商酌,8月15日清帝就批准了。8月2日,"旗开得胜"的顾盛将条约全文寄往华盛顿,之后就于27日率使团自澳门乘"佩里"号东渡太平洋,在墨西哥的圣布拉斯登陆,后于次年1月4日抵达华盛顿。1845年1月16日,美国参议院批准了总统泰勒送达的《望厦条约》。换约一节,美国政府先委任义华业(Alexander Hill Everett)为驻华公使来华办理,不幸他在赴华途中因病滞留巴西的里约热内卢,遂交托给新任东印度舰队司令璧珥(Commodore James Biddle)代办。璧珥到达广州后,于1845年12月31日在中方代表潘仕成的公馆中举行了换约仪式。至此,《望厦条约》的签订便完全结束,正式生效。总的看来,《望厦条约》的订立进程是迅速的,中美双方自开始到结束,共用了10天的时间,只是后来换约因为通信和交通的不便而拖延了。如此"顺利",在近代中西关系史上是不多见的。一个外交官出使外国的成败,在很大程度上取决于其祖国和出使国两方面的力量对比。外交官的才能在交涉过程中当然会发生一定的影响,但不能起决定性的作用。② 顾盛使华的所谓成功,主要在于清政府在鸦片战争失败后执行妥协投降的外交政策,主动地断送国家权益。顾盛个人的才能,主要表现在外

---

① 乔明顺《中美关系第一页:1844年〈望厦条约〉签订的前前后后》第74页,社会科学文献出版社,1991年。
② 《中美关系第一页:1844年〈望厦条约〉签订的前前后后》第64—65页。

交上的谲诈,他是通过清政府惧怕外使进京的心理而不断使用威胁手段,迫使耆英做出种种让步而取得签约的胜利的。《望厦条约》共有三十四款,是美国和中国之间第一个条约,也是第一个不平等条约。清廷既然被迫与西方列强签订了不平等条约,却一再千方百计阻止外国使节进京与清廷"换约",这种不符合西方流行的国际法的外交行为又为第二次鸦片战争埋下了祸根。对中国而言是屈辱的《望厦条约》,却使美国在条约的保护下,其在华的政治、经济和文化利益不断扩张,影响力越来越大,成为美国今后逐步取代各国列强和独霸中国而走出了非常成功的第一步。《望厦条约》签订后带来的期待性利益,几乎让美国上下欢欣鼓舞,也让在华的美国传教士们欣喜若狂。卫三畏作为使团中文帮办,是一种幕后的工作,但他对专使顾盛的赞扬和对《望厦条约》的评价,都显示出他从顾盛使团在华谈判等外交活动中得到的乐趣和兴趣启蒙,一个典型的美国人心态,而不是一个纯粹的福音传教士世界观。对签订《望厦条约》"功臣"的顾盛,卫三畏是不吝赞美之辞,夸奖他虽然得到的本国训令是要求他北上进京将总统的信面呈皇帝,但顾盛审时度势,利用中国皇帝对叩头礼仪的重视和使节入京的反感,断然采取放弃入京的现实做法,以换取两广总督耆英直接代表中国与他谈判,而且"在进行这些谈判中,解决'世界上最年轻和最古老的两个帝国之间'订立条约的问题,顾盛显示了他的能力和知识"。① 而对《望厦条约》的评价,卫三畏曾在《中国总论》第一版中有一段评论,虽在修订版中已被删减,也可以说明他是后来才意识到该条约对中国的伤害和不正义性。这段评论是:"《望厦条约》体现了英国人签订的两个条约和商务协定的所有重要约定;不仅如此,还得到在五口建立医院、礼拜堂和墓地的额外权力。领航税和人参税降低,从一个口岸到另一个口岸载货的船舶吨位税不必重复交纳。这些特权都让美国以外的其他国家利益均沾。顾盛先生已经达到了他使命的目的。"② 卫三畏这里提及的"利益均沾"实际上是美国第一个使团来华谈判签约所要赢取的一个根本性原则和特权,也是美国早期一个很重要的对华政策。《望厦条约》竟然很容易地让美国联邦政府如愿以偿,说明了走向衰落的清王朝和上升时期的美国

---

① Samuel Wells Williams, *The Middle Kingdom*, Vol.II, New York & London: Wiley and Putnam, 1848, p. 590. 或见[美]卫三畏著,陈俱译《中国总论》第 993 页,上海古籍出版社,2005 年。

② *The Middle Kingdom*, p. 591.

在历史轨道上的劣汰优胜的不可逆转性。一个国家的对外政策是其对内政策的延续,19 世纪 40 年代,美国的政治经济情况决定了它对中国推行"利益均沾"的政策。当时的美国还称不上一个资本主义强国,是西方世界二流的资本主义国家,它的军事能力,尤其海军力量也没有强大到向远东发动侵略战争的程度,它只能在门罗主义的幌子下把侵略矛头指向美洲。在这样的情况下,美国对中国只得在别的国家用武力获得权益后,乘中国之危向中国提出类似的要求,达到利益均沾的目的。推行这样的政策,美国便可不费一兵一卒,获得他国用武力所得到的一切利益,而不需要担负任何政治、战争或道义上的责难。顾盛作为美国首任来华公使,他无疑成为这个政策的最早执行者,不仅通过"利益均沾"获得了在《南京条约》中的所有权益,而且还享有最惠国待遇条款,保证了美国以后也同样享受别国从中国得到的权益,从而为以后"利益均沾"政策的执行又提供了保证。《望厦条约》的签订是贯彻利益均沾政策的结果,这个条约自身又是这个政策的具体体现。卫三畏看到了《望厦条约》除割地赔款之外,几乎包括了英国所定条约中的一切内容,有些条款比英国的条款更有利。很显然,卫三畏对《望厦条约》的评论不免带着一种满意的口吻,反映了他对于自己祖国从中获益是充满着胜利之情的。从美国利益的价值观出发,卫三畏还对第一次鸦片战争后清政府与英、美、法等国签订的一系列条约做出了评论,认为这些条约对中国亦是好处多多:"这时签订条约是有好处的,不但可以得到那些已经许诺英国的同样的政治上和商业上的利益,而且可以向中国官员说明,他们的国家必须和地球上其他强国打交道。耆英与(法国特使)拉萼尼首次会谈于(1844 年)10 月举行,以《望厦条约》作为协议的基础。10 月 23 日,在黄埔签订了条约,表明谈判已友好地结束。可以说,这一行动标志着中国开放得完成,至此,(中国)政府已为扩大交往做好准备。"①由上可知,从顾盛来华签约这个过程中,卫三畏体会到了外交事业的历史作用,开启了他后来献身对华外交的朦胧的思想意识。

其次,卫三畏在顾盛使团中帮办中文事宜,使他感到外交活动对他了解中国社会和从事汉学研究的意义所在。顾盛专使准备赴华前,曾就使团的中文翻译人选问题咨询美国政府。国务卿韦伯斯特授权他可在欧洲、中国或者任何地方物色和聘任。顾盛除要求美国海外布道会(美部会)协助

---

① [美]卫三畏著,陈俱译《中国总论》第 994 页,上海古籍出版社,2005 年。

外,还特别函请马萨诸塞州州长塞缪尔·T.阿姆斯特朗代请身在中国广州的裨治文、伯驾和《中国丛报》副主编卫三畏为使节团中文翻译。阿姆斯特朗曾任《传教先驱报》和《甲胄报》的主编,和宗教界人士有广泛的联系,他答应将尽力帮助顾盛。同时,美部会的安德森秘书也推荐裨治文或卫三畏为译员,介绍伯驾为使团医生,因为他的中文水平不高,只适于做医务工作。① 其实,在得到美部会的支持允诺后,顾盛就提前给远在中国广州的伯驾写信,希望他担任助理,提供服务。这可能与伯驾曾任过中文翻译有关。早在1842年美国东印度舰队准将劳伦斯·加尼在澳门和广州期间,伯驾就曾为其担任翻译,饱尝了外交的辛辣滋味。当美国第一位公使顾盛到达澳门时,伯驾正在澳门养病。由于健康问题,伯驾减少了在广州医院的工作,答应为顾盛提供帮助。这次伯驾还是希望帮助顾盛,源于顾盛答应伯驾不仅作为他的中文秘书,而且作为一名机要顾问,他们之间将没有秘密。此后,顾盛安排了使团的译员职务,即伯驾和裨治文将组成美国公使馆的中文秘书组,而裨治文还担任该公使馆的牧师。卫三畏对这样的安排颇不以为然,认为伯驾转变了工作方向,想要加入顾盛使团,这或许因为卫三畏觊觎伯驾的位子,或许因为他原本打算与裨治文组成一组的。卫三畏的确以非正式的身份提供过帮助,而且作为一名翻译,他比伯驾更适合一些。② 卫三畏是作为裨治文的助手来华的,比伯驾稍早些,而且在中国文化研究和中文及语言学习上进步很大。裨治文加入顾盛使团,对卫三畏而言必然是一个机会,与伯驾的抵触自是情理之中。不过,从美国国家利益出发,卫三畏并没有将这种不满扩大化,而是平静地接受了公使的人事安排:裨治文和伯驾聘为使团的中文秘书,后来卫三畏也参与到顾盛使团中来帮办有关中文事宜。③ 对于这三人能鼎力帮助顾盛使团,美国史学家丹涅特给予很好的评说:"这是一件多么令人安心的举动,因为这几个人具有比当时在广州的其他任何欧洲人都更好的语文知识,具有对中国礼仪和思想方法以及美国对华关系早期历史的更好了解。"④比较公正地说

---

① 乔明顺《中美关系第一页:1844年〈望厦条约〉签订的前前后后》第75页,社会科学文献出版社,1991年。

② [美]爱德华·V.吉利克著,董少新译《伯驾与中国的开放》第104—105页,广西师范大学出版社,2008年。

③ William J. Donahue, "Caleb Cushing Mission", *Modern Asian Studies*, Vol. 16, No. 2, 1982, p. 202.

④ [美]泰勒·丹涅特著,姚曾廙译《美国人在东亚》第126页,商务印书馆,1959年。

来,襄助顾盛谈判的传教士主要是裨治文和伯驾,前前后后四个多月,他们参与了从起草条约译成中文直至谈判的整个过程,而且正如伯驾所说:"凡是像对条约有关的任何问题所在建议,只要是我已经想清楚了并决定下来的,他(顾盛)无不乐意采纳。"①卫三畏参与不多,也没有出席《望厦条约》的签订,但是在资料收集与翻译事项、条约文字的起草与修改、谈判技巧与方式的建议等方面出力甚多,所谓后台的工作亦是不容忽视的,前台与后台的工作其实是一个整体运作的过程,不可或缺。顾盛使团在澳门期间就曾利用过卫三畏主持的印刷所和他的有关中国资料的翻译作品。此外,作为精通中美双方语言文化的局内人和最近旁的观察记录者,卫三畏对于公使来华、谈判过程以及条约签订后的国际反映,都有比较详细的记录,不管这种记载是否公正和完备,无疑给后人留下了一份曾经的历史印迹。时由裨治文和卫三畏联合主编的《中国丛报》,在使团谈判期间登载耆英和顾盛的来往函件,并刊发讨论文章,一些条约的内容都直接出自这些讨论的结果。对于谈判期间发生的历史事件,卫三畏也在《中国丛报》上发表出来,如1844年6月16日广州突发当地群众冲击美国商馆事件,美国人射杀了中国人徐亚满,直接影响了中美订约谈判中领事裁判权的讨论。卫三畏特意撰文详细分析了徐亚满事件对于条约签订的影响。② 而《望厦条约》签订后的若干条款,也在《中国丛报》上刊登,成为时人观察中外关系发展的重要资料。在华美国传教士们竭力对顾盛使团出谋划策,终于使《望厦条约》得以顺利签订。该条约的条款清晰,对在华外国人的权利规定明确,成为处理中外纠纷时的主要依据,这一情况一直维持到第二次鸦片战争后外国人被允许进入北京。这样的"成果",公使顾盛很满意,对参与使团的官方中文翻译裨治文和伯驾等人极为赞许,也对卫三畏诚挚感谢:"我请求您接受我对您未来的个人幸福和事业发展的最美好祝愿。您尊敬和真诚的顾盛。除此之外我还想说,与您短暂的交往使我感到非常满意,对您为(美国)政府所做的工作以及从更大的方面说为中国的宗教和文明事业所做的工作表示崇高的敬意。"③当然,《望厦条约》签订,也直接有益于在华的传教士。基督教在华问题首次被载入《望厦条约》之中,其

---

① 《近代传教士与西方列强》,人民网北京2004年9月29日讯。

② 卫三畏《广州的骚乱和由一个美国人引起的徐亚满之死》,*The Chinese Repository*, Vol. XIII, p. 333.

③ 《卫三畏生平及书信》第66页。

中的第 17 款和第 18 款,就为在不平等条约中加入传教内容开辟了道路,传教士在华的传教活动有了方便之门,更重要的是,它由此开创了一百多年来帝国主义把基督教作为侵略中国的工具的先例。尽管卫三畏在这场改变中美关系的谈判签约的历史进程中,没有发挥太大的作用,却为他此后深入了解中国社会和中国人提供了契机,因为不能尽可能地了解和掌握中国的语言、历史、文化和民俗,就不能为这样的西方对华政策提供任何"高明决策",特别是美国在华利益。在华生活了 11 年后,卫三畏在 1845—1848 年回美探亲并结婚的期间,开始了他在美国许多城市的巡回演讲,"内容是关于中国的社会生活、历史和社会制度。那时,战争刚打开了中国的国门,这激起了有识之士对这个国家的浓厚兴趣,再加上卫三畏对中国的情况甚为了解,因此他的演讲获得了极大的成功","从 1845 年到 1846 年,他一共演讲了 100 多场。……卫三畏演讲时极少采用逐字宣读讲稿的方式,而是根据提纲临场发挥,以适合听众的口味和需求。从演讲者的风格可以推知,演讲的内容是说教性对于趣味性,因为演讲者旨在向态度严肃的听众提供信息,用仔细搜集的事实和自己的亲眼观察来论证用福音推动中国发展的伟大目标"。[①] 为了准备演讲,卫三畏需要搜集一些资料,这些资料经过整理后,就可能成为一部简述中国国情的著作。从 1846 年秋开始,卫三畏决定将演讲内容付诸文字,编纂成书。翌年夏,这本脱胎于演讲稿的书定名为《中国总论》(The Middle Kingdom),"我相信促使我出一本关于中国的书的动机是正确的。我的动机之一就是想使我的教友们更多地关注中国的命运"[②]。这部标题名为《中国总论:概览中华帝国及其居民的地理、政府、教育、社会生活、艺术、宗教等》的书终于在 1848 年出版。此书出版的过程有许多曲折,起初,很多出版公司不愿出版,因为在美国尚没有一本介绍中国的书,出版商不敢冒险出版。最后在纽约美商奥立芬的援助下,由纽约威利和帕特南(Wiley & Putnam)公司出版,书后附有一张中国地图。卫三畏因此书被美国联合学院授予了荣誉法学博士学位(L. L. D.)。在此之前,西方已有一些介绍中国的书,如门多萨的《中华大帝国史》、杜赫德的《中华帝国全志》以及德庇时的《中华帝国及其居民概论》等。卫三畏这部书出版之后,正是后来居上,无论在广度还是在深度

---

① 《卫三畏生平及书信》第 80—82 页。
② 《卫三畏生平及书信》第 86 页。

上,都全面超过了此前的同类著作。这部书先后多次再版,到1876年卫三畏退休回美国后着手修订此书,这期间已经过了30年。尽管经过30年的时光流逝,但那时仍然没有一部著作在讨论问题的深度和广度上超过《中国总论》。可见,《中国总论》是19世纪美国研究中国最早的最具权威的著作,从某种意义上说,它是美国第一部关于中国的百科全书。该书分上下两卷,凡23章(修订版增补了三章),对晚清中国的政治、经济、外交、文化、历史、地理、教育、艺术以及宗教等方面做了系统的论述。相比于20世纪及当代美国著名的汉学家,如费正清(John King Fairbank, 1907—1991)、史华兹(Benjamin I. Schwartz, 1916—1999)、魏斐德(Frederic E. Wakeman, Jr.1937—2006)、艾尔曼(Benjamin A. Elman)而言,卫三畏的名字是比较陌生的,中国学界对其关注也比较少。但卫三畏却是美国汉学的开山祖师,是美国第一位汉学教授,而且他的代表作《中国总论》从一开始就为美国汉学奠定了很高的起点。早在卫三畏来华后,在帮助裨治文编辑《中国丛报》的过程中,他就努力学习中文和日文,希望深入了解中国的历史和现实。他的中文水平进步很快。一年之后的1834年,他在《中国丛报》第2卷第10期上发表了《论中国的度量衡》和《论广州的进出口贸易》两篇文章,这标志着他在汉学研究上的正式开始。而卫三畏汉学研究的集大成者《中国总论》更稳固了他在美国甚至西方汉学史上的磐石地位:"卫三畏的《中国总论》,不仅堪称一门区域研究课程的教学大纲,而且成为数代美国人认识中国的英文模板。"①很明显,这部著名的汉学著作《中国总论》,同样记载着《望厦条约》签订前前后后的中外交往事件。或者说,《望厦条约》签订的这个重大外交事件,成为卫三畏《中国总论》中关于中美关系发展的历史见证,也是卫三畏汉学研究的一个重要的资料来源。《中国总论》中记录了中美谈判的过程,也记录了期间发生的重大事件,包括谈判期间发生的徐亚满事件等。②

最后,卫三畏在顾盛使团对华外交上成功的基础上看到了在华福音传教事业的光辉前景,相信外交力量将会把在中国传教的大门打开得更宽广。美国新教传教士来华以后积极从事教育事业,发展出版工作,还兴办医院等慈善机构,这些都是为他们的传教目的服务的,也为1842年以后美

---

① 卞东波《美国汉学的开山之作》,载《博览群书》2006年第4期,第36页。
② [美]卫三畏著,陈俱译《中国总论》第989—994页,上海古籍出版社,2005年。

国的对华关系奠定了基础。随着时间的推移,这些传教士无法忍受在华传播宗教受阻的现实,情绪变得越来越急躁。美国第一位来华传教士裨治文就攻击中国对外关系的独特制度充满着邪恶,认为英国人有责任在法国和美国的帮助下采取强有力的和坚决的措施来消灭这些邪恶。① 很显然,在华传教士的对华认识和他们所提供的中国情报自然成为美国民众和美国政府了解中国情况的最主要渠道。就在中英战争一触即发之际,绝大多数传教士都赞成英国军队的武力行动,甚至希望本国政府参与或使用武力威吓来共同迫使清政府放弃禁教和闭关政策。就连强烈谴责英国主宰下的鸦片贸易和认为英国远征中国是不正义的卫三畏,也在战争爆发后以上帝名义确信"对待中国人需要严厉的措施,以便把他们从无知、自负和偶像崇拜中拯救出来。何必谴责达到这一目的的手段,以至于忽略了上帝的事业通过这些方法得到的推进。这些方法中的错误,上帝自然会在他认为合适的时间来进行惩罚"②。传教士们希望利用西方武力打开中国的大门,在不平等条约的帮助下谋取传教方面的保护。于是,美国在华传教士积极参与中美外交,出谋划策,甚至亲自介入具体操作。在卫三畏之前,裨治文、伯驾等人都已经这样做的,《望厦条约》谈判和签订主要有赖于他们的参与。包括卫三畏在内,这些传教士都是以传教士身份从事本国的对华外交活动,这是19世纪早期美国在远东外交史上的一个显著特点。因为新生的美国,在19世纪前半期,除以往是传教士的人外,美国官员中对他们派驻国的语言、文化和历史等有比较充分认识的人,极为罕见。在第二次鸦片战争之前,美国在中国、日本和朝鲜等国的政治外交活动,不是依靠当地翻译人员,就是依靠本国传教士或其他国籍的外国人。来华专使或其他使节与中国政府间往来文件的翻译与谈判的传译工作,都是由本国传教士担任的,他们名义上是译员,实际上担负起公使或领事的职责。可见,顾盛使团到达中国,面临的最重大问题就是语言沟通问题,其次是与西方不同的交往礼仪问题。已在中国生活多年的裨治文、卫三畏和伯驾等传教士就成为美国政府值得青睐的译员人选。顾盛对上述当时美国对华贸易界和宗

---

① [美]韩德著,项立岭等译《中美特殊关系的形成:1914年前的美国与中国》第41页,复旦大学出版社,1993年。

② Frederick Wells Williams, *The Life and Letters of Samuel Wells Williams*, L. L. D. :*missionary, diplomatist, Sinologue*, Reprint edition published in 1972 by Scholarly Resources, Inc. Wilmington, Delaware, p. 325.

教界的三位知名人士,都预先有充分的了解,也相信他们的才能,到达中国后,就对他们的职务作了具体安排。裨治文和伯驾被聘为使团秘书兼翻译,卫三畏任帮办。在整个谈判签约期间,顾盛使团得力于当时包括传教士在内的在华美侨的帮助。顾盛圆满完成"使命"后返回美国前,曾致辞感谢传教士的工作。就如美国公使列卫廉来华与清政府签订中美《天津条约》后致谢美国在华传教士一样:"我应该向在华从事传教工作的我国传教士表示敬意。虽然我对这一话题并无太大的兴趣,我还是不得不说,传教工作在中国起到了稳固和保护这个国家的作用。……从更实际一些的角度来看,我认为,传教士们在中国的工作和研究直接关系到我们在华的利益。如果没有他们担任翻译,我们的各项工作都无法进行;如果没有他们的帮助,我在这里既不能读,也不能写,无法与中国人信函往来,更无法与中国人谈判。总之,如果没有他们,我根本无法开展工作。他们为我们解决了很多困难。1844年顾盛先生在中国的时候,为他做翻译和帮助他的都是传教士;1853年马沙利先生和1854年麦莲先生在中国任职时,为他们担任翻译的也都是传教士。"①传教士如此倾心地帮助顾盛使团,谋取《望厦条约》规定的在华特权,深含着传教士的自身使命,即尽力地使福音传播中华大地。各有所求,各取所需。《望厦条约》明确规定了可在五口传教的权利:"合众国民人在五港口贸易,或久居,或暂住,均准其租赁民房,或租地自行建楼,并设立医馆、礼拜堂及殡葬之处。准合众国官民延请中国各方士民人等教习各方语音,并帮办文墨事件,不论所延请者系何等样人,中国地方官民等均不得稍有阻挠、陷害等情;并准其采买中国各项书籍。"②尽管没有明文规定传教士有发展教徒的自由,可是后来清政府又发布命令允许有信仰基督教的自由,这就补充了条约的内容,打开了传教士传教活动的大门。同时,根据片面最惠国待遇:"如另有利益及于各国,合众国民人应一体均沾,用昭平允。"美国传教士的在华传教活动,随着时间和不平等条约内容的增扩而深入中华各地。因此,到了1858年,卫三畏作为列卫廉公使团的秘书兼中文翻译,在"丝毫没有求助于英、法、俄三国的力量"的情况下,就向中美《天津条约》中塞入了"传教宽容"条款,即清政府允许在中国范围内传播基督教:"耶稣基督圣教,又名天主教,原为劝人

---

① 《卫三畏生平及书信》第178—179页。
② 王铁崖《中外旧约章汇编》(第一册)第54页,生活·读书·新知三联书店,1957年。

行善,凡欲人施诸己者亦如是施于人。嗣后所有安分传教习教之人,当一体矜恤保护,不可欺侮凌虐。凡有遵照教规安分传习者,他人毋得骚扰。"宗教条款的订立,使传教及各种相关联的活动和设置,都成为不平等条约保护下的合法行为。卫三畏也对之盛赞有加:"(宗教宽容条款)对正在成长的教会是莫大的保护,是促使基督教传播和令中国实现基督教化的里程碑之一。"①站在清政府的立场上看,中美《天津条约》无疑是美国对中国主权的进一步破坏。通过这个条约,美国获得了远比《望厦条约》更广泛的侵略权益,同时以周详严密的片面最惠国待遇条款,坐享英、法等国在第二次鸦片战争中攫取的一切特权。中美《天津条约》既是美国对中国主权进行粗暴践踏的历史罪证,也是美国推行合作侵华政策的典型产物。从《望厦条约》到中美《天津条约》,传教权利的获得是那么的容易,远快于传教士在华潜心布道的辛苦多年,使美国在华传教士看到了强权外交的巨大力量。这一点,给了卫三畏极大的心灵震撼,使他在英、法挑起第二次鸦片战争前,就开始逐渐放弃那种艰苦的布道方式,考虑脱离美部会而加入美国来华使团,并在其后的中美谈判签约过程中发挥了积极和重要作用,也从此以后就置身于对华外交领域,一直担任美国驻华使馆的秘书兼中文翻译,还曾多次代理驻华公使之职,直到退休回美。在长达20年的外交生涯中,卫三畏为美国在华利益的获取做出了巨大"贡献",更为基督教在华传播创造了有利的条件。在《中美天津条约》签订后,卫三畏曾致信W.F.威廉斯牧师,表达了外交签约对传教发展的意义:"在这次天津之行中,我和中国的高级官员接触很多。他们当中有大学士、将军、总督及其他达官显贵。我发现,虽然他们对基督教一无所知,但是都非常尊重我们的这一神圣信仰,至少在我们面前表现得是如此。英国人一直欺压他们,用战争和烧杀劫掠威胁他们,逼迫他们出让种种权利。这使他们意识到了自己的软弱和贫困。他们的处境不免令人感叹。也许,他们现在忍受的屈辱和出让的权利会将在将来给他们带来种种好处。……如果说中国就像一个处于蒙昧、野蛮状态的城堡,那么我们现在可以说已经打开了这座城堡的大门。我祈求上帝授意他的信徒马上来占领这座城堡,改变它落后的状态;我祈求上帝降福中国人,并抚慰他们,使他们归顺我主。"②自第一次鸦片战争

---

① 《近代传教士与西方列强》,人民网北京2004年9月29日讯。
② 《卫三畏生平及书信》第183—184页。

后,在《南京条约》《望厦条约》《黄埔条约》《天津条约》《北京条约》等一系列不平等条约的庇护下,福音传教事业在华迅速开展起来。西方基督教诸差会积极向中国发展,自1807年马礼逊前来广州后到1851年,来华的基督教传教士共有150人,其中有88名美国人,47名英国人,其余来自欧洲其他国家。① 到1855年,在上海的30个传教士中,有美国人21个,英国人9个;厦门有美国传教士10人,英国传教士4人;广州有美国传教士7人,英国传教士4人。② 可见,美国对华传教的力度是很大的,发展也是胜于西方诸国的。1876年退休回美的卫三畏,在晚年曾撰写了一篇题为《新教传教事业在中国》的文章,表述了条约签订为基督教在华传播创造了有利条件:"我们与中国签订的条约规定,在中国有传播基督教和信仰基督教的自由,也有公开举行宗教活动和仪式的自由。这极大地促进了教会组织的扩大。它标志着我们在发展我们神圣事业的道路上取得了又一个重大进步,意味着我们在中国普及基督教的计划正在逐步得到实现。但是,我们必须让皈依者明白,政府对基督教的宽容政策并不意味着皈依者可以不服从政府的管理,这一点本来就很难做到。……在中国,被改造的教义更容易让人接受,而良心比信仰更强有力。这些年来,我们在华传教事业的发展几乎没有遇到阻碍,也没有受到伤害,最多只是招来了一些怨言,这真是让人深感欣慰。在皈依新教的人当中,有三位因为不愿亵渎和背叛上帝而宁愿牺牲生命,还有一些受到其他人的攻击而倾家荡产。这些皈依者都是安分守己的人,口碑都很好。我曾经和一位最早的皈依者交谈过,我告诉他,我从来没有听说过一个耶教徒因犯罪而被送上公堂。他说他也从未听说过这样的事。"③

二、参与美国叩关日本之行

自1833年底来到中国的卫三畏,不仅因鸦片走私引起的广州民众对外国人的防范心理造成了传教工作无所进展,而且因"广州两年的拘禁生

---

① Chinese Repository(《中国丛报》),Vol.XX,p.520.
② [美]马士著,张汇文等译《中华帝国对外关系史》(第一卷)第400、404、412页,生活·读书·新知三联书店,1957年。
③ 《卫三畏生平及书信》第179—180页。

活严重损害了他的体质"①,加上在广州印刷中文书籍不安全,美国在华传教团于 1835 年 12 月决定,将卫三畏和他的印刷所转移到澳门,因为那里受葡萄牙当局管辖,他能够不受干扰地开展工作。这次转移到澳门,给了卫三畏极好的学习语言的机会,他不仅在中文学习上颇有进展,"这是所有刚进中文门槛的人常遇到的困难,在这道门槛前面,许多只是有兴趣的人知难而退了。但那些吓住了别人的困难却调动起了卫三畏所有的积极性并促使他全身心地投入。他知道一旦自己的智能充分发挥出来,他很快就会在枯燥的(中文)学习中看到希望"②;而且他还得到了学习日语的良机。1836 年 6 月,卫三畏在澳门遇到了一些遭遇海难的日本人,其中 3 名就住在澳门的英国传教士郭实腊家中。这些日本人原先住在日本尾张(Owari,现爱知县)海岸边伊东(Jeddo)附近 25 千米的一个叫煤之谷(Sriwasi)的小镇。此地可能靠海,出产大米并输往江户(今东京)。他们原本 14 人,③乘坐一条小帆船往江户运米,预期 5 天后到达,但不幸遭遇风暴,小帆船被吹到海中在太平洋上漂流了 14 个月。虽然船上的米可作粮食,由于缺乏淡水和蔬菜,船员们多得了坏血病,四肢肿胀。当船漂到了今加拿大不列颠哥伦比亚东南部的哥伦比亚河口附近海域时,只有 7 个人幸存下来。当时哥伦比亚河口附近属于英国殖民地管辖,英国人把他们带到伦敦,后由英国传教团负担他们的费用,将他们送到澳门,等待回日本的机会。就在 6 月 25 日,3 个日本人中一个叫华园的有事来找卫三畏。卫三畏发现华园能讲结结巴巴的英语,于是问了很多有关日本的问题,这些信息引起了他对日本的极大兴趣和关注。④ 从此,卫三畏开始了和日本人的交往,成为此后他多次日本之行的良好开端。而且,正是在结识这些日本水手的基础上,卫三畏获得了多次赴日的机会,开阔了眼界,增长了经验,为日后从事中美政治外交活动奠定了重要基础。

根据《卫三畏生平及书信》记载,卫三畏在华期间曾有五次日本之行:1837 年、1853 年、1854 年、1858 年和 1872 年。其中,后两次日本之行,是卫三畏作为一名职业外交官赴日的旅游活动,而前三次日本之行是卫三畏

---

① 《卫三畏生平及书信》第 53 页。
② 《卫三畏生平及书信》第 36 页。
③ 卫三畏,"Voyages of the 'Himmaleh' and 'Morrison' in 1837",《教务杂志》(Chinese Recorder),Vol.7,p.391.
④ 《卫三畏生平及书信》第 37 页。

踏上美国对华外交道路之前的考察或实习活动,所见所闻所思所想都有力地影响了卫三畏此后在外交领域里的言行举止。

1837年7月4日,卫三畏参加了由同孚洋行美国商人查理斯·金斥资策划的日本之行。查理斯·金是卫三畏的好友和长辈的同孚洋行老板奥立芬的外甥,而乘坐的商船正是卫三畏当初来华时搭乘的同孚洋行商船"马礼逊"号。同行的人包括查理斯·金夫妇和一个女佣、美国传教士伯驾博士、卫三畏和郭实腊,还有7位遭遇海难的日本水手。表面上看,这次赴日的目的是送落难的水手回日本,但意义远非如此。查理斯·金的目的是为与日本贸易打开局面,伯驾的作用是行医,他带了大量药品和医疗器械,而郭实腊搭乘"拉雷"号先期前往琉球群岛,中途再与卫三畏等人会合,这次旅行希望依靠这些日本人和粗通日语的郭实腊来实现与日本第一次打交道的目的。卫三畏随行,除可以用中文与日本人交谈外,个人愿望还想在琉球和日本考察并采集植物标本,以便日后进行自然史研究。在出发前,卫三畏在致其父的信中,说出了这次航行的真正目的是希望通过这件事与日本直接建立联系:"我们希望编出这样一个美好的故事:'这些日本水手在美国海岸遭遇船难之后被带到了澳门,在澳门我们跟他们学会了日语,我们来伊东是为了送他们回家,同时希望和日本人建立友好往来,在他们愿意的情况下为他们治病,以及做一点生意。'因为是第一次和日本人打交道,我们没有带书,担心因此会引起他们的害怕而破坏了这个良好的开端。日本人憎恶基督教,但我们会通过行善的方式努力向他们展示基督教的实践。"① 正由于卫三畏、伯驾和郭实腊等传教士的加入,使得这次旅日的宗教色彩甚为浓厚,归根到底自然是为将来在日本传教作准备:"航行是由金先生策划的,最终的目的是传播文明和基督教。"②"马礼逊"号从澳门起航,12日到达琉球西南部的那霸港。在港口停留了三天,每天都上岸,与当地居民进行交流,还邀请当地官员到船上访问。虽然语言不通,但借助汉字还是可以缓慢沟通,一些受过教育的当地人能够说中国官话,这使交流变得容易得多。卫三畏在私人信件中较详细描述了琉球群岛的人口、地理等情况,也发现了当地官员仍然拒绝当地人与外国人做生意,更不允许外国人在此居住。"拉雷"号按照约定会师,并将郭实腊送上"马礼

---

① 《卫三畏生平及书信》第44页。
② 《卫三畏生平及书信》第45页。

逊"号商船,然后"马礼逊"号开始向日本帝国的首都江户进发。28日,来到江户以南海湾,次日,深入江户湾40英里泊于浦贺。30日清晨,日本海岸开始炮击,阻止船只靠岸,日本战舰也驶来开炮驱逐,"马礼逊"号只能被迫离开。"马礼逊"号又南下到达萨摩附近的鹿儿岛海湾,同样遭到日本地方政府的拒绝。7名日本遇难水手也被驱逐,无法重回家乡。等待几天后,因为供给缺乏,以及日方海岸和战舰的武力驱逐,"马礼逊"号只得回程。在沿着中国海岸做一次愉快的航行后,"马礼逊"号于8月29日回到澳门。"马礼逊"号的日本之行,应该说是以失败收场。盛怒之下的查理斯·金给美国政府写信,要求为了美国的荣誉迫使日本订约,而美国政府随后并没有任何行动。但这次远航为后来叩关日本的佩里舰队开辟了道路,①而且在促使日本开国的方向迈出了重要的一步,"这次航行对早期开放日本帝国的企图是具有历史意义的"②,甚至引发了当时日本国内某些知识分子对西方的关注和对幕府制度的质疑,学者渡边华山因此著书《慎机论》,呼吁幕府不要采取像对"马礼逊"号开炮这样的粗暴举动,思考闭关锁国政策的一些弊端,不幸遭到逮捕,两年后愤而自杀身亡。③ 访日未获成功,对卫三畏而言,影响也是很大的。在《中国传教报道》一文中,卫三畏总结了在"马礼逊"号船上56天经历的不利,"从商业方面来说,这次航行花去了大约两千美元,毫无所获。从传教或科学研究方面来讲,直接的结果也是零",但作为传教士的卫三畏却没有丧失信心和意志,而认为"这不是最终的结果"。④ 从传教前景来看,"开创这一新事业的几位基督徒出发时并不指望此行获得很大的成功,然而面对这样的结果,他们感到很伤心,但意志并不消沉。那个国家的大门似乎还向传教和文明关闭着,但即使这样仍然可以做一些事情,以便为那个国家的人民的开化准备条件"。⑤ 这些准备条件,就卫三畏来说,主要有对日本的新态度和研究日本的行动。首先,"马礼逊"号在日本江户湾遭到炮击,查理斯·金扬言以武力还击对日本施加压力时,卫三畏很和气地警告他,如果采用类似战争的

---

① Daniel Henderson, *Yankee Ships in China Seas*, New York: Hastings House, 1946, p. 133.
② [美]赖德烈著,陈郁译《早期中美关系史》第92页,商务印书馆,1963年。
③ Abiko, Bonnie. *Persecuted Patriot. Watanabe Kazan and the Tokugawa Bakufu*, Monumenta Nipponica, Vol.44, No. 2, Summer, 1989, pp. 199-219.
④ 《卫三畏生平及书信》第48页。
⑤ 《卫三畏生平及书信》第49页。

行为那可是会出现严重后果的,但回到澳门后,他将日本之行中有趣的事件写成文章,其中有两篇文章《在琉球与日本的航海途中收集到的自然史的物种》和《1837年"马礼逊"号前往琉球和日本之行》就发表在《中国丛报》第6卷上。通过这样的回顾和研究,卫三畏对日本的社会和文化有着深刻的印象,并且预料"加诸该国类似战争的行为"会产生"重大的影响"。① 其次,航行的失败给了卫三畏与日本水手交往的机会,使他不仅能学习日语,而且能深入研究日本文化。那7个日本人被拒绝回到家乡后,其中三个人剃光了头发,像和尚一样,这样头上各处的头发可以长得一样长,以此来表明他们从此生活在外国人中间的决心。7个人一致同意悄悄回到中国,在那里做永远的流放者。回到澳门后,"7个日本人都在做着这样或那样的事,他们大多数很能干。其中两个多年以来一直跟着郭力士博士,两个在我们位于澳门的印刷所工作,这4个人帮助我们学习日语,我们合作完成了《创世纪》《马太福音》《约翰福音》《约翰一书》《约翰二书》《约翰三书》的日文翻译"。最后,卫三畏以他的基督虔诚之心,使其中的两位日本水手皈依基督,坚定了他向日本传播福音的信心,"7个日本人当中最年轻的九松……和住在上海的尾户用他们正确的生活方式表明,他们所接受的(基督教)信仰可以成为生活的原则。他们两人是日本最早的基督徒。……另外5个人有近两年的时间在我澳门的家里坚持每天祈祷,他们遭到国人严厉拒绝的事实成为他们恳求万国之主向他们的国家送去福音的依据之一。……我认为上帝已经听到了他们的祈祷,并且现在正在予以答复"。② 正是在与日本水手的交往过程中,卫三畏不仅掌握了日语的日常对话,而且在福音布道中完成了一些圣经的日文翻译,对日本文化也有初步的了解。所有这些准备,都成为他日后直接参与美国早期对日外交的重要条件。在这种学习日语和研究日本文化的平静思想支配下,卫三畏在澳门的印刷工作也显得心情轻松,"(裨治文《广州方言中文读本》)第一部分印刷工作在1837年'马礼逊'号日本之行回来后不久就开始了。卫三畏全力投入了这本书的扩充和印刷之中,他的扩充工作包括搜集成语加以翻译和选择现成的中文作品片段。当该书由他亲自印刷成册时(1841),将近一半的内容是他提供的,但是考虑到裨治文博士策划和写作该书所付出

---

① [美]泰勒·丹涅特著,姚曾廙译《美国人在东亚》第216页,商务印书馆,1959年。
② 《卫三畏生平及书信》第48页。

的辛勤劳动,他没有将自己的名字作为作者或编者写在封面上。该书最吸引人的地方是:它是在中国写作完成的第一本有关广州方言的实用手册,在长期没有同类教科书出现的情况下,它一直是学中文的人的好帮手"。① 所有这些生活过程,都在告诉卫三畏:他在等待着新的赴日机会,只是这个机会在16年后。

如果说1837年日本之行是一项纯粹的人道主义行动,尽管不成功,那么卫三畏参与的1853年和1854年两次日本之行就是带有典型的基督幌子而行西方强权之实的叩关逼约。卫三畏这两次赴日,都是在美国东印度舰队司令长官、准将佩里(Matthew Calbraith Perry,1794—1858)率领的美国海军舰队远征日本的条件下进行的,而且是充任佩里准将的日语翻译。佩里舰队赴日叩关和订约,是当时西方殖民势力染指远东国家的历史产物。在面临近代西方列强入侵之际,日本如同中国一样,对外部世界的变化知之甚少。他们把自己的天皇视为"天下共主",天皇是日本人的精神领袖,幕府将军掌握着国家政权,从1635年开始全面锁国。江户幕府对出国、信教和接触西学的惩罚比同时期的中国政府更为严厉,被允许到长崎通商的外国只有荷兰和中国。1799年,美国帆船"富兰克林"号第一次访问日本,船长奉命当长崎海岸一旦在望的时候,立刻悬起荷兰国旗,冒充荷兰商船贸易。1837年的"马礼逊"号商船以送七位遭遇海难的日本水手为由驶往江户湾,得到的是岸炮和战舰的驱逐,无功而返。第一次鸦片战争后,美国趁机胁迫与清政府签订《望厦条约》获得在华更大权益,更激发了美国在日本能够比欧洲列强抢先一步的希望,特别是由于美国商业资本和工业资本势力的扩大,需要更多新的海外市场,日本成为继中国之后在东亚的最好选择,而且美国在北太平洋的捕鲸船也需要得到在日本的一个可供停泊的港口。此外,随着前来东亚的商船越来越多地使用蒸汽机作为船舶动力,美国人在东亚的航行必须解决蒸汽机动力即燃煤的中途供应问题,还包括淡水、蔬菜水果等生活物品的必要供应,"合众国金山名驾拉宽,近今人多往彼贸易。洋西面辽阔,欲设火船,而石煤不足;必于日本中步之区,添买煤炭,能设火船,便于来往"。② 因此,美国求索日本停泊港口的努力一直没有中断。1846年,纽约州的商人曾向美国参议院递交请愿书,正

---

① 《卫三畏生平及书信》第52页。
② 罗森《日本日记》,钟叔河主编《走向世界丛书》第31页,岳麓书社,1985年。

式请求国家派遣使节团前往日本。同年7月,海军准将皮特尔率领兵船停泊在江户湾,询问日本政府是否愿意开放口岸并和美国缔结一项条约,仍然遭到日本的拒绝,会谈也因缺乏适当的翻译人员而困难重重,最后归于失败。到了19世纪50年代,美国在美洲大陆的领土扩张到太平洋东岸以后,更加迫切希望建立太平洋两岸的便捷海上交通,对亚洲的兴趣越来越大,"在1844年,美国和远东方面的关系几乎是仅以对中国为限,到了1853年,则是以整个北太平洋为对象而不止于是专对中国了"。① 可见,美国觊觎东亚之心日益彰显于世了。为了选择合适的赴日舰队的人选,美国政府也是煞费苦心的。在1851年美国就组织了海军舰队准备远征日本,本来是任命海军准将奥立克担任指挥的,但是这年夏天,奥立克到达中国后不久,即又应召回美,于是由佩里顶替了奥立克的职务,"佩里有丰富的经验、过人的才干,确实是执行此项特殊任务的最佳人选。他才思敏捷、眼光锐利、心胸宽广、为人正直。在漫长的军旅生涯中,他曾经指挥过海军、陆军,这使他深谙指挥战斗和控制谈判之道。在和东方国家的官员周旋时,他表现得既耐心又严厉,既高贵又强硬,其间的分寸把握得恰到好处。这在所有派驻亚洲国家的外交官中无人能及"。② 事实上,佩里准将是一个野心勃勃的军人,他决心用军事力量来取得美国想要的东西,并同时在东亚宣扬美国的威势,他遵照他的逻辑:"在东方国家中,权利通常是按照所显示的军力而加以权衡的。"③这在第一次远征日本时就淋漓尽致地表现出来,以炫耀武力为后盾,迫使日本天皇特使接受美国总统的国书,并约定次年春天正式签约,这比顾盛使团跟随英国炮声之后裹挟清政府签订条约要威风得多。由于更换舰队的指挥官,美国延迟了赴日的日期,直到1853年4月6日,佩里舰队才到达了香港。美国政府对远征日本非常重视,把当时海军当中战斗力最强的几艘战船拨给了东印度海军中队,以增强其实力,并许诺另派12艘轮船加入远征日本的队伍,只是这些战舰并没有齐集一处,而是呼应在西太平洋沿线。由于当时美国国内缺少日语翻译人员和了解日本情况的人士。起初,佩里聘请了德国人希伯德为翻译,此人19世纪20年代曾在日本长崎的荷兰洋行工作,写过几本关于日本的书

---

① [美]泰勒·丹涅特著,姚曾廙译《美国人在东亚》第211页,商务印书馆,1959年。
② 《卫三畏生平及书信》第107页。
③ [美]泰勒·丹涅特著,姚曾廙译《美国人在东亚》第238页,商务印书馆,1959年。

籍。后来,佩里听说在中国的美国传教士卫三畏懂得日语,就希望能够得到卫三畏的支持,担任翻译工作。所以,佩里一到香港,就立即拜访了卫三畏。起初,卫三畏极不情愿加入,但架不住佩里的恳请和许多旅居中国的外国人的游说,最后还是答应了。"卫三畏此行随佩里准将出征,完全不是出于他的本意(也非我所愿)。因为:一来,他一走,印刷所便只能交给毫无经验的新手来管理;二来,让他担任这样的工作的确有点强他所难。他被人扣上了日语专家的头衔,但实际上,他只是10年以前跟一个日本水手学过一点日语,并且从那以后就再也没有机会练习过。他的日语基础如此薄弱,可以想象,成功完成任务的可能性是极小的。而一旦失败,绝没有任何人会体谅他的苦衷。但是将军似乎认为,这次远征能否成行完全取决于卫三畏是否愿意同行。卫三畏不愿意做任何阻挠这项大计划的事,所以他答应了,去尽他所能推动这个计划的进行。这个计划将打开一个异教盛行的国家的大门,使得那里的人们从此有机会感受基督的恩惠。"①这份出自卫三畏妻子的书信,说明了卫三畏不愿意加入的谨慎心理(印刷所无人管理;没有得到美部会同意;日语水平有限等),也说明了他答应加入,是对16年前"马礼逊"号访日失败后得到弥补的心理满足,希望借此向一个异教国家传播福音。在明确了佩里舰队"这次行动不含任何战争和侵略的动机,主要目的只是要试探一下日本是否接受我们将要提出的建议和要求"②,卫三畏最终同意出任翻译官。在博尼停下其在纽敦的工作来接管印刷所后,卫三畏才于5月12日乘坐"萨拉托加"号从澳门起航前往琉球,在那霸港与先期到达的佩里舰队会合后,便搬到了旗舰"萨斯奎哈纳"号上,一直到回航澳门为止。随后,卫三畏陪同佩里准将和琉球地方官员互访,并隆重地访问了琉球首府,接着考察了奄美群岛的自然情况,卫三畏收集了大量矿石和植物标本。再返回到琉球首府,先前的摄政王已被废黜,佩里准将同样在旗舰上宴请了新摄政王,后者同意授给一个补给基地:"双方商定,美方可以留一只战舰常驻那霸港,而且舰队离开那霸的时候,拨给舰队使用的房宅也不作他用,仍归舰队所有。"③访问琉球给美国人留下了深刻的印象,也让卫三畏认识到琉球与日本的关系:"琉球不是日本的属

---

① 《卫三畏生平及书信》第108页。
② 《卫三畏生平及书信》第109页。
③ 《卫三畏生平及书信》第114页。

国,而是日本藩主萨摩的属地。萨摩垄断了琉球群岛的贸易,控制着这里的外交事务。他允许岛上的人每年回福州一次,目的是为了维持和福州之间有利可图的贸易关系,同时也制造一点琉球群岛依然处于独立状态的迹象。掌握着岛上政权的是一些贵族。为了维持有效的统治,他们在民间广设谍报人员,使得原本就胆小怕事、毫无抵抗力的百姓更加提心吊胆,惶惶不可终日。文化、教育事业以及各级行政机构也为这些贵族所垄断,贫苦百姓无从问津。显然,他们采取的是一种'非暴力'的统治方式。我注意到,岛上的士兵都没有佩带武器。这也许是因为平民百姓早已放弃了抵抗,扇一个耳光或是怒目而视就足以使他们心惊胆战、服服帖帖了吧。"①7月2日,舰队拔锚启程,开往日本。这个过程,对卫三畏而言,一定还是心有余悸的,因此他一直祈祷着上帝的力量和福音的光辉:"今天(7月4日)是国庆节。中午,所有的战舰都在燃放鞭炮以示庆祝。我们以这样的方式来表达我们的爱国热情,同时也向日本人宣告我们的到来,告诉他们,我们来是为了改变他们这种与世隔绝、蒙昧无知的状态。我也真诚地希望,我们所点燃的仅仅是炮火而不是战火。我祈祷万能的上帝在冥冥中抚慰日本人的心灵,平息他们对我们的恐惧、戒备之心。正如总统菲尔莫尔(Millard Fillmore,1800—1874,美国第13任总统)致日本天皇的信中所期盼的那样,我也祈祷上帝,希望我们的远征成为一次和平友好的访问,希望日本人顺从地接受我们的各项提议。我们是深谙上帝旨意的。用真理泽被每一个民族,这是我主的心愿,日本的闭关锁国、孤陋寡闻则是与此相悖的。唯有打破这种局面,唯有改变他们那种偶像崇拜的狭隘心态,我主才能赐福给他们,我主永恒的荣耀之光才能照耀到他们身上。如果他们受到了天主教的误导而未能真正领会我主的教诲,如果他们认为我们神圣的教义只是用来掩盖某种政治目的的工具,那我会感到莫大的悲哀,但即便如此,我仍然认为我们没有理由听任日本处于封闭和无知的状态。至于美国政府的真实意图,或者说是佩里准将此行的真正目的,随着我对他了解的加深,我越来越不敢肯定。将军此前在墨西哥战场上的胜利,也许使他形成了用武力解决一切问题的习惯,包括那些需要加倍耐心、假以时日才能解决的问题。不管怎样,让我们来祈祷一个圆满的结局吧!愿万能的上帝用他伟大的力量来感化那些心怀怨愤的人、那些野心勃勃的人、那些刚愎

---

① 《卫三畏生平及书信》第110—111页。

自用的人。让他们也一起来赞美我主,为主增添无限荣光。如果能让日本人皈依我主基督,如果全世界人都能追随我主基督,那该是一件多么让人欣慰的事啊!"①这段日记真实地表达了卫三畏对此次远征日本的最美好期待,希望日本皈依基督,同时也对佩里准将可能的武力征服而引起严重后果的忧虑。7月8日,佩里舰队到达日本江户湾的浦贺港,几经交涉后,于14日,美日双方在一个名叫久里滨的小村庄举行会谈,卫三畏作为翻译出席了会谈。日方代表是日本藩主伊豆和岩见。美国舰队一共有大约400人随行,其中有50名军官、50名乐师、112名海军陆战队队员,其余都是普通海员。这400人都全副武装:枪上好了子弹,剑就在手边,并且保持着高度的警戒。日本方面来了1500人的军队、50名官员,还有3500人是闻讯而来,想目睹这一盛事。所有这些人都举止得体,秩序井然。这次登陆会谈,除佩里交给日方两份文件,即美国总统致天皇的国书和佩里准将的委任状,日方代表收到并出具签收证明,此外没有其他程序,但卫三畏却认为意义重大:"这是一次东方和西方的会晤,是国际交往史上的一大盛事,也意味着美国参与亚洲事务的开始。日本人素来标榜自己的国土神圣不可侵犯,不许任何外国人涉足。我们此举无异于把钥匙插进了他们紧锁的国门。在我看来,这次会谈另有一层意义。16年前,就在离此处不过半英里的地方,我们的'马礼逊'号遭到了日本人的袭击,所以我们这次登陆也是为'马礼逊'号雪耻",而且他得以有机会近距离观察日本官员,见识到日本人的风俗习惯,从着装、举止到民族性格等方面都与中国人做些比较,很有参考价值:"(日本人)都直挺挺地坐在一种轻便的折凳上,一副煞有其事的样子,就像在接受审判一样一本正经。他们的衣服花花绿绿,相当怪诞,显示出他们的品位不高,比起中国人的长袍差远了。他们肩披锦缎做的短斗篷,佩戴着两柄长剑,却裸露着双腿,脚上穿着分出大脚趾的棉袜,上下极不协调。我觉得中国和埃及的官服是全世界所有国家的官服中最高贵、最引人注目的。日本人习惯盘腿而坐,他们的服装是为适应这种坐姿而设计的。他们佩戴的那两柄长剑也只有在盘腿而坐时才能放置妥帖。如果坐在椅子上,剑就显得碍手碍脚。我一直觉得奇怪,日本人居然能长时间那么自然地盘腿坐着。如果换了我,那是一定会坐得头昏脑涨的。和中国人比起来,日本人给人的感觉是更加理性、精力也更充沛。但

---

① 《卫三畏生平及书信》第114—115页。

是我觉得他们的生活并没有中国人那样舒适。他们的行动很不自由,也没有中国人那样有灵性。不过,与中国人相比,他们有着更强的进取心和好胜心。当这两个民族都认识到与别国进行交流的重要性以后,很可能日本人会在世界上为自己谋取到更高一些的地位。"①佩里舰队在江户湾共停留了九天,没有受到任何限制。最后一天,佩里告诉日本官员,明年他将带一支实力更强的舰队前来领取对总统书信和立约建议的答复。佩里准将第一次率领的美国舰队包括两艘轮船和两艘军舰,船身多涂黑漆,日本史籍称之为"黑船",这一历史事件也就被称为美国对日本的"黑船叩关"。应该说,卫三畏参加佩里舰队"黑船叩关"是不虚此行的:他不仅看到了自己祖国美国在东亚的威慑力,而且想到了福音将会在东亚大地上展示上帝之爱,"我主基督也希望能通过我们把福音传到世界各地,把他的教诲传给日本民族,这个民族目前对我主基督的认识完全是歪曲的。我坚信,东亚各国的闭关锁国政策是与我主的旨意相悖的,他们把我主的慈悲完全拒之门外。我们应该采取强硬的措施迫使它们打开国门,使那里的人获得自由。朝鲜人、中国人、琉球人和日本人都应该认识到我主基督的存在,视他为唯一的神。我们有责任打破他们自我封闭的堡垒"②。很显然,这次日本之行,也让卫三畏一贯的务实精神得以在外交活动上发挥出来,此时的他与其说是一位传教士,毋宁说更像是一个雄心勃勃的外交官了。由于与佩里准将的使日目标越来越接近,渐得佩里的信赖。在舰队返航途中,佩里就任命卫三畏为谈判代表,与琉球那霸地方当局谈判,"经过几天的唇枪舌战,那霸的执政者准许当地人将货物出售给美国人,并为此专门建立了一个出售土产的集市。后来,那霸当局还答应不再派人暗中监督来那霸的外国人。这意味着一种自由的、有利可图的交流的开始。能够说服这些生性多疑的岛民接受这样的交流,真是这次远征的一大成功"③。8月7日,回到澳门家中的卫三畏,很快回到原来的生活轨道,在广州的印刷所和教堂里,他心无旁骛地工作着。

  1854年1月14日,佩里舰队离开香港开始了它的第二次琉球和日本之行。卫三畏还是应诺佩里准将聘为翻译官之请,登上旗舰"萨斯奎哈

---

① 《卫三畏生平及书信》第117页。
② 《卫三畏生平及书信》第118页。
③ 《卫三畏生平及书信》第118—119页。

纳"号,绕过台湾南部,到达琉球,停留了两个星期。其间,卫三畏和另外三个人被派到首里去送一封信给琉球的摄政王,后卫三畏及其中文秘书罗森陪同佩里准将乘轿至王宫,接受了琉球总理大臣尚宏勋的款待,继续执行上次签订的协议。2月11日,舰队进入江户湾,停泊在横滨港,佩里一行转移到"波瓦坦"号战舰上。3月8日(星期三),佩里准将和天皇派来的特使举行了会谈。这次会谈比原计划晚了两个星期,因为日本方面总想说服佩里舰队在浦贺登陆。在僵持期间,美方得以游弋江户湾,并和那里的人们有过交流,日本人对这些远道而来的陌生人是友善的,而且充满着好奇心。3月1日,舰队的布坎南上校还宴请了日本人伊左卫门和他的朋友,10个日本人和6个美国人围坐一桌共进晚餐,这对大家来说都是从未有过的经历。卫三畏认为会谈前的这些做法很高明:"这样循序渐进、逐步深入地进入一个陌生的地区,是我们此行所采取的一种极为高明的策略。"① 美日会谈,基本上是由"卫廉士(卫三畏)为通理国师,呈以通好条约"②。在这个谈判订约的过程中,卫三畏充分显示了他对东方事务的熟悉和巧妙的外交手腕。会谈当日早晨,日方在海滩上搭起帷帐,这使得佩里觉得不受尊重,命卫三畏交涉,让日本人撤掉。卫三畏明白这是日本人迎宾的礼仪,恰是显示一种尊重,而佩里不以为然。卫三畏见到日方人员时装作不经意提起,说船只太多,也许撤掉帷帐才能方便登陆,日方于是撤掉帷帐。这就使得双方都觉得满意,避免了习俗上的尴尬局面。佩里接见天皇特使,特使没有带来由天皇亲自签署过的日文原件,而是一份荷兰文的翻译件。美方交给特使一份准备与日本签署的条约草案及其说明文书,指出这一条约将为两国关系的发展奠定牢固的基础,列举了签约后的种种好处,并要求日方对这种提议做出书面的答复。第一次会谈结束后,卫三畏忙于翻译佩里准将给天皇的回信,信中佩里在美国总统要求日本开放一个港口并善待美国人的基础上,提出日本必须开放五个港口,并与美国签订条约,如果日方不同意上述要求,将诉诸更大的武力,提出更严厉的条件。对此,卫三畏甚是担心,总害怕引起不好的双方对峙和武力冲突。但形势没有出现恶化,令所有美国人感到欣慰:"天皇特使将美方拟定的条约草案上交以后,日本政府也提交了一份草案作为回复。这表明,日本政府

---

① 《卫三畏生平及书信》第128页。
② 罗森《日本日记》,载钟叔河主编《走向世界丛书》第34页,岳麓书店,1985年。

是愿意与美国缔结友好条约的。双方用两三个星期的时间交换意见并就条款进行了讨论。一切都是在友好和互相谅解的气氛中进行的。在一系列的会谈和磋商当中,穿插着双方的轮流宴请。日本将军还以天皇的名义向美国客人回赠了礼物,以示感谢。最后,在美方做出了一些微小的让步之后,两国第一次以'平等的'姿态签订了条约。"① 在多次谈判中,卫三畏充分展示了类似外交官和传教士的双重身份的作用。他仿效英、美、法等西方列强与清政府的订约内容,提出了谋取"最惠国待遇"的建议,后成为美日条约的第九条:"根据双方协定,此后日本政府给予其他国家的任何优惠待遇和特殊权利,若属尚未包含在此条约中者,将同样为美国和美国公民所享有。无须协商。"②而"领事裁判权"却没有在美日条约中出现,这也是因为佩里的翻译官卫三畏的提议而放弃的。③ 由于当时卫三畏已经在华多年,有机会目睹领事裁判权的实施在这里所引起的罪恶,而且他一直反对这种霸王条款,是其的基督博爱精神的体现。1865 年,出任代理美国驻华公使的卫三畏就曾给美国国务院写信,表达了与当时许多人,包括公使蒲安臣,同样的忧虑:杀人罪行在中国恶化,外国人蓄意杀害中国人,他们的惩罚仅仅是处以罚金、流放或短暂的监禁。而当中国人夺取外国人生命,外国人坚持要求完全的公正,中国人多被处死。④ 卫三畏将领事裁判权视为一个强国强加于一个弱国的弊害,因此他反对再在日本要求此项罪孽深重的治外法权,佩里准将也较熟知中国的情况,同意了卫三畏的建议。1854 年 3 月 31 日(日本旧历嘉永 7 年 3 月 3 日),美国和日本江户幕府正式订立《美日通商条约》,日本通称为《日米和亲条约》。卫三畏目睹了美日第一份条约的签订过程,是他在东亚国家首次亲临条约签订现场的,此种经历对此后他出任美国驻华外交官起到了巨大的先验作用。卫三畏在他的日记中记录了这一重大事件:"在举行签字仪式时,日方特使带来了三份日文本的条约,一份荷兰文译本,还有一份中文译本。我们则带了荷兰文和中文译本各一份,英文译本三份。打开他们带来的文件翻到最后一页,我们看到他们已经签好了字。他们不用印章,而是在每位特使的名字

---

① 《卫三畏生平及书信》第 130 页。
② 《卫三畏生平及书信》第 132 页。
③ [美]泰勒·丹涅特著,姚曾廙译《美国人在东亚》第 233 页,商务印书馆,1959 年。
④ Benj. H. Williams, "The Protection of American Citizens in China: Extraterritoriality", *The American Journal of International Law*, Vol.16, No. 1, Jan., 1922, p. 49.

旁边留下红笔的亲笔签名。佩里准将当着他们的面逐份签署了我们带来的文件。双方先将各自带来的荷兰文本进行了核对,确定没有出入之后交换了文件。我们这方的文件是由波特曼先生签署的,他们的则是由野之助签署的。然后我们又核对了中文译本,发现其中一份多了一个字,便把它擦去了。在我要求他们签署姓名和日期时出了一点问题。我要求他们按照前述荷兰文本时的做法,在中文本上既签上日本纪年的日期又签上公元纪年的日期。但他们坚持只按日本纪年方式来签署日期,并且也拒绝在文件上添上'我主基督'的字样。佩里准将容忍了他们的固执己见。最后,我方由我做代表,日方由末崎陆太郎做代表,签署了文件。至此,双方的谈判宣告结束,《神奈川条约》正式签订。"①由于《美日通商条约》是在日本武藏国久良岐郡横滨村字驹形(神奈川县横滨市中区神奈川县厅附近、现在位于横滨开港资料馆所在地)缔结的,故多称为《神奈川条约》。条约内容共12条,最重要的条款有:开放下田和函馆两处为通商口岸,允许美国人在通商口岸进行自由贸易并派驻领事;美国人可以在通商口岸附近的地区自由活动;因海难流落日本的美国海员进入这两个通商口岸后,日本政府应予以援助并保证其人身安全。《神奈川条约》的签订,对美国而言,自是收益颇丰:"日本给予美国的种种特权,意味着两国之间将建立起真正的贸易关系,展开贸易往来,而并不仅仅是签订一个通商条约而已。"②而就日本而言,《神奈川条约》不过是日本不可避免地与列强所订立的不平等条约中的一部。依此缔结的条约,日本开启了下田和函馆二港口,日本锁国体制就此崩坏瓦解。但这种被迫开国的开端和它之后的文明开化相比较,日本方面还是获得了大得多的利益,就像佩里舰队第一次叩关日本时,卫三畏看到日本官员后的看法那样:"与中国人相比,他们(日本人)有着更强的进取心和好胜心。当这两个民族都认识到与别国进行交流的重要性以后,很可能日本人会在世界上为自己谋取到更高一些的地位。"③借用卫三畏的基督福音之语,也可见日本开放后的文明发展趋势:"对日本来说,签订这样的条约是有史以来第一次。但愿这份条约能对日本有所裨益,让日本人以此为幸事;更希望从此以后,我主的福音能借这一途径传送

---

① 《卫三畏生平及书信》第131—132页。
② 《卫三畏生平及书信》第130—131页。
③ 《卫三畏生平及书信》第117页。

到日本民族。长期以来日本人固执地实行自我封闭的政策,但这次我们却如此顺利地就与他们签订了条约,我想这一定是我主的旨意。是我主在冥冥之中启示日本人改变陈规陋习。"①旗开得胜的佩里舰队想要借着《神奈川条约》签订的余威,前往日本首府江户,却意外地受到了日本方面的阻拦,不得不从距离江户大约4英里的地方撤回,使卫三畏想到江户的心愿再次落空,不免怅然若失。在江户湾北部沿岸各地进行了一系列会谈结束后,亚当斯上校带着新签订的条约返回美国,而佩里舰队则开拔前往日本下田。之后,美国使团到达日本伊豆国下田(现静冈县下田市)了仙寺,同年5月25日厘定了《神奈川条约》的细则,据此缔结了《下田条约》(内文全部有13条)。在下田游玩期间,卫三畏仍不忘他喜爱的自然史研究,采集了大量植物标本,"其处山岭,杜鹃花甚盛,而各花亦复不少。卫廉士(卫三畏)曾采名花数百种,压干以备考览,所谓多识鸟兽草木之名欤"②。后来,随佩里舰队同行日本的中国人罗森,是卫三畏的中文老师兼秘书,在返回广州后罗森颇为幽默地戏称卫三畏是孔子的好徒弟,因为孔子就曾要求他的弟子们熟读《诗经》,记住那里面提到的所有飞禽走兽、花草树木的名称。卫三畏极富探索的热情和对植物学的浓厚兴趣,为自然史研究做出了积极的贡献,他可能并不知道,自己找到的每种植物都有可能是不为当时的植物学界所知的。在阿萨·格雷教授所写的关于佩里舰队第二次日本之行的官方报告中,他对许多由卫三畏发现的植物做了记载和说明,有一种植物被命名为"威廉铁线莲",并说明是以"这种植物的发现者、广州的卫三畏先生的名字命名的。他是一位博学的东方学家,迄今为止所有关于中国的著述中最优秀的一部(指《中国总论》)便出自他的手笔。他本人也称得上是一位博物学家"。③ 其后,舰队访问了函馆,民间贸易也在初步展开,并与地方当局划定了外国人自由活动的区域,在城市周围15英里之内外国人的行动不受限制。对函馆的访问,成为卫三畏此行的一段最愉快的经历:"这是我在亚洲最为愉快的一番经历。我原以为函馆只是个沉闷乏味的小渔村,没想到我在这里的日子过得前所未有的充实,我的能力也得到了最充分的展现,除了独自担任翻译任务,我还完成了劝说工作。由

---

① 《卫三畏生平及书信》第132页。
② 罗森《日本日记》,钟叔河主编《走向世界丛书》第41页,岳麓书店,1985年。
③ 《卫三畏生平及书信》第134—135页。

于函馆的官员没有接到来自江户的指示,所以在接待我们的时候都有些惴惴不安,并且不敢擅自做主,是我劝说他们打消顾虑。……我用了这么长时间学习日语,总算在这两个星期见了成效。我希望我们在函馆所留下的这种最初的影响会逐渐深入、扩大,希望将来有一天会有人常驻此地,引导这里的人以他们的灵魂去热爱我主基督。"①6月16日至22日,美日签订条约时代表天皇谈判的五位特使和另外两名官员到达下田,会见了美国使团,进行最后的细节会谈,从而完成了美日之间的所有官方接触。带着大获全胜的满意,佩里准将指挥着他的舰队于6月25日从函馆和下田开拔返回美国。途中停留在琉球两个星期,7月11日,卫三畏代表美国政府与琉球王国政府缔结了正式的通商条约。从"马礼逊"号访问日本开始,到两次随佩里舰队访日途中多次与琉球发生交往,卫三畏熟悉中国与琉球的关系,对琉球的国际地位、对外关系、风土人情的记载,是第一次提出琉球是日本萨摩藩主属地的观点。并认为琉球人对中国的朝贡感到愉快而非屈辱,但对萨摩的控制却几乎忌讳提及,感到是屈辱和沉重的负担。这些信息对于此后美国政府处理东亚和太平洋事务有着直接的参考价值。② 离开琉球后,卫三畏又搬回了"波瓦坦"号并于7月20日随船到了中国的开放口岸宁波,这是卫三畏在中国生活了21年来,第一次有幸置身于一座中国城市之中。随后,"波瓦坦"号离开宁波,沿着中国海岸南下,中途停靠福州和厦门,最后到达香港。8月初,卫三畏回到了他在澳门的家中,后又回到广州的印刷所继续他的印刷工作。

卫三畏之于佩里舰队访日的作用和功劳是有目共睹的,从后续的事件中可感受到这种高评价。是年9月6日,来自香港"密西西比"号战舰上的佩里准将给卫三畏的信件中写道:"当我离开中国的时候我想起了你,心中感慨很多。在这次日本之行中,你,我们的首席翻译,的确功不可没。对于你过人的才华,你的工作热情,还有你的尽忠职守,我想我是最好的见证人。这次我能够率舰队顺利地完成这一项棘手的重大任务,与你的帮助是

---

① 《卫三畏生平及书信》第136—137页。

② Samuel Wells Williams, "Political Intercourse Between China and Lewchew", *Journal of the North China Branch of the Royal Asiatic Society*, Vol. 3 (new series), 1866, pp. 26, 240. Quoted from Braibanti, Ralph. "The Ryukyu Islands: Pawn of the Pacific", *The American Political Science Review*, Vol. 48, No. 4, Dec. 1954, pp. 978-979.

第三章 北京外交经历

分不开的。再也找不出第二个能像你这样出色地完成任务的人来了。"①后来,佩里还从海牙美国使馆和纽约分别致信卫三畏,希望他能够就舰队的两次日本之行撰写成书,力争从国会中获得拨款出版。对于这个请求,卫三畏却予以谢绝,但可从中看出卫三畏在这次远征日本的贡献和他的"文风严谨、文笔生动"的著书能力。② 还有一份迟到的嘉奖,肯定了卫三畏在这次远征日本中的重要作用:"卫三畏先生,为表达对1853—1854年远征日本行动的崇敬,对佩里准将以及与他全力配合共同完成这次任务的各级官员的感谢,波士顿商会特铸金质奖章一枚,以纪念这一盛事。由于您在这次远征中的出色工作,我们受商会委托并代表商界全体同仁,荣幸地赠予您金质奖章一枚,以表达我们的敬意。敬请笑纳。您忠诚的詹姆斯·M. 毕比(主席)、托马斯·B. 科蒂斯(理事长)、艾萨克·C. 贝茨(秘书),1856年6月17日于波士顿。"③更重要的褒奖,是来自美国国务院的一份委任状:"各种书刊报纸都报道了卫三畏在这次大获成功的日本之行中所起的重大作用。美国国务院一直认为,如果让卫三畏在中国负责此类工作,他也一定能完成得同样出色。1855年夏天,麦莲先生辞去了驻华全权委员的职务,伯驾博士受命接替他的工作。这样一来,原先由伯驾担任的美国使团秘书兼翻译一职就出现了空缺。于是,卫三畏被提名为填补这一空缺的人选,并且不等他本人发表意见,他的委任状就送到了中国。"④

当然,在记述卫三畏取得成绩的同时,还须提及一个人,他就是卫三畏的中文老师,也是随行出访日本时卫三畏的中文秘书罗森。卫三畏在佩里舰队第一次航行中,随带了一位中文秘书老薛。⑤ 由于老薛吸食鸦片成瘾,在航行中没有鸦片可吸,以致形容枯槁,病逝在琉球的奄美岛,并被海葬:"我们把他的遗体捆绑固定在床板上,把他的'养身丸'、鸦片烟罐和他心爱的烟斗,以及许多糕点放进一个帆布包中缝好,一起推出舱外,让它沉入大海。在此之前,我还从未看过吸食鸦片者临死之前的情形。真没想到

---

① 《卫三畏生平及书信》第143页。
② 《卫三畏生平及书信》第145页。
③ 《卫三畏生平及书信》第146页。
④ 《卫三畏生平及书信》第147页。
⑤ Samuel Wells Williams, *A Syllabic Dictionary of the Chinese Language*(卫三畏《汉英韵府》), Shanghai: American Presbyterian Mission Press, 1874, p. 798.

这种毒品居然能让人变得如此神志不清、意志薄弱、丧失理智。"①因此，在第二次航行前，卫三畏在香港聘请了新的中文秘书罗森先生。罗森，字向乔，广东人，是一位略通翰墨的由学入商的中年人，与当时西方传教士和商人都有接近的下层知识分子。卫三畏聘请他后，曾评价罗先生"学识渊博，也不抽鸦片。有了他的帮助，我想我可以多腾出一些时间来进行学习和研究了"②。罗先生的主要工作是为卫三畏的中文翻译稿润色，并用中国官话书写，还为卫三畏自己一直在做的中文书籍的翻译活动提供帮助。在日本，罗先生也许也会尴尬于不通语言，但他可以用汉文与日本人"笔谈"，当时许多日本的读书人和官吏多通汉文，对尚不精通中文的卫三畏来说，罗先生对自己是很有帮助的。罗森从日本回来后，曾把所见所闻发表在香港《遐迩贯珍》(Chinese Seriel)月刊1854年(咸丰四年)第11期、第12期和1855年第1期上，这便是罗森的《日本日记》。《日本日记》可以让我们有了从中国人的视角来观察美国舰队第二次日本之行和理解卫三畏在这次外交活动中的贡献，如有记录："(癸丑)十月二十二，有某友请予同往日本，共议条约，予卜之吉，十二月十五日(即1854年1月17日)扬帆。""(此次舰队)共合火船、兵船九只"，书中称卫三畏为"通理国师"。③ 在日记中，卫三畏肯定罗森给了他很大的帮助，"以前，需要由我去和日本人商谈解决的大多数是些不重要的事情，即使我由于能力有限出了差错也不会有什么严重后果。但是现在许多事关重大的问题要我来处理，我只得求助于罗先生。由于两者语言一起使用可以互为补充，我因此避免了不少失误。罗对工作很有热情，与当地人相处得也很融洽。在当地人看来，罗先生是他们见过的最博学的中国人。自从罗为他们的扇子题下优美的诗句以后，他们就更愿意与他切磋中文了。罗来日本后经常给人在扇子上题诗，少说也有五百次了。他以此为乐"④。

至于卫三畏谢绝佩里准将撰写日本之行的书，原因也不是简单地在于时间紧张和兴趣不大。在卫三畏对日本之行的私人记载中，可以发现他对

---

① 《卫三畏生平及书信》第112页。
② 《卫三畏生平及书信》第125页。
③ 罗森《日本日记》，载钟叔河主编《走向世界丛书》第32—34页，岳麓书店，1985年。
④ 罗森《日本日记》，载钟叔河主编《走向世界丛书》第136页。

舰队的航行和它的指挥官颇多批评。① 据笔者所理解的原因不外乎几点：首先，佩里舰队第一次赴日前，恳求卫三畏随行任日语翻译，确实有些强人所难，前已述的卫三畏妻子的信说明了这一点，日语薄弱的卫三畏直到在第二次赴日签订条约后在访问函馆时，他才自信日语有了进步。在访日过程中，应该说多多少少有令卫三畏尴尬的情况出现。其次，对于舰队官兵不守安息日的做法，卫三畏对佩里也有不满，"在这里，神圣的日子被忽视了，上帝定下的规矩服从于一个凡人的意志。……军舰上的工作和生活中并无安息日可言，人们对待安息日就像那些对基督教一无所知的人一样，不觉得它有丝毫特殊之处。在这样一群四处奔忙的人中间，要想倡导遵守安息日恐怕是不太可能的"②。站在基督信仰的立场上看待军队，很显然，卫三畏无法理解"传教士和海军准将看问题的立场是不同的"的差异了。更甚者，卫三畏与佩里准将在对待日本的问题上，事实上并不算非常融洽。卫三畏在多年后撰文记载随佩里访日谈判的过程时，说自己当时在缺乏自信的日本人和具有强硬的军人外交气质的佩里之间充当的是"缓和剂"的角色。③ 在航行途中，依照自己对佩里的观察，卫三畏曾多次试图劝说佩里不要轻易使用武力，除非日方发动攻击。在《神奈川条约》签订后，佩里甚不满意，卫三畏却不以为然，"对于生性多疑、长期坚定地实行闭关政策的日本人来说，让出这些特权实在是已经做出了最大限度的让步。但是在佩里准将看来，这些收获最多只能算是差强人意。我们是经过了半个世纪的不懈努力才与中国签订了一系列贸易条款的。想要使日本人在短时间内接受类似的条款，显然是不可能。在谈判过程中，美方坚决抵制了日方提出的种种限制条件——那些限制了岛上荷兰人的种种条件，而日方也表现出了与美方建立友好关系的意愿，这也许就是佩里准将在不发动战争的情况下所能获得的最大成功了"④。而在即将可进入日本首府江户的时候，佩里却功败垂成，成为卫三畏对其最反感的事件之一，但佩里为何撤

---

① Francis L. Hawks, *Narrative of the Expedition of an American Squadron to the China Seas and Japan*, MacDonald: London, 1954, p. 298.

② 《卫三畏生平及书信》第134页。

③ Samuel Wells Williams. Edited by Frederick Wells Williams, *A Journal of the Perry Expedition to Japan (1853-1854)*, *Transactions of the Asiatic Society of Japan*, Vol. XXXVII. , p. 2. Yokohama: Kelly and Walsh. 1910, pp. ix-259. Quoted from K. Asakawa, Review, *The American Historical Review*, Vol. 16, No. 1, Oct., 1910, p. 136.

④ 《卫三畏生平及书信》第131页。

出,尚无资料说明,有待后人发掘。其实,早在舰队第一次访日回来后,卫三畏并没有像有些人期许的那样会写一本可与《中国总论》相提并论的著作,而是将此行期间所做的全部记录和航海日记都交给了佩里准将,"我还是像原来一样,只是一个再普通不过的人而已。日本之行好像根本不曾有过,我也似乎从没有做过那不称职的所谓翻译官"。① 也许,卫三畏妻子的一封信可看出卫三畏不写书的真实想法,这封信写于卫三畏已随佩里准将第二次赴日后的3月份:"我丈夫并不打算把在日本的所见所闻撰写成书。所以,如果你想知道这方面的情况,还是找一个别的途径——或者等他回来之后请他把私人日记给你看。他的私人日记总是记得相当详细。他没有打算再写一本书,我对他也没有这样的期望。我们都觉得,如果一生中能写出一本好书,那就足够了。佩里准将也希望卫三畏能写书记叙这次的日本之行。但是卫三畏并不想写那种只能风靡一时、过后并销声匿迹的畅销书。他只有在认真研究和仔细思考之后才会动手。现在每天都有炮声在耳边轰轰作响,在这样的情况下,怎么可能对一个民族的习俗和制度做出客观的评价,从而得出理性的结论呢?"② 或许,在卫三畏看来,他的《中国总论》足以使他扬名了,再写有关日本的书是否会有画蛇添足之嫌。也或许,卫三畏是完全站在基督福音的角度上来看待日本之行的,"回顾这次远征日本的全过程,没有人会否认,我们的行动受到了上帝的佑护。也许我们可以说,我们所做的一切正是上帝建立人间乐土的伟大计划的一部分。他英明地指派了一位海军将领作为他的使臣"。③ 这样,卫三畏就认为,他所取得的一切成绩,他通过著述所得的一切物质上的酬劳,全部都应该归传教团所有。他在舰队中担任翻译的薪水是2100美元,拿到之后,他立刻如数交给了传教团。④ 把上述所有的理由,换从另一种心态上来看,卫三畏或许觉得他在美国对华关系的发展上远比在对日关系上要有意义得多的。

承前所述,卫三畏曾有5次前往日本。上面已经介绍了前3次,这里简要地记述卫三畏第4次和第5次日本之行。第二次鸦片战争爆发后,美国政府派出公使列卫廉前往中国与清政府谈判修约。1858年6月,在已

---

① 《卫三畏生平及书信》第119页。
② 《卫三畏生平及书信》第123页。
③ 《卫三畏生平及书信》第139页。
④ 《卫三畏生平及书信》第145—146页。

任美国驻华使团秘书的卫三畏的协助下,列卫廉胁迫清政府签订了中美《天津条约》,获得了很多在华特权。此后,中美两国将在上海会谈讨论两国的贸易和关税问题。7月12日,卫三畏一行到达上海,住进裨治文的上海寓所里。因为从北京朝廷派来的钦差大臣桂良和花沙纳来到上海的旅途是充满危险的,山东和江苏都有太平天国的活动,南下之路虽有上千名精兵护卫,毕竟走得很慢,这样美国使团成员就在上海要等待很长时间。在得知钦差们于10月份才能到达上海后,公使列卫廉决定趁这一段等待的时期前往日本,这正合卫三畏的心意。5年以前,佩里准将率领舰队打开了日本的大门,封闭的日本开始了与外国的交流。卫三畏非常想看一看,在这5年中,日本发生了什么样的变化。于是他们结束了在裨治文寓所悠闲而有些单调乏味的生活,启程前往日本。9月20日,"明尼苏达"号载着他们到达了日本长崎海湾。在此之前,美国政府代表哈利斯(Townsend Harris)刚刚在日本首都与日本政府签订了一项新条约,规定开放横滨为通商口岸,允许美国在日本设立使馆,并废除了原来许多贸易上的限制条件。对卫三畏来说,这是他第一次到长崎,令他感到很愉快。在长期停留的两个星期里,所有船员们尽情游览了长崎及其附近地区,从当地店铺中购买了不少古玩和日本艺术品。列卫廉、卫三畏一行还与当地行政长官互相拜访,以示友善。出于礼节,他们还和居住在出岛上的荷兰人互致了问候,并从荷兰特使冬克·库尔提乌斯(Donker Curtius)那里得到了这样的信息:日本人告诉他,只要不把鸦片和基督教带到日本,什么样的贸易特权他们都可以出让。就在"明尼苏达"号战舰上,卫三畏和塞尔先生、亨利·伍德牧师商量了要给美国圣公会、归正会和长老会的传教部写信,敦促他们派传教士到日本来,让日本人了解一下什么是真正的基督教。除了访问长崎港外,美国使团一行没有去别的日本通商口岸访问,就于10月7日启程回上海。尽管只有短短的两周多时间,卫三畏却感到很满足:"我的第四次日本之行就这样结束了。这一次要比以前任何一次都让人愉快。我们看到,这是一片充满希望的国土。我相信,如果上帝派他的信徒到这里来传教的话,那么他的伟大计划必将取得很大的进展。天刚亮,我们就拔锚启程了。船缓缓驶出港口时,大家都来到甲板上,想最后看一眼这美丽的海湾。在过去的四五年中,我到过很多地方,看到过各种各样的美丽景致,但是没有一个地方比得上长崎及其附近地区的秀丽风光。我将永远不会忘记这里迷人的风景。"①卫三畏的第五次日本之行,发生在他已经60岁的时候。1871年11月9日,卫三畏将美国驻北京使馆的公职暂时委托给他用半个月工资雇请的两位员工,以便公使镂斐迪(Frederick Ferdinand Low, 1828—1894)在起草、翻译和抄写工作中都会有足够的帮手。然后,他离开北京,21日到达上海。在上海传教站华万印刷厂排印他修订完成的词典《汉英韵府》(A Syllabic Dictionary of the Chinese Language),住在传教站印刷厂的一个环境不错的房间里,还有惠志德(Wherry)、马约翰(J. Mateer)和厂长戈登做伴,平文博士每天也在一起共进午餐。但到1872年7月,上海的夏天十分炎热,许多印刷工人中暑,马约翰有意给员工放假,并安排卫三畏前往日本休养一段时间。这样,卫三畏在西尔博士和"中国留学生之父"容闳的陪同下从上海启程,前往日本,开始他的第五次日本之行。容闳是绕道日本前往美国的,直接去美国纽黑文与那里的朋友见面,共同商讨即将前去美国的中国留美学生的安排问题,其中30名学生将跟随留学第一任正监督、后任晚清首任驻美公使的陈兰彬(1816—1895)乘下班汽轮前往旧金山。卫三畏一行在横滨口岸登陆后,径直前往日本首都江户(第三次到达),并在此游览了三个星期。游览期间,卫三畏曾出席过一个用日语主持的礼拜活动,并发表日语演讲,还参加了一位日本学者的受洗仪式。这些是卫三畏最为关心的上帝的伟大计划的一部分,显得十分有意义。这次访日,卫三畏对日本的变化深为感动和欣慰:"要回忆起日本从前的模样实在很费力。深挖、高垒已经彻底改变了这里的自然景观,只有城市远处的群山与峭壁依旧。然而该国精神与道德风貌的飞跃更是物质巨变的一千倍,它的蓬勃与进步让全亚洲以及其他各洲都刮目相看。……一生中能三次造访某地,而三次经历又如此不同,这种情形实在不多。"②

三、思考中立外交与太平天国

外交,自古以来就是国家很重要的一环,甚至决定着一个国家的命运和国际格局。因此,对外交官的自身素质就有比较高的要求。外交关系是

---

① 《卫三畏生平及书信》第184—188页。
② 《卫三畏生平及书信》第266—268页。

微妙的,一个好的外交官对于一个国家来说就是福音,而做成一个好的外交官,则是需要相当长时间的自我完善的。外交官所应具备的素质不外乎品德、学识和才干三大方面。品德之最基本的一条就是要忠诚,要忠于自己祖国和人民,因为作为外交官说出去的话都是要负很大责任的,外交官说出去的话是代表国家和人民,甚至很多是国家机密。学识之最重要的一项是要有很深厚的历史和文化修养,这里的历史不是单指某国历史,还有国际关系史、外交史,甚至还有一些著名外交强人的传记,更进一步还要主修某个国家的历史和文化,包括它的国民思想。才干,实际上是一种实践能力,形势判断、外交技巧、语言能力等是其中必备的基本素质。古今中外,有无数的外交活动证明,外交的成功可以带领国家成功,而外交的失败最终甚至可能导致亡国。在早期中美外交的舞台上,曾涌现了一批传教士外交官,他们能够冷静地观察中美各自发展态势、正确地把握清王朝的内忧外患,在重大的政局变动中比较客观而公正地发挥一名外交官的历史作用。卫三畏以"耶稣基督拯救中国"为己任,以美国在华最大利益为杠杆,以对中国历史和文化的深邃见解为依托,更以外交官冷静而准确的判断力感知中国的变化,从而做出适合其传教士和外交官双重身份的有利于中美关系的事情。对太平天国运动的判断和态度,比较恰当地反映了踏上职业外交官之前的卫三畏所具有的学识和外交才能。他既反对以传教士为首的西方人对太平天国的拥戴,又反对一些美国外交官仇视和援助清王朝剿灭太平天国的做法,认为这是中国的内政问题,是上天意志的表现,正确的政策就是外交中立。

卫三畏自1833年来华后,一直从事包括传教小册子在内的印刷工作,自然可以频繁地接触到中国文化和中国社会的纵深层面,并加强了他对中国历史的理性认识,以至于在华生活11年后回美探亲期间,就能够在巡演讲稿的基础上撰写出版他的皇皇巨著《中国总论》(共23章)。《中国总论》不仅是一本研究中国的学术著作,更是卫三畏对华外交见解的最有力载体,因为他对中国传统国情和现时国民性的认识是相当深刻的:"通过这本书,他还是尽了全力要打消人们对中国的嘲弄和偏见。他对这种普遍存在的偏见十分不满:'仿佛人们觉得他们只会邯郸学步,他们的社会制度、文学艺术、政府政治都只是对基督教世界的拙劣模仿',为此,卫三畏要

'用真实的叙述还中国一个公道'。"① "还中国一个公道"的勇气和行动，足以说明此后的卫三畏，显然已经具备了一名外交官的最重要的内在素质。从1848年秋返回中国广州后，卫三畏更加全身心地投入传教印刷工作，编辑一部英汉对照词汇表（即后来的《英华分韵撮要》），同时努力学习中文，以致他在广州可以用汉语主持定期和公开的礼拜仪式了。② 就在他主编的《中国丛报》即将停刊之际，中国的太平天国运动爆发了。这场对大清王朝影响至深的带有基督教色彩的反封建运动，也是对当时在华的外国人的一次严峻的考验，尤其对传教士和外交官的冲击力很大。

太平天国运动发生在第一次鸦片战争和五口通商之后，外国资本主义势力已经侵入了中国，中西之间的激烈碰撞，使阶级矛盾与民族矛盾交织在一起，原有的社会矛盾更加激化。太平天国在承担反封建任务的同时，必须担负起反侵略的历史重任，这是过去的农民战争所没有的。太平天国运动因其明确的革命纲领和奋斗目标，把中国农民战争推到了最高峰，不仅加速了清王朝和整个封建制度的衰落与崩溃，也配合了19世纪中叶在亚洲出现的第一次民族解放运动高潮，共同打击了西方殖民主义者。这是包括中国在内的东方国家对这段历史的主要解说。而当时在华的西方人对这场运动的解说大体是这样的："这场在海外称为太平军叛乱的持久骚乱，延续时间之长，原因在于政府内部腐败，对外斗争中软弱；同时还有其他原因在起作用。大多数中国人民完全明白，统治者比起他们自己，在道德、诚实、爱国等方面并不高出一筹；他们在抢劫、征税、勒索、审判不公之类坏事归咎于当局。统治者知道，国人对于逃税、在无碍自身安全时反抗徭役、对抗而不是协助维护法律和秩序，这些都是顶体面的事。基督教国家视为社会秩序和公道政府的根基——道德心的力量和遵守法律的义务，在中国没有这样的基础；然而，人们从家庭和学堂学到的是顺从的习惯，自己可以得到很大程度的安全，同时十分关心是否有公道的统治者。中国社会最严重的灾难是由不法分子所致，而不是由贪婪的统治者造成；这两部分的人都只能靠更高的准则才能消除和改造；要提高行为的准则，使之成为义务而不是权宜之计。"③ 卫三畏写在修订版《中国总论》第24章中的说

---

① 《卫三畏生平及书信》第91页。
② 《卫三畏生平及书信》第94页。
③ ［美］卫三畏著，陈俱译《中国总论》第1001页，上海古籍出版社，2005年。

明太平天国起义原因的上述这段话,没有涉及西方入侵对中国人民的心理挫伤,对中国统治者责任的评论也是推诿口气,偏颇之处是显而易见的,但还是让我们知道了西方人的视角和思考问题方式:基督之心和法律规范,不同于中国的人治原则。在对于太平天国运动的基督教色彩的评论上,卫三畏认为这是一种附会,指出金田起义以来,确实得到贫苦无告的人们的集合和拥护,但是,到攻占永州后,"洪秀全越来越相信他的神圣使命来自'天父',他称为'天兄'的就是耶稣,并开始脱离追随者的注视目光,给他们这样的启示,他受权驾驭武力来廓清地面上全部偶像崇拜和压迫,使献身这一光辉事业的人衷心欢呼。对于基督教的全部特有信条来说,这样的方针是破坏性的。……这一方针的主要特征,是从摩西和亚伦撒进帐幕圣堂时的行为抄袭来的,未受教导的追随者很容易得到这样的印象,他个人以同样方式反复讲述就等于是上天的意志。他的做法恰当地说明了为什么他从来不请外国传教士帮助,用耶稣基督的真理来教育追随者,他完全清楚,传教士不可能赞成这样的欺骗行为"①。定都南京后,洪秀全很快被称为中国皇帝,采用皇帝的仪式和封号,而且在这么大的军队中,包含了大量参差不齐的分子,不可能期望有时间学习《圣经》知识,首领们设想权力来自"天父天兄"。这些做法,让卫三畏觉得这个新政权开始脱离了基督旨意,而不知它的最终目的在于建立一个基督教国家:"天王从来没有认真地制定出从根本上改造政府系统的概念,而在基督教律法的指导下来开创这一局面是绝对必要的。由于不具备西方国家知识,他可能认为遵照《圣经》中的规则和实例就够了,也许他还相信只要时候一到'天父天兄'自然会揭示正确的道路。……民族感情和对当今朝代的嫌弃,有着广阔的基础,天王尽可能稳当地指望取得帮助和同情。但是他远远没有抓住机会。当他领导的运动崩溃的时候,国人对他的才能所抱的疑虑得到证实。"②正是从不同于西方真正基督教教义的这一点出发,卫三畏感到太平天国最终失败是必然的,是上天力量使然,"作为一场革命,理应包括按基督教原则重组中国,明确规定统治者和人民各自的权利与义务,这在占领南京后的一年内已完全失败了。这一运动的任何一个领导人都没有发展自己的能力去创建持久而适宜的管理制度,没有一个人学到成立临时政府来治理已

---

① 《中国总论》第1008—1009页。
② 《中国总论》第1014—1015页。

占领地区的必要经验,也没有这样的机智使居民能持久信任他们。"① 由于太平天国运动的彻底失败,卫三畏在稍感遗憾中明显透露出不屑和谴责:"自从洪秀全在广西树立起义的旗帜以来,15 年时间过去了,现在看不出随着他的奋斗而发生的可怕屠杀和不幸还会重演。关于上帝和上帝赎救世人的新概念没有因太平军首领及其追随者的宣传和实践而得到阐明,他们也没有采取任何措施请外国人帮助传播他们所自称承认的基督教。……如果说这次起义实际上没有在受过教育的中国人中展示宗教真理,那么并不缺少的是起义首领引自《圣经》来阐明信仰的出版物,或是以严厉惩罚来施行禁令的法律文告,这两者都在各地散发。……中国的友人怀有强烈的期望,想通过洪秀全的成功使中国得到新生,如果他们能够更好地了解洪的思想中内在活动和他的将领们的罪恶行径,就不会沉迷于这样的想法了。……他们的出现是十足的祸害,从始至终纯属灾难,对于摧毁的没有尽丝毫努力去重建,对于留下的没有去保护,对于窃取的没有去偿还。……据住在上海的外国人估计,从 1851 年到 1865 年整个阶段,和太平军起义有关联的人命丧失达 2000 万人。"② 而对北京清政权的苟延残喘和继续维持闭关的外交政策,卫三畏也不吝批判:"他(两广总督叶名琛)的隔绝态度是北京既定方针的一部分,也就是说,同可怕的外国人保持一定距离,以维持完全的闭关自守。没有别的做法更有可能给政府带来它所害怕的坏事,同时更加确实地表明昏庸无知所造成的后果。这种状况不可能长久维持下去,沿海有那么强大的势力使合法贸易趋于瓦解,使所有官员遏制臣民胡作非为的一切努力受到挫败。五口开放至今,十年时间过去了,中国人陷于自从满人征服以来未有过的悲惨不幸的混乱局面。然而,外患内乱没有使骄傲的北京官僚主义吸取教训,这些人既不愿寻求治疗之方,也不能理解困扰国家的难题的真正性质所在。"③

上述所表达的卫三畏之于太平天国的认识水平,充分反映了他对中国历史与文化的深切认识,以及对以汉族为主的中国人性格的理解,因此较当时某些传教士的狂热和一些外交官的敌视,是迥然不同的理智与现实态度。卫三畏从来没有访问过太平天国都城天京,也没有过多评说,但他的

---

① 《中国总论》第 1013 页。
② 《中国总论》第 1018—1029 页。
③ 《中国总论》第 1036 页。

"中立"态度十分坚定,因为在他看来,只要基督福音能够在华散播,上帝拯救中国的伟大计划在执行,就不在乎哪个中国的种族(汉族或满族)组织政府和统治人民,"这场战斗不论谁赢,起维护作用的无疑是上天的力量"。① 太平天国运动分为前后两个时期,以1853年3月占领南京为分界线。在华的西方人对太平天国的态度大致表现为初期的同情与欢呼,再到中后期的不满与对抗的变化,是适应西方侵略中国的既定目标的。而大多数美国传教士的态度就带有鲜明的政治性,其步调是和美国政府的对华政策相一致的。他们是基督教事业的传播者,又是美国侵华的政治代表,以维护和扩大美国在华利益为己任。他们密切注视太平天国运动的发展完全是为了扩大美国在华利益。② 因此,从所有进入过太平天国控制区域的传教士言行来看,传教士与太平天国接触决不局限于宗教方面,更多的行动是政治性的,在初期是"拉",接着是在"中立"的幌子下"观望",洪仁玕到南京后又出现了"拉",没有"拉"成之后就转变为寄希望于清政府,而对太平天国则公开抱敌视态度了。③ 后来的这种敌视态度的出现,就是因为他们的需求没有得到满足,也因为西方人不会在撇开清政府转而承认太平天国后,就会放弃在华已取得的特权和不向新政府勒索更多权益的,传教士在太平天国区域的后期活动明显是一种高傲的强国心态:"传教士们对这般叛乱者的骚动并没有给他们丝毫的援助或一个字的鼓励。如果传教士到他们那里去,那只是为了搜集情报的目的,把真理之路更完整地教导他们,或训诫他们放弃他们的错误主张和非基督教的礼仪,对他们效法他们的敌人的残暴行为予以谴责。"④可见,从西方传教士看待太平天国运动第一个时期的态度,明显是一种宗教上的狂热。对于蓬勃发展的太平军形势,除了少数美国传教士持反对或怀疑态度外,但大多数传教士都对这场运动表示欢迎和赞赏,原因大致有两点,一是传教士普遍对清政府的不满和仇视。五口通商后,传教士尽管在通商口岸获得了一些传教特权,但仍然无法在中国全境自由地进行传教活动,传教事业一直不理想,遂之迁怒于清政府的种种限制,时时处处表露出不满情绪。太平天国运动的兴起,

---

① 《中国总论》第1011页。
② 梁碧莹《龙与鹰:中美交往的历史考察》第196页,广东人民出版社,2004年。
③ 顾长声《传教士与近代中国》第92页,上海人民出版社,2004年。
④ R. Wardlaw Thompson, *Griffith John*, *The Story of Fifty Years in China*, London, 1908, pp. 259-260。

使传教士看到了在华传教的曙光。一名传教士曾兴奋地说:"当我来到中国时,我发现一切都笼罩着午夜黑暗的阴郁。现在乌云被冲破了。虽然我不知道未来的岁月如何,我欢呼出现的曙光。"①在传教士看来,太平天国运动是为了推翻清政府的统治,只要清政府垮台,将会有助于推动在华传教事业的发展。出于这种改变现状的急切目的,传教士欢迎太平军的心态自是情理之中了。二是太平天国运动的基督教色彩确实让一些辨识不清的传教士认为,太平军所信奉的拜上帝教与基督教教义基本相同,是"上帝造就的一次有利于福音的革命"。② 曾向洪秀全传授过基督教知识的美国浸礼会传教士罗孝全(Issachar Jacob Roberts,1802—1871)更以极大的热情赞扬和关注太平天国运动,他在评论太平天国运动时说:"他们不是要反抗政府,而是为宗教自由而斗争,且实谋推翻偶像崇拜。现在我对他们的这个斗争具有同怀,而且期望着能有重要的结果,上帝的旨意真是奇妙! 前次与外国开战的结果,是出人意料的使中国得以开放。如今,倘这次革命能够推翻偶像崇拜而开放,将使基督教的福音传遍中国,其结果岂非同样的奇妙!"③罗孝全是第一位来香港的传教士,他还因为与太平天国有着特殊的关系而闻名于世。1847年3月,洪秀全和族弟洪秀仁一起,从家乡前来广州罗孝全处学道。他们参加圣经班学习,记忆和背诵圣经,每天听课两小时。在这里,洪秀全第一次读到新旧约全本。3个月后,洪秀全携带全部或部分《圣经》去广西宣传他的革命思想。1853年,洪秀全已经开始在南京建立了政权,并邀请罗孝全去那里帮助传播宗教。经过多年曲折,1860年,罗孝全到达天京(南京),并在那里停留了一年多。在此期间,他受到热情的接待,还被封以爵位和重要的官职。在他的影响下,又有其他不少传教士到达那里。但是他最终发现,洪秀全的政权与基督教的差距太大。在天京,他曾对洪仁玕说:"我到这里来单纯是为了传布包含在新约中的基督福音,并把散布圣经作为更有效地完成那个目标的一个手段,或者为了同一目的而振兴学校。"④最后他于1862年1月失望地离开天京,回到上海,他承认包括洪秀全在内的太平天国领袖对他"非常友好",只是悲

---

① J. S. Gregory, *Great Britain and Taipings*, London, 1959, p. 50.
② Ralph Covel, W. A. P. Martin, *Pioneer of Progress in China*, Washington, 1978, p. 80.
③ 《北华捷报》(*North China Herald*), 1853年8月20日。
④ 茅家琦《太平天国对外关系史》第292页,人民出版社,1984年。

第三章 北京外交经历

叹太平天国内"在传布基督教方面,完全无用,比无用还要坏"。① 1866 年,罗孝全回到美国后病逝。但罗孝全之事并非个案,因为早在罗孝全之前,就有美国传教士到达太平天国都城天京了。第一次鸦片战争后,随着广州商馆制度的废除和 1842 年五口通商口岸的开辟,越来越多的传教士来到条约规定开放的通商口岸及其附近地区。据 1855 年的统计,中国境内大约有 75 名基督教传教士,其中美国传教士有 46 人。② 从 1853 年到 1863 年间,外国传教士直接到天京等地访问的约有 18 人次,这还不包括已在太平军辖区内传教的外国人。这批被太平天国领袖们称呼为"洋兄弟"的传教士访问的主要目的,一是搜集太平天国的政治、经济、军事以及宗教文化等各方面的情报,二是向太平天国的领袖们游说正统的基督教义。③ 而前一个的目的是隐含性的,正如曾到过天京的英国伦敦会传教士杨格非(Griffith John,1831—1912)所说,那样是"为了查明我们关心的各项问题的真相,为了鼓励他那可赞美的努力去纠正与运动有关的各种错误,为了解我们如何才能把真理散播到他的人民中去,同时也为了请他们考虑我们所提出的一些计划和改进办法"④。尽管多是基督传播的言辞,也不能掩盖它所属国家的政治目的,即企图通过实地考察,窥探太平天国的虚实和政治、军事与宗教状况,衡量这场革命对美国在华传教事业和美国在华利益是否带来好处,并为美国政府和美国驻华官员搜集情报,为美国政府制定对华政策提供依据。当时,大多数美国传教士先后访问过天京,并和太平天国领袖们发生不同程度的接触,有伯驾、罗孝全、裨治文、戴作士、丁韪良、倪维思等人。其中,戴作士是第一位到太平天国统辖区活动的美国监理会传教士医生,他通过镇江之行,认为太平天国领导人对外国人是不了解的,城池的军事防御能力很高,对自己的事业有信心并得到人们的支持。戴作士将见闻向美国驻华公使马沙利做了详细汇报,影响了美国驻华使团对太平天国的外交政策。⑤ 1854 年,裨治文以美国驻华全权委员麦莲

---

① S. Y. Teng, *The Taiping Rebellion and the Western Powers*(邓嗣禹《太平叛乱与西方列强》),London:Oxford University Press,1971,p. 199.
② [美]马士著,张汇文等译《中华帝国对外关系史》(第一卷)第 637 页,商务印书馆,1963 年。
③ 顾长声《传教士与近代中国》第 75 页,上海人民出版社 2004 年。
④ [英]呤唎著,王维周译《太平天国革命亲历记》(上册)第 222 页,中华书局,1961 年。
⑤ 梁碧莹《龙与鹰:中美交往的历史考察》第 182 页,广东人民出版社,2004 年。

(Robert M. Mclane,1815—1898)的译员身份访问了天京,进行了为期 6 天的考察,报告得出了有些令人心情复杂的结论:"太平天国政府在行政管理方面是强有力的,他们维护秩序与遵守纪律同样有力,这在中国是罕见的;太平天国不是一场基督教运动,'太平天子'们只是名义上的基督教徒,而其实则都是严格的打倒偶像主义者;太平天国对列强与清政府签订的一系列不平等条约,除非是在'压力之下',否则他们'必定不会承认的'。"①而丁韪良更是主张西方应该承认太平天国,"这奇特的革命也许需要很长的时期方能圆满完成,然而对于中国最终必然皈依基督圣教的希望是不必沮丧而放弃的"②。从主体上来看,美国传教士是从有利于福音传播的积极意义上来欢迎太平天国的,并非深刻地认识到这场在中国具有阶级矛盾与民族矛盾交织在一起的根本冲突,也无法理解到它是一场非此即彼的生死较量。

  与传教士的看法相左的是美国政府对太平天国的政策。其实,早在 1853 年 3 月 19 日太平军攻克南京前,江苏巡抚杨文定命令上海道台吴健彰向上海的英法美领事求援,希望他们的兵船开进长江,帮助守卫南京。英法美三国的基本考虑,是在中国的社会变革中保住已取得的条约权益,如有可能则进一步扩大权益,而清政府请其出兵助战,是将活动范围深入内地的好机会,可是,支持清朝就意味着与太平天国处于敌对地位。因此,在太平天国起义第一阶段,美国政府根据来自中国的不同报告和在全局不明朗的情况下,决定不接受吴健彰的要求,不介入双方的战事,执行"中立政策":"美国决定维持中立,可择可为者而为之。惟必须尊重条约的规定。对中国的统治者与其人民之间所发生的一切争执,尤须保持美国的不干涉政策,若不违反此种行为之规律,自可以尽量设法使中国处此危机之下放弃其加于中外关系的不智之束缚。"③1853 年 4 月 2 日,新任美国驻华公使马沙利(Humphrey Marshall,1853—1854)便乘"色士奎哈那"号兵舰去天京,这比英国公使文翰(Sir George Bonham)离沪去天京要早 20 天。然而,由于该兵舰载重过大,在吴淞口进入长江航行 30 英里就搁浅。马沙利这次天京之行未能如愿,只好垂头丧气地折回上海。尽管如此,面对太平

---

① 《北华捷报》(North China Herald),1854 年 7 月 22 日。
② 《北华捷报》(North China Herald)第 360 号,1857 年 6 月 20 日。
③ 李抱宏《中美外交关系》第 94 页,商务印书馆,1940 年。

军的凌厉攻势,马沙利也觉得太平军最后成功已不成问题,冒犯太平天国不是上策,而且太平天国信奉某种形式的基督教新教,信奉同一个宗教就有接近的可能,外交和贸易有可能打开新局面。在4月28日致国务卿马西的信中也流露出对太平天国必胜的那份信心:"我想我可以十拿九稳地说,就我见闻所及,中国的统治已经完全操诸在太平军之手,当今朝代的完全倾覆,革命的胜利成功,是指日可期的。"①然而,战斗瞬息万变的,定都南京的太平天国开始裹足不前,北伐也是孤军深入,西进虽一时进展,其后就受到了地方团练的阻截,再加上英、法两国公使先后访问天京,英、俄两国准备帮助清政府干涉进而瓜分中国,令马沙利感到疑惧。5月30日,马沙利给美国国务卿马西(William Learned Marcy)的信中,明确地表达了援助清政府的意向:"美国一旦面临一件现在很像是瓜分中国这样的大事发生,究将如何自处方为得计,应当未雨绸缪。"②在马沙利看来,从全局和长远考虑,"美国应当支持清政府,否则无休止的内战将不仅导致商业的全面停顿,还会使中国被其他列强瓜分,因此他主张尽他的力所能及来支持帝国政府。在7月份呈交国务卿马西的机密报告中,马沙利更加突出了力主全力支持清政府的主张:"一旦英国和俄国为他们的贪心或野心所驱使,企图肆行掠夺,亚洲的命运也就从此注定,除非现在美国能以健全的政策挫败这种不幸的结果于事先,未来中美关系的长期断绝是可以想象的","美国的最高利益所寄,是在于支持中国——维持此间的秩序","而不是坐视中国变成无政府状态蔓延的场所,致终成为欧洲野心的牺牲品"。③ 马沙利认定的"中国的稳定是美国最大利益所在"这句话,就是所谓的"马沙利纲领"。由于"美国对华事务不了解,且通讯不便,使华外交人员享用极大行事之权"④,因此,"马沙利纲领"基本上代表了当时美国政府的观点,成为在华美国人的普遍主张。美国学者对这个纲领评价颇高,认为它是经得起时间考验的,是正确的美国远东政策的总结。当时这个纲领所包含的内容虽符合美国在华的利益与各国关系相协调的政策,实际上却违反了美国当时对中国内部事务的中立政策。因为这一纲领为了维护美国的条约利益,反对瓜分。为了使瓜分不能实现,在一定程度上维护中国主权,可以说,是

---

① [美]泰勒·丹涅特著,姚曾廙译《美国人在东亚》第186页,商务印书馆,1959年。
② 《美国人在东亚》第168—169页。
③ 《美国人在东亚》第204页。
④ 李定一《中美早期外交史》第153页,北京大学出版社,1997年。

以后"门户开放"原则的雏形。它在当时很受美国政府的重视,对以后美国对华政策的形成也起了重大的影响。① 然而,马沙利并没有很好地遵循美国政府指示他"不干涉中国内政"的训令。1853年,马沙利在会见两江总督怡良要求修约时表示,"只要中国皇帝宣布中国境内宗教思想信仰自由,允许一切与中国订有友好通商条约的外国人在全中国一切地方自由出入",美国就援助清政府镇压太平军。② 同年9月7日,上海小刀会起义,英、美两国在上海海关实行所谓的"领事代征制",即宣布上海海关不能行使权力期间,英、美领事代帝国政府向英、美商人征税,所得税款由领事代管。可是英、美两国采用的方法不同。英国领事只要求商人开具期票,交领事馆收执,至于是否兑付则由英国伦敦外交部裁决。而美国人则奉命以现金在领事馆缴税。"这样一来虽将美国人置于吃亏的地位,但是却使马沙利委员得以贯彻他的政策,支持帝国当局并防止可能踵随太平天国的成功而来的帝国的瓦解。"③马沙利的这种政策很显然招致美国商人的反对,在美国国内也没有得到多数人的支持。美国总统皮尔斯鉴于"马沙利先生在中国事务中的行动,引起了内阁的不快和麻烦"④,不得不做出撤换马沙利而代之以麦莲作为新任驻华公使。马沙利这种实际上支持清政府的政策最终导致他"下野",正好从反面印证了当时美国国内对太平天国运动给予更多的是同情和希望,也表明了美国的"中立"政策的天平是偏向于太平军的。所以,从总体上来看,在美国"中立政策"限制下,马沙利在军事上、政治上不能实行他的纲领,只有在关税问题上援助清政府,从经济上防止清朝瓦解。鉴于前任马沙利的教训,麦莲在来华之后采用了既与太平天国接触,又和清政府交往的"双管齐下"的"两面手法"。1854年5月21日,麦莲乘"色士奎哈那"号,自吴淞泊地启程,并于25日到达镇江。因未事先周知,故遭到太平守军炮击。5月27日,该军舰到达天京城外江面,并向太平军呈送照会。但由于太平军将领未能摒弃传统的"夷夏之辨"思想,照会中仍视美国为进贡的藩属,准其年年进贡,岁岁来朝,以永沐天朝恩泽。这就让美国公使大失所望。麦莲是继1853年4月和12月英国公

---

① 项立岭《中美关系史全编》第39—41页,华东师范大学出版社,2002年。
② 卿汝辑《美国侵华史》(第一卷),第139页,生活·读书·新知三联书店,1952年。
③ [美]马士、宓亨利著,姚曾廙译《远东国际关系史》(上册)第171页,商务印书馆,1975年。
④ 茅家琦《太平天国对外关系史》第65页,人民出版社,1984年。

使文翰和法国公使布尔布隆（Alphonse de Bourboulon,1809—?）分别乘军舰访问过天京之后的第三个访问天京的国级公使官员，也是美国官员与太平天国唯一的一次接触。6月4日，麦莲回到上海，在结合传教士裨治文和克博松以及另一位美国圣公会主教文惠廉的意见后，向国务卿马西发出一份《访问太平天国的报告》，阐述了美国政府应对太平天国所采取的政策：太平天国"既不信仰也不了解基督教，如果他们取得了政治权力的话，那么，无可怀疑，在平等基础下进行交往是不可能的"，因此，"直到现在仍然被认为是正确的政策是：一个严格的和不偏不倚的中立必须保持，直到战斗的双方之一取得了一个优势"。但是这种"中立"政策并不是等闲视之，袖手旁观，而是"我们要准备利用现在的危机，扩大我们的商业交往，发展文明的荣光和福祉"①。可见，美国政府的政策是要静观事态发展，并利用中国的危机局面，坐收利益。为了从清政府那里获得更多利益，麦莲把注意点放到了联合英、法与清政府谈判"修约"的交涉之中。因此，麦莲便利用被清政府视为"肘腋之患"的太平天国作为与清政府讨价还价的筹码，提出如果清政府满足其"修约"的要求，便"自当襄助中华，削平反侧"。② 如若不允，美国政府将"无差别地与任何和所有中国人进行贸易"，也就是说，美国将会与太平天国进行贸易和发展关系。这种威逼利诱手法，清楚地表明了美国政府赤裸裸的侵略政策和狡黠嘴脸。这样，此时的"中立"政策已经回到了马沙利时期的老路上去了，即这种政策开始倾向于维持清政府政权的稳定。从1855年8月起，美国政府和驻华公使等官员完全抛弃"中立"原则，公开地采取了助清政策，并以12年期满修约为幌子，大肆揽摄权益。传教医师伯驾被任命为驻华公使，于是年底到达中国，便与英、法公使沆瀣一气，北上欲强迫修约未果，遂回香港。次年，伯驾公使向美国国务院提出一个计划，由美、英、法三国分别占领台湾、舟山群岛和朝鲜。这是西方国家首次公开要求染指台湾的企图。台湾包括澎湖列岛及钓鱼岛等若干附属岛屿在内，作为中国东南的屏障，自古以来就是中国领土不可分割的一部分。到了近代，由于战略地位极为重要，台湾成了西方殖民主义者企图霸占的重要地方。美国对台湾早有侵略野心，1847年和1849年先后两次派舰到台湾勘察。1854年，美国一名海军副将拉毕

---

① 《太平天国对外关系史》第90—92页。
② 贾祯等编《筹办夷务始末》（咸丰朝）第8卷，第286页，中华书局，1979年。

雷率舰在基隆登陆调查后,认为台湾处于"海军及陆战上的有利位置",建议美国政府占驻台湾为海军基地和"商业的集散点"。① 此后,伯驾又多次向美国政府提出使用武力,并建议美国占领台湾,建立一个"受美国保护"的"独立政府",实质是把台湾变为美国殖民地。后因美国内战无暇他顾和台湾人民的反抗,未能得逞,伯驾也因此举众怒难犯而下野。1857年4月,继任的美国第一任驻华特命全权公使列卫廉(William Bradford Reed)赴华修约,却一直采取与美国政府"和平合作方式"相反的武力政策,借助英法联军的船坚炮利,裹挟清政府先于英法与美国签订《天津条约》,得到美国政府的默认。1859年上任的美国驻华公使华若翰(John Eliott Ward,1814—1902),同样与英法联军北上换约,并支持和介入武力胁迫。1862年底,美国第一位驻京公使蒲安臣来华后,与西方其他列强合作,公开援助清政府镇压太平天国的态度日益明朗。蒲安臣公开声称:太平军无成事之理,对清政府不但应"以合法政府视之",还要帮助它"压平内乱",②并允许组建美国华尔洋枪队,"赞成中国自行组织军队而雇佣外人训练华兵关于平时与战时的战术"。③ 至此,美国政府伪装的"中立"政策宣告结束,加入到西方列强的全面军事干涉之中。就这样,在二三年后,太平天国在中外反动势力的联合绞杀下而最终失败。关于美国对华政策上的"中立"历史,作为中国人和世界历史研究者,都应该明确地理智地评定它只是权宜之计,最终目的都是要看美国是否从"中立"政策中得到利益,否则就将"合适"地更换之。太平天国的失败是一个例子,孙中山领导的辛亥革命不彻底也是一个例子。在孙中山眼里,中国不仅要学习美国,而且还要争取美国的支持和帮助,时任美国驻华公使的芮恩施(Paul Samuel Reinsch,1869—1923)都看出这一点:"中国正在努力创造真正的代议制,其主要榜样是美国。……中国的一切具有自由思想和远见的人认为美国是一个自由的政府,他们不仅想模仿它,而且希望得到这个政府的关心、同情和道义上的支持。"④但美国政府多次拒绝承认孙中山的广州政府及其革命活动,

---

① 《近代史资料》(第3期)第160页,科学出版社,1954年。
② 李抱宏《中美外交关系》第103页,商务印书馆,1940年。
③ 王忠《太平天国革命人民如何对付侵略者》,载《太平天国革命运动论文集》第47页,生活·读书·新知三联书店,1950年。
④ [美]保罗·S.芮恩施著,李抱宏、盛震溯译《一个美国外交官使华记:1913—1919年美国驻华公使回忆录》第40页,商务印书馆,1982年。

而只承认北洋军阀政府。在 1921 年,美国国务院还抱有这样一种观点:"孙博士正在制造暴乱,用以反对早被美国承认了的中国政府。"①此后,孙中山终于放弃了对美国的幻想,开始了"联俄、联共、扶助农工"三大政策为核心的新民主主义革命活动,"在我们为自由而奋斗的这第 12 个年头,来到的不是拉斐特,而是一美国舰队司令率领较他国更多的军舰驶入我国领海,妄图共同压垮我们,以消灭中国的共和国。难道华盛顿和林肯的祖国竟断然抛弃了其对自由的崇高信仰,从一解放者而蜕化成一为自由而斗争的人民的压迫者吗?"②实际上原因是很简单的,就是孙中山对未来中国的设想与美国政府对中国的构想大相径庭:美国只希望中国继续维持现状,保护列强在华的利益,包括不平等条约所给予列强的在华特权,而不愿看到一个和平民主富强的新中国出现在它的视野里。这就是美国在中国出现政局变动中所持的"中立"原则的真实本质,对此要予以警醒和坚决抵制。

马沙利公使在建议美国政府给清政府以海陆军支持无果的情况下,曾求助于当时在华的美国海军远东分遣队的准将佩里。当时佩里舰队正在筹划叩关日本,在严格执行美国政府中立政策之下,拒绝了马沙利的要求。这种拒绝与传教士卫三畏密切相关。为了保证叩关日本的成功,佩里准将一到香港后便登门拜访卫三畏,希望卫三畏出任使团的日语翻译,再三邀请下,卫三畏最终答应。此际,马沙利公使请求佩里出兵助清。卫三畏和其他在舰队服务的传教士一起,极力劝说佩里准将执行美国政府的中立政策,主张不加入中国内部事务,采取静待时局发展的"巧妙的无为政策",实际上,还是比较同情太平天国的。在从日本回航澳门后的 1853 年 8 月 20 日,卫三畏仍然对太平天国寄托厚望:"中国叛乱者的进军已达到如此程度,以至于我们中的绝大多数人都认为,清朝皇朝的覆灭和汉族皇室的再起都是极有可能的。我们日日夜夜等待着占领北京和把满洲人赶出首都的消息……我满怀希望,祝福这个运动取得完满的结果。"③卫三畏能入幕佩里赴日使团,是因为佩里要充分利用他渊博的远东事务的知识。很自

---

① [美]韦慕庭著,杨慎之译《孙中山:壮志未酬的爱国者》第 175 页,中山大学出版社,1986 年。
② 孙中山《致美国国民书》,载《孙中山全集》(第 8 卷)第 521 页,中华书局,1986 年。
③ Frederick Wells Williams, *Life and Letters of Samuel Wells Williams*, *Missionary*, *Diplomatist and Sinologue*, New York:G. P. Putnam's Sons,1889,pp. 201-202.

然,佩里很重视卫三畏对太平天国的看法,以便在此基础上形成他自己的政策。在卫三畏提出坚守中立政策的看法后的第 11 天,佩里就向美国政府呈送了一份报告,主张美国政府正确的对华政策应该是"保持沉默,等待适当机会的到来,然后再采取行动",而且在报告的开头就开宗明义地宣称:这些建议是综合了美国商人的意见和"普遍的评论"(指传教士的意见)而提出的。①

其实,从同情太平天国到助清剿灭起义者,是当时在华的各国政要和传教士的普遍心态。太平天国的最终失败,就中国人而言,其失败的根本原因是农民阶级的局限性,农民阶级不是先进生产力的代表,不是先进阶级,不能领导中国革命。没有先进阶级的领导,更没有科学革命纲领的指导,再加上客观上反动势力的强大,失败成为历史的必然。但从中我们可以看到中华民族几千年来不屈不挠的斗争精神和为求民族独立而做出的尝试,以及当时中国社会政治斗争的复杂性。就当时在华外国人和他们身后的政府而言,对太平天国的失败也是几家欢乐几家愁的。如果从一种事不关己的心态出发,只是一份嬉笑怒骂后的谈资;而从唯个人利益为上的机会主义角度,似乎就有一种胜者为王败者寇的人生万象了。犹如基督冥冥之中的感应,传教士卫三畏似乎对太平天国的失败也是苦水内咽,而只以"担心太平军胜利之前,这个国家要先经历一段较长的暴政时期"来解嘲一番了。在此,有必要将卫三畏曾写给在土耳其布道的弟弟的两份信摘录如下,去感受卫三畏之于太平天国"中立"思想的真实内心世界了:

> 在中国发生的起义声势浩大,如火如荼。我们都觉得,清王朝可能很快就要被推翻了,起义者们将要建立一个汉人的政权。我们每天都在等待着起义军占领北京,将满族人驱逐出去的消息。同时也担心清王朝被推翻的消息传出后,我们的生命财产安全会失去保障。……这次起义的领导者确实是很有才能的一群人。从他们的谋略来看,他们远远比我们想象的要有远见卓识。我们对他们的了解很有限,因为我们只有通过官方渠道获得信息。但是,朝廷的官员显然对他们的敌人并无清醒的认识,他们

---

① 《急件:培理致海军部长函》(*Dispatch*, *Perry to Secreary of Navy*),1853 年 8 月 31 日,载戴维兹编《美国外交和政府文件,美国与中国》(第 1 辑,第 4 卷)第 194 页。

总是歪曲事实。起义的领袖对《摩西五经》和四大福音书略知一二。他们推倒偶像,而且还守安息日。不过,他们的信仰和规矩中还是有一些伊斯兰教和多神教的味道。他们之所以有比较大的号召力,也许是因为他们的教义的确说服了一些人。但更重要的原因在于他们总是公平买卖,从不强取豪夺。偶像崇拜和祖先崇拜在中国人心中根深蒂固,起义者们所宣讲的那些基督教教义并不能为人们所接受。不过他似乎不是很在意人们是否能摈弃对偶像和祖先的迷信,也许,他们心目中也还保留着这样的迷信。从他们出版的书籍来看,他们的确对基督教有较多的理解。当然,也有很多错误的认识和狂热、偏执的想法。最典型的是,他们宣称他们已经得到了神谕,一切都是按上帝的旨意行事。我很希望这次起义能产生一些好的结果,但是,既然它颠覆了长期维持的旧秩序,那么就不可避免地会给整个中国带来苦难。我们确信,上帝主宰着一切,所有的变化最后都将成为伟大事业的推动因素。(1853 年 8 月 20 日,广州)

我们去很多的地方布道,而且没有受到任何阻挠。这也许是因为在太平天国起义的影响下,人们的宗教观已经发生了很大的变化。太平军的宣传使耶稣、摩西及其他一些《圣经》中的人物广为人知(无知的人们凭自己的理解来定义这些人物)。人们想从我们这里了解一些基督教的真相,所以对我们的布道多了一些关注。这里的人们非常关心太平军在北方的斗争情况,认为改朝换代指日可待。而伴随着朝代的更替,总会有许多不可预测的事情发生。人们乐于对未来进行种种猜测,并乐此不疲。……在此之前,对于外国人,中国人的头脑中只有一些极荒诞、极不切实际的猜想。现在他们的认识加深了,并且这种认识已为越来越多的人所具有。因此,我们有理由相信,在不久的将来,我们可以自由地去这个的任何一个地方与那里的人交流,我们的轮船可以在长江、黄河及它们的支流中自由地航行。因为人们都希望见到我们、了解我们。……我们不知道宗教的因素在这次起义中到底占多大比例,我们更不知道对基督的信仰到底在多大程度上影响了这次起义的领导者们。因此,我们无法衡量我们神圣的信仰在他们那里到底获得了多大的成功。有许多外国人对前景过于乐观,他们相信,起义军建立起一个新政权后,将会奉基督教为国教,并将是否信奉基督教作为判断一个人是否忠于新政权的标准。这些乐观的改革者们不知道,在一个异教盛行的国家,真理的传播将是一个极为漫长的过程。这些乐观的人大多没有经历过精神或信仰的巨变,在这个问题上他们不会比一般人更有洞察力。我们有理由期待,这些起义者在夺取政权后会比清政府给我们更多的特权。但是,我担心在这一天到来之前,这个国家要先经历一段较长的暴政时期。(1853 年 9 月 24 日,广州)①

当然,有一点必须指出,作为一个外国人,卫三畏同样不可避免地流露出对失败了的太平天国的某种"事后诸葛亮"的心态,尽管他不是那么公开、那么强烈地反对太平天国,他的"中立"主张也是隔岸观火、从中渔利的一种思想。无论是太平天国还是清政府,只要从其中一方获得美国在华利益最大化,就是他的爱(美)国主义。南京被攻占,标志着太平天国的最后失败,一度助剿太平军的美国人华尔似乎成为当时在华美国人的一个灵魂人物和英雄,卫三畏还曾为华尔撰写和翻译相关资料,多有溢美之词,而对太平天国这场"叛乱"的最终失败显得比较淡然和漠视:"从一开始我就对这一叛乱没有信心,虽然他看上去好像会成为传播真理的一种手段,但实际上没有足够的理由来确保这样一个结果,而在过去的五年当中叛乱者的行为表明他们是残忍和狂热的,其程度远远超过 1851 年他们开始屠杀时的情景。"②

第二节 卫三畏的职业外交官生涯

从 1855 年夏暂时代理美国驻华使团秘书一职(1857 年 1 月正式出任)算起,到 1876 年 10 月离开北京返美,卫三畏在美国对华外交舞台上活动了 20 余年。若从 1859 年夏进入北京起算,到 1876 年退休,卫三畏在北京的中美外交舞台上展现外交才能达 17 年之久。"离别在即,一切结束;在北京的使命已经完成,17 年来这座城市见证了我生命中许多甜蜜而重

---

① 《卫三畏生平及书信》第 120—122 页。
② 《卫三畏生平及书信》第 243 页。

大的时刻。"①如果从1833年(21岁)踏上中国广州的那一刻起算,到1876年10月为止(64岁),卫三畏在中国生活了整整43年,而外交生涯就占据近一半,其间曾9次代理驻华公使(累计时间接近6年),这在早期中西外交史上都是少见的事例,而且到他离开中国时,他不仅是在华时间最长的西方人,而且是离开中国时已是晚年岁月的人,"多数外国人在中国的工作时间都不长,都还没有真正跨入老年的门槛,卫三畏很自然地被看作他们当中的元老,当初来中国时他遇到的人没有一个留下的,而眼前的大部分传教士都出生于他在广州登上中国领土之后"。② 卫三畏走上职业外交官之路,既是中美关系发展的时代要求,也是他在华20多年传教生活启示下的自身产物,更是他热爱中国及其文化的一种精神生活的必然延续。在这么长的外交时间里,卫三畏不仅为美国利益,尤其美国在华利益做出极大的历史成就,也直接或间接地为中美文化交流做出了自己的贡献。更重要的是,近20年的对华外交活动使他更加深入而客观地了解了中国社会和中国文化,对他此后成为闻名于世的一位西方汉学家奠定了雄厚基础。

一、卫三畏从事职业外交官的原因

如果从基督信仰的角度来说,卫三畏走上职业外交官之路,自然是上帝的安排,是传教事业在华发展的又一次契机。若从世俗社会的愿望出发,卫三畏自是食人间烟火之人,现实的中美贸易利益和民族间的文化交流,对远渡重洋背井离乡到中国来的美国人来说,有谁不想建功立业?因此,无论是国家利益的需要,还是个人事业发展的需要,在近代中西关系的进程中,卫三畏都是生逢其时,恰在中国门户开放"中流击水"的时候登上美国对华外交的舞台。从接任美国驻华使团的秘书开始,卫三畏开始了他在中国事业的新目标和新角色,从一名传教士印刷工转变成为一位传教士外交官了。促成卫三畏下定决心进入美国对华外交舞台的原因,主要在以下四个方面:

(一)美国在华外交的内在需要,是卫三畏作为美国公民必须接受的一项服务。

---

① 《卫三畏生平及书信》第283页。
② 《卫三畏生平及书信》第285页。

19世纪40年代,正是美国历史上最大的领土扩张时期。得克萨斯地区正式并入美国,美墨战争中美国获得了墨西哥55%以上的领土,并获得了通往太平洋的出海口,以及俄勒冈地区的获得,共使美国的领土面积增加了312万多平方公里,是美国独立胜利以后英美《巴黎和约》确认美国面积的1.36倍,基本上完成了美国历史上影响深远的大陆领土扩张。[①] 这段时期也是美国鼓吹"天定命运"的扩张主义思潮盛行之际,美国对于远东地区的扩张越来越显示出极大的兴趣,特别是中美《望厦条约》签订后,美国在华利益比较轻易地获得,刺激了它的胃口,中美之间的不平等关系,也就随着西方列强进一步侵华而深化。1854—1856年,美国参加了英法挑起的两次修约活动,要求索取包括公使驻京在内的更多特权。修约受阻后,并假借"调停人"身份在英法联军之前,就裹挟清政府签订了中美《天津条约》,进一步获得在华特权。在废除奴隶制后,美国更大地实行扩张的对外政策,在拉丁美洲施行"门罗主义",在欧洲推行"孤立主义",在远东策划"门户开放主义",而在中国,特别是在19世纪后期,美国的对华政策既实行同英、法等国的合作外交,又强调要确保美国在华的经济扩张利益。[②] 然而,要实现在华的美国利益最大化,就必须强化外交力量,而能胜任外交活动的美国人确实很少,就是在华传教士能做到了解中国的人也是屈指可数的。因此,在美国国内,只要有人能对中国稍有了解的,就会在国内的报纸等媒介上被大肆渲染,以致家喻户晓,美国政府也自会心中有数。最早来华的美国传教士裨治文,就被聘请出任第一位来华公使顾盛的秘书,帮办顾盛与清政府签订《望厦条约》,而第一位来华的传教医师伯驾就因为参与顾盛使团,成为美国人民熟悉的外交人才,以至于1855年夏被美国政府任命为驻华公使。从美国政府的外交级别来看,美国自19世纪向中国派出外交使节始于清朝,起初多为领事级别。1844年,美国向中国派出的顾盛为专员(Commissioner),负责谈判《望厦条约》。1844年至1857年,美国向中国派出的最高使节皆为专员。而从1858年起,派出的为特命全权公使(Envoy Extraordinary and Minister Plenipotentiary),直到清朝灭亡。中国翻译学界一般将美国派驻清朝的使节统称为公使,"1855年,另有三人担任过驻华公使,并成为伯驾的上司。德威士(John Wesley Davis)于

[①] 黄安年《美国的崛起》第502页,中国社会科学出版社,1992年。
[②] 杨生茂《美国外交政策史,1775—1989》第158页,人民出版社,1991年。

第三章 北京外交经历

1848 年作为公使前往中国,1850 年返回美国。……前二人卸任后,马沙利被派往中国担任公使。……在麦莲(Robert M. McLane)被任命为驻华公使之前,还曾有一个政界人物拒绝了这一差事。……伯驾担任代理公使主要在 1846—1848 年和 1850—1852 年,即德威士公使任期之前和以后的空缺期。尽管这期间他从来没有公使的头衔,但是有六年时间他是实际上的代理公使。"①1855 年 8 月 10 日,伯驾夫妇从中国回到华盛顿。在华盛顿,伯驾拜见了美国国务卿威廉·马西(William L. Marcy),在会谈中讨论了驻华公使职位空缺的问题。随后,美国政府任命他为驻华公使,立即返回中国。伯驾接受任命的原因不难想象:公使的威望和薪酬,而且有机会作为一名成功的《望厦条约》修约者而名垂青史。这是美国首次任命曾在亚洲有过丰富直接经验的外交官。伯驾公使于 10 月 10 日离开波士顿,乘坐"美国"号前往中国。12 月 31 日,伯驾抵达香港。1856 年初,他抵达澳门,将公使馆临时设在那里,并希望随后在北京建立常设机构。② 正是因为伯驾被任命为驻华公使后,伯驾原先担任的美国使团秘书兼中文翻译一职出现了空缺。于是,卫三畏被提名为填补这一空缺的最佳人选。最先将把此项任命的消息带给卫三畏的是在两次叩关日本之行中结下友谊的、时在美国的佩里准将。佩里准将在信中极力劝说卫三畏接受任命:"亲爱的卫三畏先生:收到你四月写给我的信,我非常高兴。得知伯驾博士身体不适,我深感遗憾。不过,我偶然听说,因为伯驾博士这一病,他的工作将由你来接替。这样一来,你真是要被委以重任了。昨天我去马西先生家拜访时,他向我问起关于你的一些情况,并说国务院正在考虑让你接任伯驾博士的职务。我当然是极力赞美了你的品格、声望、能力等,并且把总统先生写给你的信读给他听。马西先生说:'佩里准将对卫三畏先生真是极尽赞美之词啊!'他也觉得应该马上就任命你。我想,说不定你的委任状会和我这封信同时到达呢。……我希望你不要产生拒绝任命的念头。你接受这个职位,非但不会妨碍你的传教工作,而且会使你的传教活动更有影响力。此外,虽然我知道你本人并不看重钱财,但是这一职位带给你的经济收益将会使你的家人生活得更好一些。……你忠诚的 M. C. 佩里,1855 年 6 月 28 日于华盛

---

① [美]爱德华·V. 吉利克著,董少新译《伯驾与中国的开放》第 151—152 页,广西师范大学出版社,2008 年。

② 《伯驾与中国的开放》第 163—166 页。

顿。"①尽管佩里准将尽力劝说卫三畏接受使馆秘书一职,还带有一种私心,即他的儿子裨理(Olive H. Perry)被任命为美国驻广州领事,希望在卫三畏长官的手下工作,但所说的皆为情理之事,而且卫三畏在接受任命后确实比传教要成绩大,也没有影响传教反而促进了包括美国在内的西方在华福音事业的发展。佩里准将的远见和影响力,也使他的一位在香港的朋友、也是卫三畏朋友的罗伯特·S. 斯特吉斯致信卫三畏,代表了在广州的美国人游说他答应秘书之职的任命:"亲爱的卫三畏先生:佩里准将告诉我,华盛顿政府要求你接任伯驾博士的职务,但是他说不知你是否同意。这件事在我听来,真是当下的一大新闻。在我们的政府中得到这样的职位是很不容易的。有意于此职位者总需反复申请,并且,最终能否得到批准往往并不取决于申请人本身的素质。对你的任命似乎意味着我们的政府正在进行某种'革新'。如果你拒绝这个职位,拒绝响应政府难得的革新之举,我将引以为憾。我觉得你应该接受这一殊荣,所有在广州的美国人也都这样认为。请相信我。敬爱你的罗伯特·S. 斯特吉斯,9月27日。"②尚未征求卫三畏本人的意见,美国总统签发的对他的秘书任命书于10月1日送达到他的手中。面对这样的状况,卫三畏当然是不能断然拒绝,也不能轻易接受。不能拒绝,是因为政府行为,诿之不妥,只得请组织出面扛鼎:"我是否接受此项任命,完全取决于美部会如何处理我的印刷所。去年他们曾在信中提到,他们有意放弃印刷所,并且建议我脱离美部会,靠出版印刷各种书籍、《圣经》和其他宗教小册子维持生活。如果他们真的把这一想法付诸实施的话,我就不得不去找一些别的事情做。因为单靠印刷所的收益一定不足以维持我的生计"。不能轻易接受,在于他在华这么多年目睹驻华美国官员之间的你争我夺,"我不想去美国,我和那里已经没什么瓜葛,在那里只会无所事事。我宁愿待在这里(中国广州),在这里我至少还能布道、传教,在这里我也觉得非常自在。……我还是不太愿意接受政府的这一职位。从伯驾博士这十年来的遭遇来看,这并不是什么美差"③。因此,在没有得到美部会的决定之前,又不得不回函美国国务卿的情况下,卫三畏采取折中办法,同意暂时接受秘书和代理全权委员(代理

---

① 《卫三畏生平及书信》第148页。
② 《卫三畏生平及书信》第149页。
③ 《卫三畏生平及书信》第147页。

公使)的职务,直到1855年12月31日伯驾博士返回香港。实际上来讲,这种美国驻华使馆秘书和公使的代理,就已经说明卫三畏开始进入美国对华的外交领域了。代理职务,是美国政府中的一种带薪职位,非常难得,可谓位高权重。卫三畏的走马上任是他在中国的事业的转折点。从此,他由一个传教士印刷工转变为一位传教士外交家。从1855年夏开始,到1856年底,卫三畏在美国驻华使团中身兼三职:代理公使、代理秘书和中文翻译。到伯驾公使抵任后,他便开始以代理秘书的身份协助来处理涉华外交的日常工作,并兼任中文翻译事务:"我来上海,主要是作为使团的中文翻译处理一些公务,同时也是为了健康的缘故,换换环境对我大有好处。现在才10月,可是这里的天气已很凉爽,令我精神倍增。在广州,温度仍然较高。……是否接受使团秘书一职,我还是没有最后决定。不过从现在的情形来看,接受的可能性大一些。我想美部会可能会消减它的印刷机构,我的印刷所规模很小,而且还在使用木板印刷大部分的中文小册子,所以很有可能属于被消减之列。也许我应该买下这个印刷所。我究竟何去何从,美部会和国务院都没有做出表态,但是国务卿已答应了我对接受任命所提出的几项要求之一。这样一来,我似乎不便再拒绝了。在我受雇于使团担任翻译的这一年,我发现这一工作并没有占去我全部的时间,但是以后也许就不一样了。我等待着上帝为我指点方向,我对他的智慧从来没有丝毫的怀疑。"①上述这段文字出自1856年10月7日卫三畏在上海投寄给其弟弟W. F. 威廉斯牧师的信,表明了他最终会接受政府任命的倾向性。到1856年12月14日,英国军队登陆广州,揭开了第二次鸦片战争的序幕。在进攻广州的战役中,英军炮击了商馆并将之夷为平地,卫三畏才下定决心进入外交圈,至此实现了从传教士到外交官的真正转变。

(二)广州印刷所被毁,成为卫三畏最终走上外交官生涯的导火线。

从1855年夏开始得知自己将被任命使馆秘书一职开始,到1856年底,在这么长时间的踌躇里,卫三畏放心不下的仍然是他的传教事业和与此相关的印刷所存亡。对他而言,任何分散他的精力、影响他专注于传教事业的工作,他都是极不愿意接受的。② 因此,在代理秘书和公使期间,卫三畏除了关注中外格局的新变化,还不遗余力地打理印刷所业务,不改其

---

① 《卫三畏生平及书信》第151页。
② 《卫三畏生平及书信》第147页。

一如既往的传教热情。然而,中英战争的再度爆发,摧毁了他的印刷传教之梦。卫三畏在上海期间,两广总督叶名琛和驻广州的外国官员之间的关系日趋紧张,矛盾也日益激化,其中,"亚罗号事件"就是一例。1853 年英美等国掀起了"修约"交涉未能得逞。10月初,一艘 100吨的中国商船"亚罗"号,自厦门开往广州,停泊黄浦。船上水手全是中国人,船主苏亚成也是中国人。该船曾被海盗夺去。为了方便于走私,该船曾在香港英国政府领过登记证。10月8日,广东水师船捕走窝藏在船上的2名中国海盗和10名有嫌疑的中国水手。不想英国驻广州领事巴夏礼(False Killer Whale,1828—1885)却借口该船曾在香港注册,领有执照,硬说是英国船,甚至捏造说中国水师曾扯下船上英国旗,侮辱了英国,无理要求两广总督叶名琛立即释放被捕人犯,向英道歉。但是,22日,叶名琛把12人全部送还时,巴夏礼仍然拒收,连叶名琛送去的信件也拒绝拆阅。"亚罗号事件"成为英国政府蓄意挑起侵华战争的借口。23日,英驻华海军悍然向广州发动进攻,第二次鸦片战争爆发。1856年12月14日下午,英国海军陆战队的炮火摧毁了英国商行的一幢房子,商馆里的全部建筑物都变成一堆灰烬。中国方面的史料记载是:"天明城开,始知洋楼虽焚,仅花期、法兰西等国之楼,而英人漏网。及未刻,乃报火延英国洋楼,风大火烈,愈救愈焚,尽成灰烬……于是数10年所谓十三洋行者,皆成瓦砾场,非天道哉。毁后彼失其巢,尽栖船上。彼疑我兵所为,遂挟忿思报复,其实祝融一炬,竟莫究所从来也。"①所幸的是,卫三畏从上海回到广州后,又于12月11日离开广州前往澳门的家,探望妻子萨拉,因而没有到印刷所工作。整个印刷所几乎荡然无存,包括他的住所。听到印刷所被毁的消息后,卫三畏立即返回广州。目睹惨状,卫三畏除了遗憾,还有就是坚定。遗憾的是印刷所被毁,也就意味着卫三畏的印刷工作遂宣告结束,印刷事业无法再进行下去了,坚定的是他可以因此承诺接受美国驻华使团的秘书任命了。在给其弟 W. F. 威廉斯牧师的信中,卫三畏表达了上面的两种心情:"我想你一定已经听说了有关中英关系变化的情况,并且已经知道12月14日外国商馆被毁的事情。我的印刷所、我的家当和手头所有的书籍都被毁了,只有新近出版的词典和《商务指南》得以幸存。全部活字及其他材料的价值共计约两万美元,它们都是美部会的财产。对于索赔一事,我并不抱什么希望。

---

① 华廷杰《触番始末》(卷上),载《近代史资料》(第2期)第105页,科学出版社,1956年。

我们美国方面在争取这样的利益时总是不太急切。关于这次遭受的损失，我甚至无法责备自己没有事先做好防备措施，因为我根本就没有想到那些中国人竟会放火，所以在事情发生的前两天我毫无顾忌地离开印刷所来到澳门，想看看萨拉是否已在她新租的房子里安顿下来。印刷所库存的《中国丛报》本来已经装好箱打算运走，现在全部付之一炬了。如果事情发生时我在那里的话，虽然我抢救不了印刷所，但至少可以抢救我的书。这批书的损失是让我最遗憾的事情之一。它们都按照出版顺序保存得非常完好，我本来还打算好好使用它们的。我现在已经决定接受使团秘书一职了，不过我的全部工作也无非就是翻译而已。因此，这项工作并不会使我失去和中国人交流的机会。在新的职位上，我仍然希望我的工作能造福于中国人。现在我可以肯定，既然旧的印刷所已被烧毁，美部会不会再设立新的印刷机构了。因为我敢肯定，即使没有这场火灾，美部会在不久的将来也会出售印刷所，或不再支持它的经营。一场大火促使我做出了决定，也同样促使美部会做出了决定。"①1857年1月28日，卫三畏又在致美部会总部安德森秘书的辞职信中，再次提及印刷所被毁与他接受秘书任命的关系："（1856年）12月14日中国人焚毁外国商馆的事件迫使我改变了计划。如何处理印刷所的问题本来还需要好好讨论一下，最后却被一场大火不容分辩地解决了。是否恢复印刷所，怎样恢复，还有待美部会的指示，这一过程时需要时间的，而与此同时，华盛顿方面又同意了我对接任秘书一职所提出的几个条件之一。于是，我就向美部会提交了辞呈。我并不认为我从此以后就和传教工作毫无关系了，这只是在印刷所的工作突然中止时的权宜之计。……印刷所被毁似乎成了一个契机，使我在事业上做出了一些改变。至少，我要先筹到足够多的资金才能再建一个印刷所。我想，我接受使团翻译这一工作并无任何不妥。我的决定不是仓促之间擅自做出的，我一直都在及时地向美部会汇报情况。如果印刷所没有被烧毁，我一定会对它做出妥善的安排，不会让它完全停顿的。"②

当然，还有一点也须指出，美国广州传教团印刷所被毁，也彻底解决了包括卫三畏在内的美国在华传教士与国内教会组织美部会之间的越来越大的矛盾。自1854年随同佩里准将叩关日本凯旋后，美国政府发现了卫

---

① 《卫三畏生平及书信》第153页。
② 《卫三畏生平及书信》第156页。

三畏这个外交人才,就有意任命卫三畏为美国驻华使团的参赞兼中文翻译,但美部会对政府的这一任命意向并不反对。可是历来奉行政教分离的美国政界和宗教界之间的关系有些玄妙,美部会的"不反对"并非就是真实意思的表达,只是不愿意或不敢于公开对抗世俗政府而已。对此玄妙,卫三畏深谙其道,以双推的羁縻之策来应付双方。两年后,印刷所毁于英军炮火,让三方都有了很好的理由。美部会一向对裨治文和卫三畏的广州印刷所的工作不太满意,主要原因是认为印刷所将过多的资源用于印刷汉语学习和汉学研究的资料上,其中不少正是卫三畏本人的作品,妨碍了印刷传教小册子的任务,不利于直接传教事业的展开。这种"站着说话不腰疼"的局外之人,无法领悟到当时在华直接传教的种种困难,裨治文、卫三畏等在华传教士因地制宜地采用间接传教方法,用文字为武器展开文化交流来达到中美人民之间的了解和认识,进而使耶稣在华获得美国人源源来华的支持和中国人的热情接纳。但是,这样的一厢情愿,却不会得到当时美部会决策委员会的秘书安德森博士的赞同。《中国丛报》的最终停刊,是一件遗憾的事,原因很多,最根本的一条是美部会的不支持甚至反对。从本质上来讲,《中国丛报》主要是一份汉学杂志,而不是一份宗教刊物,美部会认为裨治文、卫三畏他们应该将时间和精力放在与传教直接相关的事情上,所以丛报的办刊经费几乎从没有得到美部会的支持,而是依靠销售收入和热心的美商的捐助。当然,对华传教的理念和方式上的分歧,让在华的传教士尤其对安德森秘书产生不满,裨治文曾在1840年5月致信安德森,明确表示《中国丛报》不依靠美部会的经费,也就不在美部会的管辖范围之内。[①] 而且,美部会也有先例,安德森对于传教工作的理解比较狭隘,认为只有宣讲福音、散发《圣经》和宗教小册子才是有意义的工作,所以他也反对美国第一位来华传教医师伯驾开设医院,最终导致伯驾离开了美部会。[②] 伯驾离开美部会后,先后出任美国驻华使团的代理公使、公使等职,是美国历史上第一位传教士外交官,是卫三畏随后踏上美国对华外交的先例和榜样。《中国丛报》1851年停办了,1856年印刷所被毁了,卫三畏就像一个断线的风筝,他必须有个着落,这个着落就是先前一直摆放在他面前的美国使馆秘书之岗

---

① 苏精《上帝的人马:十九世纪在华传教士作为》第21—22页,香港:基督教中国宗教文化研究社,2006年。

② Edward V. Gulick, *Peter Parker and the Opening of China*, Harvard University Press, 1973, pp. 140-141.

位。到此,美部会无话可说,也无计可施,因为要筹办一个印刷所并非容易的事,直到1869年,美部会才再次设立传教团印刷所,地点却是在北京了。① 只不过卫三畏已经是美国驻京使馆的正式外交官了,但他并没有在工作实践上脱离于美部会的关系,毕竟都是美国在华利益的各类代表。

(三)美国在华传教事业暂处低潮,成为卫三畏转而求助外交力量来推动,成为他延续他的在华福音事业的一种不得已的方式。

第一次鸦片战争以前,西方在华传教事业一直受到清政府禁教政策的阻碍,没有什么进展。这段时期来华传教士的主要任务是争取传教工作合法化和为传教工作做准备。美国传教士的活动最初局限于澳门和广州以及华人聚居的南洋等地,而且不敢公开活动,只能寄宿在美国商人的公司里从事圣经的翻译和散发小册子等传教宣传品。在打开中国大门的目标下,传教士、商人和西方单方面的来华外交官携手从事侵华活动,尤其传教士在第一次鸦片战争前后都为本国的对华政策的制定出谋划策,甚至有的还直接参与不平等条约《南京条约》《望厦条约》《黄埔条约》等的谈判和签订。从1842年到1860年间,传教活动扩展到香港和新开的四个通商口岸。50年代,美国对华贸易中心也从广州转移到上海,上海也逐步成为美国和西方在华传教运动的中心。清政府的全面禁教政策虽然解冻,但限教政策仍不利于传教活动,局限于澳门和五口的传教士同样不能有所作为,"第二次鸦片战争前的限教政策还是有一定成效的,传教士被限于五个通商口岸,虽有少数潜入内地,但慑于清廷的禁令,都不敢公开活动。中国信教者也大都自我敛束,其活动局限于诵经礼拜,不敢过分招摇,以免招致官府的注意。最重要的是,由于弛禁天主教乃是皇上的谕令,属中国内政,并无条约依据,因此外国在华官员也根本无权过问,这样基督教的传播仅限于通商口岸,内地的传教活动只能秘密进行,并未形成势力"。② 加上中国爆发的太平天国运动,又限制了西方传教的发展。这个阶段成为西方在华传教运动最艰难的时期,布道工作进展缓慢。这个时期可称为美国在华传教的低潮时期。在第二次鸦片战争后,中国门户全面洞开,传教士获得了在中国全境自由传教的特权,清政府的限教政策被宗教宽容政策所取代,基督教在华传播开始向前发展。美国此期在华传教事业的低潮,与美国国

---

① Harold S. Matthews, *Seventy-Five Years of the North China Mission*, Yenching University, 1942, p. 47.
② 王立新《美国传教士与晚清中国现代化》第117页,天津人民出版社,1997年。

内的政治环境和在华传教士的传教策略有着重大关系的,前者是一种客观原因,后者则是一种主观认识。从 19 世纪 40 年代开始,美国大规模的西部扩展,虽然逐步在建构一个美洲的领土大国,却带来了种族矛盾,使得国内的新教传教士将传教方向集中在国内,优先为美国利益服务和国内福音扩展,这样就使得美国政府和海外传教机构对于海外传教的兴趣大减,传教士的派遣人数也就越发减少。美国内战之前和内战结束之后,越来越多的被解放的黑奴、新移民、穷人和酗酒者,都吸引了传教士们的注意力。一直要到 1880 年以后,海外传教活动才又有一个决定性的高涨,此后,传教的兴趣就永久性地投入到那些覆盖全球的传教计划中去。① 可见,就在这段低潮中,卫三畏不得不脱离美部会改而走上外交官之路,这是与美国国内的政治环境密切相关的。在传教策略的主观认识上,整个 19 世纪,基督教来华传教士中主要有基要派和自由派两种不同的传教政策。尽管两派之间有所差别,但目标是一致的,都是要使整个中国福音化,但传教方式的不同,体现了传教士面对中国现实做出的不同反应,如同美国汉学家柯文所言:"基要派的办法是要求更多的传教士来华为更多的中国人施洗,而自由派则寻求如何通过一部分人即中国的统治者和领导者率领全体中国人归向基督。"②在 19 世纪,自由派传教士在华传教士中并不占主导地位,其传教政策在 19 世纪末才逐渐被重视,到 20 世纪初,随着现代派神学思想的兴起和发展,自由派一跃成为传教士中引人注目的力量。从文化传播学的角度来看,自由派传教士的政策更符合文化传播规律。当一种文化传播到另一种文化圈时,它必须适合受体文化的特殊情形,就像一棵树要移植到他地,必须先适应那里的土壤。没有这种适应,就会引起强烈的拒斥反应,传播便很难进行。耶稣会士和近代自由派传教士鼓吹孔子加耶稣,在一定程度上认可中国文化的价值,容忍中国的风俗礼仪,实际上就是在适应中国的特殊情形,以避免中国文化强烈抵抗。自由派很少卷入教案就是明证。③ 最初来华的美国传教士,如裨治文、卫三畏、勃朗和伯驾等人,都是自由派传教士,起初来华时也是遵照差会的训令,从事直接布道工作。但是不久后就因为认识到直接传教的困难,而逐渐改变了传教政策。他们

---

① Catherine L. Albanese, *America Religions and Religion*, Wadsworth Publishing Company, 1992, p. 184.
② Paul A. Cohen, "Missionary Approaches: Hudson Taylor and Timothy Richard", in *Papers on China*, 11, 1957, pp. 43-52.
③ 王立新《美国传教士与晚清中国现代化》第 49—50 页,天津人民出版社,1997 年。

主要采取办报《中国丛报》、办学马礼逊学校、开设医院广州眼科医院等方式,来推动在华福音事业的发展。从传教历史的效果来看,自由派传教士的政策与晚清中国的现代化有着密切的关系,是符合当时中国国情的中西文化交流的传教策略。自由派传教士是赞成"孔子加耶稣"的传教模式的,即"耶儒合流",把儒家学说与基督教文化相结合,以便更好地传教。卫三畏曾指出:"不可否认,除了个别例外,孔子的许多信条是值得赞美的。同希腊和罗马哲人的训言相比,孔子著作总的倾向是很好的。其鲜明的实用性和对当时社会的适应性则超出了西方的哲学家。他并未把美德描绘得神圣和高不可攀,却教育了中国人如何进行日常生活的交往,子女如何对待父母以及男子如何娶妻和入仕。这些对我们来说可能毫无意义,但对当时的人们来说却是必须精心谋划的。而且,孔子的著作在文字上引人入胜,其影响除了圣经以外是任何著作都无法与之匹敌的。"①继马礼逊、裨治文和卫三畏之后,1859年来到中国的美国南部监理会新教传教士林乐知(Young John Allen,1836—1907)也奉行"孔子加耶稣"传教方式。林乐知认为,完全否认儒家文化既不合情理,也不现实,最好的办法是把二者相结合,并以基督教弥补儒学之不足,这样既可以吸引一批士大夫容忍甚至接受基督教,也可以使中国教徒感到基督教教义是更为完善的体系,因此他将自由派的在华传教政策进行学理化的论证,最早提出了耶儒合流的思想。他1869年底开始在《教会新报》上连续发表了《消变明教论》,从儒家经典中摘录一些词句与圣经中的言词——比附,得出"耶稣心合孔孟"的结论。②而主张"孔子加耶稣"最为积极者为丁韪良,他写了大量文章发挥

---

① Samuel Wells Williams, *The Middle Kingdom*, Vol. 1, New York, 1848, pp. 530-531.
② 《教会新报》,第64卷(1869年12月4日)、第65卷(12月11日)、第67卷(12月25日)、第68卷(1870年1月1日)、第69卷(1月8日)。《中国教会新报》,1968年9月5日(同治七年七月十九日)创刊于上海,以林华书院的名义出版,由上海美华书馆负责印刷,是由美国监理会传教士林乐知创办和主编。早期为周刊,每期四张八面,约六七千字。全年出50期。初创时,每期发行1000册,以宣传宗教为主。1870年(同治九年),调整篇幅,每期由四张增加为八张。1872年8月31日(同治十一年七月廿八日),从第五年201卷起,改称《教会新报》(*CHURCH NEWS*),册次续前。1874年9月15日(同治十三年七月廿五日),从第301卷起,改名《万国公报》,仍为周刊,报刊内容开始演变为非宗教性质,成为以时事为主的综合性刊物。1883年出至750期时,因经济原因停刊。1889年2月,《万国公报》复刊,成为广学会(CHRISTIAN LITERATURE SOCIETY FOR CHINA)的机关报,同时改为月刊,仍由林乐知主编,售量约为4000份。1907年5月30日,林月知在上海病逝后,《万国公报》也在7月终刊。曾协助林乐知担任编撰工作的有慕维廉(William Muirhead)、艾约瑟(Joseph Edkins)、李提摩太和丁韪良等人。

这种理论,并声称这一理论"并不需要儒教徒放弃孔子是特殊宗师的信念","孔子加耶稣这一公式对儒教徒来说已经没有不可逾越的障碍"。① 卫三畏来华后对基要派的传教方式极为反感,对国内美部会很多人不信任派往海外传教士的现状也颇有怨言。在华传教 11 年后,卫三畏获得一个意外机会得以回美探亲,后在 1846 年 9 月的一次美部会纽黑文大会上,他表达了对美部会不信任海外传教士的不满。大会参加者包括美部会的近 500 名成员和 1000 多远道而来的客人,以及纽黑文当地的市民。会议最后一天在讨论一夫多妻制的问题上,一些人从道听途说的信息判定教会学校的有些学生有六个妻子,而他们的老师对妻妾成群的现象持默许的态度。对此卫三畏感到很气愤:"我感到既可笑、又惊讶,又有些悲哀。他们竟从一件事情就得出这样的解释和结论,这也说明他们对排驻国外的传教士太缺少信任。他们似乎认为传教士们连什么样的人可以吸纳入会也不知道,需要他们来详细指导一番。有些人似乎生性就爱为别人担忧,关注别人迈出的每一步,生怕他们会失足。他们非常担心会众的纯洁性,唯恐某个皈依的教徒不够格,有辱他们的盛名。我也希望那些来自异教的皈依者一旦从蒙昧转向文明、一旦获得新生就变得纯洁如天使,但这是不可能的,也永远不会成为可能,既然如此,文明应该做的就是倾文明所有,尽我们所能。"② 也就在此探亲期之后,卫三畏与美部会国内总部在对华传教策略上也发生了分歧。卫三畏一直不愿意按立为牧师与此不无关系,他的印刷所出版的书籍大都是文化方面的,还积极参加各种看来与直接布道没有任何关系的活动,包括参与美国政府来华的顾盛使团和列卫廉使团,协助与清政府签订不平等条约等,从而导致了他与美部会总部的直接领导者安德森秘书之间的严重分歧。早在 1852 年 6 月 21 日致信其弟时,卫三畏就不讳言他与美部会总部的矛盾:"我们远在波士顿的可敬的秘书已经打算关闭我的印刷所,并把所有的出版印刷工作交给别的印刷机构去做。安德森博士看来意欲停办所有的印刷机构、学校和医院,要这里的传教团把全部精力投入到布道中去。我们现在和国内进行着长篇累牍的通信,他们一开始就催促我赶快接受圣职——就像我在美国时一样。……我觉得在中国这样一个贫穷的国度里,一些辅助性的方式,比如说开办宣讲和奉

---

① W. A. P. Martin, *Lore of Cathay, or the Intellect of China*, London, 1901, pp. 247-248.
② 《卫三畏生平及书信》第 82—83 页。

行基督教教义的学校、医院等,对于传教事业是相当重要的。……我并不否认这些学校、医院等机构占用了我们相当多的时间和精力。但是我想,目前我们还不能判断这样做是否不妥,或者有没有其他更好的方式。行善总是好的,我们所做的这一切就像溪流一样,最终都会汇入神圣事业的海洋之中。每一条溪流都会为自己的奉献而深感欣慰,不会去争论哪条溪流更直更深、哪条溪流的水更为纯净。我对于我所做的工作(印刷传教)似乎有一种与生俱来的使命感。我想,如果失去了这个印刷所,我会深感遗憾,虽然现在这样说也许为时过早。我们一起来中国的一群人相处甚是融洽,我们已经深谙彼此的性格,因此总能互相协调、避免矛盾。"①1855年10月1日,当美国政府的驻华使团秘书的委任状到达卫三畏手中时,他与美部会总部的关系已经濒临破裂:"我是否接受此项任命,完全取决于美部会如何处理我的印刷所。……如果他们真的把这一想法(放弃印刷所)付诸实施的话,我就不得不去找一些别的事情做。"②可见,卫三畏当时处在艰难的选择之中。直到1856年底,印刷所被毁后,卫三畏才下决心辞去美部会的工作。对于印刷所的被毁,卫三畏在感到遗憾的同时,决定加入美国驻华使团工作,但他却不想断绝在华的传教事业,正如他所言:"一场大火促使我做出了决定,也同样促使美部会做出了决定。不过我并不认为我从此以后就与传教事业脱离了关系。我非常尊重美部会及其决策者们。我相信,美部会和其他任何传教团体一样,是人才济济、管理得当的。如果我在现在的职位上可以像以前一样为中国人做一些事情,而且无须传教经费,那么我将毫无遗憾可言。但是,情况最终将会如何,事态究竟将会如何发展,我真的无法预见。坦白地说,我真的感到有些恐慌。"③在次年1月28日呈递给美部会总部的辞职信中,卫三畏又明确地表示他即使从事外交工作,仍然不忘和支持在华的传教事业的心迹:"现在我的工作与传教没有什么关系了。但是我会一如既往、真诚地祝福我们的传教事业圆满成功。我很清楚,在我管理印刷所的这些年中,你对印刷所的工作不甚满意,一直都想找机会关闭它,让我从这份工作中解脱出来,或者说让你自己摆脱我的纠缠。也许我的这种印象有些主观臆断,但说说也无妨。我知道你

---

① 《卫三畏生平及书信》第105页。
② 《卫三畏生平及书信》第147页。
③ 《卫三畏生平及书信》第153—154页。

已经做好安排,要关闭在孟买、马德拉斯的印刷机构。当初你说你觉得没有必要让这样一个小印刷所继续维持下去的时候,我就知道,我们的印刷所时日无多了。有时候我会很沮丧地想到:和我一起工作的人对我竟然没有半点信任!——不过也只是偶然这样想一想而已。经过7年的编写,我的词典(《英华分韵撮要》)终于问世了。我一直认为,这是我为传教事业所做的最有益的一件事,我认识的所有传教士也都这样认为。但是国内的人士似乎不这么想,这从他们谈及印刷所的来信中可以看出。不过,现在一切都过去了。发生了这么多事,但它们丝毫没有影响我对在华传教事业的一片热忱。我愿意为这一事业做任何事情,就像以前一样。我深信,上帝还将给中国更多的恩惠,我们应该帮助这个民族领悟上帝的教诲。"[1]事实上,卫三畏踏上外交官之路后,越来越多地有利于他对美国在华传教事业的发展。最重要的一个历史性的推进力量,就是在1858年,卫三畏作为美国公使列卫廉的秘书兼翻译,在中美天津谈判时,利用工作之便将"传教宽容"条款塞进了随后的中美《天津条约》中,如第二十九款:耶稣基督圣教,又名天主教,原为劝人行善,凡欲人施诸己者亦如是施于人。嗣后所有安分传教习教之人,当一体矜恤保护,不可欺侮凌虐。凡有遵照教规安分传习者,他人毋得骚扰。第二十五款:大合众国官民延请中国各方士民人等教习各方语言,并帮办文墨事件,不论所请系何等之人,中国地方官民等均不得稍有阻挠陷害等情;并准其采买中国各项书篇。同时,又根据"最惠国待遇"和"领事裁判权"的原则,传教士在华活动几乎不受任何约束,使得基督教在华传播得到迅速的发展。从1830—1860年间,美国在华布道工作进展缓慢,裨治文到中国17年后才于1847年吸收了第一个信徒。这一时期绝大部分信徒为社会下层贫苦无依的"吃教者"。1853年,西方来华各差会在华吸收的信徒约有350人。[2] 同时,由于传教活动局限于东南沿海的通商口岸,来华传教士也较少,据卫三畏1855年7月的统计,此前美国各差会共派110名传教士来华。[3] 而到《天津条约》《北京条约》签订后,传教活动全面展开的条件实际上已经成熟,由沿海向内地扩展,虽然会因文化差异引发冲突,甚至严重的教案,但耶儒合流的布道策略的开展,还

---

[1] 《卫三畏生平及书信》第156—157页。
[2] T. K. Thomas, *Christianity in Asia: Northeast Asia*, Christian Conference of Asia, 1979, p. 14.
[3] 卫三畏著,史其志译《派往中国的全部传教士名单》,载北京太平天国历史研究会编《太平天国史译丛》(第2辑)第131—144页。

是促使了在华的西方传教事业蓬勃发展,从下表可以就看出这一点:

1877 年基督新教在华传教事业统计

国别	传教士人数	差会总堂	支堂	正式教堂	受餐信徒	男童寄宿学校	学生数
美国	212	41	215	150	5300	19	347
英国	224	42	269	150	6460	8	118
欧洲大陆	30	8	27	12	1271	3	146
合计	466*	91	511	312	13035	30	611

(*另有 7 名传教士不属于任何差会,为独立传教士,这样基督新教在华传教士总数应为 473 人。)

(续)

男童全日制学校	学生数	女童寄宿学校	学生数	女童全日制学校	学生数	神学校	学生
93	1255	24	464	57	957	9	94
70	1471	12	189	24	335	9	115
14	265	2	124	1	15	2	22
177	2991	38	777	82	1307	20	231

(续)

主日学校	学生数	按立牧师	售书员	女布道员	译员	发药处
92	2110	42	28	62	6	14
23	495	28	45	26	10	4
…	…	3	3	2	…	6
115	2605	73	76	90	16	24

(资料来源:*Records of the General Conference of the Protestant Missionaries of China held at Shanghai, May 10-24, 1877*, Shanghai: Presbyterian Mission Press, 1878, p.486.)

卫三畏将"传教宽容"条款塞入中美《天津条约》中,为基督教在华的传播创造了有利条件,以致在他 1876 年从代理公使任上退休回美后,曾著文《新教传教事业在中国》来回顾这段令人振奋的结果:"它(《天津条约》的签订)标志着我们在发展我们神圣事业的道路上取得了又一个重大进步,意味着我们在中国普及基督教的计划正在逐步得到实现。……这些年来,我们在华传教事业的发展几乎没有遇到阻碍,也没有受到迫害,最多只是招来了一些怨言,这真是让人深感欣慰。"①对于来华的传教士而言,传教自由一直是他们的希望。但让他们失望的是,1840—1842年的鸦片战争却没有给他们带来这样的自由,《南京条约》涉及商业和贸易问题,却只字不提传教,《望厦条约》《黄埔条约》虽有中外人士的信仰自由(建礼拜堂、归还教会财产),却没有传教自由的法律保证,因此在传教问题上没有任何实质性的进展。卫三畏在中美天津谈判时,完全是以美国外交官的身份参与其事的,却将"传教宽容"条款塞入中美《天津条约》,被同为翻译的美国长老会传教士丁韪良和其他传教士视为卫三畏对传教工作的最大贡献。其实,毫不奇怪,在卫三畏的内心深处,服务于传教利益始终是他来华的最主要目标,不管身份发生什么样的变化。卫三畏不远万里来华,本身就出于他对宗教事业的高度重视和对宗教本身的虔诚信奉。在华20多年的印刷工作对传教的贡献,却比不上《天津条约》谈判签约前一夜不眠的字斟句酌和塞进传教自由条款,这样的反差,除了对美国国内传教机构的"无知"具有讽刺的意味外,更对卫三畏的放弃教会而步入外交领域的一种无言的肯定和赞许,印证了卫三畏的如假包换的传教士的核心价值观。卫三畏曾将美国政府支付的随同佩里准将赴日之行的所有报酬2705.24美元全部上缴给美部会用于发展传教事业。② 天津谈判后,西方各国传教士纷纷东来,美部会以及其他传教会在北京地区(包括天津)建立传教站点时,均得到了卫三畏的大力协助,其中,1863年,美国长老会传教士丁韪良到北京建立北长老会第一所传教站的费用得自卫三畏的借款。③ 1865年,美部会意欲在九江建立传教站,卫三畏还致信秘书安德森表示热烈支持。1870年,在北京的新教传教士,分属6个不同组织,举行大型会议时,

---

① 《卫三畏生平及书信》第179页。

② *Report of the American Board of Commissioners for Foreign Missions*(美部会档案),Boston, 1856,p. 165.

③ Kwang-Ching Liu,*American Missionaries in China:Papers from Harvard Seminars*,Cambridge: Harvard University Press,1966,p. 22.

第三章　北京外交经历

就由卫三畏主持礼拜仪式的。① 很显然，无论在或不在美部会这样的传教组织里，卫三畏从来都没有将自己看作是传教士以外的人，他只要有可能，总是会用自己丰富的知识与经验，以及他的在华各种有利条件来为美国在华的传教事业服务。

（四）卫三畏对中国文化的认识水平和参与美国远东外交的初步实践与经验，保证了他有能力胜任这项外交工作，而且这样的外交工作有力地促进了他的文字传教事业，并为他的汉学研究提供了丰富的资料来源，可谓一举三得。

自1833年10月来到广州后，除协助裨治文负责《中国丛报》印刷工作外，卫三畏还努力学习中文和钻研中国文化，在华生活11年后，他就能回到美国进行有关中国文化的演讲，并将演讲内容撰写成书，即1848年出版的《中国总论》。尽管在第一次鸦片战争前，卫三畏对于中国的认识没有超越一般西方人之于中国的误解甚至蔑视，"中国人认为自己比其他民族优越——这一观念在他们早期的历史中就逐渐形成了，并见于他们的著作"，"中国人的无知与骄傲一直顽固地阻碍着一种更高文明的传播"。② 但是从《中国总论》出版后，卫三畏对中国文化的观念开始逐渐客观起来，而且将之与西方文化主流的基督教文化相比附，在希望中国逐步开放的同时，也呼吁西方人对中国人应该有比较善意的了解。在《中国总论》序言中，卫三畏指出他是希望通过对中国人的政府及其行为准则、文学和科举考试的梗概、社会、实业、宗教状况，进行朴实无华的描述，就像讲述其他国家一样，将他们放在适当的位置。这种"适当的位置"，就是"要为中国人及其文明洗刷掉通常加于他们的那些奇特的、几乎无可名状的可笑形象；好像他们是欧洲人的模仿者，他们的社会状况、艺术和政府是基督教世界同样事物的滑稽表演"。卫三畏的试图客观的描述，是希望能以学者的眼光来看待中国，反对历史上曾有的两种不正确的做法："很容易把中国早期的历史捧上了天，就像法国作家所做的那样，但贬低他们也同样是不正确的，而这是现在普遍流行的做法。"③当然，卫三畏所认为的中国"适当

---

① Harold S. Matthews, *Seventy-Five Years of the North China Mission*, Yenching University, 1942, p. 17.
② *Seventy-Five Years of the North China Mission*, pp. 52, 64.
③ Samuel Wells Williams, *The Middle Kingdom*, New York & London: Wiley and Putnam, 1848, Vol. II, p. 193.

的位置"并不是与西方国家那样的地位,而是"我将本书称为 The Middle Kingdom,主要理由在于'中国'是他们(指中国人)称呼自己国家的最常用名称;同时,中国人介于文明与野蛮之间——中国在现存的制度和文学方面,是最文明的异教国家"①。将中国人定位为"介于文明与野蛮之间",无疑是他的写作《中国总论》的主要动机,潜在的目的之一就是为他的基督福音事业开辟一条必须在中国开展的理论上的通道,"一旦传教士扎根在中国人中,中国人将会好好回报他们的辛苦,通过这一事实,增进基督教会在中国人中间传播福音的兴趣。……请允许我表达卑微的希望,这对在中国人中推进基督教文明的事业将有所帮助,在我国传播有关中国的更公正的知识能够发挥自己的作用。如果这样的知识有助于任何人进一步激起自己的愿望,去传播文明的文明和宗教自由的主要源泉,鼓励目前从事这一事业的人进行更大的努力,那么,在著作过程中所经历的艰苦就会得到增长无已的补偿"。②可见,希望推进在华传教事业是《中国总论》的主旨,也是卫三畏持续终生的一项事业。在卫三畏看来,中国文明在自发的过程中已经达到了极致,陷于停滞和衰退,因此,只有基督福音才能拯救它的衰落,西方文明才能补救它的落后,这样才能进入文明国家行列。所以在中国生活后,看到基督教事业在中国的发展举步维艰,他就几乎没有迟疑地进入美国对华的外交领域,期望借助这种外交力量推动中国的福音事业。从某种意义上来看,卫三畏是将宗教热情和政治外交结合在一起的中国文化学者,他的《中国总论》显然在嫁接着这样的宗教理想和政治抱负,成为卫三畏投身对华外交的文化素养基础和心理动力,保证了他此后进入外交界能够较好地与中国人交往。其次,曾参与和目睹顾盛使团与清政府签约的外交活动,以及更重要的几次赴日外交,让卫三畏具备了相当好的心理基础和实践经验。来到中国以后,尽管主要身份是传教士和印刷工,卫三畏同时也几乎在一开始就从事了外交工作。传教士充当外交中的重要角色,是美国早期对华外交的一个特点。这些传教士外交家所从事的外交活动对于美国在亚洲利益的获取起到了重要作用,因为在19世纪的美国"除非以往是传教士的人外,极少数的美国官员对他们派驻国的文字、语言有任何正确的认识,他们在中国、日本、朝鲜,多半不是依靠当地翻译人员,就

---

① *The Middle Kingdom*, Forward, p.xvi.
② [美]卫三畏著,陈俱译《中国总论·初版序》第4页,上海古籍出版社,2005年。

是依靠其他国籍的外国人或传教士"。① 使节与中国政府间往来文件的翻译与谈判的传译工作,都有传教士担任。他们名义上是译员,实际上无疑是公使或领事。第一次鸦片战争和中英《南京条约》签订后,美国政府派出了以顾盛为首的赴华使团,到中国商谈签约事宜。顾盛一到广州后,就增聘传教士裨治文和伯驾为使团的中文秘书,稍后又聘卫三畏为其帮办有关中文函札等事宜。这些传教士不仅稍通中文,而且对中国各方面的情况都有较深入的了解,"具有比当时在广州的其他任何欧洲人更好的语文知识,具有对中国礼节和思想方法以及美国对华早期历史的更好了解"。② 他们在《望厦条约》的签订过程中所起到的作用是当时任何一个美国外交官都很难起到的,正是这些传教士的出谋划策,中美之间的第一个不平等条约终于顺利签订,而且《望厦条约》的若干条款,是先前就被刊登在裨治文和卫三畏共同编辑的《中国丛报》上,其中规定的"允许聘用中国教师和采购中文书籍一节,不但对商人和外国人有利,而且对此前只能私下学习中国语言的人尤其有利"。③ 卫三畏自然是其中受益人之一,因为他在学习中文过程中颇受磨难,一再抱怨聘请中文老师和购买中文书籍之难,而且因为缺少中文书,他的学习进展缓慢。④ 可见,传教士的影响之深。所以,顾盛盛赞他们"对中国有广博和准确的知识",在签约过程中"功勋卓著,值得称赞"。⑤ 由于见识过顾盛使团来华签约的一系列外交活动,为1853—1854年的两次随同佩里准将叩关日本和与日本签订通商条约奠定了基础,而且在出使过程中做出了很大贡献。前有记录,不再赘述。访日成功的经验,又进一步添增了卫三畏涉足对华外交的信心和力量,因此,在接到美国国务院的委任状后,能够既放弃印刷所被毁后重建的工作,又很妥当地处理好与美部会总部的隶属关系,从而得以全身心地投身于美国驻华使团的秘书兼翻译工作,完全从事美国对华的外交事务了。从1855年夏起算,到1876年退休回美,卫三畏在美国对华外交岗位上工作了

---

① [美]泰勒·丹涅特著,姚曾廙译《美国人在东亚》第472页,商务印书馆,1959年。
② 《美国人在东亚》第126—127页。
③ 《美国人在东亚》第127页。
④ Frederick Wells Williams, *The Life and Letters of Samuel Wells Williams*, L. L. D. : *Missionary, Diplomatist, Sinologue*, Reprint edition published in 1972 by Scholarly Resources, Inc. Wilmington, Delaware, p. 168.
⑤ M. Hunt, *The Making of a Special Relationship*([美]韩德《一种特殊关系的形成》), New York, 1983, p. 31.

20年以上,不仅在建立美国驻京公使馆和发展近代中美外交关系上做出了积极的历史贡献,而且为基督教在华传播事业起到过重要的历史推进作用,更主要的成果是有了切身的、高方位的、近距离地研究中国的机会和条件,他退休回美后修订《中国总论》,进一步拓展了中美文化交流的舞台,成为美国第一位汉学家。

简言之,卫三畏走上美国对华外交的政治舞台,是他钟情于传教事业的主观态度与中国社会的客观现状相结合的历史产物,也是近代以来中西方关系发展的必然选择。卫三畏生逢其时,又恰当地介入其间,有助于中美外交关系的发展和中西文化交流的历史进程。

二、卫三畏职业外交官的重要活动

从1855年夏开始,卫三畏正式开始为美国驻华使团服务,起初主要负责翻译工作。这样的翻译工作并非一项很轻松的任务,而且它是隶属在使团秘书的职责范围之内,有幸的是卫三畏能够愉快胜任:"现在,我的新工作要求我翻译大量的官方文件。我真的无法想象,如果没有我的加入,这些翻译工作将由谁来完成。事实上,在过去的8年中,我一直在为美国和其他一些国家的领事馆翻译类似的文件(英国除外),并且分文不取。"① 如果按照1855年夏起算,卫三畏在美国使团(使馆)服务的时间达20年。其实,这个年份是卫三畏出任美国驻华使团的秘书(公使馆秘书相当于大使馆参赞级别)和中文翻译官的开始,是一种享受美国政府酬薪的任职,一直到他1876年退休回美。而在此之前,卫三畏还曾以私人身份代理过美国使团公使一职的,时间很短,而且是没有任何酬薪的,"我原计划明年(1870年)继续待在上海,专心编写我的字典,然而劳罗斯先生突然离任,把公使馆的工作又推给了我。14年前我从马沙利手中第一次接管这一工作,如今已是第八次了"。② 这句话出自卫三畏给其朋友奥利芬特的信中内容,是1869年11月6日写于上海的。"劳罗斯先生"就是1868—1869年任美国驻华公使的劳文罗斯(J. Ross Browne,1821—1875),曾因为反对蒲安臣为清廷所定的政策而被美国政府召回。马沙利是1853—1854年的

---

① 《卫三畏生平及书信》第156页。
② 《卫三畏生平及书信》第259页。

美国驻华公使。"14年前"和"第八次"似乎计算有误,因为若是"14年前",即1855年,应该是从麦莲公使手中接任代理公使,而非从马利沙手中;若从马利沙手中接任代理,则应在1854年(15年前)。从劳文罗斯公使手中接任代理公使,是1869年,应该是第七次。而在1855年夏之后,卫三畏在美国使团(使馆)任秘书和翻译之外,多次代理公使,实际上是身兼三职的,都是享受美国政府的官员津贴的,可谓位高权重,有力地影响了中美关系的内容和进程。从广义的角度来审视卫三畏为美国政府对华外交的服务,我们知道他一共有九次代理美国驻华公使之职,时间跨度为1854—1874年。1874年10月29日,美国驻华公使艾忭敏(Benjamin P. Avery,1828—1875)到华履职后,卫三畏最终完成了他的代理公使的历史使命,加上他已过花甲之年,又再任职两年秘书兼翻译后,于64岁时,最终从秘书岗位上退休了。卫三畏这样的外交官履职生涯,在中外近代外交史上是少见的。

卫三畏九次代理驻华公使列表①

次数	外交衔级	接任时间	卸任时间	代理时间(大致)
1	秘书	1854.1	1854.4	3个月
2	秘书	1855年夏	1855.12.31	5个月
3	秘书	1857.10	1857.11.25	2个月
4	秘书	1858.12.8	1859.5.18	6个月
5	副使	1865.5.12	1866.11.2	17个月
6	副使	1867.11.21	1868.9.29	10个月
7	副使	1869.7.21	1870.4.20	9个月
8	副使	1871.4.11	1871.9.29	5个月
9	副使	1873.7.24	1874.10.29	15个月

有必要指出的是,卫三畏的九次代理驻华公使,每次时间长短不一,累计起来约有6年之久,而且是在以下几位美国驻华公使卸任或暂时回美后代理的。

---

① 1854年春,卫三畏接受麦莲公使的委托代办公使,这次是麦莲公使的口头任命,没有正式的官方任命和薪水。1855年夏开始,卫三畏正式接受官方任命,为美国驻华使团服务。

中文名	英文名	出生地(州)	任命时间	递交国书	离任时间
马沙利	Humphrey Marshall	肯塔基州	1852.8.4	1853.7.4	1854.1.27
麦莲	Robert Milligan McLane	马里兰州	1853.10.18	1854.11.3	1854.12.12
伯驾	Peter Parker	马萨诸塞州	1855.8.16	1856.7.15	1857.8.25
列卫廉	William Bradford Reed	宾夕法尼亚	1857.4.18	1858.5.3	1858.11.11
蒲安臣	Anson Burlingame	马萨诸塞州	1861.6.14	1862.8.20	1867.11.21
劳文罗斯	Ross Browne	加利福尼亚	1868.3.11	1868.10.28	1869.7.5
镂斐迪	Frederick F. Low	加利福尼亚	1869.9.28	1870.4.27	1873.7.24

[资料来源:杨生茂《美国外交政策史》(附录三)第651页,人民出版社,1991年;维基百科http://zh.wikipedia.org/《美国驻华大使列表》]

综观卫三畏20年间的对华外交活动,我们可以看出:他的外交活动的先期目标是帮助美国政府更大地打开中国的门户,为美国在华的商业贸易和传教事业提供更大的便利,而1860年以后的外交目标是在推动中国走向西化的改革之路,以期实现他耶儒合流的中国福音化目的。从传教目的出发,卫三畏以理想主义的愿望参与现实主义的外交活动,却在更大程度上和更广范围内为美国国家谋求了在华利益。在这个长期的外交职位上,卫三畏身兼传教士、外交官和汉学研究者的多重身份,客观上又兼任了西方文化的使者,游走在传播耶稣福音和传播美国文化之间,同时,也起到了中国文化西传的历史作用。下面将具体分析卫三畏的这种融合着理想主义和现实主义的外交活动。

(一)参与和协助列卫廉公使中美《天津条约》的谈判与签约,后来随同华若翰公使北上换约。这些纯粹的外交活动,是卫三畏的福音精神和开放及现实主义相互交织下的一种实践,从中他很希望看到他所理解的进步在中国的出现。

1857年4月,接受任命的美国驻华公使列卫廉前往中国,11月11日到达广州,受到了使团秘书卫三畏等人员的接待。卫三畏对初到中国的列卫廉很是欣赏,认为他们此后的合作是会愉快的:"列卫廉先生一到,就被周围人的七嘴八舌、各不相同的意见包围了起来。既然发表意见对自己无害,谁都乐意说上几句。列卫廉先生一定被弄糊涂了。但哪些意见是应该

第三章 北京外交经历

听的,他心中自有决断。我很欣赏他这种风度,对于我们今后的愉快合作我也很有信心。列卫廉先生将住在'明尼苏达'号上,这是一艘豪华的战船。我猜列卫廉先生会乘这艘船靠岸,我也许会跟他一起去。我们应该先跟广州的地方政府交涉好,要求他们允许我们进城,并且为我们安排一个理想的地点作为落脚点。再下一步,就是向北京进发了。不过这些只是一个大致的想法,并非酝酿成熟的计划。"①应该来说,列卫廉公使的到来,启动了卫三畏外交才能的阀门,上述的先交涉广州地方政府、再进发北京的思路,就是他熟悉中国外交规则的反映,也是他在华20多年来研究中国社会及其政治文化的真实体验。有了卫三畏的协助,对中国国情不甚了解的列卫廉公使与清政府谈判签约的任务,自然是事半功倍了。在1858年底完成使命离沪到达香港后,列卫廉公使在日记中写道:"一年多以前,我们是完全不认识的两个陌生人。这一年多以来我们朝夕相处,互相信任(很多时候甚至共用一个房间),相处得非常愉快,从未发生过任何龃龉。卫三畏见多识广,是我见过的最博学的人。他从不卖弄学问,但是不管你问他什么,他总会给你一个准确的回答。他对信仰非常虔诚,时时刻刻都牢记着这样一个事实:上帝在注视着我们的一举一动,聆听着我们所说的每一句话。卫三畏非常乐观,我从未见过他灰心丧气的样子。他的儿子去世了,但是他从未在我们面前流过一滴眼泪。即使他哭过,也是在没有人看见的地方。我不能再赞美卫三畏了,否则别人会认为我是在夸大其词。关于他还有最重要的一点(起码对我来说是最重要的一点),那就是他对我非常好。"②1857年底,英、法、俄、美及其他国家的代表聚集中国,并已联合起来,要求迫使清政府与各国续签条约,以争取更多的权利。12月12日,英国公使额尔金、法国公使葛罗分别向叶名琛发出最后通牒,要求入城、修约和赔款,并限十日内答复。后来,英法联军发动全面进攻,并于1858年1月5日俘获叶名琛,将之押往印度加尔各答,次年叶在囚禁中毙命。这是他坚决执行清廷"息兵为要"方针的可耻下场。联军占领广州后,组成以巴夏礼为首的"联军委员会",投降卖国的柏贵等在侵略者的监督下继续"任职"。这是中国近代史上由外国侵略者用大炮制造的第一个地方傀儡政权。广州的被占,使先前的四强联合的格局发生变化,其实四强在强夺

---

① 《卫三畏生平及书信》第158页。
② 《卫三畏生平及书信》第195页。

中国权益上也是貌合神离的,"为了完成各自所担负的复杂而艰巨的任务,各国代表迫切希望找到一个集额尔金勋爵、葛罗男爵、普替亚廷伯爵和列卫廉先生的才能于一身的人。因为四国虽然联合起来,力量增强了,但是仍然面临许多棘手的问题。首先,英国对它的盟友似乎并不坦诚,各国都无法摸清英国政府的真正意图和打算;其次,势力强大的俄国和美国都不愿意给它们的盟友英国和法国积极的援助,不愿意帮助它们增强武装力量。美国公使所做的第一件事,就是以中立国代表的身份要求与叶总督正式会面。但是这一要求遭到了拒绝"。① 因此,广州已陷于英法之手,列卫廉公使的第二件事就是北上觐见咸丰皇帝了。在送往华盛顿的一封急件中,列卫廉先生说道:"惩罚和教训一下广州人是各国的夙愿,现在这一愿望已经实现。但另一个重要问题是:这种严厉的制裁是不是只限于针对广州人?或者干脆说,这一场流血的战斗只是徒劳?……我几乎敢肯定地说,事实正是如此。这只是一场不光彩的屠杀,丝毫没有触动中国人的思想,这只是拿杀戮人的生命来示威。中国人妄自尊大,但在关键时刻却懦夫般地弃自己的职责于不顾。叶总督明明可以利用有利条件做好充分的防御工作却坐以待毙,他明知美国人心存友善,却仍然拒绝接受我们充当中间人。考虑到以上种种情况,我认为,我们必须对中国采取全新的对策;西方各国必须坚持其权利,并且放弃用正常方法与中国进行交涉的梦想。"②列卫廉公使所谓的全新的对策,就是以武力为后盾的进京谈判修约。对于进京一事,清政府全力阻止,因此将是一场中外持久的谈判拉锯战。1858年4月17日,四国公使的军舰到达了天津的白河河口。24日,四国使节都分别派出了信使给直隶总督送信,要求中国政府在一定期限内派出一名使节与他们谈判。28日,当中国官员送来回函,称政府已经新派了一位钦差大臣来负责与各国使节的谈判事宜,但回函的书写有碍美国公使的所谓尊严,卫三畏拒绝接受:"因为在那封信中,他们把他们国家的名称写在了我们国家的名称的上方大约1英寸处,这就好比我们在信函中把'美国'写成'AMERICA',而把'中国'写成'china',而前者的做法是更为无礼的。你要知道,在中文当中,名称、头衔和称谓的先后顺序都暗示着地位等级的高低。直隶总督对此事表示了歉意,并将责任归咎于他的文书,

---

① 《卫三畏生平及书信》第159页。
② 《卫三畏生平及书信》第160页。

说他缺乏经验，不了解公文书写的规矩。据我们和中国官员接触的经验来看，他们常常借这些细枝末节来表示对外国使节的藐视，要不然我们也不会拒绝接受这一封信。在中国人写的信中，列卫廉先生的头衔仅用十三四个字就写完了，而总督的地位却往往需要大约40个字才能说明白。所以一个没有经验的文书很容易从总督的头衔写起，而把列卫廉先生写在后面。从这件事情你可以看出，我们与中国人接触时，需要费多大的精力来从各个方面了解他们、熟悉他们。中国人很难对付。我们决不能容忍任何形式的冒犯，但是我们往往很难判断他们那些冒犯的行为到底是由于无知还是有心。这就像医生行医一样，只有医术高明的人才能既不伤害病人，又能治愈疾病。"①在解释拒收的原因之后，卫三畏又同时予以谅解，都充分说明了卫三畏之于外交礼仪的重视和对中外交往不同方式的了解以及外交过程中的认真和宽容态度。5月3日，钦差大臣、直隶总督谭廷襄与美国使节在大沽炮台举行了第一次会谈，由丁韪良担任翻译，卫三畏做记录，以防遗漏。会谈进行了两个多小时，但没有谈及具体的、实质性的问题。10日，美国使节一行再次上岸与谭大人会面，商谈清廷是否接受美国总统的国书及修约的态度。两天后，列卫廉公使患了感冒，卫三畏和丁韪良一起给中国官员送递文件，并会谈两个多小时，谈及外国使节进驻北京的问题，得到必须请示皇帝的答复。14日，在得知中国官员与俄国使节会谈的结果后，卫三畏立即告诉了列卫廉公使。列卫廉公使在其日记中写道："卫三畏先生今晨来到我的房间，给我带来了一个好消息。……一位姓卞的中国官员昨天拜访了俄国使节，力主中俄两国代表今天举行会谈，并且表示愿意破例一次，允许外国使节进京。俄国使节认为这一消息事关重大，应该马上通知其他各国使节。……这一消息让我们都十分振奋。我和卫三畏立刻开始着手拟定一份条约的草案。整个船舱中都是一片忙碌的景象，在左边的舱房中，我的儿子正在那里忙碌地抄抄写写，我和卫三畏则在右边舱房后面的一间屋子里酝酿与中国政府谈判时应提出的条款，并把它们写成了备忘录。在我们旁边，卫三畏请来的两位中文文书用驼毛蘸着印度墨水，把我们的备忘录译成了中文。"②19日，就在卫三畏和丁韪良奉公使就签订条约的问题之命，与直隶布政司钱忻会谈临将结束前，卫三畏

---

① 《卫三畏生平及书信》第164页。
② 《卫三畏生平及书信》第167页。

接到了公使列卫廉的密信，停止对条约草案的全面审议而立即返回军舰上。原来，英国和法国公使都在与清朝官员会谈破裂后，断然决定攻占大沽炮台，胁迫清政府接受公使驻京等各种条款："亲爱的(卫三畏)先生：我刚接到(法国公使)葛罗男爵的信。他通知我们，明天各国海军司令将联名给谭大人下最后通牒，通知他各国舰队将在通牒送达两个小时后攻占大沽炮台。这一消息须严格保密，请切勿透露给任何人，包括丁韪良先生。如果看到我这封信时你正和钱大人在一起，我建议你不动声色并以最彬彬有礼的方式中断会谈。你只需向他们解释，这是按我的意思行事即可。我相信你一定会明白，我们不能让中国人事先揣测到联军的意图。应该让他们直接领略联军的威力。你真诚的列卫廉，5月19日。"①大沽口是天津的门户，近口30余里有拦江沙一道，称为"口外之险"，大船不便航行。海口南北两岸建有炮台四座(北岸一座，南岸三座)，仅有守兵700人。海口距大沽村五六里(1里=0.5千米)，距天津一百八九十里，中间有新城、葛沽，为商船进口后停泊之处。而此时，陆续驶抵大沽口外的英、法、美等国舰船共约30艘。② 5月20日上午8时，额尔金和葛罗发出最后通牒，要求让四国公使前往天津，并限令清军在两小时内交出大沽炮台，否则武力占领。10时，联军两队炮艇开入口内，同时轰击南北两岸炮台。这次作战，尽管"中国兵械虽不甚精，而兵弁大都忠勇"③。也仅仅才接战两个多小时，四座炮台全部落入敌手。其后，英法联军炮艇八九艘溯白河而上，于26日驶抵天津城下。不久，四国公使也率主力舰只赶到，宣称如果清廷不立即派全权代表前往天津谈判，就先取天津，再攻北京。咸丰帝以天津逼近京城，急忙于5月28日派大学士桂良、吏部尚书花沙纳为钦差大臣，赶赴天津议和。从6月4日起，桂良等与英、法、美、俄代表进行了多次交涉，并先后于6月13日和18日签订了中俄《天津条约》和中美《天津条约》。6月26日和27日签订了中英《天津条约》和中法《天津条约》。

在中美《天津条约》的谈判过程中，卫三畏出力甚勤，而且在条约条款拟定上颇有主见，深得列卫廉公使的信赖，"从更实际一些的角度来看，我认为，传教士们在中国的工作和研究直接关系到了我们在华的利益。如果

---

① 《卫三畏生平及书信》第169页。
② 《谭廷襄奏筹办天津海防情形折》，贾祯等编《筹办夷务始末》(咸丰朝，第2卷)第670页，中华书局，1979年。
③ 夏燮《中西纪事》(卷十四)第8页，(清)同治精刻本。

第三章 北京外交经历

没有他们担任翻译,我们的各项工作都无法进行;如果没有他们的帮助,我在这里既不能读,也不能写,无法与中国人信函往来,更无法与中国人谈判。总之,如果没有他们,我根本无法开展工作。他们为我们解决了许多困难"①。1858年6月7日,在卫三畏的事先斡旋下,美国使节率先拜访了钦差大臣桂良、花沙纳,从而较英、法两国赢得了先机和好感:"由于美国使节坦诚和礼让的态度,中美双方在第一次会面时就达成了一项协议。而且双方都很满意。'两国政府代表在对对方的担心、意图和希望一无所知的情况下,在如此紧要的关头商议解决重大问题,并且互相达成了谅解,这在各国历史上是唯一的一次'。这种口气作者曾不止一次地使用。英、法使节与中方会谈时,气氛不是很友好,因为中方交给使节们看的任命书出了点技术性问题。"②在中美进行谈判的过程中,卫三畏还努力促使双方在条约中添上了允许在中国传播基督教这一重要条款,这是卫三畏这段时期最大的成就。据卫三畏称,允许基督教的传播并不是中国人提出来的,他们对宗教问题根本一无所知。最先在拟定条约时提出这方面要求的是俄国使节,清政府鉴于俄国传教士都会说汉语,允许他们在中国自由活动,在北京的俄国(天主教)传教士都安守本分,相当勤勉。但对于基督(新)教,尚不知如何是好。卫三畏设法弄到了一份中俄条约的中文本,找到允许传教士行动自由的条款,依样为中美条约也订了这样一条。中俄条约中规定允许"一定数量的传教士"在中国生活,卫三畏把这一限制性的内容删除了,并在新拟的条款中提到了"新教"和"罗马天主教"两个概念,说明新教无论是在名称上还是在实质上都是有别于罗马和希腊的教会组织的。签署条约的前夜,中方代表不接受这一条款,理由是新教传教士都带有家属,活动范围不能超出通商的口岸。也就是说,不允许美国人在中国传教,其实是因为他们无法接受外国妇女在他们的国家自由行动这一事实。对此,卫三畏赶紧重新撰写这一条款,次日清晨便送给中国钦差过目。新拟的传教条款和上次那条在内容上其实是一样的,不想中国钦差很干脆地接受了,没有再提出任何修改意见,只是列卫廉公使建议将英文本中的"任何人"改成了"无论美国公民还是皈依基督教的中国人"。卫三畏最关注的是中国要允许在华传播基督教。条约中果真塞填了传教自由的条款。对此,卫

---

① 《卫三畏生平及书信》第178页。
② 《卫三畏生平及书信》第173页。

三畏欣喜若狂,他说:"在这个问题上,我们可谓开风气之先,当时中外签订的其他条约中是没有的。后来中英条约中关于宗教题的条款就是仿照我们的这一条制定的。如果当时我们的条约中没有这样的内容,那么后来的中英条约中也不会有。而且,必须承认,如果中国政府当时认识到了允许在华传播基督教对他们意味着什么,他们是绝不会应允这一条款的。"①当然,新拟的条款是经过了列卫廉公使的审查,而且做了符合他意愿的修改。列卫廉在将中美《天津条约》文本呈送华盛顿时所附的一封信中谈到了他的修改:"在汉语中,罗马天主教所尊奉的信仰和新教所尊奉的信仰是用不同的词语来表示的。前者在汉语中是'天主教',后者则是'基督教'。因此,在条约中要说明中国人认可这两种基督教形式。在条约的中文本中,'天主教'和'新教'的字样都出现了,但是英文本中只用了'基督教'一词。我认为,天主教和新教只是基督教的不同分支而已,所以也就这么措辞了。这一条款争取到了中国政府对于基督教的完全认可及基督教在华传播的充分自由,为所有信仰基督教的人——无论是美国人还是中国人——争取到了最大的权利。它受到了所有在华传教人士的一致拥护。"②6月18日晚上,中美双方在天津的海光寺举行了签约仪式。对于这份"来之不易"的《天津条约》,卫三畏似乎感到如释重负,他在日记中写道:"和《望厦条约》相比,这份条约签订的地点不同,签订时面临的政治局势也不一样。在《望厦条约》签订之前,英国人通过长达三年的战争终于迫使中国人放弃了为维护独立自主而做的努力,并和中国人签署了一份条约,这就为中美《望厦条约》的签订打下了基础。现在这份条约是在战争危机邻近、然而尚未爆发的情形下签订的。目前我们还只是在广州和大沽让中国人看到了战争的威胁,这就像狮子在跃身扑向对手之前发出的咆哮一样。此时的中国人是以时刻准备抵抗外敌的姿态站在我们面前的。当他们意识到和平的取得必须以答应盟国的要求为代价时,他们当然要千方百计地把这种代价减到最小。"③《天津条约》签订后,中美双方约定在上海商讨有关贸易和关税的具体规则。由于钦差们迟在10月份才能到达上海,列卫廉一行就决定前往日本一次,只访问了通商口岸长崎,令卫三畏感到十分惬意,这

---

① 《卫三畏生平及书信》第175—176页。
② 《卫三畏生平及书信》第178页。
③ 《卫三畏生平及书信》第180—181页。

第三章　北京外交经历

是他的第四次日本之行,是在随同佩里准将叩关日本成功后的 5 年之后。10 月 26 日,从北京来到上海的钦差 5 人,在上海的赫德公司进行第一次会面,气氛较在天津谈判时要好得多。28 日,列卫廉公使一行回访了清朝钦差们,并受到设宴款待,这次拜访纯粹是礼节性的,除在宴会上赞美燕窝等菜肴及点心,举杯为中国皇帝和美国总统的健康祝福外,没有谈到什么实质性的问题。11 月 11 日,在英国政府与清朝钦差签订了一份中英条约的附件后,中美之间也签订了这样一份关于关税和贸易的条约,此外,在关于赔偿居住在广州和黄埔的美国人的财产损失的问题上,列卫廉公使也和中国代表签订了一份协定。中方同意赔偿白银 50 万两,赔偿方式是从第二年(中国农历)开始削减美国商船须缴纳的税金的五分之一。这 50 万两白银的赔款,30 万两从广州地区的外贸税收中支付,其余 20 万两从福州和上海地区的税收中分别抽取。① 这笔还给美国人的赔款,就是由卫三畏主持兑付的,后来还多剩了 20 多万两,卫三畏准备"退款兴学"筹办在华的"美华学院",因得不到美国政府的认可而流产,却成为 20 世纪初美国"庚款办学"的滥觞。至此,列卫廉公使完成了他赴华的历史使命,他将带着条约的各项文本返回华盛顿复命,剩下的事就是双方政府批准条约。

　　1859 年春,美国政府任命华若翰(John Elliott Ward,1814—1902)先生为新任驻华公使(第 8 任驻华公使),前往中国北京交换本国政府已批准的中美《天津条约》,同时任命其弟华为士(W. W. Ward)为使团秘书。国务卿刘易斯·卡斯(L. Cass)为此从华盛顿致函卫三畏,希望"这项新的任命能减轻你的工作负担,但你作为翻译的薪水不变,希望这样的安排可以让你接受"②。对此任命,卫三畏没有任何反应,而这些细节也与此后卫三畏坚决不接受驻华公使任命有关,他不喜欢介入这样的名利纠纷中,只是在按照"上帝的意志"工作着。在华若翰 1859—1861 年任驻华公使期间,卫三畏获得了回美休假一年的美国总统特许,后来他在 1860 年 2 月离开澳门回美,直到 1861 年 9 月返回香港,一定程度上就是回避其中的某种政治纠纷。而且新任公使华若翰并没有听从前任公使列卫廉的建议,先到澳门与卫三畏见面,听取一些中国情况的介绍,而是直接乘坐军舰驶向上海。也许是上帝的安排,卫三畏在香港送别前任公使列卫廉先生后,只是去澳

---

① 《卫三畏生平及书信》第 190—193 页。
② 《卫三畏生平及书信》第 196 页。

门停留了一段时间，随后便乘船北上上海，途中停靠宁波。1859年5月，卫三畏和新任公使华若翰先后到达了上海，很快就与已经到达上海的清朝钦差桂良、花沙纳、何桂清等人见面。已经疲惫不堪的钦差们对外国公使进入北京的打算没有表示任何反对意见，而是要与各国使节商议进京之前的各项准备事宜，并在上海就地与各国签订条约，这个举动实在出乎外国人的意料之外，只是这些钦差们在没有得到朝廷的圣旨前，是不敢擅自离开上海的。1859年6月13日，英、法、美三国公使和钦差们一起向北京出发。对卫三畏来说，这次是他第三次启程去北京了，从上海到北京不过1000英里，走旱路要两个月左右的时间，走水路要快些。于是，美国公使只带了两艘船，一艘是"波瓦坦"号，另一艘是租借来的汽船"托依丸"号，使团的全体成员都栖身在这两艘船上。公使华若翰带了三位随员，而与卫三畏同行的有美部会的艾奇逊先生和长老会的丁韪良先生，此两人将在公使谈判和条款交涉中充当卫三畏的助手，还有三位都信仰基督教的中国人担任文书和打理伙食的工作，其他人就是达底拿准将及其麾下的全体官兵了。法国舰队把提供军备给养的担子留给了英国人，英国舰队的舰船承载4000人，防守措施也做得相当好。浩浩荡荡的舰队一路北上，在卫三畏心中却充满着隐隐的担忧，他暗自向上帝祈祷着：此次进京的途中千万不要发生武装冲突，如果再发生冲突，《中英条约》，甚至中国政府与其他各国政府之间签订的条约，都将有可能失效；如果再发生冲突，就必将导致一场长期的战争。① 1859年6月20日，英、法、美三国公使到达大沽口外，清政府要求公使往北方北塘登陆，并由清军保护到北京换约，但遭到拒绝，双方不久便在大沽炮台展开战争。6月25日，英法联军发兵进攻大沽口，英海军司令贺布亲自带领12艘军舰从拦江沙开往海口，下午3时，贺布下令攻击炮台，清守军也开始发炮反击，过不久多艘英法军舰遭受损伤，贺布本人也受伤。下午4时，有4艘联军军舰被击沉，过了一小时后贺布下令从海口南岸强行登陆，但因地面泥泞难走，还是被清军炮火轰击造成死伤。英法联军也遭到清守军与从新河来增援的骑兵攻击，到了晚上联军再继续进攻，但又有死伤，激战整夜后，联军撤退到杭州湾。这也是鸦片战争以来，清军唯一一次的胜利。

1860年7月，英法援军大举来袭，大沽、天津相继陷落。清政府急派

---

① 《卫三畏生平及书信》第200页。

怡亲王载垣、兵部尚书穆荫到通州南张家湾议和。由于双方争执不下,谈判破裂。随后,英法联军攻陷通州,进而在北京东郊八里桥与清军决战,僧格林沁部全军覆没。9月22日,咸丰帝等则以北狩为名逃奔热河避暑山庄。10月13日,英法联军从安定门攻入北京。联军洗劫和烧毁了皇室园林圆明园和静宜园。对此,法国作家维克多·雨果(Victor Hugo,1802—1885)曾给予强烈的谴责,称之为"两个强盗的胜利"。10月,联军以焚毁紫禁城作为威胁,迫使恭亲王奕䜣作为议和代表,除了完成《天津条约》的换约外,加订了中英、中法《北京条约》。11月,英法联军开始撤离北京。至此,第二次鸦片战争结束,中国社会半殖民地半封建化的程度加深了,外国侵略势力扩张到沿海各省,并伸向内地。俄国新任驻华公使伊格那季耶夫以"调停有功"为由,胁迫清政府签订了中俄《北京条约》,将乌苏里江以东40万平方公里的土地划归俄国,增开喀什噶尔为商埠,并在喀什噶尔、库伦设领事馆。但是,从英法联军攻打大沽炮台到第二次鸦片战争结束,我们可以看到,美国人并没有加入对华战争,最后也没有与清政府签订类似《北京条约》那样的条约,只是以"中立者"的姿态自北塘登陆,经天津到北京互换了先前的中美《天津条约》,随后便离开北京南下返回美国。这种过程,并非是美国人的无能或仁慈,而是他们的出使目的只是换约,并且是进京换约,扩大冲突是不利的。既然英法联军已经出手在先而且胜券在握,何必多此一举呢。正是借着英法联军炮火的硝烟未散尽之际,美国使团得以率先进入北京。

对于1859年7月5日的那场战役,卫三畏是第一次那么清晰地、近距离地目睹战斗的全过程,也目睹了英法联军的失败:"英军惨败,登陆部队死伤无数,并无一人得以进入城中。其实,当我们在船上听到那响成一片、让人迷惑的炮声时,船上一位富有战斗经验的水手就曾颇为肯定地预测,肯定有一部分英军没成功登陆,英军也没能攻破中国人的防守。但是当我们听到战败的消息时我们还是感到十分意外和震惊。"①在这场大沽战役后,美国公使派人侦察了一下北塘的具体方位,同意中方提出的北塘登陆的安排。之后,中方安排美国人登上了一艘停泊在北塘的平底帆船,这船是为美国公使会见新任直隶总督恒福而特意准备的。会面的气氛是相当友好的,以盛大的阅兵式欢迎到来的美国客人:"为了这次会面,中国官员

---

① 《卫三畏生平及书信》第207页。

的确是尽了全力,他们做了前所未有的精心准备。在我看来,如果英、法两国公使能够把诉诸武力的想法暂时放到一边,先到这里来看一看,决不会有损他们的尊严。他们对中国人已不再存有多少友善、仁慈之心,也不再相信中国人已重复多次的许诺。恐怕从此以后,他们在处理与中国有关问题时不会再给中国人发言权了。"①在得到朝廷的谕令后,正当盛年的满族人崇厚(1826—1893,后曾任清廷驻俄国公使)负责陪伴20名美国使团成员进京。1859年6月20日,中国官员和美国使团成员分乘马车、花船前往北京。这种中国特色的简朴的马车确实让美国人不舒服,也让法国人得到一个饭后的笑柄:"就在这一年夏天,法国一本画报上刊登了一则滑稽的报道,说头脑简单、胆小怕事的美国人'被装在一种像木盒子一样的交通工具中,先在陆地上由牛拉着走了一程,然后又被放在木筏上经由运河送到了中国的首都北京。美国人在北京受到了一番盛情款待之后,又被用同样的方式送回了原处'。"②对于这样的外交程序,现在不能妄加评论,究竟是中方条件有限,还是清廷有意所为,究竟是美方对此不知而视为常态,还是已经知悉而委曲求全以求换约成功,但有一点,美方这次进京确实给中方留下了很好的印象,在北京嘉兴寺参加会谈的钦差大臣、大学士桂良的言语中就可看出:"会谈自然是以双方的问候和寒暄开始的。大学士还谈到了他是如何从上海出发,奔波36天赶到这里。但是,突然,他话题一转,说到了英国人,言辞变得不同寻常地激烈起来。他严厉地指责英国人违背了条约,表示中方现在也不再承认条约的有效性,并且宣称,白河一役完全是由英国人挑衅才爆发的。他还说,中国政府和其他任何国家的政府一样,对本国的港口和内河有绝对的控制权,因此,中国在大沽附近的河道中设置防御工事并不对英国构成侵犯。他承诺,取道北塘前往北京的道路仍然是通畅的。各国之中唯有英国以交换条约为由带着规模庞大的军队来到中国,让人不得不怀疑他们的居心。相比之下,美国人未带一兵一卒,更显诚意。"③6月26日,美国使团一行到达了北京东边的通河河港,第二天,他们换乘马车,首次进入了北京城。为交换批准的中美《天津条约》,卫三畏随

---

① 《卫三畏生平及书信》第212页。
② 《卫三畏生平及书信》第213页。
③ 《卫三畏生平及书信》第214页。

第三章 北京外交经历

同美国使团首次进入北京,"这是进入北京的第一批美国人"。① 初次见识北京城,留给卫三畏的印象并不是很好:"北京的城墙以外是破破烂烂、凹凸不平的石头路,城中则是同样糟糕透顶的泥泞小路。正如我们的随团教士深恶痛绝地说,北京的路况简直'糟糕得无法形容'。北京这座满族人的城市让我们大失所望。这并不是因为我事先把它想象得过于整洁、优雅、金碧辉煌,而是因为城市中乞丐成群、凋敝破败、尘土飞扬的景象实在太出乎我的意料。"② 下榻在曾任大学士的赛尚阿被贬职充公的一座消夏的行宫里,美国使团却被限制了在北京城内外的自由活动。其后,双方代表在觐见咸丰皇帝行叩头礼上纠缠。美国华若翰使团是中国近代史上第一支进京的外交使团,要向中国最高统治者递交国书,就不可避免地遭遇觐见中国皇帝的叩头之礼。这个著名的外交问题,成为自1793年英国的马噶尔尼使团进京以来的中国官员与外国代表之间争论的焦点。在中国人看来,如果在觐见皇帝时不下跪叩头,无疑是对皇帝的不敬,是有损帝王的神圣和尊严的行为。尽管咸丰皇帝有要接见外国客人的强烈愿望,也许是出于好奇,也许是出于维护与美国之间友好关系的真诚愿望,并且为使召见顺利实现,还同意免去一切繁文缛节,只要求使者们以鞠躬来代替叩头,但还是遭到了满朝文武、达官显贵们的极力反对,因为觐见"真龙天子"时不三拜九叩在中国人看来就是大逆不道,这种罪过并不亚于西方人冒犯奥古斯都大帝或中世纪的教皇。这一观念在中国人的头脑中根深蒂固,不愿意在这一问题上做出让步。咸丰皇帝前所未有的让步,并不能预示着这种愿望的可能实现,直到1873年同治帝接见英、法、美、俄、德五国公使时,才完全免去传统的礼仪,而按照近代国际外交惯例的方式进行的。在西方人看来,这种觐见皇帝叩头礼仪的想法和做法是不可理喻的。美国使团成员认为不肯下跪并不是因为对中国皇帝不够尊重,而是因为基督徒除了对上帝以外不能对任何偶像下跪,而且华若翰公使来华的这次换约,本意上并没有一定要见到皇帝。基于西方人的福音原理,觐见中国皇帝行叩头礼就是一种具有偶像崇拜性质的行为,这也是中西文化的差异之一,其中的是非高低应该可看作是一种人类社会发展进程中的阶段性的历史

---

① Frederick Wells Williams, ed., "The Journal of S. Wells Williams, L. L. D.", *Journal of the North China Branch of the Royal Asiatic Society*, Vol. 42, 1911, p. 164.
② 《卫三畏生平及书信》第213页。

现象,在客观和文明的角度上对其进行历史的评判、筛除和革新。10多天的这种讨论与说服,最终还是无果,美国使团未能见到皇帝。8月3日,在最后一次的觐见礼仪的谈判不成功后,中国钦差们同意他们来接受美国总统致中国皇帝的国书,而不是由美国公使在觐见皇帝时直接将国书呈递。8月10日,美国使团在与中国钦差大臣桂良和花沙纳的最后一次会谈的时候举行了国书的交接仪式,还约定,在北塘交换正式签署过的条约文本。8月11日,美国使团成员乘坐与来时相同的交通工具,由同一班人马护送离开北京。几天后,在北塘,直隶总督恒福和布政使文煜与美国使团代表交换了条约文本,中美《天津条约》正式生效。8月17日,美舰"托依丸"号载着使团成员与停泊在远处的舰队司令所在的"波瓦坦"号船会合。次日,使团海葬了随团的传教士艾奇逊。22日,美国使团到达上海。到年底,美国使团与两江总督何桂清就中美之间的条约中的一些细节问题进行协商后,就南下香港了。从1853年开始,卫三畏跟随海军准将佩里和两任来华公使列卫廉与华若翰分别出访日本和北京,历时6年,这样的四处奔波和繁重的秘书及中文翻译的工作显然让他感到疲惫和厌倦了。卫三畏不仅需要休息,更需要回国探亲(期间其弟约翰和第三子奥立芬先后病逝)。1860年2月,卫三畏离开澳门,开始了他回国的休假,一直到1861年9月返回中国香港。

(二)协助美国首任驻京公使蒲安臣进京、主持修建美国驻京公使馆,并展开了近距离的对华外交工作,尤其执行中美"合作"外交政策;其后又多次在公使蒲安臣、劳文罗斯和镂斐迪离任时代理驻华公使之职,发挥过重要的作用。

卫三畏在1861年9月从美国探亲回到澳门一个月后,接替华若翰公使担任美国驻华公使的蒲安臣(Anson Burlingame,1820—1870)抵达了上海。此期,正是清廷"辛酉政变"前后,朝野动荡。尽管英法联军武力推进至北京和《天津条约》《北京条约》的签订开启了外国人进驻北京的新纪元,但是,包括美国在内各国来华使团暂时不敢轻易进京,更毋提建立驻华公使馆的问题了。新任驻华公使蒲安臣率领的美国使团在南方羁留了一个冬天。1862年春,随着清政府政局的逐渐稳定和北方河流的解冻开航,卫三畏陪同公使蒲安臣北上,沿途访问向外国人开放的通商口岸,同时还要防备太平天国军队的威胁。5月1日,使团一行到达宁波,宁波城没有受到太大的破坏,在传教士曼格姆住了一晚并见到了所有在这座开放城市里的美国传教士,而且了解到这里的传教工作进展很好。29日,卫三畏随同蒲安臣在上海旗昌洋行接待了来访的上海史大人和道台吴健彰(1815—1870),就各种问题交换了意见,但没有任何新的进展,因为此期间的美国内战最吸引中国人的注意力。对上海这座城市,卫三畏并没有表现太大的兴趣,"我在那里待的时间太长了,以后我也不想再待那么长,离开时我没有觉得遗憾,只有裨治文生前工作多年的地方以及他的寓所所引发的回忆平添了几分不舍。上海的热闹和新貌,以及一个新来者因缅怀它的过去而感到的难以适应的情绪,都使我不太喜欢这个地方"①。7月上旬,卫三畏一行到达了天津,天津显得相当萧条,外国人在此开辟了租界,有50人住了下来,贸易有所增长。在美国公理会传教士白汉理(Henry Blodget)博士的极力主张下,卫三畏在天津为美国传教团购买了一处房子以供传教之用,这是他有生以来在华拥有的第一座房子,而且是在一座他可能永远不会居住的城市。一周多后,他们离开天津向北京进发。到达北京后,美国使团首先进驻法国驻京公使馆。因为1859年底华若翰公使进京换约时,在觐见咸丰皇帝的叩头礼仪上没有让步,只得在北塘换约后,就南下并迅速回美复命,而失去了在北京筹建美国驻华公使馆的机会。英法联军占领北京,签订《北京条约》后,很快便筹建了在中国居住的使馆建筑和直接外交的公使馆体制。3年后,进京的蒲安臣使团没有自己的使馆,所以在此之前必须先在一个地方住下来。早在来京前,蒲安臣公使就在上海拜见了哥士奇太太。哥士奇(Kleczkowski)是法国外交官,1862—1863年出任法国驻华使馆代办。对于先住进法国使馆的做法,卫三畏当时也不知道这样做会带来什么样的运气,显然,这样的"疑惑"促使了他在三年之后竭尽全力地筹划建造属于他们自己国家的驻华公使馆。这次对北京的访问是比较仓促的,从7月到11月,作为使团的秘书兼翻译,卫三畏不得不考虑许多事情,特别是有关住房的事情。在蒲安臣公使返回上海探亲,后与其夫人、孩子和女佣等回到北京之前,卫三畏必须负责完成公使将入住的住宅。在此之前,他首先要为自己的居家购置一套房子。在卫三畏购买的新家里,首先入住的是随同他前往北京的两位美国牧师施约瑟(S. I. J. Schereschewsky)和包尔腾(J. S. Burdon),这二人后来成为北京城里受人尊敬和非常成功的传教士,并且卫三畏还垫付现金为在京的美国传教团购买

---

① 《卫三畏生平及书信》第228页。

了土地和房舍作为传教场所,后来得到了美国美以美会总部的认可购回。卫三畏看定了一套房屋,比较适合作为蒲安臣公使的住所兼办公地。为了早日完成修葺工作,他雇用了 120 个工人对之进行必要的装修。在监管的过程中,卫三畏发现需要投入比原先预想的要多几倍的时间和精力。在 1862 年 7 月至 11 月于北京的短暂访问时期里,卫三畏对即将开始的对华外交有了新的认识。首先,他看到了北京的物质形态的落后和清廷外交的无知和软弱,"总的来说,公共建筑相当破旧,这说明了政府的贫穷与漠视。专制体制下的统治者对公共事务的漠不关心和缺乏深谋远虑也必然导致下层官员的玩忽职守。确实,一个国家的进步决定于皇帝的力量,在它自身的文明当中没有前进的原则,虽然它的退步也不是很明显。在他们和我们的私人交往中,官员们在许多事情上都态度友好,当他们在一项争论中理屈词穷,而又不用担心结果对自己不利时,他们便接受我们的建议并不再开口。与外国人打交道最多的是两位上了年纪的官员,当我们给他们讲述了那些遥远的国家及其与我们的关系后,他们仍然概念模糊、思路狭窄,他们就像长不大的孩子,我怀疑他们是无法被教会的。我们长期以来的谈判对手桂良已经去世了,花沙纳在两年前(1860)去世,耆英在 1858 年去世,现在这三辆马车都已作古"。① 其次,在接触清廷官员的交往中,卫三畏看到了他在中美外交事务上的重要性:"我对北京的访问多少改变了我以前的看法,也了解了自己的职位在美国驻华使团中的重要性。在那里(指北京)我发挥了不少作用,我随时可以见到总理衙门的成员(他们专门负责外交事务),并说服其中的一位官员不要将华尔(Ward,他在宁波附近带领当地部队作战时阵亡)作为英雄来崇拜。从事这样的工作可以对中国施加好的影响。另外,还没有(美国)人准备担任这个职务(秘书),而我也不希望这个位子空着,只要我愿意,我想干多长都可以。"② 因此,对即将展开的驻京外交,卫三畏充满着期待和西方式的"征服者"心态:"中国目前的民情与政局引起了人们的许多猜测,我不知道会向哪个方向发展。法国、英国、俄国可能会最终切分这具巨大的尸体,虽然没有一个愿意从要害部位下刀。俄国已经占领了黑龙江流域的部分地区,并且窥视着塔里木盆地以及戈壁到长城的这部分区域。法国派来了所有愿意来华的神父和修

---

① 《卫三畏生平及书信》第 229—230 页。
② 《卫三畏生平及书信》第 231—232 页。

女,并全力地支持他们,他们有充足的活动经费,传教工作已成为法国驻华使团外交干涉的主要内容。英国在贸易上更为强大,也更公开地进行干涉,它将自己的船只派遣到长江上管理航运,并采用笼络诱骗的手段掌管了(中华)帝国的海关,将触角伸向中国社会的内部机制,以便探测它的力量和寻找可以利用的对象。对于征服者来说,这个国家人民的坚韧和勤劳使它比任何亚洲国家更为有利可图,但是勤劳的人民必须善待,只有这样他们才会为主子工作。我们多多少少都为中国人的威风扫地感到高兴,以前对于怀着善意前来的西方人他们是带着怎样的傲慢和蔑视啊。"① 正是在上述的外交心态下,卫三畏于 1862 年底从北京返回澳门。在澳门只停留的 6 天时间里,他极为仓促地捆扎了书籍、被褥、瓷器,将不能带走的家具全部卖掉,之后就带着妻子和最小的孩子,以及 60 只箱子离开了澳门,一路北上,经香港、广州、上海和天津,终于在 1863 年 6 月 16 日返抵北京安家,"下定决心离开南方的城市,离开澳门可爱的家,到此地(指北京)重新开始生活,这对我来说实非易事。但我找不出任何理由继续留在南方,我不能把自己在道义上必须承担的工作交给别人,然后再因为他们做得不好而后悔"。② 是年秋,卫三畏一家搬进了装修一新的住所,这所新住房共有 8 个房间,其中两间是相通的,其他是各自独立的。卫三畏雇佣了一个看门人、一个厨师、两个苦力、一个清洁工、一个侍者,所有这些人都在管家的领导下,除了这些人之外,还有一位护士,是唯一的女性仆人。和其他的外国人相比,他雇佣的人数是最少的,从运转上讲,属于中等水平。这一次在京安家,正式开始了与公使蒲安臣在一起的对华全面外交工作,也开始了他在京的 13 年的外交生活,一直到年达 64 岁时退休。

蒲安臣公使在华履职分为前后两个时期,从 1861 年任命赴华,1862 年夏抵达北京,暂时住进卫三畏为其购买修葺后的简易住所中,到 1865 年春离职回美,为第一个时期,亦为中美之间真正意义上的单边外交(清政府派遣首任驻美公使迟在 1877 年后)的开始阶段。1866 年 10 月,蒲安臣再度被任命为驻华公使莅京,到次年底卸任,是为第二时期,亦为中美关系进入相对稳定的发展时期。正是因为蒲安臣在中美外交关系上的某些作为,赢得了清政府的"信任"。1867 年 11 月 27 日,担任驻华公使已达六年之久

---

① 《卫三畏生平及书信》第 232 页。
② 《卫三畏生平及书信》第 233 页。

的蒲安臣即将离任回国，在总理衙门为他举办的饯行宴会上，恭亲王奕訢建议委任蒲安臣这个友好人士担任中国首任全权使节（办理中外交涉事务大臣），代表中国政府出使美、英、法、普、俄诸国。当时，清朝政府正在准备第一次派团出使外国，由于当初中国还没有懂外交的官员，聘一些熟悉外交并与中国友好的外国人来行使此责，既不失体统又可获外交实利，是清廷觉得比较两全的办法。这是中国政府第一次派团出使外国，蒲安臣也就成了绝无仅有的既担任过美国驻华公使又担任中国使节的一位美国人。1868年2月25日，清政府第一个赴外使团——蒲安臣使团一行30人，自上海虹口黄浦江码头乘坐"格斯达哥里"号轮船起航前往美国旧金山。随同出访的还有2名中国官员：海关道志刚和礼部郎中孙家谷。蒲安臣的两名副手：左协理是英国使馆翻译柏卓安（John M. Brown），右协理是海关税务司法籍职员德善（E. de Champs）。对蒲安臣代表中国出使西方这一重大事件，时任中国海关总税务司的英国人赫德（Robert Hart, 1835—1911）也赞成："我自从1861年到达北京以后，即曾向总理衙门力陈走向西方人所理解的'进步'一词的方向，并且我所谈论的，几乎没有任何一点能再比在每个条约国家的王廷建立常驻使节的需要，更为强调，更为频繁的了。……第一步，我于1866年劝请总理衙门派遣斌老爷同我一起前往欧洲。事实上向海外派遣代表的问题，竟成为我每次前往总理衙门时一定要谈论到的事情了。……几天以后，（在总理衙门的宴会中）柏卓安告诉我，总理衙门已经在考虑派蒲安臣为前往各条约国家的代表，并问我对这个问题的看法。我当即说这种想法应当予以支持，第二天，我前往总理衙门极力表示赞同。"①蒲安臣使团及其外交活动的是非曲直是史学界争论的焦点之一，论述颇丰。蒲安臣被委任中国首任使节，确是晚清中国走向国际大家庭的一个步骤，具有近代化的历史意义。在中国当时外交人才几乎为零的情况下，他代表中国政府完成了第一次中国与外国的官方交往，对于发展中国的外交事业做出的贡献是无与伦比的。蒲安臣死后，志刚、孙家谷举着蒲设计的中国国旗，继续完成了对比利时、西班牙、意大利的访问，而且觐见了三国国君，亲递国书，采纳国际通行的外交礼节。

  无可否认的一个事实是，蒲安臣代表晚清政府出使西方与他在公使任职期间力主中外政府之间实行"合作政策"密切相关。蒲安臣1846年从哈

---

① ［英］赫德《中国事务纪略》，载《北华捷报》1869年11月9日。

第三章 北京外交经历

佛大学法学院毕业后,先在波士顿担任律师,并开始投身政治。1853年,他成为马萨诸塞州的参议员。1854年,一群反对黑人奴隶制的人建立了一个新的政党,这就是今天的美国共和党,蒲安臣正是美国共和党的创始人之一,由于他的帮助,该党在马萨诸塞州成立。1855年,他进入了美国国会,当了6年(1855—1861)的国会众议员。1861年6月14日,林肯总统就职后不久,任命蒲安臣为美国驻华公使,任期6年。1862年7月20日,蒲安臣到达北京,成为第一批入驻北京的外国公使之一。在驻华公使任上,蒲安臣积极执行美国国务卿西华德提出的对华"合作政策":开展"公正的"外交活动,以取代"武力外交"。相对于俄、法、英等国的横暴而言,美国的对华态度赢得了清政府的好感。美国的对华"合作政策"与清廷"辛酉政变"后的新统治者的对外政策有不谋而合之处。两宫太后和议政王奕䜣这些最高决策者开始认识到在中国长期实行闭关锁国的鸵鸟政策,对中国的长远发展是不利的,开始主张对西方各国采取对外信睦的政策,也得到当时朝廷许多大臣的响应。这样,自上而下的中国过去的那种完全敌视西方的政策在很大程度上开始有所缓和,中外关系出现了前所未有的转折。同时,西方各国公使驻京,也给当时的中国带来一些新的思想。美国政府提出的对华"合作政策",同当时清廷的对外政策比较吻合。对华"合作政策"最早是由美国国务卿西沃德于1862年提出的,并在给即将赴华的美国驻华公使蒲安臣的训令中予以强调。蒲安臣对此项政策的内容做出简洁的界定:"签订条约的各国同意在实际问题上采取一致行动;一起维护条约中规定给予他们的利益,但同时决心对这些条约做出宽松的解释;决心维持外国模式的海关制度,并且支持它的管理,维持其国际化;同意不在通商口岸占据租界,永不威胁中国的领土完整。"①蒲安臣到达中国后,就开始把美国对华"合作政策"作为其外交活动的基础。后来,这个用和平外交代替暴力的政策,也开始影响到其他一些西方国家。尽管受到了中国沿海外国商人团体的反对,蒲安臣却赢得了清政府的特别好感和信任。恭亲王奕䜣曾说:"美国使臣蒲安臣于咸丰十一年来京,其人处事和平,能知中外大体。从前英人李泰国所为,种种不合,蒲安臣曾经协助中

---

① 《卫三畏生平及书信》第245页。

国,悉力屏逐。此后回转西洋一次,遇有中国不便之事,极肯排难解纷。"①美国外交史学家丹涅特也评论说:"这位美国公使在其任内对中华帝国对外关系的最大贡献,就是在1863—1865年这一困难时期对合作政策的身体力行。"

对蒲安臣公使及其执行对华"合作政策"和衔清政府之命代表中国出使西方诸国的外交活动,卫三畏都是深表钦佩和赞同。1865年春,蒲安臣公使请假回美,意欲观察美国内战态势和林肯竞选总统前途。蒲安臣离任后的公使空缺之责,落在卫三畏身上,一接就是一年半以上,是他在华代理公使之职最长的一次。在公使离开后,卫三畏致信其弟弗雷德里克,对蒲安臣离去甚为不舍:"他是一个非常热情的人,用一种乐观的态度看待国内发生的事情,并且确信,这场让人伤心的战争将革除奴隶制,并在将来使北方和南方比以往任何时候都团结一致。他在这儿对中国人的影响力相当大,对其他公使的影响力甚至更大。所以我们非常希望他能够比他的前任待更长的时间。但是他非常想回国亲眼看一看事态的发展,不管林肯当选与否。"②蒲安臣回国后,一度向美国政府提出辞去驻华公使一职,令卫三畏感到非常失望。自从他们认识以来,无论是工作关系还是私人交往都非常愉快,夏天他们一起去山上休假,分享乡村生活,远离城市的热浪和无法忍受的尘土,冬天他们一起处理职务范围内的社会及外交事务,每次收到急件,公使总是向秘书卫三畏征询意见和建议。在代理公使之职的一年半多的时间里,卫三畏除了处理使馆的日常事务外,还利用空闲时间编写字典,比较得心应手。但他还是期待着蒲安臣的归来。1866年春,林肯再度当选为美国总统,国务卿西华德(W. H. Seward)敦促蒲安臣回到中国,将他在那里开创的重要工作进行到底。蒲安臣明智地同意了,坚决地放弃了在国内政界扬名的光明前途,来华继续推行他的"合作政策"。正在执行"合作政策"的代理公使卫三畏,见到了蒲安臣的再度来京,兴奋异常,决定亲自督建一幢合适的公使馆。尽管不能动用1859年赔款基金的利息来筹建它,卫三畏还是想尽一切办法来实施他的计划,把公使馆的地址选在俄国使馆的对面,并及时地完成了工程。1866年10月,蒲安臣公使到达后

---

① 奕䜣《派美国蒲安臣权充办理中外事务使臣的奏折》,载《同治朝始末》(第51卷)第27页,中国文史出版社,2002年。

② 《卫三畏生平及书信》第244页。

第三章 北京外交经历

便入住了。公使馆体现了一些西方建筑的特色,这一尝试在北京还是第一次,赢得了不少赞许之声,连恭亲王奕䜣乘坐八抬大轿来到蒲安臣住所的内门时都惊叹道:太好了。① 来华再次履职一年后,蒲安臣提出辞职。卫三畏受命担任管理使馆工作的责任,这是他第6次代理公使之职了。似乎在蒲安臣宣布退休时就有人向清政府提出由他出任清政府出使西方签约诸国的使节。

根据中英《天津条约》中10年修约的规定,外商们都期望着1868年修约,以扩大在华的既得利益。美国政府率先竭力促成清政府遣使各国修约,美国国务卿西华德在1865年就劝说清政府向美国派遣使节,他在是年12月15日给蒲安臣公使的训令中说:"由于中美关系的融合及彼此间商务的重要,本国政府甚愿接待中国皇帝派来一个与你职位相等的外交代表。因此请你将这件事促起该政府的注意","该代表的任务,是观察美国对中国的行为,是否尽了条约的及国际公法的义务","由于中国人民侨民居美国的,特别是侨居加利福尼亚州的,非常众多,他们尤其有遣使来此的必要"。② 清政府此时也希望遣使修约,以争取中国的权利,特别为了解决美国加州华工受到排挤的问题。1867年,奕䜣曾在奏折中说,"遣使一节,本系必应举行之事",原因是"近来中国之虚弱,各国无不洞悉,外国之情伪,中国一概茫然,其中隔阂之由,总因彼有使来,而我无使往"。③ 曾国藩也向清廷提出遣使的主张,认为遣使可以"于领海申明公法,于租界争管理权,于出洋华工谋保护,且预防干涉内治"。④ 清政府既议遣使,就不能不考虑出使人选问题。奕䜣在奏折中说:"顾中国出使外国,……语言文字,尚未通晓,仍须倚翻译,未免为难。况为守兼优,才堪专对者,本难其选。若不得其人,贸然前往,或致狎而见侮,转足贻羞域外,误我事机。"反映了当时清政府缺乏出使经验、踌躇为难的情况;而这个弱点被蒲安臣充分利用,在准备辞职返美临行时向总理衙门毛遂自荐,表示"嗣后遇有与各国不平之事,伊必十分出力,即如中国派伊为使相同"。由此可见,"遣使出洋"是西方列强在第二次鸦片战争后迭次向清政府提出的要求之一,它是外国

---

① 《卫三畏生平及书信》第248—249页。
② *Papers Relating to Foreign Affairs Accompanying the Annual Message of the President*(美国国务院编《美国外交关系》),1866,Vol.1,p.487.
③ 1867年11月27日奕䜣奏折,《筹办夷务始末》(同治朝)。
④ 赵尔巽《清史稿》卷一百五十六、志一百三十一(邦交志四·美利坚),中华书局,1977年。

对清政府加强控制的一种手段,也是所谓"合作政策"的一个环节。清政府为了同时"笼络英法诸国",除派蒲安臣充任"办理各国中外交涉事务大臣"前往签约各国外,更加派英使馆翻译官柏卓安(J. M. Borwn)充"左协理",海关法籍职员德善(E. de Champs)充"右协理",随同蒲安臣出使,这样这个使团中就有了三个不同国籍的外国人。同时为使这个使团多少带有"中国气味"起见,清政府在赫德怂恿下又加派记名海关道志刚和礼部郎中孙家谷陪同出使,他们二人名义上和蒲安臣一样,同是"钦命之员",所不同的只是蒲安臣被授予一品顶戴,而两个中国大臣被授予的是二品顶戴,地位似乎稍低,实际上却不过是毫无实权的点缀品。这个光怪陆离的使团在1868年2月从上海出发赴美,4月初抵旧金山,6月初在华盛顿呈递国书。7月28日,蒲安臣在和国务卿西华德几度密谈之后,签订了由西华德亲手拟定的所谓"中美续增条约"八条,一般历史著作中又称作《蒲安臣条约》。必须指出,这些由两个美国人串通制造的条款,根本不能称作《中美条约》,因为按照清政府的训令,蒲安臣事实上并无缔约的权力,而且训令中特别言明:在国外遇有重大事情时,必须"咨明中国总理衙门候议,再定准否"。由此可见,蒲安臣擅订条约完全违背了清政府的指示,因而是一种彻头彻尾的越权行为。就连为蒲安臣作传的美国资产阶级学者威廉士(即卫三畏之子卫斐列 Frederick Wells Williams),在谈到这个问题时也不得不说:"不容否认,根据欧洲所遵守的外交惯例,蒲安臣先生参与缔结此约是不正当的。他并未得到明令在国外商订条约,而且如果他在离北京之前讲出订约的意图,总理衙门是绝不会任用他的。"①

蒲安臣作为中国使节,对卫三畏而言是很正常的一件事,"蒲安臣先生有着极为善良的心地,他的宽厚总是能博得与他交往的绝大多数人的好感。他是中国人能在北京找到的出使外国的最佳人选,他极有可能给那些国外的领导人留下对这个(中华)帝国的好感"②。晚清中国曾经好几个世纪不与别国交往,夜郎自大,如今突然采取派使这个措施来争取到外国政府的好感,理所当然会受到各国的欢迎和赞美。同治帝的任命蒲安臣诏书,通过恭亲王奕䜣传达给卫三畏,对蒲安臣评价甚高:"蒲安臣公使处事

---

① *Anson Burlingame and the First China Mission to Foreign Powers*, by Frederick W. Williams[弗·伍·威廉斯(卫斐列)《蒲安臣充任中国使臣记》],New York Seribner's,1912,p. 119.

② 《卫三畏生平及书信》第256页。

和平,能知中外大体,钦派蒲安臣权充办理中外交涉事务使臣。"1868年2月25日,"蒲安臣使团"一行30人,自上海虹口黄浦江码头乘坐"格斯达哥里"号轮船起航前往美国旧金山,开始了清政府第一个使团的外交活动。蒲安臣出使后,卫三畏一直衷心祝福他,既是朋友和同事间的一种思念,也是对国家间外交事业发展的一种期待,他写道:"蒲安臣先生的离去给我们的小圈子造成了一个很大的空缺,因为我们一家是我们这群人的重要组成部分,还给我增添了些额外的工作。我希望他此次出使各国能够使这个民族及其政府获益不少,中国是付出了昂贵的代价才学会了外交上的第一课。这不是一项容易的使命,这将比在《哈伯斯月刊》撰写文章更能严格地检验他的能力。"①此段话中,卫三畏说道,蒲安臣离去给他"增添了些额外的工作",既包含代理公使的事务,还牵涉到他是否接受出任公使的建议。因为,当时在某种程度上来说,美国政府的对华力量和重视程度尚不是很大,驻华公使在华影响力有限,而且像蒲安臣这样的职业外交官也不能得心应手地处理一切外交事务,特别是缺少传教士的帮助,像卫三畏这样熟悉中国文化和社会风俗的传教士,又有多年的从事外交活动的经验,在当时中美外交领域是难得的人才。因此,蒲安臣的辞职,某种程度上说明了美国对华外交的隐痛,蒲安臣的继任者劳文罗斯公使在中国待了不足一年(1868年9月—1869年7月),接替劳文罗斯的镂斐迪公使来华,任职时间也只有一年(1870年4月—1871年4月)。蒲安臣和劳文罗斯两位公使离任后,无论美国国内还是在中国,让卫三畏担任驻华公使的呼声不断,但是这些美好的建议,对坚守代理公使之职的卫三畏而言,没有根本的转变作用。

  卫三畏服务美国驻华使团的20年间,驻华公使换了一个又一个,而他的职务始终未变:秘书兼翻译。在公使离任后卫三畏曾多次代理公使,但他后来为什么没有成为公使或接受公使一职呢?至今并没有一个最根本的原因可以解释,可谓多种因素共同作用的结果。首先,已经56岁的卫三畏觉得他没有多余的时间和精力,而主要时间和精力用在学术事务上:"我还像往常一样学习与写作,不仅能外出散步、骑马,甚至还能不费气力地登山。总之,我希望有时间多做一些事,并且活着看到我的中文字典付梓。12年前出版的那本字典虽帮助过许多人,但如今已不太容易找到。编撰

---

① 《卫三畏生平及书信》第255页。

一部新字典的工程无疑是浩大的,为此必须付出长期艰辛的劳动,但这是完全有意义的。"其次,出于对蒲安臣公使的敬意和他对美国驻华公使馆体制建立的忠诚,以及他具有的善始善终的做事风格,卫三畏一直在为美国公使馆建造工程尽心尽力:"我在市内(北京城东交民巷外国使馆区)建房的计划目前占据了我的主要时间和精力,这一工作意味着我必须定夺每一扇房门的大小、演示如何插进螺栓、命令工人把墙壁垒直、告诉他们怎样混合砂浆、指挥钉牢地板、解释固定门闩的方法、供给各种型号的螺丝与铁钉、更换全部坏玻璃和盖顶石等。"这样的事无巨细的督建工作,终于在蒲安臣出使之后的几个月内,卫三畏让人在紧邻公使馆官邸的同一块圈地内建造了秘书的住房,从而终于完成了他历时两年多的筹建美国驻华公使馆的计划。最后,卫三畏没有政客的宿命观点,他是上帝的子民,尽管做着世俗外交的工作,"我是否感觉到自己已经 56 岁,是否与那些政客所说,明白自己的处境。我原以为自己一定会有这种感觉,但是没有,我为此感到庆幸"。① 上述这些原因又在卫三畏给 R. S. 威廉斯牧师的信中再次表露出来:"关于我是否应该接受驻华公使一职的问题,我无法做出切实的答复,假设性的答案是毫无意义的。我只想每天处理好那些必须处理的事务。眼下我希望顺利地完成新一版的《中国总论》,但这并不容易,也许这一工作永远都无法完成。字典必须首先完成,因为我觉得它会非常有用。《中国总论》绝不会卖得太快,也不会成为许多人的必备书,书籍的销售状况是对其适用性的检测。"②信中所表达的坦然的人生态度和对于研究中国的学术兴趣成为卫三畏安命立身的心理动力,它鼓励着晚年的卫三畏以极大热情修订《中国总论》,并以其极大的学术成就荣登美国汉学的宝座,成为中美关系上一座不朽的历史丰碑。事实上,卫三畏是出任公使最合适的人选,但他几次与这一职务擦肩而过,其中固然有个人谦让的原因,也有更深层次的原因造成了卫三畏极微弱的政客心态,即在以政党运作为特征的美国政治格局中,传教士出身的无党派人士很难出任高级职务。卫三畏缺少政治资本,他所依赖的是过硬的语言能力、丰富的中国经验,以及传教士的热情和投入。这样,卫三畏就成为美国国内高层政治因素和美国对华关系的内容与方式下的不可用人物:"实际情况是,我们认为他(指卫三畏)作

---

① 《卫三畏生平及书信》第 255 页。
② 《卫三畏生平及书信》第 257 页。

为公使馆头等参赞是不可替代的。"当时美国国务卿西华德的这句回答,颇为巧妙地说明了卫三畏的工作业绩,以及他与不断走马换将的公使之间的关系:公使们可以来回地调换,但他却一直留下来指导新来者,并用他的智慧和经验来帮助每一位公使。① 劳文罗斯于1869年7月离任后,公使职位再次空缺,这时美国国内和中国的朋友们都极力怂恿卫三畏担任此职。卫三畏综合各种情况,毅然决定做好代理公使之职,以免卷入政客那样的是是非非中去,只愿意做上帝安排的伟大工作:"我想多数美国同胞不会愿意让一个在中国度过漫长岁月的人充当他们的代表。要改变华盛顿政府的政策也不太可能,他们只会任命同党的人。如果詹克斯先生的议案获得通过,哪怕有所删改,这种将职位随意给予无法胜任者的情形也许会有所减少。……我怀疑自己如果当了公使,能否像在目前的岗位上那样同时为中国与美国服务,也许我能做的比我料想的要少得多。我个人认为,字典的编撰也许会比我从1855年起为国务院做的所有工作更有影响。当然这儿有很多的人比我更有判断力。有一点是肯定的,我们所从事的工作——提升、教化、改造这个帝国,使它的人民学会履行一个文明国家的责任与权利——是伟大的,这一工作的真正伟大之处只有亲自参加的人才能理解。被上帝选中为此事业而奋斗的人是多么幸福啊。"同时,对美国政府内部的用人机制表达了自己的劝谏之意。卫三畏指出无论领事还是公使,在中国的工作状态都是令人不愉快的,因为"中国急需的是能读、会讲中文的领事,因为许多重要工作的细节问题要由他们来处理。但我们没有一个领事(除了天津的那位)能说一句地道的中文,政府也不知道花钱培养这方面的人才"。加上大多数公使来华和离华都是无序的,如突然卸任的劳文罗斯先生,与他的前任一样,也等不及与继任者晤面。他们全都不愿妥善地交接工作,而是扔给他便匆匆走掉。这样的履职状态,是美国对华外交上的一种丑态,"每个正直的人都应该看到,对那种耗尽了当权者们全部精力的争权夺利应该有所控制;同时,对某一重要职位的申请人的资格也应该进行某种审查,而不能再像以往那样把职位随便给人,这样报纸上的流言也会减少。在中国的美国侨民很少对他们的领事产生兴趣,因为后者总是

---

① [美]丁韪良著,沈弘等译《花甲记忆:一位美国传教士眼中的晚清帝国》第10页,广西师范大学出版社,2004年。

在还没有熟悉人头和业务的情况下就离任了"①。对于美国政府不关心驻外领事事业和领事不能履职的状态,卫三畏也同样感到忧心,特别是在镂斐迪公使出使朝鲜过程中,美国政府所表现出来的漠视态度:"如今,朝鲜是世界上闭关锁国、隔断其国民视听的最后一个重要国家,我希望镂斐迪先生这次的努力会成为与这个民族交往的开始。然而我国在缔约之后的执行过程中表露出一副实在可鄙的面目——不给领事官员提供给养、配备住房或翻译。在中国没有一个美国领事——除非他当过传教士——认识或愿意学习一个汉字,他们只关心保住官职,也只想干一小段时间——平均来讲5到12个月。我们的领事有时是英国人,有时是荷兰人,但通常总比某些无知的美国人要好——他们只会玷污了这一职位。领事制度至少在这些亚洲国家应该健全——它使我们只受本国法律的约束,否则我看不到进步的任何希望。"②卫三畏对美国政府对华外交的无知状态深表不满,而他的劝谏无疑也是一种无奈。在华生活30多年的卫三畏,很清楚地知道,要发展中美关系,美国政府必须重视,并且有效地开展外交,而外交开展的效果如何与用人恰当与否密不可分。至于卫三畏没有就任公使一职,美国国内的一种解释是这样的,难免有点令人啼笑皆非:"卫三畏先生之所以没有接受公使一职,是因为他'太善良,太有天赋,总之,各方面太完美'。"③介于这样纷争的政局下的卫三畏尽管有着某种隐约的遗憾,但他没有出任公使之职,也许是最为明智的选择,有失有得相辅相成:"尽管他为美国政府服务时功勋卓著,但他作为一名作者贡献却更大。……前一本书(指《中国总论》)是他作为传教士时写成的,而后一部(指《汉英韵府》)则是他在公使馆工作时挤出时间来完成的。'这是为永恒而新写的一页。'这就是他固有的感觉:每一天都是需要加以回报的神圣礼物。因此他以加倍的勤奋来进行报答。"④历史将会记住,卫三畏在华生活期间,无论在宗教事业还是在世俗领域,对于发展中美关系和促进中美文化交流,尤其在"中学西渐"上,都曾做出过众多积极而影响力持久的历史性贡献。

从1865年春开始,到1876年退休,卫三畏在使馆秘书和偶有公使代

---

① 《卫三畏生平及书信》第257—258页。
② 《卫三畏生平及书信》第265—266页。
③ 《卫三畏生平及书信》第258页。
④ [美]丁韪良著,沈弘等译《花甲记忆:一位美国传教士眼中的晚清帝国》第10页,广西师范大学出版社,2004年。

理的时间里,在北京生活的总体上还是感觉很惬意的。住在北京的外国人当中,只有三四人比他早些时候来到这个城市的,加上位重权高和年尊辈长,以及平淡而执着的处事心态,都使卫三畏过着相对舒心的生活:"较少烦扰、较少动荡、较少奢华、较少诱惑、灵魂与天堂之间较少距离,日后也许较少遗恨。"①在工作相对轻松的状态下,卫三畏曾凭借自己与中国官员们良好的人际关系帮助过瑞典公使与清政府签订了一份条约,为此他意外地获得了一枚金质奖章,但卫三畏在惊讶之余显得很是平淡,"这份出人意料的厚礼让我不胜感激,但我并不知道自己做过什么与它匹配的事情"②。对他而言,已经不在意外界的美好评价,甚至对他从政能力的质疑反而成为他欣赏的素材之一,这样的淡泊心态与他没有介入美国政府对华关系上的错综复杂的人际纠纷有关,加上没有公使职位上的利害冲突,卫三畏显得老成持重,特别是自 1869 年 7 月第七次代理驻华公使以来,他明显地感受到自己已经不再年轻,在中国生活了 36 年后,精力与耐力都开始走下坡路了。是年暑期,卫三畏陪同妻子萨拉和孩子们南下上海,再送别他们取道广州、欧洲回美,而自己则不得不返回北京料理使馆的事务,同时做些力所能及的事情,包括编写字典。家人的离去,给卫三畏留下了一份无法抹去的痛楚,而蒲安臣在莫斯科病逝的噩耗更让他的消沉雪上加霜。对蒲安臣的辞世,卫三畏不仅感到他个人失去了一位最亲密的朋友,而且从他的第二故乡中国的福祉方面更觉得是希望毁于生活的狂澜:"卫三畏对中国(如今已成为他的第二故乡)的福祉所抱有的希望曾被大沽的惨祸粉碎,如今蒲安臣的去世使他对中国崛起的更高期望再一次受到重挫。……相对于个人的损失,他更扼腕痛惜于中国失掉了一个伟大的朋友——他曾以饱满的热情与出众的才华维护过这个刚刚觉醒的帝国的利益。"③清政府抚恤蒲安臣遗属的做法,稍稍安慰了卫三畏的悲痛心情,"中国政府出资14000 美元作为蒲安臣先生一家的抚恤金,又拨款近 10000 美元操办其丧事;皇上还颁诏对他予以高度赞扬。我想中方所做的这些已足以告慰所有的人了。对此蒲安臣先生是受之无愧的,因为世界上找不出第二个能够像他那样出色地完成将中国介绍给世界的特殊使命。他的逝世使这里的官

---

① 《卫三畏生平及书信》第 255 页。
② 《卫三畏生平及书信》第 260 页。
③ 《卫三畏生平及书信》第 261 页。

员痛失了一位良师益友,也减损了他们改良旧制度的热望。我想他们一直都在盼望着他平安归来,以了解自己在世界上的地位,也会虔诚地聆听他的建议。中国政府的处境实在窘迫,虽然它很想在振兴之路上有大的举措,但是无法做到。而中国的官员又太腐败,挥霍金钱与玩忽职守的状况比我们国家要严重得多。不过大家都说,在挥霍公款方面,我们似乎也要很快沦落到中国的水平了"①。从上述文字的结尾,也让人同时感觉到卫三畏的对本国政府的离心倾向,这样的离心倾向使得他后来极少用心在外交公务上,而致力于他的文字传教的初衷,很长时间滞留在上海排印出版他的字典《汉英韵府》(*A Syllabic Dictionary of the Chinese Language*)。1870年4月,镂斐迪公使到达北京后,卫三畏开始他期待已久的在上海出版字典的准备工作,随后发生的"天津教案",使外国驻华使团都把极大精力放在消弭中国人的排外斗争上。为了保护本国侨民,西方各国政府都相继派遣访华代表团,要求中国政府对外国人的安全予以保障,美国国务卿西华德亲率一支庞大代表团来京,逗留了近三个星期,游览了长城及其他名胜,觐见了恭亲王和其他一些高官。卫三畏作为使馆秘书,自是接待本国代表团,但对西华德个人的看法偏低:我对他在内战期间的所作所为十分钦佩,但我遗憾地发现,他对社会和真理传播所做的贡献是极少的。他更像一个政客,而不是我原先预想的政治家,他对宗教事业抱有极端的偏见(实际他无法做出正确的判断,因为他并不理解这些事业的动机),又非常教条。② 1871年春,镂斐迪公使率领军舰前往朝鲜,希望通过武力炫耀与外交斡旋使朝鲜同意保护在其海域失事的美国人,但远征没有达到这一预期的目的,公使暂时回美述职。卫三畏只得再次肩负起公使代理之责,直到是年9月,镂斐迪公使返回北京履职,他才将秘书公职托付给用半月工资雇请的两位员工,作为公使在起草、翻译和抄写工作上的帮手。11月9日,卫三畏离开北京前往上海,在上海传教站华万印刷厂排印他修订完成的词典《汉英韵府》,直到1873年春才返回北京。在上海排印字典期间,也许是卫三畏一段放松心情的时期,在北京纷繁复杂的人事背景下,轻松度日、出游或在家闲坐都是一种老年人的生活情趣,而来上海印刷字典让他感受到了忙里偷闲的惬意,这是对传教事业的一种默默无言的奉献。本着

---

① 《卫三畏生平及书信》第262页。
② 《卫三畏生平及书信》第264页。

对字典的一丝不苟的态度,辛苦与操心自是不可避免的。对一位年届花甲的老人,紧张、连续的工作超出了他身体的承受力,在宁波开满杜鹃花的群山中稍作休息也没能让他疲惫的大脑得到恢复。生平第一次,卫三畏感到力不从心,不时感到头晕,大脑发僵,身体状况每况愈下。不得已,1873年3月,他在上海发电报给夫人,让她来上海相聚,夫人及时赶到并把他带回到了北京。字典的主体部分已经完成,后面工作尚在继续之中,直到次年夏才告罄。1873年7月之后,镂斐迪公使卸任返回美国,卫三畏开始了他的第九次,也是最后一次代理驻华公使,直到1874年10月艾忭敏(Benjamin P. Avery)公使来华接任。艾忭敏公使在任期间,卫三畏陪同公使一行50多人受到了同治帝的接见,清政府彻底废除了"三跪九叩"觐见之礼,迈向了近代国际外交之列。这种向国际外交礼仪上的转变,在卫三畏看来,清政府终于摆脱了唯我独尊、拒不承认以及不平等接待外国公使的态度,是它自鸦片战争以来发生的最大变化,标志着晚清中国的社会进步和深刻性变革的开始。

  1875年春,63岁的卫三畏的身体状况确实出了问题,特别是过去3年中精力的消耗已使他的神经系统处于衰竭乃至崩溃的状态,迫使他平生第一次严肃地关注起自己的健康问题。为了恢复健康,卫三畏在家人的陪同下,踏上了取道欧洲回美的旅程,这是他来华后第四次回美。旅行的兴奋似乎成为治愈精神衰弱的一剂良药,从奥地利、中欧到英国,6个月的愉快行程大大缓解了他的神经衰竭,但不可挽回地出现了近视,视力日益下降。回到家乡伊萨卡后,他得到了老朋友、老校友与亲戚们的多方问候,过去与现实神奇地混合,记忆与感情让往昔复活,兴奋和慰藉也一定程度上增进了他的健康。毕竟年龄大、身体状况不太好,此期间卫三畏没在公共场合经常露面,也取消了如同前几次回美那样他喜欢而熟悉的关于中国的演讲活动,这是在亲朋好友之间的互访对他疲倦的思维起到了一种渐进的修复。但是,糟糕的近视让他感到焦虑,也让他下决心赶在失明之前从北京公使馆退休,因为高度近视和过去几年中视力的进一步下降再也不允许他像以往那样超强度地工作了。1876年3月,为了尽快处理完在北京的事务,卫三畏经由旧金山返回中国,5月到达北京。在与美国国务院协商把公使馆的财产租让给政府后,卫三畏于是年6月向国务卿呈递了他的辞职信。在国务院的正式解职通知到达北京之前,卫三畏依然以秘书兼翻译身份继续管理着北京公使馆的日常工作。使馆的工作并不繁重,公使西华德

(G. F. Seward)是唯一一位对被委派的使命有所了解的美国驻华公使,曾经担任过驻上海总领事,有相当的经验与能力,不需要秘书的特别辅助。这样,在公务之余,卫三畏开始为使馆的档案编订索引,这是份必要却又乏味的工作,因为没有传教士们帮忙,只能由他一人承担,对此他却极有兴趣:"档案对我来说并非是索然无味的记录,它让人忆起许多已被遗忘的往事和如今看来全是浪费口舌的那些争论。我想对某些事情做些变动,强调这些或删除那些,然而现在只能依照原样儿编辑索引。我感觉有点儿像是翻检将在最后审判中打开的卷册。"①但视力恶化阻碍了他的这项工作,他不得不住进那间古老的山中寺庙,置身于酷热与灰尘之外。7月4日,北京使馆举行了欢庆美国建国100周年的活动,其热烈程度不亚于任何一处的聚会,公使馆的午宴上有26人参加,其中有四位先生,卫三畏就是其中之一,因为多数在华的美国人工作时间都不长,也还没有真正跨入老年的门槛,卫三畏此时已在中国工作了40多年,自然成为他们当中的元老。到10月,辞呈得到批准,使馆秘书的继任者也被指定,卫三畏终于可从毕生工作的忙碌舞台上隐退。机缘真是凑巧,最后一次离开北京距离他第一次来到广州恰好43年整。对于卫三畏的对华外交生涯的评价,上海的新教传教士同仁的致信所言极具代表性:"您长期担任美国使馆秘书、翻译,9次代理公使的职务,这些工作给了您许多重要的机遇,使您得以把知识、经验用于为中国人造福、为您自己的国家谋利,尤其是为基督教在中国的传播效力。对您工作中表现出的高度责任感,我们不胜钦佩。"②

(三)本着基督福音的仁爱之心,对其外交从政期间发生的战争和冲突事件予以严肃批评,呼吁时人对福音事业的支持,来共同缔造一个充满上帝之爱的和平世界。

1856年10月23日,英国海军上将西马縻各厘(Admiral-Seymour)率军舰3艘、划艇10余只、海军陆战队约2000人,向虎门口开进,揭开了第二次鸦片战争的序幕。10月31日起,英军连续炮击广州城,但仍未达到入城谈判的目的。在广东爱国军民的反抗和打击下,英军被迫于1857年1月20日退出珠江内河,撤往虎门口外,等待援军的到来。然而,清政府却实行"息兵为要"的方针。处于内外交困境地的咸丰帝,早就希望结束对

---

① 《卫三畏生平及书信》第281页。
② 《卫三畏生平及书信》第285页。

外战争,以便全力镇压几乎遍及全国的农民起义,"此次已开兵衅,不胜固属可忧,亦伤国体;胜则该夷必来报复,当此中原未靖,岂可沿海再起风波"①。并谕令两广总督叶名琛息兵媾和,"当此中原多故,饷糈艰难,叶名琛总宜计深虑远,弥此衅端,既不可意存迁就止顾目前,又不可一发难收复开边患"②。直到1857年6月15日,正当英国远征军源源向香港集结的时候,咸丰帝在叶名琛《密陈近日夷情》的奏折上作了批示,明确提出了"息兵为要"的方针,批示中虽有"仍当密为防范,勿存轻视之心"等语,但最后强调的则是"总宜息兵为要"。③ 这一妥协求和的错误方针,助长了外国侵略者进一步武装侵华的野心。而对欧洲人来说,1857年也是在等待中平静地度过的,英国政府和法国政府都在积蓄武力,准备发动一场对中国的新战争。对于这场"山雨欲来风满楼"的局势,在当时,人们并不清楚,英、法政府采取什么样的对华政策,列强联手发动战争能够在多大程度上改变中国的封闭状态。住在澳门的卫三畏从外交立场和福音视角的双重角度,既明确感到了战争硝烟的气息,预感到了罪恶战争的不可避免性,又看到了中国民众的力量,以及上帝福音进入中国的暴力形式的不可取性,较为温和地批评了西方列强的不人道行径,也显然充满着西方人的自相矛盾性,"中国的船只和其他国家的战船之间已经发生过两三次小冲突。在这几次冲突中,中国人表现出了前所未有的勇气和战斗技巧。这表明,只要有正确的指挥,他们是能够学会作战的,他们在这方面的才能绝不会输给其他亚洲人。从政治的角度来说,我认为中国人这次必须奋力保卫自己,否则他们将从此深受外国侵略甚至国内叛乱之苦。而且通过战斗,他们还能学到许多东西,包括如何平等如朋友般地对待外国人。你可能觉得我这些想法前后矛盾。但是,战争的确是会带来友谊的。如果西方四强抛弃对彼此的怀疑,联合起来,迫使中国政府同意与西方各国进行更深入、更全面的交流,那么建立这种交流实际上是为中国找到了最可靠的安全保障。如果这样,那么现在这种随时可能发生巨变、令人惶惶不可终日的局面就会马上改变。我也希望上帝的福音能在和平的气氛中传到中国,希望中国的国家机构不会遭受破坏,领土不会遭到分割。但是,如果不这样,这个民族

---

① 《廷寄》,载贾祯等编《筹办夷务始末》(咸丰朝,第2卷)第499页,中华书局,1979年。
② 《廷寄》,载贾祯等编《筹办夷务始末》(咸丰朝,第2卷)第521页。
③ 《廷寄》,载贾祯等编《筹办夷务始末》(咸丰朝,第2卷)第535页。

的灵魂又似乎难以获得新生"①。在 1858 年 5 月 20 日,英法联军意欲攻打天津大沽炮台、武力胁迫清政府同意外国公使进驻北京等要求之前,卫三畏力主通过和平谈判的方式,让中国人接受开放门户的做法,从而使得中西商务贸易和文化交流的都有所发展,"外国使节要求进入北京是最让他们头疼的事情。他们坦率地表示,这件事情他们不能马上同意,要再加以考虑。对待这样一些执迷不悟的人,你拿他们有什么办法呢?对待他们,除了采取强硬措施之外,其他办法都无济于事。有些人说:'既然如此,我们就攻打他们、杀戮他们,直到他们顺从为止。'而我觉得应该耐心地劝说和教导他们。也许,上帝的计划是把这些截然相反的意见综合起来,用恩威并施的方式来推动中国的进步"②。卫三畏的上帝之爱心,自然不能阻止英法联军的炮火,大沽炮台最终失陷了,但卫三畏却盛赞了守卫炮台的中国士兵:"总的来说,中国人在这次战斗中表现得相当英勇。我们发现,战败之后有些中国军官不愿忍受失败的耻辱而自杀了。"③随着进入天津和北京的武力通道的开通,卫三畏的心又恢复到了他的神圣的福音信仰上,在心中暗喜西方军力胜利的同时,祈祷着传教士旗帜飘扬到中国的京城:"四国使节带着舰队聚集在北京附近,在我看来这也是我们伟大的传教事业的一部分。教会会不会派人来占领这些伟大的使者和战船开辟的空间呢?……如果这个皇帝不愿顺从我们的要求,一定要诉诸战争,那么他恐怕从此再也不可能在皇位上安坐了。"④

在整个天津之行中,卫三畏始终反对武力征服,特别不希望美国政府和军队卷入英法联军的军事行动中,总是斡旋在美国公使和清政府谈判官员之间,尽力避免武力冲突。在卫三畏看来,谈判签约是一项合乎国际法的外交行为,炫耀武力是一种不合理的举动,屠杀更是为人所不齿,只能在互相了解的情况下签订条约来发展相互关系,"昨天晚上,杜邦上校奉命进城去了,因为我们有两个仆人遭到了中国人的袭击,还被抓了起来。杜邦上校带着海军陆战队进城就是为了把他们带回来。中国人放了我们的人,一场流血冲突算是避免了。虽然中国人始终对任何事情都没有表过态,但是这一事件让我们感觉到,我们要想在短时间内迫使中国人答应我们的要

---

① 《卫三畏生平及书信》第 157—158 页。
② 《卫三畏生平及书信》第 66 页。
③ 《卫三畏生平及书信》第 170 页。
④ 《卫三畏生平及书信》第 170—171 页。

求似乎是不太可能的。从另一个角度来看这一事件,武力是必要的,因为除非我们采取威胁、恐吓的态度,否则中国人是不会答应我们的任何要求的。只有害怕才能刺激他们的判断力。异教已经使中国人变得如此胆小、自私和残酷,要想让他们做出理智的决定,就必须以武力为后盾。所以有时候我想,如果我们美国人加入联军的军事行动,那么我们一定会受到更多的尊敬。但是我也意识到,我们没有充足的理由发动战争;如果诉诸武力,那是不正义的,也不会给我们美国人带来更多的尊重"①。在反对战争和武力屠杀的同时,卫三畏对英法使节的傲慢与嚣张甚是反感,对英国人更是不吝指责:"今天中英双方代表举行了会谈,据说双方谈得不太愉快。英国人在两位钦差大臣面前摆出了一副不可一世的神气。英国人一向如此。在他们看来,别的民族都一无是处。要想赢得英国人的尊重,就必须痛打他们,而且打得越厉害他们就越尊重你。这一特点作为一个国家的特征,也许还有一些好处,但是如果作为一个人的性格特征,那么这种性格无疑将会使这个人变得非常讨厌。额尔金勋爵的言行已经充分表现出了英国人的这种国民性。在与中国人的谈判过程中,他的这种性格变本加厉,发挥到了极致。不过,从大局着想,我承认,只要我们的出发点是好的,威吓桂良和花沙纳做出让步总比发动战争杀戮千万人的生命好得多。……我并不讨厌英国人,但是我还是不得不说,他们在这里显得举棋不定,而且粗鲁暴戾。"②其后,在致其弟 W. F. 威廉斯牧师的信中,进一步表达了对英国人暴戾的憎恶:"在所有的民族中,我对英国人最没有好感。如果要我热爱他们、容忍他们,恐怕上帝还要赐给我更多的仁爱之心才行。"③

对于《天津条约》开启的基督教在华自由传播的宗教宽容政策,卫三畏比一般在华外国人有着更深刻的认识。在"祈求上帝降福中国人,并抚慰他们,使他们归顺我主"的同时,卫三畏没有对在华传教的绝对自由的狂热,也没有因传教受到重重阻力而灰心,而是平静地看待这一新事物在中国发展的渐进性,并期望努力地去推进福音事业在华的传布:"在他们听到的消息中,我们所争取到的自由被夸大了,这带给了他们许多不切实际的期望。如果他们中间有人能在中国再生活 25 年,他们就会发现,虽然根据

---

① 《卫三畏生平及书信》第 174 页。
② 《卫三畏生平及书信》第 181—182 页。
③ 《卫三畏生平及书信》第 184 页。

条约他们可以在广袤的土地上自由地传教,但是他们并不能用基督教占领这些土地;他们还会发现,法律和条约并不能消灭人们险恶的居心,而最终的情形是,'任何选择信仰基督教的人都会遭到迫害'。我对中国政府采取所谓宽容政策的缘由另有看法。我认为,在中国人对基督教教义及其影响一无所知的情况下,我们不能指望他们给我们真正意义上的、完全的传教自由。我们不可能像在英国或美国那样自由地传播我们的教义。我必须把我的想法告诉这些不明真相、盲目乐观的传教士们,这是我的职责。我想,那些听众当中如果有比较明智的人,他们会对我们已经争取到的权利感到满意的,他们也会敦促各自所属的教会团体多派一些人到这里来传教。"①在签订《天津条约》后,英、法、美三国公使一行南下上海,继续与清朝钦差们签订有关贸易和关税的条约。1858年11月,英国首先与中国钦差签订协定,其中包含着鸦片贸易的条款,对此,卫三畏深感不快,他写道:"在中英双方这份关于关税和贸易问题的条约中,你会惊讶地发现,鸦片贸易被合法化了。英国向中国出口鸦片的税率为每担鸦片30两白银。长期以来,中国政府一直在采取种种措施严防鸦片通过海关流入中国,现在还是放弃了。鸦片战争爆发多年后的今天,鸦片贸易终于变成合法的了。英国人再也不用偷偷摸摸地走私鸦片了,他们可以光明正大地把鸦片运到中国。"尽管在鸦片贸易合法化的问题上,卫三畏无能为力,甚至认为这样的鸦片纠纷终于结束,但回想整个《天津条约》签订的前前后后,卫三畏心里还是对屡遭打击的清政府表示恳切的同情,这种同情是从他对这些被中国皇帝派来谈判的钦差们身上反映出来的。如同先前对待第一次鸦片战争的态度一样,卫三畏还是以上帝的意愿来平复他的矛盾心态,"和这些中国官员告别的时候,我心中对他们又是敬佩,又是怜悯。他们的内心是矛盾的。他们想维护自己的尊严,但是由于形势所迫又不得不放弃自己的尊严;他们想保持自己的骄傲,但是出于对外敌的畏惧又不得不收起自己的骄傲。同时,他们清醒地认识到自己国家的软弱无力,这使他们更加底气不足。这种感觉是我们所不能体会、无法了解的。天意召唤着他们,要他们在国家危急的关头挺身而出。外国人纷纷要求进驻北京,要住在他们的天子脚下却又不肯受制于他们的天子,这对于骄傲而又无知的中国人来说真是一个令人震惊的要求。而这些中国官员现在就不得不处理这些令人

---

① 《卫三畏生平及书信》第185页。

头疼的问题,我实在很同情他们。中国人的这些想法是外国人很难理解的。所以,也许还是不要谈论的好,不如趁此机会向中国人证明:我们对他们的情况很了解,我们比他们自己更清楚什么才是对他们最有利的。中国人头脑中那些顽固的偏见和陈腐的观念是在一个漫长的过程中被慢慢灌输进去的,很难改变。用大炮的轰炸、武力的征服来迫使他们就范的确要省事一些,但是却容易引起他们的抵触情绪,这种抵触情绪要经过很长时间才能消除。但愿仁慈的上帝将他的荣光赐予这些蒙昧的人们,让这些人都听命于他,做他的子民"①。在《天津条约》签订一年后,英、法、美三国公使要求北上北京换约。在外国舰队从大沽登陆遭到清政府拒绝后,英法联军便于1859年6月25日挑起了大沽战役。历经一天战斗,英军惨败,令所有外国人大为惊讶,卫三畏也感到意外。卫三畏在日记中不仅详细记录了他目睹的战役全过程,还对中英双方的胜负做了近乎预言性的评论:"在这次战斗中,中国士兵共向英军放了5000支箭,由此可见中国方面兵力之强大。用弓箭与敌人的左轮手枪、米尼式步枪抗衡,这真是一种不可思议的场面,一场奇特的战争。……'脱下铠甲的人比穿上它的人更有理由自豪'——每当想到英国人的这次惨败,我就会想起这句话。其实这次战争对中国人来说又何尝不是一场灾难呢?而且,它也许比以往任何一次战争带来的灾难更严重一些。"②事实也是如此,7月6日,英国人和法国人拒不接受北塘登陆进京的安排,愤然南下,他们开始集结兵力,准备进攻北京以雪洗大沽战败的耻辱。1860年7月,英法援军大举来袭,大沽、天津相继陷落。10月13日,英法联军从安定门攻入北京,随后强迫清政府签订了《北京条约》。这样的武力换约,卫三畏不屑评论,英国殖民地香港的报界对美国使团访问北京一事极尽丑化,并极力诋毁中国人,卫三畏对此更是感到悲哀和愤怒:"他们任意嘲笑,毫无根据地怀疑,充分表演着他们讥讽辱骂的才能。看到这些报纸如此诋毁中国人,我们觉得很悲哀。《香港纪录报》大骂中国人背信弃义,表示'中国军队不久就会尝到惨败的滋味'。更可怕的是,这些恶毒的文章的作者都宣称自己是基督徒。他们对中国人的思维方式、行为方式知之甚少,却肆意地诅咒和辱骂他们。对于六月的那场战役却没有一个香港人发表意见。"为了澄清美国人进京与中国人之

---

① 《卫三畏生平及书信》第193页。
② 《卫三畏生平及书信》第203—211页。

间的真相,换约成功后的美国使团南下上海。在上海的《字林西报》上,卫三畏发表文章客观而详细地记叙了北京之行的情况,回击了那些恶毒攻击此行的报刊。此后,卫三畏又写了一篇更加详尽的文章《美国使团北京之行纪实》,以他惯有的严肃公正、一丝不苟的态度,记叙了这次出使北京的全过程。这篇文章先于 1859 年 10 月 25 日在上海举行的皇家亚洲学会北华支会(North China Branch of the Royal Asiatic Society)的会议上宣读,稍后,卫三畏又将之发表在该学会的会刊上。两年之后,卫三畏在德韦尔主编的《折中主义者》上发表了该文的内容梗概,知道这篇内容梗概的人可能更多。在保存至今的所有出版物中,这是唯一一篇记叙这次美国使团北京之行的文章。① 在 6 月 27 日到达北京至 8 月 11 日离开北京的这段时间里,虽然中美代表在觐见咸丰皇帝行叩头礼的问题上争论不休而且无果,双方还是在和平的氛围下进行了总统国书的交接和随后北塘的换约仪式。对美国使团进京和会谈过程,卫三畏不仅全程参与,而且越来越深入地了解了中国政府及其官员的心理和行为方式,逐渐有较客观而善意地理解:"值得一提的是,中国人行事非常坦荡。在双方的争论中,虽然双方都不肯让步,但他们从未说过一句带威胁意味的话。美国使团并无军队保护,但中国人从来没有以人身安全来要挟他们。"②美国使团离开北京到天津北塘换约后,卫三畏在日记中写下了这样的一件事:"签字仪式后,中方代表告诉我们,他们在与英国交战时抓获了两名俘虏,其中一人声称自己是美国人,因此他们想把此人交给华若翰先生。战俘被带出来后,经过查问,我们发现他其实是加拿大人。他承认,他之所以谎称自己是美国人,是因为他以为这样获释的可能性比较大。向中国人解释美国和加拿大是两个不同的国家并不太容易,况且我们手中又没有地图。听完我们一番详细的解释后,中方最后决定,出于人道把战俘交给华若翰先生。华若翰先生也同意接受。中国人行事是比较沉稳的,如果这个人落到急躁鲁莽的人手里,他的谎言很可能会给我们带来杀身之祸。"③如此小事,都足见中方代表的坦荡,表现出了"东道主"的仁义之道。正是因为这么近距离地接触中国人,特别是此后 20 年在华外交舞台上的实践活动,卫三畏较其他西方人能

---

① 《卫三畏生平及书信》第 218—219 页。
② 《卫三畏生平及书信》第 217 页。
③ 《卫三畏生平及书信》第 218 页。

够更好地了解中国人,也有了比较客观而友善的理解,这也成为他撰写出版和晚年又修订《中国总论》以"要还中国一个公道"的心理动力。

清政府在两次鸦片战争中的败北,对此卫三畏也进行过深刻地探讨,在批评英、法武力政策的同时,还目睹了第二次鸦片战争期间两次大沽之战中晚清中国的军事水平的落后和防御力量的单薄,"从战场归来的人认为,在中国人的炮台中有不少俄国人在指导他们作战。大家都觉得单凭中国人自己是不可能这样娴熟地使枪弄炮的。……有人推算,在这次战斗中,中国士兵共向英军放了5000支箭,由此可见中国方面兵力之强大。用弓箭与敌人的左轮手枪、米尼式步枪抗衡,这真是一种不可思议的场面,一场奇特的战争"①。卫三畏对中国未来的国防建设提出了批评,尤其是在针对清朝海防力量的建设问题上,卫三畏非常赞成清政府否决英国的阿思本舰队的做法。1860年,第二次鸦片战争之后,清政府和英、法、俄三国分别签订《北京条约》。在新的国际形势下,英国开始倾向加强与清廷的合作,希望协助维持清王朝的统治,同时加强英国对中国的影响力。1861年,中国海关代理总税务司的英国人赫德(Robert Hart,1835—1911)向恭亲王奕䜣提议,建议清政府购买英国船舰,用以进攻太平天国,克复沿海失守各处。1862年1月,清政府总理衙门大臣文祥决定和赫德商议购买英国战船及各种火器,募集外国水手军官,所需费用则按赫德之议,在各地海关税款中拨用。经过两广总督劳崇光的谈判,决定以白银65万两购买七舰,并委托时在英国的中国海关总税务司李泰国(Horatio Nelson Lay,1832—1898)在英国购买战舰及招募人员。李泰国在英国得到政府的批准为中国成立舰队,并以曾在两次鸦片战争中到华参战的英国海军上校舍纳德·阿思本(Sherard Osborne)为舰队司令。阿思本舰队,亦称英中联合舰队,计有中级兵轮三艘,小级兵轮四艘,造舰武器总经费计80万两(白银)。舰队在1863年9月18日开到天津,但由于舰队的司令和清政府对指挥权、用人及花费等各方面皆出现严重分歧。月底,李泰国及阿思本抵达北京,与总理衙门争辩20余日,最终二人在10月18日向总理衙门发出最后通牒,提出在48小时内接受其原来条件,否则"那就必须将这支部队解散"。清政府以"中国费数百万之帑金,竟不得一毫之权柄","中国兵权不可假于外人"为由,拒绝其要求,并照会英国:舰队取消。最终双方解除合

---

① 《卫三畏生平及书信》第210页。

约,舰队解散,各军舰由阿思本带回伦敦拍卖。阿思本舰队事件,终以清政府损失70万两白银的高昂代价而结束。这一事件进一步暴露了西方列强企图控制中国的野心,同时充分说明,依赖外国军舰来巩固自己的海防是根本行不通的。对于这一事件,英国驻华公使及美国公使蒲安臣曾尝试调停,不果。卫三畏非常明晰这个事件的缘由始末,认为清政府遣散英国舰队是从一件奇怪和危险的事情中摆脱出来:"美国和法国公使也都出面帮助,最终达成了一个和平的解决方案,舰队也将在英国解散。李泰国先生被中国政府解聘,回到了他原来的地方。我想要是换一个西方国家的政府,他不会得到这样的优待——当然他也不会像对待中国政府那样对待那个国家的政府。这件事使中国官员对国际法有了一些了解,并增进了我们与他们的关系,因为我们的行动表明,外国的公使希望他们进步,并且是在对他们自身有利的情况下进步。"①

  随着各种不平等条约的签订,传教士入华人数和速度都在增加,鱼龙混杂的局面不可避免,中外异质文化间的差异和不法传教士的胡作非为,无疑会引发与中国人之间的冲突,教案开始频繁发生,成为近代中外关系史上一个重要现象和特点。对教案的处理,显然是外国占据优势地位,这也引起了一些有福音精神和国际正义感的人士的关注和批评,卫三畏就是站在比较客观公正地立场上看待这些教案的,正如他在倡导"儒耶合一"传教方针和努力将传教宽容条款塞入《天津条约》的意愿一样,希望基督教在华传播深入人心,因此对一些违反福音精神的传教士是不吝指责的。镂斐迪公使到达北京后不久,1870年6月21日,天津爆发了反对罗马天主教传教士的变乱,约20名外国人被杀,这在全中国的外国侨民中引起了恐慌,是为"天津教案"。教案发生后,各国侨民纷纷要求本国在京的代表采取迅速有力的行动,尤其法国公使罗淑亚(Rochechouart)自然格外焦虑与急切。因为该事件主要针对法国天主教传教士的,且发生在天津,别处的欧洲和美国侨民并没有受到骚扰。对于天津教案及其中法之间的外交处理,卫三畏显然对中、法两方都有指谪,对中方的批判显然是一种误解,但对中、法之间不以战争手段解决宗教矛盾的做法表示赞同:"中国政府向巴黎派遣一名特使,试图就天津发生的暴乱与屠杀进行解释与道歉,我希望他能成功。中法之间的战争只会有损后者的尊严,也会严重危害目前的中

---

① 《卫三畏生平及书信》第237—238页。

国,因为它将使广大民众愤而抵制所有外国知识的传入。……多数民众对抠取儿童眼珠的奇谈深信不疑,很容易想象持这种想法的人群会有什么样的感觉与冲动。而且,隐藏于幕后的是更为强大的知识分子,他们也和文士和法利赛人一样对我们抱有敌意,害怕传入的新真理会取代他们所依附的原则。这次斗争对中央政府的极权可能是个检验,后者也许会在这场力量不均的斗争中倾覆。"更重要的是,在天津教案得到"圆满"解决后,卫三畏觉得,法方得到赔偿后若还要诉诸武力,就有些过分无礼了,因此对法国人在华的桀骜予以强烈的指责:"天津事件已经解决(中国人这么认为),法方获得了46万两白银(合65.7万美元)的赔偿,其中25万两支付受害者家属,其余则用于被毁的建筑。我认为法国既已同意接受这笔款项,自会终止所有的挑衅行为。不过听说罗淑亚扬言,他已让法国政府自行决定是宣战还是议和。美国教堂获得了4500两白银的赔偿,英国也将会得到……法国在这个世界上多么令人讨厌!它永远学不会公正地对待别国,也从不肯埋头于自己事务。多数法国人既无知又野蛮,还相当迷信。法国比其他任何(所谓的)基督教国家挑起了更多战争、事端,制造了更多专制与迫害。他们是一种奇异的混合物,我庆幸自己没有生为法国人——也不是中国人的一员。"①

三、卫三畏外交官活动的自我影响

自1833年10月来到广州开始,卫三畏就自觉不自觉地融入了中国人的社会之中,43年的在华生活经历足以在他的人生进程中构建中西合璧的文化底蕴。传教士印刷工的经历可能囿于中国底层人民,难以有较大的自我修养的源泉,而20多年的外交生涯却让他不仅融合了传教士印刷工期间的人生经验,也拓展了看待中国社会各种现象和利益人群的视角,更重要的是他收获了自己的人生定位和获得成就感的方向与内容。从比较个性化的角度来看,贯穿卫三畏一生的神圣事业,理所当然的身份是他挚爱的传教士,此外还有汉学家、外交官,甚至还有他一直想做成而未成功的植物学家:"此时此刻我们看到的是一个传教士,而不是一个学者或外交家

---

① 《卫三畏生平及书信》第263—264页。

离开他曾选择的这片土地(指中国)。"①但不可否认的是,事物之间的相互影响、依赖和促进总是不以人的意志为转移的,卫三畏的外交官经历有力地成就了他的传教士事业,也促进了他汉学研究的学术成绩,更影响了他对中国及其中国人的认识。这样的自我影响是无处不在的,每时每刻地发生在卫三畏整个外交官活动过程之中,使他对基督的终极意义、中国研究的学术价值和中美关系的和谐发展都有着深刻的理解,对后人也有启迪作用。

(一)卫三畏中年时步入中美外交领域,带着对耶稣入华的虔诚,越发深刻地理解基督福音的意义:上帝之爱不仅涉及家庭、社会与人类全体,也关涉个体的生命的意义,即对人的生命终结的理解和释然,借此呼唤世人给予传教事业同情和支持。

在英法联军占领广州后,四国公使联合北上要与清廷直接谈判修约。这种炮舰政策下的进京,无疑加剧了冒险性。但身为美国使团秘书兼翻译的卫三畏,是不能推却职责的,必须随同公使列卫廉乘坐战舰溯海北上。在北上之前,卫三畏将夫人和三个孩子送上一艘回美国的帆船。对于卫三畏一家人来说,这是一个伤感的时刻,原本完完整整的一家人被分散到四方:卫三畏与夫人、三个孩子将远隔重洋;他的长子独自在伊萨卡念书;而他最小的儿子由于年龄太小不宜作长途旅行,留在广州并被交给一位做传教工作的女士悉心照料。对于这样的分离,卫三畏总是默念着上帝的普爱,来带给自己心灵宽慰:"他一如既往地坚信,上帝必将保佑他的家人,这个信念给了他莫大的安慰。……'把一切交给主',这一训诫成了他们共同的精神支柱。"②然而,也是在这一年10月,就在卫三畏担心夫人和孩子是否回到美国之际,他从其朋友陶尔博特·奥利芬特的家信中得悉了他的第三个孩子奥立芬不幸病故的噩耗,令他十分痛苦。在给夫人的信中,卫三畏写道:"我非常爱我们的奥立芬。这个孩子是那么的活泼可爱、聪明好学,又是那么的温驯乖巧、真诚善良。所有这些都使我越来越离不开他了。想起小奥立芬,他还是去年3月我乘坐'将军'号离开时的样子:金黄头发、高额头、大眼睛露出坦诚的目光,永远带着可爱的笑容。他将永远以这样的形象留在我心灵的最深处,不会长大、不会调皮,也不会生病。只有我一

---

① 《卫三畏生平及书信》第286页。
② 《卫三畏生平及书信》第161页。

个人能看见,就像照片一样清晰。亲爱的,我们都不知道他是怎样在病痛的折磨中离开人世的,都没有看到他的病容,没有看到他在死亡面前挣扎时的样子,这是多么让人心痛啊。"对于丧子之痛,卫三畏从基督福音的生命原义,认为这一切也是我主的安排,"奥立芬已经死了,不,不是死了,应该说,他离开了我们。他是上帝赐给我们的礼物,现在又被上帝收了回去。我们的一切都是上帝给的,我们必须听命于他。一直以来,我们全家都健康平安,我们几乎忘了世界上还有疾病、痛苦和罪恶。我们几乎忘了,我们享受到的一切快乐与幸福都是上帝借给我们的。现在,上帝收回了他借给我们的一笔财富,同时也提醒我们,在幸福和快乐之中不要忘了这一切都是从何而来"①。从1860年2月离开澳门到1861年9月回到香港的这段时期,是卫三畏来华后的第二次回美探亲休假,在此期间,卫三畏曾拜见美国政府领导人建议利用清政府赔款美商的余款在华创办一所高校,未果,再加上美国内战之不可避免,卫三畏无心在美休假,于是携妻女返回中国。就在刚刚到达香港不久,他就接到了长子沃尔沃斯在他们返回中国的旅途中病逝于纽约的噩耗,令卫三畏最为悲痛:"伤心的父亲曾对这个刚刚分别、并有望成才的孩子寄予很大的希望——比他意识到的还要大的希望,而现在对于他前途的种种设想的破灭则成了我有生以来承受的最大打击。"②对于这样巨大的打击,卫三畏显示了极强的自我控制能力,把它视为上帝的手笔和恩惠,"我从中看到了天命的许多征兆,尽管不是很明显。这就像拍摄的照片,一开始时很模糊,无法显示出轮廓,但是随着光线的增加,很快轮廓就分明了,画面也完全清楚了。上帝施加恩惠给我们也是如此,只有一点跟照片不同,即模糊的原因是由于我们的心灵和理解力的薄弱。我们如何学会他教给的经验,如何更好地接受他对我们取得成绩的检验,如何像熔炉中的水银一样映照出他的形象?我们在这些事情上实在是无能为力,除非借助他的力量和指导",同时又致信在上海的裨治文,同样表达了人生人死是上帝意志的必然:"我的儿子沃斯的死讯使我无心他顾,这使我们为他制定的所有计划都付诸东流,使我们只有仰视上帝——他有比我们更好的计划,召走沃斯使他与我们更加贴近。……实际上我们知道

---

① 《卫三畏生平及书信》第189—190页。
② 《卫三畏生平及书信》第223页。

是谁将我们的大儿子带走,将这朵花从我们的花园里移植到他的花园中。"①这种的亲人去世,已经不是第一次了。很早时候,基督信徒的母亲就离开了卫三畏去了天堂。1850年,父亲也离开了尘世。1857年7月,卫三畏的弟弟约翰在他的澳门家中不幸去世。约翰随佩里准将的舰队来到中国后就留在了中国,负责管理一艘在广州附近河面上航行的船只。失去这个善良热情的小弟弟是卫三畏这段时间最痛心的事。② 1858年10月,第三个孩子奥立芬去逝。1871年5月,在镂斐迪公使出访朝鲜又回美述职后(第八次)代理公使之职不久,卫三畏得到了他弟弟弗雷德里克·威廉斯牧师去世的消息。他的最亲爱的这位弟弟在美索不达米亚平原的许多城市传教22年后,死于当地恶劣气候。在22年间,他修建了若干教堂,把许多皈依的本地人培养成了牧师,取得了少有而令人满意的成功。这兄弟二人,自虔诚的母亲把他们双双献给上帝的那天起,他们俩的心就被一种特殊的默契紧紧连接在一起,对上帝的事业都有一种庄严而坚定的责任感。因此,这个弟弟的去世给卫三畏带来的悲伤比以往历次都要大,启发他不断前进的一股动力突然消失了。③ 其实,几近花甲之人,面对血脉同胞的永远离去,情绪被打击之大是情理之中的事情。

  对于来华一起效力基督的朋友离去,卫三畏在悲痛之余,仍是以耶稣救难的心态去对待生离死别。曾给卫三畏兄长般关爱的美国第一位来华传教士裨治文也在其子沃斯病逝的同一个月而英年早逝于上海,给了他又一次重大打击,使他倍感凄凉。在痛定思痛后,卫三畏曾多次致信裨治文夫人,深情地感恩于上帝的造化,并且更加坚定了为基督信仰而奋斗终生的意志:"自从我的孩子沃斯死后,那另一个世界已靠近了我,而我在传教工作中最好朋友的离去又一次拉近了生死之间的距离,它们使我的思想得以周游那个看不见的世界。上帝就是这样引领我们摆脱时间进入永恒,让我们放松对此岸世界的把握,而加强对彼岸世界的把握。……我每天都向上帝祈祷,希望他能让我把所有的时间和精力都用于为他服务,直到他召唤我的那一天。……日常琐事构成了人的一生,我们只能也必须通过完成每日的职责来给上帝增添光彩,沃斯的死引导我更好地理解并投入了这项

---

  ① 《卫三畏生平及书信》第224—225页。
  ② 《卫三畏生平及书信》第158页。
  ③ 《卫三畏生平及书信》第265页。

工作。此后不久我的亲密朋友的离去，在同一个月，使我更加热情焕发。"①当 1862 年 5 月陪同蒲安臣公使到达上海，在见到裨治文夫人并拜祭裨治文之后，卫三畏更加感悟到了上帝信仰和人生意义之间的关系："诸多杂事让我在这儿耗费了许多时间，但是似乎没有什么补救方法，只有耐心等待。生命越是走向尽头，我越是觉得，虔诚的生活中所表现的基督教信仰和圣洁是我们能够留下的最珍贵的东西。如果我们经受严峻的考验，又有多少能够留下呢？"②

对人生的终极意义的认识，是卫三畏在华生活（包括传教、学术研究和外交活动）的最大收获，面对着亲人和朋友的不断进入天堂，他感到了上帝的爱也将在他不久的将来出现，人之死亡就是上帝之爱的一种表达。在花甲之年，卫三畏在上海排印出版他的字典《汉英韵府》期间，曾致信给耶鲁大学的好朋友 J. D. 达纳教授，深刻表达了对于生命的豁达而从容的人生态度："我几乎意识不到自己年已花甲，而你明年 2 月也将年满 60，我不知该以何种精神状态面对这一事实，我想即使活到六千岁也同样不容易知道。不过我确确实实地知道，我们俩都有太多的理由值得无限地感激上帝。我愈来愈感觉到他的慈爱与存在。"③

尽管面临着越来越多的生离死别，卫三畏对于基督教的热情和希望耶稣入华的初衷不改，他一直在呼吁着广大基督徒努力地、有效地将基督福音传布到中国的每一个角落，让他心目中的异教和半文明的古老东方大国沐浴在上帝之爱下。第二次鸦片战争后，借助"宗教宽容"的条约庇护，西方大量的传教士涌向清朝的首都北京，一时掀起了在华传教的热潮。美国也有三个传教团体在北京派驻了代表，但是由于事先计划不足，他们的努力常常徒劳无功。管理独立进行传教的新教传教士是件不容易的事情。作为美国政府驻京使馆的外交人员，卫三畏对此期间的美国对华传教工作，只能算是一个无能为力的旁观者，他不止一次地看到一些有希望的计划由于缺乏合作而宣告失败，对此感到十分痛苦："我认识一些信誓旦旦要执行他们计划的人，但是他们几乎把所有的时间都用来和他们的同胞竞争，最终他们将不再愿意做当初想做的事情。"④这样"同室操戈"的传教现

---

① 《卫三畏生平及书信》第 225—226 页。
② 《卫三畏生平及书信》第 228 页。
③ 《卫三畏生平及书信》第 269 页。
④ 《卫三畏生平及书信》第 238 页。

状,无疑极大地阻碍了卫三畏先前努力将"宗教宽容"条款塞进中美《天津条约》的本义。实际上,中国传统文化的悠久积淀里,很难允许另一种完全异质文化的渗入,即使有各种条约的慷慨应诺,那也是一种理论上的满足,现实的传教实践却要去解决许多细节的问题,而解决的方式与方法又需要较长时间的摸索。一腔热情来华的传教士们自然会遇到各种各样的难题,难免有些人打退堂鼓,甚至倒戈成为在华传教事业的反对者。其实,就基督教在华是否应该传播的问题,在西方基督教世界里一直有延绵不断的争论,不乏反对之声,其中就有一种论调:向中国传播西方文明应该先于传播基督教,而且是一种先决条件。当然,传播西方文明和传播基督教孰先孰后、孰主孰次等问题,也是一个见仁见智的问题,至少两者之间有太多的共性。尽管当时传教工作在华进展不顺、成果有限,卫三畏始终对在华传教事业给予很大的同情,并抱有美好的希望,因为在他的信念中,传播基督教绝对应该优先于传播西方文明,尤其是实用科技。1863年4月,卫三畏承美国的《纽约观察者》杂志之邀,就《威斯敏斯特评论》和《伦敦泰晤士报》上关于传播文明作为介绍基督教先决条件的观点发表评论。在百忙之中,卫三畏写了一篇巧妙而充满哲理的文章,旗帜鲜明地驳斥了上述错误而浅陋的看法。卫三畏认为无论从《圣经》还是从眼前的事实,还是从每个真正研究过这个问题的人的观点来看,都使人确信提高和教化异教徒的唯一方法是向他们传播福音书的全部教义和用各种仁慈的手段向他们展示这些教义。从理论上来说,卫三畏指出:"传播福音作为引进文明的条件是由人的思想的特性决定的,这条理由可以推翻那些反其道而行之的作者的观点","传教必须先于文明,因为只有传教能够给予一个人改变自己的生活和宗教信仰——从而改变自己的社会地位——的恰当理由。当他明白自己有着不朽和负责任的灵魂时,他就会感到自己必须充分地使用上帝给予他的才能和恩惠以取得最高和最好的目标","在没有接受真理之前,良心将不会感到《圣经》上所描述的那种软弱感和罪恶感,一个人也不会努力奔向光明,并在它温和的光线下加倍努力。因此纵然你能够向异教民族讲授文明最被人赞同和有用的特点,他们在文明方面也不会有任何进步"。卫三畏又从现实出发,严正指出了持这种错误观点的人和在华不称职的传教士:"指出这些人对于传教的幼稚的反对是没有什么作用的,他们可能从来没有用自己的仁爱帮助过传教士,而且可能从来没有仔细了解过他们的活动、成功和原则。文明——即使是在最文明的国家所看到的文明——也只是基督教原则的体现。在给出作为基础的原则之前先给异教徒介绍这些原则的结果以提升他们,这是多么不明智啊!这好比建设一个社会不是从柱基而是从顶盖开始!他们的计划如果在开始阶段是可行的,在最后一定会失败,因为不尊重真理,没有一个国家能够达到最高的文明;只有福音——由圣灵赐福给人的心灵的福音——能够牢固树立这种对真理的尊敬,进而保持心灵的全面发展。甚至在中国也有相当多的罪恶的使者,他们年轻时在基督教的土地上学到了崇高的启示真理,但是他们的心灵没有被一种原罪感所触动,他们来到中国后教给中国人的是一种更坏的堕落——可以这么说。这些人作恶的力量有时甚至超过了异教徒。基督教国家应当公正地维持在各地的福音传教,使异教国家免受这些不伦不类的人所提出的假文明的破坏作用"。① 对于兢兢业业地为传教事业服务的传教士,卫三畏是充满着敬佩之意的,对于逝世的文惠廉主教的记录就是其中一例:"美国圣公会传教团的文惠廉主教在爪哇和中国工作了28年后去世了,他为后人树立了一个基督教牧师和精力充沛的工作者的典范,在上海的外国人捐献了7000美元以补偿他在南卡罗来纳投资的损失。他虽然是一个南方人,但是他相当支持老的联邦并坚决反对奴隶制。"②

(二)继续汉学研究,成为他在外交活动之余的一项淡泊名利和修身养性的学术内容,为此后回美胜任耶鲁学院汉学讲座和修订《中国总论》打下了坚实的基础。

1856年秋,在他接任美国驻华使团代理秘书和代理公使之职期间,卫三畏在他主持的广州印刷所里付印了他耗时6年的汉学著作之一的《英华分韵撮要》词典。该词典是以广州方言为基础的,主要帮助那些在中国南方学习汉语的外国学者。这些学者早就不满意于此前中国学者们编纂的那些释义不太准确的大部头词典,盼望能有一本便于查阅、释义准确的便携式手册。从1849年起,卫三畏就着手这项工作,在原来50页左右的小册子的基础上进行加工,借鉴了当时能够找到的汉语词典,同时又凭常年在中国生活的经历补充了前人成果的不足,到付印时,这本八开本的词典共有大约7800个条目,加上引言、附录及目录,共计达900页。该词典的问世,不仅是作者本年度的一件大事和他汉学研究上的一项重要成果,也

---

① 《卫三畏生平及书信》第239—241页。
② 《卫三畏生平及书信》第243页。

是英汉词典编写史上的一个里程碑式的作品,"在吸收前人精华的基础上,卫三畏对许多词语进行了新的释义,尤其是那些有关历史、地理和自然科学方面的词汇,他的释义比以往任何词典都要准确。……如果读者习惯于查阅小德金和马礼逊的字典,那么这本词典也许会大大出乎他们的预料,因为没有词典在词条释义方面能比该词典更详尽全面。它在释义时收入了大量同义词或同义表达法,并指出了词与词在意义上的细微差别以及词义的变化"①。

就在《英华分韵撮要》词典刊行的同时,第四版《中国商务指南》编写完成并印刷出版,这是卫三畏在自己的印刷所里印刷的最后一本书。该书的第三版出于1848年,此后8年来,中国的商业状况发生了很大的变化:上海、福州、香港的贸易额日增,并发展成为大型的商业贸易中心,中国和邻近的暹罗、日本都签订了贸易协议。先前的商务小册子不适应形势了,卫三畏就将之扩充到384页的一本大书。该书出版所得的收入,如同他所有著述所得的收入一样全部用来支持印刷所的日常运作费用。这本书虽然算不上巨著,但内容很翔实、准确,与卫三畏的性格和作风是完全相符合的。②《中国商务指南》第五版是在1863年出版的,其修订源于一个极好的时期。1861年秋,清廷"辛酉政变"取得"成功",策动政变的三个主要人物是25岁的慈安皇太后,27岁的慈禧皇太后,30岁的恭亲王奕䜣。11月11日,同治帝载淳正式即位。从此,慈禧、慈安两太后开始垂帘听政,但实际上,慈禧掌握清政府的最高权力,历时47年之久。尽管1860年10月英法联军对北京的攻占彻底拆除了中国首都封闭的外墙,并开启了外国人进驻那座城市的新纪元,但是,逃难到热河的咸丰皇帝的病逝引发的北京政变,成为清朝历史的一个转折点。它所引起的朝野变局,使得包括美国在内各国来华使团暂时不敢轻易进京。新任驻华公使蒲安臣率领的美国使团在南方羁留了一个冬天。正是在这个冬天,卫三畏开始重写了《中国商务指南》第五版,于1862年年初完成。新版之书以8开本670页的部头面世,内容包括最新的条约以及由此产生的政治和商业方面的变化,以及中国周边国家的贸易规则。这些新的内容加上大大扩写的航行时间表以及对主要商品的描述,使这本书几乎成为一本新书。这项重写任务

---

① 《卫三畏生平及书信》第151—152页。
② 《卫三畏生平及书信》第152页。

虽与早年他在中国的研究工作一脉相承,但写作起来还是面临许多困难的,它比前面几版包含着更多辛苦而零碎的工作,正如他在此书的前言中所言:"这部分是因为外国的贸易分布在中国的许多港口,它们之间最远的距离达到了两千英里,部分是因为必须搜集有关贸易商品和管理的详细材料以及其他相关信息。当广州和上海占了外贸的五分之四时,这两座港口详细情况和贸易规则就提供了中国的绝大部分信息,但进一步的研究发现这个国家的每个港口都有自己当地的做法,为了确保准确、细致的调查研究就成为必须要做的事情。"在撰写《商务指南》的同时,卫三畏还编写一本资料集,内容是东方国家与美国的所有条约、相关的法令、规定、通告,以及《天津条约》的中文本,目的是为了便于使用和提供权威的参考,该书于1862年3月在香港的伦敦会印刷所印刷,8开本190页。[1]

1863年10月,卫三畏一家搬入了装修一新的新家。在北京安定下来后,卫三畏就开始了他的《英华分韵撮要》的修改工作,主要是加入官话(北京话)的语音和词语。修改总是伴随着扩写,虽然这在卫三畏的写作生涯中已经不是第一次了,但这次修改由于增添新的官话内容,实际上就是在做一项全新的写作工作。来到北京生活和工作,卫三畏认为所需要的不仅仅是普通用语的字典,面对广大外国人的合理要求,有必要再编写一本字典来补充马礼逊字典的不足。1808年,马礼逊开始编纂英汉字典,在1815年出版了该书的第一卷,书名为《字典》。这卷是马礼逊按照嘉庆十二年刊刻的《艺文备览》英译的,汉、英对照,按汉字笔画分成214个字根排列,书后还附有字母索引。第二卷的第一部分在1819年出版,书名为《五车韵府》,根据音标按英文字母编排。1820年,续出第二卷的第二部分,在附录中把汉文书写体按拼音分别将楷书、行书、草书、隶书、篆书、古文六大类列出。第三卷于1822年出版,书名为《英汉字典》,内容包括单字、词汇、成语和句型的英、汉对照,解释颇为详尽,例句都有汉译。整部字典在1823年出齐,定名为《华英字典》(*Dictionary of the Chinese Language*,又译为《中国语文字典》),共有六大本,合计4595页,全部由马礼逊独自编纂,前后历时15年。这是中国历史上出现的第一部英汉、汉英字典巨著,成为中国英汉、汉英字典编撰的嚆矢,被以后来华传教士奉为"圭臬"。马礼逊编纂这部字典的初衷,就是给以后到中国活动的传教士提供方便的,《华英

---

[1] 《卫三畏生平及书信》第226—227页。

字典》中富含对中国各派宗教哲学及神话传说的介绍,对中国礼仪和风俗习惯的介绍,对著名历史人物的介绍,对中国学校教育及科举制度的评价,对中国天文学、音乐戏剧的介绍,堪称中西文化的百科全书。《华英字典》主要取自《康熙字典》和中国古代典籍,但也有部分是来自他在应用中文过程中积累的知识。当然,《华英字典》也有不足之处。马礼逊囿于其对中国文化的了解,他的有些评论存在不当之处,有些词句的汉译不准确甚至有错误。卫三畏在深谙马礼逊字典的情况下,结合自己对于中文的深刻理解,认为有必要改进马礼逊字典和他 1856 年出版的《英华分韵撮要》,再编纂出版一本适合在北京的外国人使用的华英字典。虽然已经开始了协助蒲安臣公使在京的所有外交活动,但卫三畏发现修改字典也有了很好的条件,因为公务之余他有大量的时间可以持续不断地工作,而且当他在修改字典时,他的中文助手或当地的学者常常坐在他办公桌的对面,来为词语下定义,并在他的所有藏书当中寻找例句。① 这一次修改一直持续了 11 年的时间,最终于 1871 年 11 月 21 日在上海美国传教团华万书馆开始了字典的印刷工作。1871 年初版和 1874 年再版的这本汉英字典定名为《汉英韵府》(A Syllabic Dictionary of the Chinese Language)。字典为 4 开本,共 1356 页,印刷平整而精美。对那些尝试掌握这门(中文)语言的人来说,它应该是一件有益的工具。卫三畏在字典的序言和索引上也颇下功夫,其中长达 70 页的序言中,介绍了汉语的特性,作者将官话(或称宫廷语言)分为几个部分来论述:拼写、送气音、声调、古音、废弛音、方言、部首等。如果不掌握有关这门语言的大量知识是无法编撰字典的,而作者对语言的特质以及自己编撰方法的解释也是十分重要的,因此字典《汉英韵府》一问世,就被国外的汉学研究者看作本世纪(19 世纪)一件值得大书特书的事件。第一批样书被争相传阅,其编排的特点、例句的翻译,甚至大小、重量以及价格均成为研究者们的话题,热烈的讨论反映了所有以不同途径接触过中文文献的人们的殷勤期望与先入为主的印象。学识渊博、参透其优点的人给予了高度的赞扬,批评者尽管对汉语语言学有争议的难点与暧昧之处提出了与作者不同的见解,但仍然以褒奖为主。② 而这本字典的编纂出版,对卫三畏而言却是一种感恩的表示,既是对上帝恩惠于他在中国 40 年生活

---

① 《卫三畏生平及书信》第 235 页。
② 《卫三畏生平及书信》第 272 页。

第三章　北京外交经历

的庇护,又表达了他对中国社会了解加深和汉学研究成果的自我肯定,正如他在字典的前言中所言:"付出艰辛努力的动力源自这样的一种愿望:协助那些在各个领域里将真理,尤其是宗教与科学真理传授给大汉子民的人们,这些真理的获得与应用足以让中国人得到教化与品质的提升。怀抱这一追求在中国度过了40个年头后,我谦卑地感谢上帝,感谢他让我看到了中国所取得的进步,并祈求他护佑人们在这一方向上的努力。"①

在华期间,卫三畏汉学研究的成果中,最让他念念不忘的是《中国总论》,特别是在外交活动后期,他一度设想增订此著。1868年,他在筹建完成美国驻京公使馆全部建筑物之后,由于他不愿接受公使一职,避免卷入美国政府的政治旋涡,只想每天处理好那些秘书或代理公使之职上的一些事务,所以"眼下我希望能顺利地完成新一版的《中国总论》,但这并不容易,也许这一工作永远都无法完成"②。这是他写给R. S.威廉斯牧师的一封信中谈到的。修订《中国总论》的一个起因,也许是他10年前听到的一则消息。1858年7月31日,在随美国使团洽谈中美贸易和关税问题而到达上海的卫三畏听到了一个让他高兴的消息,即他的《中国总论》一书已被译成了德语,在德国还颇有名气。这位告诉此消息的人是当时来到上海的一艘奥地利驱逐舰"诺瓦腊"号上的海军准将,并说他们从书中了解到的都是事实。这个先前不知道的信息,令卫三畏欣慰,因为通过他的书了解中国的人比他原先期待的要多。③ 事实上,卫三畏在外交官期间都没有实现修订《中国总论》的愿望,除了外交政务与指导传教等事务繁忙外,更主要的是他正在着手一本字典《汉英韵府》的编撰任务。1871年初版的《汉英韵府》的汉学成就可与1848年初版的《中国总论》相媲美,是卫三畏一生中在汉学研究上的两大重要成果:"这本字典就整体来说,是关于中国与中国风俗的知识宝库。它的作者是现今在中国年纪最长的西方人,回首往昔,尤其是忆及编写字典这11年的艰辛(字典中的每个字都是他亲笔书写的,尽管他要同时处理繁重的公务,一人经常身兼公使、秘书、翻译及商务总监等职),他完全可以对自己的成果感到满意,并感谢上帝让他坚持到底。这一崭新的贡献在中国与西方各国的交流中将起到良好的作

---

① 《卫三畏生平及书信》第273页。
② 《卫三畏生平及书信》第257页。
③ 《卫三畏生平及书信》第185页。

用。"①直到退休回美,在耶鲁学院即位汉学讲座教授后,卫三畏才有时间修订《中国总论》,同时得到其子卫斐列的帮助,终于在1883年出版了它的修订版。《中国总论》是中华帝国的百科全书,也是美国汉学的嚆矢。

1877年春,退休回到美国的卫三畏定居在纽黑文。在靠近大学城的幽静的学术环境里,卫三畏尽情地享受这里安静而有序的生活,并得到他在耶鲁学院教授中的熟人,特别是他最老的朋友达纳教授的陪伴与交流。置身于有着崇高目标和明确理想的耶鲁人群中,卫三畏晚年的快乐就像大家对他能力的由衷欣赏一样强烈。他的能力使他成为耶鲁学院第一任汉学讲座教授,他的世界性眼光和曾经多彩生活及经验使他有着与他人不同的宽广的视野和胸怀。卫三畏及其《中国总论》奠定了他在耶鲁学院乃至美国汉学史上的不可撼动的地位,推动了美国早期汉学的发生和发展。

(三)对华外交活动激发了卫三畏深入了解中国社会的热情,提高了对中西文化交流和中美关系方面的认识水平,从而在维护中国应有的国际地位、正确发展中美文化关系上仗义执言和有所作为。

在1855年到1876年间的外交生涯中,1863年6月正式入住美国驻京公使馆,成为卫三畏对华外交生活的分水岭。前后两段对中国的见识和理解是一个纵深和提升的演进过程,这在卫三畏的汉学研究和对华认识的互动中具有重要的影响和意义。在进京前,卫三畏的思想与一般来华西方人没有太大差别,认识到的中国形象也是大同小异的,而在1862年夏到达北京之后,主持美国驻京公使馆修葺和直接地近距离与清廷高层外交人员交往等工作以来,他的见识增多,疑惑也增多,从而引发了对中国社会更多的思考。首先,卫三畏感到了中国人的与西方不同的生活方式,这种生活方式的见识,最初来自他监管维修公使馆房子开始的。卫三畏曾雇请120个中国工人修葺房屋,在日记中他写道:"北京人盖房子或维修房子的方式一定会(令人)很吃惊,他们用的所有木材都是旧的,而梁木是从更旧的房屋中取下来的,切一切,锯一锯,修一修就用于新房屋的建筑上。这些梁木原来的尺寸只能猜测了,它们似乎是从巨大的木柱上砍下来并在十多幢建筑中使用过之后才到了我的陋室里。砖是来自旧建筑物的墙上,由于不断的磨损,尺寸已和石块一样大小。泥和石灰随意地混合。如果屋顶不是架在屋梁上,那么由木和瓦构成的屋顶就会塌陷下来。当然,这样建造的房屋

---

① 《卫三畏生平及书信》第272页。

不超过一层,而且大多数屋脊的高度不超过15英尺。地面上铺了砖,用砖砌的壁炉和床都是在下面生火的,格子窗上糊了纸。当我们建议对这些方面进行改进时,这些有气无力的人们对我们的想法感到诧异。"①其次,在看到中国社会的一些弊端后,他对大清国仍保存的现状进行制度层面的探究,"我并不为中国的古老感到奇怪,因为它是我见过的最缺乏时间观念、最不珍惜时间的国家。与沿海的城市相比,居住在这个城市(指北京)是让人不快的。除了眼镜、手表等小玩意外,还没有什么外国的东西从沿海渗透到这里。一个世纪前,博学的法国人非常确定地认为,异教但道德高尚的孔教徒达到了完美的境界,但是如果他们能够在这里生活一个月,看一看这里实际上的悲惨、肮脏和倾轧,他们就会愿意回到基督教国家并保持沉默。让我们感到奇怪的是中国社会的正常运转,人们所遭遇的贫穷和苦难没有使这片土地陷于混乱,从而导致变革的出现。政府的压制一定是非常强大的,足以抵挡无知和不满产生的分裂作用"②。这种疑惑,在随后的访问中有所明晰。1863年9月,卫三畏和天津传教团的白汉理、来自纽约奥韦戈的拉斐尔·庞培三人一起参观了北京近郊的一座采煤场和房山附近的一个山洞。这样的户外观光让卫三畏得以近距离地观察了中国劳动人民,感慨良多:"每一个地方的人们都很有礼貌、很平和,首都郊区的区民尤其显得勤劳、安静和节俭。中国的制度能够永久维持的秘密就主要在于每个人都习惯于勤劳和刻苦。在我们的旅途中,我们没有看到一支枪、一把刀或其他武器;人们的手中拿的是钩刀、刺棒、犁和其他耕地的工具。今年的收成特别好,农民们没有任何怨言。……在山洞附近的地区大约分布有40座寺院,共80名和尚,他们的生活物资取自1490年起就划归他们寺院的附属地。他们在将近800英尺高的地方将看似贫瘠的山坡改造成了良田,傅立叶主义的原则贯彻在这片土地的管理之中。"③

尽管卫三畏本着耶稣入华拯救异教中国的先见,来看待中国社会的一切状态和变化,并从上帝之爱的恩惠角度来批评中国一些不合理的风俗与制度,但他不容忍西方一些人对中国及其文化的恶意诋毁,认为中国立世之悠久必然与之内在的"异教文明"相联系的。因此,每个民族之间只有

---

① 《卫三畏生平及书信》第234页。
② 《卫三畏生平及书信》第235页。
③ 《卫三畏生平及书信》第236页。

相互交流,互相学习,共同生活在上帝的恩惠之下,才是人类社会的最终目标,就像卫三畏反对英法等国的炮舰政策和武力外交一样,并对美国式的对华条约外交表示了默认或盛赞。然而,秉承某种政治和文化基因的独立国家的美国历届政府,并不能像卫三畏那样生活在中国,而且那么熟悉和了解中国人,总是带着民族之间的偏见或误解,极力地维护着西方一统的文化价值观。对此,卫三畏在华生活43年后,越发感到这种趋势将不利于中美关系的新发展,也不利于中西文化交流的历史进程。1876年,受蛊惑家与空旷沙地演说家们的影响,美国国会草草通过了第一个耻辱而轻率的草案:禁止中国人移民美国,从而违背了中美条约明确规定的对等权利。这消息对居住在中国的美国人自然是极大的耻辱,但较之于面对中国人,他们感到在其他外国人面前更为丢脸。前已有述,美国西部大量金矿的发现,大量引入中国劳工,加上西部铁路的建筑,又移入一大批中国建筑工人。但利益获得或完成后,这些在美的中国人就受到歧视和不公平待遇,而且时时掀起排华浪潮,禁止中国人移民美国就是其中的一项不得人心的措施。面对这样的排华,卫三畏替美国政府感到不幸,他"希望通过温和的抗议与坦率的说明改变被蒙蔽的美国人对中国人的偏见,这种愿望也许比其他理由更能说服他离开中国。他预见到自己仍能发挥作用:返回美国,为将要移居到这个好客国度的被诬蔑的中国人仗义执言"①。回美之后,卫三畏很快投身调解中美关系的文化活动中,不仅加入一个社交和文学俱乐部,参加东方学会的学术活动,而且还当选过美国圣经协会主席、美国东方学会主席等职。在他看来,晚年的作为毕竟受到很多限制,身体体质下降和视力不断衰退都是不可回避的不利因素,但必须力所能及地为着中美两国人民做一些事情,是上帝的安排和他对上帝虔诚的表现,"中国的生活已经开始溶入无法辨识的过去,并被我周围的人和场景所淹没。那里的生活与其说失去了它的独特性,不如说失去了它所包含的责任,那里正在发生的事我已不再有兴趣,我觉得从此以后,我的责任不应在那儿,而应在这儿。……'如果主让我做某件事,他一定事先知道我所有的计划和希望,因为这也是他意图的一部分'"②。因此,卫三畏自视为"这个苦难和被诬陷的民族的代表",深切地关注着美国政府对于中国移民的态度变化。正是

---

① 《卫三畏生平及书信》第282页。
② 《卫三畏生平及书信》第288页。

在越来越大规模的反对排华的呼声之下,海斯总统最终否决了国会的排华议案:"海斯总统对这一议案的否决,把美国从立法的不理性和不必要的耻辱中拯救出来,1880年前往中国的一个代表团跟中方协商修订了条约,从而用合理的方式结束了对中国移民美国的限制。"①卫三畏的这段反对排华法案的努力,只是漫长的反对美国排华浪潮过程中的一个成功的缩影,但它代表了中美关系正确的发展方向,应当成为中美关系走向公正、和平的一次历史见证。

晚年修订的《中国总论》,对大批寻求关于中国信息的人来说,这是一部关于中国及其人民的总论性著作,通常被认为是公允和值得信赖的。这次修订,可以说是对1848年初版以来对中国认识的再度思考下的产物,除了修正前23章节中的某些观点的偏颇,更增加了三章内容,都是卫三畏出任外交官后的亲见或参与的真实记载,反映了他遵循切合实际的写作目标。特别是在《中国近事》一章中,卫三畏对他的第二故乡中国的真实记录,无疑表现出他对中国的热爱,并对中国人抱有希望:"我们关于中华帝国现状的知识,这是简略的概要,不论是初写还是补充修订,并没有给他们以过分的歌颂。在民族性方面,存在着软弱、恶习、狭隘、偏执、异教。非常坦率地指出,有了外国加予两次战祸的教训之后,他们的盲目和愚蠢,也没有忽略过去。最近30年的经验也许比他们历史上任何一个世纪得到的更加重要,没有经历那么多痛苦,走过那么长误解、误传的乖戾道路,这些经验是不会产生的。但是,大事可以看清,甚至粗略的读者也会看到,在中国人性格中有这样的因素,时候一到,他们就会跃出过去陷入的极端落后的地位,将自己提升到最先进国家的行列。……希望的另一依据,这些话今天说来同35年前一样贴切,在于中国人务实的习惯。他们缺少激情,不乐于变动,这样对他们发展成大社会倒很有利。人类心灵能够认识到的最高真理和动机,他们能提出,能接受,常常激励着思想和行动。……最后一点就是人们的勤劳、忠实、尊重生命财产——所有这些特性都是一定的根据,令人相信中国的新生一定能实现,就像发酵剂在面团里活动一样,不会使容器振动。"②

---

① 《卫三畏生平及书信》第293页。
② [美]卫三畏著,陈俱译《中国总论》第1109—1110页,上海古籍出版社,2005年。

第三节　卫三畏与近代中美外交关系

在中美关系史上,美国商人发挥了开拓作用,但在美商中基督教虔诚卫士的提携下,美国新教传教士裨治文、卫三畏、伯驾、勃朗等人相继来华,而且后来居上。他们在中国传播西方的基督教文化,宣传天下归主的思想,力求耶稣入华而使中国基督教化。尤其是一批传教士外交官的出现,将早期中美关系推进到条约体系的历史阶段。尽管,迄今为止,所谓中国基督教化是永远不可能的,①但是,作为美国早期来华传教士最大心愿的基督福音事业,却让他们在华活动成为沟通早期中美关系的一座无法替代的桥梁。不管这种桥梁作用在文化意义上有多么严重的侵略性质,至少在客观上有两大方面的成果:一是,美国传教士在华活动和归国后演讲,有助于美国国内人士进一步加强对中国的了解,同时为今后美国政府制定对华门户开放政策提供有利依据,"美国人对中国认识的转移是因为基督教十字军似的东征"②;二是,美国传教士在华传播西方先进文化和科学技术,激发了中国进步知识分子对于中国近代化的思考,引发了中国近代史上第一次学习西学的思潮,促进了中美人民之间的相互认识和了解,具有深远的历史影响。

传教士外交官介于传教士与外交官之间,是宗教精神和世俗世界的结合体,在19世纪中美关系上所产生的历史影响是重大且重要的。自美国第一个赴华的顾盛使团开始,到19世纪60年代美国驻华公使馆体制建立前,传教士一直是美国对华外交的主要助手和顾问,如伯驾和裨治文对《望厦条约》、卫三畏对中美《天津条约》,从提出条约草案到最后签订都发挥了重要作用,即便使馆体制建立后,有了一些专业化、职业化的外交官的加入,传教士外交官的作用仍然不可或缺,像卫三畏、何天爵、卫理、丁家立等传教士,无论是出任中文翻译、秘书,还是代理公使,都对美国制定对华政策和中美关系的发展有着重要的影响,直到20世纪初,随着中国反清革命的风起云涌,传教士在政治和文化上日趋保守,逐渐失去了对中国政治的

---

① 仇华飞《早期中美关系研究(1784—1844)》第39页,人民出版社,2005年。
② Ray Allen Billington, *The Protestant Crusade*, New York, 1938,载台湾"中央研究院"近代史研究所编《近代史研究所集刊》第9期,第451页。

影响力,不得不重新回到福音布道的出发点上。审视这段传教士外交官在美国早期对华外交上的作为和历史影响,是中美近代关系史的一项重要课题。美国传教士介入早期中美关系所产生的影响是双向而辩证的,不仅扩大了美国在华的影响力,也阻碍了中国近代化的进程,同时又诱发了中国人民的自由与民主的斗争,为在未来的发展中构造一种互适的中美关系新格局奠定了基础。

一、卫三畏与近代中美条约外交

一般来说,1784 年"中国皇后"号商船来华至 1844 年中美《望厦条约》签订前,是中美关系的早期阶段。早期中美关系基本上是平等和友好的关系,多建立在民间商业贸易和传教士来华的文化活动方面,两国政府间的官方接触极为有限。而自《望厦条约》签订后,直到清王朝灭亡,是中美交往的近代"条约外交"的关系时期。这段时期是美国对华不平等关系的重要阶段,美国先是追随欧洲列强、后独立甚至领头展开在华利益的追逐,通过一系列不平等条约,特别是其中的最惠国待遇和领事裁判权,谋取了代价最小而利益最大化的在华权利,加剧了晚清中国向半殖民地社会的沦陷,妨碍了中国社会的现代化进程。近代以来,西方列强通过一系列不平等条约在中国构建了条约制度,成为勒在中国政府脖子上的钢索。在条约制度的约束下,"条约外交"也就自然地成为中外交往的常态化原则。很显然,西方列强依靠条约、法规使各种权利形成的条约制度,是不人道和无耻的战争行径。条约制度是在列强的武力威迫下建立的,是列强侵略活动的具体表现和直接结果,它把列强从中国攫取的权益以条约的形式固定下来,成为中国的义务,"奠定了中国与 20 多个有共同条约关系的外国之间外交和商务关系的那些上层建筑的基础"①。条约制度逐渐取代了中国的"天朝朝贡体制",完全确立了中国与西方列强的新的关系。② 从这个意义上来讲,它对中国的近代化和国际外交是有积极作用的,是中国由传统的天朝外交向近代外交的转折点,是中国开始进入近代国家社会的开端。然

---

① [美]马士著,张汇文等译《中华帝国对外关系史》(第一卷)第 337 页,上海书店出版社,2000 年。

② 李育民《近代中国的"条约制度"略论》,载《湖南师范大学学报(社科版)》1992 年第 6 期,第 81 页。

而，对中国而言极为不利的是，条约制度为列强进一步攫取中国更多利益提供了前提，尽管晚清政府能够或多或少地收回一些权益或维护尚未丧失的主权，但后者的力争效果是微弱的。近代中美的"条约外交"主要是单向的，即美国对中国的绝对特权。卫三畏在华生活43年的绝大部分时间，正是这种单向的"条约外交"的重要时期，而且在美国的退休公使蒲安臣被清政府聘为中国出使代表前往各签约国之后，晚清政府才逐渐有了在美国派驻公使和领事的对等外交权利。1878年，陈兰彬成为中国第一任驻美公使，中美关系进入双边关系的新时期。近代中美"条约外交"的形成，无疑是早期中美之间的民间贸易和美国国内政治与经济发展的必然结果，也是一批不远万里来华传布基督福音的传教士实践活动的衍生杰作。作为一名传教士印刷工，卫三畏介入美国的对华"条约外交"，是他的福音传布在近代中美关系上的一种政治化行为，对中美文化交流的历史性进程产生了积极影响和推动作用。

　　鸦片战争之后至清朝灭亡之时的中国，是典型的半殖民地半封建国家，清政府这一时期的外交也变成了"半殖民地"外交。这种半殖民地的国家外交，又是近代世界上典型的条约外交时期，与英国对印度、法国对越南、美国对菲律宾等那样殖民地外交相区别的。这种"半殖民地"国家主权的性质，并不能否决掉清政府的主权独立和外交自主的国际形象。一般认为，从1840年鸦片战争起，中国就进入近代社会，这个社会的性质是半殖民地半封建。这是一个在中国长期以来被普遍接受的定论："鸦片战争是帝国主义和中国封建主义相结合，把中国转变为半殖民地半封建社会过程的开端。"①"自从鸦片战争以后，迄全国解放以前，中国社会陷于半殖民地半封建的境地。"②而"半殖民地"概念最先来源于列宁1915年所写的《社会主义与战争》一文。列宁在文中明确地把中国列为"半殖民地国家"。而中共和中国早期马克思主义者使用"半殖民地"这一术语，首先出现在1922年7月中共二大《关于"国际帝国主义与共产党"的决议案》的文件，以及同年9月蔡和森的《统一、借债与国民党》的文章中。毛泽东曾对近代社会的半殖民地性质也做过多次概括，其中在1935年12月的《论反对日本帝国主义的策略》一文中，毛泽东指出："差不多一百年以来，中

---

① 陈旭麓《中国近代史》第42页，高等教育出版社，1988年。
② 范文澜《中国近代史》（上册）第1页，人民出版社，1962年。

国是好几个帝国主义国家共同支配的半殖民地国家。"①1938年5月,毛泽东在《论持久战》一文中认为,目前的中国,"半殖民地半封建社会是它的特点"。② 1939年12月,毛泽东在《中国革命和中国共产党》一文中,系统论述了中国近代半殖民地半封建社会问题,并从十个方面论述了帝国主义侵略下近代中国社会的半殖民地性质。③"半殖民地"这一概念具有很强的政治实用性,在实践上是远远大于学术性的。"半殖民地"是对国家外部主权的指称,而"半封建"是更多地针对社会内部形态而言的。"半殖民地"概念同"半封建"概念叠加在一起,共同构成了对中国近代社会性质的界定。不可否认,半殖民地半封建"这个论断的价值取向,是动员一切可以动员的社会力量,向着反帝反封建的共同目标前进"④。虽然,在第一次鸦片战争后,香港的割让使中国的领土完整受到损害,通商口岸的开辟使中国传统的自然经济遭到破坏,通商口岸租界地的形成破坏了中国政府对领土的管辖权,协定关税的规定破坏了中国的关税自主权,领事裁判权又使中国丧失了司法独立权,鸦片战争之后外国传教士在中国的传教,使中国文化受到了侵略和渗透等,但是都不能否定晚清中国主权的独立自主性质。实际上,近代以来,中国虽"丧权辱国",但这些丧失的"权利"中有些属于"天朝大国""天下共主"和"华夷之辨"的特权和霸权,一些"辱国"的条款实际上是使中国放弃唯我独尊的地位,与其他国家平等相处的条款。鸦片战争前,前来中国的外交使者向中国皇帝行三跪九叩礼、递送表示颂扬和臣服中国的"国书"以及贡品,显示了朝贡等级秩序里中国优越和宗主的地位。从这个角度出发,可见近代以来,清政府的这种"半殖民地"的国家主权状态和外交地位还主要是独立的,只是主权受到巨大损害、国际外交地位十分不平等,因此在维护国家利益方面是举步维艰的,而且常常成为西方列强转嫁灾难和瓜分或殖民的对象,直到彻底抵抗或消灭了前来侵略之敌,就像辛亥革命推翻清王朝、中国人民新民主主义革命推翻蒋家王朝那样,才能结束一切不平等条约的加害,恢复国家主权和国际地位,才能获得平等的国际外交地位。在卫三畏介入中美外交的这段时期,西方入

---

① 毛泽东《论反对日本帝国主义的策略》,载《毛泽东选集》(合订本)第128—129页,人民出版社,1966年。
② 毛泽东《论反对日本帝国主义的策略》,载《毛泽东选集》(合订本)第419页。
③ 毛泽东《论反对日本帝国主义的策略》,载《毛泽东选集》(合订本)第592页。
④ 李良玉《关于中国近代史的分期问题》,载《福建论坛》2002年第1期。

侵和条约体系对中国的潜在影响虽然巨大,但现实影响却是较小的,"19世纪中叶控制中国的斗争是一场内部斗争。西方冲击尽管从长远看十分重要,在当时则知之甚少。外国入侵只是一种地区性的骚扰与刺激,它只限于整个帝国东南边缘的五个港口"。① 而且,鸦片战争后签订的中外条约在实施的过程中,由于中外国力的强弱和大小之分,加之中外文化差异,条约的实际效果是极端不平等的。这种国家间的外交关系其实是各国国力的竞争,源于欧洲的条约体制,形式上是主权平等,而实际上则是弱肉强食。条约体制下的"和平"是靠"势力均衡"来维持的,弱国有时的确可能被强国瓜分而英勇"牺牲"。李鸿章曾说过"弱国无外交",但其实"弱国才有外交",强国何须外交。只有小国才需在大国间尽力周旋,以图在大国力量的夹缝中生存。②

走到19世纪中期的清王朝,已经弱象毕现。鸦片战争败北,西方列强纷沓而来,外忧日益严重,而太平天国运动又是如火如荼,成为清政府的心腹大患。内外交困的严峻形势促使晚清统治者的对外观念开始发生变化,开始向西方列强妥协,实行守定条约的和戎外交——"条约外交"。所谓"条约外交",就是指晚清政府在中西力量对比悬殊的情况下所采取的一种外交方式,它以儒家的诚信思想和国际法原则为指导,以履行一系列不平等条约为手段,目的是求得与列强的和解与平等,保全和局,以便开展自强运动,从而维护晚清摇摇欲坠的封建统治,同时,晚清统治者还希望借助条约来限制列强条约之外无止境的索求,维护中国尚未丢失的权益。③ 与西方对华的"条约外交"相比,晚清政府的"条约外交"迟至1861年总理衙门成立后才开始。可以说,"条约外交"是晚清政府对当时艰难形势的一种无奈的回应,也是为处理中外关系和平定内乱所采取的最为现实也是最为明智的一种选择。这种选择,首先来源于对中西差距的清晰认识。李鸿章有一段话最具代表性,他说过:"历史备边,多在西北。其强弱之势,客主之形,皆适相埒,且犹有中外界限。今则东南海疆万余里,各国通商传教,来往自如,麇集京师及各省腹地,阳托和好之名,阴怀吞噬之计。一国生

---

① [英]芮玛丽《同治中兴》,转引自柯文《在中国发现历史》(中译本)第12页,中华书局,1989年。
② 何新华《1842—1860年间清政府的外交地位辨析:兼论"半殖民地"概念在中国近代史研究中的局限性》,载《历史教学》2004年第2期。
③ 张效民《晚清政府的条约外交》,载《历史档案》2006年第1期,第78页。

事,诸国构煽,实为数千年未有之变局。轮船电报之速,瞬息千里;军器机事之精,工力百倍。炮弹所到,无坚不摧,水路关隘,不足限制,又为数千年来未有之强敌。"①虽然认识到"千年未有之变局",但对列强意图并非透彻认识,中国第一位驻外公使郭嵩焘认为:"洋患已成,无从屏绝。惟其意在通商为利而已,亦愿中国富强,而后利源可以不匮,无致害中国之心。"②李鸿章也说:"洋人所图我者利也,势也,非真欲夺我土地也。"③不管怎样,这些大清洋务派官员的对外认识有助于打破固有的华夷之辨传统观念,逐渐不再认为"夷人"是未开化的"犬羊成性"的野蛮人,而是遵章守约,能够"以信义笼络"的外人,其目的重在通商;再不认为西方列强是"除炮火外一无长技"④的"逆夷",而是在轮船电报、枪支弹药、机械制造等各方面都远远胜于中国的强敌。自总理衙门成立后,虽然感知前订条约危害极大,但鉴于中国当时的实力,清朝统治者还是主张暂时接受条约,并执行"条约外交"的信义笼络政策,奕䜣说道:"若就目前之计,按照条约,不使稍有侵越,外敦信睦,而隐示羁縻。"⑤曾国藩在"条约外交"执行一段时间略有成效后,上折同治帝言及守约的好处,"道光庚子以后,办理夷务失在朝和夕战,无一定之至计,遂使外患渐深,不可收拾。皇上登极以来,外国强盛如故,惟赖守定和议,绝无改更,用能中外相安,十年无事,此已事之成效"。⑥所及之言明显为列强添光抹丑,但清朝统治阶级执行"条约态度"之意已决,特别是李鸿章30年主办外交的思想基础。再次就是中国利用"条约外交"可以进行以其人之道还治其人之身的反外交,而这就是国际法的相互制衡作用。中国被列强用武力卷入国际社会,自然有近代国际法所赋予的权利与义务。一直以来,由于对国际法和国际惯例一无所知,晚清政府对列强无止境的索求往往一筹莫展。1864年,美国公理会传教士丁韪良(William Martin)将惠顿(Henry Wheaton)的《国际法原理》翻译介

---

① 《近代中国史料丛刊续编》,《李文忠公全集·奏稿》(第24卷)第11页,台北:文海出版社,1966年。
② 钟叔河《郭嵩焘:伦敦与巴黎日记》第3页,岳麓书社,1984年。
③ 胡秋原《近代中国对西方及列强认识资料汇编》(第二辑,第一分册)第23页,台湾"中央研究院"近代史研究所,1984年。
④ 《近代中国对西方及列强认识资料汇编》(第二辑,第一分册)第102页。
⑤ 贾桢等《筹办夷务始末》(咸丰朝,第7卷)第2564页,中华书局,1979年。
⑥ 《近代中国史料丛刊续编》,《曾文正公全集·奏议》(第29卷)第49页,台北:文海出版社,1966年。

绍到中国,命名为《万国公法》,总理衙门总算找到了"制约"列强的依据,将其视为救命稻草。《万国公法》中明文规定:"两国立约,所应遵守之责,不拘式款如何,有明言而立者,有默许而立者,均当谨守";"立约之时,彼此所有之地方,约上若无明言让还,嗣后即各自存守";"所论之理,所争之权,一经和约剖明,其争竞便息";"和约一经画押,则立约者日后俱当奉行"。晚清统治者认为虽然中外条约有诸多不平等之处,但按照《万国公法》,条约也同样约束着列强不能提出条约之外的索要,既然列强口口声声强调《万国公法》和条约的神圣和不可侵犯性,动辄引《万国公法》,中国也可以其人之道还治其人之身。在多次之外交涉中,晚清政府也多次援用国际法,力图将列强的要求限制在条约规定的范围内。最后,"条约外交"活动在客观上也利于中国挽回一些利权,还能阻止列强条约外的攫取。面对强敌,"条约外交"的最重要目的就是希望通过向列强妥协退让,换取一定时期的和平,为洋务自强运动创造条件,以维护清政府岌岌可危的封建统治。这种被动而起的自强运动,表达了对西方列强似乎无奈而力量不大的反抗,但促发洋务运动的"自强思想包含着一种长久的积极抗争意识"①。事实上,"条约外交"也确实为中国带来了20多年的"同治中兴"的和平时光,洋务运动比较顺利地进行,中国创办了一批近代军事工业和民用工业,推动了中国早期近代化的发展,也为中国民族资本主义发展奠定了良好的根基。而且,"条约外交"期间,也程度不同地限制了列强无止境的索求,尽可能地维护尚未丢失的国家权益,正如咸丰帝在1860年的一封上谕中所言:"全在各省封疆大吏,设法羁縻,于条约之外,不得另生枝节。如该酋在各省请议详细章程,仍可于权宜之计之中,寓限制之意,总期不致贻患无穷,庶可相安永久。"②可见"条约外交"还是具有一定的积极意义的,是不能完全用"投降"和"卖国"等词语来简单概括的。但是,在中外实力悬殊的特定情境下,"条约外交"的消极作用和负面影响还是主导的、强势的,给中国及其人民带来了巨大的损失。在列强环伺、弱肉强食的近代,武力和权力政治才是当时国际关系的真谛,作为被殖民的弱国之一,晚清中国意图"通过信守条约和诺言来建立和列强之间的互相信任、互相尊重的关

---

① 杨宏雨《洋务派"外须和戎"浅析:利国与误国共存》,载《复旦学报》2002年第6期,第74—80页。
② 贾桢等编《筹办夷务始末》(咸丰朝第7卷)第2679页,中华书局,1979年。

系,求得与列强之间的和解与平等"①,简直无异于"与虎谋皮",结果只能是反被虎噬。同时,清朝统治阶级对"条约外交"也有某些曲解。在西方列强看来,条约外交是中国被纳入西方近代国际秩序的一种象征,而大清许多官员将它视为一种新的传统羁縻政策,认为它"只是中国筹办夷务的一个最新的阶段"。实际上,"条约外交"也是一把双刃剑。美国中国学家费正清曾对条约制度有过分析和评价,他说:"条约制度不应仅仅被看作是西方将中国纳入西方秩序的一种方式,同样也应被看作是清朝包容西方并在中国传统的秩序中给其一个位置的方式。"②对条约制度的分析同样适用于评价"条约外交",因为条约外交就是条约制度的具体执行。近代国际"条约外交"本身就是一种历史的进步,清王朝能够执行它,本身就是中国外交上的进步标志之一,并非简简单单的传统羁縻思想的延续之策。如果再固守或退回到封建的朝贡外交,岂不免有天朝上国的自大、阿Q式的精神胜利和自欺欺人的念旧情怀,必将迟早会被进步历史滚滚洪流所淘汰。

因此,在研究这段中美外交关系史时,应该客观而平实地看待"条约外交"在中西关系上的制衡作用:西方对中国传统社会虽然有所影响,但这种外部影响并不足以从根本上改变当时中国独立国家的地位,而西方国家与清政府之间的外交是在所谓"平等"的条约体制幌子下的强国和弱国的近代不平等关系的反映。因为,西方列强将不平等条约视为获取利益和特权的一种约章,认为清政府的"条约外交"是在履行条约义务;而清政府则认为条约是限制性约章,"条约外交"是"在不危及外国商业利益的同时,划定外国人不得逾越的界限"。③卫三畏进入美国对华外交领域,就是在这段中西"条约外交"的大背景,其研究价值已超出作为传教士外交官的卫三畏本身,而在于对这段中外关系的深入了解。

首先,中美早期以民间贸易为主的商业活动和美国政府单方面的派驻领事行为,是近代中美条约外交的不可缺少的促进因素,也是卫三畏能够进入中美间的条约外交活动的前提和必要的条件。殖民地时期的美国,大量生活必需品依赖进口,要购买进口商品又不得不同时进行商品输出。殖

---

① 袁伟时《帝国落日大变局》第243页,江西人民出版社,2003年。
② Immanuel C. Y. Hsü, *China's Entrance into the Family of Nations*. Harvard University Press, 1960, p. 258.
③ *China's Entrance into the Family of Nations*, p. 261.

民地商人将北美的土产,如木材、鱼类、毛皮、小麦、烟草等运输出口,双向地开辟了海外市场,并由此促进了民族经济的增长:"北美各殖民州经济的发展同海外市场的发展紧紧联系在一起。……经济的增长同市场规模的扩大密不可分。"①在人口稀少、内地交通不便,又缺乏国内市场的北美,对外贸易往往成为殖民地商人通向发财致富的最佳途径。② 从欧洲辗转输入北美的中国的茶叶、丝绸和瓷器等商品,开启了北美殖民地人民对万里之外的古老中国的神往,对华贸易无可避免地成为美商求富途径的重要选择之一,"波士顿倾茶事件"就可从一个角度说明殖民地时期的美国与中国贸易的渊源关系了。1773年12月16日,本杰明·富兰克林的亲属等几十名武装人员化妆成印第安人,在波士顿冲上三艘试图靠岸的英国货轮,把342箱茶叶倾倒在了大海里,这就是历史上著名的"波士顿倾茶事件"。"波士顿倾茶事件"成为美国独立战争的导火线,大大地激励了殖民地人民反英斗争的情绪。在波士顿倾茶的码头,立有一块纪念碑。梁启超曾游历美国时前往参观,他认为此次倾茶事件与林则徐的虎门销烟并列,都是近代世界历史上意义深远的事件,并感慨赋诗:"雀舌入海鹰起陆,铜表摩挲一美谈。猛忆故乡百年恨,鸦片烟满白鹅潭。"③美国独立战争(American War of Independence,1775—1783),或称美国革命战争,一开始是主要发生于大英帝国和其北美十三州殖民地的革命者之间的一场战争,后因法国、西班牙及荷兰加入战争对抗英国,而使战争的范围远远超过了英属北美洲。同时,许多印第安人为双方打仗。1782年11月30日,英美两国签署《美英巴黎和约》的草案,1783年9月3日,美国成为美洲首个独立国家。美国独立战争也是世界史上第一次大规模的殖民地争取民族独立的战争,它的胜利,给大英帝国的殖民体系打开了一个缺口,为殖民地民族解放战争树立了范例。更重要的是,美国独立战争又是一次资产阶级革命,它创造了美利坚合众国,同时又铲除了殖民时期封建残余的长子继承法、续嗣限定法和代役税,契约奴制也基本上废除,从而解放了生产力,为

---

① Barry W. Poulson, *Economic History of the United States*, Macmillan Publishing Co., Inc., 1981, p. 71.

② Mire Wilkins, *The Emergence of Multinational Enterprise: American Business Abroad from the Colonial Era to 1914*, Cambridge, Mass. and London, 1970, pp. 3-4.

③ 梁启超《新大陆游记》第60页,湖南人民出版社,1981年。雀舌指茶叶,鹰是美国的象征,代指美国。

美国资本主义的发展开辟了宽广的道路:"现代的文明的美国的历史,是由一次伟大的、真正解放的、真正革命的战争开始的。"①美国独立战争的胜利,对欧洲资产阶级革命起了推动作用。如果说整个19世纪是在法国大革命的旗帜下度过的,那么法国大革命在某种意义上也是用美国革命所铸造的思想武器砸开巴士底狱的大门的,美国革命开近代资产阶级革命的先河,"给欧洲中产阶级敲响了准备出发的警钟"②。但是,美国独立战争毕竟不可能"毕其功于一役",它没有解决土地问题,也没有解决奴隶制问题,使得独立后的美国南北方朝着两种不同的经济道路发展,最终导致美国内战(美国南北战争或美国第二次资产阶级革命)的爆发。南北战争则用革命的暴力埋葬了反动的种植园奴隶制,为资本主义的迅速发展开辟了广阔的前景。列宁认为南北战争具有"极伟大的、世界历史性的、进步的和革命的意义"。③ 虽然南北战争结束后,确立了更加先进的资本主义制度,美国走上了真正独立发展民族经济并获得飞速发展的道路,但是在独立战争胜利后的半个多世纪内,美国国内却是百业待兴,摆在美国人面前的主要任务就是发展经济,巩固新生政权。然而,新生美国的财政金融形势十分严峻,大量的英国货物继续涌入美国市场。美国政治家和商人都意识到,要真正地摆脱英国的控制,必须独立自主地发展本国经济,海外贸易是促进经济发展的直接动力,曾先后与英国、法国和西班牙等国签订商业条约,尽管不是平等的条约,却还是为美国资本和商品进入欧洲市场打下了基础,同时从18世纪末美商纷纷涌向对西方国家很有诱惑力的中国市场。1784年,"中国皇后"号商船成功抵达中国广州,不仅增强了美国对东亚及太平洋地区进行试探性接触的信心,也大大激起了美国商人寻求远东商机的欲望。"中国皇后"号首航中国时美国对华贸易成本仅12万美元,但获取利润达30727美元,利润率超过25%,刺激了美国国内第一次对华"贸易热"。之后,美国对华贸易不断增加,1792年对外贸易出口总额仅为2075万美元,到1801年时已经增长到9412万美元;进口从3150万美元增长到11136万美元。④ 随着美国造船业

---

① 列宁《给美国工人的信》(1918年8月20日),载《列宁全集》(第28卷)第43页,人民出版社,1973年。

② 罗荣渠《美国历史通论》(罗荣渠文集之五)第63页,商务印书馆,2009年。

③ 列宁《给美国工人的信》(1918年8月20日),载《列宁全集》(第28卷)第50页,人民出版社,1973年。

④ Samuel Flagg Bemis, *A Diplomatic History of the United States*, New York: Holt, Rinehart & Winston Inc., 1958, p.119.

的发达,大批美国商船参与对外转口贸易,到 1805 年美国转口贸易货物总数超过本国货物,从某种意义上讲,美国成了世界的"搬运夫"。① 到 1825 年时,中美两国贸易额已高达 13143630 美元。② 至此,美国对华贸易额位居各国对华贸易第二位,仅次于英国。美国商人在对华贸易中积累了大量资金,成为美国早期原始积累的一个重要组成部分。美国的第一批百万富豪也是在早期对华贸易中形成的,如在当时拥有美国最大富翁称号的费城的斯蒂芬·吉拉得(Stephen Girard)、号称纽约地主的约翰·阿斯托(John Jacob Astor)等。他们用在对华贸易中赚来的大量钱财,开银行、购地产、建铁路、办学校、建工厂等,对美国东北沿海城市的经济发展起着相当大的推动作用。③ 早期美国对华贸易的不少商船曾有走私或海盗行径,但不是主流,因为美国商人"基本上按照正常国际贸易方式进行的"。④ 许多年轻的美国商人以他们的热情和冒险精神,在万里海疆上成功地开展着中美民间贸易,堪称世界航海史上的奇迹。美国商船小巧,速度快,特别是飞剪船参加竞争后,经营效率提高,从 1791 年到 1841 年的 50 年中,美国对华贸易额增长达 6 倍之多。⑤ 到第一次鸦片战争前的 60 年中美贸易,是在美国资本主义自由贸易历史条件下进行的,主要是民间贸易的性质,美国商人全凭自身利益需要从事商品的输入输出,中美商人之间既相互合作又激烈竞争,但双边贸易的发展,使两国经济实现一定程度上的互补,中国市场逐渐成为世界经济体系的一部分。中美民间贸易的不断发展,自然会影响美国政府对海外贸易的关注和决策。"中国皇后"号返回美国不久,在一股"中国热"的影响下,美国商船纷纷从纽约、波士顿、费城等地满载各种货物前往中国,每年前往广州的美国商船近 15 艘。⑥ 广州的美国商人和侨民日益增多,一些著名的早期美国商行也应运而生,如普金斯商行、旗昌商行、

---

① Foster Rhea Dulles, *The Old China Trade*, Boston and New York: Houghton Mifflin Co., 1930, p. 4.
② *Chinese Repository*(《中国丛报》),Vol.14,Sept.1845,p. 408.
③ 齐文颖《关于"中国皇后"号来华问题》,载《中美关系史论文集》(第 1 辑)第 74 页,重庆出版社,1985 年。
④ 罗荣渠《关于中美关系史和美国史研究的一些问题》,载《中美关系史论文集》(第 1 辑)第 45 页,重庆出版社,1985 年。
⑤ *The Old China Trade*, p. 114.
⑥ Charles R. Kitts, *The United States Odyssey in China*, 1784-1990, University Press of America Inc., 1991, pp. 2-4.

同孚商行、奥古斯丁商行(后改称琼记商行)、维特玛商行等,这些商行基本上支配着美国的对华贸易,使早期中美经济交往由单一形式的货物贸易向综合经营的方向发展。为关注美国商人在广州的经济活动及正当权益,以及保护美国侨民在华的安全,美国联邦政府在"中国皇后"号返回纽约的第二年就向广州派遣领事。1786 年,联邦议会任命原"中国皇后"号商船的商务监督山茂召为美国首任驻广州领事,任职三年(1786—1789)。华盛顿当选美国第一任总统后,山茂召再次被任命为美国驻广州领事(1790—1793)。不过,美国遣派驻广州领事会因中西关系的变化有所中断,从山茂召开始,到《望厦条约》签订时,美国驻广州历任领事主要是:山茂召(Samuel Shaw,或称萧善明,1786—1789、1790—1793)、塞缪尔·斯诺(Samuel Snow,或称史善明,1800—1808)、爱德华·卡林顿(Edward Carrington,1806—1808)、本杰明·卫恪士(Benjamin Wilcocks,1814—1821)、理查德·汤普森(Richard R. Thompson,1821—1825)、葛罗维纳(J. H. Grosvenor,1828—1834,从未到任,由他人代理)、彼得·士那(Peter Wanton Snow,1834—1843,塞缪尔·斯诺之子)、福士(Paul Sieman Forbes,1843—1854)。① 依照当时美国法律,领事的职权远远大于商务代理,因为领事除了负责管理美国同所在国一切通商事务外,还负责管理本国海员,处理他们的有关问题;保护美国公民的私有财产,办理美国商船的登记和执照发放,为本国公民提供法律咨询等,"他们是本国来华旅行者、学者、政府官员的亲密朋友"②。驻华领事是由美国国会任命,并拥有外交官的权力,但是驻广州领事地位与其他国家不同,其权利仅限于负责商务事宜,美国政府称其"不享有外交上任何特权,一旦中国人与外国商人之间发生冲突,中国官方就会把领事视为这个国家的'代表',但又不承认他们代表本国政府行使权利或给予他们与帝国最低官员相等的权利"。③ 在清政府看来,美国等西方国家商人在中国经商本来就是他们自己的私事,中国同意他们来华经商已经属于恩赐,既是恩赐,还要在此基础上索要其他特权,如驻华领事的外交官权利、与中方一起处理中美法律案件等,都是清政府不

---

① "A Register of Officers and Agents, Civil, Military, and Naval, in the Service of the United States, in 1821, 1823, 1833, 1843",*Chinese Repository*(《中国丛报》), Vol. 7, May 1838, p. 10.或见黄刚《中美使领关系建制史 1786—1994》第 3、10 页,台北:商务印书馆,1995 年。

② *Chinese Repository*(《中国丛报》), Vol. 7, May 1838, p. 10.

③ *Chinese Repository*(《中国丛报》), Vol. 7, May 1838, pp. 23-32.

可容忍的。从维护封建统治利益出发,不让来华洋人具有政治上的合法地位,对于防止洋人与汉人联合起来反对"天朝"统治是十分必要的。清政府从未承认美国领事的外交官身份,大多时间领事这个职位由商人兼任。在早期中美交往的 50 年间,美国政府正式任命的驻广州领事办公的期限总共不过 14 年。① 尽管美国等西方国家一直谋求扩大领事权限,但从 18 世纪末到 19 世纪 30 年代,美国在华领事无法担当起外交官职能,主要职责就是管理在华从事贸易的美国商人和中美商务。由于领事工作得不到政府某些明确的规定,领事们常常因为商业需要从一个地方赶到另一个地方,"领事们除了很少一部分领事费之外,既没有工资,也没有任职的保障,更没有固定的办公地点"②。领事们也大多自己从事经商活动,所以他们关心的不是自己的职责,而是自己的商业情况,更重要的是领事的到任和离任都没有什么规律,"他们可以根据自己的意愿任命他认为合适的人担任副领事或商业代理,然后等待华盛顿当权者的批准,而这种批准通常需要一年时间"③。早期清政府从不与外国领事们进行任何形式的官方接触,即使美国早在 1786 年就派领事来华,但中美之间没有任何外交关系。这种完全不存在的中美政府间的外交关系,使早期美国在华的商业领事制度一直维持到鸦片战争爆发。鸦片战争爆发后,美国领事公开要求扩大在华职权,美驻广州领事福士趁中英冲突之机向美国国会致函呼吁政府应立即采取措施,同英、法、荷等国采取一致行动,要求中国承诺各国在华特权,信中主张:在广州以外的其他中国港口进行自由贸易;在中国的法律很清楚地被理解和承认之前,外国人对中国人或非中国人所犯罪行的惩罚,不得重于英、美等国法律对同样罪行所施加的惩罚(实质上是领事裁判权);要求(美国)政府任命一名具有相当商务知识和一般知识的商务代表和商务专员,并应派一支有足够力量的海军部队以保护美国的商务和人民。④ 清政府在鸦片战争中败北,《南京条约》签订,开始改变了中外关系的格局,来华外国人的地位逆转。1843 年 7 月 27 日,广州对外商重新开

---

① 吴孟雪《美国在华领事裁判权百年史》第 10 页,社会科学文献出版社,1992 年。
② Samuel Shaw, *The Journals of Major Samuel Shaw, the First American Consul at Canton*, Boston: W. Crosby and H. P. Nichols, 1847, p. 14.
③ Te-Kong Tong, *United States Diplomacy in China, 1844-60*, University of Washington Seattle, 1964, p. 58.
④ 仇华飞《早期中美关系研究(1784—1844)》第 258—259 页,人民出版社,2005 年。

第三章 北京外交经历

放,而且允许美国商人根据中国政府颁布的有关规定在其他新的港口从事贸易活动。这样,美国驻广州领事的职权远远超出美国领事只等同于商务代理的范围,而且美国设立驻华领事的范围也从广州扩大到其他四个港口城市,厦门1843年11月2日对外开放,上海1843年11月7日开放,宁波1844年1月1日开放,福州1844年6月对外开放,美国立即选派领事进驻这些城市,福州因一时找不到合适的领事人选,宁波缺少一个负责行政事务的官员,而暂推迟上任。① 福士在美国驻广州领事的职位上十分活跃,经常上书美国国会和政府,为美国获取在华利益和特权制造舆论,并且在中美《望厦条约》谈判时,与专使顾盛密切配合,为美国在华取得领事裁判权地位立下了汗马功劳。由上可知,早期中美之间的关系只是一种狭小地区的民间商业贸易和美国单方面的所谓领事外交关系,没有对清政府的唯一广州口岸贸易体制和天朝的封闭国策产生多大的影响,但是来华美国人的不断增多,潜在的影响是慢慢起作用的,而且美国对华各种权利的诉求也将随着中外变局而慢慢变为现实。

其次,美国传教士来华布道和参与《望厦条约》的签订,是近代中美条约外交关系形成的智力条件和开创之举,成为卫三畏后来介入中美间的条约外交活动的示范和反省提升的源泉。1784年,美国商船"中国皇后"号抵达广州,揭开了中美关系发展的序幕,从此中美之间无论是商业交往还是文化交流,不同时期都表现出各种不同的特征。从1784年中美直接通商开始,到1844年《望厦条约》签订,是早期中美关系的60年交往过程,也是属于"无条约外交时期":"中国同西方贸易国家有着重要关系,尽管这种关系没有受到条约的限定。"②这种无条约关系的早期中美交往,除了商人、单方面派驻的领事外,还有一支不可忽视的力量,即新教传教士,而且它不仅丰富了中美交往的宗教活动和文化内容,而且卷入近代前期的中美政治外交之中,成为中美之间条约外交的重要开创力量之一。早期美国基督教新教传教士踏上中国土地时,美国商人在广州地位已经基本稳定。

---

① John King Fairbank, *Trade and Diplomacy on the China Coast: The Opening of the Treaty Ports 1842-1854*, 2 Vols([美]费正清《中国沿海的贸易和外交:1842—1854》),Cambridge, Massachusetts: Harvard University Press, 1953, Vol.1, p.155.

② H. B. Morse, *The International Relations of the Chinese Empire: the Period of Conflict 1834-1860*, London: Longmans, Green, 1910. see Edward D. Graham, ed., *Early American East Asian Relations*, Cambridge Massachusetts: Harvard University Press, 1972, p.8.

1807年,英国伦敦会传教士马礼逊前来中国,得到的不是本国政府的支持,却是美国政府和美国商人的帮助。1829年,传教士裨治文、雅裨理更是受到美国政府和美国商人的支持赴华,1830年抵达中国广州,成为首批来华的美国传教士。不久,卫三畏、勃朗、伯驾等人相继来到中国,短短几年内,美国在华传教士人数列居各国榜首。传教士们在中国传播西方的基督教文化,宣传天下归主的福音思想,还在华南沿海地区建立各种慈善机构,或开设医馆,或兴办学校,或创立团体、散发书刊,通过各种渠道宣扬西方宗教思想,灌输西方文明,力图使中国基督教化。这些早期来华的传教士在宗教倾向性和世俗功利性上,都不能简单地归类为19世纪50年代后来华的传教士,因为他们把中国福音化视为来华工作的神圣使命,无论是差会遣派,还是心甘情愿地独立传教,万里迢迢来到中国民间传教,其虔诚信奉上帝之心是不能简单地与文化侵略联系在一起,尽管他们的文字传教活动不得不与中美文化发生千丝万缕的联系。但是,我们也不能回避这样一个事实:美国政府来华签约的使团缺少略通中文和熟悉中国文化的传教士的翻译或秘书工作的协助,是不可能与中国发生真实意义上的条约外交关系的。这也就使得美国传教士具有了多重而特殊的身份:外国人、传教士、商人的朋友、美国政府外交的秘书或翻译、中国政府和中国人民的所谓朋友或所谓敌人,等。因此,早期美国传教士在华的一系列传教活动,具有辩证的历史影响:向中国传播西方科学知识,起到了沟通中西文化的桥梁作用,引起中国社会的某些思想上的变革,客观上对中国近代化起有一定的促进作用;由于处在两种异质文化冲突的背景下,各种相互制约关系有时会改变传教士在华传教的方向,使他们在中国所办的以传播福音为依托的"教育、文化事业也不可避免地带有消极和局限性"。① 而后者,在美国政府胁迫清政府签订《望厦条约》中开始表现出来,一直到清王朝的灭亡为止。因清政府禁烟而起的英国对华冲突的加剧,来华的绝大多数传教士都站在英国的立场上,扬言西方国家联合起来采取一致行动,包括武力,来强迫清政府开放更多通商口岸和允许传教。清政府在第一次鸦片战争中失败,使它坚持的"天朝"体系在坚船利炮打击之下受到挫折,开始松动了中西之间历久以来的华夷关系,"英国的大炮破坏了中国皇帝的权威,迫使

---

① 南京大学—霍普金斯大学中美文化研究中心、中美关系史丛书编委会合编《新的视野——中美关系史论文集》(第3辑)第20页,南京大学出版社,1991年。

天朝帝国与地上的世界接触"①。不过,马克思先生显然是乐观了一点,中华传统文化的一方面的顽固禀性和自闭不是那么容易被打破的,它具有顽强的自愈能力,显示出中国纳入世界潮流还有许多艰难,因为"鸦片战争对英国来说才真正是一场国家规模的战争。对清朝来说却只是与回民起义或白莲教叛乱一样,是一个地方性事件。皇帝只是像对付其他事件那样,派遣钦差大臣去处理。当时的中国资料将之称为'焚烧鸦片事件'"②。然而,毕竟清政府在坚船利炮下被迫打开了一扇门,就留下了开放全部国门的希望,"与外界完全隔绝曾是保存旧中国('旧中国'即为'野蛮的、闭关自守的、与文明世界隔绝的')的首要条件,而当这种隔绝状态通过英国而为暴力所打破的时候,接踵而来的必然是解体的过程,正如小心保存在紧密封闭棺材里的木乃伊一接触新鲜空气便必然要解体一样"③。《南京条约》开放的中国门户让西方诸列强欣喜若狂,美国国内也就对华贸易问题展开短暂的争论,争论焦点是美国在华利益是凭借中国皇帝的恩准,即"一体通商",还是美国应有同英国一样"庄严的条约",但很快就形成了一致意见:美国政府本着各国对华利益"一体均沾"原则,立刻派遣使团前往中国,要求清政府以中美签订条约的形式保证美国在华利益。这是自1784年"中国皇后"号商船来华后,美国政府首次制定明确的对华政策,它是美国在远东地区推行经济扩张政策的重要基础。美国政府从总统、国务卿,到国会议员、商人等,对顾盛中国之行都十分重视,他们把顾盛使华看作建立中美条约关系的一次重要尝试。同样,《南京条约》签订对欧美传教士来说无疑也是一大福音,"宗教界对战争结局的兴趣甚至比商界的兴趣大得多"④。1842年,美国南浸信会传教士叔未士(J. Lewis Shuck)在给本国差会总部信中说:"现在我可以告诉你们一件令人喜悦的消息,大英帝国与中华帝国之间已宣布和平,这块不信奉上帝的异教徒的国家最终被打开了!!!"⑤美国美部会传教医师伯驾也在信中声称:"有足够的证据说一个

---

① 马克思《中国革命和欧洲革命》,载《马克思恩格斯选集》(第二卷)第3页,人民出版社,1972年。
② [日]山本吉宣《国际政治理论》第59—60页,生活·读书·新知三联书店,1989年。
③ 马克思《中国革命和欧洲革命》,载《马克思恩格斯选集》(第二卷)第4页。
④ Kenneth Scott Latourette, *The History of Early Relations between the United States and China, 1784-1844*, Yale University Press, 1917, p. 130.
⑤ *The History of Early Relations between the United States and China, 1784-1844*, pp. 115-116.

新时代已经到来。"① 因此,一旦美国政府派遣来华谈判签约的专使顾盛到中国后,传教士裨治文、伯驾、卫三畏等人就毫无推辞地加入使团的行列,尽秘书、翻译或帮办事务等责,为《望厦条约》开始的中美条约外交做出了历史性的工作。而实际上,美国传教士在鸦片战争之前就或多或少地介入了中外关系的外交活动。禁烟大臣林则徐在广州期间曾与裨治文有过接触,林有意让裨治文出面利用他的影响对广州局势进行斡旋,虽对裨治文的婉言谢绝表示遗憾,但他通过与裨治文的接触,接受了许多有关下一步斗争的新见解,获得了有关中国同英国的力量对比的不利因素和如何做好这方面防备的认识。② 1839年2月,林则徐致信英国国王,该信由裨治文等人翻译成英文后,刊载于同年《中国丛报》5月号上,对中英两国政府以及在华外国人产生了很大影响。6月15日,林则徐在虎门销烟时,特邀裨治文等人前来观看,"这是中国官方第一次试图打开中美两国关系,是对裨治文旅居广州十年在中国人心中享有一定地位的一种间接的承认"。③ 1843年7月,以克勒勃·顾盛为首的美国使团从波士顿启程,乘坐"密苏里"号驶向中国,这是外交史上的第一次接触,是继当年山茂召乘坐的"中国皇后"号打开中美贸易大门后,中美关系史上又一次重大事件。顾盛使团对华外交之行的首要任务是要为美国船只和货物争取到与英国商人享受的同等待遇,也即国际通行的最惠国待遇;如果可行的话,最好争取到北京面见皇帝陛下,递交美国总统签署的国书,发展中美两国间友谊和商业交流。在顾盛使团尚未抵达时,清政府就已连下数道上谕,令各地禁止美国使团上岸,但不得动武,只许其滞留广东,条约之类均由钦差大臣耆英等酌办。耆英等除了坚持不许美国使团进京之外,其他一概好商量;美国方面除了让步不再要求进京之外,还接受了中方赠予的领事裁判权。道光皇帝对《望厦条约》签订兴奋异常,甚至认为美国人是来归顺天朝的,不仅下旨赏赐耆英等,还下旨嘉奖美国使团,表彰他们遵从"天朝定制"的功勋。不管中美两方如何沾沾自喜于各自的利益,无法否认的事实是:1844年7月3日,中美《望厦条约》的签订是近代中美不平等关系发展的开端,由于这种不平等的利益关系是以法律形式保证的,所以《望厦条约》无论从政

---

① *The History of Early Relations between the United States and China, 1784-1844*, pp. 120-121.
② Samuel Wells Williams, *Our Relations with Chinese Empire*(卫三畏《我们与中华帝国的关系》), San Francisco, 1877, p. 6.
③ *Our Relations with Chinese Empire*, p. 6.

治层面,还是从经济层面看,都给中国带来巨大的负面影响。同时,《望厦条约》的签订标志着中美两国官方关系的正式建立,也开启了近代中美之间条约外交的先河,"美国政府是最早利用新条约与中国确定交往关系的国家。……条款清晰,对在华外国人的权利规定明确,所以一直是处理中外纠纷时的主要依据,这一情况一直维持到第二次鸦片战争后外国人被允许进入北京"①。中美之间官方关系的建立,本身就是一种历史的必然,早期中美关系的基础是平等的,向中国进行商业扩展,是独立后的美国进行世界性关系扩展的一个组成部分。无论是美国商人还是传教士来华,他们的事业在中国都发展得较快,这种关系缓慢地推动着早期中美官方交流的开展。由英国不义的侵略战争开通的中国门户的初步开放,让美国政府比较顺利地获得了在华的等同甚至有超越《南京条约》的权益。《望厦条约》以法律的形式将美国人来华经商、传教、开设医院等慈善机构等权利加以确定,既是美国对华外交的一次胜利,也为清政府处理对外关系提供了一次思考和反省的机会。不过,话说回来,美国取得与中国的条约外交成果,比英国炮舰政策获得这种关系显得光彩得多,但也不能抹杀美国的可耻和伪善的强盗角色:"这些以武力为英国人取得的让步,却不费吹灰之力就被美国人坐享其成了。在另一面,如果美国人愿意把1844年6月间广州攻击美国旗杆的事(徐亚满事件)看成战争原因,他们无疑可以在战争结束时随心所欲,从中国政府勒逼任何条件。美国却可耻地可是非常有利可图地扮演这样一个角色,老老实实尾随英国战舰之后到中国,凭借英国的军事胜利,大获其利。"②近代中美之间条约关系的形成和随后的条约外交,也同样不能忽视掉传教士在其中的影响和作用。对美国传教士来讲,《望厦条约》所建立起来的中美条约体系实现了他们渴望中国全境开放以利于福音传播的心愿,也激发了他们积极而乐意地参与本国政府对华的一系列外交的政治热情,特别是传教士的翻译作用和与中国人打交道的娴熟本领,使这一外交关系时刻打着传教士作为精神使者和政治工具的信号。如果将顾盛作为美国派遣来华的第一任公使,在义华业、德威士、马沙利、麦莲等公使之后,传教士伯驾成为美国历史上第一位传教士公使,就是中西近代条约外交体系的一个典型特点。伯驾在出任公使之前,还曾任职公使

---

① 《卫三畏生平及书信》第66页。
② [美]泰勒·丹涅特著,姚曾廙译《美国人在东亚》第141页,商务印书馆,1959年。

团秘书兼翻译、代理公使等职,而整个在华活动期间,他身上明显地表现出帝国主义分子的心态:"尽管传教士活动呈现出多种多样的形式,也有不少传教士强烈地反对帝国主义、捍卫亚洲独立,但是也有其他很多传教士事实上以这样或那样的形式为帝国主义提供服务,伯驾就是其中之一。……伯驾关于侵占台湾的计划,是他经历几次(谈判)挫折的产物,是一个相当不明智的构想,成为人们不断批评伯驾的把柄。"①而卫三畏在《望厦条约》签订前前后后的所见所闻所思所想,都无疑增强了他对此后中美关系之发展的看法和做法,只不过他没有裨治文、伯驾等激进的传教士那样以炫耀武力威慑和极端蔑视中国的心态,而是温和与善意地诠释着中国文明的落拓与僵化,向中国人传递着中国需要基督拯救的理论,因而比较符合当时美国政府对清政府展开条约外交的基本思路。

第三,中美《天津条约》谈判和签订,是卫三畏亲身参与中美近代条约外交的重大历史事件之一,而且在其中发挥着重要的作用,使中国的开放在条约外交的框架下适合着近代西方国际关系的发展潮流。《望厦条约》把不平等条款强加给中国,美国通过条约外交获取更多的特权,中美关系的性质发生了质的变化,早期平等的中美关系开始向近代不平等关系发展。尽管这种变化比较缓慢,但美国在约定12年后修约之前,就不断要求扩大权益。美国政府认为要进一步发展在华势力,必须与清王朝皇室发生直接的关系,尤其需要在北京设立公使馆,以监督清政府履行条约。在多次与清朝地方政府交涉修约无果的情况下,美国政府一直坚持"坚持修约,反对动武"的对华政策,不仅撤销了伯驾公使之职,派遣新驻华公使列卫廉北上接洽与清政府的谈判修约,而且对美国驻华海军司令奄师大郎对广州沿海炮台的进攻予以取消和指责,美国驻广州海军军官安德鲁·佛特和在华美侨也反对奄师大郎的武力行为,传教士裨治文和卫三畏也认为所有条约中并没有同意外国人进入广州城门或5个口岸中任何其他口岸的权利的。到1857年春,英法组成联军,意欲请求美国派兵加入对华作战,遭到美国政府的拒绝,至于"欲求开放中国对世界通商往来,则必须遵守历来心平气和、慎重将事的态度"。②表明了美国政府不愿意参加英法与中国议

---

① [美]爱德华·V.吉利克著,董少新译《伯驾与中国的开放》第172—173页,广西师范大学出版社,2008年。
② [美]泰勒·丹涅特著,姚曾廙译《美国人在东亚》第261页,商务印书馆,1959年。

定条约,而要与中国政府单独议定条约。4月8日,美国派列卫廉为美国第一任驻华特命全权公使前往中国。国务卿卡斯给他的训令中指出:"英法两国要求扩大贸易范围,传教自由,公使驻北京,是'公正而且合宜的'。并且希望你尽力以和平合作的方式完成这些目的。"①但是,列卫廉公使却不完全主张和平谈判的,特别是在与两广总督叶名琛交涉无果之下,愤而要求美国政府同意"用坚决的口气和有效的武力直接向北京交涉"。② 在得到美国政府的否定后,列卫廉只得"居中"调解英法与中国的争端,以期从中获利。1858年6月18日,中美《天津条约》签订,该条约除了明确公使进驻北京、宗教宽容条款外,最主要的还是最惠国待遇。这次重申最惠国待遇,深刻地反映了美国对华的条约外交的真实目的,即使用最小代价获得最大化的在华利益。中美《天津条约》第三十款规定:嗣后大清朝有何惠政、恩典、利益施及他国或其商民,无论关涉船只海面、通商贸易、政事交往等事情,为该国并其商民从来未沾,抑为此条约所无者,亦当立准大合众国官民一体均沾。可见这里的最惠国待遇的规定比《望厦条约》进了一步,内容是无所不包的。因此,1859年,新任公使华若翰及时进京换约,因在觐见皇帝行叩头之礼发生争执而返回北塘换约成功,随后回国。这样,过早生效的中美《天津条约》就越早地使美国获得长效利益,而不卷入英法与中国的纷争之中,给清政府留下条约外交的大国形象。至于中美《天津条约》的签订过程,不能不提传教士卫三畏和丁韪良的作用,其中规定的"宗教宽容条款"就是传教士对于基督入华的重要成果,也是美国对华条约外交史上的一次显著的宗教实践,使西方来华传教士半个世纪以来传教窘境获得了彻底的解脱。对卫三畏来说,1858年充满着巨大的变化,不仅改善了西方在华的安全,而且改进了清政府的国际"合作"关系:"天津条约所做的改变,只有经过公使、领事、税务司耐心地努力实施,同时适当顾及当地统治者的地位,才能加以实现。……1858年充满着重大事件,包括中国、日本人民的福利和未来地位以及所取得的进步。他们被迫和欧美发生政治关系,以条约为伪装,剥夺了他们的独立,在他们疆界之内成立了政府中的政府。他们的统治者对治外法权原则的真正意义毫无所知,实行中

---

① 《美国人在东亚》第250页。
② [美]马士著,张汇文等译《中华帝国对外关系史》(第一卷)第547页,生活·读书·新知三联书店,1957年。

受到钳制,几年内发现在自己臣民面前降了格,他们开始向外国人寻求保护。"①对于这样的西方安全和中国进步,卫三畏认为是条约外交的功劳,"条约是维护和平的保证,他们开放交往渠道使人民能够学到真实有用的东西,不必害怕受到惩罚或责备。允许自由信仰基督教,外国公使驻在北京,自由到各地旅行,这三条大道过去封锁起来,阻碍了中国的福利和进步,现在靠条约打通了,通过这些,中国就将取得历史上从未有过的更真实的进步"②。卫三畏站在福音拯救中国的角度,极力反对武力威吓和战争外交,也极为仇视晚清中国的闭关和无知状态,时常祈祷着上帝的事业在中国的发扬光大,所以也对一些强硬的措施表示默认,"只有用一些强硬的措施才能把中国人从无知、自大、蒙昧中解救出来。……上帝在推行他的事业时也许会采用一些不尽如人意的手段,但上帝自会在适当的时候消除这些手段所带来的不良后果"③。这种心态就是对条约外交战胜中国闭关政策的内心表达。站在近代国际关系的立场上,卫三畏反对晚清中国落后的闭关政策,是有远见而正确的世界观。卫三畏认为:"中华帝国闭关锁国不止一个世纪,中国人受到的教导使他们相信,在自己疆界之外的全人类比无知的野蛮人好不了多少。他们的统治者坚持'治夷人唯有用暴政',他们做出真诚的努力将外国人拒之于天朝的大门之外,以免人民受到污染,这一忠诚而无效的努力是各级政府的首要任务。我们已经看到,他们对付罪恶的鸦片贸易所取得的成就多么渺小;林钦差所代表的伦理道德原则不论有多少,由于他的无知和僵硬态度,他推行的不当方法不可能革除弊端。假如他和他的皇帝主子的计划获得成功,他们不过将国家封锁起来,抗拒可以救治弊端的办法,他们致力于清除的是同别国人民在商业、知识、政治上的自由交往。"④所以,对于《天津条约》《北京条约》签订,卫三畏就认为中国闭关结束,伟大的进步正在启动,是中西之间条约外交的重大胜利:"(1860年)10月24日(清政府与英国签订《北京条约》),中国的闭关自守终于结束了,这一较量实际上从1839年起由林则徐十分忠实地开了头,他是为了拯救国家免受鸦片毒害的,到了这时,唯一有效的方式来消灭鸦片的就是让更新的影响进入中国。在这20年间所做的事情是为中国人在这最后

---

① [美]卫三畏著,陈俱译《中国总论》第1053页,上海古籍出版社,2005年。
② 《中国总论》第1054页。
③ 《卫三畏生平及书信》第220页。
④ [美]卫三畏著,陈俱译《中国总论》第1107—1108页,上海古籍出版社,2005年。

的行动中做准备;他们以体面的态度来兑现许诺和偿付,将为他们国家的荣誉树立持久的纪念碑。"①当然,我们还是应该看出,这段话也充分显露出卫三畏的西方中心主义观和基督文明拯救中国的宗教情结。

最后,蒲安臣公使的合作政策和蒲安臣使团的出使西方,是中美近代条约外交的高潮和中美关系的转折性事件,而卫三畏对此的理解和支持,既是他筹建美国驻京公使馆的潜在心理动力,也是他希望条约外交惠及中国方面的一种上帝之爱普世心态的反映。"合作政策"是由美国倡导的、美、英、法、俄四国公使共同推行的列强联合对华政策。19世纪60年代,中国对外关系开始出现新的变化,西方也出现了相对稳定的局面,列强也要求保持在华的均势。蒲安臣是美国首任驻北京公使(1861—1867),他在其任内积极推行它并取得成功。作为当时一个二等强国——美国的公使,能成功地与其他列强合作、与清政府合作,巧妙地为美国在华攫取了更多的利益,成为中外关系史上的一大重要事件。1862年7月,到达北京的蒲安臣,先后拜会了英国驻华公使卜鲁斯、法国驻华公使柏尔德密和俄国驻华公使巴留捷克,同他们多次交换对华政策意见,使他们成为"合作政策"的积极支持者。由于列强利益上的需要,英、法、俄公使均同意在对华的一切问题上协商合作。这四位公使的姓都以B字冠首,因而"合作政策"又有人称之为"四B政策",称这四国公使为"中国安全委员会"。② 然而,在四国之中,美国在华的地位相对脆弱,它在中国是靠善于利用最惠国待遇条款而获得在华特权的,而不靠像英、法那样的武力和俄国那样的西北利益圈。所以,为保证美国在华各种权益,确保条约权利的真实实施,就成为蒲安臣推行"合作政策"的首要出发点。1864年6月,蒲安臣对其"合作政策"做出了具体说明:"在中国,对于一切重大问题要协商合作;在维护我们的条约权利所必需的范围内保卫条约口岸;在纯粹的行政方面,并在世界性的基础之上,支持在外国人管理下的那个海关;赞助中国政府在维护秩序方面的努力;在条约口岸内,既不要求,也不占用租界,不用任何方式干涉中国政府对于它自己的人民的管辖,也永不威胁中华帝国的领土完整。"③可见,通过巩

---

① 《中国总论》第1072页。
② Frederick Wells Williams, *F. W. Anson Burlingame and the First Chinese Mission to Foreign Power*([美]卫斐列《蒲安臣与中国第一次派赴外国的使团》),New York:Seribner's,1912,p.36.
③ [美]马士著,张汇文等译《中华帝国对外关系史》(第2卷)第470页,商务印书馆,1963年。

固清政府的封建统治,来维护和扩大列强在华利益,是"合作政策"的实质。这后一点,连一些地方大员也洞悉,时任湖广总督李鸿章就曾说,所谓"合作政策"即是"欲胁各官以制百姓,胁朝廷以制官民"。① 江西巡抚刘坤一也说过:"洋人所重者利,所畏者民","自知非仗朝命,无以制中国之民,图中国之利"②。而对"合作政策"中维护清政府统治这一点,清朝统治阶层心知肚明,甚为感激。辛酉政变后,同治帝统治的清王朝开始对西方的态度有所转变,从先前的排斥与猜疑,到开始接触与信赖,特别是设立了一个全国性外交机构总理衙门,反映了清政府统治者开始抛弃闭关政策思想的决心,这就使得"合作政策"得到了清政府的支持。当然,"合作政策"也是一种"因人成事"的对华外交政策,完全靠蒲安臣和卜鲁斯的热情和真诚的信念撮合的,这两个人一旦离开中国,立刻就会"人亡政废"了。③ 但"合作政策"带给了西方列强更多的权利,对美国而言也是成果可喜:"传教得到扩展,贸易增加了3倍,科学家被聘请,惠顿的《国际法》被翻译和采用,军事教育被采纳,近一百人为中国机构服务,汽船增加。"④这些说法只是形象的一种说明,潜在的利益并不能用这些内容和数字来说清楚。从卫三畏坚决要为蒲安臣公使修筑美国驻京公使馆就可以看出"合作政策"对于美国在华地位的影响力。而最能说明"合作政策"的影响作用的是,蒲安臣得到了清政府的重视,在他1867年11月退休回美之前,就得到了清政府的返聘,成为晚清中国第一位赴外使节,肩负着与西方签约诸国修约的重任。蒲安臣使团出使西方,也是近代中西条约外交的一种双方表达,也可说成是对西方单方面对华条约外交一种回应或补充。蒲安臣也因之声名鹊起,他"作为一个可尊敬的代理人,为中国政府提供了同订约列强建立外交关系最初步骤的机会。他成了中国政府到各国的总使节,加上等级相同的两名中国使臣(总署章京记名道志刚、记名知府孙家谷),英文、法文秘书,北京同文馆的六个学生同行。这三人被任命为中华帝国使节,带上致11国政府的国书。一行人于1868年2月25日从上海出发,历时近一个月,到达旧金山港。……蒲安臣将他的使命描写为同中国建立将来和

---

① 宝鋆等修《筹办夷务始末》(同治朝,第55卷)第9页,台北:文海出版社,1971年。
② 《筹办夷务始末》(同治朝,第54卷)第13页。
③ [美]泰勒·丹涅特著,姚曾廙译《美国人在东亚》第322页,商务印书馆,1960年。
④ Frederick Wells Williams, *F. W. Anson Burlingame and the First Chinese Mission to Foreign Power*([美]卫斐列《蒲安臣与中国第一次派赴外国的使团》),New York:Seribner's,1912,pp. 65-66.

第三章 北京外交经历

平关系的保证。他所到之处,使听众提高对这一古老大地(指中国)的评价;他劝告欧洲宫廷要耐心等待,后进的人民一定会按照自己的意愿选择如何准备变革。这些变革和改良,只有当中国深信有必要而且切实可行的时候才会采用"①。根据《天津条约》允许外国公使驻京的规定,1860 年以后,西方列强便纷纷派遣公使常驻北京,而中国却一直未曾遣使出洋。1865 年 11 月 9 日,时任中国总税务司的英国人赫德在《局外旁观论》中提出派使驻外"于中国大有益处",而总理衙门和清廷认为"非急切能办之事",主要原因是觐见皇帝的"九叩"礼节的存废问题,这个问题成为清政府派人出使的最大障碍。1866 年,清政府曾派前山西襄陵县知县斌椿率其儿子和三个同文馆学生,随同回国休假的海关总税务司英国人赫德赴欧洲游历,开了晚清官员出洋的先例。四个月后回国,斌椿向清廷呈递了所写的《乘槎笔记》一卷,从中可使清廷一批官员看到了一个真实而迥然不同的西方世界。但斌椿一行赴英,不过仅仅是一次试探性的观光旅行,没有担负任何外交使命,也没有和外国进行任何交涉。因此,并非是正式遣使,但对清政府是一个鼓励。蒲安臣使团是中国近代第一个走出国门、出访欧美的正式外交使团,此事既表现了清政府外交浓厚的半殖民地色彩,同时也标志着清政府外交终于跨出了走向世界的第一步。1868 年 2 月至 1870 年 10 月,由 30 人组成的蒲安臣使团先后访问了美、英、法、德、俄等与中国有条约关系的西方列强,共计 11 国。出访期间,7 月 28 日,使团首先与美国签订了中国近代史上第一个相对平等的双边国际条约《中美续增条约》(即《浦安臣条约》),条约承认中国是一个平等的国家,反对一切割让中国领土的要求,规定"大清国与大美国切念人民互相来往,或游历,或贸易,或久居,得以自由,方有利益"。经过谈判,美、英、德三国第一次公开声明:承认并尊重中国的主权,今后以谈判而非武力解决争端。虽然这不过是空头支票,但毕竟比过去动辄以武力胁迫中国就范要好。因此,在中国近代外交史上,蒲安臣使团具有一定的积极作用和影响。这个空前的外交举动,丰富了清政府的外交经验,进一步增强了清政府派遣驻外使节的信心,为近代中国的条约外交、驻外使节制度的建立开辟了道路。自 1877 年晚清中国在伦敦建立第一个驻外使馆,到清末共有 16 个国家的首都有了穿黄袍马褂的中国外交官,包括 1878 年驻美使馆的建立。简言之,条约外

---

① [美]卫三畏著,陈俱译《中国总论》第 1081 页,上海古籍出版社,2005 年。

交是近代西方列强处理与东方半殖民地国家的主要交往方式,它虽然带入了西方一些先进科技和思想文化,起到了一定的启蒙作用,但这种条约外交是建立在西方强国压迫弱国的不平等关系的产物。对于西方中心主义的流毒和弱肉强食的殖民主义行径必须给予严厉谴责和打击,而应该去发展正确的、互利而和谐的中西外交关系。

二、卫三畏与北京使馆体制建立

卫三畏在美国对华外交的 20 年间,除了长期担任秘书兼翻译外,还曾九次代理公使之职,其中在蒲安臣公使离任后出任代理公使的时间为最长。就是在这段代理公使期间,卫三畏的外交方面的最大成果就是在北京为美国使团监督建造了一座西方式的公使馆,开辟了美国驻京公使馆体制的先河。从此,美国来华使团有了固定的住所,结束了在澳门、广州、香港、上海、天津等地的流动式的办公窘境,使中美外交获得了近距离、高层次的直接接触,有利于中美关系的发展进程。当然,外国公使进驻北京,是建立各国驻京公使馆的条约前提,而中美《天津条约》是美国公使驻京的法律依据,其中包含着卫三畏在美国对华外交上的努力和贡献。无可否认,美国驻京公使馆的建立和运作,是中美关系上的一个加油站,如同美国驻华第一个领事馆广州领事馆建立一样,开创了美国在华政治与外交发展的新时代,从而使中美关系建立在更加开放和对等的地位上。

1863 年 6 月 16 日,卫三畏从澳门搬家到北京,暂时和美国第一位驻京公使蒲安臣住在一起,而蒲安臣的住所也是前一年卫三畏为他购买修葺一新的。蒲安臣进京,是美国对华外交的一个历史新阶段,在这个具有重大意义的开创性工作,卫三畏的帮助和辛劳是不可或缺的。蒲安臣到北京履职有前后两个时期,从 1863 年到 1865 年春,他是住在卫三畏仓促下主持购买并修葺的一套房屋里,权作公使办公之用。因为美国内战正酣和总统竞选在即,蒲安臣辞职回美帮助林肯竞选。由于林肯竞选连任总统成功,1866 年 11 月,再次被委任为驻华公使的蒲安臣抵达北京。因为上年在离开北京时,蒲安臣将住所卖掉,此次再来,卫三畏就不得不再为蒲安臣公使购买一处新房产,这样才能够让美国政府的代表体面地住下来。由于购买或重新布置一幢中国式的住宅在许多方面都不能让人满意,所以他决心为公使新建一栋合适的住所。

第三章　北京外交经历

其实,早在1862年夏到达北京后,卫三畏便开始亲自筹划美国驻京的公使馆建筑,从选址、看房、规划和装修等方面,无论事无巨细皆亲自过问,既希望在次年初让蒲安臣公使入住办公,尽早开展对华外交工作,又对公使馆这一具有长久意义的驻京建筑寄了深远的期望,以此作为不断开展中美关系和中西文化交流的重心之所,而侧重于美国在世界舞台上对中国更多地更大地施加影响,以及基督福音事业在华的全面传播。是年7月23日,在给其弟W.F.威廉斯牧师的信中,卫三畏比较深刻地阐述了在京建立公使馆的作用:"如果我们要在中国发挥足够的影响力,我们就必须在北京建立使馆,对此我从不怀疑。两年的经验证明,合理的建议对于这个(中华)帝国的统治者可以发挥作用。由于我们在通过外国人征收海关税方面取得了满意的结果,这也将会使我们的建议更多地得到采纳。中国人开始看到,我们的建议确实给他们带来了好处,并且我们没有利用驻扎在首都的机会威胁逼迫他们。这些人确实很可怜,因为一方面他们既敏感又骄傲,充满各种奇思怪想,并为自己所设置的谜团纠缠不清,而另一方面,他们对于治理国家的一些最简单的方法还不清楚。工作正在上帝的调遣下逐步展开。"①但是,因为当时北京落后于中国南方的现状,让卫三畏感到建造这样的公使馆显得不太现实,也力不从心:"这里的房屋清一色都只有一层,里面非常黑,因为它们主要通过房门来采光。我们在城里或乡下走动非常自由,没有任何障碍。住在这里无疑有许多不方便的地方,但这会逐渐改善。只有富人可以在这里过上舒适的生活,因为从上海运来的家具、衣服和许多吃的东西都相当贵。首都的当地居民生活贫困,这里的木器、铁器、建筑等各个方面都远远落后于南方的城市。"②同时,就是在很粗糙修葺的各国公使的栖身之所里,各项开支都是很大的,"由于各使馆都维持着庞大的机构和开销,树立了不好的榜样,所以我们被迫为住房付出了大笔的开支"③。由于未来的许多不确定因素,加上外交经费的严重不足,卫三畏不得不暂时放弃了筹建美国驻京公使馆的想法,以等待机会。

在北京建立外国驻京公使馆,是外国公使进驻北京后的一项必然行动,其政治和外交意义不亚于西方列强炮舰政策下的条约签订。外国公使

---

① 《卫三畏生平及书信》第234页。
② 《卫三畏生平及书信》第230页。
③ 《卫三畏生平及书信》第235页。

进驻北京,是西方列强打开晚清中国的国门后获得在华最大的条约特权,是他们可以与中国政府直接近距离开展各种关系的理论基础,是条约外交的一个重要内容和积极成果。这种积极成果正是在于它将古老中国卷入国际外交的舞台,成为世界大家庭的一个成员,有利于中国的近代化进程。当然,外国公使进驻北京之权利的取得,对西方人来讲,却是异常曲折和艰难的。简要回顾这个过程,有助于理解卫三畏那么强烈地要筹建美国驻京公使馆的一个原因,而且从此之后,美国驻华公使馆体制便逐渐建立起来,开创了中美外交的新局面。

历史告诉我们,清政府为维持华夷关系,始终拒绝外国公使驻京,是因为它担心外国公使驻京会打破中国传统习惯,特别是他们会把许多外国的生活、经济以及思想方式带给中国,这将会破坏"祖宗定制"。但是,这样的闭关,总会有一天会被打破,因为各民族间的相互融合是人类社会发展的必然规律之一。康雍乾三朝盛世的背后,已经隐藏着无尽的危机。西方各国已纷纷完成了资产阶级革命,随后开始的产业革命,更将西方世界推向全球,开拓广阔的海外市场,东方的中国很快成为西方资本主义觊觎的对象。出于扩展其商业利益及商务活动的目的,以英国为首的西方国家率先提出了公使进驻北京的要求,18世纪末起同清政府先是和平的交涉,继而是军事入侵。乾隆五十七年(1792),英国政府以给乾隆祝寿为名,派遣使臣马噶尔尼来华交涉通商事宜。在通州登陆,经过北京城到郊区行宫,游历长城后,前往承德避暑山庄谒见乾隆帝。马氏呈递国书并提出了一系列要求,都遭到了断然拒绝。对于通商一事,清政府意在无须贸易:"天朝物产丰盈,无所不有,原不籍外夷货物以通有无。特因天朝所产茶叶、瓷器、丝绸为西洋各国及尔国必需之物,是以加恩体恤,在澳门开设洋行,俾得日用有资,并沾余润。"①对于使节驻京,照管本国商务,清政府拒绝的理由充足:"此则与天朝体制不和,断不可行。……在京居住不归本国,又不可听其往来,常通消息,实属无益之事;若留人在京,言语不通,服饰殊制,无地可以安置;若云尔国王为照料买卖起见,则尔国人在澳门贸易非止一日,原无不加以恩视。……外国又何必派人留京,为此越例断不可行之请。况留人来京,距澳门贸易处所几及万里,伊亦何能照料耶。"②马氏来华一

---

① [英]斯当东著,叶笃义译《英使谒见乾隆纪实》第560页,商务印书馆,1963年。
② 《英使谒见乾隆纪实》第559页。

无所得,英国政府及工商业资产阶级第一次关于公使驻京的外交活动遭到了失败。1816年,横扫欧洲的拿破仑战争一结束,英国政府又派阿美士德为全权大使来华交涉,最重要的是谋求在北京设置一名办理英国人民事务的长驻使臣,由驻京公使同中国官方直接交涉,以维护和扩大中英贸易往来及利益。阿美士德因在觐见皇帝礼仪上发生争执,根本没有得到嘉庆帝的接见,被驱逐回国,并谕令英国不必再遣使来华。至此,乾嘉时期英国单独就公使驻京与清政府的和平交涉暂告失败,但也使封建专制统治下的清王朝失去了与世界接轨的发展良机,"清廷误解了中国在国际格局中的真实地位与英国的实力,失去了一个主动地进行改革开放、适应世界潮流、避免落后挨打的历史性契机"①。和平的公使驻京交涉归于失败,并不能阻止资本主义上升时期的英国谋求全球利益的步伐,它一改以往单纯请求中国皇帝开恩的做法,更加积极地用政治的,甚至是军事的手段来实现这个目的。在乾嘉时期及此前,中英贸易均属民间贸易,非政府间的行为,英方对华贸易由东印度公司垄断,中方则由广州十三洋行代理,英国力求改变这种被动的处境,将民间贸易纳入政府行为的范畴。1834年4月,英国停止了东印度公司的对华贸易垄断权,7月15日,英国政府派出了第一任商务监督律老卑到中国任上。商务监督直接受英国外交部领导,是政府中的一员,这样英国的对华贸易便突破了传统意义上的单纯的商务关系,转变成了政府的外交行为。对于这样的近代外交观念,昧于世界大势的清政府一无所知,在处理律老卑事件上依然采取惯例而拒绝入广州,更制定《防夷新规八条》严格限制中外贸易。随着中外贸易中鸦片走私的严重,道光帝下令开始了禁烟运动。以林则徐禁烟为导火线的鸦片战争以清政府军事战败并签订屈辱的中英《南京条约》及其他一系列丧权辱国的不平等条约而宣告结束,然而在这一批条约中都没有提及公使驻京的条款,却规定了两国交往过程中的礼节,规定了平行移文,从而破除了以前通过行商禀报的逐级上传方式,为此后与清政府同级部门交涉奠下了谈判的理论基调。咸丰帝奕詝(1831—1861)即位后,西方签约国开始了修约的准备工作。1854年2月,英国外交大臣训令来华的公使包令(John Bowring),要求他扩大权益,取得更多的方便以利于商务活动,其中突出的一条是争取英国国

---

① 张顺洪《历史性契机与历史性误解:清廷对马嘎尔尼使团的理解和反应》,载《光明日报》1992年9月20日,第3版。

主得有一位代表长久而光明正大地驻节在北京朝廷。① 包令邀合法、美两国共同行动,11月初,在天津与清政府代表举行谈判,但包令提出的十八条修约要求遭到了咸丰帝的拒绝,英、法、美等国以争取公使驻京为重要内容的第一次修约活动未得到预期效果。1855年,美国政府任命传教士伯驾为驻华公使,来华进行新一轮的修约,次年,美、英、法三国再次提出修约要求,同样得到清政府的拒绝,由此引发了第二次鸦片战争。清政府在战争中不断溃败,英、法、美三国公使随同英法联军的战舰之后,一直到达了天津。大沽之战失利后,清政府被迫于1858年6月13、18、26和27日分别同俄、美、英、法四国签订《天津条约》,英、法两国分别把公使驻京写进条约之中,如中英《天津条约》第二款写道:"大清皇帝,大英君主意存睦好不绝,约定照各大邦和好常规,亦可任意交派秉权大员,分诣大清,大英两国京师。"俄、美两国在条约中虽未明言公使驻京,却以一种比较隐蔽的方式涉及此内容。按照利益均沾的原则,美国实际上也把公使驻京写进了条约。这样,《天津条约》以法律的形式把公使驻京确定下来,尽管文字表述上互有异同,但四国都达成了各自的心愿,只等双方政府批准了条约,就可以实施派使了。但条约呈递咸丰帝后,他认为公使驻京将有损皇帝的威严,危及其统治,故在1859年2月25日的上谕中告知四国:"……驻京一节,为患最巨,断难准行。"②英法认为所得的利益太少,拒绝清政府规定北塘路线进京换约,而坚持带兵进京换约,于是战争又起。1860年9月22日,咸丰帝逃往热河,命恭亲王奕䜣为钦差大臣留守北京,同英、法等国交涉。10月24、25日,清政府分别与英、法交换《天津条约》并签订《北京条约》,重申了公使驻京的特权条款。至此,从18世纪末马噶尔尼来华起开始的公使驻京交涉,终于达成,从而开始了外国使节同清朝中央朝廷的直接外交往来。咸丰十一年二月二十五日(1861年3月25日),法国公使布尔布隆(Alphonse De Bourboulon)最先到达北京。次日,英国公使普鲁斯(Frederick Bruce)也开始北京建立公使馆。7月8日,俄国公使巴留捷克(General L. de Balluseck)到北京。同治元年六月二十四日(1862年7月20日),美国公使蒲安臣到达北京。法、英、俄、美四国公使是第一批驻京

---

① 复旦大学历史系编《中国近代对外关系史料选辑》(上卷,第1分册)第146—148页,上海人民出版社,1977年。

② 贾祯等编《筹办夷务始末》(咸丰朝,第2卷)第1333页,中华书局,1979年。

第三章　北京外交经历

的外国使臣。为了妥善地处理来京公使的外交事务,清政府设立了总理衙门。起初,新即位的同治帝曾于1862年1月20日下旨:"京师设立总理各国通商事务衙门,着即派恭亲王奕䜣、大学士桂良、户部左侍郎文祥管理,并着礼部颁给钦命总理各国通商事务衙门关防。"谕旨中加了"通商"两字,显然是把"总理各国事务衙门"职责限定在通商的范围,后因奕䜣等人再次上奏说明,才准奏删去"通商"二字。同治年间之后,由于中西关系的大为改善,外国驻京的公使也开始大量增加,除了最早的四国公使外,又增加了德国、比利时、西班牙、意大利、葡萄牙、奥地利、日本、荷兰等国的公使,北京的东交民巷也就开始成了中国著名的外国使馆区,开始了中外交往的新格局,从而也就大大地促进了中国与西方各国的交流。回顾这段"外国公使进驻北京"的历史,我们可以看到近代国际外交的必然和中西社会的差异。外国公使驻京有适应近代商品经济发展的要求,符合近代国际外交惯例的合理成分。资本主义控化的过程同时也是一个商品经济的范围不断扩展、不断延伸的过程,也是使世界日益成为一个巨大商品市场的过程。这是生产力发展的必然规律。商品要求平等,反映在外交上便是平等的外交。商品经济社会是一种开放的社会,开放的社会允许国内、国外的商品与人员等流动。而清政府是故步自封、闭塞愚昧,囿于天朝上国的迷梦之中,仍以对"夷"的态度来看待早已进入资本主义飞速发展的西方各国。这种教训,当深以为戒。

1866年10月,再度来华履职的蒲安臣公使到达北京。筹建公使馆的工作,就被提上了使团秘书卫三畏的工作日程,而且是头等重要的大事。卫三畏决定亲自督建一幢合适的公使馆,让美国政府的代表体面地在北京住下来。在卫三畏看来,北京不像别的大国的首都那么吸引外国人,由于条约限制外国商人的进驻,所以除了外交和传教人员外,北京没有其他外国人,偶尔的来访者也都是由各使团接待。美国公使的房子特别小,使他无法慷慨地接待他的同胞,加上狭长的正门也无法让清朝官员的轿子直接进出。因此,筹建令人满意的公使馆已经是势在必行的大事。作为美国的在华代表(时任代理公使),卫三畏有权支配1859年赔款未使用的部分,他决定用一部分利息来实施他的筹建公使馆计划。但是这种美好的意愿,实施起来却比预期的显得复杂,正如后来的一位驻华公使所言:"他认为用这种方法可以使一部分赔款得到更好的用途,并且这一商业性操作——政府官员很少采用——会得到批准。卫三畏先生在报告中详细地解释了建筑这一房屋的必要性,并且说明他所动用的只是那笔钱的利息,同时他又主动提出,如果这一要求不能得到批准,他愿意承担建筑这一房屋的责任并退还所用的钱。国务卿一方面承认建立常驻使团的必要性,并且认同卫三畏的动机,但另一方面却不同意他如此动用基金,要求他将那笔钱归还到剩余的基金中。"①但这并没有阻止卫三畏筹建公使馆的决心,随后,他开始实施建设公使馆的计划,地址选在俄国使馆的对面,并且及时完成了工程。1866年10月,蒲安臣公使到达后便入住了。这座耗费卫三畏大量时间和精力才矗立起来的美国公使馆,体现了一些西方建筑的特点,在北京这座古老的都市里显得格外显眼。这种尝试在北京还是第一次,使卫三畏获得了"业余建筑师"的称号。从公使馆的筹建计划到建成使用,卫三畏都倾注了大量心血,而且几乎是依靠他自己的力量建成的,可以视为他自己的财产,因此,1876年6月,卫三畏在短暂回美返回北京后,除以眼疾严重为由请求辞去使馆秘书兼翻译之职外,还与美国国务院就使馆的财产租让给政府使用的协商事宜。②

当时,在北京有这么一所漂亮且颇具规模的公使馆建筑,确实为美国赢得了不少声誉,而卫三畏的开创性工作也就不可辩驳地被载入史册,成为中美关系发展进程中的重大历史事件。卫三畏不遗余力地创建公使馆,虽有与蒲安臣公使的个人关系的影响,更重要的是对他来说,代表美国在华形象的公使馆是他可以近距离地开始认识中国及其外交形态的开始和关键之举。不管这种建造还出于何种愿望,它确实成为一种现实和标志。这种标志的功不可没之处就是:卫三畏开启了美国在华公使馆体制的先河。

作为各国与北京的清政府当局直接交往的标志性机构,驻华公使馆大都是租用中国的建筑并加以修葺而成的。美国是第一个有自己建造的在华公使馆的国家。这座公使馆充满着西方特色,诞生在蒲安臣公使在华推行"合作政策"期间,又反过来加强了中国统治者和上层知识分子对于"合作政策"的理解和接纳。在人们心理上,美国公使馆所发挥的心理影响力远远超出了在京的其他国家公使馆。一个逐渐成熟的驻外使团的代表性住所,既反映着该国的对外形象,也不时地显示出该国的外交意图和实力,

---

① 《卫三畏生平及书信》第248页。
② 《卫三畏生平及书信》第280页。

"美国使团需要一所住房,而且是一所让中国人看后能对美国产生敬意的住房。要想让东方的统治者注意到一个遥远和几乎陌生的国家,某种仪式和尊严是十分重要的,对此没有人比他的认识更清晰"[①]。蒲安臣公使与卫三畏秘书极力倡行的中西"合作政策"在这座无言的公使馆建筑里不时向外传布,越来越多地被他国及清政府认识和赞成,而且影响了此后多任美国驻京公使的对华政策走向,从而确立了更为坚实的美国驻京公使馆体制。在晚清中国的北京,执行稳定的外交政策远比那种漂浮不定的战争外交,更令人感到安全和诚信。移游不定的人员出入和时不时炮舰政策的威吓,不仅令清王朝统治者及普通民众,也令在华各种行业的外国人时常感到不安,尤其传教士和商人还可能有生命的危险。从1843年美国派出第一任来华使团开始,使团就在广州、澳门、上海、天津等地游移不定,每任公使来华也是一旦完成使命就返回美国,在华履职时间都很短,蒲安臣公使在华时间就是较长的一位了,所以由秘书代理公使的现象时常出现,卫三畏就曾多次出任代理之职。自从卫三畏为蒲安臣公使筹建了固定的美国驻京公使馆后,也方便了中美双方的交往,美国对华的外交活动有了重大的转变。因此,从某种意义上来说,蒲安臣代表清政府出使签约诸国,就是清政府对美国这种公使馆体制的信任的表现,从而对它的主人们也信任起来。蒲安臣不仅是第一位进驻北京的美国公使,同时也是林肯总统的政治盟友,美国著名的人权主义者,反对蓄奴的斗士。在他1867年11月辞职回美前,被清政府聘为代表,代表中国出使各签约国。任命这样一个使团,尤其是选择他作为使臣,不仅让蒲安臣自己感到吃惊,也让其他外国人感到吃惊。这个使团被命名为"蒲安臣使团",显然表明了清政府认为"合作政策"的倡导者和辩护者是他们真诚和可以信赖的朋友,同时派他作为代表也是希望利用他的机智和雄辩。而在美国人眼里,这一选择既赋予了美国一种有史以来一个大国能够给予另一个大国的最高敬意,更证明了蒲安臣在中国事务中的主导作用和个人魅力之所在,"就一个人对于一个异民族施加的影响而言,蒲安臣先生的事业将永远被看作是非凡的,因为这个民族的文明和宗教是他完全陌生的,这个民族的语言他既不会读也不会写或说。他的成就只能用一种特殊的能力——一种能够对他接触过的人施加影响的能力——来解释。这种奇妙和天赋的能力使他在思想上,但更主

---

① 《卫三畏生平及书信》第248页。

要是在外表上能够吸引别人。这种能力莫测高深,在找不到一个更准确的名词的情况下,文明姑且把它称之为魅力"①。蒲安臣出使西方,在某种程度上为中国争取了一定的权利,至少有利于晚清中国尽早摒弃陈腐的华夷关系理念,融入世界进步潮流中去。也就在"蒲安臣使团"向首站美国出发后不久,卫三畏让人在紧邻公使馆官邸的同一块圈地内建造了使团秘书的住房,从而圆满完成了他的整个美国驻华公使馆的筹建计划。

美国等西方国家在华公使馆体制的建立和逐步成熟,不仅极有力地扩大了西方国家对华外交的范围,从中国人民身上取得他们渴求的各种利益,而且也增加了对清廷的影响力,激发了中国人睁大眼睛来看待世界的勇气和行动。就在"蒲安臣使团"还在欧洲访问时,1869年,英国公使阿礼国以中国使团在欧美觐见各国元首时均行国际通行礼节为由,要求以对等形式、对等礼节觐见清帝。1871年,清廷为解决"天津教案"遗留问题派遣崇厚出使法国,法国政府以蒲安臣使团曾觐见拿破仑三世,而法国公使至今仍未得觐见清帝为由,为求得对等原则的实现,在法国公使觐见清帝以前,法国不接待崇厚。1873年2月,同治皇帝亲政,各国公使连续照会总理衙门要求当面致贺同治皇帝,而且在蒲安臣病逝于莫斯科之后,"志刚、孙家谷出使各国暨崇厚出使法国均立而见之",觐见中国皇帝也只行国际礼节。6月27日,在经过反复辩论之后,清廷终于放下"天朝至尊"的架子,同治皇帝决定按照西方礼节接受西方使节的觐见。卫三畏认为,力主年轻的同治帝放弃外国使臣朝见磕头,也许应该归功于当时两位最开明的政治家恭亲王奕䜣和户部左侍郎文祥的个人影响,他们二人顶着迷信和民族偏见的沉重压力,陷入不寻常的争论中,这是不曾在中国生活过的人难以领会的。② 29日(星期日),会见如期举行。一开始,就进行了一场关于礼节问题的愚蠢而无聊的争吵。礼节对于中国人如此重要,以至于弄不好就要流血败事、破国毁家。整个过程只用了半个小时。日本全权大使第一个受到单独召见;接下来,其余的公使一起接受集体召见。年轻的皇帝坐在王座上,王座放置在10英尺见方的台子上,高出地面约3英尺,周围环绕着护栏。作为总理外国事务的首脑,恭亲王站在皇帝的身边,另外还有两位亲王和两位礼部大臣。两排朝臣分立两厢,一直延伸到了殿前的角落

---

① 《卫三畏生平及书信》第253页。
② [美]卫三畏著,陈俱译《中国总论》第1092—1093页,上海古籍出版社,2005年。

里。外面的院子里站着数千名身着丝绸朝服的清朝官吏。所有外国公使都穿着正式的外交礼服,佩戴着饰带、勋章,戴着白色的手套,镀金的纽扣,帽子或头盔。一位年长的公使走上前,将他们的外交国书放置在一张摆在他们和皇帝之间的黄桌子上,皇上欠了欠身,算是表示答礼,脸上毫无表情。恭亲王跪下接过皇上的答词,然后就起身走上前,说"皇帝陛下衷心祝愿各国的皇帝、国王和总统……身体健康……并且,希望各位外交使臣与总理衙门之间的事务都能够友善而满意地解决",会见就此结束,草草收场。卫三畏因为不在北京,没有随同美国公使镂斐迪一起觐见清帝。当他回到北京后不久,镂斐迪公使就卸任回美了,卫三畏再次担任公使代理,直到下任驻华公使艾忭敏(Benjamin Parke Avery,1828—1875)来华履职。尽管没有亲见这次短暂觐见的场面,卫三畏却对中国政府的这一行动给予较好的评价:"皇帝召见是一个很大的进步,随着对外国使臣接见的频繁,皇帝会有更大的权力与他们直接打交道,从而少受大臣们的操纵。有时我觉得,这个统治中国的僵死的人物是这个国家向着高度文明迈进路上的唯一障碍。"①1874 年,卫三畏终于获得了随同艾忭敏公使觐见中国皇帝的机会,目睹了入宫朝见同治帝的全过程。11 月 29 日,同治帝,也是中国皇帝,第一次同时接见五国公使,这样的场面是卫三畏第一次见识到,成为他在华 40 年来目睹的中国政治的最大变化,也是中美关系史上的重大事件。按照外交礼仪,艾忭敏公使在递交国书时发表了简短的"颂词",由卫三畏当场翻译成中文:"美国驻华奉使大臣艾忭敏奉伯理玺天德旨恭代贺皇帝陛下,忆贵国更睦悠久,愿祝陛下鸿祚无疆,遐龄永享,欣看德政日新,艺翻素谱,且喜陛下赤子身莅美国者六万余人,技学均优,更比他邦愈敦,益见两国永缔坚固,彼此相交尤重也,兹使臣恭呈为全权大臣之国书与皇帝陛下。"②陪同美国公使艾忭敏面见同治皇帝并呈交国书这个日子:1874 年 11 月 29 日,对卫三畏而言,是他的政治生涯中的难忘时刻,在他的个人生命上具有深刻意义。在当时国际政治上,这一事件也是难忘的一幕。觐见领袖和递交国书这一在现代国际外交中的常见礼节,在封建中国却是经过了长期的斗争,甚至是流血的斗争,才实现的。从"怀柔远人"到"平等相

---

① 《卫三畏生平及书信》第 270 页。
② Samuel Wells Williams Family Papers,Series 2,Box 17.转引自顾钧《卫三畏与美国早期汉学》第 108 页,外语教学与研究出版社,2009 年。

待",从乾隆帝开始的几位皇帝接见外国使节的过程,最好地说明了现代意义上的中国外交从无到有的过程。经历过两次鸦片战争的卫三畏自是非常清楚这一过程中的傲慢与偏见的对峙、传统与现代的抗衡。因此,他将中国皇帝召见外国使臣看作是中国迈向文明的重大变革性事件,是晚清中国从闭关走向开放的历史趋势过程中的一个重要体现,正如他在觐见清帝的次日写道:"对我来说,那一天醒目地标示着这片土地上业已开始的进步与变化,同时让我有理由希望更大的变革也能平稳地引入。某些外国人急于让公使在紫禁城内受到接见,但是如果将来的召见都像这样选在令人愉快的天气里,我倒偏爱紫光阁。还有人抱怨接见西方强国的代表与接见需要进贡和叩头的朝鲜人、琉球人都在同一地点,依我看来,这也是不必要的顾虑:两者之间的对照自有其深义。"①事后,卫三畏对这一事件的深刻性的变革意义予以极大关注,不仅在致 R. S. 威廉斯牧师之信中较详细地记录了仪式的有趣与铺排以及接见的过程,更在他的巨著《中国总论》修订版序言和正文中都有不同角度的论述。在《中国总论》修订版序言中,卫三畏将它的进步意义比拟于福音在华的渐进作用:"我在中国居住了 43 年的经历,和这一国家的开放逐步迈向顶点的历程是同步进行的。应当提及的最重要的事件有:1834 年东印度公司停业,1841—1842 年中英战争,废止行商垄断,五口通商,由'亚罗'号船引发的不适宜地进攻广州城,在北京近郊的行动,建立外国驻京使馆,最后一项即 1873 年'磕头'问题得到和平解决,这样,外国使节才有可能觐见皇帝。追踪历史上上帝之手的人,从这一帝国如此急遽而巨大的变化中,可以推测到实现上帝旨意的预兆;因为这些政治事件发生之日,正是《圣经》流传之时,教会的传道和教育工作未遇到多少对抗,正在人民中间默默地起着渐变的作用。"②遗憾的是,1875 年 1 月 12 日,同治皇帝就驾崩了,年仅 19 岁,而即位的光绪帝更加年幼,慈禧太后依旧垂帘听政。但从同治帝开创的召见外国使节的外交仪式,最终使中国坚持几个世纪的"三跪九叩"大礼被搁置,华夷有别的"朝贡体系"的外交关系开始转入对等原则下的条约外交关系,中国才姗姗来迟地进入了国际大家庭,"中国政府在对外关系上做了正确的调整。承认独立国家的平等地位,不管怎么说也不会影响当地官员觐见君主时的致敬

---

① 《卫三畏生平及书信》第 277 页。
② [美]卫三畏著,陈俱译《中国总论》(修订版序)第 3—4 页,上海古籍出版社,2005 年。

方式,但可以为将来的外交关系铺平道路"①。同样不可逆转的是,觐见年幼的同治帝后的两年后,卫三畏永久地离开了他的第二故乡中国,也结束了他的在华外交生涯。他离开北京的那一天(1876年10月25日),恰好距他到达广州(1833年10月25日)整整43年!

"三跪九叩"的华夷之别被彻底废除,也促使了晚清中国对外开辟驻外使馆的双边外交关系的开始。互派常驻使节是近代国际关系中的正常现象,是国际交往日益频繁的产物。这个制度起源于意大利城邦国家,第一个有记录可查的常设使团是1455年米兰公爵斯福沙(Francesco Sforza)在热那亚设立的。② 1648年,《威斯特法尼亚和约》签订后,欧洲各国普遍互相派遣了驻外使节,其目的是为了保护本国及其侨民的利益,了解彼此的政治、经济、文化和社会等各方面情况,加强相互之间的政治、经济和文化方面的联系。1815年,维也纳会议后,外交人员的地位和规则通过国际协议而正式建立,并为大家所公认。③ 中国历史上早有张骞、班超通西域,郑和下西洋之举,但都没有形成驻外使节的制度,可能源于中国相对周边国家的强大,形成"普天之下莫非王土;率土之滨,莫非王臣"的"天下共主"心态,也可能真的源于"天朝物产丰盈,无所不有,原不籍外夷货物以通有无"而"断然"重农轻商,以至于中国人思想中没有各国平等的近代国际关系体系的概念,所发生的只是"朝贡"关系。在华夷之别森严的朝贡体制下,清朝前期处理中外关系同样是以传统的"朝贡体系"为框架的。在中央政府体制中,没有专掌外交的机构,外来使节被视为"贡使",由礼部或理藩院接待,为"册封藩属"而派出的使节,也是事毕即返。康熙、雍正年间,遣使俄罗斯敦好睦谊,亦属临时性质,尚无派遣使节常驻外国之惯例。禁教和禁海政策后,清政府办理外交事务,仍主要由礼部和理藩院兼任,具体对外涉事宜由两广总督兼理。第一次鸦片战争后,清政府被迫设立"五口通商大臣",由两广或两江总督兼任,专门管理对外通商、交涉事宜。因此,在1861年以前,外国人与清政府打交道,只能在与总督、巡抚及以下官员间进行,不能与中央直接打交道。第一次鸦片战争打开了清朝的封闭门户,将中国卷入世界资本主义国际关系体系之中,但不能很快地

---

① 《中国总论》(修订版序)第1092页。
② [英]哈罗德·尼科松著,眺伟译《外交学》第33页,世界知识出版社,1957年。
③ 高士华《早期中国驻外使馆的建立》,载《河北大学学报》1991年第3期,第85页。

让中国进入这个体系中。清政府在消极中羁縻和对抗着外来的冲击,千方百计地"恢复"以中国为中心的国际秩序观念,直到 19 世纪 70 年代中期,清朝的外交体制仍处在半封闭的状态。虽然接受了外国公使进驻北京,却迟迟没有派出驻外使节。自 19 世纪 60 年代开始,美国等西方国家在北京陆续建立起自己的驻华使馆,实际上是给中国政府提供了一种范例。尽管在当时情况下,清政府处于国际关系的劣势地位,但不妨碍中国从无到有地争取渐进的外交平等地位的努力或斗争。这种努力,也应和着西方列强在第二次鸦片战争和《天津条约》《北京条约》签订后的对华态度的"转变",认为消灭清政权并不符合他们的最大利益,时任英国驻上海领事的阿礼国(Rutherford Alcock,1807—1897,1865—1871 年为驻华公使)曾经说过:"对于英国来说,保全中华帝国,使其不致瓦解,才是最合乎自己利益的;保护中国的领土完整和政治独立是合乎英国长远利益的。要想做到这一点,唯一可行的是宽容的政策以及逐渐的改革。"① 西方列强沆瀣一气,一拍即合,立即就有了以美国驻华公使蒲安臣为首炮制的"合作政策",也赢得了清政府的积极反应,开始了对外遣使的讨论。1861 年 1 月,恭亲王奕䜣奏请设立"总理各国事务衙门",简称总理衙门、总署、译署,1862 年 1 月正式批准设立。其大臣主要有奕䜣、文祥、大学士桂良,后来不断增加,最多时达 12 人。总理大臣是由皇帝指派的,其职权范围主要是管理外交,但后来不断扩大,经管了通商、海防、军务、关税等事务,成了和军机处平衡的机构。总理衙门成立不仅仅是成立一个新机构的问题,也代表了清政府对外体制的变化:变拒斥外国人为不得不与洋人打交道。自总理衙门成立后,清政府结束督抚兼办外交的局面,开始了真正近代意义上的外交活动。总理衙门成立后,即奏请设立北京同文馆。1862 年成立的同文馆是中国第一所外语学校,完全是为了培养西方语言人才而采取的一个主动行为。第一次遣使之争发生在 1866 年,是年 4 月 1 日,总理衙门将赫德的《局外旁观论》和威妥玛的《新议略论》奏报朝廷,官员一致肯定遣使之必要,但认为勘伐捻军正酣、使臣在外受制于人而使讨论无果而终。第二次遣使之争发生在 1867 年,时值西方修约将近,遣使外修为良策,但清廷鉴于经费短缺和外交人才匮乏,才有了美国退休公使蒲安臣的是年 11 月出访欧美

---

① [英]伯尔考维茨著,江载华、陈衍译《中国通与英国外交部》第 57 页,商务印书馆,1959 年。

的中国近代史上的第一次正式使团。直到1870年蒲安臣病逝于莫斯科而告结束。1871年,清廷重臣曾国藩、李鸿章应容闳的请求,联名上奏清廷,主张派幼童赴美留学,1872—1881年,主持了四批幼童赴美留学工作。这也为遣使提供了必要性和紧迫性,后来的候补三四品京堂陈兰彬和同知容闳就成为首任的驻美正副公使。1875年,马嘉理事件发生后,英国公使威妥玛态度蛮横,强烈要求中国遣使赴英道歉,并下旗离京。中英邦交濒临决裂,遣使问题再次成为交涉的重点。5月30日,清政府发布上谕,正式同意遣使,并令中外大臣保荐人才。8月,清政府任命候补侍郎郭嵩焘、候补道刘锡鸿为出使英国钦差大臣。郭嵩焘一行于1876年12月2日从上海启程,次年1月21日抵达伦敦,2月8日觐见英国女王呈递道歉国书,惋惜滇案。随后,郭嵩焘奉补颁国书,充驻英使臣留驻英国,建立起中国第一个驻外使馆——伦敦使馆。1876年10月,总理衙门还制定了出使章程十二条,规定了驻外人员的品级、薪俸和年限等,使中国遣使驻外制度化、正规化。接着,清政府又相继任命了常驻美、西、秘鲁、日、德、法、俄各国公使,80年代又增设了驻意、荷、奥地利、比利时公使。由于初期派遣的使臣多为兼使,使臣常驻一国,他国心有不惬,给交涉带来诸多不便。1887年,总理衙门根据"附近分隶"的原则,对使馆体制略加调整。但中外交往的频繁,使得各国愈加希望中国派遣专使办理交涉事宜。适应形势的发展和需要,遣使由兼使逐渐向专使转变。至清末,共在英、美、西、秘鲁、日、德、法、俄、意、荷、奥、比、朝鲜、古巴、墨西哥、葡萄牙等16个国家设立了使馆或使馆分馆,并在各国的重要商埠口岸、华商与外人贸易集中之地以及华工聚集之地设置领事馆、副领事馆共计30余处。① 这里,简要陈述清政府驻美公使的派遣情况,以此表现卫三畏及其在美国驻京使馆体制方面的历史贡献所可能带给清政府外交形态的一种示范性的潜在影响。到1912年前,清政府陆续向美国派驻13任公使,其中,有一人出使两次(伍廷芳)、二人代理、二人未赴任,公使姓名及任命与离任时间见表:

---

① 周海生《清季遣使之争与驻外使馆的建立》,载《历史教学》2006年第11期,第76页。

姓名	任期	备注
陈兰彬	1878—1881.6.24	1875年12月11日带学童赴美留学
郑藻如	1881.6.24—1885.7.27	
张荫桓	1885.7.27—1889.9.30	
崔国因	1889.9.31—1893.2.8	
杨 儒	1893.2.8—1896.11.23	
伍廷芳	1896.11.23—1902.10.26	
沈 桐	1902.11.18—1903.4.5	代理
梁 诚	1902.7.12—1907.5.3	1903年4月始到任
梁敦彦	1907.5.3	未赴任
周自齐	1907.7.3—1908.3.11	代理
伍廷芳	1907.9.23—1909.12.14	1908年3月始到任
张阴棠	1909.8.12—1913.6.21	1911年被辞免,但仍留任
施肇基	1911.10.25	未赴任

[资料来源:杨生茂《美国外交政策史》第653页,人民出版社,1991年。]

从上表可知,陈兰彬是我国第一位驻美公使。陈兰彬(1816—1895),字荔秋,广东省吴川市黄坡镇黄坡村人,22岁以优行贡京师,清咸丰元年(1851)中顺天举人,咸丰三年中进士,选拔为翰林院庶吉士,充国史馆纂修,后改任刑部后补主事。清政府于同治十一年(1872)开始陆续选派幼童4批共120人赴美学习,是年8月11日,任陈兰彬为监督、容闳为副监督,率领第一批学童30人赴美留学,这是近代中国第一批留美学生。光绪四年(1878),清廷任命他为驻美国、西班牙、秘鲁三国公使。到华盛顿不久,陈兰彬便前往拜会美国总统卢瑟福·B.海斯(Rutherford B. Hayes)和国务卿威廉·B.埃瓦茨(William B. Evarts),并向美国总统递交国书,签订十六条和约,接着设立公使馆、总领事馆和华侨事务馆。他深入华人生活区,帮助华人解决困难,维护华人合法利益,先后在旧金山、檀香山、古巴等地设立领事,与各国政府交涉侨案,深受华侨拥戴。光绪七年(1881)奉召回国。简言之,晚清驻外使团的派遣和常驻使馆制度的建立,使中外关系逐渐实现了一种形式上的对等化,既打破了多年来只有外国使领常驻中国而没有中国代表常驻外国的局面,也是晚清中国在外交制度方面的一项重大进展。清政府外交从单向变为双向,相互间完全的国家关系至此建立,标志着晚清中国已由"天朝上国"而融入多元化的国际政治大家庭,成为国际社会的一员。拖着长辫子、穿着长袍马褂的晚清外交官,走出国门,走向西方官场和外交界,内以维持国体,外以辑睦邦交,历练既深,经验渐丰,在纷繁的国家交涉中据理力争,尽力维护民族尊严和国家利益。

三、传教士介入对华外交的影响

19世纪,西方列强根据与清政府签订的不平等条约在北京建立各国驻华公使馆,是当时中外关系上的最高级别的外交格局。作为公使的重要助手或顾问,秘书在这个外交机构中占据着显要的地位,发挥了重要的作用,特别是当时的美国驻华公使大都不谙中文,对中国情况不甚了解,倘无秘书的协助,是无法与清政府进行外交活动的。传教士外交官就成为美国公使与清政府交涉与沟通的最坚强的后盾和不塌陷的桥梁。从近代以来,外交人员的构成与职责越来越成为世界各国公认的国际外交体系的重要组成部分。外交官(一个国家从事外交事务的官员)通常分为两类:一是国内外交部的官员,如外交部部长以下的各种官员,掌管一国对外关系方面的各种事务。二是本国派驻外国的外交人员,如大使、公使、代办、参赞、秘书以及武官、商务代表等。一般情况下,外交官单指后者。大使馆、公使馆、代办处都是主权国家在建交的国家设立的外交代表机构名称。它们分别代表了建交的三个级别:相互建立大使级外交关系的,建立的是大使馆;建立公使级外交关系的,建立的是公使馆;建立代办级关系的,建立的是代办处。外交人员主要有特命全权大使、特命全权公使、代办、其他外交官员(武官、公使、公使衔参赞、参赞和专员、一等秘书、二等秘书、三等秘书、随员、领事)。19世纪,只有大国才能建立大使级外交关系,现在世界上建立的一般都是大使级外交关系,所以多是大使馆负责处理两国间的一切有关事宜。领事馆是一国驻在他国某个城市的领事代表机关的总称,有总领事馆、领事馆、副领事馆和代理处等几种,负责管理当地本国侨民和其他领事事务。领事区别于外交官,并不享有外交豁免权,但是在一些范围内不受驻在国的裁判权管辖,如通信权益、免税权益等。领事官员分为总领事、领事、副领事、名誉领事等级别。通常情况下,总领事在外交礼宾场合中的等级与代办相同。一般而言,外交人员是和平和友谊的使者。而在19世纪,美国来华传教士介入美国对华外交领域,成为近代中美关系史上一支重要的外交力量,不仅张扬了传教士的世界性的使者胸襟,为中美关系乃至中西交往进入近代国际外交体系做出了积极的贡献,而且使这段的美国对华关系深刻地打上了基督文化的烙印,将福音精神和西学东渐推向新的发展阶段。

卫三畏是以一名新教传教士的身份来华的,首先在裨治文创办的《中国丛报》下属的印刷所担任印刷工,显然已经开始融入中美关系的历史进程中。由于在福音传教方式上与美部会意见分歧,加上中文学习上有进步,以及坚持不懈地研究中国文化,使得卫三畏在当时来华的美国人当中脱颖而出,成为人们比较熟悉和喜爱的一位传教士。第一次鸦片战争后,中外之间的条约外交关系的建立,1844年回美探亲期间在美国各地的巡回演讲,是卫三畏开始展示自己的天时地利。演讲的普遍受欢迎和随后《中国总论》出版,使卫三畏几乎成为美国国内家喻户晓的一位赴华的传奇人物,引起了美国宗教界、文化界和外交界的关注和兴趣,"他消息灵通,十分健谈。在纽约,人们很快发现了他的这一特点。他和纽约城中几乎每一个对中国或是对国外传教事业表现出哪怕一点点兴趣的人都建立了亲密友好的关系。因此,他常被邀请去教堂、主日学校、科学协会(美国东方学会、美国人种学会)、教育机构,甚至是各种私人聚会。在这些场合,他显示出了与人建立并发展友情的高超技巧。友情一旦建立,他就会与人始终如一地保持一种亲密的关系,因此友情的发展看起来并不像是刻意为之。他的这种能力无疑在很大程度上归因于他率真的天性,他从不愿在人前故作姿态。对他来说,友谊是一种神圣而又令人愉快的关系,是心灵与心灵、智慧与智慧的交流与碰撞,它的影响将持续人的一生"①。正是这种有来有往的友谊,成为后来提携卫三畏的一个重要的外部因素。顾盛来华前,曾特函马萨诸塞州州长代请在华的裨治文、伯驾和卫三畏为使团翻译,美部会安德森秘书也推荐裨治文或卫三畏为译员,伯驾为使团医生,因为伯驾的中文水平不高,而此三人都是当时美国对华贸易界和宗教界的知名人士。佩里准将率舰队在叩关日本前到达香港,就聘请卫三畏担任日文翻译,卫三畏在两次随同佩里一起出使日本中,取得了积极成果,也引起了美

---

① 《卫三畏生平及书信》第83—84页。

国政府的重视,所以一旦伯驾升任驻华公使后,其所空缺出来的使团秘书兼中文翻译之职就毫无疑义地落在了卫三畏的身上。这样,卫三畏就成为美国政府对华外交机构中的一位正式外交官,并且酬薪较多、位高权重。秘书一直是卫三畏在使馆的主要职务,此外他还兼任中文或日文翻译,九次代理公使之职,偶兼商务总监。20多年的外交生涯,充分展现了他的外交才能,充分显现了他对中国文化的了解,也充分凸显了他对中美关系的远见与信念,即"把中国人理所当然地归为野蛮民族的时代已经一去不复返了。一个念头刺激着我一生从事这一工作,它就是这样一种希望:传教事业能够发展。在这个事业的成功中蕴藏着中国作为一个民族的拯救,既在道德方面,也在政治方面"①。

上述的引言,正好可以用来解释包括卫三畏在内的近代来华美国传教士的宗教信仰和政治心声:耶稣进入中国和基督文明拯救中国。这样的人生使命和介入美国对华外交的实践,对中美两国及其相互关系的发展均产生了重大的影响。包括卫三畏在内的美国来华传教士介入中美政治活动,主要包括两个方面的内容:一是美国传教士对中国政治活动的介入;二是美国传教士对美国政治活动的介入,突出表现在外交领域中。传教士介入美国对华外交,分为前后两个时期:从1830年第一个美国传教士裨治文来华到1860年第二次鸦片战争结束,美国传教士先后参与过两次鸦片战争和不平等条约的签订,具有直接介入的特点,目标是协助本国政府打开中国封闭的国门;从1861年清政府"辛酉政变"和总理衙门成立到1911年辛亥革命爆发前,美国传教士介入中国政治的主要活动是参与晚清中国的西化改革,具有间接介入的特点,目标是为了左右中国人的思想,便于扩大美国在华影响,以取得比其他列强更多的在华利益。在研究美国传教士介入中美外交活动时,必须把宗教因素动机和政治因素动机结合起来。在近代中美关系史中,美国对中国的政策是多方面作用的结果,"美国向中国的扩张不仅是经济的、宗教的,或民族主义的,而且是所有这些扩张性质的总和"②。同时,美国国内流行着现实主义、帝国主义和理想主义三大观点,而基督教新教对中国的渗透,就集中体现了美国人的理想主义的精神色

---

① 《卫三畏生平及书信》第310页。
② [美]费正清《剑桥中国晚清史(1880—1911年)》(上卷)第293页,中国社会科学出版社,1985年。

彩,它与美国政府的现实主义相结合,在美国近代对华外交舞台上诞生了一支新的力量:传教士外交官。传教士以虔诚的宗教使命观,试图劝化旧中国,但是面对清政府严厉的禁教政策和中外文化的异质差异,在世俗社会的特定影响下,许多传教士又自觉地扮演了对华"无委任的大使角色",既执行着美国对华的现实主义外交政策,又试图以理想主义的福音愿望来改造旧中国。这种宗教劝化,实际上就是文化渗透,宗教是文化的核心,文化是宗教的形式,而"文化是一把双刃的兵器,它蕴藏着巨大的能量和创造性"。① 可见,美国来华传教士在美国对华外交领域里的双重身份,发挥着与其他来华的美国人不一样的历史作用,不仅是为了传播基督教的教义,而且归根结底是推广在基督教影响下形成的美国文化和整个生活方式,即"从单纯的拯救个人灵魂转而强调建立'基督教化'的社会秩序,按照美国的模式改造中国,用西方的基督教文化改造中国文化,最后实现整个中国的西方化"②。从总体上来说,都是服务于美国利益这个中心任务。利益之一就是影响了美国对华政策的制定,而对华政策的正确取向,就是为获得美国在华更大的国家利益而服务的。因此,对中国人而言,这些传教士成为近代列强侵略中国的急先锋,如传教士伯驾出任美国公使后,积极要求美国政府加紧侵略中国长江沿岸,并建议占领台湾。但是,站在历史主义的角度,站在现代中美关系发展的新阶段,我们既不能漠视近代这一段中外交往的历史,又不能只看重那段屈辱而否定中外交往的进步意义,应该从历史继承性和科学发展观上来重温和评判其中的积极因素,尽量减少因文化异质和制度差异而造成的外交、政治和经济等方面的摩擦,求同存异地去构建世界性而和谐的人类大家庭。

传教士外交官卫三畏主要在美国对华外交的第一个时期发挥着明显的作用,如效力顾盛使团、参与《天津条约》谈判与签约等。而在第二个时期的外交活动只是维护美国在华已得到的利益与权利,做着公使馆秘书兼中文翻译,以及偶为代理公使的分内工作。但是,与同时期的来华传教士一样,在这个传教士团体中,卫三畏和他们一起共同为美国的在华利益服务着。在此,仅从广义和宏观上来阐释美国传教士介入对华外交的一些客观影响,从中体味卫三畏个人在其中的一些作为和影响。美国传教士介入

---

① 冯绍雷《国际关系新论》第146页,上海人民出版社,1994年。
② 王立新《美国传教士与晚清中国现代化》第20页,天津人民出版社,1997年。

对华外交的活动对中国的影响是双面的,既加速了中国向殖民地和半殖民地化的沦陷,又诱发了中国人民反侵略和追求近代化的正义而进步的斗争。而对美国的影响是单方面的,非常有利的,就是获取了在华利益、扩大了对华的影响力。

(一)美国传教士介入晚清中美外交,使近代中国逐渐沦为半殖民地社会,从而阻碍了中国社会的发展和走向现代化的历史进程。

近代西方列强的入侵为中国的现代化设置了巨大的障碍,其中一个主要表现就是在政治上对中国主权的剥夺,美国先期的对华政策是追随欧洲列强的炮舰政策,以中立为幌子,以所谓"利益均沾"为原则,裹挟清政府签订不平等条约,从而获得大量的在华利益和特权。美国在打开近代中国国门的过程中,虽然极少武力攻击,但武力威胁的外交手段总是发挥着作用,条约体制得以形成并有力地剥夺中国主权和维护在华取得的利益。从1830年到1860年,中美关系的确立是以中美《望厦条约》和中美《天津条约》构建起来的,而这两个条约就是在传教士的协助下签订的,没有传教士的工作,中美关系是否能够建立是值得疑问的,至少要向后推迟一段时间的。《望厦条约》开拓了中美两国之间的正式外交关系。这个条约除了割地赔款之外,几乎包括了之前英国在《南京条约》中的一切内容,而且新增了一些条款,有些条款比英国的条约更损害了中国的主权和利益,首先表现在协定关税细则化,《南京条约》对于协定关税是"秉公议定则例",较为含糊,而《望厦条约》很明确规定:"倘中国日后欲将税例更变,须与合众国领事等官议允。"这样半殖民地中国的协定关税制度几乎是由美国人建立起来的。其次是扩大了殖民主义的领事裁判权,条约中规定:包括一切刑事案件和民事案件在内,地区也不限于通商口岸,在中国的美国人,如果因事被人控告,不管控告者是谁,"中国官员均不得过问",只能由美国的领事处理,这样近代中国的领事裁判权也是由《望厦条约》进一步确定的。还有传教权,条约规定美国人可以在中国通商口岸设立医院、教堂等,为美国取得了最惠国待遇的特权。可见自此以后,美国人就依据《望厦条约》首先在中国获得了治外法权、传教权和置买地产权。此外,《望厦条约》第34款对以后中外关系产生了极大的影响,即12年后修改商约的问题,条款规定:"合约一经议定,各宜遵守不得轻有改更。至各口情形不一,所有贸易及海面条款,不无稍有变革之处,应俟十二年后,两国派员公平酌办。"这一条款的原意,本是顾盛专使为了美商在各口岸有了实际经验后,酌加修改税则等事,以更符合美商之利益而已。① 但就裨治文、伯驾和卫三畏三人作为主要订约者而言,也不无传教士希望日后进一步扩大传教权的意图。这一条款的后果重大,成为 1856 年英、法、美、俄四国联合起来要求修约的法律依据,进而导致了第二次鸦片战争的爆发,使中国丧失了更多的国家主权。

在 1856—1860 年的鸦片战争间,美国虽然没有加入英法联军的军事侵略,却无法忽视它的为虎作伥,而且趁火打劫,先于英、法两国在天津胁迫清政府签订中美《天津条约》。尽管美国没有后来英、法、俄三国强迫清政府签订的《北京条约》,但是中美《天津条约》已经超额满足了当时美国希望得到的利益。19 世纪 70 年代前,美国在西方列强的实力格局中,属于新生的相对弱小的资本主义国家,除却孤立主义盛行而关注大陆扩张和美欧关系外,在华追求的主要是商业贸易和传教利益。虽然在 60 年代美国经济迅速发展,仅次于英法,但是其军事力量特别是海军力量,在西方主要列强中一直处于相对薄弱的地位,从 80 年代到该世纪末,美国海军力量都是不尽人意的,毋宁提及在这以前的半个世纪的情况了。

19 世纪末西方列强军事力量对照表

列强陆海军官兵总数				列强海军军舰总吨位			
人数\年份 国家	1880 年	1890 年	1900 年	吨位\年份 国家	1880 年	1890 年	1900 年
俄国	791000	677000	1162000	英国	650000	679000	1065000
法国	543000	542000	715000	法国	271000	319000	499000
德国	426000	504000	524000	俄国	200000	180000	383000
英国	367000	420000	624000	美国	169000	240000	333000
美国	34000	39000	96000	德国	88000	190000	285000

(资料来源:[美]保罗·肯尼迪著,梁于华等译《大国的兴衰》第 237 页,世界知识出版社,1992 年。)

近代美国军事力量的薄弱,根源于美国文化背景下的早期军事传统,维持一支常备军制度与美国文化中的民主、自由和平等观念相冲突,而且

---

① 李定一《中美早期外交史》第 132 页,北京大学出版社,1997 年。

因为美国有得天独厚的地理条件,进可攻退可守,和平时期较长。这样的军事力量与欧洲列强的海外扩张产生了鲜明的对比。列宁曾经指出:资本家是"按资本"和"按实力"瓜分世界的。① 因此,军事实力的薄弱限制了美国对外活动的方式和范围,使其无法像英、法那样凭借坚船利炮开展对华"炮舰外交"。正如美国垄断资本家卡内基曾经讽刺的,美国要靠武力争夺远东霸权的话,"它的陆军和海军只能做一件事——占点小便宜或是被任何一个列强轻而易举地击败"②。然而,事物总是转化的,从20世纪初开始,尤其是两次世界大战期间的刺激力量,美国的军事,尤其海军力量后来居上,不仅成为大陆霸主,也是海上霸主,全球霸权的野心全面展开,世界进入一超多强格局的新时代。

中美《天津条约》同样损害了中国的主权,其中对中国主权损害最大的一款是传教宽容条款。该条款不仅使外国传教士,甚至连中国信徒也受到了不平等条约的庇护。这不但是干涉了中国的内政,而且从此把中国的信徒和中国广大人民分裂开来,几乎同样享受治外法权。中国的信徒成了所谓"教民",受"洋鬼子"保护。早在《望厦条约》谈判签约时,顾盛使团的秘书伯驾就已经开始谋求在华传教特权了,他曾在日记中写道:"在第一次谈判当中,我们谈到条约草案第十七款,关于'美国人民得在通商口岸租地自行建楼并设立医院及殡葬之处'……'医院'与'殡葬'之间加入了'与礼拜堂'的字样……当这个有楔子作用的'与礼拜堂'字样加入中美条约成为第十七条款时,我感到单为成就这一点而服务,虽一生勤劳也是值得的。"这为不平等条约中加进传教内容开了路。伯驾还提到:"凡是像对条约有关的任何问题所有建议,只要是我已经想清楚了并决定下来了,他(指顾盛)无不乐意采纳。"在谈判过程中,伯驾还利用他曾为中方谈判成员潘仕成的父亲动过手术,从潘处获得中国谈判使团的内幕情况,以致美方在谈判中处处主动。一个传教士说:"欧洲人用大炮都轰不开的中国大门,伯驾医生用一把外科手术刀就把它撬开了。"美国使团专使顾盛在给美国一位参议员的信中说:"确实在最近与中国谈判中,最重要的,如果不是最不能缺少的工作,是由美国传教士,尤其是裨治文博士和伯驾医生所担任。

---

① 列宁《资本家同盟分割世界》,载《列宁选集》(第二卷)第795页,人民出版社,1972年。
② 吴嘉静《"门户开放":美国对华政策史一页》,载《中美关系史论文集》(第一辑)第172页,重庆出版社,1985年。

他们具有罕见的资格通晓中国的语言,使他们能胜任使团的翻译。他们对中国和中国人那种深切的了解,使他们成为难能可贵的顾问。"伯驾由此建功而步步高升,于1855年被任命为美国第一个传教士驻华公使。而中美《天津条约》谈判签约时,卫三畏出力甚勤。美国北长老会传教士、传教史学者丹尼斯在他的《近代基督教传教事业的号召》一书中说,1858年,当美、英、法、俄四国政府分别同中华帝国订立有名的《天津条约》时,在美国条约的订立中,有两位美国传教士(卫三畏和丁韪良)襄助美国政府的代表列威廉阁下,他们在谈判中的贡献,是具有重要历史意义和价值的。这两位传教士学者和政治家在初步谈判中,在拟定各项条款时,在迫使中国接受条款方面,都起到了重要作用。著名的"宽容条约"的订入,就是得力于卫三畏博士的不懈努力,后来也订入了英国条约中。对于"传教宽容条款"所导致的严重后果,美国著名史学家赖德烈在所著的《基督教在华传教史》一书中对此评论实为中肯:"条约不仅使传教士,而且也使中国信徒归于外国权力的保护之下,这就给入教的人一定的保障,对增加教会人数来说,起了刺激的作用。但这项条款也有它的不幸牵连与后果。它势必使中国信徒脱离中国政府的管辖,而使教会团体成为一些分布在全国各地而受着外国保护的'国中之国'……差不多任何诉讼案子,都可以把对方说成是由于非信徒逼迫信徒的。而外国领事或公使,只要他愿意的话,总可以找到干涉的借口。许多中国人,因为看见强大的外国靠山的好处,就假装悔改而加入教会,……因此,'宽容条款'的效果,对基督的名声并不是很光彩的。……教会早已成为西方帝国主义的伙伴,对于因此而产生的后果是不能推卸责任的。"事实确是如此,"宽容条款"使在中国的教会成为国中之国,中国信徒成了一批享有特权的教民,他们犯了法,可以不受中国法律的制裁,因此,许多地痞流氓也混入教会,横行乡里。[①] 因此,那时中国的老百姓称呼外国传教士为"大毛子洋鬼子",称呼中国信徒为"二鬼子","多一个基督教徒,少一个中国人"的说法由此而生,而且外来传教士又不断冲击中国传统的统治秩序,引起不断的冲突,许多教案由此产生,中国逐渐沦为半殖民地半封建社会。

(二)美国传教士介入美国对华外交诱发了中国人民为摆脱被奴役和半殖民地命运而展开谋求现代化的历史进程,有利于中国社会的文明

[①] 《近代传教士与西方列强》(三),新华网,2000年9月29日。

第三章 北京外交经历

进步。

近代以来西方列强对华的一系列侵略活动,主要表现在军事、政治和经济上的挑战,实质上是西方近代文明对中国传统文明的挑战。这样的长期挑战,虽然给中国主权和国际地位带来了巨大的灾难,但更多的是一种机遇。西方先进的工业文明与中国落后的农业文明的鲜明对比和强烈反差将一直闭关自守的中国从睡梦中惊醒,驱动了中国社会内部要求变革的政治力量,开始了向现代化的文明迈进。所谓的中国现代化,从人类历史的未来和社会变革的本质上来看,就是从传统农业社会向现代工业社会转变的过程,这一转变将涉及传统社会的政治、经济、思想、文化、机遇、科技和军事等各个方面,而主要包括经济上的工业化、政治上的民主化、思想文化和价值观念的现代化。西方的现代化传布到中国,首先也是主要地得力于来华传教士的努力。在整个19世纪,传教士企图改造中国的主要工具是包裹着基督教外交的西方近代资本主义,即所谓的基督教化的西学。传教士看到西学是变革中国社会的重要力量,试图把基督教教义夹在西学中兜售,通过使中国西方化最终达到使中国福音化的宗教目的。传教士传播西学,主要是通过设立学校、出版书籍和创办报刊来实现的,美国传教士正是通过这些社会文化活动来影响和改造中国社会,并与晚清中国的现代化事业发生着密切的关系。

自19世纪以来,由于清政府严厉的禁教和禁海政策,新教传教士的直接传教活动不得不让位于间接布道,转而主要从事办报、译书、办学、开医院等事务来增进与中国人民的接触与了解。马礼逊(Robert Morrison)是西方派到中国大陆的第一位基督新教传教士,他在华25年,在许多方面都有首创之功。他在中国境内首次把《圣经》全译为中文并予以出版,使基督教经典得以完整地介绍到中国;编纂第一部《华英字典》,成为以后汉英字典编撰之圭臬;他创办《察世俗每月统记传》,为第一份中文月刊,在中国报刊发展史上位居首尊;他开办"英华书院",开传教士创办教会学校之先河;他又和东印度公司医生在澳门开设眼科医馆,首创医药传教的方式。因此,他所开创的译经、编字典、办刊物、设学校、开医馆、印刷出版等事业,使其成为开创近代中西文化交流的先驱。裨治文是第一位来华的美国传教士,他由美商同孚洋行老板奥立芬资助,免费乘坐他的商船并住在他在广州的商行里。当时在广州的外国传教士只有英国伦敦会的马礼逊一人。随后在马礼逊的倡议下,由广州美商同孚洋行老板奥立芬提供经费和印刷场所,裨治文任主编的一份英文的月刊 Chinese Repository 于 1832 年 5 月起出版,中文译作《中国丛报》,又译作《中国文库》,旧译作《澳门月报》(与林则徐编译的《澳门月报》无关)。自此开始至 1851 年 12 月,约 20 年间,《中国丛报》共出版二十卷(每月一期,每年一卷,其间 1839 年 5 月迁澳门,1844 年 10 月迁香港,不久又迁回广州),登载了鸦片战争前后二十年期间有关中国社会的政治、经济、语言、文字、风俗等方面的调查资料,其中包括了中外关系和外国人在中国活动等情况。1833 年,传教士卫三畏也参加了《中国丛报》编辑与印刷工作。《中国丛报》的读者主要是在华的西方商人传教士为主,但也有及于其他在西方对中国有兴趣的人以及能通英文的中国口岸商人,为西方人了解中国提供了很大的便利,是当时西方学者研究中国问题的重要资料来源。对于当时西方人对中国的认识及中国形象的塑造产生很大的影响。《中国丛报》也是美国传教士进行对华输出基督教文化的重要基地,推动了"东学西渐"的进程。他们向中国社会传播西方知识和文化,不仅要想方设法使中国普通百姓认可他们的行为,而且最终目的是要让中华大地皈依上帝,这样也就无疑向中国人提供了了解西方社会的某些角度和材料信息。在 19 世纪,包括《中国丛报》在内,西方传教士在中国先后创办了近百种报刊,发行范围扩及全国各省及内地主要城市。这种传播迅速而影响较广的教会报刊对西学的宣传,促进了西方先进自然科学知识在中国的推广和普及,促进了近代中国自然科学的发展,使中国的数学、物理学、化学、生物学、医学等方面在 19 世纪取得较大的进步,同时也促进了西方先进的制造技术引入中国并应用于社会生产,而最大的表现是对于中国社会变革的巨大影响力,如《万国公报》,1898 年它的发行量高达 3.8 万多份[1],大大高于同时期其他维新派所办报刊中发行量最大的《时务报》。特别是 19 世纪后期,西方传教士把报刊宣传对象转向中国封建士大夫阶层,企图"争取中国士大夫中的有势力的集团,启开皇帝和政治家思想"[2],从而客观上促进了中国先进知识分子的觉醒和思想解放,并激发起他们为救亡图存而进行社会变革的内在要求。

与报刊作用同样重要的译书和出版活动,也是传教士传播西学的主要

---

[1] 方汉奇《中国新闻事业通史》(第 1 卷)第 353 页,中国人民大学出版社,1992 年。
[2] 刘晓多《近代来华传教士创办报刊的活动及其影响》,载《山东大学学报》(哲社版)1999 年第 2 期。

内容。在中西碰撞早期的数十年间,翻译工作,如果没有传教士的参加,是几乎是不可能完成的。19世纪,传教士创办或参加的译书机构有9个,即墨海书馆、美华书馆、京师同文馆、江南制造局、格致汇编社、益智书会、广州博济医院、天津水师学堂、广学会。除京师同文馆、江南制造局、天津水师学堂外,其余均为教会翻译机构,而京师同文馆、江南制造局的翻译工作实际上也由传教士主持。其中,美国传教士翻译的书籍也是相当可观的,从1862年至1898年间,同文馆共译书29种,美国传教士丁韪良翻译和鉴定的就有11种;江南制造局在1871年至1909年间共译书160种,美国传教士译书就有34种。这些译书涉及史志、政治、外交、兵志、船政、学务、工程、农学、矿学、工艺、商学、兵学、格致、算学、电学、化学、声学、光学、天文、地学、医学、图学等内容,遍及西学的各个领域。梁启超曾对译书的影响有个恰当的评价:"国家欲富强,以多译西书为本,予欲自立,以多译西书为功。"①大量译书的出现对于传播西方科学技术起了一定作用,同时也扩大了西学在中国的影响力,特别是传教士与洋务派的合作,改善了中国上层社会对西方基督文化的抵触看法,有助于中西文化的交流。

早期教会学校在中国的创办,是作为宣教的辅助手段,却越来越大地改变了中国落后的教育体制。美国传教士来华通过创办学校直接向青少年灌输基督教义。1839年,勃朗夫妇在澳门开办了马礼逊学校,但在科举制度下,中国士大夫阶层把子弟送到外国人办的学校就读不啻是断送他们的前程,因此入学者寥寥无几。1841年,只有6个学生,其中之一是容闳。1842年,学校迁往香港,鸦片战争后,由于迫切需要通事(翻译)人才,入学人数才有所增加,1845年,达30人。学校课程除汉语外,有英语、算术、代数、几何、生理学、地理、历史、音乐等,这是在中国传播西学的第一所洋学堂,它给予学生的知识自然比中国封建的学塾要丰富得多。勃朗夫妇于1847年返美,容闳等三名学生随他前往美国,这是第一批中国留美学生。容闳等在勃朗及美国友人帮助下,就读于马萨诸塞州的芒松学校。容闳后来考上耶鲁大学,成为该校第一名中国学生。勃朗是第一位向中国学生系统传播西学,促成中国学生留美的外国人。19世纪60年代后,洋务运动的兴起刺激了对西式人才的需求,对教会学校提出了新的要求,正如狄考文所言:"基督教会的良机,就在于接着能以基督教真理来领导这场伟大

---

① 梁启超《西学书目表》,载《戊戌变法》第448页,时务报馆代印本。

的精神和物质变革的人才。"① 狄考文(Calvin Wilson Mateer,1836—1908)是美国基督教北长老会传教士,1863年底来华,1864年1月到登州传教,开办蒙养学堂。该学堂1876年改称文会馆,由小学升为中学,1881年开设大学预科,1904年迁潍县,与英国浸礼会在青州办的广德书院大学部合并,改称广文学堂(后成为齐鲁大学一部分)。狄氏精数学,编有《笔算数学》《代数备旨》等,成为当时中国初办学堂时的数学教科书,还编有《官话课本》,是当时外国人学习汉语必备之书。教会学校毕业生因具有西学和外语知识适应了洋务运动的需要,极大地推动了西学传播。曾经与卫三畏一起协助列卫廉公使与清政府签订《天津条约》的美国传教士丁韪良,从1865年起担任中国官方教育机构京师同文馆的英文教习,1869年起任总教习(校长)前后达31年之久,他对同文馆所产生的影响是深刻的,"同文馆的一切学制之创建规划,几悉出于丁韪良之手,对于中国新式学校的兴设实有深远的意义"②。丁韪良本人也盛赞了同文馆的历史影响:"它影响了中国的高级官吏,由中国的高级官吏又影响了中国的教育体制。"③丁韪良还是一位典型的西儒,曾翻译引进了许多西方著作,他主持的同文馆成为清末算学科举的评卷处和及第者的归宿,是算学科举的创意出发点和实际落脚点。他还再三向清朝内阁各大臣建议改革科举考试内容,力陈科举采用科学的必要。④ 同文馆所开展的专门教育,在一定程度上为19世纪末20世纪初京师大学堂、北洋大学堂、山西大学堂等高等教育机构的创办树立了楷模。所有这些教会学校的设立,为介绍西方先进的科技文化,引进西方新式教育体制,造就一代新式人才,无疑起了开辟先河的作用,其对几千年的旧式封建科举教育,形成了巨大的冲击力,客观上加快了中国教育现代化的进程。与教会教育相比较而言,医药传教的一些较小。美国医药传教士来华后开设医院以辅助福音传播,1835年10月,传教士彼得·伯驾在广州开设了"眼科医局",受到广州各界的赞扬,六个星期之内就有450人到该医局就诊,行商伍敦元还给了不少资助。林则徐到广州后,也

---

① Calvin W. Masteer, *The Relation of Protestant Missions to Education*, in Records of the General Conference of the Protestant Missionaries of China Held at Shanghai, May 10-24, 1877, pp. 171-180.
② 王树槐《外人与戊戌变法》第17页,上海书店出版社,1987年。
③ [美]丁韪良著,傅任敢译《同文馆记》,载《教育杂志》第27卷,第4号。
④ [美]丁韪良《同文馆记》,载朱有瓛主编《中国近代学制史料》(第1辑,上册)第183页,华东师范大学出版社,1983年。

曾间接向伯驾求医问药。

此外,也是很重要的,传教士对于中国文化的学术研究,对于中美之间的文化交流和相互了解都是意义重大的。传教士卫三畏在这个方面的成就自当是首屈一指的。来华后,卫三畏就在学习汉语、印刷传教的同时,开始了长达一生的中国文化研究。最能代表他的中国研究成果的是《中国总论》(1847年初版和1883年修订版)。《中国总论》是美国汉学奠基之作,法国学者考狄在《西人论中国书目》中将《中国总论》放在第一部《中国总说》的第一类《综合著作》中,这是放入同一类别中的第一部美国著作,也是19世纪一部关于中国的全面研究的著作。卫三畏精通中文,他的《中国总论》完全是根据他本人的亲身体验来创作的,所以有学者认为,美国汉学从一开始就带有"非常强烈的个人色彩"①。后来,美国传教士明恩溥(Arthur Smith)的《中国人的特性》(Chinese Characteristics)也是吸收了卫三畏及其《中国总论》的写作技法和相关内容而著就的。在卫三畏《中国总论》的前后,还有其他一些汉学著作出版。欧洲汉学的开山之作是16世纪的西班牙人门多萨(Juan Gonzalez de Mendoza)的《中华大帝国史》(或称《大中华志》),而18世纪杜赫德的《中华帝国全志》也是一部关于中国的百科全书,是当时最重要和最具影响的汉学著作。门氏和杜氏都没有到过中国,而且不懂得中文,只是依靠来华传教士的二手资料写成此书。在卫三畏之前总体研究中国的著作很少,只有曾为香港第二任总督的德庇时爵士(Sir John Francis Davis)的《中国:中华帝国及其居民概述》(The Chinese, A General Description of the Empire of China and its Inhabitants, London, 1836)一书。其他关于中国的专题著作很少,也不尽如人意。但西方人研究中国及其文明的热情和兴趣随着中外关系的接近与加深而增加。这些西方传教士对中国的研究可以用作中国人来认识自己的一面镜子,多一个角度看待自己,可以收到"以铜为镜,可以正衣冠;以古为镜,可以知兴替;以人为镜,可以明得失"的借鉴效果的。

(三)美国传教士介入美国对华外交,极大地影响美国的对华政策,扩大了美国在华的影响力,从而直接和间接地为美国谋取了最大化的在华利益。

---

① 顾钧《卫三畏与〈中国总论〉》,载台湾《汉学研究通讯》第21卷第3期(总83期),2002年8月,第16页。

从根本上来讲,美国传教士涉足中美外交的政治目的是想以他们钟爱的基督教文明来左右中国社会和中国人民的思想意识,形成全新的美国情结,推动传教事业在华发展及便于美国在华利益的不断发展。综观整个19世纪美国对亚洲与中国的政策,可以发现,亚洲从经济上、政治上对美国的需求都是次要的,美国与中国的经济关系又不如它与西欧乃至日本的密切,所以,美国更多地将中国看成是一个潜在的市场,认为中国的强大才能真正满足自身在华的经济利益。这是与欧洲列强对待近代中国的立场与方式迥然不同的两国关系处理过程,其实也含有美国企图限制欧洲列强在华影响力的一种策略,更是美国在世界舞台上由弱变强的一种发展路径,从外交的中立、追随到独立、独占鳌头的一路走来,到20世纪中期,美国就成为世界超级强国了。因此,美国比其他列强更注重"培养"中国的文明素养,以期使中国走上美国式的现代化道路,从价值观和情感上接受美国。美国的这种对华态度,确实曾引起了饱受欧洲列强侵略之苦的清朝统治阶级和有接触美国人的一般中国人的好感。在整个19世纪,得力于美国传教士的努力,美国对华政策比较适合中美关系的长远发展,主要表现在第二次鸦片战争后开始的美国提出的对华"合作政策"和"门户开放政策"。1860年以后,美国因内战而导致了对华政策的转变,时任国务卿的西沃德确立了美国对亚太政策的基础。西沃德认为贯彻对华政策的手段有两个:一是所谓"非武力",一是所谓"合作"。1870年,他又具体解释了美国唤醒亚洲人的方法,"美国的独特之处是,他们在教导腐败的亚洲国家方面走在西方国家的前列,采取和平方式向亚洲进行文化渗透"①。美国政府在这一点的对华态度上,可以说是深受传教士卫三畏的影响的,卫三畏曾认为:美国人的任务是教导中国人接受西方生活方式,"帮助他们获得使其永远幸福的方法和事业",而不是用武力占领中国。曾得到卫三畏协助的美国首位驻京公使的蒲安臣也向美国政府进言,不要以武力发展传教事业。西沃德为约翰逊总统起草的一个国情咨文中,就包含有卫三畏、蒲安臣的上述建议,咨文表示:"如此教育出来的(中国)人士可以更好地服务于美国政府,并推进美国对中国的商业利益。"②在这种思想指导下,美国对华政策开始调整,中美关系进入"合作政策"时期。在这个时期里,

---

① 杨卫东《美国传教士与近代美国对华政策》,载《九江师专学报》2001年第1期。
② 王玮《美国对亚太政策的演变(1776—1995)》第81—85页,山东人民出版社,1995年。

一些不法传教士的活动受到限制,所发的教案极少,一度推动了中美友好关系。但必须看到,19世纪60年代开始的以美国为主导的"合作政策"为了实现"保持和继续扩大它们的侵略利益,支持清朝政权镇压中国人民的革命运动"的基本方针,具体目的有三个方面:支持清政府,维护列强在华特权,保持各国对华共管的局面。所谓的"合作"只可能是一个短暂的现象,这个政策是不可能长期保持下去的,因为资本主义发展不平衡的规律将使它们之间在争夺中国问题上的矛盾日益激化。到80年代以后,美国就开始谋求中国的全面"门户开放"。90年代,美国成为世界经济大国。与此同时,社会正在发生转型,农业社会向工业社会转变,工业中产阶级崛起,代替农业中产阶级,开始居社会的主导地位。工业中产阶级放眼世界,孕育大国心态,要求美国从经济大国走向政治大国,在国际上谋求大国地位。这成为世纪之交美国外交的主旋律。参议员洛奇1895年在国会发表题为"我们搞错了的政策"的演说,开启了美国要摆脱传统的孤立主义而追求成为世界大国的先声,"这是一场有助于文明和种族提高的运动。作为世界大国之一,合众国决不能在前进中落伍"。① 19世纪末,美国对华外交就是为了争取在中国的大国地位:"美国开始感觉到,在亚洲拥有势力是成为一个世界强国所绝对必需的。……它必须在远东事务中扮演一个主要角色。"②1898年,美国在"美西战争"中的胜利,"短短的几个月,我们变成了世界大国"③。更加强了美国人的大国心态与在东亚建立大国地位的渴望。面对列强开始瓜分中国领土的来势汹汹,美国决策人知道,东亚的大国地位不是在菲律宾,而是在中国获得。麦金莱的挚友、菲律宾委员会首席委员雅各比·舒尔曼告诉总统:"东方的大问题不是在台湾,不是在菲律宾,而是在中国(大陆)。中国应保持独立地位,但它的门户必须开放。"④麦金莱总统也曾在1898年2月的国情咨文中指出:"我的目标是,……维护我们在那个地区(指中国)的巨大利益。"⑤为了实现"保持中国独立与完整"和"门户开放",美国政府必须重视三个集团:传教士、企业界、

---

① Milton Plesur, *Creating an American Empire*, 1865-1914, Chicago, Nelson-Hall Inc., 1982, 序言。
② Margaret Leech, *In the Days of Mckinley*, New York, 1959, p. 464.
③ Barton J. Bermstein, ed., *Towarda New Past: Dissenting Essays in American History*, New York, 1968, p. 196.
④ Marilyn Blatt Young, *The Rhetoric of Empire*, New York, 1968, p. 125.
⑤ U. S. Dept. of State, USFR, 1898, Washington, 1899, pp. LXII, 22.

海军。三大集团直接而有效地扩大或维护在华利益。美国外交具有强烈的使命感,一心要用基督教文明来"教化"其他民族,传教是其重要手段之一。因此,传教士是美国在华存在的一项标志,"为数日多的美国人在中国福利事业方面和精神上的利害关系,是19世纪最后10年中影响美国舆论的一种经常的力量,这种利害关系是由传教士直接建立起来的"①。自80年代起,美国再次掀起对国外派遣传教士运动的高潮,到1900年,在华传教士约1500人。这样,传教士成为美国在华影响力的主要代表,也是推动美国"门户开放"政策的一个重要因素。传教士提供的有关中国的信息与他们对此做出的解释是美国政府形成对华政策与行动的重要依据。传教士和美国政府的紧密合作,更提出了"以华治华"策略,丁韪良曾在八国联军侵华时,为北京公使团建议主张保留清帝,由各国共同管理中国,这样"且得智慧华人之助,其所得较瓜分为多也"。② 该政策对美国以后的对华政策产生了一定的影响。同时,美国外交就越来越重视在华传教士的先锋作用。在19世纪末西方列强瓜分中国期间,美国驻华使节也都强烈要求政府保护在华传教士及其活动:"如果中国被欧洲列强瓜分,可以肯定这些传教士的工作会受到阻碍……这些传教士是有权像商人一样得到我们的保护的,因为保护传教士就是保护美国文明的扩展。"③简言之,传教士对美国在华利益的获得是"功不可没"的,代价小而成果大,而且影响也是深远的。

　　整个19世纪中,通过传教士,美国在华利益的获得分成两个时期。从1830年到1860年间,从总体上看,美国并没有形成对远东的总政策,对中国也没有任何具体的外交政策。美国对中国事态做出的几乎都是临时反应,是和来华的美国商人、传教士和外交官提出的种种要求相一致的。在当时,美国致力于国内大陆扩张和热心欧洲外交关系,在华利益只限于贸易和传教,并且主要是贸易。面对清政府的种种限制,商人和传教士有着共同的愿望,就是打开清政府封闭已久的国门,让中国向西方的商品和宗教全面开放。在商人、传教士和外交官三股在华集团的推动下,美国政府也希望极力打破清政府的闭关政策,以图扩大在华的政治经济利益。从国

---

① [美]泰勒·丹涅特著,姚曾廙译《美国人在东亚》第487页,商务印书馆,1959年。
② 荣孟源《历史笔记》第243页,中国社会科学出版社,1983年。
③ 阎广耀、方生选译《美国对华政策文件选编》第420页,人民出版社,1990年。

家实力来讲,当时美国还是西方诸多强国中一个相对的弱国,即使有在东亚施展政治和军事威权的愿望,它也不具备这种能力。① 很清楚它在西方列强中所处的地位,以及它在中国和亚洲其他地区的有限利益,美国力图在对华外交关系中以最小的代价取得最大的好处。因此,美国采取了追随英国势力(被戏称为"虎作伥外交"或"搭便车外交")的政策,通过利用最惠国条款来扩充其权益,用条约制度来固定所得利益。借助两次鸦片战争清朝败北的惊惧,胁迫清政府签订了《望厦条约》《天津条约》等不平等条约,美国直接攫取了大量在华政治利益,从而保证了在华的经济和宗教权益。这一时期美国的外交政策主要是由传教士协助完成的,其中中美《望厦条约》许多条款内容就来自于美国传教士裨治文、卫三畏等在华主办的早期政治性的英文月刊《中国丛报》;作为顾盛使团秘书的传教士伯驾利用他在华行医和传教机会结识一些中国人,包括钦差大臣耆英的两名助手黄恩彤和潘仕成,都与他私交深厚,因而伯驾很容易说服他们,不但把《南京条约》全部内容写进《望厦条约》中,而且还增加了一些更有利于美国方面的条款。通过这些条约,美国获得了最惠国待遇、传教权、领事裁判权和利益均沾权等,完全超越了英、法两国背负的侵略骂名而得到的利益,还常被中国统治阶级视为可信赖的"西方盟友"。因此,从美国内战胜利后,美国对华的外交政策开始有了明确的方向和内容,"合作政策""门户开放政策"接连地使美国获得了先前的条约体系所维持的利益链条中所没有的利益,走上了独立和领头的对华外交之路,美国在华的影响力达到了前所未有的历史水平。这种成就的取得,与到 19 世纪末之前的大量传教士来华和活动有关。《天津条约》规定的宗教宽容原则让美国政府和传教士看到了教化中国走向美国文明之路的希望。自 1860 年以后,传教士集团在美国对华政治中的地位上升,也迎合了美国政府在亚太地区扩张的对外政策,两者相互为用,共同赢取在华的各种权益。据统计,1857 年为止,美国各差会共派 110 名传教士来华,1860 年,美国来华传教差会共有 9 个。1877 年,美国在华传教士 212 人,差会 41 个,信徒 5300 人,教会学校 294 所,学生 5227 人,医院 6 所。到 1912 年,美国在华有传教士 2038 人,差会 1016 个,小学 1992 所,学生 44352 人,中学和大学 286 所,学生 23040 人,信徒 150075 人,医院

---

① [美]孔华润著,张静尔译《美国对中国的反应》第 24 页,复旦大学出版社,1997 年。

122 所。① 可见,美国在华的传教事业是逐步向前发展的,尤其到了 20 世纪初,美国在华传教已经不再局限于简单的道德说教、吸纳信徒,而是趋向社会化和世俗化,重点关注中国的教育事业,以在华兴办各类教育为特色,"传教事业也由单纯拯救个人灵魂转变为以兴教办学为主,美国开始以教育作为打开中国门户的钥匙"②。兴教办学非常有助于改善中国人对美国人的不良看法,逐渐成为中国人美国情结的主要影响因素,其潜移默化的渗透性在很大程度上促进了中美友好关系的发展。

  总而言之,美国传教士介入近代中美外交的政治活动,对中美关系的影响是多方面的,一方面是支持和参与美国对华强权政治,造成的后果是恶劣的,如裨治文、伯驾等绝大多数传教士主张侵略中国、占领台湾和瓜分中国,而且一些传教士在不平等条约庇护下深入中国各地为非作歹,引起教案频发,引起中国人民的反感和排斥,造成了中美关系的紧张与恶化,传教士被视为西方国家侵华的急先锋,洋鬼子的文化工具。另一方面,当某些美国传教士以友好和平等的原则介入中美外交活动时,常会给人带来美好的回忆,如美国传教士鼓吹的西化改革,包括出版、办学、设立医院、研究中国文化,以至与中国士大夫阶层交往等活动,皆无列强的武力侵犯和恫吓威胁作为支持和后盾,因此他们的活动和言论广为当时中国那些具有改革思想的人们所欢迎,对中国现代化进程产生过积极的推动作用,而自卫三畏首倡的退款兴学和此后的庚款助学所带来的中美文化的广泛交流,也极大地促进了中美友好关系的发展。

---

① 王立新《美国传教士与晚清中国现代化》第 17—20 页,天津人民出版社,1997 年。
② 王玮《美国对亚太政策的演变(1776—1995)》第 141 页,山东人民出版社,1995 年。

第四章
耶鲁汉学旗帜

1876年,卫三畏终于还是依依不舍地离开了他的第二故乡中国,回到美国并开始了他的新的生活航程,即向美国人民传播中国文化,为中美两国关系开启新的文化交流渠道。这就是作为一位著名汉学家的卫三畏在晚年最满意的工作内容,也是他与晚清中国的关系进行延续和升华的一项使命。对一位垂老而虔诚的基督徒而言,卫三畏是不可能忘记自己在晚清中国所经历的一切,因为他毕竟在那里生活了43年,人非草木孰能无情,古今中外概莫能外,感情已经投下就难免很快淡忘,虽然回到美国的卫三畏可以洒脱,但他说"不论我在中国做过的事情是好是坏,都已留在了那片土地上","就像许多人一样,我也经常回顾自己过去的所作所为,回顾那43年的生活有时会让我想起一些被忽视、未完成和做错的事情"。① 卫三畏所言的"未完成的事情"正是要在美国创建一种沟通中美文化的交流平台,而侧重于中国文化在美国人民中的传播。出任耶鲁学院汉学讲座教授和晚年重订《中国总论》就是卫三畏将中美文化关系推进到新的境界的集中表现和重大成果。

执教耶鲁学院,使卫三畏的身份再度发生变化,从退休外交官变为专业汉学家。首任美国第一个汉学讲座教授之职,是晚年的卫三畏献身中美文化交流的一种使命的抉择,因为这个讲座开启了中国文化进入美国学科建设的先河,"古老的中华民族及其语言(首先)在耶鲁得到承认",②并由此奠立了卫三畏是美国汉学第一人的殊荣,即"美国汉学之父"。同时,这也是卫三畏几十年来在汉学研究领域里孜孜以求的必然结果,代表了美国

---

① 《卫三畏生平及书信》第286、288页。
② 《卫三畏生平及书信》第290页。

汉学的时代旋律,而他的皇皇巨著《中国总论》就是美国汉学史上的开山之篇和奠基之作,有力地推动了美国汉学的发展与进步。

晚年的卫三畏非常乐观地看待了晚清中国的社会进步的可能性和必然性:"帝国建立了对外关系,在妥善理解的基础上派出外交使节,这就很快地影响到许许多多的人们;贸易的便利,旅行者的光临,教育的普及,还有别的力量,把人们从冷漠昏睡之中唤醒。逐渐改造社会面貌的影响力正在起着强大的作用。"①这种乐观成为他致力修订《中国总论》的巨大精神动力。《中国总论》和他的其他汉学成果都是卫三畏与晚清中国不可分割的精神纽带的诠释资料,也是促进了中美人民之间相互认识和了解的最百科全书式的沟通基础。如同来华刊行《中国丛报》和他的中国观一样,卫三畏和他的汉学成就也同样是架在中美人民之间的一座友谊桥梁,也是推进中美文化交流和双边关系上的一个历史借鉴。

"汉学"源自于英语 Sinology,法语 Sinologie 的翻译,它有广义、狭义之分。狭义是指汉民族的学问;广义上则泛指有关研究中国的学问,包括中国的政治、经济、文化、艺术、社会、历史、哲学、宗教、语言、文字、天文、地理、工艺、科技等各种学问的综合性学科,或称中国学。② 当然,汉学的内涵与外延非常广博,非此定义所能涵盖,故而本章不讨论"汉学"学理化定义和学术界的不同界定,而是主要从中西文化及其交流的角度,陈述卫三畏的汉学研究成果和在推动美国汉学学科建设上的作用,力图展现卫三畏在美国汉学发展史上的重大影响,以及他在中西文化交流上的重要的历史性贡献。

第一节 卫三畏的汉学成果概述

卫三畏之所以能够成为美国最早的和最有成就的汉学家,除了他有在华 40 多年的生活经历外,他的好奇、他的细微的观察和研究习惯,也是成功的关键。③ 事实正是如此,在华生活使他对中国及其文化的热爱、对汉学的研究热情都是极其强烈,持久不衰,渐成中学饱学之士;而他来华前所

---

① [美]卫三畏著,陈俱译《中国总论》(修订版序)第 1 页,上海古籍出版社,2005 年。
② 黄亦君、李晓兰《卫三畏的汉学观》,载《贵州文史丛刊》2009 年第 1 期,第 39 页。
③ Frederick Wells Williams, *The Life and Letters of Samuel Wells Williams*, L. L. D. Missionary, Diplomatist, Sinologue, New York and London, 1972, p. 477.

培养的科学精神和科学手段,贯穿到他在华活动的诸多方面,他将观察植物的能力运用于观察中国社会和中国人,将收集标本的能力运用于收集汉语的字词语句和各种关于中国的信息,将爱读书和爱思考的学术风格运用于研究中国历史和文化。自古虽有言:宗教和科学水火不容。但宗教热情和科学精神却完美地结合在卫三畏身上。这种结合不仅使卫三畏终生笔耕不辍、汉学成果频出,而且最终使他获得"美国汉学之父"的殊荣。而那些名至实归的汉学论著,又促成了卫三畏后来荣登美国第一个汉学教授的宝座,开启了中美文化交流在美国本土上的直接之门。对于自己汉学成果的这座"书山",卫三畏也是颇为得意的,在北京美国公使馆任秘书时的1870年,他曾致信R. S. 威廉斯说道:"你要收集威廉斯家族编辑、撰写的所有图书的愿望恐怕没有多大的实现可能。我想告诉你,我对自己的作品没有多大的奢望——这也许就是我为什么没有写出大部头著作的原因,因为如果我的目标越大,我要付出的艰辛也就越大。如果把我撰写、出版过的图书汇总到一间屋子里,我肯定会被那座书山惊得目瞪口呆,但我想我不会重读那些作品。"①

卫三畏长期生活在中国,因而他对中国有比较全面的了解,曾先后出版过10多部关于中国的书籍,内容包括政治、经济、历史、文学、文字等诸多领域。其中,《中国总论》无疑是影响最大的,美国传教士丁韪良曾经指出:"《中国总论》就是有关中国的一个信息宝库,而且不太可能在近期被替代。"②这些书籍一度成为外国来华传教士和商人、政治家、外交人员的必读之书,其影响不可谓不深远。除本书附录所列有关著述外,卫三畏还撰写一些与汉学有关的文章。1845年,首次回美探亲期间,卫三畏就参加一些文化团体的活动,如参加美国东方学会(The American Oriental Society)和人种学会,曾宣读过《中国在与他国交流和贸易中的地位》论文。③ 1876年,退休回美定居纽黑文后,曾参加当地的社交与文学俱乐部,四年当中的九次研讨会上,提交多篇论文,如《琉球群岛的主权问题》《治外法权》等。④ 他还出任过美国东方学会的主席、美国圣经学会的主席,并

---

① 《卫三畏生平及书信》第262页。
② [美]丁韪良著,沈弘等译《花甲忆记:一位美国传教士眼中的晚清帝国》第10页,广西师范大学出版社,2004年。
③ 《卫三畏生平及书信》第83页。
④ 《卫三畏生平及书信》第288页。

于 1880 年在东方学会会刊《美国东方学会会报》(Journal of the American Oriental Society)发表过探讨马端临《文献通考》中有关"扶桑"的记述以及中国以东国家的论文。① 这篇《扶桑考》论文,已充分显示了卫三畏与美国国内一些汉学家具有一样的考证学风和学术能力。

当然,较高的中文素养和对中国文化的理解,也是卫三畏在汉学领域中取得重大成果的一个内在因素。来华后不久的卫三畏很快就开始学习中文,研究中国及其文化,并给自己取了中文名"卫三畏"。他的英文名字的现代常规译法是塞缪尔·威尔士·威廉姆斯。汉字"卫"来自英文姓氏的读音,"三畏"既取自英文名字的读音,又出自中国《论语·季氏》的蕴意。《论语·季氏》中有:"子曰:'君子有三畏:畏天命,畏大人,畏圣人之言。小人不知天命而不畏也,狎大人,侮圣人之言。'"朱熹《论语集注》卷八则解释得更为详细:"君子有三畏:畏天命,畏大人,畏圣人之言。小人不知天命而不畏也,狎大人,侮圣人之言。畏者,严惮之意也。天命者,天所赋之正理也。知其可畏,则其戒谨恐惧,自有不能已者。而付畀之重,可以不失矣。大人圣言,皆天命所当畏。知畏天命,则不得不畏之矣。侮,戏玩也。不知天命,故不识义理,而无所忌惮如此。"②而阮元对之注疏则云:"畏天命者,谓作善降之百祥,作不善降之百殃。顺吉逆凶,天之命也,故君子畏之。畏大人者,大人即圣人也,与天地合其德,故君子畏之。畏圣人之言,者,圣人之言深远,不可易知测,故君子畏之也。"③"卫三畏"这个颇有儒家韵味的中国化名字,应该是卫三畏的中国文化学养的某种体现。卫三畏还按照中国人的习惯在姓名之后加字"廉士"。"廉士"一词最早出自班固编著的《汉书》之卷五——《景帝纪第五》。汉景帝后元三年(前 141)正月,景帝刘启患病,病势越来越重,他自知不行了,临终前对太子刘彻(即汉武帝)说:"人不患其不知,患其为诈也;不患其不勇,患其为暴也;不患其不富,患其亡厌也。其唯廉士,寡欲易足。今訾算十以上乃得官,廉士算不必众。有市籍不得官,无訾又不得官,朕甚愍之。訾算四得官,亡令廉士久失职,贪夫长利。"其后,何法周在注译《史记》卷 117《司马相如列传第五十七》时,对其中"以赀为郎"进行注释,指出它是"因家富有资财被授为郎

---

① Frederick Wells Williams, *The Life and Letters of Samuel Wells Williams, L. L. D. Missionary, Diplomatist, Sinologue*, New York and London, 1972, p. 450.
② 孔陈焱《卫三畏与美国汉学研究》(导言)第 2—3 页,上海辞书出版社,2010 年。
③ 阮元校刻《十三经注疏》第 2522 页,中华书局,1980 年。

官"之意,并引用上述的一段文字以为说明。卫三畏是一个中国通,他非常明白称谓在中国人际交往中对于身份提升的重要性,因此给自己既取中文"名",也取中文"字"。卫三畏的名和字显然不是同时所取,而是随着与中国人直接交往的需要而新增的。迟至1844年他的《英华韵府历阶》出版时,此前他的所有著作署名都只是卫三畏。1856年,卫三畏出版《英华分韵撮要》一书时已经自称"卫三畏廉士甫"。"甫"是中国古代对男子的美称。更早的记载是1854年卫三畏参与佩里舰队访日时,日本官员的题赠中已经称他为威廉士。卫三畏直接参与晚清中美外交,记录他事迹的中国文献中通常按照中国人称谓的习惯记之为"威廉士",如《清史稿》志131《邦交四美利坚》。卫三畏晚年与哈佛大学第一位汉学教授戈鲲化交往时,戈氏也按照中国人交往习惯称他为"威廉士"。① 将英文名 Samuel Wells Williams 对等以"卫三畏、卫廉士"作为自己的姓名和名字,足见卫三畏对中国传统文化主流的儒家学说是深有了解和体会的,是他的汉学修养的外呈,也是他的人生态度的内秀,在一定程度上有利于缩短与中国人之间的距离。

卫三畏的汉学研究和成果,主要包括汉语研究和中国文化研究,因为前者是传统内容和学科前提,后者是中国文化的探究和异质文化的解说,两者又相互依存、相互统一,共同构成早期汉学研究的主体。

一、卫三畏的汉语研究

汉学研究必须建立在通晓汉语基础之上的,因为汉语研究是传统汉学的重要内容,也是汉学研究的前提和基础。来华传教士是最早开始系统研究汉语的西方人。从16世纪以来的西方人,主要是欧洲传教士,推出了第一个汉字罗马字母拼音方案、第一部汉西对照字典、第一部汉语语法书,还有大量的中西文文献互译。19世纪前,欧洲汉学家们对汉语的研究促使了西方专业汉学的确立,1814年,法兰西学院首设汉学讲座,全称为"汉语、鞑靼—满族语言与文学讲座",教习汉语成为其主要内容和任务之一。凡此这些,都足以说明汉语研究的历史地位和在汉学发展中的重要性。作为19世纪来华的美国早期传教士,卫三畏在中国43年间编撰了《拾级大

---

① 孔陈焱《卫三畏与美国汉学研究》(导言)第3页,上海辞书出版社,2010年。

成》《英华韵府历阶》《英华分韵撮要》《汉英韵府》等 4 部汉语教材和字典。这些教材和字典不仅体现了卫三畏对中国语言和传统文化的个体认知和西方文化式的诠释,也是他对于西方汉学发展的一项贡献极大的基础性工作。

  新教传教士来华后,由于受到清政府禁教政策和文化氛围的局限,文字传教活动成为主要而必须的一种传教手段,汉语学习和汉语研究是其中一项重要内容。汉语学习是新教传教士来华后的首要任务。第一位来华的新教传教士是英国人马礼逊(Robert Morrison,1782—1834),他就曾"暗中随人学习粤语与中国官话,了解中国情况",为传教和文字工作做语言上的准备。① 美国新教传教士裨治文、卫三畏等人来华后也最先开始学习中文。卫三畏来华时年仅 21 岁,赴华前所做的准备是学习印刷技能,而非学习汉语,何况当时立国刚过半个世纪、对华交往尚属起步阶段的美国国内没有条件去推广中文教学。对于汉语能力,卫三畏完全是个门外汉。来到广州后,卫三畏同样遭遇了学习中文的清政府限制。当时有严厉的禁令:禁止中国史书出洋、禁止中国人传授外国人汉文,违者以"汉奸治罪"。② 所幸的是,美国第一位来华传教士裨治文对于这位新助手还是竭尽全力予以帮助的,不仅偷偷物色一位中国读书人担任卫三畏的汉语老师,同时还与马礼逊父子一起直接辅导卫三畏的中文学习。对于中文学习的重要性,卫三畏深有体会,他认为,语言知识是获取人们信任的敲门砖。当外国人学习中文时,中国人就会放弃对外国人存有的偏见和蔑视。而传教士掌握了中文,就可以向他们展示另一个世界的奥秘,使他们认识到遵守上帝箴言的义务,接受救世主赐予的恩惠。这些益处将足以回报为了帮助如此多的人皈依基督而学习中文的传教士所付出的辛劳,甚至掌握部分的中文知识就能够使人做许多事。③ 在学习中文方面,马礼逊的汉语研究成果对卫三畏的帮助和影响很大。由于马礼逊在汉语研究和中西文化方面所做出的开创性工作,而且贡献很大,曾在 1817 年他被格拉斯哥大学授予神学博士学位。④ 在 1824 年,更被选为英国皇家学会会员(Fellow of the Royal Society)。马礼逊曾编撰六卷《华英字典》巨著、《广东省土话字汇》

---

① 熊月之《西学东渐与晚清社会》第 95 页,上海人民出版社,1994 年。
② 郭德焱《基督教新教传教士与广州口岸》第 3 页,广东人民出版社,2002 年。
③ Samuel Wells Williams,*The Middle Kingdom*,Vol.I,New York,1848,p. 501.
④ Mrs.Eliza A. Morrison,*Memoirs of the Life and Labours Morrison*,Vol.1,London,1839,p. 501.

《中国大观》和《父子对话:中国的历史和现状》等。起初,卫三畏使用的汉语教材主要就是马礼逊的《华英字典》。来华第一年,他的印刷工作任务并不重,绝大部分时间都是用来学习汉语的。而对卫三畏中文学习帮助最大的自然要数裨治文了。裨治文是美国第一位赴华新教传教士,出生于马萨诸塞州的贝尔彻城,1822 年,考入阿默赫斯特学院,大学毕业后又进入安多佛神学院并在此接受了三年的严格训练。1830 年,裨治文作为美国海外传教机构美部会(后改成公理会)的代表被派往中国广州。在少数于鸦片战争前来到中国的美国新教传教士中,他起了关键的作用:作为先驱的学者和文化中介,他为美国的汉学研究和建立、发展早期中美关系奠定了基础,由于创办和主编《中国丛报》,他成为美国的"中国问题第一专家",他的另一个成就是首次用汉语写作美国历史《美理哥合省国志略》。1830 年 2 月 15 日到达广州时,在广州的外国传教士只有英国伦敦会的新教传教士马礼逊一人。裨治文到广州后就跟马礼逊学习汉语。卫三畏以《中国丛报》印刷工身份来广州后,受到了是年 32 岁、熟悉中文的裨治文的友好帮助。两人朝夕相处,一起工作和生活,有时用中文主持日常宗教仪式,很大程度上裨治文是年轻的卫三畏的导师和益友。裨治文时常告诫卫三畏,不能一心只想着学习语言,因为他的首要任务是印刷,另外还要经常而且准确地观察他们身边的中国人。为了能够更快更好地接触中国人,卫三畏学习汉语和学好汉语的心情非常迫切。1835 年,由于中英贸易冲突,政治纠纷日盛,广州形势日趋紧张,卫三畏的汉语教师被辞退,年底,卫三畏随美部会的印刷所从广州迁居到澳门。在澳门他利用英国东印度公司的中文铅字重新开始印刷麦都思的《福建方言字典》,一直到 1837 年,卫三畏才完成了这本字典的印刷任务,而这个工作也使他的汉语水平有了很大的提高。此外,卫三畏还乐于直接与中国人打交道,他曾随英国传教士李太郭(George Tradseent Lay)在澳门一带传教,与中国民众面对面交流。1838 年 1 月 21 日,卫三畏致信其父说道:"晚饭后我散步直到天黑。散步时文明常在中国人中间走动,在他们的店铺里和家里或路边和他们聊天。"①在第一次鸦片战争结束前,美国传教团一直滞留澳门,裨治文和卫三畏继续编写和印刷学习中文的辅导书。裨治文已经完成了他的《广东方言中文读本》(Chinese Chrestomathy in the Canton Dialect)一书。1837 年卫

---

① 《卫三畏生平及书信》第 54 页。

三畏从日本回来后就开始印刷此书,并且根据学习深入而扩充此书,搜集成语加以翻译和选译补充汉语例句例文。1841年,卫三畏完成了此书的印刷工作,使之更加丰富和完善,"一般人不知道,此书卫三畏参与写作的内容几近一半,他的一些朋友认为已经达到一半"。① 但卫三畏并没有在此书上作为作者或编写者署名。《广东方言中文读本》是在中国写作出版的第一本有关广州方言的实用手册,出版后就成为西方人学习广州方言的地方教材。但是此书价格偏贵,四开本,734页的篇幅,使用起来不太方便。对卫三畏来讲,参与此书的编辑和出版,是有助于他的汉语学习的,也启发了他对广州方言教材的编写。由于卫三畏天资聪颖,语言能力较强,而且刻苦努力,中文进步很快,为他此后的文字传教活动、汉学研究和外交官生涯都起到了巨大的基础作用。

正是在中文学习和印刷中文字典或教材的进展过程中,卫三畏开始潜心于他的汉语研究,并且取得可观的研究成果。包括卫三畏在内的在华新教传教士为了开拓传教事业,与中国民众直接接触,不仅需要掌握汉语甚至一些方言,而且最好要对汉语所包含的中国文化底蕴有愈多的理解,因此在汉语学习的同时,汉语研究这样的学术事务便成为一些目标远大的传教士必修之课程,汉语研究成为新教来华传教士"在学术研究方面致力最多的一个领域"。② 美国在华传教士可以借鉴以往西方汉学研究成果为基础,开始自己的汉语研究。在来华学习四五年的汉语学习后,卫三畏便开始了他的汉语研究和中国文化研究,因为语言研究与文化研究是统一共生的。在1837—1841年印刷和扩充裨治文《广东方言中文读本》字典期间,卫三畏充分表现出了对中文的兴趣和"中学"的领悟,开始策划编写一部更便宜、更适合读者的简易汉语读本。在《广东方言中文读本》印刷完毕的1841年春天,卫三畏就开始印刷8开本、288页的以广州话为基础的汉语手册《拾级大成》(或译《华语初阶》),1842年在澳门正式出版。这是卫三畏生平第一本著作,而且是属于汉语研究范畴的教科书和字典。此书出版在鸦片战争末期,中国门户开放在即,来华西方人急需这样的一本汉语教科书来了解中国,因此,该书中沿袭了先前西方语言学习的方法来教习

---

① "Illustrated with Photographs, Samuel Wells Williams, L. L. D.", *The Far East*, New Series, Vol.1, December 1876, pp. 140-142.

② 吴义雄《在宗教与世俗之间:基督教新教在华南早期活动研究》第482页,广东教育出版社,2000年。

汉语的做法,通过一系列练习和对照互译来帮助外国人学习广州方言,力图起到汉语通用语法书的作用。《拾级大成》的书名版权页包括中英文两页,中文页标明"咪唎坚卫三畏鉴定""道光辛丑年镌"(1842年)、"香山书院梓行";英文页书名是 Easy Lessons in Chinese: or progressive exercises to facilitate the study of that language, especially adapted to the Canton dialect,直译为《汉语简易教程:阶梯式简易汉语学习练习,尤其是针对广州方言》。该字典的出版地点是澳门,由《中国丛报》印刷所刊行。所提到的"香山书院"可能是卫三畏主持的《中国丛报》印刷所的汉语称呼,或者是印刷所的驻地名称。① 又据另一资料:鸦片战争前,美国广州传教团迁居澳门,《中国丛报》编辑部及印刷所也随迁,卫三畏就在澳门创建了著名的"布鲁因印刷所"(The Bruin Press),负责传教士著作的印刷,同时指导着传教著作的创作。布鲁因印刷所的机械由布拉克街教会社团(The Bleeker Street Church Society)提供的,采用金属冶金字印刷,主要出版《中国丛报》及一些教会宣传的小册子、指南等。② 因此,这个布鲁因印刷所,是否就是上面提及的香山书院印刷所,尚有待考证。《拾级大成》的扉页写着"谨在此卷充满敬意地记下,献给美国纽约的奥立芬先生——这位为中国的利益竭尽全力的坚定而慷慨的朋友"。将此书献给奥立芬先生,是出自卫三畏的真实内心的。奥立芬是当时在华美国人中少有的不贩卖鸦片也反对走私鸦片的有着基督虔诚的商人,广州同孚商行的经理,是美国早期来华传教士裨治文、卫三畏等人的主要赞助者,也是《中国丛报》创办的倡导者和赞助人。卫三畏一生都很感激这位长者,还曾将1852年6月22日出生的第三个孩子(儿子)取名奥立芬,以示尊敬和纪念。序言阐述了这部教材的编写缘起、章节内容安排、拼音系统等。卫三畏指出这是一本介绍性质的、不大的汉语教材,但内容本身自成完整的体系,意在为那些刚开始学习汉语的西方人提供一本合适的教程,无论他们已经身处中国、仍在自己国家或者正在旅途中,都可以用它来学习汉语的。除序言之外,全书正文由十章和附录所组成。十章的简要内容如下:第一章为"汉字部首",内容是学习汉语的方法介绍,部首的使用说明,《康熙字典》214部列表和发音、含义及

---

① 孔陈焱《卫三畏与美国汉学研究》第187—188页,上海辞书出版社,2010年。
② 林芸《早期美国传教士在澳门的活动(1830—1844)》,载《学术研究》1997年第10期,第69页。

说明，一篇用来掌握部首的汉语部首歌诀。第二章为"汉字字根"，内容是汉字字根的含义，字根的数目，它们的分类，用部首和字根构字的方法，构字举例，关于构字法规则的说明。第三章为"阅读与书写"，内容是阅读汉语的方法，四声的解释和示例，广州方言发音和声调表，声调的标注法，中文书籍中的标点符号，拼音系统的使用，握笔法，汉字的笔画，临摹练习。第四章为"阅读课程"，内容是一些文学作品中精选句子，大量例句选自《三国演义》，只是卫三畏将《三国演义》误称为《三国志》了。第五章为"对话练习"，内容是与老师对话，与代理商对话，与仆人对话。第六章为"阅读文选"，内容是11篇精选文章，其中前9篇出自清代学者蓝鼎元的《女学》，最后2篇来自《聊斋》，在每个汉字下方都注有广州方言发音和英译，这也是卫三畏将中国古典文学《聊斋》进行单篇译文的开始。第七章为"量词"，内容是常见28个量词的使用方法，列举更多汉语量词使用的范例。第八章为"汉译英练习"，内容是12篇汉文，其中出自《三国演义》的有2篇，出自《聊斋》的有5篇，出自康熙雍正朝的《圣谕广训》的有1篇，出自《三字经》的有3篇，出自《四书·上孟》的有1篇。第九章为"英译汉练习"，内容是包含形容词的短句翻译，有《三国演义》里的文献翻译、明代才子佳人小说《玉娇梨》里的文献选译和一些已经译为英语的中文短句的回译。第十章为"阅读与翻译课程"，内容是中国人的日常文书，包括按照中文格式书写的家信、请柬、对外布告、奏表、圣旨，最后一篇是林则徐致英国女王的信，每份文书后面都有详细的英译对照。书中附录部分，是中文文选的泛读，这些没有翻译成英文的中文内容是一些文选片段，包括《三国演义》《玉娇梨》片段，和《聊斋》中的故事（如雏鸽、黑兽、橘树、牛飞、义鼠、象、赵成虎、鸿、牧竖），还有《子不语》《圣谕广训》、梁发的《劝世良言》、中译本《路加福音》（当时来华新教传教士所译的《新遗诏书》中的一部分）的片段。总的来说，《拾级大成》是一部研究性不强的通用汉语教材，其主要作用在于普及汉语知识。同时，它也是对以往西方人的汉语教材的一种继承和发展，对汉语在西方世界的推广有着重要意义。书中部分文摘和读写练习，还有汉字的广州方言罗马字母拼音法都沿袭了卫三畏本人前一年帮助裨治文刚出版的《广东方言中文读本》，汉语语法在书中讲解得不多，亦多来自马礼逊等人的汉语研究成果。卫三畏在讲解汉语内容时，配以简单实用的练习和行间译文的设计方法，基本上是模仿德国语言学家奥伦多夫的语言教学方法。这种语言教学方法产生于18世纪的欧洲，它是用母语翻译教授外语书面语的一种传统外语教学法,即用语法讲解加翻译练习的方式来教学外语的方法,在外语教学领域也被称为古典法(Classical Method),主要特点是用母语组织教学,把母语作为释义、讲解、练习和检查的重要手段,很少积极使用目的语;以传统语法作为教授外语的基础,把语法当作语言的核心,是外语学习的主要内容,语法讲解采用演绎法,向学习者讲解语法规则,然后在练习中运用,巩固语法规则;侧重培养阅读能力,将口语与书面语分离开来,口语教学局限于使学习者掌握词汇的发音,而将阅读能力的培养当作外语学习的首要或唯一的目标。在编写形式上,《拾级大成》的练习部分与威妥玛(Thomas Francis Wade,1818—1895)稍前编写字典中的汉语练习相类似。[①] 威妥玛是英国外交官、著名汉学家,曾在中国生活40余年。1843年,任香港英国殖民当局翻译,1847年,任英国驻华商务监督署汉文副使,1853年,任英国驻上海副领事,1854年,任上海海关第一任外国税务司,次年辞职。1855年,任驻华公使馆汉文正使,1858年,任英国全权专使额尔金的翻译,参与中英《天津条约》《北京条约》签约订活动。1861年,任英国驻华使馆参赞,1868年,发明威妥玛式拼音,1871年,升任驻华公使,1876年,借"马嘉理案"强迫清政府签订《烟台条约》,扩大英国在华特权。1883年,退职回国,1888年,任剑桥大学首任汉学教授,并将所藏汉文、满文图书赠予剑桥大学。威妥玛在华任职期间先后写成《寻津录》(1859)和《语言自迩集》(1867)两部著作。在这两部著作中,威妥玛使用他根据北京读书音制订的拉丁字母拼音方案给汉字注音。这个方案以后被普遍用来拼写中国的人名、地名等,一般称为威妥玛式拼音。清末至1958年中华人民共和国公布汉语拼音方案之前,是中国和国际上流行的中文拼音方案。威妥玛式拼音后经剑桥大学第二任汉学教授(1897—1932)的翟理斯稍加修订,故又称"威妥玛-翟理斯式拼音法"(Wade-Giles System)。翟理斯(Herbert Allen Giles,1845—1935)也是英国驻华外交人员,官至领事,著有《语学举隅》(1873)、《字学举隅》(1874)和篇幅巨大的《华英字典》(1892年上海初版、1912年伦敦再版),在这些书中,翟理斯采用威妥玛式拼音来给汉字注音。当然,作为卫三畏的第一本著作,不足之处在所难免,这也成为之后他屡次修改或增订新的汉语字典的动力。不过,该字典还是受到了一些好评。1845年,裨治文就在《中国

---

① 孔陈焱《卫三畏与美国汉学研究》第188—192页,上海辞书出版社,2010年。

丛报》上撰文推荐此书。① 1851 年,西方人研究汉字如何编码在电报中发送时,就参考到此书对汉字笔画的介绍。② 1856 年,卫三畏对汉字构成法的解释被称为最可靠的说法而加以引用。③ 1861 年,美国学者探讨汉语与印欧语系关系时也参考了此书。④ 此外,从他的编写字典的良好动机和汉语研究的初步成果上来看,《拾级大成》的积极作用应该得到承认。卫三畏只想通过此书把初学汉语者带上一个新台阶,在实用中一步步慢慢走向完善,这与他将书名定为"拾级大成"的初衷相吻合。在编写此书时,卫三畏还回避掉当时已经太多太杂的汉语语法书所注重的语法教学,而是建议初学者不要太热衷于汉语语法的规则和文体的优美,要先积累大量能熟练使用的词汇,刚开始只要知道中国人是如何谈话、写字,谈的是什么、写的是什么就行了。对于怎样高效地认识汉语,卫三畏认为对于初学者来说汉字按照部首排列更容易学习,使用字根排列的方法更适合学者或有基础的汉语学习者,因为字根排列虽然有助于按照汉字字根来理解字义,但当时西方人按照 1040 个字根排列汉字的方法显得过于复杂,不利于汉语初学。简言之,卫三畏是希望这本教材能够简化西方人的汉语学习,推动更多的西方人来学习汉语,尤其是让那些知难而退的人能下决心学习汉语。在序言的最后,卫三畏充满期待和信心地表示,他要帮助人类大家庭中说英语的一部分与说汉语的一部分人增进交流:"每一个友好的人都欣喜地看到:如此强大、古老的一个种族,汉人的子孙们,将在艺术上获得成果,社会生活得到改进,增加对西方的了解,得到一切成就中最完美和伟大的礼物——《圣经》的宗教和希望。本书贡献的就是为了这一切良好目的而增进一个拥有荣誉的种族与基督徒的交流。"⑤

1843 年,卫三畏又开始编写他的第二本书《英华韵府历阶》,道光癸卯

---

① *Chinese Repository*(《中国丛报》),Vol.XIV,pp. 339-346.
② Macy,*William A. Remarks on the Mode of Applying the Electric Telegraph in connect with the Chinese Language*,Journal of the American Oriental Society,Vol. 3,1853,p. 200.
③ White," M. C. Bibliographical Notes",*Journal of the American Oriental Society*,Vol. 5,1855-56,pp. 224-225.
④ Pliny Earle Chase," Chinese and Indo-European Roots and Analogues",*Proceedings of the Americn Philosophical Society*,Vol. 8,No. 65,Jan.-Jun.,1861,pp. 14,17.
⑤ Samuel Wells Williams,*Easy Lessons in Chinese:or progressive exercises to facilitate the study of that language,especially adapted to the Canton dialect* 拾级大成,Macao:Printed at the Office of the Chinese Repository 香山书院,1842,p.iv.

年(1844)出版,8开本,582页,携带方便。该书出版是卫三畏为了进一步实现和完善《拾级大成》的目标,方便更多的外国人在中国新开放的通商口岸与当地中国人进行交流。因为它是一本"官话的英汉字典"。卫三畏已经认识到了在晚清中国的范围内,官话才是官员和受过教育的人说的语言,具有最高的语言交流地位的影响力。当然,这里的"官话"不是我们现在所讲的北京话,即通行的普通话,而是当时中国的标准语"南京官话"。中国汉族自古以来,一直有着许多方言,但也有适应各种需要而形成的统一的文字,从而在事实上必然伴随着一种标准语。古代标准语并非出自行政命令进行推广,并且不是各地区的人们都能听得懂的,却是在不断民族融合和发展需要中自发地形成的。但有一点是肯定的,古代标准语的形成和变迁,自然是与政治中心的所在地有关。根据现代语言学者的研究,近代汉语史上通行全国的官话,长时期都是南方官话。清廷以满语为国语,但无法抵御汉化的历史进程,汉语官话继续发展,并向北京地区渗透,官话正音代表地点最终由南京变为北京。北京官话获得了现代通行官话标准语地位的时间应该是1845年前不久的时候。① 到1850年左右,一批外交人员越来越多地与北京的清政府直接打交道,他们中的许多人,包括威妥玛、艾约瑟、翟理斯等人都认为英国人学习汉语,应该以北京官话为标准。英国伦敦会传教士、汉学家艾约瑟(Joseph Edkins, 1823—1905)曾说:"南京官话比北京官话在全国范围使用更广泛,……但在帝国官府里面说话的人必须学习北京方言。北京方言经过净化就成为被接受的'帝国官话'。"②早期来华新教传教士最早进入的地区是中国南部的广州、黄埔、澳门等地,第一次鸦片战争后,商业和传教等活动扩展到中国中部的沿海地区。当时政府官员和地方文人讲的官话乃是南京官话,因此,卫三畏等传教士在与中国的较高地位的相关人士交流和交往过程中,是不得不使用南京官话的,为使传教事业向刚开放的南京等5个通商口岸推进,编写以"南京官话"为基础的汉语手册就成为一项当务之急了。卫三畏的《英华韵府历阶》便是由早期来华居住在南方的新教传教士编写的一部南京官话英汉字典,英文书名为 *Ying Hwa Yun-fu Lih-Kiai*, *An English And Chinese*

---

① 张卫东《北京音何时成为汉语官话标准音》,载《深圳大学学报》(人文社科版)1998年第4期;王曾瑜《中国古代的"标准语"是如何形成的》,载《人民日报》2005年4月26日第15版。
② W. South Coblin, "A Brief History of Mandarin", *Journal of the American Oriental Society*, Vol. 120, No. 4, Oct.-Dec., 2000, p. 541.

Vocabulary,In The Court Dialect,从名称上看,就是一部官话拼音的英汉词汇对照的教材。与他的第一本书《拾级大成》一样,出版地点也是在澳门香山书院。该字典分为序言、导言、正文和索引,不少于 14146 个词条。在序言中,卫三畏指出他编写这本字典原本是希望在马礼逊字典《广东省土话词汇》绝版后,在它基础上继续编写,但五口通商后在华外国人活动区域向北扩展到上海、南京等地区,发现要到中国的其他地方去,只懂得广州方言是远远不够的。于是,卫三畏改变初衷,将字典编写的目标转到中国的通用语言上,并用附录使它适应在中国南方使用。尽管该字典没有延续马礼逊字典的编写模式,但卫三畏表达了对来华新教之父的马礼逊表达了敬意,他写道,马礼逊在他来华后无论在生活上还是学习上都给予了很多帮助,而马礼逊总是千方百计地让学习汉语变得简单一些,把这与福音传播连在一起。为了怀念在 1834 年逝世的马礼逊,他还是把这本继承马礼逊遗志的书献给他。① 卫三畏对马礼逊的尊敬是非常情理之中的事情。马礼逊是英国伦敦传道会传教士,1807 年到达澳门,是第一位新教来华传教士,也是新教传入中国的开端。在华期间,由于受到晚清中国禁教政策的局限,只得在澳门、香港和广州三地进行文字传教活动,其中编著、出版的汉学著作有《汉语对话与例句》《中国一瞥(从语言学角度)》《华英字典》《广东省方言字汇》等,其中,《华英字典》共 6 大本,4595 页,四开本。1815 年出版第一卷《字典》;1819 年出版第二卷《五车韵府》;1820 年出版第二卷第 2 部分;1822 年出版第三卷《英汉字典》。这部书是历史上第一部华英字典。当《五车韵府》问世时,欧洲学术界已很重视它;而整部字典的诞生,奠定了马礼逊作为 19 世纪英国第一位汉学家的地位。1824 年,马礼逊成为英国皇家学会会员,被英国汉学之父斯当东(George Staunton)推崇为"欧洲第一名中国学者"。② 1834 年,马礼逊由英王任命为英国首任驻华商务监督的秘书兼译员,官衔为副领事,同年 8 月,在广州病逝,安葬于澳门基督教坟场。在马礼逊的墓志铭上,篆刻有这样高度评价的话语:"马礼逊者,万世不朽之人也。以勤学力行,以致中华的言语文学,无不精通。迨学成之日,又以所得于己者作为《华英字典》等书,使后之人习华文汉语

---

① 孔陈焱《卫三畏与美国汉学研究》第 193—194 页,上海辞书出版社,2010 年。
② 叶农《清代中后期澳门汉学研究钩沉(1762—1911)》,载任继愈主编《国际汉学》(第 11 辑)第 259 页,大象出版社,2004 年。

者,皆得借为津梁,力半功倍。"①在《英华韵府历阶》编写过程中,卫三畏不仅参考了马礼逊的《华英字典》,还借鉴了葡萄牙神父、澳门艾约瑟学院教授贡萨尔维斯的《葡汉字典》、裨治文的《广东方言中文读本》等书籍,还得到了裨治文的协助,裨治文参与了字典的上半部工作,同时还有几位中国老师的帮助。在《英华韵府历阶》的序言之后,卫三畏就附上了参考文献,包括当时在华西方人的"关于汉语的语言学研究著作"和西方人"汉语书籍的翻译作品",这些著作主要来自英国游记作家、法国汉学家和在华英美传教士的著作,成为1844年以前卫三畏从事汉语研究的学术基础。导言部分长达88页,占整本字典篇幅的17%,是卫三畏汉语研究心得的一次总概括,主要是推广他自创的汉字罗马字母拼音法。这篇88页的导言有七个部分组成,一是谈及这本书的写作计划,指出该书的主体如同马礼逊字典那样使用中国的通用语言(通常被并不恰当地称为"官方方言"),但还希望这部书有别于一般的词汇书,在广州、福建的外国人能在附录的两种方言索引帮助下与中国人交流,并能通过这本书学习更多的汉语习惯用语,而不是局限于广东和福建的方言,南京官话也应该成为学习的重要内容。二是谈论拼音法,卫三畏指出汉语发音在不同地区的人中间区别太大,学会拼音十分困难,相同的汉字,不同的发音,不同的拼音法,外国人根本无法掌握,而西方人创制的罗马字母拼音法种类很多,英语学者、法语学者、葡萄牙语学者、德语学者等拼法各异,造成混乱,因此,卫三畏主张西方学者必须把罗马字母拼音法统一起来,让学习者只要学习一种拼音法就可以拼出不同方言的音。对汉字而言,可以利用汉字单音节的特点来创制只用26个罗马字母拼音法,于是卫三畏提出了自己创制的汉语罗马字母拼音法,并在这本字典中开始尝试使用。卫三畏列出了一张76个元音、双元音和辅音的汉字声母表,后面列出拼写官话、广州方言、福建方言声部的例子。卫三畏所说的官话其实就是"南京官话",广州方言是以广州城的话为准,福建方言以漳州地区(包括厦门话)为准,还参考了马礼逊的字典、《分韵》和《十五音》,还有以《十五音》为基础的麦都思的《福建方言字典》,其后卫三畏又列出一张包括112个音的汉字韵母表,最后详细说明了这种拼音法的具体使用方法。三是讲述声调和吸气音的表达方法。四是谈论官话的音节,列出533个汉字的音节表,以南京官话为首,后面分别比

---

① 刘羡冰《汉语精英与文化交流》第48—49页,澳门基金会,1994年。

照宁波方言、广州方言、福建方言和潮州方言的音节。五是谈论官话的同音字,按照汉字基本音列出 533 组同音字,共 4013 个汉字,这是卫三畏概括的汉字常用字,可以满足中文阅读的一般要求的。六是广州方言音节表。七是福建方言音节表。字典正文按照英文字母顺序排列,英文单词或词汇后列出对应汉语词汇或短语,然后是南京官话的罗马字母拼音,是一种简明字典或词汇对照表的形制。在页眉标出字母顺序和页码。汉字的英译尽量按照中国人的习惯用语来翻译,并尽可能在语义上加以细分,如第 42 页的"Company"被译成"公会",但它在裨治文和卫三畏共同编写的《广东方言中文读本》中却是译为"公司"。译为"公会"比较明显地体现了卫三畏英汉字典编写上的本土化特色。从字典的内容上看,很大程度上并非是单纯英文词汇汉译,而是把汉语常用词汇大量特意进行英汉对照,可见卫三畏是在很大程度上是按照汉语来收录英文词汇的,并对汉字的同义词加以总汇,扩大对中文词汇的掌握范围,当然还收录了一些外来新词汇。对这些新词汇,有些需要特殊的理解,如基督教用语。当时在华传教士们也还未就 God 一词怎样汉译达成一致意见,于是卫三畏就如实地并列多家说法,如在第 123 页 God 一词后特意说明是"True, Has Been Called"——真神才被称呼为"上帝""天主""神天""主",这些基本包括了来华英美新教传教士各种不同的翻译主张,而 Gods 则区别翻译成"神""神祇""菩萨",以区分一神信仰与多神信仰。字典的附录部分是附有一个汉字的罗马字母拼音索引表,按照 214 部首顺序排列,索引包括常用汉字 5109 个,每个字后分别标出南京官话、广州方言发音和福建方言的厦门音,以帮助讲广州方言和福建方言的西方人。① 卫三畏这本字典的出版,适应了当时中国门户首次开放不久及后来的商业和传教发展的需要,也可以这样说,该字典是当时中国沿海通商口岸一本最实用的英汉词汇指南,对在华西方人学习中国开放口岸方言提供了一定的帮助。1846 年 3 月,裨治文在《中国丛报》第 15 卷上曾撰文推荐这本字典,"对于在中国的每一个西方人,无论住在广州或北方的口岸,这都是应该一直备在手头的 Vademecum(拉丁语:便览或手册)"。② 1847 年,美部会传教士裨雅各将马若瑟的《汉语札记》从拉丁文译成英文后在广州出版,裨雅各曾参照卫三畏的汉字音节表方案重

---

① 孔陈焱《卫三畏与美国汉学研究》第 194—197 页,上海辞书出版社,2010 年。
② *Chinese Repository*(《中国丛报》), Vol. XV, pp. 145-150.

新设计该书汉字词汇表,有 4397 个字,也是 533 个音节,以汉字的罗马字母拼音第一个字母分类,从 a 到 yung 排列,书中列举的汉字音节与卫三畏的词汇表中的音节相同。① 1847 年,英国长老会首位来华传教士宾惠廉(William Chalmers Burns,1815—1868)在驶向中国的商船上仔细研读的两本与中国有关的书籍,一本是卫三畏编写的英汉字典,另一本是马礼逊的中译文《马太福音》。② 卫三畏在 1847 年之前只编写过一本英汉字典,就是《英华韵府历阶》。作为卫三畏的第一本英汉字典,《英华韵府历阶》这本"南京官话"字典的编写和出版,对他个人来说,似乎是上帝注定的让他提前十多年就准备好,在 1858 年《天津条约》谈判签约中一展身手,成为一个"中国通"。1844—1848 年,卫三畏第一次回美探亲,不仅完成了终身大事,迎娶了心仪而贤惠的妻子,还集编在美国各地有关中国情况的演讲稿而成《中国总论》,进一步将他之前的汉语研究成果凝聚其中,更将他初步认识的中国文化的思考成果贯穿进去,使之成为当时美国第一部系统介绍中国的巨著,影响极大。从某种意义上来讲,《中国总论》既是对他的汉语研究的一次总结,又是一种提醒和动力,内在地推动卫三畏将要从更高层次上全面而深入、系统而正确地研究汉学。而且,这本"南京官话"汉语字典,对 1856 年出版的以广东方言为主的《英华分韵撮要》和 1874 年出版的以北京、广州、厦门、上海四种方言为基础的《汉英韵府》等两本字典的编写都起到了积极的奠基作用,因为每本字典之间都相距十余年才出版,长时间的使用检验、知识沉淀和编撰能力提升,都使字典的质量不断提高,实用性不断增强,以至于《汉英韵府》成为堪与《中国总论》媲美的汉学研究成果。

从 1849 年起,卫三畏再次着手编写新的英汉字典《英华分韵撮要》(或译《华英韵府,按广东音编排》)。起初,卫三畏只是希望编写一本广东方言词汇对照的小册子,计划大约是 200 或 300 页的篇幅,但当他写道 Fā 时,他决定扩展计划,编写一部更加完整的广州方言英汉字典,或许更有使用价值。经过 6 年多时间,终于在 1856 年(咸丰六年)10 月出版了《英华分韵撮要》(*Ying Wá Fan Wan Tsut Iú*:*A Tonic Dictionary of the Chinese*

---

① 董海樱《西人汉语研究述论,16—19 世纪初期》第 52、56 页,浙江大学中外关系史博士论文 2005 年。

② Agnes Clark,*China's man of the Book*:*The Story of William Chalmers Burns 1815-1868*,London,1968.p. 17.

Language in the Canton Dialect)。英文书名的"Tonic",翻译成中文意为"激励的、滋补的、重读的",说明了该英汉字典的条目是按照音节和声调进行排列的,还附录有姓氏表和一个按照部首排列的汉字索引。字典的中文书名页标明的出版地是"羊城中和行",应该是印刷所在广州(羊城)的地点。作者的署名与他的前两本字典《拾级大成》《英汉韵府历阶》的作者署名有些变化,署名是"卫三畏廉士甫编译"。按照中国人的文化风俗,"甫"乃是对男子的美称,多用于表字之后。在华多年的卫三畏比较熟悉中国人的民俗与文化,且在该字典出版之前就已经仿效中国人为自己名字加了字"廉士",而"廉士"之音显然又来自英文姓氏 Williams 的,可见卫三畏的中西交流与融合的文化理念的强烈。在华 43 多年的卫三畏,后期与中国人交往时,多被中国人称呼姓氏之字"廉士"以示尊敬,所以中文资料的记载多使用"卫廉士"一名,如《清史稿》(邦交四·美利坚)就是这样记录的。① 编写和出版这样的字典,既反映出卫三畏的宗教虔诚和高度的工作意志,又再现了卫三畏对中国文化的认识和中西文化交流的发展愿望。1848 年探亲返回中国广州的卫三畏,从传教士的角度上,乐观地看待了晚清中国门户开放后的传教前景,所以,他希望能为在中国南方学习广东话的外国人提供一本便于查阅、释义准确的便携式手册。当时广州及其周边地区是外国人最多的地方,为了提高交际能力和深入了解中国多民族的文化,字典包括了有关广东话如何发音的内容。在这本英汉字典出版之前,当时在广州已经出现了 5 部以广州方言为基础的同类字典或词汇手册,包括 1827 年马礼逊《华英字典》中包含的广州方言词汇集、1847 年广州本地出版的一本中文写就的广州方言初学入门书《江湖尺牍分韵撮要合集》、②裨治文 1841 年的《广东方言中文读本》、卫三畏 1842 年出版的《拾级大成》和他 1854 年编写的一本广州方言口语词汇册子。其中前两本已经绝版,随着使用的频繁,其局限性也越来越多,小德经和马礼逊编写的字典所包含的老化了的语言学体系已经不利于外国对华贸易和福音传播等

---

① 孔陈焱《卫三畏与美国汉学研究》第 198 页,上海辞书出版社,2010 年。
② 《江湖尺牍分韵撮要合集》是当时一部比较常用文体的广州方言的书籍,内容按照音调排列。此书在广州的书店里多,价格便宜,相对实用,收录汉字 7327 个,只有 175 页,每页平均收录 42 个字。卫三畏分析了书中的汉语音调,作为广州方言的标准音,成为他的《英华分韵撮要》编写体例和实用手册式字典的参考对象,而且影响较大,因为卫三畏借用该书名中的"分韵撮要"四个字为他的字典命中文书名的。

事业。卫三畏编写的两本广州方言书,也只能在一定程度上成为帮助辅导和练习的教材。尽管中国的《康熙字典》的确是亚洲出版的最好的中文字典之一,是150年来数代学者的艰辛劳动的成果,但仍然无法满足外国学习汉语的需要,因为它的字词解释也是中文的。因此,卫三畏自觉地担负起全面修正小德经和马礼逊字典的编写体制的历史重任。不可否认,编写这样的字典,困难是很大的。卫三畏认为编写困难主要有三个方面,首先是不同时代的不同学者在文学中使用同一词汇,在意义上有很大差别;其次是欧洲语言的词汇很难在中国词汇中找到确切的对应词,即使是如同书、笔、鞋、船这样具体的东西,由于精神、道德、宗教信仰和诗词表达的中西习惯差异实在很大,都是需要加以解释的。卫三畏指出中国人和其他国家一样,对比较抽象的道德思想的表达也是用只有他们自己熟悉的特定词汇来说明,外国文化背景不同,所以根本就不习惯或理解,还有很多本身就比较模糊的思想,中国人自己做的定义更增加了外国人理解的难度;最后一点是由于糟糕的气候,加上很多其他的障碍,外国人无法长期在这里坐下来花他一生的时间来编写一部完整的字典。1852年4月22日,卫三畏致信他儿时朋友、时在耶鲁学院任教的詹姆斯·达纳教授,提到了这样的担忧:"我正在搜集整理广东话的词汇,编纂广东话词典,希望再用一年时间就能完成。编词典,是一件很有趣的工作。我知道自己在这方面功力不足,对这种语言所知甚少。要想弄明白汉语词典中那些奇怪汉字的意思,真是难而又难。由于我们和中国人在风俗习惯、思维方式、知识结构上有很多不同,对很多汉语词汇的理解都会有偏差。这使得汉语词典的编纂工作相当繁难,而且总是不尽如人意。汉语是一种古老的语言,可追溯到巴别塔时代,文献资料也是浩瀚如烟海。我有时想,如果汉语像希伯来语一样,或者中国索性像印度和非洲那样没有遗留下古代的文献,那我的工作一定会容易得多。"[①]令人欣喜的是,在广泛借鉴了当时他能够搜集到的汉语字典,同时凭借他常年在华生活和学习的经验补充前人汉语字典的不足,卫三畏终于创造性地编写出了这部大字典。对此,有人予以客观而肯定的评论:"这样,在吸取前人精华的基础上,卫三畏对许多词语进行了新的释义,尤其是那些有关历史、地理和自然科学方面的词汇,他的释义比以往任何字典都要精确。那些词典只是指出某个名称所指的是一条河流、一

[①]《卫三畏生平及书信》第104—105页。

种树、一种鱼或一种昆虫,而卫三畏却力求说明其地理位置、区域或所属物种,以及它们的科学名称。如果读者已经习惯于查阅小德经和马礼逊的字典,那么这本字典也许会大大出乎他们的预料,因为没有任何词典在词条释义方面能比该词典更详尽全面。它在释义时收入了大量同义词或同义表达法,并指出了词与词在意义上的细微差别以及词义的变化。"①在这部长达 6 年的字典编写过程中,卫三畏除了自己的主观努力外,中国老师的帮助是不可忽视的。字典编写期间,卫三畏经历了跟随佩里舰队两次赴日、《中国丛报》停刊和接任美国驻华使团秘书兼中文翻译等事件。在印刷所中,卫三畏有中国工人的协助,中文交流一直延续着。在佩里舰队担任日语翻译时也一直雇请有中文秘书,中国人担任秘书,除了协助卫三畏与琉球人用中文交流外,还在空闲之余帮助卫三畏完成他的字典编撰的工作,主要是文字润色和校对事务。在两次赴日期间,卫三畏各聘请一名中文秘书。第一位是老薛,时年约 55 岁,是一位染上鸦片烟瘾的中国文人,他教过很多外国人学习汉语,后来成为卫三畏的汉语老师,但死于第一次佩里舰队访问日本途中,并被海葬。第二位是罗森,在第二次访日过程中和协助字典编纂上给卫三畏帮助最大。罗森是一位下层知识分子,中年人,"学识渊博,也不抽鸦片。有了他的帮助,我想我可以多腾出一些时间来进行学习和研究了"。② 罗先生的主要工作是为卫三畏的中文翻译稿润色,并用中国官话书写,还为卫三畏自己一直在做的中文书籍的翻译活动提供帮助。从日本返回后,卫三畏没有在乎随佩里访问日本之行在美国引起的反响,而是在日常传教事务和印刷所工作之外,更大地投入精力来进行《英华分韵撮要》的编写。在往返澳门之家和工作地广州之间,卫三畏不时地思考和改进字典的编撰结构和内容取舍,直到在 1856 年初将这部字典在广州中和行印刷面世。《英华分韵撮要》这本英汉字典是八开本的书,共有 7850 个汉字条目,长达 900 页,内容包括序言、目录、导言、正文、附录(补遗和订正、百家姓拼音表、双姓拼音表、《康熙字典》214 部首读音和释义、汉字部首索引表)。在序言中,卫三畏希望他能够编写成功一本汉语常用字字典。他指出《康熙字典》有汉字 44400 个,其中 15000 个是异体字或废弃不用的字,剩下的 30000 中三分之二是不常用的古字和地名或人

---

① 《卫三畏生平及书信》第 152 页。
② 《卫三畏生平及书信》第 125 页。

名专用字。日常生活中确实不需要使用这么多汉字,但对于字典而言,收集完备还是比较好的,卫三畏在他的字典中收录了7850个汉字,包括一些常用的缩写词和同义词,基本涵盖了正常活动的使用汉字,所以,卫三畏认为他的字典应更为实用,并能与以往的字典一起为学习广州方言提供最完整的工具书,同时,他认为这本字典是否比以前的同类字典有进步,要由使用者来评判的。在导言中,卫三畏分三个部分阐述了广州方言与官话的区别、汉字的声调把握、字典的编写体例等内容。他指出广州方言在本省各地也有差异,与周边省份的语言差异更大,而与官话的差别更大,如果非本地官员任职广州就得聘请一个翻译。在总结官话与广州方言发音上的主要区别后,列出了变音的对照表,还比较了潮州方言和广州方言的发音方法,介绍了把汉字拼音按照词首字母顺序排列的相关问题,从而得出了自己创制的拼音法,以利于使用者更好地使用它。对汉字的声调,卫三畏指出不能按照西方语言发音习惯去寻找汉字的重音、语调等,他介绍广州方言的八声,其间不乏与缅甸语、泰语等周边国家语言进行比较,是在吸纳西方人此前创制的亚洲其他国家语言罗马字母拼音法的基础上,开创自己的汉语拼音法。在字典编写体例上,卫三畏将字典按照发音首字母和声调来排列,这是马礼逊《华英字典》第二部分的排列方法,汉字等书中内容铺陈也是参考比较了马礼逊、麦都思、贡萨尔维斯、《分韵》等书的排列方法,还借鉴了小德经的字典形式,汉字后面全用比较小的罗马字母解释,在旁边详细标出声调,后面附上部首检字表,可以大大节省篇幅,而且为便于使用者携带,字典出版时版本尺寸比较小巧。这篇导言长达36页,实际上是一篇关于广州方言的学术论文。《英华分韵撮要》正文内容只有单个汉字,而不注出汉字的词语。汉字完全以罗马字母拼音顺序排列,一页两栏,页眉标出拉丁字母,每栏左侧标有声调数码,每个汉字下方注音,其形式与现在的汉英字典的排版类型颇为相似。对每个汉字的释义,用英文详细解释该字的不同组词用法,而不写出汉字的词语,只把汉语词语的发音标注出来。卫三畏在英语释义和汉字词语新释义等方面做得比较详细,尤其对那些有关历史、地理和自然科学方面的词汇,力求说明其地理位置、区域或所属物种以及它们的科学名称,使词条释义更为全面,并在释义时收入了大量同义词或同义表达法,指出了词与词在意义上的细微差异以及词义的变化。从编写字典的最初动机上看,卫三畏的《英华分韵撮要》只是希望能帮助西方人学习说广州方言,在两种语言的词汇意义相同的情况下进行语言交流和翻译转换。在注重实用的篇幅有限的前提下，卫三畏只对收录汉字作一般性解释，不铺陈更深的含义，而且字典也没有广泛收入太多法律、医药、占星术、诗词和中国人科技方面的技术性词汇。较先前出版的广州方言书籍，《英华分韵撮要》收录汉字仍较多，达 7850 个汉字，便于使用，而且和世界上其他汉学家一样，卫三畏在汉语字典编纂方面的成就一直得到重视。在中国《汉语拼音方案》问世以前，英语中对表示中国人名、地名等专有名词和表示中国特有事物名称的普通词语的拼写音译主要采用威妥玛和翟理斯等人根据汉语北京语音编制的威妥玛-翟理斯式拼音法，其中对中国地名、人名等专有名词的拼写采用以威妥玛-翟理斯式拼音法为基础编制的"邮政式拼音法"，而这种"邮政式拼音法"又源出于马礼逊和卫三畏等人根据汉语闽粤方言等编制的"老式拼音法"，主要在 19 世纪初到 19 世纪末流行，"邮政式拼音法"对广东、福建一带的地名拼写方式仍对马礼逊卫三畏之法沿用不移，如 Canton（广州）、Hong Kong（香港）、bokchoy（白菜）、taipan（大班）等等。① 上面提到的"老式拼音法"就是卫三畏在《英华分韵撮要》字典中使用的汉字罗马字母拼音法。《英华分韵撮要》按照字母顺序排列，使用的是一套与时人推荐的琼斯爵士不同的东方语言拼音系统。早期研究汉语的学者如马礼逊、马希曼、德庇时、斯当东等人都曾设计过他们自己的汉字罗马字母拼音法，但互不相同，标示各异，事实上造成了记录汉字发音的混乱，给学习者带来很多麻烦。1838 年，《中国丛报》的编辑们就首先提出要把各种拼音系统加以统一，1839 年，卫三畏撰文在丛报上发表了《关于汉字表音系统的评论和改进建议》，提出了他的具体意见，即他的汉字拼音法。② 直到 1856 年《英华分韵撮要》出版，才将他的拼音法公之于世。稍后，在卫三畏拼音法的基础上，英国传教士艾约瑟在《中国白话（官话）文法》(*A Grammar of the Chinese Colloquial Language, commonly called the Mandarin Dialect*，1857 年初版，1864 年第 2 版) 中提出了他的新拼音法。后来威妥玛并不满意以上这些拼音法，最后创制了自己的新拼音法。在 19 世纪中，广州方言的研究上曾出现过三部有重要贡献的英汉字典，一是 1828 年马礼逊的《广东省土话字汇》，是西方人第一次试图为一种方言编写一套汉语词汇表；二是卫三畏的《英华分韵撮要》，志在

---

① 孔陈焱《卫三畏与美国汉学研究》第 200—203 页，上海辞书出版社，2010 年。
② *Chinese Repository*（《中国丛报》），Vol.VI, pp. 479-486；Vol.VII, pp. 490-497.

编制一部学习广州方言的完整的工具书,第一次使广州方言有了相当全面的指南,并可以通过罗马字母或汉字来索引。该字典出版意味着西方人在广州方言研究方面又迈出了关键性的一步,1859 年,卫三畏的好友威廉·麦希在美国东方学会会刊上著文向美国学者们推荐《英华分韵撮要》,详细介绍了这部字典以及西方人学习汉语的相关问题。字典当时在美国波士顿的美部会驻地已有出售。① 1877 年,又一本广州方言研究成果的字典《广州方言字典》(A Chinese Dictionary of the Cantonese Dialect)出版,该字典的作者是当时任职香港的英国伦敦会传教士、汉学家欧德礼(Ernest John Eitel)。欧德礼刚开始时计划对卫三畏的《英华分韵撮要》进行修订,后来他试图综合卫三畏的字典、理雅各对儒家经典的翻译和中国学者们常用的《康熙字典》,编制一本新的字典,他力图使粤语拼读标准化,结果他一生大量时间都花在了字典初版和 1910—1911 年出的第二版上面。上述有关广州方言的字典都成为当代学者研究近代粤语的主要资料,日本京都大学高田时雄教授曾据此分析出了近代粤语的母音推移的规律,他的研究著作常用到卫三畏《拾级大成》《英华韵府历阶》《英华分韵撮要》,并指出《英华分韵撮要》用的是广东顺德音。简言之,这本耗费 6 年时间的字典,是卫三畏在自己主持的《中国丛报》印刷所出版的最后一本书,也是他走上传教士外交官之路前的最后一本书。从卫三畏汉学研究的连贯过程的意义上来说,从 1833 年来华到 1856 年的 20 多年间,《英华分韵撮要》是他付出心血最多、也是用情最深的一部汉语研究的字典,它成为近 20 年之后可以与《中国总论》媲美的汉语字典《汉英韵府》的写作基础。

  卫三畏在 1856 年后全身心投入到美国对华外交工作之中,汉语研究一度停顿和中断,直到 1863 年 6 月举家从澳门迁居北京后,才又在外交官工作之余恢复他的汉语研究。也是从 1863 年开始,卫三畏着手修订《英华分韵撮要》,并加入了官话的语音和词语。经历过两次鸦片战争冲击下的清王朝,已经国门洞开,外国人可以借助不平等条约深入中国各地。随着外国人在中国活动的不断扩大,对中文字典的要求也从日常用语扩展到更为复杂的词汇。在华传教活动和外交官实践,都越来越让卫三畏感到马礼逊字典和自己先前编写的《英华分韵撮要》等英汉字典都不足以满足时代

---

① Williams A. Macy,"On Dr. Samuel Wells Williams's Chinese Dictionary", *Journal of the American Oriental Society*, Vol. 6,1856-1860,pp. 566-571.

的需要,因此,卫三畏决定再编写一本字典来弥补先前字典的不足。此后的 10 多年,字典修改这项工作几乎占据了卫三畏外交官公务之余的所有时间。当他工作时,他的中文助手或当地的学者常常坐在他办公室的对面,他们的工作是为中文词语下定义,并且在卫三畏所有的藏书当中寻找例句。① 在 8 年多的修改后,卫三畏终于开始在上海排印字典样稿了。1871 年底,卫三畏极力借助公务的空隙南下上海,亲自督刊字典。《汉英韵府》的刊印过程是相当艰难的,历时两年多。1872 年 9 月,字典才印完了一半。卫三畏常常在定稿后又要进行修改,力求正确和完备。1873 年 3 月,字典主体部分印刷完毕,并在这年秋冬两季忙于编写字典的序言和索引。1874 年(同治甲戌年)夏初,《汉英韵府》整部字典在上海面世。这部字典被命名为《汉英韵府》(A Syllabic Dictionary of the Chinese Language),是在上海美国长老会印刷所(Shanghai:American Presbyterian Mission Press)美华书院用铜版刊印出版的。其实,早在 1863 年,卫三畏决定修订《英汉分韵撮要》时,没有想到要用十多年时间,原因却是后来他并非修订,而是另起炉灶地重新编写了一部汉英字典《汉英韵府》。1867 年,威妥玛在其初版《语言自迩集》序言中说:"卫三畏博士,这位最勤奋的汉学家,差不多已准备好出版一部词典,是对大约十年前出版的那部非常有用的词典的改进,这将是对汉语教育的值得注意的新奉献。"②威妥玛所说到的卫三畏这部词典就是《汉英韵府》,而让世人等待了十多年,就不仅是修订而是重编了。这部字典也是继 1848 年初版《中国总论》以来卫三畏的又一部汉学研究的大作,也是他一生汉语研究成果的总汇。字典《汉英韵府》的英文书名全称为:A Syllabic Dictionary of the Chinese Language; Arranged According to the Wu-fang yuan yin, with the Pronunciation of the Characters as Heard in Peking, Canton, Amoy, and Shanghai, by S. Wells Williams, L. L. D. ;取之精而用之宏诚哉斯语兹集诸书大旨以成是书无非期为博雅君子之一助尔。(Very true it is, that a careful selection of expressions must precede their extensive use remembering this, and in the hope of affording some aid to scholars, the purport of mony books has been here brought together into one)英

---

① 《卫三畏生平及书信》第 235 页。
② [英]威妥玛著,张卫东译《语言自迩集:19 世纪中期的北京话》第 21 页,北京大学出版社,2002 年。

文书名已说明了该字典是根据中国古代字典《五方元音》的排列法编写的一部汉语拼音字典,附北京、广州、厦门和上海的发音,而且在英文书名页上还写着一排与下方英文对照的文言文"取之精而用之宏诚哉斯语兹集诸书大旨以成是书无非期为博雅君子之一助尔",充分表达了卫三畏编撰这部汉语字典的用心和希望。作者的中文署名与《英华分韵撮要》上的一样,即"卫三畏廉士甫编译"。字典是四开本,包括序言、导言、正文、附录等部分,其中,正文1338页,每页分3栏,共包含12527个汉字和它们在北京、广州、厦门和上海4种方言里的发音。卫三畏还针对汉字多音的特性,为字典12527个汉字编辑了索引,其中,214部首索引为使用者提供了找到汉字官话和各种方言发音的必要方法。字典的序言长达70页,介绍了编写的缘起、汉语语言现象的复杂特性以及字典的编撰构想。卫三畏比较了19世纪中后期的常用汉英字典,包括马礼逊的字典和几部方言口语字典,他选择采用马礼逊字典第二部分的汉字音节顺序的方式重新编写一部更加完整的字典,以修订其他字典的不足,但他放弃了马礼逊字典的汉字音节,改而采用中国人用的音节,以《五方元音》作为汉字发音基本标准。①《五方元音》为清初唐山樊腾凤所作,成书约在顺治十一年(1654)至康熙十二年(1673)之间。《五方元音》的音系在总的方面是表现17世纪中叶北方官话的,其中也存在一些方言现象,但从根本上不能触动整个宏观的音系。② 卫三畏发现了《五方元音》的发音与19世纪后期北方官话的差异,也指出当时的北京官话与北京或某个地区的方言是不能等同的,所以在字典正文之后附录了按照部首排列的汉字拼音表,在每个字后加注广州、厦门、上海方言的拼音,就是为了方便西方人寻找对应的汉语地方方言发音,也为中国人按照自己的习惯查字通过便利。在选释汉字方面,卫三畏参考了马礼逊、麦都思、小德经等人字典的词源部分,认为多取自《康熙字典》,但它对词源的解释不够准确和易于理解,故他改而在1787年出版的一部字典《执文备览》中寻找适应的词源解释,这也是西方人首次将《执文备览》加入到字典编写之中,因为卫三畏认为《执文备览》对常用汉字的古义解释更为完善。在字典中,卫三畏加入了很多口语词汇,并把广州、厦

---

① 孔陈焱《卫三畏与美国汉学研究》第204—205页,上海辞书出版社,2010年。
② 李清桓、佟岩《〈五方元音〉音系性质新论》,载《南京师范大学文学院学报》2004年第2期,第169—172页。

门和上海三种方言进行对照,弥补它们在各自中国字典中几乎不收入口语的空白。中国文人轻视官话以外方言中的口语词汇,加大了书面语和口语的差异性,而卫三畏主张先学方言,再学官话,所以字典正文的每个汉字都引用了许多示例,从词源、构词、不同时代用法、书面语与口语的角度来说明汉字在通用语言和方言中国的不同发音。卫三畏指出汉字数量庞大,含义复杂,英汉词汇的对译由于文化的差异存在很大困难,很多词汇无法在另一种语言中找到对应的词来翻译,就是中国学者也常常意见分歧,特别是宗教、医药、法律、商业术语等就难以找到合适的书籍对照参考,还有一些如植物学、动物学、矿物学、疾病分类学等西方近代学科的词汇,更难找到对应的汉语字,很多词汇在不同的中国方言中称呼也各不相同,因此,对这些复杂汉字词汇的处理,只能尽可能地罗列陈述而少遗漏。为力求完善列出汉字,卫三畏还要在字典中加入一些有关历史和文化的表格,如中国王朝列表、宋代皇帝列表、明代皇帝列表、满洲皇朝皇帝列表、不同王朝定都列表、28 星宿表、12 时辰、月份名称、18 省和属地等,使这部字典带有百科全书的形式,保证了汉字的尽可能收集完备。统计起来,《汉英韵府》的汉字数目达到 12527 个,包括 10940 个词条,分为 522 个音节,按照英文字母顺序排列,送气音排在非送气音后面,使用了 53000 条例句和习惯用语,力图使掌握三种方言之一的西方人可以使用这部字典。字典的导言有 14 页,介绍了字典的适用范围、卫三畏创制拼音法的使用法、汉字的构词法和一些有用的初学指南等,分为八个部分,一是介绍《五方元音》中的官话,从《尔雅》开始详细叙述中国字典的编排方法,涉及汉字的形态、部首、声母、韵母、声调等;二是介绍卫三畏自己创制的汉字罗马字母拼音系统的使用方法;三是谈论汉语发音中的送气音;四是谈论汉语的四声,及声调;五是谈论汉字的古音;六是谈论方言的使用方法,明确提出南官话和北官话的区别,认为南官话是正音,是中国的"通行的话",北官话即京话,是当时最流行的官话。卫三畏编制一张表,用《圣谕广训》第一条的汉字读音来对比官话、北京方言、汉口方言、上海方言、宁波方言、福州方言、厦门方言、汕头方言、广州方言的九种发音,又用《孝敬》中的一段话来说明书面语在以上方言中的方言口语发音;七是谈论汉字的部首,介绍汉字的构词法,列出部首表,并用英语翻译解释之;八是列出一张汉语的字根表,共 1040 个,逐一予以说明,并概括了 5 条字根与部首的关系。字典的正文,内容丰富,释义详尽,用词精练,在 1000 多页的篇幅中,每页分为三栏,汉字按照音节和声调归类排列,每个音节下方都有一段说明古音和各种方言发音的文字,每个汉字下方标注发音和声调,内容一般包括词源、词义、组词和词语释义,有时最后还加入该字在某种方言口语词汇中的意义、组词并释义。此外,字典正文中包含有很多中国社会生活中的专有名词,可使西方人在学习语言的同时了解中国的文化知识,这是该字典成为百科全书式的字典的一个原因,如"翰"字下的组词"翰林",从翰林院谈到太史第、兄弟翰林、状元、榜眼、探花、传胪,中国的学位体系在此一一介绍。字典还收录了不少中国人日常使用的文言短句、大量成语、方言口语和习惯用语,如"君子有三畏""鹬蚌相争""好便当""夜叉"等,确实使字典容量超大,显得烦琐累赘,但随着时过境迁,一些方言和习惯用语不断消失,而且当时一些书籍或字典是不会记录这样的时人司空见惯的事物与陈词滥调,致使百千年后,后人也就无从了解这些,卫三畏也许无意间的记载却成为日后有用的史料,可使百年前的中国社会面貌某些侧面重现世人眼前的。除此汉字组词收录外,卫三畏还注重当时在中国出现的很多西方事物在汉语中的新名称,包括西方宗教和哲学方面的词汇,如"公司""女修士""上帝"等,还详细辨析它们在中国的用法及其具体含义,以免产生歧义。这种做法有助于保存当时中外交流的历史现象,成为当时在华传教士编写字典的主要特色之一,这些字典也成为记录这些中外文化交流内容的载体,是后人研究中外语言学和文化交流史的重要语言学资料和历史资料,意义重大。字典的附录部分,主要附有一些重要表格,如《部首列表》来自康熙字典,共214个部首,按照笔画排列,包括部首读音、部首、部首释义,在字典中的页码;汉字的《部首检字表》按照部首笔划排列,每个汉字上方标注在字典中的页码,右边列出其广州方言、厦门方言、上海方言中的发音;《难检字表》按照笔画列出不易判断部首的字,每个字后面有两个数字,一个代表部首,可以在前面部首列表中找到对应部首,另一个数字代表除去部首后余下的笔画;《百家姓》介绍了一些中国人姓名的知识,包括单姓表和复姓表,每个字都标注了读音;最后是字典的《纠错表》。① 综合以上内容,我们可看出卫三畏试图通过《汉英韵府》来综合西方人在中国所编写字典的精华,尤其是当时中国学者未曾涉及的方言比较研究,还广泛利用中文参考书籍和传统的字典资料,以《五方元音》作为字典的基础,尽可能多地把当时可收

---

① 孔陈焱《卫三畏与美国汉学研究》第205—210页,上海辞书出版社,2010年。

集到的信息压缩到这部庞大的字典中,包括通用语言和方言的阅读词汇、语源、汉字的演变史以及书面语与口语的差异等。此外,卫三畏的《汉英韵府》也是西方传教士汉语词汇搜集的集大成者,记录了南京、上海、广州、厦门四个方言,另附录《圣谕广训》记录了北京、南京、汉口、上海、宁波、福州、厦门、汕头、广州九种读音,为后来汉语的比较语言学研究保存了广泛的基本数据。因此,从字典的编例和内容来看,《汉英韵府》就像一部简明百科全书,内容包括语言、文学、历史、地理、科学、哲学、宗教、政府、风俗、习惯、礼仪、商业、中西贸易等,内容准确而全面,当时无人能及。这部庞大而实用的汉英字典耗费了卫三畏 11 年的光阴,1874 年字典正式出版为他的艰辛画上了句号。对此,卫三畏如释重负,"字典为四开本,共 1356 页,印刷得平整而精美。对那些尝试掌握这门语言的人来说,它应该是一件有益的工具。至于其真正价值,要等到学生们使用过并反馈给我信息后才能知道"。① 《汉英韵府》的问世确实引起了在华和不在华的西方相关人士的强烈关注。第一批样书被争相传阅,其编排的特点、例句的翻译,甚至大小、重量以及价格均成为研究者们的话题,热烈的讨论反映了所有以不同途径接触过中文文献的人们的殷勤期望与先入为主的印象。学识渊博、参透其优点的人给予了高度赞扬,批评者尽管对汉语语言学许多有争议的难点与暧昧之处提出了与作者不同的见解,但仍以褒奖为主。很自然,没有一件事物是十全十美、无可挑剔的,卫三畏的字典中所反映的是他自己的理解,其中就不乏不妥之处,瑕疵在所难免,可以引起后来学者在此基础上继续探讨,乃为学术之理数。先看当时在华的英国外交官、后来成为英国剑桥大学第二任(1897—1932)汉学教授的汉学家翟理斯(Herbert Allen Giles,1845—1935)的评论,也许是很尖刻的。就在《汉英韵府》刊行的 1874 年,翟理斯发表书评,指出了卫三畏博士的《汉英拼音字典》中的许多"荒唐的错误,还有一些删节过多的地方"。1879 年 9 月,翟理斯又出版约 40 页的小册子《论卫三畏博士的〈汉英拼音字典〉的某些翻译及误译》(On Some Translations and Mistranslations in Dr Williams' Syllabic Dictionary),在书中,他列出了 300 来个错误的翻译,并着重批评了卫三畏的注音法,认为他犯了一个致命的错误,即没有采用当时通用的注音法。其中,翟理斯纠正了《汉英韵府》中的一些翻译错误,如他认为卫三畏对"悾悾而不信"的

---

① 《卫三畏生平及书信》第 271 页。

解释不如理雅各的翻译;对"快子"的解释不够完整;"招提"不应该解释为舍利塔的所在,而应是一所佛寺的名称;"弃市"的意思不是停止做生意,而是斩首。① 尽管如此,字典还是受到了在华西方人的支持与重视。尽管翟理斯对卫三畏及其《汉英韵府》有诸多睥睨,但他还是流露出钦佩之意的。对于汉语方言学的研究和争论,在19世纪末的西方学术界兴起,其中庄延龄和翟理斯之间就汉语字典编纂法发生了严重龃龉。庄延龄(Edward Harper Parker,1849—1926)是英国外交官、西方第一位非传教士出身的汉语方言学家与汉学家,他于1869—1871年间任英国驻华公使馆翻译学生,1871—1875年间先后任职于天津、汉口、九江、广州、福州、温州、上海等地领事馆任职,1895年退休回到英国,先任利物浦大学中文讲师,1901年后任曼彻斯特维多利亚大学中文教授。庄延龄在华期间,利用在各地任职的闲暇,写了一些研究汉语方言的论文,这些论文大都发表在香港出版的英文期刊《中国评论》(China Review, or Notes and Queries on the Far East)上,还著有《中国和宗教》《中国宗教研究》等书。庄延龄曾经是翟理斯《华英字典》(A Chinese-English Dictionary)最主要的合作者,但在该字典第一版出版后又成了该书最激烈的批评者,最后竟被视为翟理斯和《华英字典》的"敌人"。② 庄延龄曾在《中国评论》上不断发文批评翟理斯,他指责翟理斯把卫三畏1874年版《汉英韵府》中的内容大量批发到他自己编写的《华英字典》中去,甚至都不改正卫三畏的错失之处。③ 对庄延龄和翟理斯的学术争论不予深入论证,而是从中发现《汉英韵府》在当时的影响力。《汉英韵府》自出版以来,一度成为在华传教士和来华外交人士的必备工具书。伟烈亚力认为它是"迄今为止最为重要的中文学习指南之一"。④ 时任英国驻华使馆汉务参赞的梅辉立(William F. Mayers)则认为它超过了以往所有的同类著作而"使他们黯然失色"。⑤ 时任荷兰驻华使馆汉务参赞的哥

---

① Herbert Allen Giles, *On Some Translations and Mistranslations in Dr Williams' Syllabic Dictionary of the Chinese Language*, Amoy: Printed by A. A. Marcal, 1879, pp. 17-29.

② 王国强《庄延龄与翟理斯〈华英字典〉之关系》,载《辞书研究》2008年第1期,第125页。

③ David Prager Branner, "The Linguistic Ideas of Edward Harper Parker", *Journal of the American Oriental Society*, Vol. 119, No. 1, Jan.-Mar., 1999, p. 13.

④ Alexander Wylie, "Review of Syllabic Dictionary", *Missionary Recorder and Journal*, August 1874, p. 226.

⑤ William F. Mayers, "Dr. Williams' Syllabic Dictionary", *China Review*, Vol. 3, July 1874-June 1875, p. 139.

罗威尔德(W. P. Groeneveldt)也完全同意梅辉立的看法,并建议"每个学习汉语的人优先购买这本字典,即使有了其他字典,也应该再买一本该字典"。① 此外,卫三畏的中国语言学著作曾被多次重刊发行。《汉英韵府》在 1889 年、1896 年、1903 年曾多次重印。1909 年,卫三畏的后人把该字典的版权授予了北通州协和书院(the North China Union College, Tung Chou, Near Peking, China)。当时北通州协和书院是由美国公理会华北教区管辖,后者指派了一个三人委员会来执行重新修订卫三畏的《汉英韵府》,按照威妥玛的拼音系统重新排列了字典内容,在北通州协和书院印行,出版了第 2 版(修订版),版本缩小。修订版的稿酬和销售利润全部捐给北通州协和书院,用以兴办教育,其中该书院的校舍建设所需要的 15000 美元中大约有 8000 美元是来自销售《汉英韵府》所得,因此校舍也用卫三畏的名字命名(Williams Hall)。② 第二版《汉英韵府》的英文书名为 *A Syllabic Dictionary of the Chinese Language, arranged according to the Wu-Fang Yüan Yin, and alphabetically rearranged according to the Romanization of Sir Thomas F. Wade, by a committee of the North China Mission of the American Board*. 由于拼音法的差异,英文书名中《五方元音》的拼写也相应发生变化,比卫三畏《汉英韵府》初版要少得多,并取消了第五声,加入了 a 和 r 两个音,还加入了翟理斯的北京方言声调,与卫三畏的同时标注对照。改版后的《汉英韵府》加入简短的改版编者前言,正文重新编排,保留了原序言和导言,附录部分只保留《部首列表》《部首检字表》和《难检字表》,比较能同时满足英语国家的人和中国人使用它。③《汉英韵府》1909 年修订版又在 1973 年得到重印。2001 年,《汉英韵府》1874 年初版由英国甘内沙出版公司(Ganesha Publishing)和美国芝加哥出版社共同出版发行,增加了一个新的序言,分为 2 卷本,共约 1338 页。尽管卫三畏采用的字典编纂法只是当时西方众多方法中一种,难以在短时间中得到公认而成为广泛接受的事物,但字典初版后不久,就有学者为之重新索引和予以研究。1879 年,詹姆

---

① W. P. Groeneveldt, "Dr. Williams' Dictionary", *China Review*, Vol. 3, July 1874-June 1875, p. 232.
② Roberto Paterno, *Devello Z. Sheffield and the Founding of the North China College*, Kwang-Ching Liu, ed., *American Missionaries in China: Papers from Harvard Seminars*, Harvard University Press, 1966, p. 74.
③ 孔陈焱《卫三畏与美国汉学研究》第 211 页,上海辞书出版社,2010 年。

斯·艾契逊出版了一个为《汉英韵府》重新做的索引(An Index to Dr. Williams' "Syllabic Dictionary of the Chinese Language", arranged According to Sir Thomas Wade's System of Orthography),是按照威妥玛式拼音法排列的。1886年,英国长老会牧师汲约翰(John Campbell Gibson)编写了《卫廉士著〈汉英拼音字典〉及杜嘉义著〈厦门方言字典〉的汕头方言索引》(A Swatow Index to the Syllabic Dictionary of Chinese by S. Wells Williams, L. L. D. and to the Dictionary of the Vernacular of Amoy by Carstairs Douglas, M. A. , L. L. D.)一书,由汕头的英国长老会印刷所出版,共171页。对卫三畏《汉英韵府》的连续性再版和研究,充分印证了此部汉英字典初版时的当时两则好评,一是上海海关专员英国人廷得尔(E. C. Taintor)1874年10月15日在上海英文报纸《字林西报》[North China Daily News,又称《字林报》,前身为《北华捷报》(North China Herald)]上著文("Review of Syllabic Dictionary")所言:"字典的真正价值在于它的条分缕析、高质量的定义与释义,以及我们认为是检验字典编写者水平的言简意赅。几乎谁都能用冗长的意译传达出一句中文短语的主旨,而编者却仅用几个英文单词便做出了确切的解释,这是耐心、细致的工作的结果——有时甚至付出了努力也做不到这一点。两种语言、两种思维方式和表达方式是如此不同,以致许多时候几乎无法用同样短小的英文句子来表述某个简洁的中文短语,这一困难更被汉语中常用的精练的谚语加剧,这些谚语暗指某一历史事件或民间传说,硬译成英语常令人费解。为了展示这种谚语的用法,同时也为了说明新字典定义的恰切,我们选'骑虎之势'为例,这个简单的短语用来形容日本人当前在台湾问题上的处境也许是最好不过的。在马礼逊的字典中该短语被如此定义:'骑在虎背上的人的状态,跳下来比待在虎背上更危险;卷入坏事过深,退出便会覆灭',卫三畏博士的定义为'人骑在虎背上时没有退路'。马礼逊博士用了35个英文单词,而卫三畏博士只用了13个。每个人都必须承认,准确、到位、简洁是后一种翻译的特点。"二是美国公理会传教士白汉理(Boldget)1874年11月在《纽约观察家》报上的一篇评论:"这本字典就整体来说,是关于中国与中国风俗的知识宝库,是许多年来新教与天主教传教士们工作的集大成。它的作者是现今在中国年纪最长的西方人,回首往昔,尤其是忆及编写字典这11年的艰辛(字典中的每个字都是他亲笔书写的,尽管它要同时处理繁重的公务,一人经常身兼公使、秘书、翻译及商务总监等职),他完全可以对自己的成果感到满意,并感谢上帝让他坚持到底。这一崭新的贡献在中国与西方各国的交流中将起到良好的作用。"①当然,编撰《汉英韵府》并出版的最深层次的动机,还是他不能忘怀的传教士情结:"字典即将出版的时候,我便开始考虑如何能够效力于传教事业,正是因为它我才编写了字典。传教士们不愿意接受赠书,因为他们买得起,但他们大多又很穷,也不能仰仗教会出资。只算实际待在中国的新教传教士,包括未婚的女士,我决定向大约120人提供此书。我将以每本9美元的价格卖给他们,自己也正好每本倒贴9美元。他们似乎都明白我以这种方式给予的捐助,而我也通过对传教事业的这一奉献,表示了对得以顺利完成工作的感恩之情。"正像他在《汉英韵府》的前言中所言:"付出艰辛努力的动力源自这样一种愿望:协助那些在各个领域里讲真理,尤其是宗教与科学真理传授给大汉子民的人们,这些真理的获得与应用足以让中国人得到教化与品质的提升。怀抱这一追求在中国度过了40个年头后,我谦卑地感谢上帝,感谢他让我看到了中国所取得的进步,并祈求他护佑人们在这一方向上的努力。"②

除了编写一系列汉语教材和字典外,卫三畏还经常在各种英文报刊发表一些关于汉语研究的论文或介绍,参与汉语研究的讨论。来华之初,卫三畏协助裨治文的《中国丛报》编辑印刷工作,并就有关中国研究的文章发表于上。根据1851年《中国丛报》停刊后卫三畏为之编写的索引,我们可以看出他撰写的几篇与汉语有关的语言学论文,如《为学习英语的中国人编的词汇表》(卷6,276页)、《关于汉字表音系统的评论和改进意见》(卷7,490页)、《采茶歌谣的译文》(卷8,195页)、《中国三种方言发音对照表》(卷11,28页)、《罗伯聃的伊索寓言被戴尔和斯特罗那译成了汕头和潮州口语》(卷13,98页)、《毕奥关于中国公共教育历史和文学团体的评论》(卷18,57页)、《巴赞的〈中国戏剧选〉(法文本)》(卷18,113页)、《关于中国语言学特性、翻译和游记的外国著作清单》(卷18,402、657页)、《密迪乐的满语翻译,以及对这种语言的评论》(卷18,607、617页)、《徐继畬的〈瀛环志略〉》(卷20,169页)、《马高温的中国哲学年鉴,以及对电报的评论》(卷20,284页)、《〈榕园全集〉和一个所谓的伪作》(卷20,340页)、《关于汉语罗马字化的评论》(卷20,

---

① 《卫三畏生平及书信》第272页。
② 《卫三畏生平及书信》第273页。

472页)等。其中,1837年发表的《为学习英语的中国人编的词汇表》,介绍了两本在广东佛山出版的英语口语教科书:《红毛买卖通用鬼话》和《澳门番语杂志丛抄》,反映了当时中国人学习洋泾浜英语的情况。洋泾浜英语是一种中文和英文混合在一起的口语,典型的中西文化交流的产物。1637年,英国商船首次进入中国,为了贸易的便利,在晚清唯一开放口岸广州的沿海地区,出现了中英语混合的一种口语,即俗称的洋泾浜英语。最早的中英混合语称为"广州番话"(Canton English)。本质上它是一种民间汉语与英语接触的产物,并成为中英商人间的通用语言。19世纪二三十年代曾在广州做生意的美国人亨特在80年代出版了《广州番鬼录》(The "FamKwae" at Canton, before Treaty Days 1825—1844),里面也有关于洋泾浜英语的记载。这种语言一般仅用于口语,不用于书写。① 实际上,卫三畏所写的论文,都被汇编进他所编撰的4部汉语教材和字典中。

在《拾级大成》《英华韵府历阶》《英华分韵撮要》《汉英韵府》4部汉语字典编写的长达32年间,卫三畏的汉语研究经历了一个不断发展、不断深化和不断完善的过程。《拾级大成》是一部广州方言的简易教材,是对裨治文《广州方言唐话读本》工作的延续;《英华韵府历阶》是一部汉语(南京)官话拼音的英汉字典,是对马礼逊《华英字典》工作的延续;《英华分韵撮要》是一部广州方言汉英字典,是对马礼逊、裨治文和自己先期汉语研究成果的一次总结提高;而《汉英韵府》则是一部非常成熟的汉英官话大字典,完全是卫三畏个人的新构思和新创造。从编写简易教材到编撰大部头字典,从对前人字典的修补到自己创造性的重编,充分说明了卫三畏在汉语学习的不断进步和汉学研究上的推进贡献,也由此使他成为近代来华西方人中汉语研究领域中一个关键性的、承前启后的历史人物。卫三畏连续编撰英汉-汉英字典,其在继承前人成果的基础上创制的汉字罗马字母拼音法在近代汉语研究中占有重要地位,并对中国各种方言研究产生极为深远的影响。同时,卫三畏的汉语字典的编写成功,也反映出美国的汉语研究走过的一条从无到有、从幼稚到成熟的道路,体现出美国早期汉学发展的一个主要特点:汉语工具书的大量出现。随着鸦片战争后中外关系格局

---

① 吴义雄《"广州英语"与19世纪中叶以前的中西交往》,载《近代史研究》2001年第3期。

的新变化,美国传教士、商人和外交官大量来华,首先遭遇的便是汉语学习的问题,为了适应美国人在华各种事业的需要,传教士自告奋勇地承担起学习汉语的先锋和编写汉英字典的重任。卫三畏上述的 4 部汉语工具书也成为来华西方人的案头必备书。当然,我们还是必须看出,卫三畏的这几部工具书,包括集大成的《汉英韵府》,影响范围只限于传教士和在华的西方人,对于绝大多数不懂汉语的本土美国人,他必须用英文著作来告诉他们有关中国的一切。① 尽管如此,从美国汉学发展的意义上讲,卫三畏编撰的这些字典,充分展示了实用性和本土化的特征,符合近代海外汉学的内在要求。作为一名来华传教士,卫三畏的字典旨在帮助西方人学习汉语,向中国人介绍宗教和西方科学的真理,最终目的仍然是为了帮助基督教传入中国,把福音带给"汉人的子孙们",因为这些"文字布道"之用的"语言本身就是介绍新真谛的最方便的手段之一"。② 然而,这些字典本身也深刻地体现了卫三畏对中国传统文化的认识和了解,"是有关中国和中国事务的宝藏"。字典中包含着关于中国方方面面的资料,既有利于外国人学习中文,又增进了西方人对中国的了解。虽然编写字典是"烦人的工作",占据了卫三畏很多业余的时间,但其结果是物有所值,甚至物超所值的。"在卫三畏的汉语研究经历中我们可以看到 19 世纪中后期这些来华传教士们在汉语研究方面的努力和成就。卫三畏是近代来华西方人汉语研究,尤其是汉语方言的比较研究领域中,一个关键性的、承前启后的人物。卫三畏连续编纂英汉-汉英字典,由简单到复杂,篇幅越来越长,解释越来越完善,其在继承前人成果的基础上创制的汉字罗马拼音法在近代汉语拼音法中占有重要地位,在此基础上对各种方言的研究影响深远。"③ 这些汉语研究著作的出版,使卫三畏变成了(业余)汉学家,并与欧洲的纯学术性汉学家略有不同,是一位出身于传教士和外交官的汉学家。编写这些汉语著作几乎占去卫三畏在华从事汉学研究的大部分时间,在他汉学代表作《中国总论》两个版本的第十章中,卫三畏专题探讨了中国语言和文字,内容涉及文字的起源、构造、发音和拼音、字形变化、书写工具、印刷技术、官话与方言的区别、汉语语法、文体、汉语学习等各个方面,但这是他对西

---

① 顾钧《卫三畏与美国早期汉学》第 67 页,外语教学与研究出版社,2009 年。
② Samuel Wells Williams, *The Middle Kingdom*(卫三畏《中国总论》), New York, 1888, Vol. 1, p. 370.
③ 孔陈焱《卫三畏与美国汉学研究》第 213 页,上海辞书出版社,2010 年。

方汉语研究的一般性综述,不乏独创之处。而卫三畏汉语研究最主要成果是体现在他在华四十多年间编撰的一系列字典,尤其是《汉英韵府》一书。

二、卫三畏与《中国总论》

中西之间的认知和理解是相互的,民族文化的交流也是双向的,时代性和阶段性上参差不齐,内容上和方式上也是千差万别的,并且随着了解的拓展和深入,人类生存和发展的共性会在更多方面获得同一,近代化和现代化的全球性越发明显和强势。卫三畏的《中国总论》共分2卷26章,对中国的自然地理、行政区划、人口民族、各地物产、法律政府、语言文字、历史文化、衣食住行、社会生活、工艺美术、科学技术、对外交往等诸多方面,都做了全方位的研究,是一部百科全书式的著作。而且它也是第一部美国人撰写的有关中国的百科全书式的著作,也是当时西方世界中研究中国最全面、最真实、最具权威的汉学著作,开启了美国人认识中国的新纪元,成为数代美国人认识中国的英文模板。① 总览全书,卫三畏的书写具有很强的内在逻辑性,首先是物质层面,其次是教育科举和法律制度层面,然后进入文化层面,最后记述中国的精神层面,采用了循序渐进的方法,由表及里,由浅入深,层层递进。该书结合举例和图片说明,用夹叙夹议的手法把中国的各个层面描写得栩栩如生。法国学者考狄在《西人论中国书目》中将《中国总论》放在第一类《中国总说》的第一章《综合著作》中,这是放入这一类别中的第一部美国著作,可见,把《中国总论》说成是美国汉学兴起的标志,是符合历史事实的。② 这部具有美国汉学开端的里程碑式的著作,是美国汉学学科的嚆矢,开创了美国自己的汉学的研究领域,成为与欧洲汉学分庭抗礼甚至后来居上的一门学问。《中国总论》几乎涵盖了中国社会与文化的所有重要方面,将其书定位"总论"是很贴切的。虽然该书有一些与史实有出入、甚至是错误的观点,但在当时仍具有较深的影响,曾被美国许多大学采用为中国史课本长达一个世纪之久。卫三畏同时

---

① *Dictionary of American Biography*, Charles Scribner's Sons, New York, 1936, Vol. XX, pp. 290-291.
② 李同法《卫三畏与〈中国总论〉》,载《廊坊师范学院学报》(社科版)2008年第6期,第64页。

也因此巨著而"确立了他作为中国问题权威的地位"①,成为"美国汉学之父",影响和催生了美国几代汉学家。

《中国总论》作为美国研究中国的最早的权威性汉学著作,显然具有其他汉学著作所不具备的时代特点。正如卫三畏所言:"一部作品在人们心目中的地位如何,并不取决于关于它给人们说了些什么,而是取决于作品本身说明了什么。"②《中国总论》同先前的门多萨的《中华大帝国史》和法赫德的《中华帝国全志》相比,可谓是一部美国汉学的开山之作,别具一格。因为后两书都是经过二手资料编辑而成,并且两位作者都未到过中国,不懂中文;杜赫德甚至只是一位书斋里的教徒,不是活动家。③卫三畏则是一个"中国通",精通汉语,其书是个人所见所闻所思所想而成的杰作,具有强烈的个性色彩。此外,门氏和杜氏的巨著分别是16世纪和18世纪的百科全书,都是在"中国热"的背景下产生的,完全集中于一种用赞美的态度来书写中国,而《中国总论》产生于鸦片战争之后,中国的变革问题和近代化问题逐渐成为焦点,对中国的偏见也逐渐增多。因此,"卫三畏的著作应受到特别的注意。作为中国历史的资料书看,《中国总论》仍居于举世无匹的地位"。④作为一部历史性和实录性的汉学著作,《中国总论》更是卫三畏所处时代的一种西方人对中国认知的一次重要转折意义上的总结,也是中西文化交流史上的摒弃偏见、和谐共赢关系的最好诠释。一位来华美国传教士在一个半多世纪之前写下了这部皇皇巨著《中国总论》,成为我们今天来研究他那个时代的西方人对中国认知的过程和内容的重要载体和资料,研究意义已不仅仅在于巨著的本身,而更多地在于著者所表达的对中外关系理解的深意和著作本身所蕴含的汉学研究范式,找寻其中所富含的启示意象和文明精神,因为人类文明的无国界性使各民族的历史文化资源都是其他民族得以借鉴和享用的一面面镜子,有助于地球上的人类在各自适当的位置上发出自己文明的光辉,来构建一个和平、文明、共赢、进步的人间天堂,就像传教士所追求的"我们都是上帝的子民"

---

① [美]韩德《一种特殊关系的形成》,载《中山大学史学集刊》(第二辑)第30页,广东人民出版社,1994年。
② 《卫三畏生平及书信》第185页。
③ 阎宗临《传教士与法国早期汉学》第48页,大象出版社,2003年。
④ [美]泰勒·丹涅特著,姚曾廙译《美国人在东亚:十九世纪美国对中国、日本和朝鲜政策的批判的研究》第584页,商务印书馆,1959年。

那样的福音。在此,本节就从以下几个方面着重探讨卫三畏撰写《中国总论》的来龙去脉和该著的历史地位。

(一)卫三畏写作1848年版《中国总论》的客观原因和主观动机。

第一次鸦片战争后,晚清中国封闭自守的国门开启了,让来华传教士看到了福音传布的前景,同样,卫三畏的传教激情倍增,他特别希望筹集一笔资金为在广州的传教团购买一套金属的中文活字。1842年以前,由于清政府禁教的限制,美部会的中文印刷工作主要在新加坡进行,广州的印刷所只是做一些零星的工作,《南京条约》签订和五口通商后的新形势为扩大中文印刷规模提供了可能。卫三畏所在的美国传教团广州印刷所只有一套活字,是当时西方人制作的最早的一套中文活字,它是应东印度公司的要求于1814年开始制作的,目的是为了印刷马礼逊的《华英字典》,该字典也就成为"西人用中文活字印的第一部印本"。① 1834年,东印度公司解体,马礼逊也于同年逝世后,这套活字开始由卫三畏掌管使用,1842年英国当局将这套活字正式赠予了卫三畏:"这套活字共有两套,一套字体较大,装在六十个字盘中,另一套字体较小,装在十六个字盘中。此外,还有几百个手写体和草体的铅字。字体较大的一套每个活字一英寸见方,在制成时包括了所有的汉字,共计四万六千个,其中有一些是重复的,共有两万两千个不同的汉字。由于一些常用字有好几个备用活字,所以这套活字的总数达到了七万多个。"②这些活字在长期使用中有些破损和遗失,急需增补,特别是字体较小的一套,由于字数少而使用率高,增补量尤多。虽然不少传教士对印刷工作有点不以为然,但卫三畏对他工作的这一部分始终保持着饱满的热情,并愿意随时做出牺牲。卫三畏认为,如果能把英国传教士戴尔(Samuel Dyer)创造出的整套中文活字装置用到在澳门使用多年和数量有限的中文活字上,那么印刷出来的书籍一定会令人满意,散发给当地的学生也一定会收到良好的效果。戴尔从1827年就开始注意研究中文活字,1843年去世前已经刻成大字模1845个,还有一部分小字模。与戴尔同时在研制大字模的还有柏林的拜尔豪斯。比较戴尔和拜尔豪斯的中文活字,卫三畏一直希望得到一套拜尔豪斯的"柏林字",因为这套中文

---

① Samuel Wells Williams, *The Middle Kingdom*, 1848, Vol.2, New York, p. 360.或见张秀民《中国印刷史》第445页,浙江古籍出版社,2006年。

② Samuel Wells Williams, "Moving Types for Printing Chinese", *The Chinese Recorder and Missionary Journal*, Vol.6, 1875, p. 26.

金属活字的质量更好,不过需要从德国柏林购得,加上添置印刷所新设备,预算需要六七千美元。为此,卫三畏曾多次致函国内请求资金援助。最先资助卫三畏的是他的姑妈 E·思鲁普·马丁太太,她通过积极的活动在卫三畏家乡伊萨卡的第一教会教众和父老乡亲中筹集到了 600 美元,这对卫三畏最终完成购买中文活字贡献巨大。而令卫三畏失望的是美部会的冷漠。当时,美部会正在与债务做斗争,没有精力考虑海外传教事业的新发展,也没有人注意到卫三畏这位年轻的传教士印刷工的紧急请求:"国内的教会似乎对海外的传教士采取了一种可怕的不闻不问的态度,这比资金或食品短缺更让人泄气和没有干劲,而伊萨卡的善良的人们只顾个人利益的情况尤其让我难过。如果我现在有那套活字,那将对我是一个巨大的帮助,我对这个帮助的到来仍抱有希望,因为我不相信所有人的精神力量都已离去!"①虽然面对购买中文活字的不明确的前景,卫三畏还是充满希望地等待着。到了 1844 年秋,卫三畏作为传教士印刷工已经在中国工作了 11 年,按照规定每十年就可以休假一次,可是资金窘迫的美部会却无法提供他返回美国的旅费,同时秘书们也不愿意让他离开印刷所的工作,于是卫三畏只有耐心等待。其实,卫三畏非常渴望见到生养他的故乡以及那里的人们,这种愿望与年俱增,虽然这样的归乡愿望在大多数时候处于被强烈抑制的状态,但时不时也会爆发成一种渴望。卫三畏已经完全有理由申请休假,而家里人的请求也使他难以抗拒:得知父亲的健康每况愈下的不幸消息。继母用一种妇人的柔情请求儿子在父亲还能够认出他之前回到美国之家来。卫三畏回美国的机会突然来到了,那是由美国商人吉迪恩·奈伊(Gideon Nye)先生慷慨提供的。与卫三畏一样,奈伊也是 1833 年来到中国的,并在许多事情上关照过卫三畏,他们早已成为关系很好的朋友。奈伊建议卫三畏陪伴他经由埃及和欧洲回国,乘坐 11 月份从香港出发的邮船。但是因为商业方面的业务因素,他们不能如期同船,奈伊就建议卫三畏一个人先行乘船去印度,并在那里等待他。然而,这次回美的旅程,自始至终都是单人的,甚至在卫三畏抵达美国纽约时,奈伊还没有离开广州。尽管如此,奈伊还是如先前商定的那样承担了卫三畏这次旅行的所有费用,而且在 1847 年底卫三畏将演讲稿汇编成《中国总论》准备出版时又做了担保。因此,卫三畏甚为感激,后来曾将他 1848 年出版的《中国总论》献

---

① 《卫三畏生平及书信》第 67 页。

给了奈伊先生,扉页上的献词为"献给中国广州的吉迪恩·奈伊,以此表达作者的尊敬和友谊"(To Gideon Nye, Jr., of Canton, China: a testimonial of the respect and friendship of the authur)。① 1844 年 11 月,卫三畏独自踏上了归国的旅途。第一次回美从私人的角度是为了探望父母,而从工作的角度则是为广州印刷所购买新的中文活字筹措资金。1845 年 10 月 15 日,卫三畏回到了纽约。在伊萨卡的罗马镇探望双亲的短暂日子里,卫三畏意识到自己在家中发挥不了什么作用,而目睹父亲的体弱多病只能使自己更加伤感。于是,卫三畏便投身到他自己的筹资计划中。在与美部会交涉无果后,卫三畏设法谋得了长老会秘书沃尔特·劳瑞牧师的支持和帮助,得到一半经费的资助,极大鼓舞了卫三畏的信心,但与预算相比仍是缺口很大。卫三畏决心利用自己的假期来筹集缺乏的资金来完成"柏林字"购买计划,他想到了演讲,因为先于他之前回国的传教士伯驾就曾利用休假的机会进行演讲。伯驾演讲是为了说服美国政府遣使入华,建立中美外交关系,是鼓吹《望厦条约》签订的国内舆论宣传活动,而不是要获得收入,因此场次少,时间也短。于是,卫三畏就在家乡伊萨卡和附近地区发表一系列演讲,内容是关于中国的社会生活、历史和社会制度。当时,鸦片战争刚刚打开了中国的国门,这激起了美国有识之士对古老中国的浓厚兴趣,加上卫三畏对中国的情况甚为了解,因此他的演讲获得极大的成功。许多城市都向他发出邀请,请他到当地教堂或公共集会的场所去演讲。当时的交通工具已经有极大的发展,可使卫三畏在两三个城市同时进行他的系列演讲,每场演讲之间只间隔几天时间,每在一处,他都会把握一切机会向那里的人介绍中国的情况,使他们更多地了解远东的中国。因为每场演讲的收入并不多,所以从 1845 年到 1846 年,卫三畏一共演讲了 100 多场,演讲地点也从家乡伊萨卡扩展到纽约州和俄亥俄州的其他一些重要城镇。② 应该说,这样的巡回演讲是非常辛苦的,"重复演讲的疲乏和厌倦、四处奔波的劳累、为了吸引听众和获得他们认同所付出的努力和承受的精神压力,

---

① Gideon Nye, *The Morning of My Life in China: Comprising an Outline of the History of Foreign Intercourse from the Last Year of the Regime of Honorable East India Company, 1833, to the Imprisonment of the Foreign Community in 1839*, Canton, 1873, p. 36.

② Frederick Wells Williams, *The Life and Letters of Samuel Wells Williams, Missionary, Diplomatist, Sinologue*, New York & London: G. P. Putnam's Sons, 1889, p. 147.

所有这些只有有过类似经历的人才能体会到"。① 尽管辛苦,但这样的演讲内容和过程却使卫三畏多年来积累起来的有关中国的知识系统化了。在演讲中,卫三畏极少采用逐字逐句宣读讲稿的方式,而是根据提纲临场发挥,以适合听众的口味和需求,因而说教性多于趣味性,目的是要用仔细搜集的事实和自己的亲眼观察来论证福音推动中国发展的伟大目标,态度自然是严肃而力求公正和准确的。这样准备的演讲内容和材料搜集,无疑是将之整理成一部简述中国国情著作的资讯基础。从 1846 年秋开始,卫三畏决定将演讲内容付诸文字,编纂成书。为此,卫三畏离开家乡来到纽约,住进哥哥德怀特·威廉斯家中,除了偶尔外出发表一些演讲外,他一直专心写作,直到作品完成。这本脱胎于卫三畏演讲稿的著作就是《中国总论》(The Middle Kingdom)。1847 年 11 月,演讲稿汇编成书,定名全称为《中国总论:概览中华帝国及其居民的地理、政府、教育、社会生活、艺术、宗教等》(The Middle Kingdom: A Survey of the Geography, Government, Education, Social Life, Arts, Religion, & c., of the Chinese Empire and Its Inhabitants)。但此著的出版经历了一番曲折,一开始几乎所有纽约的出版商都拒绝接受它,担心出版这样的一本书不会引起人们的兴趣,原因就是当时美国人对中国的无知、冷漠甚至蔑视。尽管屡遭拒绝,酒香不怕巷子深,还是得到了美国民族学会理事巴特里特和先前资助卫三畏回国探亲的广州美商奈伊的援手,前者说服威利和帕特南公司同意出版,后者慷慨表示愿意承担出版此书有可能受到的一切损失。1848 年春,《中国总论》终于面世,成为美国历史上第一部由美国人自己撰写中国事务的著述。《中国总论》分上、下两卷,长达 1200 多页(上卷 590 页,下卷 614 页),共列 23 章,分别是地理区划与特征、东部行省、西部行省、边疆地区、人口、自然资源、法律与政府机构、司法、教育与科举、语言结构、经学、史学与文学、建筑服饰饮食、社会生活、工艺、科技、编年史、宗教、基督教在华传播史、商业、中外交通史、中英鸦片战争、战争的发展与中国的开放等,将其书名定为"总论",是很贴切的,因为它比较全面介绍了中国的历史和现状,几乎涵盖了中国社会与历史文化的所有重要方面,"这部著作是关于中国最详细完整的论述,包含了一个人想知道的所有内容"②。《中国总论》一经出版

---

① 《卫三畏生平及书信》第 82 页。
② *Christian Review*, Vol.13, No.50, June 1848, p. 271.

便引起很大反响,几个月内就开始了第二次印刷,甚至不久就出现了盗版的英文本,并在此后30多年中一直保持着数量不多但很平稳的销量。后来,还出现了德语译本,大部分章节曾被译成西班牙文出版。卫三畏个人的心血付出也得到了回报,赢得了声誉,1848年夏,纽约州的联合学院授予他法学博士荣誉学位,从此以后,卫三畏的名字后增加了L. L. D.(法学博士)头衔。凡此种种结果,都足以说明《中国总论》的适时性和重要性。

卫三畏回国演讲筹款和国内相关组织与人士捐献的结果,已经实现了他的客观上的需求,即筹集到足够购买中文活字的钱款。而作为演讲稿汇集而成的汉学巨著《中国总论》在几番曲折后的出版以及出版后的名利双收,则让卫三畏撰写此书的主观动机跃然纸上,扣人心弦且令人感动,因为卫三畏要通过《中国总论》消弭美国人在内的西方人对于中国的无知和偏见,并唤醒西方人对华福音传播的热情和增进中国人对福音的兴趣,以实现基督教在华传播的伟大事业。

在《中国总论》的序言中,卫三畏开宗明义地提到他写作这部书的主观动机之一是"要为中国人及其文明洗刷掉通常加于他们的那些奇特的、几乎无可名状的可笑形象;好像他们是欧洲人的模仿者,他们的社会状况、艺术和政府是基督教世界同样事物的滑稽表演"①。卫三畏在书中予以批判的是西方人将中国视为野蛮民族的无知和蔑视,也非高看中国的文明,因为他是希望通过学者的眼光把中国"像讲述其他国家一样"进行客观的描述,看待中国不要"很容易把中国早期的历史捧上了天,就像法国作者所做的那样,但贬低他们也同样是不正确的,而这是现在普遍流行的做法"。② 正如卫三畏将此书命名为 The Middle Kingdom 那样,说明他把中国视为"中央之国",意即中国是一个介于文明和野蛮之间的民族国家,而这正是卫三畏的中国观的最精确的概括。可见,卫三畏通过《中国总论》致力消除的偏见,就是当时西方流行的中国停滞、落后的野蛮性质。下面,我们来看看美国人对中国有这样的偏见的由来吧。在独立战争之前,一些美国人表现出了对中国的兴趣,但他们有关的中国知识主要来自书本,尤其是欧洲人的著作,从《马可·波罗游记》《利玛窦中国札记》到安森(George

---

① Samuel Wells Williams, *The Middle Kingdom*, New York & London: Wiley and Putnam, 1848, Vol.I, p.xiv.
② *The Middle Kingdom*, Vol.II, p.193.

Anson)的《环球旅行记》,从柏应理(Philippe Couplet)的《中国哲学家孔夫子》到杜哈德(Du Halde)的《中华帝国全志》,欧洲进口的各类著作长期以来成为美国人了解中国的最重要的信息来源。而这些著作也是17、18世纪席卷欧洲"中国热"的文化因素。殖民地美国人也就承袭了欧洲人对古老中国的仰慕之情,以赞赏不已的心态时时展露出对中国及其文化的浓厚兴趣,最著名的莫过于杰出的学者和政治家富兰克林了。他对中国的热情虽然比不上德国最重要的自然科学家、数学家、物理学家、历史学家和哲学家、伟大科学家莱布尼茨(Gottfriend Wilhelm von Leibniz,1646—1716)和法国启蒙思想家、文学家、哲学家伏尔泰(Voltaire,1694—1778),但他很赞赏中国的道德哲学、政府管理和农业技术。当然,催动欧洲"中国热"的人为因素则在很大程度上归功于法国来华耶稣会士对中国的赞美,他们写的大量书信和著作给欧洲带去了一个文明昌盛的中国形象。但到18世纪下半期以来,随着耶稣会士影响的减弱,特别是1773年耶稣会的解散,中国形象开始走向负面。卢梭(Jean-Jacques Rousseau,1712—1778)、孟德斯鸠(Charles de Secondat, Baron de Montesquieu,1689—1755)、亚当·斯密(Adam Smith,1723—1790)等对于中国的批判逐渐取代了莱布尼茨和伏尔泰对于中国的赞美,成为主流的中国观。这种观念到了德国哲学家黑格尔(Georg Wilhelm Friedrich Hegel,1770—1831)那里得到了进一步的理论综合。在黑格尔看来,以中国为代表的东方文明是没有"世界精神"的自由展现和发展的,中国的"客观的存在和主观运动之间仍然缺少一种对峙,所以无从发生任何变化,一种终古如此的固定的东西代替了一种真正的历史的东西",中国的历史是停滞的,处于整个世界历史的局外。① 黑格尔对中国负面评价影响远大,危害很深,"黑格尔对中国历史的负面评价被后来欧洲的学者视为权威,尤其在德国,一直延续到20世纪中叶,甚至在20世纪60年代,据笔者印象,当德国一所大学在讨论是否设立中国历史的教席时,仍因为黑格尔的中国没有历史这一站不住脚的观点而遭到否决"。② 因此,在新兴民族国家的美国在1783年独立之际,欧洲的"中国热"已经基本上成为历史了,充耳入书的绝大部分都是关于中国现象的负

---

① [德]黑格尔著,王造时译《历史哲学》第122—123页,上海书店出版社,1999年。
② [德]傅吾康著,陈燕、袁媛译《19世纪的欧洲汉学》,载张西平编《欧美汉学研究的历史和现状》第120页,大象出版社,2006年。

面报道,特别是欧洲来华传教士凭借他们熟练的汉语技能和丰富的中国经验写出了多部有影响的作品,强化了西方人对华的负面印象。德籍新教传教士郭实腊不顾清政府的禁令于1831—1833年三次沿着中国海岸航行,他的冒险经历曾以日记形式在《中国丛报》上连载,1834年结集以《三次航行中国沿海记》(*Journal of Three Voyages along the Coast of China in 1831, 1832 and 1833*)为书名在伦敦出版。1836年,英国驻华商务总督德庇时(John Francis Davis,1795—1890)出版了《中国人:中华帝国及其居民概况》(*The Chinese: A General Description of the Empire of China and Its Inhabitants*),共有21章,对中国进行了全面的介绍。1838年,英国伦敦会牧师麦都思(Walter Henry Medhurst,1796—1857)出版了《中国:现状与未来》(*China: Its State and Prospects*),共有22章,主要介绍中国的历史文化和基督教在中国以及东南亚的传播。在以上三本传教士著作中,德庇时《中国人》的影响最大,正如作者在此书的前言中所言:"我们在中国的利益大于任何欧洲大陆国家,但到目前为止英国还没有一部全面和系统的论述中国的书籍……杜赫德神父的《中华帝国全志》仍然是唯一的信息来源,但那部卷数众多、在不少方面也很有价值的书问世已经整整一个世纪了,它的很多内容早已过时,对于一个熟悉中国的人来说,区分哪些是可靠和有用的信息,哪些是偏见、歪曲和无稽之谈,是很不容易的。"①《中国人》对中国历史和现状的全面介绍,使其一经出版便受到西方人士的好评。② 欧洲传教士之书中的丑化中国人的记录,使本来就受18世纪欧洲"中国热"影响极少的美国人,更加相信了中国的野蛮、愚昧和落后的负面传闻,特别是主要根源于英国文化的美国社会,自然更接近英国人的思想内容和认识水平,而英国人一直以来就没有正视过中国。英国对中国的好感主要集中在对于中国物品的喜好,而非对于思想文化的欣赏,它在17、18世纪"对中国的兴趣只是偶发的、半心半意的、处于'冷漠中心'的边缘"。③ 就是在19世纪来临后,英国和中国的贸易量不断增加,还是没有引发英国人了解中国、研究中国的热情,"在我们英国人总体的知识成就

---

① John Francis Davis, *The Chinese*, London: Charles Knight and Co., 1836, Vol.1, pp.1-2.
② *Chinese Repository*(《中国丛报》), Vol.5, p.280.
③ 钱锺书:"China in the English Literature of the Seventeenth Century", Adrian Hsia, ed., *The Vision of China in the English Literature of the Seventeenth and Eighteenth Centuries*, Hong Kong: The Chinese University Press, 1998, p.30.

中,关于中华帝国的知识是微不足道的。我们与中国进行着如此频繁的贸易往来,但在马嘎尔尼使团之前却对这个民族几乎一无所知。而法国人在几乎一个世纪之前就已孜孜不倦地开展了对这个民族的研究,并取得了一定的成就。英国在这一领域表现出一种出奇的漠视"。① 英国人对中国的漠视乃至蔑视,导致了英国人首先挑起鸦片走私,致使近代中英之间的矛盾必须兵戎相见而后解决。除了来自欧洲的不良资讯,赴华贸易的美国商人的中国评论,不仅少有纠正之意,却不经意间增加了中国的不白之冤。从 1784 年"中国皇后"号首航广州成功后,中美建立起直接贸易关系,美商开始把他们在华的所见所闻记录下来,美国人才有了自己的信息来源。美国出版的最早一部关于中国的著作出自范罢览(Andrew E. Van Braam)之手。范氏生于荷兰,曾被荷兰东印度公司派往中国,在澳门和广州先后工作了 15 年,1783 年英美签订《巴黎和约》宣告美国独立后,他移居到美国并于次年成为美国公民。此后,范氏又重新效力于荷兰东印度公司,在广州出任代理人。1794 年,他作为德胜(Isaac Titsingh)使团的一员前往北京庆祝乾隆登基 60 周年纪念。这次经历为他写作提供了重要素材,1797 年,他的著作被从荷兰文翻译成为法文在美国费城出版,书名为《1794—1795 年荷兰东印度公司赴中华帝国使团纪实》,但这本译著是法文版,出版后并没有引起什么反响,在以英语为主要语言的美国自然很难受到重视和引发兴趣,而与此同时,曾随同以马嘎尔尼为首的英国使团前往中国的中文翻译斯当东(George Leonard Staunton)爵士出版了英文版的《英使谒见乾隆纪实》(An Authentic Account of an Embassy from the King of Great Britain to the Emperor of China),广受美国人的欢迎。此后,美国商人又出版过几部作品,均反响平平。② 而这些美商的作品处处流露出对中国贸易种种限制的不满,对华灰色的评价俯首可见,而最具代表性的商人就是山茂召。山茂召是 1784 年第一艘到达中国的美国商船"中国皇后"号的商务代理人和最早的美国驻华领事。他的日记成为美国人关于中国的最早记录,只是因为多种原因直到他去世后才出版。1847 年出版的《山茂召日记》是相当迟到的一本书,其内容包括编者约瑟夫·昆西(Joseph Quincy)撰写的山茂召

---

① John Francis Davis, *Chinese Novels*, London, 1822, pp. 1-2.
② Owen Aldridge, *The Dragon and the Eagle: The Presence of China in the American Enlightenment*, Wayne University Press, 1992, p. 268.

的生平以及山茂召的四篇日记:《第一次广州之行》《"中国皇后"号首航中国》《第二次广州之行》和《槟榔屿之行》。这部日记的出版,不但引起了美国人的极大关注,更加剧了美国人对中国的偏见。山茂召在首次广州之行的日记中批评中国政府"是所有文明国家中最为压制的政府",而中国人则个个"崇拜偶像并沉溺于迷信"。① 很显然,山茂召在美商中开了一个坏头,以后的美商对中国的看法虽然各不相同,但总的说来,批评远远多于赞扬,他们向美国民众传递着这样的一个中国人形象:衣着滑稽、迷信、不老实、狡猾、残忍、对政府的专制统治和社会的停滞不前束手无策。② 不过,商人的对华评价是漂移不定的,随着在华商业贸易利润的获得或增多,他们对中国的看法就会向好的方面转变。因此,美商对中国的批评不是源于中国本身,而是在乎贸易利益的得失。费正清在分析早期中美贸易时指出:"美国在中国的商业利益总是带有很大的想象和希望的成分。"③这种跳跃于希望和失望之间的美商心态,与其说是对中国的批评,不如说是一种嘲笑,嘲笑中国人经商致富的不谙,是没有那么多的政治伪装和宗教欺骗的伎俩。比较严重的是,跟随商人之后来华的美国单方面的所谓外交官,更比商人放言无忌。鸦片战争前,美国驻华外交官就像美商一样,既不懂汉语,又来去匆匆,这就决定了他们对中国的认识必然是肤浅而零星的。19世纪 30 年代罗伯茨(Edmund Roberts)和罗森伯格(W. S. W. Ruschenberger)被美国政府派往亚洲进行面议谈判,在匆匆访问广州、澳门后,罗伯茨就在其日记中写道:"中国人具有最堕落邪恶的习性,赌徒到处可见,他们毁坏家庭,走向犯罪。他们吸食最有害的毒品,饮用最浓烈的酒水来麻痹自己。他们还是一群贪食者,飞禽走兽无一不成为他们饕餮的对象,实际上一切让其他民族恶心的陆地和海洋中生物都为他们所喜食。中国政府的法律是用血写成的,法官个个收受贿赂,他们在剥夺犯人的生命之前为延长他们的痛苦而使用的各种别出心裁的酷刑揭示了这个民族的残忍和非人道。"④而罗森伯格的评论更为可怕:"他们是杀害自己幼小后

---

① Joseph Quincy, *The Journals of Major Samuel Shaw*, Boston: WM. Crosby and H. P. Nichols, 1847, pp. 183, 195.
② Stuart Creighton Miller, *The Unwelcome Immigrant*, University of California Press, 1969, p. 36.
③ John King Fairbank, *The United States and China*, fourth ed., Harvard University Press, 1979, p. 324.
④ Edmund Roberts, *Embassy to the Eastern Courts of Cochin-China, Siam, and Muscat*, New York: Harpar and Brothers, 1837, p. 151.

代的人,是一个恶性犯罪极其普遍却不受约束和制裁的国家。在那儿商人欺骗同胞和外国人;在那儿对语言的知识构成了科学的最遥远的边界;在那儿语言和文学简直不足以表达生活的共同意图,并且几个世纪以来没有改进;在那儿道德的卫护者是卑鄙小人;在那儿公正就是贪赃枉法,其程度在地球上无处可比;在那儿,伟大的立法者孔夫子虽然受到很大的尊敬,却经不起推敲,除非我们考虑到他所处时代的无知而原谅他作品的贫乏;在那儿,从皇帝到最低级的官员,一个剥削一个。"①同时,与商人有千丝万缕联系的美国来华传教士也并非都是洁身自好的人,他们中也有人不仅仇视中国禁教和闭关,扬言美国与英国携手合作用武力开放中国国门,而且对中国极尽污蔑之能事,如伯驾和裨治文都是英国武力对华的强硬政策的支持者,提出了使用武力迫使中国订立一项不平等条约的主张,"如不使用武力,就没有一个政府与之保持体面的交往","采用低声下气的请求,我们必将一无所获;倘若我们希望同中国缔结一项条约,就必须在刺刀尖下命令它这样做,用大炮的口来增强辩论",而且"从军事角度看,中国实不堪一击"。② 更为严重的是,晚清中国在 1840—1842 年英国挑起的鸦片战争中败北。从现实和直观的意义上看,古老而文明的中国在国际社会中的国家形象是一落千丈的,美国人在欧洲特别是英国的影响下逐渐形成了"一种以轻蔑和厌恶的口气谈论中国人的风气"。③ 针对几乎弥漫到全部美国人的对华负面评价的局面,在华生活了 11 年多的卫三畏觉得有必要纠正自己的同胞这样的不符合事实的看法。而实际上,早在鸦片战争前夕,卫三畏就对匆匆来华走马观花和大发议论的美国商人和所谓驻华外交官的涂鸦之作表示了轻蔑和讽刺:"在很长一段时间里,人们所能读到的关于中国的书籍是由这些来去匆匆的观光者提供的。他们一下子来到一个陌生的地方,看到很多陌生的事情,听到的事情则更加闻所未闻,他们就会染上这种情况下容易犯的毛病——提笔就写,从 12 开的小册子到大 8 开本的 3 大卷。"④1845 年,探亲回到美国后,在一系列演讲的过程中,卫三畏明显

---

① W. S. W. Ruschenberger, *A Voyage round the World*, Philadelphia: Carey, Lea and Blanchard, 1838, p. 431.
② 《中国丛报》1835 年 1 月、1836 年 2 月和 8 月号,转引自顾长声《传教士与近代中国》第 33—34 页,上海人民出版社,2004 年。
③ William Speer, *The Oldest and The Newest Empire: China and the United States*, Hartford, Conn.: S. S. Scranton and Company, 1870, "Preface", p. 4.
④ Samuel Wells Williams, "Review of China Opened", *The Chinese Repository*, Vol.8, p. 85.

地感受到了自己同胞的一些冷漠和成见,他的演说和后来《中国总论》中对中国的客观描述遭到了一些人的不屑甚至嘲笑,那些人似乎觉得这样郑重其事地谈论中国是一件很荒谬的事情。对此,卫三畏常常气愤难平,但他又自知能力有限,无法改变所有人的错误观点,只想通过《中国总论》来尽力打消同胞对中国的嘲弄和偏见。而实际上,要改变几乎已固化到美国同胞头脑中的晚清中国的黑暗形象,卫三畏要做的事在两个方面,即消除因无知而表现出的漠然心态和消弭因无知而产生的偏见。后来,《中国总论》问世过程的挫折,正好说明美国人的漠视,对中国现象的毫无兴趣;而《中国总论》出版后受到热烈欢迎,又说明了美国人对华的几乎一无所知,该书向他们展现了一个活生生的中国,促使了他们希望通过这部入门书来了解远方的中国。19世纪40年代鸦片战争的爆发,特别是中美《望厦条约》的签订,极大地激励了越来越多的美国人开始关注中国,关注中美之间的近期关系和长远发展。卫三畏的《中国总论》及其所内涵的中国观成为一座架在中国人和美国人互相往来和沟通的桥梁,具有积极的文化交流意义。

在《中国总论》的序言中,卫三畏又提到他写作这部书的另一个目的:希望推动在华传教事业。这个事业需要两个力量的交互作用,一是美国民众和基督信徒的支持和热情,二是中国人对于基督福音和在华基督教会的兴趣,而前提又必须是前者。卫三畏认为,一旦传教士扎根在中国人中,中国人将会好好地回报他们的辛苦。正如在《中国总论》的前言中,卫三畏这样写道:"如果这些知识有助于任何人进一步激起他们的愿望,去传播我们的文明和宗教自由的主要成就,鼓励现在正在从事这个事业的人们更加努力,那么我在著作过程中付出的艰辛可谓得到了日益增加的回报。"①这样的对华传教事业的钟情,在《中国总论》出版前,在卫三畏致其未婚妻沃尔沃斯小姐的信中就明确地提及了写作此书的这个动机:"我相信促使我出一本关于中国的书的动机是正确的。我的动机之一就是想使我的教友们更多地关注中国的命运。我想向人们表明:我们应该向中国人宣讲我们的教义。现在中国的政治日趋混乱,鸦片和国民道德的沦丧正使整个民族日趋堕落。只有福音能够拯救他们。也许造成他

---

① Samuel Wells Williams, *The Middle Kingdom*, New York & London: Wiley and Putnam, 1848, Vol. I, pp. xvi-xvii.

们对任何事情都麻木不仁、无动于衷的原因有很多,但蒙昧无知是其中最根本的一条。驱走了蒙昧无知,就能在很大程度上挽救这个民族于消沉和堕落。"①为了增进西方基督教会在中国人中间传播福音的兴趣,卫三畏在他的写作《中国总论》的第一个动机"消弭美国人对华偏见"而"用真实的叙述还中国一个公道"的同时,更多的是要在所谓真实叙述的过程中努力铺展这样的一个中心论点,即中国文明在自发的过程中已经达到了极致,陷于停滞和衰退。如书中大量描述中国的广袤的地理和无法想象的人口数,严厉批评中国政府和中国的宗教状况,等等,就是为了说,要拯救中国的衰落,就只有基督福音了。总之,卫三畏就是要通过《中国总论》,让更多的美国人了解中国,从而对在华传播基督教事业产生同情和支持,以期福音惠普中华大地。这就是作为传教士的卫三畏的基督初衷,而且持续终生,在华40多年的生活经历及其为福音入华的诸多活动,都可以证明卫三畏的这种宗教思想,特别是在《中国总论》修订版的前言中,卫三畏深情地写道:"把中国人理所当然地归为野蛮民族的时代已经一去不复返了。一个念头刺激着我一生从事这一工作,它就是这样一种希望:传教事业能够发展。"②

(二)1848年版《中国总论》在短时间里写就的原因和1883年修订的原因。

卫三畏在1846—1847年的短短两年内写出两卷本、1200多页的大部头著作《中国总论》是一种罕见的写作速度,令人惊讶。究其原因不外乎是:卫三畏在华11年生活经历下的亲身观察,以及勤勉工作的态度和善于学习的效果下的必然结果。卫三畏不仅对中国社会的现实变迁有了直接的感官认识,而且在工作当中和工作之余还能孜孜不倦地研究汉语和中国历史文化,积累了比当时在华西方人更多更深刻的理性知识。这实际上体现在两个方面,即多读书和多产出。"多读书"在于两个方面,一是多睁眼开耳来观察和领悟中国现实与中外差异,二是多阅读中国和欧洲学者的研究成果之书(美国人的书也是读的,只是那时书籍太少了)。前者,卫三畏在《中国丛报》的印刷工作和编辑撰稿上已经做得很好,而且通过散发宗教小册子等传教机会去接触中国民众,社会经验也很丰富,认识与理解能

---

① 《卫三畏生平及书信》第86页。
② 《卫三畏生平及书信》第310页。

力也增强了。后者,在中文学习一日千里的进步下,先协助裨治文印刷和增补汉英字典,后自己编写字典,从而更好地理解中国文化传统和中国人思维方式。而要做到这一点,无疑难度特别大,中国丰富的经典著作庞大,一般中国人未必穷其一生就能读完并有所领会,而卫三畏却以很惊人的毅力饱读诗书,至少他曾经接触过这些书籍。根据档案记载,在耶鲁学院所藏的卫三畏档案中,有一份书单,记录了这样一些书籍:《周易详注》《易图说》《书经体注》《九州山水考》《毛诗正义》《诗地理考》《毛诗鸟兽草木考》《周礼详解》《礼记集说》《春秋左传杜林详注》《孝经正义》《七经精义》《四书撮言》《孔子家语》《史记》《国语》《十七史详节》《纲鉴易知录》《大清一统志》《文献通考》《大清律例》《驳案新编》《百僚金鉴》《武备志》《性理大全》《朱子读书法》《农政全书》《本草纲目》《新法算书》《钦定协记》《卜法详考》《乐典》《舞志》《琴谱大全》《康熙字典》《御定佩文韵府》《山海经广注》《御定全唐诗》《历代诗话》《酒边词》《山中白云词》《古文分编》《列国》《三国志》《说唐》《今古奇观》《聊斋》《西厢》《致富奇书》《智囊》《搜神记》《朱子家训》《风俗通义》《饮食须知》《茶经》《北山酒经》《芥子园》《朝野佥载》《铭心宝鉴》《谈征》《故事寻源》《尔雅》《十才子》《成语考注》《大清会典》《瀛环志略》《三字经》《千字文》《状元幼学诗》《道德真经注》《释氏稽古略》《神仙传》《庄子解》《耕织图诗》。这些应该只是卫三畏看过或者查阅过的中文书籍的一部分,除此之外,卫三畏阅读和参考的西文书籍也为数不少,从《中国总论》的注释中就可以略见一斑。从早期的安文思(Gabriel de Magalhaens)、李明(Louis Le Comte)、宋君荣(Antoine Gaubil)到当代的马礼逊、米怜、麦都思、德庇时等人的著作都在他的引用范围之内。另外,19世纪法国的专业汉学家雷慕沙、儒莲、毕瓯(Edouard C. Biot)等人的著作也是他的重要参考资料。从18世纪以来,法国一直是西方的汉学大国,卫三畏对法国学者的成果一向非常关注。在1844年底回美探亲途经巴黎,在那里他买下了不少相关的法文书籍,在卫三畏的档案中就有一份购书清单,其中包括雷慕沙的《新亚细亚论集》《东方历史与文学遗稿》,儒莲翻译的《孟子》《赵氏孤儿》《白蛇传》,巴赞翻译的《琵琶记》等书。① 由于学贯中西,对于中国文化和中国人思想的理解自是高人一等,因此在美国巡回演讲中可以胸有成竹、口若悬河,演讲后还能反省得失、自我改进,以至于建立在演讲稿基础上的鸿篇巨制《中国总论》一经出版便风靡西方,泽被西方汉学界。卫三畏的超人著作的本领和他的汉学成果一时成为海外汉学史和中西文化交流史上的一个奇迹,也为卫三畏从一位业余的传教士汉学家转变为美国学院式职业汉学家奠定了坚实的权威和基础。"多产出"也在于两个方面,一是卫三畏在《中国丛报》上共发表的100多篇文章中,在1844年底离华回美前,就有论文将近50篇,内容涉及中国贸易、农业、地理、自然资源、科学技术、风土人情、语言文学等多个方面。这些文章就为他后来的演讲稿和《中国总论》写作的相关部分打下了扎实的基础。同时,卫三畏还在印刷《中国丛报》前12卷中的10卷刊物前还做过文字排版工作,不乏阅读的收获。这样的练笔和排印,促进了他能够更清晰地了解美国汉学和西方世界研究中国的总体框架和局部情况的。在一定程度上来讲,《中国丛报》上的文章对卫三畏而言,犹如他的一笔雄厚的物质和精神上的财富,凝聚着他的心血和思考,因此也就比较熟悉其上的论述内容和用途。从数量上来看,《中国总论》中引用最多的就是来自《中国丛报》上的文章。所以,十年来在《中国丛报》上的积累成为卫三畏后来撰写大部头的汉学著作《中国总论》提供了极其重要的资料来源,保证了他在短期内完成《中国总论》成为可能。二是卫三畏在负责《中国丛报》印刷工作的同时,仍能开展合作和独立的汉学研究,如汉语研究上,他先印刷麦都思的《福建方言字典》,后协助裨治文印刷和增补《广东方言中文读本》,并没有在此书上作为作者或编写者署名。在《广东方言中文读本》印刷完毕的1841年春天,卫三畏就开始印刷他的八开本、288页的以广州话为基础的汉语手册《拾级大成》(或译《华语初阶》),1842年,在澳门正式出版。这是卫三畏生平第一本著作。1843年,又印刷出版了《英华韵府历阶》。虽然是汉语字典,却无法掩盖他对于中国文化的深刻理解。综合以上种种有利条件,我们可以相信卫三畏是能够在短时间内完成这样的一部享誉西方汉学界的著作《中国总论》的。

---

① Samuel Wells Williams Family Papers, Yale University Library Manuscript Group 547, Series 4, Box 26; Series 2, Box 14. 转自顾钧《卫三畏与美国早期汉学》第99—100页,外语教学与研究出版社,2009年。

《中国总论》在美国和西方汉学界已经获得了广泛的声誉,卫三畏本人也从一位中国历史文化的爱好者演变成为著名的汉学家。这个渐进的过程历时35年(1848—1883),而这段时期,晚清中国发生了很大的变化,中外交往也进入了近代国家关系的时期。如果从抵达广州的那一刻算起,到最后一次离开中国为止,43年已经过去,今昔对比,卫三畏不胜感慨:"我在1833年到达广州时,和另外两位美国人作为'番鬼'向行商经官正式报告,在他的监护之下才得以生存。1874年,我作为美国驻北京公使馆秘书,跟随艾忭敏公使觐见同治皇帝,美国使节站在与'天子'完全平等的地位呈上国书。一生有两次这般的经历,而且不会忘记这个国家在思想和道德上的重大发展,……无论如何,这个国家已经度过被动时期,这是肯定无疑的。"①中国变化不仅仅表现在政治外交方面,社会生活的各方面都发生了程度不同的变化。面对这些年来中国的发展和时代的推移,卫三畏早已意识到1848年版《中国总论》出版近30年,书中许多信息不够完善,记述过时且有错误,结构的不完整性和论述的不准确性逐渐显露出来,因此,在从美国驻华公使馆秘书职位上退休下来、离开北京准备回美时,卫三畏就萌发了修改旧作《中国总论》的想法,想把掌握的新资料补充进去,并修正一些不适宜的观点,使关于中国的事实更加深入翔实。事实上,卫三畏晚年一直是在修改《中国总论》,并借助其子卫斐列的帮助,并将《中国总论》新版作为他自己献给上帝的最后礼物,"他希望这本书,以及此前完成的字典能够流传,并被发现值得放在上帝的生命之坛的基座中(可能看不见,但不是无用的)"。②就在新版《中国总论》1883年10月出版后的第4个月,即1884年2月16日,卫三畏在完全平静中离开了这个人世间,升到他一辈子都予以赞美的上帝意志的天堂中去了。中国历史的向前推进,这是一个不以人的意志为转移的客观现实,成为《中国总论》必然修订再版的前提和基础,而回到美国后的卫三畏和美国汉学向前发展的内在要求,又强调了这个修订任务的提前和提速。其实,到19世纪70年代末开始,修改旧版《中国总论》的条件大体上已经具备。首先,在华20多年的印刷与传教活动和驻华外交官岗位上20多年的实践过程,卫三畏与中国和中国人有着长期的联系,并在晚清中国政治外交的重大事件中发挥过作用,

---

① [美]卫三畏著,陈俱译《中国总论》(修订版序)第4页,上海古籍出版社,2005年。
② 《卫三畏生平及书信》第297页。

作为很多重大历史事件的参与者,他熟悉中外关系格局的新变化,从而对中国的了解和认识已是今非昔比,他的著述将具有可信度更高的史料价值。退休离开北京时,他已成为在中国生活和工作时间最长的外国人,从资历上来说超过了其他所有的英美传教士和外交官。1874年,《汉英韵府》的出版给他带来了极大的声誉,也很雄辩地证明了他的汉语和汉学研究水平所达到的新境界。这种在华的生活经历和当时在汉学领域里无人能出其右的学术成果,以及归国后在耶鲁学院的美国第一任汉学教授职位上的声誉,都使卫三畏无可避讳地成为重新校订其著《中国总论》的首选人物,更加上他的儿子卫斐列在汉学领域中的崭露头角和协助之力,绝大多数学者都赞成和支持卫三畏的这项修订工作。同时,又本着为推动美国汉学和西方汉学的新发展的美好愿望,年近70岁的卫三畏再次义无反顾地承担起这项具有激励意义的汉学工作,因为这次修订并非文字的个别删减,而是在全面构建合理框架的基础上更新颖、更正确地再建一座中国研究的丰碑,正如新版《中国总论》出版后,就有人誉之为"里程碑式的著作"。① 其次,35年来的汉学新资料的异常丰富,保证了修订的内容广博和阐释的高准确程度。《中国总论》出版20年后,美国又出版了三部全面论述中国情况的著作,即卢公明(Justus Doolittle)的《中国人的社会生活》(*Social Life of the Chinese*,1867)、倪维思(John L. Nevius)的《中国与中国人》(*China and the Chinese*,1868)和施惠廉(William Speer)的《最老与最新的帝国——中国与美国》(*The Oldest and Newest Empire*:*China and the United States*,1870)。三位传教士分别在中国福州、山东登州和美国加利福尼亚州的中国劳工中传播福音,并根据自身经历和对中国社会与中国人的观察,著就上述汉学著作,虽然这三部汉学著作无论从讨论范围、权威性还是详尽程度上来看,都不可与卫三畏《中国总论》相匹敌的,但它们对于加深美国人对中国的了解还是颇有价值的,也成为卫三畏修订《中国总论》的重要参考资料。其中卢公明的《中国人的社会生活》中关于科举考试的论述,不仅记录了考生从参加考试直到考试结束的整个流程,还对考试中的各种不良风气做了深刻的揭露,甚至细及考试中点点滴滴的有趣现象,

---

① E. Wentworth, "Williams's Middle Kingdom", *Methodist Quarterly Review*, Vol. 66, 1884, p. 526.

其详尽程度显然超过了卫三畏在《中国总论》中对科举制度的描写。① 除此之外,整个西方汉学界在中外关系不断交相作用的35年间,也不断地推出了相当多且质量高的汉学成果。如《四书》先前只有马士曼和柯利的英译本,后来理雅各(James Legge)的皇皇巨译《中国经典》出版,不仅包括《四书》,还有《尚书》《诗经》等多部经典;中国的宗教和传教问题也吸引了更多传教士的关注,艾约瑟和丁韪良都出版了颇有影响的著作。这些新成果和卫三畏所了解的一切学术成果无疑都是修订《中国总论》旧版的重要参考资源。从1883年新版《中国总论》的参考资料中,我们可以发现卫三畏引用了200多位作者的相关著述,使初版《中国总论》过多依赖《中国丛报》上材料的情况得到根本的改变,从反向角度就说明了包括美国在内的整个西方汉学水平的提升,从而使卫三畏修订其著作有了更大的回旋余地和精选材料的空间。也可以这样说,卫三畏在修订其著作时,他所担心的不再是信息和资料的欠缺,而是如何控制信息、规划引用材料的问题,"如果对每一事件都做详细的梳理将使这本书的容量大大增加,并因此会妨碍使用的方便。舍弃那么多积累起来的学识,再把其余的压缩在一个狭小的空间,这又不能不让他感到悲伤(对任何作者来说都是悲伤的),但他还是坚决遵循了切合实际的目标。对于许多主题他只是说明了范围,然后便一笔带过,而有些则在给出参考书目后完全省略。尽管这样做导致了某些不和谐,以及因为新旧引文不同而偶尔产生的不衔接,但总体效果是令人满意的"。② 最后,从汉学学科发展的客观需要和卫三畏主观上的思想准则,也促进了卫三畏在晚年不顾辛劳地修订旧版。1876年,卫三畏荣登美国第一个汉学讲座的教授之位,对于引领和推进美国学院式汉学的发展肩负着更大的历史重任,说"任重道远"似乎不能让一个勤勉的汉学家感到宽心,他希望要在有生之年将美国学院式汉学水平推进到与欧洲学院汉学同等的水平。卫三畏又鉴于到1876年耶鲁学院首创汉学讲座时,美国的汉学成果仍是很单薄,研究力量很小,希望通过对修订旧版《中国总论》来鼓励美国年轻的汉学者们努力改变汉学研究的落后局面。同时,从个人角度上看,已经功成名就的晚年卫三畏仍旧希望其代表作和他所享有的声誉匹

---

① 林立强《美国传教士卢公明眼中的清末科举》,载《国际汉学》(第十辑)第230—238页,大象出版社,2004年。

② Frederick Wells Williams, *The Life and Letters of Samuel Wells Williams, Missionary, Diplomatist, Sinologue*, New York: G. P. Putnam's Sons, 1889, p.459.

配,"由于《中国总论》已经成为当时这个领域的权威(这让它的作者相当吃惊),卫三畏决心通过修订使作品与它的声名相符合。在出版商及时地宣布新版本即将问世之后,还有一些人继续购买旧版本,这一事实或可说明人们对这样一本书的持久和迫切的需求"。① 也许还有一个很小的原因刺激了卫三畏必须修订旧版,就像在《中国总论》初版序言中所说那样"要为中国人民与文明洗刷掉如此经常地加予他们的那些奇特的、几乎无可名状的可笑印象"一样,这次执意修订也是出于对美国人对华的无知和偏见的一种回击。在1848年后,中国移民美国加州或被贩卖到美洲的中国劳工为美国经济和社会的发展做出了积极而重大的历史贡献,但却受到了无数次的蔑视、虐待和驱逐。这些中国移民的异地经历和痛苦遭遇引起疗一些美国记者和作家的关注,以布莱特·哈特、马克·吐温等著名作家为代表的美国一代知识分子率先报道了中国劳工在美国的生活状况,但他们笔下的中国人的形象一个个丑态百出、面目可憎,从此开始了美国人眼中的那不堪入目的中国形象的临摹物,对中国的评价每况愈下,一时欧美的"黄祸论"甚嚣尘上。历史上的"黄祸论"是19世纪列强侵略中国的舆论。一般认为,"黄祸论"的始作俑者是无政府主义创始人之一俄国人巴古宁,他在1873年出版的《国家制度和无政府状态》一书中开鼓噪"黄祸论"之先河,英国殖民主义者皮尔逊在他的《民族生活与民族性》一书中又进一步发挥完善,使得这一理论基本形成。美国最早宣扬中国人和其他黄种人"威胁"的文献,是美国参众两院1877年公布的《调查中国移民问题的联合特别委员会报告书》。该报告书是在美国排华势力的推动下出笼的。起初,美国为开发其西部地区引进了大批华工。华工的辛勤劳动对美国西部的繁荣做出了杰出贡献,美国社会普遍接受华工的到来。但华人的大量涌入影响了美国人的就业,于是美国开始排华。该报告集中了主张排华的美国代表人物的见解,为美国国会通过排华法案提供了依据。该报告说,美国人是世界上最优秀的种族,而中国人、日本人、马来人和蒙古人是"劣等"民族,200年以后,他们就将"如同加利福尼亚州的蝗虫猖獗为害于农夫的田地一样"进入美国,改变美国人种,使美国整个国家退化。该报告还没有使用"黄祸"这个词儿,但集中了各种歧视中国人的观点,后来"黄祸论"者的许多论点,在这里都能找到出处。卫三畏1876年退休回

---

① *The Life and Letters of Samuel Wells Williams*, *Missionary*, *Diplomatist*, *Sinologue*, p.458.

美后,曾利用他的声望发起了要求美国总统海斯否决1879年排华法案的请愿运动,获得成功,鼓励了他充满信心地来修订旧版,以期为中美正常关系的发展尽微薄之力。卫三畏用了他晚年的最后七年时间,终将旧版《中国总论》修订成功,从原来的23章增加到26章,最后三章是全新的内容,其近200页的内容使卫三畏和美国早期汉学所关注的中国现实问题在《中国总论》中的比例大大提高,近代中国的形象在古代中国的映射下更加凸显。前面23章的原有各章的写作顺序保持不变,这是因为卫三畏考虑到使用的方便性,毕竟此书已经使用了30多年,读者相对习惯了这种篇章结构。各章内容的变化程度是不等的,有的基本信息未变,有的则重新编写,有些既有保留又有修改或增补,有的修改不是小修小补,而是大规模地彻底改造。总起来看,新版在旧版1200多页的基础上增加到1600多页。新版《中国总论》英文书名是《中国总论:概览中华帝国及其居民的地理、政府、文学、社会生活、艺术和历史等》,书名与第一版比较稍有变动。与初版时屡遭出版商拒绝完全不同的是,新版的推出十分顺利。出版公司是纽约的 Charles Scribner's Sons 和伦敦的 W. H. Allen & Co. Ltd.)。其中,查尔斯·斯克莱布诺家族公司(Charles Scribner's Sons)在推出新版前就大做广告,予以宣传。而1848年初版的出版社威利公司认为自己对于修订版还有一定的权益,曾向查尔斯·斯克莱布诺家族公司协商,得到了卫三畏的出面澄清而获得一定的再版权利。正是由于一丝不苟的修订,使《中国总论》成为一个汉学品牌,"'前言'这样写很可能会引起读者的误解,使他们无法正确了解我们修订再版这部书的目标和所做的工作。您的大著在近40年的时间里一直是这个领域的经典,而您称之为'浅见',这是不恰当的。同样不恰当的是,您把一些章节说成是'在篇幅允许的范围内提供的尽可能准确的信息',而实际上它们是最为权威的论述。但最重要的问题还是您的'前言'几乎没有强调增加和修订部分的重要性,谈老的部分太多,而谈新的部分太少"。① 对于修订版"前言"的虚怀若谷的表达,令出版商有些不满,卫三畏于是请其子卫斐列来修改"前言"以适当满足出版公司的商业利益。这并

---

① "Charles Scribner's Sons to S. W. Williams, 12 July. 1883", Samuel Wells Williams Family Papers, Yale University Library Manuscript Group 547, Series 1, Box 7. 转引自顾钧《卫三畏与美国早期汉学》第111页,外语教学与研究出版社,2009年。

不是卫斐列在《中国总论》中的一项工作而已,其实,整个修订的过程是卫三畏父子的合作产物。晚年卫三畏不仅视力严重下降,精力也大不如前,又遭丧妻之痛,跌倒摔残胳膊和突患中风,而且还在应付必要的学术和社会活动,使身体状况逐渐变坏。7年的修订中,卫三畏在1881年前完成了原先章节的修订,在补充章节的写作中已经无法继续独自完成,于是儿子卫斐列加入进来,到1882年3月,卫斐列完成了新版修订余下的工作,并为全书编制索引,还承担了出版的全部责任。新版最后三章的主要作者是卫斐列,他专门研究了近代中国的政治和历史,从而培养了汉学研究的学术能力。可以说,卫斐列是在帮助父亲修订《中国总论》的过程中成长起来的,他后来接替父亲出任耶鲁学院的汉学教授,成为研究中国历史与文化的汉学专家。

(三)两版《中国总论》写作资料的主要来源

《中国总论》两版都分上下两卷,前版长达1200多页,有23章,后版长达1600多页,有26章,所阐述的主题包括:帝国区划及特征、东部、西部各省地理情况、藩属地域地理情况、人口和数据统计、中国的自然史、中国法律和政府设计、法律的执行、教育与科举考试、汉语的结构、中国经典文献、中国人的雅文学、中国人的建筑、服装与饮食、中国人的社会生活、中国人的工艺、中国人的科学、中国的历史与编年、中国人的宗教、中国的基督教传教活动、中国的商业、中国的对外交往、中英第一次鸦片战争、太平军叛乱、第二次鸦片战争、中国近事等。如此多的主题和庞大的写作内容,可以说非常全面而及时地向西方人介绍了远东中国的政治、经济、文化、社会状况及其相关的历史知识。这样的汉学研究成果不仅带给了卫三畏莫大的声誉,也留给后人很多的思考,尤其1848年版《中国总论》在短时间内写完和7年时间的修订,除却了卫三畏个人在华的亲身体验、对中美关系的美好期望以及超人一筹的写作才能外,丰富而适时的人文资料和社会科学资料都是卫三畏撰写和修订《中国总论》的极其重要的资料来源。在1848年初版《中国总论》"前言"中,卫三畏简略地提到了该著所取材的资料对象,"这一著作中,几乎每一部分的资料来源,都是亲自观察和对当地权威性典籍的研究,还有来自裨治文博士编辑、在广州连续出版的《中国丛报》各卷。……如果人们对汉人子孙的品格、历史制度有更大兴趣,想了解更多的情况,可以读一读法国传教士和学者的著作,加深自己的研究;英国作家钻研这一课题的不多"。① 从"前言"的这段话中,我们已很清楚卫三畏撰写《中国总论》的主要资料来源了,因为《中国总论》是用第一人称来叙述的。在此,就从卫三畏自己提及的三个方面来比较具体地阐述卫三畏著就《中国总论》时所依靠的资料内容。

首先,在华多年的人际交往和实地考察,卫三畏大量阅读和收藏了中国典籍,这些成为后来写作的根本性的资料基础。我们知道,在撰写初版《中国总论》前,卫三畏在中国南方已经生活和工作了11年,这10多年间,他不仅跟随中国老师、马礼逊父子和裨治文等人学习汉语,而且进步很快,为他写作并印刷出版自己的《拾级大成》《中国地志》《英华韵府历阶》等书打下了坚实的基础,而且在中文基础不断提升的情况下,不断而大量地涉猎中国书籍,包括中国辞书、地理书、历史方志书、语言书、儒家思想经籍等。卫三畏在扩充裨治文的《广东方言中文读本》、修订马礼逊之子马儒翰的《中国商务指南》等书籍上,他就大量借助了《康熙字典》《五车韵府》等辞书。地理和方志书也是不断进入卫三畏的阅读行列,《中国总论》前六章的自然史方面就涉猎众多,如第二章谈论中国东部各省的地理时提及了《苏州志》《浙江志》各有40册,《广东通志》有182册,还评价了书中的一些内容,指出其中包含的传闻和次要内容而认为不值得翻译为英文,但撰写较为可信的中国地理,这些方志资料却是不可少的参考资料。在语言书方面,卫三畏除了采纳现成的清廷钦定和地方政府认可的汉语书籍外,还通过实地考察搜集一些民间方言书籍,在撰写第10章《中国语言文字》中,卫三畏提到了当时广州普通人使用的有名辞书《江湖尺牍分韵撮要合集》和厦门人使用的一种小本辞书《十五音》,这些民间方言资料在《中国总论》中记载,如今要转译成中文,显然很难切中原义,却保存了中国方言的原始资料,具有民族遗产的考古意义。至于其他中文书籍,前已有述,在耶鲁学院所藏卫三畏档案中,有一份书单记录了卫三畏曾经阅读过的一些中文书籍。而令人惊喜的是,卫三畏非常会读书,他学会了如何检索和有计划地阅读中文书籍,即懂得目录学。清代著名史学家、经学家、考据学家王鸣盛(1722—1797)曾说过:"凡读书最切要者,目录之学。目录明,方可读书;不明,终是乱读。"②在《中国总论》第11章介绍中国经典文献时,

---

① [美]卫三畏著,陈俱译《中国总论》(初版序)第2—3页,上海古籍出版社,2005年。
② 王鸣盛《十七史商榷》卷七,《中国古代目录学简编》第8页,重庆出版社,1983年。

卫三畏就按照中国古代书目编纂的里程碑、也是乾嘉考据学的代表性作品的《四库全书总目》的古籍分类法来陈述的。在这一章开篇的第二小段,卫三畏就说道:"对中国文献进行全面考察时,《四库全书总目》是最好的向导,因为它涵盖了整个文献领域,对中国的最优秀书籍提供了完整而简明的梗概。本书由112册,八开本,本身就是很有价值的著作,特别是对外国人更有用处。全部的书分列四部分,即经、史、子、集。《总目》包括的书籍有3440部,共有78000卷以上,此外还有'存目书'6764部,达93242卷,由皇家收藏的其他目录中记述。这些目录包括了中国文献的大部分,但不包括小说、佛经翻译和最近的出版物。"①并非《中国总论》第11章如此,它只是一个说明或例子,只要看一看《中国总论》23章的篇目,就可以发现它的主题是按照内在的知识逻辑来确定写作顺序的,从自然到人文、从人文到社会、从历史到现实,无不彰显着卫三畏对于中国文明和中国人思维的相对熟悉和深入理解。在大量阅读中文书籍之外,卫三畏还通过亲身实践和细致的社会观察来积累写作素材,其中以与人交往和实地考察为最重要手段,加强和加深了写作《中国总论》的感性知识和理性认识。来华之初,卫三畏有两个比较统一的身份:传教士和传教士印刷工,前一个身份使他可以到广州附近的地方散发宗教传单和小册子,得以直接与中国老百姓交流,比较感性地了解中国社会的一些基本情况。鸦片战争后,卫三畏的活动自由更多,特别是出任美国驻华公使馆的外交官后,更有机会与各个社会层次的中国人打交道,感性知识的资料愈发丰富了。其中,卫三畏有两位中文老师和秘书老谢和罗森,私交甚笃,与曾赴美的马礼逊学校的学生、后来成为中国"留学之父"的容闳,一生都保持着良好的关系。清政府官员中的耆英、李鸿章、徐继畬等与卫三畏的关系也是不错,特别是在卫三畏1876年退休离华时前来送行的清政府官员都是与他公交、私交很好的对等之人。与不同身份与地位的中国人交际,以及感受到的主观和客观认识资料,都成为卫三畏撰写《中国总论》的人文资料和社会科学资料的源泉。书中有些记载其实就是卫三畏的亲身活动和目击实录,如1870年"天津教案"发生后,卫三畏曾随同美国驻华公使镂斐迪一起参与处理此事的过程,并针对欧洲报纸还在责难中国已最大限度忍让的情况,予以严正批评:"报纸作家似乎把中国看作欧洲的属地,……这些作者忘记了所有条约都是要

---

① [美]卫三畏著,陈俱译《中国总论》第434页,上海古籍出版社,2005年。

求'中国臣民针对外国人的犯罪行为应由中国当局逮捕,按中国法律惩罚';每个国家都有责任审判和惩办自己的罪犯。"①而退休回美后修订《中国总论》时还将1874年他亲历觐见中国同治皇帝的活动写进去,成为卫三畏与中国人交往的最高层次的记录,也是卫三畏视之为自鸦片战争以来中国进步的代表性政治事件,不仅在《中国总论》修订版序言中比拟为中国走向近代化开放的历程中的顶点,而且在最后一章"中国近事"中予以更高的评价:"(皇帝接受平等礼节的觐见是)中国政府在对外关系中作了正确的调整。承认独立国家的平等地位,不管怎么说也不会影响当地官员觐见君主时的致敬方式;但可以为将来的外交关系铺平道路。"②后一种身份,使卫三畏在印刷当时在华的传教士和其他外国人的文章而得以认识他们,并与其中很多人结下很深的友谊,如他在《中国总论》第14章中讲到中国人的婚姻时,转述了史密斯先生认识的一个中国人娶错别人家女儿的故事;谈到中国人看戏的情景时,转引的是英国传教士李太郭的描述。伴随着与人交际的同时,卫三畏更不舍弃实地考察的资料收集方式。从中西之间的文化差异和社会结构的不同的客观现实出发,欧洲早期汉学的书斋式的古典研究是不能更广更深地向世界介绍中国的,其间就无法避免非此即彼的评论。要想全面而准确地了解中国,特别是考察中国社会的变迁和发展,就必须走进中国、走入中国民间。中国那些具有独特的历史文化意义的内容,往往蕴藏于民间基层社会里,蕴藏在中国人的衣食住行等日常生活之中,如果没有切实的亲历感受和文化比较的考察,要记录中国自古而今的历史文化就难以达到相对的真实境界,只能是蜻蜓点水、走马观花而已。卫三畏在华43年的生活经历和无数次深入民间的考察,使他对中国的历史和实际情况较之其他西方人有更为深切的认识,《中国总论》一经出版、特别是修订版,很快就得到了广泛的欢迎,多次重印发行,流布很广也很久。这些亲历考察的结果,自会在著作中不时表现出来,如《中国总论》中对中国人风俗习惯的描述就很精彩细致、栩栩如生。而这些内容早在鸦片战争前,卫三畏在《中国丛报》上就有撰文,像《中国人的饮食与生活花费》《中国的风箱》《中国人使用的一般农具》《关于鸬鹚》等,其中鸬鹚是中国人捕鱼时用的一种鸟,是西方人感兴趣的中国物种,卫三畏在两版《中国总论》中都有详细描

---

① 《中国总论》第1087页。
② 《中国总论》第1092页。

述。对中国自然史的观察,是卫三畏的业余兴趣之一,无论在美国,在日本和琉球,还是在中国南方和北方,卫三畏都保持着这种爱好,不失时机地搜集动植物和矿物标本,也许是对他没有成为一名博物学家的一种精神补偿吧。在广州和渔民一起交往期间,曾于 1836 年他寄回美国国内的鱼类标本多达 200 多种。在居住北京期间,他甚至发现了四五个植物新物种,其中一种后来被命名为"威廉斯接骨木"。后来写作《中国总论》"自然史"一章中就明显而大量地利用了自己掌握的丰富自然知识。①

其次,在印刷和编辑《中国丛报》的经历和经验,培养了卫三畏的写作才情,而《中国丛报》上的巨大资料库成为他写作的直接而成熟的资料来源。《中国丛报》是美国人创办的最早的汉学英文杂志,表现出美国汉学发端之初就有注重中国现实的研究特点,报上大量刊发有关中国的研究论文、中国旅行记、中国文化翻译作品、时事新闻等内容,成为西方人了解中国的重要载体和文化窗口。从 1832 年到 1851 年间,《中国丛报》20 年内共发表与中国相关的各类文章 1300 多篇,涉及中国历史文化的方方面面,既有历史重温又有时事实录的文化意义和史料价值。根据卫三畏在丛报停刊的 1851 年编制的文章分类索引来看,卫三畏本人在《中国丛报》上发表的论文达 114 篇,其中有关中国地理的文章 17 篇,关于中国自然史的 17 篇,关于中国人社会生活与风俗习惯的 17 篇,关于中国语言文学与哲学的 14 篇,关于中国工艺技术方面的 11 篇,有关在广州发生的事件情况的 9 篇,中美关系的有 8 篇,关于传教工作的 6 篇,商业贸易的 3 篇,鸦片危害的 2 篇等,这些文章都为卫三畏写作《中国总论》相关部分内容作了重要铺垫,加上《中国丛报》上其他作者的千余篇文章,都有助于卫三畏能在短短两年时间里完成初版的写作,也改善了修订版的相关内容,使《中国总论》成为名副其实的美国第一本重量级的汉学著作,毫不逊色甚至已然超过了同时代的西方汉学著作。在此要重点提一下,裨治文在《中国丛报》上发表的 350 篇汉学文章,对卫三畏的初版《中国总论》的写作帮助极大。裨治文是《中国丛报》的创办人,也是主笔之一,特别是在创办初期作者队伍比较小的情况下,他的文章尤为密集。他的《广州、澳门的气候》《耶稣会士提到的中国犹太人》《中国的印刷以及汉学学习》《唐代女皇武则天的生平业绩》《基督教在中国早期的传播》等文章,从不同的角度为西方读者提供

---

① 《卫三畏生平及书信》第 250 页。

了各种有关中国的信息。裨治文后来没有写出一部像德庇时《中国人》或卫三畏《中国总论》那样全面系统的汉学著作,但他发表在丛报上的300多篇文章已经涉及中国的方方面面,它们汇总起来就是一本关于中国的小百科全书。裨治文曾有被不少学者称为美国第一位汉学家。① 这种"美国第一位汉学家"说法,应该不是在严格的汉学研究意义上而言的,称为汉学研究的先驱或者汉学者似乎更为贴切些。然而,两版《中国总论》究竟直接采用或转引多少来自《中国丛报》上的资讯,实在无法有个准确的统计数字。因为,还有很多没有引文注释的转述内容,也是出自《中国丛报》的,卫三畏没有予以标注的内容,对他而言已是客观事实或在常识性范围之内的认识了。一个事实就是,没有《中国丛报》的资料铺垫,《中国总论》就不会有那么大的影响与声誉了,正如费正清在《剑桥中国晚清史》中提到:"(中国总论)这部书还利用了在广州和澳门出版的《中国丛报》月刊(编者为裨治文和卫三畏,从1832年办到1851年)。"②其中的"利用"二字,已经说明了《中国丛报》资料的重要性了。下面,只从两版《中国总论》引用丛报上资料的一般情况作一些简要的阐述,借此理解《中国丛报》之于《中国总论》成功的潜在作用。1848年版《中国总论》写作时资料相对是缺乏的,欧洲汉学家和旅华西方人士记载中国情况的书籍不少,因此卫三畏不仅直接将自己发表在《中国丛报》上的文章几乎只字不动地移入到书中,还直接大量引用《中国丛报》上的丰富内容,如介绍孔子生平与事迹的内容就大篇幅转载自《中国丛报》第10卷相关文章,介绍中国经典文献时,《三字经》《百家姓》《千字文》的英文翻译也都来自《中国丛报》。只要统计一下1848年版《中国总论》的引文注释情况,就可知引用的幅度之大。如在第14章"中国人的社会生活"中,全章共有资料来源英文注释11处,直接引自《中国丛报》的就占了6处,比例超过54%。这种过多引自同一资料载体的情况,到1883年版《中国总论》时已经有所转变,相对减少了许多。同样是第14章,共有资料来源引文注释变为20处,直接引自《中国丛报》的减为了5处,比例只占25%。这种下降的变化至少说明两点,一是30多年后,中外关系进入相对稳定的时期,学术环境有所改善,汉学研究成果的不

---

① Michael C. Lazich, *Elijah Coleman Bridgman 1801-1861*, *American's First Missionary to China*, pp. 88-89,121;Susan Reed Stifler, "Elijah Coleman Bridgman:The First American Sinologist", *Notes on Far Eastern Studies in America*, No.10,Jan.1942,pp. 1-11.

② [美]费正清《剑桥中国晚清史》(上卷)第666页,中国社会科学出版社,1985年。

断积累,大量新资料涌现出来,使卫三畏修订旧版有了足够的资料库,在符合主旨的前提下,一些新资料进入了新版《中国总论》之中;二是卫三畏个人在华感受增多和汉学学识与水平的提高,使他能够有效地增加新资料、删除旧资料,一些论述必须加以修改,去掉很多的不确切记载和已变得不恰当的结论,力求保证著作符合时代发展的要求。因此,《中国总论》修订版中所保留下来的源自《中国丛报》上的资料,是卫三畏资料真伪的甄别能力和论点主次的布局水平的一种客观反映。《中国丛报》上的一些论点也随着时代的变迁出现分化,有相对正确的、有绝对不宜的、也有需要扩充或修正的,这都对卫三畏修订《中国总论》提出新挑战。一些道德的、文化差异的、中西利益关切点的和人们心理变化的种种因素,在新版中都应该有它们的位置,而且要合为一体并不会自相矛盾,实在是不易把握的。譬如,鸦片、鸦片战争和中国国民性格之间关系就是比较敏感而难以界定的课题,西方人以近代文明"优越"于中国的心态所衍生出来的对中国、中国人和中国文化的无知和偏见,不能不对卫三畏产生深刻不移的影响力,特别是良师益友的裨治文关于中国人的主要特征是"傲慢、虚弱、绝对自私以及偏爱貌似有理的谎言"的负面评价,[①]卫三畏在1848年版《中国总论》中也表达了几乎相同的看法,只是在修订版中有所缓和的予以修订。卫三畏的汉学学术的进步是修订《中国总论》不可忽视的人才条件,这在他发表在《中国丛报》上的论文数量也可以看出。写作初版《中国总论》时,卫三畏在丛报上发表的有关中国地理志方面的文章仅有《中国省、府、州的字母顺序列表》《中国最大的那些城镇以及省区域外的分界地点的分类列表》等,1844年他出版《中国地志》一书时不仅全部采纳,还汇集了当时丛报上其他作者的相关著述,而这些《中国地志》中全部内容又直接被大量地移植到1848年版的《中国总论》一书中。1883年《中国总论》修订版出版前,卫三畏利用鸦片战争后的活动便利,像一位地质学家那样地穿行于中国城乡,亲身考察中国地理概况,写作了不少地理学方面的报告和论文,发表在《中国丛报》上,如《记1819年从海南到广州的一次陆路旅行》《贵州省地志》《云南省地志》《美国双桅船海豚号访问台湾基隆港加煤》《湖北省地志》《湖南省地志》《陕西省地志》《关于库页河与河口对面的塔拉开岛》《四川省地志》《黄河的流域》《甘肃省地志》《省区域外中国的地志与分

[①] *Chinese Repository*(《中国丛报》),Vol. 1,p. 213.

界,及山脉等》《珠江,或也称广州河的流域与地志》《克拉普罗特描述的满洲长白山》《河南省地志》等,显然表现了卫三畏在中国地理志研究上学术能力的进步,而这些成熟的汉学成果自然成为他修订《中国总论》前四章的主要资料来源。其实,从1848年到1851年间,所有发表在《中国丛报》上的新资料都被卫三畏有所选择地放入了修订版《中国总论》中。之所以成为卫三畏引用的重点对象,是因为1848年夏,卫三畏偕同新婚不久的妻子来到中国时,裨治文被派往上海传教,卫三畏便接任《中国丛报》主编和承担了几乎全部工作,直到丛报停刊。在仅有的3年时间里,他又在《中国丛报》上发表各类题材的文章60余篇,这是他自己的汉学新成果。从一定意义上来讲,《中国丛报》存续20年间,到1851年底被迫停刊,卫三畏几乎是全程参与的(1832年5月创刊,因为人手缺少,卫三畏应召在1833年10月到达广州协助裨治文)。从总体上来说,卫三畏对《中国丛报》的熟悉程度是当时一般人所不能及的,而且卫三畏还为丛报编制了索引,归类整理的30个类别,保证了他对丛报上的资料的关键内容、根本性质和学术方向了如指掌,以至于他在25年后开始修订《中国总论》时几乎可以做到对号入座,采用起来可谓是游刃有余的。简言之,存续20年的在广州等地陆续出版的《中国丛报》是两版《中国总论》的重要资料来源,初版写作大量依赖于它,修订版仍保留了大量它的内容,只是在原先基础上进行了合理的修订。

卫三畏的修订版《中国总论》引用丛报的统计简表

章节	书中页码	引用《中国丛报》的卷数和次数(按引用顺序)
第1章	32—33	第2、5、10、14卷,各1次。
第2章	97—99	第4卷,7次;第8、15卷,各2次; 第9、1、13、3、5、6、11、12、2卷,各1次。
第3章	129—130	第19、2、14、3卷,各2次;第1卷,1次。
第4章	178—182	第9、5卷,各3次;第6卷,2次;第20、19、4、15、1、13卷,各1次。
第5章	210—211	第1、2卷,各2次;第7卷,1次。
第6章	266—267	第7卷,4次;第12、6、10卷,各1次。
第7章	311—312	第4卷,9次;第10、14、18、5、20、12卷,各1次。
第8章	358—359	第4卷,5次;第3卷,2次;第6、1、18、11、18卷,各1次。
第9章	400—401	第4卷,10次;第6、9、16卷,各2次;第5、10、11、13、2、3卷,各1次。

续表

章节	书中页码	引用《中国丛报》的卷数和次数（按引用顺序）
第10章	432—433	第3卷,4次;第1、14、8卷,各1次。
第11章	467—468	第8、9、5、11卷,各1次。
第12章	503—504	第9卷,2次;第13卷,3次;第6卷,1次。
第13章	543—544	第10、19、6、12、3卷,各1次。
第14章	583—584	第10卷,2次;第4、1、15、14卷,各1次。
第15章	626—627	第18卷,4次;第2、3、5、8、10卷,各1次。
第16章	672—673	第9、10、20、11、8、12卷,各1次。
第17章	711—712	第3卷,2次;第1卷,1次。
第18章	772—775	第2卷,3次;第14、18、20卷,2次;第3、10、9、1、8、17、12、11、7、4、13卷,各1次。
第19章	845—847	第14卷,2次;第3、13、19、1、5、7、4、15卷,各1次。
第20章	872	第5卷,2次;第7卷,1次。
第21章	911—914	第1卷,5次;第8卷,2次;第3、20、19、2、4卷,各1次。
第22章	951—952	第5卷,3次;第3、7卷,2次;第11、15、13、8、9卷,各1次。
第23章	996	第12卷,3次;第10卷,2次;第8、9、11、18、15卷,各1次。
第24章	1029—1030	第20卷,1次。
第25章	1073—1076	无
第26章	1110—1114	无

（资料来源：卫三畏著,陈俱译《中国总论》,上海古籍出版社,2005年。）

最后,卫三畏以娴熟的中英文转换的语言才能,可准确而有效地比较、借鉴和引用欧洲汉学家以及其他学者的学术成果资源。《中国总论》初版写作前,欧洲汉学成果相对较少,主要因为晚清中国在西方船坚炮利下被迫打开的国门,中外关系还处在调适的过程中,来华传教士等西方人也较少,因此在中国出版的汉学著作更是寥寥无几。但从19世纪50年代开始,尤其是在太平天国运动失败以后,中外和局的暂时出现,使此后10多年间,大量西方人鱼贯而入中华大地,不仅中外交往日益密切,而且西方对华的观察和研究也在加深,各种有关中国研究的著述如雨后春笋般地涌现,极大地开阔了中国人的眼界和西方人对华了解的渠道。卫三畏身在其中,不仅多受感染,而且更把这样的中国研究向前推进,1883年版的《中国总论》就是他综合此前几乎所有中国研究成果并加以自己的学理化归纳后的一部重要学术著作。可见,自古以来中外的中国研究的学术成果都成为卫三畏写作和修订《中国总论》的参考资料,而欧美的汉学著作更是其中最重要的理论和史料的借鉴对象。卫三畏是一位非常善于吸收前人研究成果的学者,学术视野相当广博。在1850年《中国丛报》第18卷上他发表一篇文章《关于中国语言学特征、翻译和游记的外国著作清单》,这份清单列出了英文和法文撰写的有关中国研究的著述达402部。① 这402部著述并不能说明西方全部的汉学成果,尽管中国语言研究是西方早期汉学中的最主要内容,但能从另一种意义上说明了卫三畏在撰写《中国总论》时基本上做到了"竭泽而渔"般的史料收集的准备工作的。从两版《中国总论》的注释引文和正文中某些已成为常识的资料来考察,卫三畏撰写和修订该著时是大量采用了西方诸国研究的各种成果的,主要是法国人、英国人的学术成果。先看卫三畏引用法国人汉学成果的情况,实际上也是引用最多的一方,因为当时法国引领欧洲汉学的航向,中文藏书丰富而且研究成果最多,卫三畏对此是非常了解的。1845年8月,在第一次离华探亲回美途中经过了巴黎,卫三畏逗留了两周,参观了法国皇家图书馆,"法国皇家图书馆的藏书量巨大,其中文部分也极其丰富,有许多书是在中国也难以买到的。这里有中国每个省的地形图,有许多装帧精美的中文和满文书、百科全书、大量的中国经典和法律书,以及大批开本较小的小说,等等。它们大都用摩洛哥皮包着,这些藏书构成了当今世界上最好、最完善的中文图书馆——中国的中文藏书量虽然更大,但不可能有这里的完善管理"。更重要的是,卫三畏还有幸与当时颇有名气的法国汉学家巴赞(Bazin)、儒莲(Stanislas Julien)等人进行过交流,他们还送给卫三畏一些中文书籍和他们自己的著作,特别是巴赞给卫三畏诸多照顾,令卫三畏感到巴黎之行"了无遗憾"。当时,"儒莲是法国皇家图书馆的中文书籍的管理员,他的收入的一半来自管理这些图书,一半来自教授其中的内容。巴赞只当教授,月收入1000美元"。② 儒莲精通中文,1832年开始出任法国皇家科学院教授,先后翻译过《孟子》《三字经》《赵氏孤儿》《西厢记》《玉娇梨》《白蛇传》《太上感应篇》《老子道德经》《天工开物》《大慈恩寺三藏大法师传》《大唐

---

① *Chinese Repository*(《中国丛报》), Vol.XVIII, pp.402-444, 657-661.
② 《卫三畏生平及书信》第77页。

西域记》等书,还著有《汉学指南》等书。巴赞是法国 19 世纪最重要的汉学家之一,法国皇家图书馆的首席汉语教授,在中国白话和通俗文学领域研究卓著。归国后,在先前演讲稿和随后著书中,卫三畏不失时机地应用法国汉学成果。如第四章中,讲述中国新疆地理概貌之和田情况时,卫三畏引述了雷慕沙的《和田史》一书中有关内容;第十章谈到汉语语法时,也采纳了雷慕沙的一些论述;第十二章的中国戏曲方面,谈到耶稣会士马若瑟的元杂剧研究,引用了儒莲和巴赞的对中国戏曲的翻译和研究作品,中国小说方面,采纳了雷慕沙对中国小说结构的论述和观点,把中国小说概括为才子佳人型的小说,"综观卫三畏对中国文学的讨论,一方面,他尽可能如实介绍了中国的有关作品,阐述了这些作品在中国历史上的价值,另一方面,他的出发点又往往是西方本体立场。这样,虽然不免有一些误读,但从阐释学的角度看,也许不是一件坏事,对了解美国早期汉学的发展,更有历史意义。值得特别提出的是,卫三畏在研究中涉及了不少汉学家的著作,如雷慕沙对中国小说结构的论述,戴维斯对中国诗律规则的讨论,马若瑟对元杂剧的介绍等,还有大量的翻译作品,都可以使我们在一定程度上了解此前汉学研究的某些面貌"。① 当然,这样的借鉴与引用,并非直接的照搬照抄,卫三畏不是只唯书、只唯上,而是有所甄别有所认同地转述。雷慕沙(Jean Pierre Abel Rémusat,1788—1832)是第一位在欧洲仅从书本了解中国而成功地掌握了有关中国深广知识的学者,法国汉学大师,欧洲汉学的奠基人,1814 年在他 26 岁的时候,便担任了法兰西学院"汉文与鞑靼文、满文语言文学讲座"(法文名称为 *La Chaire de langues et littératures chinoises et tartars-mandchoues*)教授,这标志着西方专业汉学的诞生。可惜英年早逝(享年 44 岁),其科学活动仅仅持续了 15 年。他的学生斯坦尼斯拉斯·儒莲接替了他的工作,监督并指导法国汉学大约达半个世纪之久。对雷慕沙的一些汉学观点,卫三畏慎重选用,如雷氏对中国小说的赞许性评说就用的不多,雷氏曾在《中国人的文学》一文中说:"正是在刻画社会生活的细节方面,中国传奇文学的作者们超过了基本上属于同类的作家理查森(Richardson)和菲尔丁(Fielding),尤其超过了斯莫利特(Smollett)和密斯·伯内(Miss Burney)。同这些小说家一样,中国的小说家们通过小说中的人物的情感和性格的真实刻画,创造了一种高水平的想象画面。作品

---

① 张宏生《卫三畏与美国汉学的起源》,载《中华文史论丛》(总第 80 辑)第 73 页,2004 年。

中主人公的言行极可能是真人真事,任何一位读者在读这些小说时,似乎都能身临其境,看到聊主人公的活动,听到了他们的谈话,并能根据他们的谈话内容的发展体会小说的每一个细微情节。"①对此,卫三畏是根据自己的事实陈述来表达他对中国小说的看法,而基本上没有涉及这样的过高称誉,其中不免有西方文化本位的嫌疑。甚至对法国汉学家的一些观点直接提出反对意见,如《中国总论》第十章中论及的中国语言性质问题上,卫三畏就否定了雷慕沙的意见:"关于中国语言的性质,引起误解的无过于对语音特点有不同的说法。有些人将字根符号及其变化说成是表达了整个象形文字或表意文字的意义,传达意念全在于眼睛,与读音无关。比如,雷慕沙说,'字并非音的表述,音也不是字的体现',他忘记了问问自己,任何文字中一个字是如何或何时表现一个音的。然而,中文中的每个字都像拼音文字一样发音,有些不止一个音来表达不同的意思;因此,虽然字不能表达它所指的事物的音,而音确是字的表现。"②再看英国人汉学成果在卫三畏著作中的采纳情况。1845年探亲回美途中,卫三畏也经过了伦敦,他没有也不能查访英国汉学的情况,因为当时英国的汉学研究十分薄弱,只有一些使华团成员和来华传教士有些著述,因此,卫三畏在伦敦停留的20天内关注焦点是传教事务,"与勃朗恩先生(英国圣书公会秘书)长时间和坦诚的交谈好像给他(卫三畏)很大的满足。……卫三畏的意见在许多方面启发了国内的秘书们,并在促使他们解决问题上起到了至关重要的作用。他在英国受到的友好接待让他非常满意,回答人们对照顾事情的询问占据了他在伦敦的许多夜晚,'那里的人们似乎对美国的传教工作给予了充分的理解,并将自己视为我们的同道'"。③ 尽管英国汉学研究是如此之薄弱,但因为美英之间无法抹去的种族关系,引述英国学者对中国看法并加以论证阐发是19世纪美国人论及中国问题时常见的现象,卫三畏也不例外。两版《中国总论》相关资料的引用中,英国学者的作品是不可忽视的,而且卫三畏的中国观也受到明显的影响。据对1883年修订版中的统计,《中国总论》对乔治·斯当东的引用和提及有9次,对巴罗的引用和提及多达15

---

① [美]马森著,杨德山等译《西方的中华帝国观》第259—260页,时事出版社,1999年。

② Samuel Wells Williams, *The Middle Kingdom*, New York and London: Wiley and Putnam, 1848, Vol.I, p.481; Vol.II, p.606.或见卫三畏著,陈俱译《中国总论》第418页,上海古籍出版社,2005年。

③ 《卫三畏生平及书信》第78页。

次;对德庇时的引用和提及更达 47 次之多。① 斯当东和巴罗都是 1793 年英国派遣赴华的马噶尔尼使团的高级成员,因使团无功而返,回国后他们便分别著书,除了介绍使团在华的行程经过和会谈内容,更主要的是发泄不满,并极尽诬蔑之说,这样负面的中国观对卫三畏产生了一定的影响,或者说《中国总论》在一定程度上再次佐证了他们在华"受辱"的真实史。斯当东所著之书名为《英王派往中国皇帝使团的真实记录》(1797),巴罗所著之书名为《中国之行》(1803),这两本书在卫三畏来华前早已盛名于西方了,几乎是鸦片战争前英国人的极其负面的中国观的源泉和资讯。三卷本的《英王派往中国皇帝使团的真实记录》除了称赞中国官僚制度能够有效运转外,几乎充满着蔑视和偏见,特别是"揭露"中国军事力量的软弱、技术水平低下、城市的肮脏、社会上杀戮女婴严重,以及中国官员的傲慢无礼。② 如此等等"邪恶"暴行的背后,斯当东就是为了说明中国正在蜕变为"半蛮夷"的落后国家,这与卫三畏中国观的"半文明半野蛮"核心内容是异曲同工的结论。巴罗的著作《中国之行》的主旨虽然不比前者那样的蔑视中国,在一些细节上也是丑化和轻蔑的为多,如他认为中医把脉愚蠢之极,中国医药十分落后,中国的医生不经过医科学校学习,仅仅通过掌握一些"植物的知识及其属性"就能成为医生,是不可思议的事情,中国人对疾病原因和后果的了解"极其有限,通常荒谬"。③ 在《中国总论》第 16 章讨论中国科学之一的医学知识时,书中写道:"(中国)医药科学很早就受到重视,许多分支学科都有大量专著。但是,寻找长生不老之药和哲人之石,加以仔细观察脉搏作为检查疾病的首要方法,一代又一代,使准确的诊断走上歧途。……总的说来,中国人的各个学科的学问都是不科学的;尽管他们收集了大量事实,发明了许多工艺,有些进入高度精美的水平,然而,他们从来没有按照特意设计的道路来追寻一项单一目标,求得正确的理解,也没有对已经占有的信息进行恰当的分类整理。"④很显然,在对中国医学不屑的这一点上,卫三畏是受到了巴罗的负面影响的。《中国之行》

---

① 姜源《英国人著述中的中国及对美国早期中国观形成影响》,载《浙江社会科学》2005 年第 2 期,第 162 页。
② George Staunton, *An Authentic Account of an Embassy from King of Great Britain to the Emperor of China*, London: G. Nicol, 1797, Vol. II, p. 65.
③ John Barrow, *Travel in China: from Pekin to Canton*, London, 1804, pp. 344-345.
④ [美]卫三畏著,陈俱译《中国总论》第 671—672 页,上海古籍出版社,2005 年。

在美国乃至世界的影响都是深远的,卫三畏自会是心中有数,因为"(在美国)要找寻一份1830年至1850年期间有关中国的书单,里面不包括巴罗的话,真是不可能"。① 在《中国之行》中,巴罗对中国的整体印象是"中国是一个十分稳定的国家",全国各地雷同,所有城市都呈四方形,城市的街道除去一条大路对穿城门之外都是狭窄的小道。城墙总是由砖、石、土堆砌而成;寺院大同小异,与民房的建筑一样笨拙;所有建筑"全中国没有一处承受过300年的沧桑","没有任何古迹宫殿、没有任何公共设施,也没有任何绘画和雕塑作品能够吸引旅行者的注意",甚至全国的15个省份都不过如此,毫无异样。人们的言谈举止、服饰装饰、娱乐活动可谓千篇一律。②《中国总论》第13章有关中国建筑的描述基本上与巴罗的论述基调一致,显然引用和转述的成分多,因为卫三畏不可能有时间和机会去深入每一个中国城市去考察和比较,就是巴罗本人的记述也是不能全信,因为他同样也不可能逐一对城市及其建筑进行考察的,不可少地有想象和大致一样的估计。而对英国汉学史上鼎鼎有名的汉学家德庇时的著作《中国人:中华帝国及其居民概述》(1836年,简称《中国人》)的转引,是卫三畏不需要说明的肯定事实。在《中国总论》初版"前言"中他没有回避这个问题,他说:"有人认为,在德庇时爵士系统而简明的著作出版后很快再推出一部全面论述中国的书是没有必要的,《中国人》是值得大力赞扬的一部著作,我在写作中常常克制自己不去频繁地征引它,并简略地论述它已经详细讨论过的部分。但这本书出版于10年前,那时中国还是一个不容易接近的国家,美国人即使读过这本书,了解的也是那个时期的情况,面对今天中国的开放,美国人会对中国产生更浓厚的兴趣,也会很乐意了解那场带来中国开放的战争的前因后果。"③可见,德庇时的汉学著作是卫三畏必须引述甚至是最多的英文资料之一。如在《中国总论》第一章中谈论京杭大运河时,卫三畏就转引了德庇时的《中国概说》(Sketches of China)一书中很长的篇幅,因为德庇时曾沿着运河前往北京一线考察过。而德庇时的另一著名作品《中国人》无疑成为卫三畏撰写1848年版《中国总论》时必

---

① 姜源《英国人著述中的中国及对美国早期中国观形成影响》,载《浙江社会科学》2005年第2期,第162页。
② John Barrow, *Travel in China:from Pekin to Canton*, London, 1804, pp. 4-6.
③ Samuel Wells Williams, *The Middle Kingdom*, New York & London: Wiley and Putnam, 1848, Vol. I, p. xvi.

须面对的最重要的"前文本",在某种意义上来说,《中国总论》的价值的大小就在于它比《中国人》前进了多少。最终的事实是,卫三畏的《中国总论》已经超过了当时英国汉学家对中国记述的水平,更加准确、全面和有深度,正如费正清所言:"(1848 年版《中国总论》)一书已超过了德庇时的著作。卫三畏的著作是这类书籍中最有影响的一部。此书直接反映了 1833 年以来驻广州外国人的经验,特别是表达了早期传教士们的观点。"①费正清的上述几句话,说明了至少两个方面的历史结果:一是,《中国总论》和《中国人》写作的最初立场和最终目的是不同的,前者多站在传教士的立场上为了在华福音传播的使命服务的,后者是站在中英外交的立场上追求英国在华的利益最大化;二是,卫三畏超越了德庇时汉学成就是因为《中国总论》建立在参考和引用《中国人》的基础上,可以这样说,《中国人》既是卫三畏的一个参照物,更是一个重要的资料来源,正如卫斐列指出:"在《中国总论》问世前,除了德庇时的《中国人》之外,没有一部详尽描述中国的作品能够供人征引,因为内容都很空洞,无法令人满意。"②《中国人》面世在鸦片战争之前,是英国与中国交往日益频繁,对华认识也不断加深下的历史产物。随着对汉语的掌握和中文书籍英译的增多,一些英国学者开始从对中国现状做片面而表面的观察,转向更注重从历史和现实两个方面来考察中国,德庇时就是其中的佼佼者。德庇时是英国驻华外交官、著名汉学家,18 岁时(1813 年)就在东印度公司服务,到广州任职,1816 年 8 月,随英国特使阿美士德出访北京,对中国历史和文学颇有研究。1834 年,任东印度公司总监和英国驻华商务总监,1844 年,任英国驻华公使、商务正监督,5 月,调任香港第二任总督,1848 年,辞职返英。晚年隐居布里斯特尔,继续研究中国文学,是英国近代汉学开创者之一,一生著有《中国人:中华帝国及其居民概述》《中国概说》《中国诗歌论》《中国风闻录》《交战时期及媾和以来的中国》等,还翻译过若干中国戏剧和小说。1876 年,他获得牛津大学荣誉博士学位。③ 德庇时的汉学代表作《中国人》于 1836 年出版,该书中虽然深含着中英之间矛盾开始激化后的某些情绪化的鄙视

---

① [美]费正清《剑桥中国晚清史》(上卷)第 666 页,中国社会科学出版社,1985 年。
② Frederick Wells Williams, *The Life and Letters of Samuel Wells Williams, L. L. D. : missionary, diplomatist, Sinologue*, Reprint edition published in 1972 by Scholarly Resources, Inc. Wilmington, Delaware, p. 160.
③ 汤开建《香港 6000 年:从远古到 1997》第 81 页,香港:麒麟书业有限公司,1998 年。

和谴责中国的态度,但不失为当时较为全面介绍中国的学术著作。在纽约出版不到两年,就被美国益智学会(The American Society for the Diffusion of Useful Knowledge)选定作为美国青年必读书之一,重版发行,以供全美学人和各级学校使用。卫三畏在德庇时之后也撰写类似主题的论著显然承受着很大的压力,但他成功了,不仅超越了16世纪门多萨的《中华大帝国史》和18世纪杜赫德的《中华帝国全志》,而且超过了19世纪的《中国人》,可谓后来居上,在广度和深度上都是当时中国研究的学术最高峰。当然,我们看到,卫三畏通过《中国总论》表达了同德庇时《中国人》一样的中心论点,而不是16—18世纪欧洲"中国热"下的中国观:"欧洲汉学是在'中国热'的背景下产生的,因此门氏和杜氏都是用一种赞美的态度来写中国。而美国汉学产生于鸦片战争以后,这也就决定了美国汉学家不可能再带着完全赞美的眼光来看中国,和将注意力完全集中于中国古代文明。中国的变革和近代化问题逐渐成为关注的焦点。如《中国总论》就开辟专章讨论中国的开放问题。这些都预示着美国汉学的现代形态——以费正清为代表的'中国研究'的出现和壮大。"①不过,卫三畏常常借鉴引述德庇时的汉学著作,但不能说《中国总论》就是《中国人》一书的续编、翻版或补编。从理论上讲,《中国总论》是美国人自己的第一部汉学著作,是当时一部集大成的汉学著作,尤其是修订版的整体性和区域性研究的整合开创了美国早期汉学的最高峰,1836年版的《中国人》和1883年版的《中国总论》相距40年的时代差异就决定了他们都是独立成书的两部汉学成果,本身没有必然的从属关系,而是继承和发展的扬弃关系。从两书的资料来源上看,《中国人》的内容主要来自欧洲汉学家、斯当东和巴罗等人的中国游记,马礼逊、雅裨理等同时代人的记载和德庇时在华期间所见所闻,《中国总论》资料来源与之基本相似,但《中国总论》还有1836年后到1883年间不曾在《中国人》中出现的史料,就决定了它不是续编和补编,而是一次创造性的整体论述,翻版一说也是不能,因为都是用英文写作的,而且《中国人》只有21章,900页左右,两版《中国总论》都在23章以上,1200页以上,所采用的主题章节也更具内在逻辑性,卫三畏在写作中贯彻了一条从局部到整体的研究思路,从几个不同深度的层面步步推进,写作才情显然

---

① 顾钧《卫三畏与〈中国总论〉》,载台湾《汉学研究通讯》2002年第3期(总83期),第16页。

超越了德庇时等前人。前已有述,修订版《中国总论》引用《中国人》多达40次以上,而初版直接转述的也许更多,如初版《中国总论》中说到大运河、庐山白鹿洞、圆明园等处都大段直引德庇时的著作;在第21章"中国的对外交往"的开篇就说道:"著作家研究中国与西方交往,一直到1834年为止在政治和商务上的主要事实,最重要的评介见于德庇时爵士著作中精心撰写的前三章",在修订版中同样保留着这样的开篇之句。① 两书中的大量插图也很相似,因为《中国人》中的大量插图也是来自法文著作《开放的中国》。此外,初版《中国总论》第6章博物志就是对《中国人》第19章内容的改写,加入了大量新内容,特别是卫三畏本人实地考察成果;在对中国人口方面,卫三畏比德庇时的研究更为详细和准确,"四万万五千万"的结论成为近现代中国人自豪接受的同胞人数。在中国观方面,德庇时较传教士郭实腊对中国的极低看法要好点,偏向于中立,强烈不满是集中在中国的对外交往上,因为德庇时是一个地理决定论者,他认为中国文明超越亚洲其他国家,但由于靠近热带,所处地理环境比较好,人口与资源的比例宽松,没有形成进步的推动力,文明停滞或者衰落。② 显然这样的解释是不够科学而贴切的,远逊于卫三畏对中国看法的历史文化角度的阐释。因此,尽管卫三畏著书多引用德庇时的《中国人》,只能说是在前人学术成果的基础上向前推进,而这本身就是学术进步的基础方法。我们需要予以赞誉的是,卫三畏做到了资料更丰富、准确,论述更合理、深入,结论更令人信服。

除了雷慕沙、德庇时等法、英两国汉学家外,卫三畏还利用过耶稣会士和其他汉学家的一些作品,如宋君荣、李明、李希霍芬、玉尔、德伯乐、小德金、慕瑞、杜赫德、理雅各等,涉及英、法、德、俄、美等国籍人士。如《中国总论》第三章关于海南岛地理情况来自英国科学家泰因特的考察,关于中亚火山问题查考了多为俄国地质学家的考察报告;第六章关于黄土的形成和起因就来自地理学家李希霍芬的论述,而美国汉学家卢公明、倪维思、施惠廉的汉学著作成为修订版的重要参考。尽管上述之书有的过于陈旧,有的出于偏见或了解不深,有的只言片语难以自成一体,所以难免错误颇多和以讹传讹,但对卫三畏来说都是很可贵的参考资料,需要的只是卫三畏去伪存真、为其所用,将一

---

① [美]卫三畏著,陈俱译《中国总论》第873页,上海古籍出版社,2005年。
② John Francis Davis, *The Chinese: A General Description of the Empire of China and Its Inhabitants*, Vol.I,II, London: Charles Knight and Co., 1836, pp. 7-8.

个真实而丰富的中国介绍给世界人民就是他对人类文明的一份爱护之心和真诚之心。所有以上的这些中国研究的知名人物及其学术成果,都可以从两版《中国总论》的注释文献和正文中检索出来的。

卫三畏《中国总论》引用西方学者研究成果列表①

章节	举例(学者姓名、作品、被引次数、书中页码)	其他学者及作品
第1章 全国区划与特征	德伯乐《东方典籍》;1次。 第32页。	玉尔《中国道程志》《马可波罗》;艾约瑟《中国佛教》;克拉勃罗德《亚洲回忆》;雷穆萨《和田史》《新杂纂》;普勒叶瓦尔斯基《蒙古旅行记》《从库车经天山到罗布泊》;李希霍芬《中国》;庞培烈《研究》;斯当东《来华访问记》;卫三畏《中国商务指南》;马卡洛《地理辞典》;小德金《北京之旅》;德庇时《笔记》;库普尔《商业先驱之旅》;施莱格尔《历史哲学》等。
第2章 东部各省地理	裨治文《中国语文选读》;1次。 第97页。	安文思《中国新事述》;包迪埃与巴津《全球风景:当代中国》;玉尔《马可波罗》《中国道程志》;小德金《北京之旅》;韦廉臣《华北旅程》;芮尼《北京与北京人》;丁韪良《中国人》《中国》;德呢克《华北旅行记》;《阿美士德使团访华日记》;《俄罗斯使团从蒙古到中国的旅程》;张诚《中国回忆》;古伯察《鞑靼记》;斯当东《英国使团访华记》;麦都思《中国》;李希霍芬《中国》;斯密士《中国旅行一瞥》;福钧《中国漫游》《茶乡》;德庇时《中国见闻》;丹尼斯《中国缔约港口》;美魏茶《中国生活》;麦都思《中国的现状与前景》;雷诺《阿拉伯人到印度中国航行记实》;波尔吉《开放的中国》;克拉勃罗德《亚洲回忆》等
第3章 西部各省地理	古伯察《在中国帝国旅行》;1次。 第129页。	庞培烈《研究》;李希霍芬《中国》;伟烈亚力《从青岛到汉口旅行笔记》;贝克雷特纳《在远东》;玉尔《马可波罗》;《鞑靼人占领中国的历史》;克尔《广州指南》;龙思泰《葡人在华居留地的历史札记》;巴拉福《征服中国》;泰因特《海南岛地理述要》;李泰国《中国人》;安得逊《曼德勒到毛棉》;《马嘉理从上海到八莫的旅程》等。

---

① 此表中外文名中译采用陈俱译《中国总论》中的写法,部分非通用译法。

续表

章节	举例(学者姓名、作品、被引次数、书中页码)	其他学者及作品
第4章 满蒙新藏地理	克拉勃罗德《亚洲回忆》《回忆录》;4次。第178页。	韦廉臣《华北旅行》;《中国人及其起义者》;《沿着中国海岸航行》;《宗教编年史》;希伦《亚洲民族史研究》;内布尔《罗马史》;阿布尔噶西《塔塔尔系谱史》;庞培烈《横跨美洲和亚洲》;米契《横跨西伯利亚》;李希霍芬《中国》;雷穆萨《亚洲》《和田史》《杂纂》《新杂纂》;贝克雷特纳《在远东》;舒伊勒《突厥斯坦》;伍德《阿克苏旅行》;克拉勃罗德《西藏记述》;丁柯斯基《到北京的使命》;古伯察《大大、西藏、中国旅行记》等。
第5章 人口与统计	斯当东《出使中国》;1次。第210页。	麦都思《中国》;小德金《北京之旅》;俾优《回忆录》;沙霍洛夫《中国四千年间的人口数》;《中日笔记与问题》;《中国的现状与前景》;玉尔《马可波罗》;《宗教编年史》等。
第6章 中国博物志	德庇时《中国人》,1次。第266页。	贝克特雷纳《在远东》;《中国:亲身旅行的成果》;玉尔《马可波罗》《中国道程志》;《横跨美洲和亚洲》;《宗教编年史》;雷穆萨《和田史》;慕瑞《中国》;费雪《软玉与硬玉》;伍德《阿克苏旅行记》;《中国地质研究》;洪堡《亚洲片段》;波勒顿《中国及其服装、艺术等》;裨治文《中文选读》;波尔吉《开放的中国》;《蒙古人与罗马人的战争和娱乐》;《远东与西伯利亚西部》;《从库勒扎到罗布泊》;果尔德《鸟的世纪》;达尔文《博物学者之旅》;《中国漫游》;《东方杂说:遗著》等。
第7章 中国法律与政府概略	哈迪《佛教手册》,1次。第311页。	希伦《亚洲民族史》《亚洲研究》;斯当东《访华记》;《教会编年史》;克雷《中国》;裨治文《中文选读》;威妥玛《1849年中华帝国政府状况记述》;《论中国》;《北京传教回忆录》;《中日笔记》;丁韪良《中国人》;梅辉立《中国称衔手册》;罗林《古代史》等。

续表

章节	举例（学者姓名、作品、被引次数、书中页码）	其他学者及作品
第8章 法律的执行	俄理范《随额尔金出使中国日本》,1次。第358页。	列卫廉《1857—58年美国外交通信》;《宗教编年史》;《汉文易读》;安文思《中国历史新编》;卢公明《中国人的社会生活》;希伦《亚洲国家》;俾优《公众教育》;密迪乐《中国人及其叛乱》;施勒格尔《天地会:中国人在中国、印度和巴达维亚的秘密会社》;《传教记事》;施密士《中国》;雷穆萨《杂纂》;米怜《在中国》;菲尔德《从埃及到日本》等。
第9章 教育与科举考试	杜哈德《中华帝国述记》,1次。第400页。	伟烈亚力《笔记》;《新英格兰人》;马礼逊《中文字典》《震旦之光》;秦佑《三字经(上海方言罗马字拼音)》《千字文(罗马字拼音)》;儒莲《千字文(法文本)》;韩国英《中国回忆录》;理雅各《中国经典》《书经、诗经中的宗教部分》;俾优《中国公共教育史论文》《周礼译本》;卢公明《中国人的社会生活》;丁韪良《中国人》;厄利斯《出使中国》;德庇时《笔记》;克雷《中国》等。
第10章 中国语言文字的结构	俾优《中国教育论文》,1次。第433页。	《中文易读》;雷穆萨《杂纂》;钱德明《奉天城颂歌:法文译本》;《中国文选》;李太郭《实际的中国人》;高第《中华帝国有关书目辞典》(法文)等。
第11章 中国经典文献	理雅各《中国的神圣书籍·儒家正文》之《易经》,2次。第467页。	雷孝恩《中国最古老的典籍〈易经〉》;麦丽芝《易经:变革之经典》;刘应《易经介绍》;舒玛奇《从古书〈易经〉研究中国的隐藏古义》;麦都思《古代中国:书经》;李希霍芬《中国》;理雅各《诗经》;《中国经典》;《孔子诗经》;卡勒里《礼记》;《春秋》;高大卫《四书》;马士曼《孔子的著作:原文及译文》;包迪埃《中国》;理雅各《中国宗教》;道格斯《儒家与道教》;庄士《东方宗教》;花之安《儒学汇纂》;塞拿莫《孔子传》;雷穆萨《杂纂》等。
第12章 中国的雅文学	雷穆萨《杂纂》,3次。第503页。	理雅各《中国经典》;伟烈亚力《笔记》;梅辉立《中文入门手册》;斯当东《杂记》;皮利《圣谕》(法译本);德庇时《中国诗》;斯登特《碧玉花冠》《活人墓及其他》;厄维《唐诗》(法译本);露密士《孔子及中国经典》;彼得《中国人的求婚》;《离骚:公元前三世纪的诗》;马若瑟《中国悲剧"赵氏孤儿"》;巴津《中国戏剧选》;德庇时《汉宫秋》;李太郭《实际的中国人》;克雷《中国》;贝克勒特纳《在远东》等。

续表

章节	举例（学者姓名、作品、被引次数、书中页码）	其他学者及作品
第13章 中国人建筑服装饮食	小德金《北京之旅》，2次。第543页。	《不列颠百科全书》（中国条）；福格森《印度与东方建筑史》；《中国回忆》；张伯斯《中国人建筑、家具、服装的图样：原作绘于中国》；卡勒里《中国建筑》；《中日笔记》；《中国游览》；《访华笔记》；美魏茶《中国生活》；德庇时《笔记》；玉尔《中国道程志》；克雷夫人《在广州十四个月》；卢公明《词汇》；麦都思《福建话字典》；巴罗《旅行记》；《美国百科全书》（广州条）；慕瑞《中国》；《中国记事》；《远东》；《碧玉花冠》；亚历山大《中国服装》；格罗曼《中国人的习俗风尚及其服装》；勃列顿《中国的服装、艺术及其他》；波尔吉《中国与中国人简述》；汤姆森《中国及其人民：图说——照片200幅，文字说明及地点与人物》；克雷《中国》；《中国回忆》。
第14章 中国人的社会生活	卢公明《中国人的社会生活》，3次。第583页。	克雷《中国》；克雷夫人《在广州十四个月》；《宗教编年史》；小德金《北京之旅》；卢公明《手册》；《马礼逊博士回忆录》；《中国文选》；理雅各《书经》（译本）；倪维思《中国与中国人》；雅翰《考古学》；《长老会年鉴》；马礼逊《字典》；《中日笔记》；李太郭《实际的中国人》；《寺庙约规》等。
第15章 中国工艺	《中国之旅》，1次。第627页。	福钧《漫游》《茶区》；韩国英《中国游记》；《开放的中国》；《外国传教士编年史》；克雷《中国》；卢公明《中国人的社会生活》；厄维《中国农业与园艺研究》；德庇时《中国人》《笔记》；龙达《中国商业》；麦都思《中国》；儒莲《中国瓷器史》《桑的栽培》；普赖姆《陶瓷》；龙多《中国商业》；卫三畏《中国商务指南》；包迪埃《当代中国》；埃德《丝绸产品目录》；冯秉正《中国史》；俾优《周礼》；格罗塞《中国史》；包尔《茶的栽培与制造》等。
第16章 中国科学	《中日笔记》，2次。第672页。	小德金《行程》；《中国语文选读》；理雅各《书经》；湛约翰《论中国古代天文学》；惠特尼《东方与语言学研究》；格里菲斯《日本神话世界》；卫三畏《中国商务指南》；龙多《中国商业》；玉尔《马可波罗》；包迪埃《马可波罗的书》；维塞令《论中国货币》；卢公明《中国人的社会生活》；西蒙《中国小银会》；威尔逊《"常胜军"：戈登率领下远征中国的历史》；钱德明《中国回忆》；《实际的中国人》；格罗塞《中国概况》；庄士《装饰品入门》《中国装饰品举例》；雷穆萨《亚洲新杂纂》；马国贤《北京回忆》；雒维林《中国医药传教士》；弗鲁基格《药物图解》；德贞《中国疾病》等。

续表

章节	举例（学者姓名、作品、被引次数、书中页码）	其他学者及作品
第17章 中国的历史与纪年	冯秉正《中国史》,1次。第711页。	包迪埃《中国》;杜哈德《历史》;雷穆萨《遗集》《新杂纂》;麦丽芝《儒家宇宙起源学说》;《亚洲之旅》;理雅各《书经》《亚洲日记》;慕瑞《中国》;《中国回忆》;雷诺《旅程记》;玉尔《中国道程志》《马可波罗》;福格森《历史提示与东方建筑》;克拉勃罗德《亚洲回忆》;白晋《康熙传》;郭士立《康熙传》;《传教书信》;梅辉立《中国编年史表》等。
第18章 中国宗教	艾约瑟《中国宗教》,3次。第772页。	理雅各《华人之鬼神观》《中国经典》;《中国事件》;俾优《中国教育论文》;克拉勃罗德《亚洲回忆录》;庄士《东方宗教:中国》;包迪埃《中国》;湛约翰《老哲学家的思辨》;儒莲《道路与德行的书》《道德经》;雷因霍尔德《道德之路》;施特劳斯《老子道德经》;瓦特斯《老子:中国哲学研究》;巴尔富《庄子南华经》;伟烈亚力《中国文学笔记》;翟理士《中国书房的奇怪故事》;德劳图尔《中国回忆录:宗教》;玉尔《马可波罗》;包德《布哈拉》;麦都思《中国的情况与前景》;道格拉斯《道教》;巴津《中华帝国宗教起源、历史及组织之研究》;倪维思《中国与中国人》;丁韪良《中国人》;卢公明《中国人的社会生活》;美魏茶《中国生活》等等。
第19章 基督教教会在中国人之中	刘应《东方藏书》,1次。第845页。	刻射《中国图像》;古伯察《基督教在中国》;韦廉臣《华北旅行记》;梯尔桑《天主教在中国以及西安府碑文新译》;玉尔《马可波罗》《中国道程志》《中国游记》;《中国轶事》;雷穆萨《新合集》《新杂纂》;麦都思《中国》;杜哈德《中国》;安文思《中国》;《圣马丁传》;雅裨理《住在北京》;《宗教编年史》;《传道书信》;高第《中国文集目录辞典》;马歇尔《基督教教会的派出机构及其成就》;卡尔卡《异教国家基督教教会史》;麦都思《中国》;马礼逊夫人《马礼逊传》;伟烈亚力《中国记事》;《环球基督教领袖人物传》;《宗教编年史》;雒魏林《医药传教士在中国》;《中国的现状与前景》等。

续表

章节	举例(学者姓名、作品、被引次数、书中页码)	其他学者及作品
第20章 中国商业	叔未士《中国文件》,1次。第872页。	《通商口岸贸易报告书》;《鸦片(专项,第二集第4号)》;特尔瓦尔《对华鸦片贸易调查》;马丁《鸦片在中国》;卡尔金斯《鸦片与鸦片嗜好》;特纳《英国的鸦片政策及其对印度和中国的后果》;刻恩《鸦片吸用》;卫三畏《中国商务指南》;叔未勒《土耳其斯坦》等。
第21章 中国对外交往	德庇时《中国人》,4次。第911页。	慕瑞《中国》《马可波罗》;蒙哥马利·马丁《中国》;《中国回忆》;《中国:亲身旅行和据此所作的研究成果》;希连《亚洲研究》;玉尔《中国》《中国道程志》《马可波罗》;克拉普罗德《亚洲历史年表》;李希霍芬《中国》;《古代中国对阿拉伯人和阿拉比地区的认识》;雷瑙《旅行往来》;德梅纳《黄金牧地》;金尼阁《基督教远播中国》;倪豪府《荷兰东印度公司使臣访华记》;龙思泰《中国的葡萄牙定居点历史札记》;卫三畏《中国商务指南》(第五版);杜哈德《中国的地理、商业与政治史》;德贞《俄罗斯与中国的交往》;丁韪良《中国》;斯当东《英国使臣访华》《大清律例》《中国杂评》;奥伯《中国的政府、法律与政策大纲》;马礼逊《回忆录》《中国观》;埃利斯《出使中国》;德庇时《中国笔记》;山茂召《日记》;福斯特《中国和东印度群岛游记》等。
第22章 对英战争起因	《中国事件通信》,1次。第951页。	《中国丛报》第3、5、7、8、9、11、13、15等卷。
第23章 第一次英中战争进程与结果	罗亨利《中国事件记》,1次。第996页。	欧特伦尼《对华战争》;《谷利与船长邓汉1842年在中国被俘的日记》;亨特《广州番鬼录》;蒙哥马利·马丁《中国的政治、商业与社会》;德庇时《中国在战时和战后》;约瑟林《远征中国六个月》;坎宁汉《在中国服役的回忆》;豪斯曼《中国历史概要》;《中国丛报》第8、9、10、11、12、15、18卷。

续表

章节	举例（学者姓名、作品、被引次数、书中页码）	其他学者及作品
第24章 太平军叛乱	《战争期间及战后的中国》，3次。 第1029页。	萨尔金特《洪秀全的异梦及广西乱事之始原》；卡勒利《中国起义史》；《"常胜军"——戈登的中国之役》；密尔顿·马基《中国起义者首领太平王的生平》；呤唎《太平天国（亲历记）》；威尔逊《常胜军》；切斯尼《论当代军事传记》；李华达《忠王自传》；麦都思《中国起义者在南京发布的小册子，作为广西起义史的补充》；高第《中国书目》；费许波恩《中国印象与当前革命》；麦法澜《中国革命》；密迪乐《中国人及其起义》；威妥玛《上海杂记》；李希霍芬《陕西来信》等。
第25章 第二次英中战争	《麦莲通信》，2次。 第1073页。	《当代史》；《蓝皮书：皇家海军在广州的进程》；瓦尔仑德《额尔金书信日记》；霍宾《海军上将福特生平》；俄理范《额尔金到中国的使命》《额尔金出使中国日本》；列卫廉《通信》；斐文德《在华服役三年》；德莫奇《葛罗出使中国日本》；约翰斯敦《中国与日本》；伍士礼《记事》；郇和《华北战役》；巴禄《远征中国》；劳图尔《中国回忆录》；德马《中国与基督教大国》等。
第26章 中国近事	芮尼《北京与北京人》，1次。 第1111页。	《蓝皮书·中国》；李泰国《致罗素伯爵的信——我们的在华利益》；《美国外交通信》；威尔逊《常胜军》；布里治《中国军事力量》；方根拔《蒲安臣使团：一项政治揭发》；《美国对外关系：中国》；许布纳《漫游环球》；《在中华帝国旅行》；辛普生《会见天日》；包提埃《中国政治关系史》；《原住民的台湾是中华帝国的一部分吗？》；安德逊《从曼德勒到毛棉：中国西部探测记》；杜哈德《历史》；格罗塞《中国》；安邺《探险记》；库普尔《贸易先驱的行旅》；阿礼国《马嘉理日记》；沙傲《中国西北游记》；慕维廉《中国赈灾基金报告》等。

（资料来源：[美]卫三畏著，陈俱译《中国总论》，上海古籍出版社，2005年。）

从以上分析来看，两版《中国总论》的资料来源在总体上基本相同，区别仅在于具体信息的筛选和增删，修订版比初版更多地补充了许多1848年以来的卫三畏本人的新观察与研究成果、西方学术界汉学研究的最新成果和其他传教士、外交官、旅行家和博物学家等人士的资料。所以,1883年版著作更为丰富和准确一些,同时也强化了两版的核心观念,即中国需要基督拯救,完全的传教立场。

(四)两版《中国总论》的内容与范式的细微差别

《中国总论》两版相距 35 年(1848—1883),尽管结构变化小、取材对象稳定、论述思路一致、观点结论相似,但在内容与范式上还是有些细微的差别。这些差别基本上表现在标题改动、主题增多、篇幅增大、比文字更具形象化的插图或表格增多、修正有据、存疑待考等方面。两版《中国总论》的主标题不变,而副标题有细微的变化,1848 年版副标题是"概览中华帝国及其居民的地理、政府、教育、社会生活、艺术、宗教等",1883 年版副标题是"概览中华帝国及其居民的地理、政府、文学、社会生活、艺术、历史等",比较可知,后版用"文学""历史"替换了前版的"教育""宗教",很显然地说明了卫三畏在修订版中细微更加突出中国文学和中国历史部分的新内容。在著作的章节安排上,初版有 23 章,修订版有 26 章,只是在 23章之后新增 3 章内容,不作整体变动,以符合和延续西方读者已经形成的著作意识而避免引起混乱,而这些新增三章的内容又是初版以后卫三畏亲见和亲历的中国事务的记载,是全新的延续的中国内容,具有一种历史比较的意味,让人领略卫三畏所谓的"中国开放的进步",如同他在修订版序中言及"我在中国居住了 43 年的经历,和这一国家的开放逐步迈向顶点的历程是同步进行的"那样。因为章节增多,一般也使篇幅增大,同为两卷本的《中国总论》初版 1200 多页,修订版已高达 1600 多页,可谓皇皇巨著。新增的三章已达 200 多页,仍有两百多页的篇幅主要用来安置比文字更具形象化的图形与表格和原先章节需要增加或补充的内容,其中,中国地图和有关中国事务的插图尤为众多。1848 年版《中国总论》共有插图 39 幅,图名为街头掏耳朵、广州街头景象、和尚道士、抬轿子、三人拉辫子游戏、风箱与打铁、针线活、衙门审案、盘古开天地、做梦、鸬鹚、大肥猪、独轮车等,而这些图片都是取自于博盖特的作品。博盖特是法国著名画家,大作家巴尔扎克的好友,1836 年起,他开始环球旅行,两年后的 8 月到达中国香港和澳门,后沿着广东、福建沿海旅行,并在广州居住了十个月。在华期间结识了英国画家钱纳利,两人结伴一起到东南亚和印度旅行。1840 年夏季,回到巴黎后,他将从中国带回的素描和水彩画编入了法国作家伏尔涅编辑的《开放的中国》(*La Chine Ouverte*)这部中国游记著作中。《开放的中国》

于1845年在巴黎出版,该游记作品的特色就是插附了大量由旅华者,包括博盖特,精心绘制的有关中国形象的各种画图。1883年版《中国总论》里的插图比初版增加近一倍,达到72幅,既保留了初版的某些插图,更新增了卫三畏在中国亲眼见到的一些场景,如北京安定门、北京的孔庙、北京的贡院、北京的辟雍宫、孔庙祭拜仪式、宁波的妈祖庙、长江上的峡谷、苗族人像、麒麟图、凤凰图等。这些插图是卫三畏在两版期间从其他西方人著作中按照写作主题经过精选而添加进去的,是符合卫三畏的选图观念和著作内容需要的图片,正如他在1848年版《中国总论》序言中所言:"插图的选择以其能正确反映事实为准则,来源不一,主要来自研究深入、内容生动的法文著作《开放的中国》。"有意义的一幅人物插图是钦差大臣耆英的图像,在《中国总论》第一卷封二上,是该著的第一张图片。耆英是第一次鸦片战争后与西方列强谈判并签订不平等条约的中方全权代表,卫三畏与他有过不少的外交接触,在该著中多处较详细地介绍过耆英。《中国总论》第二卷封二插图是与裨治文一起最早来华的美国传教士雅裨理,雅裨理曾为中国学者与清廷官员徐继畬写作《瀛环志略》提供过世界历史和地理资料,而徐继畬的《瀛环志略》与卫三畏的《中国总论》可谓异曲同工之妙,都在同一年(1848年)出版,前者在中国出版,是中国人对西方的研究,后者在美国出版,是西方人对中国的研究,这两部重要著作的出现无疑会加深中西方之间的互相了解和文化交流的。给人留下第一面印象的图片,应该算是《中国总论》封面上的图像了,封面之图是全著的第一幅图,"中国牌坊"在两版中都一模一样地存在,没有丝毫的改变。牌坊的御赐题额处所刻的四个字即为"中国总论",下注花体英文书名"The Middle Kingdom",左右两边的对联是"西方之人有圣者也""仁者爱人有亲及疎"。左联是孔子的原话,右联是他结合儒家学说自创的诗句,其中的"疎"与"疏"同义。如果把"中国总论"作为横批,这副对联的内涵无疑充分地显示了卫三畏极高深的中文能力和中国文化素养,俨然说明了在1848年前卫三畏就是一位真实而伟大的汉学家了,只不过没有头衔的称谓而已。牌坊如同一扇门打开着,画面上一位西方装束的妇女坐在台阶上,一名中国官吏打着华盖正走进门去,后面跟着3个长辫子中国百姓。这幅画面更是意味深长,"西方装束的妇女"俨然是西方文明和基督教文化优越的集中体现,"中国官民的走近"表示着中国需要基督文化,也必须走这条道路,为福音传教事业开启中国封闭之门;若将之合起来看,就是中国要开放,要走向世界,而且世界文化交流是人类必需的共同愿望和事业。据相关对比研究,其实这幅画的内景也是出自法国作家伏尔涅的《开放的中国》一书中第338页的一幅牌坊侧面图,牌坊样式几乎完全一致,原图的牌坊前有6个中国男女或坐或站在聊天,位置显然在乡间路边。① 卫三畏将这幅图的视角移到正面,牌坊放到了道路中间,改为中国人和西方人同时途经牌坊的场面。卫三畏这样的图形改编,一定有他的意志,但他却没有在书中解释封面图画的意义,也许只是一种移植和爱好,也许只是他与出版商的一致的设计图案,但我们也许应该站在时代进步的历史角度上,站在认识与比较中西文化的学术角度上,大胆想象和勇敢相信卫三畏《中国总论》这部书的封面图案就是卫三畏作为传教士和汉学家的中西文化心理的集中反映。除书中插图之外,还有意义重要和历史价值更高的图片,便是中国地图了。1848年版《中国总论》出版前,卫三畏花费很大精力制作了一张中华帝国地图(英文版),这幅地图折叠后黏附在初版的第一卷中,标题为"附一幅帝国新地图"(With A New Map of the Empire)。关于这幅中国新地图的资料来源,卫三畏在"中国区划"所在章节中作了较详细的说明,指出它主要参考了耶稣会士受康熙皇帝派遣对中国18省所作考察与测量的数据、英国海军的军用地图和当时一切可以找到的权威地图资料。耶稣会士的数据与地图《皇舆全览图》对卫三畏绘制中华新地图的作用巨大。1689年康熙皇帝在中俄东北边境问题谈判中进一步认识到精确地图的重要性,决定采用经纬度法重新绘制全国地图,1708年测绘工作开始,参加者有白晋、雷孝思、杜德美等法国传教士,以及多位满汉官员。10年后,一份具有相当高水平的《皇舆全览图》终于绘制完成,对此,著名科学史家李约瑟予以很高评价:"(这幅地图)不仅是亚洲当时所有地图中最好的一种,而且比当时所有欧洲地图更好、更准确。"②《皇舆全览图》也常被西方学者绘制中国地图时参考的资料,如德庇时在1841年出版《中国概说》中所附的中国地图就参考了它,并加上时人的一些地图数据,只是《中国概说》中的中国地图只标注了17个省,不包括东北、蒙古、西藏、新疆等地区。德庇时的这幅中国地图在内容和细致程度上都不能与卫三畏1848年初版《中国总论》中的中国新地图相比的。卫三畏的新地图的18个省份是参照了耶稣会士

---

① H. Fournier, ed., *La Chine Ouverte*, Paris, 1845, p. 338.
② [英]李约瑟《中国科学技术史》(第5卷地学第一分册)第235页,科学出版社,1976年。

的旧地图,但各省之间的分界线是卫三畏自己重新绘制的,而参考的是他找到的一幅中国官方出版的大地图。中国东南沿海的海岸线就主要是根据英国海军军官提供的地图资料绘制的,而且很有可能,卫三畏曾参考过英国东印度公司在广州的中文图书馆,馆内有大量地图资料和地理考察报告,其中藏有一幅当时正在编制的补充料阿美士德使团所见信息的中国地图手稿。① 在绘制中国新地图时,卫三畏十分小心和细致,在标注18省地名时,每个都与中文地图核对,以免混淆相近的地名,他也表示自信,但仍自谦说,为如此广阔的疆域绘制准确的地理信息,实在是让人最痛苦不过了。对于长城以北地区的地图绘制,卫三畏显然认为所根据的资料还不够确定。② 其实,这样的不确定性是在情理之中的。我们知道,在1840年以前,晚清中国尚未开放,勘测地理绘制地图方面,中国人无心无能及此,而外国人的堪舆技术与人员不可进入,中国人和西方人都不可能绘制与时俱进的中国地图。即使在鸦片战争爆发后的10年间,由于中外关系在欲理还乱的情势下,西方人一直没有一幅更好的中国地图绘制出来,列强的军用地图也只是一鳞半爪的描述而已。所以,中外各国都非常希望拥有一幅详细准确的中国地图,但由于中国开放的滞后以及时间、人力和资金等限制,编制中国新地图或地图册的工作被拖延下来。③ 卫三畏通过一己之力完成了这幅无疑是当时反映最新中国地理信息的中国地图,一面世就受到广泛的欢迎,被西方各种地图册收录,"卫三畏付出的心血得到了回报,这从不久出现的盗版的英文本就能看出,因为盗版的出现其实最真实地反映了读者对这部作品的认可。而且,从那时直到现在,所有的地图册中都收入了卫三畏的这幅中国地图。中文的地图册只有在中国才能买到"④。这幅英文版的中国地图的制版刻工是制图家(雅各布·威尔斯·奥尔)。到1883年出版修订版《中国总论》前,卫三畏同样附了一幅英文版的中国地图,名称为《中华帝国地图》(Map of the Chinese Empire),这次的制版刻工却是埃特伍德。而初版的制图家奥尔先生仍然帮助卫三畏一起参照30多

---

① William Huttmann, "On Chinese and European Maps of China", *Journal of the Royal Geographical Society of London*, Vol.14, 1844, p.126.
② Samuel Wells Williams, *The Middle Kingdom*, New York & London: Wiley and Putnam, 1848, Vol.I, p.xviii.
③ William Huttmann, "On Chinese and European Maps of China", *Journal of the Royal Geographical Society of London*, Vol.14, 1844, pp.117-127.
④ 《卫三畏生平及书信》第91页。

年来新出的各种地图,核对了地点。与初版相比,这次核对和刻制的中国地图缩小了比例,地图疆界东起鄂霍次克海和库页岛,西至巴尔喀什湖和葱岭(帕米尔高原),南至海南岛,北至漠北外兴安岭,左下方空白处是广州城小地图,广州城小地图右上方空白处有更小的一幅港口图。18个省的地图与1848年版中国地图基本一样,只补充有中亚地区的详细地图,还标出了日本海。在绘制英文版的中国新地图的同时,卫三畏还根据已经绘制好的英文版制作了汉字标注的中国地图。他先让制图刻工照着英文样本将地图画在石板上,先不标注汉字,等图刻画完毕后再填入汉字。刻入汉字的工作,卫三畏得到了一位在纽约的中国人的帮助,这位中国人对这幅由西方人绘制的中文中国地图抱有美好的愿望。1847年9月,卫三畏在日记中写道:"上个星期我忙于制作一幅中国地图,做得还算可以。卡明斯博士带来的那位中国老师来得正是时候。他很乐意帮助我,而且写得一手非常漂亮的汉字。虽然我要他在石板上反着写,他还是写得好极了。……以后再到中国去,我就可以送给当地人以汉字标注的中国地图,让他们更多地了解自己国家的地理情况了。在教会学校里,这些地图将派上更大的用途。"①事实也是这样美好,在中美《天津条约》谈判期间,卫三畏就曾把这幅中国地图送给了大清谈判代表的官员们。② 只是这幅中文版的中国地图从此以后是否有重印过,不得而知,但可知的是中文版的中国地图只能在中国才能买得到,当时美国及欧洲等地都是没有发行的。无论是英文版还是中文版的这幅中国新地图,都可谓是卫三畏心血之作,也是良苦用心之作,"能够随书附上一幅精确的地图是卫三畏的夙愿,而在当时要实现这个愿望绝非易事,因为当时中国的大部分国土都还处在蒙昧、未开化的状态。卫三畏付出的心血得到了回报。……从那时直到现在,所有的地图册中都收入了卫三畏的这幅中国地图"。③ 令人感到遗憾的是,后来载运卫三畏所有地图资料的航船沉没了。这是美国制图师和刻板工12年的劳动成果,也阻碍了卫三畏这个业余制图师以后在这个方向上更多的努

---

① 《卫三畏生平及书信》第88页。
② 《丁韪良日记》1858年5月19日,见 William Alexander Parsons Martin, *A Cycle of Cathay, or China, South and North with Personal Reminiscences*, Edinburgh and London, 1896, p. 162.
③ 《卫三畏生平及书信》第91页。

力,从那以后,卫三畏就再也没有继续绘制中国地图了。① 更让人遗憾的是,中译本《中国总论》总是"淡忘"这些附着在两版上的插图,也去掉了插图目录,幸存下来的图像也被迫缩小。在陈俱先生所译的《中国总论》修订版序言中,有这样的译者之语:"译者所能见到的两种版本的原著,其中地图均已丢失,无从复制,引以为憾。"可能在中国各类图书馆所藏之英文版《中国总论》均无插图,也许在美国或其他西方国家仍藏有该著英文版本,有待后人探究以为补充,但目前的缺失,令中文读者难以看到很多历史之图和留存图片的细节,不仅是个人的遗憾,也有损卫三畏这部论著在这个方面的论证价值。

在1883年版《中国总论》之于修正初版方面,卫三畏也是持之有据的。卫三畏在《中国总论》修订版序言中已经较为全面地陈述了1883年版必要的修改和补充的内容。粗略比较和统计之,这样的修订主要表现在直接增加新资料、直接删除过时或不必要的旧资料和纠正更新相统一的内容修正上。1883年版《中国总论》的增补资料情况大致如下:在第一章的中国国土面积方面增加了19世纪后半叶前期中国割让给英国和俄国的领土面积情况。在第二章的论述中,增加了太平天国起义对江苏当地的影响,记录了太平军摧毁南京大报恩塔的事件,补充了1852年美国传教士游览大报恩塔后留下的完整观察报告;详细补充了上海这座东方都市的城市发展史内容以及上海的风土民情;在台湾的记述上增补了1869年美国领事李仙得访问台湾的观察报告。在第三章的谈到香港时,补充了第二次鸦片战争后割让九龙半岛的历史情况,并更新了当地的人口数字。在第四章的新疆和田的动植物资料上,补充了1879年在这里发现的野马新品种的报告。在第六章的博物志方面,卫三畏的业余兴趣之所在,更补充了很多的考察报告,在开篇时就予以说明,如德庇时爵士的记录、爱丁堡内阁图书馆中的资料、钱皮安上校、汉斯和庞培烈等人的著作等。在第七章的中国法律与政府方面,增加了同治帝以来慈禧太后垂帘听政的历史内容;刑部运作上增补了1860年外国人所见中国监狱的见闻。在第八章的谈到中外官员的交往上,增加了林则徐和耆英在1848年后的外交活动情况。在第九章的教育与科举制度方面,增加了法国汉学家儒莲1864年出版的《千字文》法

---

① James Muhlenberg Bailey, "Obituary: Samuel Wells Williams", *Journal of the American Geographical Society of New York*, Vol.16, 1884, pp. 186-193.

译本作为研究的参考资料。在第十章的中国语言介绍方面,初版说到"反切注音法"是佛教徒将表音方式引进到中国文字中,修订版又补充说这是公元543年出版的《玉篇》,此后所有字典也都采用;还在注释中列出了法国汉学家考狄1881年的书目,以说明寻找学习汉语以及几种方言的参考书的方法。在第十一章的中国经典文献方面,增加了英国汉学家理雅各1882年《易经》翻译本的解说。在第十二章的中国雅文学方面,补充了德庇时等英法汉学家在19世纪六七十年代的专门论述中国诗歌的大量成果。在第十五章的中国工艺方面,补充了儒莲1856年关于景德镇瓷器制造的研究资料。在第十六章的中国科学应用到军队建设方面,补充了太平天国期间的常胜军首领戈登对中国军队评价的一段话。在第十七章的中国历史方面,增补了道光末年、咸丰、同治和光绪初年的政治历史,直到1881年。在第十八章的中国宗教方面,增补了1875年同治皇帝葬礼情形的信息;还补充了清政府与穆斯林在回民叛乱期间的斗争情况,指出纯属主权问题,与宗教无关;还增补了丁韪良1866年到河南省开封调查犹太后裔的情况资料。在第十九章的基督教在华传播史方面,加入了《大秦景教流行中国碑》在1859年受到保护的情况,并提供译文的最新研究成果(初版采用的是1845年裨治文的景教碑文的译文;修订版改用了传教士伟烈亚力1855年新发表的译文),更续写了初版以来的基督教新教在华传教史的内容。在第二十章的中国商业方面,补充了1858年鸦片贸易合法化以后中国鸦片蔓延的详细情况,并分析了鸦片贸易合法化的恶劣后果。在第二十一章的中国外交方面,明显补充了很多欧洲汉学家的著作和西方旅华者的记述,如玉尔的论文等,还增加了西方列强与近代中国的条约关系在1848年以来的新进展情况和条约执行情况。这些增补内容的举例,只是挂一漏万的说明,而修订版比初版新增的最后三章内容,达200多页,就无须多言了。1883年修订版《中国总论》还对初版进行了合理的删减,使内容和主旨更为精炼和信服。略为举例几处,如第一章中曾引用西方圣经学家的观念,认为《圣经·以赛亚书》里所说的"希尼之地"就是中国,在修订版中予以删除,代之以引用法国汉学家刘应对China一词起源的研究成果;还提到满洲的湖泊,将其中的一段满族神话删去;在京杭大运河的描述上,将其中巴罗的一段话和德庇时的叙述之间有重复的地方删除掉。在第二章的论述山东时,删去了初版中一大段外国人访问登州观感的记载文字;在记述徽州情况上也删去了一段来自德庇时的描述文字。在第三章的介绍广州十三行时,这个卫三畏特别熟悉的曾长期生活过的地方,初版时介绍时非常详细,修订版就删去了大段十三行分布情况的介绍。第四章删去了关于库页岛的大段描述,中俄《北京条约》已将库页岛永久割让给俄国,卫三畏可能认为已经不属于中国领土而不详述了,但这是不妥当的,难免有掩盖西方侵略的嫌疑;介绍西藏西北部情况时,也删去了近一页的文字,与上面做法理同,很不妥当。在第七章谈到八旗兵时,删去了初版错误的记载。在第十章的结尾,曾有个故事说明外国人懂得汉语的好处,修订版时却把它删去了,似乎不可理解,同理在第十一章最后介绍《说文解字》以及马礼逊编写字典的作用等内容,也被删去了,可能与卫三畏过分宣扬中国文化发达与他的基督拯救中国及其文明的主旨相违背有关,因而在1883年修订版中"只得"省略了。除了增补新材料和删去旧材料外,卫三畏还对初版进行了修正,通过纠正初版某些错误,加入当时的亲身体验和学界新观点。举例如下:第一章关于中国国土面积的数据修改颇多,更为准确,使之符合鸦片战争以来列强割地后的现实情况;还提到扬子江(长江)时,修订版改正了初版解释名称由来误作"洋之子"的错误,比较准确地提出是因为这里是古扬州的地界;在长城的描述上,初版大量引用的是别人的游记,修订版就改为大量表达自己的亲身观察和体会了。第二章中谈到中国南部台风时,初版记载的例证是1840年英国船只的海难事件,修订版换成了1874年美国船只的海难;而初版对台湾的叙述多充满着怪异的描写,修订版几乎完全改写为台湾居民的情况。第三章在介绍武昌时,修订版删去了不少描述,补充了汉口1861年对外开放贸易时的情形。第四章写满洲边界时更新了地理位置,因为俄国对之侵吞后的结果,还增加了盛京在第二次鸦片战争后出现的贸易状况。第五章中增加了新的人口统计数据,修订了统计表格。第六章的博物志的动植物知识更新更多,除保留初版《本草纲目》的介绍,又增加了一部1848年出版的吴其浚《植物名实考》的介绍文字。第七章谈到了《京报》,初版时写为《京抄》,可能是误写,或是他后来进京任职后据时人多称而改用的。《京报》是清代官报,统称邸报,有时也称为邸抄、邸钞、阁抄、科抄、京抄、朝报或京报。第八章在初版描述中国刑罚残酷和官吏腐败上,对之予以谴责,并对受罚之民众表达了同情,但在修订版中又加上了一段美国国内的相关对话,告诉西方读者对于中国刑罚的情况不要想象得过于糟糕。第九章谈论科举舞弊时,修订版增补了咸丰年间柏葰戊午科场舞弊案的事例。第十章改写了中文字典部首查字法一节,初版写道:词典编写者确定部首数目是不同的,有的超过 500 个,有的大约 300 个,但《康熙字典》按照 214 个编排,修订版改写道:这种办法是在公元 543 年按照发音来编排文字之后,那时部首数目为 552 个,后减为 360 个,到了明代末年的《字汇》最后定为 214 个;还谈到外国人制造中文活字的努力过程,补充了 19 世纪 50 年代的贡献,但简化了不少内容以免重复;还修改和补充了 1848 年版以后新教传教士对福州、汕头、广州三种方言的调查成果。第十一章的修改很有意义,初版将孟子叙述放在孔子生平事迹介绍之前,修订版改成了孔子在前孟子在后,显然遵守了中国文化主流的习惯做法,而内在地配合了他的儒耶合一的传教思想;更将《千字文》从此章节中移到第九章,与《三字经》《百家姓》一起介绍,理同上述孔孟之先后的叙述之法。第十六章中引用了巴罗的《中国之行》中的三支曲子,其中第二首在初版中没有标注名称,因为巴罗原书也未标有曲名,修订版中标注了曲名《六板》,因为后来任职外交官后,卫三畏曾多次前往上海,经常听到这首曲子,因此补充上去,可见著者在学术生活中的细致的观察力。在第二十章的中国商业方面,卫三畏谈到中国外贸和分类,初版中说是经过好望角的航线,修订版改为苏伊士运河的航线,因为苏伊士运河在 1859 年开凿,十年后竣工;增补了 1860 年以来外贸增加的进出口品种,章末增加了中国海关发布的商务报告,如《1871—1881 年中国对外贸易年值表》《1871—1881 年海关收入表》《十年间中国茶叶出口表》《中国货物输往外国统计表(1880 年、1881 年)》等。所有以上的例证,除了说明卫三畏在初版《中国总论》基础上的修订是持之有据的,还可以说明在相距 30 多年间卫三畏个人汉学水平的增长和中外关系发展的历史现实。这也提出了另一个问题,即汉学研究的继续向前的理论问题,也就是说,卫三畏的汉学研究是一个阶段,或者说一个比较高的阶段。因此,卫三畏对初版《中国总论》的修正,也就毫不避讳地将"存疑待考"的内容放进论述之中,如在《中国总论》修订版序言中,卫三畏就明确指出前四章涉及中国地理范畴,是根据当时最新的研究或调查报告来修订的,18 个行省之外的各地区的叙述也增补了自鸦片战争以来俄国、英国和印度旅行家的研究资料,但广博的中国领土和漫长的陆地疆界与海岸线,要获得特别准确的数据,就像中国人口实际数目一样,不可能有不容置疑的统计数字,"因为在全中国进行有条理的正式调查之前,有关人口的重要问题只好暂且搁置才能得到更准确的数据"。又如,限于篇幅,卫三畏不可能将所有出现的新成果都补充到自己的著作中，但他把反映这些学术进展的文献目录在脚注或参考文献中列出，举一个例子可见一斑："参看美魏茶在《大不列颠与爱尔兰皇家亚洲学会会刊》1825年第一册第240页所述。《中国丛报》第十八卷第280—295页。伟烈亚力在1854年《上海年鉴》中的文章。《中日笔记》第三册第55页。密迪乐《中国人及其叛乱》，伦敦，1856。施勒格尔《天地会：中国人在中国、印度和巴达维亚的秘密会社》，巴达维亚，1866。"① 再如，在第十七章的中国历史与编年中，卫三畏不仅补充修正了一些事实，还郑重提出了一项很有学术价值的提议，显然有区域研究的意味，他认为研究近代之前中国史前，应该对整个亚洲大陆的地理、古迹和文献进行全面的调查，以便使东亚的情况能够明显出来，"如果我们对中国的丰富历史及其与亚洲其他国家的联系茫然无知，我们就不可能对这一人民形成正确的看法，而且不可能掌握人类早期历史的许多重要资料"。② 这样的学术态度，既表现出卫三畏的严谨求实和承前启后的研究特征，又起到提示或鼓励后来学者去认真求证的学术精神，而非唯我独尊或以假乱真的苟且而马虎的学风。

从总体上来讲，与1848年版比较，1883年修订版《中国总论》修订了大约三分之一的内容，应该说变动还是比较大的，其中的第六章"中国自然史"几乎全部重写，最后三章完全是新增的。所有提及的修订内容和写作范式的变化都足以说明卫三畏在30多年间的汉学研究的整体进展和研究水平的今非昔比，也对美国早期汉学向近代汉学和中国美国学的转变起到了巨大的推动作用。卫三畏作为近代中国变迁史的亲历者和参与者，并结合前人的汉学成果，所著就的新版《中国总论》更加具有历史的真实性和现实的参考意义，是当时沟通中西关系、增进相互了解的一座重要的文化桥梁，卫三畏也因之成为美国历史上第一位功成名就的汉学家，这是名至实归的，是值得学习和研究的。

（五）卫三畏和他的《中国总论》在美国汉学史和近代西方汉学史上的地位

卫三畏一生中的大部分时间是在中国度过的，中国不仅是他的第二故乡，更是他的研究对象。在中国的生活和研究，让卫三畏对中国及其中国

---

① ［美］卫三畏著，陈俱译《中国总论》第359页，上海古籍出版社，2005年。
② 《卫三畏生平及书信》第674页。

文化的认识超越那些走马灯似的来华西方人,《中国总论》便是他为了增进美国人对华了解的心血之作,更是他为了传教事业在华发展的用心之作。当然不可否认的是,卫三畏对中国文化的比较系统分析中不免带有片面性和西方传教士对华固有的偏见,但总体说来,卫三畏对中国文明是持肯定态度,赞誉其为"最文明的异教国家",并相信"汉人的子孙有着伟大的未来"。① 因此,从客观而公允地看待中国和基督教在华的传教事业的两大核心动机出发,作为传教士、外交官和汉学家的卫三畏表现出难能可贵的人格品质,他的"生活是多方面的,而且在各种条件下,他都显示出一种有条不紊和勤勉的非凡能力"。② 正是在这种非凡能力之下,"他拓阔了对中国历史及文化的了解",③也因之成为"近代美国汉学研究最有成就者之一"。④ 卫三畏投入巨大精力而著就的《中国总论》,不期成就了美国早期汉学发展史上的一项壮举。《中国总论》是第一部美国人自己写就出版的有关中国历史文化的书籍,是美国汉学系统研究的肇始。我们知道,1840—1842 年鸦片战争虽然没有彻底改变中国社会的性质和中国人的生活方式、思维习惯,却大大地改变了中国和西方的关系。卫三畏抓住了这个契机大做文章,在整合前人有关中国事务研究成果的基础上,结合自己的知识和经验有所突破和创新,终于完成了《中国总论》这部后来居上的汉学著作。当时一位评论者就这样说道:"这是美国最好的对中国的介绍,是作者的一座丰碑。"⑤美国公理会传教士、汉学家明恩溥在其 1894 年出版的《中国人的素质》中文版译注称卫三畏的《中国总论》为"过去一直是外国人研究中国的必备之书",《中国人的素质》始终关注和重视其当时所在的现实中国,从研究中国现状入手,自觉不自觉地谈论和把握中国人的民族性特征。从卫三畏的《中国总论》、卢公明的《华人的社会生活》、倪维思的《中国和中国人》,到何天爵的《真正的中国佬》和《真正的中国问题》等,都是整个 19 世纪美国汉学研究的主流传统的学术思维的反映。美国汉学家马森(Mary Gertrude Mason)在 1938 年出版的《西方的中华帝国观》

---

① 《卫三畏生平及书信·序》第 2 页。
② [美]丁韪良著,沈弘等译《花甲忆记:一位美国传教士眼中的晚清帝国》第 10 页,广西师范大学出版社,2004 年。
③ 黄文江《欧德里的汉学研究》,载《国际汉学》第 14 辑,第 113 页,大象出版社,2006 年。
④ 仇华飞《早期中美文化交流中的人物与书刊》,载《上海档案史料研究》(2)第 180 页,生活·读书·新知三联书店,2007 年。
⑤ *Christian Review*, Vol.13, No.50, June 1848, p.296.

(*Western Concepts of China and the People*)一书中还对《中国总论》予以甚高的评价:"也许有关中国问题的最重要的一本作品是卫三畏的《中国总论》,它在西方广为传阅并受到好评……这部描写中国人生活方方面面的著作,是对这一时期普通作品中所涉及的问题的范围和种类的最好说明,卫三畏用如此清晰、系统、博学的方式为读者呈现了他的资料,以至于他的著作在今天的有关中国问题的美国文献中仍占有令人尊敬的地位。"[1]美国当代中国学家费正清对卫三畏的《中国总论》的评价更具有代表性。费正清指出:"卫三畏的学术成果中最重要的不是汉英字典,也不是关于扶桑和苗族的考证,而是《中国总论》,其副标题'关于中华帝国及其居民的地理、政府、教育、社会生活、文艺、宗教等的概观'完全可以作为地区研究的'课程提纲'(syllabus)来使用。从卫三畏一生的研究理路来看,他从总体上来说更接近于新的美国'中国学'模式,而不是老的欧洲'汉学'模式,应该说,他是20世纪出现的这一新的美国模式的导夫先路者。"[2]这是一个很重要的结论,由此,我们看到美国的传教士汉学和美国中国学之间的内在的逻辑联系,传教士汉学再不是游离于美国中国研究学术脉络之外的非学术的东西,而是整个今天美国中国学开端的一个基础。[3] 作为美国中国学研究的领导者和积极推动者,"美国中国学之父"的费正清在他主编的《剑桥晚清史》中,就把《中国总论》誉为"百科全书式的著作",在《我们70年代的任务》一文中,将之称为"一门区域研究课程的教学大纲"。这样的评价其实不难理解,美国早期传教士来华所进行的自觉不自觉的汉学研究,具有两个明显的特点,一是拥有共同语言的英美两国在汉学研究上是一个学术共同体,在西方汉学的整个大体系中它们的联系是最为紧密的;二是英美汉学虽然在读者的接受方面有时会体现出难分彼此的状况,但在汉学家的研究方面却不难加以区分,与19世纪的英国同行相比,美国传教士显然更关注近代中国的变化,而不是古代中国的传统。卫三畏虽然写过关于孔子生平的文章,翻译过古代历史小说,但其注意力的焦点始终是中国的变革和近代化问题,以卫三畏为中心的传教士汉学预示了美国汉学的

---

[1] [美]马森著,杨德山等译《西方的中华帝国观》第38—39页,时事出版社,1999年。
[2] John King Fairbank, *China Perceived: Images and Policies in Chinese-American Relations*, New York: Alfred A. Knopf, 1974, pp. 214-215.
[3] 张西平《卫三畏——美国汉学第一人》,载《中华读书报》第262期(2009年4月1日第3版),第19页。

现代形态——以费正清为代表的"地区研究"框架下的"中国学"的出现和壮大。① 在中国学术界,对卫三畏和《中国总论》的评价也是中肯的。卫三畏在成为美国学院式汉学讲座的第一位教授前,是美国历史上最早由传教士、"中国通"向传教士汉学家、职业汉学家转型的代表人物。尽管他不是美国人中最早懂得利用中文进行汉学研究的人,但从严格意义上来说,卫三畏是美国最早的专业汉学家。虽然他一生都在致力做好一个传教士,但他的丰硕的汉学成就已然足以证明他是一位真正的汉学家,正如台湾学者李定一指出:"在 20 世纪以前美国唯一的所谓汉学家,不过卫三畏一人。"②现任南京大学中文系教授和博士生导师的中国学者张宏生先生在《卫三畏与美国汉学的起源》一文认为,比起欧洲来,美国的汉学研究起步较晚,但起点较高,发展也比较快,而且在不长的时间里,即跃居国际汉学研究的前列。在这一过程中,卫三畏的影响不容低估。卫三畏是美国第一位汉学教授,他的《中国总论》试图把中国文明作为一个整体去研究,也是美国最早的汉学研究著作。北京外国语大学教授张西平先生在《卫三畏——美国汉学第一人》一文中旗帜鲜明地界定了卫三畏在美国汉学史上的不可撼动的历史地位:奠基者。

《中国总论》自 1848 年初版以来,因为反响巨大,在美国境内,多年之后"德庇时的《中国人》已经难得一见,《中国总论》成为唯一的经典"。③ 而实际上,《中国总论》不仅成为研究中国的学者们的标准参考书,而且也被一些教育机构采用为教科书,到 1857 年便出到第四个重印本,30 年后的 1879 年纽约的威利公司(J. Wiley)还重印了一版。④ 1883 年《中国总论》修订版发行后,影响更大,在美国被重印的次数难以准确统计,至少在 1895 年、1899 年、1900 年、1904 年、1913 年、1966 年就有过不同的出版商重印,2001 年 Simon Publications 出版社重印,2000 年日本的景仁文化社也重印过一次。《中国总论》自初版之后,从史料价值和学术观念等角度上,都成为学者引用的对象。新版《中国总论》同样被学术界经常引用。如卫三畏《中国总论》中关于儒家思想对提升精神境界的意义,明恩溥在

---

① 顾钧《卫三畏与美国早期汉学》第 142 页,外语教学与研究出版社,2009 年。
② 李定一《中美早期关系史》第 154 页,北京大学出版社,1997 年。
③ *China Review*, Vol. 12, July 1883-June 1884, p. 196.
④ Henri Cordier, *A Catalogue of the North China Branch of the Royal Asiatic Society*, Shanghai, 1872, p. 53.

其著《中国人的素质》一书中指出:"中国古籍之中,根本没有任何会使人们的心灵变得低级下流的东西。人们经常指出这个最重要的特点。这也是与古印度、古希腊、古罗马各种文献作品的根本区别。"①这一看法,正出自卫三畏对"中国宗教"的论述:"尽管中国人在言行上是个放荡不羁的民族,但他们没有通过寺庙并试图靠女神的保护净化他们的行为,努力将享乐的崇尚者进一步引上毁灭之路。他们赞扬贞洁与隐退,将其作为提升灵魂与肉体接近更高境界的方法。在极大程度上,罪恶被排除在视界之外以及宗教之外。"②美国中美早期关系史专家、耶鲁学院教授的赖德烈(Kenneth Scott Latourette,1884—1968)先生不仅称誉卫三畏为"美国第一位伟大的汉学家。……《中国总论》是美国公民所写的、最早以学者的眼光来看待中国的研究著作",③而且更在其著《中美早期关系史1784—1844年》中大量引用《中国总论》相关史料,"尽管它已经陈旧,但仍不失为一本了解中国的标准参考书。因其涉猎领域广泛而不够专深,但内容很好,尤其在传教、外交史等方面。许多内容作者都是亲身参与者"。④ 如此深刻的评论,除了赖德烈与卫三畏和卫斐列之间有师承关系外,主要的还是《中国总论》的丰富素材和真实认识成为他写作《中美早期关系史》《中国人》《基督教在华传教史》等书的基础,"《中国总论》长期以来占据关于中国比较好的资料书的首席位置,整整影响了一代人。在它的基础上,赖德烈才能写出《中国人:他们的历史和文化》(*The Chinese, Their History and Culture*)"。⑤

除去中美两国的相关学者的评价外,同样有类似的评论,彰显出《中国总论》在世界汉学史上的历史地位。首先,《中国总论》出版后还受到了欧洲人士的关注和欢迎,并被翻译成德语、西班牙语等文字发行。《中国总论》使西方世界在中国问题上首次听到了美国的声音,改变了美国长期以来依赖欧洲了解中国和一味进口欧洲汉学的局面。再次,从汉学研究的内

---

① [美]明恩溥著、林欣译《中国人的素质》(第26章)第275页,京华出版社,2002年。
② Samuel Wells Williams, *The Middle Kingdom*, Vol.II, 1848, Chapter XVIII, p. 193.
③ Kenneth Scott Latourette, "Far Eastern Studies in the United States: Retrospect and Prospect", *The Far Eastern Quarterly*, Vol.15, No.1, Nov., 1955, p. 3.
④ Kenneth Scott Latourette, *The History of Early Relations between The United States and China 1784-1844*, New Haven: Yale University Press, 1917, p. 199.
⑤ Teng, S. Y. "Review, A Short History of the Chinese People", *The Journal of Religion*, Vol.24, No.4, Oct.1944, p. 294.

容上看,《中国总论》在其所处时代可称为汉学成果的总汇和集大成者,但不能否认的是,卫三畏写作的两版《中国总论》均大量参考前人和时人的汉学研究成果。从欧洲学者型汉学家,到近代来华英美传教士、外交官和商人的有关中国的书籍(其中间有很多后来都成为汉学家),还包括在华西方人士发表在开创美国汉学研究之端的《中国丛报》上的文章。由于美国早期汉学家没有欧洲汉学那么悠久的历史根基,必须建立在欧洲汉学的基础上,卫三畏才有可能完成他的巨著。所以卫三畏不仅要注意到欧洲汉学成果,而且研究路数也大致遵循欧洲汉学的传统,主要研究中国的历史文化。同时,卫三畏还有欧洲汉学家所没有的优势,即欧洲学者型汉学家大多没有来过中国,而且不如卫三畏那样精通汉语和一些方言,搜集中文资料也不如卫三畏便利。这样,卫三畏的汉学研究在论述的广度和理解的深度上都超过前人,具有起点高、内容全的特点,大有居高临下、高屋建瓴的气势。因此,《中国总论》就较先前的汉学著作更容易去伪存真、全面阐述、深入浅出,充分展现出了对中国更深入的了解,以及独到而深邃的个人见解和思想认识,容易受到而且激发起欧洲学术界的关注和研究。法国学者考狄(Henri Cordier,1849—1925)虽不识中文却被誉为人文科学式汉学的代表人物,考狄曾在中国逗留了7年,回到法国后在东方语言学院执教长达43年。他对欧洲汉学做出的贡献首先在目录学方面,陆续编辑、出版了《西洋人论中国书目》及补编(1878—1924),他还整理、编辑了欧洲中世纪的旅行家赴中国游览后写作的游记。考狄不仅创办了《通报》(T'ung Pao)这个负有盛名的欧洲汉学杂志,还鼓励学生研究中国,其中最优秀的是沙畹(Edouard Chavannes,1865—1918)。其中,他在《西人论中国书目》(Bibliotheca Sinica)中将《中国总论》放在第一部分《中国总说》的第一类"综合著作"中。① 《中国总论》是放入这一类别中的第一部美国人写就的汉学著作,从这个意义上来讲,将《中国总论》说成是美国汉学兴起的标志,应该是符合历史事实的。1857年,英国驻华公使包令(John Bowring)曾给伦敦统计学会写信谈及中国人口数字问题,内容几乎全都直接引自1848年版《中国总论》中关于中国人口统计的大量分析内容,并盛赞卫三畏的研究精神,"当时在中国少有西方人能比卫三畏更加勤勉,和能使人获得教益",所以他建议学会与卫三畏交流,请教卫三畏对中国人口问题的看

---

① Henri Cordier, *Bibliotheca Sinica*, Paris, 1904, p. 85.

法。这封信同时刊发在英国皇家亚洲文会中国支会的刊物上。①《中国总论》中常有一些超越前人的学术突破,成为后来的欧洲学者的援引对象。德国的政治经济学家和社会学家马克斯·韦伯(Max Weber,1864.4.21-1920.6.14)曾经研究过中国宗教,并在《中国的宗教:儒教与道教》一书中参考了卫三畏《中国总论》的相关研究成果。② 1895 年出版的澳大利亚记者莫理循的《中国风情》(George Morrison, *An Australian in China: Being the Narrative of a Quiet Journey across China to British Burma*, London: H. Cox, 1895)便引用了《中国总论》第一卷中关于鸦片的论述。③ 1901 年曾任职上海南洋大学历史教授的英国人列文华兹写作第二次鸦片战争的专著时,所列的第一本中国历史参考书就是《中国总论》,并引用该书中关于中国概况的内容。④

卫三畏撰著的《中国总论》除了上述的社会文化影响之外,在学术观念上也具有很强的汉学意识,这种汉学意识和他的中国观一起构成了卫三畏的中国研究的思想基础,也潜在地影响了西方对华的认识水平和基本内容。作为最大和最权威的中国观载体,《中国总论》所内含的卫三畏汉学观主要包括三方面内容,即观念形态、精神产品和生活方式上的汉学观。观念形态也叫意识形态,是在一定的经济基础上形成的人对世界和社会的系统的看法和见解,哲学、政治、艺术、宗教、道德等是它的具体表现;它是上层建筑的组成部分,在阶级社会里具有阶级性,具体内容包括宗教信仰、价值观念、法律制度等意识形态方面。卫三畏认为中国是一个多宗教信仰的国家:儒教、佛教、道教,但三教并不互相干扰,人人自由信仰,是中国人的开放之处,是在"纯粹专制政府理论下坚持民主习惯的唯一异教国家"。⑤ 但中国人的宗教总是和儒教联系在一起,形成了对儒教崇拜的偏执之一:祖先(包括天地、圣人)崇拜。"如果要寻求一个对中国各社会阶层均具有巨大和统治作用的宗教力量,我们会发现:那就是祖先崇拜。在

---

① John Bowring, "The Population of China, A Letter Addressed to the Registrar-General London", *Journal of the Statistical Society of London*, Vol.20, No.1, Mar., 1857, p.41.
② O. B. van der Sprenkel, Chinese Religion, *The British Journal of Sociology*, Vol.5, No.3, Sep., 1954, p.275.
③ [英]莫理循著,张皓译《中国风情》第 46 页,国际文化出版公司,1998 年。
④ Charles S. Leavenworth, *The Arrow War with China*, Sampson Low, Marston & Co., London, 1901, p.222.
⑤ [美]卫三畏著,陈俱译《中国总论》第 715 页,上海古籍出版社,2005 年。

信仰领域中,没有谁可以替代它们的位置,哪怕只是一瞬间的。"① 当然,对祖先崇拜是遭到卫三畏的反对,因为这妨碍了基督福音在华的唯一性传播。与儒教至上性相对应的便是中国政治制度的"宗法"专制性特征。卫三畏指出:"皇帝是父,他派出的官员是省、地区、县的父母官,就像他治下的每一户的父亲一样。"正因为皇帝是天下最大的大宗,因此皇帝是"法律的源泉",是"至高无上的,拥有最高的立法权和行政权,不受任何限制和支配","任何权利都不能违背他的愿望,任何要求都不能忤逆他的意志,任何特权都不能在他的愤怒之下得到保护",他是"世界上最大权利的拥有者"。② 这样的皇权和专制现象早在卫三畏之前,西方学者就有明确的认识,如德国哲学家黑格尔就曾指出:在中国,皇帝"是中心,各事都由他来决断,国家和人民的福利因此都听命于他"。③ 在这种专制体制之下,官员的行政能力和法律作用都严重滞后,尽管中西相较中国为甚,"在中国,和其他地方一样,善和恶混在一起……就像在我们的国家,每天报纸送进我们眼帘的是关于罪恶和暴行的记述,这些不是社会一般状况的标志,我们很容易忘记这一点;在中国也一样,虽然情况大大不如,我们还是要注意到同样的说法也是适用的"。④ 而精神产品是指在生产活动中,主体一方面通过物质和能量的输出改变着客体,同时主体也需要把一部分对象作为直接的生活资料加以消费,或者把物质工具作为自己身体器官的延长包括在主体的生命活动之中。这些都是客体向主体的渗透和转化,即客体主体化,这就产生了精神产品,它包括文学艺术和一切知识成果,代表性的场所为博物馆与图书馆。生活方式则包括衣食住行、民情风俗、生老病死以及社会生活的一切方面。⑤ 在卫三畏眼中,中国是一个文化大国,这点较其他亚洲国家突出,主要在于中国人"早就拥有并广泛使用至为重要的印刷术","他们的每一种作品可以以低廉的价格大量复制,传送到遥远的地方",因此,中国人是一个"爱读书的民族",他们的"戏剧、诗歌和小说组成的纯文学领域,在我们的眼光中总是具有最高的地位"。而且,中国文字是"一种神秘的文字","是人类最聪明、最有价值的心灵连续许多年代辛劳

---

① [英]麦高温著,朱涛、倪静译《中国人生活的明与暗》第74页,中华书局,2006年。
② [美]卫三畏著,陈俱译《中国总论》第278—279页,上海古籍出版社,2005年。
③ [德]黑格尔《历史哲学》第119页,上海书店出版社,2006年。
④ [美]卫三畏著,陈俱译《中国总论》第358页,上海古籍出版社,2005年。
⑤ 黄亦君、李晓兰《卫三畏的汉学观》,载《贵州文史丛刊》2009年第1期,第41—42页。

的成果","中国语言文字的知识是取得人们信任的护照,外国人一旦学会了,当地人就会卸下偏见和歧视"。但是,在中国这样的文化大国里,教育却显得举步不前,它只重视道德修养,而不关注学生智力培养,尤其是忽视科学知识。在卫三畏眼中,"中国人的各个学科的学问都是不科学的;尽管他们收集了大量事实,发明了许多工艺,有些进入高度精美的水平,然而他们从来没有按照特意设计的道路来追寻一项单一目标,求得正确的理解,也没有对已经占有的信息进行恰当的分类整理"。① 这就成了中国科学落后的重要原因。由于各种社会惯例和生活方式的千年一致性,中国人生活显得缺乏活力,杂乱而落后。通过综合观察,卫三畏得出这样的结论:"总的说来,中国人表现为奇特的混合体:如果有些东西可以赞扬,也有更多的应予责备;如果说他们有某些显眼的罪恶,他们比大多数异教国家有更多的美德。虚饰的仁慈与内在的猜疑,礼仪上的客气与实际上的粗奢,部分的创造力与低下的模仿,勤俭与浪费,谄媚与自立,还有其他黑暗与光明并存的品质,奇异地结合在一起。试图以法律制约和普及教育来补救性格上的缺点,他们无疑抓住了正确方法;他们的不足表明了这两者多么不灵,要等到福音来帮助统治者和被统治者来提高全民族的道德观念。"②这种福音拯救的结论自然归化于卫三畏的传教士信仰,无可指摘,但应本着"有则改之无则加勉"的客观态度来对待卫三畏的"他山之石"的诤友之言。

总之,《中国总论》是19世纪西方最有代表性的汉学著作,其中深含着美国第一位汉学家卫三畏强烈的个人色彩以及当时东方从属于西方的时代气息,"人文学科的知识生产永远不可能忽视或否认作为人类社会之一员的生产者与其自身生活环境之间的联系,那么,对于一个研究东方的欧洲人或美国人而言,他不可能忽视或否认他自身的现实环境:他与东方的遭遇首先是以一个欧洲人或美国人的身份进行的,然后才是具体的个人。在这种情况下,欧洲人或美国人的身份绝不是可有可无的虚架子。它曾经意味着而且仍然意味着你会意识到——自己属于一个在东方具有确定立意的强国,更重要的是,意识到属于地球上的某个特殊区域,这一区域自荷马时代以来一直以东方有着明确的联系"③。正是这样的个人色彩和时代

---

① [美]卫三畏著,陈俱译《中国总论》第672页,上海古籍出版社,2005年。
② 《中国总论》第583页。
③ [美]赛义德著,王宇根译《东方学》第15页,生活·读书·新知三联书店,1999年。

气息,不仅使包括《中国总论》在内的西方汉学著作大量保存了中外关系的历史痕迹,也彰显和预示着美国早期汉学和西方近代汉学的真实状态和发展趋势,成为后代学者和一般民众进行研究和了解的重要历史资料。《中国总论》的独特视角和观点,以及书中时常出现的智慧之光,对当今读者来说,不仅饶有兴趣,而且颇富启迪。这些正是我们研究卫三畏及其《中国总论》的人类社会的使命感和所期望得到的精神力量。

第二节 卫三畏与美国汉学的奠基

美国汉学的开创之功属于美国早期的来华传教士。裨治文、雅裨理、卫三畏、特雷西、勃朗、伯驾、史蒂芬等早期传教士来华后,不仅把注意力放在传教上,还加强对中国政治、经济、社会、历史文化等方面的研究,他们撰写了大量的有关中国问题的著作,成为美国第一批研究中国问题的专家。他们对中国的研究同欧洲汉学研究有明显区别。这些美国来华传教士对中国的研究是联系当时中国社会许多实际问题进行的,不同于欧洲早期汉学家只从典章中研究中华文化,而是更贴近中国社会的现实。而就汉学研究成果来看,卫三畏是这批传教士中的佼佼者,其中,卫三畏的《中国总论》就是早期美国人认识中国的一部历史性论著,也是19世纪传教士(关于中国和汉学研究)论著最有影响的研究成果。[①] 退休后回美定居的卫三畏荣登耶鲁学院汉学讲座教授之职,开启了美国汉学的职业化学科之路。

卫三畏高举耶鲁学院汉学的这面旗帜,引领着美国汉学发展的新时代,并以其不朽的《中国总论》奠定了美国汉学的根基,使汉学成为美国东方学领域中的一门重要学科,形成了与欧洲汉学不尽相同的研究特点,为美国早期汉学的发端和发展注入了蓬勃生机。

一、卫三畏与美国早期汉学

美国汉学研究的最初载体是《中国丛报》。这份由英美在华商人资助

---

① William J. Brinker, "Commerce, Culture and Horticulture: The Beginnings of Sino-American Cultural Relations", Thomas H. Etzold, ed. *Aspects of Sino-American Relations Since 1784*, New York, 1978, pp. 13-14.

创办的、裨治文和卫三畏先后出任主编的《中国丛报》,其办报特色既有欧洲汉学注重研究中国历史、文化、文学、文字的特点,又有注重考察中国当时社会现实问题的笔触。卫三畏《中国总论》也具有上述特点,他本人还是《中国丛报》的主要撰稿人之一。《中国总论》体现了卫三畏早期汉学研究的两个主要特点:第一,研究中国,仍未能摆脱欧洲学院派和学者型汉学影响,仍然十分关注对中国哲学、历史和经典著述研究。第二,在以古典文化为基础研究的同时,还比较关注中国社会的现实问题。对中国文明的研究是作为"一种纯粹的文化",来进行"综合的研究",① 卫三畏这种把经典汉学研究与中国现实问题研究结合起来的过程,恰恰"体现他晚期从业务中国学家转变成职业中国学家的亲身经历之中"。② 因此,卫三畏对于美国早期汉学所起到的历史作用,不仅表现在他使美国汉学学科得以确立,还奠定了美国早期汉学研究的上述两大重要特点,成为美国汉学发展史上的浓墨重彩的一笔。

  卫三畏来到中国之后,一面工作,一面努力学习汉语,在这方面,他深受马礼逊的影响,在帮助裨治文编辑《中国丛报》的过程中,努力学习中文和日文,希望深入了解中国的历史和现实。他的中文水平进步很快。来华一年之后的1834年2月,他就在《中国丛报》第2卷第10期上发表了《论中国的度量衡》和《论广州的进出口贸易》两篇文章,标志着他在汉学研究上的正式开始。他后来出版的《中国地志》一书,也曾大部分发表在《中国丛报》上。卫三畏凭着自己的勤勉努力,终于打开了在华事业发展的局面。在华生活43年间,卫三畏不仅承担了《中国丛报》印刷和编辑工作,在其上发表114篇汉学论文,而且还在传教、外交和学术等活动中,广泛地与中外各阶层人士交际,收藏广博,经验丰富,为写作两卷本的巨著《中国总论》打下了天时地利人和的重要基础。集传教士、外交官和汉学家于一身的在华西方人,在近代中西关系史上是极为罕见的事件,卫三畏却将它们之间相结合的积极因素充分发挥出来,创造了他自己辉煌的人生过程。从一位传教士印刷工的基础工作做起,到《中国总论》出版后的名扬天下,卫三畏收获了不少荣誉和头衔,可以称他为地理学者、历史学者、法律学者、语言

---

① John King Fairbank,"Assignment for the 70's"(费正清《70年代的任务》),*The American Historical Review*,1969,No. 3,pp. 865-866.

② 忻剑飞《世界的中国观:近二千年来世界对中国的认识史纲》第301页,学林出版社,1991年。

学者、外交史专家等,但定位最适合的称呼还应该是汉学家。因为,上述所有头衔下的活动都是一个目的使然:为基督传播而研究中国。卫三畏把中国整体作为自己的研究对象,探讨其整体结构及其运动规律,借以全面而准确地向美国同胞介绍一个遥远的异族国度——晚清中国。因此,卫三畏的中国研究具有了历史继承性和现实问题性相结合的双重内容。

卫三畏的汉学研究方法之一,是试图对中国文明进行整体性研究,古今相连、纵横相通。早在好几个世纪之前,欧洲汉学家就做过对中国整体研究的尝试,卫三畏虽然不是第一个,但是在具体实践上是最好的一个。卫三畏对汉学的总体把握能力在当时是首屈一指的,他的《中国总论》就比德庇时的《中国人》稍胜一筹,也可以说是青出于蓝胜于蓝的。卫三畏在《中国总论》中将中国作为一个整体,划分为多个层面,多方面、多角度地进行系统的研究。这样的研究就需要广博的多学科知识和跨学科研究的技能,卫三畏做得很好,使跨学科的研究方式一开始就运用到美国早期的汉学研究之中,为后代美国汉学家继承和发扬,尤其是到20世纪40年代以后,跨学科的研究方式受到特别的关注。如美国汉学家卫理的《中国:昨天与今天》(China: Yesterday and Today),在内容上延续和深化了《中国总论》中诸如中国历史、现代贸易、道教、皇帝、政府组织和哲学等主题,方法上也发扬了卫三畏的研究特色,点面结合。从书名就可以看出对现实的直接关照,它被认为是"可以在卫三畏划时代的《中国总论》旁占有一席之地"的著作。① 在全方位的研究之下,卫三畏仍然注意到汉学研究在某些方面的区域性差异。卫三畏认为,中国幅员辽阔,各地情况不同,人民差异较大,必须加以适当的区分,不可一刀切和统一话语。因此,《中国总论》就是在整体研究的主框架下,有所侧重地进行区域特色的纵深研究,正如费正清所讲,《中国总论》非常像20世纪以来的中国区域研究课程的教学提纲。实际上,《中国总论》就是将这些各具特色的区域研究或专题研究合为一体,创建了中国整体的汉学研究模式。卫三畏的汉学研究方法之二,是人文科学和社会科学相结合的研究方式,多侧重于后者。卫三畏是第一个用近代科学学科的视野来进行中国文明研究的美国汉学家,运用非常多的统计分析和田野调查的具体研究方法来既广又博地进行细致地铺

---

① G. Nye Steiger, "Review: China: Yesterday and Today", *The American Political Science Review*, Vol. 18, No. 1, Feb., 1924, p. 199.

陈和阐释。纵观《中国总论》两版的叙述内容以及章节的安排,可以说是一次直接受到近代社会科学研究方法影响的民族志调查,西方已有学者就利用《中国总论》中所蕴含的珍贵资料来研究鸦片战争前后的晚清中国的社会变动。①《中国总论》在很多西方国家的各级图书馆的分类收藏中被列入民族学和人类学,甚或社会学类,足以说明它的人文科学的成分相对较少,而更多的具有社会科学的性质。事实上也是如此,卫三畏毕竟不是几个世纪前无法进入中国的学院式的汉学者或汉学家,只是坐在中国经典的书堆旁做着无法考辨的文字研究。卫三畏可以摆脱这样的不利,而能深入中国社会和民间人士中,并在熟练掌握中文的情况下娴熟地使用中文典籍,从而能更多地利用近代各门学科的知识和研究方法来研究中国文明,并对中国现实问题进行深度的思考而形成符合近代世界所需要的文化成果和汉学研究范式。从美国汉学发展的历史角度来看,卫三畏的汉学研究,包括《中国总论》的汉学成果,已经超出了人文学科的范畴,带有社会科学研究的特点,因此可以直接看作是社会科学的研究作品。卫三畏的汉学研究方法之三,是注重中国社会的现实问题,以观察和解决中国现实问题为出发点,来实现他的福音入华的宗教观和西方在华利益的既得和未来。卫三畏是一个传教士,后来还出任美国驻华外交官,各前后20年左右,大半生都在忙忙碌碌、四处奔波中度过。这就是卫三畏的汉学研究一开始就会相对地比较重视中国现实问题,可以说他的汉学研究是直接为现实服务的。这位被费正清誉为"业余汉学家"的卫三畏,有40多年在华的身临其境的观察和研究,以及由此而得出的观念,都对后世的影响至深。其中,卫三畏将中国称为 The Middle Kingdom 的习惯就从他的同时代人,至少延续到了当代的美国中国学家费正清一代人,影响长达一个世纪。② 而在修订版《中国总论》中最后几章的内容完全是当时晚清中国的现实状态和社会问题。简言之,卫三畏和他的《中国总论》所表现出的研究特点,集中代表了早期美国汉学研究特点的重要内容:一是美国汉学研究起点高,整体研究和区域研究相结合;二是带有社会科学研究的学科性质,比较重视中国现实问题的研究。

---

① Francis L. K. Hsu, "Social Mobility in China", *American Sociological Review*, Vol. 14, No. 6, Dec., 1949, pp. 764-771.

② John King Fairbank, "Tributary and China's Relations with the West", *The Far Eastern Quarterly*, Vol. 1, No. 2, Feb., 1942, p. 130.

由卫三畏和他的《中国总论》为代表的汉学著作所标志的美国早期汉学的发端，开启了美国汉学历史的新时代，为美国产生自己的汉学研究和汉学学科起到了奠基作用。汉学(Sinology)，也有人一般称为中国学，意指西方人从语言文字、历史、地理、哲学、宗教等方面系统地研究中国的学问。近代汉学是东方学的重要分支，职业的东方学开始于19世纪的欧洲，研究目的并非纯粹的学术，乃多为现实利益的需要，与西方的殖民主义的政治和军事上的情报需求相关联。近代西方人的汉学研究也有同样的历史背景。美国汉学没有自身的学术传统，一方面继承了欧洲汉学的某些特征，另一方面又是近代中美交往的直接产物，现实性更强。卫三畏的汉学研究便体现了美国早期汉学发端的这样两个背景。由于美国汉学出现迟于欧洲，一般称的美国汉学就是指近代美国人的汉学研究。当代美国对中国的研究一般称之为"美国中国学"(Chinese Studies in American)，以近现代中国社会为基本研究对象，以历史学为主体进行跨学科研究，它是区域研究的重要组成部分。从当代中美国际关系到中国的政治经济研究，乃至中国所有的方方面面，都是美国中国学的研究对象。从关注的问题、使用的研究资料来源和研究方法来看，美国早期汉学是美国中国学的先驱，只是前者承袭更多的欧洲汉学的传统，而后者创造更多的自己的研究中国的模式和内容。如何具体界定美国早期汉学，以便与费正清倡导的"美国中国学"（"新汉学"）相区分，是汉学学术史的一个重要课题。到目前为止，已有不少学者相继提出了不同的观点，做出了一些阶段性的划分，颇有价值和有进一步探究的意义。我们知道，汉学在西方历来与传教士入华观察认识和中国研究有关，而19世纪是基督教世界性传教活动的光辉时代，新教传教士在西方人早期在华活动中占据了重要地位。英国新教传教士马礼逊来华后，美国新教传教士们也就接踵而至，而且后来居上。美国新教传教士自命代表西方文明在美国成就的新文化，强烈要求向古老的中华帝国输出自己的价值观——对于基督福音的狂热信仰。同时，他们又把对中国的记述和理解传回国内的民众，甚至长期主导了立国后一个世纪的美国人对中国的全部看法。正如美国学者韩德(Michael H. Hunt)在《中美特殊关系的形成》一书的中文版序言中国明确指出："他们（来华美国新教传教士）是决策者、外交官和公众有关中国情况的最原始的来源。他们作为遗产留下的是美国人心目中的某些历久不衰的中国形象。"①实际上,美国新教传教士是站在了中美文化的中间线上,既向中国人民输入西方文明,又向美国输进中国文化,成为中西交往的文化纽带和物质桥梁。美国的汉学研究属于东方学范畴,它的起步正是和美国新教传教士的"福音传道"密切联系在一起的,因此,传教士汉学就成为美国早期汉学的起始阶段。从学术史发展的角度来看,对美国现代中国学研究有造诣的北京师范大学教授侯且岸先生认为:美国汉学的发展大致划分为五个阶段。第一阶段是19世纪30年代到70年代中期,传教士汉学时期,以裨治文、卫三畏、伯驾等人为代表,揭开了美国汉学研究的序幕。1842年,美国东方学会在美国成立,开始了有组织的汉学研究。第二阶段是19世纪70年代中期到20世纪20年代,学院汉学时期,耶鲁学院(1876年)和哈佛大学(1879年)汉学讲座的设立,标志着美国汉学发展进入了学院研究的时代。第三阶段是20世纪20年代到40年代中期,汉学的发展与分化时期,在古典汉学研究之外出现了中国问题研究。第四阶段是20世纪40年代中期到80年代中期,汉学与中国学并容时期。第二次世界大战期间,汉学研究发生了明显变化,地区研究兴起后,以此为特征的中国研究勃兴,费正清开创了"新汉学"(或称"现代中国学"),1941年,美国远东协会成立,亚洲研究和中国问题研究成为其研究的重点。第五阶段是20世纪80年代中期至今,汉学家对汉学的反思阶段。冷战结束后,美国的汉学研究和中国研究进入了反思时代,汉学和中国学的壁垒趋向于被打破,跨学科研究终将取代传统的单一研究。② 侯且岸先生的这种美国汉学分期法,是将汉学作为一门学科而定的,具有很强的时代性和学术性。传教士汉学为起点,以美国大学汉学讲座设立为间隔点,是美国的早期汉学阶段,其特征为传教士是汉学研究的主角。忻剑飞先生在其著《世界的中国观》的看法,仇华飞博士在其论文《论美国早期汉学研究》中的时间界定,都与侯且岸先生的划分法大致相同,而这些看法又基本上都来自费正清对美国早期汉学的理解和界定。③ 按照上述的合理分期的论述,我们可以发现美国早期汉学在美国汉

---

① [美]韩德著,项立岭等译《中美特殊关系的形成:1914年前的美国与中国》(中文版序)第1页,复旦大学出版社,1997年。
② 侯且岸《论美国汉学研究》,载《新视野》2000年第4期,第75—76页。
③ 费正清《70年代的任务:研究美国与东亚的关系》,载陶文钊编选《费正清集》第395—422页,天津人民出版社,1992年。

学发展史中的清晰定位。美国早期汉学的缔造者是来华的美国新教传教士,这些传教士中有不少人后来成为"中国通",有的因为不菲的中国研究成果,而成为最早的汉学家。在最早来华的美国新教传教士中,裨治文等人在 1832 年创办了《中国丛报》。《中国丛报》的创刊可视为美国早期汉学开始的标志性事件,虽然它不是办在美国国内,但可以称得上是美国最早的美国人出资、美国人主编的美国汉学杂志,直接影响了美国早期汉学的启动。这个阶段,裨治文、卫三畏等最早来华的传教士以《中国丛报》为阵地,进行自觉的汉学研究,从而拉开了美国早期汉学研究的序幕。到 1851 年底,来华的基督教传教士人数达 150 名之多,其中有 88 名美国人。而从这些美国传教士中脱颖而出的汉学家中最著名的当属卫三畏了,卫三畏是美国早期汉学的奠基之人,他的 1848 年《中国总论》就成为奠基之作。以"总论"为书名,可以看作是在构建一门学科的称呼,就像 Zoology(动物学)有被翻译为"生物总论",Meteorology(气象学)被译为"气象论"等一样,Sinology(汉学)也就是一门学问,一门综合性的学术了。从学术著作的角度上来讲,《中国总论》是第一部美国人写作的汉学著作,无疑可视为美国早期汉学的发端。《中国总论》出版后,反响巨大,特别是鸦片战争后中国门户洞开,中美之间接触日益频繁,美国国内和在华的美国人对中国方方面面的研究也是与日俱增,大量有关中国的著作诞生,有关中国的学术刊物创办,汉学论文越来越多地发表出来,有力地推动了美国早期汉学走向高潮。高潮的表现就是学院式汉学的开创,而学院式汉学的人才基础仍是那批传教士中的汉学成果斐然的中国通,他们走向专业的学者行列,或成为学者行列的先锋人物。卫三畏曾被美国中国学家费正清誉为"一个天才的业余历史学家",并把他与普雷斯特、班克罗夫特并列,称之为美国最有影响的史学家。① 正是凭借着他的这部不同凡响的汉学巨著《中国总论》,卫三畏由业余历史学家和传教士汉学家转变成了职业汉学家,跻身成为美国历史上第一个汉学讲座——耶鲁学院汉学讲座的首任教授,开启了美国汉学的学院研究时代。1876 年,耶鲁学院率先开设汉语课程,卫三畏成为美国第一位汉学教授,标志着美国早期汉学时代的终结。

在肩负耶鲁汉学大旗之前,卫三畏是一位典型的业余历史学家和传教士汉学家,因为他的学术研究与他业内的传教和外交工作发生着紧密的关

---

① 费正清《70 年代的任务:研究美国与东亚的关系》,载陶文钊编选《费正清集》第 401 页。

系,他的中国研究不会局限于纯学术的范畴,必然与中西关系的演变而注重现实问题的研究,与那种学院式的汉学研究有着重大的差异。更重要的是,这些传教士汉学家一般在华时间都较长,中国研究几乎都是"无师自通",他们的学术研究完全是走在一条自学成才、不断探索的成功之路上。美国汉学从业余汉学(主体是传教士汉学)走向学院式专业汉学的道路,是以卫三畏和费正清为两座高山的。退休回美后的卫三畏以其丰富的业余汉学成就而荣登耶鲁汉语教席,成为美国历史上最早的汉学教授,见证了美国汉学从业余走向专业的历史,在他身上,业余汉学和专业汉学实现了某种有机结合。众所周知,费正清是美国中国学研究的领导者和积极推动者,是将美国早期汉学推向近现代中国学的代表人物。《中国总论》是美国汉学的奠基之作,也是自19世纪30年代开始的美国传统汉学过渡到以1876年耶鲁汉学讲座设立为标志的专业汉学阶段的巅峰之作。《中国总论》(1848)出版的100年后,费正清的《美国与中国》于1948年出版,标志着美国专业汉学内部的传统汉学和中国学的分野,美国中国学由是奠基。尽管该著题目偏大,而实际的论述则以近代中国的历史为焦点。《美国与中国》后在1958年、1971年、1979年出修订版,无疑是20世纪后半期美国汉学史上发行最广、影响最大的中国学著作,"在第二次世界大战之后,它差不多成了美国一般知识阶层认识中国的一本入门书。这本书主要是对于中国的社会、政治、文化和历史做出系统的观察和论断,但详近而略远,大多数的篇幅都集中在近百年的历史发展上。最后部分则是对美中关系的回顾和展望"。① 因此,按照1832年至1876年为美国早期汉学的历史阶段的学术史界定,以卫三畏及其汉学历程和成果为考察对象,我们可以得出美国早期汉学研究的一些特征。

(一)传教士汉学的特征很突出,但研究力量和成果显得比较薄弱

美国早期汉学仍然像欧洲汉学那样是传教士汉学,代表人物和主要贡献几乎都来自传教士。传教士精通汉语,长期在华搜集了各种中文资料,与中国社会上层人物有着国家关系之间的外交接触,与下层各界人士有着直接的接触,从而能够了解中国的方方面面,成为所谓的"中国通"。首批来华的美国传教士,由裨治文发起创办了《中国丛报》。这份美国人在境

---

① 余英时《开辟美国研究中国史的新领域:费正清的中国研究》,载傅伟勋、周阳山编《西方汉学家论中国》第10页,台北:正中书局,1993年。

外所办的最早的汉学杂志,初衷是为传教事业张目的,却越来越趋向中国现实和中外交往状况,它向西方人报道有关中国的方方面面和包括传教士在内的来华西方人的活动。这样有意或无意的汉学研究活动,使传教士的福音传播活动获得了新的内容和性质,不少传教士更在传教和汉学研究的交互作用下,走上了以汉学研究为主的专业化之路。如果说传教士裨治文是美国人研究中国的第一人,那么在汉学研究上,传教士卫三畏却以其研究广度及深度和卓越的汉学成果在19世纪成为美国人研究中国的集大成者。如果将《美理哥合省国志略》看作裨治文的中国研究的成果,那它更多的是向中国人深刻地介绍美国,这种研究的汉学意义显得很单薄,而卫三畏的最大成就乃是通过当时无人能出其右的汉学成果非常系统地向美国人甚或西方人介绍了中国。在《中国总论》出版前,无论传教士还是外交官和商人们,对于中国的认识大都处于感性认识水平上,缺乏对中国文明的整体透析,只是从外部对中国各方面做片段的描述。卫三畏曾在华生活了43年,其丰富的个人经历和他对中外汉学资料的长期研究和熟练掌握,所著的《中国总论》是美国最早的汉学研究著作,也是第一部基于长期在中国内部进行观察而写作的百科全书式的著作。正是因为卫三畏在美国学术界的影响力,使他不容置疑地成为美国学院式汉学讲座的第一位教授。由此可见,美国早期汉学发轫于传教士为福音传播而进行的中国研究,卫三畏就是从典型的传教士身份踏上汉学研究的道路,并以传教士汉学家的积极成果占据了美国早期汉学的至高地位,开创了美国早期汉学的新局面。以卫三畏为代表的美国来华传教士以传播基督福音为目标,以西方文明为中心参照系,他们的研究视角从古典中国逐步转向到如何使中国社会进入近代化,这一思路基本上成为19世纪美国汉学研究的基本取向。然而,我们还应该看到,美国早期汉学研究是直升机式的发展,而非金字塔式的发展,没有传教士"全民皆兵"的蓬勃发展态势,因此在传教士汉学这一阶段,美国汉学人才真可谓凤毛麟角。卫三畏是一位真正的传教士汉学家,正如台湾学者李定一所指出的,"在20世纪以前美国唯一的所谓汉学家,不过卫三畏一人",话中之意正是说明了美国早期汉学的状态是令人伤感的。这样的伤感,就在于美国早期汉学的研究队伍小、力量弱、成果少。当然,也要看到,事物之间是不断转化的,物极必反,美国早期汉学的不利局面,为后来美国学院式汉学的发展提供了"一将难求"的求得必胜的契机,到20世纪40年代后,在美国汉学发展基础上勃兴的美国现代中国学开创了美国中国研究的新纪元,可谓后来居上,而且独占鳌头至今。

(二)美国早期汉学研究的结论和影响多趋向对中国的负面宣传,宗教色彩较浓厚

在早期来华的美国人中,有商人、外交官和传教士等,但这些人在华都受到各种各样的限制,如商人不满中国的广州一口通商,妨碍了他们的发财梦想和资本主义经济发展;外交官不满晚清中国的闭关锁国,实现不了与中国直接的国家间政治外交关系,妨害了在华政治特权和利益;传教士则不满清政府的禁教政策,使基督福音不能传布到中华大地的每一个角落,他们的耶稣入华的宗教梦想和神圣使命得不到光明的前景。更重要的是,所有来华西方人的全部不满情绪,都似乎通过传教士的声音宣泄出来。在中国本土创办的西方人第一本英文刊物《中国丛报》成为西方人表达意见、了解中国情况的渠道,也是积蓄各种情绪和准备对华进行各种争取的预备阵地。鉴于1840—1842年鸦片战争前的西方世界的无暇东顾,在华传教士就将各种不满情绪集中到福音传播受阻这一节上,致使开始的汉学研究内在地包含着浓厚的宗教色彩,而且研究结论多为负面的中国形象,传递到西方世界的就是中国文明已经停滞、正在堕落之中的假象和想象。同时,传教士又站在"基督爱世人"的福音角度,认为上帝必须拯救他的选民,中国人也是上帝之选民。而拯救之法就是西方的文明和耶稣的普世精神。除了像裨治文、伯驾这样极端鼓吹对华武力政策的传教士外,一般传教士,包括卫三畏在内,无不认为中国社会存在严重缺陷,而中国人自身无可挽救,必须依靠近代西方文明国家的帮助。中国人不仅需要西方的科学技术,更需要西方的制度和精神,最重要的是向中国人传播基督福音,从灵魂上和根本上改造中国国民的精神,"在更早些以及稍晚的年代里,心中出现的希望激励着我,传教事业可能得到发展。在这一事业取得成功的基础上,中国作为一个民族,在道义和政治两方面,将会得到拯救"①。卫三畏的"耶稣入华"的拯救中国的思想就是他的汉学研究的最终目标,尽管他宣称"用真实的叙述还中国一个公道",并没有将中国视为文明国家之列,而是介入半文明半野蛮之间的,虽然批评了西方人对华野蛮国度的界定,但这样的同情始终是居高临下的,是一种"俯视"的西方中心主义心理,更是一种基督教文明的自我优越心理的反映。对此,我们应该站在人类各民

---

① [美]卫三畏著,陈俱译《中国总论》(修订版序)第4页,上海古籍出版社,2005年。

族之间的文化交流的平等、吸纳和求同存异的立场,对西方中心主义予以批判,对人类文化的积极成分予以吸收,在平等互利的原则下,共建和谐的人类大家庭。

(三)美国早期汉学注重现实中国的研究,具有明显的实用主义特征

这种特征在于:美国早期的汉学研究是在学院体制外发展起来的,主要的学者大都是来华传教士,如裨治文、卫三畏、丁韪良、卢公明、明恩溥等,也都是业余汉学家,其中,卫三畏除了传教士身份外,还多了印刷工、外交官等身份,从而更加具有实用主义的汉学研究特色。前已说道,早期来华的美国人受到清政府的种种限制,特别是传教士的直接传教活动根本无法展开,文字传教便成为首选。《中国丛报》创办和辗转于广州、澳门、香港等地刊行,使得美国人对华的现实不满更加情绪化,缺乏理性的认识,关注中国现实的做法就通过文字宣泄到《中国丛报》上,引发了美国早期汉学研究的关注和解决现实问题的特点。从广义上来看,美国早期汉学研究主要由非职业化的来华传教士、外交官和商人承担的,他们都是没有受过职业训练的研究人员,其研究的目的是为了更多更好地了解中国,而满足其传教、外交和经商的需求。从业余汉学研究的结果来看,如商人山茂召的日记、《中国丛报》上的文章等研究成果,一方面部分满足了美国民众了解中国传统文明的需要,另一方面也直接满足了中美双边关系以及研究者本人的职业和兴趣的需要,尤其是传教士们在华长期生活,对中国的历史和现状都有广泛而深刻的认识,有些还以传教士外交官身份积极参与了中国的近代化过程,更大地实现了汉学研究的新进展。这些传教士的汉学研究虽然也主要围绕中国语言与历史文化,但在对中国历史文化进行总体研究的同时,更加突出对中国政治史、法制史、外交史和基督教传教史的研究,而且传教士在编写汉英字典方面也是倾注了大量心血,如裨治文和卫三畏,其中卫三畏的字典《汉英韵府》俨然一部有关中国的百科全书,它与卫三畏的汉学巨著《中国总论》一起成为西方人认识中国和研究中国的必备书,影响了美国的几代汉学家。美国早期汉学注重现实问题的研究特点,最早在裨治文和卫三畏先后主编的《中国丛报》上表露出来。《中国丛报》为24开本的月刊,每期有500多页,在华发行20年间共刊载论说、书评、报道、时事和宗教消息五大项的文章1378篇,按照内容可细分30大类:第1至第9可归之为中国国情类,计514篇;第10至第18为中外关系类,计396篇;第19至第23为外国类,计142篇;第24至第29为宗教类,

计289篇。与中国有关者约占90%,重点在中国国情方面,是为名副其实的《中国丛报》。① 而卫三畏的几乎所有著作更明显地出于当时的实际考虑,尤其是他在所有汉语研究著作的序言中都表示了为促进福音传入中国而拯救中国的意愿。美国早期汉学的这种注重现实问题的研究风格,与美国与中国的历史交往有关,美国是后起的民族国家,当它接触中国的时候,欧洲的古典汉学研究已经达到了顶峰,开始进入了古典与近代中国研究的交互时期,美国人进入中国正是西方对华由崇拜、友善转向不屑、不满的历史时期,一种民族之间的血缘关系和同种文化联系,一开始就使美国人跟随在欧洲人特别是英国人的脚步和思想之后,开始了对中国现实的认识和批评。为了西方在华的各种权益,传教士首先成为批评中国现实的先锋人物和主要代表,而传教士汉学家们更把对中国的研究无限扩大而深入到中国社会方方面面,美国早期汉学所能涉及的研究领域都展现出来,特别是关注中国的开放和近代化。这种注重实际的汉学研究特点,使美国汉学研究区别于欧洲传统汉学研究的方法和内容,而表现出自己特色的汉学研究。这种注重中国实际的研究思路,同样影响到美国国内的早期汉学研究。与《中国丛报》遥相呼应的美国境内汉学刊物在10年后也应运而生。1842年,美国东方学会经马萨诸塞州法院批准成立,并创办了美国境内第一份有关汉学的学术刊物《美国东方学会会刊》(Journal of the American Oriental Society)。该刊物于1843年出刊了第1期,最初为半年刊,后来改为季刊。卫三畏1845年探亲回美后,便加入了该学会。起初会刊登载有关中国的研究论文并不多,卫三畏也曾从中国向之投稿或寄回书籍资料供其参考。1859年,英国的皇家亚洲文会北中国分会的会刊(Journal of the North-China Branch of Royal Asiatic Society)开始刊行,分会虽然是英国人的组织,但美国传教士积极参加,裨治文是第一任会长,卫三畏也经常在该会发表演讲或投稿该会刊。美国传教士汉学家开启的美国汉学研究中国现实问题的新路,影响了此后几代美国汉学家的中国研究,非常有助于美国人甚或西方人对中国的越发准确的理解和中西文化交流。

(四)美国早期汉学在整体研究和专题研究相结合的原则下,力求使研究方法具备跨学科的规范化

卫三畏首先作为一位传教士汉学家,与美国专业化的历史研究相区

---

① *Chinese Repository*(《中国丛报》),Vol.21(1851),pp.xi-liv(General Index 总索引).

别,不局限于中国历史研究的专题而进行中国研究,而是通过《中国总论》将"中国研究"当作"一种纯粹的文化"来进行"综合的研究"。这种整体研究的汉学特点,一开始并没有得到美国学术界的重视,直到20世纪40年代后,才受到特别的关注。因为这种整体的中国研究模式和把中国当作世界范围里一个地区的区域研究密切相关,是从早期汉学走向中国学研究的中间和交互过程。《中国总论》出版以后,美国来华传教士类似的著作有卢公明的《中国人的社会生活》和明恩溥的《中国人的素质》等。虽然它们没有卫三畏《中国总论》那么广博和整体研究,但写作思路和材料内容极为相似,也是分别从不同的角度对中国社会、中国文化和中国人的心理特征等作了论述和概括。与欧洲传统汉学不同,新教传教士的汉学著作在内容上偏重对中国作整体性的介绍,涉及的面很广,远远超出了古典文化研究的范畴,在研究方法上不是单纯从古典经籍中寻找可用的材料,而是将原始资料和实地考察相结合来研究中国的历史和现实,在研究结论上,他们不像欧洲启蒙思想家那样对古老中国的文明的赞美,而是对落后于西方并在西方冲击下每况愈下的衰败帝国的鄙视和丑化,同时又抱着所谓的同情心,试图说服西方人和中国人承认只有用西方科技和基督福音来拯救和改造中国的真理。这种整体性研究的汉学模式的出现,主要在于来华传教士能够深入民间,能够熟悉中文和深谙中国风俗,在实地考察下特别强调现实社会状态的一系列实证资料,因此,他们的汉学研究一开始就已经不拘泥于人文学科的束缚,而是利用社会科学的有关资料和方法,来整合运用一切可用的资料进行汉学研究活动。这些社会科学的研究主要表现在:传教士注重中国口语和方言的学习,注重中文资料的利用和收集,注重实地的考察和调查甄别,在深入中国社会各阶层与中国人直接交往,观察和思考中国人的思维方式、日常行为与性格养成,关切中国当前的新发展以及中外交往的变化。凡此种种,都使得传教士的汉学研究具有极为敏锐的学术视野和专题研究的反应速度。可以这样说,美国早期汉学研究者已经打破了人文学科与社会学科的界限,表现出一种跨学科、整体性和专题性研究交互作用的学术倾向,带有社会学研究和人类学研究的历史特征。美国早期汉学不再局限在欧洲古典汉学的规范中,而是将之不断最小化,流露出跨学科研究方法的端倪,催生了美国汉学研究从古典汉学向近代中国研究的转变。19世纪的美国汉学在整体性和跨学科的统一下,通过历史承传的纽带过渡到20世纪,催生了以费正清为代表的以区域研究为标志的现代中国学研究模式的创立。

（五）从学术进步的角度上看，美国早期汉学发端的起点比较高

从时间跨度上看，美国早期汉学发源于19世纪30年代，到70年代中期的学院式汉学的创立，不过短短40多年的时间，相当于卫三畏在华生活的时间。但这个时段，就是美国早期汉学的浓缩精华的时期。因为它已经不需要开始一字一句的古典汉学的草创，可以直接在欧洲汉学已有成果的基础上学习、吸纳和再创新了。因此，美国新教传教士来华后所见所闻，与欧洲"中国热"下的汉学成果形成鲜明的对比，这样古典汉学就成为美国传教士进行汉学研究的反面教材，既可作为借鉴的素材，又可作为批评的对象，从而构建美国人自己的汉学体系。但是，无论是借鉴还是批评，都是一种继承，既是继承，就无法完全规避掉受其影响，包括负面的影响。一般说来，美国早期汉学不得不受到欧洲学院派汉学的影响，研究者的研究内容和方法上都有这种影响的痕迹。美国传教士汉学家的研究也主要以语言和历史文化为中心，先学习汉语、编写汉英字典，以后再直接利用中国典籍。更重要的是，他们可以直接参考欧洲古典汉学的成果，加上自己的亲身中国之行和考察结果，特别是传教士又是中西兼通，就使得美国早期汉学在发轫之初已经处在较高的学术起点上。从理论上来讲，美国早期汉学虽然没有欧洲悠久的汉学传统和历史根基，可能有些欠缺，但也不失为去掉了一个历史包袱，因为任何事物都是辩证的，正反相衬利弊相映，美国传教士汉学家可以毫无顾忌地大胆而大量吸收世界汉学的精华，结合到亲身观察记录的资料中，使美国早期汉学研究得到长足的进展，这也是应了"物理学之父"牛顿的一句名言："我之所以比别人看得更远，是因为站在巨人的肩膀上。"卫三畏的《中国总论》之所以成为当时西方人汉学研究的集大成者，不仅因为他站在巨人的肩膀上，而且他也确实比前人看得更远，从而以《中国总论》为基础，标志着美国早期汉学的特点之一就是学术研究起点高。从美国汉学发展的历史进程上来看，继承欧洲汉学和站在欧洲汉学之上来开创美国汉学，本身就是一种进步的学术发展，有利于美国早期汉学进化成为一门专业化学科。卫三畏历时数年的字典《汉英韵府》的编撰，需要长期的汉学知识的积累，更需要广泛的借鉴前人研究成果，不仅使这部字典成为当时一部最为全面和实用的百科全书式的汉英字典，而且也对卫三畏本人由业余汉学家向职业汉学家的转变起到极大的催化作用。卫三畏是美国早期传教士汉学家向学院式汉学家转变的一个缩影，这个过

程具有承前启后的历史意义。同时,美国早期汉学也从没有离开欧洲汉学的滋养和鼓励,并在交互和借鉴的交流中,推动了美国汉学的向前发展,从起点高到发展快,从结伴而行到后来居上,从一路领先到一统天下,美国汉学在短短的一个多世纪中创造了丰富多彩且发人深省的中西文化交流的历史奇迹。

二、卫三畏与耶鲁汉学讲座

耶鲁大学(Yale University)是一所坐落于美国康涅狄格州纽黑文市的私立大学,是美国历史上建立的第三所大学。它始创于1701年,初名"大学学院"(Collegiate School)。从1701年到1887年间,这所高校的正式校名应该为"耶鲁学院"。卫三畏的中学同学詹姆斯·达纳(James D. Dana)后来进入耶鲁学院学习,并留校成为母校的地质学和矿物学教授。达纳在提升耶鲁学院的科学教育和整体的办学理念与规模方面起到了重要而积极的作用,在他和其他许多有识之士的努力下,耶鲁学院在1887年由学院升格为大学。① 卫三畏在1877年荣膺美国第一汉学讲座教授之职,是在耶鲁学院时期,而非在耶鲁大学时期。

以耶鲁学院设立汉语教席为起点,以卫三畏成为该教席第一任教授为发轫,美国早期的传教士汉学进入到了学院式汉学的发展时期。耶鲁学院首创汉学讲座,竖起美国汉学研究的旗帜,这个旗帜下的"星星之火"在半个多世纪后就形成了燎原之势,使美国成为世界上汉学研究的超级大国,并向美国中国学过渡,开启中美文化交流的新时代。卫三畏作为美国学院式汉学的第一位旗手,以他的汉学成就和存在榜样,引领和推动了处在草创和奠基阶段的美国专业化汉学的发展。从1877年7月接受耶鲁学院的汉语教授一职起,到1884年2月安详地离开人世,虽然只有短短的7年,卫三畏却在美国汉学发展史和中美文化交流史上留下了令人钦佩的历史性贡献。晚年的卫三畏获得有三大荣誉:出任耶鲁学院汉学教授、出任美国东方学会会长和美国圣经学会会长,其中,耶鲁教授是实至名归的荣誉,另两个头衔难免是名人效应的衍生物,而卫三畏个人也深爱着耶鲁教授之

---

① George W. Pierson, *Yale College: An Educational History*, New Haven: Yale University Press, 1952, pp. 53-65.

职位的,因为耶鲁教授头衔,不仅弥补了他青年时代与耶鲁失之交臂的失落心情,而且又能使他在华43年的汉学成果得到用武之地,"他自然而然地很快就跻身到有教养的人当中,他在耶鲁大学的教授职位使他在这个圈子中引人注目。置身于有着崇高目标和明确理想的人群中间,他的快乐就像大家对他的能力的由衷欣赏一样强烈"。① 耶鲁学院首创汉语教席和卫三畏首任美国汉学教授,开创了美国学院式汉学的新时代,不仅具有深刻的历史原因,而且产生了积极的文化意义。

(一)耶鲁学院首创中国语言文学教席的历史成因

西方国家的汉学研究距今已有好几个世纪了,它是建立在中西交往的基础上的。据《汉学发达史》记载:"随罗马之勃兴,希腊文化光被之诸地方,统一于罗马政权下,希腊罗马文化扩大于西欧,结果造成东方(Orient)一概念,盖于希腊罗马世界即欧罗巴世界对立之特殊世界也。"② "东方"这一特殊世界自然包括远东的中国。公元170年,罗马帝国的特使马克·奥尔雷(Mark Aurle)曾经来到过中国,堪称东西方交往的最早记录。其后,在西方来华商人、旅行家等的笔下不时有对中国的记载,虽然浅显,却也在不同程度上激发了西方人对于古老中国的兴趣。特别是自晚明以来,西方天主教耶稣会士纷纷东来,从他们亲历观察或以他们游记内容为基础而著就的有关中国事务的书籍先后在西方出版,如西班牙门多萨(Juan Gonzales de Mendoza,1540—1620)的《中华大帝国史》(*Historia del Gran Reyno dela China*,1583)、意大利利玛窦和金尼阁的《天主教进入中国史》(1615)、葡萄牙曾德昭(Alvarezde Semedo,1585—1658)的《中华帝国志》(*Imperio de la China*,1642)、意大利卫匡国(Martin Martini,1614—1661)的《鞑靼战记》(1654)、《中国新图》(*Novus Atlas Sinonsis*,1655)、《中国上古史》(1658),以及葡萄牙安文思(Gabriel de Magalhães)的《中国新史》(*Nova Relação da China*,1688)等,一起构成了西方16、17世纪中国知识的最重要来源,是当时西方早期汉学中的重要典籍。而1688年在巴黎出版的葡萄牙来华耶稣会士安文思的《中国新史》被认为是这一时期最高成就的一部汉学著作,是西方早期汉学第一发展阶段的一个总结、第二发展阶

---

① 《卫三畏生平及书信》第287—288页。
② 莫东寅《汉学发达史》第3页,大象出版社,2006年。

段的起点,它已经走出了传教士汉学的框架。① 这些传教士汉学的早期典籍奠定了西方汉学研究的传统,直到现在仍在发挥着重要作用,是一种广义上的中国知识研究,实际上早在16世纪末西方已经开启了汉学研究的先河,传教士之功不可没。然而,康熙在位年间,天主教在华耶稣会士由于对中国传统礼仪和天主的译名看法不同而发生争执,导致康熙皇帝龙颜大怒,禁止传教,史称"礼仪之争"。自17世纪中叶起,由耶稣会内部的争论发展为修会之间的争端,进而演变成清帝和罗马教廷之间的争执,历时一百年(1643—1742)。中西之间近百年的隔绝,使天主教在中国没有合法地位,其发展也受到很大挫折,但在清廷的胜利中包含着极大的不幸和悲哀,使闭塞落后的中国更形孤立,加速了中国远离世界文明发展的主流,与发达的文明国家更缺乏共同语言,处在较低的对话层次上。而从文化交流与学术研究的角度上,百年隔绝更导致传教士的汉学研究被搁置起来,引发了人类文明之间交融的滞后性。但是,新事物总会在曲折后顽强生长,"礼仪之争"却意外地引发了法国对华的更大兴趣,"渐次发展之传教士中国研究及关联而起之居欧学者之东方学劳作,至十七世纪末期,更一进转。路易十四世为振兴中国文物之研究,更积极东派优秀传教士,当时礼仪问题,更增纠纷,益提高彼等探究中国事情热度,此等形势,相为表里,中国研究乃有新局面之展开"②。就17世纪中后期来看,西方汉学研究的中心是意大利、葡萄牙和西班牙,耶稣会士汉学著作奠定了西方汉学的基础,而作为欧洲大陆大国的法国却后来居上。从18世纪开始,法国就成为欧洲思想文化的中心,启蒙运动带来的世界主义思潮使法国人比其他欧洲人更加关注外部世界,中国作为历史悠久的文明大国早在18世纪以前就进入了法国人的视野,而17世纪耶稣会士的大量汉学著作同样成为法国人了解和神往中国的最重要来源。1685年3月3日,法国国王路易十四精心挑选了六位有"国王数学家"之称的耶稣会士,并从他私人金库中出资,提供路费让他们远航至中国。这六名传教士中,除一名在途经暹罗时留在那里传教外,其余五人经过种种周折,终于在1687年7月23日抵达浙江宁波。这五位耶稣会士是洪若翰(Jean de Fontaney, 1643—1710)、李明(Louis D.

---

① 计翔翔《十七世纪中期汉学著作研究:以曾德昭〈大中国志〉和安文思〈中国新志〉为中心》第64—66页,上海古籍出版社,2002年。

② 莫东寅《汉学发达史》第57页,大象出版社,2006年。

Le Comte,1655—1729)、刘应(Claude de Visderou)、白晋(Joachim Bouvet,1656—1730)、张诚(Jean-Francois Gerbillon,1654—1707)。1688年2月8日得诏进京,谒见康熙帝玄烨于乾清宫,五人或受命留京(白晋和张诚一起做过康熙的老师),或被派至地方,从事传教或堪舆制图等工作。① 法国人的汉学研究由此开始,首先他们所翻译介绍的中国作品及其他文化材料,是法国了解中国的主要依据。1698年,白晋回法国后又带领马若瑟、巴多明、雷孝恩、冯秉正、宋君荣、钱德明、韩国英等十位传教士返华,从事传教、文物研究和堪舆绘图等事务。李明卷入了与葡萄牙的保教权之争,于1691年被迫返回法国,1696年,为了替耶稣会士的"适应政策"辩护,他著《中国近事报道》(A Compleat History of the Emprie of China。法文书名为 Nouveaux Mémoires sur l'état présent de la Chine)一书,开启了法国人的汉学著述之门。而集旅居中国和印度的耶稣会士的书牍报告《耶稣会士书简集》(Letters édifiantes et curieuses écrites des missions étrangères par quelques missionaries de la Compagnie de Jésus),是耶稣会士的中国研究成果的分类汇编,成为当时欧洲人研究和了解中国的源泉。《耶稣会士书简集》创刊于康熙四十一年(1702),迄止乾隆四十一年(1776),共刊34卷,主编为耶稣会士卢·哥比安(Le Gobien,1653—1708)和杜赫德(Jean Bastiste du Halde,1674—1743)等人。卢·哥比安去世后,杜赫德继续主编《耶稣会士书简集》的第9—26卷,还独立编撰《中华帝国全志》,全称为《中华帝国及中国领鞑靼之地理的、历史的、年代记的、政治的、博物的记述》(Description Géographique,historique,chronologique,Politique,et physique de l'Empire de la Chine et de la Tartarie chinoise…),于1735年在法国出版。《中华帝国全志》共四卷,第一卷记利用于本书编纂之手记作者,凡27人,为明末迄于当时欧西中国研究百五十年成绩之大集成,西洋汉学空前之金字塔,可夸于世界之纪念碑。② 1776年(乾隆四十一年)开始出版第1卷,到1814年(嘉庆十九年)的最后一卷即第16卷的《中国杂纂》,是18世纪中国研究的纪念丛书,收集在北京的研究中国史实、学术、风俗、艺术、习惯的传教士各家论考。《中国杂纂》全称为《驻北京的传教士们所著关于中国人的历史、科学、艺术、风俗、习惯等方面的回忆录》(Mémoires concernant l'histoire, les

---

① 何寅、许光华《国外汉学史》第67页,上海外语教育出版社,2002年。
② 莫东寅《汉学发达史》第64页,大象出版社,2006年。

sciences, les arts, les moeurs, les usages, etc., des Chinois, par les missionnaires de Pékin),历任主编为耶稣会学僧蒲娄梯(Gabriel Bretier)、历史学家布雷其尼(L. G. Oudart Feudrix de Brequigny)和东方学者萨栖(Sylvestre de Sacy)。① 这三部法文巨著《中华帝国全志》《耶稣会士书简集》《中国杂纂》并称为18世纪欧洲和法国汉学"三大名著",它们直接为法国启蒙思想者提供了有关中国思想、历史、政教、风俗的大量资料,其中18世纪法国启蒙思想家,如伏尔泰、孟德斯鸠、狄德罗、霍尔巴赫、奎奈等人关于中国的记述,几乎都取材于这三部大型著作。根据许苏民的《比较文化研究》一书所录,18世纪在法国出现的此类著作大约有30多种。除"三大名著"外,还有1735年宋君荣的《成吉思汗与蒙古史》,1770年以后马若瑟著《书经以前时代与中国神话研究》以及《中国古书中基督教义之遗迹》《中国经学导言略论》,还有钱德明的《一位北京教士对中国历史、科学、艺术、风俗及工业的记载》《孔子传》《孔子弟子传略》《中国兵法考》以及《古代中国之宗教舞蹈》等。正是这些汉学著作,法国开始取代它的欧洲邻国成为西方汉学研究的领袖,从而也使现代意义上的汉学研究首先在法国诞生,即汉学进入高等学府和研究机构,标志着汉学作为一门学科的建立。1814年12月11日,法国巴黎的法兰西学院(Collège de France)正式设立了汉学讲座:汉族和鞑靼——满语与文学讲座,首任教授是雷慕沙。在汉学讲座设立之前,法兰西学院中就不乏对中国感兴趣的学者,如傅尔蒙(Etienne Fourmont,阿拉伯文教授)、小德金(Josephe de Guignes,叙利亚文教授)、戴佐特雷(Michel le Roux Deshauterayes,阿拉伯文教授)等,他们在自身专业之外的汉学研究比较零散和随意,但对于汉学从东方学中独立出来,成为与阿拉伯、叙利亚研究一样自成一家的学科起到了促进作用。雷慕沙主持西方第一个汉学讲座,自是与他的汉学研究成果密切相关。他首先掌握了中文语言,在1811年23岁时发表了一篇题为《论述中国语言和文学的论文》(Essai sur la langue et la littérature chinoises)的文章,由此出了名,这部著作标志着一个23岁的学生,已经成为一流的汉学家。1812年,雷慕沙在格勒诺布尔对古董柜上汉、满铭文的解读,使他得以进入当地的学院,并在定期论集里发表了两三篇有关中国的论文。他研究中医,1813年,以研究中国医药的博士学位论文《论中国人的舌苔诊病》(Dissertaio de Glosso-

---

① 《汉学发达史》第65页。

semeiotice, *sive de signis morborum quae è lingua sumuntur, praesertim apud Sinenses*）获巴黎大学博士学位。在仁慈的德·萨西的积极活动下，雷慕沙得到了陆军大臣丢克·德·费尔特雷（Duck de Feltre）的庇护，被任命为巴黎军队医院的军医副官，随后又在蒙太涅医院担任主任医生的副手。后来，陆军部在法兰西学院设置了汉文教授和梵文教授两个席位，应德·萨西的建议，1814 年的第 26 号法令任命雷慕沙为汉文教授，他的朋友安东尼·德·谢兹（Antoine de Chezy）为梵文教授。雷慕沙英年早逝，但留世的汉学著作主要有《汉文启蒙》《新亚细亚论集》和《佛国记》译著，其中 1836 年出版的遗著《佛国记》对西方的中国佛学研究产生了重大的影响。继法兰西学院之后，法国的另一个设立汉学教席的是国立现代东方语言学校，1843 年，汉语进入该校的课程体系，首任教授是巴赞（Antoine Bazin，1799—1863）。巴赞本人的汉语教师是法兰西学院第二任汉学教授儒莲，儒莲就是雷慕沙的学生。[①] 紧随法国之后，将汉学研究提升到专业层次的是俄国和英国。1837 年，喀山大学东方系在俄国率先设立了汉语教研室，西维洛夫是俄国历史上第一位汉学教授。西维洛夫曾经翻译了中国的经典著作《四书》《诗经》《书经》《道德经》等。英国也在 1837 年设立了第一个汉学教席，是在伦敦的大学学院（University College），首任教授是前英华书院教授吉德；而伦敦的第二个汉学教席于 1845 年在国王学院（King's College）设立；1876 年，英国牛津大学也设立汉学教席，1839 年，来华传教后并任英华书院院长的传教士汉学家理雅各（J. Legge）出任了首任汉学教授，理雅各著述甚多，主要有《孔子的生平和学说》《孟子的生平和学说》和译有《四书五经》等。荷兰的莱顿大学于 1875 年建立了汉学讲座，首任教授是曾经创办著名汉学杂志《通报》的施古德（G. Schlege），他著有《星辰考源》《华兰辞典》等书。

相对于法、英、俄、荷兰等欧洲国家，汉学进入美国高等院校而成为一门学科确实晚了一步，但欧洲汉学的榜样给美国带来的不仅是挑战与压力，也是机遇与借鉴，中文教育进入美国大学成为势在必行的大事。从 1783 年一个独立国家的建立、1784 年中美直接贸易的兴起、1786 年第一位

[①] 法国高校汉学教授的设置等情况，参见黄长著、孙越生、王祖望主编《欧洲中国学》第 3—9 页，社会科学文献出版社，2005 年。或见汉学家戴密微（Paul Demieville）："Organization of East Asian Studies in France"，*The Journal of Asian Studies*，Vol.18，No.1，1958，pp.163，169.

驻华领事的派遣、1830年第一位新教传教士来华布道、1832年美国在华第一份英文报刊《中国丛报》的创办、1844年美国第一个使团来华与第一个条约签订、1848年美国第一部汉学著作《中国总论》在纽约出版、1862年美国第一位驻京公使到华莅任和公使馆的建造等等历史事件,都充分显示了中美之间的接触、了解和发展双边关系的可能性和必要性。同时,到19世纪60年代,在华的美国新教传教士的汉学研究已经达到了相当高的研究水平,美国早期汉学不仅具有起点高、成果多、传统汉学和现实问题研究相统一的特点,也促使了美国国内对于开展实际的中文教育问题变成学术界关注的一项任务。尽管美国的汉学研究起步较晚,但速度较快。对将汉学作为一门学科纳入大学教育之中,至少在1860年代就有人建议在耶鲁学院设立中国语言文学讲座。这个最先提议的人也许是思鲁普·马丁太太,奥本。卫三畏在1877年刚回到美国纽黑文后的半年后曾致函奥本:"在得知你十年前的计划终于实现,古老的中华民族及其语言在耶鲁得到承认,你一定很欣慰。……倘若没有你的参与,我怀疑能否这么快就取得今天的成果。"①1877年7月,卫三畏接受耶鲁学院院长和董事会任命,出任哲学社会科学学部的汉学教授一职,标志着美国学院式汉学正式创立。美国汉学教席的设立,领先于汉学人才辈出的德国,后者直到1909年才在汉堡殖民学院(Kolonial institut,汉堡大学的前身)设立了第一个正式的汉学教席。由于德国大学迟迟不给汉学以合法学科地位,导致汉学人才外流,如夏德(Friedrich Hirth)和劳费尔(Berthold Laufer)等均在19、20世纪之交来到美国寻求发展。从世界大学知名度来看,耶鲁学院设立首个汉学学科也只比牛津大学和莱顿大学晚了一年,却领先于剑桥大学,剑桥大学直到1888年才建立汉学教席,首任教授是来华外交官汉学家威妥玛(Thomas Francis Wade,1818—1895)。耶鲁学院在美国大学中率先建立汉学课程,原因是多方面的,也是情理之中的事情。首先,耶鲁与中国有着不解之缘,最早来华的医学传教士伯驾是耶鲁学院的毕业生,在澳门的马礼逊学校的首任教授和校长勃朗也是耶鲁学院的毕业生,而勃朗的学生容闳于1854年毕业于耶鲁学院,成为近代最早在国外获得学位的中国人,中国人获得博士学位最早的也是在耶鲁大学,这个学生是王宠惠,1905年从耶鲁大学获得法

---

① 《卫三畏生平及书信》第290页。

学博士学位,博士论文题为"Domicil: A Study of Comparative Law"。① 容闳曾组织的百名幼童留学美国,因中美关系失和而被迫于1881年中断时,耶鲁学院的校长亲自出面进行抗议,并联合一批有识之士给清政府总理衙门写去一封措辞委婉但意见明确的信函。② 创立于1901年的"雅礼学会"(Yale-in-China),同样是耶鲁大学与中国关系历来紧密的一个很好的例证。其次,耶鲁学院自身的酝酿和容闳的外部推动力的相互作用是不可忽视的重大因素。容闳是中国近代早期改良主义者,中国留学生事业的先驱,被誉为"中国留学生之父"。1872年,容闳在上海与卫三畏分手后,受命赴美国纽黑文联络中国留美学生事宜,居住在康涅狄格州首府哈特福德,因而和耶鲁学院仍旧保持着非常密切的联系,1876年,耶鲁学院授予容闳法学博士学位。1877年2月22日,美国时驻山东牛庄领事的波士顿商人鼐德(Francis F. Knight)致函哈佛大学校长伊利奥特(Charles W. Eliot),建议在哈佛聘请中国人担任汉语教授,说他自己正在"考虑筹集一笔基金在哈佛大学设立中文讲座教授的可行性"。③ 3月10日,校长才回信告诉鼐德,哈佛校董会已同意他的建议,随后授权鼐德负责在中国遴选合适的汉语教授,但遴选工作迟迟没有进展,后在中国海关总税务司英国人赫德(Robert Hart,1835—1911)的帮助下,任职宁波税务司的哈佛毕业生美国人杜维德(Edward Bangs Drew,1843—1924)才找到了戈鲲化,直到1879年7月,戈鲲化才赴美任职。得到哈佛大学意欲开设汉学讲座的消息四天后(2月26日),容闳立即致函耶鲁学院的图书馆馆长范耐姆(Addison Van Name),并提出了自己的承诺和希求:"一旦耶鲁汉学席位的设立成为事实,我将很高兴随时将我的中文书赠送给母校。我希望耶鲁不要在这个问题上耽搁太久,以免被哈佛大学领先。"④同时,太平洋沿岸的加州大学也在酝酿设立汉学教席,并有意聘请从华退休回美不久的卫三畏出任此职,而美国东部的两所大学哈佛和耶鲁一直处于竞争的状态,使得

---

① Yuan, Tung-li, ed., *A Guide to Doctoral Dissertations by Chinese Students in America* 1905-1960. Washington, D. C.: Sino-American Cultural Society, Inc., 1961, p. 60.
② Yung Wing, *My Life in China and America*, New York: Henry Holt & Company, 1909, pp. 211-215.
③ 张宏生《戈鲲化集》第273页,江苏古籍出版社,2000年。
④ "Yung Wing to Addison Van Name, 26 Feb 1877", Yung Wing Papers, Yale University Maunscripts and Archives Group 602, Box 1.转引自顾钧《卫三畏与美国早期汉学》第116页,外语教学与研究出版社,2009年。

耶鲁学院要先下手为强,尽管资金或酬薪尚未着落,"他们(指耶鲁校方)为这一教席筹措需要的资金所能使用的最好论据是——席位有了,但没有垫子。听说学校董事们讨论了这个问题,结论很可能是乐观的"。① 1877年6月30日,卫三畏就收到了耶鲁学院的公函,敦促他接受邀请出任首任汉学教授一职。两周后,卫三畏予以肯定回复,标志着美国历史上第一个汉学学科在耶鲁学院建成。英国伦敦大学学院汉学学科设立是在资金到位的情况下有步骤地进行的,而耶鲁学院却多少显得有些仓促。好在经过艰苦的努力,资金问题得到了成功的解决,使汉学讲座变得名至实归:"一年后,耶鲁学院成功地获得了一笔资金,它的利息为这个教授席位提供了象征性的报酬,并使这个职位有了继续存在下去的基础。"②对于母校做出的这项历史性的决定,容闳深感欣慰,并兑现承诺。耶鲁学院汉学讲座设立后的第一批中文书籍捐赠就来自容闳,1877年3月1日,容闳在给耶鲁学院图书馆馆长的信中附上了拟赠书的目录,共4箱,如第一箱的赠书清单是这样的:《渊鉴类函》20函140本、《全唐诗》20函120本、《瀛环志略》1函10本、《同善录》2函20本、《四库简明目录》2函12本、《平定发匪》1函10本、《段氏说文》1函4本、《春秋列国》2函24本。1878年,容闳担任清廷驻美副公使,赴美后受命将携带而来的一套珍贵的殿版铜活字本《古今图书集成》捐赠给母校,连同容闳个人的其他藏书一道成为耶鲁学院图书馆汉籍收藏之滥觞。容闳于1882—1894年侨居美国一段时期,后来于1912年4月12日病逝在美国康涅狄格州哈特福德城,终年84岁,并被安葬在哈特福德附近的公墓里,1972年,耶鲁大学为容闳建立了纪念碑。最后,从学术的角度上来看,耶鲁学院的中国研究的优势使它领先创建汉学学科。汉学研究在作为专业化学科之前在美国是东方学研究的一个分支,相对而言,东方研究的重镇也往往是汉学研究的中心。1842年4月,成立于波士顿的美国东方学会(American Oriental Society)是很长一段时期内汉学研究的重要阵地。卫三畏也是东方学会的会员,1881年5月,他还被选为会长。东方学会中有多位重要成员都是执教耶鲁学院的学者,包括在卫三畏之前和之后的两任会长是索尔兹伯里(Edward Elbridge Salisbury,1814—1901)和惠特尼(William D. Whitney)。索尔兹伯里在1832年毕业

---

① 《卫三畏生平及书信》第289页。
② 《卫三畏生平及书信》第290页。

于耶鲁学院,后求学于法国和德国,1841年,被任命为耶鲁学院阿拉伯文和梵文教授,由此成为美国历史上最早的梵文教授。1854年,他捐资设立了"索尔兹伯里梵文与比较语文学"教授职位,由他的学生惠特尼出任首任教授,这一职位一直延续至今。① 由于索尔兹伯里和惠特尼等耶鲁教授的杰出东方学成就,从19世纪后半期开始,耶鲁俨然成为美国东方学的中心,以至于在1853年美国东方学会也从波士顿迁往到耶鲁学院。两年后,学会的图书馆(1843年建立)也搬到耶鲁学院。学会藏书先是存放在耶鲁学院的图书馆,后因为空间有限搬至耶鲁另外的校舍中,1905年,林斯里大楼(Linsly Hall)被划归耶鲁图书馆后搬家至此,1930年,搬至耶鲁新建的中心图书馆——斯特林纪念图书馆(Sterling Memorial Library),直到今天。② 迁家到耶鲁的东方学会图书馆的馆长一职由惠特尼兼任(1855—1873),惠特尼卸任后就由耶鲁学院图书馆馆长范耐姆兼任(1873—1905),东方学会图书馆的搬家带来了耶鲁学院最早的一批中文和日文书籍。由上可知,耶鲁学院首立美国历史上汉学讲座,是美国汉学紧跟世界汉学学科建设潮流的一种合理选择,更是中美文化交往和两国人民友谊的必然结果。

(二)卫三畏胜任耶鲁学院汉学教席第一任教授的主要原因

卫三畏晚年的耶鲁教授的受聘绝不是一种偶然事件,除了上述的客观原因之外,他个人的精神志趣、性格涵养和远见能力等因素也起到了巨大的催化作用,所谓主观与客观相一致。首先,65岁退休回到美国的卫三畏,并没有选择在家乡伊萨卡安享晚年,而是选择了耶鲁学院所在地作为晚年的定居地,就是一种机遇与挑战并存的人生战略眼光,"在大学城幽静的环境里,他可以享受安静、有序的生活,在它的思想氛围中,他可以比在出生地更好地追随自己的性情"。这样的"性情"又源于卫三畏一辈子都坚守的精神志趣,即基督徒那样的坚毅和勤奋,由于在华生活和回美生活的巨大反差,刚到纽黑文不久的卫三畏必须有一个转变和适应的过程,这个过程自是要经历一定的痛苦,但他努力要像使徒一样激励自己向神圣的目标不断前进,"值得欣慰的是,他一生的大部分岁月都在愉快、有益的工

---

① "Memorial of Edward Elbridge Salisbury", *Journal of the American Oriental Society*, Vol.22, 1901, pp.1-6.

② Elizabeth Strout, *Catalogue of the Library of the American Oriental Society*, Yale University Library, 1930, "Preface", pp.iii-v.

作中度过,不像同行们那样常常被烦闷、悲伤或阴郁困扰。卫三畏不是一个闲散的人,他紧张、积极、不甘悠闲,这种勤奋的习惯会使他在无所事事时很不愉快"。① 要寻找到一份晚年有所作为的工作,对卫三畏而言,就是他的神圣的目标。其实,早在很久之前,卫三畏必是耳闻了美国一些大学酝酿中文讲座教席的宏伟计划,也会有朋友建议设立的中国语言文学教授席位,可以将他的工作和影响与耶鲁的课程结合起来。尽管并非要做第一人,但总可以在这个有益的文化建设中贡献余热,所以卫三畏定居在纽黑文,"当卫三畏来到这个小镇定居的时候,他对纽黑文的这所学校就已经非常看重,而且对学校的教学目标和管理模式相当赞同,尽管当时他还不是教师中的一员"。② 以一位准耶鲁教师的学者身份,在耶鲁学院的学术氛围的感染下,卫三畏就像"老骥伏枥、志在千里"的良驹那样,等待着奋蹄前行的那一刻。机会终于眷顾给那些有心人,1877 年 6 月 30 日,卫三畏得到了他梦寐以求的耶鲁聘任书。卫三畏的成功的个人魅力,正如其子卫斐列所言一样:"他的能力和眼光使他成为教授,但他不同于那些很少接触时事的文、理科学者们,他的多彩生活和丰富经验使他摆脱了视野的狭隘。……那些第一次接触他、和他探讨他专业以外问题的人,常常惊叹于他知识的精确和广博。"③其次,卫三畏的能力还表现在他的汉学成果上,这点是最重要的基础。卫三畏以 43 年在华经历和当时资格最老的"中国通",以勤勉而严谨的研究精神,创造了大量的汉学成果。在当时来华传教士汉学家中,卫三畏的汉学研究最为突出,在美国国内极少有学者的汉学研究能出其右。对此,卫三畏既是自信也很谦逊。1848 年版《中国总论》在纽约出版后,引起相当大的反响,美国联合学院还授予他法学博士荣誉学位,但他却没有留在国内,而是携新婚的妻子远赴中国。在外交官期间的 1874 年出版的《汉英韵府》被认为是继马礼逊《华英字典》之后最重要的一部双语字典,而在传教士印刷工期间的 1848 年出版的《中国总论》则早已成为当时中国研究的经典。这两部汉学代表作,反响巨大。正是《中国总论》和《汉英韵府》一前一后的刊行,奠定了这位"业余汉学家"卫三畏作为美国第一流汉学家的根基,成为美国学术界著名的学者,其影响力相当持

---

① 《卫三畏生平及书信》第 287 页。
② 《卫三畏生平及书信》第 290 页。
③ 《卫三畏生平及书信》第 288 页。

第四章 耶鲁汉学旗帜

久。最后一点,同样也很重要的一点,卫三畏是社会交往能力极强的人,人际关系的良好为他提供了人缘。离开家乡在中国生活了11年的卫三畏,在1845年回美后立即成为美国社交界的一颗明星,不仅在巡回演讲还是在私人交际中,卫三畏充分表示了他的与人交往的才能,"在这些场合中,卫三畏显示了与人建立并发展友情的高超技巧。友情一旦建立,他就会与人始终如一地保持一种亲密的关系,因此友情的发展看起来并不像是刻意为之。他的这种能力无疑在很大程度上归因于他率真的天性,他从不愿在人前故作姿态。对他来说,友谊是一种神圣而又令人愉悦的关系,是心灵与心灵、智慧与智慧的交流与碰撞,它的影响将持续人的一生"。① 正是这种持续一生的友谊,使卫三畏晚年又获得了发挥余热的机遇。有助于卫三畏出任汉学教席的这些友谊主要包括:儿时伙伴达纳、在华传教的同事伯驾、勃朗和容闳、耶鲁汉学教席的资助者等。青少年时代,由于父亲印刷所投资失败而家道中落,卫三畏失去了进入耶鲁学院接受高等教育的机会,只得上了距离家乡较近的特洛伊伦塞勒学院学习植物学,而眼睁睁地看着儿时伙伴达纳进入令人羡慕的耶鲁学院学习,后来,达纳成为耶鲁学院著名的地质学和矿物学教授。这样的遗憾却让他与好友詹姆斯·达纳保持着密切联系,在华生活43年期间一直这样,除了回美见面外,不断绝的通信,使思想交流和信息互享成为维系他们之间友谊的最重要渠道。在不同的人生道路上奔走四十多年后,卫三畏得以与少年好友达纳携手工作于耶鲁这所享誉世界的高校,令他感到欣慰和高兴。在此摘取一封信中的一小段,来品评他们的友谊:"亲爱的詹姆斯:你(1851年)8月11日写给我的信,我在5个多月以后才收到。所幸的是它经过了如此漫长的旅途之后,最终还是到了我手上。把我们现在的通信与以前的相比,其中的变化令人惊讶。那时候我们分别住在特洛伊和纽黑文两地,我们在信中讨论延龄草、堇菜、沸石、锂辉石……总之各种各样奇怪的东西。我们谈论这些,只为了猎奇,只为了从谈论当中找到乐趣。而现在呢?我们谈论的是书、孩子、工作,那一段生命中舒适和休闲的时光已经过去,我们都进入了实实在在的生活。那些曾经让我们觉得须仰视的人已经一个个地去了天堂,现在,已经有人来仰视我们了。当人们回首往事或是故地重游的时候,他们往往会感叹:'变化多大啊!'事实也的确是如此。我们生活在一个变化的

---

① 《卫三畏生平及书信》第83—84页。

世界中,但我并不为此而不安。我希望能在变化中汲取有益的东西,使自身的素质得到提高,使自己在生活中的种种竞争面前立于不败之地。"① 在华传教的同事和好友伯驾,是耶鲁学院的医学毕业生,比卫三畏来华只迟一年,却比卫三畏更早地进入美国对华的外交领域,对卫三畏而言,伯驾是他的先驱和前任。对这种直接而有效的示范作用,卫三畏无论在中国期间,还是在美国国内,对这位美国第一任对华传教士外交官,都表达着他的敬意。1877 年 7 月,在耶鲁学院的毕业典礼上,卫三畏受邀参加,还被授予了名誉文学硕士学位,特别是见到了阔别很久的好友伯驾,"这是我参加的第一个毕业典礼,对看到和听到的东西既感到有趣又很满意。人比平时要多。大厅里摆放了 800 个座位,外面还放了 150 个左右的座位。来的人当中有 J. T. 狄金先生(他以前是新加坡传教团的一员),以及伯驾博士,后者的到来令我很高兴"。② 由于在促成美国的顾盛使团赴华、出任美国驻华公使以及他在华传教与医学成就等方面的贡献,伯驾在耶鲁学院的影响力,是比较重大的。晚年的卫三畏与他重逢在耶鲁学院,并非只是一种偶然,对此后不久卫三畏受命出任汉学教席是不无影响的。勃朗和容闳的师生关系对卫三畏荣任耶鲁学院汉学教席的作用是有据可查的,1839 年 2 月,耶鲁学院毕业的神学博士勃朗携带夫人一道从美国来到中国澳门,当时在码头迎接他们的正是卫三畏。在向"马礼逊教育会"驻广州的官员报告后,勃朗便开始学习汉语,为自己出任澳门马礼逊学校校长的工作作准备。此后的 7 个月的时间,他一直和卫三畏住在一起,在这期间他们逐渐培养起了一种终生不渝的亲密和珍贵的友谊。勃朗在建立和管理学校方面相当成功,而他通过一群中国学生——他们成为许多行业的杰出人物——对于中国未来的影响可能不逊于任何一个传教士。③ 其中,勃朗的一个得意门生容闳也成了卫三畏的好友。容闳在美国期间与卫三畏保持通信,借此了解中国发生的事情,但太平天国爆发的消息传到美国后,容闳请卫三畏向他及时提供有关消息。④ 容闳回到中国后,经常有机会与卫三畏见面,一起参与中国近代的一些事务。1868 年,向清政府提出以选派幼

---

① 《卫三畏生平及书信》第 104 页。其他卫三畏致达纳的信还可见第 234、249、268 页等。
② 《卫三畏生平及书信》第 290 页。
③ 《卫三畏生平及书信》第 57 页。
④ 郭世佑《容闳:一个与晚清历史巨变脉络相吻合的探索者》,载《江苏社会科学》1999 年第 6 期,第 105 页。

童出洋留学为重点的四项条陈。1870 年(同治十年),被任命为"幼童出洋肄业局"副委员,任留学事务所副监督。1872 年,容闳曾与卫三畏一起从上海启程,卫三畏第五次前往日本旅游,容闳则奉命率赴美留学 30 名学生,乘船前往美国纽黑文,担任学生监督,兼任驻美副使,长期驻美,史称"中国幼童留美运动"(1872—1881)。1875 年(光绪元年),并任出使美国、西班牙、秘鲁三国副大臣,直至 1881 年清政府撤回留学生为止。容闳在怂恿母校耶鲁学院首创汉学教席一事上出力甚多,而卫三畏得到此职的首任与容闳不无关系。受聘耶鲁学院的卫三畏和容闳仍然保持着密切的联系,他们时常通信,探讨与教学相关的问题。① 耶鲁汉学教席的迟迟不设立,与资金短缺关系甚大,找到一位合适的资助者并非易事。在考虑资金来源和职位人选上,似乎要有一段不错的人际关系,最终有一位这样的资助者出现了,他就是威廉·麦希(William A. Macy,汉名马西,美部会在华传教士)。麦希既是卫三畏在华任职时的同事,又是他的好朋友。② 鉴于以上种种有利条件,卫三畏接受聘请是比较心安理得,也自信胜任愉快的。1877 年 6 月 30 日,卫三畏收到了耶鲁学院秘书戴克斯伦(Franklin B. Dexlen)的邀聘来信:"我谨正式通知您,耶鲁学院院长和董事会在本周举行的校务委员会年度会议上决定在哲学社会科学学部设立中国语言文学教授席位,并且一致推选您为首任教授。非常遗憾的是,校务委员会目前还没有获得一笔捐款以支付您的工资,但他们正在设法并希望很快能解决这一问题。他们为一位突出成就得到举世公认和尊敬的学者加入学院的教授队伍而感到非常高兴。与上述任命相关联,同时也为使您的名字今后被列入学院的毕业生名单,校务委员会决定授予您文学硕士学位,文凭将在几天内寄上。"③早有闻言耶鲁等校筹办汉学讲座,并不能让卫三畏感到

---

① "Letter from Yung Wing to Samuel Wells Williams, 23 August 1878", Samuel Wells Williams Family Papers, Yale M & A, Group II, Box 5.

② "Letter from Samuel Wells Williams to Henry Blodgett, 3 July 1877", Samuel Wells Williams Family Papers, Yale M & A, Group II, Box 5. (The position was later funded by a bequest from William A. Macy, an old friend of Williams who had served with him in China); 或见 "Letter from Franklin B. Dexter, Secretary of the Yale University, to Samuel Wells Williams, 22 June 1878", *Samuel Wells Williams Family Papers*, Yale M & A, Group II, Box 6. 或见 "Dictionary of American Biography", New York: Charles Scribner's, 1936, Vol. XX, pp. 290-291.

③ "Franklin B. Dexlen to S. W. Williams, 30 June 1877", Samuel Wells Williams Family Papers, Yale M & A, Series I, Box 5.

惊奇,但耶鲁邀聘函意在由他出任第一任教授,确实让卫三畏感到意外,"虽然在耶鲁学院设立中国语言文学教授席位的话题并不新鲜,董事会对第一任教授人选的确定对于卫三畏来说仍是个意外"。① 因为退休回美的晚年卫三畏,能够执教耶鲁或许可以多少弥补早年求学时的缺憾,但并没有刻意地将汉学教授作为自己设计的人生目标和事业终点。对他来讲,传教士是他的意愿,外交官是他的选择,但汉学教授只是不虞之誉。② 然而,胸有成竹的卫三畏面对这样的史无前例的学科建设的重任,还是以热情和理智来接纳它。参加完耶鲁本学年的毕业典礼后的不过两周内,他就答复耶鲁秘书,表达了接受任命之意和汉学科终在耶鲁变为现实的喜悦:"我很荣幸地收到您30日的信件,通知我被耶鲁学院院长和董事会一致推选为新设立的中国语言文学教席的首任教授。耶鲁学院已经认识到中国作为学术研究和学术发展对象的合理性,对此我感到很高兴,我确信对于中国的历史、文学和文明的研究将使我们获益匪浅。我愿意(至少是目前)接受学院对我的任命,我丝毫不怀疑这个教授席位将会很快得到一笔捐助并成为一个永久的职位,这是校务委员会和所有为此努力的人都希望看到的。请向院长和董事会转达我最真挚的谢意。"③

(三)卫三畏在耶鲁学院汉学教授任职期间(1877—1884)的学术和文化活动摘趣

卫三畏出任首任汉学教职后,很快就进入角色,完全能够理解耶鲁学院的教育理念,并与同事们达成了目标上的一致。与耶鲁学院的其他许多教授不同的是,卫三畏的教授任期不是在研究室和图书馆中,也不是在教室里与学生教学互动中度过的。由于晚年的身体健康状况不佳,卫三畏并没有承担任何实际的课程,却以他的人格魅力和学术成果为耶鲁及其汉学发展树立起一面不朽的旗帜,他的学术行为和榜样成为所有进入他的汉学领域的人的精神动力:"卫三畏从来没有在系里正式上过课,但这并没有减少他在这所大学的学术生活中的影响力。通过在各类听众面前的讲演,通过报刊上发表的文章,也许更重要的是通过登门拜访的大学生们的亲切鼓

---

① 《卫三畏生平及书信》第290页。
② 顾钧《卫三畏与美国早期汉学》第33—34页,外语教学与研究出版社,2009年。
③ "S. W. Williams to Franklin B. Dexlen,13 July 1877", Samuel Wells Williams Family Papers, Yale M & A, Series I, Box 5.

励,他的存在和榜样对所有被纳入他广博的文化视野中的人都是一种激励。"① 卫三畏在耶鲁教授之职的 7 年,很显然地呈现出晚年生活的学术性和文化性的特点。

一是,公共场合讲演和延绵不断的书信往来。像多数心胸宽广的人一样,卫三畏总是愿意与别人分享知识,同时提醒自己不断积累。晚年的卫三畏是生活在一个把教堂、学校、学术讲演厅看作当代各种信息来源的团体中,因此应邀作正式和非正式的演讲占据了他大部分时间,却总是不忍心去拒绝。一份来信尽管简短,也不重要,卫三畏却把迅速的答复视作一种必要的礼貌,就像回答对话中的提问一样。在 1879 年初开始修改《中国总论》之前,每天早晨,卫三畏都会带着一种几乎可笑的惊恐表情看着那些给他拿来的厚厚一叠信,这种奢侈的通信对他的损害很大,因为他的视力只允许他一天伏案几个小时,而他又很少让人帮忙。很显然,频繁的演讲活动和无休止的往来通信,已经极大地烦扰了卫三畏的《中国总论》修订工作,这样的抱怨也常在他的日记和给亲朋好友的信件中表露出来,如 1879 年 2 月卫三畏曾致函其弟,写道:"我最近非常忙,正在努力修改《中国总论》,每次做一点。希望我能活得够长好将这件事情做完。我无法告诉你,我的时间是如何被来自各地、谈论各种话题的信件消耗掉的,我被认为是了解并且可以专业地对这些问题发表意见的人。"② 不过,这些抱怨是情理之中的事,一位老人是不能承受之重的,但卫三畏却以无限大的耐心维护着这种来往不断的友谊和精神享受,也许这正是他的上帝爱心的呈现,就像他修订《中国总论》时善意地接纳净友的秉性那样:"卫三畏一直以一种无比谦虚的态度对待批评者,甚至是恶意中伤的人,虽然他是个果敢和有脾性的人,他却总能冷静地聆听对于自己风格和观点的哪怕是最激烈、最无理的批评而不置一词,他也从来没有因为克制不住自己而激动地进行反驳。"③ 这样净友的交往成为卫三畏晚年生活的一道彩虹,除美国国内的同事和友人的往来之外,与两位中国人容闳、戈鲲化的交往可称得上是中美文化交流的一段美好的史话。容闳与卫三畏的友谊由来已久,自是不必再言,而与戈鲲化的交谊是哈佛大学和耶鲁学院首任的两位汉学教授

---

① 《卫三畏生平及书信》第 290—291 页。
② 《卫三畏生平及书信》第 297 页。
③ 《卫三畏生平及书信》第 305 页。

的交往,象征着汉学之花将盛开在美利坚土地上的时代已到来,而且不可遏制地成为中美人民接纳和共同发展的历史见证。尽管他们之间的交往始于1881年秋天,而在次年春天因戈鲲化的撒手西去而永远中断,但是,短短的几个月交往却成为卫三畏最后的两年岁月中美好的一段回忆。

二是,卫三畏在God译名问题上的态度和应聘为美国圣经协会主席。《圣经》是基督教的经典,对所有信奉之人来说都是意义非凡的。17世纪最早的一批欧洲移民就是带着《圣经》来到美洲大陆的,他们视《圣经》为超越一切世俗和宗教权力的唯一权威,并以此为移民的精神联系纽带创建了一块块北美殖民地。随着新兴主权国家美国的独立和宗教觉醒运动的兴起,为了推动国内宗教的西传和海外传布,《圣经》的翻译和印刷成为一项极其重要的基础工作,这正是美国圣经协会产生的社会背景。1804年,英国圣经协会(British and Foreign Bible Society)建立,在英国的影响下,美国各地的圣经协会也纷纷建立,1808年,费城建立了美国历史上第一个圣经协会(Philadelphia Bible Society),其后康涅狄格、马萨诸塞、纽约、新泽西等州也纷纷建立类似的组织,到1816年美国各地已经拥有了16个圣经协会,为建立一个全国性的圣经组织奠定了基础。1816年5月10日,来自美国各地的代表齐聚纽约,谈论通过了圣经协会的章程,美国圣经协会(American Bible Society)就此成立。卫三畏的父亲威廉斯作为纽约州的代表参加了这次成立大会。① 随着19世纪30年代第一批新教传教士来华,美国也开始了《圣经》汉译和上帝(God)的译名问题的纷争。关于《圣经》汉译问题,早在唐代景教传入中国以来就不断有人尝试翻译成中文,但直到19世纪才出现较完整的中文本。马士曼中译本出版于1822年,马礼逊中译本出版于1823年,尤以马礼逊版本影响为大,马礼逊之后的来华传教士不断对他的版本进行修订和重新翻译,直到1919年官话和合译本出版,才使这一大规模的圣经翻译活动告一段落。② 作为传教士,卫三畏在中国期间虽一直没有参与过《圣经》的汉译,却不经意地卷入了《圣经》的日译,成为最早的《圣经》日文译者。前已有述,卫三畏一生先后有五次赴日的经历,对美日关系的形成和发展有着巨大的历史功绩,功绩之一就是《圣

---

① Henry O. Dwight, *The Centennial History of the American Bible Society*, New York: Macmillan Company, 1916, pp. 1-30.
② Marshall Broomhall, *The Bible in China*, Reprint, San Francisco: Chinese Materials Center, 1977, pp. 187-190.

经》日译的开先河者。完全出自卫三畏之手翻译成日文的有《马太福音》《创世纪》等。在佩里准将叩开日本门户后,首批美国传教士于1859年来到日本,完整的《新约》日译本在美国圣经协会的资助下于1879年完成,1880年出版;另外,由于许多日本人认识汉字,所以圣经协会还推出了加上日文注音的中文全译本,该译本由美部会传教士裨治文、北长老会传教士克陛存(Michael S. Culbertson)等人于1854至1864年间完成,史称"裨治文、克陛存译本"。① 当时,在华的西方新教传教士中酝酿着对马礼逊《圣经》中译本的修订工作。1843年8、9月间在香港举行的新教传教士会议上做出了联合修订马礼逊译本的决定,美部会派出了裨治文作为代表参与这次修订工作。1847年6月,在华各差会选出的5名代表在上海聚首,并于7月2日开始修订工作,但3天后就在如何翻译God和Spirit等重要概念问题上出现了意见分歧。英国传教士麦都思、施敦力(John Stronach)主张用"上帝""神",而美国传教士文惠廉(William J. Boone)、娄理华(Walter M. Lowrie)和裨治文则主张用"神""灵",双方各执己见,互不相让,这就是中国近代史上的"译名之争"。其实,"译名之争"早在明清之际就出现过,1845年,这个老问题再次引发争论,英美传教士以《中国丛报》为阵地展开笔战,直到1851年底《中国丛报》停刊后仍在争论不休。1851年2月,英国传教士宣布退出上海的修订委员会,不再与美国传教士合作,修订委员会原来以及后来增补的美国传教士于是开始独立工作,其结果便产生了"裨治文、克陛存译本"。在华期间,卫三畏同样一直没有被卷入这场旷日持久、人数众多的"译名之争",却一直非常关注译名问题。从1848年回美探亲返回广州后,因裨治文到上海后而实际上成为《中国丛报》的主编,大量的译名讨论文章几乎占据了《中国丛报》后期的大量篇幅,对争论的内容和激烈程度,他是烂熟于心的,但他没有一文参与讨论,原因之一是他认为这些争论带有意气之争,影响了英美传教士之间的团结和传教活动。1877年,上海传教大会一致决定不再谈论译名问题,在华的"译名之争"似乎得到了一定的平息。但由此引发的译名之争却在美国境内爆发起来。此时,身为耶鲁首任汉学教授的卫三畏便首当其冲地成为这场争论的仲裁者。1878年,他撰写了一篇名为《关于God和Spirit的中文译名之争》

---

① Henry O. Dwight, *The Centennial History of the American Bible Society*, New York: Macmillan Company, 1916, pp. 359, 411.

的文章,回顾了整个事件的历史,但强调他的这篇文章"不是为在中国的传教士而是为了在美国的读者"而写的。在文章中,卫三畏本人虽然和其他美国传教士一样,倾向于使用"神""灵",但他对英国人偏爱"上帝""神"的理由也给予了心平气和的评述。卫三畏认为,出现这种的无谓争论,固然是因为"汉语的特殊性",但问题的实质还在于"中国人的泛神论"使他们的心目中从来就没有一个明确的造物主概念。① 卫三畏的几乎终结性的论文,给了美国汉学界注入了汉学研究的兴奋剂。从汉学研究的角度来看,在华的"译名之争"有利于激发传教士研究汉语和中国人思想的热情,为了说服对方,他们往往引经据典,从《尚书》《论语》到《佩文韵府》中搜寻他们需要的资料。卫三畏在中国工作期间,虽没有任何言论,但他非常清楚译名问题的范围和内容,知道它的重要性,也知道怎样公允而宽宏地表达基督福音的终极信念:"只有通过列举双方的论据,进行旁征博引地阐述,才能赢得没有偏见的读者的认可和支持。意气用事是这场论战的特征。"②由于卫三畏在耶鲁的声望和在有关圣经"译名之争"中的立场,卫三畏被人提名去接受美国圣经协会主席一职。对这个接受过程,卫三畏在日记中有比较明确的记录。1881 年 2 月 11 日,圣经协会秘书 E. W. 吉尔曼博士向我提出了一个惊人的建议,要我接受美国圣经协会主席的职务。这似乎是由温斯顿和特雷西提议的,主要是为了表明对神圣的传教工作的承认,而不是为了别的。卫三畏以糟糕的视力为由申明自己不能胜任此职,但是吉尔曼却说,它的要求不像某些需要经常组织辩论的协会那么苛刻,很快就能学会。为了确定自己能否胜任,卫三畏随后几天一职在考虑吉尔曼的建议,但仍不能下最后的决心。14 日下午,他前去拜访沃尔西先生,目的是想多了解一些有关圣经协会的事情,也想知道它的糟糕的视力是否会影响他履行职务。细谈后,卫三畏开始接受沃尔西和乔治·戴的等人的建议,同意接受主席一职。在卫三畏来说,上帝会随时给他必要的帮助,因为这个职位非他所求。20 多天后的 3 月 7 日,卫三畏收到了美国圣经协会的正式任命书,"我今天早晨收到了当选圣经协会主席的正式通知,通知由一个专门的委员会签署。面对这个突如其来的荣誉,这个一直虚位以待的

---

① Samuel Wells Williams, "The Controversy among the Protestant Missionaries on the Proper Translation of the Words God and Spirit into Chinese", Bibliotheca Sacra, October 1878, pp. 732-778. 卫三畏这篇文章后来由 Warren F. Draper 出版社出版了单行本(1878)。

② 《卫三畏生平及书信》第 295 页。

职位,我几乎手足无措。……这个职位不是我自找的,因此我会得到帮助,并会为上帝争取荣光,这么一想,我还是很高兴的。我接受这一职务,把它看作是颁给美国各教派的海外传教工作的荣誉"。① 一个月后的4月7日,卫三畏到达纽约,下午两点钟,他走进了圣经协会的办公室,这是他第一次来到这里。在这里将要举行卫三畏的就职典礼。迎接卫三畏的是一位身材高大的老年人,即将卸任的协会主席,是吉哈德学院的艾伦先生。下午四点,协会董事会的成员们开会,宣读了任命决定以及卫三畏接受任命的信,沃尔科特先生来到吉尔曼秘书的房间,扶着卫三畏走到讲台上的椅子前,董事们同时起立,温斯顿先生作了简短的发言,提及了卫三畏在中国的生活、担任过的传教和外交方面的职务以及其他工作,结尾说董事会对卫三畏的当选为主席是感到满意的。随后卫三畏用他能够想到的话作了回答,主要是围绕他们选择自己的原因,即在异教国家教书、翻译和传播福音之间的密切关系。当天晚上,在同一房间举行了招待会,有80多位先生参加。卫三畏出任圣经协会第九任主席一职,是当时已任美国东方学会会长的先生中唯一的一人获有这项荣誉,直到逝世。在圣经协会任职期间,卫三畏也主要以汉学成果和学术榜样的力量推动着协会各项工作的进展。其间,有一件事值得记述,即卫三畏将他珍藏多年的"马礼逊翻译圣经的画像"赠送给圣经协会。这幅雕版画像应该是出自旅居澳门的英国画家钱纳利(George Chinnery)之手,时间在19世纪20年代末。② 卫三畏在就任主席后的1881年11月2日将此幅雕版画送给协会作为礼物,并写下题词:"这幅马礼逊正在翻译《圣经》的雕版画本来是他本人自藏的,在他1834年去世后他的儿子马儒翰将其送给了美部会广州传教站,当时传教站共有四人:裨治文、史蒂芬、伯驾和我。他们三位后来或离开或去世,于是这幅画像就作为马氏父子的纪念品为我所珍藏。画像中站着的那个中国人曹先生,也曾经在一年多的时间里做过我的助手,画得很像。我将此画像赠送给美国圣经协会,作为对马氏父子和我本人的纪念。"③这次赠送充分表达了卫三畏与圣经协会之间的感情关系。

---

① 《卫三畏生平及书信》第302页。
② 苏精《中国,开门! 马礼逊及相关人物研究》第76页,香港:基督教中国宗教文化研究社,2005年。
③ "Portrait of Samuel Wells Williams", *American Bible Society Record*, 7 Jan.1886.转引自顾钧《卫三畏与美国早期汉学》第131页,外语教学与研究出版社,2009年。

三是,晚年主要学术工作是修订《中国总论》和出任美国东方学会会长。卫三畏退休回美的头几年中,因奔走于呼吁国会停止通过排华法案和关注中国北方自然灾害等事而花费了许多时间。卫三畏早就许下诺言,只要健康情况良好,他就投入时间认真地修改《中国总论》,但这个诺言却淹没在他诸多的兴趣与工作中,让人看不到完成的日期。卫三畏总是积极地做那些眼前的好事,而把将来的计划搁在一边。直到1879年春开始,卫三畏才静下心来着手修订《中国总论》,"对这部著作进行重新校订的意义体现在三个方面:一、《中国总论》多年以来获得了广泛的声誉;二、该书作者与中国和中国人有着长期的联系,并在那里新近发生的事件中发挥过作用;三、汉学研究领域已获得了许多新的成果,可以作为参考"。① 诚哉斯言,自初版的30年以来,《中国总论》在完整和准确地描写所有与中国有关的事情上仍然有其指导意义,其间出版的此类书籍均莫能及。当然,不可否认的是,随着时间的推移,三十多年间中国的变化和中西关系的演变都是非常巨大的,许多有关中国的信息就显得并不完整了,从以后发展的势态来看,许多论述也是不准确的。1848年出版的《中国总论》是从当时所能收集到的材料出发,提供了关于中国的基本事实,三十年后必须有更深入、更翔实的著作来代替它,才是汉学发展的内在要求。对此,卫三畏自是非常清楚,在晚年手脚不便和视力体力有限的情况下还努力修改,同时,这样的修改是非常不容易的,"1200多页的稿子几乎每一页都需要大量的修正和补充,为此必须查阅几百本书,这实在是一项繁杂的工作,一个身体好得多的人也要投入全部的精力。"②这样繁重的修改任务,对晚年身体状况不好的卫三畏就是一种可怕的考验,就像在编写《汉英韵府》字典时一样,他一开始便没有认识到工作的难度,只是满足于向着目标艰难地行进,符合着他一生都一样的工作原则:听从上帝的召唤,不断投身力所能及的事情。《中国总论》修改整整耗时7年,其间,卫三畏不仅遭遇着视力严重下降、手腕与胳膊摔伤、中风和失语等身体病症,还承受着爱妻仙逝之痛苦,"尽管他挚爱和珍视家庭生活,他却直到家庭之灯熄灭之时——卫三畏太太于1881年1月26日去世——才完全认识到家人对他的重要性和影响力。……她的热情昂扬,再加上与丈夫一样强的处理日常事务的能力,使

---

① 《卫三畏生平及书信》第297页。
② 《卫三畏生平及书信》第298页。

她成为一个支持丈夫工作、包容丈夫性格的优秀妇女。在她的行动中有一种力量和远见,这种力量和远见经常在他们婚后生活的艰难时刻发挥作用,她的勇气给丈夫的行动注入了力量和信心,而针对丈夫的睿智和敏锐,她则辅之以一个志同道合者的柔情"。① 尽管面临着这些不幸,卫三畏依然振作,并在1881年3月和5月还肩负起美国圣经协会和美国东方学会两个重要团体的会长之职,可谓劳神劳心。随着年龄增大、力不从心之时,卫三畏也不时感到《中国总论》修订完成的遥遥无期,因此也是非常着急。在致远在欧洲求学的儿子卫斐列的信中和日记中都表达了这样的"不到长城非好汉"的痛楚。1879年春夏之交,卫三畏给儿子的信中写道:"我正在你的书桌上给你写信,我已经把自己的文稿移到这里,但没有从桌上拿走你的任何东西,甚至是你的烟。四面八方的来信似乎在不断增加,所以不要指望从我这里收到很多家信。我甚至没有时间做我特别想做的工作——修改《中国总论》,在所有这些意想不到的事情中看到了上帝的安排,我只能从刻不容缓的事情做起。我必须承认,我对完成这件工作的前景不甚乐观。在过去的30年中,事情发展得很快,而我必须完全掌握它们。即使仅仅是力求正确,而非面面俱到,我也常常不能做到。毕竟,在这一开放的研究体系中,一个人的成果很难不被人推翻,因为情况在不断变化和发展。"②到1881年5月23日,卫三畏在日记中更加痛苦地写道:"永远见不到《中国总论》修订版的念头有时让我极为烦恼。从很多方面我都能觉察到年迈、虚弱、衰败的迫近,我想这些迹象暗示了同样的思想状况。工作进展慢就是由于这些影响,而且它们越来越严重——一座对我来说高不可攀的山。"③凭借着非凡的毅力和智慧的头脑,到1881年3月9日,卫三畏终于完成了《中国总论》1848年版本的文字部分的修改,而后面所须增加的三章内容(太平天国、第二次鸦片战争、中国近事)对卫三畏来说,重新撰写时相当困难的,"现在剩下的是补写它出版以后发生的事情,中国这一主题太大了,无法用两卷八开本的篇幅来把它写全,面面俱到我想没有必要,列出参考书就够了。我发现要消化已有的材料,把这段历史写成有条理的文字是有些困难的。过去的30年构成了太长的一段景色,不能

---

① 《卫三畏生平及书信》第299页。
② 《卫三畏生平及书信》第298页。
③ 《卫三畏生平及书信》第304页。

用一次回顾就完全看清楚"。① 也许是血缘亲情的感召或父亲执着的上帝之心的感染,远在欧洲的卫斐列赶回美国。1881年秋天,回到家中的卫斐列看到了"一个体力衰弱、而灵魂已和上帝的意志完美结合的"父亲,"尽管有道德的勇气再困境中支持他,他的体力却在无法适应的压力下开始衰退。这在很多方面都已显现。最明显的可能是越来越爱休息,越来越喜欢别人关心他的健康——这是一个多年都特立独行的人最后屈服的标志"。② 面对着父亲花费了6个月新撰写的混乱而冗长的增补三章内容,以及初版的最后章节必须重写和补充章节的提纲,卫斐列似乎无可回避地肩负起帮助父亲完成使命的重任。卫斐列开始帮助父亲修订《中国总论》,除重新审定父亲已经修订的内容,还努力快速掌握新资料撰写最后三章。天遂人愿,就在卫三畏溘然离世之前的四个月,一部长达1600多页、共26章内容的两卷本《中国总论》终于面世,成为卫三畏一生中献给中美两国人们的最后的也是最好的礼物,正如卫三畏在致函他的出生地伊萨卡50周年纪念会的信中所言:"在参加这次50周年纪念的伊萨卡公民中,很少有人比我走得更远,或者离开的时间更长,但是我对家乡的爱随着时间的推移而与日俱增……请允许我在结束前谢谢你们给我机会参加这一庆祝活动。由于我不能告诉你们关于伊萨卡的任何事情,我只能说一些关于我的收养地(指中国)的情况——高兴地说一说它在过去的50年中取得的进步;我相信在以后的50年中,上帝的智慧和力量将向古老的汉民族展示更伟大的东西。"③ 以包括《中国总论》在内的汉学成果为依托,卫三畏在晚年被推选为已久负盛名的美国东方学会会长,这是他被任命为耶鲁首任汉学教授后的又一大荣誉。美国东方学会是由一些有影响的美国传教士和外交官发起的,1842年4月7日成立于波士顿,其宗旨是"促进对亚洲、非洲、波利尼西亚群岛的学术研究"。④ "东方"一词所指甚广,西方文化圈(古希腊、罗马、欧洲和美洲)以外的大片区域都包括在内,最主要的是埃及、两河、印度和中国文化。就中国文化而言,东方学会认为自1840年鸦片战争开始后,中国就将结束其闭关锁国政策,远东古老而历史悠久的这

---

① 《卫三畏生平及书信》第302—303页。
② 《卫三畏生平及书信》第304—305页。
③ 《卫三畏生平及书信》第307—308页。
④ "Constitution of the American Oriental Society", *Journal of the American Oriental Society*, Vol. 1, 1843, p.xi.

个国家总算和世界各国发生关系了。美国东方学会的成立,比美国历史学会成立还早,是美国有组织的汉学研究的开始。从当时世界历史的角度来看,东方学会的成立也顺应了美国走向东方的扩张潮流,也有利于包括汉学在内的东方各类学术的发展,正如东方学会首任会长皮克林(John Pickering)所说:"我们想与其合作进行东方研究的欧洲诸国,现在彼此间和平共处,那些因为风俗习惯不同而长期疏离于欧洲的东方国家现在也表现出更多交流的意愿,现代科技为遥远国家之间的往来提供了交通工具,东方国家更为宽松的政策也保证了外国旅行者的安全出行。所有这些有利条件,加上今天的学者和旅行家们已经具有的知识,应该使我们在短短的数年内取得超过以往几代人的研究成绩。"① 成立之初,协助将《圣经》翻译成为东方语言也是美国东方学会的目标之一,也是其吸收传教士入会的原因之一。② 由于大批国内学者和海外传教士的加入使学会的学术研究呈现蓬勃生机,如耶鲁教授索尔兹伯里、惠特尼等、在华传教士裨治文、卫三畏等人,他们的学术成就得到了欧洲同行的高度评价,而创刊于1843年的学会《学报》(Journal of the American Oriental Society),起初是半年刊,后来改为季刊。③《美国东方学会学报》周围聚集着一大批博学的东方研究学者,他们的努力和学术成果,逐渐使《学报》成为西方当时一份有影响的学术刊物。然而,东方学会的研究范围虽然涵盖整个东方,但波斯、印度始终是研究的重点,而且具有"厚古薄今"的研究风格,显然是受到了欧洲东方学研究传统的深刻影响。学术研究虽然带有自身的独立性,但不可能脱离历史的发展和实际的需要而存在。欧美向东方的扩张史,伴随而来的是符合它们扩张利益的东方学术研究的展开。欧洲的东方研究历史悠久,最早可以追溯到"历史之父"希罗多德(Herodotus),但真正意义上的汉学研究却开始于17世纪来华的传教士和欧洲本土的汉学家。1814年,法兰西学院汉学教席的设置是"学术汉学"建立的标志性事件,但比起该学院的阿拉伯学、印度学则要晚的多,而且最早的两位汉学教授雷慕沙和儒莲也是将大量精力用于研究中国的佛教,无疑不可回避印度学的研究。与欧洲

---

① John Pickering,"Address",*Journal of the American Oriental Society*,Vol.1,1843,p.1.
② John King Fairbank,*China Perceived:Images and Policies in Chinese-American Relations*,New York:Alfred A. Knopf,1974,p.212.
③ 李珍华《"胡天汉月方诸":简介美国东方学会》,载《国际汉学》第1期,商务印书馆,1995年。

不可绝缘的历史关系,使美国的东方研究同样将大量的人力物力投向波斯、印度、埃及,中国则处于相对次要的研究地位。对于这种东方学研究的不均衡现象,德国当代汉学家福赫伯(Herbert Franke)予以解释:"在欧洲,汉学作为一个学术研究课题,基本上是19世纪的产儿,它比印度学和闪族研究要晚得多。后两种研究的发生背景也不尽相同,希伯来以及其他东方语言在欧洲有很长的教学历史,这样做有时是为了维护基督教、反对伊斯兰教,欧洲和伊斯兰教的接触发生在地中海以及巴尔干半岛国家,巴勒斯坦曾在土耳其的统治下更成为接触的重要原因。对于印度的兴趣主要是因为学者们发现梵语从某种意义上来说是所有印欧语言的祖先,印度学一般被认为是对梵文的研究,早期的印度研究还伴随着一种寻找人类文明源头的幻想。"①19世纪以后,美国大量的新教传教士被派往东方国家,一方面通过福音传播活动给中国输入基督教教义和近代西方的科学技术,另一方面得以深入悠久中国的历史传统和社会现实,很快成为东方研究的一支生力军,补充国内学者的不足,特别是那些国内学者很少涉及的研究领域。最早一批来华的传教士,也是最早的汉学研究者,如裨治文、卫三畏等,很快就成为美国东方学会的首批会员。② 然而,除卫三畏等在华传教士编写的汉英字典等工具书常会被收集到学会图书馆之外,在华传教士的汉学研究却很少出现在学会的会刊上。裨治文一生只在会刊上发表一篇《犹太人在中国》的短文(第2卷,第341—342页);1856年卫三畏的《英华分韵撮要》出版后,会刊上发表了美部会传教士马西(William A. Macy)的评论文章予以介绍(第6卷,第566—571页);卫三畏在荣任会长之前的1880年,在会刊上发表一篇论文,即评述马端临关于扶桑和中国以东国家的考证文章《扶桑考》("Notices of Fu-sang",第11卷,第89—116页)。卫三畏很早就注意到元代马端临的《文献通考》及其考证学方法,认为该书是研究中国元代以前典章制度的一部重要参考书,《扶桑考》正是通过参考和编译其中关于扶桑、女国、文身、大汉、侏儒国、长人国、琉球等地的考证来展开讨论的。《扶桑考》也是卫三畏一生在会刊上发表的唯一一篇文章。出现这样的状况并不奇怪,欧洲汉学研究传统之影响和美国东方学会的学术路

---

① Herbert Franke,"In Search of China: Some General Remarks on the History of European Sinology",in Ming Wilson & John Cayley eds.,*Europe Studies China*,London,1995,p.3.

② "List of the Members of the American Oriental Society",*Journal of the American Oriental Society*,Vol. 1,1843,p.xi.

径之不同是必要原因。作为长期生活在中国并时常直接地与中国人接触的美国传教士,他们对中国现状有切身的感受,在汉学研究上不仅关注中国历史,更热心现实事件,而且他们研究中国的语言与历史文化的最终目的也往往是为了服务于现实传教,这些就与生活在美国国内、完全不考虑对象国现实而一味"发思古之幽情"的大学教授的汉学研究是大异其趣的,书斋里的汉学研究自是不能容忍在华传教士那样的"厚今薄古"之学的。卫三畏作为资深的东方学会会员,当然深谙其中的学术规则,他不会去指摘学会和学报的偏颇,而是做着自己喜爱的汉学课题。卫三畏非常清楚,他与其前任的学会会长索尔兹伯里及其学生惠特尼的汉学研究是不同的,他不是在大学中从事书斋式的研究的学者,而且接任会长之职前开始的《中国总论》修订也没有任何学院派的学术特点,既不是专题研究,也不以文献考证见长。在1880年发表于会刊之上的关于扶桑的考证文章后,卫三畏又开始写一篇关于苗族的论文,可惜在他去世前只完成了一个提纲,但也说明了卫三畏在海外多年的汉学研究上并不缺乏美国国内一个传统的学院派东方学家的学术素质,而且比他们更为超前,不仅关注古代中国,更关注近代中国的变化。这种传教士汉学预示着美国汉学的现代形态——以费正清为代表的"地区研究"框架下的"中国学"的出现和壮大,卫三畏俨然成为美国古典汉学和现代汉学的一位承前启后的学术人物。卫三畏在美国东方学会会长的位置上时间很短,不足3年,却对学会的学术事业和美国汉学的发展产生了积极的影响,其行为和榜样的力量也是巨大的。1884年5月7日,在波士顿举行的东方学会年会上,新任会长惠特尼对卫三畏的去世表示哀悼,他缅怀了卫三畏在外交、传教、学术研究上的贡献,并宣读了美国长老会传教士麦嘉缔(D. B. McCartee)的来信,后者在信中深情地回顾了与卫三畏的交往,并称赞了卫三畏作为传教先锋的热情和勇气以及作为学者的勤奋和多产。①

(四)耶鲁旗帜下的美国汉学发展的历史状况

如今的耶鲁大学图书馆是世界上规模第二的大学图书馆,拥有藏书1100万册,坐落于22座建筑物中,其中包括最大的史德林纪念图书馆、Beinecke古籍善本图书馆和法学院图书馆。这个图书馆里就有卫三畏的

---

① "Proceedings at Boston, May 7, 1884", *Journal of the American Oriental Society*, Vol. 11, 1882-1885, p.clxxxvii-clxxxviii.

私人藏书,是1884年在他逝世后由其子捐赠给耶鲁学院图书馆的。卫三畏一生有五个孩子,其中二子一女先他而去,最小的儿子卫斐列1857年出生于中国澳门,1879年毕业于耶鲁学院,获得学士学位,绰号为"东方小子"(Oriental Bill)。① 后留学欧洲,1881年回美帮助父亲修订《中国总论》并负责出版一切事宜。1884年卫三畏去世时,年仅27岁的卫斐列继任为耶鲁学院汉学讲座教授。1912年撰写专著《蒲安臣与中国第一次遣使外国》(Anson Burlingame and the First Chinese Mission to Foreign Powers),由纽约C. Scribner's Sons出版社出版。1924年曾编写《关于中国的英文参考书百本》(Best Hundred Books on China: A Finding List of Books in English),由耶鲁大学图书馆出版收藏。在卫斐列去世前一年(1927年),他的最著名的学生赖德烈(Kenneth Scott Latourette,1884—1968)成为耶鲁大学的东方历史教授,而"事实上他已是卫三畏和他的儿子卫斐列的后继者"。② 赖德烈也毕业于耶鲁大学,1909年获得博士学位,在校期间曾是耶鲁学生志愿外方传教运动组织的秘书,后来成为美国浸礼会国外传道会会员。1910年,他前往中国,曾在长沙的雅礼学校(Yali Union Middle School)任教过两年,1914年回美后一直从事中国问题的研究,1927年成为耶鲁大学历史学教授,主要从事远东国际关系、中国史和基督教传教史的研究,是著名的传教史和早期中美关系史专家。赖德烈从中国回来后便撰成《中美早期关系史,1784—1844年》(The History of Early Relations between the United States and China,1784—1844)于1917年由耶鲁大学出版社出版,这是美国第一本专门研究《望厦条约》签订前的中美关系的著作,他也因之成为研究中美关系史的巨匠之一。《中美早期关系史》也是赖德烈在卫斐列教授的指导下写成的一部严谨而广博的学术著作,因此,在研究角度、概念界定和材料使用等方面都受到卫三畏《中国总论》的影响,而且《中国丛报》也是该著的重要的史料来源。同时,该著也是20世纪初分析美国早期贸易的优秀著作,论述精到,而且书后所列的史料书目包括了19世纪发表的相关资料,为后人的有关研究打下了坚实基础。1929年,赖德烈的《基督教在华传教史》(A History of Christian Missions in China)在纽约出版,该书以基督

---

① George Wilson Pierson, *Yale College, An Educational History* 1871-1921, Yale University Press, 1952, p. 296.

② [美]费正清著,黎鸣等译《费正清自传》第163页,天津人民出版社,1993年。

教的观点从最早的美国新教传教士裨治文来华一直写到作者成书时为止的美国在华传教活动,对整个传教时期进行了广泛而全面的评述。书中的有些观念显然是承继了卫三畏在《中国总论》中把欧美势力在华扩张作为上帝指引下的基督教事业在中国的必要条件,淡化西方对东方蛮横的侵略色彩。但该书以《望厦条约》签订为分界线,着力阐述约前阶段的美国在华传教活动,对第一批传教士的态度和期望作了很好的分析,并把这一阶段历史置于整个世界基督教传教运动的框架中进行考察,因此,该书为美国来华传教士研究中最为繁复的整理收集宗教团体记录的工作奠定了基础。[①] 1934 年,赖德烈又完成了继承卫三畏父子《中国总论》研究路径的两卷本著作《中国人的历史与文化》(The Chinese: Their History and Culture),被费正清称为是一部由一位不懈追求事实和公正的学者的优秀的学术著作。[②] 此外,赖德烈还写过一篇论文来缅怀耶鲁汉学的旗手卫三畏的文章《卫三畏,1812—1884》("Samuel Wells Williams 1812—84"),于 1943 年春发表在《远东研究》(Far Eastern Studies)杂志第 12 期上。赖德烈在耶鲁大学担任教授长达 30 多年(1921—1953),是一位著作等身的学者,并于 1948 年当选为美国历史学会主席。除上述所列著作外,他还著有《基督教会史》《当代世界基督教传教》《佛教入门》《中国》《远东简史》《关于远东的美国档案记录,1945—1951》《美国穿越太平洋》《中国的发展》《日本的发展》《过去九年间的中国历史研究》《现代中国史》《基督教扩张史(7 卷本)》等书。此外,首版于 1922 年的《美国人在东亚》一书,从概念的认识到材料的运用上也受到了卫三畏《中国总论》的影响。[③]《美国人在东亚》的全称为《美国人在东亚——19 世纪美国对中国、日本和朝鲜政策的批判的研究》(Americans in Eastern Asia, A Critical Study of the Policy of the United States with Reference to China, Japan and Korea in 19th Century),作者是美国早期的中美外交史家泰勒·丹涅特(Tyler Dennett, 1883—1949)。该书是美国人所写的早期美国与东亚关系的杰作,它把早期中美关系放入美国远东关系的大背景下进行论述,格局自然大了很多,而且大量运用美国国会档案,使我们对早期中美关系的美国远东政策有了更多了解。该书

[①] [美]欧内斯特·梅,小詹姆斯·汤姆逊《美中关系史论:兼论美国与亚洲其他国家的关系》第 33 页,中国社会科学出版社,1991 年。
[②] [美]费正清著,黎鸣等译《费正清自传》第 163 页,天津人民出版社,1993 年。
[③] 仇华飞《早期中美关系史 1784—1844》第 6 页,人民出版社,2005 年。

在 1941 年由美国麦克米伦公司再版,1959 年由姚曾廙翻译,在中国的商务印书馆出版,面向中国读者发行。在卫三畏汉学研究影响下的耶鲁汉学是同时代美国汉学领域中的龙头,卫斐列、赖德烈、丹涅特等人只是一个缩影,其他人物在此不赘述了。在耶鲁大学当局组织的汉学教学的同时,还配合以汉学研究为内容的全校性学术活动。1901 年,耶鲁当局特别成立了"雅礼协会"(Yale-in-China),主要研究中国历史文化中一些特殊的东西,如卜骨、丝绸文化、官僚政府的早期实践、科举制度、绅士阶级,尤其注目于中国国家的长期延续和关于其统治的延绵不绝的记录。① "雅礼学会"本质上是得到耶鲁大学当局认可的耶鲁学生的汉学研究团体,它选择中国长沙作为学会的基地,创立了雅礼中学以及湘雅医学院,百余年来,雅礼学会对于推动中国的英语教育、医疗教学和公共卫生等方面做出了积极的贡献。

耶鲁学院在 1877 年率先树起汉学讲座的旗帜,对美国其他高校产生了巨大的激励作用。排名第一的哈佛大学自是不甘落后,于 1879 年创立了汉学讲座,聘请中国人戈鲲化为首任教授。只是戈鲲化并没有完成 3 年的聘任合同,就病逝在此岗位上。1890 年,加利福尼亚大学设立了东方语言文学讲座——阿加西斯(Agassiz)教授席位,然而,这个职位一直空缺,直到 1896 年才有英国人傅兰雅(John Fryer)充任。傅兰雅是著名的翻译家,1868—1896 年在上海江南制造总局工作了 28 年,到美国后,从 1896 年到 1909 年继续为江南制造局翻译西文书籍,30 多年间单独翻译以及与人合作翻译西学书籍共有 129 部。② 1901 年,哥伦比亚大学也设立了丁龙(Dean Lung)汉学讲座,次年德籍汉学家夏德被聘为首任教授,许多客座教授如英国汉学家翟理斯(Herbert Allen Giles,1845—1935)和法国汉学家伯希和(Paul Pelliot,1878—1945)都被从国外请来讲学。丁龙讲座定期讲授有关汉学的课程,1902 年还建造了一座中国图书馆,并从中国政府获得了一套 5040 册的《古今图书集成》。1910 年,芝加哥大学开始收藏中文资料,为系统研究汉学打下了物质基础。1920 年,夏威夷大学开设了中国语

---

① 王景伦《走近东方的梦:美国的中国观》第 2 页,时事出版社,1994 年。
② 顾长声《从马礼逊到司徒雷登》第 204—226 页,上海书店出版社,2005 年。

文和历史课程。① 但是,从总体上来看,各校发展均是迟缓。在耶鲁,20世纪早期只有卫三畏的儿子和后来的赖德烈两位教授,学生也只有几名;哈佛大学在戈鲲化去世后则完全停止了中文课程,直到1922年以后才有赵元任、梅光迪等中国留学学者重新开设;加利福尼亚大学在傅兰雅退休后由于及时找到接替的人而使香火没有中断,但和耶鲁学院一样也只是有一名教授来维持局面。1935年,赖德烈曾对此忧心忡忡地指出:"美国设立汉学教席的学校还很少,在其他为数不多的学校里只能学习基本的汉语,许多学院和大学找不到合适的汉语教师,而真正精通汉学研究的学者更是少之又少。"②尽管如此,到20世纪初,由耶鲁学院开创的学院式的汉学学术研究,还是引起了新一轮的美国汉学的高潮,不仅加速了美国国会图书馆收藏中文书籍的步伐,也促成了各种官方和民间学术团体的汉学研究气氛。中文书籍收藏是汉学研究的基础性工作之一,自从芝加哥大学首建中文图书资料室后,美国汉学书籍收藏日益丰富。据统计,1869—1930年的60年间仅有中文图书35万多册,而到1940年即达78万多册。③ 十年增长一倍多。美国国会图书馆的中文书收藏可见一斑,它自从1869年清政府赠送给的937册中文图书后,一直想方设法地收藏中国各类图书,1879年美国首任赴华公使顾盛的2500册有关中国的藏书、1901—1902年间驻华公使柔克义(William Woodville Rockhill)的6万册藏书都赠送给了国会图书馆,还有1904年在圣路易斯举办的书展中由中国政府参展后赠送的1965册图书,1908年为答谢美国率先退还庚子赔款而回赠的5040册《古今图书集成》以及在1909年获得的约300册图书和舆图。此后十年,国会图书馆获得了为数超过2.3万册的中国农业、杂集、类书和方志,成为中国域外最大的收藏。④ 美国国会图书馆在1927年成立了中国部,到30年代中期,中文藏书已达13.5万册。同时,美国国内一些汉学研究机构也陆续成立,1883年美国现代语言学会成立,1884年美国历史学会成立,1898年

---

① 何寅、许光华《国外汉学史》第347页,上海外语教育出版社,2002年。关于20世纪中前期美国几所主要大学汉学研究的情况还可见 Sung See, "Sinological Studies in the United States", *Chinese Culture:A Quarterly Review*, Vol.8, No.2, June 1967, pp. 150-160.

② Kenneth Scott Latourette, "The Progress of Sinology in the United States", *Nankai Social and Economic Quarterly*, Vol.8, No.2, July 1935, pp. 309-310.

③ 李世洞《战后美国对中国的研究》,载《武汉大学学报》1986年第4期,第101页。

④ 汪雁秋《海外汉学资源调查录》第212—213页,台北:汉学研究资料暨服务中心,1982年。

美国亚洲协会成立。到20世纪初,特别是第一次世界大战结束后,由于美国在全球的威信提升,一些大财团为发展海外经济投资,扩大资本输出,先后建立为其学科研究投注资金的所谓慈善基金会,同时也为社会科学研究提供经济资助,1911年建立了纽约卡内基公司(Carnegie Corporation),1913年建立了洛克菲勒基金会(Rockefeller Foundation),1936年建立了福特基金会(Ford Foundation)等。这些由财团资助的基金组织直接负责对远东尤其是中国进行政治、经济、社会文化各方面的战略研究活动的资助。随之而起的是一些学会组织纷纷成立,洛克菲勒基金会资助的美国"外交政策协会"(The Association of Foreign Policy)于1918年宣告成立,揭开了研究远东问题的序幕。此后在美国学术界具有很大影响的两大学术团体"美国学术团体理事会"(American Council of Learned Society)和"社会科学研究理事会"(Social Science Research Council)又先后于1919年、1923年成立,美国汉学研究被纳入规范化的活动轨迹中。美国学术团体理事会的宗旨是组织召开学术会议,进行学术交流,资助学术著作出版,促进美国人文科学的研究活动,亚洲研究的任务是和美国社会科学理事会合作,利用洛克菲勒基金会提供的基金,对于亚洲及现代中国的人文科学和社会科学研究给予经济上的援助。① 1921年,美国又成立了由政府控制、从事各国问题研究的"对外关系委员会"(Foreign Relations Committee),1927年,又成立了"布鲁金斯研究所"(Brooking Institution),这两个机构成为美国政府制定对外政策的重要智囊机构,一些知名的中国通、汉学家都成了这些机构的重要成员,如拉铁摩尔(Owen Lattimore)、恒慕义(Arthur W. Hummel)、戴德华(Gorege E. Taylor)、林德贝克(John L. Lindbeck)、杜勒斯(John Foster Dulles)等。截止到1941年太平洋战争爆发前,美国研究中国的机构共有90个,其中39个是在1920—1940年这20年间建立的。② 而在这些学术机构中,久负盛名的美国东方学会和1925年始建的美国太平洋关系学会(American Council of Institution of Pacific Relations),对促进美国的亚洲研究上有巨大的作用。20世纪以来,汉学研究在美国东方学会中的比重有所增加,越来越多的学者为会刊《学报》投稿并参与学会的活动,西

---

① 中国社会科学院情报研究所编《外国研究中国》(第1辑)第71—73页,商务印书馆,1978年。

② 孙越生 陈书梅主编《美国中国学手册·初版前言》第7页,中国社会科学出版社,1993年。

方籍的学者主要有夏德、劳费尔、顾立雅、毕乃德、卜德、宾板桥、德效骞、魏鲁男、恒慕义、富路特等人,他们都是兼通中西的学者,不少人有欧洲的学术背景,是第二次世界大战之前美国汉学研究的中坚力量,而且这段时期还有另一个特殊力量的加入,就是来自东方的中国学者开始参加美国东方学会的学术活动,如许地山、梅光迪、裘开明、李方桂、赵元任等。① 这些中西学者融合一体的学术活动,使美国东方学会的汉学研究发生了一些可喜的变化,有望突破学会注重近东、古代和语文学方法的传统汉学,以建立一种不同于欧洲的汉学研究和亚洲研究的新模式。美国汉学研究的转型开始于20世纪20年代,重要标志之一就是1925年美国太平洋关系学会的建立。正是由于该学会的成立,传统意义上的汉学开始走出厚古薄今的研究壁垒,转向侧重现实问题和国际关系问题研究的新领域,从而揭开了地区研究的序幕。该学会最初是由夏威夷关心太平洋地区社会经济问题的商界、教育界、宗教界人士发起的区域性团体,宗旨是研究太平洋各民族状况,以求改进各民族间的相互关系。后来学会经过扩充,吸收了来自世界不同地区的专家、学者和政府官员,并且得到美国政府和一些财团的支持,发展成为一个国际性的学术团体,总部迁至纽约,在美国、中国、日本、朝鲜、印度、澳大利亚、菲律宾、加拿大、英国、法国、苏联等国均设有分会。总会的会刊是《太平洋事务》(*Pacific Affairs*),美国分会的会刊是《远东观察》(*Far Eastern Survey*)。太平洋关系学会的研究重心始终放在远东问题上,同时兼顾整个亚洲研究,据统计,美国20世纪50年代以前出版的关于亚洲的书籍,有一半是由太平洋学会出版或得到它资助出版的。在填补美国学术界对于太平洋地区知识的缺陷方面,太平洋关系学会是其他任何学术团体都无法比拟的。但学会在麦卡锡主义时期受到了很大的冲击,1960年被迫解散。② 与美国太平洋关系学会有过密切关系的哈佛燕京学社(Harvard-Yenching Institution),对促进亚洲文化和教育及出版事业有着重大的贡献,而二者被看成当时美国研究亚洲、研究中国,培养中国问题专家的摇篮。成立于1928年的哈佛燕京学社是美国的哈佛大学和当时在中国北京的美国传教士创办的燕京大学联姻的结果,典型的沟通中西文化的教

---

① 李珍华《胡天汉月方诸:简介美国东方学会》,载《国际汉学》(第1辑)第490—491页,商务印书馆,1995年。

② John N. Thomas, *The Institute of Pacific Relations: Asian Scholars and American Politics*, University of Washington Press, 1974, pp. 3-11,118-130.

育典范。哈佛燕京学社和他的中国学图书馆很快成为美国研究中国的中心,一大批派往燕京大学的哈佛大学研究生和研究人员在学成回国后成为汉学和现代中国学的学科带头人,如恒慕义、赖德烈、魏鲁男、毕乃德、顾立雅、戴德华、芮沃寿、许华慈等。1941年12月,太平洋战争爆发后,美国东方学会内部产生了严重的论战和分裂,以费正清为代表的一批学者为了适应美国在亚洲利益的需要发起成立了完全由美国学者组成的远东学会(Far Eastern Association),学会得到了福特基金会、洛克菲勒基金会的资助,1948年后逐渐成为美国研究中国问题的最重要的机构之一。1956年,学会更名为亚洲学会(Association for Asian Studies),原出版物《远东季刊》(*Far Eastern Quarterly*)也改名为《亚洲研究》(*Journal of Asian Studies*)。1954年,亚洲学会完全脱离了美国东方学会,成为美国学术理事会的一个独立成员。这样美国出现了两足并立的中国研究模式:从20世纪50年代开始,美国的"汉学研究"和"中国学研究",各有其学会和学报作为学术活动的阵地了。① 所有这些汉学研究组织和研究学者,都直接或间接地促进了美国汉学走上职业化和专业化的学术道路。由此,也就开始了美国历史上以拉铁摩尔、费正清等为代表的美国中国学研究的新时代。但是,从总体上来看,在第二次世界大战之前,美国的汉学研究基本上还是在欧洲旧汉学传统的影响下进行的,着重讲授古汉语,研究中国古典文化,并不很注意现代中国的政治、经济和历史等领域的研究,可以视作美国汉学向美国中国学转型的过渡时期。自第二次世界大战结束后,西方世界关于中国的研究,其主流从基本上属于人文学科的汉学逐步更接近社会科学的中国研究,从纯学术研究转向主要研究现实问题。就研究力量而言,美国开始兴起,欧洲相对衰退,研究中心从西欧转移到了美国,如据不完全统计,第二次世界大战以来国外研究中国的学术著作,90%出自美国学者之手。就研究内容而言,传统的以古典文献与古代历史为中心的人文学科的汉学转向以研究近现代中国实际社会问题为中心的社会学科,如美国有关中国的博士论文的论题是90%以上关于近现代中国的,古代研究只占很少部分。因此,"汉学"(Sinology)一词似乎开始显得有些过时和不合时宜了,而新的

---

① Charles O. Hucker,"The Association for Asian Studies Inc., at the Age of Twenty",*Journal of Asian Studies*,Vol.28,Nov.1968,pp.201-241.

概念"中国研究"(Chinese Study)开始取而代之。① 实际上,从第二次世界大战结束,特别是"麦卡锡主义"时期,美国的中国学已经成为与古典汉学分庭抗礼的中国问题研究了,甚至"美国中国学"就是一般性和统一性的称呼了。这种转型实际上是时代的必然产物,是人类历史的现实需要的阶梯而已,就像意大利学者克罗齐的名言"一切历史都是当代史"那样,"由于实际的要求成为一切历史判断的基础,这就使一切历史都带有'当代史'的性质"。② 因此,卫三畏的汉学研究和首创耶鲁汉学讲座,也只是西方中国研究的一个步骤和过程,其间的是非曲直也是人类历史进化道路上的一座座宝殿,深含其中的思想印迹将由后人评说,但意义并不只在于铺路石那样的单纯,而是一个不可分割的统一体。

---

① [日]福井文雅《欧美的道教研究》,载《道教》第3卷,第221页,上海古籍出版社,1992年。

② Benedetto Croce, Trans. by Sylvia S. Sprigge, *History as the Story of Liberty*, Norton, New York, 1941, p. 19.

参考文献

一、中文专著类

1. 宝鋆等编《筹办夷务始末》(同治朝)第55卷,台北:文海出版社,1971年。
2. 陈椽《茶叶商品学》,中国科学技术大学出版社,1991年。
3. 陈翰笙《华工出国史料》第3辑,中华书局,1981年。
4. 陈敬《赛珍珠与中国:中西文化冲突与共融》,南开大学出版社,2006年。
5. 陈乐民《西方外交思想史》,中国社会科学出版社,1995年。
6. 陈旭麓《近代中国社会的新陈代谢》,上海人民出版社,1992年。
7. 陈旭麓《中国近代史》,高等教育出版社,1988年。
8. 仇华飞《早期中美关系研究(1784—1844)》,人民出版社,2005年。
9. 戴逸《十八世纪的中国和世界》,辽海出版社,1999年。
10. 邓蜀生《时代悲欢"美国梦"》,中国社会科学出版社,2001年。
11. 邓蜀生《美国与移民:历史、现实、未来》,重庆出版社,1990年。
12. 丁凤麟、王欣之《薛福成选集》,上海人民出版社,1987年。
13. 董丛林《龙与上帝——基督教与中国传统文化》,生活·读书·新知三联书店,1992年。
14. 董小川《儒家文化与美国基督教新教文化》,商务印书馆,1999年。
15. 董秀丽《美国外交的文化阐释》,知识产权出版社,2007年。
16. 范文澜《中国近代史》(上册),人民出版社,1962年。
17. 方汉奇《中国新闻事业通史》(第1卷),中国人民大学出版社,1992年。
18. 冯绍雷《国际关系新论》,上海人民出版社,1994年。
19. 戈公振《中国报学史》,生活·读书·新知三联书店,1955年。

20.故宫博物院编《清代外交史料(嘉庆朝)》(全),台北:成文出版社,1968年。

21.顾钧《卫三畏与美国早期汉学》,外语教学与研究出版社,2009年。

22.顾卫民《基督教与近代中国社会》,上海人民出版社,1996年。

23.顾裕禄《中国天主教的过去和现在》,上海社会科学院出版社,1989年。

24.顾长声《从马礼逊到司徒雷登:来华新教传教士评传》,上海书店出版社,2005年。

25.顾长声《传教士与近代中国》,上海人民出版社,2004年。

26.顾长声《从马礼逊到司徒雷登:来华新教传教士评传》,上海人民出版社,1985年。

27.郭黛姮《一代宗师梁思成》,中国建筑工业出版社,2006年。

28.韩玉贵《冷战后的中美关系》,社会科学文献出版社,2007年。

29.何寅、许光华《国外汉学史》,上海外语教育出版社,2002年。

30.侯后吉、吴其敬《中国近代经济思想史稿》,黑龙江人民出版社,1983年。

31.侯且岸《当代美国的"显学":美国现代中国学研究》,人民出版社,1995年。

32.胡绳《从鸦片战争到五四运动》(上册),人民出版社,1997年。

33.黄安年《美国的崛起》,中国社会科学出版社,1992年。

34.黄刚《中美使领关系建制史 1786—1994》,台北:商务印书馆,1995年。

35.黄爵滋《黄爵滋奏疏许乃济奏议合刊》(齐思和主编),中华书局,1959年。

36.黄绍湘《美国早期发展史 1492—1823》,人民出版社,1957年。

37.黄长著、孙越生、王祖望主编《欧洲中国学》,社会科学文献出版社,2005年。

38.黄遵宪《越南篇甲申》,吴振清等编校《黄遵宪集》,天津人民出版社,2003年。

39.计翔翔《十七世纪中期汉学著作研究》,上海古籍出版社,2002年。

40.蒋廷黻《中国近代史大纲》,东方出版社,1996年。

41.蒋廷黻《近代中国外交史资料辑要》(中卷),商务印书馆,1934年。

42. 孔陈焱《卫三畏与美国汉学研究》,上海辞书出版社,2010年。
43. 雷雨田《近代来粤传教士评传》,百家出版社,2004年。
44. 雷雨田《上帝与美国人》,上海人民出版社,1994年。
45. 李抱宏《中美外交关系》,商务印书馆,1940年。
46. 李定一《中美早期外交史》,北京大学出版社,1997年。
47. 李定一《中美外交史》(第一册),台北:力行书局,1960年。
48. 李刚己《教务纪略》,上海书店,1986年。
49. 李圭《环游地球新录》,湖南人民出版社,1980年。
50. 李庆余《美国外交史:从独立战争至2004年》,山东画报出版社,2008年。
51. 李时珍《本草纲目》,人民卫生出版社,1982年。
52. 李约翰《清帝逊位与列强(1908—1912)》,中华书局,1982年。
53. 李泽厚《中国思想史论》(上),安徽文艺出版社,1991年。
54. 李长久 施鲁佳《中美关系二百年》,新华出版社,1984年。
55. 李志刚《百年烟云,沧海一粟:近代中国基督教文化掠影》,今日中国出版社,1997年。
56. 李志刚《基督教早期在华传教史》,台北:商务印书馆,1985年。
57. 利洛《缔约日记》(齐思和等主编),神州国光社,1964年。
58. 梁碧莹《龙与鹰:中美交往的历史考察》,广东人民出版社,2004年。
59. 梁启超《中国近三百年学术史》,中国书店,1985年。
60. 梁启超《新大陆游记》,湖南人民出版社,1981年。
61. 梁廷枏《粤海关志》,卷24、卷33,台北文海出版社,1975年。
62. 梁为楫、郑则民《中国近代不平等条约选编与介绍》,中国广播电视出版社,1993年。
63. 林则徐著,张曼评注《四洲志》,华夏出版社,2002年。
64. 林治平《基督教与中国本色化国际学术研讨会论文集》,台北:宇宙光出版社,1990年。
65. 刘大年《美国侵华史》,人民出版社,1954年。
66. 刘澎《当代美国宗教》,社会科学文献出版社,2001年。
67. 刘羡冰《汉语精英与文化交流》,澳门基金会,1994年。
68. 刘准《天主教行传中国考》,献县天主堂印行,1937年。

69. 楼宇烈、张志刚主编《中外宗教交流史》,湖南教育出版社,1998年。

70. 鲁迅《鲁迅全集》(第六卷),人民文学出版社,1981年。

71. 罗荣渠《美国历史通论》(罗荣渠文集之五),商务印书馆,2009年。

72. 罗森《日本日记》,钟叔河主编《走向世界丛书》,岳麓书社,1985年。

73. 毛泽东《论反对日本帝国主义的策略》,《毛泽东选集》,人民出版社,1966年。

74. 茅家琦《太平天国对外关系史》,人民出版社,1984年。

75. 莫东寅《汉学发达史》(海外汉学研究丛书),大象出版社,2006年。

76. 钱满素《爱默生和中国——对个人主义的反思》,生活·读书·新知三联书店,1996年。

77. 乔明顺《中美关系第一页》,社会科学文献出版社,1991年。

78. 乔明顺《近代中国教案研究》,四川省社会科学院出版社,1978年。

79. 卿汝楫《美国侵华史》(第一卷),生活·读书·新知三联书店,1952年。

80. 荣孟渊《历史笔记》,中国社会科学出版社,1983年。

81. 阮炜《中国与西方:宗教、文化、文明比较》,社会科学文献出版社,2002年。

82. 韶华宝忠双、欧阳如水明《中华祖先拓荒美洲》,黑龙江人民出版社,1992年。

83. 苏精《上帝的人马》,香港:基督教中国宗教文化研究社,2006年。

84. 苏精《中国,开门!》,香港:基督教中国宗教文化研究社,2005年。

85. 孙越生 陈书梅《美国中国学手册》(增订本),中国社会科学出版社,1993年。

86. 孙越生 李明德《世界中国学家名录》,社会科学文献出版社,1994年。

87. 谭树林《马礼逊与中西文化交流》,中国美术学院出版社,2004年。

88. 汤开建《香港6000年:从远古到1997》,香港:麒麟书业有限公司,1998年。

89. 汤清《中国基督教百年史》,香港:道声出版社,1990年。

90. 汪熙《中美关系史论丛》,复旦大学出版社,1985年。

91.汪雁秋《海外汉学资源调查录》,台北:汉学研究资料暨服务中心,1982年。

92.王东、闫知航《让历史昭示未来:中美关系史纲》,上海东方出版中心,2006年。

93.王恩涌《文化地理学导论——人? 地? 文化》,高等教育出版社,1989年。

94.王景伦《走近东方的梦——美国的中国观》,时事出版社,1994年。

95.王立新《美国传教士与晚清中国现代化》,天津人民出版社,1997年版。

96.王亮、王彦威《清季外交史料》,台北:文海出版社,1986年。

97.王鸣盛《十七史商榷》卷七,《中国古代目录学简编》,重庆出版社,1983年。

98.王荣堂《世界近代史》(上)(高等学校文科教材),吉林人民出版社,1984年。

99.王绳祖《中英关系史论丛》,人民出版社,1981年。

100.王树槐《外人与戊戌变法》,上海书店出版社,1987年。

101.王树槐《庚子赔款》,台北:"中央研究院"近代史研究所,1974年。

102.王铁崖《中外旧约章汇编》(第一册),生活·读书·新知三联书店,1957年、1982年。

103.王玮《美国对亚太政策的演变(1776—1995)》,山东人民出版社,1995年。

104.王毅《皇家亚洲文会北中国支会研究》,上海书店出版社,2005年。

105.卫青心《法国对华传教政策》,中国社会科学出版社,1991年。

106.文庆等编《筹办夷务始末》(道光朝),第72卷,台北:文海出版社,1970年。

107.吴梦雪《美国在华领事裁判权百年史》,社会科学文献出版社,1992年。

108.吴义雄《在宗教与世俗之间》,广东教育出版社,2000年。

109.武军《美国总统就职演说全编》,中国文史出版社,2009年。

110.席裕福、沈师徐《皇朝政典类纂》,台北:文海出版社,1986年。

111.项立岭《中美关系史全编》,华东师范大学出版社,2002年。

112. 忻剑飞《世界的中国观》,学林出版社,1991年、1996年。

113. 熊月之《西学东渐与晚清社会》,上海人民出版社,1994年。

114. 熊志勇《百年中美关系》,世界知识出版社,2006年。

115. 严中平《中国近代经济史统计资料选辑》,科学出版社,1955年。

116. 阎广耀、方生选译《美国对华政策文件选编》,人民出版社,1990年。

117. 杨森富《中国基督教史》,台北:商务印书馆,1984年。

118. 杨生茂《美国外交政策史(1775—1989)》,人民出版社,1991年。

119. 杨生茂《美国外交政策史》,人民出版社,1989年。

120. 杨生茂、刘绪贻《美国内战与镀金时代》,人民出版社,1990年。

121. 姚薇元《鸦片战争史实考》,人民出版社,1984年。

122. 姚贤镐《中国近代对外贸易史资料》(第一、二册),中华书局,1962年。

123. 姚莹《康輶纪行》第12卷,江苏广陵古籍刻印社,1995年。

124. 奕䜣《派美国蒲安臣权充办理中外事务使臣的奏折》,《同治朝始末》第51卷,中国文史出版社,2002年。

125. 殷雄《剑与血——北约东扩的背后》,新华出版社,2000年。

126. 元青《五千年中外文化交流史》,世界知识出版社,2002年。

127. 袁腾飞《历史是个什么玩意儿》(下),花山文艺出版社,2009年。

128. 张宏生《戈鲲化集》,江苏古籍出版社,2000年。

129. 张力 刘鉴唐《中国教案史》,四川省社会科学院出版社,1987年。

130. 张星烺《中西交通史料汇编》,中华书局,1977年。

131. 张秀民《中国印刷史》,浙江古籍出版社,2006年。

132. 张忠利《中西文化纵横论》,天津大学出版社,2008年。

133. 赵尔巽《清史稿》卷156、志第131(邦交志四·美利坚),中华书局,1977年。

134. 郑曦原《帝国的回忆:〈纽约时报〉晚清观察记》,生活·读书·新知三联书店,2001年。

135. 周琪《意识形态与美国外交》,上海人民出版社,2006年。

136. 中国科学院近代史研究所资料编《外国资产阶级怎样看待中国历史的》(第一卷),商务印书馆,1961年。

137. 卓新平《中国基督教基础知识》,宗教文化出版社,1999年。

二、中文文章类：

1. 艾萍《卫三畏与美国早期中国学研究》，载《淮北煤炭师院学报》(哲社版)2008年第4期。

2. 《澳门近事》1872年8月，载丁韪良《中西闻见录选编》，台北：文海出版社，1987年。

3. 卞东波《美国汉学开山之作：读卫三畏〈中国总论〉中译本》，载《博览群书》2006年第4期。

4. 陈才俊《基督新教在南洋的对华拓教活动》，载《东南亚纵横》2003年第7期。

5. 陈荷清《一切以条件、地点和时间为转移：学习斯大林哲学思想笔记》，载《哲学研究》1979年第12期。

6. 陈立柱《西方中心主义的初步反省》，载《史学理论研究》2005年第2期。

7. 陈胜《鸦片战争前后中国人对美国的了解和介绍》，载《中山大学学报》1980年第1期。

8. 《第三任总统第二次就职演说》，常冬为编《美国档案——影响一个国家命运的文字》，中国城市出版社，1998年。

9. 董海樱《西人汉语研究述论：16—19世纪初期》，浙江大学历史系博士论文，2005年。

10. 董小川《上帝：体悟美国文化的钥匙》，载《东北师大学报》(哲社版)2001年第5期。

11. 杜红波《基督教对美国宪政文明的影响》，载《政治与法律》2008年第3期。

12. 房仲甫《殷人航渡美洲再探》，载《世界历史》1983年第3期。

13. 付娟《论鸦片贸易合法化对中国近代禁烟的影响》，载《四川师大学报》(社科版)2006年第6期。

14. 甘开鹏《美国来华传教士与晚清鸦片贸易》，载《美国研究》2007年第3期。

15. 高焕《美国第一位来华的新教传教士：裨治文》，载《岭南文史》2003年第4期。

16. 高士华《早期中国驻外使馆的建立》，载《河北大学学报》1991年第

3 期。

17.顾钧《卫三畏与〈中国总论〉》,载《汉学研究通讯》(台湾)2002 年第 3 期。

18.郭世佑《容闳:一个与晚清巨变脉络相吻合的探索者》,载《江苏社会科学》1999 年第 6 期。

19.郭天祥《戈鲲化与中美跨文化交流》,载《安徽史学》2007 年第 4 期。

20.海佑《第一有远见的中国人:林则徐》,载《翼报》2007 年第 40 期。

21.何大进《美国赴华传教士与〈中美望厦条约〉》,载《广州大学学报》2001 年第 7 期。

22.何大进《略论早期美国赴华传教士的鸦片贸易观》,载《历史教学》1998 年第 4 期。

23.何新华《1842—1860 年间清政府的外交地位辨析》,载《历史教学》2004 年第 2 期。

24.侯厚培《五口通商以前我国国际贸易之概况》,载《清华学报》第 4 卷第 1 期。

25.侯且岸《费正清与中国学》,载李学勤主编《国际汉学漫步》(上),河北教育出版社,1997 年。

26.侯且岸《论美国汉学研究》,载《新视野》2000 年第 4 期。

27.胡建华《论咸丰朝的限教政策》,载《近代史研究》1990 年第 1 期。

28.胡适《谈谈大学》,《胡适作品集 25·胡适演讲集(二)》,台北:远流出版公司,1986 年。

29.华廷杰《触番始末》(卷上),载《近代史资料》1956 年第 2 期。

30.黄丹彤《"中国皇后"扬帆中美贸易处女航》,载《广州日报》2003 年 8 月 14 日。

31.黄长义《近代前夜中国人的美国观》,载《中南民族大学学报》(社科版)2002 年第 5 期。

32.《基督教人士的爱国运动》,载《人民日报·社论》1950 年 9 月 23 日。

33.《纪念卫三畏》,载《奥奈达历史学会学报》1885—1886 年。

34.姜源《英国人著述中的中国及其对美国早期中国观形成的影响》,载《浙江社会科学》2005 年第 2 期。

35. 姜源、李慧宇《早期中国人眼中的美国》,载《求索》2005年第1期。

36. 金卫婷《卫三畏与美国早期的对华退款兴学计划》,载《西昌学院学报》(社科版)2007年第1期。

37. 李浩《从"福音的婢女"到政治的婢女:伯驾》,载《江西社会科学》2003年第7期。

38. 李良玉《关于中国近代史的分期问题》,载《福建论坛》2002年第1期。

39. 李清桓、佟岩《〈五方元音〉音系性质新论》,载《南京师范大学文学院学报》2004年第2期。

40. 李世洞《战后美国对中国的研究》,载《武汉大学学报》1986年第4期。

41. 李守郡《浅谈美国早期对华鸦片贸易》,载《历史档案》1983年第2期。

42. 李晓勇《万隆会议上的周恩来》,载《百年潮》2005年第2期。

43. 李育民《近代中国的"条约制度"略论》,载《湖南师大学报》(社科版)1992年第6期。

44. 李志刚《美国第一位来华传教士裨治文牧师与中美早期关系》,载李志刚《基督教与近代中国文化论文集》(二),台北:宇宙光传播中心出版社,1993年。

45. 李志刚《早期基督教士由澳迁港之事业及贡献》,载《中国历史学会史学集刊》(台湾)1985年第17期。

46. 梁碧莹《第一次鸦片战争时期的美国对华政策》,载《中山大学学报》(社科版)1991年第1期。

47. 梁启超《保教非所以尊孔论》,载杨天宏《基督教与近代中国》,四川人民出版社,1994年。

48. 梁启超《西学书目表》,载《时务报》第8册,1896年。

49. 林芸《早期美国传教士在澳门的活动(1830—1844)》,载《学术研究》1997年第10期。

50. 林立强《美国传教士卢公明眼中的清末科举》,任继愈主编《国际汉学》第10辑,大象出版社,2004年。

51. 林则徐《钱票无甚关碍宜重禁吃烟以杜弊源片》,载《林文忠公政书》,商务印书馆,1935年。

52. 刘春蕊《鸦片战争前英国对华政策述论》,载《青大师院学报》1996年第3期。

53. 刘劲松《第二次鸦片战争时期中美赔偿问题论略》,载《历史档案》2007年第2期。

54. 刘吕红《"韦伯斯特训令"与〈望厦条约〉的关系》,载《贵州师大学报》(社科版)1995年第4期。

55. 刘晓多《近代来华传教士创办报刊的活动及其影响》,载《山东大学学报》1999年第2期。

56. 刘心勇《非基督教运动述评》,载《复旦学报》(社科版)1989年第2期。

57. 刘永生《外国公使驻京始末》,载《贵州文史丛刊》2003年第3期。

58. 刘中民《"重陆轻海"的海防观与鸦片战争的败绩》,载《海洋世界》2009年第2期。

59. 柳岳武《近世西方视角下的大清王朝》,载《东南学术》2006年第6期。

60. 龙基成《基督教新教在中国的最早传播》,载《文史知识》1990年第2期。

61. 闵丽《论基督新教伦理的思想实质》,载《四川大学学报》(哲社科版)2007年第4期。

62. 毛泽东《"友谊",还是侵略?》,载《毛泽东选集》第四卷,人民出版社,1967年。

63. 彭道杰《首次中美国家级图书交换始末》,载《高校图书馆工作》2000年第3期。

64. 齐思和《第二次鸦片战争》,载《中国近代史资料丛刊》第三册,上海人民出版社,1979年。

65. 齐文颖《美国"中国皇后号"来华问题研究》,载《环球时报》2005年10月10日,第23版。

66. 仇华飞《论美国早期汉学研究》,载《史学月刊》2000年第1期。

67. 沈谓滨、杨勇刚《1844—1858年外国传教士对中国内地的渗透》,载《近代中国教案研究》,四川省社会科学院出版社,1978年。

68. 孙雄《当代基督教与科学关系的新变化》,载《世界宗教文化》1995年第2期。

69. 孙中山《致美国国民书》,载《孙中山全集》第 8 卷,中华书局,1986 年。

70. 谭树林《〈中国丛报〉考释》,载《历史档案》2008 年第 3 期。

71. 陶德民《从卫三畏档案看 1858 年中美之间的基督教弛禁交涉》,载《或问》第 9 号,日本近代东西言语文化接触研究会,2005 年。

72. 王曾瑜《中国古代的"标准语"是如何形成的》,载《人民日报》2005 年 4 月 26 日。

73. 王国强《庄延龄与翟理斯〈华英字典〉之关系》,载《辞书研究》2008 年第 1 期。

74. 王树槐《卫三畏与〈中华丛刊〉》,载《现代学苑》1964 年第 1 卷第 7 期。

75. 王树槐《卫三畏与〈中华丛刊〉》,载林治平主编《近代中国与基督教论文集》,台北:宇宙光出版社,1981 年。

76. 汪熙、邹明德《鸦片战争前的中美贸易》,载《中美关系史论丛》,复旦大学出版社,1985 年。

77. 王雅丽《从条约来看晚清禁教政策的解冻》,载《湖北职业技术学院学报》2006 年第 1 期。

78. 吴义雄《〈中国丛报〉与中国语言文字研究》,载《社会科学研究》2008 年第 4 期。

79. 吴义雄《〈中国丛报〉与中国历史研究》,载《中山大学学报》(社科版)2008 年第 1 期。

80. 吴义雄《基督教道德与商业利益的较量:鸦片贸易辩论》,载《学术研究》2005 年第 12 期。

81. 吴义雄《基督教传教士在澳门的早期文化活动略论》,载《学术研究》2002 年第 6 期。

82. 吴义雄《"广州英语"与 19 世纪中叶以前的中西交往》,载《近代史研究》2001 年第 3 期。

83. 伍玉西《基督教新教在广州传播述论》,载《韩山师范学院学报》2005 年第 1 期。

84. 杨令侠《中国和美洲的早期交往》,载《历史教学》1988 年第 8 期。

85. 杨卫东《美国传教士与近代美国对华政策》,载《九江师专学报》2001 年第 1 期。

86.叶农《清代中后期澳门汉学研究钩沉(1762—1911)》,任继愈主编《国际汉学》第 11 辑,大象出版社,2004 年。

87.余英时《开辟美国研究中国史的新领域:费正清的中国研究》,载傅伟勋、周阳山编《西方汉学家论中国》,台北:正中书局,1993 年。

88.张宏生《卫三畏与美国汉学的起源》,载《中华文史论丛》2004 年第 80 辑。

89.张佳生《基督教伦理与西方世界的兴起》,载《南华大学学报》(社科版)2008 年第 1 期。

90.张梦阳《鲁迅与史密斯的〈中国人气质〉》,载《鲁迅研究年刊》1980 年 2 月。

91.张平《海底沉船中的瑰宝》,载《外国史知识》1984 年第 1 期。

92.张群芳《近代来华传教士笔下的中国形象》,载《乐山师范学院学报》2004 年第 6 期。

93.张顺洪《历史性契机与历史性误解——清廷与马噶尔尼使团》,载《光明日报》1992 年 9 月 20 日。

94.张卫东《北京音何时成为汉语官话标准音》,载《深圳大学学报》(社科版)1998 年第 4 期。

95.张西平《卫三畏:美国汉学第一人》,载《中华读书报》2009 年第 262 期。

96.张小路《从林则徐联美抗英主张看鸦片战争时期中美关系》,载《社会科学战线》1992 年第 4 期。

97.张效民《晚清政府的条约外交》,载《历史档案》2006 年第 1 期。

98.赵玉华《清末天主教和新教在华传教活动的异同》,载《山东大学学报》(哲社)2003 年第 1 期。

99.赵玉华《第一次鸦片战争期间美国的对华政策浅析》,载《四川师院学报》2000 年第 5 期。

100.珍华《"胡天汉月方诸":简介美国东方学会》,载《国际汉学》第 1 辑,商务印书馆,1995 年。

101.中国史学会编《瓦德西拳乱笔记》,载《中国近代史资料丛刊》(义和团卷),神州国光社,1951 年。

102.中国史学会编《八国联军志》,载《中国近代史资料丛刊》(义和团卷),神州国光社,1951 年。

103.周海生《清季遣使之争与驻外使馆的建立》,载《历史教学》2006年第11期。

104.周琪《"美国例外论"与美国外交政策传统》,载《中国社会科学》2000年第6期。

105.周振鹤《戈鲲化的生年年月及其他》,载《中华读书报》2001年3月21日。

106.周振鹤《基督教传教士传记丛书·序言》,载[美]卫斐列著,顾钧、江莉译《卫三畏生平及书信:一位美国来华传教士的心路历程》,广西师范大学出版社,2004年。

107.朱少华《走向世界的汉语拼音》,载《语文建设》1995年第3期。

三、中译文论著、文章类:

1.[德]恩格斯《俄国在远东的成功》,《马克思恩格斯选集》第2卷,人民出版社,1972年。

2.[德]恩格斯《致弗·阿·左尔格》(1892年12月31日),《马克思恩格斯选集》第38卷,人民出版社,1972年。

3.[德]傅吾康著,陈燕、袁嫒译《19世纪的欧洲汉学》,载张西平编《欧美汉学研究的历史和现状》,大象出版社,2006年。

4.[德]黑格尔著,王造时译《历史哲学》,上海书店出版社,1999年。

5.[德]马克思《鸦片贸易史》,《马克思恩格斯选集》第2卷,人民出版社,1995年。

6.[德]马克思《英中条约》,《马克思恩格斯选集》第12卷,人民出版社,1982年。

7.[德]马克思《中国革命和欧洲革命》,《马克思恩格斯选集》第2卷,人民出版社,1972年。

8.[德]马克思《中国革命与欧洲革命》,《马克思恩格斯选集》第9卷,人民出版社,1982年。

9.[德]马克思《资本论》第2卷,《马克思恩格斯选集》第24卷,人民出版社,1975年。

10.[德]马克思《资本论》第3卷,《马克思恩格斯选集》第25卷,人民出版社,1975年。

11.[德]马克思《资本论》序言,《马克思恩格斯选集》第23卷,人民出版社,1975年。

12.[德]马克思、[德]恩格斯《德意志意识形态》,《马克思恩格斯选集》第1卷,人民出版社,1972年。

13.[德]马克斯·韦伯著,于晓和、陈维刚译《新教伦理与资本主义精神》,生活·读书·新知三联书店,1993年。

14.[俄]Barbara Widenor Maggs著,李约翰译《十八世纪俄国文学中的中国》,台北:成文出版社,1977年。

15.[俄]列宁《俄国资本主义的发展》,《列宁全集》第3卷,人民出版社,1984年。

16.[俄]列宁《给美国工人的信》(1918年8月20日),《列宁全集》第28卷,人民出版社,1973年。

17.[俄]列宁《评经济浪漫主义》,《列宁全集》(第2卷)(1895—1897),人民出版社,1984年。

18.[俄]列宁《资本家同盟分割世界》,《列宁选集》(第二卷),人民出版社,1972年。

19.[法]P·W·费伊《鸦片战争时期法国天主教会在华的活动》,载复旦大学历史系编《中外关系史译丛》第5辑,上海译文出版社,1991年。

20.[法]史式徽著,天主教上海教区史料译写组译《江南传教史》,上海译文出版社,1983年。

21.[法]托克维尔著,董果良译《论美国的民主》(上卷),商务印书馆,1988年。

22.[加]卜正民、若林正著,弘侠译《鸦片政权:中国、英国和日本,1839—1952年》,黄山书社,2009年。

23.[加]卜正民等主编,古伟瀛等译《中国与历史资本主义》,新星出版社,2005年版。

24.[美]泰勒·丹涅特著,姚曾廙译《美国人在东亚》,商务印书馆,1959年、1960年、1962年。

25.[美]P·C·妮尔丝《美国传教士对美国对华政策之影响》,载李本京主编《美国基督教教会对东亚之影响》,正中书局,1991年。

26.[美]艾伦·D.赫茨克著,徐以骅等译《在华盛顿代表上帝》,上海人民出版社,2003年。

27.[美]爱德华·V.吉利克著,董少新译《伯驾与中国的开放》,广西师范大学出版社,2008年。

28.[美]安德烈·冈德·弗兰克、巴里·K.吉尔斯主编,郝名玮译《世界体系500年还是5000年?》,社会科学文献出版社,2004年。

29.[美]安娜·哈利斯·莱夫著,邹笃钦译《美国民族百衲图》,商务印书馆,1995年。

30.[美]保罗·S.芮恩施著,李抱宏、盛震溯译《一个美国外交官使华记——1913—1919年美国驻华公使回忆录》,商务印书馆,1982年。

31.[美]保罗·肯尼迪著,梁于华等译《大国的兴衰》,世界知识出版社,1992年。

32.[美]贝利《卫三畏博士》,载《纽约美国地理协会杂志》1884年第16卷。

33.[美]彼得森编,刘祚昌译《杰斐逊集》(上册),生活·读书·新知三联书店,1993年。

34.[美]查尔斯·爱德华·梅里亚姆著,朱曾汶译《美国政治学说史》,商务印书馆,1988年。

35.[美]丹尼尔·布尔斯廷《美国人:开拓历程》,生活·读书·新知三联书店,1993年。

36.[美]丹尼斯·斯坦福《对新大陆文化起源的考察》,载《交流》1983年第4期。

37.[美]丁韪良著,傅任敢译《同文馆记》,载《教育杂志》第27卷,第4号。

38.[美]丁韪良著,沈弘等译《花甲记忆——一位美国传教士眼中的晚清帝国》,广西师范大学出版社,2004年。

39.[美]费正清《70年代的任务:研究美国与东亚的关系》,载陶文钊编选《费正清集》,天津人民出版社,1992年。

40.[美]费正清著,张理京译《美国与中国》,商务印书馆,1979年。

41.[美]费正清主编,中国社会科学院历史研究所编译室译《剑桥中国晚清史》(上、下卷),中国社会科学出版社,1985年。

42.[美]费正清著,黎鸣等译《费正清自传》,天津人民出版社,1993年。

43.[美]费正清著,孙瑞芹等译《美国与中国》(第三版),商务印书馆,1971年。

44. [美]费正清著,陶文钊编选,林海等译《费正清集》,天津人民出版社,1992年。

45. [美]费正清著,张理京译《美国与中国》,世界知识出版社,2000年、2002年。

46. [美]福克纳著,王琨译《美国经济史》上卷,商务印书馆,1964年。

47. [美]哈罗德·伊萨克斯著,于殿利、陆日宇译《美国的中国形象》,时事出版社,1999年。

48. [美]华盛顿《华盛顿告别演说》,载赵一凡编、蒲隆等译《美国的历史文献》,生活·读书·新知三联书店,1989年。

49. [美]吉尔伯特·C.菲特、吉姆·E.里斯著,司徒淳、方秉铸译《美国经济史》,辽宁人民出版社,1981年。

50. [美]吉尔伯特·罗兹曼主编,国家社会科学基金"比较现代化"课题组译《中国的现代化》,江苏人民出版社,1988年。

51. [美]杰罗姆·B.格里德尔著,单正平译《知识分子与现代中国》,南开大学出版社,2002年。

52. [美]杰西·卢茨著,曾钜生译《中国教会大学史》,浙江教育出版社,1987年。

53. [美]柯文著,林同奇译《在中国发现历史》,中华书局,2002年。

54. [美]孔华润著,张静尔译《美国对中国的反应》,复旦大学出版社,1997年。

55. [美]莱丹·J·H著,王造时译《美国外交政策史(1788—1924)》,上海商务印书馆,1936年。

56. [美]赖德烈著,陈郁译《早期中美关系史(1784—1844)》,商务印书馆,1963年。

57. [美]雷孜智著,尹文涓译《千禧年的感召——美国第一位来华新教传教士裨治文传》,广西师范大学出版社,2008年。

58. [美]马森著,杨德山等译《西方的中华帝国观》,时事出版社,1999年。

59. [美]马士、宓亨利著,姚曾廙译《远东国际关系史》(上),商务印书馆,1975年。

60. [美]马士著,区宗华译《东印度公司对华贸易编年史1635—1834》,第3卷,中山大学出版社,1991年。

61.［美］马士著,张汇文等译《中华帝国对外关系史》第1、2卷,商务印书馆,1963年。

62.［美］迈克尔·韩德《一种特殊关系的形成》,载《中山大学史学集刊》第二辑,广东人民出版社,1994年。

63.［美］迈克尔·韩德著,项立岭、林勇军译《中美特殊关系的形成——1914年前的美国与中国》,复旦大学出版社,1993年。

64.［美］迈克尔·亨特著,褚律元译《意识形态与美国外交政策》,世界知识出版社,1999年。

65.［美］明恩溥著,秦悦译《中国人的素质》,学林出版社,1999年。

66.［美］明恩溥著、林欣译《中国人的素质》,京华出版社,2002年。

67.［美］欧内斯特·梅,小詹姆斯·汤姆逊等编,齐文颖等译《美中关系史论——兼论美国与亚洲其他国家的关系》,中国社会科学出版社,1991年。

68.［美］彭慕兰著,史建云译《大分流》(中文版序言),江苏人民出版社,2003年。

69.［美］塞缪尔·弗拉格·比米斯著,叶笃义译《美国外交史》,商务印书馆,1985年、1987年。

70.［美］塞缪尔·亨廷顿著,周琪、刘绯、张立平、王圆译《文明的冲突与世界秩序的重建》,北京新华出版社,2002年。

71.［美］赛义德著,王宇根译《东方学》,生活·读书·新知三联书店,1999年。

72.［美］史蒂文·苏本、玛格瑞特·伍著,蔡彦敏、徐卉译《美国民事诉讼的真谛》,法律出版社,2002年。

73.［美］史景迁著,廖世奇、彭小樵译《文化类同与文化作用》,北京大学出版社,1989年。

74.［美］斯塔夫里阿诺斯著,吴象婴、梁赤民译《全球通史:1500年以后的世界》,上海社会科学院出版社,1992年。

75.［美］托马斯·帕特森等著,李庆余译《美国外交政策》(上册),中国社会科学出版社,1989年。

76.［美］托马斯·潘恩著,马清槐等译《潘恩选集》,商务印书馆,1989年。

77.［美］威利斯顿·沃尔克著,孙善玲等译《基督教会史》,中国社会科学出版社,1991年。

78. [美]威廉·C·亨特著,冯树铁译,骆幼玲、章文钦校《广州"番鬼"录》,广东人民出版社,1993年。

79. [美]威廉·乌克斯著,中国茶叶研究社译《茶叶全书》,中国茶叶研究社,1949年。

80. [美]韦慕庭著,杨慎之译《孙中山:壮志未酬的爱国者》,中山大学出版社,1986年。

81. [美]卫斐列著,顾钧、江莉译《卫三畏生平及书信:一位美国来华传教士的心路历程》,广西师范大学出版社,2004年。

82. [美]卫三畏著,陈俱译,陈绛校《中国总论》(上、下),(域外汉学名著译丛)上海古籍出版社,2005年。

83. [美]卫三畏著,史其志译《派往中国的全部传教士名单》,载北京太平天国历史研究会编《太平天国史译丛》第2辑,中华书局,1983年。

84. [美]沃尔特·拉塞尔·米德著,曹化银译《美国外交政策及其如何影响了世界》,中信出版社、辽宁教育出版社,2003年。

85. [美]亚历山大·萨克斯顿《19世纪华工在美筑路的功绩和牺牲》,载《太平洋历史评论》1966年5月。

86. [美]詹姆斯·罗伯逊《美国的记忆》,载常冬为编《美国档案——影响一个国家命运的文字》,中国城市出版社,1998年。

87. [葡]施白蒂著,姚京明译《澳门编年史》(19世纪),澳门基金会,1998年。

88. [日]福井文雅《欧美的道教研究》,载福井康顺编《道教》第3卷,朱越利、冯佐哲等译;毛良鸿校,上海古籍出版社,1992年。

89. [日]山本吉宣著,王志安译《国际政治理论》,上海三联书店,1989年。

90. [瑞典]奥连著,潘主闻译《基督教的伦理概念》,香港:道声出版社,1999年。

91. [新]王慷鼎《新加坡华文报刊史论集》,新加坡新社,1987年。

92. [新]卓南生《中国近代报业发展史(1815—1874)》增订版,中国社会科学出版社,2002年。

93. [意]利玛窦著,何高济,王遵仲,李申译《中国札记》,中华书局,1983年。

94.[印]罗梅什·杜特著,陈洪进译《英属印度经济史》(下册),生活·读书·新知三联书店,1965年。

95.[英]伯尔考维茨著,江载华等译《中国通与英国外交部》,商务印书馆,1959年。

96.[英]哈罗德·尼科松著,眺伟译《外交学》,世界知识出版社,1957年。

97.[英]雷蒙·道森著,常绍民、明毅译《中国变色龙》,时事出版社,1999年。

98.[英]李约瑟著,《中国科学技术史》翻译小组译《中国科学技术史》第5卷,地学第一分册,科学出版社,1976年。

99.[英]呤唎著,王维周译《太平天国革命亲历记》(上册),中华书局,1961年。

100.[英]罗素著,陈瘦石译《自由与组织》,商务印书馆,1936年。

101.[英]莫理循著,张皓译《中国风情》,国际文化出版公司,1998年。

102.[英]芮玛丽《同治中兴》,柯文著,林同奇译《在中国发现历史》(中译本),中华书局,1989年。

103.[英]斯当东著,叶笃义译《英使谒见乾隆纪实》,商务印书馆,1963年。

104.[英]汤因比著,沈辉等译《文明经受着考验》,浙江人民出版社,1988年。

105.[英]托马斯·莫尔著,戴镏龄译《乌托邦》,商务印书馆,1997年。

106.[英]威妥玛著,张卫东译《语言自迩集:19世纪中期的北京话》,北京大学出版社,2002年。

107.[英]亚当·斯密著,郭大力、王亚南译《国民财富的性质和原因的研究》(下卷),商务印书馆,1979年。

四、英文资料(专著、论文、报刊)类

1.[德]M.韦伯《经济与社会》,纽约,1968年。

2.[美]J.戴维斯《美国外交公文:美国与中国》第一辑第一卷,威尔巴顿,1973年。

3.[美]康布斯《美国外交史》,纽约 Knopf 出版社,1986年。

4.[美]S.霍华德《纽约与中国贸易》,纽约,1984年。

5.［美］费正清《传教士在中国和美国的事业》,马萨诸塞,坎布里奇,1974年。

6.［美］马克斯·勒纳《美国的文明——现今美国的生活和思想》(英文版),1957年。

7.［美］桑迪·莱登《中国的黄金:中国人在蒙特里海湾地区》,卡皮托拉出版社,1985年。

8.［美］斯坦·斯提纳《扶桑:建设美国的中国人》(英文版),纽约,1979年。

9.［美］西德尼·米德《生动的实验》,纽约:哈珀与罗出版公司,1963年。

10.［美］小阿瑟·A.伊克奇《思想、理想与美国外交》,莫拉迪斯出版公司,1966年。

11.［英］L.J.特林泰鲁德《伊丽莎白时代的清教:新教思想丛书》,纽约、牛津,1971年。

12.［英］配第《赋税论》,转引自《剩余价值论》,《马克思恩格斯全集》第26卷第1册。

13. *A Study of Conditions and Relations*, New York: Harper and Brothers, 1948.

14. Abiko, "Bonnie Persecuted Patriot Watanabe Kazan and the Tokugawa Bakufu", *Monumenta Nipponica*, Vol.44, No.2, Summer, 1989.

15. Aeneas Anderson, *A Narrative of the British Embassy to China in 1792, 1793 and 1794*, London, 1795.

16. Agnes Clark, *China's man of the Book: The Story of William Chalmers Burns 1815-1868*, London, 1968.

17. Alexander Wylie, "Review of Syllabic Dictionary", *Missionary Recorder and Journal*, August 1874.

18. Alexander Wylie, *Memorials of Protestant Missionaries to the Chinese: Giving a List of Their Publications, and Obituary Notices of the Deceased with Copious Indexes*, Shanghai: American Presbyterian Mission Press, 1867; repr., Taipei: Ch'eng-wen Publishing Company, 1967.

19. Arthur H. Smith, *China and America Today*, Edinburgh Oliphant, Anderson & Ferrier, 1907.

20. Arthur M. Schlesinger, Jr., *The Cycle of American History*, Boston: Houghton Mifflin Company, 1986.

21. B. van der Sprenkel, "Chinese Religion", *The British Journal of Sociology*, Vol.5, No.3, Sep.1954.

22. B. Foster, "Sixth Grade", *The Course of Study*, Vol.1, No.2, Oct.1900.

23. Barry W. Poulson, *Economic History of the United States*, Macmillan Publishing Co., Inc., 1981.

24. Barton J. Bermstein, ed., *Towarda New Past: Dissenting Essays in American History*, New York, 1968.

25. Bass H. J., George A. B., Emma J. L.: *Our American heritage*, Morristown: Silver Burdett Company, 1978.

26. Benedetto Croce, Trans. by Sylvia S. Sprigge, *History as the Story of Liberty*, Norton, New York, 1941.

27. Benj H Williams, "The Protection of American Citizens in China: Extraterritoriality", *The American Journal of International Law*, Vol.16, No.1, Jan.1922.

28. Braibanti, Ralph, "The Ryukyu Islands: Pawn of the Pacific", *The American Political Science Review*, Vol.48, No.4, Dec.1954.

29. Brain Harrison, *Waiting for China: The Anglo-Chinese College at Malacca, 1818—1843, and Early Nineteenth-Century Missions*, Hong Kong University Press, 1979.

30. "Constitution of the American Oriental Society", *Journal of the American Oriental Society*, Vol.1, 1843.

31. C. T. Hemson, Jr. Commissioneres and Commodores, *The East India Squadrom and American Diplomacy in China*, 亚拉巴马, 1982.

32. C. T. Henson, Jr., *Commissioners and Commodores The East India Squadron and American Diplomacy in China*, Alabama University Press, 1982.

33. Calvin W. Masteer, "The Relation of Protestant Missions to Education", in *Records of the General Conference of the Protestant Missionaries of China Held at Shanghai*, May 10—24, 1877.

34. Catherine L. Albanese, *America Religions and Religion*, Wadsworth Publishing Company, 1992.

35. Charles C. Stelle, "American Opium Trade to China Prior to 1820", *Pacific Historical Review*, Vol.9, December 1940.

36. Charles O. Hucker, "The Association for Asian Studies Inc., at the Age of Twenty", *Journal of Asian Studies*, Vol.28, Nov.1968.

37. Charles R. Kitts, *The United States Odyssey in China*, 1784—1990, University Press of America Inc, 1991.

38. Charles S. Leavenworth, *The Arrow War with China*, Sampson Low, Marston & Co., London, 1901.

39. Clemens J. France, "The Gambling Impulse", *The American Journal of Psychology*, Vol.13, No.3, Jul.1902.

40. Clifton Jackson Phillips, *Protestant America and the Pagan World: the First Half Century of the American Board of Commissioners for Foreign Missions*, 1810—1860, Cambridge, Mass: East Asian Research Center, Harvard University Press, 1969.

41. Daniel Henderson, *Yankee Ships in China Seas*, New York: Hastings House, 1946.

42. David Abeel, *Journal of Residence in China and the Neighboring Countries from 1829 to 1833*, London, 1834.

43. David Prager Branner, "The Linguistic Ideas of Edward Harper Parker", *Journal of the American Oriental Society*, Vol. 119, No. 1, Jan.-Mar., 1999.

44. Deborah L. Madsen, *American Exceptionalism*, Edinburgh: Edinburgh University Press, 1998.

45. Dexter Perkins, *A History of the Monroe Doctrine*, Boston and Toronto: Little, Brown and Company, 1963.

46. Diana Wood, *Medieval Economic Thought*, Cambridge: Cambridge University Press, 2002.

47. *Dictionary of American Biography*, Charles Scribner's Sons, New York, 1936.

48. E. Wentworth, "Williams's Middle Kingdom", *Methodist Quarterly Review*, Vol.66, 1884.

49. Edmund Roberts, *Embassy to the Eastern Courts of Cochin-China*,

Siam, *and Muscat*, New York: Harpar and Brothers, 1837.

50. Edward D. Graham, *American Ideas of Special Relationship with China 1784—1900*, New York: Garland Publishing, Inc., 1988.

51. Edward V. Gulick, *Peter Parker and the Opening of China*, Harvard University Press, 1973.

52. Edwin Scott Gaustad, *The Great Awakening*, *The Works of President Edwards in Four Volumes*, New York, 1843.

53. Elijah Coleman Bridgman, *Brief History of the United States of America*, 1861.

54. Eliza J. Gillett Bridgman (Eliza C. Bridgman), *The Life and Labors of Elijah Coleman Bridgman*, New York: Anson D. F. Randolph, 1864.

55. Elizabeth L. Malcolm, "The Chinese Repository and Western Literature on China", *Modern Asian Studies*, Vol. 7, No. 2, 1973.

56. Elizabeth Strout, *Catalogue of the Library of the American Oriental Society*, Yale University Library, 1930.

57. Ellsworth C. Carlson, *The Foochow Missionaries*, 1847—1880, Cambridge, Mass: Harvard University Press, 1974.

58. Erasmus Doolittle, *Sketches by a traveler*, Boston, 1830.

59. Ernest De Witt Burton and Alonzo Ketcham Parker, "A Professional Reading Course on the Expansion of Christianity in the Twentieth Century", *The Biblical World*, Vol. 41, No. 3, Mar. 1913.

60. Ernest H. Hayes, *Robert Morrison: China's Pioneer*, Wallington: The Religious Education Press, 1948.

61. Foster Rhea Dulles, *China and America: The Story of their Relation since 1784*, Princeton University Press, 1946.

62. Foster Rhea Dulles, *The Old China Trade*, Houghton Mifflin Company, Boston and New York, 1930.

63. Foster Rhea Dulls, *American in the Pacific: A Century of Expansion*, Houghton Mifflin Company, New York, 1932.

64. Francis L. Hawks, *Narrative of the Expedition of an American Squadron to the China Seas and Japan*, MacDonald: London, 1954.

65. Francis L. K. Hsu, "Social Mobility in China", *American Sociological*

Review, Vol.14, No.6, Dec.1949.

66. Frederick Wells Williams, *Anson Burlingame and the First China Mission to Foreign Powers*, New York: Seribner's, 1912

67. Frederick Wells Williams, ed., "The Journal of S Wells Williams, L.L.D.", *Journal of the North China Branch of the Royal Asiatic Society*, Vol.42, 1911.

68. Frederick Wells Williams, *The Life and Letters of Samuel Wells Williams, L. L. D.: Missionary, Diplomatist, Sinologue*, Reprint edition published in 1972 by Scholarly Resources, Inc Wilmington, Delaware, New York and London, 1972.

69. Frederick Wells Williams, *The Life and Letters of Samuel Wells Williams, Missionary, Diplomatist, Sinologue*, New York: G P Putnam's Sons, 1889.

70. G. Nye Steiger, "Review: China: Yesterday and Today", *The American Political Science Review*, Vol.18, No.1, Feb.1924.

71. George Staunton, *An Authentic Account of an Embassy from King of Great Britain to the Emperor of China*, London: G. Nicol, Vol.II, 1797.

72. George Wilson Pierson, *Yale College, An Educational History* 1871—1921, New Haven: Yale University Press, 1952.

73. Gerald H. Anderson Edited, *Biographical Dictionary of Christian Missions*, New York, 1998.

74. Gideon Nye, *The Morning of My Life in China: comprising an outline of the history of foreign intercourse from the last year of the regime of Honorable East India Company*, 1833, *to the imprisonment of the foreign community in* 1839, Canton, 1873.

75. Gustvae Myers, *History of the Great American Fortunes*, New York, 1936.

76. H. B. Morse, *The Chronicles of the East India Company Trading to China*, 1635—1834, Vol.II, IV, Oxford University Press, 1926.

77. H. Fournier, ed., *La Chine Ouverte*, Paris, 1845.

78. H. B. Morse, *The International Relations of the Chinese Empire: the Period of Conflict* 1834—1860, London: Longmans, Green, 1910 see Edward D Graham, ed., Early American East Asian Relations, Cambridge Massachusetts:

Harvard University Press,1972.

79.Harold R.Isaacs, *Scratches on Our Minds: American Images of China and India*,New York:The John Day Cpmpany,1958.

80.Harold S.Matthews, *Seventy-Five Years of the North China Mission*, Yenching University,1942.

81.Henri Cordier, "A Classified Index to the Articles Printed in the Journal of the North China Branch of the Royal Asiantic Society from the Foundation of the Society to the 31st of December 1874", *Journal of the No.rth China Branch of the Royal Asiatic Society*,New Series,No.9,1875.

82.Henri Cordier, *A Catalogue of the No.rth China Branch of the Royal Asiatic Society*,Shanghai,1872.

83.Henri Cordier, *Bibliotheca Sinica*,Paris 1904.

84.Henry O.Dwight, *The Centennial History of the American Bible Society*, New York:Macmillan Company,1916.

85.Herbert Allen Giles, *On Some Translations and Mistranslations in Dr Williams'Syllabic Dictionary of the Chinese Language*, Amoy: Printed by AAMarcal,1879.

86."Illustrated with Photographs, Samuel Wells Williams, L.L.D.", *The Far East*,New Series,Vol.1,December 1876.

87.J.W.Caruthers, *American Pacific Ocean Trade*,New York,1973.

88.J.S.Gregory, *Great Britain and Taipings*,London,1959.

89.J.W.Foster, *American Diplomacy in the Orient*,Boston & N.Y.,1904.

90.J.B.Jeter, *Memoir of Mrs Shuck*,Boston,1846.

91. Jacques M Downs, *The Golden Ghetto: the American Commercial Community at Canton and the Shaping of American China Policy*,1784—1844, London:Associated University Press,1997.

92.James M McCutcheon, "Review: The Unwelcome Immigrant", *The Journal of American History*,Vol.57,No.1,Jun,1970.

93.James Muhlenberg Bailey,"Obituary:Samuel Wells Williams", *Journal of the American Geographical Society of New York*,Vol.16,1884.

94.Joel Krieger,editor in Chief, *The Oxford Companion to Politics of the World*,Second Edition,New York:Oxford University,2001.

95. John Barrow, *Travel in China: from Pekin to Canton*, London, 1804.

96. John Bowring, "The Population of China, A Letter Addressed to the Registrar-General London", *Journal of the Statistical Society of London*, Vol.20, No.1, Mar.1857.

97. John F. Davies, *The Chinese*, London, 1814.

98. John Francis Davis, *Chinese Novels*, London, 1822..

99. John Francis Davis, *The Chinese: A General Description of the Empire of China and Its Inhabitants*, Vol. I, II, London: Charles Knight and Co., 1836.

100. John J. Lalor, ed., *Cyclo? dia of Political Science, Political EcoNo. my, and the Political History of the United States by the Best American and European Writers*, New York: Maynard, Merrill, and Co., 1881 Article: China.

101. John K. Fairbank, *The United States and China*, fourth ed., Harvard University Press, 1979.

102. John K. Fairbank: Assignment for the '70's, American Historical Review, Vol.74, No.3, February 1969.

103. John K. Fairbank, "Tributary and China's Relations with the West", *The Far Eastern Quarterly*, Vol.1, No.2, Feb.1942.

104. John King Fairbank(费正清), ed., *The Missionary Enterprise in China and America*, Cambridge, Mass: Harvard University Press, 1974.

105. John King Fairbank, *China Perceived: Images and Policies in Chinese-American Relations*, New York: Alfred A Knopf, 1974.

106. John King Fairbank, *Trade and Diplomacy on the China Coast: The Opening of the Treaty Ports* 1842—1854, 2 Vols, Cambridge, Massachusetts: Harvard University Press, 1953.

107. John King Fairbank, *Trade and Diplomacy on the China Coast: The Opening of the Treaty Ports*, 1842—1854, Stanford: Stanford University Press, 1953.

108. John Kuo Wei Tchen, *New York before Chinatown: Orientalism and the Shaping of American Culture*, 1776—1882, Baltimore, Md: Johns Hopkins University Press, 1999.

109. John N. Thomas, *The Institute of Pacific Relations: Asian Scholars and American Politics*, University of Washington Press, 1974.

110. John Pickering, "Address", *Journal of the American Oriental Society*, Vol.1, 1843.

111. John W. Foster, *American Diplomacy in the Orient*, Boston & New York: Houghton Mifflin, 1926.

112. John W. Foster, *American Diplomacy in the Orient*, New York: Houghton Mifflin and Co., 1903.

113. Jonathan D. Spence, *God's Chinese Son: The Taiping Heavenly Kingdom of Hong Xiuquan*, New York: W.W. Norton & Company, 1996.

114. Jonathan Goldstein, Cantonese Artifacts, Chinoiserie and Early American Idealization of China, See Jonathan Goldstein Jerry Israel and Hilary Conroy ed., *America views of China: American images of China then and Now*, Bethlehem, Lehigh university press, 1991

115. Jonathan Goldstein, *Philadelphia and the China Trade*, 1682—1846: *Commercial Culturai and Attitudinal Effects*, the Pennsylvania State University Press, 1978.

116. Josiah Quincy, *The Journals of Major Samuel Shaw, the First American Consul at Canton*, Boston: W.M. Crosby and H.P. Nichols, 1847.

117. Josiah Quincy, *The Journals of Major Samuel Shaw, The First American Consul at Canton*, Taipei, 1968.

118. Jr. Arthur M. Schlesinger, "Ideology and Foreign Policy: The American Experience", in George Schwab, ed., *Ideology and Foreign Policy, A Global Perspective*, New York and London: Cyrco Press, Inc, Publisher, 1978.

119. Jr. Arthur M. Schlesinger, "The Missionary Enterprise and Theories of Imperialism", in Fairbank, ed., *The Missionary Enterprise in China and America*, Cambridge, Mass: Harvard University Press, 1974.

120. Jules Davids ed., *American Diplomatic and Public Papers, The United States and China* 1842—1860, series 1, Wilmington 1973, Vol. 17.

121. K. Asakawa, "Review", *The American Historical Review*, Vol. 16, No. 1, Oct. 1910.

122. Kenneth Scott Latourette, "Far Eastern Studies in the United States: Retrospect and Prospect", *The Far Eastern Quarterly*, Vol. 15, No. 1, Nov. 1955.

123. Kenneth Scott Latourette, "Samuel Wells Williams", *Notes on Far*

Eastern Studies in America, No.12, Spring 1943.

124. Kenneth Scott Latourette, "The Progress of Sinology in the United States", *Nankai Social and Economic Quarterly*, Vol.8, No.2, July 1935.

125. Kenneth Scott Latourette, *A History of Christian in China*, London, 1929.

126. Kenneth Scott Latourette, *A History of the Expansion of Christianity*, New York and London: Harper & Brothers, 1937—1945.

127. Kenneth Scott Latourette, *The History of Early Relations between the United States and China*, 1784—1844, New Haven: Yale University Press, 1917.

128. Kenneth Scott Latourette, *The United States Moves Across the Pacific; the A B C's of the American Problem in the Western Pacific and the Far East*, New York, London: Harper&Brother, 1946.

129. Kwang-Ching Liu, *American Missionaries in China: Papers from Harvard Seminars*, Cambridge: Harvard University Press, 1966.

130. Laurence G. Thompson, "American Sinology 1830—1920: A Bibliographical Survey", *Tsing Hua Journal of Chinese Studies*, Vol.2, No.2, 1961.

131. "Letter of Instructions for Ira Tracy and Samuel Wells Williams, ABC201", Vol. 2, Qouted from Murray A. Rubinstein, *The Origins of the Anglo-American Missionary Enterprise in China*, 1807—1840, The Scarecrow Press, Inc. Lanham, Md., & London, 1996.

132. Lian Xi, *The Conversion of Missionaries: Liberalism in American Protestant Missions in China* 1907—1932, Pennsylvania State University Press, 1997.

133. Lindsay Ride, *Robert Morrison: The Scholar and the Man*, Hong Kong University Press, 1957.

134. Loren Baritz, *City on a Hill, A History of Ideas and Myths in America*, New York, London and Sydney: John Wiley & Sons, Inc., 1964.

135. Macy, "William A Remarks on the Mode of Applying the Electric Telegraph in connect with the Chinese Language", *Journal of the American Oriental Society*, Vol.3, 1853.

136. Margaret Leech, *In the Days of Mckinley*, New York, 1959.

137. Margo Todd, *Christian Humanism and Puritan Social Order*,

Cambridge: Cambridge University Press, 1987.

138. Marilyn Blatt Young, *The Rhetoric of Empire*, New York, 1968

139. Marshall Broomhall, *The Bible in China*, reprint, San Francisco: Chinese Materials Center, 1977.

140. Martin R. Ring Anson Burlingame, *S. Wells Williams and China*, 1861—1870, Tulane University, Ph D., 1972.

141. M. Hunt, The *Making of a Special Relationship*, 哥伦比亚大学出版社, 1983 年。

142. Michael C Lazich, "American Missionaries and the Opium Trade in Nineteenth-Century China", *Journal of World History*, Vol.2, June 2006.

143. Michael C. Lazich, *E. C. Bridgman (1801—1861): America's First Missionary to China*, Lewiston, N.Y.: The Edwin Mellen Press, 2000.

144. Michael H. Hunt, *Ideology and US Foreign Policy*, New Haven and London: Yale University Press, 1987.

145. Michael Hunt, "The America Remission of the Boxer Indemnity: Reappraisal", *The Journal of Asian Studies*, Vol.31, No.3, May.1972.

146. Michel Foucault, *The Order of Things*, New York: Vintage Books, 1971.

147. Milton Plesur, *Creating an American Empire*, 1865—1914, Chicago, Nelson-Hall Inc., 1982.

148. Mire Wilkins, *The Emergence of Multinational Enterprise: American Business Abroad from the Colonial Era to 1914*, Cambridge, Mass And London, 1970.

149. Mrs. Eliza A. Morrison Complied, *Memoirs of the Life and Labours of Robert Morrison*, 2 Vols, Vol.I, Vol.II, London, 1839.

150. Murray Aaron Rubinstein, *The Origins of the Anglo-American Missionary Enterprise in China*, 1807—1840, London: the Scarecrow Press Inc., 1996.

151. Norman J. Padelford, "Alien Religious Property in China", *The American Journal of International Law*, Vol.26, No.2, Apr.1932.

152. *North China Herald Shanghai*, 1853—8—20、1854—7—22、1857—6—20、1869—11—9.

153. Oliver Wendell Elsbree, *The Rise of the Missionary Spirit in America 1790—1815*, Williamsport, PA: The Williamsport Printing and Binding Co., 1928.

154. Owen Aldridge, *The Dragon and the Eagle: The Presence of China in the American Enlightenment*, Wayne University Press, 1992.

155. P. C. Campbell, *The Chinese Coolie Emigration*, London, 1923.

156. Paul A. Cohen, "Missionary Approaches: Hudson Taylor and Timothy Richard", in *Papers on China*, Vol. II, 1957.

157. Paul Demieville, "Organization of East Asian Studies in France", *The Journal of Asian Studies*, Vol. 18, No. 1, 1958.

158. Perry Miller, *The Life of the Mind in America*, New York, 1965.

159. Philip C. F. Smith, The Empress of China, Philadelphia, 1984.

160. Pliny Earle Chase, "Chinese and Indo-European Roots and Analogues", *Proceedings of the Americn Philosophical Society*, Vol. 8, No. 65, Jan.-Jun., 1861.

161. R. Pierce Beaver, "Missionary Motivation Through Three Centuries", Jerald C. Brauer, ed., *Reinterpretation in American Church History*, Chicago: The University of Chicago Press, 1968.

162. R. F. Johnston, *Twilight in the Forbidden City*, Victor Gollancz Ltd., London, 1934.

163. R. Wardlaw Thompson, *Griffith John, The Story of Fifty Years in China*, London, 1908.

164. R. L. Bachman, *In Memoriam, A Sermon Delivered in the First Presbyterian Church, N. Y., upon the Life and Labors of Samuel Wells Williams*, L. L. D., April 20, 1884, Utica, N. Y.: Press of Curtis&Childs, 1884.

165. Ralph Covel, W. A. P. Martin, *Pioneer of Progress in China*, Washington, 1978.

166. Ralph H. Cabriel, *The Course of American Democratic Thought: An Intellectual History Since* 1815, New York, 1940.

167. Ray Allen Billington, *The Protestant Crusade*, New York, 1938.

168. Reichley A. J., *Religion in American public life*, Washington D. C.: Brookings Institution Press, 1985.

169. Ren J. Wattenberg, *The Statistical History of the United States, From Colonial Times to the Present*, New York, 1976.

170. *Report of the American Board of Commissioners for Foreign Missions*, Boston, 1829.

171. Rev George B. Stevens and W. F. Markwick, *The Life, Leters, and Journals of the Revand Hon Pater Parker*, M. D., Boston and Chicago: Congregational Sunday School and Publishing Society, 1896.

172. Rev G.R., *Williamson Memoir of Rev David Abeel*, New York, 1848.

173. Robbins, Helen Macartney, *Our First Ambassador to China*, London: J Murray, 1908.

174. Robert Erwin Johnson, *Far China Station: The U S Navy in Asian Waters* 1800—1898, Naval Institute Press, 1979.

175. Robert Morrison, *A Parting Memorial*, London, 1826.

176. Rosewell S. Britton, *The Chinese Periodical Press* 1800—1912, Shanghai, 1933.

177. Roswell S. Britton, *The Chinese Periodical Press*, 1800—1912, Taipei: Ch'eng-wen Publishing Company, 1966.

178. S. Y. Teng, *The Taiping Rebellion and the Western Powers*, London: Oxford University Press, 1971.

179. Samuel Couling, *The Encyclopaedia Sinica*, Shanghai, 1917; Oxford University Press, 1983

180. Samuel Eliot Morison, *The Maritime History of Massachusetts*, 1783—1860, Boston and New York, 1925

181. Samuel Flagg Bemis, *A Diplomatic History of the United States*, New York: Holt, Rinehart & Winston Inc, 1958

182. Samuel Hopkins, *Treatise on the Millennium*, Boston: Isaiah Thomas and Ebenezer T. Andrews, 1793; Repr., New York: Arno Press, 1972.

183. Samuel Shaw, *The Journals of Major Samuel Shaw, The First American Consul at Canton*, ed. Quincy, Josiah with A Life of the Author, Boston: W. Crosby and H.P. Nicholas, 1847.

184. Samuel Wells Williams, Edited by F. W. Williams, *A Journal of the Perry Expedition to Iapan* (1853—1854), Transactions of the Asiatic Society of

Japan, Vol.XXXVII, part 2, Yokohama: Kelly and Walsh, 1910.

185. Samuel Wells Williams, "Recollections of China prior to 1840", *Journal of the North China Branch of the Royal Asiatic Society*, New Series, No. 8, Shanghai, 1874.

186. Samuel Wells Williams, *Our Relations with Chinese Empire*, San Francisco, 1877.

187. Samuel Wells Williams, "Moving Types for Printing Chinese", *The Chinese Recorder and Missionary Journal*, Vol.6, 1875.

188. Samuel Wells Williams, "Political Intercourse Between China and Lewchew", *Journal of the North China Branch of the Royal Asiatic Society*, Vol. 3 (new series), 1866.

189. Samuel Wells Williams, "The Controversy among the Protestant Missionaries on the Proper Translation of the Words God and Spirit into Chinese", *Bibliotheca Sacra*, October 1878.

190. Samuel Wells Williams, *A Syllabic Dictionary of the Chinese Language*, Shanghai: American Presbyterian Mission Press, 1874.

191. Samuel Wells Williams, *Easy Lessons in Chinese: or progressive exercises to facilitate the study of that language, especially adapted to the Canton dialect*, Macao: Printed at the Office of the Chinese Repository, 1842.

192. Samuel Wells Williams, *The Middle Kingdom*, Vol.I, New York, 1888.

193. Samuel Wells Williams, *The Middle Kingdom*, Vol.I, New York, 1882.

194. Samuel Wells Williams, *The Middle Kingdom*, Vol.2, New York, 1871.

195. Samuel Wells Williams, *The Middle Kingdom*, Vol.I, Vol.2, New York & Landon: Wiley and Putnam, 1848.

196. Stuart Creighton Miller, *The Unwelcome Immigrant, The American Image of the Chinese*, 1785—1882, Berkeley and Los Angeles University of California Press, 1969.

197. Susan Reed Stifler, "Elijah Coleman Bridgman: The First American SiNo.logist", *Notes on Far Eastern Studies in America*, No.10, January 1942.

198. Susan Reed Stifler, "An Early American Sinologue: Elijah Coleman Bridgman", *The American Graduate's Quarterly*, Feb. and May., 1935.

199. Suzanne Wilson Barnett, John K Fairbank, eds., *Christianity in China*:

Early Protestant Missionary Writtings, Harvard University Press, 1985.

200. "Table of Stations, Missionaries, Churches, and Schools", *Missionary Herald*, Vol.30, No.1, Jan.1834.

201. T.K.Thomas, *Christianity in Asia: Northeast Asia*, Christian Conference of Asia, 1979.

202. Teng, S.Y., "Review, A Short History of the Chinese People", *The Journal of Religion*, Vol.24, No.4, Oct.1944.

203. *The Panoplist and Missionary Herald*, Vol.53, 1857.

204. *The Chinese Recorder*, Vol.7, 1869—7.

205. *The Merchants' Magazine and Commercial Review* VIII, 1843.

206. *The Chinese Repository*, 1832—1851, 广州, 裨治文、卫三畏等主编。

207. Thomas B Byer, "A City upon a Hill, American Literature and the Ideology of Exceptionalism", in Dale Carter, ed., *Marks of Distinction, American Exceptionalism Revisited, Aarthurs*, Denmark: Aarhus University Press, 2001

208. Timothy Pitkin, "A Statistical Ciew of the Vommerce of the United States of America", Harford 1816, Reprinted in 1835, New Haven.

209. Tyler Dennett, *Americans in Eastern Asia*, New York: Macmillan and Company, 1922.

210. Van Braama, *Journey to Peking: An Authentic Account of the Embassy of the Dutch East-India Company*, Phila, 1818.

211. W.W.Willowghby, *Foreign Rights and Interests in China*, Baltimore, John Hopkins Press, Vol. II, 1927.

212. W.A.P.Martin, *Lore of Cathay, or the Intellect of China*, London, 1901.

213. W.A.P.Martin, *A Cycle of Cathay, or China, South and North with Personal Reminiscences*, Edinburgh and London, 1896.

214. W.H.Medhurst, *China: Its State and Prospects, with Especial Reference to the Spread of the Gospel*, London, 1842.

215. W.S.W.Ruschenberger, *A Voyage round the World*, Philadelphia: Carey, Lea and Blanchard, 1838.

216. W. South Coblin, "A Brief History of Mandarin", *Journal of the American Oriental Society*, Vol.120, No.4, Oct.-Dec., 2000.

217. W.P.Groeneveldt, "Dr Williams' Dictionary", *China Review*, Vol.3,

July 1874—June 1875.

218. Walter Carlsnaes, *Ideology and Foreign Policy: Problems of Comparative Conceptualization*, Oxford and New York: Blackwell, 1987.

219. Warren I Cohen, "American Perceptions of China, 1789—1911", in Carola McGiffert, ed., *China in the American Political Imagination*, Washington, D.C.: The CSIS Press, 2003.

220. Warren I. Cohen, *Americas Response to China, A History of Sino-American Relations*, third Edition, New York: Columbia University Press, 1990.

221. Warren I. Cohen, "American Perceptions of China", in Michael Oksenberg and Robert B. Oxnam, eds., *Dragon and Eagle, United States-China Relations: Past and Future*, New York: Basic Books, Inc., Publisher, 1973.

222. White, "M.C. Bibliographical Notes", *Journal of the American Oriental Society*, Vol.5, 1855—56.

223. William C. Hunter, *The "Fan Kwae" at Canton before Treaty Days 1825—1844*, Shanghai: Mercury Press, 1938.

224. William F. Mayers, "Dr Williams' Syllabic Dictionary", *China Review*, Vol.3, July 1874—June 1875

225. William H Gilman et al., eds., *The Journals and Miscellaneous Notebooks of Ralph Waldo Emerson*, Harvard University Press, 1961.

226. William Huttmann, "On Chinese and European Maps of China", *Journal of the Royal Geographical Society of London*, Vol.14, 1844.

227. William J. Brinker, "Commerce, Culture and Horticulture: The Beginnings of SiNo.-American Cultural Relations", Thomas H. Etzold, ed., *Aspects of Sino-American Relations Since 1784*, New York, 1978.

228. William J. Donahue, "The Caleb Cushing Mission", *Modern Asian Studies*, Vol.16, No.2, 1982.

229. William Milne, *A Retrospect of the First Ten Years of the Protestant Mission to China*, Malacca: The Anglo-Chinese Press, 1820.

230. William R. Hutchison, *Errand to the World: American Protestant Throught and Foreign Missions*, Chicago: University of Chicago Press, 1987.

231. William Speer, *The Oldest and The Newest Empire: China and the United States*, Hartford, Conn: S.S. Scranton and Company, 1870.

232. Williams A. Macy, "On Dr. S. W. Williams's Chinese Dictionary", *Journal of the American Oriental Society*, Vol.6, 1856—1860.

233. Williams C. Hunter, *The Fan Kwae at Canton Before Treaty Days*, London, 1882.

234. Williston Walker, *A History of the Christian Church*, fourth edition, New York: Charles Scribner's Sons, 1985.

235. Yen-ping Hao, *The Commercial Revolution in Nineteenth-century china: The Rise of Sino-Western Mercantile Capitalism*, University of California Press, Berkeley 1986.

236. Yen-Yu, Huang, "Viceroy Yeh Ming-Ch'en and The Canton Episode (1856—1861): 4 The Canton Episode", *Harvard Journal of Asiatic Studies*, Vol.6, No.1, Mar.1941.

237. Yuan, Tung-li, ed., *A Guide to Doctoral Dissertations by Chinese Students in America* 1905—1960, Washington, D. C.: Sino-American Cultural Society, Inc., 1961.

238. Yung Wing, *My Life in China and America*, New York: Henry Holt & Company, 1909.

239. 保尔·莱斯特·福特著《全才富兰克林》(*The Many-sided Franklin*), 纽约百年出版公司, 1921年。

240. 裨治文《裨治文致美部会的信》, 广州, 1836年9月7日, 美部会档案(Papers of the American Board of Commissioners for Foreign Missions), 卷256。

241. 亨利《力量的陶醉:有关意识形态的公民宗教的分析》(英文版), 霍兰, 1979年。

242. 罗伯特·拉特兰《詹姆斯·麦迪逊文集—总统卷》(英文版)第1卷, 弗吉尼亚, 1985年。

243. 美国国务院编: *Papers relating to foreign affairs accompanying the annual message of the President*, Vol.1, 1866.

244. 潘序伦《中美贸易》(*The Trade of the United States with China*), 纽约, 1924年。

245. 斯里特《亚历山大·汉密尔顿文件集》(英文版)第1卷, 哥伦比亚大学出版社, 1972年。

附　录

附录一：卫三畏年谱[①]

1812—1817年　1~5岁

9月22日，出生在美国纽约州伊萨卡市的一户清教徒家庭，取名为塞缪尔·韦尔斯·威廉斯（Samuel Wells Williams），长子。父亲威廉·威廉斯是一位出版家、报纸编辑和印刷者。婴儿期和童年受到母亲的姨妈达纳和外婆的照料，在新哈特福特附近的农场度过。时人多称呼他韦尔斯。

1817年或1818年　5岁或6岁

开始接受正式的学校教育。他得到了萨拉·克拉克夫人、麦克洛斯基、H. G. O. 德怀特等教师的教诲。同时在其父亲创办的主日学校（基督教会为向儿童灌输宗教思想，在星期天开办的儿童班）学习。初步具备虔诚的基督教信仰。

1827年　15岁

是年秋，开始在埃利·伯查德牧师开办的帕里斯希尔学校学习。阅读到夏威夷传教士的书籍。课后在父亲的书店做售货员。

1831年　19岁

2月，在弟弟弗雷德里克的陪同下做了入教宣誓，加入了伊萨卡市的

[①]　卫三畏研究迄今尚未达到成熟阶段，对他生平成绩的搜集研究正在进行中，故尚无细致完备的年谱文字。笔者依靠仅能掌握的资料粗略理出他的简易年谱，主要参考文献有：Frederick Wells Williams（卫斐列），*The Life and Letters of Samuel Wells Williams*, L. L. D. : Missionary, Diplomatist, Sinologue, Reprint edition published in 1972 by Scholarly Resources, Inc. Wilmington, Delaware.［美］卫斐列著，顾钧、江莉译《卫三畏生平及书信：一位美国来华传教士的心路历程》，周振鹤主编《基督教传教士传记丛书》之一，广西师范大学出版社，2004年。该书译自卫斐列的卫三畏传记1888年第一版，有部分章节未翻译。谭树林《〈中国丛报〉考释》，载《历史档案》2008年第3期。孔陈焱《卫三畏与美国汉学研究》，上海辞书出版社，2010年9月，附录一，第240—249页。

第一教会。是年秋,母亲去世。失去了与朋友詹姆斯·达纳一起上耶鲁求学的机会。离开家乡前往特洛伊镇,在伦斯勒理工学院学习自然科学,立志成为一个博物学家。

1832 年　20 岁

4月,接受父亲的建议,决定前往中国,管理美部会传教团印刷所的在华印刷传教工作。7月,参加伦斯勒理工学院伊顿教授组织的科学考察团,穿越马萨诸塞进入新罕布什尔,进行为期一个月的野外考察。收到美部会秘书安德森(Rufus Anderson)牧师7月12日发自波士顿的信,希望他当印刷工,并最晚在明年春天前做好赴华的准备。此后回到家乡,开始学习印刷业务,此前,他对印刷技术一无所知。

1833 年　21 岁

3月,父亲续弦,继母凯瑟琳·亨廷顿视他如己出,相处融洽,他亦以其爱和孝心回报。4月,在父亲的印刷所里已经通过6个月的培训,学完所有的有关书籍印刷和制作的训练项目,并基本掌握了操作技术,为他前往中国胜任印刷工作打下了基础。月底,在纽约做好了长途旅行的准备。5月,在波士顿美部会办公室接受最后的指示,商人奥立芬先生为他和同行的牧师特雷西(Ira Tracy)提供旅费。6月15日,卫三畏一行登上了"马礼逊"号船,开始起程前往中国广州。10月25日下午,"马礼逊"号船停靠广州以南12英里处的黄埔港,下船后住进广州的经官(Kingqua)商行,受到美国第一位来华传教士裨治文(Elijah Coleman Bridgman)的热情接待。此后,经介绍认识了马礼逊(Robert Morrison)博士和其子马儒翰、史第芬(Edwin Stevens)等人。几天后,他见到了中国的第一位,也是当时唯一的新教皈依者梁阿发。一到任,就承担起英文月刊《中国丛报》(Chinese Repository)的印刷业务。几个月后,他开始为丛报写稿,之后一直不曾中断,直到《中国丛报》1851年停刊。

1834 年　22 岁

2月,在《中国丛报》上发表最初的两篇文章《中国的度量衡》《广州的进出口》。是年夏,卫三畏一行前往澳门旅行。8月1日,参加受人爱戴的新教在华传教先驱马礼逊博士的送葬队伍,前往澳门。东印度公司结束了在华垄断地位,新教传教的一个障碍消失。所在的广州传教团新增传教士伯驾(Peter Parker)博士。伯驾博士在广州建立免费服务的药房和医院。

1835 年　23 岁

8 月 20 日,致信安德森牧师,汇报广州政府对于传教团的敌对行为和印刷所工作难有进展的状况。11 月 23 日,陪同英国圣书公会代表李太郭先生登上广州港口的一些舢板船上,到中国水手中间传播基督福音。12 月,遵守美部会传教团的决定,将印刷所转移到澳门,创建了贝鲁因印刷所。在澳门期间,他利用东印度公司的中文铅字,重新印刷麦都思(Walter Medhurst)的《福建方言词典》(历时一年多,到 1837 年 6 月完成)。还经常在澳门附近散发传教书籍。

1836 年　24 岁

6 月 25 日,认识了住在澳门的英国传教士郭实腊(Karl Friedrich August Gtzlaff)家中的华园等 3 位海难中遇救的日本水手。9 月 1 日,和伯驾、马儒翰一道前往广州办事,为期一周。

1837 年　25 岁

1 月 5 日,朋友之一史蒂芬(Edwin Stevens)在新加坡去世。这是他在华第一次体验失去朋友的痛苦。7 月 4 日,和金先生夫妇、伯驾博士一起乘坐"马礼逊"号离开澳门前往日本,目的是将 7 位遭遇船难的日本水手送回日本,最终目的是要传播文明和基督教。7 月 12 日,到达琉球的那霸港,上岸考察,与当地官员接洽。7 月 30 日,深入日本东京湾(时称江户湾),遭到炮击。8 月 10 日,到达日本南部萨摩附近的鹿儿岛湾,后遭到萨摩藩主武力驱逐。8 月 29 日,卫三畏等一行和 7 位日本水手返回澳门。这是他的第一次日本之旅,历时 56 天。随后,他师从其中的一位日本水手,开始认真学习日语。9 月,开始全力投入裨治文的《广州方言中文读本》一书的扩充和印刷工作。

1838 年　26 岁

是年冬,在一位日本水手老师的帮助下,终将《马太福音》译为日文。之后又编写了一个规模不大的日语词汇表。

1839 年　27 岁

2 月,接待经澳门前往广州担任"马礼逊教育会"教师、耶鲁学院的勃朗(S. R. Brown)牧师与夫人。他与勃朗在澳门相处 7 个月,结下了亲密的友谊。是年夏,陪同裨治文先生前往广州的虎门晤见钦差林则徐。一面之缘,对卫三畏而言,林氏是他见过的所有中国人当中最英俊、最聪明的人,但也是一个相当自负的人。

1840 年　28 岁

将《创世纪》译成日文。同时开始将其在第一次鸦片战争爆发前后的所见所闻写成书信,多次寄回美国给父亲,对战争的结果评论说:"上帝最终与这个民族开始打交道了,他会与他们一起进入最后的审判,并会向他们展示仁慈。"

1841 年　29 岁

扩充和印刷的裨治文的《广州方言中文读本》一书在澳门出版。该书近一半的内容是卫三畏提供的,但他的名字没有作为作者或编者写在书的封面上。是年春,开始印刷一部 8 开本、300 页的中文语法书《拾级大成》(*Easy Lessons in Chinese*)。

1842 年　30 岁

第一本著作《拾级大成》面世,成为当时外国人急需的中文教科书。7 月,迁居香港。英国驻华全权公使璞鼎查(Henry Pottinger)爵士代表英国政府,将原属东印度公司的一套中文字模正式赠送给他。

1843 年　31 岁

着手编写他的第二本书《英华韵府历阶》(*Ying Hwa Yun-fu Lih-kiai*)。在 1843—1844 年间,投身各种各样的工作当中,除了日文翻译、给丛报定期撰稿和编辑、有关中国的专著写作外,他还经常代替一位专职牧师在澳门的英国教堂主持礼拜仪式。

1844 年　32 岁

1 月,《英华韵府历阶》出版,这是一本"官话的英汉字典",8 开本,582 页。此后,编辑发行了一本部头较小的书《中国商务指南》①(*A Chinese Commercial Guide*),8 开本,370 页,它为外国商人提供了条约中有关贸易和航行的有用信息。又印刷出版一部简要介绍中国地理的书《中国地志:按字母顺序排列的中华帝国的省、府和县,以及它们的经纬度》(*Chinese Topography:an Alphabetical List of the Provinces, Departments, and Districts of the Chinese Empire, with their Latitudes and Longitudes*)。其间的 2 月—8 月,被聘为以顾盛(Caleb Cushing)为全权代表的美国政府与清政府签约团的成员,帮办有关中文函札等事宜。7 月 3 日,中美在澳门望厦村签订《望厦

---

① 该书是以马儒翰 1834 年编的一本指南的第 2 版形式出现,没有署上卫氏的名字,直到第 3 版时才署名卫三畏。

条约》的谈判,顾氏多利用卫氏的印刷所和翻译作品。9月,收到继母写自4月份的来信,得知父亲病重,要求回国探望。11月,阔别家乡11年之久的卫三畏搭乘美国商人吉登·纳尔先生的邮船从香港出发,回美探亲。9天后到达新加坡,得知英国传教士戴尔(Samuel Dyer)去世,托其所购置的刻活字工具已经运到暹罗(泰国),失望之极。美部会中国传教团总部在中国割让香港给英国后搬到那里,印刷所也在卫三畏离开后从澳门搬到香港。

1845 年　33 岁

1月,转乘汽轮经过锡兰(斯里兰卡)到达印度孟买,和 D. O. 艾伦先生及其他美国传教士相处两周,讨论在中国和印度的传教和印刷工作。2月17日,乘坐邮轮经过亚丁到达苏伊士,沿驿路抵达开罗。在开罗,他与从印度回国的匹克林博士(美国博物学家,《人类种族》的作者)一起观光数周。后又与一位法国绅士伴游尼罗河50天,穿越沙漠,两周后抵达巴勒斯坦耶路撒冷朝圣,逗留一个月。随后,他独立旅行贝鲁特,与那里的美国传教士度过10天后,南下亚历山大。7月,乘坐汽轮离开马尔,沿意大利海岸前往马赛。停靠各港时,他匆匆访问锡拉库萨、墨西拿、那不勒斯、罗马和热那亚。抵达马赛后,沿罗纳河而上,到达巴黎。在巴黎,他查询中文铅字的销售情况,购买到一套中文铅字样品,参观法国皇家图书馆,与法国汉学家儒莲(Stanislas Julien)、巴赞(Bazin)等交往,逗留两周。8月25日,转道英国,在伦敦停留20天,关注传教事务,拜访英国圣书公会秘书勃朗恩先生,并购买到一套满文铅字和字模。9月底,从利物浦出发,乘船渡过大西洋,于10月15日终于抵达美国纽约。美部会中国传教团总部放弃香港的传教站回到广州,印刷所也搬回广州。在探望父亲期间,还在包括伊萨卡在内的纽约州和俄亥俄州的大多数市镇发表一系列演讲,多达100余场,内容是关于中国的社会生活、历史和社会制度等方面。演讲的一个目的是筹集足够资金,购买一套中文活字,其中活字的配套新设备的资金由长老会出资一半。

1846 年　34 岁

决定将演讲内容付诸文字,编纂成书。他住进纽约的哥哥德怀特·威廉斯的家中,专心写作。偶尔被邀请去教堂、主日学校、科学协会、教育机构和各种私人聚会。是年冬,卫三畏在其哥哥家中相识了被哥哥邀请赴家庭聚会的萨拉·沃尔沃斯小姐(纽约首席法官的侄女)。

1847 年　35 岁

是年春,在普拉兹堡演讲期间,登门拜访了萨拉·沃尔沃斯小姐。回到纽约后,便通过书信和萨拉小姐订立婚约。卫三畏将脱胎于演讲稿的书定名为《中国总论》,交由出版社审校。11 月 25 日,卫三畏与萨拉小姐于感恩节这天在普拉兹堡举行婚礼。短暂旅行后,新娘回到普拉兹堡,新郎去了波士顿。12 月,《中国总论》(*The Middle Kingdom*)由纽约的威利和帕特南公司印刷出版。

1848 年　36 岁

是年夏,获得美国联合学院(Union College)授予的法学博士荣誉学位。6 月 1 日,卫三畏夫妇乘船离开纽约,经过好望角前往中国广州。9 月 1 日,他们平安地到达广州。此时,距离他上次离开广州,正好三年零十个月。继续编辑出版《中国丛报》,并参加布道工作。10 月 18 日,卫三畏的第一个孩子(儿子)出生,取名为沃尔沃斯。《中国商务指南》第 3 版在广州出版。

1849 年　37 岁

返回美国一趟。是年,他已经可以用汉语主持定期和公开的礼拜仪式了。由于 1847 年裨治文前往上海,《中国丛报》工作完全由卫三畏一人承担,直至停刊。接手继续编辑出版《英华合历》《华番通书》(*The Anglo-Chinese Calendar for The Year 1849—1856*),8 开本,8 册,每册 100—120 页,内容简要介绍上一年中国发生的大事。该书马礼逊曾编辑过,去世后停办,裨治文接着只编辑过一年。9 月,开始考虑停办英文月刊《中国丛报》,以腾出时间和精力来办一份中文杂志。

1850 年　38 岁

5 月 19 日,第二个孩子(女儿)凯瑟琳出生。6 月 10 日,父亲威廉·威廉斯在纽约的伊萨卡去世。

1851 年　39 岁

12 月,停办《中国丛报》。《中国丛报》共发行 20 年,出版 2.1 万册。他为丛报编写了总目录,达 168 页。据统计,他撰写并在丛报上刊发的文章有 114 篇。

1852 年　40 岁

6 月 22 日,第三个孩子(儿子)出生,取名为奥立芬,以表达对好友、纽约商人奥立芬先生的感激。

1853年　41岁

4月6日,在香港接待了美国海军远征日本舰队(东印度海军舰队)指挥官佩里准将。佩里来访,目的在于邀请懂得日语的卫三畏担任"和平"出征日本的日语翻译。9日,接受翻译官一职。4月23日,同意陪同佩里准将前往日本。5月12日,登上泊在澳门的"萨拉托加"号军舰,启程前往琉球,开始了第二次琉球和日本之行。后在琉球的那霸港,与佩里准将的舰队会合。他搬到旗舰"萨斯奎哈纳"号上,一直到出征结束。6月6日,卫三畏一行访问琉球都城首里(彼时琉球不是日本的属国,而是日本藩主萨摩的属地),琉球当局接受对美国远征队关于提供住房和给养的两项要求。此后,舰队又访问了奄美诸岛之一的大岛港,他研究岛上的矿石和植物,使"萨斯奎哈纳"号满载标本而归。在这里,他显示出博物学家的见识。7月2日,舰队启程开往日本,两周后到达日本浦贺,开始对日的短暂访问,7月14日进行美日会谈。返航途中,舰队再次登陆琉球的那霸,作为谈判代表,协定了美国与当地贸易集市与通商等事宜。8月7日,回到澳门,结束他的第二次日本之旅。一周后,他回到广州的印刷所,重新开始他的词典编写工作。但他没有将他在日本的所见所闻撰写成书。12月,生病。这是他到中国20年来的第一次生病,受寒感冒。多亏伯驾博士的精心治疗,十余天后痊愈出院。

1854年　42岁

是年春,卫三畏接受麦莲公使口头委托,代办公使之职(1月—4月)。1月14日,随同佩里准将的舰队离开香港,开始了美国舰队的第二次琉球和日本之行(对卫三畏而言,是第三次日本之行)。2月1日,和另外三人一起被派遣去首里送信给琉球的摄政王。2月8日,参加佩里准将和日本天皇派来的特使在江户横滨的会谈仪式。两周后,正式会谈开始。3月1日,陪同布坎南上校在旗舰"波瓦坦"号上宴请日本代表伊左卫门和他的朋友。10个日本人和6个美国人同桌共进晚餐。其后,在日方对美方条约草案答复的基础上,他翻译了佩里准将给天皇的回信,表达美国总统与日本发展两国关系、缔结友好条约的希望。3月13日,目睹了美日第一份条约,即《神奈川条约》的签订过程。该条约规定开放下关和函馆为通商口岸,允许美国在这两处派驻领事。而条约的第九条就是根据他的建议制定的,即谋得最惠国待遇。在他看来,这份条约之后将是基督福音能借这一途径传到日本民族之始。4月10日,随舰队北上江户,却在离江户8英里的地方停下来。至此,他已是第三次前往日本首都江户而未成,着实遗憾。在江户湾沿岸各地进行一系列会谈后,亚当斯上校带着新签订的条约返回美国。他与其他人一起前往下关。在下关一月内,他与莫诺医生一起研究当地植物学和地理学,其中有一种植物是以他的名字命名的,即"威廉铁线莲"。5月21日,随舰队访问日本另一个通商口岸函馆,达两星期。他认为,这是他在亚洲最为愉快的一番经历:他的能力得到最充分的展现,独自担任翻译任务,还用日语完成了劝说工作。6月25日,随舰队离开下关港口,起航回美。7月1日,卫三畏所乘舰队到达琉球的那霸。佩里准将就此年2月份一位美国海员遇害事件,与琉球政府签订一份协议,琉方许诺不论何时美国人来琉球都将受到优待和礼遇。7月20日,乘坐的旗舰"波瓦坦"号到达宁波。从此次出访日本至回到宁波时,他在公务之外,将主要精力放在中国历史小说《列国志》的英文翻译上,共19章、330页。这是他唯一一次不带任何目的而做的一项纯文学性的工作。随后,"波瓦坦"号沿着中国海岸南下,中途停靠福州和厦门,最后到达香港。8月11日,从香港回到广州。8月15日(星期二)晚上,又赶回澳门与家人团聚。两天后返回广州,继续日常的传教和印刷工作。同时,他还将在舰队中担任(首席)翻译的全部薪水2100美元如数交给传教团。

1855年　43岁

是年夏,伯驾继任美国驻华(广州)公使团公使一职,启程赴华。卫三畏同意暂时接任伯驾空出的使团秘书兼翻译一职。10月1日,收到美国总统签发的委任他为美国使团秘书兼翻译的任命书。也从是年夏开始,代理全权公使职务①,直到伯驾12月31日到达广州,这种带薪职位可谓位高权重。对卫氏而言,是他在华事业的一个转折点。从此,他由一个传教士印刷工转变为一位传教士外交家。卫三畏的第四个孩子(女儿)在广州出生。是年秋,卫三畏将长子沃尔沃斯托付给返美的"波瓦坦"号军舰上的一个军官,带回纽约疗养。

1856年　44岁

10月,来到上海,主要是作为美国驻华公使团的中文翻译处理一些公务,顺便休养一下劳累的身心。在上海,他从1849年开始编写、历时6年的以广州方言为基础的《英华分韵撮要》(*Dictionary of the Canton Dialect*)

---

① 这是卫三畏第二次代办公使一职。这是官方任命卫三畏代理公使的开端。

终于完成。对他而言,该书的问世是一件大事。这个 8 开本的词典,约 7800 个条目,加上引言、附录和目录,长达 900 页。是年秋,《中国商务指南》①第 4 版编写完成并印刷出版,共 384 页。这是卫氏的(澳门)贝鲁因印刷所印刷的最后一本书。该书出版所得的全部收入,如同卫氏所有著述的收入一样,如数用来支持传教事业和印刷所运转。12 月 14 日,还在上海时,他居住的广州外国商馆被毁。他的印刷所、家当和手头所有书籍都焚毁了,库存的《中国丛报》也全都付之一炬,只有新近出版的词典《英华分韵撮要》和《中国商务指南》得以幸免。全部活字和其他材料的价值约 2 万美元,都是美部会的财产。在第二次鸦片战争开始后,外国商馆被毁事件,是两广总督叶名琛对于"亚罗号事件"之后的防范行为,引起了中英关系的紧张,中英第二次鸦片战争在即。

1857 年　45 岁

1 月 27 日,在信中表示决定正式接受美国驻华公使馆秘书一职。28 日,向美部会提出辞呈。广州印刷所被毁似乎成为一个契机,使卫氏在华事业出现新的变化。此后,卫氏一直住在澳门,以观察中英之间在广州的局势。7 月,卫三畏的小弟弟约翰在他的澳门家中去世。约翰是随同佩里准将的舰队来华后就留在广州的,负责管理一艘在广州附近河面上航行的船只。10 月,因为代办伯驾回美,第三次暂时全权代理公使团工作,直到 11 月 25 日伯驾博士的继任者列卫廉(William B. Reed)来华履职。12 月,近距离地经历了英法联军攻陷广州并俘虏两广总督的重大历史事件。是年,第五个孩子(儿子)在澳门出生,即卫斐列(Frederlck Wells Williams,1857—1928)。

1858 年　46 岁

3 月,准备随同英、法、俄、美 4 国使团北上。之前,他把夫人和孩子送上一艘返回美国的帆船,离开香港。4 月 17 日,乘坐使团"密西西比"号舰船到达天津白河口港。4 月 24 日,卫三畏一行被俄国海军司令邀请共进晚餐。这是他第一次与俄国人一起用餐,品尝俄国菜肴。5 月 3 日,担任美国使节列卫廉先生和中国钦差大臣直隶总督谭廷襄在大沽炮台第一次

---

① 《中国商务指南》第 1 版是马儒翰的著作与版权;第 2 版 1844 年由卫三畏出版,仍署名马儒翰;第 3 版 1848 年卫三畏出版,开始署名卫三畏;第 4 版 1856 年也署名卫三畏,都在澳门出版;第 5 版 1863 年署名卫三畏,在香港出版。

会谈的记录员,美国长老会传教士丁韪良(William Alexander Parsons Martin)担任翻译。5月10日,卫三畏一行再次上岸拜访中美会谈的中方钦差大臣谭廷襄一行。5月14日,转告列卫廉公使关于清廷允许外国使节进京的让步,之后,他立即着手拟订一份条约的草案。而此时停泊在大沽口外海面的各国军舰总数达到31艘。5月19日,卫三畏和丁韪良奉公使之命上岸拜访中方钦差大臣、直隶布政司钱炘,就中美双方签订条约的问题进行磋商。但会谈中断,因为他接到公使的密信,说次日各国舰队在给中方最后通牒送达2小时后攻打大沽炮台。5月20日,近距离地目睹英法联军攻陷大沽炮台,打通了通向天津的河道,进逼天津。6月7日,陪同公使列卫廉拜访清政府委任的全权处理涉外事务的两位新钦差大臣:大学士桂良和礼部尚书花沙纳。会谈在河岸上的一座寺庙里举行。中美双方很快达成一项协议。6月中旬,重逢耆英(早在1844年美国专使顾盛到达澳门后,准备签订《望厦条约》之际,钦差大臣耆英接见了顾盛,卫三畏当时在场)。6月18日,他和丁韪良两人与中方代表常大人谈判,最终促成在条约中添加"允许在中国传播基督教"这个重要条款。这是卫氏这段时期里最大的成就。晚上,他与丁韪良等三人陪同列卫廉公使前往海光寺,与清廷的两位钦差签订了中美《天津条约》,四份中文本,三份英文本。6月25日,卫三畏随同列卫廉公使拜见清廷两位钦差,就广州战事中美国方面所受损失向中方提出索赔50万两白银。双方达成协议,中方将在四年内付清。7月12日,卫三畏一行乘坐"明尼苏达"号船从天津到达上海。他和裨治文博士就天津谈判签约情况以及传教自由等话题,为上海的传教士们讲解新的条约对传教事业的影响。7月31日,从来自奥地利驱逐舰"诺瓦纳"号上的一位海军将领口中得知《中国总论》一书已经被译成德语本,在德国甚是流行。9月20日,陪同列卫廉公使乘坐"明尼苏达"号船到达日本的长崎,访问两周。这是卫氏第四次日本之行。10月7日,他们返回上海。10月15日,从陶尔博特·奥利芬特的来信中,得知次子(第三个孩子)奥立芬去世的噩耗。10月26日,参加会见了从北京来沪的五位钦差大臣,中美双方在上海的赫德公司举行会谈,讨论两国的贸易和关税问题。晚上,他给上海相关人士做了一次演讲,讲述日本的情况,受到了赫德公司主人康斯托克先生、裨治文博士、额尔金勋爵和史密斯主教的首肯和赞扬。11月13日,随同美国使团乘坐"明尼苏达"号船沿着海岸南下前往香港。12月8日,与结下深厚友谊的列卫廉先生在香港告别。

列卫廉公使乘舰经过欧洲回美述职。从此时起,到1859年5月18日华若翰公使尚未到任的这段时期,代理公使职务,这是他第四次代办公使一职。随后离开香港返回上海,途中在宁波稍歇两星期,意外购买到一套中文活字。

1859年　47岁

6月13日,随同美国驻华公使团公使华若翰(John E. Ward),及英、法、俄三国公使和清廷几位钦差启程去北京(对卫氏而言,这是第三次。前两次都未能真正进入北京)。美部会的艾奇逊(Aitcheson)和长老会的丁韪良是此行北京谈判的助手。卫三畏不再兼任使团秘书,只担任翻译。6月25日,身处中英之战的现场,在美国公使乘坐的"波瓦坦"号战舰上目睹英军在白河口战役中的惨败。此后,美国公使率先接受清廷要求经过北塘进京的安排。6月20日,卫三畏在内的美国使团20人在署直隶总督崇厚的陪伴下,从北塘启程,26日到达北京东边的通州河港,27日换乘马车,真正进入北京城。7月30日,卫三畏在使团的秘书之职,由公使华若翰的弟弟华为士(W. W. Ward)替任。在嘉兴寺,中美双方开始新一轮谈判,目的是进京就中美《天津条约》换约。8月10日,参加中美双方的国书交接仪式。双方约定在北塘交换正式签署过的条约文本。次日,美国使团乘坐来时相同的马车离开北京。归途中,艾奇逊病重,不幸离世。8月22日,卫三畏等使团人员到达上海。在沪期间,就香港报界对于美国使团访问北京的丑化评论和对中国人的攻击展开回击,其中,他在《字林西报》上发表文章,客观而详细地记述北京之行。10月25日,在上海举行的皇家亚洲学会北华支会的会议上,宣读其所写的《美国使团北京之行纪实》,以严肃公正和一丝不苟的态度,阐论了出使北京的全过程。该文后来刊登在该学会的会刊上。10月31日,在公使华若翰出访日本之时段,与一位英国传教士游览嘉兴和杭州两星期后,返回上海。后随同使团去苏州,拜访两江总督何桂清,商谈中美条约中的一些细节问题。年底,写就了他的唯一一本中文小册子,题为《对卖身异国者的警言》,揭露葡萄牙人贩卖中国劳工的恶行。

1860年　48岁

年初,运用自己的影响力协助拯救了一船被贩卖的中国劳工。2月,离开澳门,开始他的休假。这是他来华工作后的第二次正式回国探亲(来华后第三次回美)。休假期间,适逢美国内战,他支持废奴运动,捐赠不少,还在华盛顿、纽约、伊萨卡、波士顿美部会总部等许多地方发表演讲。

1861年　49岁

6月,偕同夫人和最小的女儿最后一次从纽约港乘船前往中国。三个月后,他们到达香港。9月,卫三畏一家到达香港不久,从美国来的第一批邮件带来了他们的大儿子沃尔沃斯在伊萨卡病倒并去世的噩耗。10月,又得到一个噩耗:对他而言更像兄长而不仅仅是朋友的裨治文先生在沪英年早逝。是年冬,利用咸丰皇帝去世和美国蒲安臣公使团滞留南方的空闲,在澳门重写《中国商务指南》。

1862年　50岁

年初,《中国商务指南》(第5版)修订完成。3月,卫三畏在香港伦敦会印刷所印刷了8开本190页的一本资料集,内容是东方国家与美国的所有条约,"相关的法令、规定、通告",以及《天津条约》中文本,目的是便于使用和提供权威的参考。7月14日,随同蒲安臣公使团离开上海,前往北京。20日,到达北京。蒲安臣是中美外交双边关系意义上的美国第一位驻华公使,也是驻北京的美国第一任公使。在北京,为自己居家购买了一套房子,暂住进施约瑟和包尔腾两位牧师。同时,还监管蒲安臣公使即将居住的一套房子的修葺工作。11月,离开北京,途经上海,回广州。

1863年　51岁

修订《中国商务指南》第5版出版,8开本,670页,包括最新条约涉及的政治和商业内容。5月,携妻女举家离开澳门,从香港乘船至天津大沽。6月16日,到达北京。他暂时和蒲安臣公使住在一起,为在北京建立美国使馆而努力。10月21日,卫三畏一家搬进了修葺一新的拥有8个房间的新家,生活相对稳定、轻闲。他开始修改《英华分韵撮要》,加入一些官话的语音和词语。11月,参与处理李泰国—阿思本舰队事件。

1864年　52岁

4月7日,致稿纽约《观察者》报,发表其传教主张。

1865年　53岁

5月,在公使蒲安臣回国述职后,以副使身份第五次暂时代理公使职务,全权负责使馆工作。其间,处理白齐文事件。

1866年　54岁

10月,开始在北京新建一栋合适的住所,以安置回任的蒲安臣公使。作为美国在华代表,他动用1859年清廷对美赔款中未使用部分的利息,建造了体现西方建筑特点的美国驻华公使馆。
1867年　55岁
2月,一部关于年表和地名的书已经脱稿,准备出版。10月,一家人在喀尔喀和蒙古高原旅行25天。11月,在退休的公使蒲安臣接受带领清政府使团出使各签约国任务而辞职后,第六次代理公使,全权负责公使馆工作(一直到1868年9月29日)。

1868年　56岁
是年初,这位业余建筑师聘人在紧邻公使馆官邸的同一块圈地内,建造了秘书的住所,从而完成了他筹建美国驻华公使馆的全部计划。8月24日,在致 R. S. 威廉斯牧师的信中,提出他无法对自己是否接受驻华公使一职做出切实的答复。

1869年　57岁
在代理公使期间,凭借与清廷官员良好的人际关系,帮助瑞典公使与中国成功缔结一份条约。为此,他意外地获得一枚金质奖章。7月21日,在劳文罗斯(J. Ross Browne)公使离职后,第七次以副使身份代理公使,负责公使馆全部事务(一直到1870年4月20日)。他谢绝了美国国内和中国朋友们劝说其担任公使的好意。在他看来,华盛顿政府只会任命同党之人,而且认为他的字典编撰也许会比他从1855年起为国务院做的所有工作更有影响。对此,美国国务卿西华德(William Henry Seward)称卫氏是"……太善良、太有天赋。总之,各方面太完美"。10月,送妻子萨拉和孩子前往上海,然后妻儿南下广州,取道欧洲,于1870年1月回到美国。12月,独自一人从上海返回北京公使馆,承担起使馆的全部工作。

1870年　58岁
3月24日,得知蒲安臣先生在俄国彼得堡病逝,深为哀伤,并致蒲夫人唁电。6月21日,天津教案发生。11月,随同美国驻华公使镂斐迪(Frederick Ferdinand Low)在北京接待了西华德先生率领的一支庞大的美国访华代表团。

1871年　59岁
4月11日,在镂斐迪公使出访朝鲜而离京之后,第八次代理公使,全面负责使馆工作(一直到9月29日)。5月,最亲爱的弟弟弗雷德里克·威廉斯牧师在美索不达米亚平原的许多城市传教22年后,死于当地恶劣气候,这对他的打击重大。11月9日,离开北京南下,21日,到达上海。在上海传教站华万印刷厂排印他修订完成的词典《汉英韵府》(A Syllabic Dictionary of the Chinese Language),住在传教站印刷厂的一个环境不错的房间里,还有惠志德(Wherry)、马约翰(J. Mateer)和厂长戈登做伴,平文博士每天也在一起共进午餐。

1872 年　60 岁

7 月,在西尔博士、"中国留学生之父"容闳的陪同下从上海启程,前往日本,开始他的第五次日本之行。在横滨口岸登陆后,到江户(第三次到达)游览了三个星期。

1873 年　61 岁

3 月,给夫人发电报,让她来上海相聚。夫人和女儿及时赶到,并一起回到北京。7 月,在公使镂斐迪回美述职后,担任使馆的负责工作,第九次也是最后一次出任代理公使(1873.7—1874.10)。是年秋,开始将主要精力用在词典《汉英韵府》的收尾工作上,撰写词典的序言(70 页的论文),并为词典的 12527 个汉字编辑了索引。

1874 年　62 岁

7 月,收到上海传教站华万印刷厂邮来的词典的第一个样本。这是卫氏 11 年艰辛努力的成果。词典为 12 开本,1356 页,印刷平整精美。随后,《汉英韵府》整部词典在上海再版,反响很大。11 月 29 日,卫三畏第一次目睹了中国皇帝(同治帝)接见美国公使艾忭敏(Benjamin P. Avery)的场景,当时他担任翻译工作。去年,同治帝接见五国公使时,他正巧在上海。不久,同治帝驾崩,新帝光绪即位。

1875 年　63 岁

是年春,离开中国,与家人一起踏上了取道欧洲(奥地利、中欧、英国)回国的旅程(第四次回美)。这次回国的 6 个月旅行,主要是帮助他恢复健康。他平生第一次严肃地面对自己的健康问题。在美休养期间,由于身体健康状况不佳,近视日重,取消一切演讲活动,只是拜访一下亲友。同时决定在失明之前从北京公使馆退休。

1876 年　64 岁

3 月,为了尽快处理完在北京的事务,经过旧金山返回中国。5 月,卫三畏到达北京后,与美国国务院协商将使馆的财产租让给美国政府。6 月,向汉密尔顿·费什国务卿提出辞呈,请辞其在公使馆担任的秘书与翻译的职务。7 月 14 日,参加美国北京公使馆举行的美国建国百年的欢庆午宴,并当众赋诗。但这些即兴之作未见诸报章。而正是在这年,美国国会颁布第一个禁止中国人移居美国的草案,激起中国人,以及在中国居住的一些美国人的极大愤懑。卫三畏希望改变被蒙蔽的美国人对中国人的偏见,他决定离开中国回国,仗义执言。10月25日,离开北京取道上海回美(第五次回国,也是最后一次)。这次离开北京,距他第一次来华(广州),恰好43年整。临行前,公使西华德、威妥玛、丁韪良、艾约瑟、怀定等人为其饯行。中国官员,如恭亲王、宝鋆、徐继畲等赠扇纪念。12月,从上海乘船返回美国。

1877年　65岁

回到美国后,定居在纽黑文大学城。不久,他接受邀请担任耶鲁学院汉学讲座第一位中国语言文学教授一职,开始新的工作。同时,他也开始考虑着手修改《中国总论》。7月,在耶鲁学院的毕业典礼上,接受该大学授予的名誉文学硕士学位。同时,晤见与会的J. T. 狄金先生、伯驾博士、伍尔塞先生等人。

1878年　66岁

2月,致信吉登·纳尔先生,强烈谴责美国国会的排华法案,认为至少对美国人来说,这是一个不可饶恕的罪恶,而在美的每个中国人都有贝阿德的能量、参孙的气力和阿提拉的暴躁。是年,对中国北方的大饥荒给予巨大的同情,还为救灾工作而奔走,他和在华各差会传教士私交甚笃,使他成为传达消息和在美国筹款的得力合作者。

1879年　67岁

反驳排华法案的最有力杰作,是一篇关于中国移民的论文。9月,该文在萨拉托加的社会科学会上宣读,后来由斯克雷伯勒兄弟公司以小册子形式出版。

1880年　68岁

2月19日,为了更直接地抑制席卷国会的偏见狂潮,向海斯总统递交了由他起草、耶鲁学院全体员工签名的请愿书,呼吁总统否决中国移民法案。获得成功,后来,总统否决了法案,并于同年派遣一个代表团前往中国协商修改条约,用合法方式结束对中国人移民美国的限制。

1881年　69岁

1月26日,夫人萨拉去世。他将夫人和两个儿子都葬在他父母墓穴的近旁,伊萨卡的一个很美的山坡上。3月7日,接受了美国圣经协会主席一职。3月9日,完成对《中国总论》老版本的文字部分的修改,剩下的是补写1848年出版之后所发生的事情。4月7日,到达纽约,第一次走进圣经协会的办公室,参加就职典礼。是年,还当选为美国东方学会的主席(会长)。他从1846年起就是东方学会的成员,但他给东方学会会刊的唯一一次投稿是1880年的《评述马端临关于扶桑和中国以东国家的考证》。12月,收到一份别致而令人愉快的圣诞祝福:哈佛大学华裔汉学教授戈鲲化先生的贺卡,遗憾的是,次年2月戈教授不幸去世。

1882年　70岁

1月,摔倒、跌伤,出现失语症、贫血、中风等症状。在耶鲁学院图书馆做一些装订图书切边的工作,以消闲、休养。

1883年　71岁

7月,和弟弟德怀特·威廉斯前往新罕布什霍尔德内斯的怀特山休假。10月,新版《中国总论》面世。

1884年　72岁

2月16日,辞世。2月19日,葬礼在耶鲁学院的教堂里举行。学院牧师巴勃尔博士主持,波特校长、克拉克博士、美部会的秘书等人出席并致辞。次日,在他弟弟R. S. 威廉斯的伊萨卡家中又举行一个私人的告别仪式。随后,他被安葬在"常青墓地",紧挨着他的父亲、妻子和先他而去的亲友。

附录二：卫三畏的主要著作一览①

（一）论文类

卫三畏发表《中国丛报》上的114篇文章。（详见附录三）

（二）字典类

（1）《拾级大成》(Easy Lessons in Chinese: or progressive exercises to facilitate the study of that language, especially adapted to the Canton dialect。或译《华语初阶》)，8开本。Macao: Printed at the Office of the Chinese Repository 香山书院，1842年。

（2）《英华韵府历阶》(Ying Hwa Yun-fu Lih-Kiai, An English And Chinese Vocabulary, In The Court Dialect。或译《英汉对照词汇表》)，8开本。Macao: Printed at the Office of the Chinese Repository 香山书院，1844年。《英华韵府历阶》于1846年再版。

（3）《英华分韵撮要》(Ying Wá Fan Wan Tsut Iú: A Tonic Dictionary of the Chinese Language in the Canton Dialect。或译《华英韵府，按广东音编排》)，8开本。Canton: Printed at the office of the Chinese Repository 羊城中和行梓行，1856年。

（4）《汉英韵府》(A Syllabic Dictionary of the Chinese Language)，Shanghai: American Presbyterian Mission Press（上海美国传教团华万书馆），1871年初版，1874年再版。1909年又由北通州协和书院(the North China Union College, Tung Chou, Near Peking, China)出版。

（5）《汉语拼音字典汕头话索引》(A Swatow Index to the Syllabic Dictionary of Chinese)，Swatow: English Presbyterian Mission Press，1886年。

---

① 卫三畏一生著述丰硕，是名副其实的美国第一代汉学家之首。因无法搜集齐全并进行共识性的归类，只能粗略类别如下，有待新发掘和研究。本览主要参考资料有：Frederick Wells Williams（卫斐列），The Life and Letters of Samuel Wells Williams, LL. D.: Missionary, Diplomatist, Sinologue, Reprint edition published in 1972 by Scholarly Resources, Inc. Wilmington, Delaware. 王树槐《卫三畏与〈中华丛刊〉》，载林治平主编《近代中国与基督教论文集》，台北：宇宙光传播中心出版社，1990年。[美]卫斐列著，顾钧、江莉译《卫三畏生平及书信：一位美国来华传教士的心路历程》，周振鹤主编《基督教传教士传记丛书》之一，广西师范大学出版社，2004年。孔陈焱《卫三畏与美国汉学研究》，上海辞书出版社，2010年，附录一，pp. 250—251。

(三)小册子类

(1)《英华合历》(The Anglo-Chinese Calendar for The Year 1849—1856,或译《华番通书》),8开本。1832—1856年的《英华合历》,每年一本,1832年马礼逊编第一本,1841—1848年裨治文续编八本,1849—1856年卫三畏续编八本。

(2)《对卖身异国者的警言》(Words to Startle Those Who are Selling Their Bodies Abroad),澳门,1859年。

(3)编写了一本资料集,内容是东方国家与美国的所有条约、相关的法令、规定、通告,以及《天津条约》的中文本,目的是为了便于使用和提供权威的参考,该书于1862年3月在香港的伦敦会印刷所印刷,8开本,190页。

(4)Chinese Immigration: A Paper Read Before the Social Science Association of Saratoga, September 10, 1879, New York: C. Scribner's Sons, 1879.

(5)Notices of Fu-sang, and Other Countries Lying East of China, in the Pacific Ocean, New Haven, Tuttle, Morehouse & Taylor, Printers, 1881.

(四)译著类

《列国志》(Lieh Kwoh Chi),共19章,近330页。卫三畏将之全部译成英文,包括了330个故事。他将前两章作些修改后发表于1880年1月的美国《新英格兰人》杂志上。晚年的《中国历史》就参阅过这本译书。

(五)专著类

(1)《中国地志》(Chinese Topography, Being An Alphabetical List of the Provinces, Departments and Districts in the Chinese Empire with Their Latitudes and Longitueds),8开本。Reprinted from the Chinese Repository, 1844年。

(2)《中国商务指南》(The Chinese Commercial Guide),8开本。

(3)《中国总论》(The Middle Kingdom)。1848初版时书名全称《中国总论:概览中华帝国及其居民的地理、政府、教育、社会生活、艺术、宗教等》(The Middle Kingdom: A Survey of the Geography, Government, Education, Social Life, Arts, Religion, &c., of the Chinese Empire and Its Inhabitants),由美

国纽约的威利和帕特南公司(Wiley and Putnam)出版,此后多次印刷1857年出到第四个重印本,1879年纽约的威利公司(J. Wiley)还重印了一版。1883年修订版时书名全称《中国总论:概览中华帝国及其居民的地理、政府、文学、社会生活、艺术和历史等》(*The Middle Kingdom: A Survey of the Geography, Government, Literature, Social Life, Arts, and History of the Chinese Empire and its Inhabitants*),由纽约的Charles Scribner's & Sons和伦敦的W. H. Allen &.Co.Ltd.出版公司出版,新版的影响力更大,美国不同的出版商多次重印,在日本也有重印。

(4)《我们与中华帝国的关系》(*Our Relations with the Chinese Empire*),San Francisco,1877年。

(5)《中国历史》(*A History of China: Being the Historical Chapters from the Middle Kingdom*, with a Concluding Chapter Narrating Recent Events by Frederick Wells Williams),New York:C. Scribner's Sons,1897年。

附录三:卫三畏发表在《中国丛报》上文章的分类和标题①

1. 地理(Geography)

(1)《中国省、府、州的字母顺序列表》,卷 13,第 320、357、418、478、513 页(Alphabetical list of all the provinces, departments, and districts in China. Vol.XIII.pp.320,357,418,478,513)。

(2)《中国最大的那些城镇以及省区域外的分界地点的分类列表》,卷 13,第 561 页(Descriptive list of the largest towns and divisions in extra-provincial China.Vol.XIII.p.561)。

(3)《记 1819 年从海南到广州的一次陆路旅行》,卷 18,第 225 页(Journal of a trip overland from Háinán to Canton, in 1819, by J. R. supercargo of the Friendship.Vol.XVIII.p.225)。

(4)《贵州省地志》,卷 18,第 525 页(Topography of the province of Kweichau.Vol.XVIII.p.525)。

(5)《云南省地志》,卷 18,第 588 页(Topography of the province of Yunnán.Vol.XVIII.p.588)。

(6)《美国双桅船"海豚"号访问台湾基隆港加煤》,卷 18,第 392 页(Visit of the U. S. brig Dolphin to the port of Kílung in Formosa for coal.Vol. XVIII. p.392)。

(7)《湖北省地志》,卷 19,第 97 页(Topography of the province of Húpeh.Vol.XIX.p.97)。

(8)《湖南省地志》,卷 19,第 156 页(Topography of the province of

---

① 在《中国丛报》停刊后,卫三畏亲自汇总编写了总目录索引,但仍有不少遗漏和失误,有待后人重做索引。毕竟这是一项细致而艰苦的文字工作。王树槐先生认为卫三畏发表在《中国丛报》上的文章有 114 篇。仇华飞博士所著《早期中美关系研究(1784—1844)》的附录也不全面。顾钧博士在《卫三畏与美国早期汉学》第 83—88 页中,认为卫三畏在丛报上共发表 160 篇文章,并附录"卫三畏《中国丛报》汉学论文目录"100 篇的篇名,译文与 114 篇说法也有不同。本附录根据《中国丛报》(1—20 卷)目录索引 1940 年上海重印本和中山大学图书馆藏《中国丛报》总目录的英文文本(LIST OF THE ARTICLES IN THE VOLUMES OF THE CHINESE REPOSITORY)进行比对,之间亦有几处核对不一致的地方。若不计连载的篇数,则不足 114 篇,反之,则超过 114 篇。下面数据,是将所见的全部列出。对 114 篇、160 篇等说,仍需考订并重新统计之,翘首来者。

Húnán. Vol. XIX. p.156)。

(9)《陕西省地志》,卷19,第220页(Topography of the province of Shánxí. Vol. XIX. p.220)。

(10)《关于库页河与河口对面的塔拉开岛》,卷19,第289页(Notices of the Sagalien river and the island of Tarakai opposite its mouth. Vol. XIX. p. 289)。

(11)《四川省地志》,卷19,第317、394页(Topography of the province of Sz'chuen. Vol. XIX. pp.317,394)。

(12)《黄河的流域》,卷19,第499页(Course of the Yellow river, or Hwáng-ho. Vol. XIX. p.499)。

(13)《甘肃省地志》,卷19,第554页(Topography of the province of Kánsuh. Vol. XIX. p.554)。

(14)《省区域外中国的地志与分界,及山脉等》,卷20,第57页(Topography and divisions of extre-provincial China, ranges of the mountains, &c. Vol. XX. p.57)。

(15)《珠江,或也称广州河的流域与地志》,卷20,第105、113页(Course and topography of the Chú kiáng, or Pearl river, also called the Canton river. Vol. XX. pp.105,113)。

(16)《克拉普罗特描述的满洲长白山》,卷20,第296页(Klaproth's account of the Chángpeh Shán, or Long White Mts. Of Manchuria. Vol. XX. p. 296)。

(17)《河南省地志》,卷20,第546页(Topography of the province of Honán. Vol. XX. p.546)。

2.中国政府与政治(Chinese Government and Politics)

(18)《谈苗族,及汉人对苗族人行为的公正性》,卷14,第106、113页(Account of the Miáutsz', and justice of the dealings of the Chinese with them. Vol. XIV. pp.106,113)。

(19)《三合会誓词译文与三合会构成的分析》,卷18,第281页(Translation of the oath of the Triad Society, and account of its formation. Vol. XVIII. p.281)。

(20)《道光之死与咸丰的继位诏书》,卷19,第165、231、282页(Death of Táukwáng, and papers connected with the accession of Hienfung to the throne. Vol. XIX. pp. 165,231,282)。

3.财经与海陆军(Revenue, Army, and Navy)

4.中国人民(Chinese People)

(21)《中国人的饮食与生活花费》,卷3,第457页(Diet of the Chinese, and cost of living. Vol. III. p.457)。

(22)《24位孝子的事例》,卷6,第130页(Examples of twenty-four filial children. Vol. VI. p.130)。

(23)《3位贞节女子的故事》,卷6,第568页(Three examples of female constancy. Vol. VI. p.568)。

(24)《替父报仇的例子》,卷8,第345页(Example of revenging a father's death. Vol. VIII. p.345)。

(25)《康熙乾隆给予帝国内老年人的节日》,卷9,第258页(Festivals given by the emperors Kánghí and Kienlung to old men in the empire. Vol. IX. p.258)。

(26)《图解中国的人和事》,卷9,第366、506、635页(Illustrations of men and things in China. Vol. IX. pp.366,506,635)。

(27)《评鹿洲的〈女学〉,中国女性的地位和教育》,卷9,第545页(Review of Lulichau's Nü Hioh, or position and education of femaies in China. Vol. IX. p.545)。①

(28)《图解中国的人和事》,卷10,第104、172、472、519、613、662页(Illustrations of men and things in China. Vol. X. pp.104,172,472,519,613,662)。

(29)《图解中国的人和事》,卷11,第325、434页(Illustrations of men and things in China. Vol. XI. pp.325,434)。

(30)《一幅寿屏的翻译和描述》,卷13,第535页(Description and translation of a Shau Ping, or Longevity Screen. Vol. XIII. p.535)。

(31)《图解中国的人和事》,卷17,第591页(Illustrations of men and things in China. Vol. XVII. p.591)。

(32)《中国学者用以阐明人类道德行为的一些轶事》,卷17,第646页(Auecdotes from Chinese authors to illustrate human conduct, with a moral. Vol.

---

① 鹿洲,即清代的福建学者蓝鼎元。

XVII,p.646)。

(33)《中国学者用以阐明人类道德行为的一些轶事》,卷18,第159页(Auecdotes from Chinese authors to illustrate human conduct, with a moral. Vol. XVIII. p.159)。

(34)《Shang SanKwan 小姐的复仇故事》,卷18,第400页(Revenge of Miss Sháng Sánkwán. Vol. XVIII, p.400)。

5.中国历史(Chinese History)

6.自然史(Natural History)

(35)《中国自然史的探索者们,广州附近地理概况》,卷3,第83页(Explorers in the natural history of China, and sketch of the geology near Canton. Vol. III. p.83)。

(36)《中国的农业》,卷3,第121页(Agriculture of the Chinese. Vol. III. p.121)。

(37)《水稻种植法》,卷3,第231页(Mode of raising rice. Vol. III. p.231)。

(38)《谈竹子和棕榈》,卷3,第261页(Description of the bamboo and palm. Vol. III. p.261)。

(39)《关于罗雷骆的交趾支那植物志》,卷5,第118页(Review of Loureiro's Flora Cochinchinensis. Vol. V. p.118)。

(40)《在琉球与日本的航海途中收集到的自然史的物种》,卷6,第406页(Specimens of natural history collected in a voyage to Lewchew and Japan. Vol. VI. p.406)。

(41)《中国人谈貘和穿山甲》,卷7,第44页(Chinese account of the tapir and pangolin. Vol. VII. p.44)。

(42)《中国人谈蝙蝠和飞鼠》,卷7,第90页(Chinese account of the bat and flying squirrel. Vol. VII. p.90)。

(43)《中国人谈犀牛和象等》,卷7,第136页(Description of the rhinoceros, elephant, & c. Vol. VII. p.136)。

(44)《中国人的龙和其他神话中的动物,以及关于它们的观念》,卷7,第212、250页(Dragon and other fabulous animals of the Chinese, and their ideas respecting them. Vol. VII. pp. 212,250)。

(45)《由动物习性启发而来的中国谚语和隐喻》,卷7,第321页

(Proverbs and metaphors among the Chinese drawn from the habits of animals. Vol. Ⅶ. p.321)。

(46)《中国人谈马和驴》,卷 7,第 393 页(Chinese account of the horse and ass. Vol. Ⅶ. p.393)。

(47)《中国人对蜜蜂和马蜂的看法》,卷 7,第 485 页(Chinese notions of bees and wasps. Vol. Ⅶ. p.485)。

(48)《关于鸬鹚》,卷 7,第 541 页(Account of the cormorant. Vol. Ⅶ. p.541)。

(49)《中国人谈狮子和猫等》,卷 7,第 595 页(Chinese account of the lion, Cat, &c. Vol. Ⅶ. p.595)。

(50)《评郭实腊的〈开放中国〉》,卷 8,第 84 页(Review of Gutzlaff's *China Opened*. Vol. Ⅷ. p.84)。

(51)《谈茶叶种植》,卷 8,第 132 页(Description of the tea plant. Vol. Ⅷ. p.132)。

7.艺术及科学与工艺(Arts, Science, and Manufactures)

(52)《中国人的度量衡》,卷 2,第 444 页(Chinese weights and measures. Vol. Ⅱ. p.444)。

(53)《关于中国活字的巴黎字体,以及铅版活字印刷的实践》,卷 3,第 528 页(Notice of the Parisian font of Chinese types, and of an experiment of block stereotyping. Vol. Ⅲ. p.528)。

(54)《中国的风箱》,卷 4,第 37 页(Description of the Chinese bellows. Vol. Ⅳ. p.37)。

(55)《中国人使用的一般农具》,卷 5,第 485 页(Description of the common agricultural implements used by the Chinese. Vol. Ⅴ. p.485)。

(56)《中国人关于自然力量和作用的流行观念》,卷 10,第 49 页(Popular ideas of the Chinese relating to the powers and operations of nature. Vol. Ⅹ. p.49)。

(57)《中国人关于自然力量和作用的流行观念》,卷 11,第 434 页(Popular ideas of the Chinese relating to the powers and operations of nature. Ⅺ. p.434)。

(58)《麻类植物种植的论文和报告,以及蓑衣的制作》(卫三畏与 N. Rondot 合写),卷 18,第 216 页(Memoir and account of the cultivation of hemp, and the manufacture of grasscloth; by N. Rondot. Vol. XVIII. p.216)。

(59)《中国的金属活字》,卷19,第247页(Movable metallic types among the Chinese. Vol. XIX. p.247)。

(60)《广州城内外的宝塔:它们的用途和建立的时间》,卷19,第535页(Pagodas in and near Canton; their uses and times of their erection. Vol. XIX. p.535)。

(61)《香港制造的三行菱形中国活字的样品,与中国可活动的字体》,卷20,第281页(Specimen of three-lined diamond Chinese type made in Hongkong, and Chinese movable type. Vol. XX. p.281)。

(62)《评桑姆斯关于商朝中国古代花瓶的著作》,卷20,第489页(Notice of P. P. Thoms' work on ancient Chinese vases of the Sháng dynasty. Vol. XX. p.489)。

8.旅行或游记(Travels)

(63)《埃尔曼的西伯利亚之旅和访问恰克图》,卷20,第18页(Erman's Travels in Siberia, and visit to Kiakhta. Vol. XX. p.18)。

(64)《对1851年开封犹太会堂调查的报告》,卷20,第436页(Narrative of a mission of inquiry to the Jewish synagogue in Kaifung fú in 1851. Vol. XX. p.436)。

9.语言与文学等(Language, Literature, & c.)

(65)《为学习英语的中国人编的词汇表》,卷6,第276页(Vocabularies for Chinese to learn English. Vol. VI. p.276)。

(66)《关于汉字表音系统的评论和改进意见》,卷7,第490页(Remarks on, and alterations proposed in the system of orthography for Chinese. Vol. VII. p.490)。

(67)《采茶歌谣的译文》,卷8,第195页(Translation of a ballad on picking tea. Vol. VIII. p.195)。

(68)《中国三种方言发音对照表》,卷11,第28页(Table of sounds in three dialects of China. Vol. XI. p.28)。

(69)《罗伯聘的伊索寓言被戴尔和斯特罗那译成了汕头和潮州口语》,卷13,第98页(Thom's Esop's Fables rendered into the Chángchiú and Tiéchiú colloquial, by Dyer and Stronach. Vol. XIII. p.98)。

(70)《毕奥关于中国公共教育历史和文学团体的评论》,卷18,第57

页(Biot's Essay on the history of public instruction in China, and of the corporation of letters. Vol. XVIII. p.57)。

(71)《巴赞的〈中国戏剧选〉(法文本)》,卷 18,第 113 页(Bazin's Théatre Chinois, ou choix de Pièces de Théatre, composées sur les empereurs Mongols. Vol. XVIII. p.113)。

(72)《关于中国语言学特性、翻译和游记的外国著作清单》,卷 18,第 402、657 页(List of foreign works upon China, of a philological nature, translations, travels, & c. Vol. XVIII. pp.402,657)。

(73)《密迪乐的满语翻译,以及对这种语言的评论》,卷 18,第 607、617 页(T. T. Meadows' translations from the Manchú, and an essay on the language. Vol. XVIII. pp. 607,617)。

(74)《徐继畬的〈瀛环志略〉》,卷 20,第 169 页(Ying Hwán Chí-lioh, or General survey of the Maritime Circuit, by Sii Kíyü. Vol. XX. p.169)。

(75)《马高温的中国哲学年鉴,以及对电报的评论》,卷 20,第 284 页(Macgoman's Philosophical almanac in Chinese, and account of the electric telegraph. Vol. XX. p.284)。

(76)《〈榕园全集〉和一个所谓的伪作》,卷 20,第 340 页(Yung Yuen Tsiuen-tsih, or collection of Garden of Banians, and examination of an alledged forgery. Vol. XX. p.340)。

(77)《关于汉语罗马字化的评论》,卷 20,第 472 页(Chhòng Sè Toan, & c., with remarks on Romanizing the Chinese Language. Vol. XX. p.472)。

10. 贸易与商业(Trade and Commerce)

(78)《广州贸易中进出口的货物种类》,卷 2,第 447 页(Description of the articles of export and import known in the trade of Canton. Vol. II. 447)。

(79)《毛皮贸易的范围,以及毛皮动物》,卷 3,第 548 页(Extent of the fur trade, and an account of the fur-bearing animals. Vol. III. 548)。

(80)《中国人中的纸币,和一张来自福州的钞票》,卷 20,第 289 页(Paper money among the Chinese, and description of a bill from Fuhchau. Vol. XX. 289)。

11. 船运(Shipping)

12. 鸦片(Opium)

(81)《郭姓商人因经营鸦片被处决》,卷 6,第 607 页(Execution of

Kwoh Síping for dealing in opium. Vol. Ⅵ. p.607）。

（82）《艾伦医师对鸦片贸易的评价》，卷 20，第 479 页（Essay on the opium trade by N. Allen, M. D. Vol. ⅩⅩ. p.479）。

13.广州与洋行等（Canton, Foreign Factories, & c.）

（83）《广州的土话》（广州英语），卷 4，第 428 页（Jargon spoken in foreign intercourse at Canton. Vol. Ⅳ. p.428）。

（84）《英国领事馆的骚乱和纵火》，卷 11，第 687 页（Riot and burning of the English Consulate. Vol. Ⅺ. p.687）。

（85）《1849 年 4 月为阻止英国人进入广州而进行的联合和准备》，卷 18，第 162 页（Combinations and preparations to prevent entrance of English into Canton in April, 1849. Vol. ⅩⅧ. p.162）。

（86）《对发展进城问题的思考，以及其他相关文件》，卷 18，第 216、335 页（Question of entry into the city of Canton considered, and papers relating thereto. Vol. ⅩⅧ. pp. 216, 335）。

（87）《关于乡坟，广州附近一个回教清真寺和墓地》，卷 20，第 77 页（Account of the Hiáng-fan, a Mohammedan mosque and burying-ground near Canton. Vol. ⅩⅩ. p.77）。

14.中国外交（Foreign Relations）

（88）《艾德斯出使北京的评论》，卷 8，第 520 页（Review of Ideas' ambassy to Peking. Vol. Ⅷ. p.520）。

（89）《澳门总督阿马拉被暗杀，以及相关文件》，卷 18，第 449、532 页（Assassination of H. E. Gov. Amaral of Macao, and papers connected therewith. Vol. ⅩⅧ. pp. 449, 532）。

（90）《澳门总督阿马拉被暗杀，以及相关文件》，卷 19，第 50 页（Assassination of H. E. Gov. Amaral of Macao, and papers connected therewith. Vol. ⅩⅨ. p.50）。

15.中英关系（Relations with Great Britain）

16.中英战争（War with England）

（91）《皇帝的议和诏书，以及广州的一个反英宣告》，卷 11，第 627 页（Emperor's rescript on peace, and a manifesto against the English at Canton. Vol. Ⅺ. p.627）。

17.香港（Hong Kong）

18.中美关系(Relations with America)

(92)《广州的骚乱和由一个美国人引起的徐阿满之死》,卷 13,第 333 页(Disturbances at Canton and death of Sü Amún caused by an American.Vol. XIII. p.333)。

(93)《1848 年德庇时总督与中国官员徐的会晤》,卷 17,第 540 页(Interview between Gov.-Gen.Sü and H. E. John W. Davis in 1848.Vol.XVII. p.540)。

19.日本与韩国等(Japan,Corea,& c.)

(94)《1837 年"马礼逊"号前往琉球和日本之行》,卷 6,第 289、353 页(Voyage of the ship Morrison to Lewchew and Japan in 1837. Vol. VI. pp. 289, 353)。

(95)《英国船对日本的访问》,卷 7,第 588 页(Visits of English ships to Japan.Vol. VII. p.588)。

(96)《日本使节往见罗马教皇》,卷 8,第 273 页(Embassy to the Pope from Japan.Vol. VIII. p.273)。

(97)《关于炼铜的文集的译文》,卷 9,第 86 页(Translation of a memoir on smelting copper.Vol. IX. p.86)。

(98)《格林司令的美国战船巡航至那霸和长崎》,卷 18,第 315 页(Cruise of the U. S. sloop-of-war Preble, Commander J. Glynn, to Napa and Nagasaki.Vol. XVIII. p.315)。

(99)《法国捕鲸船"那尔瓦"号在朝鲜失事,和蒙替尼救助船员的努力》,卷 20,第 500 页(Loss of the French whaler Narwal on Corea and efforts of M. Montigny to recover the crew.Vol. XX. p.500)。

20.交趾支那半岛(Siam and Cochinchina,暹罗和越南)

21.其他亚洲诸国(Other Asiatic Nations)

22.南洋群岛(Indian Archipelago,印第安多岛屿)

23.异教(Paganism)

(100)《皇天上帝的神话以及对他的崇拜》,卷 18,第 102 页(Mythological account of Hiuen-tien Shángtí, with notices of his worship. Vol. XVIII. p.102)。

(101)《中国人的祖先崇拜,和葬礼等》,卷 18,第 363 页(Worship of ancestors among the Chinese, and account of funerals, & c.Vol. XVIII. p.363)。

24.传教活动(Missions)

(102)《1849 年新教在五个口岸和香港的地位和传教活动》,卷 18,第 48 页(Position and operations of the Protestant missions at the five ports and Hong Kong in 1849.Vol.XVIII. p.48)。

(103)《厦门的教堂,和沿闽江旅行》,卷 18,第 444 页(Church at Amoy, and trip up the Min.Vol.XVIII. p.444)。

(104)《耆英对基督教真实情况的陈述,和布恩主教的评说》,卷 20,第 41 页(Testimony of the truth of Christianity given by Kíying, and remarks by Bishop Boone.Vol.XX. p.41)。

(105)《1852 年送到中国以至日本的新教传教士名单,和他们现在的传教任务》,卷 20,第 513 页(List of Protestant missionaries sent to the Chinese up to Jan. 1852, and present position of their missions. Vol.XX. p.513)。

25.医药传教(Medical Missions)

(106)《关于洛克哈德在上海的医院和马高温在宁波的医院的报告》,卷 18,第 505 页(Report of Lockhart's hospital at Shánghái, and Macgowan's at Ningpo, 1848.Vol.XVIII. p.505)。

26.圣经修订(Revision of the Bible)

(107)《斯当东关于 God 一词的翻译,和麦都思对"神"一词真实含义的解释》,卷 18,第 607 页(Staunton on rendering the word God, and Medhurst on the True Meaning of the word Shin.Vol.XVIII. p.607)。

(108)《传教士们在一些口岸的行动,和〈圣经〉派发的继续》,卷 19,第 544 页(Proceedings of missionaries at the several ports, and of the delegates upon the version of the Testaments.Vol.XIX. p.544)。

(109)《关于中译本的继续,美国圣经学会一个委员会的报告》,卷 20,第 216 页(Proceedings relating to the Chinese version, report of a committee of the Am.Bibl Society, & c.Vol.XX. p.216)。

(110)《回复麦都思牧师、米怜牧师和斯特罗那牧师的信,关于圣经的中文译本》,卷 20,第 485 页(Reply to letter from Rev.Messrs.Medhurst, Milne and Stronach, on the Chinese version of Bible.Vol.XX. p.485)。

27.学会等(Education Societies, & c.)

28.宗教信徒(Religious)

(111)《一位中国传教士对安息日的评论,和用〈易经〉进行的简评》,卷 18,第 159 页(Remarks of a Chinese preacher on the Sabbath, and notice of it in the Yih King. Vol. XVIII. p.159)。

29.传记评论(Biographical Notices)

(112)《简述孔子的生平与性格》,卷 11,第 411 页(Sketch of life and character of Confucius. Vol. XI. p.411)。

(113)《韦廉臣为雅裨理牧师写的传记》,卷 18,第 260 页(Willianson's memoir of Rev. David Abeel. Vol. XVIII. p.260)。

(114)《奥立芬和郭实腊牧师的讣告》,卷 20,第 609 页(Obituaries of D. W. C. Olyphant and of the Rev. C. Gutzlaff. Vol. XX. p.609)。

30.其他(Miscellaneous)

后记(致谢)

既结书缘,必展书卷。千书易读,一著难成。

万难必除,大器晚成。功在无名,利在后生。

这就是笔者做学问而致家徒四壁的信念,书香门第振兴重责是在冥冥里又在现世中。选走一条无人喝彩的啃书之路,是将书虫的无期和书呆的无欲胶合成一副"离题万里"的大隐者,与那些小隐者和所谓治世有方者一起,组合成了世界万象,缺一不可。龟之寿,人亦可寿比,在神而不在形,于是人形和人影嬗替有期而无期,在书到用时方恨少的境遇里重生。

笔者浸染书墨日久,洞悉东西有别,都难逃中外一理,古今一脉,个中真味不外乎"善"之所从。从者众,天下大吉;从者寡,人间祸连。孔子谓"仁",孟子谓"善",荀子谓"恶",老子谓"道",诸如此类都实归指"修心"之要。修心之难,真的难于上青天吗?

建立在人心向善向上的未来祈愿上,笔者在芸芸众生中寻觅英雄所见略同的德才兼修的良师益友,并致力于将无形的精神成果和有价值的物质财富因素传承下去,尽管志大才疏或人微言轻,都在做着培育人类优良分子的积极运动,当然包括修己身,为人类有成效的进化文明贡献绵薄之力。就是在这种努力和期盼中,笔者几迨知天命之际,终于神交一位上善若水的伯乐老师——阎纯德先生,使拙著得以入赘大家书库之间,颇具扬眉之悦而又有汗颜之愧,但一字之师和引荐扶持之恩情断断不能忘怀。同时,诚谢北京语言大学语言资源高精尖创新中心的出版资助,使拙著能够顺利面世,自此笔者树立一种期待——希望有朝一日能够为北语的科研事业添砖加瓦,是乃一介书生的神圣报恩之举。

穿梭岁月,瞬间五十春秋将逝也。无由忏悔,个人成长是时间流逝的人间正道。每个人是一种风景,也是一个界碑。风景千奇,界碑万象,林林总总,杂布人潮。沧海横流,各显本色,或歌或叹,或扬或隐。40 余年来,笔者在宁静与踌躇的平衡中塑造自我,在奋发与停滞的比较中激励自己,在创造与享受的实践中感受生命,在拥有与付出的快乐中感激关怀。关怀是一种福音,被关怀是一种幸福。幸福是需要表达,也需要适时地感恩。感恩会让幸福更稳定,让表达更真诚,也让生命更充实。书稿《美国汉学家卫三畏研究》的完成,就是在适时的幸福里的一种精神产物,是在表达感恩里的一种物质实践。

  研究卫三畏的形神相合正在于此。以人为镜,可正心胸。2004 年秋,在收集清代各国驻华使领资料时,发现 Samuel Wells Williams 这个美国人很有意思。他的汉名为卫三畏,在中国生活了 43 年,曾为美国驻华使馆秘书兼中文翻译,其间有九次代理公使之职。卫三畏能做中文翻译,让笔者羡慕不已,源于笔者对于英语口语的毫无建树。九次代理公使的卫三畏,虽是才能出众,见多识广,却为何不是公使,让笔者疑惑,也多了探索的希望。卫三畏做过传教士,却是没有受洗的信徒,让笔者对基督教知识及其在华传教的历史有很多想法。卫三畏晚年出任耶鲁学院汉语讲座教授,是一个汉学家,汉学学科是怎样的发展史,让笔者疑惑丛生。一个美国人,有如此丰富的人生经历,自是不可失去的研究对象。博士毕业后首先择研卫三畏这个历史人物,还与笔者的历史学之缘不可分——二十余年前本科时意外入读历史学,并渐显对中国近代史和中美关系的兴趣。2010 年是这部书稿的草撰时光,随后的架构与逻辑的修整、新旧资料的增删和统一、主旨和结论的审视和调正,都是需要时间的改进过程,或许三五年,或许八九年,目标只在于将拙著锤炼成自己学术成果之一代表作也。

  我的平安未来就是全家幸福的保证,是我对妻女的承诺,也是对妻女的感激。她们远在安徽,相互扶助,勤奋向学,无私支持我十余年。随着独女千容大学之旅的开始生活变得更加稳重,更加充满希望。笔者更当努力,精诚所至,不是正根生福,也会枯根逢春。天道酬勤,收获总在无意赢得间。

  谨以下面的短句,作为笔者对自我的一次总结和展望:
  呱呱坠地,不谙世事,无虑多年,罕有惬意。
  逮至少游,人事频纷,无由自理,全瞻马首。
  家道无济,求进无恃,科举无颜,全赖无方。

束发待冠,孙山名落,几番屈伸,略成寸功。
男儿自强,志在四方,不为祖土,唯己智长。
四年磨砺,道正利循,养心修性,本色渐起。
赭山静谧,书城飘香,千日无声,奠基文商。
玉颜在怀,情商初放,才疏德浅,晚霞晨曦。
虎归平阳,群狮争雄,万千踌躇,落囊羞涩。
三十六计,只在斗移,廿年流水,何劳神伤。
苦心乏体,考文证题,一朝德诚,如获重生。
福地无禄,世界大同,苟活勿诽,人皆意通。
追为人师,幻入博爱,闽江逐水,惊醒懵懂。
苍天不弃,致远宁静,旧念再燃,黄粱春梦。
挺拔人生,委蜒扶摇,雀占鸠巢,蔚为大观。
品道于野,激励后进,读书千卷,万里行程。
情怀宽达,春华秋实,帷幄谋文,决胜百寿。
回首往昔,无归桑梓,扪心理想,星君逍遥。
天命若临,灯火阑珊,仰望苍穹,无忧寡民。
花甲再茬,其乐无穷,百年阳尽,无伤青冢。

《美国汉学家卫三畏研究》是笔者在学术道路上厉兵秣马的一次奋斗,也是一次的展望。它不是结束,而是开始。学术之路,就如同人生之路一样,漫长又短促,上下求索,只争朝夕。学问从班门弄斧开始,到大器晚成的顶峰自动停止,是为构筑一个新平台,托起后进者的灿烂明天,我们需要前赴后继。不管这样的进程中出现怎样的是非曲直,都是笔者的一份份财富,是个人主义和集体主义竞合发挥作用的人力之本。

学者的意图不只是预测某个具体的事件,更想做的是强调一种趋势。从这个角度而言,马克思以来的学术研究任务没有什么改变:"发现神秘外壳中的合理内核。"更重要的是,笔者非常热衷于从史迹中体验人性的真善美,以及那可望也可即的恒久远的文明繁盛。

黄 涛
2018年2月8日南昌水文